碳达峰 碳中和
石化行业节能低碳新技术

中石化节能技术服务有限公司
中国石油节能技术研究中心 组织编写

中国石化出版社

图书在版编目(CIP)数据

碳达峰、碳中和-石化行业节能低碳新技术/中石化节能技术服务有限公司,中国石油节能技术研究中心组织编写. —北京:中国石化出版社,2022.9

ISBN 978-7-5114-6838-3

Ⅰ.①碳… Ⅱ.①中…②中… Ⅲ.①石油工业-二氧化碳-排污交易-研究-中国②石油化学工业-二氧化碳-排污交易-研究-中国 Ⅳ.①F426.22②X511

中国版本图书馆 CIP 数据核字(2022)第 165860 号

中国石化出版社出版发行

地址:北京市东城区安定门外大街 58 号
邮编:100011　电话:(010)57512500
发行部电话:(010)57512575
http://www.sinopec-press.com
E-mail:press@sinopec.com
北京柏力行彩印有限公司印刷
全国各地新华书店经销

*

787×1092 毫米 16 开本 44 印张 1114 千字
2022 年 10 月第 1 版　2022 年 10 月第 1 次印刷
定价:280.00 元

PREFACE

前言

2021年9月22日，中共中央、国务院发布《关于完整准确全面贯彻新发展理念做好碳达峰碳中和工作的意见》，对碳达峰、碳中和两个阶段的顶层设计做出了系统谋划和总体部署。2021年10月24日，国务院发布《2030年前碳达峰行动方案》，制定了“十大行动”。2022年7月，工业和信息化部、国家发展改革委、生态环境部联合印发《工业领域碳达峰实施方案》，明确了工业降碳实施路径，提出加快工业绿色低碳技术变革等六大重点任务。碳达峰碳中和“1+N”政策体系相继出台，推动工业领域各行业落实碳达峰目标任务。

为提高能源利用效率和提升减碳水平，促进石化企业高质量发展，展示石化行业节能降碳、新能源利用方面的新技术、新设备、新材料、新经验和前沿课题研究进展及成果，本书面向中国石化、中国石油、中国海油、中国中化和国家能源集团以及地方炼化企业等征集稿件，经过组委会组织专家筛选，录用了111篇优秀论文汇编成《碳达峰、碳中和——石化行业节能低碳新技术》一书，涵盖系统优化、工艺节能、设备节能、余热利用、新能源及减碳技术等方面，以期为石化行业相关管理人员、技术人员提供参考、启迪和借鉴。

由于时间仓促，书中难免有不当之处，敬请读者批评指正。

CONTENTS

目录

系统优化

工艺节能

设备节能

余热利用

新能源

减碳技术

碳达峰 碳中和 石化行业节能低碳新技术

系统优化

TANDAFENG
TANZHONGHE
SHIHUAHANGYEJIENENGDITANXINJISHU

不确定条件下炼厂氢气网络集成设计与优化

陈　莹
秦　康　中国石化石油化工科学研究院
吴　昊

针对炼厂氢气网络的集成设计与操作优化是石化企业节氢降本增效的重要途径。氢气网络运行受到变化的外部市场、不稳定的原油供应和波动的操作条件等多种不确定因素的影响。本文提出一种融合柔性设计的两阶段随机规划建模方法，在优化经济效益的同时确保操作过程的鲁棒性，针对所构建的含有大量双线性项的混合整数非线性规划模型，提出一种基于多参数分解技术的全局优化算法以加速收敛。某炼厂氢气网络的柔性设计案例验证了该模型和算法的高效性。

一、研究背景

氢气系统作为炼化企业中一种重要的资源网络系统，在环保要求日趋严格、油品质量不断升级的大背景下，其地位显得愈加重要。近年来，进口原油重质化、劣质化趋势加剧，节能环保、油品清洁指标日益严格，加氢工艺在炼厂中得到广泛的应用。炼化企业氢气需求量逐年递增，用氢成本不断攀升，氢气成本已成为炼化企业原料成本中仅次于原油的第二大成本要素。然而，制氢装置成本高昂(每吨氢气成本为1万~2万元)，能耗巨大(平均综合能耗为1000kgEO/t H_2以上)，且碳排放量大(11t CO_2/t H_2)。因此，对炼厂氢气系统进行集成设计和优化改造以提高氢气利用率，是炼化企业节能降碳、挖潜增效的重要途径。

炼厂氢气网络的运行受到进料原油性质变化、油气产品市场需求波动、公用工程价格浮动和操作条件变化等多种不确定因素的影响。氢气网络设计及优化问题中存在的不确定因素根据其来源可以分为两大类：第一类是与外部市场变化相关的不确定性，包括成本端波动的电价和氢公用工程价格，以及盈利端变化的燃料油气价格；第二类不确定性与过程操作直接相关，通常是指氢源氢气供给量的变化和氢阱氢气需求量的波动。一方面，当进料原油性质发生变化时(如硫含量的改变)，将会直接影响加氢装置氢气的需求量；另一方面，由于近年来汽油芳烃含量的严格限制导致催化重整装置的副产氢气量下降，氢源氢气的供给量出现了一定程度的波动。氢源、氢阱之间氢气供需量的不平衡将会造成严重的后果，如油气产品质量不达标，甚至导致装置的紧急停车。因此，需要从“经济最优”和“操作稳定”两方面对炼厂氢气系统进行集成设计与操作优化，在氢气网络建模中综合考虑各种不确定因素，使所建立的模型更加接近氢气网络的实际运行情况(见图1)。随着碳达峰碳中和目标的提出，近年来，绿氢炼化示范项目开始逐步布局，绿氢进厂将会对炼厂氢气网络的经济性和稳定性产生一定的冲击和影响。在氢气网络的设计和优化改造中，更应关注氢气网络的操作柔性，全面考虑绿氢进厂可能带来的经济性和稳定性等不确定因素，从而保障炼厂氢气网络的高效安全平稳运行。

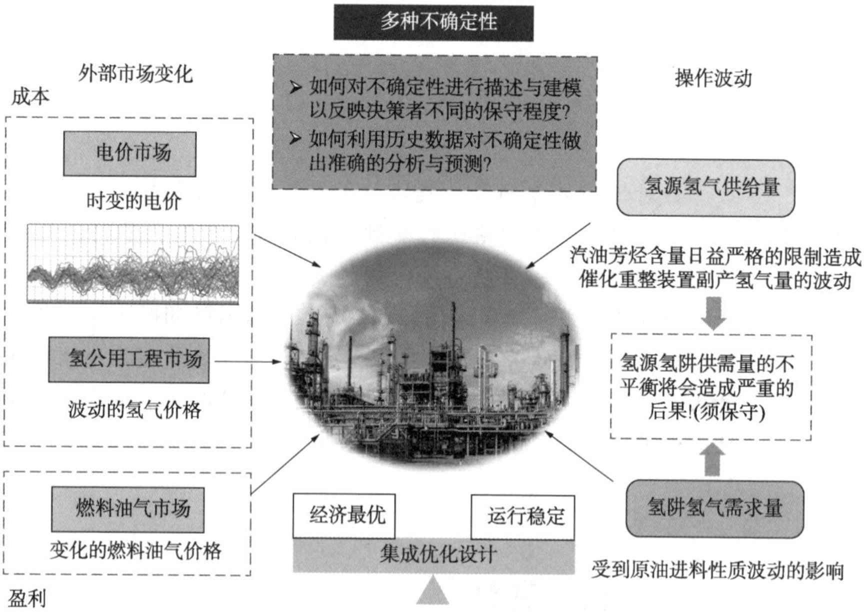

图1　炼厂氢气网络中存在的多种不确定因素

二、问题描述

本文旨在建立一个严格的数学规划模型，用于描述不确定条件下炼厂氢气网络的集成设计与操作优化。炼厂的氢气系统由6个重要的单元组成，分别是氢源($i=1, 2, \cdots, |I|$)、氢阱($j=1, 2, \cdots, |J|$)、氢公用工程($h=1, 2, \cdots, |H|$)、提纯单元($m=1, 2, \cdots, |M|$)、压缩单元($c=1, 2, \cdots, |C|$)和燃料气系统($f=1, 2, \cdots, |F|$)。在氢气网络的设计中综合考虑各种不确定因素的影响：变化的电价、氢公用工程价格和燃料气价格由基于市场历史数据预测得到的不同价格情景来表示($s=1, 2, \cdots, |S|$)；操作层的参数波动由不确定集合的顶点($v=1, 2, \cdots, |V|$)来描述。炼厂氢气网络中的氢源和氢阱，通过压缩单元和提纯单元连接成如图2所示的网络超结构。

三、融合柔性约束的两阶段随机规划建模方法

本文提出融合柔性约束的两阶段随机规划建模框架来处理氢气网络中存在的多种不确定性。在利用两阶段随机规划来优化经济期望的同时，通过柔性分析来保证操作过程的鲁棒性。

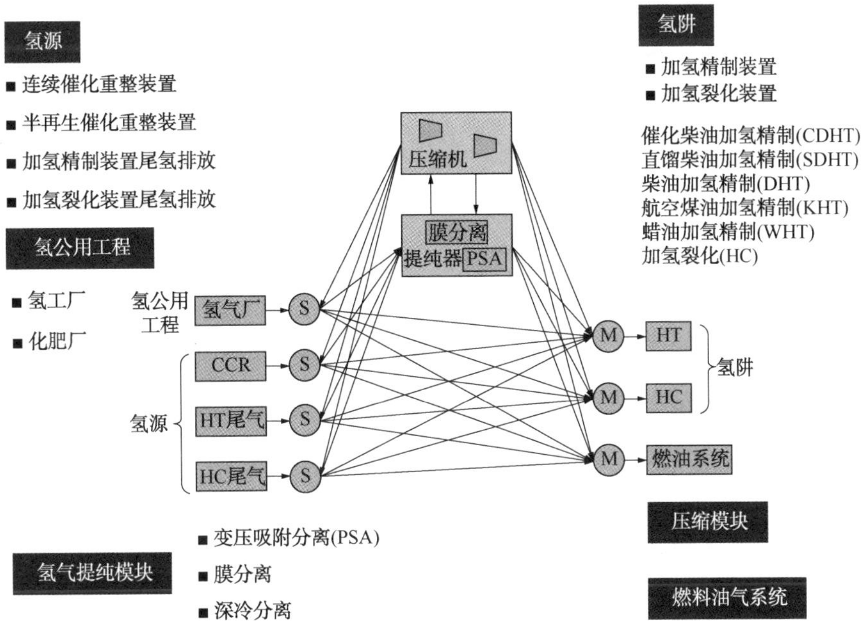

图 2　氢气网络的超结构表示

不确定条件下氢气网络的设计问题可以表述为如图 3 所示的两阶段随机规划模型。在随机规划问题中，第一阶段决策变量为设计变量，决定氢气网络的拓扑结构，包括管道的连接、压缩机和提纯装置的设置以及各个过程单元设计容量的确定；第二阶段决策变量为操作变量，表示每种情景下氢气网络的最佳操作条件，包含氢气流股的流量和纯度等状态变量。随机规划问题中第一阶段的决策与网络拓扑结构的配置相关，构成了氢气网络的投资成本(CAPEX)；第二阶段的决策与氢气网络在多情景下的实际运行状况相关，决定了氢气网络的操作成本(OPEX)。

基于市场历史数据的统计与分析，分别用 3 个离散的情景(低、中、高价格)来描述氢公用工程价格、电价和燃料气价格的波动，并为每个情景设定相应的离散概率分布。因此，该两阶段随机规划问题共有 27 种组合的价格情景。

对于操作层的不确定性参数，如氢源氢气供给量和氢阱氢气需求量的变化，利用柔性分析中的超矩形来描述不确定性参数整体变化空间 T，将其表示为 $T=\{\theta \mid \theta^N-\Delta\theta\leqslant\theta\leqslant\theta^N+\Delta\theta\}$。这里希望找到最优的设计 d，使其在所有情景下成本的期望值最小；同时，在此设计下，对于操作层不确定参数集合 T 内的任意一点，始终可以通过调节操作变量 z 以实现可行的操作。

包含柔性约束的最优设计问题可以表示为两阶段非线性无限规划的数学形式，如式(1)所示。

$$\begin{aligned} &\min_{d} \quad \underset{\theta\in T}{E}\{c^*(d,\theta)\} \\ &\text{s.t.} \quad \forall\theta\in T\{\exists z(\forall j\in J[f_j(d,z,\theta)\leqslant 0])\} \end{aligned} \tag{1}$$

式中的约束为柔性分析问题中的可行性约束。

通过对目标函数的近似和可行性约束的等价表述，包含柔性约束的最优设计问题可最终表示为式(2)：

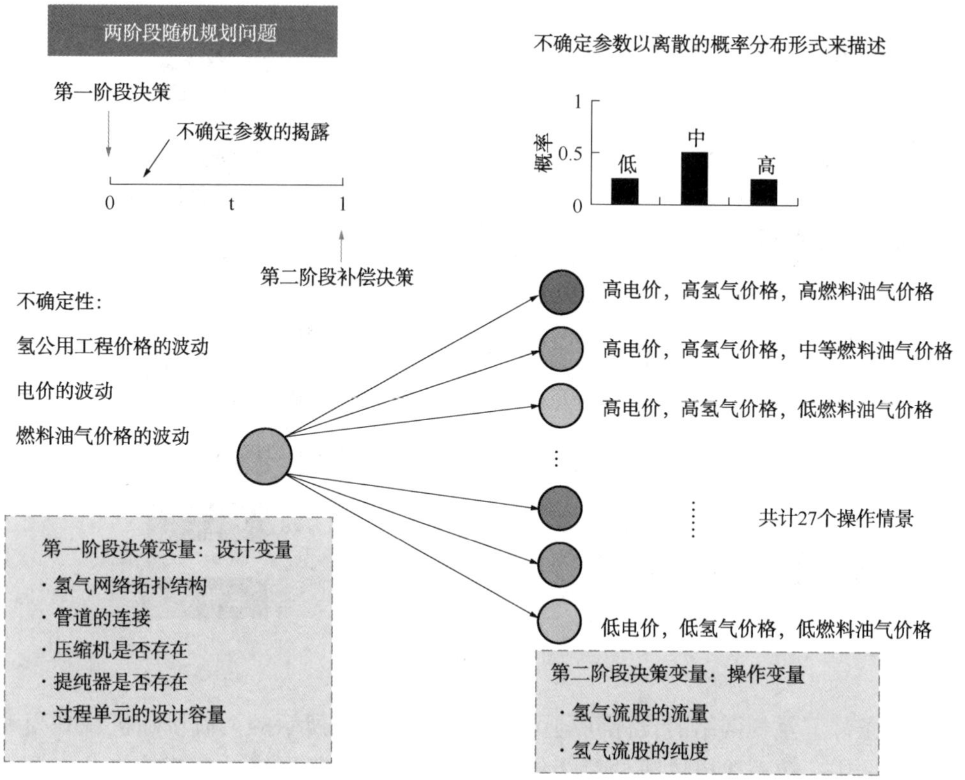

图 3　氢气网络随机规划模型中设计变量和操作变量的两阶段表示

$$
\begin{aligned}
&\min_{d,\ z_1,\ z_2,\ \cdots,\ z_n} \sum_{s=1}^{n} \varphi_s \cdot c(d,\ z_s,\ \theta_s) \\
&\text{s.t.}\quad f(d,\ z_s,\ \theta_s) \leqslant 0, \qquad \forall s \in S \\
&\max_{\theta \in T}\ \min_{z}\ \max_{j \in J} f_j(d,\ z,\ \theta) \leqslant 0
\end{aligned}
\tag{2}
$$

max-min-max 约束条件确定最可能违反不等式约束的临界点θ_c，并对临界点处的最差约束施加可行性限制。如果所有的临界点都位于不确定参数构成的超矩形区域的顶点上，则对任意$\theta \in T$，操作的可行性可以通过考虑超矩形所有顶点上设计的可行性来保证。因此，可以将全部顶点的柔性约束作为可行性的判别条件添加到式(2)中来代替 max-min-max 约束，将其进一步转化为以下优化问题，如式(3)所示：

$$
\begin{aligned}
&\min_{d,\ z_s,\ z_v} \sum_{s \in S} \varphi_s \cdot c(d,\ z_s,\ \theta_s) \\
&\text{s.t.}\quad f(d,\ z_s,\ \theta_s) \leqslant 0, \qquad \forall s \in S \\
&f(d,\ z_v,\ \theta_v) \leqslant 0, \qquad \forall v \in V
\end{aligned}
\tag{3}
$$

式中，$V=\{1,\ 2,\ \cdots,\ n_\theta\}$是超矩形顶点的集合。求解优化问题式(3)主要的难点在于，随着不确定参数数目p的增多，需要考虑的超矩形的顶点数目N呈指数型增长。对于包含大量不确定操作参数的大规模优化问题，逐一计算2^p个顶点的直接求解策略显然是不可行的。本文提出了一种改进的迭代优化算法来求解这类问题，算法框架如图 4 所示。

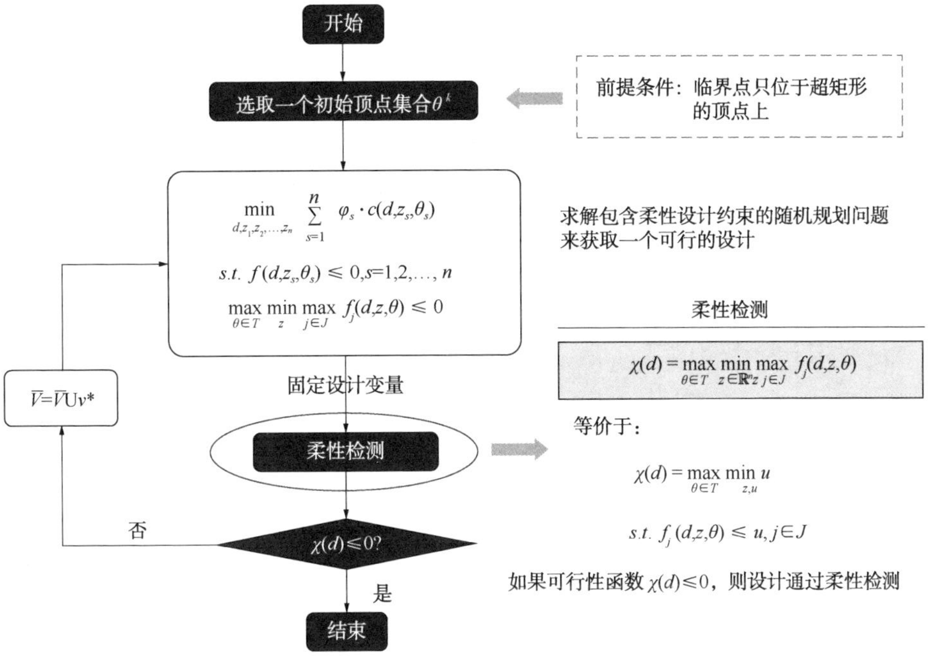

图 4　包含柔性约束的随机规划模型的求解算法

算法的具体步骤如下：

(1) 选择一个包含有限个临界点θ^k的初始集合，它为全部顶点集合 V 的一个子集。仅将这部分选定的顶点上的可行性约束添加至模型中。

(2) 求解含有柔性约束的随机规划问题得到一个可行的设计d_k。

$$\begin{aligned} &\min_{d,\ z_s,\ z_v} \quad \sum_{s\in S} \varphi_s \cdot c(d,\ z_s,\ \theta_s) \\ &\text{s.t.} \quad f(d,\ z_s,\ \theta_s) \leq 0,\ \ \forall s\in S(\text{电价/氢气价格/燃料气价格情景}) \\ &f(d,\ z_v,\ \theta_v) \leq 0,\ \ \forall v\in V(\text{氢源氢气供给量/氢阱氢气需求量顶点}) \end{aligned} \tag{4}$$

(3) 固定设计变量，通过柔性评价判断该设计在整个不确定参数空间内的可行性：

$$\chi(d) = \max_{\theta\in T} \min_{z\in\mathbb{R}^{n_z}} \max_{j\in J} f_j(d,\ z,\ \theta) \tag{5}$$

式中，$\chi(d)$为给定设计 d 的可行性函数。

柔性评价采用紧约束策略，直接求解 max-min-max 三层优化问题，规避逐个分析顶点导致的组合爆炸问题；

(4) 如果可行性函数$\chi(d)\leq 0$，则模型通过柔性评价，这表示该设计对于任意的 $\theta\in T$，都存在可行的操作，当前设计可行，算法终止；若可行性函数$\chi(d)>0$，则将柔性评价问题中获得的新的临界点添加到当前顶点集合中，返回步骤(2)，再次求解优化问题(4)来获得新的设计。

由于超矩形顶点数量有限，该算法可以在有限步迭代内完成收敛。如果初始的顶点集合能够很好地预测模型的极端情况，该算法仅需要一次迭代即可完成收敛。

四、氢气网络模型

基于图 2 中给出的氢气网络超结构表示，本文建立了氢气网络设计的混合整数非线性规划(MINLP)模型。模型中涉及的所有集合索引、参数、变量以及上下标的符号对照表详见附录。

(一) 混合器和分离器的物料衡算

式(6)~式(9)分别表示对氢公用工程、氢源、氢阱和燃料气系统的进口混合器或者出口分离器进行的质量衡算。式(10)~式(14)表示对各个提纯装置和压缩机的进口混合器和出口分离器的质量衡算。提纯装置出口流股的上标 P 和 R 分别表示提纯的氢气产品和贫氢解析气(尾氢)。各个操作单元的物料守恒约束会受到不同情景的影响。

$$\sum_{m=1}^{N_M} F_{h,m,s} + \sum_{c=1}^{N_C} F_{h,c,s} + \sum_{j \in J} F_{h,j,s} = F_{h,s} \quad \forall h \in H,\ s \in S \tag{6}$$

$$\sum_{m=1}^{N_M} F_{i,m,s} + \sum_{c=1}^{N_C} F_{i,c,s} + \sum_{j \in J} F_{i,j,s} + F_{i,fuel,s} = F_i \quad \forall i \in I,\ s \in S \tag{7}$$

$$\sum_{h \in H} F_{h,j,s} + \sum_{i \in I} F_{i,j,s} + \sum_{m=1}^{N_M} F^P_{m,j,s} + \sum_{m=1}^{N_M} F^R_{m,j,s} + \sum_{c=1}^{N_C} F_{c,j,s} = F_j \ \forall j \in J,\ s \in S \tag{8}$$

$$\sum_{m=1}^{N_M} F^R_{m,fuel,s} + \sum_{c=1}^{N_C} F_{c,fuel,s} + \sum_{i \in I} F_{i,fuel,s} = F_{fuel,s} \quad s \in S \tag{9}$$

$$\sum_{h \in H} F_{h,m,s} + \sum_{i \in I} F_{i,m,s} + \sum_{c=1}^{N_C} F_{c,m,s} + \sum_{m'=1}^{N_M} F^P_{m',m,s} + \sum_{m'=1}^{N_M} F^R_{m',m,s} = F_{m,s} \quad \forall m \in M,\ s \in S \tag{10}$$

$$\sum_{c=1}^{N_C} F^R_{m,c,s} + \sum_{m'=1}^{N_M} F^R_{m,m',s} + \sum_{j \in J} F^R_{m,j,s} + F^R_{m,fuel,s} = F^R_{m,s} \quad \forall m \in M,\ s \in S \tag{11}$$

$$\sum_{c=1}^{N_c} F^P_{m,c,s} + \sum_{m'=1}^{N_M} F^P_{m,m',s} + \sum_{j \in J} F^P_{m,j,s} = F^P_{m,s} \quad \forall m \in M,\ s \in S \tag{12}$$

$$\sum_{h \in H} F_{h,c,s} + \sum_{c'=1}^{N_C} F_{c',c,s} + \sum_{i \in I} F_{i,c,s} + \sum_{m=1}^{N_M} F^P_{m,c,s} + \sum_{m=1}^{N_M} F^R_{m,c,s} = F_{c,s} \quad \forall c \in C,\ s \in S \tag{13}$$

$$F_{c,fuel,s} + \sum_{c'=1}^{N_C} F_{c,c',s} + \sum_{j \in J} F_{c,j,s} + \sum_{m=1}^{N_M} F_{c,m,s} = F_{c,s} \quad \forall c \in C,\ s \in S \tag{14}$$

(二) 混合器的氢气衡算

式(15)~式(18)分别表示氢阱、提纯装置、燃料气系统和压缩机的氢气平衡约束,它们与不同的操作情景有关。流入氢阱的氢气纯度必须大于各个氢阱的氢气纯度要求。在氢气平衡约束中由于出现了流量乘以纯度的形式,因此产生了大量的双线性项。

$$\sum_{h \in H} F_{h,j,s} y_h + \sum_{m=1}^{N_M} F^P_{m,j,s} y^P_m + \sum_{m=1}^{N_M} F^R_{m,j,s} y^R_{m,s} + \sum_{c=1}^{N_C} F_{c,j,s} y_{c,s} + \sum_{i \in I} F_{i,j,s} y_i \geqslant F_j y_j \quad \forall j \in J,\ s \in S \tag{15}$$

$$\sum_{h \in H} F_{h,m,s} y_h + \sum_{c=1}^{N_C} F_{c,m,s} y_{c,s} + \sum_{i \in J} F_{i,m,s} y_i + \sum_{m'=1}^{N_M} F^P_{m',m,s} y^P_m + \sum_{m'=1}^{N_M} F^R_{m',m,s} y^R_{m',s} = F_{m,s} y_{m,s}, \quad \forall m \in M,\ s \in S \tag{16}$$

$$\sum_{m=1}^{N_M} F_{m,\ fuel,\ s}^{R} y_{m,\ s}^{R} + \sum_{c=1}^{N_C} F_{c,\ fuel,\ s} y_{c,\ s} + \sum_{i \in I} F_{i,\ fuel,\ s} y_i = F_{fuel,\ s} y_{fuel,\ s} \quad \forall s \in S \tag{17}$$

$$\sum_{h \in H} F_{h,\ c,\ s} y_h + \sum_{c'=1}^{N_C} F_{c',\ c,\ s} y_{c',\ s} + \sum_{i \in I} F_{i,\ c,\ s} y_i + \sum_{m=1}^{N_M} F_{m,\ c,\ s}^{P} y_m^{P} + \sum_{m=1}^{N_M} F_{m,\ c,\ s}^{R} y_{m,\ s}^{R} = F_{c,\ s} y_{c,\ s} \ \forall c \in C,\ s \in S \tag{18}$$

（三）提纯装置模型

提纯装置 m 的数学模型如式（19）~式（23）所示。各种提纯装置（如膜分离装置和变压吸附分离装置）都可以看作是由一个氢阱（进料流股）和两个氢源（出口产品氢和尾氢流股）组成的。为简化模型，提纯装置的进出口压力、氢气回收率 R_m 以及提纯装置的产品氢纯度可以被认为是恒定的。值得注意的是，由于尾氢未知的流量和纯度，将导致在这些约束中也存在着双线性项。

$$F_{m,s}^{P} + F_{m,s}^{R} = F_{m,s} \quad \forall m \in M,\ s \in S \tag{19}$$

$$F_{m,s}^{P} y_m^{P} + F_{m,s}^{R} y_{m,s}^{R} = F_{m,s} y_{m,s} \quad \forall m \in M,\ s \in S \tag{20}$$

$$F_{m,s}^{P} y_m^{P} = F_{m,s} y_{m,s} R_m \quad \forall m \in M,\ s \in S \tag{21}$$

$$y_{m,s}^{R} \leqslant y_{m,s} \leqslant y_m^{P} \quad \forall m \in M,\ s \in S \tag{22}$$

$$F_{m,s} \leqslant F_{m,max} x_m \quad \forall m \in M,\ s \in S \tag{23}$$

（四）压缩机模型

压缩机消耗大量的电能来提高氢气流股的压力，从而满足各个氢阱所设定的压力要求。压缩机的入口可以被看作是氢阱，它的出口又可以被看作是氢源。新建压缩机的流量、氢气纯度、入口和出口设计压力都是需要进行决策和优化的变量。压缩机的质量平衡约束，压力限制约束，最大设计容量约束和功率消耗约束如式（24）~式（27）所示。由于新建压缩机入口和出口的设计压力未知，式（27）中包含了难以求解的线性分式项和多项式项，导致了问题的非凸性。Jagannath 等人提出的启发式策略可以为新建压缩机分配出入口设计压力。通过启发式策略去除了这些高度非凸项之后，模型中的非线性形式仅限于双线性项。

$$F_{c,s}^{\text{in}} = F_{c,s}^{\text{out}} \quad \forall c \in C,\ s \in S \tag{24}$$

$$\frac{P_{\min}^{\text{in}}}{P_{\max}^{\text{out}}} P_c^{\text{in}} \leqslant P_c^{\text{out}} \leqslant \frac{P_{\max}^{\text{in}}}{P_{\min}^{\text{out}}} P_c^{\text{in}} \quad \forall c \in C \tag{25}$$

$$F_{c,s} \leqslant F_{c,\max} x_c \quad \forall c \in C,\ s \in S \tag{26}$$

$$\text{POWER}_{c,s} = F_{c,s} \frac{C_{p,c} T}{\eta_c} \left[\left(\frac{P_c^{\text{out}}}{P_c^{\text{in}}} \right)^{\frac{\gamma_c - 1}{\gamma_c}} - 1 \right] \frac{\rho_{c,o}}{\rho_c} \quad \forall c \in C,\ s \in S \tag{27}$$

（五）压力约束与逻辑约束

仅当流股来源单元的压力大于或等于目的单元的压力时，气体流股才会从来源单元流向目的单元。引入二元 0-1 变量 $x_{p,q}$ 来构造压力约束，该二元变量表示在单元 p 和单元 q 之间是否存在管道连接。压力约束由式（30）、式（31）表示。式（30）表示，只有当 $x_{p,q}=1$ 时，单元 p 和单元 q 之间才有可能存在流量连接。式（31）表示，只有当单元 p 的压力高于单元 q 的压力时，单元 p 和 q 之间才有气体流量。

$$x_{p,q} = 0 \Leftrightarrow F_{p,q} = 0 \quad \forall (p,\ q) \in O \tag{28}$$

$$x_{p,q}=1 \Leftrightarrow F_{p,q}>0 \qquad \forall (p,\ q) \in O \tag{29}$$

$$F_{p,q,s}-F_{p,q}^{up}x_{p,q} \leqslant 0 \qquad \forall (p,\ q) \in O,\ s \in S \tag{30}$$

$$P_q-\Delta P_{p,q}^{up}(1-x_{p,q}) \leqslant P_p \qquad \forall (p,\ q) \in O \tag{31}$$

此外，还应考虑一些逻辑约束来禁止某些单元模块之间的连接，如式(32)~式(34)所示。例如，因为来源于化肥厂的氢气中含有 CO，将导致蜡油加氢装置和加氢裂化装置催化剂发生失活，所以来自化肥厂的氢气不允许输送到这些装置中。同时，为了避免不合理的能量损耗，应避免将同一提纯装置产生的产品氢和尾氢在后续处理中进行混合。

$$x_{\mathrm{FER},c}+x_{c,\mathrm{unit}} \leqslant 1 \tag{32}$$

$$x_{\mathrm{FER},c}+x_{c,c'}+x_{c',\mathrm{unit}} \leqslant 2 \tag{33}$$

$$x_{\mathrm{PSAP,unit}}+x_{\mathrm{PSAR,unit}} \leqslant 1 \tag{34}$$

上述为不同价格情景下随机规划问题的约束条件。此外，当考虑到氢源氢气供给量和氢阱氢气需求量的波动时，还应向模型中添加柔性约束，以确保在操作层不确定参数的整个波动变化范围内操作的鲁棒性。

（六）目标函数

氢气网络的集成设计与操作优化模型将氢气网络的年度总成本(Total Annualized Cost, TAC)作为目标函数，如式(35)所示，包括多情景操作方案下年度操作成本的期望和年度投资建造成本，全面权衡投资费用(CAPEX)和操作费用(OPEX)。在操作成本中综合考虑了氢公用工程的年度消耗成本、压缩机的年度电耗成本和燃料气的年度收益，如式(36)~式(39)所示。操作成本受到外部市场价格波动的影响，是第二阶段操作变量。投资成本则是由压缩机、提纯装置和管道的年度投资建造成本构成的，按照公式(40)~式(43)进行计算。投资成本只涉及第一阶段的设计变量，不依赖于多情景的操作方案。

$$\min TAC=C_{\mathrm{H_2}}+C_{\mathrm{power}}-C_{\mathrm{fuel}}+Af(C_{\mathrm{comp}}+C_{\mathrm{purifier}}+C_{\mathrm{pipe}}) \tag{35}$$

$$C_{\mathrm{H_2}}=\sum_{h\in H,\ s\in S} t_h F_{h,\ s} e_{h,\ s} Prob(s) \tag{36}$$

$$C_{\mathrm{power}}=\mathrm{epower}_s \sum_{c\in C,\ s\in S} t_c \mathrm{POWER}_{c,\ s}\mathrm{Prob}(s) \tag{37}$$

$$POWER_{c,s}=F_{c,s}\frac{C_{p,c}T}{\eta_c}\left[\left(\frac{P_c^{\mathrm{out}}}{P_c^{in}}\right)^{\frac{\gamma_c-1}{\gamma_c}}-1\right]\frac{\rho_{c,o}}{\rho_c},\quad \forall c\in C,\ s\in S \tag{38}$$

$$C_{\mathrm{fuel}}=\mathrm{efuel}_s\sum_{s\in S}F_{\mathrm{fuel},\ s}\,t_{\mathrm{fuel}}\left[HV_{\mathrm{H_2}}\,y_{\mathrm{fuel},\ s}+\mathrm{HV}_{\mathrm{CH_4}}(1-y_{\mathrm{fuel},\ s})\right]\mathrm{Prob}(s) \tag{39}$$

$$Af=\frac{fi\ (1+fi)^{ny}}{(1+fi)^{ny}-1} \tag{40}$$

$$C_{\mathrm{comp}}=\sum_{c\in C}\alpha_c x_c+\beta_c \mathrm{POWER}_{c,\ s} \tag{41}$$

$$C_{\mathrm{purifier}}=\sum_{m\in M}\alpha_m x_m+\beta_m F_m^{P,\ \max} \tag{42}$$

$$C_{\mathrm{pipe}}=\sum_{(p,\ q)\in O}L_{p,\ q}\left(Y_{p,\ q}\alpha_{\mathrm{pipe}}+\beta_{\mathrm{pipe}}\frac{4F_{p,\ q}\rho_{p,\ o}}{\pi u\rho_p}\right) \tag{43}$$

式中，$e_{h,s}$、epower_s和efuel_s分别为不同情景下的氢公用工程价格、电价和燃料气价格；Prob(s)为每种情景可能发生的概率；Af为年化折算因子；C为成本。

五、求解策略

针对所构建的 MINLP 形式的氢气网络模型中因大量双线性项的存在产生的非凸性、存在多个局部最优解、难以收敛至全局最优的问题，本文提出了基于多参数分解技术的全局优化算法。该算法将多参数分解技术严格地嵌套于 MILP-NLP 双层迭代全局优化框架之中，在可控的问题规模和较少迭代次数内即可收敛到满足精度要求的全局最优解，具备求解大规模工程问题的应用潜力。

在氢气网络模型的全局优化策略中，首先利用启发式方法为新建压缩机分配出入口压力，以消除压缩机模型中存在的线性分式项和多项式项，使得氢气网络模型中存在的非线性仅限于双线性项；然后利用基于多参数分解技术的凸松弛来构建原问题的下界问题；最后提出在上界问题和下界问题之间迭代求解的严格的全局优化算法，迭代计算直至上下界收敛至设定的容差标准。

（一）基于多参数分解技术的凸松弛

氢气网络模型中存在着大量的双线性项 $F \cdot y$ 来描述氢气守恒约束中多个含氢流股的混合，这里利用多参数分解技术(Multiparametric Disaggregation Technique，MDT)对双线性项进行处理。流量乘以纯度的双线性项$w_{Fy}=F \cdot y$ 可以用一系列混合整数线性约束进行替代，从而将问题重构为原 MINLP 问题的一个 MILP 近似，式(44)～式(62)给出了下界问题最终的 MILP 形式：

$$w_{Fy} = \sum_{l=p}^{P} \sum_{k=0}^{9} 10^l \cdot k \cdot \hat{F}_{k,l} + \sum_{k=0}^{1} 10^p \cdot k \cdot \widetilde{F}_k \tag{44}$$

$$y = \sum_{l=p}^{P} \sum_{k=0}^{9} 10^l \cdot k \cdot z_{k,l} + \sum_{k=0}^{1} 10^p \cdot k \cdot \tilde{z}_k \tag{45}$$

$$F^L \cdot z_{k,l} \leqslant \hat{F}_{k,l} \leqslant F^U \cdot z_{k,l} \qquad \forall k \in \{0, \cdots, 9\}, \ l \in \{p, \cdots, P\} \tag{46}$$

$$F^L \cdot \tilde{z}_k \leqslant \widetilde{F}_k \leqslant F^U \cdot \tilde{z}_k \qquad \forall k \in \{0, 1\} \tag{47}$$

$$\sum_{k=0}^{9} \hat{F}_{k,l} = F \qquad \forall l \in \{p, \cdots, P\} \tag{48}$$

$$\sum_{k=0}^{1} \widetilde{F}_k = F \tag{49}$$

$$\sum_{k=0}^{9} z_{k,l} = 1 \qquad \forall l \in \{p, \cdots, P\} \tag{50}$$

$$\sum_{k=0}^{1} \tilde{z}_k = 1 \tag{51}$$

$$F^L \cdot \Delta y \leqslant \Delta w \leqslant F^U \cdot \Delta y \tag{52}$$

$$\Delta w \leqslant (F-F^L) \cdot 10^p + F^L \cdot \Delta y \tag{53}$$

$$\Delta w \geqslant (F-F^U) \cdot 10^p + F^U \cdot \Delta y \tag{54}$$

$$w_{Fy} \geqslant F^L y + y^L F - F^L y^L \tag{55}$$

$$w_{Fy} \geqslant F^U y + y^U F - F^U y^U \tag{56}$$

$$w_{Fy} \leqslant F^L y + y^U F - F^L y^U \tag{57}$$

$$w_{Fy} \leqslant F^U y + y^L F - F^U y^L \tag{58}$$

$$F^L \leqslant F \leqslant F^U \tag{59}$$

$$0 \leqslant \Delta y \leqslant 10^p \tag{60}$$

$$z_{k,l} \in \{0,\ 1\} \qquad \forall k \in \{0,\ \cdots,\ 9\},\ l \in \{p,\ \cdots,\ P\} \tag{61}$$

$$0 \leqslant \tilde{z}_k \leqslant 1 \qquad \forall k \in \{0,\ 1\} \tag{62}$$

（二）全局优化算法

本文提出基于多参数分解技术的两层 MILP-NLP 全局优化求解算法，其主要思想是在多参数分解技术产生的下界问题和固定二元变量的原 MINLP 问题退化而来的 NLP 上界问题之间进行迭代。问题的上界和下界在每轮迭代中不断更新，直至上下界间隙收敛至设定的容差范围内。该全局优化算法的算法流程如图 5 所示。

六、氢气网络工业案例研究

（一）工业案例描述

在某百万吨级炼厂中，存在 6 个用氢单元，分别是催化柴油加氢装置(Catalytic diesel hydrotreater，CDHT)、直馏柴油加氢装置(Straight-run diesel hydrotreater，SDHT)、柴油加氢装置(Diesel hydrotreater，DHT)、航煤加氢装置(Kerosene hydrotreater，KHT)、蜡油加氢装置(Wax oil hydrotreater，WHT)和加氢裂化装置(Hydrogen cracker，HC)。该炼厂中的氢源包括连续催化重整装置(Continuous catalytic reformer，CCR)、半再生催化重整装置(Semi-regenerated catalytic reformer，SCR)和 6 个用氢装置排放的含氢驰放气。受到外部市场不确定性的影响，氢气价格、电价和燃料气价格分别用 3 个离散的价格情景进行描述(低价格、中等价格和高价格)。另外，受进料原油品质、催化剂活性和炼厂生产计划等因素的影响，在实际操作中，氢源氢气的供给量和氢阱氢气的需求量在标称值附近存在±10%的波动。

（二）与传统优化模型的对比

该炼厂氢气网络是在设计阶段考虑不确定性的影响，从而获得最优的网络拓扑结构和多情景操作方案。比较 3 种不同的优化模型：确定性优化模型(不确定参数以均值来替代)、随机规划模型(只考虑与外部市场变化相关的不确定性)和含有柔性约束的随机规划模型(用随机规划处理与外部市场变化相关的不确定性，用柔性约束处理操作层参数的波动)。为了更加科学地分析和比较这 3 种优化模型，这里利用随机解的价值(Value of Stochastic Solution，VSS)来进行定量评价。VSS 评估了相较于确定性模型，应用随机规划方法可以获得的额外收益，它是衡量考虑参数不确定性意义的重要指标。在该工业案例中，VSS 和相对 VSS 的定义如式(63)和式(64)所示。

$$\mathrm{VSS} = \mathrm{TAC}^{\mathrm{det}} - \mathrm{TAC}^{\mathrm{sto}} \tag{63}$$

$$\overline{\mathrm{VSS}} = \frac{\mathrm{TAC}^{\mathrm{det}} - \mathrm{TAC}^{\mathrm{sto}}}{\mathrm{TAC}^{\mathrm{det}}} \tag{64}$$

式中，$\mathrm{TAC}^{\mathrm{sto}}$ 为通过两阶段随机规划计算得到的年度总成本；$\mathrm{TAC}^{\mathrm{det}}$ 为将第一阶段设计变量固定为确定性优化模型的最优解，再来求解相同的随机规划问题所得到的年度总成本。这

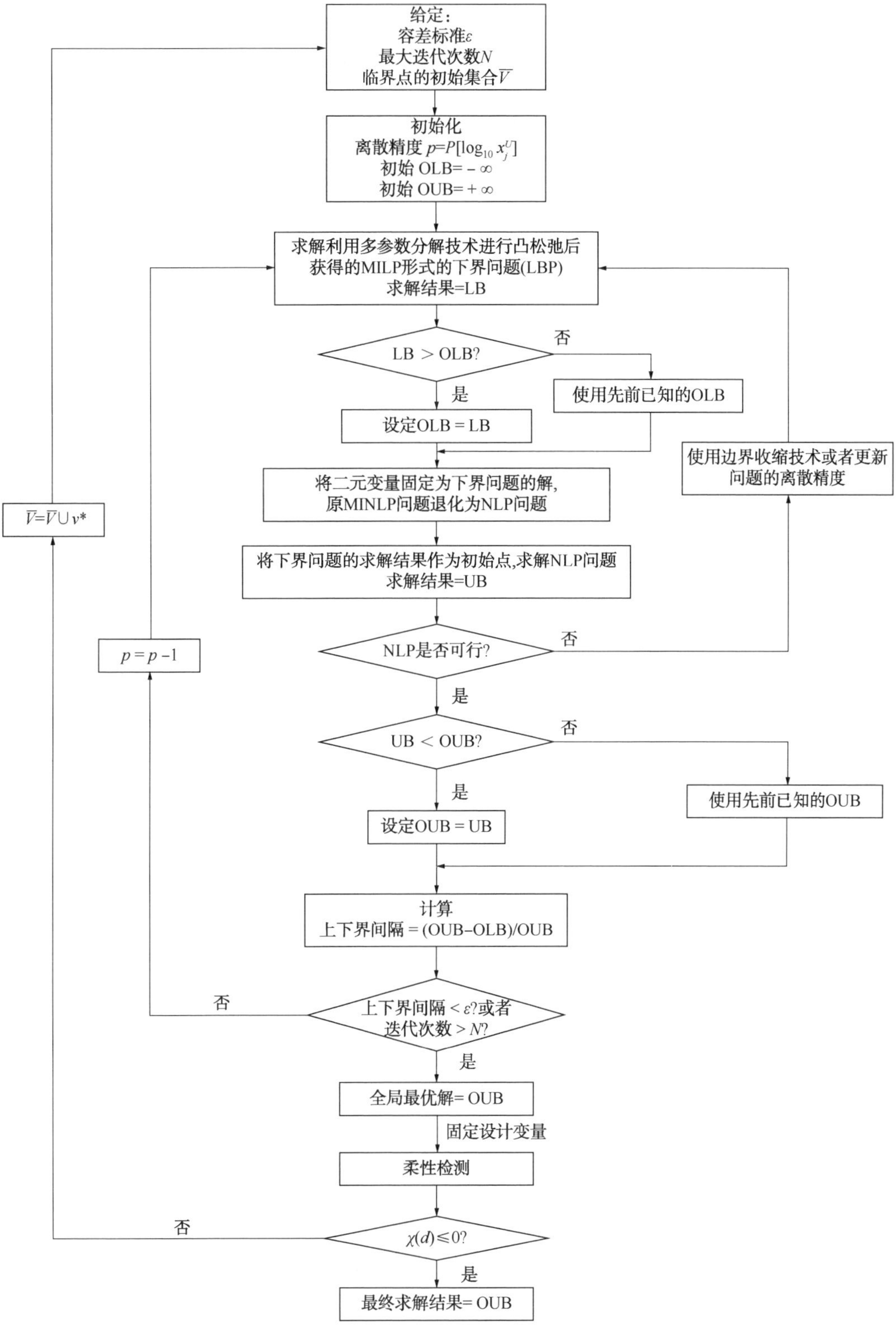

图 5　基于多参数分解技术的全局优化算法流程图

意味着确定性模型计算得到的氢气网络拓扑结构需要同样置于变化的环境中来进行评价。VSS 代表了随机规划模型的解相较于确定性方法的解每年可以节约的成本。表 1、表 2 和图 6、图 7 展示了 3 种不同的优化模型的模型规模和求解结果。

表 1　3 种优化模型的模型规模及求解结果

模型	约束数目	连续变量数目	0-1 变量数目	非线性项	目标函数值年度总成本
确定性模型	265	214	96	96	6387.6 万美元
随机规划模型	4035	3100	96	2592	6310.9 万美元
含有柔性约束的随机规划模型	4319	3316	96	2756	6313.6 万美元
VSS	76.7 万美元		$\overline{VSS}$(%)		1.2%

表 2　3 种优化模型的年度总成本、投资成本和操作成本对比　　单元：万美元

成本/收益	确定性模型	随机规划模型	含有柔性约束的随机规划模型
年度总成本	6387.6	6310.9	6313.6
年度操作成本	3494.1	3351.7	3352.3
氢气成本	3499.9	3292.1	3292.5
用电成本	1556.9	1222.6	1222.9
燃料气收益	1562.7	1163.0	1163.1
年度投资成本	2893.5	2959.2	2961.3
压缩机	22.1	22.1	22.1
提纯装置	1070.9	1120.4	1120.4
管道	1800.5	1816.7	1818.8

通过对比 3 种优化模型可以发现，应用确定性优化模型得到的年度总成本最高，随机规划模型计算得到的年度总成本最低，含有柔性约束的随机规划模型的年度总成本略高于只考虑了外部市场不确定性的随机规划模型。从图 6 和图 7 可以发现，相较于确定性模型，随机规划模型和包含柔性约束的随机规划模型中的投资建造成本略有提高，但它们可以节约大量的年度操作成本，使年度总成本下降。这是由于后两个模型的设计结果中新增了部分管道连接，并相应地扩大了提纯装置和压缩机的设计容量，在外部市场价格情景变化时，可以进行敏捷的调整以最优化生产，使得氢气网络的设计结构具有更高的操作柔性，从而降低年度操作成本。此外，与随机规划模型相比，包含柔性约束的随机规划模型还考虑了操作层的不确定性，虽年度总成本略有升高，但是可以确保氢气网络在氢源氢气供给量和氢阱氢气需求量发生波动时依然能够平稳地运行。综上所述，本文所提出的包含柔性约束的随机规划模型不仅表现出较高的经济效益，同时可以在极端操作点下确保操作的可行性，避免了氢源氢阱氢气供需量波动时的严重后果。

图 8~图 12 展示了 3 种优化模型计算得到的氢气系统的最优网络设计以及随机规划模型得到的多情景操作方案。

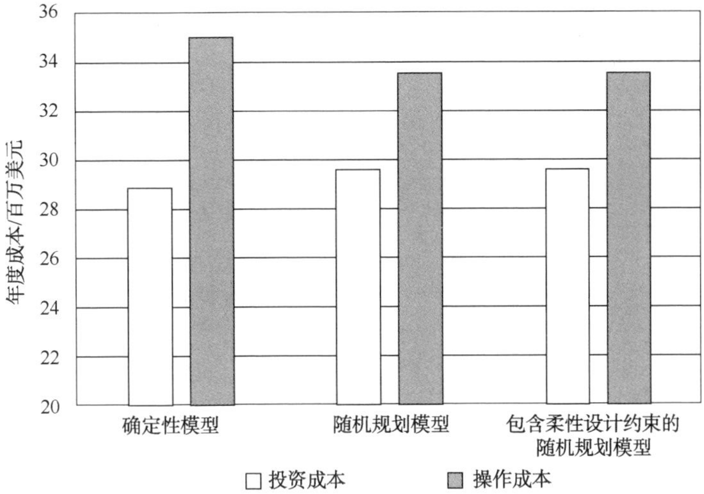

图 6　3 种优化模型年度投资成本和操作成本对比

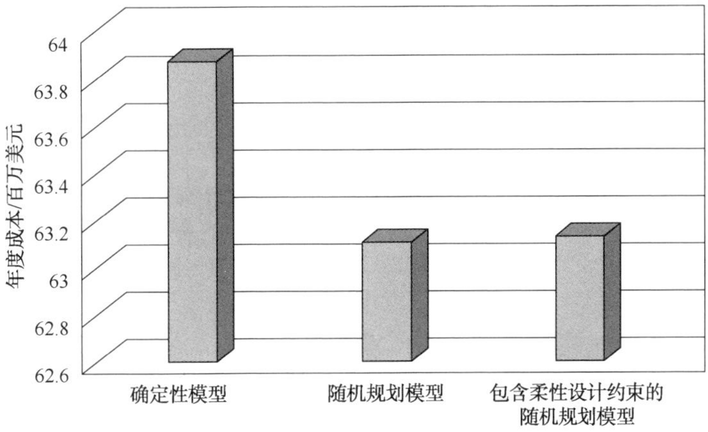

图 7　3 种优化模型年度总成本对比

确定性优化模型计算得到的最优氢气网络设计如图 8 所示。在该设计中，采取了一些措施来降低氢气网络的操作运行成本，如尽可能多地利用炼厂内部催化重整装置副产的重整氢，充分利用化肥厂高压廉价的氢气，并对加氢装置排放尾氢进行回收利用，从而最大程度地降低外部氢公用工程的用量。催化柴油加氢装置（CDHT）和蜡油加氢装置（WHT）排放的尾氢具有相对较高的氢气纯度，经变压吸附分离装置（PSA）提纯后回收利用；而其余加氢装置低纯度的驰放气则直接排入燃料气系统进行燃烧。

随机规划模型计算得到的最优氢气网络设计如图 9 所示。如表 1 所示，相较于确定性模型，应用随机规划模型年度总成本可节省 76.7 万美元，这是由于随机规划模型得到的设计结果可以实施多情景的柔性操作策略。随机规划模型得到的设计新增了 3 条管线来提高过程的操作柔性，与确定性模型计算得到的设计在拓扑结构上的差异在图 9 中利用彩色的虚线框进行标注。随机规划模型不仅给出了氢气网络拓扑结构的最优设计方案，同时提供了不同价格情景下的最优生产策略，使其具有更高的柔性来应对外部市场的变化，灵活地调整操作策略从而获得最大的经济效益。

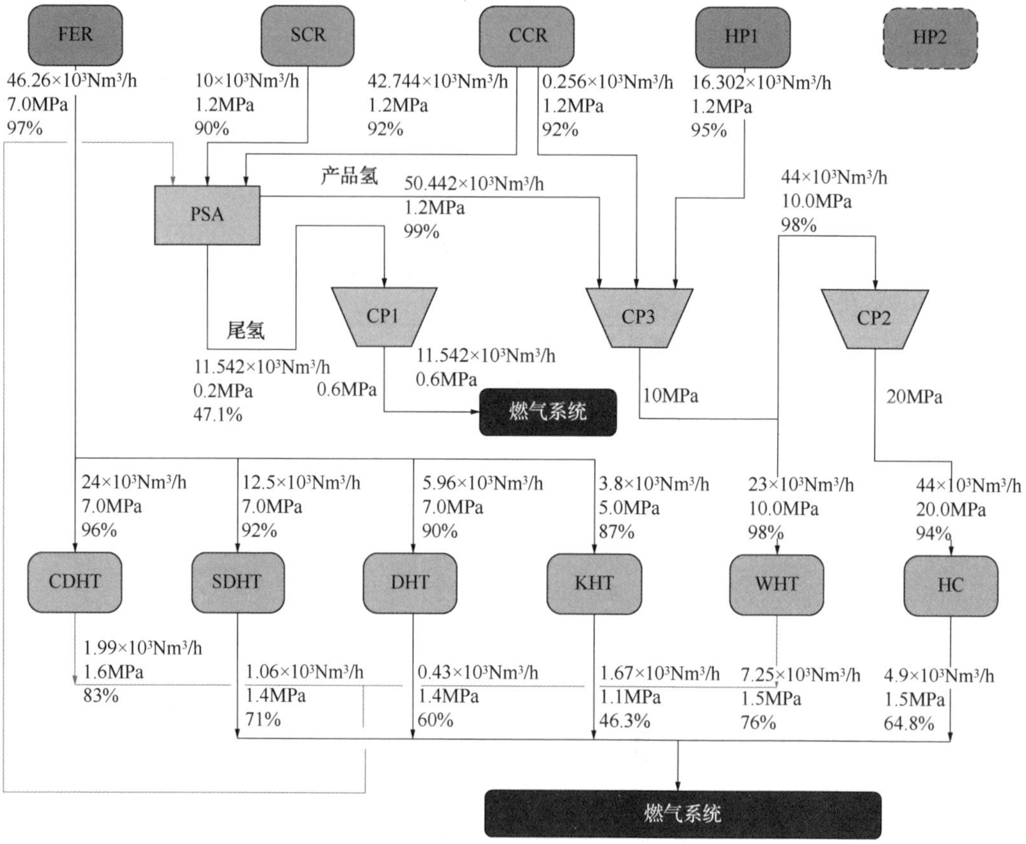

图 8　确定性优化模型计算得到的最优氢气网络设计

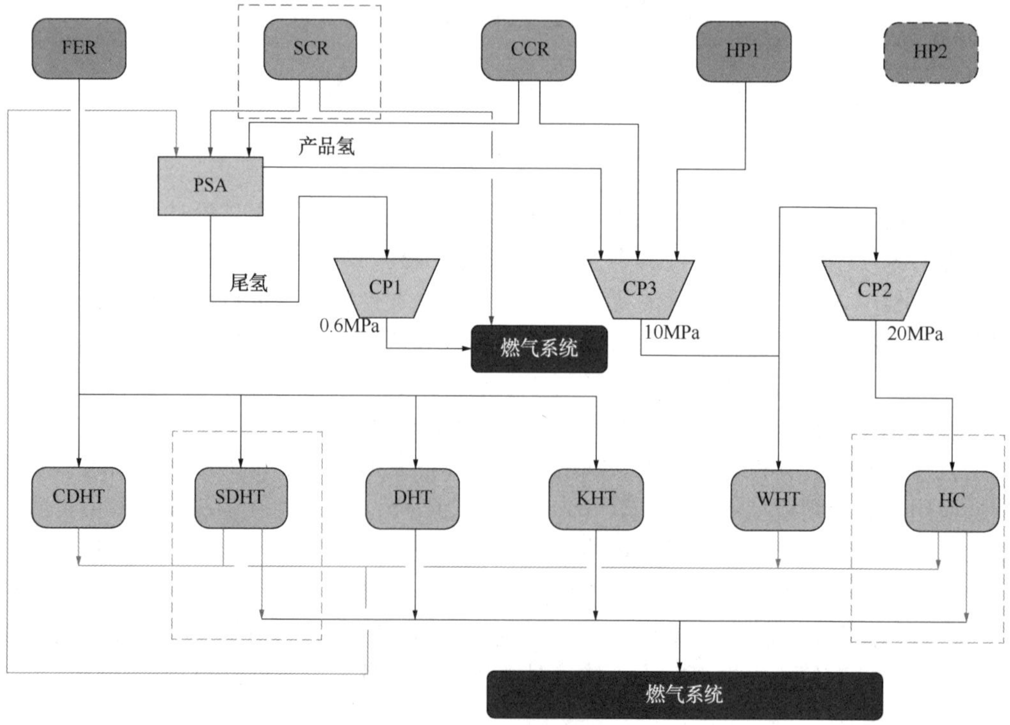

图 9　随机规划模型计算得到的最优氢气网络设计

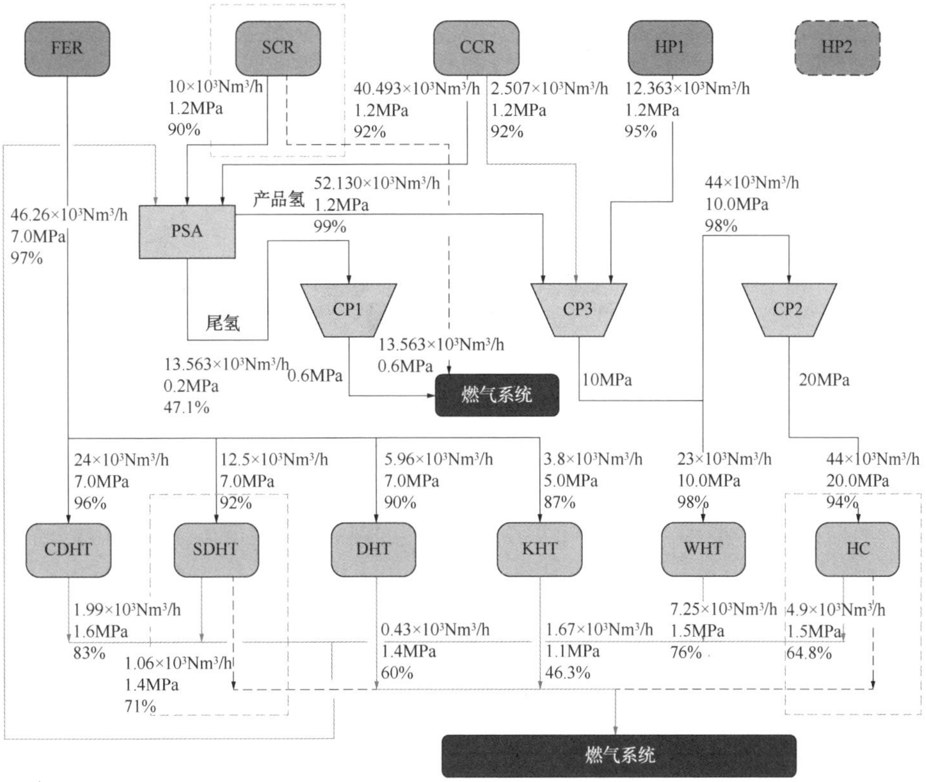

图 10　高氢气价格、低电价、低燃料气价格情景下氢气网络的操作方案

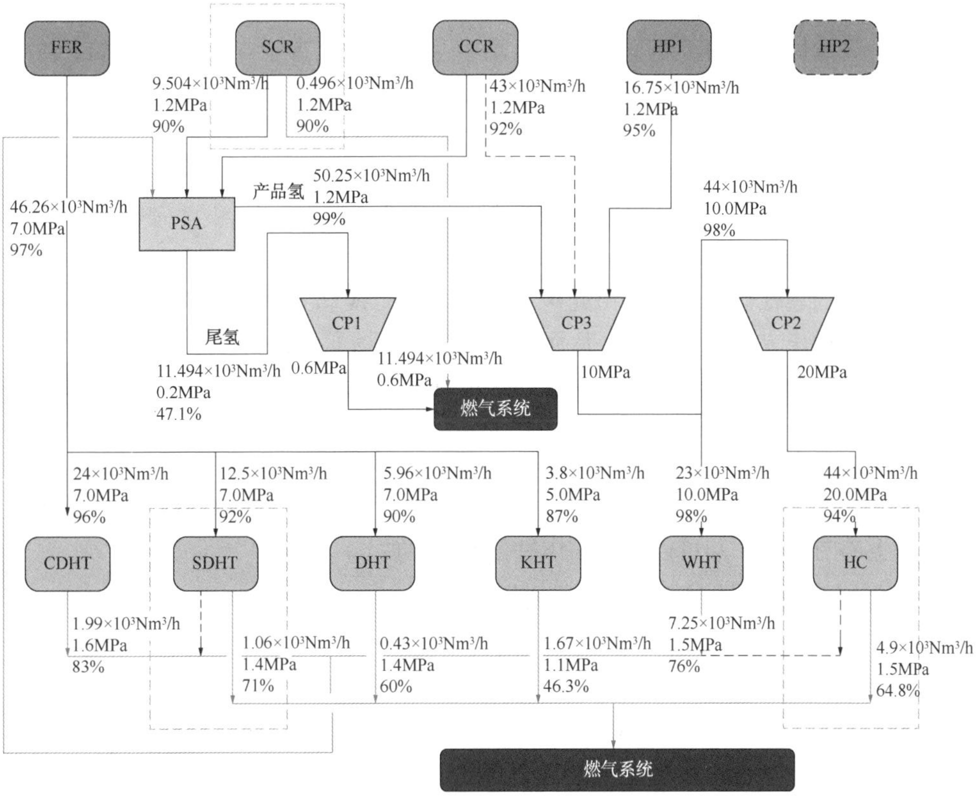

图 11　低氢气价格、高电价、中等燃料气价格情景下氢气网络的操作方案

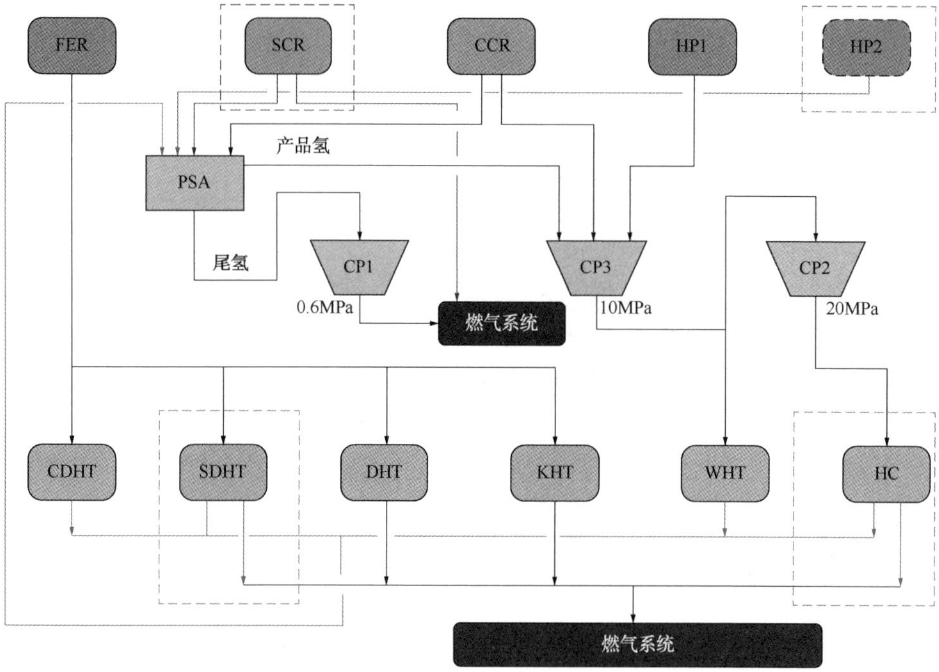

图 12　包含柔性约束的随机规划模型计算得到的最优氢气网络设计

如图 10 所示，在氢气价格高、电价和燃料气价格低的外部市场环境下，充分进行氢气的回收利用成为降低操作成本的关键举措。更多的加氢装置(CDHT、WHT、SDHT 和 HC)的含氢弛放尾气将进行循环回用，而不是直接向燃料气系统排放。催化重整装置副产的氢气同样需要进一步提纯后输送至下游氢阱。图中灰色的虚线表示在该价格情景下的实际操作中某些管道中无气体流量。由于在电价较低的情境下，使用压缩机是相对经济的，因而可以尽可能多地回收利用氢气纯度相对较高的加氢装置弛放气。

相反地，在氢气价格低、电价高的价格情景下，对低纯度的含氢驰放气进行大量的回收利用显然是不经济的，因为这将导致压缩机大量的功率消耗。如图 11 所示，最经济的操作策略是将来源于 SDHT 和 HC 装置的中等纯度的含氢尾气直接向燃料气系统排放，而从外部市场购买低价的氢气作为补充。由此可知，新建的管线和某些装置扩大的容量能够使得这种灵活的生产操作方案得以实施，从而及时地响应市场变化，获得更高的经济收益。

除了外部市场价格的变化，含有柔性约束的随机规划模型还考虑了氢源氢气供给量和氢阱氢气需求量的波动。如图 12 所示，在含有柔性约束的随机规划模型得到的设计结果中，新增了一条从制氢厂 2 连接至 PSA 装置的管道(在图中用绿色的实线进行标注)，以保证在极端操作条件下氢气的稳定供应和油气产品质量的达标。相较于随机规划模型，虽然其在总成本上略有上升，却可以保证操作过程的鲁棒性。

(三) 全局优化算法的计算性能分析

本文中所提出的建模方法与优化算法利用 GAMS 24. 9. 2. 实现编程。所有的运算均由一台 CPU 型号为 Intel Core i7-7700、内存为 16. 0GB 的台式机来完成。如前所述，本文所提出的全局优化算法需要在 MILP 下界问题和 NLP 上界问题之间进行迭代求解。由多参数分解技术凸松弛后获得的 MILP 下界问题由 CPLEX 12. 7 进行求解，然后利用 MILP 问题的求解结果初始化模型的变量值，再使用 IPOPT 3. 12 来求解固定二元变量后得到的 NLP 问题，进行算法的迭代。同时，使用商用求解器 DICOPT、BARON 和 ANTIGONE 1.1 直接求解原 MINLP 问题，与本文所提出的优化算法进行比较。

这里利用含有柔性约束的随机规划模型来验证算法的计算性能。表 3 和图 13 展示了所提出的全局优化算法的迭代过程、收敛情况以及计算结果。

表 3　全局优化算法迭代过程及收敛情况

迭代次数	离散精度	下界	上界	相对间隙/%	总求解时间/s
1	0.1	58726553.64	63137151.35	6.99%	81533.705
2	0.01	62971432.09	63136718.66	0.26%	
3	0.001	63127452.70	63135680.22	0.01%	

在图 13 中，x 轴代表迭代次数，y 轴表示目标函数值。由图观察可知，在第一次迭代后，上下界之间的相对间隙就收敛到了 7%以内。在 3 次迭代完成后，上下界的相对间隙收敛到了 0.01%，到达了算法终止的容差要求。该算法在最初的几次迭代中上下界就可以收敛到较小的相对间隙。在较少的迭代次数和合理的运算时间中就可以完成算法的收敛。

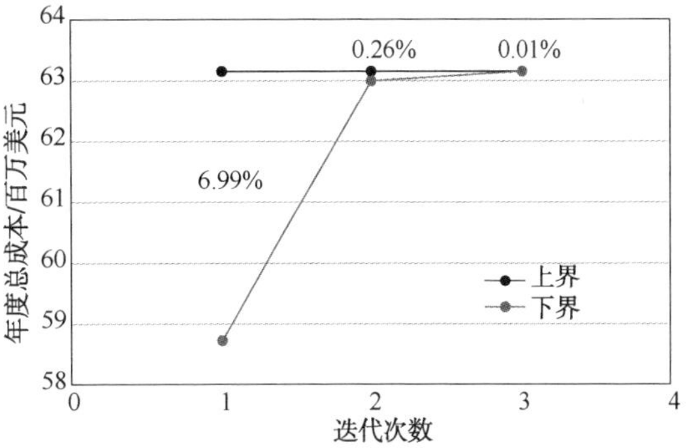

图 13　全局优化算法迭代过程中上下界收敛情况

表 4 比较了本文提出的全局优化算法和 MINLP 商用求解器的计算性能。对该问题，DICOPT 求解器陷入了局部不可行，ANTIGONE 求解器在 100000s 的限制求解时间内无法找到可行解。对于该工业案例，BARON 求解器表现出了商用求解器中最好的计算性能，在设定的运算时间内，找到了一个可行的整数解，但仍然有 7.21%的相对间隙，难以继续收敛。本文所提出的全局优化算法无论是在解的质量、相对间隙还是求解时间方面，都明显优于上述的 MINLP 商用求解器，对包含大量双线性项的大规模氢气网络问题表现出良好的计算性能。该全局优化算法对于含有大量双线性项的水网络、换热网络等工业过程网络设计和油品调合问题等均有拓展应用的潜力。

表 4　商用 MINLP 求解器和本文所提出的全局优化算法计算结果对比

求解方法	模型求解状态	目标函数值 TAC/美元	相对间隙/%	求解时间/s
DICOPT	局部不可行	—	—	0.547
ANTIGONE	无解返回	—	—	100000 （计算资源终止）
BARON	整数可行解	63137965.85	7.21%	100000 （计算资源终止）
本文提出的 全局优化算法	全局最优解	63135680.22	0.01%	81533.705

七、结论

针对炼厂大规模氢气网络设计中存在的外部市场变化和操作参数波动等多种不确定因

素，本文提出了融合柔性约束的随机规划建模框架。在该模型框架中，利用两阶段随机规划来处理变化的氢气价格、电价和燃料气价格等外部市场不确定因素，并应用柔性约束以更加鲁棒的方式来处理操作层的不确定参数。这种集成了两种不确定性优化理论的建模方法，反映出决策者对于不同类型不同来源的不确定因素的不同保守态度，在过程经济性与操作鲁棒性之间实现了最优的权衡。随机规划中基于多情景的柔性操作策略使其获得了更高的经济效益，同时通过柔性分析对高风险不确定参数进行处理，在最优化经济期望的同时确保了操作过程的鲁棒性。针对所构建的氢气网络模型中存在的大量双线性项，本文提出了基于多参数分解技术的全局优化算法，在可控的问题规模和较少的迭代次数内即可获得高质量的全局优化设计解。与传统确定性模型和标准随机规划模型相比，该集成优化模型得到的设计结果可以在复杂的氢气网络拓扑结构之间进行氢气资源灵活的回收利用和梯级匹配，在对氢气网络进行挖潜增效的同时，确保了生产操作的平稳性和安全性。

参考文献

[1] Liao Z, Wang J, Yang Y, et al. Integrating purifiers in refinery hydrogen networks: a retrofit case study [J]. Journal of Cleaner Production, 2010, 18(3): 233-241.

[2] Liao Z-W, Rong G, Wang J-D, et al. Rigorous algorithmic targeting methods for hydrogen networks—Part I: Systems with no hydrogen purification [J]. Chemical Engineering Science, 2011, 66(5): 813-820.

[3] Jiao Y, Su H, Hou W, et al. Optimization of refinery hydrogen network based on chance constrained programming [J]. Chemical Engineering Research and Design, 2012, 90(10): 1553-1567.

[4] Jiao Y, Su H, Hou W, et al. Design and Optimization of Flexible Hydrogen Systems in Refineries [J]. Industrial & Engineering Chemistry Research, 2013, 52(11): 4113-4131.

[5] Lou J, Liao Z, Jiang B, et al. Robust optimization of hydrogen network [J]. International Journal of Hydrogen Energy, 2014, 39(3): 1210-1219.

[6] Sardashti Birjandi M R, Shahraki F, Razzaghi K. Hydrogen network retrofit via flexibility analysis: The steady-state flexibility index [J]. Chemical Engineering Research and Design, 2017, 117: 83-94.

[7] Jagannath A, Almansoori A. Modeling of Hydrogen Networks in a Refinery Using a Stochastic Programming Appraoch [J]. Industrial & Engineering Chemistry Research, 2014, 53(51): 19715-19735.

[8] Jagannath A, Elkamel A, Karimi I A. Improved Synthesis of Hydrogen Networks for Refineries [J]. Industrial & Engineering Chemistry Research, 2014, 53(44): 16948-16963.

[9] Swaney R E, Grossmann I E. An index for operational flexibility in chemical process design. Part I: Formulation and theory [J]. AIChE Journal, 1985, 31(4): 621-630.

[10] Grossmann I E, Floudas C A. Active constraint strategy for flexibility analysis in chemical processes [J]. Computers & Chemical Engineering, 1987, 11(6): 675-693.

[11] Halemane K P, Grossmann I E. Optimal process design under uncertainty [J]. AIChE Journal, 1983, 29(3): 425-433.

[12] Hallale N, Liu F. Refinery hydrogen management for clean fuels production [J]. Advances in Environmental Research, 2001, 6(1): 81-98.

[13] Jagannath A, Madhuranthakam C M R, Elkamel A, et al. Retrofit Design of Hydrogen Network in Refineries: Mathematical Model and Global Optimization [J]. Industrial & Engineering Chemistry Research, 2018, 57(14): 4996-5023.

[14] Castro P M, Grossmann I E. Global Optimal Scheduling of Crude Oil Blending Operations with RTN Continuous-time and Multiparametric Disaggregation [J]. Industrial & Engineering Chemistry Research, 2014, 53(39): 15127-15145.

[15] Zhang Q, Cremer J L, Grossmann I E, et al. Risk-based integrated production scheduling and electricity procurement for continuous power-intensive processes [J]. Computers & Chemical Engineering, 2016, 86: 90-105.

附录 氢气网络模型符号参数对照表

附表 1 氢气网络模型集合含义对照表

参数	含义
H	氢公用工程集合
I	氢源集合
J	氢阱集合
C	压缩机集合
M	提纯器集合
F	燃料气系统集合
O	在分离器和混合器之间所有可能存在的连接的集合
S	不同组合价格情景的集合
V	由氢源氢气供给量和氢阱氢气需求量的不确定性构成的超矩形的顶点

附表 2 氢气网络模型变量及参数含义对照表

参数	含义	参数	含义
Af	年化因子	u	管道中的气体流速，m/s
fi	年利率	R	氢气回收率
ny	投资成本回收年限	N	设备单元的数目
t	年度操作时间(8000h)	P	压力，MPa
C_p	等压热容，J/kg K	POWER	压缩机功耗
T	温度，K	F	流股流率，Nm^3/h
η	压缩机效率	U	流股流率的上界，Nm^3/h
γ	气体等压热容与等容热容之比	y	氢气纯度,%
ρ	气体密度，kg/m^3	x	0-1 变量，表示是否存在管道连接
ρ_o	标准状况下的气体密度，kg/m^3	C	成本，美元
HV	标准燃烧热，J/Nm^3	e	氢公用工程价格
α	投资建造成本固定成本系数	epower	电价
β	投资建造成本可变成本系数	TAC	年度总成本，美元
L	管道长度，m		

附表 3 氢气网络模型上标含义对照表

参数	含义	参数	含义
P	提纯装置产品	in	进口
R	提纯装置尾氢	out	出口

附表 4 氢气网络模型下标含义对照表

参数	含义	参数	含义
h	氢公用工程	Fuel	燃料气
i	氢源	s	价格情景
j	氢阱	v	不确定参数构成的超矩形的顶点
c，c'	压缩机	max	最大值
m，m'	提纯装置	min	最小值

㶲分析法及其在重整装置上的应用

经　铁｜中石化炼化工程(集团)股份有限公司洛阳技术研发中心

㶲分析法是建立在热力学第一、第二定律上的能量的量与质统一的分析方法，能够全面揭示工艺系统及单元设备有效能损失的环节及大小，更加针对性地进行节能优化与改造。本文阐述了㶲的概念、分类、㶲平衡和㶲损失等基本理论，并针对某炼厂重整装置应用 Aspen Plus 软件进行建模与模拟，运用㶲分析法对现有流程进行有效能评价，发现具有较大的节能潜力。将有效能作为因变量对脱戊烷塔进行操作参数研究与优化，得到最佳的操作参数，并将进料温度提高15℃，燃料气节省了700t/a；提出充分利用预分馏塔顶油气热量与高压吸收罐底低温液体换热的方案，改造后脱戊烷塔进料换热器的㶲效率从72.16%提高至81.31%。

目前，普遍的用能分析法包括基于热力学第一定律的焓分析法和基于热力学第二定律的㶲分析法。传统的焓分析法关注的是能量在数量上的平衡，主要是用热效率的高低来估计节能潜力，而㶲分析法不再是简单地把能量节约和换热优化看成是一个只有量变的过程，而是加入了流股的另外一个重要物理量——“熵”，进而将焓与熵结合成一个新的物理量——“㶲”，并对其进行研究，得到各物流的做功能力及其损失情况。㶲分析并非是一个全新的概念，过去主要用于电厂的能量分析，近年来逐渐应用于石油化工系统的分析与合成中，展现出良好的应用前景。

一、概述

(一) 㶲的概念及分类

㶲是针对热提出的，即热量中最大能转化为功的部分，又称“有效能”“可用能”，是指一定形式的能量或一定状态的物质，经过完全可逆的变化过程后，达到与基准环境完全平衡的状态，在这个过程中，该能量或物质所能做的最大有用功。与㶲相反，不能转化为有用功的那部分能量称为炕。因此，任何能量(E)都是由烟(E_x)和炕(A_n)组成的，即：

$$E=E_x+A_n \tag{1}$$

20世纪50年代以后，热力学第二定律的理论已开始在节能实践中广泛应用，当任何一种形式的能量被转移或转化为另一种形式的能量时，其品位只可能降低或不变，绝不可能提高，这种量的守恒性和质的差异性是能量在转换时所具有的双重属性。基于此，高质能量的能级系数为1，僵态能量的能级系数为0，而低质能量的能级系数则介于0与1之间，其中，能级系数通常定义为单位能量中所含烟的比例。在一般的石油化工过程中，所涉及的常见的烟分类及特点见表1。烟代表了能量中量与质统一的部分，反映了各种形态能量的转换能力，能量中含有的烟值越高，其动力利用的价值越多，"质"也越高。

表1　烟的分类

烟的分类	特点
动能烟	动能本身是机械能，可全部转变为功，即动能烟值与动能值相等
位能烟	流体的位能可完全转化为有效功，即流体的位能即为位能烟
热烟	只具备部分转化能力的能量，仅有一部分是烟
物流的物理烟	物流的给定状态达到与物理基准态热力学平衡时能量利用的限度
化学烟	由物系组成不同于环境或者由浓度不同于基准浓度而具有的做功能力

资料来源：《石油石化绿色低碳》。

(二) 烟分析法原理

对于一切不可逆过程，在能量的转化过程中必然有质的损失即烟损，过程的不可逆程度越大，烟损失越大。烟分析就是根据能量中的烟平衡关系揭示烟的转换、传递、利用和损失情况。烟平衡示意见图1。

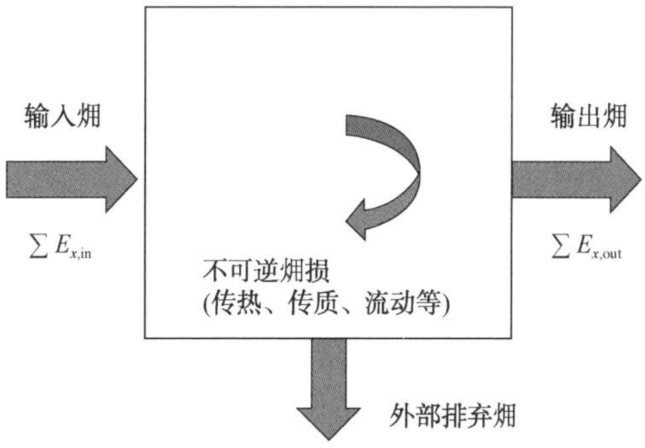

图1　烟平衡示意

使用烟分析法分析优化工艺流程或单元设备时，总的目标是"按质用能、按需供能"。进行烟计算之前，首先要确定被研究物系，设定环境基准态。环境状态的规定在不同文献中并不完全一致，比较著名的是波兰学者Szargut模型和日本龟山-吉田模型，虽然不同基准下计算出的烟值有所差别，但这并不影响热力学分析结果的准确性；其次确定流入、流出系统的各种物流量、热流量和功流量，以及各物流的状态参数；再通过烟平衡方程确定过程系统及子系统或设备的烟损失和烟效率，评价用能完善程度，指出过程用能改进的潜力和方向。

对于烟值的计算，可直接利用流程模拟软件如Aspen Plus、Hysys等得到所需的焓、熵、温度等热力学数据，然后采用公式进行烟平衡、烟损失及烟效率的计算。各单元操作烟损失的计算公式见表2。

表2　各单元操作烟损失的计算公式

单元操作	计算公式
泵	$E_{p,l}=E_{x,\text{in}}-E_{x,\text{out}}+W_p$(2)
压缩机	$E_{\text{com},l}=E_{x,\text{in}}-E_{x,\text{out}}+W_{\text{com}}$(3)

续表

单元操作	计算公式
冷却器	$E_{c,l}=E_{x,\mathrm{in}}-E_{x,\mathrm{out}}-Q_c(1-T_0/T_c)$(4)
加热器	$E_{h,l}=E_{x,\mathrm{in}}-E_{x,\mathrm{out}}+Q_h(1-T_0/T_h)$(5)
换热器	$E_{e,l}=\sum E_{x,\mathrm{in}}-\sum E_{x,\mathrm{out}}$(6)
精馏塔	$E_{d,l}=E_{x,\mathrm{in}}-E_{x,\mathrm{out}}+Q_h(1-T_0/T_h)-Q_c(1-T_0/T_c)$(7)

注：$E_{x,\mathrm{in}}$为入口㶲流率，kJ/s；$E_{x,\mathrm{out}}$为出口㶲流率，kJ/s；E_l为㶲损失，kJ/s；T_0为环境温度，K；T_c为冷源温度，K；T_h为热源温度，K；Q_c为冷负荷，kW；Q_h为热负荷，kW；W为功、电能、机械能，kJ/s。

资料来源：《石油石化绿色低碳》。

二、㶲分析法应用

（一）重整装置概况

某炼厂连续重整装置主要以石脑油（初馏点约175℃）为原料，生产富含芳烃的重整生成油，作为芳烃原料和汽油调合组分，同时富产氢气和少量的液化气。其中，重整反应产物经换热、冷却、气液分离、增压、高压再接触实现氢气与重整汽油的分离，氢气供加氢装置使用，重整汽油经脱戊烷塔脱除C_5组分后进入下游芳烃装置。使用Aspen Plus软件对该重整装置分离系统进行建模，利用㶲分析法对其用能情况进行分析评价，通过优化关键操作参数、充分利用低温余热等措施实现节能降耗。具体工艺流程见图2。

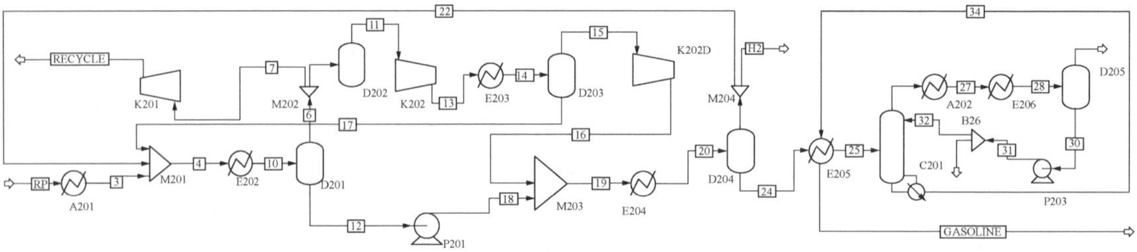

图2 重整装置分离系统工艺过程模拟流程

（二）㶲分析过程

㶲分析结合了热力学第一、第二定律，通过分析能量中量与质统一的部分，进而得到各物流的做功能力及其损失情况，能够快速找到节能优化工作重心，指导节能工作的深层次开展。对重整装置的重整反应产物分离系统进行有效能计算及评价。其中，脱戊烷塔C201、换热器、空冷器的评价结果见表3，图3为脱戊烷塔的塔内温度分布及有效能损失分布，换热器、空冷器的㶲效率分布见图4。

表3 重整反应产物分离系统有效能分析

设备位号	设备名称	热侧温度（进/出）/℃	冷侧温度（进/出）/℃	有效能损失/kW	㶲效率/%
C201	脱戊烷塔	—	—	1999.92	42.26
E202	重整产物水冷器	55/40	30/40	74.31	96.55
E203	重整氢增压机中间冷却器	105/40	30/40	184.49	94.77
E204	高压吸收罐冷却器	79/40	30/40	208.60	95.75

续表

设备位号	设备名称	热侧温度(进/出)/℃	冷侧温度(进/出)/℃	有效能损失/kW	㶲效率/%
E205	C201 进料换热器	222/80	41/165	761.96	72.16
E206	C201 塔顶水冷器	55/40	30/40	19.00	95.28
A201	重整产物空冷器	115/55	—	839.63	70.89
A202	C201 塔顶空冷器	87/55	—	102.35	83.97

资料来源:《炼油技术与工程》。

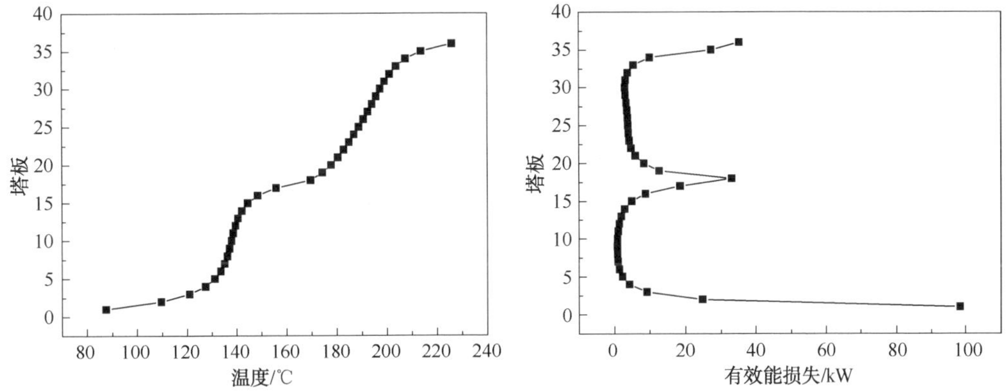

图 3 脱戊烷塔 C201 塔内温度分布及有效能损失分布

根据脱戊烷塔 C201 的塔内有效能损失分布得出其进料板处的有效能损失占全塔有效能损失的 9.13%,可通过优化进料状态降低㶲损;塔顶处有效能损失为 98.44kW,占全塔有效能损失的 27.14%,这是由于塔顶为 87.4℃的油气,而回流是 30℃的液体,混合造成的㶲损较难避免。从换热器及空冷器的有效能分析得出结论,有效能损失较大的设备依次是重整产物空冷器 A201、C201 进料换热器 E205、高压吸收罐冷却器 E204,但 E204 虽有效能损失较大,其㶲效率为 95.75%,还是较高的。因此,可将重整产物空冷器 A201 和 C201 进料换热器 E205 作为重点节能对象。

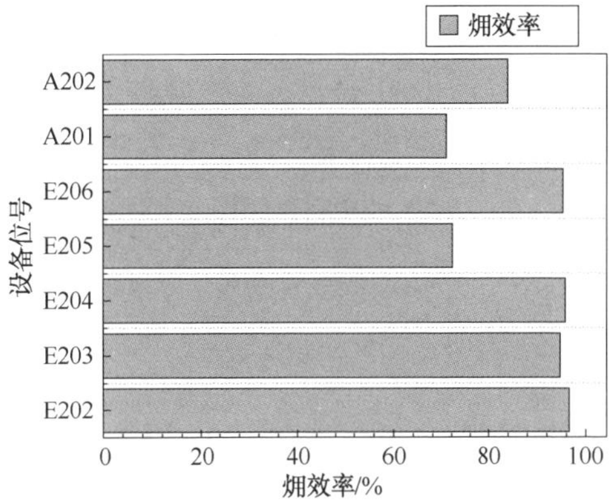

图 4 重整反应产物分离系统换热器、空冷器㶲效率分布

(三)节能方案

结合有效能分析理论及现场操作经验,提出如下措施。

1. 操作参数优化

分别对 C201 的进料温度、进料位置、压力、回流量以有效能为因变量进行分析,见图 5~图 8。进料温度升高,汽油产品中芳烃质量分数下降,C_5及以下组分质量分数升高,进料板处有效能损失下降,全塔有效能损失降低,可适当提高进料温度 15℃,此时全塔有效能损失从 1999.92kW 降至 1627.22kW,降低了 18.64%;进料位置下移,汽油产品中芳烃质量分数上升,有效能损失下降,但影响并不明显,因此,进料位置可不进行改动;压力降低,塔釜汽油中芳烃质量分数下降,C_5及以下组分含量增加,但压力的降低影响塔顶无硫液化气的外送，需综合考虑；回流比减小，有效能损失下降，汽油产品质量下降。综上所述，在满足重整汽油质量的前提下，可调整脱戊烷塔进料温度从165℃提高至180℃，保证回流比在0.09(对进料)以上，此时，塔釜热负荷从4821.63kW降至3826.84kW，降低了20.63%。

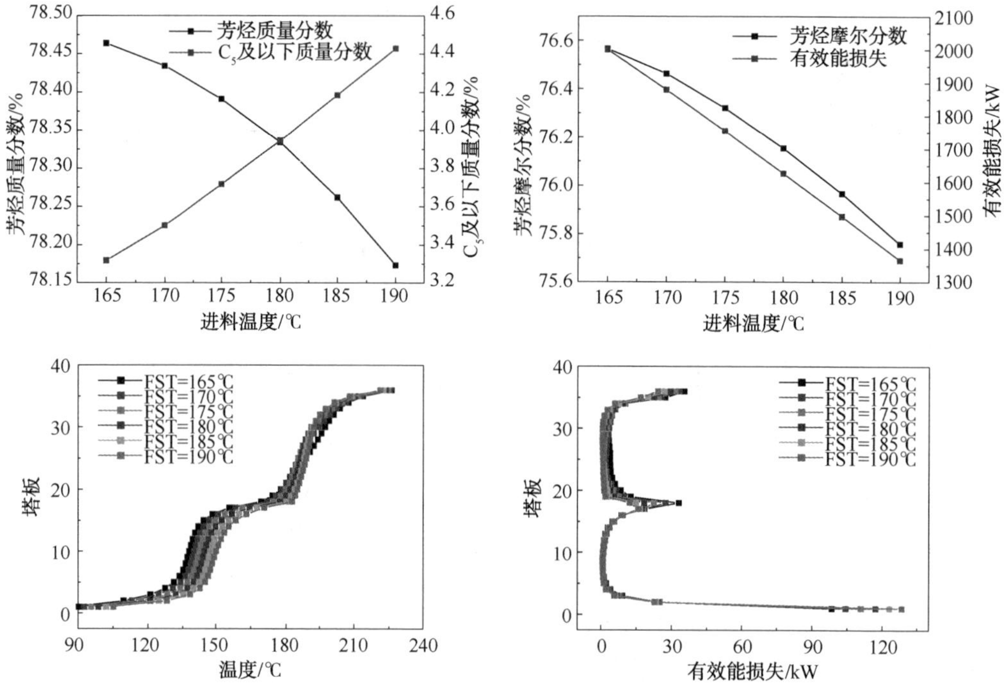

图5 C201进料温度优化

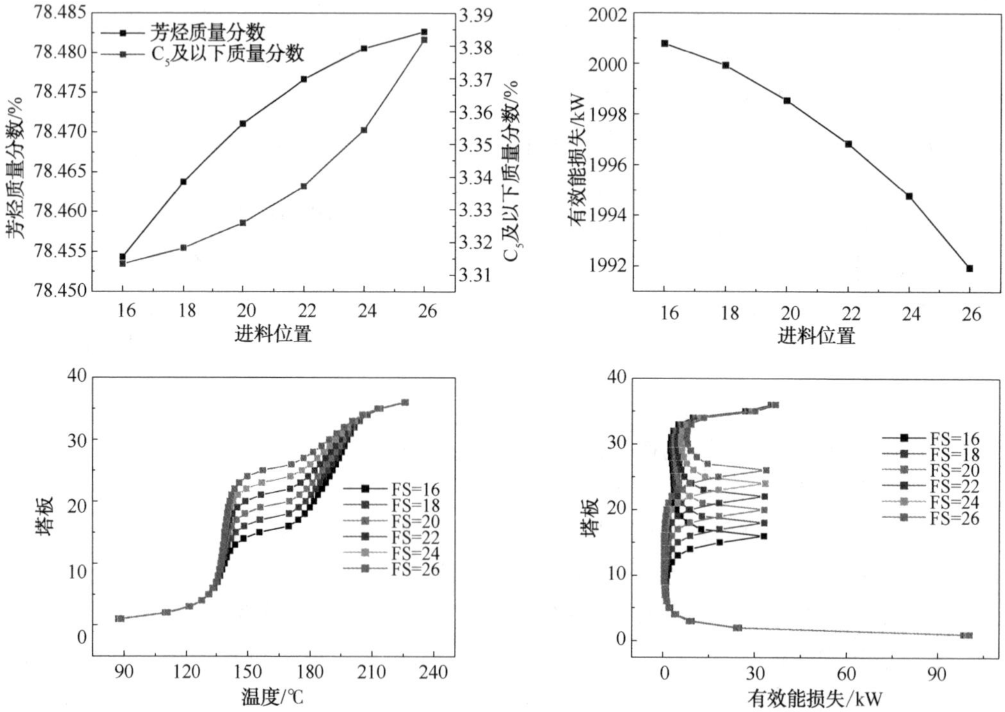

图6 C201进料位置优化

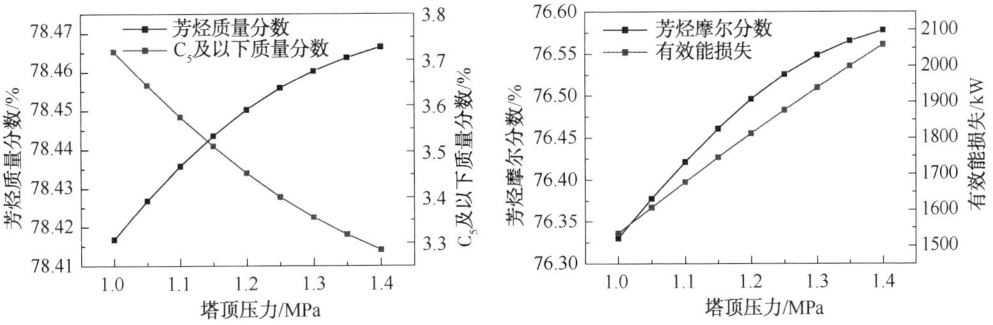

图 7　C201 塔压优化

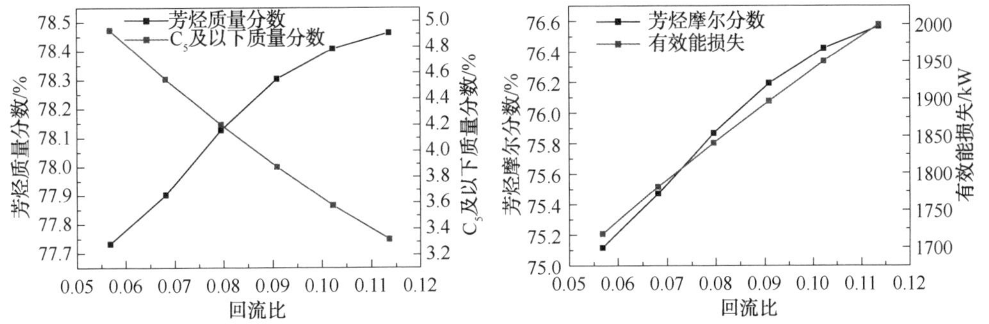

图 8　C201 回流比优化

2. 低温余热利用

高压吸收罐底 41℃液体直接进入脱戊烷塔进料换热器 E205 与 C201 塔釜稳定汽油换热至 165℃，换热温差大，有效能损失高，为 761. 96kW。提出新增 E101 换热器，充分利用预分馏塔顶油气的低温余热与脱戊烷塔进料流股换热，在降低 C101 塔顶各冷却器的冷却负荷的同时，提高了供芳烃的重整汽油温度。新增 E101 换热器的换热流程见图 9。

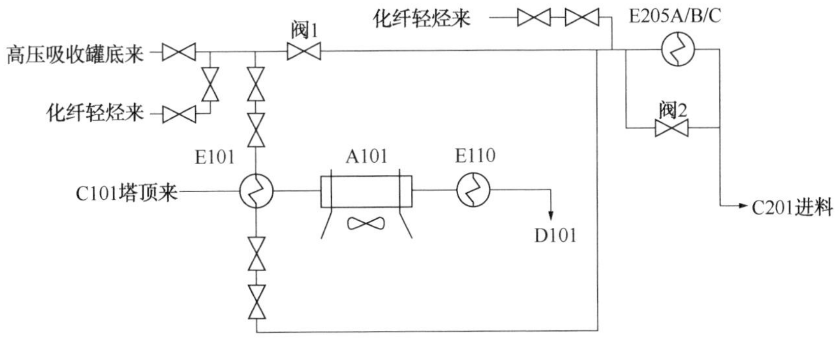

图 9　新增 E101 换热流程图

该换热器管程介质为重整汽油(冷料)，壳程介质为 C101 顶油气(热料)。实施前后对比见表 4。可以看到，C201 进料换热器 E205 改造前后的有效能损失降低了 40%，㶲效率提高了 9 个百分点。

表 4　新增 E101 换热器改造前后对比

工况	设备名称	设备名称	负荷/kW	有效能损失/kW	㶲效率/%
改造前	E205	C201 进料换热器	6609.22	761.96	72.16
改造后	E205	C201 进料换热器	5156.94	525.79	81.31

三、结论

本文介绍了㶲的概念和㶲分析法原理，并以重整装置为研究对象说明了㶲分析法的应用，指出了装置的节能潜力和需要重点进行节能优化的对象，节能方案实施后效果显著。目前，㶲分析理论和㶲计算技术已经较为成熟并在不断发展。相比于热效率，㶲效率能从质的角度更能全面地体现装置用能情况，通过计算分析便能快速揭示能量损失的对象及损失数量，指出造成损失的原因，指导节能工作的深层次开展。

参考文献

[1] 王伟华．催化裂化装置换热网络的节能优化[J]．石油石化绿色低碳，2018，3(1)：54-56.

[2] 孙青琳．基于㶲分析的能源效率评价模型研究及应用[D]．保定：华北电力大学，2016.

[3] 李文慧，郭文豪，赵建炜．深化炼油厂能量集成的新技术与新措施[J]．炼油技术与工程，2018，48(3)：60-64.

[4] B. M. 布罗章斯基．㶲方法及其应用[M]．王家璇，译．北京：中国电力出版社，1996.

[5] Vafa Feyzi，Masoud Beheshti，Abolfazl Gharibi Kharaji. Exergy analysis：a CO_2 removal plant using a-mdea as the solvent [J]. Energy，2017，118：77-84.

[6] Szargut Jan. Chemical exergies of the elements[J]. s. n.，1989，32(4)：269-286.

[7] 孙丽萍，刘月娥，朱文坚，等．煤制气甲烷化过程能量利用评价方法比较[J]．能源化工，2015，36(3)：27-31.

[8] 王东亮，冯宵，李广播，等．基于流程模拟的㶲计算方法及其应用[J]．计算机与应用化学，2012，29(9)：1069-1074.

[9] 谢伟．基于㶲分析和㶲经济分析的过程系统能量综合优化研究[D]．郑州：郑州大学，2006.

[10] 白芳芳，尚纪兵，宋华伟，等．连续催化重整装置节能分析[J]．中外能源，2013(07)：100-102.

[11] 张英哲，陈红星．洛阳石化连续催化重整反应加热炉的改造[J]．四川化工，2017(1)：51-53.

[12] 李文慧，郭文豪，赵建炜．深化炼油厂能量集成的新技术与新措施[J]．炼油技术与工程，2018，48(3)：60-64.

[13] Liu Cheng，Wu Linlin，Sun Huanhuan，et al. Simulation and exergy analysis of recovering acetaldehyde and ethanol in 1，3-butadiene production[J]. Chemical Engineering & Technology，2018，42(2)：297-307.

典型煤化工企业污水处理场节能降碳及运行优化研究

刘　凯｜中国石化工程建设有限公司

现阶段，我国煤化工企业污水处理场碳排放及及节能降碳研究尚处于起步阶段。近年来，随着国家"碳达峰碳中和工作意见"和《十四五节能减排综合工作方案》的出台，以及石化行业相关节能环保要求进一步加强，煤化工企业污水处理场节能降碳研究亟需开展，以促进企业水务管理加快向绿色、节能方向转型升级。本文总结了典型煤化工企业污水处理场零排放处理技术概况，分析了污水处理场能耗及碳排放量，针对节能降碳控制关键点开展了污水场优化运行案例分析并提出了建议。

近年来，国内煤化工产业发展较快，各地规划上马项目较多，随着示范项目持续推进，我国煤炭深加工产业发展已初具规模。在煤化工迅猛发展的同时，对其的水资源约束及环保要求也日益严峻和不断提高。现代煤化工单位产品水耗大，单位烯烃产品水耗接近27.18t。按照国家颁布的《现代煤化工建设项目环境准入条件(试行)》的要求，煤化工废水要实现全部回收利用。基于以上原因，煤化工企业的污水处理场必须实现零排放，其污水处理流程和能耗远高于石化行业其他可达标外排的污水处理场。

近期，国家相继出台了"碳达峰碳中和工作意见"和《十四五节能减排综合工作方案》。现阶段，我国煤化工企业污水处理场碳排放及及节能降碳研究尚处于起步阶段，相关研究急需开展。本文分析煤化工企业污水处理场碳排放现状，针对节能降碳控制关键点开展了污水场优化运行研究，为企业水务管理向绿色、节能方向转型升级提供参考。

一、煤化工企业污水处理场概况

(一) 煤化工废水特点

煤化工废水主要有以下来源：气化废水、生产污水、生活及其他有机废水、循环排污水、化学水站排水等。煤化工废水可生化性较差，有机污染物种类繁多，化学组成十分复杂，污染浓度高，除了含有酚类化合物、稠环芳烃、咔唑、萘、吡咯、呋喃、联苯、油等有毒、有害物质和难降解有机物，还有很多无机污染物如氨氮及硫化物等，废水 COD 和色度都很高，属于处理难度较高的工业废水。煤化工各类型气化废水和生产污水水质特征详见表 1。

表 1　煤化工废水特征

序号	废水来源	废水类型	废水特征
1	粉煤气化废水	气化废水	粉煤气化一般采用 1400~1600℃（T_3+50~200℃，T_3 为还原态下的熔融温度）的高温气化工艺，碳转化率相对最高，污水相对最为洁净，有机污染程度相对最低，污水特性为较高氨氮和氰化物。以 HT-L 粉煤气化运行实例来看，污水指标为氨氮约 200mg/L、COD 约 300mg/L、BOD 约 200mg/L、氰化物约 10mg/L
2	水煤浆气化废水	气化废水	一般采用 1400℃左右的（T3+50℃）高温气化工艺，废水相对洁净，有机污染程度相对较低，氨氮相对较高。以 GE 水煤浆气化运行实例来看，污水排放指标通过对气化系统补充水的加入量通常控制氨氮 300~400mg/L、COD 约 600mg/L、BOD 约 300mg/L
3	碎煤加压气化废水	气化废水	由于碎煤加压气化的气化温度较低，其废水成分复杂，有机污染程度最高，污水特性为高氨氮、高油、高酚，以 BGL 炉为例，其气化废水中氨氮>400mg/L、COD2000~4000mg/L、酚>600mg/L
4	煤制甲醇制烯烃	生产污水	煤制大型甲醇 COD 约 1000mg/L，废水中甲醇可作为下游污水处理生化过程中碳源；甲醇制烯烃（MTO）COD 很高，在 10000mg/L 以上，且在异常时含有催化剂
5	煤制天然气	生产污水	污水主要为汽化废水和低温甲醇洗甲醇水分离塔底废水。由于煤制天然气大多采用碎煤加压汽化，其污水中含有大量的氨酚，较难处理
6	煤间接制油	生产污水	污水主要为气化废水、低温甲醇洗甲醇水分离塔底废水、费托合成废水。费托合成的主反应产物之一是水，且除生成烃类产物之外还要产生多种有机含氧化合物，如醇、醛、酸等，COD 约 15000mg/L，酸性较强
7	煤制氢、煤直接制油	生产污水	（1）低浓度污水主要包括装置内塔、容器等放空、冲洗排水，煤制氢装置的低温甲醇洗废水等，采用隔油、气浮、推流鼓风曝气、二级曝气生物流化床工艺处理。 （2）高浓度污水主要包括煤液化、加氢、硫回收装置排出的含硫含酚废水，采用两级气浮、厌氧生物流化床、曝气生物流化床、混凝沉淀、过滤工艺处理。 （3）含盐污水主要包括煤制氢装置气化废水、水处理站排水、循环水场排污水等，采用气浮、软化澄清、超滤、反渗透，随后进入蒸发器，产生浓水去蒸发塘。 （4）催化剂污水来自催化剂制备装置，处理流程同含盐污水

（二）煤化工企业污水处理场零排放处理技术概况

煤化工耗水量大，废水产量大且有毒有害污染物浓度高，目前国内外煤化工行业废水处理通常采用"预处理—生化处理—深度处理—回用处理—高盐废水处理"等多种工艺组合的“零排放”技术。较为普遍的流程为：全厂生产污水和含盐污水经预处理、生化处理、深度处理和回用处理后，形成的可再生水用于装置生产过程，残留的高盐水经浓缩结晶后再处理，实现全厂污水零排放。

根据环境保护部(现生态环境部)环办〔2015〕111号文件《现代煤化工建设项目环境准入条件(试行)》中的规定，“废水处理产生的无法资源化利用的盐泥暂按危险废物进行管理；作为副产品外售的应满足适用的产品质量标准要求，并确保作为产品使用时不产生环境问题”，前期已建成的煤化工企业将污水回用处理后，残余的有机物、盐类经浓缩结晶固化作为危废处理，费用昂贵，无法进行资源化利用且易造成二次污染，因此近年来相关煤化工企业积极开发零排放分盐资源化处理技术，节能降耗。

基于目前国内煤化工企业运行现状调研，可实现长周期运行稳定的典型污水场零排放处理流程见图1。该流程将气化废水单独处理后与清净废水混合，通过多级预处理+膜浓缩实现减量化，继而通过纳滤实现 NaCl 和 Na_2SO_4 分离，最终通过分质蒸发结晶实现产出高纯度硝盐产品。

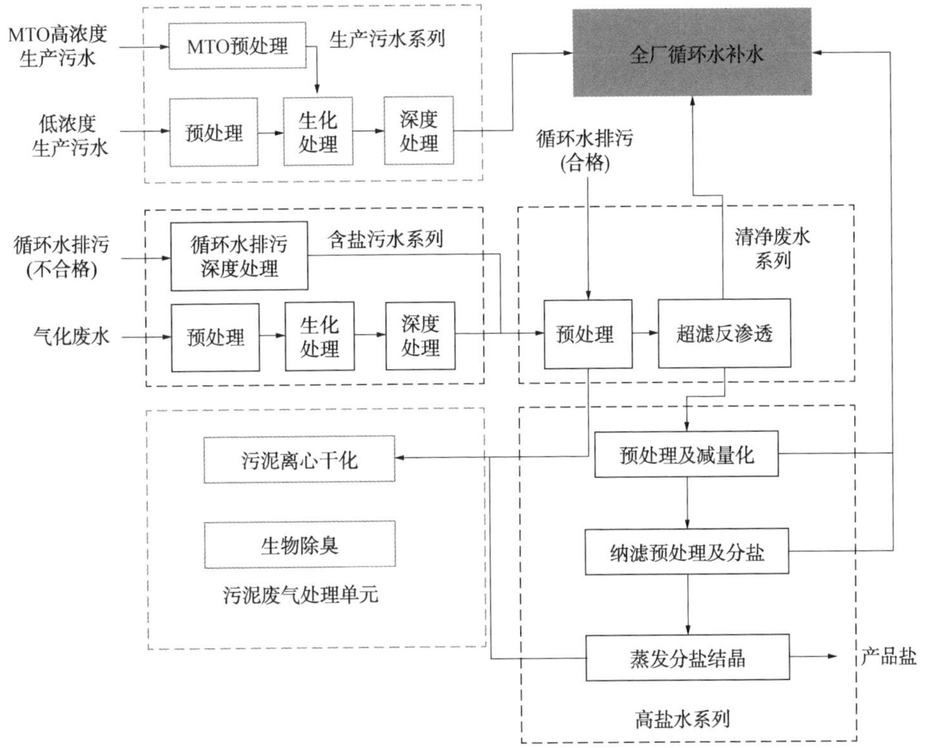

图1 典型煤化工企业污水处理场零排放处理流程

二、典型煤化工企业污水处理场碳排放分析

本文以采用图1零排放处理流程的某煤化工企业为例，展开污水场碳排放分析研究。

该煤化工企业生产污水处理系列规模 $400m^3/h$，生产污水处理系列规模 $400m^3/h$，清净废水处理系列规模 $1200m^3/h$，高盐水系列规模 $360m^3/h$。

该流程因涉及保密要求，本文不出现详细设备清单以及含盐污水系列、清净废水系列、高盐水系列详细流程说明。以下能耗和碳排放核算基于相关设计文件数据进行统计分析。

（一）污水处理场能耗分析

1. 生产污水处理系列

生产污水系列预处理段、生化处理段及深度处理段电耗见图 2。

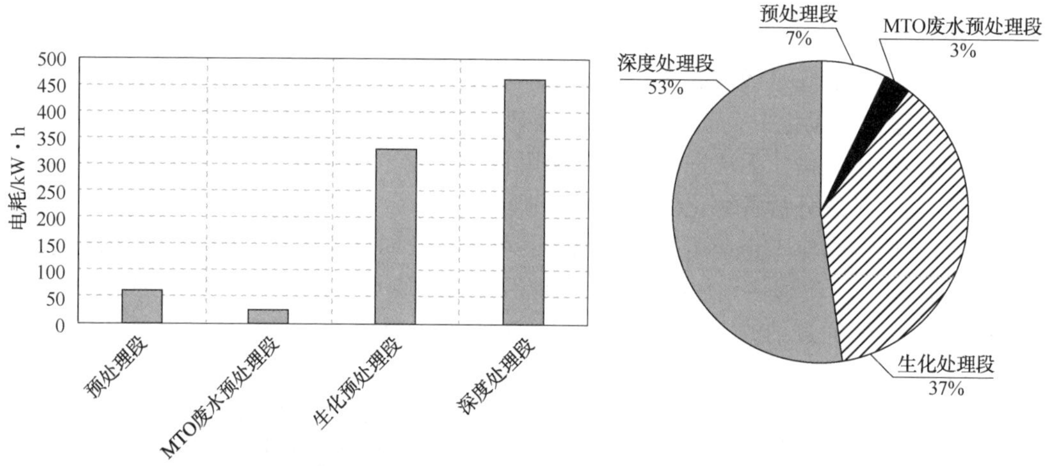

图 2　生产污水系列各流程段电耗(安装容量)

从图 2 可以看出，生产污水系列总电耗(安装容量)883kWh，各设备额定功率运行时，深度处理段能耗占比最高，达到 54%，生化处理段占比 39%，预处理段能耗最小，仅为 7%。从图中可以发现，在深度处理段中，臭氧发生器占比最大，达到 37%；在生化处理段中，曝气风机电耗占比最大，达到了整个单元总值的 82%。臭氧发生器是臭氧接触氧化池运行的关键设备，而曝气风机为曝气池内的活性污泥提供溶解氧，保证微生物正常新陈代谢及生长需要。

2. 含盐污水处理系列

含盐污水系列各流程段电耗详见图 3。

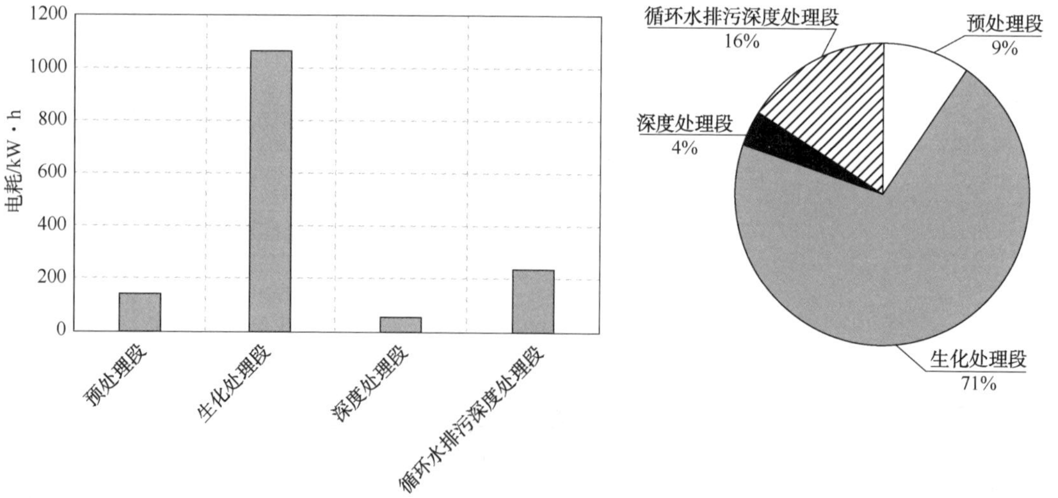

图 3　含盐污水系列各流程段电耗(安装容量)

从图 3 可以看出，含盐污水系列总电耗(安装容量)1513kW · h，各设备额定功率运行时，生化处理段能耗占比最高，达到 71%；循环水排污深度处理段因设有臭氧发生器，地电耗较多，总占比 16%；因含盐污水深度处理段设备与生产污水公用，其电耗最小，仅为

4%。从图中可以发现，在生化处理段中，曝气风机占比最大，达到37%；在生化处理段中，曝气风机电耗占比最大，达到了整个单元总值的82%。臭氧发生器是臭氧接触氧化池运行的关键设备，而曝气风机为曝气池内的活性污泥提供溶解氧，保证微生物正常新陈代谢及生长需要。

3. 清净废水处理系列

清净废水系列各设备电耗分布详见图4。

从图中可以发现，清净废水系列总电耗（安装容量）1968kWh，双膜系统中RO高压泵占比最大，达到45%，双膜系统其他设备占比40%，高密度沉淀池电耗占比最小，为4%。清净废水系列主要能耗集中于超滤/反渗透系统，占据总能耗的85%。

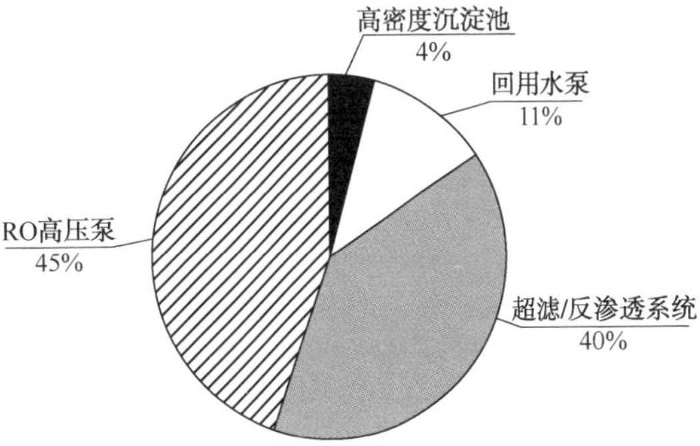

图4　清净废水系列各设备电耗占比（安装容量）

4. 高盐水处理系列

1）电耗

高盐水系列预处理及减量化单元能耗分布详见图5。

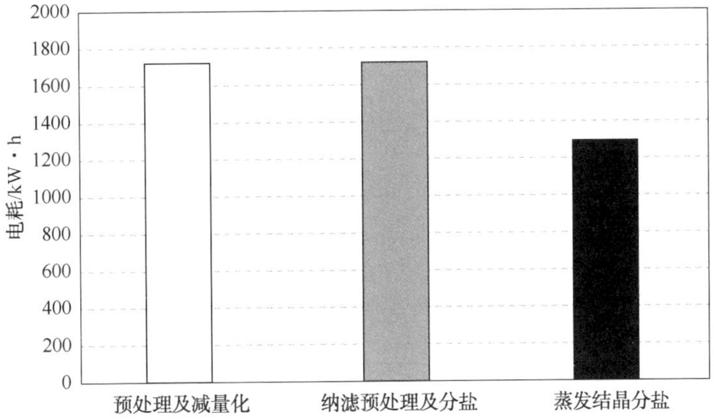

图5　高盐水系列各处理系统电耗（安装容量）

从上图可以看出，高盐水系列总电耗（安装容量）4431kWh，各设备额定功率运行时，纳滤预处理及分盐段电耗最大，占比高盐水系列总电耗的39%；预处理及减量化段次之，占比32%；蒸发结晶段占比29%。

2）蒸汽消耗

蒸发结晶分盐采用的厂内配套电厂的低品位热源蒸汽（0.5MPaG，210℃），消耗量176000t/a。

（二）污水处理场碳排放核算

污水处理场碳排放主要来源于直接排放和间接排放，直接排放主要包括污水收集、管道输送、集中处理和污泥处理处置等过程中排放的温室气体，以及排入附近水体中有机物降解产生的温室气体；间接排放主要包括污水和污泥处理过程中，系统消耗的电能和热能。

参照以上原则梳理典型煤化工企业污水处理场零排放处理流程，主要碳排放如下：

（1）工业生产过程CO_2排放：生化和废气处理过程中CO_2排放。

（2）净购入电力和热力（蒸汽）隐含的 CO_2 排放。

依照《中国石油化工企业温室气体排放核算方法与报告指南（试行）》中相关计算导则，采用碳质量平衡法，计算公式如图 6 所示。

A.生化过程中CO2排放；废气处理过程中CO_2排放

$$E_{CO_2\_其他}=\left\{\sum_r(AD_r\times CC_r)-\left[\sum_p(V_P\times CC_P)+\sum_w(Q_w\times CC_w)\right]\right\}\times\frac{44}{12}$$

↓

$$E_{CO_2\_生化}=[Q_{in}\times CC_{in}-Q_{out}\times CC_{o,cut}-Q_s\times CC_s]$$

生化单体碳排放单元进出水COD去除量折合碳当量(除去污泥量)

B.废气处理过程中CO_2排放

$$E_{CO_2\_废气}=[Q_{wg}\times CC_{wg}-Q_{ef}\times CC_{ef}]$$

废气处理单元碳排放单元进出废气VOCs去除量折合碳当量

C.净购入电力和热力隐含的CO_2排放

$$E_{CO_2\_净电}=AD_{电力}\times EF_{电力}$$

$$E_{CO_2\_净热}=AD_{热力}\times EF_{热力}$$

图 6　基于碳质量平衡法的污水场碳排放计算

基于上述公式，得到碳排放核算结果如下。

（1）生化过程 CO_2 排放核算结果见表 2。

表 2　典型煤化工企业污水处理场生化过程 CO_2 排放核算结果

处理系列	项目	单位	进水	出水	CO_2 排放/（t/a）
生产污水	水量	m^3/h	400	400	1892
	化学需氧量 COD_{Cr}	mg/L	600	≤60	
含盐污水	水量	m^3/h	400	400	2385
	TN	mg/L	≤300	≤20	
	化学需氧量 COD_{Cr}	mg/L	500	≤60	
清净废水	水量	m^3/h	25	25	166
	化学需氧量 COD_{Cr}	mg/L	2000	≤500	
高盐水	水量	m^3/h	360	360	724
	化学需氧量 COD_{Cr}	mg/L	200	≤80	
	TOC	mg/L	100	20	
总计					5167

（2）废气处理 CO_2 排放核算结果见表 3。

表 3　典型煤化工企业污水处理场废气处理 CO_2 排放核算结果

项目	单位	进水水质	出水水质	CO_2 排放/（t/a）
气量	Nm^3/h	60000	60000	44
VOCs	mg/m^3	220	≤120	

注：VOCs 以 C_6H_{14} 计。

（3）电力热力能耗折算 CO_2 排放核算结果见表 4。

表 4　典型煤化工企业污水处理场能耗折算 CO_2 排放核算结果

项目	单位	运行能耗	CO_2 排放/（t/a）
污水场电耗（安装容量）	MWh/a	70360	44882
低压蒸汽	t/a	176000	53433

注：低压蒸汽比焓按照 2760kJ/kg 进行核算

综上所述，典型煤化工企业污水处理场碳排放为103526t/a，其中热力能耗折算CO_2占比51.6%，电力能耗折算CO_2占比43.4%，生化过程CO_2排放占比5%，废气处理CO_2排放占比0.04%。煤化工零排放污水处理场与一般石化污水处理场（达标排放流程）相比，吨水碳排放量比较详见图7。可以看出，一般石化污水处理场吨水碳排放量（电耗7kW·h/t废水，安装容量）低于煤化工污水处理场，主要原因在于零排放处理流程较长，蒸发结晶段蒸汽消耗量大。

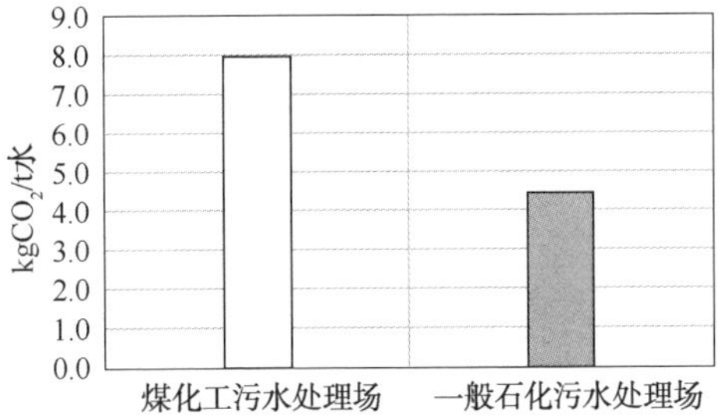

图7 煤化工零排放污水场与一般石化污水场吨水碳排放量比较

三、典型煤化工企业污水处理场优化运行研究

污水处理场碳排放来源为电力热力能耗、生化处理、废气处理，其中生化及废气处理的CO_2排放量由上游装置排放的水质条件决定，不受污水处理工艺选择的影响，废气处理折算CO_2排放量较小，可忽略。由此可见，降低电力热力能耗是污水处理场节能降碳的控制关键点。以降低能耗为目标实现污水处理场节能降碳，可从强化工艺优选和强化过程控制两个方面着手。

（一）强化工艺优选

在污水零排放处理流程中，预处理段可采用特种药剂等方法强化重力分离、混凝絮凝等物理化学过程，减少处理负荷，降低运行能耗；生化处理段可采用悬浮生长和附着生长耦合工艺，强化氧传质效率，提高生化负荷，降低曝气量，从而降低运行能耗；深度处理段可采用过硫酸盐等新型高级氧化技术替代臭氧氧化技术，避免使用电化学制臭氧而带来的高能耗；高盐水处理段可根据水质盐分组成，采用冷法结晶（硫酸盐占据主要成分）或机械蒸发结晶（MVR）等低能耗处理方法进行末端处理，降低蒸汽用量。

（二）强化过程控制

污水处理场实际运行过程中，可在DCS强化过程智能控制，通过现场自动传感器动态调整设备运行方案，从而达到降低能耗的目的，例如：生化处理段曝气风机与溶解氧及进口COD实时联锁控制，动态调整风机运行数量及转速；各处理单元跨越管道设置自动切断阀，并与进口端污染物分析仪（石油类、COD、TN等）进行连锁控制，当污染物浓度过低时，自动停运该单元（仅限于快速启动的工艺单元）并将进水跨越至下一级处理单元；等等。

（三）案例分析

以下就某典型煤化工企业的生产污水处理系列为例，进一步说明基于强化过程控制的污水处理场节能降碳优化运行实施案例。

该煤化工企业生产污水系列设计规模400m^3/h，全流程设计进、出水水质指标见表5。

表5 生产污水设计进、出水水质

项目	单位	设计进水	设计出水
pH		7~9	6.5~9
化学需氧量CODcr	mg/L	600	≤50

续表

项目	单位	设计进水	设计出水
生化需氧量 BOD_5	mg/L	360	≤10
氨氮	mg/L	20	≤5
悬浮物	mg/L	130	≤15
油含量	mg/L	30	≤2

该 MTO 预处理设计规模 $20m^3/h$，预处理设计进、出水水质指标见表 6。

表 6　生产污水设计进、出水水质

项目	单位	设计进水	设计出水
化学需氧量 CODcr	mg/L	2000	≤500

生产污水系列处理流程见图 8。当生产运行时，实际水量和水质低于设计值时，假设：

（1）MTO 进水水量为 $16m^3/h$，COD 浓度 800mg/L；

（2）生产污水系列进水水量 $260m^3/h$，COD 浓度 450mg/L、石油类浓度 10mg/L；

（3）二沉池出水悬浮物浓度 30mg/L；

（4）臭氧池进水 COD 浓度低于 70mg/L。

强化过程控制对水质水量变化动态响应方案见图 8。

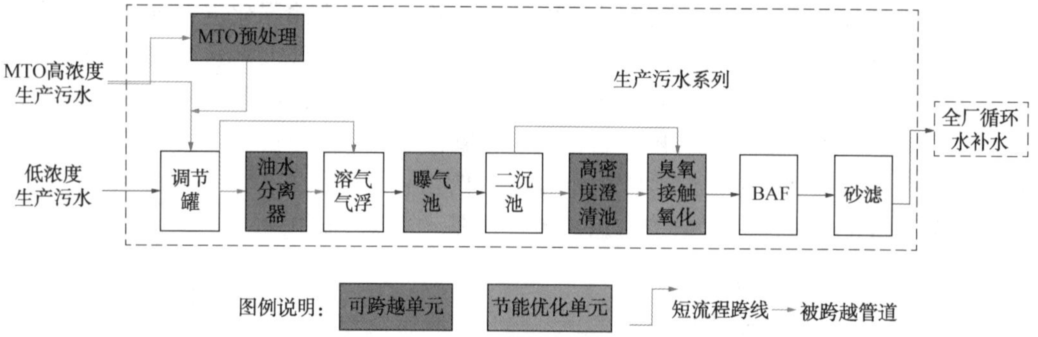

图 8　生产污水系列流程图及强化过程控制动态响应方案

方案说明：

控制动作 1：MTO 进水经在线 COD 分析仪检测 COD 浓度较低，DCS 控制 MTO 预处理所有装置停用，并通过自动切换使 MTO 高浓度生产污水通过跨线直接进入生产污水调节罐，经均质、气浮处理后送至曝气池处理，混合后曝气池进水水量及 COD 见表 7。

表 7　混合后曝气池进水水量及 COD 核算

项目	水量/(m^3/h)	COD/(mg/L)
MTO 高浓度生产污水	16	710
生产污水	260	450
混合后污水	276	465

混合后水量为设计值 70%，COD 为设计值的 75%，满足曝气池接收指标。

当上游排放的 MTO 高浓度污水 COD 接近设计值 2000mg/L 时，MTO 预处理设备重新投用，跨线自动切换至原工艺管线。

控制动作 2：油水分离器进水经在线油浓度分析仪检测浓度低，DCS 自动控制进水切换至跨线进入下一级溶气气浮处理。

控制动作 3：曝气池进水流量计检测进水水量为设计值 66%，进水在线 COD 分析仪检测 COD 处理负荷为设计值 2/3，经 DCS 内部逻辑计算实际需要曝气量见表 8。

表 8　曝气池实际曝气量核算

项目	水量/(m^3/h)	实际进水 COD/(mg/L)	设计出水 COD/(mg/L)	曝气量/(Nm^3/min)
曝气池	276	465	80	87.5

DCS 控制原设计方案中 2 台连续运行的 100Nm^3/min 风机调整为单台连续运行，运行的风机经变频后调整风量至 90Nm^3/min。当进水水量和 COD 升高时，连锁在线分析仪自动调整风机运行方案。

控制动作 4：二沉池出水悬浮物经高密池进水在线检测仪分析浓度过低，DCS 自动控制该成套设备停用，并自动将原进水切换至跨线进入臭氧池。

控制动作 5：臭氧池进水 COD 分析仪(设置于二沉池出水)检测到进水 COD 较低，DCS 经内部逻辑计算臭氧投加量见表 9。

表 9　臭氧池实际臭氧投加量核算

项目	水量/(m^3/h)	实测进水 COD/(mg/L)	设计出水 COD/(mg/L)	O_3 投加浓度/m^3	O_3 消耗量/(kg/h)
臭氧氧化单元	276	70	65	10mg/L	2.78

DCS 控制原设计方案中 1 台 5kg/h 的臭氧发生器供 O_3 调整运行频率，降低臭氧发生量，减小设备运行负荷，降低电耗。

四、结论与建议

(1) 本文总结了典型煤化工企业污水处理场零排放处理技术概况，分析了污水处理场能耗，核算了生化处理、废气处理及电力热力能耗产生的碳排放量，并针对节能降碳控制关键点开展了污水场优化运行案例分析。

(2) 展望煤化工污水处理场技术发展趋势，“节能降碳”既是热点也是技术关键点，开展煤化工企业污水处理场节能降碳技术研究，可以促进企业水务管理向绿色、节能方向转型升级，提升企业绿色竞争力。强化过程控制是现有煤化工企业污水处理场实施节能降碳的最直接有效的路径，但新型高效、短流程、低能耗的零排放处理技术开发是实现节能降碳的根本和关键。

参考文献

[1] 石春力，田永英，等．我国城镇污水处理碳排放核算方法研究综述[J]．建设科技，2021(431)：39-43.
[2] 王良均，吴孟周，等．石油化工废水处理设计手册[M]．北京：中国石化出版社，1996.

“双碳”背景下的板式换热网络优化

徐珂忻
秦　康　中国石化石油化工科学研究院
吴　昊

作为过程集成领域中重要的节能途径，换热网络优化在学术界及工业界都受到了广泛关注。其中，传热强化技术应用最为广泛，它通过提高管壳式换热器的换热效率来实现节能。相比于传统的结构改造及增加换热器面积等优化方法，传热强化技术是最具经济效益的优化方法。然而，由于传统的管壳式换热器自身几何结构的限制，仅通过强化传热技术带来的节能减排量也相应受限。因此，本文考虑将换热效率更高的板式换热器应用在传统的换热网络优化中。因板式换热器造价相对较高，结合当前行业趋势及具体需求，本文将节能降碳量及经济效益同时考虑在优化目标中，提出了一种在换热网络结构固定的情况下，用板式换热器替代管壳式换热器的新型换热网络优化技术。该技术能精确查找最适于被替换的换热器并确定替换的先后次序，在满足换热需求及维持已有网络结构不变的基础上进行优化并实现经济效益最大化。案例分析结果显示，与传统的传热强化技术相比，本文建立的新型换热网络优化技术能更有效地提高整体换热效率，实现节能减碳。

一、研究背景

在能源消耗和二氧化碳排放量不断增长的趋势下，研究提高换热效率的方式至关重要。对已有换热网络进行优化改造是目前提高换热效率最经济有效的方法。板式换热器是最高效的换热设备之一，它包括垫片式板式换热器以及焊接式板式换热器。与传统的管壳式换热器相比，板式换热器可以显著提高能源利用效率，它的最小传热温差能低至2℃，同时，还能降低结垢的可能性，减少燃料消耗及二氧化碳排放。因此，本文考虑将板式换热器用于换热网络优化中。

换热网络优化是过程集成领域最为复杂的环节，换热网络的优化方法随着节能工作的不断深入也在不断完善。专家学者在过去 50 年对换热网络的优化方法做了大量研究，其中夹点分析法、数学规划法及混合法是目前应用最为广泛的三种方法。Sreepathi 等全面综述了换热网络优化的不同实现途径。Smith 在书中用一整章的篇幅对换热网络的设计及优化进行了更为详细的研究，其中包括能量目标及总经济成本的关系，将能量和费用综合考虑到优化目标中。

随着换热网络集成优化的发展，一些学者将传热强化设备的选用考虑到换热网络的优化中。其中，在已有管壳式换热器中添加插件和翅片来提高换热效率是两种最常见的传热强化技术。Akpomiemie 等建立了上述的传热强化优化方法，用于增强换热效率和降低能耗。然而，为了使传热强化技术有效，必须在对换热器总传热系数起控制作用的一侧来实施，如果两侧热阻相似，需对两侧同时采取传热强化技术。此外，添加插件和翅片对换热器可能造成的硬件损伤是不可忽略的。因此，为了解决这些问题，本文建立了一种新的优化技术，着眼于在现有的换热网络中添加板式换热器，以降低换热网络能耗，减少二氧化碳排放。目前，还没有相关研究能够量化将板式换热器应用到传统换热网络中所带来的优化成本及节能减排效果，因此本文将着重考虑这两项指标，提出以经济效益最大化为目标的板式换热器网络优化方法。

二、板式换热器的网络优化方法

本小节主要介绍在换热网络结构固定的情况下，将板式换热器应用于换热网络的优化方法，其中包括判断已有换热网络中最适合用板式换热器代替的换热器及其次序、设计板式换热器、优化换热网络及经济技术分析。

（一）确定最适合被替换的换热器

通过公用工程路径来确定最适于被替换成板式换热器的管壳式换热器，并通过灵敏度分析来进一步确定换热器被替换的顺序。

1. 确定公用工程路径

公用工程路径是指网络中连接一个加热器和一个冷却器的一条热流路线，包括沿此路线上的所有换热器。为了保证换热网络已有结构不变并且不增加换热面积，以最小的经济成本对换热网络进行改造，被更换的换热器必须位于公用工程路径上，从而使热负荷可以沿公用工程路径转移。在换热网络优化中，一个换热器的热负荷变化也会导致网络中其他换热器的热负荷随之改变。因此，公用工程路径可以调节热负荷的分布使换热网络重新达到平衡。对于比较简单的网络，使用者可以通过观察来确定公用工程路径；然而，对于复杂的换热网络，公用工程路径需要用关联矩阵方法来确定。

2. 灵敏度分析

灵敏度分析用于确定换热网络中最适于被板式换热器替代的管壳式换热器，即替代后能节约最多的能量。此外，灵敏度分析还能够确定换热器被替换的先后顺序。

Kotjabasakis 等首次提出灵敏度分析方法，该方法主要基于下述公式。

$$Q = UA\Delta T_{LM}F_T$$

式中，Q 为总热负荷，W；U 为传热系数，W/(K · m^2)；A 为换热器面积，m^2；ΔT_{LM} 为传热温差，K；F_T 为校正系数。

灵敏度分析法通过调整目标换热器的传热系数、校正系数及换热器面积从而改变相应公用工程的进口温度来确定最适合被替代的换热器。Wang 等通过建立数学模型，发现与最大热负荷的公用工程换热器距离最近的管壳式换热器，是最适合被替代为板式换热器的，能节省最多的能量。

（二）设计板式换热器

相较于传统的管壳式换热器，影响板式换热器换热效率的因素较多，如板的几何尺寸、板纹路的形状及角度、流程分布等。因换热面积与换热器造价正相关，从经济性的角度出发，本文通过在 GAMs 中建立混合整数非线性规划（mixed integer non-linear programming，MINLP）模型对单个板式换热器进行严格设计，以最小投资成本为目标函数进行优化。该模型的主要变量为板的几何尺寸、板纹路形状及角度、流程分布等，其中板的几何尺寸、板纹路的形状及角度为整数变量，该数据由板式换热器生产商提供。约束条件条件为满足最小换热需求，换热器的相关物流性质由已有的换热网络中获取。

（三）换热网络优化

将板式换热器应用到已有换热网络中代替原有换热器会影响网络中的其他换热器的热负荷分布。因为板式换热器的换热系数较大，会显著提高热流股中相邻换热器的进口温度，降低冷流股中相邻换热器的进口温度，所以替换板式换热器后需对整个换热网络热负荷进行优化。通过建立非线性模型（non-linear programming，NLP）对改造的网络进行费用优化，以确定最经济的网络改造方案。由于对换热网络进行结构改造的投资费用较高，出于实际应用考虑，本文只讨论网络结构固定的情况。

优化方法的目标函数为最大化经济效益，即总优化利润减去总优化成本。总优化成本包括板式换热器的成本、增加分流的成本、增加换热器的成本。约束条件为维持原有换热器面积不变以及达到目标换热终温。当新替换下一台换热器所带来的经济效益较上一台换热器有所减少时，停止优化程序。

板式换热器的投资费用与面积呈指数关系，其投资造价、冷热公用工程造价及其他改造费用列于表 1。碳交易收入按照北京市碳交易所 2021 年 7 月均价每吨 80 元计算。

表 1　主要经济参数汇总

Utility cost data	Retrofit cost data
Hot Utility Cost：2800（¥·kW^{-1}·y）	Cost of installing of plate heat exchangers：17.5＊2070＊A^0.85（¥）
Cold Utility Cost：38.5（¥·kW^{-1}·y）	Implementing By-pass：35000（¥）
	Cost of increasing heat exchanger area：42000＋1400＊A（¥）

三、案例研究

以图 1 所示原油预热系统为例开展板式换热网络研究，本案例中的换热网络共有 12 个换热器、5 股热流股和 1 股冷流股。以最大化经济效益为优化目标将板式换热器应用至本案例中的换热网络，并维持原有网络结构不变，原有公用工程花费为 40609772 元/年。第一步，确定最适合被替代的换热器。从图 1 中可以看出，7 号换热器不在公用工程路径上。因此，进一步对 1、2、3、4、5、6 号换热器进行灵敏度分析。根据图 2 得到的灵敏度分析结果，5 号换热器的温度改变最大，因此替代 5 号换热器能实现的节能潜力最大。第二步，将 5 号换热器替代成板式换热器，通过对板式换热器的优化，得到优化后的换热器传热系数为

3.75kW^{-1}/(m^2·℃)(优化前的管壳式换热器的传热系数为0.32kW^{-1}/(m^2·℃),换热面积为23.83m^2(优化前的管壳式换热器的面积为183.85m^2)。第三步,重新对改造后的换热网络进行热平衡计算并对其进行优化。改造结果显示,公用工程换热器的热负荷降为0。最后,重复上述步骤直至经济效益开始下降。由灵敏度分析可知,1号换热器为下一个被替代的换热器。

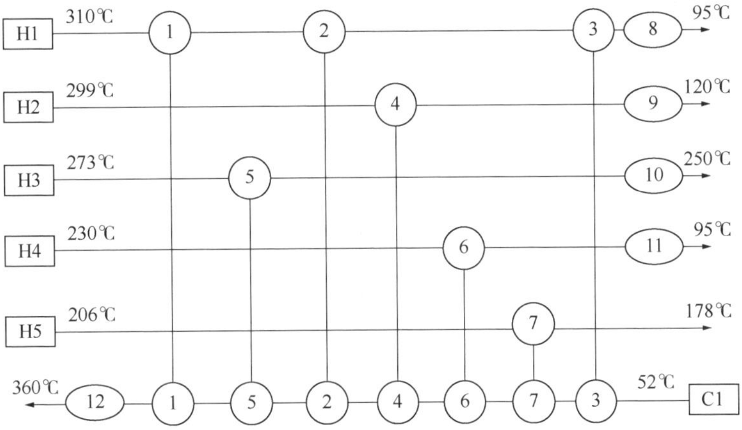

图1 简化的原油预热系统

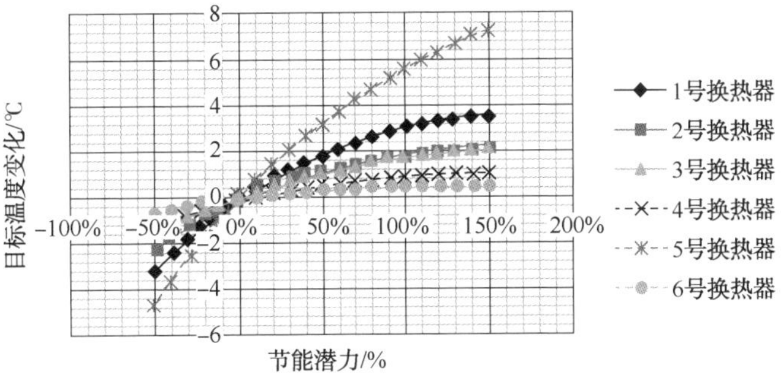

图2 灵敏度分析结果

优化结果如表2所示。优化结果表明,将1号换热器替换成板式换热器后,经济效益比仅替代5号换热器的经济效益低,优化程序停止。同时,替换5号换热器及1号换热器理论上应比仅替代5号换热器的公用工程节约量高,但结果相反。其主要原因为固定面积的2号换热器及3号换热器限制了更多的热量回收。由表2可知,允许2号换热器及3号换热器增加面积后,公用工程量及二氧化碳排放量显著降低,但增加换热器面积所带来的高昂花费使得其经济利润较低。因此,从经济效益最大化的目标来看,仅替代5号换热器为板式换热器在本案例中为最佳优化方案。

表2 板式换热网络优化结果

	Parameter	Replace E5	Replace E5&E1	Replace E5&E1 (allowing extra area on E2&E3)
Retrofit Cost (Yuan per year)	Replacement	536410	1910251	2270009
	IncreasingArea	0	0	1395261

续表

	Parameter	Replace E5	Replace E5&E1	Replace E5&E1 (allowing extra area on E2&E3)
	Implementing By-pass	105000	105000	105000
	Total Cost	641417	2015251	3773770
Retrofit	Utility Savings	2076788	2076228	3460275
	CO2 Emissions	2463t	2462t	4103t
Profit (Yuan per year)	Saving			
	Carbon Trading Revenue	197040	196987	328301
	Total Retrofit Profit	2273828	2273215	3788576
	Net Saving	1632411	257964	14406
	Payback	0. 28 yr	0. 89 yr	0. 99yr

将优化结果与传热强化优化方法进行比较，并将结果列于表3。从环保角度分析，本文提出的将板式换热器应用在换热网络优化中的新方法比传统的传热强化优化方法能增加能耗节约利润416024元/年，同时可以减少二氧化碳的排放量494t/a，减少的二氧化碳能增加带来的碳交易收入为39520元/年。因此，将板式换热器应用到传统的换热网络优化中，能有效提高传热效率，节能减排效果显著。

表3　板式换热网络优化与传热强化技术对比

	Parameter	Replace E5	Enhancement
Retrofit Cost (Yuan)	Replacement	536410	27867
	Increasing Area	0	0
	Implementing By-pass	105000	105000
	Total Cost	641417	132867
Retrofit Profit (Yuan)	Utility Savings	2076788	1660764
	CO2 Emissions Saving	2463t	1969t
	Carbon Trading Revenue	197040	157568
	Total Retrofit Profit	2273828	1662733
	Net Saving	1632411	1685465
	Payback	0. 28yr	0. 08yr

四、结论

本文提出了一种新的换热网络优化方法，将板式换热器应用到换热网络中代替原有管壳式换热器，实现了在换热网络中同时优化两种不同传热温差的换热器，并对其经济效益及碳减排效果进行评估分析。案例研究结果表明，与传统的传热强化技术相比，将管壳式换热器改为板式换热器，可以显著降低能耗，以更小的传热面积提供更多的热回收。从节能减排方面来看，板式换热器因其较高的传热系数，能大幅提高能源利用率，降低二氧化碳排放量。此外，本文仅讨论了经济效益最大化情况下的优化方案，用户可根据自身需求，如经济效益最佳或二氧化碳排放量最小，来确定换热网络优化方案。

参考文献

[1] Sreepathi, B. K. and G. Rangaiah, *Review of heat exchanger network retrofitting methodologies and their applications*. Industrial & engineering chemistry research, 2014. 53(28): p. 11205–11220.

[2] Smith, R., *Chemical process: design and integration*. 2005: John Wiley & Sons.

[3] Zhang, J., et al., *A review of heat transfer enhancement techniques in plate heat exchangers*. Renewable and sustainable energy reviews, 2019. 101: p. 305–328.

[4] Akpomiemie, M. O. and R. Smith, *Retrofit of heat exchanger networks with heat transfer enhancement based on an area ratio approach*. Applied energy, 2016. 165: p. 22–35.

[5] Ochoa-Estopier, L. M., M. Jobson, and L. Chen, *Area-based optimization approach for refinery heat exchanger networks*. Applied Thermal Engineering, 2018. 129: p. 606–617.

[6] Kotjabasakis, E. and B. Linnhoff, *Sensitivity tables for the design of flexible processes (1) — How much contingency in heat exchanger networks is cost-effective?* Chemical engineering research & design, 1986. 64(3): p. 197–211.

[7] Wang, Y., *Heat exchanger network retrofit through heat transfer enhancement*. University of Manchester. 2012: University of Manchester.

基于全流程优化理念的循环水系统节能降碳技术开发及应用

邱雪梅
王　乔
焦云强
王建平　石化盈科信息技术有限责任公司
冯新国
陈玉石
李　峰

循环水系统是石化行业重要的公用工程系统，循环水装置作为工艺装置的辅助装置，工艺技术成熟，设备运行可靠，但管理相对粗放，系统运行能耗较大，故节能空间大。本文详述了基于全流程优化理念的循环水系统节能降碳技术的开发及应用，利用循环水系统全流程模型对循环水系统进行运行操作和改造优化分析，并提出炼油企业循环水系统的全流程优化策略，通过该优化策略的实施减少了装置的循环水用量，降低了循环水系统的运行压力，节省了循环水系统的电力消耗，对炼油企业循环水系统的优化管理具有重要指导意义。

循环水系统是遍及电力、冶金、石化等工业部门的用水系统，是石化行业重要的公用工程。据统计，循环冷却水系统的循环量占工业用水量的80%左右，是石油化工领域用水量最大的系统。随着我国工业化进程的推进，这个比例还将继续增大。循环水系统运行的质量直接关系到生产装置和设备的运行安全，关系到产品的产率和质量，循环水系统是决定企业产能是否实现长期稳定的重要因素。循环水系统是石化行业的耗电大户，循环水输送和冷却处理过程消耗大量的电能，石化行业循环水系统的运行电耗占全厂耗电量的10%~15%。目前，炼化企业循环水系统普遍存在计量不全、管理不善、运行能耗大、自动化程度低等特点，节能空间巨大。据初步估计，工业循环水的节能空间占循环水能耗的20%以上。循环水系统的运行优化是炼油企业节水节电的重要内容，为提高炼油企业循环水系统能量利用水平，循环水系统的更新改造及其优化运行势在必行。

一、优化思路

目前针对循环水系统优化的主要集中在三个方面：第一方面集中在循环水泵、冷却塔等单体设备的性能优化；第二方面集中在装置端循环水系统的循环水用量优化；第三方面集中在包括冷却塔、装置用水单元在内的循环水系统集成优化。这三方面的优化虽然改善了系统设备的性能，降低了装置的循环水用量，并且获得了相对简单的循环水网络结构，但目前的循环水系统优化主要集中在系统局部方面的研究，未考虑各用水设备所需的压头、装置循环水管网的运行压力、现场各用水设备的实际约束条件、循环水主管网的运行压力，没有开展包括装置用水端、循环水管网、循环水供水端的全流程优化，优化方案脱离现场实际，与现场的实际应用存在一定的差距。

本文针对现有技术的不足，提出了炼油企业循环水系统的全流程优化策略，该策略综合考虑了水流量平衡、热量平衡、水冷器、循环水泵、冷却塔风机、循环水管网、压力、现场实际条件等多项因素，建立循环水系统的全流程优化模型，对炼油企业的循环水系统进行包括节水、降压、节电在内的全流程优化，获得更加切合炼油企业实际的循环水系统优化方案。

二、模型开发

（一）水量优化模型开发（超结构+aspen）

循环水水量优化就是以装置循环水用量最小为目标，建立循环水换热网络优化模型，指导进行循环水网络改造，获得水量小、结构简单的最佳网络设计，水量优化的步骤如图1所示。

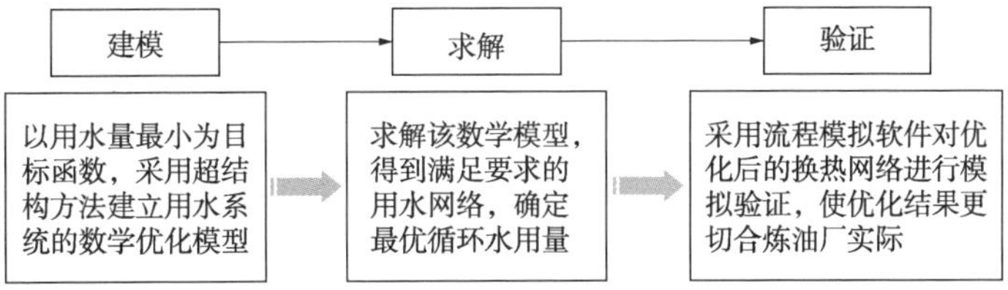

图1　循环水系统水量优化步骤

1. 超结构优化建模

所谓超结构，就是指涵盖循环水系统所有可能网络结构的模型，通过设定目标函数，并确定与实际过程相应的约束条件，建立用水系统的数学优化模型。通过求解该数学模型，就可以得到目标函数要求并满足约束条件的用水网络。

为了方便建模，首先建立常规循环冷却水网络的超结构物理模型，对于每个水冷器，它所需的冷却水可以是冷却塔的水，也可以是其他任何水冷器的升温后的冷却水；它的升温后所排的冷却水，可以直接排放至冷却塔，或者也可以排至其他任何水冷器。循环水网络的超结构如图2所示，其中：

（1）冷却塔向S（分流节点）供水，S可以将循环冷却水分配给各水冷器；

（2）水冷器的入口M（混合节点）可以接受来自冷却塔的水及其他水冷器来的循环冷

却水；

（3）水冷器的出口 S 可以将升温后的冷却水排向其他水冷器及排向冷却塔；

（4）返回冷却塔的冷却水向 M 供水，M 可以接受各水冷器来的循环冷却水。

图 3 表示一个典型的水冷器的接受排放冷却水的情况，这个图清楚地表示了这种结构水冷器的进出水情况。

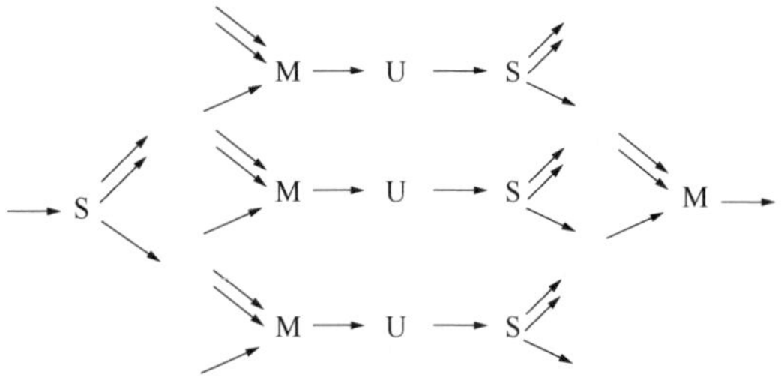

图 2 循环水网络的超结构

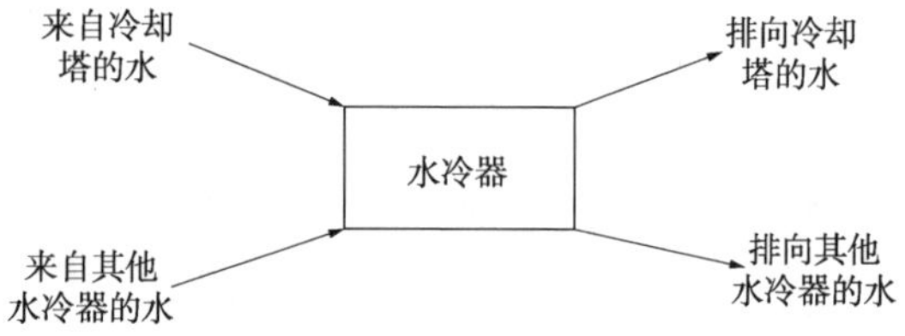

图 3 典型的水冷器进出水情况

根据循环冷却水系统的超结构模型，以及各水冷器的热容流率及水的热量平衡关系，建立循环冷却水网络优化的数学模型。模型的建立可以分为两步：首先建立以最小循环冷却水量为目标的数学模型，然后再建立以连接数少为目标值的数学模型，从而可以得到循环冷却水量小且连接数少的循环冷却水网络。

（1）优化循环水冷却水用水量。

目标函数：

$$\min \sum F_{\mathrm{F,i}} \tag{1}$$

约束条件：

① 水冷器 j 进出口的水流量平衡：

$$F_{\mathrm{F,\,j}} + \sum_{i} F_{\mathrm{i,\,j}} = F_{\mathrm{j,\,D}} + \sum_{k} F_{\mathrm{j,\,k}} \tag{2}$$

② 水冷器 j 进口混合节点的热量平衡：

$$F_{\mathrm{F,\,j}} \cdot T_{\mathrm{F,\,out}} + \sum_{i} F_{\mathrm{i,\,j}} \cdot T_{\mathrm{i,\,out}} = (F_{\mathrm{F,\,j}} + \sum_{i} F_{\mathrm{i,\,j}}) \cdot T_{\mathrm{j,\,in}} \tag{3}$$

③ 水冷器 j 进出口的热量平衡：

$$(F_{\mathrm{F,\,j}} + \sum_{i} F_{\mathrm{i,\,j}}) \cdot T_{\mathrm{j,\,in}} + Q_{\mathrm{j}} = (F_{\mathrm{j,\,D}} + \sum_{i} F_{\mathrm{j,\,i}}) \cdot T_{\mathrm{j,\,out}} \tag{4}$$

④ 水冷器 j 进出口的温度要求：

$$T_{\mathrm{j,in}} \leqslant T_{\mathrm{j,in}}^{\max} \tag{5}$$

$$T_{\mathrm{j,out}} \leqslant T_{\mathrm{j,out}}^{\max} \tag{6}$$

⑤ 水冷器 j 温差要求：

$$\Delta T_{\mathrm{j}} \leqslant \Delta T_{\mathrm{j}}^{\max} \tag{7}$$

式中，$F_{\mathrm{F,i}}$ 为冷却器 i 需要的来自冷却塔的冷却水流量；$F_{\mathrm{i,j}}$ 为冷却器 j 需要的来自冷却器 i 的冷却水流量；$F_{\mathrm{j,D}}$ 为冷却器 j 排向冷却塔的冷却水流量；$T_{\mathrm{F,out}}$ 为冷却塔的出口温度；$T_{\mathrm{i,out}}$ 为冷却器 i 的出口温度；$T_{\mathrm{j,out}}$ 为冷却器 j 的出口温度；$T_{\mathrm{j,in}}$ 为冷却器 j 的进口温度；$T_{\mathrm{j,in}}^{\max}$ 为冷却器 j 的极限进口温度；$T_{\mathrm{j,out}}^{\max}$ 为冷却器 j 的极限出口温度。

（2）优化循环水冷却水网络连接数。

连接数是来自冷却塔的循环冷却水与水冷器、水冷器与水冷器、水冷器与冷却塔之间相互连接的个数的总和。也就是说，循环冷却水网络的复杂性由连接数直接决定。连接数少的循环冷却水网络结构必然简单，投资费用较低。因此，用连接数最少为目标建立数学模型。

目标函数：

$$\min\left(\sum_{j} y_{F,j} + \sum_{j}\sum_{j} y_{i,j} + \sum_{j} y_{j,D}\right) \tag{8}$$

在水量优化约束条件的基础上，还需要如下约束条件：

$$F_{F,j} \leqslant y_{F,j} U \tag{9}$$

$$F_{i,j} \leqslant y_{i,j} U \tag{10}$$

$$F_{j,D} \leqslant y_{i,D} U \tag{11}$$

$$\sum_{j} F_{F,j} \leqslant \sum_{j} F_{F,j}^{\min} \tag{12}$$

式中，$y_{F,j}$为0，1变量，表示冷却器j是否使用来自于冷却塔的冷却水；$y_{i,j}$为0，1变量，表示冷却器j是否使用来自于冷却器i的冷却水；$y_{j,D}$为0，1变量，表示冷却器j是否向冷却塔排水；U为冷却水流量边界。

式(9)~式(11)为连接数的有关约束，如果存在连接，其中的整形变量值为1，不存在时为0。式(12)为网络的总循环冷却水量的约束。求解模型，可以得到循环冷却水量小于目标值且连接数最少的循环冷却水网络。

2. 模型搭建

在超结构优化建模的基础上，基于先进的流程模拟软件搭建循环水系统模型，对水量优化结果进行验证，使优化后的网络更符合现场实际。某企业 MTBE 装置循环水系统模型见图 4。

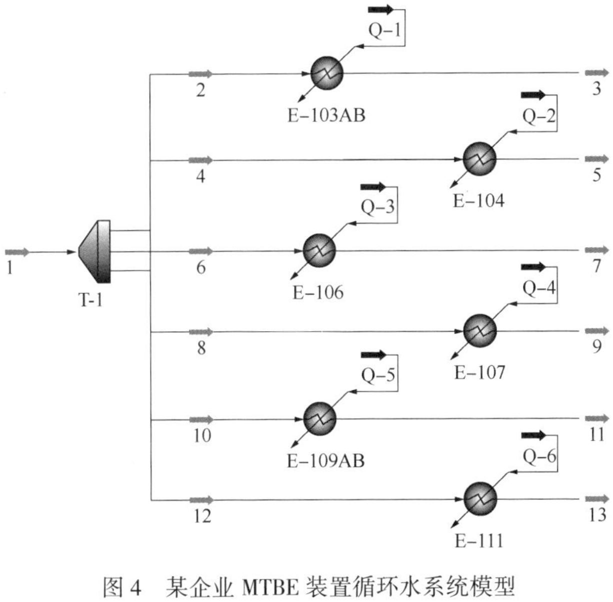

图 4　某企业 MTBE 装置循环水系统模型

（二）压力优化模型开发（aspen 模型）

循环水压力优化就是以系统总压力最小为目标，建立循环水系统的管网模型，指导进行网络改造，获得总压力最小、结构简单的最佳网络设计，压力优化的步骤如图 5 所示。

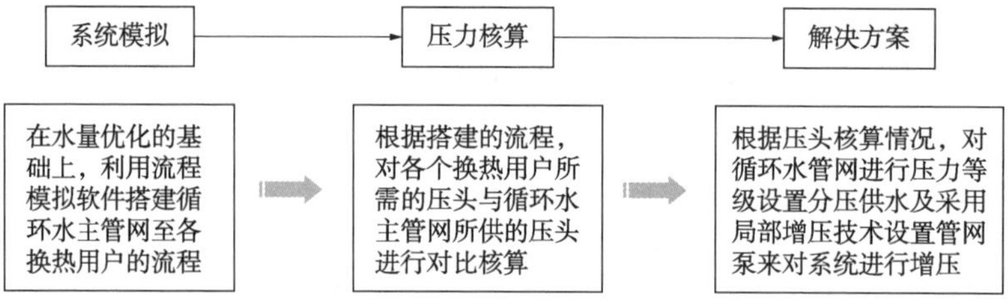

图 5　循环水系统压力优化步骤

压力优化建模主要是基于流程模拟软件搭建循环水系统的管网模型，对整个系统的设备和管网进行压力核算，降低循环水系统的总压力。循环水系统的管网模型主要包括各装置、循环水给水系统、回水系统的管网模型。某企业 MTBE 装置循环水管网模型见图 6。

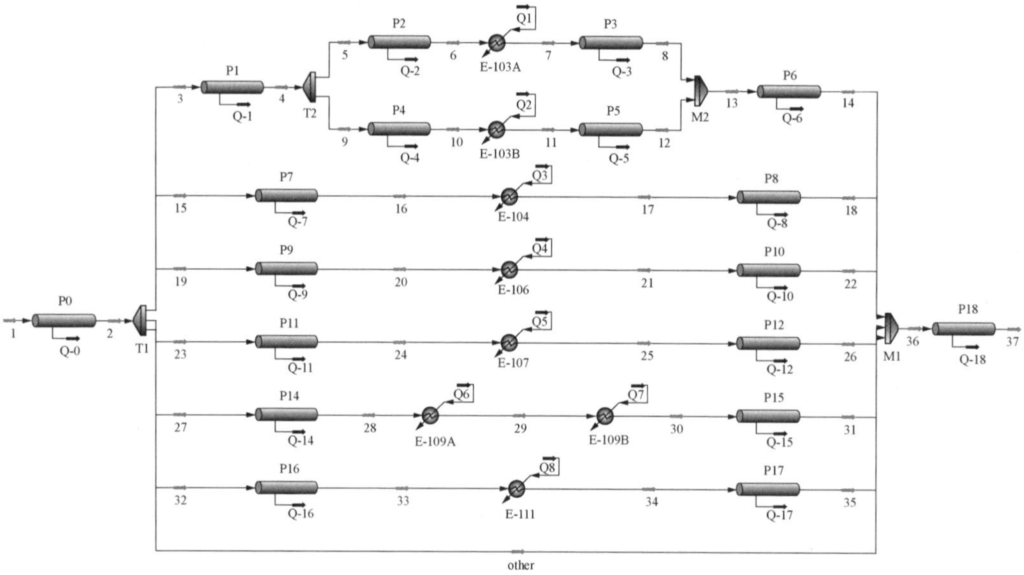

图 6　某企业 MTBE 装置循环水管网模型

(三) 节电优化模型开发(aspen 模型)

在水量优化基础上，搭建循环水系统的全流程模型，针对新的机泵流量和养成需求对泵进行实用性改造，并采用相关技术降低风机用电。某企业循环水系统管网模型见图 7。

三、技术应用

以某企业为例，基于上述优化思路，对该企业循环水系统进行水量优化，大大降低了装置的循环水用量。优化后的系统每小时节约循环水 2110. 84t，节水率达 16%，年节约新鲜水 18.41×10^4t，年节约新鲜水补水及药剂费用 150. 2 万元。

在水量优化的基础上，根据各用水装置的压力特点，搭建循环水系统的全流程模型，对整个系统的设备和管网进行压力核算，通过以下措施对该循环水场进行压力优化：

(1) 对各装置的循环水管网进行了压力等级分类，将各个用水装置的循环水管网分为高压区和低压区，将循环水给水主管网用阀门分隔为高压供水管网与低压供水管网；

(2) 根据各装置循环水系统的压力需求，循环水主管网高压区的供水压力保持原来的 0. 5MPa 不变，循环水主管网低压区的供水压力由原来的 0. 5MPa 减小为 0. 4MPa；

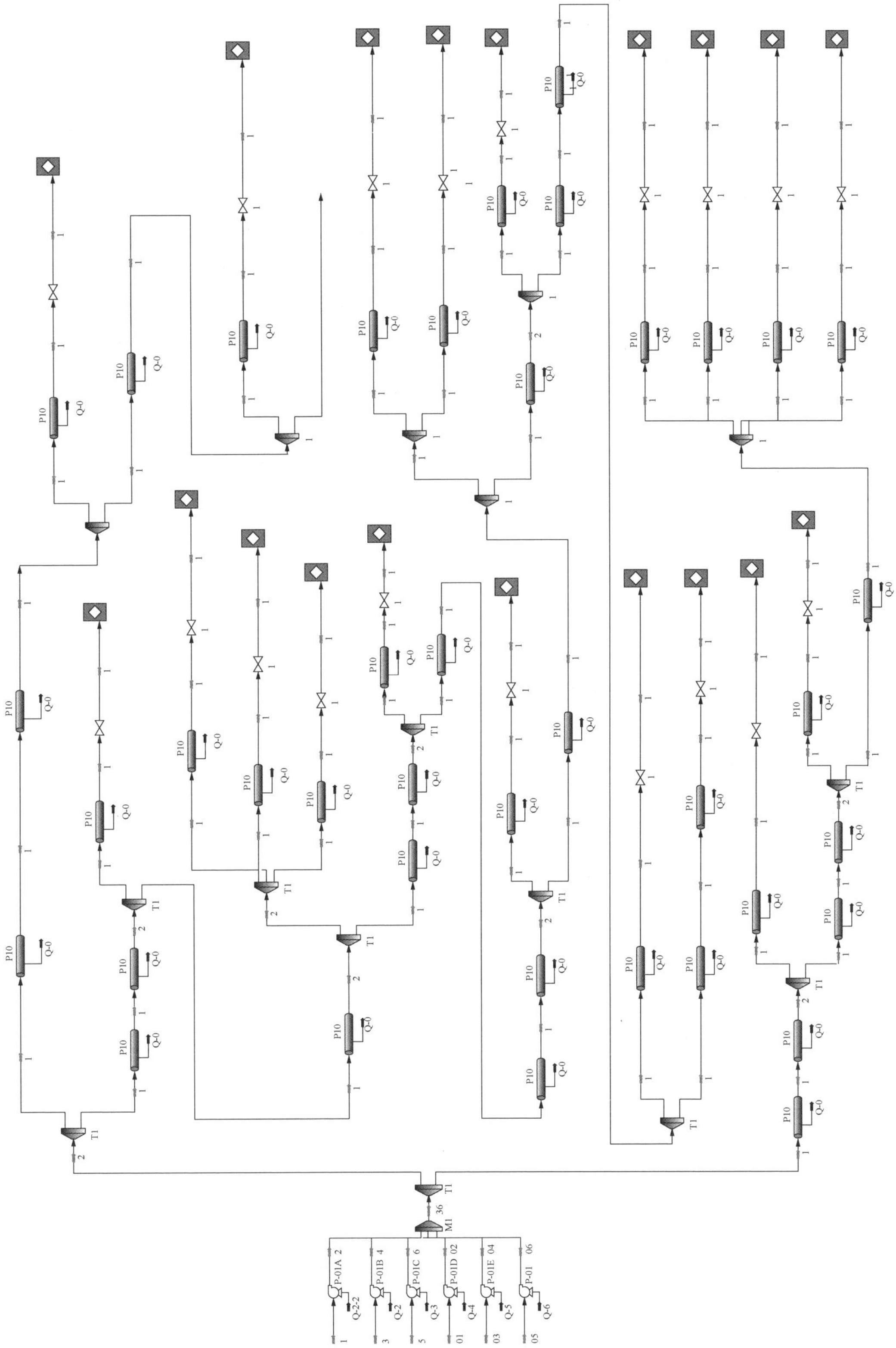

图7 某企业循环水系统管网模型

（3）将各装置出口的循环水回水压力由原来的 0.22MPa 降低到 0.15MPa，以满足冷却塔的运行需求。

根据水量优化及压力优化的结果，将循环水主管网分为高压管网和低压管网，利用原来的一台循环水泵向高压管网供水。同时，对两台循环水泵进行叶轮切削改造，将这两台循环水泵的工作压力由 0.5MPa 降低为 0.4MPa。由改造过的两台循环水泵向低压管网供水，这将大大降低循环水泵的电耗，节省了循环水系统的电力运行成本，每年可节电 216.24 万 kW·h，节约电费 123.69 万元。剩下的两台循环水泵作为备用，在非正常工况下系统循环水出现严重不足时，可对循环水系统进行补水，保证整个循环水系统的正常运行。

汇总有关循环水系统优化项目，根据统计数据显示，循环水系统水量进行优化后，节水率可达 10%以上。同时，根据循环水水量优化和压力优化结果优化水泵运行，可很大程度地提高水泵运行效率、节约电耗，通过优化后的水泵的耗电量可减少 15%以上。各企业循环水系统优化效益统计表见表 1。

表 1　各企业循环水系统优化效益统计表

工况	优化效益点	经济效益	碳减排量	CO_2 减排量
某石化 3#循环水系统	（1）采用串级利用等措施对用水装置的循环水系统进行水量优化，提高上回水温差，降低循环水用量，共节水 2110.84t/h，装置节水率达 16%； （2）对循环水系统供水管网进行压力优化，使得循环水供水压力由原来的 0.5MPa 减小为 0.4MPa； （3）在水量优化与压力优化的基础上，对循环水场水泵进行叶轮切削和对运行方式进行操作优化，循环水泵年节省耗电量 4409166kW·h，节电率达 28%，年节约循环水泵电费 220.46 万元	220.46 万元/年	1199.293 t/a	4395.939 t/a
某炼化循环水系统 I	（1）采用串级利用等措施对用水装置的循环水系统进行水量优化，提高上回水温差，降低循环水用量，共节水 1296.5t/h，装置节水率达 12.6%； （2）对循环水系统供水管网进行压力优化，使得循环水供水压力由原来的 0.361MPa 减小为 0.257MPa； （3）在水量优化与压力优化的基础上，对循环水场水泵进行叶轮切削和对运行方式进行操作优化，循环水泵年节省耗电量 6246804kW·h，节电率达 32.7%，年节约循环水泵电费 362.3 万元	362.3 万元/年	1699.131 t/a	6228.064 t/a
某石化 1#、2#循环水系统	1. 1#循环水系统优化 （1）采用串级利用等措施对用水装置的循环水系统进行水量优化，提高上回水温差，降低循环水用量，共节水 1898.4t/h，装置节水率达 18.7%； （2）对循环水系统供水管网进行压力优化，使得循环水供水压力由原来的 0.478MPa 减小为 0.415MPa； （3）在水量优化与压力优化的基础上，对循环水场水泵进行更换高效泵和对运行方式进行操作优化，循环水泵年节省耗电量 4629177kW·h，节电率达 28.4%，年节约循环水泵电费 254.6 万元。 2. 2#循环水系统优化 （1）采用串级利用等措施对用水装置的循环水系统进行水量优化，提高上回水温差，降低循环水用量，共节水 1937.5t/h，装置节水率达 37.82%； （2）对循环水系统供水管网进行压力优化，使得循环水供水压力由原来的 0.49MPa 减小为 0.412MPa； （3）在水量优化与压力优化的基础上，对循环水场水泵进行更换高效泵和对运行方式进行操作优化，循环水泵年节省耗电量 4440813kW·h，节电率达 49.3%，年节约循环水泵电费 244.24 万元	498.84 万元/年	1259.136 t/a	4615.289 t/a

续表

工况	优化效益点	经济效益	碳减排量	CO_2 减排量
某炼化炼油循环水系统	（1）采用串级利用等措施对用水装置的循环水系统进行水量优化，提高上回水温差，降低循环水用量，共节水 3679t/h，装置节水率达 14.1%； （2）对循环水系统供水管网进行压力优化，使得循环水供水压力由原来的 0.452MPa 减小为 0.407MPa； （3）在水量优化与压力优化的基础上，对循环水场水泵进行更换高效泵和对运行方式进行操作优化，年节约循环水泵电费 589.05 万元	589.05 万元/年	1207.901 t/a	4427.491 t/a
某炼化 1#循环水系统	（1）采用串级利用等措施对用水装置的循环水系统进行水量优化，提高上回水温差，降低循环水用量，共节水 592.8t/h，装置节水率达 17.5%； （2）对循环水系统供水管网进行压力优化，使得循环水供水压力由原来的 0.42MPa 减小为 0.385MPa； （3）在水量优化与压力优化的基础上，对循环水场水泵进行更换高效泵和对运行方式进行操作优化，年节约循环水泵电费 145 万元	145 万元/年	801.108 t/a	2936.414 t/a

注：消耗 1kW · h 电，碳排放 0.272kg，二氧化碳排放 0.997kg。

四、结论

本文针对目前循环水系统全流程优化技术研究的不足，提出了炼油企业循环水系统的全流程优化策略。该策略综合考虑了水流量平衡、热量平衡、水冷器、循环水泵、冷却塔风机、循环水管网、压力、现场实际条件等多项因素，通过建立循环水系统的全流程优化模型，对炼油企业的循环水系统进行包括节水、降压、节电在内的全流程优化。实例分析结果表明，该策略实现了循环水系统的全流程优化，有效地降低系统的运行成本，可以为企业带来良好的经济效益和节能效果。

炼化企业智慧污水处理场技术开发及应用

王　乔
邱雪梅
焦云强
王建平　石化盈科信息技术有限责任公司
冯新国
陈玉石
李　峰

污水系统在石化行业以及其他行业占有重要地位，随着环保问题引起越来越多的关注，污水系统也受到了炼化企业越来越多的重视。以中国石化总部打造样板污水处理场为契机，开发集智能感知、智能仿真、智能诊断、智能预警、智能调度、智能处置和智能服务全方位为一体的智慧污水处理场成套技术，解决目前存在的科学问题，助力污水处理场实现管理标准化、运行自动化、数据信息化、决策智能化和环境友好化，全面提高污水处理场的运行管理水平和服务保障能力。

污水处理系统在石化行业占有重要地位，承担着全厂污水的处理与达标排放，是重要的环保装置。随着环保问题引发越来越多的关注，污水系统也受到了炼化企业越来越多的重视。污水处理场在实际生产运行中主要面临以下问题。一是科学的系统运行优化手段匮乏：目前企业主要是基于经验进行定性管理，亟待开发基于机理模型的污水系统定量优化技术。二是缺乏科学的全局优化控制手段：污水处理系统自动化控制水平较低，亟待开发污水处理场全局优化控制技术。三是缺乏科学的溯源分析工具：炼化污水系统溯源管理相对粗放，亟待开发污染源溯源分析与追踪技术。四是科学的预测预警手段匮乏：炼化企业污水处理系统时常遭受冲击，缺乏事前预测预警手段，亟待开发污水系统预测预警技术，避免冲击现象发生。

因此，针对企业污水系统的运行现状，有必要开发智慧污水处理场技术，开展污水处理场的集中管控与智慧分析应用，全面提高污水处理场的运行管理水平和服务保障能力，助力企业污水处理场实现管理标准化、运行自动化、数据信息化、决策智能化和环境友好化，实现污水系统的节能、降本、减排，助力炼化企业污水系统节能减排、绿色低碳，具有广阔的发展空间和应用价值。

一、技术开发思路

基于智能感知、物联网、5G、大数据、人工智能、机理建模、先进控制、系统优化等先进技术，构建污水处理场的智能感知监测体系与模型体系，打造污水处理场数字孪生体，开发形成具有示范推广价值的智慧污水处理场成套技术，提升全面感知、预测预警、协同优化、科学决策的四项关键能力，实现污水处理场从传统的经验管理向信息化、智能化、专业化转变，助力炼化企业污水系统实现节能减排、绿色低碳（见图 1、图 2）。

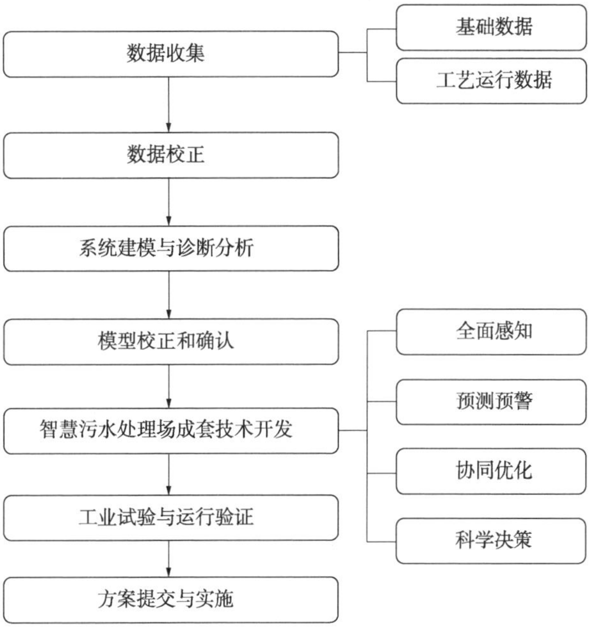

图 1　技术开发路线

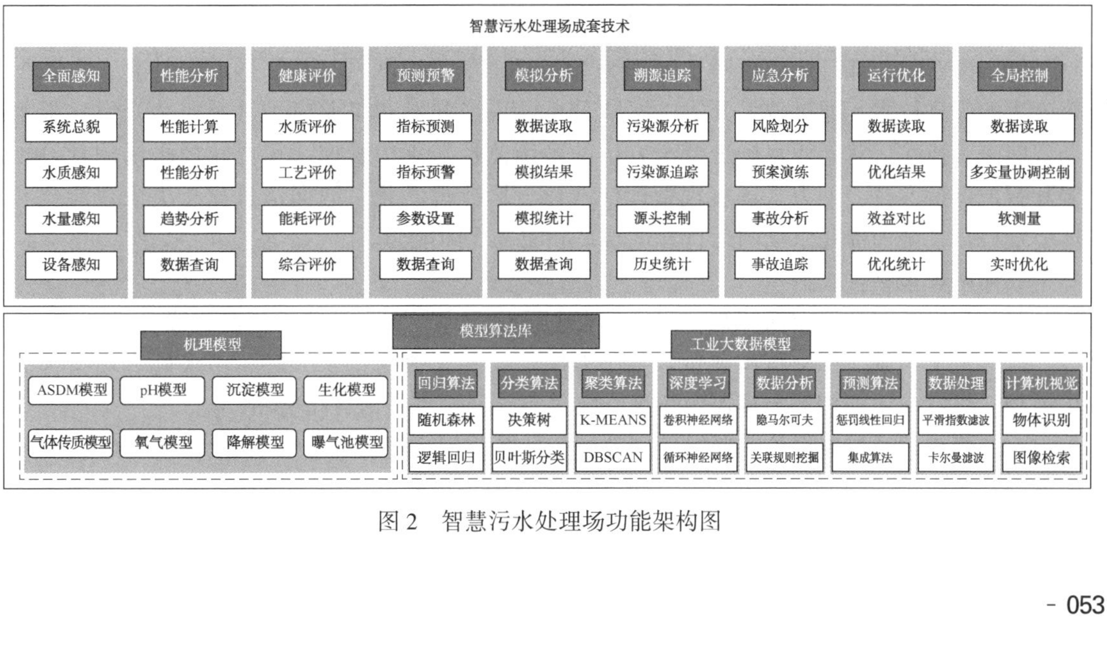

图 2　智慧污水处理场功能架构图

二、成果内容

（一）开发国产化氨氮、总氮在线检测传感器

立足自主创新，攻克氨氮、总氮检测传感器的技术瓶颈，掌握其核心关键技术，自主研发出新型快速响应且无须预处理的全固态离子选择电极，开发氨氮、总氮在线检测传感器，提高传感器的灵敏度、检测限和稳定性，实现炼化污水氨氮、总氮的在线监测。

（二）构建污水处理场的智能感知监测体系

以智能传感器为基础，在物联网先进感知技术的基础上，结合炼化企业污水系统的实际特点，构建污水处理场的全面感知监测体系，充分体现“深入感知、广泛互联、高度智能”的物联网应用特点，实现污水处理场现场实时信息的自动采集与全面感知。

（三）打造污水处理场数字孪生体

基于机理建模与工业大数据建模方法，结合专家知识库，建立污水系统指标计算模型、预测预警模型、模拟分析模型、综合健康评价模型、溯源分析模型、全流程优化模型、自动控制模型与应急分析模型，构建覆盖整个污水系统的模型体系，打造污水处理场数字孪生体。

（四）开发智慧污水处理场成套技术

基于污水处理场智能感知监测体系与污水处理场数字孪生体，开发形成具有示范推广价值的智慧污水处理场成套技术，包括基于污水处理场指标计算模型、综合健康评价模型、预测预警分析模型、溯源分析模型、诊断分析模型等构建相应的体系，具体是指标分析与评价体系、综合健康评价体系、预测预警与模拟分析体系、溯源分析体系、应急处理体系等，并开发形成污水处理场运行监测移动应用，实现污水处理的全面感知、集中管控和智能决策支持，打造智能、低碳、环保、节能的智慧化污水处理场，全面提高污水处理场的运行管理水平、服务保障能力和绿色低碳竞争力。

三、技术应用

（一）样板污水处理场智能决策系统建设

以中国石化总部打造样板污水处理场为契机，基于物联网、互联网、云计算、大数据等先进的信息技术，通过技术开发、实验分析、系统开发和工业应用等手段，开发样板水场智能决策技术，对样板水场进行全方位的系统监控与集中管控，实现样板水场的预测预警和智能决策支持，助力水场实现管理标准化、运行自动化、数据信息化、决策智能化和环境友好化，全面提高水场的运行管理水平和服务保障能力。

具体内容包括：

（1）污水系统数据全面感知：岗位报表电子化管理、实现第三方数据的接入。

（2）污水系统指标分析与评价：基于专家经验和大数据技术，建立污水处理场指标分析模型，打造污水处理场闭环评价体系，实现污水处理场智能评价分析。

（3）污水系统健康评价：通过数据整合、业务应用系统关联、大数据应用、工况诊断、数据穿透等应用辅助智慧分析决策，建立污水处理场综合监控评价模型，实现污水处理场综合健康评价。

(4) 污水系统设备故障诊断：通过设备故障部位及其严重程度、故障发展趋势的判断，实现水场关键设备智能诊断。

(5) 污水系统预测预警：基于云计算、物联网、人工智能技术，实现感知内容全覆盖，建立污水处理场预测预警模型，实现预测预警。

图 3 所示为污水系统主题看板。

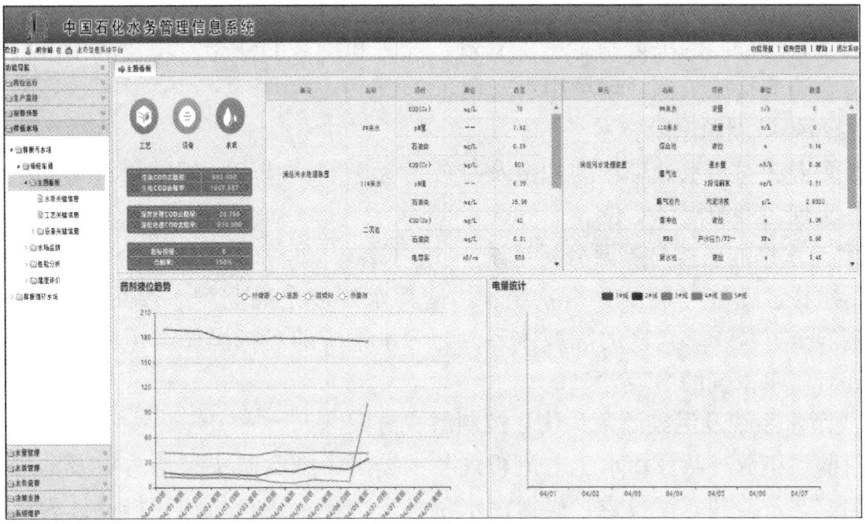

图 3 污水系统主题看板

通过上述各项内容应用，实现了智能决策系统的常态化应用，辅助企业管理人员、调度人员和操作人员进行精细化管理。同时，该项目实现了样板水场的全局优化，降低了工业水系统的运行成本，减少了能源的消耗，有效地支撑了双碳战略。

通过该项目的实施，实现了企业污水处理场的数据整合，释放了数据的潜在价值；通过对污水场的集中管控与信息整合，协助企业建立数字化、网格化、标准化管理模式；同时对污水处理及回用系统进行优化后，预计可取得经济效益 1720.9 万元/年。

(二) 污水系统污染源溯源追踪技术开发及应用

通过技术开发、系统开发和工业应用等手段，构建污水系统全流程监测体系，实现污水系统的诊断分析和水质指标冲击预测，提前预警运行风险，助力污水系统实现决策智能化、管理标准化、数据信息化、信息集成化和环境友好化，提高污水系统的运行管控水平，为炼化企业经济与环境的可持续发展提供可靠的技术保障。基于目前污水系统及各装置生产运行情况和排污情况，对各装置污水排放点的含油、含盐污水装置污水进行污染源调查分析。根据污染源分析结果，提出操作及改造优化，确保污水系统能够实现污污分流以及源头控制优化。

1. 形成污水系统污染源调查分析报告

分别对污水系统污染来源、污水种类及成因、污水排放装置运行情况、污水排放情况、污水系统数采情况、水质分析情况进行梳理，分析来水水量水质、污染源污污分流现状及污水处理场的运行特点，挖掘整理污水输送流程，进行关键用户的需求分析与确认，形成全厂污染源现状调查分析报告。

2. 开发形成污水系统诊断分析技术

以污水处理系统的实际运行流程和数据为基础，开发污水系统诊断分析技术，包含水量相关的诊断分析模型、水质诊断分析体系、能耗诊断分析体系、运行工况综合诊断，提出污水处理过程存在的问题及治理措施，提交污水处理系统诊断分析报告，为污水系统的运行操作与生产管理提供决策支持。

3. 开发水质冲击智能预测预警技术

构建指标预测预警体系，通过对循环水系统和污水系统的关键指标进行有效的预警，给出当前关注指标现状和未来变化趋势的预报，并针对突发性事件，制订有效的应急处理预案，为运行管理部门的决策制定提供有效、及时和可靠的依据，使得决策部门能够及时采取安全应急响应措施，保证现场用水安全。

4. 开发污染源溯源追踪技术

分析装置源头对污水处理场的冲击及排放指标影响，基于分析结果，建立溯源追踪大数据模型，实现污染源溯源定位。

5. 开发污水排放监控与溯源分析系统

开发污水排放监控与溯源分析系统，构建污水排放全局监测、诊断分析、运行评价、污染源追溯等全方位、多角度的溯源体系，为污水系统的运行操作与生产管理提供了决策支持，实现对污水系统的“摸清家底”。

6. 形成污水系统及污染源源头优化控制解决方案

针对目前污染源现状及污水工艺流程现状，提出污染源源头控制方案及治理措施，提交源头控制方案及治理方案报告，确保污水系统安全稳定运行与达标排放，为运行管理人员提供有效、及时、可靠的全方位污水系统信息，辅助现场的运行管理。

图 4 所示为系统展示。

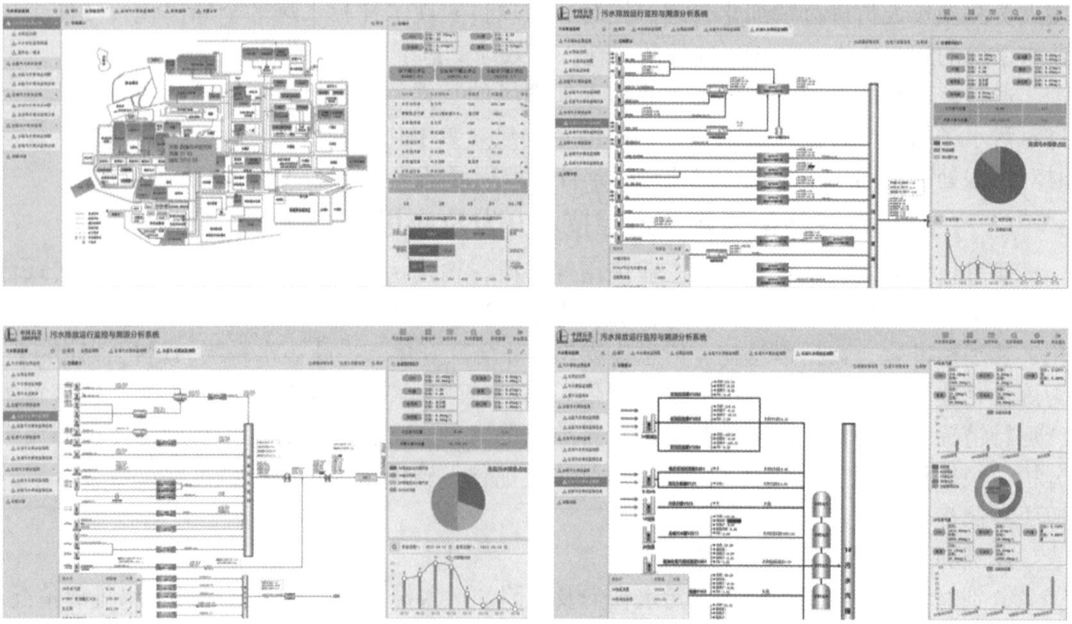

图 4　系统展示

本项目通过技术开发、污染源分析、系统开发和工业应用等手段，构建污水系统全流程监测体系，实现污水系统的诊断分析和水质指标冲击预测，提前预警运行风险，助力污水系统实现决策智能化、管理标准化、数据信息化、信息集成化和环境友好化，提高污水系统的运行管控水平，为炼化企业经济与环境的可持续发展提供可靠的技术保障。

通过该项目的实施，优化高盐废水直接进鼓曝池，保障了企业废水的稳定达标及回用；通过污污分流改造，减少地下水污染的风险隐患；增加监测点，可溯源违规排放，减少污染源对污水处理场的中级及对排放指标的影响；通过对各污水系统的监测、运行分析，实现污水排放全过程管理，为企业污水系统的风险排查提供支撑。通过对二级生化、油泥低温减量及污水分质处理回用进行优化改造后，预计可产生经济效益 1084 万元/年。

（三）污水处理场优化技术

以某炼化企业污水处理系统为研究对象，搭建污水系统的全流程模拟模型，如图 5 所示，以系统能耗与运行成本最小化为目标进行污水系统优化，包括操作优化方案和节能改造。操作优化主要是根据企业污水系统的运行特点，基于污水系统的工艺过程机理，通过调节污水系统的溶解氧、污泥浓度、污泥停留时间及分段进水等关键参数，降低系统耗电量、污泥外排量、药剂使用量等；改造优化主要是增加全厂污水处理系统精细化管理和控制体系，包括分段进水、药剂投加、DO 反馈控制、排泥监测等，同时优化污水系统内高能耗电设备以减少用电消耗(见表 1)。

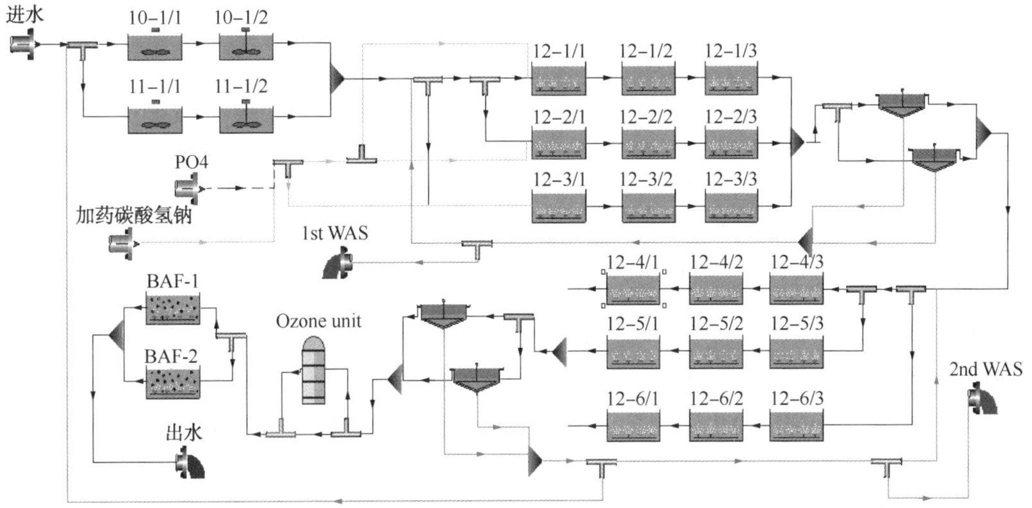

图 5　某企业污水处理系统模型示意图

通过系列污水处理场智慧化建设，形成基于智慧污水处理场成套技术，实现污水处理场的全面智能感知，进行污水处理场的健康指数的在线评价，对污水系统上游来水进行及时的预测预警，实现污水水源的溯源分析与污水系统的多工况应急分析，支撑污水处理场的智能运营，避免系统遭受冲击，保障污水处理系统的外排水质达标，减少事故发生，保证现场用水安全，助力炼化企业污水系统实现环保达标。同时，基于开发形成的污水系统全流程优化与闭环控制技术，进行污水系统的全流程闭环控制优化，支撑污水系统改造优化，在保证污水系统安全稳定运行与环保达标的基础上，进行污水系统的全流程优化，节省系统运行能耗，实现污水处理场能耗降低 15%以上，有效降低系统的运行成本，实现炼化企业污水系统的节能目标。

基于智慧污水处理场成套技术，开展污水系统的整体优化，进一步提高污水资源化利用水平，对处理达标的污水流股进行全面回用；对污泥进行深度处理，优化污泥排放量，全面减少系统排放，污水回用率达到70%，污泥实现零外委，大幅减少污水、污泥外排量，助力炼化企业污水系统实现减排目标。

表1　效益统计

项目	优化效益点	经济效益
企业1 样板水场智能决策技术研究	（1）污水处理及回用系统优化：厌氧单元节电优化、节氧优化、污泥减量优化、烯烃区域增加回用水、热点区域增加回用水。 （2）污水系统的操作优化和改造优化：关停化工污水系统氧I，氧II表面曝气改造优化，烯烃污水曝气机降速优化，烯烃污水好氧段曝气改造等优化	1720.9万元/年
企业2 污水处理场优化技术研究	（1）基于污水系统运行工况，通过模型模拟计算，对不同单元模块的重点运行指标进行最优核算，重点包括溶解氧浓度、污泥排泥量、污泥回流比、药剂投加量、污泥浓度等指标，为对应的管理操作提供有效理论支撑。 （2）模拟污水系统抗冲击负荷性能，优化冲击工况下的管理操作措施，确保污水系统运行安全。 （3）建立污水系统整体优化核算体系，从运行参数到工艺状态，为企业提供管理层决策支持	1749.9万元/年
企业3 污水处理厂运行模拟优化技术开发及工业应用	（1）基于污水系统运行工况，通过模型模拟计算，分别对污水处理场运行参数进行优化核算，包括溶解氧浓度、排泥量、药剂投加量、回流比等，为优化操作提供有效理论支撑。 （2）模拟污水系统抗冲击负荷性能，主要包括水量冲击及污染物冲击，通过模型模拟计算结果，优化冲击工况下的管理操作措施，确保污水系统运行安全	943万元/年

四、结论

通过对智慧污水处理场技术开发的研究，充分利用网络技术、数据库技术、Web发布技术，实现对污水处理场的集中管控、信息整合、数据的统计分析与再利用，满足了技术人员实际的工作需要，有助于企业管理部门建立科学化、数字化、网络化、标准化的管理模式，为运行管理部门制定决策提供有效、及时和可靠的依据。通过水场运行全方位、多维度的远程监测，水场预测预警信息的“自动感知、自动分析、自动报警、自动推送”，提高了水场应急响应速度和业务协同能力，使水场管理从传统经验管理逐步迈向数字定量在线管理。

丙烯腈催化剂生产节能量计算方法探讨

李　莉　中国石化催化剂有限公司上海分公司

节能降耗对大部分企业而言，不仅是降低生产成本，更是提高产品竞争力的有效方法。丙烯腈催化剂作为中国石化催化剂有限公司上海分公司的主要产品，目前丙烯腈车间完善的能源计量系统，为丙烯腈催化剂能源消费统计提供了良好的基础。本文通过采用产品单耗分析法和累积和法对比能源消费量和节能量，明确丙烯腈催化剂节能量计算，这有助于节能潜力的发掘，为后续生产精细化管理、成本管理、实现节能减排目标提供合理、有效的解决方法。

节能，具体指企业从事同样产品生产过程，相比较于节能措施或者技术实施前所能带来的能源节省。节能量即衡量节能量具体数据变化。目前，现阶段，节能量计算方法主要分为产品单耗对比法和累积和法两种。如何正确地计算出节能量是评价企业节能工作是否有效的前提条件，因此一种能够科学、准确计算节能量的方法是非常重要的。

一、节能量计算方法

（一）产品单耗对比法介绍

产品单耗对比法是根据中国的节能量计算标准《企业节能量计算方法》（GB/T 13234—2009）中给出的产品单耗计算方法，该法针对实施节能技术前后实现的能源改变值，也即节约量，计算公式如下：

$$\Delta E=(e_h-e_q)P_h \tag{1}$$

式中，ΔE 为节能技术或措施实施前后的节约能源量；e_h 为节能技术实施后单位产品能耗量；e_q 为节能技术实施前的单位产品能耗量；P_h 为节能技术实施后产品的产出量。

目前该法无法完全适应于复杂的计算，这主要是因为产品的产量是决定产品能耗量的一大重要因素，能源消耗量与产品产量有明显的正相关关系。因此，在生产中一般采用一元线性回归方程来反映两者的关系。但是在实际生产中产品生产所投入的能源量，不是全部转化为产品产出所需，一旦产品产量波动较大，其计算值便会出现不准确误差。而在现实生活中，产品产量受各种因素影响，产品单耗用以衡量节能量便不再准确，因此该法具有较大的局限性。

（二）累积和法介绍

累积和法定义为样本值和某个预设值之间的差值得累积和，选取某个产品在固定生产周期内的能源消耗和产品产量作为数据样本，运用一元线性回归方程模型的相关理论和方法，能够求得节能量，两者之间的关系表达式为：

$$E = mP + c \tag{2}$$

式中，E 为相同周期内，产品生产实际生产消费的能源数量；P 为产品产量；m 为产品产量与能源消费量之间的弹性系数，即每增加单位量的产品产量所需投入的能源量；c 为在产品生产过程中与产品产量没有固定关系的能源消费量，这是个额外的能源消费值。

在实际生产中，能源消费一般要分为随产品产量增加变化而变化的可变能源消费量，和不论产品生产量都要发生的能耗，该部分能耗又可称为固定能耗量，例如设备照明、空载、办公等。

二、丙烯腈催化剂生产节能计算方法

分别将产品单耗法和累积和法用于公司丙烯腈车间的丙烯腈催化剂生产节能量计算。

（一）产品单耗法计算节能量

以 2020 年 1~12 月累计的理论产量（避免产品收率影响）为单位的能耗数据 1.29 吨标煤/釜为基准，采用产品单耗法计算 1~12 月的能源使用数据，详见表 1。

表 1　1~12 月丙烯腈催化剂以产品单耗计算节能量

月份	理论产量/t	实际节能量/吨标煤	单位产品节能量/（吨标煤/吨催化剂）	与基准值对比误差/%
1 月	49.5	65.726	1.33	2.93%
2 月	51.3	61.249	1.19	-7.45%
3 月	86.4	92.714	1.07	-16.82%
4 月	67.5	75.390	1.12	-13.42%
5 月	53.1	62.097	1.17	-9.35%
6 月	21.6	33.362	1.54	19.73%
7 月	18	28.684	1.68	30.03%
8 月	17.1	30.172	1.68	29.94%
9 月	20.7	34.368	1.66	28.70%
10 月	10.8	22.740	2.11	63.22%
11 月	33.3	41.780	1.25	-2.74%
12 月	34.2	47.541	1.39	7.76%
1~12 月合计	463.5	530.098	1.17（平均值）	-9.05%

从表 1 中可看出，以单位产品能耗量为计算节能量时，每月的能源单耗存与基准值存在较大误差。1~12 月的能源实际节能量为 543.812 吨标煤，在该产量下，以 1.29 为基准

值计算节能总量为 597.915 吨标煤，即总能耗和每月单位产品节能量都存在较大误差。按照产品单耗计算法，产品总节能量比与基准值下的能源总量少 55 吨标煤，少节能约 9%。

（二）累积和法计算节能量

采用累积和法对 1~6 月丙烯腈催化剂的能源消费进行分析，以 2020 年 1~6 月每月的理论产量（避免产品收率影响）为自变量，以每月实际节能量为应变量进行线性拟合，如图 1 所示。

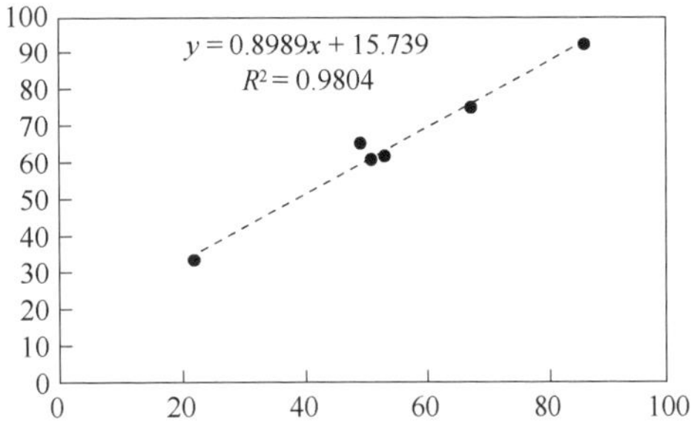

图 1　2020 年 1~6 月产量与节能线性拟合图

得到方程式：

$y=0.8989x+15.739$；　　$R^2=0.9804$

将产量代入上式得到该段时间内丙烯腈催化剂的理论产量与实际节能情况，详见表 2。

采用 Grubbs 检验法检测异常值，首先计算实际节能量与理论节能量的差值，计算得出该差值得平均值为 $X_n=1.83$，同时计算出该样本的标准方差 $S=1.69$，对距离平均值最大的 1 月份的数据采用 Grubbs 检验法计算 G 值：

$$G=\frac{X-X_n}{S}=\frac{5.49-1.83}{1.69}=2.16$$

表 2　1~6 月丙烯腈催化剂的理论产量与实际节能量

月份	理论产量/t	实际节能量/吨标煤	理论节能量/吨标煤	节能差值/吨标煤
1 月	49.5	65.726	60.235	5.49
2 月	51.3	61.249	61.853	0.60
3 月	86.4	92.714	93.404	0.69
4 月	67.5	75.390	76.415	1.02
5 月	53.1	62.097	63.471	1.37
6 月	21.6	33.362	35.155	1.79

将置信水平定为 95%，查阅文献 Grubbs 检验法的临界值表：

$$G_{0.95,6}=1.82$$

这样，在数据处理过程中应剔除 1 月的数据，以 2~6 月的理论产量（避免产品收率影响）为自变量，以每月实际节能量为应变量进行线性拟合，如图 2 所示。

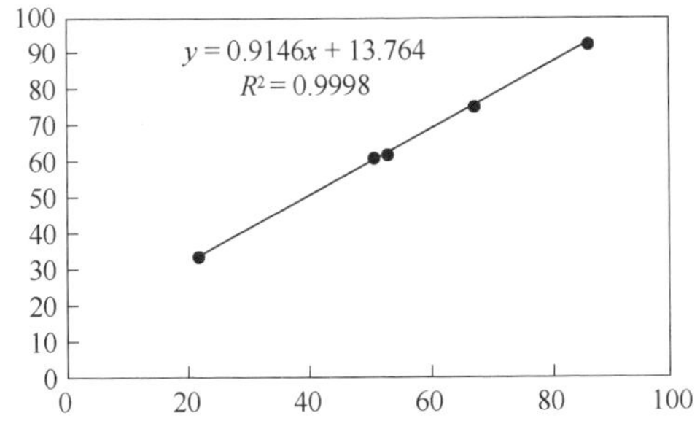

图 2　2~6 月丙烯腈催化剂产量与能耗线性拟合图

得到方程式：

$y=0.9146x+13.764$；　　$R^2=0.9998$

从上式可看出，R^2 更接近于 1，该线性拟合方程线性相关性更好。将 2~12 月产量代入上式得到该段时间内丙烯腈催化剂的理论产量与实际用能情况，详见表 3。

采用累和法计算 2~12 月用能总量为 530.048 吨标煤，2~12 月的能源实际节能量为 530.098 吨标煤，误差率为 0.01%，且每月节能数据误差也大幅减小，按照累和法算法，丙烯腈催化剂节能情况基本稳定。

表 3　2~12 月丙烯腈催化剂的理论产量与实际用能量

月份	理论产量/t	实际用能量/吨标煤	理论用能量/吨标煤	理论用能与实际用能误差/%
2 月	51. 3	61. 249	60. 68	0. 92
3 月	86. 4	92. 714	92. 79	-0. 08
4 月	67. 5	75. 390	75. 50	-0. 15
5 月	53. 1	62. 097	62. 33	-0. 37
6 月	21. 6	33. 362	33. 52	-0. 47
7 月	18	28. 684	29. 40	-2. 51
8 月	17. 1	30. 172	30. 23	-0. 18
9 月	20. 7	34. 368	32. 70	4. 86
10 月	10. 8	22. 740	23. 64	-3. 96
11 月	33. 3	41. 780	44. 22	-5. 84
12 月	34. 2	47. 541	45. 04	5. 25
合计	463. 5	530. 098	530. 048	0. 01

三、累和法计算公式使用范围

对丙烯腈车间 2~6 月节能数据进行回归分析，将数据的置信区间设置为 95%，采用数据分析得到表 4。

表 4　2~6 月丙烯腈催化剂节能回归统计

回归统计								
Multiple R	0. 99989							
R Square	0. 999781							
Adjusted R	0. 999708							
标准误差	0. 372458							
观测值	5							
方差分析								
	df	SS	MS	F	ignificance F			
回归分析	1	1899. 055	1899. 055	13689. 34	1. 38E-06			
残差	3	0. 416175	0. 138725					
总计	4	1899. 471						
	Coefficients	标准误差	t Stat	P-value	Lower 95%	Upper 95%	下限 95. 0%	上限 95. 0%
Intercept	13. 76321	0. 468224	29. 39448	8. 65E-05	12. 27311	15. 25331	12. 27311	15. 25331
XVariable	0. 914598	0. 007817	117. 0015	1. 38E-06	0. 889721	0. 939475	0. 889721	0. 939475

以公式中的节能常数作为变量，得出适用范围：12.274～15.253。将公式应用于2020—2021年数据，得到表5。

表5　2020-2021年节能数据

月份	理论产量/t	车间实际节能/吨标煤	理论节能/吨标煤	实际节能与理论节能误差/%	每月节能常数/吨标煤
2020年1月	49.5	65.73	59.04	10.18	20.45
2020年2月	51.3	61.25	60.68	0.92	14.33
2020年3月	86.4	92.71	92.79	-0.08	13.69
2020年4月	67.5	75.39	75.50	-0.15	13.65
2020年5月	53.1	62.10	62.33	-0.37	13.53
2020年6月	21.6	33.36	33.52	-0.47	13.61
2020年7月	17.1	28.68	29.40	-2.51	13.04
2020年8月	18	30.17	30.23	-0.18	13.71
2020年9月	20.7	34.37	32.70	4.86	15.44
2020年10月	10.8	22.74	23.64	-3.96	12.86
2020年11月	33.3	41.78	44.22	-5.84	11.32
2020年12月	34.2	47.54	45.04	5.25	16.26
2021年1月	74.7	83.95	82.09	2.23	15.63
2021年2月	61.2	72.30	69.74	3.55	16.33
2021年3月	41.4	54.39	51.63	5.08	16.53
2021年4月	14.4	35.51	26.93	24.15	22.34
2021年5月	74.7	83.97	82.06	2.25	15.65
2021年6月	52.2	67.654	61.51	9.09	19.91
2021年7月	6.3	14.847	19.53	-31.51	9.09
2021年8月	0	8.660	13.76	-58.94	8.66
2021年9月	0	3.425	13.76	-301.82	3.43
2021年10月	13.5	26.074	26.11	-0.14	13.73
2021年11月	41.4	51.442	51.63	-0.36	13.58
2021年12月	40.5	50.272	50.81	-1.06	13.23

从表5中可以发现，每月用能常数偏离12.274～15.253越多，实际用能和理论用能的差异就越大，误差也越大，2021年7月产品生产量少，8～9月基本没有生产，计算的误差大，回归方程不适用。通过实际用能和理论用能对比，可核算出车间节能量。

四、结语

节能是增强产品市场竞争力、提高企业经济效益和社会效益的重要途径，本文通过产品单耗法和累和法对比丙烯腈催化剂节能情况，得出以下结论：

（1）丙烯腈催化剂每月、每年产量存在较大波动时，以累和法计算催化剂能耗量更能反映车间的能源管理水平，并且能根据生产计划制订更准确的节能计划。

（2）丙烯腈催化剂产量与能耗的关系式：$y=0.9146x+13.764$，丙烯腈催化剂产量与能耗存在线性关系，且线性相关性好，且节能常数在 13.764 吨标煤附近时，实际节能和理论节能数据越接近，而偏离 12.274~15.253 吨标煤越多，误差越大。

（3）通过对比实际节能情况和计算节能情况，可得出车间是否节能，且可以计算节能量。

参考文献

[1] 张敏．关于钢铁企业节能技改项目节能量计算方法的探讨[J]．资源节约与环保，2016(06)：3-4.

[2] 国家市场监督管理总局，中国国家标准管理委员会．企业节能量计算方法(GB/T 13234—2018)[S]．北京：中国标准出版社，2018.

[3] 解佗，张刚，刘福潮，解建仓，等．企业节能量计算方法分析及应用[J]．陕西电力，2015，43(01)：77-81.

[4] 侯京亮，苗杨，朱作义，田东蒙，等．节能技改项目特殊情况下节能量计算方法分析[J]．能源与节能，2014(04)：81-83.

[5] 刘瑛，魏功．异常值检测中 GRUBBS 法的改进[J]．河南科学，2006(05)：641-644.

液力透平技术应用研究

卢存亮
王治峰
中国石油大庆炼化公司研究院

能量回收液力透平技术及应用对节能减排有重要意义。本文首先对液力透平技术及其在石化行业的应用领域进行了简单的描述；其次，介绍了通过查阅文献、现场调研、电话咨询等方式进行调查的情况，对液力透平技术在炼油装置的应用及生产厂家进行了初步的评价；再次，根据某公司相关装置的实际情况，结合不同液力透平生产厂家给出的初步核算结果，确定了柴油加氢装置适合应用此技术。最后，根据笔者自己的核算结果，给出了柴油加氢装置应用此技术的应用条件。

一、液力透平技术介绍

炼油生产中的余压能是可再生能源，用液力透平代替减压阀避免了余压能的浪费。

液力透平是将液态工质中蕴含的余压能转换为机械功的装置。其高压液态工质所具有的能量经过透平时转换为动能，基本工作原理是：流体冲击叶片，推动叶轮转动，从而驱动透平轴旋转。透平轴直接或经传动机构带动其他机械输出机械功，其动力输出端往往驱动的是另一台泵。

液力透平在石化行业主要用于高压加氢流程，热高压分离器至热低压分离器降压区的液力透平，典型的工艺流程见图 1。液力透平入口油为自热高分罐底部进入到液力透平入口的热高分油，由液力透平减压后进入热低分罐。液力透平提供动能，驱动高压加氢反应进料泵。

二、液力透平应用情况调研

为确保液力透平技术应用的可靠性，对大庆石化和锦州石化两个炼油厂的 3 套液力透平系统实际使用情况进行了调研，调研情况如下：

（1）2005 年中国石油大庆石化分公司加氢裂化装置随装置建设同期

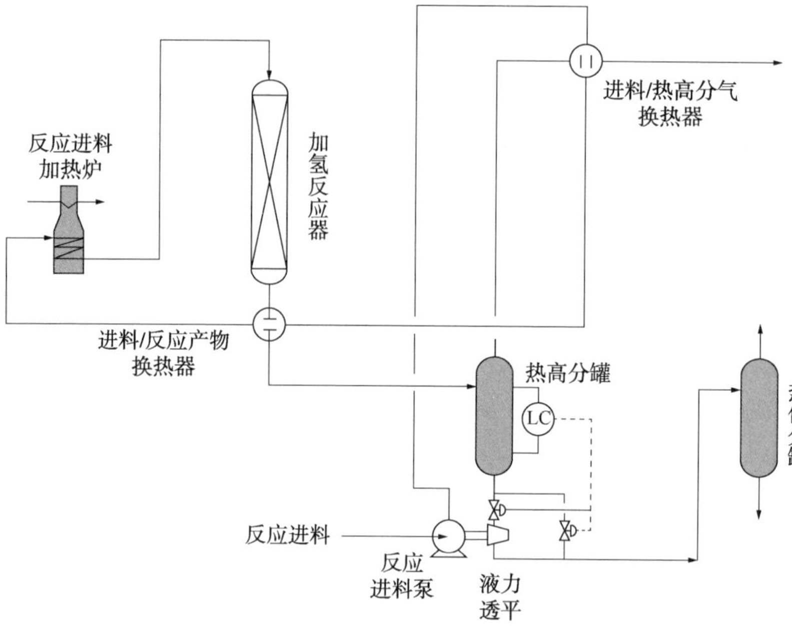

图 1　液力透平石化应用示意简图

使用液力透平，投用后能够安全平稳高效运行，节电效果明显，但由于目前装置工况变化较大，不适于液力透平的投用，所以设备停用。

（2）2012 年中国石油锦州石化分公司加氢裂化和柴油加氢改质两套装置随装置建设同期使用液力透平，两套液力透平系统到目前为止均运行平稳，节电效果明显。其中，加氢裂化装置使用该系统后，据测算，加氢进料泵每小时可节电 600kw·h，年可节省电费 370 万元。

从调研结果来看，液力透平技术在高压加氢装置上的应用效果较好，运行平稳、操作简单、节电明显，但其对工况有一定的要求，具体体现在工况不能大幅频繁变化且要在设计工况下运行。此外，这 3 套液力透平均为进口设备，设备造价高，投资成本较大，其中锦州石化加氢裂化装置液力透平投资费用约 2000 万元。

通过查阅相关文献和报道，发现近年来国内厂家生产的液力透平也有较多成功投用案例，其中国内液力透平厂家主要是大连深蓝泵业有限公司和沈阳格瑞德泵业集团。

对部分使用国产液力透平装置的技术人员进行了电话咨询，了解设备运行是否平稳、节电效果等情况，具体信息见表 1。

表 1　国产液力透平应用使用情况咨询信息表

序号	生产厂家	使用单位	装置名称	投用时间	流量/（m^3/h）	进/出口压力/MPa	介质	运行情况	回收量/kW	备注
1	沈阳格瑞德	中石化金陵分公司	加氢精制-分子筛脱蜡装置	2010	80	5.7/1.1	煤油	运行平稳	200	
2	沈阳格瑞德	中石化茂名分公司	240 万吨/年柴油加氢改质装置	2012	90	14.1/0.8	柴油	运行平稳	200	

续表

序号	生产厂家	使用单位	装置名称	投用时间	流量/(m^3/h)	进/出口压力/MPa	介质	运行情况	回收量/kW	备注
3	大连深蓝	中石油大连西太平洋石化有限公司	重油加氢装置	2012	245	13/1.8	常渣油	运行平稳	500	
4	大连深蓝	山东京博石油化工有限公司	汽柴油混合加氢装置	2015	158	6.5/1.5	热高分油	运行平稳	149	

从咨询结果来看，国产液力透平，如大连深蓝和沈阳格瑞德生产的液力透平，其运行可靠性和节电效果都是比较理想的，较进口设备差别不大。

三、某公司应用透平的应用研究

某公司现有高压加氢装置3套，分别为柴油加氢装置、柴油加氢改质装置、异构脱蜡装置。它们的高低分罐之间现均使用减压阀，若增加液力透平系统，就可回收一部分能量提供给反应进料泵，从而降低进料泵电机功率消耗，达到节能目的。各装置高低分流程具体信息见表2。

表2　某三套加氢装置高低分流程信息表

项目		柴油加氢	加氢改质	异构脱蜡
位号		V102/V107	D103/D104	D5300/D5301
是否易燃		易燃	易燃	易燃
硫含量	μg/g	26	48	1.84
压力/MPa	高分	6.64	8.42	12.7
	低分	1.5	1.4	1.5
	压差	5.14	7.02	11.2
温度/℃	高分	189	50	235
	低分	180	45	225
设计流量	t/h	202	71	24
目前流量	t/h	101	60	16.9
负荷率	%	50%	84%	71%
装置运行情况		目前低负荷生产	工况较平稳	工况较平稳
密度	kg/m^3	817	885	862

与大连深蓝和沈阳格瑞德两个国内透平生产厂家进行沟通交流，委托其对某公司3套高压加氢装置高低分流程进行评估，确定是否能够使用液力透平技术，并初步对投资成本和年效益进行核算(反馈信息见表3、表4)。

表 3 沈阳格瑞德反馈信息表

装置	透平型号	透平效益			投资费用			工程投资回收期/年
		效率/%	回收功率/kW	年节省费用/万元	设备采购/万元	其他/万元	总投资/万元	
柴油加氢	HT125-80*8	62	443	223	220	330	550	2.5
加氢改质	HT70-80*10	50	158.2	80	190	285	475	6.0

注：(1) 按照一年运行 8000h 计算；

(2) 电费价格按 0.69 元/(kW·h)计算；

(3) 异构脱蜡装置流量过小，未找到合适透平；

(4) 其他费用包括设计、土建、管路、原机组改造、施工等费用。

表 4 大连深蓝反馈信息表

装置	透平型号	透平效益			投资费用			工程投资回收期/年
		效率/%	回收功率/kW	年节省费用/万元	设备采购/万元	其他/万元	总投资/万元	
柴油加氢	DCS120-60*5-GT	65	187.6	90	58	87	145	1.6
加氢改质	DCS15-80*10-GT	40	55.4	26.592	52	78	130	4.9
异构脱蜡	DCS40-120*4-GT	30	22.4	10.752	46	69	115	10.7

注：(1) 按照一年运行 8000h 计算；

(2) 电费价格按 0.69 元/(kW·h)计算；

(3) 其他费用包括设计、土建、管路、原机组改造、施工等费用。

从反馈信息来看，加氢改质装置和异构脱蜡装置应用液力透平时，由于流量小造成回收功率和透平效率较低，工程投资回收期长，所以目前不建议应用液力透平技术。

对比两个厂家反馈数据，发现回收功率差异较大，需要对两个厂家提供的计算结果进行核对。

然后利用流程模拟软件 petro-sim，建立柴油加氢装置精制柴油物流模型，输入化验分析数据及操作条件，计算结果：按照设计流量 202t/h 计算，透平入口 6.64MPa 时介质所具有的能量为-99430kJ/S，透平出口 1.50MPa 时介质所具有的能量为-99610kJ/S，能量差为 180kJ/S，即 180kW。按回收效率 65%计算，可回收功率为 117kW，与大连深蓝提供数据相差 70kW，与沈阳格瑞德提供数据相差 326kW。可以认为，大连深蓝提供的数据较为接近实际值，所以投资费可用按其提供值计算，但投用透平的效益使用模拟软件计算结果(见表 5)。

表 5 不同负荷下的液力透平投资与回报估算列表

负荷率	透平效益			投资费用			工程投资回收期/年	备注
	效率/%	回收功率/kW	年节省费用/万元	设备采购/万元	其他/万元	总投资/万元		
100%	65	117	68	58	87	145	2.13	投资费用厂家估算
80%	60	84	49	54	81	135	2.76	投资费用厂家估算
50%	55	50	29	40	70	110	3.79	投资费用厂家估算

注：(1) 按照一年运行 8400h 计算；

(2) 电费按公司实际工业用电价格 0.69 元/kW·h 计算。

由于液力透平具有工作范围较窄的特殊性，它使用的前提是工况较为稳定，且在厂家设计工况范围下运行，所以对不同工况下的投资与回报数据进行了估算。

四、结论

（1）从目前国内炼油厂液力透平使用情况来看，液力透平具备投资成本回收快，节能效果明显等优点。

（2）依据厂家提供的液力透平的投资费用和投资回报周期的信息，以及模拟核算的结果，认为公司柴油加氢装置在较高负荷时(负荷达到80%及以上)，投资回报率较高，较为适合应用液力透平技术。

参考文献

[1] 李振明．液力透平在炼油板块的应用[J]．机械研究与应用，2011，24(04)：26-29.
[2] 郑学鹏．炼油装置液力透平的设计探析[J]．石油化工设计，2012，29(02)1-4，67.

推进精细化管理，实现节能降耗

高瑞波
刘殿禧　中国石油锦州石化公司炼油二联合车间
冯乐章

锦州石化二套催化裂化装置掺炼减压渣油后，装置实行精细化管理，对装置的各项能耗进行优化，降低了装置的能耗，实现了较大的经济效益。

一、背景

锦州石化二套催化裂化装置由中国石化北京设计院设计，建成投产于1990年，设计型式为同高并列式提升管催化裂化，设计生产能力为80×10^4t/a，2003年装置扩能改造为100×10^4t/a。对装置能耗完成情况进行分析，结合公司精细化管理理念，对能耗各项指进行有针对性的优化措施，取得了一定的效果。装置能耗逐年降低，已由2013年的50.27万大卡/吨，降低至现在的46.23万大卡/吨，下降了4.04万大卡/吨。

二、优化原料组成

（一）平稳减压渣油掺炼比例

减压渣油是常压重油在低于100kPa的负压下经过减压蒸馏后剩余的最重的组分，常温下呈固态。渣油与馏分油催化裂化的基本差别在于馏分油在催化裂化反应条件下是全部汽化的，且含很少量的沥青质、金属及氮等杂原子化合物。渣油在催化裂化反应条件下不能全部汽化，除了沸点较高、氢/碳比较低外，还含有较多的沥青质与胶质，而且含有碱金属、重金属及氮化合物等杂质，不易裂化成轻质油。其中，原料掺炼变化趋势图见图1。

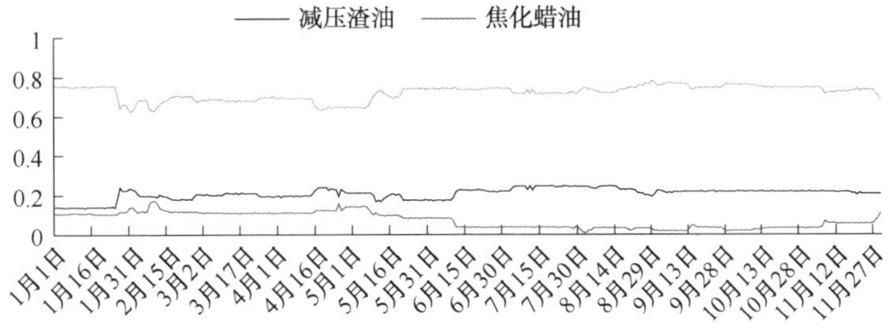

图 1　原料掺炼变化趋势图

(二) 降低焦化蜡油掺炼比例

焦化蜡油本身就是渣油热裂化的产物，不仅含有烯烃馏分而且芳烃含量较高，再次进行催化裂化的性能很差，焦化蜡油中的碱氮含量会使催化剂的活性和选择性下降，使催化剂污染指数升高，催化裂化性能降低，造成转化率下降，使装置重油收率增加，为此结合了公司的原料调整，装置逐步降低了焦化蜡油掺炼比。

三、降低生焦，提高轻收

(一) 降低生焦

装置原料设计组成为直馏蜡油、焦化蜡油和常压渣油，调配比例为 33：17：50(m%)。近几年，随着公司原料的整体变化，装置开始逐步掺炼减压渣油，减压渣油生焦率是常压渣油的 2~3 倍，装置的减压渣油掺炼比由 15%逐渐提高到 20%，相当于掺炼常压渣油 45%~60%，预测装置生焦增加 3~4 个单位。车间通过控制合理的反应温度、两器压力等一系列优化措施使装置的焦碳收率只上升了 0. 29 个单位，烧焦能耗上升 3 个单位。

(二) 平稳控制工艺条件

反应温度是催化裂化装置最重要的工艺参数，反应温度的高低对装置的产品分布有很大的影响，提高反应温度可使转化率升高，增加液收，但过高的反应温度反而会降低汽油产率，使经济效益受损。在催化裂化装置掺炼渣油时，热量过剩，采用高的反应温度，有利于催化裂化装置维持热平衡，也有利于原料中重组份的汽化，减少液焦生成，减缓沉降器结焦，有利于装置的长周期运行，全年反应温度根据原料掺炼渣油比例的不同反应温度始终保持在 480-500℃(见图 2)。

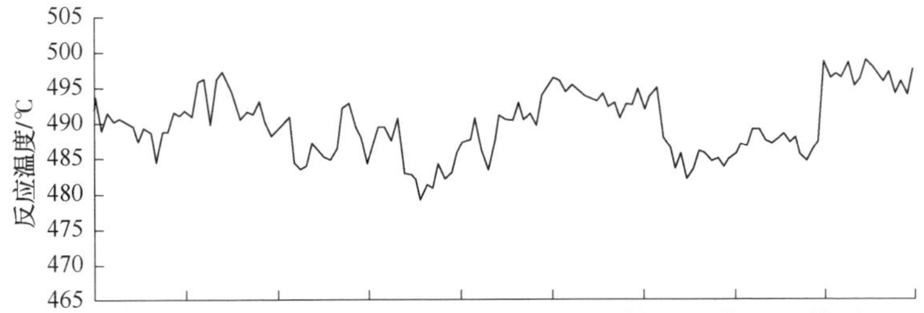

图 2　反应温度变化趋势图

（三）平稳控制反应器压力

反应压力对催化裂化过程的影响主要是通过油气分压来体现的，提高反应器的油气分压可提高转化率，但同时焦炭产率增加、汽油产率下降。在掺炼渣油时，原料中不易汽化重组分增加。为了降低油气分压只能通过提高雾化蒸汽量和降低反应压力来实现，而提高雾化蒸汽量将明显增加装置能耗。通过降低压力有利于实现装置长周期运行，因此随着全年原料性质的不同而制定不同的反应压力指标并平稳控制(见图3)。

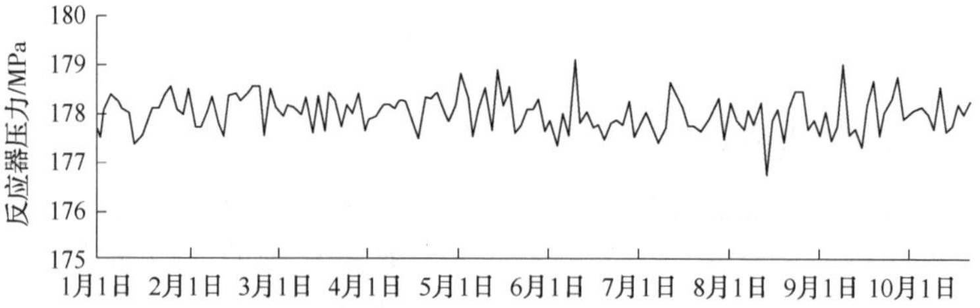

图3 反应压力变化趋势图

（四）细化的质量指标

装置的液态烃、汽油和柴油都有相应的指标，其中液态烃 C_5 含量、汽油干点和柴油95%点为主要的质量控制指标。降低了液态烃中的 C_5 含量，自然就能增加汽油收率。另外，汽油的馏程主要在40~200℃，柴油的馏程主要在160~365℃，汽柴油馏程有重叠，但增产汽油的效益要比增产柴油的效益更高。因此在生产过程中，尽可能地提高汽油收率，根据柴油初馏点的变化及时调整轻柴油汽提蒸汽量和蒸汽温度，使得柴油初馏点由最低时的151℃升高到170℃，而且稳定保持在160~170℃，柴油中的汽油组分尽可能多地分馏到汽油中，提高了汽油收率。公司给定的柴油95%点质量指标是≤365℃，操作员工为了保证质量合格率往往将柴油馏程压的比较低，造成了柴油收率偏低，收率的损失要比质量损失效益大得多，因此根据原料性质和产品质量的实际情况制定更加严格细化的质量指标，在保证合格率的前提下保证了柴油收率不降低(见图4)。

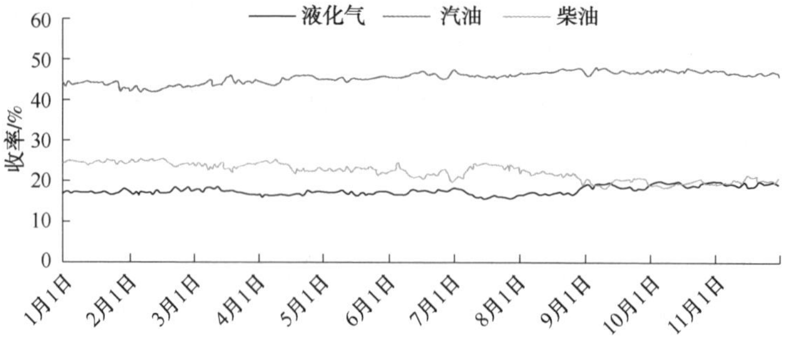

图4 液化气、汽油和柴油收率变化趋势图

通过这些精细化的管理措施，在装置减压渣油掺炼比由15.6%提高到20.7%的情况下，装置的气体收率降低了0.48个单位，焦炭只上升0.1个单位，优化产品分布效果明显，轻质油收率提高1.2个单位。

四、降低电耗

装置的电耗主要用于主风机、增压机、机泵、空冷等，其中以 6000V 的高压用电设备为主，主要有主风机、增压机、低温热水泵、油浆泵、原料油泵、除氧水泵，针对这些用电设备进行了逐台分析(见图 5)，其中除氧水泵和油浆泵都达到最大功率，无节能余力，原料油泵和增压机以保平稳运行为首要目标，暂不列入分析计划，将主风机和低温热水泵作为可以节电的重点对象加以研究。

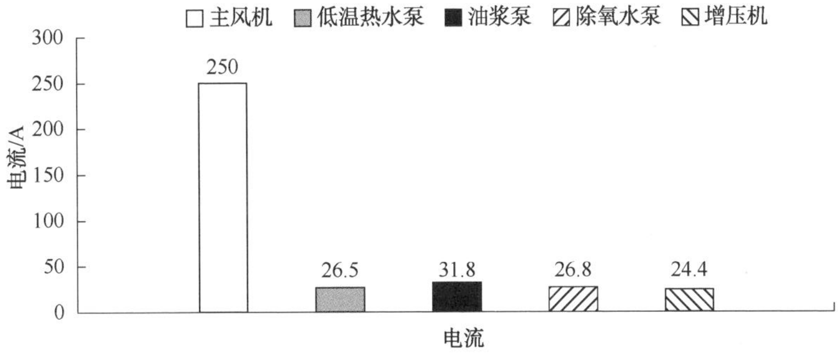

图 5　高压机泵电流变化图

(一) 降低温热水泵电流

装置的低温热水泵属于热水泵，型号为 KS700-140，设计流量是 680m^3/h，工艺需求量一般在 300~400m^3/h。正常运行时，泵的出口阀开度很小，处于限流状态，机泵振动振幅一直偏大(见图 6)。车间根据低温热水泵的实际运行工况以及泵的性能曲线分析，找到了产生问题的原因。对低温热水泵的变频器组织相关单位进行了修复和调试，变频器投用正常后解决了机泵长期运行工况不佳的状态，不仅解决了机泵振动偏高的问题，而且降低了机泵电流 16A，年节约 8.4×10^5kW·h，节电效果显著。

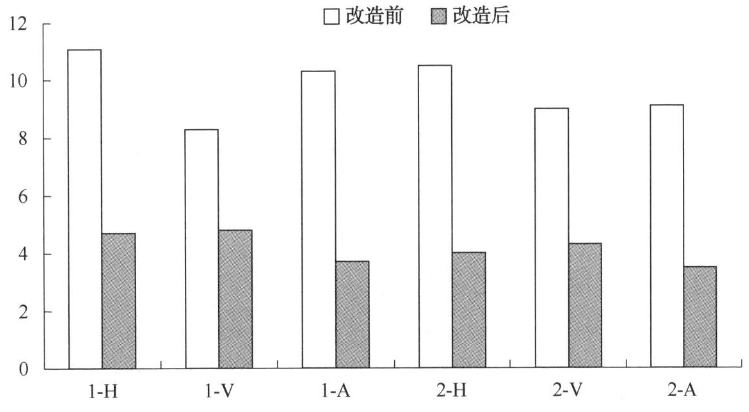

图 6　低温热水泵叶轮更换前后振动对比图

(二) 降主风机电流

1. 根据气温变化调节主风量

进入冬季后随着大气温度的降低，大气密度增大，湿度降低，大气中所含有的水蒸气减少，单位体积气体中的氧含量提高，在保证再生器流化及烧焦罐烧焦效果的同时降低了主风用量，使主风机负荷降低，烟机电流下降 50A 左右。

2. 关小双动滑阀

在正常生产情况下，为了尽可能提高烟机做功输出，双动滑阀开度一般维持在 5%～7%。由于双动滑阀存在一定开度，因此部分高温烟气直接去锅炉发汽，部分高温烟气热能未回收利用。由于双动滑阀在设计安装之初出于安全考虑，即使滑阀在保持全关的情况下两块阀板之间仍有 1.5cm 的间距，给合装置这一实际情况，说明双动滑阀仍有关小的余力。在将双动滑阀从 5%～7%逐渐关小到 3%～5%过程中，主风用量下降 4000Nm^3/h，烟机电流下降 40A 左右。

3. 提高再生温度

随着装置主风流量的降低，为了保证再生器烧焦效果，装置提高了再生温度，将再生温度控制范围由 680～690℃提高到 690～700℃，提高了催化剂再生的烧焦效果，催化剂性质和跑损保持在正常范围。由于再生温度提高，烧焦罐流化和烧焦效果良好，可以减少主风用量，又降低了烟机电流 10A 左右。

五、降低水消耗

（一）加强冷换设备测温检查

装置循环水冷却器主要用来冷却分馏塔顶油气、液化气、汽油、柴油、油浆等，车间每周对循环水冷却器进行 3 次测温检查，根据季节和气温变化的不同，及时调节水路温差偏小的冷却器水量。经过这些调整，装置循环水消耗较往年同期比每小时低 400～500t，节水效果非常明显。

（二）地下管线堵漏

装置循环水用水点多，分支较多，废弃的管线也较多，加之管线埋于地下近 20 年，地下管线不同程度的出现腐蚀泄漏。车间通过仔细检查发现循环水主线(DN800)上有一处泄漏点，制订方案后及时组织施工力量进行了封堵。循环水漏点封堵后，不仅每小时降低了100t 左右的循环水用量，而且降低了公司水厂的新鲜水消耗量，节水意义较大。

（三）停用或减少设备用水

在装置轴流风机运行期间，备用主风机及润滑油用冷却水停用，减少循环水消耗。加强冷换设备测温检查，每周对循环水冷却器进行 3 次测温检查，根据季节和气温变化的不同，及时减少水路温差偏小的冷却器用水量。

（四）对失效冷换设备进行化学酸洗

夏天装置的 L-305(液化气冷却器)冷却效率变低，无法满足生产要求，造成稳定塔压力高，排放大量不凝气体，造成吸收塔和解析塔以及气压机负荷加重，同时液化气 C_{5+} 含量指标难以达标，不仅影响装置产品质量和平稳运行，而且还造成气压机超负荷运行和大量消耗蒸汽，威胁机组运行。为解决这一问题，经过多次研讨制订了在线化学酸洗的方案，然后按方案逐一切除南北两组冷却器并对其进行了在线化学酸洗，化学酸洗后稳定塔顶冷后稳定度由 47℃降至 37℃，降低 10℃，稳定塔压力从 1MPa 降至 0.95MPa，稳定塔顶温度由 65℃降至 57℃，降低 8℃。L-305(液化气冷却器)冷却效果变好后，稳定塔操作弹性变大，稳定塔底温度由 161℃提高至 170℃，提高了 9℃，提高了汽油质量。稳定塔顶不凝气阀开度由80%关至0.5%，气压机入口富气量降低2900Nm³/h，蒸汽量降低2081Nm³/h，不仅消耗了平稳运行中的隐患，而且降低了装置循环水和蒸汽的消耗。酸洗后冷却器冷却效果变好，产品质量合格，满足生产要求。酸洗前后条件对比如表1所示。

表1　酸洗前后条件对比

参　数	单位	酸洗前	酸洗后	酸洗前后变化情况
加工量	t/h	112	118.5	6.5
稳定冷后温度	℃	47	37	-10
稳定塔压力	MPa	1	0.95	-0.05
稳定塔顶温度	℃	65	57	-8
稳定塔底温度	℃	161	170	9
稳定塔顶回流	t/h	35	50	15
不凝气阀开度	%	80	0.5	-79.5
气压机入口富气流量	Nm^3/h	19700	19410	-290
气压机蒸汽流量	Nm^3/h	14178	12097	-2081
吸收塔入口富气流量	Nm^3/h	17000	12700	-4300
循环水温度	℃	25	20	-5
循环水流量	t/h	5700	5500	-200

（五）汽包连排线加孔板

装置热工系统的余热锅炉汽包、外取热器汽包、油浆蒸发器汽包（两个）的连排线一直通过闸阀进行限量操作，不仅排污量无法精确控制，而且随着节流阀门的磨损，汽包排污率逐步升高，导致装置的软化水消耗量越来越大于蒸汽外输量。对4个汽包的连排线安装了限流孔板，通过限流孔板对连排线进行节流操作后，不仅对正常的排污操作和蒸汽品质没有产生影响，而且每小时降低了软化水4~5t的消耗量，节约的软化水量占装置软化水消耗量的10%，节水效果非常明显。

六、降低蒸汽消耗

（一）投用干气预提升

干气预提升投用后，节约1.3MPa蒸汽1.1t/h，气压机用蒸汽量上升0.6t/h，合计节约1.3MPa蒸汽0.5t/h。另外，干气预提升投用后对降低干气收率有一定积极作用，不仅降低了蒸汽对高温催化剂活性和结构的影响，而且更有利于优化产品分布。

（二）提高外取热器料位，增加蒸汽外输量

装置余热锅炉改造后，开始外输中压蒸汽。通过提高外取热器料位，延长了催化剂停留时间，强化了换热效果，使外取热器的发汽量明显提高，使外取热器由产45t/h的低压蒸汽改为产60t/h的中压蒸汽，增加蒸汽外输8个单位。另外，投用装置的干气预提升线，节约1.3MPa蒸汽1.1t/h，扣除其他能耗增加部分，合计节约1.3MPa蒸汽0.5t/h，通过这些优化措施，增加了蒸汽外输量。

（三）停用轻柴塔吹汽

将轻柴塔吹汽停用后，节约1.3MPa蒸汽0.8t/h，装置污水外排量减少0.8t/h，不仅减

少了蒸汽消耗，而且还减少了公司污水装置处理废水能耗和可能出现的柴油带水后对下游装置的影响，一举多得。

七、优化低温热换热流程

对装置的低温热系统换热流程展开优化，将分馏塔塔顶 6 台油气换热器全部并入低温热供热网络中，增加分馏塔一中段和柴油换热器两个供热点，使装置的低温热外输热大幅增加，降低了装置的能耗。另外，对装置的蒸汽伴热系统进行低温热水伴热改造，降低了装置冬季的蒸汽消耗，节约了蒸汽，降低了能耗。

八、结论

通过对装置各方面的精细化管理，在装置原料变重和生焦增加的情况下，能使能耗有了显著的降低，有力地配合公司完成了集团公司的节能减排任务指标，取得了巨大的经济和社会效益。

流程模拟技术对加热炉节能减排的实践应用

赵儒盼
陈伟安
於　冰　中国石油长庆石化公司
何　凯
范雯姝

常减压装置作为炼化企业龙头生产装置，燃料气单耗占比装置用能60%~70%，是碳排放的主要来源，也是炼化企业碳减排的核心单元。公司常减压装置立足设计，创新使用ASPEN流程模拟软件，先后通过模拟炉出口温度和过气化率关系，论证了炉出口温度对精馏塔影响，在保证操作正常和产品质量合格的前提下，实现装置节能减排。避免运动式“降碳”和“急刹车”，为能源保障单位低碳化生产提供科学借鉴和创新思路。

一、概述

根据中石油2020年发布能耗结构，炼厂干气占比33.9%、原煤25.1%、催化烧焦16.8%、天然气10.5%、电力6.5%、重油占比4.0%。炼厂干气消耗量781×10^{4}t、原煤消耗量1269×10^{4}t、催化烧焦435×10^{4}t、电力1.87×10^{10}kW·h、重油99×10^{4}t。其中，化石能源燃励消耗3284×10^{4}t标煤，占比93.2%。从环节来看，CO_2排放主要来源是燃料燃烧排放，占比达63.4%；其次是过程排放和净购电力排放，占比分别为22.1%、14.1%(见图1)。

炼化企业主要温室气体排放类型为CO_2、CH_4等。其中，CO_2是最主要的温室气体(CO_2排放量占温室气体排放总量比例约为99.0%)。2020年炼化企业CO_2排放量为9320×10^{4}t，占炼化板块CO_2排放总量的99.1%(见图2)。受生产规模不断扩大等因素影响，“十三五”以来炼化CO_2排放量呈逐年增长的趋势。因此，减少燃料消耗，降低碳排放，是炼化企业在逐步实现“清洁替代、战略替代、绿色转型”之前，助力国家实现“碳达峰和碳中和”的首要措施。

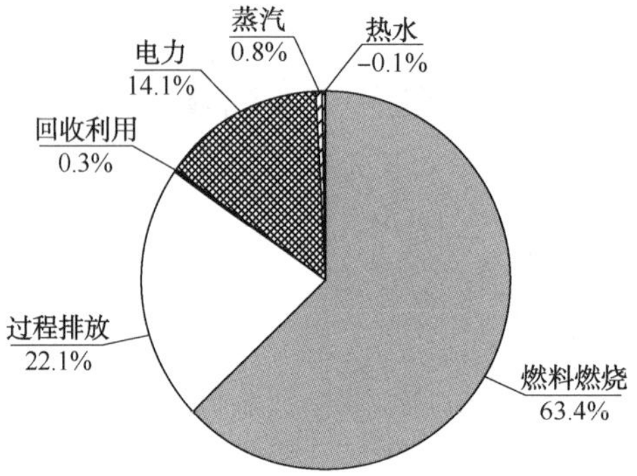

图 1　炼化 CO_2 排放结构(含回收利用)

图 2　炼化企业温室气体排放趋势图

公司常减压装置初底油经常压炉加热后进常压塔精馏，操作过程为保证精馏效果和装置物料平衡，需控制常压塔过汽化率在 2%~5%，但设计和实际运行中，为保证装置足够的操作弹性以及考虑装置设备效能影响，实际操作汽化率远高于理论指标，炉出口温度正是控制该指标的重要操作条件。2019 年公司对常减压装置换热网络改造后，换热终温设计指标 292℃，开工初期装置满负荷运行期间，运行达到设计指标。随后期装置提质增效和加热炉优化调整，将常压炉出口温度较设计下调 6℃，减压炉出口温度下调 8℃，换热终温稳定 285℃。

本文主要以精馏塔过气化率操作指标为前提条件，通过技术参数对比，探寻加热炉节能减排新途径，计算降低燃气消耗后加热炉碳减排数据，论证节能措施的准确性和可行性。

二、技术措施及依据

通过 ASPEN 软件，搭建 500×10^4t/a 常减压装置标定模型，操作工况与实际一致选择 100%负荷。然后通过炉出口温度调整及中段取热优化，核算不同工况下常压塔过汽化率及塔板水力学情况。

(一) 常压塔过气化率核算

利用 ASPEN 流程模拟软件，模拟计算不同温度下常压炉出口物料汽化率。模拟出 358℃、0.17MPa 时常压炉进料汽化率为 45.01%，常压塔过汽化率 4.59%；353℃、

0.17MPa 时常压炉进料汽化率为 42.82%，常压塔过汽化率约 2.41%；满足精馏塔对过汽化率控制 2%~5%的需求范围(见图 3)。

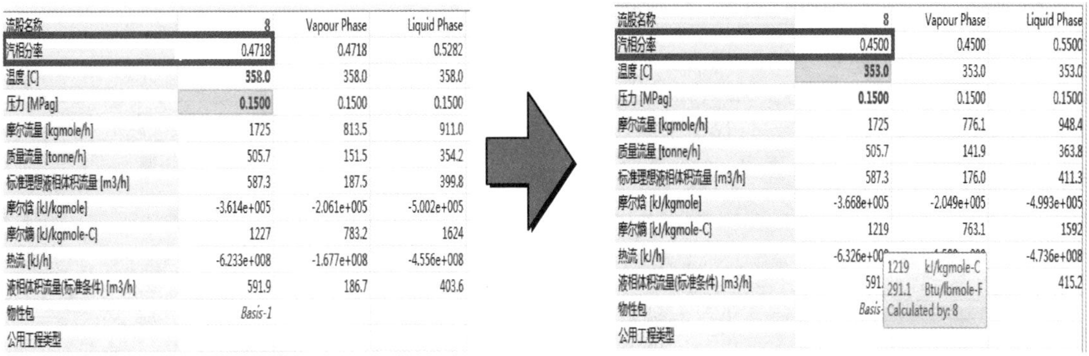

图 3　炉出口温度调整前后常压塔汽化率核算

(二) 常压塔气液平衡核算

常压炉出口温度调整后，一定程度会影响常压塔气-液相平衡，但通过简单中段取热比例调整后，气液平衡可恢复正常(见图 4、图 5)。

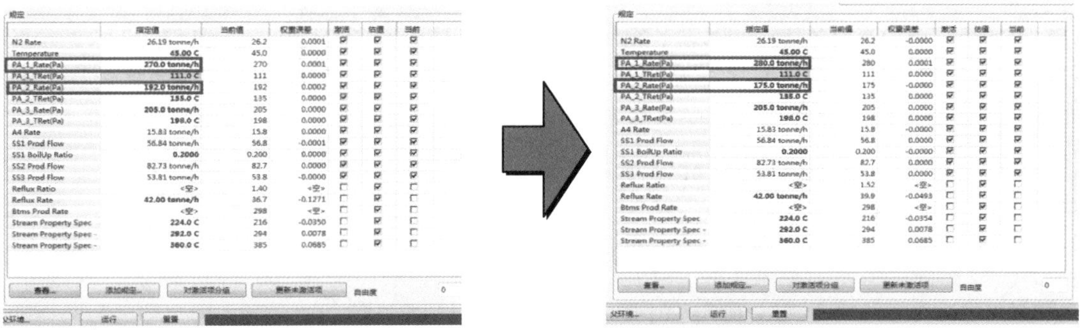

图 4　调整前后常压塔中段循环量核算

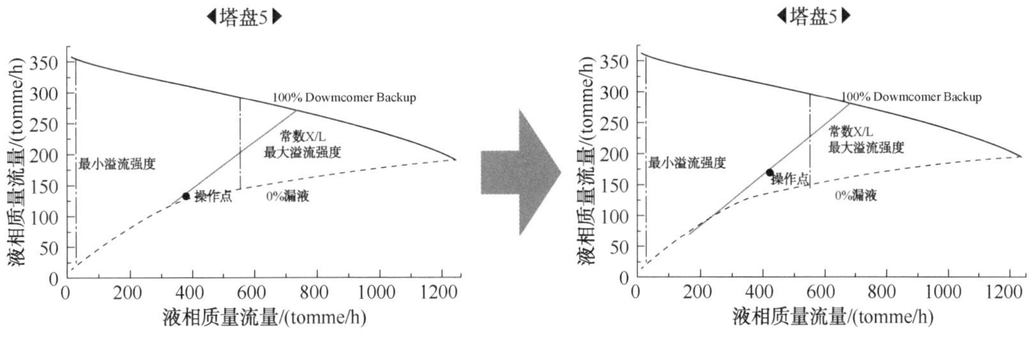

图 5　调整前后常压塔 5#塔盘调整前后负荷性能图

(三) 物料平衡对比

不同工况下的装置物料平衡见表 1。

表 1 不同工况下装置物料平衡

名称	设计工况	降温前工况	降温后工况	偏差	与设计偏差
初顶汽油	9.94	10.08	11.03	0.95	1.09
常顶汽油	5.27	4.4	3.77	-0.63	-1.5
常一线	12.01	9.55	11.3	1.75	-0.71
常二线	10.58	13.9	11.03	-2.87	0.45
常三线	8.15	9.04	10.15	1.11	2
轻收	45.95	46.97	47.28	0.31	1.33
常四线	3.36	2.66	2.98	0.32	-0.38
减一线	3.2	3.83	2.95	-0.88	-0.25
减二线	17.48	13.09	13.69	0.6	-3.79
蜡油收率	24.04	19.58	19.62	-0.04	-4.42
减三线	6.42	6.85	7	0.15	0.58
减四线	3.36	6.25	5.55	-0.7	2.19
常渣	—	4.2	5.25	1.05	—
减渣	19.99	15.06	15.16	2.1	-2.83
总拔	80.01	84.94	84.84	-0.1	4.83

对比设计工况、降温前工况和降温后 3 种工况：与设计对比，装置轻质油收率上升 1.33 个百分点；对比降温前工况，装置轻质油收率上升 0.31 个百分点，与设计对比，装置总拔上升 4.83 个百分点；对比降温前工况，装置总拔降低 0.1 个百分点。表明该炉出口温度下，常压塔过汽化率和减压塔操作具有较好的操作弹性，可满足产品质量调整需求。

(四) 燃料气消耗节能计算

1. DCS 瓦斯流量计计量对比

不同工况下瓦斯流量计瞬时数据见表 2。

表 2 不同工况下瓦斯流量计瞬时数据

名称	设计工况	降温前工况	降温后工况	偏差	设计偏差
常压炉进料	526	528	560	32	34
减压炉进料	301	274	294	20	-7
常压炉瓦斯气	—	1783	1700	-83	—
减压炉瓦斯气	—	1705	1593	-112	—

记录降温前后加热炉 DCS 画面瓦斯流量数据，其中常压炉瓦斯流量下降 83kg/h，减压炉瓦斯流量降低 112kg/h，合计加热炉瓦斯流量减少 195kg/h。

2. 模型测算瓦斯流量对比

以装置 ASPEN 标定模型为基础，利用软件中平衡模块，分别将模型中常压炉、减压炉进料流股引出并完成新建，重新定义流股工艺参数，计算标定工况和现工况下加热炉所需热负荷，对比分析能耗变化(见表 3、图 6、图 7)。

对比现工况换热终温 286.4℃较标定工况换热终温 291.5℃降低 5.1℃，但通过模型测算，现工况下常压炉热负荷上升(1.128×10^8kJ/h-1.124×10^8kJ/h)$=0.04\times10^7$kJ/h；减压炉热负荷下降(3.979×10^7kJ/h -3.359×10^7kJ/h)$=0.62\times10^7$kJ/h，合计下降 0.58×10^7kJ/h。

按加热炉热效率 92%计算，减少加热炉热负荷为 $0.58\times10^7/0.92=0.63\times10^7$kJ/h。

表 3　加热炉进料工艺参数定义

	项目	设计参数	标定参数	现参数	较设计偏差	较运行偏差
常压炉	进料流量	526	527.8	527.8	1.8	0
	进料温度	292	291.5	286.4	-5.6	-5.1
	出口温度	360	358	354	-6	-4
减压炉	减料流量	301	272	272	-29	0
	进料温度	351	342.5	340.1	-10.9	-2.4
	出口温度	395	390	382	-13	-8

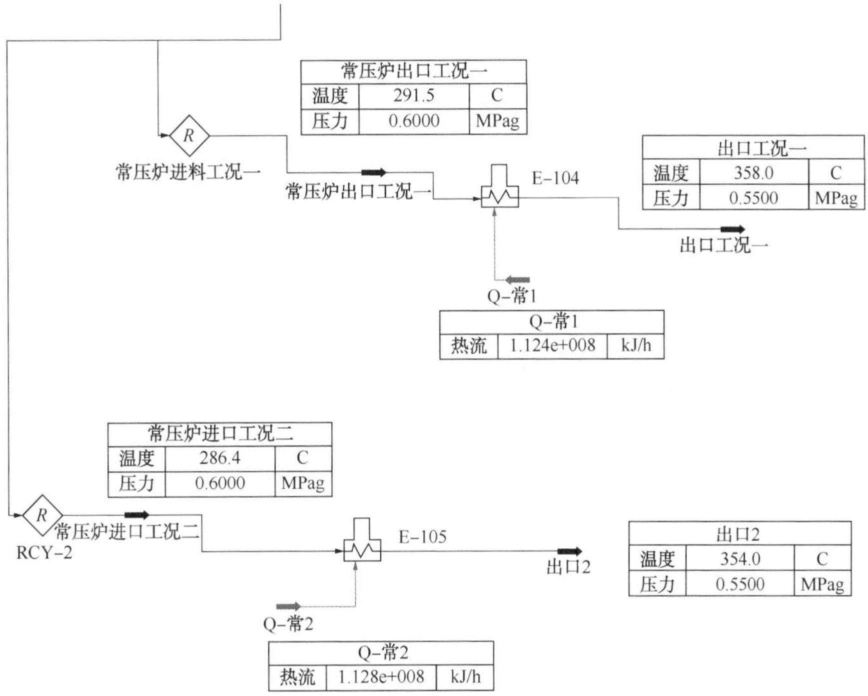

图 6　常压炉热负荷测算

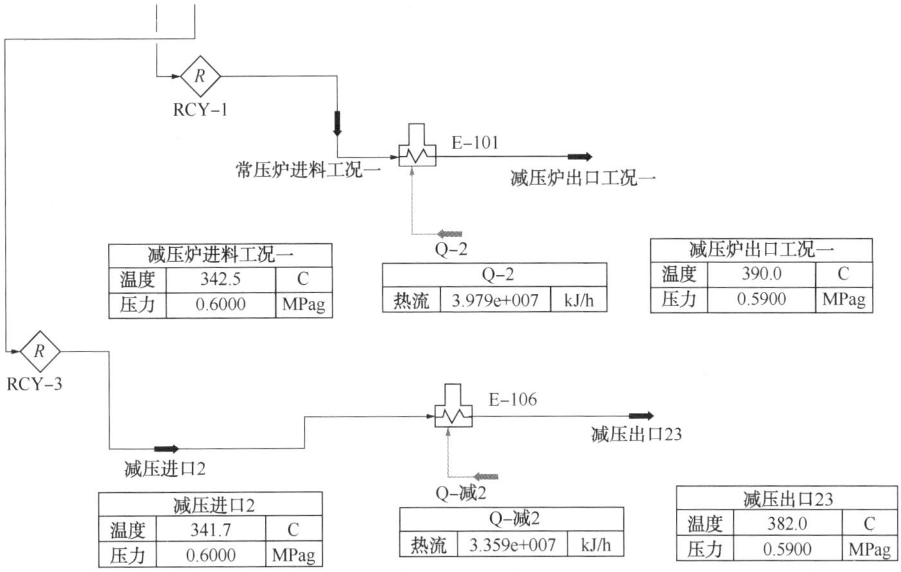

图 7　减压炉热负荷测算

以燃料气热值 4.2×10^4kJ/kg 计算，得出节约燃料气流量为(0.63×10^7kJ/h)/(4.2×10^4kJ/kg)= 150kg/h。在满足操作需求前提下，通过降低加热炉出口温度，得出换热终温每降低 1℃，加热炉单耗降低约 0.0687kgEo/t。

对比 DCS 瓦斯流量计消耗数据和模型测算瓦斯流量消耗数据，发现实际瓦斯节约量 195kg/h，较模型测算 150kg/h 略有偏差，分析应为炉出口温度变化后，侧线温度均发生变化，换热器换热温位亦有变化，对换热网络影响造成。

（五）碳减排计算

1. 燃料气碳含量计算

燃料气碳含量质量百分比计算情况见表 4。

表 4　燃料气碳含量质量百分比计算

燃料气	组成平均值	各组分碳含量质量比	燃料气	组成平均值	各组分碳含量质量比
氢气	25.1094	0.0000	正丁烷	0.5754	0.8276
氧气	0.7928	0.0000	丁烯-1	0.0518	0.8571
氮气	9.5910	0.0000	异丁烯	0.0687	0.8571
一氧化碳	0.2239	0.4286	反丁烯-2	0.0514	0.8571
二氧化碳	0.8038	0.2727	顺丁烯-2	0.0299	0.8571
甲烷	46.1020	0.7500	1,3-丁二烯	0.0011	0.8889
乙烷	6.8432	0.8000	异戊烷	0.1197	0.8333
乙烯	3.9358	0.4286	正戊烷	0.0356	0.8333
丙烷	3.0539	0.8182	C_{6+}	0.0385	0.8372
丙烯	0.5746	0.8571	燃料气碳含量质量百分比平均值	47.51%	
异丁烷	1.9951	0.8276			

2. 加热炉碳减排数据变化

加热炉碳减排数据变化情况见表 5、图 8。

表 5　CO_2 排放量数据变化情况

项　目	CO_2 排放量/(kg/h)			CO_2 排放量/(t/a)	
	降温前	降温后	减排	减排	减排/%
常压炉	3106.045	2961.457	144.589	1266.598	4.66
减压炉	2970.167	2775.059	195.108	1709.144	6.57
合计	6076.212	5736.516	339.697	2975.741	5.60

由计算可知，操作优化前后，加热炉二氧化碳排放量明显降低，其中常压炉减排 4.66%、减压炉减排 6.57%，合计减排 5.6%，年度累计减排二氧化碳 2975.74t。充分证明了模拟软件对加热炉节能减排具有科学指导作用。

三、结论

（1）通过对不同工况下操作参数模拟，得出在满足精馏塔过汽化率>2%的前提下，加热炉出口温度具备明显的下调空间，可明显降低装置燃料气单耗，进而减少加热炉碳排放。

（2）本次实践，为常减压装置节能减排工作贡献了有效措施，也验证了 ASPEN 流程模

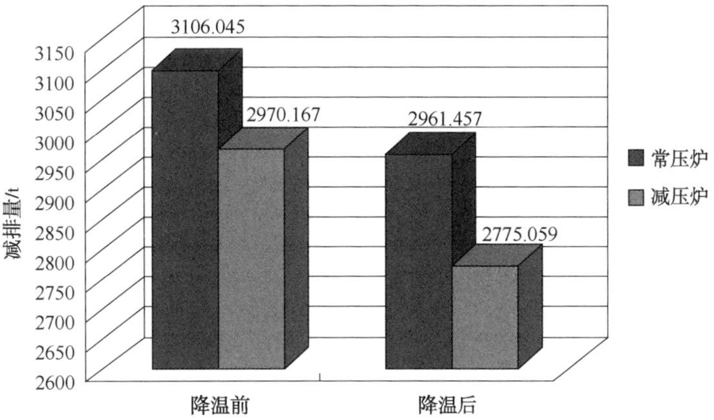

图 8　降温前后 CO_2 减排情况对比

拟软件在炼油工艺计算的特殊优势，为科学调整、科学减排提供了方法借鉴。

（3）从本次实践可以发现，炼化装置加热炉参数设计值和运行值存在较大差距，如何在生产过程发现并总结最适宜的加热炉运行参数，挖掘装置节能减碳潜力，迫切需要深度开展节能提效工作，并把节能提效作为中长期 CO_2 减排的重要抓手。

参考文献

[1] 唐孟海，胡兆灵．常减压蒸馏装置技术问答[M]．北京：中国石化出版社，2004.
[2] 化工过程模拟实训——ASPEN 教程[M]. 2 版．北京：化学工业出版社，2017.

基于物质流理论进行炼厂碳减排的可行性研究(气体分馏装置)

杨宏宇
刘　果　大连西太平洋石油化工有限公司

现代文明是以石油工业为基础所构建的社会，石油工业既是现代社会的主要能源来源，也是现代社会的主要物质产品的原料来源。石油工业渗透在当今现代社会的方方面面。然而石油工业作为碳元素流动的主要场所，随着全球温室效应的愈加明显，其石油工业本身的碳元素控制越来越受到关注。对石油化工企业的碳元素进行详尽科学的分析，并根据分析结果进行有针对性的技术改进减少石油企业的碳元素排放，已经成了社会及学界的关注重点。

在文中重点运用物质流分析方法、线性规划法和情景分析法。得到了气体分馏装置的碳流分析模型，确立了该模型的主要碳流指标，并且在此基础上，以案例数据为基础对气体分馏装置的碳流流动方向进行了物质流定量分析，划分并明确了各个子系统的碳素流指标。此外，运用情景分析法，重点探究了影响气体分馏装置中的碳硫指标的主要影响因素及其变化规律，并在此基础上进行了减排节能优化设计。经过综合论证文中由物质流分析方法所得到的优化方法，可以较好地达到碳减排的目的。

一、概述

碳流分析脱身于物质流分析(Substance Flow Analysis，SFA)，碳流分析是其重要的分析对象，物质流分析是针对其中一种或几种物质的组合，或者化学中元素的运动状况，其中尤以元素流和化合物分析研究为多。瑞典的“物质通量分析方法”是 SFA 方法的一种主要形式，本文将主要运用这一方法进行碳流的分析研究。本文正是在这样的大背景下对石化炼厂进行有针对的碳流分析研究。以工业代谢理论为基础，给出了企业的碳元素工业代谢分析的方法与步骤。本文正是在这样的大背景下对石化炼厂进行有针对的碳流分析研究，并针对气体分馏装置进行详细的演示分析。气体分馏是炼厂的重要组成部分，在炼厂的工艺过程中起到至关重要的连接作用，为下游工艺提供原料。本文针对该工艺进行碳流分析，以工业代谢理论为基础，给出了企业的碳元素工业代谢分析的方法与步骤。作为应用实例，计算了某炼化企业 50 万 t/a 气分装置的碳流过程，对碳流分析过程加以直观的演示。

二、研究方法综述

本研究主选用了物质流分析和线性规划求解法来对选用对象进行研究，所以本部分将主要对这两种碳排放研究方法进行说明。

(一) 物质流分析

物质流分析在不同层次水平上有着不同的研究工具和手段。到目前为此，物质流分析的研究领域涵盖了不同实体水平、不同系统边界的资源和物质流分析，包括从整个社会经济领域的物质流分析到特定元素或特定产品的投入产出分析。物质流分析在不同层次有不同分析工具。其中包括行业或部门的、整个的投入产出分析表及特定元素的元素流分析，也包括企业或产品的生命周期分析等。

另外，物质流分析法研究的重要因素之一是系统边界；我们需要根据研究的物质元素的实际流动过程，合理地建立数学模型，并在此基础上分析整个过程中可能影响到物质数量、流动方向等其他因素改变的评价指标，并进行科学合理的分析预测与方案改进。

因此，物质流分析研究可以用来揭示系统内部的物质流动特征和转化效率，从而找出环境压力的直接源头，并将其作为定量评价系统中可持续发展的重要指标。

(二) 线性规划分析

在数学规划模型中，线性规划是其重要的研究方法之一，也是在运筹学中研究比较早、发展比较成熟、应用比较广泛的一个重要分支学科，常应用于辅助人们进行一些实际问题的科学管理。在线性规划之中，解决优化问题的最实用、最有效的方法之一就是优化数学建模。也就是说，在一系列的限制条件下，通过合理的分析与计算来使某一个或多个指标达到最大或者最小，这里常用的研究方法就是定量化、模型化与系统化方法，用一些抽象的数学模型来间接地解决实际问题。

通常优化模型的建立一般需要拥有以下几个因素：

(1) 优化变量，通常指该问题所要求解的那些未知量；

(2) 目标函数，通常指实际问题中所要优化的(最大或者最小)的单个或多个目标的数学表达式，它是决策问题的函数；

(3) 约束条件，通常是该问题对决策变量的限制条件给出，常常由一组与决策变量相关的等式或者不定式来进行界定。

求解的方式，求所建立的数学优化模型的最优解或者最优解集所需要的方法以及计算机软件。所以，我们可以将优化模型表达成如下数学形式：

$$\text{Opt} \quad z=f(x) \tag{1}$$

$$\text{s.t} \quad h_i(x)=0 \quad (i=1,\ 2,\ \cdots,\ m) \tag{2}$$

$$g_i(x)\leqslant 0 \quad (j=m+1,\ m+2) \tag{3}$$

式中，z 为目标函数；opt 可以为 min，也可以为 max；s. t. 为约束条件；x 为优化变量。

三、气体分馏装置的碳流动计算结果及简析

（一）气体分馏装置碳流动计算

气体分馏装置碳流动计算流程如图 1、表 1~表 5 所示。

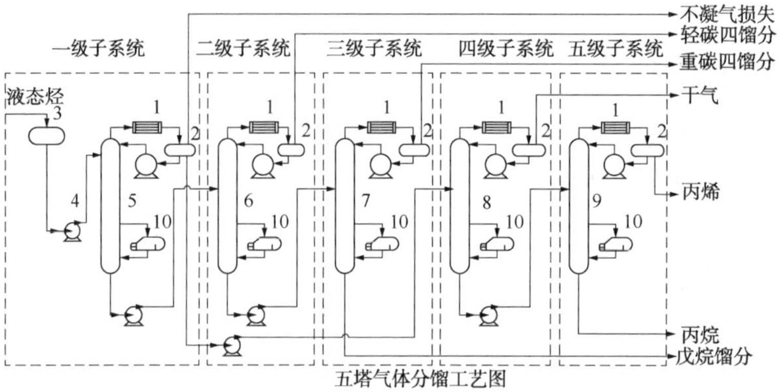

图 1　气体分馏装置示意图

1—塔顶冷凝器；2—回流罐；3—原料缓冲罐；4—原料泵；5—脱丙烷塔；6—碳四分馏塔；7—脱戊烷塔；8—脱乙烷塔；9—丙烯精馏塔；10—塔底重沸器

表 1　石油炼化企业气体分馏一级子系统的碳输入与碳输出

碳素流入端		碳素流出端	
名称	含碳量/t	名称	含碳量/t
液态烃	310357. 563	不凝气	802. 286
		入二级子系统烃	192830. 838
		入四级子系统烃	116724. 439
总计：	310357. 563	总计：	310357. 563

表 2　石油炼化企业气体分馏二级子系统的碳输入与碳输出

碳素流入端		碳素流出端	
名称	含碳量/t	名称	含碳量/t
入二级子系统烃	192830. 838	轻碳四馏分	120254. 74
		入三级子系统烃	72576. 098
总计：	192830. 838	总计：	192830. 838

表 3　石油炼化企业气体分馏三级子系统的碳输入与碳输出

碳素流入端		碳素流出端	
名称	含碳量/t	名称	含碳量/t
入三级子系统烃	72576. 098	重碳四馏分	72362. 069
		戊烷馏分	213. 799
总计：	72576. 098	总计：	72576. 098

表 4　石油炼化企业气体分馏四级子系统的碳输入与碳输出

碳素流入端		碳素流出端	
名称	含碳量/t	名称	含碳量/t
入四级子系统烃	116724. 439	干气	1875. 75
		入五级子系统烃	114848. 689
总计：	116724. 439	总计：	116724. 439

表 5　石油炼化企业气体分馏五级子系统的碳输入与碳输出

碳素流入端		碳素流出端	
名称	含碳量/t	名称	含碳量/t
入五级子系统烃	114848. 689	丙烯	849898. 143
		丙烷	29859. 546
总计：	114848. 689	总计：	114848. 689

(二) 气体分馏装置碳流的流动模型建立(网络图)

根据上述数据，整理出物质流与碳素流的网络图，图 2 中箭头方向表示的是物质流与碳素流的流动方向，数字按顺序表示的是含碳物质名称以及含碳物质的质量(t)，中间表示的是含碳物质的中碳的百分含量(%)，最后括号中的数字表示的碳质量(t)。

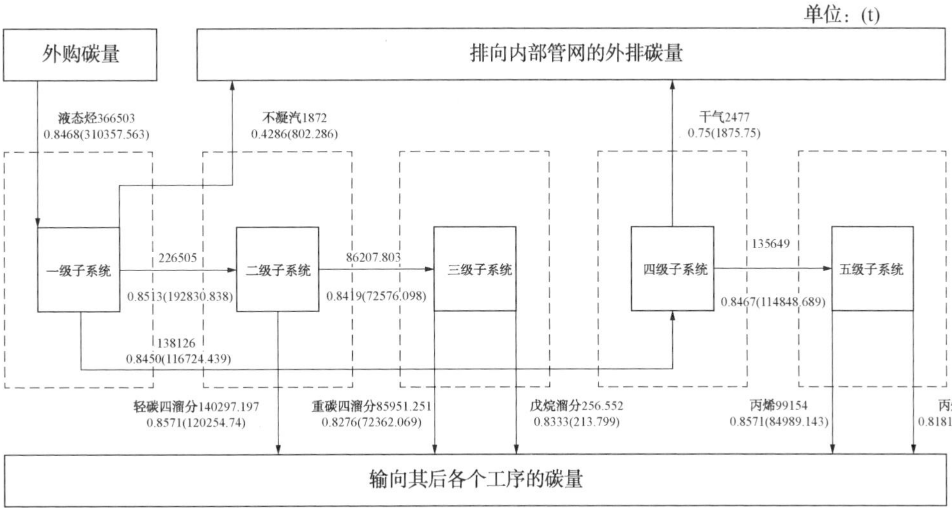

图 2　气体分馏装置的物质流与碳素流的网络图

(三) 评价指标计算结果及分析

根据碳流网络图，我们对相关的指标进行计算：

1. 生产/吨脱丙烷烃排入内部燃料管网中的不凝气损失的碳量 w_1(t/t)

石油炼化企业每生产 1t 脱乙烷烃所需要排入内部管网的不凝气损失的碳量，它主要反映了在生产过程中系统排入内部燃烧系统并排向大气的含碳气体，主要成分为一氧化碳，排放为锅炉燃烧的烟气与过程气体，单位为 t 原油，为我们后续的碳减排提供了科学的数据基础。

$$w_1 = \frac{\sum C_{ro1}}{C_{bn}} = \frac{192830.838}{802.286} = 240352\ (t/t) \tag{4}$$

2. 生产/吨四级分离烃排入内部燃料管网中的干气损失的碳量 w_2(t/t)

石油炼化企业每生产 1t 四级分离烃所需要排入内部管网的干气的碳量，它主要反映了在生产过程中系统排入内部燃烧系统并排向大气的含碳气体，主要成分为一氧化碳，排放为锅炉燃烧的烟气与过程气体，单位为 t 原油，为我们后续的碳减排提供了科学的数据基础。

$$w_2 = \frac{\sum C_{ro4}}{C_{gq}} = \frac{114848.689}{1875.75} = 61.228\ (t/t) \tag{5}$$

3. C 元素环境效率

环境效率是指与单位排放物量相对应的产品量。提高环境效率，就可在较少的污染物排放条件下生产更多的产品，降低对环境的影响。生产流程的原油/天然气的碳元素环境效率是指统计期内与生产流程单位排放物碳量相对应的最终合格产品中的碳量，它等于最终合格产品碳量除以该流程排放的污染物含碳量，即：

$$q = \frac{P}{Q} = \frac{C_{qs} + C_{zs} + C_{bx} + C_{bw} + C_{ww}}{C_{bn} + C_{gq}} = \frac{307679.527}{2678.036} = 114.890\ (t/t) \tag{6}$$

式中，q 为流程的碳元素环境效率，t/t；P 为最终合格产品中的碳量，t；Q 为流程在生产 P 吨产品的过程中向外界环境排放的污染物含碳量，t。

4. 对流程内各工序来讲，工序的碳元素环境效率等于统计期内该工序生产合格产品中的碳量除以该生产工序排放的污染物含碳量，由于本工序中只有一级子系统和四级子系统向外排放无用产品，即

$$q_1 = \frac{P_1}{Q_1} = \frac{\sum C_{ro1} + \sum C_{ro3}}{C_{bn}} = \frac{192830.838 + 116724.439}{802.286} = 385.842\ (t/t) \tag{7}$$

$$q_4 = \frac{P_4}{Q_4} = \frac{\sum C_{ro4}}{C_{gq}} = \frac{114848.689}{1875.75} = 61.228\ (t/t) \tag{8}$$

式中，$q_{1、4}$为第 1、4 道工序的碳元素环境效率，t/t；$P_{1、4}$为第 1、4 道工序生产的合格产品含碳量，t；$Q_{1、4}$为第 1、4 道工序在生产 $P_{1、4}$吨合格产品时所排放的污染物含碳量，t。

$Q_{1、4}$包括该工序向外界输出的副产品、废品和其他排放物的含碳量。可见，碳元素环境效率是衡量生产过程中排放的污染物含碳量的多少及环境状况好坏的重要指标。碳元素环境效率愈高，排放的污染物含碳量愈少，环境状况愈好。

四、结论

本文以石油炼化企业中工艺装置的碳流为研究对象，综合运用物质流分析方法、线性规划法和情景分析法，建立了工艺装置的碳流分析模型，确立了该模型的主要碳流指标，在此基础上，以具体完整的工艺数据为基础对工艺装置的碳流流动方向进行了物质流定量分析，并进一步划分并明确各个子系统的碳素流指标。此研究证明，基于物质流理论建立炼厂的碳流分析模型，并在此基础上进行碳减排是可行性的。

参考文献

[1] 萨日娜，齐金鹏．应用 TMR 对我国物质流的初步分析[J]．生态经济，2013(1)：44-46.

[2] 郭丽杰，康建新．石化装置基于风险的 HAZOP 分析方法[J]．化学工程，2012，40(5)：70-74.

[3] 石垚，杨建新，刘晶茹，等．基于 MFA 的生态工业园区物质代谢研究方法探析[J]．生态学报，2010，30(01)：228-237.

[4] Hashemi - TilehnoeeM，PazirandehA，Tashakor S. HAZOP - studyon heavy water research reactor primary cooling system [J]. Annals of Nuclear Energy，2010，37(3)：428-433.

[5] 曾之平，王扶之. 化工工艺学[M]. 北京：化学工业出版社，2008.

[6] 郝利，黄治平，高尚宾，等．物质流、能量流和信息流分析应用于养殖种植一体化系统的探讨[J]. 农业环境与发展，2012，29(03)：83-86.

[7] 李贵奇. 基于生命周期思想的环境评估模型及其在铝工业中的应用[D]. 长沙：中南大学，2011.

[8] 陈敏鹏，郭宝玲，刘昱，等．磷元素物质流分析研究进展[J]. 生态学报，2015，35(20)：6891-6900.

[9] Department of Environment，Japan. White Book of Circular Society[R]. 2004.

[10] 陈效速，乔立佳. 中国经济-环境系统的物质流分析[J]. 自然资源学报，2000，15(1)：17-23.

[11] IchiroDaigo，Susumu Hashimoto，Yasunari Matsuno，et a1. Material stocks and? ows accounting for copper and copper-based alloys in Japan[J]. Resources Conservation and Recycling，2009，53：208-217.

[12] 汪刚，冯霄．基于能量集成的 CO_2 减排量的确定 [J]. 化工进展，2006，5(12)：1467-1470.

大庆炼化公司汽油加氢装置能源管控系统开发及应用

宫　静
王治峰
卢存亮
王　磊
中国石油大庆炼化公司

能源管控是近几年发展起来的一种新型能源管理模式，本文对大庆炼化公司汽油加氢装置能源管控系统的开发及与应用情况进行了介绍和分析，通过能源管控平台，实现了对汽油加氢装置能耗和重点设备的实时监控和综合信息管理，及时了解和掌握能耗状态以及重点耗能设备的实时状态，利用能源管控系统模拟优化，全年节约成本1732万元。

2015年1月，国家工信部在前期试点的基础上，正式发布了石油和化工等行业的企业能源管理中心建设实施方案。“十三五”期间，中石油集团节能工作从节能管理向能源管控转变，因此，能源管控不是以往简单的节能管理工作，也不仅是建设开发企业的能源管控信息系统，还要确保在尽量少的能源消耗下实现企业经济效益最大化，实现能源消耗“看得见、管得住、控得优”。

一、能源管控系统的总体结构

大庆炼化公司结合自身实际特点，选择150×10^4t/a催化汽油加氢脱硫装置为试点，开发集综合能耗实时监测、重点耗能设备实时监测、能效对标分析、在线模拟与优化、报警参数管理5大类功能于一体的能源管理与优化综合信息平台。依托大庆炼化MES、LIMS等信息系统，实现各工质计量数据、重点耗能设备运行数据以及与能源系统相关数据的集中采集与监控；实现与KBC Petro-SIM 5.0第三方软件的数据交互，实现模型自动计算和模型参数校正、更新，按照设定频次定期开展计算，记录优化结果并实时展示(见图1)。

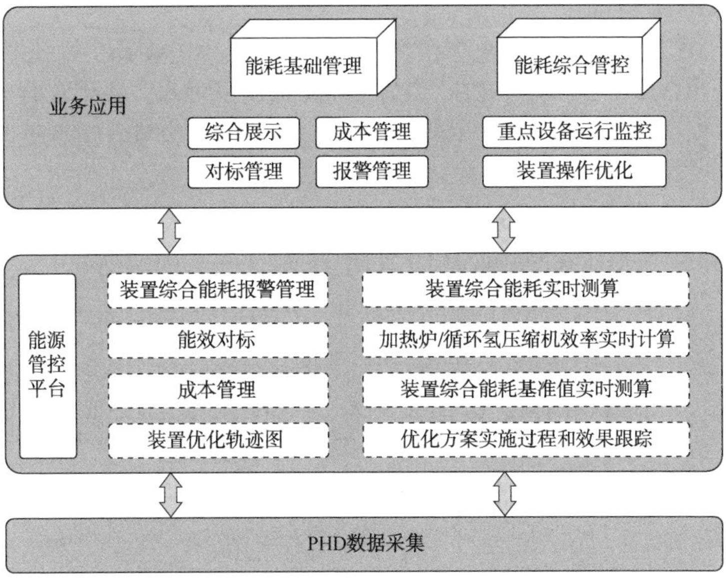

图 1　大庆炼化汽油加氢装置能源管控系统框架设计图

二、能源管控系统的开发

（一）离线模型搭建

基于 KBC 的流程模拟软件 Petro-SIM 5.0 建立了装置全流程离线模型，全流程离线模型包括原料分馏、重汽油加氢、稳定塔、换热网络 4 部分，能够实现原料到产品的全流程模拟（见图 2）。反应器采用 KBC NHTR 严格机理模型，分馏塔采用逐板计算模型，主要换热器（油品、油气、低温热水等）均采用严格计算模型，模型准确度 95.1%。

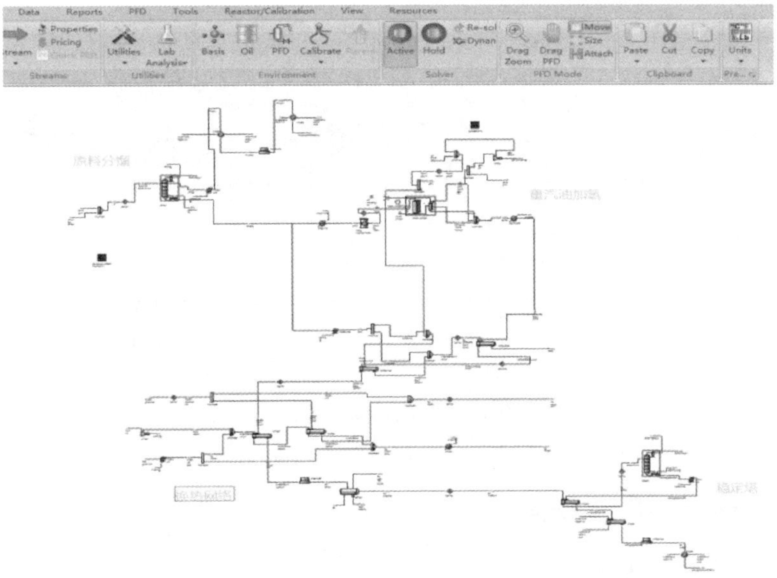

图 2　汽油加氢装置全流程离线模型

（二）在线模型搭建

基于 KBC UMT 技术，建立了全套在线模型，研究提出了装置在线模拟优化实施策略，为实现数据校验和合理设置，基于 KBC 内置 Script 编制了脚本，采用实时数据测算模型所需输入数据，实现全过程在线校正、模拟和优化，能够进一步节省模型更新人工、提高优化效率。

采用 KBC Petro-SIM 内置的 IPOPT 算法，以经济效益最大为目标开展优化计算，2h 运行一次，优化模拟结果展示在网站页面上(见图 3)。

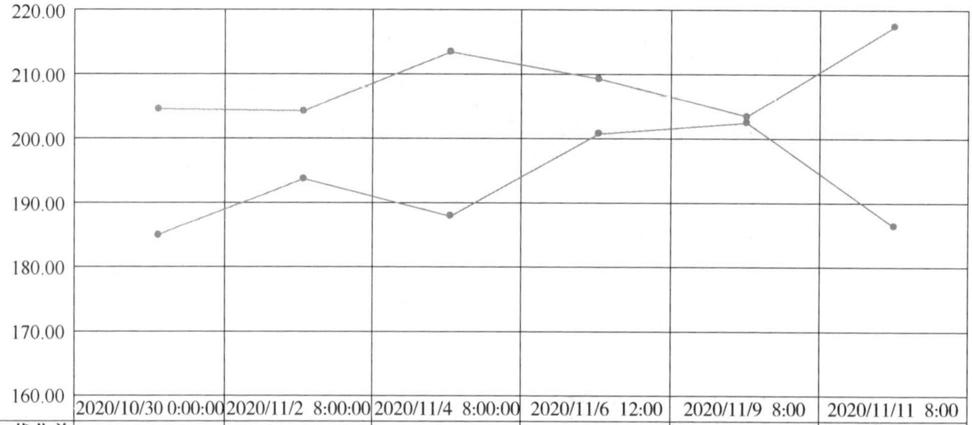

	2020/10/30 0:00:00	2020/11/2 8:00:00	2020/11/4 8:00:00	2020/11/6 12:00	2020/11/9 8:00	2020/11/11 8:00
优化前	184.93	193.70	187.90	200.71	202.45	186.34
优化后	204.54	204.24	213.43	209.29	203.47	217.47

图 3 在线优化模型优化结果展示

（三）建立压缩机组在线模型

利用 Petro-SIM 建立了压缩机组组的在线监测模型，能够连接 PHD、LIMS 数据库，在线获取数据并计算效率。采用 Shell 脚本和 Windows 任务管理功能，开发建立了压缩机在线监测模型的定时运行程序，可以实现每 2h 自动计算效率(见图 4)。

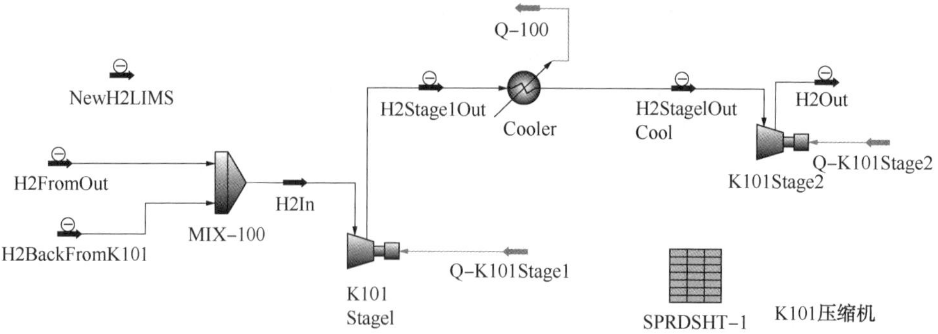

图 4 压缩机在线模型

三、能源管控平台开发

（一）综合能耗实时监测

综合能耗实时监测功能包括装置综合能耗在线实时监测、装置综合能耗实时计算、综合能耗查询。通过实时读取装置进料量、耗能工质消耗量等，实时计算装置综合能耗、各工质单耗、基准值测算，并通过 Web 的形式进行展示。同时提供自定义时间查询历史综合能耗及各工质单耗等功能。实时判断当前的能耗是否在范围内，当综合能耗或者某一单耗超过其设定的基准值上下限一定时长时将会触发异常报警，报警数据会记录在报警参数管理，综合能耗报警监测页面里，提醒生产操作人员关注，找出能耗能效异常原因并解决问题，从而有效提高能效(见图 5)。

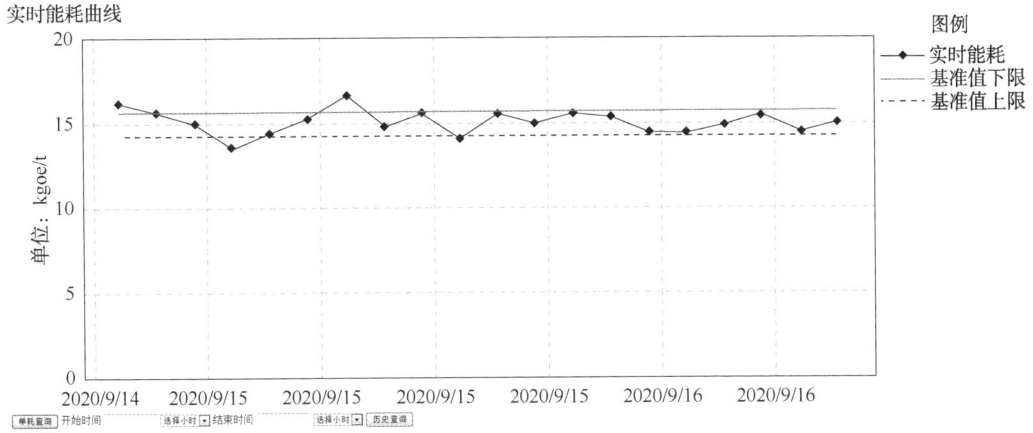

图 5　综合能耗在线实时监测

(二) 重点耗能设备实时监测

1. 加热炉 KPI 监测

实时监测加热炉烟气氧含量和排烟温度，计算加热炉效率、过热空气系数，根据设定的烟气氧含量、排烟温度、加热炉效率、过热空气系数指标进行报警，同时提供参数的趋势图、历史数据查询等功能(见图 6)。

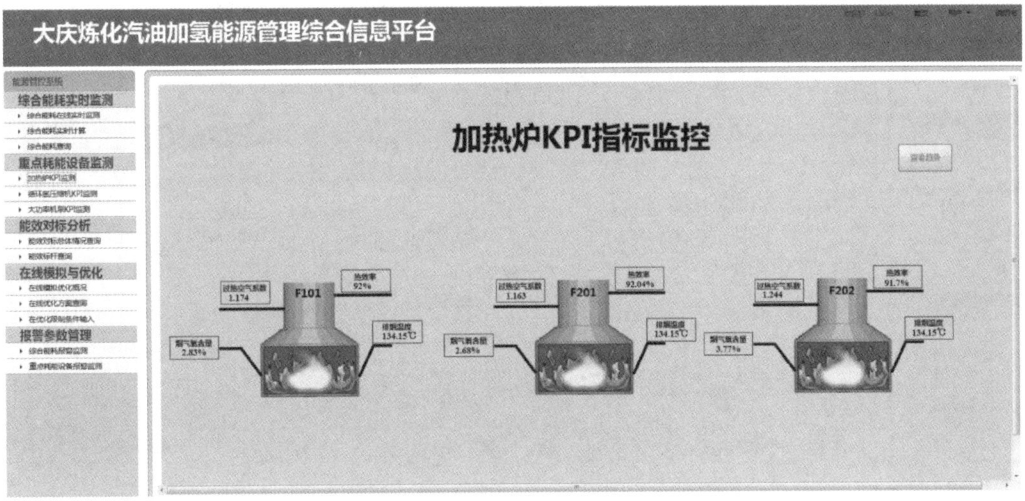

图 6　加热炉 KPI 指标监控

2. 循环氢压缩机 KPI 监测

建立压缩机组在线模型，编制泵机组效率计算公式，实现装置重点耗能设备性能在线监测。实时监测循环氢压缩机的进出口物流的流量、压力和温度以及驱动蒸汽的流量、温度和压力，循环氢压缩机组效率，根据设定的循环氢压缩机组效率指标进行报警，同时提供参数的趋势图、历史数据查询等功能(见图7)。

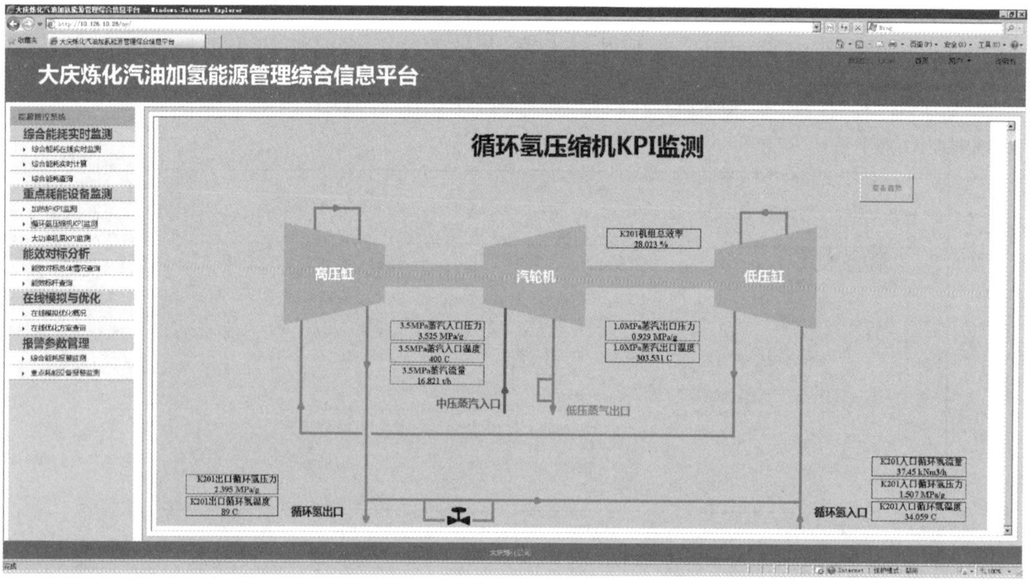

图7 循环氢压缩机 KPI 指标监控

3. 新氢压缩机及大功率机泵 KPI 监测

实时监测新氢压缩机的进出口物流的流量、压力和温度以及反飞动流量，大功率机泵进出口温度、压力、进口流量等，新氢压缩机效率、大功率机泵效率，根据设定的新氢压缩机效率指标进行报警，同时提供参数的趋势图、历史数据查询等功能(见图8)。

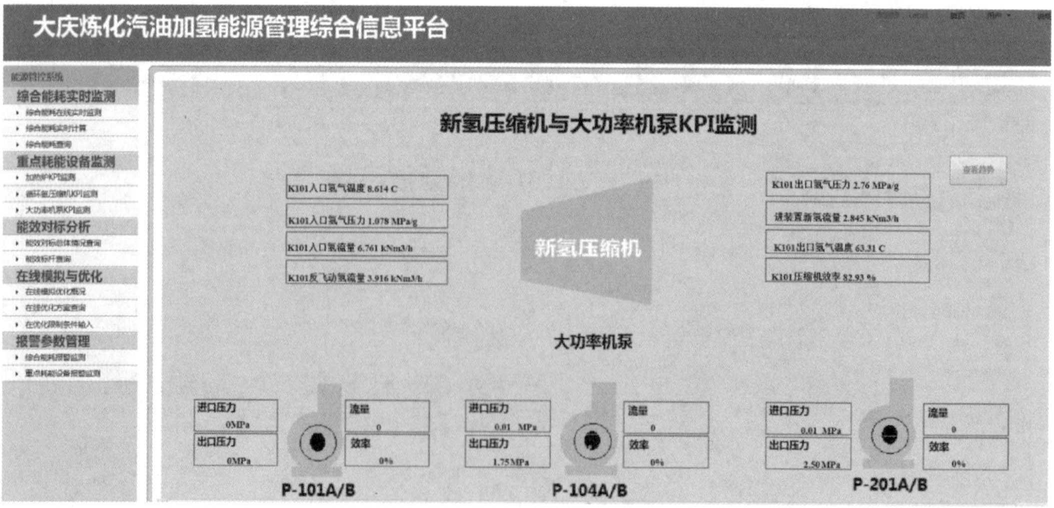

图8 新氢压缩机及大功率机泵 KPI 指标监控

(三) 能效对比

能效对标过程跟踪可以允许新建一个能效对标案例，按照能效现状分析、能效标杆选择、能效对标分析、能效改进措施及实施方案制订、能效改进措施落实、能效对标工作评估等阶段，要求用户分步骤开展工作，及时将过程记录录入系统。做好与其他企业装置的能效对标(见图9)。

图9　能效标杆查询

(四) 在线模拟与优化

在已建立的汽油加氢全流程的Petro-SIM模型基础上，定时获取在线数据，利用Predict反应模块计算产品的流量和物性并与现场对比；同时利用Monitor反应模块计算校正因子，利用最新校正因子定时获取在线数据开展主流程模拟计算，作为优化前状态，利用最新校正因子定时获取在线数据开展主流程优化计算，作为优化后状态。用户可以通过自定义时间查询在线优化方案，据优化方案指导汽油加氢装置调整生产操作方向(见图10)。

图10　在线模拟优化方案查询

（五）报警参数管理

当综合能耗、单耗或重点耗能设备参数超过其设定的基准值上下限一定时长时将会触发异常报警，报警数据会记录在报警参数管理里，提醒生产操作人员关注，找出能耗能效异常原因并解决问题，从而有效提高能效（见图 11）。

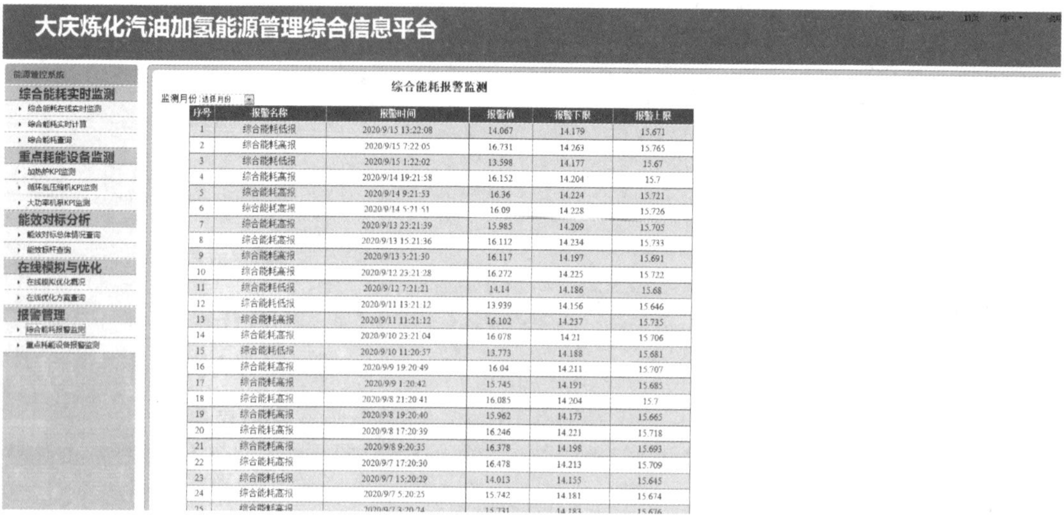

序号	报警名称	报警时间	报警值	报警下限	报警上限
1	综合能耗低报	2020/9/15 13:22:08	14.067	14.179	15.671
2	综合能耗高报	2020/9/15 7:22:05	16.731	14.263	15.765
3	综合能耗低报	2020/9/15 1:22:02	13.598	14.177	15.67
4	综合能耗高报	2020/9/14 19:21:58	16.152	14.204	15.7
5	综合能耗高报	2020/9/14 9:21:53	16.36	14.224	15.721
6	综合能耗高报	2020/9/14 5:21:51	16.09	14.228	15.726
7	综合能耗高报	2020/9/13 23:21:39	15.985	14.209	15.705
8	综合能耗高报	2020/9/13 15:21:36	16.112	14.234	15.733
9	综合能耗高报	2020/9/13 3:21:30	16.117	14.197	15.691
10	综合能耗高报	2020/9/12 23:21:28	16.272	14.225	15.722
11	综合能耗低报	2020/9/12 7:21:21	14.14	14.186	15.68
12	综合能耗低报	2020/9/11 13:21:12	13.939	14.156	15.646
13	综合能耗高报	2020/9/11 11:21:12	16.102	14.237	15.735
14	综合能耗高报	2020/9/10 23:21:04	16.078	14.21	15.706
15	综合能耗低报	2020/9/10 11:20:57	13.773	14.188	15.681
16	综合能耗高报	2020/9/9 19:20:49	16.04	14.211	15.707
17	综合能耗高报	2020/9/9 1:20:42	15.745	14.191	15.685
18	综合能耗高报	2020/9/8 21:20:41	16.085	14.204	15.7
19	综合能耗高报	2020/9/8 19:20:40	15.962	14.173	15.665
20	综合能耗高报	2020/9/8 17:20:39	16.246	14.221	15.718
21	综合能耗高报	2020/9/8 9:20:35	16.378	14.198	15.693
22	综合能耗高报	2020/9/7 17:20:30	16.478	14.213	15.709
23	综合能耗低报	2020/9/7 15:20:29	14.013	14.155	15.645
24	综合能耗高报	2020/9/7 5:20:25	15.742	14.181	15.674
25	综合能耗高报	2020/9/7 3:20:24	15.731	14.183	15.676

图 11　综合能耗报警监测

四、能源管控应用

利用装置全流程离线模型对反应器、分馏塔和换热网络进行了分析，认为重汽油加氢反应产物与装置原料、预加氢反应产物、分馏塔底重汽油的换热流程存在优化空间。通过调整重汽油加氢反应产物与预加氢反应产物的换热流程，模拟计算得到预加氢反应产物进分馏塔温度可从 128.2℃提高至 134.3℃，增加 6.1℃。经过应用，分馏塔底再沸负荷降低 3.9%，节约燃料气 89.56Nm^3/h，节约燃料气成本 150.45×10^{4}元/年。

采用装置在线模型每 2h 开展在线模拟和优化计算，通过优化调整降低新氢量和反应器入口温度，反应过程氢油比降低，循环氢量降低，蒸汽消耗量略降，从而导致装置物料效益增加、用能成本降低，装置经济效益增加 5.7 元/t 原料（见图 12）。

五、总结

利用 Petro-SIM 模拟软件开发建立了装置全流程离线模型和全流程在线模型，基于 MES、LIMS 等信息系统，实现装置能源计量数据、重点耗能设备运行数据、能源质量数据以及与能源系统相关数据的集中采集，实现与流程模拟软件的数据交互，建立了汽油加氢能源管控平台。该平台具有综合能耗实时监测、重点耗能设备实时监测、能效对标分析、在线模拟与优化、报警参数管理 5 大类 14 个功能模块，通过能源管控平台，实现了对汽油加氢装置能耗和重点设备的实时监控和综合信息管理，及时了解和掌握能耗状态以及重点耗能设备的实时状态，做到科学决策。利用能源管控系统模拟优化，优化后的装置全年节约成本 1732 万元，为企业能源优化提供目标和建议，实现能源管控单元的闭环优化，真正达到优化级能源管控系统的水平。

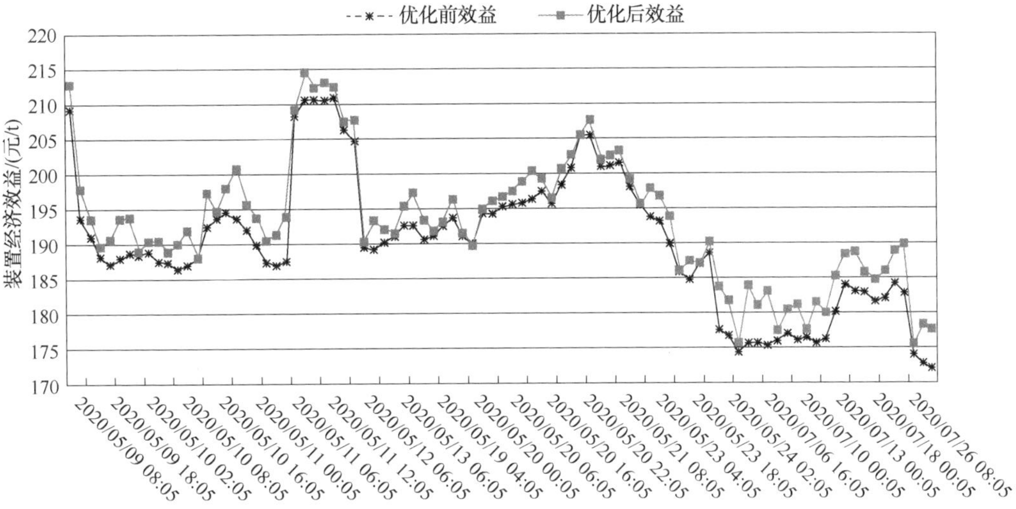

图 12　在线优化前后装置效益变化情况

CO分析仪控制加热炉低氧燃烧状态下的调节与优化

齐文明 | 中国石油锦州石化公司

炼油一联合车间一常常压炉经过2016年的检修，燃料由以前的油气混烧改为只烧燃料气，并且新增加一套CO分析仪来调节烟气中的氧含量。装置开工以后，通过一段时间的调节测试，发现了该加热炉操作方法与火嘴燃烧状态有其独有的特性。本文从氧含量、分支温度调节等方面总结分析该加热炉的调节优化方法，以提高加热炉的热效率，达到降低装置燃料消耗以及减少碳排放量的目的。

在常减压装置中加热炉是重要的能耗设备，提高加热炉的热效率对降低车间乃至全公司能耗有着重要作用。影响加热炉热效率的因素有许多，其中排烟中氧含量的高低、火嘴燃烧状态的好坏是体现加热炉热效率的两个重要指标。一常装置检修以后，车间对常压炉进行多方面的优化调节以达到提高常压炉热效率以及减少碳排放量的目的。

一、降低烟气中的氧含量

（一）在常压炉上应用CO控制系统

大修以后，一常常压炉新投用一套CO控制系统，它的监测系统可以准确测量混合后烟气中的CO含量，而不是某一点的CO含量，因此其测量值更具有代表性。而烟气中氧气含量的测量是利用氧化锆在辐射室顶部进行定点测量，所以烟气的偏流会影响测量的准确性；其次，如果烟气到达测量点时并未进行充分混合，同样会影响测量值的准确性。同时，测量氧气的氧化锆是基于电化学的原理，其测量过程比较缓慢，有较长时间的延迟。通过对一常常压炉进行测试发现，打开10#、11#火嘴的风门5min，在约25min后烟气中的氧含量才有明显提高，说明氧化锆仪表(AI101. PV)的延迟时间约25min。基于上述原因，使用氧含量控制常压炉燃烧的方式相对滞后，而基于 CO 控制燃烧的技术可以很好地解决控制滞后的问题。

火嘴燃烧时，当入炉的空气量不足，燃料就不能充分燃烧，就会产生 CO 等可燃物，降低加热炉的热效率。产生 CO 的火嘴表现形式为火焰顶部有橘黄色烟气翻滚，具体现象如图 1 所示。相反，若入炉的空气量过多，过剩空气系数就会增大，同样降低加热炉的热效率。

图 1　有 CO 产生的火焰燃烧状况

CO 控制系统的的工作原理是，当 CO 分析仪监测到烟气中 CO 含量超过工艺设定值(50ppm)时就反馈给 DCS，DCS 系统会输出一个信号给鼓风机变频器，增加鼓风机的变频开度，从而提高入炉空气量，达到降低 CO 含量的目的。反之，当 CO 低于工艺设定值时，鼓风机变频开度降低，减少入炉空气量。

一个没调好的火嘴能产生超过 1000ppm 的 CO。通过观察发现，在调节火嘴风门时，每调节一次需要在 DCS 上观察 5min 以上才能继续调节，并且不要同时调节 3 个以上火嘴的风门，否则会造成氧含量产生 1%以上的波动。另外，当燃料气(天然气、高瓦)的配比发生变化时也需要做微调，切忌对风门进行大幅度调整。

(二) 炉膛负压对调节氧含量的影响

加热炉炉膛的负压过高会使炉内气体的流速加快，入炉空气中的氧气未经充分消耗便进入烟气系统，提高了烟气中的氧含量，并使排烟温度上升，降低了加热炉的热效率。在调节优化过程中发现，一常常压炉的炉膛负压控制在-80～-90Pa 燃烧的状态最好；另外，由于常压炉测量氧含量的氧化锆的位置在 10#、11#、12#火嘴的上方，同时受到加热炉内部气体流向的影响，中间位置火嘴的风量对常压炉排烟中氧含量的影响最大。经反复调节最终得出各火嘴与其供风量的理想分布图如图 2 所示。因此在调节常压炉的过程中应随时注意调节引风机来保证炉膛负压处于一个适当的范围之内并合理分配各火嘴的供风量。

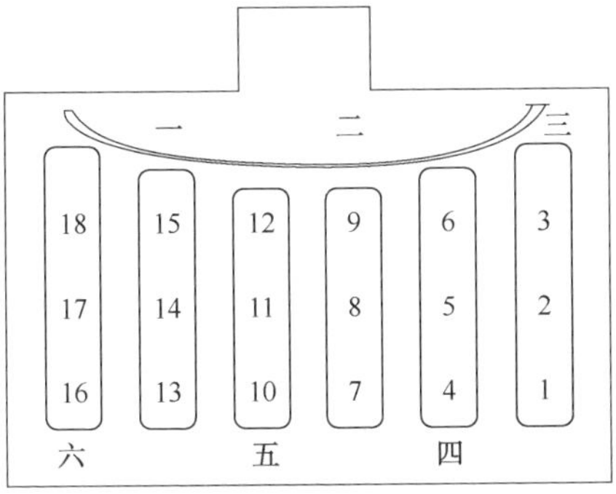

图 2　各火嘴供风关系理想分布图

二、常压炉各分支出口温度的调节

在调节常压炉烟气中氧含量的同时，对常压炉 6 路分支的出口温度进行了优化调节。对于大多数加热炉而言，正常燃烧的情况下应该是燃料燃烧完全、火墙颜色一致、火焰高度适当，烧燃料气时火焰呈天蓝色。对于该加热炉，如果各个火嘴的火焰高度一致、粗细相同，会造成常压炉 6 路分支的出口温度相差很大，最高能到 20℃左右。总结发现，产生这种现象的原因有以下几个因素。

(一) 火嘴分布及火焰形状对分支出口温度的影响

常压炉 6 路进料在炉膛内的走向各不相同，其中第 3 路和第 6 路在常压炉的两边，它们主要受靠近本路 3 个火嘴影响；而另外 4 路分支除了受本路火嘴影响之外还受周围的几个火嘴的影响。例如，如图 3 所示，第 2 路分支的出口温度除了受 7#、8#、9# 火嘴的影响之外也受到 4#、5#、6# 火嘴(第四路)和 10#、11#、12# 火嘴(第 5 路)的影响。与此类似的几路分支受热情况都比较复杂。

在一般情况下，开大燃料气的阀门会使该路的出口温度提高，关小燃料气的阀门会降低该路的出口温度。然而在一常常压炉中，火焰的形状、倾斜角度对各分支出口温度的影响更大，而风门的开度是影响火焰倾斜角度的主要因素。这些问题加大了常压炉分支温度的调节难度。一常常压炉的风门及火盆最初是根据燃料油、燃料气混烧而设计的，因此在只烧燃料气的情况下，风门对火焰形状的影响较大，火焰的形状最终又影响到了各路分支的炉出温度。例如，从 DCS 上观察到第 3 路分支的出口温度较低，现场发现影响该分支的 3# 火嘴风门开度最小，于是将 3# 火嘴的第二风门打开了一个阀位使火焰更高更直，此时观察到该路出口温度上升。印证了只调节风门，不调节燃料气也能改变出口温度的推断，如图 4 所示。

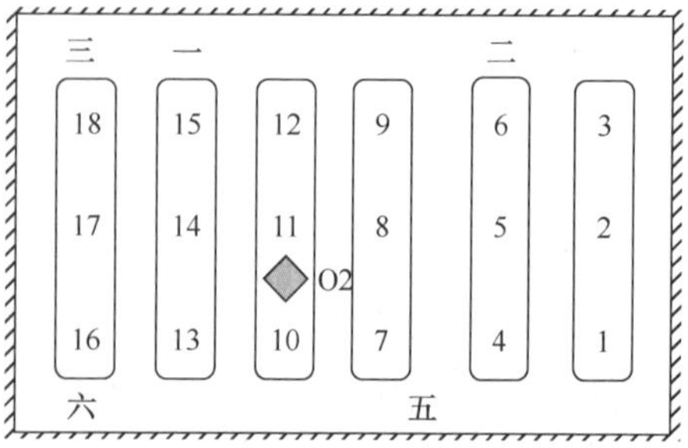

图 3　各路分支与火嘴分布的关系

图 4　3# 火嘴开大风门前后火焰的燃烧状态

(二) 各火嘴风门的调节

通过调节进一步发现一次风门只影响火焰的螺旋形状，对炉出温度的影响并不明显。开大一次风门，火焰旋转，氧含量上升；关小风门，火焰笔直，氧含量降低。二次风门则对火焰长度和燃烧的发散程度影响较大。开大二次风门，火焰更细更长；关小风门，会使火焰更短，燃烧发散，并使火焰发生倾斜。火焰倾斜就可能更靠近或远离某路炉管，会给该炉管提供更多或更少的热量，造成该分支出口温度上升或下降。因此，调节分支的出口温度以调节二次风门为主。

在通常情况下，每个火嘴的风门开度应一致，这样火焰大小才能均匀。但是当开大某一火嘴的风门时，会增大该火嘴的风量，同时会小幅度减少其他火嘴的风量；减少程度理论上为开大风门火嘴增加风量的 1/17。如果其中一个火嘴的风门较周围其他火嘴的开度都大，它会将周围火嘴的火焰吸引过来，导致周围的火焰偏向这个火嘴。经过一段时间的调节最终发现，该常压炉两边的火嘴需要更多风量来平衡各路的出口温度，否则常压炉东西两边火嘴的火焰会向中间倾斜，炉两边的热量偏移到中路，造成各路分支温差过大。调节中还发现，对于所有火嘴，当一次风门的阀位开度是二次风门的一半时，该火嘴燃烧的最好。最终得出火嘴与风门阀位开度的关系如表 1 所示。这也跟图 2 各火嘴与其供风量的理想分布图得出的结果所吻合。

表 1　各火嘴与一次风门、二次风门阀位开度

火嘴位号	一次风门	二次风门	火嘴位号	一次风门	二次风门
1	6	12	10	4	8
2	5	12	11	5	11
3	6	12	12	5	8
4	5	7	13	6	8
5	6	7	14	4	9
6	6	6	15	6	6
7	5	7	16	4	9
8	4	9	17	5	8
9	6	7	18	5	9

(三) 6 路分支流量的调节

维持 6 路分支温度的平衡，保证各路分支流量的稳定是重要前提。在调节过程中发现，很多时候分支温度的波动是由于该分支流量变化造成的，如图 5 所示。尤其是第 6 路分支。第 6 路分支在拔头油入炉集合管的最末端，该路流量的波动最大。因此，在操作中需要采取一系列的措施保证其流量稳定，比如对分支流量表进行校对或者直接进行手动控制。

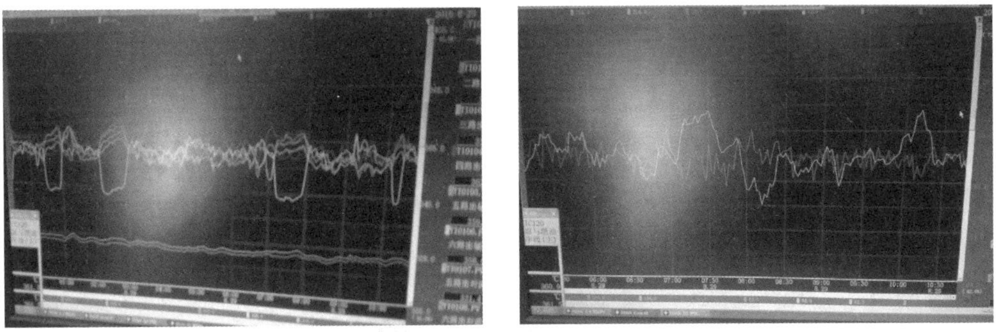

图 5　6 路分支温度波动与流量的关系

三、燃料气流量的调节

正常调节中火嘴燃料气的阀位开度越大，该火嘴的风门开度应越大。在一常加工负荷为 10500T/D、燃料为高压瓦斯和天然气时，通过对风门、燃料气阀门进行反复调试最终发现如表 2 所示关系的时候，常压炉的工作状态最好。如果加工负荷或燃料气的配比发生变化对常压炉进行调节时，每次调节燃料阀的幅度应不超过一扣，不可大幅调整。调节前应先开大火嘴的风门，注意燃料气与风量的配比要适当，防止 CO 突增造成控制系统紊乱。

表 2　各火嘴风门与燃料阀开度关系

火嘴位号	一次风门	二次风门	燃料阀	火嘴位号	一次风门	二次风门	燃料阀
1	6	12	12	10	4	8	5
2	5	12	10	11	5	11	5
3	6	12	8.5	12	5	8	5

续表

火嘴位号	一次风门	二次风门	燃料阀	火嘴位号	一次风门	二次风门	燃料阀
4	5	7	4	13	6	8	5
5	6	7	4	14	4	9	5
6	6	6	4	15	6	6	4
7	5	7	4	16	4	9	5. 5
8	4	9	6	17	5	8	6
9	6	7	4. 5	18	5	9	5

四、炉管发黑调节

在常压炉的调节过程中，时常出现某火嘴的火焰发飘出现舔炉管的现象。当火焰舔炉管时，炉管会被烧黑，烧黑的炉管会抑制燃烧并在炉管表面产生积炭影响传热效率。发生舔炉管的现象，说明该火嘴的燃料没有充分的燃烧，燃料气在压力的作用下上升，在上升过程中不断地寻找氧气燃烧；当上升速度降低时，火焰就会发散发飘，甚至发生舔炉管现象。通常开大火嘴的二次风门增加通风量使火焰更笔直并让燃料燃烧充分就能解决该问题。当火焰不再舔炉管后，烧黑情况在 1~2h 就会自动消失。

如图 6 所示，11#火嘴的火焰舔炉管使附近的炉管烧黑(图左)，当分 3 次依次开大 11#火嘴的二次风门 3 个阀位后，火焰变得笔直不再舔炉管，2h 后烧黑现象消失(图右)。

图 6　舔炉管前后炉管颜色的变化

五、结论

通过 CO 控制燃烧的优化技术和针对一常常压炉特殊性做出的一系列的调节，使常压炉排烟中的氧含量有了明显的下降；通过对常压炉 2 月和 9 月 16 天的数据对比(见图 7)烟气中的氧含量由 2. 35%降到 1. 40%，加热炉的热效率提高了 1. 1%；6 路分支温差在 5℃以内。粗略估计，在目前的加工负荷以及保证原油性质和工艺条件不变的前提下，每天可节约燃料气 1.69t，节能降碳效果明显，同时还实现了常压炉的精细化操作，延长了常压炉的使用寿命。

月份	日期															
	10	11	12	13	14	15	16	17	18	19	20	21	22	23	24	25	平均
2 月	2.05	2.66	2.32	2.41	2.64	2.62	2.42	2.62	1.85	2.53	2.36	2.38	1.95	2.49	2.24	2.15	2.35
9 月	1.37	1.76	1.2	1.48	1.46	1.78	2.2	1.35	1.16	1.52	1.7	0.98	0.74	1.55	1.12	1.04	1.40

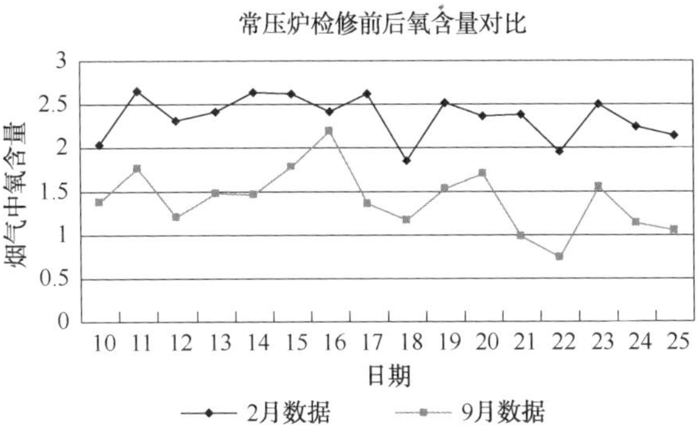

图 7　常压炉 2 月和 9 月同时期烟气中氧含量数值对比

参考文献

[1] 杜鹏．加热炉低氧燃烧控制技术的应用[J]．石油石化节能与减排，2015(2)：41-43.
[2] 王颖，刘禹兰．提高加热炉热效率途径的探讨[J]．化学工业与工程技术，2008，29(4)：57-60.
[3] 张德义，等．如何从火焰上判断加热炉操作的好坏[J]．常减压蒸馏技术问答，1996(6)：147-148.
[4] 汪剑波，阎西祥．加热炉炉内压力的影响和调节[J]．工业炉，2005，27(3)：29-31.
[5] 汪鹏飞．如何改善加热炉的操作以实现节能增效[J]．广州化工，2011，39(2)：109-110.

APC 先进控制对 PX 装置节能降耗的效用

焦晓东
王　锋
胡　畔
杜　娟
中国石油四川石化有限责任公司

相比于 DSC"高能低用"单回路控制，APC 先进控制经过预测控制、推断控制、统计过程等模式，深度强化被控变量的可靠性和稳定性，使产品质量更稳定，并且减少了因调整过量或调整滞后造成的能量浪费。四川石化生产三部对二甲苯装置根据多年生产实际经验，结合 APC 先进控制优点对多个工艺参数控制方法进行改造优化，实现了装置平稳率和自控率提高、产品质量和产量提高、操作强度降低、能量消耗降低的多重效果。

一、概述

APC 是先进控制系统"advanced process control"的字母缩写(以下简称 APC)，APC 可优化工艺参数、实现"卡边"操作、装置降能降耗、提高经济效益。同时，APC 还能大大降低操作人员劳动强度，减少生产运行中人为因素影响。因此，APC 已被视为一种投资少、效益高的高新技术，是流程工业企业提升综合自动化水平和劳动生产率，实现节能、降耗和减排，持续挖潜增效，提高市场竞争力的重要手段。

二、装置介绍

PX 装置是中国石油四川石化有限责任公司(以下简称四川石化) 10Mt/a 炼油与 0.8Mt/a 乙烯炼化一体化工程中配套装置。装置以重整生成油和经芳烃抽提的 $C_6 \sim C_7$ 芳烃以及云南石化外购混合二甲苯为原料，生产对二甲苯、邻二甲苯和苯等芳烃产品，充分发挥炼油化工一体化优势，实现资源的优化配置和产品增值。对二甲苯(PX)装置包含 0.95Mt/a 歧化单元、3.36Mt/a 吸附分离单元、2.6Mt/a 异构化单元和 4.09Mt/a

二甲苯分馏单元，采用美国 UOP 公司专利技术及工艺包设计，由中国石化工程建设公司（简称 SEI）设计。自 2018 年扩能改造后装置设计年生产对二甲苯 75×10^4t，年产邻二甲苯 5×10^4t，年产苯 45.7×10^4t。

三、生产中存在问题及原因分析

（一）PX 装置精馏塔链式波动明显，操作难度大

PX 装置精馏单元具有较强多变量耦合特性，相关物料流量、温度、压力波动，导致精馏单元具有较明显的链式波动。比如二甲苯分馏单元中的邻二甲苯塔，塔压受环境温度、进料量和进料组成影响非常明显，而塔压的大幅变化造成精馏段温差串级控制无法稳定运行，串级长期未投用。一旦环境温度或进料发生波动，操作员必须手动调整，常常出现调整不及时或者调整过量，导致邻二甲苯塔顶和塔底产品不合格，操作难度大、强度高。为保证邻二甲苯产品质量不低于指标，工艺上采取大再沸大回流的方式，保持邻二甲苯较高的纯度，这虽然保证了产品质量，但是装置能耗增加。PX 装置异构化单元精馏塔、吸附分离单元精馏塔都有类似的问题且长时间得不到有效解决，装置操作难度大、自控率低、能耗高。

PX 装置精馏塔的链式波动往往是由于 DCS 控制不能实现“卡边”操作，即不能将被控参数或控制参数限定在一定范围内，因此不能较好地克服压力、流量、温度、组分等多变量波动干扰，从而造成一个控制参数大幅变化，后续控制参数跟着大幅变化的结果。因此，在 DCS 控制模式下，操作人员常常将各参数维持在过“上限”或“下限”状态下运行来拓宽操作弹性，保证产品质量。这就导致在很大程度上增加操作人员劳动强度、装置能耗。

（二）PX 装置加热炉燃料气波动频繁，燃料气消耗大

燃料气管网压力、组分波动与 PX 装置各加热炉效率及燃料气损耗密切相关。原始设计加热炉炉管出口气化率与燃料气压力串级控制，炉膛压力与引风机变频串级控制，炉膛氧含量与鼓风机变频控制，但由于燃料气压力和组分频繁波动，气化率、炉膛压力和氧含量波动剧烈，串级控制无法投用，燃料气压力根据塔压手动调整，往往也会发生调整过量或调整滞后现象，不仅塔压不稳定，燃料气消耗也增加。

传统 DCS 控制以反馈单元为主，无法满足燃料气压力与余热回收排烟温度、氧含量等复杂多参数控制逻辑。因此，当 PX 装置燃料气组分和压力在日常生产中波动时，APC 先进控制能够平稳控制歧化、异构化反应温度和反应深度，降低各加热炉排烟温度及热损失，进一步减少各加热炉燃料气用量，降低 PX 装置热联合能耗。

（三）PX 装置反应部分氢纯度波动，能源消耗大

PX 装置反应部分包括歧化单元和异构化单元反应部分，其氢纯度受进料量和进料组成、高分罐入口温度、补充氢和排放氢量等因素的影响，但没有与这些相关因素形成自动控制关系。当氢纯度变化时，操作员手动调整以上因素，往往也存在调整过量或调整滞后，造成氢纯度波动，进而造成压缩机电流或蒸汽消耗量波动。氢纯度过低，循环氢平均分子量大，压缩机耗能增加；氢纯度过高，一般是由于高分罐入口温度低或者排放氢量大，虽然压缩机耗能有所减少，但同时也使高分罐出口温度低，增加了后续工序的加热量，排放氢量大造成补充氢量大，氢气消耗大。

四、解决办法

（一）APC 控制原理

APC 适用于多变量、强耦合、大时滞、带约束复杂过程的平稳控制和动态优化。

（1）在 DCS 基础上建立 APC 先进控制系统，用大数据做支撑，加强预测调整，进一步稳定生产工况，大幅度减少对二甲苯装置精馏系统链式波动，提高装置自动化水平，大幅降低操作人员劳动强度。

（2）将加热炉燃料气压力设定值与各塔塔压，余热回收氧含量、鼓引风机变频等多参数结合起来，实施“卡边”优化，挖掘装置潜力，平稳控制加热炉氧含量和排烟温度，减少燃料用量，节能降耗。

APC 先进控制系统示意如图 1 和表 1 所示。

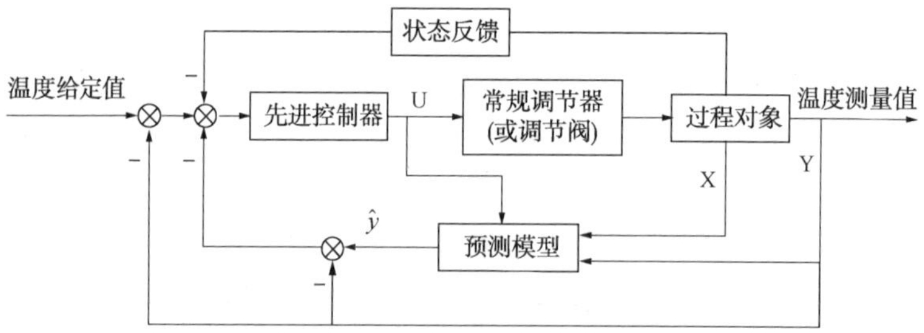

图 1　APC 先进控制系统示意图

表 1　APC 先进控制系统变量说明

序号	名称	说　明
1	操作变量(MV)	先进控制要调整的过程变量，一般是常规 PID 控制的设定值，在投入先进控制时需要将 PID 的操作模式由自动(AUT)切换到远程串级(RCAS)
2	被控变量(CV)	是先进控制的控制目标；被控变量分成多种控制要求或类型：给定点控制、浮动区域控制等
3	状态变量(SV)	是中间变量，即操作变量变化时先影响状态变量，然后状态变量的变化再引起被控变量的变化
4	相关约束变量(RV)	相关变量受限时和它相关的操作变量也受到限制
5	前馈变量(FV)	作为干扰会引起状态变量的变化，将这些干扰输入先进控制器能提高其抗干扰性能

（二）投用方法

以四川石化 PX 装置歧化异构化单元为例，说明 APC 先进控制系统的投用方法。歧化异构化单元 APC 先进控制系统画面如图 2 所示。

1. 投用控制器

首先确认表格内右上方的相应控制器的通信状态为绿色，然后单击界面右上方的控制器总开关，出现总开关面板，将开关由关闭状态设置为投用状态，则控制器进入启用状态。

2. 投用操作变量

首先确认控制器已进入启用状态，即界面右上方的总开关在投用的位置，然后确认操

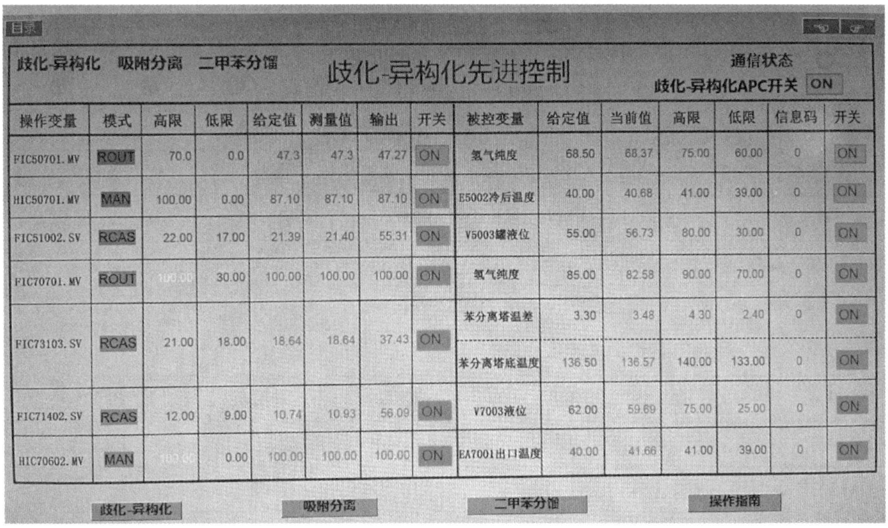

图 2　歧化异构化单元 APC 先进控制系统画面

作变量高限、低限范围设置正确，最后点击操作变量开关按钮，出现投用开关面板，在面板上将开关从关闭状态切换到投用状态，操作界面上从 OFF 切换到 ON，即可投用操作变量。投用先进控制后，操作变量模式变为 RCAS/ROUT。

3. 投用被控变量

首先确认信息码指示为 0，点击被控变量开关按钮，出现投用开关面板，在面板上将开关状态从关闭切换到投用，即可投用被控变量。如果此被控变量为关键 CV，则与它相关的非关键 CV 会自动切到投用位置。投用先进控制后，确认被控变量开关颜色由灰色变为绿色。

4. 调整被控变量给定值

被控变量投用先进控制后，对于给定点控制和浮动区域控制类型的可修改其给定值达到控制目标。点击其给定值即可出现设定值修改面板，在输入框输入新的设定值按回车键有效。

五、APC 投用前后效果比较

（一）系统运行参数平稳情况对比

2021 年 11 月 23 日至 2021 年 11 月 26 日未投用 APC 先进控制系统及 2021 年 11 月 27 日至 2021 年 11 月 30 日投用 APC 先进控制系统的系统运行参数如表 2 所示。

表 2　系统运行参数平稳情况对比

序号	位号	描述	单位	未投用 APC 先进控制系统标准差	投用 APC 先进控制系统标准差	降低率
1	AI50601	歧化循环氢纯度	%	0.375	0.259	30.93%
2	TI50702	E5002 冷后温度	DEG	1.087	0.5	54.00%
3	LIC51001	V5003 罐液位	%	1.854	1.281	30.91%

续表

序号	位号	描述	单位	未投用 APC 先进控制系统标准差	投用 APC 先进控制系统标准差	降低率
4	AI70602	异构化循环氢纯度	%	0.555	0.139	74.95%
5	TDIC73004	苯分离塔温差	DEG	0.175	0.118	32.57%
6	TI73007	苯分离塔塔底温度	DEG	2.965	2.066	30.32%
7	AIC71702	炉烟气氧含量	%	0.183	0.124	32.24%
8	PIC71708	炉膛负压	Pa	0.02	0.01	50.00%
9	LIC71401	脱庚烷塔回流罐液位	%	2.857	0.408	85.72%
10	TI70606	EA7001 出口温度	DEG	1.836	0.505	72.49%
11	AI61201	抽余液塔 66 层侧线解吸剂含量	ppm	20.282	11.766	41.99%
12	TI61202	抽余液塔 27 层温度	DEG	1.623	1.112	31.48%
13	AI62001	抽出液塔塔顶解吸剂含量	ppm	6.263	4.132	34.03%
14	TDIC61905	抽出液塔灵敏板温差	DEG	0.471	0.321	31.85%
15	AI62101	成品塔塔底甲苯含量	ppm	0.278	0.191	31.29%
16	TIC62203	成品塔塔灵敏板温度	DEG	0.27	0.188	30.37%
17	PI80902	二甲苯塔顶压力	MPa	0.007	0.003	57.14%
18	LIC80901	C8002 塔底液位	%	3.879	2.608	32.77%
19	PI81702	C8003 塔顶压力	MPa	0.002	0.001	50.00%
20	TDIC81703	C8003 温差	DEG	0.119	0.082	31.09%
21	AI81801A	C8003 塔顶回流甲基乙苯含量	ppm	249.32	160.938	35.45%
22	PIC82101	C8004 塔顶压力	MPa	0.007	0.004	42.86%
23	LIC81901	C8004 塔底液位	%	11.225	7.831	30.24%
主要参数平均降低						42.38%

根据表 2 中的数据对比分析可以得出结论：在保证装置的主要安全约束的前提下投用 APC 先进控制系统，可以大大减少装置变量的波动。

（二）装置综合能耗对比

2021 年 11 月 23 日至 2021 年 11 月 26 日未投用 APC 先进控制系统及 2021 年 11 月 27 日至 2021 年 11 月 30 日投用 APC 先进控制系统的 PX 装置综合能耗参数如表 3 所示。

表 3　系统运行综合能耗情况对比

名称	位号	单位	系数	未投用 APC 实物量	未投用 APC 能耗数值	投用 APC 实物量	投用 APC 能耗数值
原料							
装置加工量		t		5202		5228	
公用工程							
燃料气		t	940	972	175.64	965	173.51

续表

名称	位号	单位	系数	未投用 APC 实物量	未投用 APC 能耗数值	投用 APC 实物量	投用 APC 能耗数值
循环水		t	0.1	65443	1.26	65380	1.25
电		kW·h	0.2338	791000	35.55	804000	35.96
4.0MPa 蒸汽		t	88	7172	121.33	7097	119.46
仪表风		m^3(N)	0.038	103500	0.76	114000	0.83
1.2MPa 蒸汽产出		t	76	1848	27	1783	25.92
蒸汽凝液		t	7.65	2508	3.69	2461	3.6
综合能耗/(kgEO/t)					303.84		301.48
投用 APC 综合能耗降低值/(kgEO/t)				2.36			
投用 APC 综合能耗降低比例				0.78%			

注：装置综合能耗=(燃料+蒸汽+水+电)/进料量。

根据表 3 中的数据对比分析可以得出结论：在保证装置的主要安全约束的前提下投用 APC 先进控制系统，燃料气、蒸汽、水、电等能耗均下降，实现节能降耗。

六、结论

(1) 通过 APC 先进控制系统进行平稳控制和卡边操作，平均降低参数波动系统标准差 42.38%，大幅提升装置平稳率，降低人员操作强度。

(2) PX 装置投用 APC 先进控制系统后综合能耗降低了 2.36 千克标油/吨，能耗降低比例为 0.78%，证明了 APC 先进控制系统对 PX 装置节能降耗的效用。

双碳目标下乙烯装置节能增效优化研究

潘　宇
刘学龙
潘洪义
韩小平

中国石油吉林石化公司

在“碳达峰、碳中和”的背景下，研究与实施乙烯装置裂解炉节能降耗是石油化工产业发展的必然结果。本文主要从裂解原料的选择与优化方面，以烃重组化工轻油裂解原料为例，在停留时间为0.205s、出口压力为0.085MPa，在实验室模拟评价装置上考察温度、稀释比条件对化工轻油裂解性能影响，以及加氢前后烃重组化工轻油裂解性能变化。结果表明：加氢后烃重组化工轻油裂解效果好，双烯及三烯收率分别提高2.6%和2.92%，加氢后烃重组化工轻油最佳裂解温度为848℃，裂解温度降低10℃，将烃重组化工轻油作为乙烯裂解原料，在降低能耗和增效方面效果明显，并能拓宽乙烯原料来源，有效缓解原料不足问题。

乙烯装置作为石油化工行业的龙头，其作用非常大，产品种类多，如聚乙烯、聚丙烯及芳烃等均为国民生活必需品。乙烯工业为石油化工产业的核心，其主要产品占石化产品的75%以上。乙烯装置作为石化企业中高耗能的生产装置，其节能降耗的研究和分析有着深远的社会意义和巨大的经济效益。

乙烯裂解炉装置和裂解原料是优化乙烯生产过程中的重要环节，裂解炉的运行状态和裂解原料直接决定了乙烯生产所需的能源消耗。裂解炉导致能耗过大，主要是乙烯生产过程中排烟携带大量的热能，以及炉管堵塞造成受热不均、热效率过低，烧焦方式不合理等。要想实现“双碳目标”，仅依靠优化裂解炉装置是不够的，乙烯企业还要从乙烯裂解原料优化方面有所突破。

乙烯装置加工的原料有石脑油、芳烃抽余油、加氢裂化尾油等多种轻质原料。随着我国乙烯生产企业数量的迅猛增长，乙烯装置逐渐向大规模方向发展，优质的乙烯裂解原料短缺问题逐渐显现，通过构建炼化一体化和外购原料，在一定程度上缓解了乙烯原料的供求矛盾，但乙烯原料供应方面依旧存在巨大缺口。烃重组化工轻油的裂解性能较好，若实现烃重组化工轻油用作乙烯原料，可拓宽乙烯原料来源，可大大降低乙烯生产成本。本文开展烃重组化工轻油加氢前后原料裂解性能对比、最佳裂解条件的确定、烃重组化工轻油作乙烯原料与调入汽油中经济效益对比、烃重组化工轻油加氢作乙烯原料与外购石脑油乙烯原料进行经济性评价对比分析和节能降耗等方面等研究内容。

一、实验部分

（一）实验原料及仪器设备

原料：烃重组化工轻油（炼油厂）；氢气，纯度≥99.99%（云雀公司）；Pd/Al_2O_3催化剂（天津大学）。

仪器：DMA-4500 密度仪（奥地利安东帕有限公司）；DRD-100 自动馏程测定仪（大连石油仪器有限公司）；Agilent-7890 气相色谱仪（安捷伦有限公司）。

（二）实验方法

1. 烃重组化工轻油加氢评价

加氢反应在固定床反应器中进行，原料经计量泵计量后，通过柱塞泵升至反应压力，与氢气混合后进入反应器，反应产物经冷却后进入气液分离器进行分离，液体进入产物收集罐，取样分析产物组成。

2. 蒸汽裂解模拟评价实验

模拟裂解炉反应器出口温度升温至设定温度，向汽化炉内注入稀释水，稀释水汽化后进入反应器第四段入口。当整个反应器各段温度达到设定值后，启动进料泵向系统进料，裂解气走旁路经三通阀后放空，调整进料量同时进行反应正路系统置换；当进料量达到设定值后，通过切换开关把反应产物切入正路系统，进行评价实验，在实验过程中根据实验周期长短进行裂解气体取样，并立即进行分析；当实验周期达到预定值时，通过切换开关将裂解气切入旁路系统，停止进料，系统进行氮气置换吹扫，用已称量的容器收集正路系统中冷却下来的裂解油品及冷凝水，进行油、水分离，分别称量，根据实验打印的报表和分析数据，进行数据处理后即可得到裂解产物分布数据。蒸汽裂解模拟评价装置如图 1 所示。

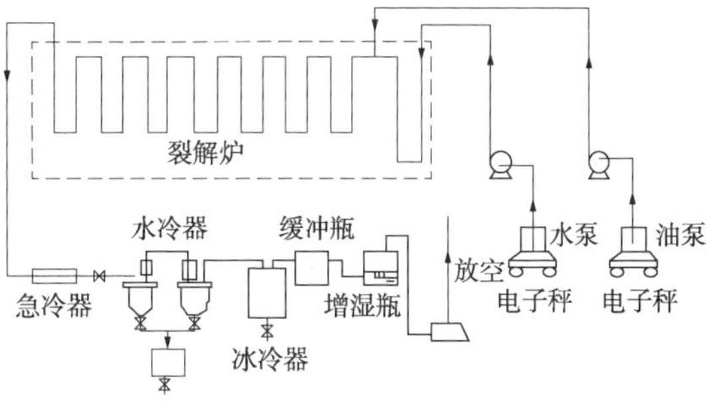

图 1　蒸汽裂解模拟评价试验装置

（三）分析方法

裂解气相产物：Agilent-7890 气相色谱仪，Al_2O_3/KCl 7.2mL/min 毛细管色谱柱，PLOT-Q 6.8mL/min，升温速率 10℃/min。

裂解液相产物：Agilent-7890 气相色谱仪，PONA 柱，前进样口 250℃，后检测器 FID 250℃，分流比 100∶1，校正面积归一进行定量分析。

二、结果与讨论

（一）烃重组化工轻油加氢前后物性评价

采用 Pd/Al_2O_3 为加氢催化剂，催化剂装填量 50mL。评价条件：反应入口温度 50℃，反应压力 2.5MPa，液体体积空速 $0.4h^{-1}$，氢/油摩尔比 2.5。烃重组化工轻油加氢前/后 PONA 分析结果见表 1。

表 1　烃重组化工轻油加氢前/后 PONA 分析结果

项　目	烃重组化工轻油	
	加氢前	加氢后
密度/(g/cm^3)	0.71	0.70
平均分子量/(g/mol)	103.98	104.20
w(氢)/%	15.38	15.41
w(芳潜)/%	19.40	20.00
芳烃指数(BMCI)	10.76	12.84

加氢前族组成含量分别为正构烷烃 6.97%，异构烷烃 52.25%，烯烃 23.45%，环烷烃 16.1%，芳烃 0.95%。通过加氢反应，加氢后烃重组化工轻油原料组成正构烷烃 8.63%，异构烷烃 57.03%，烯烃 9.16%，环烷烃 19.57%，芳烃 1.58%。由烃重组化工轻油物性分析数据可知，烃重组化工轻油加氢后，烯烃含量由原 23.45%降低到 9.16%，烯烃加氢饱和度为 60.94%。其中，由于烯烃加氢饱和度低的原因，小试加氢评价装置操作压力为 2.5MPa，而工业加氢装置压力为 7.0MPa，小试加氢装置的加氢饱和效果要低于工业加氢装置。

（二）烃重组化工轻油加氢前、后裂解性能研究

本实验在停留时间为 0.205s、出口压力为 0.085MPa、水油质量比为 0.5 的条件下，在实验室蒸汽热裂解装置分别进行了裂解温度为 838℃下烃重组化工轻油加氢前、后裂解性能评价实验，主要裂解产物含量的变化结果见图 2。

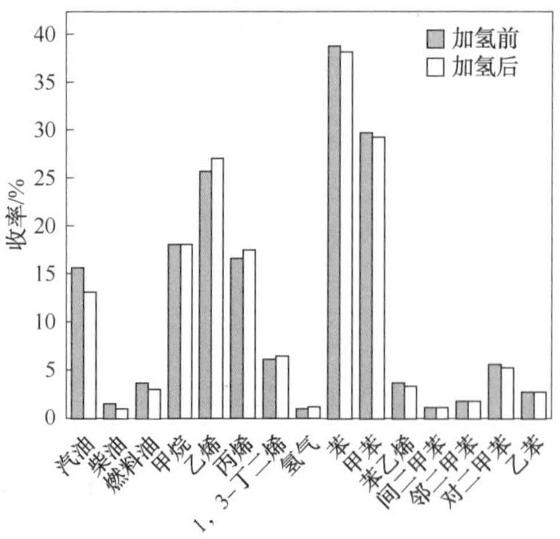

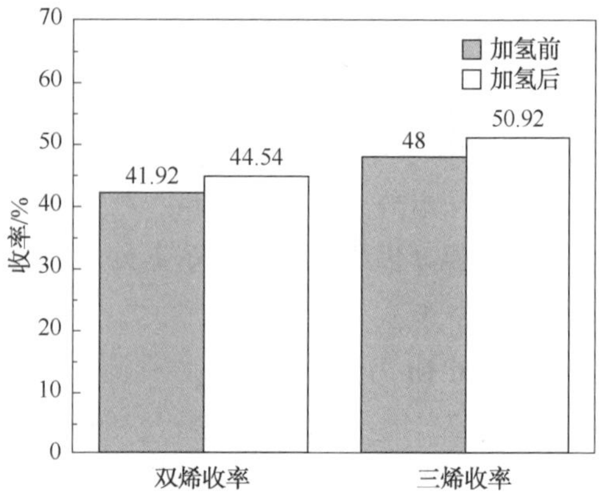

图 2　主要裂解产物含量变化

从图2裂解评价结果对比来看，相比于加氢前的烃重组化工轻油，通过加氢反应，加氢后裂解双烯收率提高了2.6%，三烯收率提高2.92%，说明通过加氢可提高烃重组化工轻油裂解性能，更适宜用作乙烯裂解原料，加氢后的烃重组化工轻油烯烃收率明显增高，在效益增加方面显著提高。

(三) 烃重组化工轻油作乙烯原料优化研究

为了更好地考察烃重组化工轻油裂解温度和稀释比对裂解性能的影响，在停留时间为0.205s、出口压力为0.085MPa、水油质量比为0.45~0.6的条件下，在实验室蒸汽热裂解装置分别进行了裂解温度为828℃、838℃、848℃、858℃条件下的加氢烃重组化工轻油裂解性能评价试验，评价结果及主要裂解产物收率如表2所示。

表2　主要裂解产物及收率

裂解温度/℃	828				838			
稀释比($m_{水}/m_{油}$)	0.45	0.5	0.55	0.6	0.45	0.5	0.55	0.6
甲烷收率/%	12.54	13.87	15.12	16.22	12.61	13.93	15.44	16.43
乙烯收率/%	22.16	23.87	25.22	26.66	22.41	24.06	25.52	26.81
丙烯收率/%	17.04	16.91	15.95	14.89	16.82	16.56	15.95	15.33
1,3-丁二烯收率/%	6.06	5.99	5.63	5.33	6.56	6.32	6.01	5.84
氢气收率/%	0.79	0.89	0.96	1.03	1.02	1.11	1.23	1.25
双烯收率/%	39.2	40.78	41.17	41.55	39.23	40.62	41.47	42.14
三烯收率/%	45.26	46.77	46.8	46.88	45.79	46.94	47.48	47.98
裂解温度/℃	848				858			
稀释比($m_{水}/m_{油}$)	0.45	0.5	0.55	0.6	0.45	0.5	0.55	0.6
甲烷收率/%	12.68	13.99	15.76	16.64	12.75	14.05	16.08	16.85
乙烯收率/%	22.66	25.85	26.42	27.02	22.91	25.90	27.12	28.11
丙烯收率/%	16.6	16.42	15.95	15.35	16.38	15.86	14.75	14.51
1,3-丁二烯收率/%	6.96	6.65	6.49	6.35	7.56	6.98	6.87	6.86
氢气/%	1.25	1.33	1.42	1.47	1.48	1.55	1.77	1.69
双烯收率/%	39.26	42.27	42.67	43.37	39.29	41.76	41.87	42.62
三烯收率/%	46.22	48.92	48.88	49.72	46.85	48.74	48.74	49.48

由表2可以看出，加氢后的烃重组化工轻油随着温度逐渐升高，稀释比加大，双烯收率及三烯收率均有明显变化。在同一温度下，稀释比为0.6时，双烯及三烯收率达到最大值，但考虑稀释比由0.5升高至0.6时，收率增加不明显，因此考虑到能耗等问题，将最佳稀释比定为0.5。在稀释比为0.5条件下，温度在848℃裂解时，双烯及三烯收率达到最大值，优于其他3个裂解温度，因此，加氢后烃重组化工轻油适宜的裂解温度是848℃，相比于工厂858℃裂解温度，降低10℃，将烃重组化工轻油作为乙烯裂解原料，依据温度对操作能耗成本的影响，每降低8℃，节约原料成本约为7.6元/t，在降低能耗方面效果明显。

(四) 烃重组化工轻油作为乙烯原料的经济评价研究

为了更好地发挥烃重组化工轻油的价值，进行加氢烃重组化工轻油作乙烯原料与调入

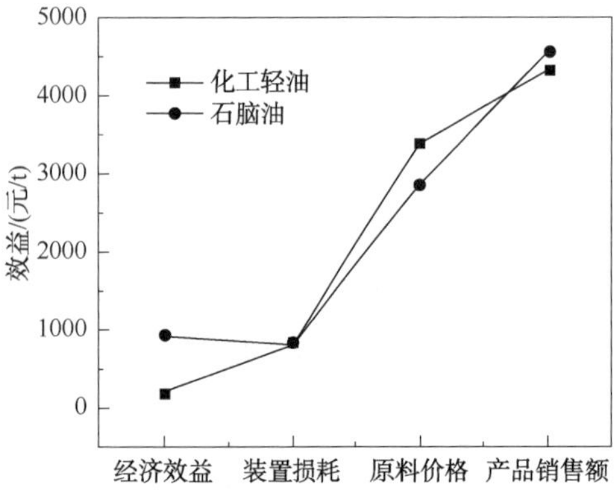

图 3　化工轻油与石脑油效益对比

汽油中效益对比，进行烃重组化工轻油作乙烯原料与外购石脑油经济效益对比，经济效益计算中综合考虑乙烷、丙烷循环裂解、乙炔加氢、裂解汽油加氢费用等因素。利用乙烯装置经济评价模型，裂解温度为 848℃，水油比为 0.5，对烃重组化工轻油加氢与甘井子石脑油为裂解原料进行了对比，确定了最终产品分布结果及经济效益评价结果见图 3。

外购乙烯原料到厂价格 2840 元/t，93#汽油价格 3255 元/t(不含税)，烃重组化工轻油加氢成本按 130 元/t 计算。从图 3 可知，在不考虑外购乙烯原料前提下，烃重组化工轻油加氢作乙烯原料与调入汽油方案相比，可使企业效益增加 183.1 元/t。而采用外购乙烯原料作乙烯原料方案经济效益为 925.3 元/t 大于烃重组化工轻油加氢作乙烯原料方案，说明采用外购乙烯原料替代烃重组化工轻油加氢作乙烯原料方案效果更好，可多增加效益 742.2 元/t。

三、结论

(1) 在双碳背景下，乙烯裂解装置通过优化乙烯裂解原料，实现节能降耗、体质增效势在必行，能有效缓解能耗过大造成经济效益低的局面。

(2) 通过加氢可以提高烃重组化工轻油裂解性能，在同种裂解条件下，经加氢处理后的烃重组化工轻油双烯收率提高 2.6%，三烯收率提高 2.92%。

(3) 加氢后烃重组化工轻油，在裂解温度为 848℃、稀释比为 0.5、压力为 0.085MPa 时，双烯及三烯收率达到最大值，双烯收率可以达到 42.27%，三烯收率可以达到 48.92%，均优于其他裂解温度。

(4) 烃重组化工轻油加氢后可用作乙烯原料，其经济性高于调入汽油方案，低于外购石脑油作乙烯原料方案，但可以拓宽乙烯裂解原料来源，降低生产成本，并在一定程度上有效缓解乙烯原料不足问题，并在降低能耗增效方面效果显著。

参考文献

[1] 邱雨佳，孙伟，王勇猛，等．乙烯装置裂解炉节能降耗措施分析[J]．节能与环保，2022(05)：68-69.
[2] 谢旭东，程广慧，宋建军．乙烯装置裂解炉节能降耗[J]．乙烯工业，2011，23(04)：4，14-17.
[3] 王松汉．乙烯装置技术与运行[M]．北京：中国石化出版社，2009.
[4] 许江，杨利斌，程中克，等．费托合成油作为裂解原料的技术分析[J]．天然气化工(C1 化学与化工)，2018，242(05)：78-81，117.
[5] 赵治峪，杨斌．综合优化实现裂解产物价值最大化[J]．乙烯工业，2012，24(004)：3-7.
[6] 李慷．降低乙烯原料成本的措施及实施效果[J]．石油化工技术与经济，2014，30(004)：21-25.
[7] 王峰．炼油产乙烯裂解原料的优化利用及经济分析[J]．当代化工，2014(2)：243-245.
[8] 董振宇，王向林，史文戎．新时代我国成品油市场发展趋势[J]．国际石油经济，2018，26(07)：53-57.
[9] 赵文明．对我国乙烯原料路线多元化发展现状及趋势探讨[J]．化学工业，2018，36(02)：1-13.
[10] 潘伟．乙烯装置裂解炉节能降耗措施分析[J]．化工设计通讯，2019，45(05)：129-130.
[11] 董怡斌．乙烯装置裂解炉最大化效益分析[J]．化工管理，2020(20)：130-132.

炼化企业自备燃煤电厂低碳转型的方式和途径

金仕雨 | 中国石油吉林石化公司动力一厂

2016年《巴黎协定》正式签署并实施，它是对2020年后全球应对气候变化的行动做出的统一安排，它是世界各国向低碳经济转型的承诺。CO_2大量排放引起的全球气候变化问题已成为每个人普遍关心的重大问题，正在对人类的生存与发展产生巨大的影响。CO_2的大量排放主要源自人类生产和生活过程中燃烧大量化石燃料，而我国CO_2排放量世界第一，并将继续增加，正面临日益强烈的减排要求。我国迫切需要采取有效措施，减少CO_2排放量，减小CO_2排放强度。

煤电机组实现清洁低碳化是中国实现碳中和面临的首要挑战，而作为燃煤自备电厂更是迎来了机遇和挑战，燃煤自备电厂应该通过煤电机组的低碳—零碳—负碳技术，逐步实现低碳转型。主要体现在：(1)通过生产运行方式调整，强化技术管理，老旧低效设备设施升级改造降低碳排放量；(2)通过电机组掺烧生物质燃料可实现单位供电量与燃气电厂一样的碳排放量，直至生物质燃料的全部替换，实现煤电机组的零碳排放；(3)通过运用生物质能-碳捕集与封存(BECCS)技术的示范应用，实现煤电机组的负碳排放。以上途径可逐步推进构建具有的以清洁能源为主体的新型自备燃煤电厂，实现能源绿色低碳高质量发展和碳中和目标。

一、炼化企业自备燃煤电厂存在和其低碳转型的必要性

炼化企业作为传统意义上的用热、用电大户，自备电厂是伴随炼化企业同步配套建设运营的，主要任务是按照“保证供热，多发创效”方式供热发电，在炼化主业的安全平稳生产、降本增效等方面发挥了重要作用，创造了良好的经济效益，但更主要的是其承担着整个炼化企业的安

全运行保障和能源动力支撑任务。炼化企业对供热、供电的可靠性、连续性和安全性要求很高，自备电厂蒸汽动力的保障作用不可取代，对于安全的重要性远远超过其供电的经济性。完全依赖外部企业供能，一旦外部供电、供热出现意外，就可能导致生产经营出现重大问题或重特大事故。而拥有自备电厂，能保证化工生产始终处于安全可控状态，大幅提高主业装置生产运行的可靠性。但面对国家和政府提出的碳达峰、碳中和的政策和要求，自备燃煤电厂却又存在诸多痛点。

（1）能效水平差距巨大。根据于2019年1月1日正式执行的《热电联产单位产品能源消耗限额》（GB 35574—2017）明确规定新建和在役热电联产的供电煤耗和综合供热煤耗的要求，其中在役热电联产机组必须达到的Ⅲ级能耗限额门槛值（供电煤耗≤310g/(kW·h)，供热煤耗≤42.5kg/GJ）。对比大部分炼化企业自备电厂的运行统计数据，在供热煤耗上，这些自备电厂基本达到国家标准的要求，但在供电煤耗上差距巨大，低于Ⅲ级能耗限额的少之又少。供电煤耗不达标有被定义为落后产能的风险，如果不进行节能改造，将在碳达峰、碳中和的局面下面临被关停的窘境。

（2）超期服役机组延寿或改造困难重重。国家能源局在2016年12月8日发布的《国家能源局关于加强发电企业许可监督管理有关事项的通知》中规定：要求加强超期服役机组许可监管，明确了发电机组延续运行的延寿改造、安全评估等要求。使用年限超过30年或累计运行时间超过2×10^4h的机组都应淘汰关停或经延寿许可后才能继续运行。但开展机组服役期满延寿运行或实施替代改造的难度很大，部分地方政府已明确禁止自备电厂超期服役机组延寿，实施替代改造也只能选择背压机组而且必须由自备电厂改为公用电厂。

（3）自备电厂运行规范政策越来越严。2018年3月22日，国家发展改革委员会办公厅下发《燃煤自备电厂规范建设和运行专项治理方案（征求意见稿）》，对燃煤自备电厂的建设和治理等提出了24条意见，堪称史上最严整治政策，其中包括：①京津冀、长三角、珠三角等地区禁止新建燃煤自备电厂，其他区域原则上不再新（扩）建燃煤自备电厂项目；②严禁依托燃煤自备电厂建设增量配电网、局域网、微电网或专用供电线路；③引导燃煤自备电厂依法依规转为公用电厂，逐步将已有燃煤自备电厂并轨到规范的管理体系中来；④以省为单位核定政策性交叉补贴水平，拥有燃煤自备电厂的企业必须与其他工商业电力用户一样承担政策性交叉补贴；⑤扩大清洁能源消纳，实现清洁能源替代燃煤自备电厂发电；⑥严格执行环保、能耗、安全、技术等法律法规和产业政策要求，依法依规淘汰和关停300MW以下的燃煤自备机组。

随着国家对自备电厂监管政策进一步收紧和规范，炼化企业自备电厂的新建和改扩建燃煤机组将受到非常大的制约。面对以上痛点，炼化企业自备燃煤电厂的低碳转型工作势在必行。

二、炼化企业自备燃煤电厂低碳转型的方式和途径

（一）低碳转型工作阶段

在当前化工用能需求不变、工厂现有装置不变的情况下，炼化企业自备燃煤电厂只能通过生产运行方式调整、强化技术管理、升级改造老旧低效设备设施来节能降耗减少能源消耗，减少碳排放。某自备燃煤电厂自2020年开始结合碳达峰行动要求和煤炭价格上涨的实际，通过减少抽凝机组运行，将生产模式由“热电联产、以热定电”向“保障供热、减少发电”转变，优化工厂发电机运行模式，增加背压发电机组运行时间，减少凝汽发电时间。

科学计划编制，在锅炉负荷率在最经济区间(75%~90%)内尽力降低锅炉运行负荷，在保证炼化企业蒸汽供应量的前提条件下，将燃煤消耗和碳排放控制到最低(见表1、图1)。

表1　某炼化企业自备燃煤电厂2017—2021年动力一厂温室气体排放统计(单位：万吨)

年份	2017年	2018年	2019年	2020年	2021年
温室气体排放量	106.91	116.67	150.18	134.99	109.32

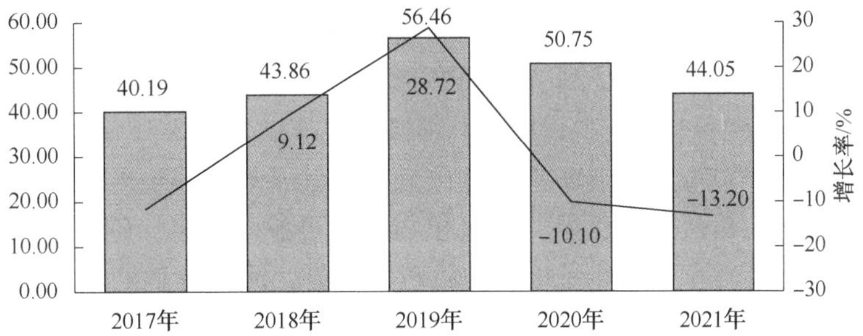

图1　某炼化企业自备燃煤电厂2017—2021年能源消耗情况(单位：万吨标煤)

除此之外，还需加强管网运行管理，及时修复蒸汽管线破损保温，更换散热量大的保温，根据运行情况阶段性停运蒸汽管线，减少蒸汽低流量热损失，降低消耗。提高锅炉热效率，扎实开展锅炉热效率提升攻关，针对运行实际情况和锅炉热效率测试，指导锅炉运行调整。通过严格落实“低床压、低风压、低床温、低氧量、低粒度”的五低控制措施，严控吹灰频次和疏水管理，严控入炉质量和煤颗粒度，合理调控锅炉一次、二次风配比来提高锅炉热效率。优化压缩空气、水、浆液等运行工况，合理匹配机泵，加强间歇运行机泵管理，全面排查工艺流程上可停用的设备，科学停运低负荷及备用变压器，合理控制电伴热、空调、暖风机、照明、办公用电等使用，加强节电科学管理。

除以上生产运行方式和技术管理的优化和调整外，自备燃煤电厂还可以进行老旧低效设备设施升级改造，例如：通过建设替代或改造低效机组来提升能源使用效率(建设抽背压机组替代抽凝机组项目或进行老旧抽背压机组的更新)；更换老旧低能效电机和水泵(给水泵、中继泵、除盐水泵)来降低电厂自用电，减少温室气体排放；进行生产工艺优化改造(疏水回收、锅炉排污水余热回收等)来加强能源的梯级利用和余热利用，增加能源利用率。

(二)零碳转型工作阶段。

面对碳达峰、碳中和的减排压力，生物质由于其来源广泛、储量丰富、排放清洁低碳等优点而备受关注。生物质种类繁多，包括农业秸秆、林业废弃物、禽畜粪便、生活垃圾及废弃油脂通过生物质等。通过非煤燃料掺烧技术可实现单位供电量与燃气电厂一样的碳排放量，直至生物质燃料的全部替换，实现煤电机组的零碳排放。燃煤耦合生物质发电对于降低煤耗、促进能源结构调整和节能减排发挥了重要作用。

燃煤电站掺烧生物质可有效降低CO_2排放量，增强锅炉侧燃料灵活性。在保证相同发电量的情况下，煤电机组可与生物质耦合混烧，大幅度减少煤炭的使用量，达到与燃气电厂一样的碳排放。燃气电厂按平均碳排放强度折算相当于供电煤耗为174g/(kW·h)，按照某燃煤电机组供电煤耗251g/(kW·h)(270g/kW·h)计，分别需要掺烧30%(36%)比例的生物质燃料可达到单位供电量与燃气电厂一样的碳排放量。目前，中国生物质发电量占比仅为

1.5%，且以小容量的秸秆电厂为主。为实现生物质的掺烧，需要对燃料制备系统和锅炉燃烧设备进行技术改造，提高生物的发电效率。当然，在未来国家政策的引导和绿色低碳技术发展下，生物质燃料的来源数量、储运技术以及政策补贴都会大幅优化。在这种情况下，自备燃煤电厂将会不断增加生物质燃料混烧比例，直至最后实现完全的生物质燃料替换，达到零碳排放。

除生物质外，燃煤掺氨混合燃烧技术也可以达到减少碳排放的目的。氨作为燃料直接燃烧清洁无碳，与氢气相比，氨的储存和运输更方便、更便宜、更加安全可靠，是一种更具发展潜力的能源载体和载氢低碳燃料，而且氨掺烧燃煤锅炉已实现试验性验证，不需对现有锅炉进行改造。氨作为零碳燃料和氢能载体，有望在构筑低碳社会进程中发挥重要作用。国家能源集团在2021年7月正式启动燃煤锅炉混氨燃烧技术开发与工程示范，目前已完成氨煤混合燃烧机理实验和40MW洁净低碳燃烧试验平台建设，在氨混烧比例达到35%时，经验证燃烧稳定性和燃尽率良好，氮氧化物排放可控。未来，随着我国风光发电装机比例的快速增加，弃风弃光和储能短板问题将越发凸显，但通过新能源的“绿电”和“绿氢”生产合成氨的方式便可以解决风光储能的问题和氨能产业化面临的最直接问题：如何低成本、规模化地生产“绿氨”。燃煤掺氨混合燃烧技术为炼化企业自备燃煤电厂实现低碳转型提供了一条极具潜力的技术发展方向。

（三）负碳转型工作阶段。

在全球碳达峰、碳中和的大背景下，未来的生物质能技术和碳捕集与封存（carboncapture-andstorage，CCS）技术都将会大幅进步，成本也会随之降低。炼化企业自备燃煤电厂便可采用生物质能-碳捕集与封存（bioenergywithcarboncaptureandstorage，BECCS）技术进行负碳转型工作。BECCS技术是指将生物质能燃烧或转化过程中产生的CO_2进行捕集和封存，从而实现捕集的CO_2与大气的长期隔离。由于生物质本身燃烧或转化产生的CO_2与其在生长过程吸收的CO_2相当，因此在对其燃烧或转化产生的CO_2进行封装后就实现了CO_2的负排放。联合国政府间气候变化专门委员会（IPCC）就曾在《全球升温1.5℃特别报告》中提出，BECCS等相关的CO_2脱除技术是未来有望将全球排放稳定在低水平的关键技术。

我国每年将农林废弃类生物质用于燃烧发电替代煤炭消耗的潜力大约在4亿~5亿吨标准煤，折合减排CO_2 10亿~13亿吨。另外如果将农林废弃物在弃置，所含有机质可能会降解并释放出大量CO_2，对农林废弃物进行燃烧利用是一种主动降低温室效应的措施，其对于自备燃煤电厂进行降低煤耗、低碳绿色转型都将发挥着重要作用，燃煤耦合生物质发电技术也被列为能源技术创新“十三五”规划重点任务之一。东北作为全国粮食产量占比较高、CO_2地质封存潜力较大的地区，处于东北地区的自备燃煤电厂就更加适合使用BECCS技术来进行负碳转型。碳捕获和埋存/碳捕获、利用和埋存（CCS/CCUS）是一项新兴的、具有较大减排潜力的技术，在未来大规模使用后有望实现化石能源的低碳利用，被认为是实现碳达峰、碳中和目标的重要技术之一。但是，在先阶段还存在着安全性较低、经济性较差、能耗较高、CO_2利用市场规模不明确等多方面的问题。当前，常用的二氧化碳捕集技术可分成三大类：燃烧后捕集技术、富氧燃烧技术和燃烧前捕集技术。其中，燃烧后捕集技术较为适合自备燃煤电厂进行升级改造。燃烧后捕集技术就是从燃烧生成的烟气中分离二氧化碳，主要包括化学吸收法、物理吸附法、膜分离以及低温分馏等技术。这种技术不影响上游燃烧工艺过程，并且不受烟气中CO_2浓度影响，适合所有的燃烧过程。二氧化碳利用技

术主要包括 CO_2地质利用技术、CO_2化工利用技术以及 CO_2生物利用技术。CO_2 地质利用技术是指将 CO_2注入地下，利用地下矿物或地质条件生产或强化有利用价值的产品，且相比于传统工艺可减少 CO_2排放的过程。CO_2化工利用是指以化学转化为主要特征，将 CO_2和共反应物转化成为目标产物，从而实现 CO_2的利用（包括 CO_2与甲烷重整制备合成气技术、CO_2经 CO 制备液体燃料技术、CO_2加氢合成甲醇技术和 CO_2合成碳酸二甲酯技术）。对于炼化企业自备燃煤电厂来说，此项 CO_2利用就更加贴合炼化主业的业务范围，企业内部有条件的话就可以形成需求和产业链。CO_2生物利用技术是指以生物转化为主要特征，通过植物光合作用等，将 CO_2用于生物质的合成，从而实现 CO_2资源化利用。对于自备燃煤电厂来说，CCS 技术不单单可以推动电厂近零碳排放，还可以避免已经投产的煤电机组提前退役，降低碳中和目标的经济成本。

虽然我国 BECCS 技术发展相对缓慢，但对于自备燃煤电厂来说，从成熟度和成本经济性角度来看，BECCS 技术具有较大的发展空间和理论减排潜力。基于我国的能源结构、经济发展阶段和碳排放现状，未来将面临较大的深度减排压力，中国政府应也将会重视 BECCS 技术的发展，加强 BECCS 研发示范以降低技术的使用成本、扩大技术的使用规模，应对未来的减排压力。

三、结论

炼化企业自备燃煤电厂应紧紧围绕"保障主业安全运行"这个中心任务，准确把握碳达峰、碳中和的大趋势，通过低碳、零碳、负碳三个工作阶段，逐步进行低碳转型。寻找合适契机进行技术管理优化调整、老旧设备更新、生物质掺烧、混氨发电技术、BECCS 等技术的应用，打造清洁高效的综合能源供给体系，为炼化主业提供稳定绿色可持续发展的强大动力支持。

参考文献

[1] 朱法华，徐静馨，潘超，等．煤电在碳中和目标实现中的机遇与挑战[J]．电力科技与环保，2022，38(02)：79-86.

[2] 朱法华，徐静馨，潘超．电力行业减污降碳发展状况及目标展望[J]．环境保护，2022，50(10)：15-20.

[3] 袁家海，张凯．"碳中和"目标下，新型电力系统中常规煤电退出路径研究[J]．中国能源，2021，43(06)：19-26，66.

[4] 张小桃，李柯颖，赵伟，等．燃煤锅炉掺烧生物质气运行效率及污染物排放模拟[J]．农业工程学报，2018，34(11)：194-202.

[5] 周义，张守玉，郎森，等．煤粉炉掺烧生物质发电技术研究进展[J]．洁净煤技术，2022，28(06)：26-34.

[6] 李俊彪，王明华．基于不同情景模式的燃煤掺氨发电技术的经济性分析[J]．中国煤炭，2022，48(05)：54-59.

[7] 牛涛，张文振，刘欣，等．燃煤锅炉氨煤混合燃烧工业尺度试验研究[J]．洁净煤技术，2022，28(03)：193-200.

[8] 叶云云，廖海燕，王鹏，等．我国燃煤发电 CCS/CCUS 技术发展方向及发展路线图研究[J]．中国工程科学，2018，20(03)：80-89.

[9] 樊静丽，李佳，晏水平，等．我国生物质能-碳捕集与封存技术应用潜力分析[J]．热力发电，2021，50(01)：7-17.

[10] 李善涛．炼化企业燃煤自备电厂转型发展思考[J]．石油化工技术与经济，2019，35(02)：7-12.

蒸汽梯级利用在华北石化公司的应用

孙　捷
边青峰　中国石油天然气股份有限公司华北石化分公司
林海庆

华北石化公司目前两台75t/h动力锅炉，为保持中低压管网压力平衡，每年有大量的中压蒸汽通过减温减压器变为低压蒸汽，造成能量浪费严重。通过蒸汽的梯级利用，将中压蒸汽通过螺杆膨胀机发电后变为低压蒸汽，回收能量，节能降碳效果显著。

华北石化公司中、低压蒸汽的平衡影响到整个公司能耗水平，做好全厂的蒸汽平衡同时节能降碳是一直追求的目标。中压蒸汽通过减温减压器变成低压蒸汽维持低压管网的压力平衡稳定是传统的做法，这样中压蒸汽的能量造成大量浪费的同时也变相增加了公司碳排放量。通过调研，利用螺杆膨胀机将中压蒸汽减温减压到低压蒸汽的同时实现发电，不但实现了蒸汽的阶梯利用，也大幅减少了碳排放量。

一、螺杆膨胀机的工作原理

螺杆膨胀机是按螺杆压缩机的逆原理工作，主要由相互啮合的阴阳转、壳体、同步齿轮、轴瓦、轴端密封等组成(见图1)。

其基本构造和螺杆压机相似，工作过程相反。流体进入螺杆齿槽，压力推动螺杆转动，齿槽容积增加，流体降压膨胀做功，从而实现能量转换。其工作过程如图2所示：流体介质进入螺杆齿槽A，推动阴阳两个螺杆像相反方向运动，螺杆的运动使齿槽A旋转到B、C、D的位置。随着行程的加长、容积增大，介质流体降温降压膨胀做功，从齿槽E排出，同时主动阳转子将功输出，实现发电操作。

螺杆膨胀机是一个能量转换机械，将热能转换为机械动力能，在热力学上是一个绝热膨胀焓降的过程。为此介质做功的两个条件——压差、焓降，焓降越大，说明单位蒸汽呢能量越大，做功越多。

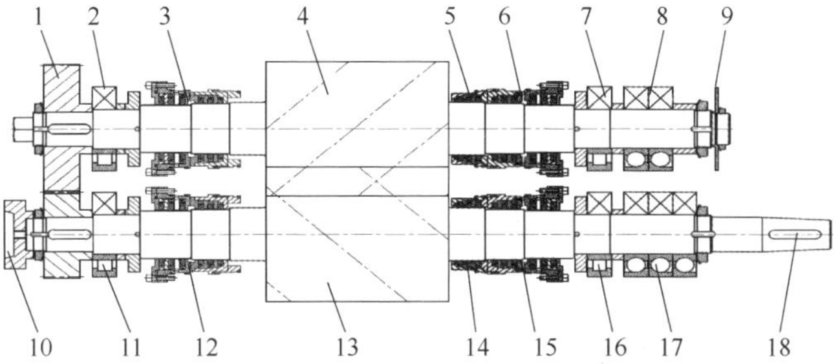

图 1　螺杆膨胀机部件图

1—同步齿轮；2—排端径向轴承(阴)；3—排端主密封(阴)；4—阴转子；5—进端前置密封(阴)；6—进端主密封(阴)；7—进端径向轴承(阴)；8—进端推力轴承(阴)；9—测速组件；10—平衡活塞；11—排端径向轴承(阳)；12—排端主密封(阳)；13—阳转子

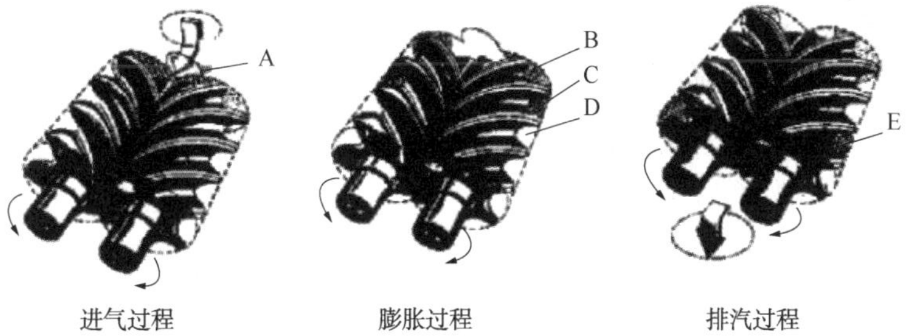

图 2　工作过程图

螺杆膨胀机结构简单、体积小，属于容积式动力机械，构件之间间隙较小，可获得较高的内效率，比同功率汽轮机效率高 10%～15%。因其结构不同于汽轮机，适用范围较广，对介质要求较汽轮机低较多，同时具有自除垢的结构特点。

二、设计方案及运行模式。

螺杆膨胀机型号 LGP2000-S，机组设计工况如下。螺杆膨胀机进汽参数为：压力 3.2～3.9MPa，温度 390～450℃，流量 40t/h，排汽压力 1.1MPa，机组转速 3000r/min，螺杆膨胀机输出功率 1200～1500kW。

流程说明：华北石化新建 2#、3#动力锅炉及二催 5#炉产中压蒸汽，与系统中压蒸汽管网汇合，一路去螺杆膨胀机 A、B 做功产生 1.0MPa 蒸汽，少部分经减温减压器，作为螺杆膨胀机故障时泄压及紧急调整旁路，保持 8%左右的最小开度，经 1#或 2#减温减压器并入低压系统。

该设备 2018 年开始施工，2019 年因蒸汽平衡及设备原因一直未开工。2020 年 5 月开始做开机准备，其间设备厂家将原机组轴承形式改为轴瓦形式，并增加高位油箱。2020 年 11 月机组开机正常，开机后机组存在一定问题，主要如下：机组功率波动偏大，开机后机组发电量开始波动，波动范围在 300kW 左右；机组振动偏大，B 机开机后，现场振动及噪声较大，检测振动最大到 6mm/s 左右；润滑油温度偏高，油冷器外喷淋冷却水，需两台油泵同时运行，油冷器投中间位，油温一直在 50℃左右。

三、问题整改

针对机组开机后存在问题，公司组织各相关单位组织逐项排查、攻关，通过近一个月的努力，问题全部解决，机组运行良好。

图 3　拆检示意图

（一）机组功率波动大

机组开机后，发电量一直存在波动，2020 年 11 月 16 日发生由于功率波动造成机组逆功率停机事故。

停机拆检进气调节阀，发现调节阀阀杆和阀芯连接处断开，造成阀门不能调节，在失效之前阀门一直存在波动，造成机组发电量波动较大。该调节阀为 HCB 型笼式双座调节阀，仪表厂家分析认为：阀门在高温高压下运行，气流涡动会产生高频振动，造成阀杆与阀芯脱开，设计时未考虑到低开度时易产生振动的情况。

拆检调节阀发现阀芯外圆表面有碰摸产生的划痕（见图 3），经损伤阀芯和正常阀芯对比后，厂家将原 HCB 型调节阀更换为为 HCN 型低噪声调节阀，阀杆加粗，阀芯处设高镍铸铁环，提高抗震能力。12 月 25 日更换阀门后，至 2021 年 1 月 10 日左右阀门又开始出现波动，发电量波动频繁；2 月 18 日再次出现波动大逆功率停机事故。经多次协调，原厂家设计调节阀无法满足实际生产需要，更换厂家。3 月 10 日新阀门到货，更换后阀门一直运行正常，满足生产需要。

（二）机组水平振动偏大

机组开机后，机组振动偏大，现场震感比较明显，机组远传振动在 6.0mm/s 左右。通过几次调整机组冷热对中数据后有所好转，因机组停机后出口温度下降比较快，热态找正数据无法做到准确测量。另外，机组在正常停机后存在盘车卡涩的现象，造成一定的施工难度。另外，通过对膨胀机底座观察，认为底座刚性不足，温度升高后影响机组振动。联系厂家出施工图（见图 4），对底座进行加固，后效果较明显，开机后振动在 3mm/s 以下，负荷大出口温度降低时下降更多，满足生产需求。

（三）润滑油温度偏高

机组开机后，润滑油温度偏高，一台油泵运行时由于油温高，造成油压较低无法满足要求。其间一直是两台油泵同时运行，油冷器打到中间位，两台油冷器同时运行，但油温一直高位运行。原膨胀机设计为轴承结构，后通过厂家改造为轴瓦结构，同时增加高位油箱，改造设计时未充分考虑到改造后对系统的影响。后经过协调，将原泵更换包芯，其他尺寸不变，油冷器接口尺寸不变，增大换热面积，尽量减少施工。2021 年 3 月更换完毕后，油温正常，满足生产需要。

四、结论

螺杆膨胀机将中压蒸汽减温减压过程中原没有利用的能量用于电机发电，实现了能源

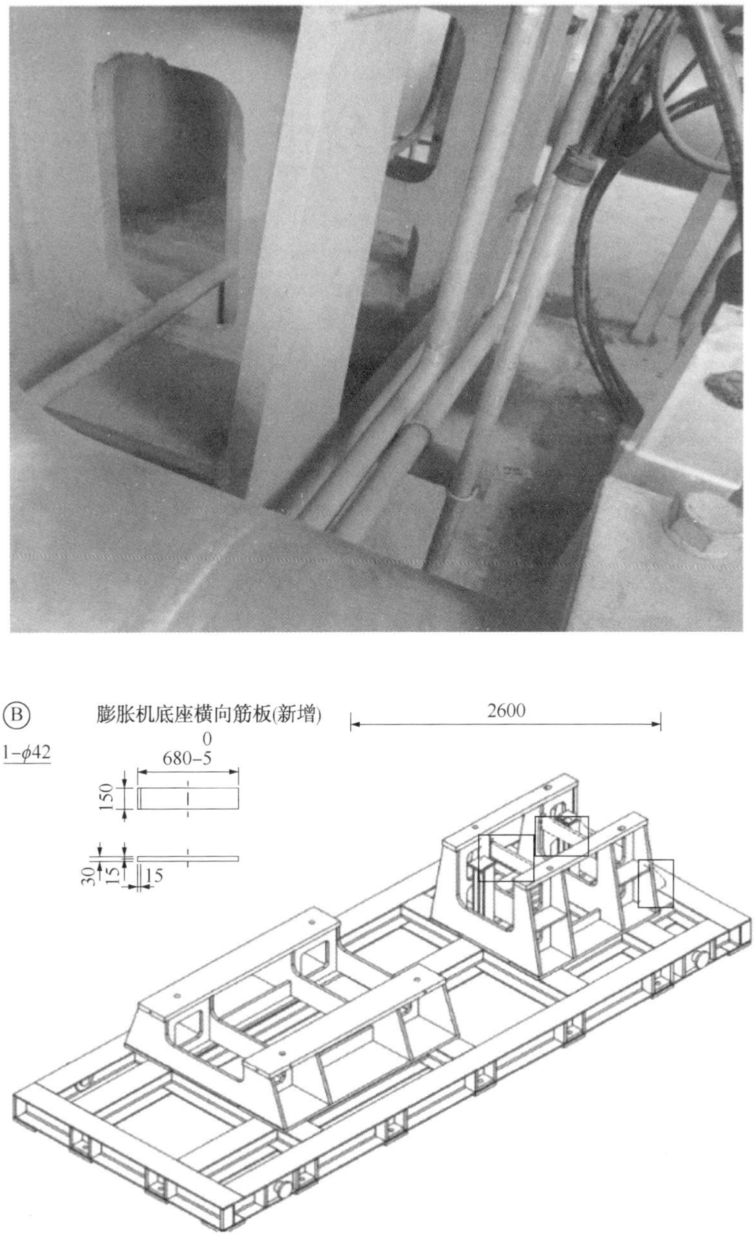

图 4　底座现场图与设计图纸示意图

阶梯利用的效果。

自 2021 年 3 月至今，蒸汽梯级利用平稳运行，累计发电超 13.7MkW · h，累计为公司减少碳排放 1.2×10^4t(碳排放量以华北区域电力排放因子 0.8843 CO_2/MW · h 计算)，电价按 0.73 元/kW · h 算折合超 1000 万元，经济效益和降碳效果显著。

企业能源管理系统应用分析

张　昭
鱼　钰　中国石油天然气股份有限公司长庆石化分公司
王　岚

新一轮科技革命和产业革命推动石油石化企业向数字化、智能化转型升级，是实现石油石化企业高质量发展的必由之路。本文展示了中国石油天然气股份有限公司长庆分公司的能源管理系统建设的功能，从能源计划、到能源管理、能效对标分析、能源优化，助力企业实现了能源的 PDCA 闭环管理。根据中石油评价标准，该系统整体达到了分析级，部分实现了优化级。该系统提高了能源管理的时效性和集中性，通过对能效评价参数进行对标分析，协助企业人员发掘节能机会，落实节能项目的可实施性，并对整个节能项目的实施过程进行线上管理，实现了能源管控过程的数字化智能化，降低劳动强度，提高工作效率，持续降低能源消耗成本。

一、概述

新一代信息技术是新一轮科技革命的核心力量，是全球创新最活跃、应用最广泛、辐射带动作用最大的领域，孕育了产业变革的巨大潜能。数字经济已经成为数字增长的核心要素和企业竞争的关键领域。数字化能有力推动传统产业的转型升级。

2021 年是“十四五”开局之年，也是“碳中和”元年，中国将力争 2030 年碳达峰，2060 年前实现碳中和。碳中和时间表的确定为能源转型按下了加速键，中国能源发展进入新阶段。加快推进能源消费与数字化、智能化的融合是目前工作的重中之重。利用信息技术、网络技术、自动控制技术和数字化检测仪表，对企业的能源系统进行全面和细致的集中监控和管理，实现能源数据检测和采集、能源信息管理、能源供给协调、能源需求预测、能源平衡调度等功能，通过管理而节约能源，达到能源管理高效、敏捷、经济，实现能源管控一体化，快速和有效的达到节能减排目的。因此，各企业纷纷开始广泛采取措施将技术手段与管理目标有效地结合起来，建立能源管理系统(EMS)。对于企业能源管理系统的建设，相较于外部环境因素拥有具体的法律法规，可以对企业构建能源管控体系，甚至建立能源管理系统提出明确的建议或要求，企业内部能源管控工作更难落实。

目前有很多制造业工厂不太重视 EMS 系统，主要有以下三个原因：①为了节省建设投资，省去了能源计量表，认为准确计量没必要；②认为采用人工统计的方式也可以，对数据的规范性、及时性、准确性、真实客观性缺乏要求。③目前多数能源管理系统实现的功能和作用集中于数据监测、统计之类，对深度分析和优化的功能实现较少，因此对工厂的价值相对较低。

长庆石化分公司能源管理系统实施以后，为能源管理和公司决策提供了准确及时、强有力的计量数据支撑，将工业生产与数字化、智能化相融合，使能源调度更加合理，实现能源的全过程的集中可视化管理，提高能源调度管理水平，使能源系统的实时监控功能和优化调度的功能无缝结合，提升企业的能源精细化管理程度，对促进企业的能源管理，节能减排具有重要的现实意义。

二、能源管理系统应用范围和架构

能源管理系统适用于石油、煤炭及其他燃料加工业，化学原料和化学制品制造业，非金属矿物制品业，黑色金属冶炼和压延加工业，有色金属冶炼和压延加工业，电力、热力生产和供应业等高耗能行业。

长庆石化分公司能源管理系统采用图 1 所示架构。

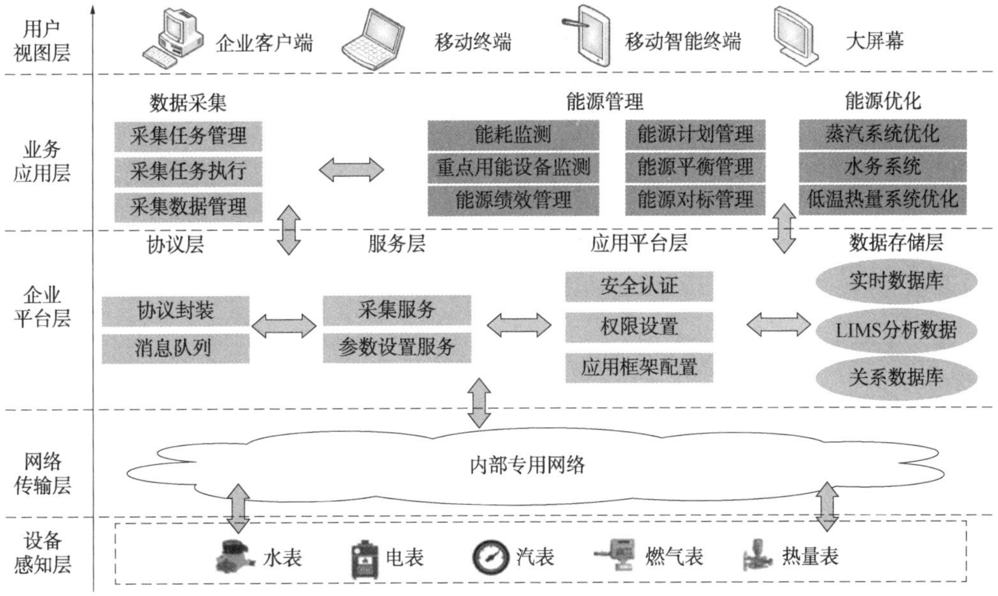

图 1　系统架构图

业务应用层是能源业务管理层，涵盖的子系统包括：能源数据采集子系统、能源管理子系统。

能源数据采集子系统的功能包括采集任务管理、采集任务执行与监控、采集数据管理、参数下发与传输控制等；能源管理子系统的功能包括能源实时监控、能源计划管理、能源绩效管理、能源报警分析、能效评价、能源对标管理、能源配置管理。

三、应用情况

从长庆石化公司的实际需求出发，以能源的数字化、智能化为目标，能源管理系统设计开发了能源计划、能源管理、对标分析、项目管理等功能，助力公司实现能源消费的PDCA闭环管理。

（一）数据采集及处理

负责企业范围内，所有供、产、输、转、耗全能源业务流程范围内能源相关数据的采集、平衡，实现厂级、装置级等级别能耗实时监测、能源介质平衡核算、能耗核算、能耗统计分析等。

首先是通过实时数据库获取能源产耗的数据，没有数采的仪表提供人工录入方式获取数据，然后根据配置的工厂模型计算各个节点量，对全厂各介质进行自动平衡后，由EMS系统中的能耗核算模块进行核算。

（二）能源管理

能源管理包括对全厂炼油综合能耗、部门能耗和装置能耗的综合管理，首先是高管驾驶舱的设计是为高层领导和管理部门针对全厂的能源消耗情况进行整体的把控，是能源管理实现集中性的体现，设计的功能包括外购介质的量、炼油能耗及其趋势、对标分析、设备运行效率、重点介质的消耗趋势图等。具体功能展示如图2所示。

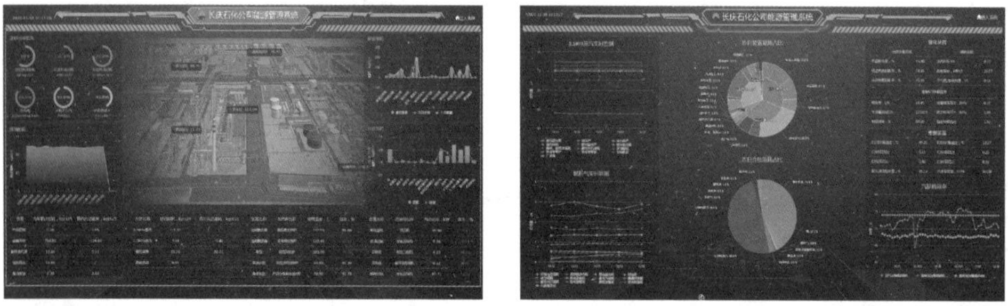

图2　能源管理高管驾驶舱展示

其次是部门能耗，长庆石化分公司生产运行部门包括运行一部、运行二部、运行三部、运行四部、油品运行部，部门能耗集中展示炼油能耗数值、各部门综合能耗、各部门介质消费占比、各部门能源计划完成情况等，功能展示如图3所示。

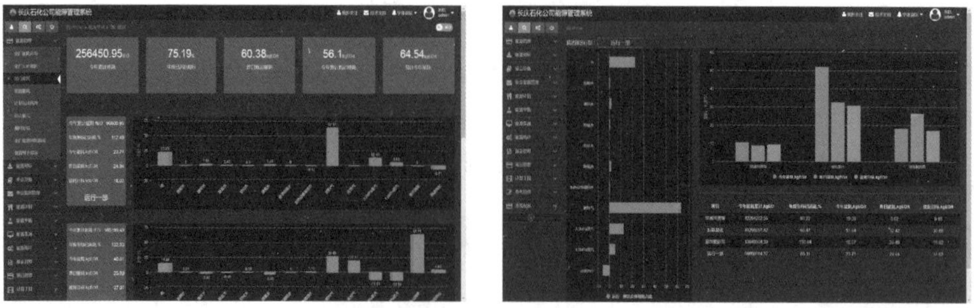

图3　部门能耗展示

装置能耗集中展示某装置各介质的实物消耗量、各介质单耗、装置综合能耗及其趋势图等，另外还包括介质的波动率、班组绩效等的展示(见图4)。

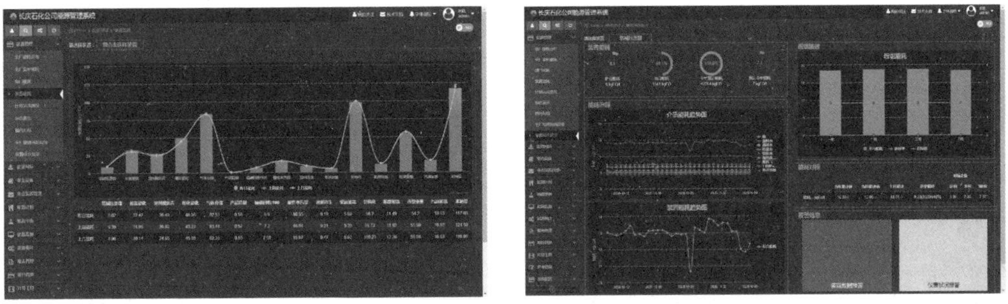

图4　装置能耗展示

(三) 能源计划

根据企业的生产流程，建设适用于能源需求计划和生产计划的产用能计划模型，实现将公用工程细化的功能，根据企业实际情况将公用工程消耗细化到装置，从时间维度上从全年细化到每个月。

用能计划和产能计划统一在系统平台进行管理，通过系统平台将用能和产能计划及时下发到各个用能和产能单元；在用能和产能计划变更条件触发的条件下，通过平台来进行用能和产能计划的调整；根据系统提交的能源生产和消耗数据，对能源计划落实情况进行跟踪，明确能源计划的完成进度，便于及时了解和调整能源生产和消耗进程(见图5、图6)。

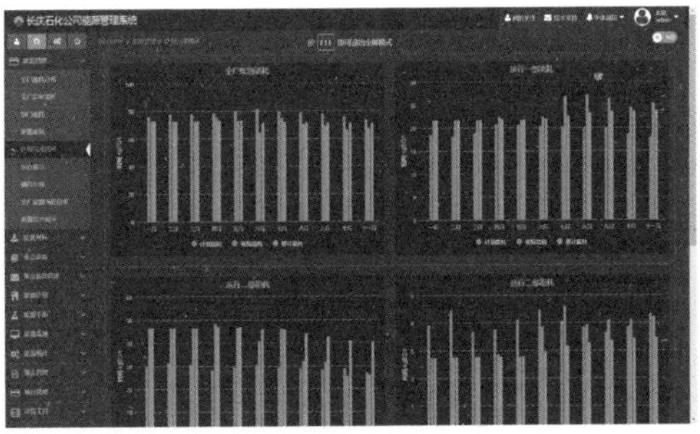

图5　计划完成情况

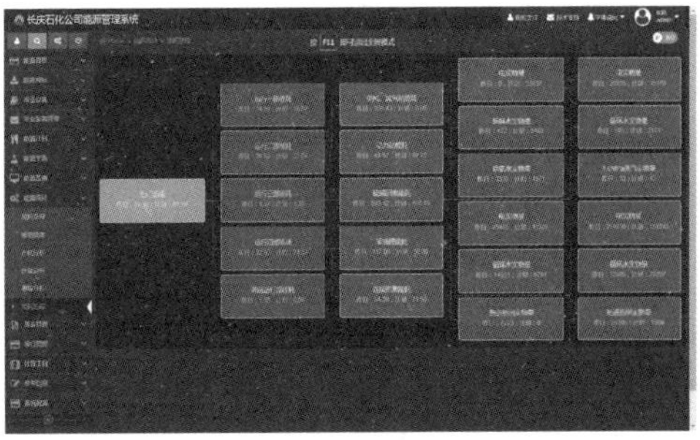

图6　能耗追踪

(四) 对标分析

能效对标从二个维度进行对标，包括纵向对标和横向对标。纵向对标指该对标范围相近工况条件下的不同时期数据进行对比，包括同比、环比、历史最佳、历史平均等。横向对标的对标对象为工艺相似、规模相近的企业或装置。

能效对标参数从层级来分，分为厂级参数、装置级工艺能效参数、设备关键指标。其中，厂界参数包括炼油能耗、单因能耗等，装置级工艺能效参数包括分馏塔取热比例、烧焦率、氢油比、对数传热温差等，重点设备关键指标包括加热炉热效率、压缩机效率等。

对影响装置能耗的各项因素进行研究分析，筛选提出影响装置能耗的关键指标，形成一系列简明扼要的能效指数或指标，实现装置能效参数的核算、分析等功能，可具体指出装置能效的薄弱环节/单元。通过能效关键指标的对标，可以帮助公司管理者轻松聚焦到不合理用能点，并明确相应的能耗潜力数据(见图7、图8)。

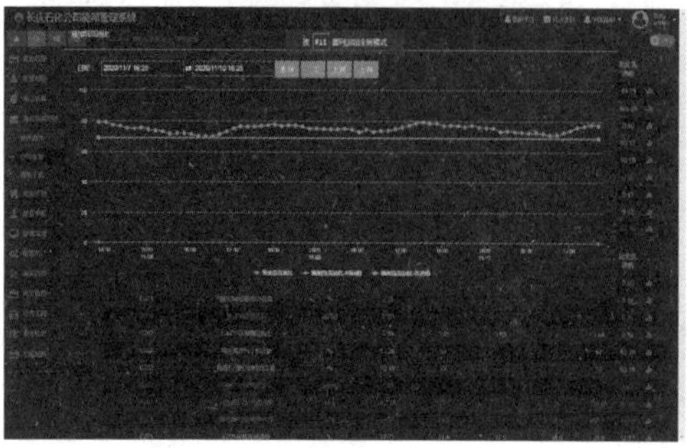

图7　重整装置能效指标对标分析

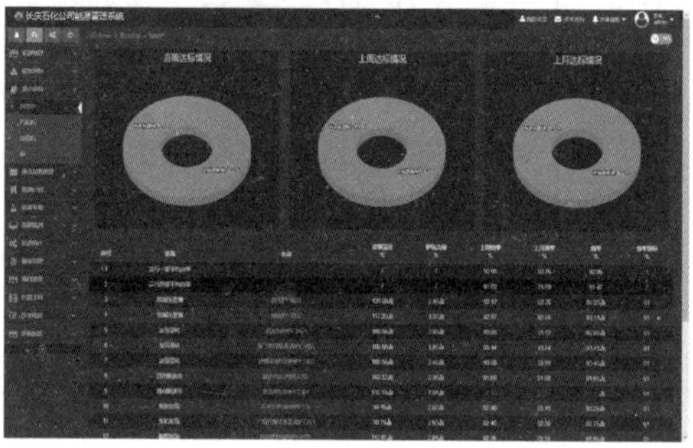

图8　加热炉实时监测

(五) 能效提升优化

以机理模型和大数据分析技术的混合数学模型为手段，寻找和建立反应操作参数和产品性质等之间的关系，进而对反应过程实时操作工作区进行优化，实现能源消耗最低的目标。

优化模块可直接给出节能增效的优化方案和调节参数，提高企业能量利用效率和经济效益。

该能源管理系统建立了常减压装置、催化裂化装置、连续重整装置、加氢裂化装置、汽油加氢装置共5套装置的全流程机理模型。公司根据对标分析发现的节能机会点，由机理模型落实节能效益以及关联参数，形成节能项目后由系统中的“节能项目汇总”功能对节能项目的实施过程及事后评价进行全流程管理(见图9、图10)。

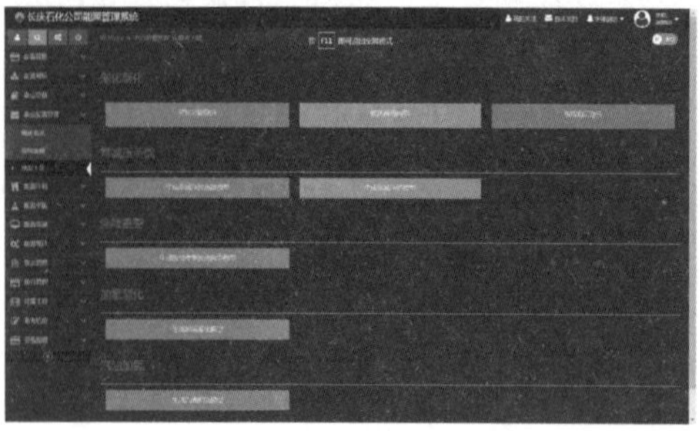

图9　5套主装置机理模型

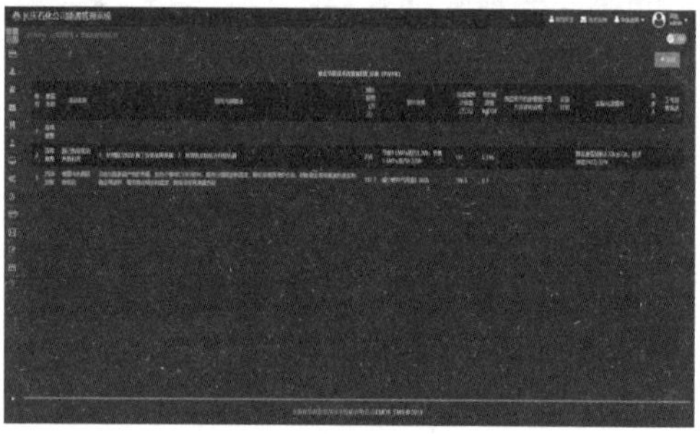

图10　优化项目管理

四、效果分析

(一) 自评工作开展情况

长庆石化分公司于2018年7月开始，遵照集团公司企业标准《能源管控 第4部分 炼油化工技术规范》(Q/SY 09004.4—2018)的要求，建设能源管理系统，覆盖全厂所有产用能单元的能源供应、生产、输送、转换、消耗全过程，实现了能源运行过程指标动态监测。

经过半年多的试运行，长庆石化分公司于2020年5月遵照集团公司企业标准《能源管控 第2部分 评估指南》(Q/SY 09004.4—2019)的规定进行了能源管理系统自评。

（二）自评内容

1. 分析级

标准中规定的能效对标中的标杆查询、标杆对比和对标查询的功能，系统中均已建设完成。

系统平台中实现了对能源绩效参数进行纵向对标，根据生产的变化、天气的影响等自动筛选历史最佳数据进行展示，并可自动形成月度、季度分析报告。系统中为全厂炼油能耗、装置能耗、单因能耗和重点装置的关键指标建立了横向对标功能，通过与先进企业的对比，找出差距，并形成分析报告。系统平台设有节能项目管理功能，可对计划实施和正在实施的节能改造项目的预计节能量和投资，以及已经实施完成的节能改造项目的实施效果进行全过程的监督与管理，保证提出的节能改造措施与建议得到有效执行。

根据能源绩效参数纵向分析和横向对标的结果，运用能量系统优化、能效对标、专家诊断、最佳节能实践、员工参与等工具和方法识别节能增效改进机会，并定期开展会议讨论能效对标结果，提出节能改造措施与建议，最终形成具体的节能改造项目。

如 2019 年公司检修期间增上的重整装置脱己烷塔底油热量利用项目，从其节能改造机会的识别、会议讨论改造措施到最终的项目实施的过程均是按照能源管控形成的节能改造项目流程进行的。此项目改造后，降低装置能耗 0. 32kgEO/t，实现经济效益 240 万元/年。

综上所述，能源管控达到分析级标准要求。

2. 优化级

本系统建设了常减压装置、催化裂化装置、加氢裂化装置、连续重整装置和汽油加氢装置共 5 套主要耗能装置的全流程机理模型。相关生产单元管理单位定期采用此模型对装置的实时运行情况进行模拟计算，识别节能改造机会，同时对识别的节能改造机会进行量化计算，为转化为可实施的节能改造项目提供数据支撑。以上提到的 2019 年公司检修期间增上的重整装置脱己烷塔底油热量利用项目，是利用离线模型对节能改造措施进行量化计算，得到节能量，由相关部门计算投资回收期，最终形成了节能改造项目。

长庆石化分公司系统平台未建立实时在线优化模型，未完全达到优化级标准。

3. 自评结论

长庆石化分公司能源管理系统建设已实现分析级，并部分实现了优化级。为充分发挥能管系统对于提高公司能源管理水平，接轨集团公司“提质增效”的总体要求，公司制定了一系列的制度、规范，形成了一套完整的节能项目识别与执行流程，2019 年检修期间增上的部分节能改造项目来源于能源管控建设，也通过相关项目增强了大家对能源管控的认识和熟练度，相关规章制度也更加完善。炼油能耗、部门能耗、装置能耗等能源绩效参数均是以天为单位，重点装置和重点设备的关键参数均是实时监测进行计量、统计和分析，大大提高生产装置能源管理的时效性。

五、结论

（1）建设能源管理系统，将能源管理数字化智能化，提高能源管理的集中性、时效性，最终实现能源的 PDCA 闭环管理。

（2）采用能效关键指标代替国内现有的能效评价方法可以实现更加直接有效和精准聚焦到问题具体用能点，对标分析功能为企业寻找差距，发现节能机会点提供方向。

（3）按照中石油评价标准，公司自评，能源管理系统整体达到了分析级，部分功能达到了优化级。

（4）能源管理系统可以有效地帮助企业提高能源系统运行效率，保障生产，最终节约能源、降低生产成本，提高企业信息化、自动化水平，增加企业竞争力。

参考文献

[1] 常冠华，金刚，王洪礼．企业数字化转型智能化发展方法探讨[J]．技术热点，2021，（5）：46-50.
[2] 林风霞．工业互联网赋能传统制造企业数字化转型研究[J]．供应链与数字化管理，2020(05)：31-35.
[3] 宋歌．数字经济时代加快传统制造业转型升级研究[J]．产业创新研究，2019(12)：116-118.
[4] 焦宗双，张雪滢．工业互联网与制造业数字化转型[J]．信息通信技术与政策，2020(3)：49-52.
[5] 安富利．智能能源计量技术将助力实现碳中和[J]．软件和集成电路，2021(5)：16-17.
[6] 孔令兵．能源管理系统在数字化工厂中的应用研究[J]．建筑电气，2020，39(05)：50-55.
[7] 郝芳．能源管理系统在钢铁企业中的实施与应用[J]．电子技术与软件工程，2019(07)：181.
[8] 熊珞琳，毛帅，唐漾，等．基于强化学习的综合能源系统管理综述[J]．自动化学报，2021(06)：1-22.

节能低碳技术在加氢改质装置的工业应用

兰　勇
张会兵
苏燕飞
余成武　中国石油青海油田格尔木炼油厂
梁尚坤
王增鹏
雷占辉

加氢改质装置是炼化行业高能耗、高碳排放的关键装置之一，而节能低碳是企业提高装置运行水平的生存之本。本文依托现有工艺，通过对炼化企业加氢改质装置的换热网络进行工艺改造和优化，充分发挥换热设备的潜能，回收损失到环境中的热量，降低碳排放，盘活资产的同时实现提质增效和装置长周期平稳运行。

加氢改质装置是炼厂重要的二次加工装置，其工作原理是在催化剂的作用下，氢气和原料油在高温、高压的条件下进行烯烃饱和、脱硫、脱氮、裂解等反应，反应后的油品经过分馏系统切割后生产出洁净、达标的油品。具有原料油范围宽，产品品种多、灵活性大、轻质油收率高、产品质量好等突出特点，在炼化板块中是不可替代的，该装置也是炼油行业中高能耗、高碳排放的关键装置之一。因此，加氢改质装置的节能降碳是提高装置运行水平的重要目标，树立节能意识，实现效益最大化对于企业的环保及增效创益更为至关重要，是企业的生存之本，同时也越来越被社会关注。

一、某厂加氢改质装置运行现状及瓶颈

某厂加氢改质装置于 2009 年建成投产，设计规模为 0.8Mt/a，以直馏重柴油、直馏蜡油及催化柴油为原料，采用进口催化剂、单段串联全循环加工工艺，由于装置所产柴油产率偏低、密度偏低，按照某厂国Ⅴ柴油质量升级的需要，于 2014 年对装置进行改造，改造后设计规模仍

为0.8Mt/a，以常一线轻柴油、直馏重柴油、直馏蜡油及催化柴油为原料，采用抚顺石油化工研究院开发的FF-46加氢精制、FDW-3临氢降凝和FC-14B加氢改质催化剂组合工艺，采用单段串联一次通过加工流程，冬季生产满足全厂调和国Ⅴ排放标准-20#低凝点柴油产品的需求，夏季生产满足全厂调和国Ⅴ排放标准0#低凝柴油产品的需求，副产一部分石脑油、低分气和含硫干气。

该装置能耗主要是水、电、风、蒸汽、燃料消耗等，其用能与炼油其他装置一样，归纳为能量的转换和传输环节、能量工艺利用环节和能量回收环节。存在问题：装置总输入能量多，低温热较多，热量分布不平衡，一方面利用加热炉不停的升温，导致碳排放量大；另一方面又使用各种办法降低轻、重柴油产品外送温度，大量的热量损失到环境中没有被高效的利用，造成热污染，且部分设备存在超温运行，增加了装置的运行成本。外送油品温度高，罐区储罐存在较大风险，安全隐患重大。节能降碳瓶颈具体表现如下：

（一）轻柴油系统

采用上、下游装置热联动技术，实现装置物料直供后，受热进料影响，原料油经过原料油/轻柴油换热器取热增加，导致轻柴油产品空冷器入口温度维持在195~210℃，长期处于高温运行。

轻柴油经产品出装置水冷器后进入成品油罐区，受轻柴油产品空冷入口温度高的影响，轻柴油出装置温度持续偏高，严重制约了低凝点轻柴油产量，也极易造成罐区储罐超温，环境温度升高时，这一问题更加突出。

（二）重柴油系统

夏季生产时，需要大量生产0#柴油，重柴油外送成品油罐区温度持续>50℃，导致罐区的储罐超温，同时造成反应产物高压空冷冷却负荷增加、进出口温度升高。

（三）分馏加热炉负荷大

受循环尾油循环量的影响，循环油/汽提塔底油换热器的换热后温升效果不明显，汽提塔底油经过换热器后温度只有200℃，导致分馏加热炉入口温度偏低、燃料气耗量大、碳排放量大。

（四）影响热进料加工比例

装置改热进料后，原料油温度升高，导致轻柴油经原料油/轻柴油换热器后温度升高，造成轻柴油出装置空冷器入口温度超高。该换热流程不仅限制了热进料比例的进一步提高，同时也影响设备的安全平稳运行。

（五）换热器单程受热

受航煤精制单元停运影响，低分油/航煤产物换热器、航煤汽提塔底重沸器存在单程受热的问题，不仅造成热量的损失，更不利于设备安全平稳运行。

（六）产品质量和长周期运行受限大

低分油换热流程中部分换热器不能够在装置不停工的状况下实现在线检维修，对产品质量和长周期运行影响极大。例如：低分油/重柴油换热器一旦发生泄漏，低分油会窜入重柴油中，导致重柴油腐蚀、硫含量等不合格，装置只能被迫停工抢修，不能实现换热器的在线线检修和装置长周期运行。

二、换热网络优化与节能低碳改造措施

加氢改质装置能耗及碳排放量与装置规模、原料及产品方案、节能措施管理及技术等诸多因素有关，结合装置运行特点，优化换热流程后能够充分发挥每台换热设备的潜能，回收损失到环境中的热量，进行热量回收利用，减少低温热的输出，提高节能降耗水平。此次节能降碳技术改造依托现有工艺，分为四部分。

（一）轻柴油换热网络改造

（1）轻柴油原设计流程为：轻柴油自轻柴油塔（C204）底来，经轻柴油泵（P210A/B）升压后，先经混合原料油/轻柴油换热器（E204）给混合原料油加热，然后经轻柴油产品空冷器（A204）降温，再经过轻柴油水冷器（E211）后出装置至罐区（见图1）。

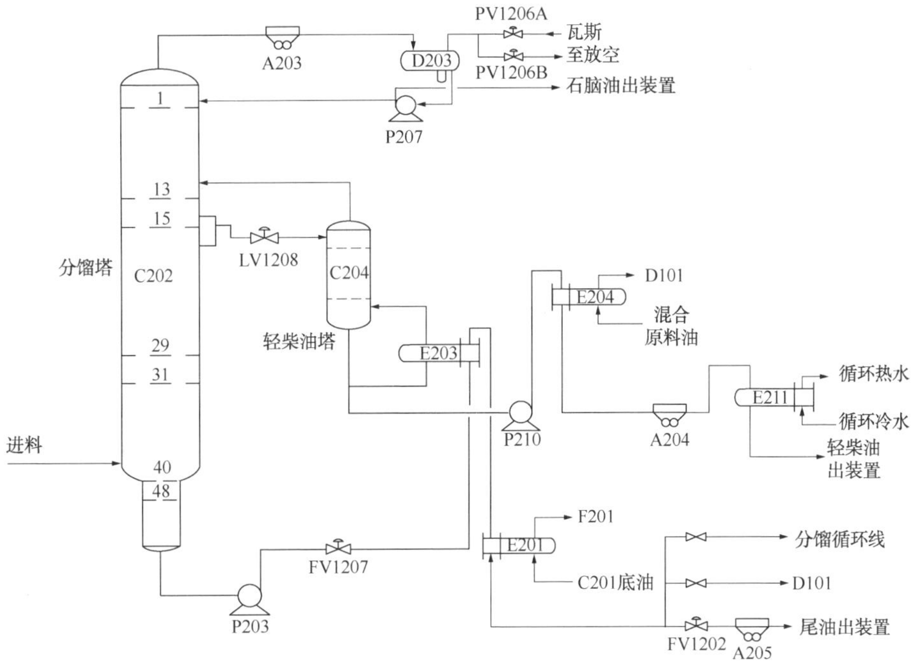

图1　轻柴油改造前工艺流程

（2）改造方案：轻柴油在原有流程基础上增加利旧（E205）壳程，给低分油加热，该流程包括换热器（E205）管程——轻柴油的跨线流程。

（3）轻柴油改造后流程为：轻柴油自轻柴油塔（C204）底来，经过轻柴油泵（P210A/B）升压后，先经混合原料油/轻柴油换热器（E204）给混合原料油加热，再经换热器E205（改造后为：轻柴油/低分油换热器）给低分罐（D103）来的低分油加热，然后经轻柴油产品空冷器（A204）降温，再经过轻柴油水冷器E211冷却后出装置至罐区（见图2）。

（二）重柴油换热网络改造

（1）重柴油原设计流程为：重柴油自重柴油汽提塔C203底来，经重柴油泵P204A/B升压后，先经过航煤汽提塔重沸器E206，再经重柴油/低分油换热器E202给D103来的低分油加热，然后经重柴油空冷器A202降温，再经过聚结脱水器M201脱水后出装置至罐区。

（2）改造方案：重柴油在原流程基础上增加E201（改造前为：尾油/汽提塔底油换热

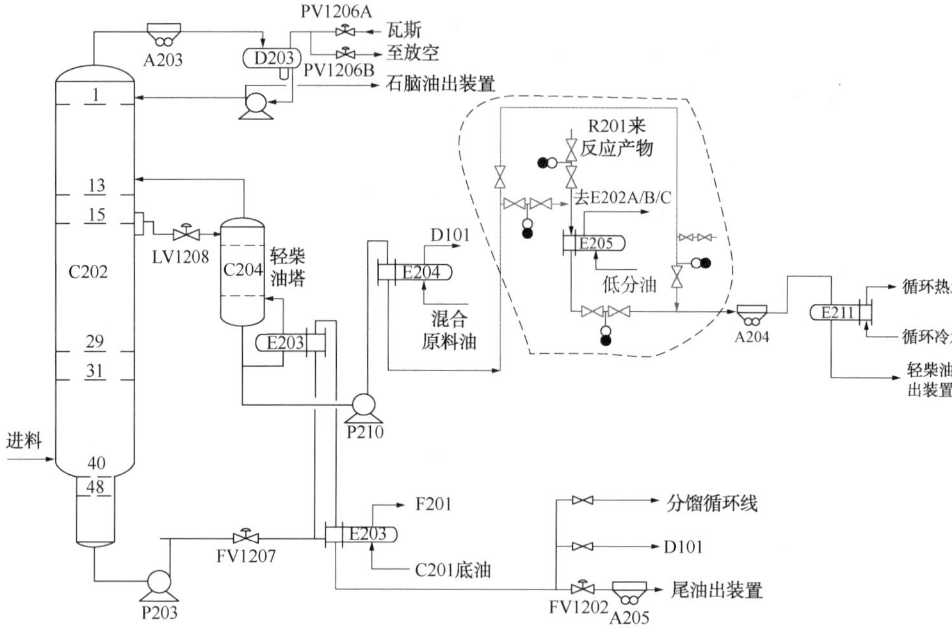

图 2　轻柴油改造后工艺流程

注：①图中灰色管线和阀门均为新增；②盲板为新增加盲板

器）换热器流程，给汽提塔底油加热；增加利旧水冷器 E209（改造前为：航煤产物水冷器）冷却流程；增加换热器 E202 管程——重柴油的跨线流程。

（3）重柴油改造后流程为：重柴油自重柴油汽提塔 C203 底来，经过重柴油泵 P204A/B 升压后，先经换热器 E201（改造后为：重柴油/汽提塔底油换热器）给加热炉 F201 进料加热，再经重柴油/低分油换热器 E202 给低分罐 D103 来的低分油加热，然后经重柴油空冷器 A202 冷却，经水冷器 E209（改造后为：重柴油水冷器）冷却后，再经过聚结脱水器 M201 脱水后出装置至罐区（见图 3、图 4）。

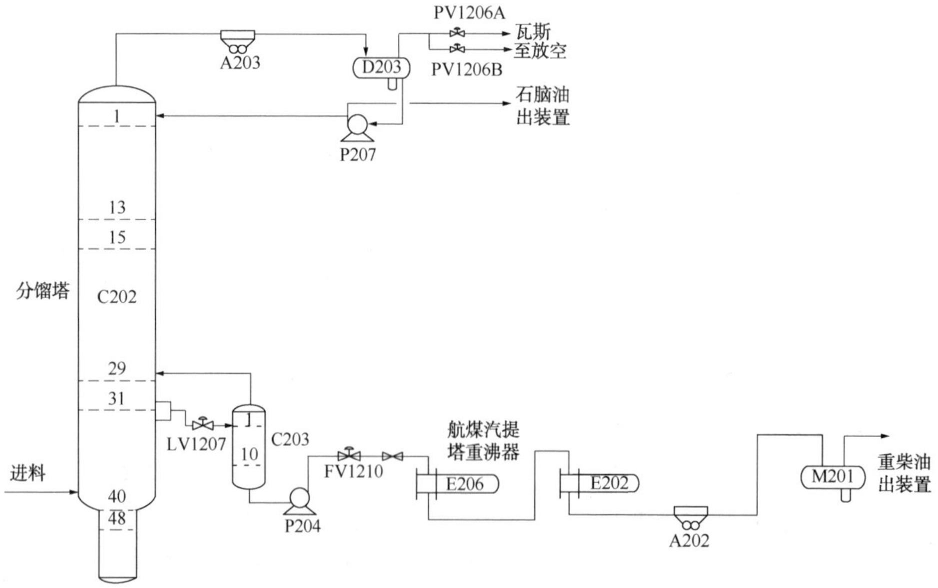

图 3　重柴油改造前工艺流程

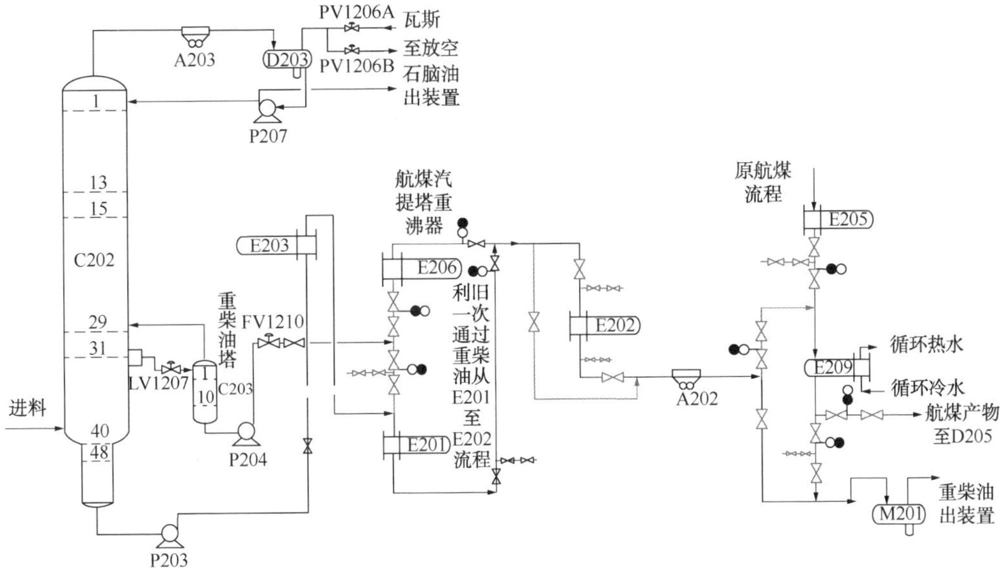

图 4　重柴油改造后工艺流程

注：①图中灰色管线和阀门均为新增；②盲板为新增加盲板

(三) 尾油换热网络改造

(1) 尾油原设计流程为：尾油自分馏塔 C202 底来，经过尾油泵 P203A/B 升压后，先经过轻柴油汽提塔重沸器 E203 给轻柴油加热，再经换热器 E201(改造前为：尾油/汽提塔底油换热器)给加热炉 F201 进料加热，然后进原料油缓冲罐 D101(见图 5)。

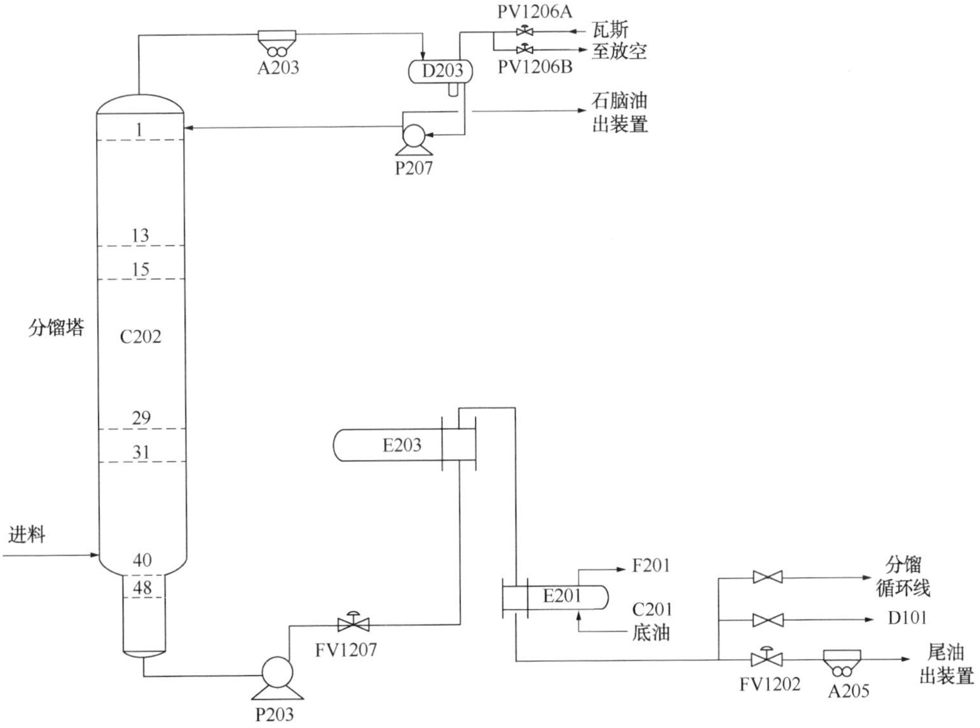

图 5　尾油改造前工艺流程

（2）改造方案：尾油在原流程基础上增加 E201（改造前为：尾油/汽提塔底油换热器）管程——尾油跨线流程，尾油通过跨线直接进入原料油缓冲罐 D101。

（3）尾油改造后流程为：自分馏塔 C202 底来，经过尾油泵 P203A/B 升压后，先经过轻柴油汽提塔重沸器 E203 给轻柴油加热，然后进入原料油缓冲罐 D101（见图 6）。

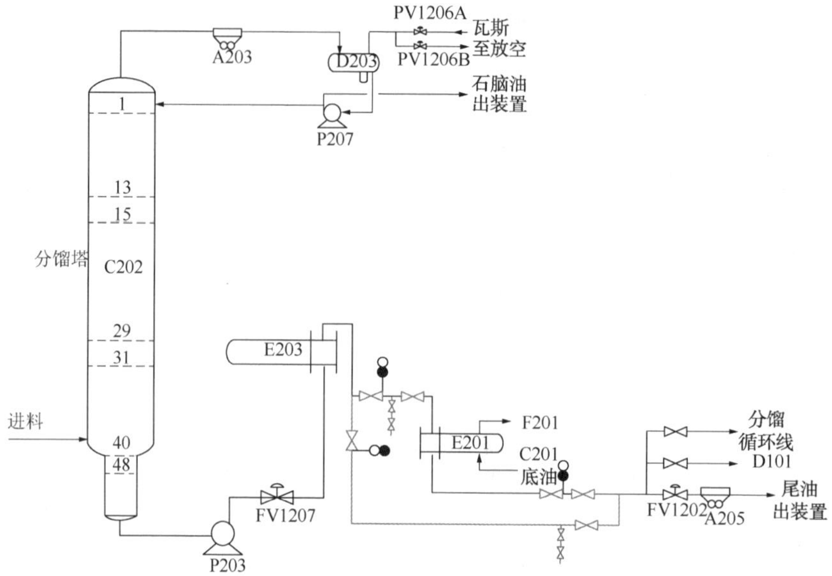

图 6　尾油改造后工艺流程

注：①图中灰色管线和阀门均为新增；②盲板为新增加盲板

（四）低分油换热网络改造

（1）低分油原设计流程为：低分油自低压分离器 D103 底来，经过换热器 E205（改造前为：航煤产物/低分油换热器）换热后，再依次经过换热器重柴油/低分油换热器 E202、反应产物/低分油换热器高压换热器 E102，进入汽提塔 C201（见图 7）。

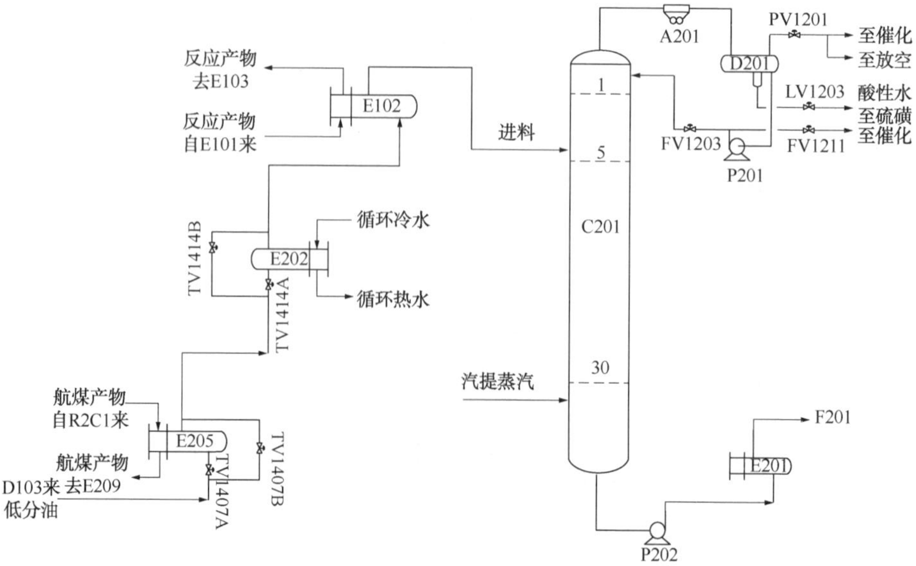

图 7　低分油改造前工艺流程

(2) 改造方案：尾油在原流程基础上增加 E205(改造后为：轻柴油/低分油换热器)壳程—低分油的跨线流程；增加 E202 壳程——低分油的跨线流程。

(3) 低分油改造后流程为：正常生产时同改造前流程，E205 和 E202 一旦发生内漏时，低分油走壳程跨线流程(见图 8)。

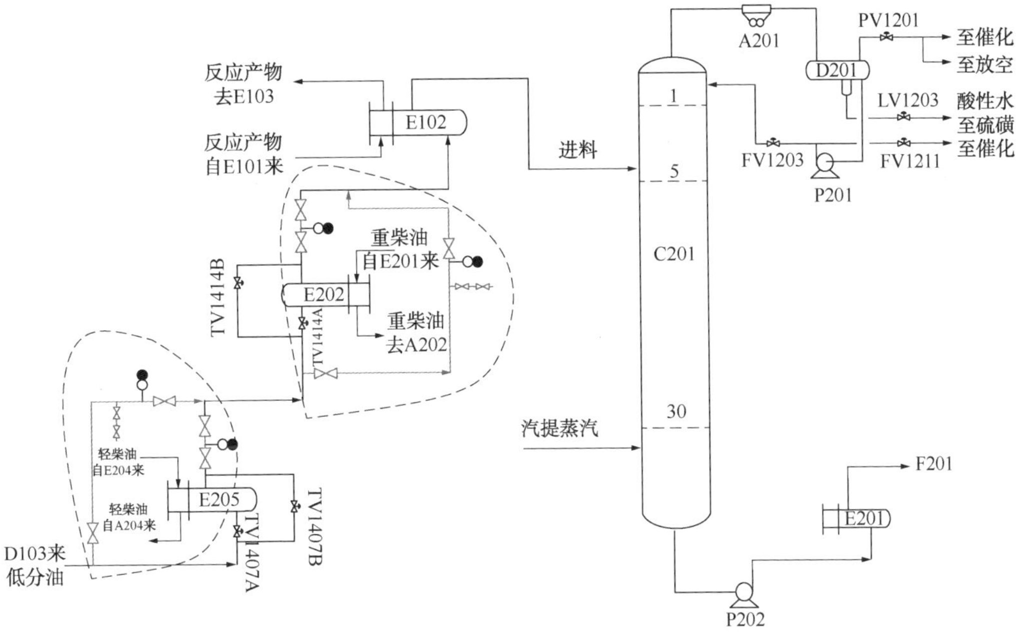

图 8　低分油改造后工艺流程

注：①图中灰色管线和阀门均为新增；②盲板为新增加盲板

三、成果及效益

(一) 成果

节能低碳技术在炼化企业 0.8Mt/a 加氢改质装置工业应用后，优先使用了本身带有较大热负荷的换热设备，解决了轻重、柴油空冷器入口超温的问题，消除罐区轻柴油、重柴油储罐超温的瓶颈和重大安全隐患；提高了换热器出口和加热炉入口的温度，大幅度降低了加热炉瓦斯耗量，实现低碳排放；合理利用停运的航煤单元换热器，进一步提高装置原料中热进料的加工比例，盘活资产的同时避免部分在用换热器单程受热问题；适当提高了高压换热器出口温度，减少热损失和热污染，实现更好的节能降耗效果。

(二) 效益

1. 经济效益

该项目实施后，装置低凝点收率大幅提升、燃料气耗量大幅下降、空冷风机冬季停运节约用电等。

(1) 低凝点柴油增收。低凝点柴油每月同比多产 5000t，低凝点柴油比非低凝点柴油价格高 700 元/t。(冬季加工时间按当年 10 月~下年 4 月，共计 6 个月)。

低凝点柴油年增收 5000t/月×700 元×6 个月=2100 万元/年

(2) 装置燃料气使用量：

按照年加工量700000t/年，装置可节约燃料气量为：

装置年燃料气节约量=700000t/d·(30.26Nm^3/t-27.66Nm^3/t)=182万Nm^3/d

节约费用=182万Nm^3/d·1.21元/Nm^3=220.22万元/年

注：30.26Nm^3/t为改造前装置瓦斯单耗；27.66Nm^3/t为改造后装置瓦斯单耗。

综上所述，可实现挖潜增效：2100万元/年+220.22万元/年=2122.22万元/年。

2. 社会效益

优化了装置内的换热网络，充分发挥了每台换热设备的潜能，回收了损失到环境中的热量；加热炉运行更加平稳，氮氧化物的排放量也较之前明显下降，减少对环境的污染，不仅降低了装置能耗，实现热平衡的综合利用、提质增效的目标，更有利于降低碳排放、盘活资产和装置长周期运行。

四、结论

节能低碳技术在炼化企业0.8Mt/a加氢改质装置工业应用通过对轻柴油、重柴油、尾油和低分油换热网络进行改造，充分发挥了每台换热设备的潜能，回收了损失到环境中的热量，实现热平衡的综合利用，降低装置的运行成本，达到降低碳排放、提质增效的目标，实用性非常强，适用于炼化同类装置推广应用。

参考文献

[1] 韩崇仁．加氢裂化工艺与工程[M]．北京．中国石化出版社．2001.

[2] 李大东．加氢处理工艺与工程[M]．北京．中国石化出版社．2004.

[3] 邢颖春．国内外炼油装置技术现状与进展[M]．北京．石油工业出版社，2006.

[4] 方向晨．加氢裂化[M]．北京：中国石化出版社，2008.

[5] 张洪鸣，徐明，陈戈，等，柴油加氢改质装置节能降耗技术改造和建议[J]．山东化工，2016，45(9)：85-86.

[6] 高翔，李斌，谢挺，柴油加氢改质装置工艺节能降耗技术分析[J]．工程技术：文摘版，2016，(8)：151.

[7] 李立权．加氢裂化装置工艺计算与技术分析[M]．北京．中国石化出版社，2019.

加氢裂化装置反应进料加热炉停运探讨

陈　雷｜中国石油哈尔滨石化公司

哈尔滨石化公司 800kt/a 加氢裂化装置采用常压蜡油和催化柴油为原料，在正常生产中存在反应加热炉热负荷低，加热炉热效率低的问题。通过分析上述问题产生的原因得出：加氢反应为强放热反应，要是通过换热流程优化，充分利用反应产物与原料换热在满足反应初始温度的前提下，停运反应进料加热炉完全可行，既可以解决反应加热炉热效率低的问题，还可以达到降低装置能耗的目的。本文通过模拟软件对加氢裂化装置进行模拟，经过模拟软件可以看出停运反应加热炉后，通过调整反应器出口温度及优化换热后，完全可以满足精制反应器入口温度的要求。通过实施停运反应加热炉节能项目后，装置节约瓦斯 5t/d，减少烟气排放 4000m^3/h，减少碳排放 1086t/a，装置优化后，节能、减排效果显著。

哈尔滨石化公司 800kt/a 中压加氢裂化装置燃料气消耗占装置综合能耗的 1/2。节约瓦斯消耗是装置节能减排方面的重要措施之一。该装置设置 3 台加热炉（反应进料加热炉 F-2101、脱丁烷塔底加热炉 F-2201、主分馏塔进料加热炉 F-2202）共用烟气余热回收系统。为了拓宽航煤来源，装置掺炼部分催化柴油，随着催化柴油比例的提高，由于催化柴油富含芳烃、不饱和烃、硫、氮等杂质，精制反应器床层温度出现了较大幅度的提高，反应产物与反应进料换热后，反应加热炉进、出口温升变小，加热炉热负荷低，热效率低下。针对装置存在的问题，需要采取优化措施来达到反应进料加热炉高效运行，降低燃料气消耗。

一、加氢裂化装置简介

中国石油哈尔滨石化公司 800kt/a 中压加氢裂化装置由反应单元、分馏单元和公用工程等部分组成，采用双剂串联、尾油全循环的加氢工艺。2019 年采用石科院开发的第二代中压加氢裂化 RMC-II 技术及配套的专用催化剂，主要产品为重石脑油、航煤和柴油，副产轻、粗液化气和燃料气。装置原料与反应产物换热流程见图 1。

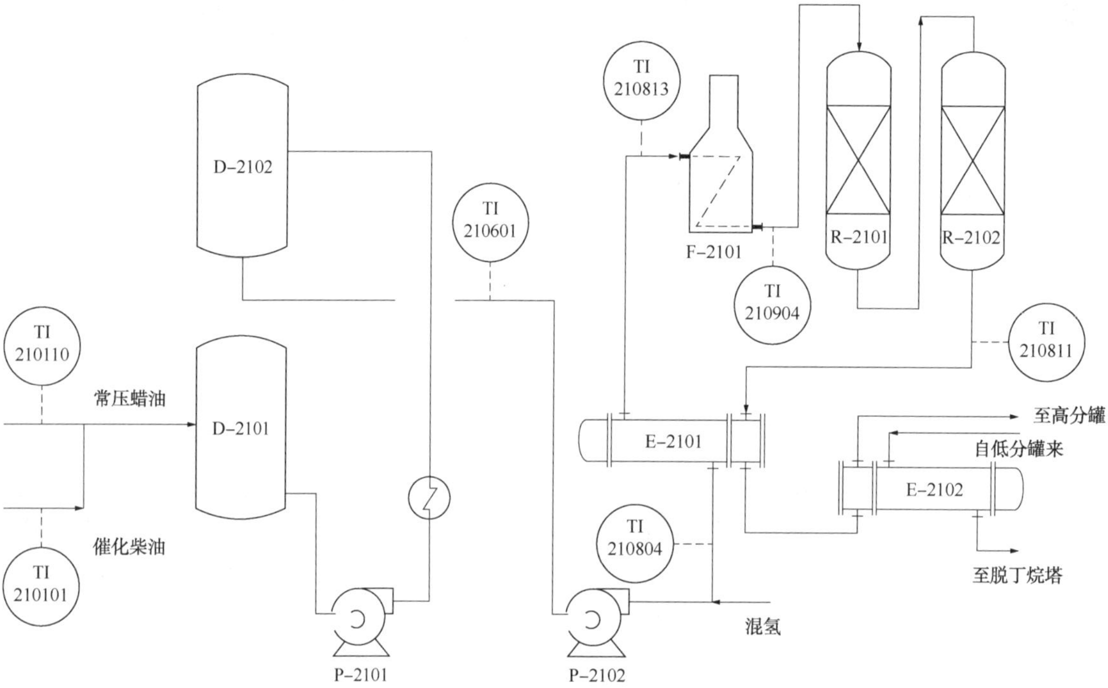

图 1　加氢裂化装置反应产物与原料换热图

二、原料与反应产物换热流程建模

（一）停炉前准备

（1）催化柴油在加氢裂化反应条件下芳烃易于加氢饱和，因此温升主要增加在精制反应器。掺炼 10%左右催柴时，精制反应器温升为 20℃左右，而掺炼 40%催化柴油时精制反应器温升达到 40℃左右。

（2）催化柴油由于富含环状烃，由于环状烃相比链状烃更难于裂化，倾向于转化为航煤馏分，即石脑油收率较低。表现出的现象是装置整体轻油收率下降，总体裂化活性受到抑制，加氢裂化催化剂需要更高的反应温度。对于哈尔滨石化加氢裂化原料，由于蜡油性质较好，催化柴油性质相对劣质，氮含量更高，因此催化柴油掺炼比例的增加对反应条件的影响更为明显。哈石化实际生产数据表明，掺炼 10%左右催柴时，裂化反应器温平均温度为 380~385℃，而掺炼 40%催化柴油时裂化反应器平均温度为 400℃左右。

（3）通过以上经验数据可以看出，通过提高催化柴油掺炼比，精制反应器温升增大，为了获得相同的轻油收率，需要提高裂化反应器床层温度，只要反应产物与反应原料换热后，可以满足精制反应的初始温度，就可以将反应进料加热炉停运。

（二）原料与反应产物换热流程建模

采用 PROII 模拟加氢裂化装置反应器见图 2，反应产物与原料换热流程见图 3，加氢裂化装置反应加热炉模拟数据见表 1。

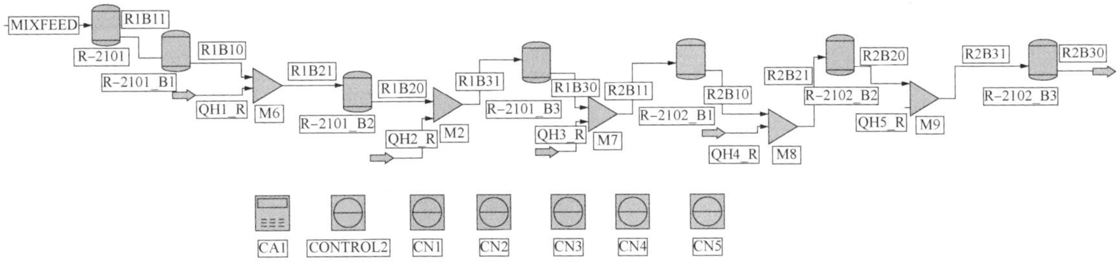

图 2　加氢裂化装置反应器床层模拟

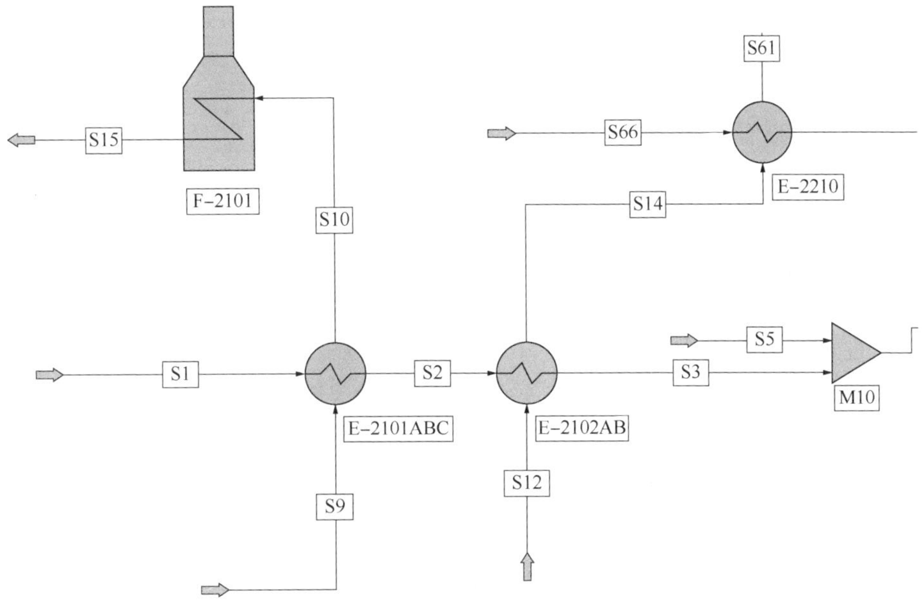

图 3　加氢裂化装置反应产物与原料换热模拟

表 1　加氢裂化装置反应加热炉模拟数据

停炉前生产数据			停炉后模拟数据		
名称	位号	生产数据	名称	位号	模拟数据
新鲜料	FI210102+FI21010/(t/h)	73	新鲜料	FI210102+FI21010/(t/h)	83
掺炼比	—	21%	掺炼比	—	25%
常压蜡油温度	TI210110/℃	112	常压蜡油温度	TI210110/℃	118
催柴温度	TI210101/℃	38	催柴温度	TI210101/℃	39
E-2101 壳程入口温度	TI210804/℃	97.1	E-2101 壳程入口温度	TI210804/℃	100.9
F-2101 入口温度	TI210813/℃	347	F-2101 入口温度	TI210813/℃	360
F-2101 出口温度	TI210904/℃	360	F-2101 出口温度	TI210904/℃	360
R-2101 床层温升	—	27	R-2101 床层温升	—	33
R-2101 床层平均温度	—	381	R-2101 床层平均温度	—	382

续表

停炉前生产数据			停炉后模拟数据		
R-2101 一二床层间冷氢流量	FI211001/(m^3/h)	7462	R-2101 一二床层间冷氢流量	FI211001/(m^3/h)	8774
R-2101 二三床层间冷氢流量	FI211002/(m^3/h)	5149	R-2101 二三床层间冷氢流量	FI211002/(m^3/h)	4846
R-2102 床层温升	—	30	R-2102 床层温升	—	35
R-2102 床层平均温度	—	391	R-2102 床层平均温度	—	396
E-2101 管程入口温度	TI210811/℃	397.2	E-2101 管程入口温度	TI210811/℃	404
E-2101 管程出口温度	TI210805/℃	188.1	E-2101 管程出口温度	TI210805/℃	189
R-2102 一床层入口冷氢流量	FI211101/(m^3/h)	4978	R-2102 一床层入口冷氢流量	FI211101/(m^3/h)	3300
R-2102 一二床层间冷氢流量	FI211102/(m^3/h)	16444	R-2102 一二床层间冷氢流量	FI211102/(m^3/h)	16785
R-2102 二三床层间冷氢流量	FI211103/(m^3/h)	19164	R-2102 二三床层间冷氢流量	FI211103/(m^3/h)	17808

由表 1 数据可以看出：

(1) 掺炼催化柴油比例 21%，R-2101、R-2102 床层冷氢阀位、冷氢流量均有富余，精制反应器床层温度、裂化反应器床层温度均有调整手段。

(2) 随着催化柴油比例的提高，精制反应器温升增大，为了保证裂化反应活性，裂化反应器 R-2102 床层温度有所提高。

(3) 通过软件模拟可以看出，当适当提高直供料温度、调整 R-2102 床层温度，保证裂化反应活性的同时 R-2102 出口温度为 404℃，停运 F-2101 后，R-2101 入口温度达到了 360℃，满足了精制反应器初始温度，并且 R-2101、R-2102 床层冷氢阀位、冷氢流量均有富余，精制反应器床层温度、裂化反应器床层温度均有调整手段，停运反应加热炉 F-2101 可行。

三、停运反应加热炉的过程实施

通过采用 PROII 软件模拟加氢裂化装置反应器以及换热流程后，停运反应加热炉可行性得到了验证。装置停运反应进料加热炉后，停炉前、后生产数据见表 2。

表 2 加氢裂化装置停运反应加热炉生产数据

停炉前生产数据			停炉后生产数据		
名称	单位	生产数据	名称	单位	生产数据
新鲜料	t/h	80	新鲜料	t/h	82
催柴掺炼比	%	24.3	催柴掺炼比	%	23.5
F-2101 出口温度	℃	360	F-2101 出口温度	℃	359
R-2101 床层温升	℃	31.5	R-2101 床层温升	℃	30.5
R-2101 床层平均温度	℃	382	R-2101 床层平均温度	℃	382
R-2102 床层温升	℃	33	R-2102 床层温升	℃	35
R-2102 床层平均温度	℃	394	R-2102 床层平均温度	℃	396
E-2101 管程入口温度	℃	400	E-2101 管程入口温度	℃	404
E-2101 管程出口温度	℃	196	E-2101 管程出口温度	℃	183

续表

停炉前生产数据			停炉后生产数据		
氢气消耗	t/t	7	氢气消耗	t/t	7.27
馏出口合格率	%	100	馏出口合格率	%	100
轻石收率	%	4.65	轻石收率	%	4.13
重石收率	%	26	重石收率	%	27.53
轻柴收率	%	30.75	轻柴收率	%	29.71
重柴收率	%	26.02	重柴收率	%	25.44
液态烃收率	%	10.69	液态烃收率	%	11.32
酸性气收率	%	1.8	酸性气收率	%	1.78
装置烟气排放量	m^3/h	14560	装置烟气排放量	m^3/h	10626
装置能耗	千克标油/吨	29.53	装置能耗	千克标油/吨	27.34

由表2数据可以看出：

(1) 停运F-2101后通过调整精制反应器、裂化反应器床层温度，保证了精制反应器的初始温度，装置产品质量合格。

(2) 由于催化柴油掺炼比提高，为了保证裂化反应活性，在获得相同轻质油收率的前提下，裂化反应器床层温度提高，同时保证了反应原料换热后获得更高的温度。

(3) 停运F-2101后，烟气排放量减少3934m^3/h，装置综合能耗下降2.19千克标油/吨。

四、停运加热炉后需要重点关注的问题

(1) 提高催柴掺炼比停运F-2101后，为了保证裂化反应活性，需要提高裂化反应器床层温度，这样造成裂化反应器局部高点温度达到410℃，需要重点关注催化剂的使用温度。通过控制原料干点、催柴掺炼比，提高氢分压等手段，裂化床层温度有所下降。

(2) 停运F-2101后，反应产物温度调节手段灵活性变差，需要重点关注反应产物结盐工况的变化情况。通过计算结盐温度优化换热流程，保证注水点温度高于结盐温度5℃以上，消除了换热器结盐风险。

五、停运加热炉后效益测算

加氢裂化装置反应进料加热炉停运后，效益核算详见表3。

表3 加氢裂化装置停运反应加热炉效益测算

名称	单位	数量	单价/(元/t)	效益(万元/年)
瓦斯减少	t/a	1800	1500	270
装置烟气排放量	m^3/h	4000	—	环保效益明显
减少碳排放	t/a	1086	—	

六、结论

(1) 加氢裂化装置停运反应进料加热炉后，装置产品质量、产品分布满足生产要求；

（2）通过摸索生产数据，为下一周期催化剂选型及配比，积累了宝贵的生产数据；

（3）反应进料加热炉停运后，装置瓦斯消耗大幅下降，在降低装置能耗方面取得了良好的效果，装置烟气排放量、碳排放量下降明显；

（4）哈尔滨石化公司在正常生产中停运反应加热炉的做法，为将反应进料设计为开工炉提供了新思路。

参考文献

[1] 郭林超．1.5Mt/a 蜡油加氢装置能耗分析与节能措施[J]．石油石化节能，2021(4)：22-25.

[2] 杨艺强，董昌宏．加氢裂化掺炼催化裂化柴油运行总结[J]．科学管理，2019(8)：237-241.

[3] 魏玮，郭莹莹，赵洋．柴油加氢改质装置掺炼催化柴油[J]．石化技术与应用，2022(3)：116-119.

[4] 王军，姚立松．青岛炼化蜡油加氢装置流程模拟及优化[J]．中外能源，2011(16)：44-47.

[5] 陈雷．加氢装置氯化铵结盐腐蚀工艺控制[J]．石油化工腐蚀与防护，2019(2)：22-25.

[6] 陈雷．加氢改质反应进料加热炉运行分析及改造[J]．炼油与化工，2019(1)：21-22.

双蒸汽系统在大型制氢装置的应用

刘永辉
赵　喆　中国石油广西石化公司
孙　杰

分析制氢装置工艺凝结水直接回用存在的问题，对比介绍了国内外凝结水回用的研究现状。广西石化公司制氢装置使用双蒸汽系统，建立一套独立的发汽系统，将工艺凝结水产生工艺蒸汽用于转化配汽，解决了工艺凝结水直接回用的难题。通过双蒸汽系统，制氢装置的总能耗每小时可降低114.7千克标准油，节能效果明显。

随着原油劣质化及对油品环保排放的要求不断提高，油品二次加氢成为油品质量升级的主要措施，炼厂对氢气的需求不断增加，制氢装置大型化是大势所趋。广西石化公司 $14\times10^4Nm^3/h$ 制氢装置是目前国内最大的单系列烃类蒸汽转化制氢装置，造气部分采用经典的蒸汽转化制氢技术，主要由原料预热、原料精制、预转化反应、转化反应、中变冷却系统等部分组成，装置具有能耗低、操作可靠性、灵活性高等优点。

烃类蒸汽转化是指水蒸气与原料在转化炉管催化剂的作用下，水蒸气与原料中的碳原子发生一系列化学反应，生成氢气、一氧化碳、二氧化碳的技术。为了提高原料的转化率同时防止转化催化剂结碳损坏炉管及催化剂，转化需要配入过量的水蒸气，未参与反应的过剩蒸汽在制氢装置下游被冷却后会生成大量的凝结水，合理回收利用此部分凝结水对于降低制氢装置水耗、能耗至关重要。本文主要介绍了双蒸汽系统在广西石化 $14\times10^4Nm^3/h$ 制氢装置工艺凝结水回收的应用，对节能效果进行了分析。

一、制氢装置工艺凝结水介绍

制氢装置的核心反应为转化反应，其基本原理是烷烃和水蒸气在转化催化剂的作用下，产生氢气、一氧化碳、二氧化碳等产物。为了增加烷烃的转化率用来产生更多的氢气，以及防止转化催化剂积碳，转化炉中配入的蒸汽量远远高于转化当量。过多的蒸汽不但能提高原料转化率，且能增加混合物料在转化炉管中的分配，防止物料在炉管中出现偏流，保证炉管温度分布均匀。

本装置设计的水碳比为 3.0，实际水碳比在 3.2 以上，多余的蒸汽除在后续变换反应器中继续参加反应外，尚有大量的蒸汽没有参与反应，这部分蒸汽在后续变换冷却系统中通过两次冷却分液，最终形成凝结水。转化蒸汽系统的物料平衡如表 1所示，按照装置满负荷计算，每小时装置将产生 54622kg/h 的工艺凝结水。若此部分凝结水未在装置内部被有效回收利用，装置将需要额外补充 54622kg/h 的除盐水到系统中，外排的凝结水也需要增加相应的处理措施对其处理利用。因此，制氢装置工艺凝结水的回收利用对于装置降低能耗、水耗，节能减排至关重要。

表 1　蒸汽物料平衡表

蒸汽物料	配汽	反应消耗	剩余蒸汽
数量/(kg/h)	115819	61197	54622

二、工艺凝结水回收利用现状及存在的问题

（一）工艺凝结水回收利用存在的问题

工艺凝结水不能够直接被回收利用的主要原因是，制氢装置副产中压蒸汽，产生的蒸汽除用于自身转化配汽以外，多余的中压蒸汽要外送至全厂蒸汽管网。蒸汽管网对蒸汽的品质要求十分严格，根据国标《火力发电机组及蒸汽动力设备水汽质量》相关要求，对蒸汽的氢电导率、硬度、铁离子含量等指标均做了相关要求，一旦杂质超标可能对下游用汽装置造成永久或者致命性伤害。要想保证所产蒸汽合格，除要求自身稳定的工艺操作外，最重要的是对蒸汽用水品质严格把关，保证用水符合发汽要求。

转化气中含有大量的二氧化碳，随着温度的降低，二氧化碳在工艺凝结水中溶解度逐步增加，造成工艺凝结水 pH 值偏低，呈酸性；据文献报道烃类和蒸汽在转化炉中发生复杂的化学反应，除生成主要产物氢气、一氧化碳、二氧化碳外，还会发生一系列的副反应，最终产生甲醇、乙醇、甲醛、甲酸等低分子有机物，此部分产物若直接排放至大气或者污水中将造成环境污染，且污水中很难将此部分有机物除去。变换催化剂一般为铁基或者铜基催化剂，随着装置的运行，铁离子或者铜离子会发生流失，变换后续管道及换热设备也会随着装置的运行由于腐蚀等原因造成铁离子流失，最终流失的铁、铜等离子进入工艺凝结水中，造成工艺凝结水铁离子超标，达不到蒸汽用水要求。

如表 2 所示，本装置工艺凝结水 pH 值为 5~7，呈弱酸性，主要是溶解了大量的二氧化碳造成；铁离子平均值在 240μg/L，已经远超 3.8~5.8MPa 蒸汽锅炉给水质量指标 50μg/L；电导率也远高于除盐水，主要是蒸汽中含有钠离子，转化配汽后在凝结水中聚集造成的。凝结水中各项指标均不符合蒸汽锅炉给水质量要求，因此不能直接回收利用，必须经过处理后侧能实现回用。

表 2　工艺凝结水组成分析

序号	分析项目	单位	平均值	序号	分析项目	单位	平均值
1	pH 值测定	—	5~7	3	铁离子	μg/L	240
2	二氧化硅	μg/L	8.04	4	电导率	μS/cm	515.46

（二）工艺凝结水回收利用现状

基于制氢装置工艺凝结水数量大，对装置节能降耗具有重要影响，各装置均把工艺凝结水的回用作为研究重点。目前，制氢装置工艺凝结水的回用根据工艺选择的不同主要分为国内工艺和国外工艺，国内工艺主要是通过蒸汽汽提后作为他用，国外工艺则大多数为直接回用。

国内制氢装置工艺凝结水的处理主要是将凝结水送至汽提塔，根据凝结水温度的不同，凝结水被送至汽提塔的不同部位，塔底使用低压蒸汽加热，二氧化碳及少量的低分子有机物会在汽提塔顶被直接排至大气环境，塔底凝结水则根据各炼厂的实际情况被送至不同部位。有的炼厂将部分汽提后凝结水送至除氧器，与除盐水混合后回用，根据水质的变化调整回用的比例；有的炼厂则将此股凝结水送至加氢装置作为注水或者循环水场作为补水使用。此工艺流程简单、投资少，在国内被普遍采用，经汽提后的凝结水虽可以除去二氧化碳及少量的低分子有机物，但是铁离子等指标仍无法满足回用标准，只能通过外部除盐水稀释、加大汽包排污来解决，仍有外送蒸汽污染的可能。

国外工艺大多数采取直接回用的工艺，不同专利商回用方式不一样，例如：中海油惠州炼化制氢装置采用的伍德工艺，是将凝结水加热后进行汽液分离，凝液与变换气换热产生蒸汽，两股蒸汽混合后用于配汽；中石油大连石化制氢装置采用的托普索的工艺，是将凝结水高压汽提，塔顶蒸汽直接用于配汽，塔底凝结水则送至除氧器回用；广西石化、云南石化制氢装置采用的德西尼布工艺，则是建立独立的蒸汽发汽系统用于凝结水回用。这些工艺均是基于催化剂以及载体等流失少，同时汽包加大排污来满足蒸汽水质要求。

三、双蒸汽系统用于制氢装置工艺凝结水回收利用

（一）双蒸汽流程

制氢装置富产中压蒸汽，主要用于转化炉配汽使用，剩余送至外管网，转化炉配汽和外送至管网蒸汽品质要求不同，外管网蒸汽品质要严于转化用蒸汽，转化用配汽虽然对无机盐等离子要求严格，但是二氧化碳、小分子有机物等不会对转化造成影响。基于工艺凝结水的特点，将装置发汽系统分为两部分，一部分是以工艺凝结水回用为主的工艺蒸汽系统，另一部分则是以外部除盐水进行发汽的清洁蒸汽系统（见图 1）。

如图 1 所示，工艺凝结先送至除气器，通过低低压蒸汽加热除去大部分溶解的二氧化碳及小分子有机物，后被升压送至工艺蒸汽汽包，通过与高温烟气预热发生中压蒸汽，汽包用水不足部分由除氧水补充，工艺蒸汽全部用于转化配汽；外部除盐水送至除氧器被除氧后送至清洁蒸汽汽包，与转化气余热后发生中压蒸汽，所产中压蒸汽一部分补充转化配汽，大部分被送至外管网。由于两个蒸汽发汽系统完全独立，且压力不同，避免了蒸汽交叉污染的可能，实现了工艺凝结水在装置内全部回用。日常操作过程中加强汽包排污，所产蒸汽合格，装置运行至今未发生由于凝结水回用造成的问题。

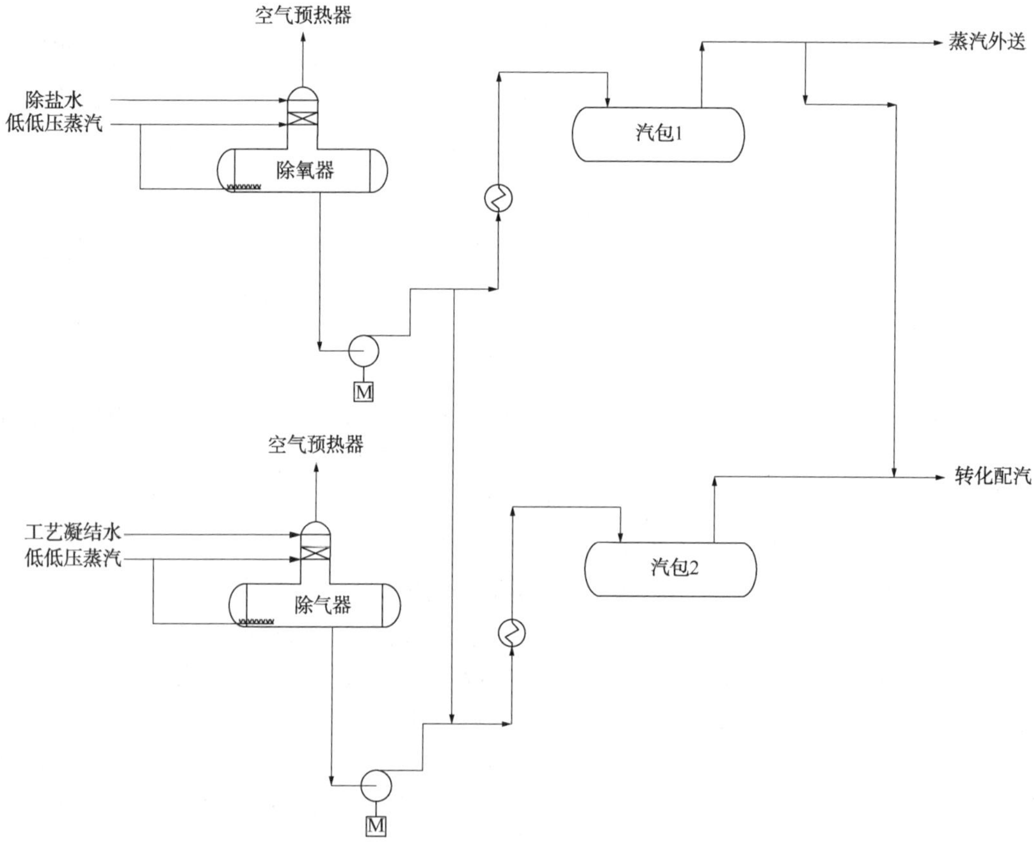

图 1　蒸汽流程简图

（二）节能分析

通过双蒸汽工艺可有效回收利用工艺凝结水，按照装置满负荷计算，装置将减少除盐水消耗 54622kg/h，同时污水减排 54622kg/h，依据《石油化工设计能耗计算标准》（GB/T 50441—2016），装置总能耗每小时将降低 114. 7kg 标准油，每吨氢气的单耗将降低 9. 1kg 标准油，节能降耗明显。如表 3、表 4 计算所示，每小时将节约费用 573. 51 元，每吨氢气的成本将降低 45. 51 元，全年可节约制氢成本 481. 75 万元，经济效益十分可观。

表 3　能耗分析表

名称	数量/(t/h)	折算值/(kg 标准油/t)	数值/(kg 标准油/h)	单耗/(kg 标准油/t 氢气)
除盐水	54. 62	1. 0	54. 62	4. 33
污水	54. 62	1. 1	60. 08	4. 77

表 4　经济计效益核算表

名称	数量/(t/h)	单价/(元/t)	数值/(元/h)	单耗/(元/t 氢气)
除盐水	54. 62	5. 0	273. 1	21. 67
污水	54. 62	5. 5	300. 41	23. 84

四、结论

（1）分析了制氢装置工艺凝结水不能直接回用的原因，介绍了目前国内外工艺凝结水回用的研究现状。

（2）广西石化公司制氢装置通过设计双蒸汽工艺系统，可直接有效的回收利用工艺凝结水，节能效果明显，经济效益可观，总能耗每小时可降低 114.7kg 标准油，全年可节约制氢成本 481.75 万元。

参考文献

[1] 郝树仁，董世达. 烃类制氢转化技术[M]. 北京：石油工业出版社，2009.

[2] 季文中. 10 万立方每小时天然气制氢工艺冷凝液的直接回用[J]. 广州化工，2012，40(5)：147-148.

[3] 钟景涛，邹伟，宋自良. 制氢装置工艺凝结水的利用现状[J]. 广东化工，2013，40(11)：165-166.

[4] 娄俊毅，李志禹，李网章. 烃类蒸汽转化制氢装置工艺凝结水的回收利用分析[J]. 炼油技术与工程，2019，49(4)：4-9.

炼油装置循环水运行问题分析及处理

曹　萍
于春海
中国石油宁夏石化公司

炼油装置循环水系统出现外送温度升高、水质指标不合格的问题，给装置安全、稳定运行带来隐患。通过改进工艺运行指标和运行方式，降低循环水补水温度，冷却塔清洗杀菌和检修改造，查找换热器的漏点并进行堵漏，优化药剂投加浓度等措施，解决了循环水外送温度升高的问题，并有效提高了循环水水质合格率，保证生产装置的长周期稳定运行。

中国石油宁夏石化公司炼油厂第一循环水装置于 2011 年 6 月建成，处理规模为 20000m³/h，单间塔处理能力为 4000m³/h，共计 5 间，高压循环水供水系统 3 间，低压循环水系统 2 间。旁滤部分采用 1 套 1000m³/h 的成套设备，共 4 系列 8 个罐，单系列处理水量 250m³/h。设置两个循环水供水系统：高压循环水供水系统主要为常压蒸馏装置、重油催化裂化装置、连续重整装置、气体分馏装置、MTBE 装置、柴油加氢精制装置、航煤加氢精制装置、PSA 氢气提纯装置、酸性水汽提装置、硫黄回收装置、溶剂再生装置提供循环冷却水，供水规模为 12000m³/h；低压循环水系统为汽油加氢装置、汽油醚化装置、动力站、化学水处理站提供循环冷却水，供水规模为 8000m³/h。系统的保有水量为 9000m³，换热器材质为碳钢。

一、第一循环水装置运行中出现的问题

（一）循环水外送温度升高

第一循环水装置每年 6 月外送温度通常在 28℃左右，但 2021 年 6 月，第一循环水装置外送温度达到 34℃（见表 1），较往年温度高出 6℃，随后 7 月、8 月环境温度是近 60 年来的最高温度，且持续时间长，加之水质指标波动大，使循环水外送温度升高现象更加突显，在下半年的运行过程中供水温度与回水温差逐渐变小（最小达 3. 5℃左右），对生产装置安全、稳定、高负荷运行带来隐患。

表 1　6 月份循环水水温、水量对比

项目	2021 年 6 月	2020 年 6 月	2019 年 6 月
循环水供水温度/℃	34	28	28
循环水回水温度/℃			
高压回水	40	33	35
低压回水	41	37	37
温差 Δt/℃	≤8	≤9	≤9
循环水量/(m³/h)	17835	16189	16000
环境温度/℃	34	33	32
补水温度/℃			
新鲜水	20	16	
回用水	35	33	

(二) 循环水水质指标不合格

从 2021 年 1 月开始，循环水水质指标出现异常，部分指标严重超标，水质检测分析结果见表 2。

表 2　循环水水质关键指标(2021 年)

项目	1 月	2 月	3 月	4 月	5 月	6 月	7 月	8 月	9 月	控制指标
浊度/NTU										
最大值	44.0	61.0	75.0	68.0	66.7	133.0	67.5	51.9	96.7	≤35
最小值	11.2	8.89	10.6	12.4	11	4.65	13.0	9.0	24.3	
浓缩倍数/倍										
最大值	3.6	4.5	5.9	4.0	5.0	6.2	5.8	5.9	5.7	3~8
最小值	2.0	2.9	3.6	2.3	2.8	3.5	3.7	3.5	2.8	
铁离子含量/(mg/L)										
最大值	1.07	0.83	1.39	1.74	1.01	1.37	1.87	1.23	2.36	≤1
最小值	0.55	0.51	0.42	0.45	0.77	0.53	0.68	0.77	0.49	
COD/(mg/L)										
最大值	10.55	8.07	32.94	30.52	37.57	30.17	46.23	25.03	17.21	≤20
最小值	3.44	5.00	3.67	10.05	15.50	13.16	13.32	10.92	9.02	

由表 2 可知：2021 年 1~9 月，循环水的指标中浊度、铁离子含量、COD 存在不同程度的超标情况。其中，循环水的浊度在 6 月、9 月超标最为严重，超出控制指标 2~3 倍；9 月，循环水铁离子含量一度达到 2.36mg/L；7 月，循环水 COD 超出控制指标 1 倍以上。由于上游装置冷换设备泄漏带油、大量换水影响到浊度、COD 指标的合格率，补水铁离子浓度高经过浓缩就容易造成超标，以及回用水补水管线是碳钢管线，腐蚀的影响带入一定量的铁离子，对循环水系统铁离子有较大影响。冷换设备泄漏带油导致循环水系统恶化、水质指标超标。

二、原因分析

（一）循环水外送温度升高原因分析

第一循环水装置于2020年度大检修时增加了4台循环水换热器，分别为常压液化气冷却水E1001A/B和稳定汽油冷却器E1005A/B，换热面积共计332m^2，循环水量共计145m^3；另外增加3台螺杆机冷却用水，换热面积共计75m^2，循环水量共计120m^3；水汽车间化水站新增加一台循环水换热器，换热面积245m^2，每小时300~400m^3/h循环量装置换热量显著增加。2020年第一循环水装置循环水量为16189m^3/h，2021年循环水量达到了17835m^3/h，循环水量明显增加，外送温度升高。

第一循环水装置补水温度2021年比2020年高出2~4℃。2020年使用新鲜水（地下水：黄河水为4：1）和回用水作为补水，地下水温16℃，回用水温33℃；2021年按照地方政府的要求将地下水全部退出，循环水补水改为使用黄河水和回用水，黄河水温20℃，回用水温35℃，补水温度均有所增加；此外部分锅炉排污水、凝液也进入循环水系统，进一步增加了补水温度。

（二）循环水水质不合格原因分析

近年来，由于催化装置油浆冷却槽盘管频繁出现泄漏，2020年6月至2021年6月出现泄漏达7次。换热器管程和壳程内的物料从油侧窜入水侧，进入循环水系统，由此造成循环水水质超标；此外，泄漏带入的大量油泥泡沫以及黏泥附着在冷却塔填料上，为细菌生长提供良好的附着点及营养物质，导致填料上滋生大量的生物黏泥，严重影响凉水塔内布水，使风机运行带走的热量受到影响，也是影响外送水温升高的原因之一。

三、改进措施

（一）循环水外送温度升高改进措施

1. 改进工艺运行指标和方式，减少循环水用量

减少603单元凝液板换E105循环水取热，控制凝结水进混床温度在55℃。改变15MW发电机运行方式，由凝汽式改为抽气式运行。根据蒸汽系统平衡情况降低发电机的运行负荷。

各联合装置对冷换器测温测速，根据工艺操作温度，在满足工艺指标的条件下调整进出有余量的换热器循环水水量，以解决系统供水温度升高的问题。

2. 降低循环水补水温度

调节第一循环水装置回用水阀开度，减少回用水用量，由80m^3/h降至20m^3/h；控制一、二联合车间的凝结水排放至雨排的量，减少凝结水进入循环水场的量。

鉴于深井水温为16℃，经银川市水务局批准，启动地下水，调整地下水和黄河水场供水比例，由全部使用黄河水改为地下水：黄河水为2：1；加大新鲜水补水量，保证补水量在150m^3/h以上，加大潜水泵排污，排走部分热量。

为了进一步降低循环水系统供水温度，2021年7月对循环水塔池进行投冰降温。共投加3次，分别为100桶、160桶和160桶，总计约8.4t。由于投加冰块热值有限，对系统温度降低效果不明显。

3. 冷却塔清洗杀菌

循环水系统的冷却塔是一个塔型建筑，水从塔顶喷出，向下落入池中，气流向上，水气充分接触，通过控制空气流量来加强空气与水的混合来提高热传递的效果。冷却塔主要包括配水系统、淋水装置、通风系统、收水器、集水池和塔体。其中淋水装置也称填料，作用是将热水多次溅散成水滴或者形成水膜，是冷却塔内水气混合进行传热的装置，是影响冷却塔性能的主要部分。

通常，循环水系统会聚集一些沉积物，其主要来自：由补充水带入的无机盐类；金属冷却设备腐蚀而产生的腐蚀产物；外界带入的固体悬浮物，如泥沙、尘土、碎片等；补充水或空气中带入的微生物在冷却水中繁殖后形成的微生物黏泥和团块；生产中的物料，如油类泄漏进入冷却水系统中后生成的污垢；水处理剂形成的不溶物。这些沉积物一旦附着在填料上，会滋生大量的生物黏泥，造成气液相流通面积减少，空气量减少，导致蒸发量减少，循环水冷热水温差变小，供水温度升高。沉积物通过正常换水不易去除，只能通过化学清洗去除。通过投加具有剥离作用的非氧化性杀菌灭藻剂进行全系统清洗，以增大循环水和空气两相的传热、传质面积，恢复正常的传热作用，达到降温的效果。因此，于2021年6~7月对凉水塔进行了两轮杀菌剥离和消防水冲塔，将有机氯杀菌剂加入锅炉排污水池中进行充分溶解，启动潜水泵将清洗液打入装置总管线，最终汇入循环水高压回水总管线，上塔后分布到填料层，起到杀菌剥离作用。清洗过程分3~4次完成。清洗后高压循环水温差提升较快，有一定效果。清洗过程制约于排水泵及管线，导致系统换水量小，系统内的污垢不能完全置换干净，因此运行一段时间后温差又下降。

4. 冷却塔的改造

对冷却塔的清洗杀菌、投冰降温等措施仍然不能及时、有效地降低装置冷换器的供水温度，须对5间凉水塔的填料、喷头进行人工冲洗清理，整体更换冷却塔D风机风叶，提高凉水塔换热效率。

7月7~14日分别对冷却塔A、B、C、D、E进行检修改造。整体更换冷却塔D风机风叶，并调整风叶角度，以提高通风量(见图1)；更换冷却塔D堵塞的布水器喷头；并对部分收水器进行了人工清理，上、下填料进行了冲洗，对破损的收水器进行更换(见图2)；对冷却塔B、C、E风机的叶片角度调整，控制风叶角度16°~21°，风机电流由176A调整至202~206A。其间随时调整冷却塔上塔回流阀，保持工艺压力的运行平稳，防止超温超压；控制好供水量及冷却塔水位，及时补充新鲜水，保持冷却塔的正常液位。

(a)调整前叶片　　(b)调整后叶片

图1　调整风机叶片前后对比

(a)清洗前喷头

(b)清洗后喷头

(c)清洗前填料

(d)清洗后填料

图 2 清洗和更换填料和喷头前后对比

检修后取得了一定的降温效果，但冷却塔填料中间层密度大，无法进行直接冲洗，填料上还有残存的黏附物。为了提高冷却塔填料的布水效果，进一步降低循环水的温度，需要对冷却塔填料上残存黏泥进行处理，因此需要对 5 台冷却塔的填料进行清理更换，在不影响生产装置平稳运行的情况下，计划在冬季(2021 年 11 月)和早春季(2022 年 3 月)分批更换新填料，目前已全部更换完。

(二) 循环水水质改进措施

针对油浆冷却槽盘管频繁泄漏，地下油浆冷却池水面上浮油多，将地下池切除进行清洗；对油浆冷却槽放空点和盘管查找漏点进行封堵，彻底解决上游装置对循环水系统造成的污染。此外更换冷却塔填料后，填料上没有黏附物和杂质，系统清洁度大幅好转，一方面提高冷却塔填料的布水效果，一方面水变清澈，也起到了提升循环水水质的作用。

加大阻垢剂、缓蚀剂等药品浓度以控制系统的污垢沉积、金属腐蚀。通过投加阻垢剂、分散剂减少污染物质的沉积；投加缓蚀剂可对循环水的腐蚀作用进行有效控制。药剂应用情况如表 3 所示。

表 3 药剂投加情况

项目	投加浓度/(mg/L)	投料方式	项目	投加浓度/(mg/L)	投料方式
氧化性杀菌剂	170	冲击式投加	分散剂	100	连续性
非氧化性杀菌剂	230	冲击性投加	缓蚀剂	100	连续性
阻垢剂	70	连续性			

四、效果

措施实施后，7 月 14 日第一循环水装置高压循环水供水温度由 35.63℃下降到 34.46℃，下降约 1.17℃。高压温差由检修前 2.12℃上升至 3.86℃，低压循环水温差由检修前 6.04℃上升至 6.70℃，温降效果明显。7 月底，随着环境温度的下降，高压温差接近 4.00℃左右，低压循环水温差维持在 6.60℃左右，基本控制循环水系统外送水温度的上升，达到生产换热的要求。

11 月 7~10 日 4#冷却塔更换新填料后，供水温度远低于 29.00℃，达到 23.73℃（见表 4），满足了主体装置循环水换热温度的要求，保证生产装置安全、稳定、高负荷平稳运行。2022 年 3 月底更换完 4 个凉水塔的填料，高低压循环水供水与回水的温差均高于往年，如图 3 所示。

表 4　11 月高、低压循环水温度

日期	高压回水/℃	低压回水/℃	高压供水/℃	低压供水/℃	高压温差/℃	低压温差/℃
11 月 5 日	30.10	30.33	26.46	27.20	3.64	3.13
11 月 8 日	30.10	30.33	26.46	27.20	3.64	3.12
11 月 15 日	29.05	28.32	25.45	25.20	3.60	3.12
11 月 18 日	28.09	27.32	24.43	24.20	3.66	3.12
11 月 22 日	27.08	27.86	23.73	23.56	3.35	4.30

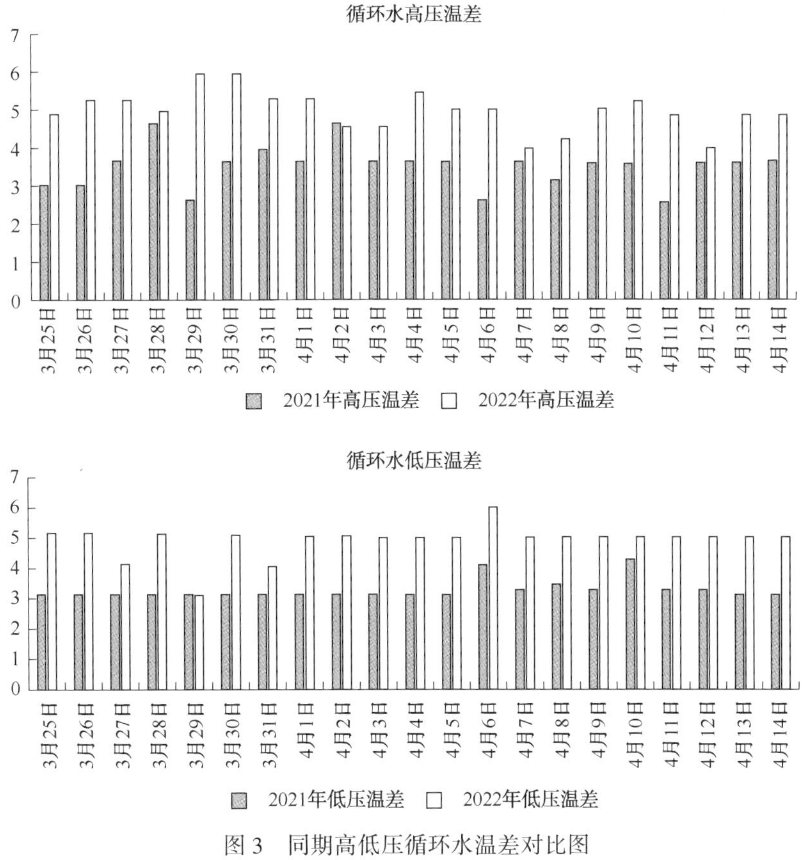

图 3　同期高低压循环水温差对比图

11 月后，循环水各项指标合格率也均达到 100%（见图 4）。

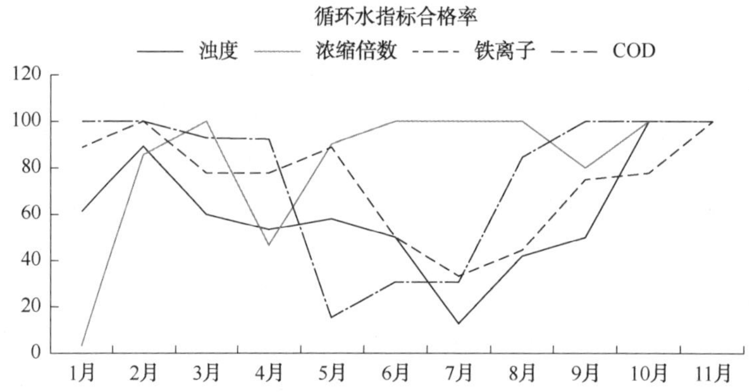

图 4　循环水指标合格率趋势

五、结论

工艺运行方式的改变、设备的改造等可行性的措施，有助于循环水系统的高效运行；换热器泄漏带来的后果不仅造成换热器的垢下腐蚀，也会对冷却塔带来不可逆的影响，在装置运行过程中须及时查找出漏点并阻断泄漏，防止对水质造成影响。通过相关措施后，解决了循环水外送温度升高的问题，同时，循环水各项指标合格率也均达到 100%，保证了装置的长周期稳定运行。

参　考　文　献：

[1] 郭飞．循环冷却水处理技术[M]．北京：化学工业出版社，2014.

[2] 金溪，项成林，齐冬子．工业水处理技术问答及常用数据[M]．北京：化学工业出版社，1998.

[3] 龙荷云．循环冷却水处理[M]．南京：江苏科学技术出版社，2001.

碳达峰 碳中和 石化行业节能低碳新技术

工艺节能

TANDAFENG
TANZHONGHE
SHIHUAHANGYEJIENENGDITANXINJISHU

制苯装置脱戊烷塔串联改造节能案例

杨　毅｜中国石油化工股份有限公司北京燕山分公司能源管理和环境保护部

燕山石化自2019年5月启动“安全绿色高质量发展”课题。公司以此为依据，查找存在差距，寻找提升空间，制定改进措施，燕山石化动力组按照“损失、节约、替代”的工作思路，开展蒸汽系统平衡优化分析。利用2021年大检修机会积极挖掘节能潜力，以降低蒸汽消耗为目标，同步实施了烯烃厂制苯装置脱戊烷塔串联改造项目。项目于2021年5月初顺利投用，实现制苯装置脱戊烷塔T-101/102M由并联转为串联的改造工程，改造实施后，经过实际运行，串联脱戊烷塔系统可满足生产负荷及 C_5、C_6 等各组分质量要求，运行稳定。预计全年增效1166万元。

一、燕山石化制苯装置概况说明

北京燕山石化公司烯烃厂制苯装置始建于1976年，始建装置共分为3个单元，即HPG加氢、PYROTOL脱烷基和HPU氢提纯单元。其中前两部分系美国空气产品公司胡德利分部专利，后一部分是林德公司专利。1975年8月28日签订合同并由林德公司承包，1976年3月动工建设，1978年8月投产。

1994年7月作为公司0.3Mt乙烯装置改扩建项目的配套工程，制苯装置进行了第一次技术改造，改造后分为两个单元，即加氢单元和抽提单元。加氢单元采用的是两段加氢工艺，抽提单元采用的是北京石油科学研究院以四甘醇为抽提溶剂的UDEX法芳烃抽提技术。同年10月改造后一次开车成功，投入正常生产。年消耗乙烯装置的副产品裂解汽油 30.02×10^4t，年生产纯苯 7×10^4t。

2001年9月作为公司0.66Mt乙烯装置改扩建项目的配套工程，制苯装置又进行了第二次技术改造，改造后的加氢单元主体仍采用两段加氢工艺，同时增加了 C_8 分离和选择性加氢部分，抽提单元则改用中石化石油化工科学研究院（RIPP）提供的N-甲酰基吗啉（NFM）抽提蒸馏组合工艺专有技术，年消耗乙烯装置的副产品裂解汽油 41.5×10^4t，年生产纯苯 10×10^4t。

2011 年 7 月新 C_6 抽提单元动工建设，同年 12 月投产。该单元是制苯装置的配套工程，将处理燕化公司全部 C_6 组分，包括裂解汽油 C_6 馏分及重整 C_6 馏分，设计年处理 C_6 馏分 33.2×10^4t，苯产品年生产能力 20.6×10^4t。新 C_6 单元投入运行后，老抽提单元暂时处于停工状态。

2011 年 8 月，为配合新建的 C_8 抽提装置和 C_6 抽提装置开工，制苯装置加氢单元进行了扩能改造，新增 C_6 切割塔，采用两台脱戊烷塔并联操作，同时对加氢单元进出料泵进行更新。改造后制苯装置从乙烯装置来的裂解汽油 61.5t/h、重 $C_9$4.5t/h 和炼厂 C_6 馏分 14.8t/h 作为原料将一并进入制苯装置，原料总量达到了 80.8t/h，年总处理量可达 64.6×10^4t，生产纯苯 20.6×10^4t。

2016 年 6 月，制苯装置进行了装置节能/扩能改造，此次改造优化了二段加氢反应系统换热流程，拆除低效换热设备，增加高效热回收的进出料换热器(E-304AN/BN/CN/DN)。对 R-301 进行扩能改造，更新了稳定塔(T-401)，并更新切割塔(T-501)塔内件，提高处理能力，从而实现停运苯塔。此次改造后，预分馏进料为 65t/h，加氢进料为 40.9t/h，加氢馏分包括 C_6、C_7 馏分和 C_8 抽余油，改造实现 F-301 加热炉停运。

在 2016 年还对 R-202 系统进行了重整 C_6 脱烯烃的改造，将重整 C_6 组分进 R-202 系统进行加氢，产品直接进入抽提单元原料缓冲罐(D-601A)。改造完成后，制苯装置设计处理能力为裂解汽油 65t/h，重整 C_6 馏分 14.8t/h，C_8 抽余油 4.46t/h，生产纯苯 25.7t/h。

二、实施脱戊烷塔串联改造背景

北京燕山石化公司烯烃厂制苯装置脱戊烷塔 T-101/102M 在实施串联改造之前原为并联操作，用于脱除裂解汽油中的 C_5 馏分。因两塔塔盘数量不足，分离效果不理想，部分 C6 馏分无法清晰分割，且两座脱戊烷塔回流比高，能耗较高。为此，燕山石化在集团公司党组的高度重视和坚强领导下，自 2019 年 5 月启动“安全绿色高质量发展”课题并以此为依据，按照“损失、节约、替代”的工作思路，开展蒸汽系统平衡优化分析，利用 2021 年大检修机会深挖装置节能潜力，优化装置用能方案，成功实施制苯装置脱戊烷塔串联改造项目。

三、主要做法

此次改造利用 2021 年大检修机会，对制苯装置 T-101/102M 两塔进行串联改造，T-102M 为上塔，T-101 为下塔。粗汽油原料改为双股进料，一股为脱丁烷塔釜(轻汽油)，直接送至 T-102 进料口。另一股为汽油汽提塔顶物料(重汽油)，经沉降脱水后进 T-101 进料口。下塔 T-101 塔顶气相直接进入上塔 T-102M 塔釜原再沸器返回口继续分馏，在 T-102M 塔顶将得到 C5 馏分，经塔顶水冷器 E-103 冷凝后部分回流，部分采出。T-102M 塔釜物料接至现有的 T-101 塔回流泵，将塔釜物料返回 T-101 顶部。

项目投资概算 607 万元(不含税)，主要改造内容为更新下塔 T-101 塔盘，更新 T-102M 塔塔顶水冷器 E-103，更新 T-102 塔塔顶回流泵及塔釜泵 P-103/106 泵，同时重新配置下塔 T-101 塔顶气相线、上塔 T-102 的塔釜物料采出线，以及轻、重汽油的进料流程优化。同时拆除了原 T-101 塔塔顶空冷及水冷器、T-101 塔塔釜再沸器及强制循环泵，有效降低了循环水及电耗。两塔串联操作后分离塔盘共计 88 层，回流比明显降低，C_5/C_{6+} 分离所消耗的蒸汽大幅降低，节能效果显著。

项目实施前后的主要工艺流程见图 1、图 2。

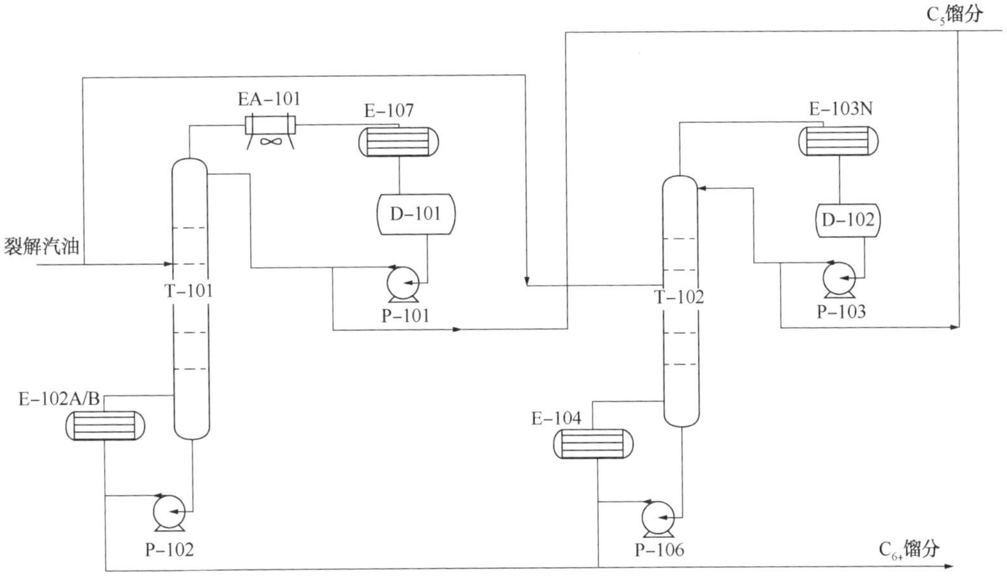

图 1 改造前流程

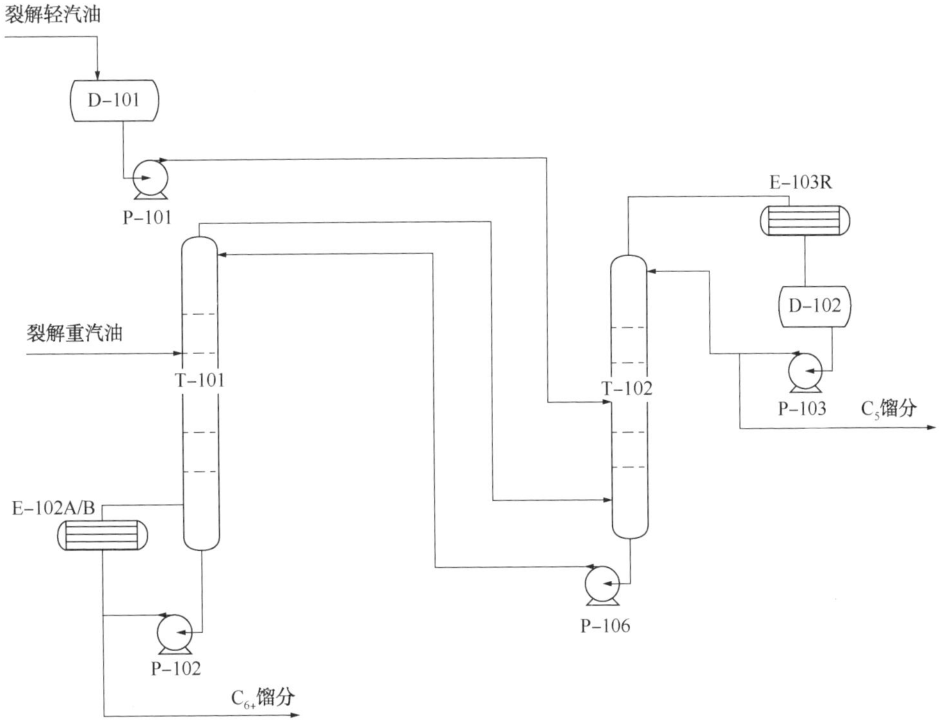

图 2 改造后流程

四、取得效果

完成改造后，标定利用 T-101 塔加热蒸汽流量(FIR-104)及 T-102M 塔加热蒸汽流量(FIR-111)平均值进行比较。标定期间，蒸汽 FIR-104 平均值为 7.23t/h。改造前，蒸汽 FIR-104 平均值为 5.45t/h，FIR-111 平均值为 7.17t/h。

（1）蒸汽降低量=改造前蒸汽 FIR-104 平均值+FIR-111 平均值-标定期间蒸汽 FIR-104 平均值：5.45+7.17-7.23=5.39t/h。标定期间，1.5MPa 蒸汽消耗量均值为 7.23t/h，与改造前相比相同负荷情况下降低 5.39t/h，达到降低 1.5MPa 蒸汽 4.5t/h 的节能改造目标。

（2）电力消耗：因无法获取单台泵/局部区域用电量，故此次标定根据泵电机轴功率进行计算，标定时期与改造前泵电机轴功率对比见表 1。

表 1　标定期与改造前泵电机轴功率对比表

设备位号	轴功率/kW	
	改造前	标定期
P-103A/B	55	32
P-106A/B	110	22
EA-101A/B	30	0
T-101 塔釜液位	195	54

理论上可节约电量为 141kW・h，保守可节约 110kW・h。

综上所述，装置改造后各项操作参数运行稳定，按照低压蒸汽 255 元/吨，电价 0.75 元/kW・h 进行测算，合计每年可增效约 1166 万元。

油田地面工艺设计节能减碳措施研究

肖佳佳
刘　丹
中石化中原石油工程设计有限公司

石油作为当下世界上主要的燃料能源，也是国家战略发展资源之一，推动着国内的经济建设和可持续发展，但是在利用石油资源时会排放大量的二氧化碳，促进“温室效应”。随着国家号召实施“减碳”计划，石化企业逐渐把“碳排放”指标纳入企业生产标准化中。石油不仅在作为燃料能源时会有大量的排放，还会在生产和运行的过程中消耗大量的能量和排放大量二氧化碳。本文将针对油田地面集输过程中的能源消耗和碳排放进行研究分析，调研集输站场中的能量消耗与大量的二氧化碳的排放等问题，对比分析不同站场的工艺设计和参数优化影响能量消耗和二氧化碳排放，总结分析集输工艺设计中节能减碳措施以及提出未来发展建议。

一、概述

石油天然气作为国家重要战略储备能源，融入了各行各业的发展之中。伴随着国家实力和经济的快速发展，逐渐意识重视发展质量，淡化发展速度。早期以破坏环境换取经济发展的模式，已经不适用于国内的发展需求。对于工业生产环保要求也发生了转变，从早期的节能减排到现在倡导低碳减碳的转变，注重经济发展对环境的直接影响和间接影响。国家“双减”目标的发布，推进石油天然气行业急需跟随国家的政策做出改变。油天然气行业的减碳任务势在必行，在油气集输过程中，需要多种工艺进行处理之后再长距离输送，这些工艺会消耗大量的能源和排放出二氧化碳。针对油气集输过程中能源消耗和温室气体排放现象，可以从地面工艺设计角度来进行考虑地面集输中做到节能减碳的优化。

二、地面集输中耗能排碳现状分析

石油和天然气的地面集输设计流程较多、工艺复杂，不合理的工艺、设计参数等问题都会造成能源的浪费和二氧化碳过度排放。油气集输系统所需能耗是整个原油生产工作总能耗的 35%左右，是整个原有生产和开发过程中耗能最多的环节，必须重视油气集输系统的节能减排工作。

（一）设备老旧、过时问题

我国油气田建设发展普遍发生在二十世纪的八九十年代，虽然其间有过进行设备的保修和更新，但是依然存在一些设备运行时期过长。设备长久运行不仅会直接会影响效率的降低，严重时会造成意外事故发生。另外，设备的不合理也局限于当时的技术发展的条件，设计的设备的处理能力和实际的生产能力严重不匹配，导致技术系统效率低下，造成能源浪费。例如胜利油田采油六厂联合站油气计量装置原油的处理能力达不到设计的处理能力，造成计量装置的运行不合理，形成了浪费现象。

（二）工艺流程中设计问题

地面集输工艺设计涉及计划环节较多，例如在油气集输中油气水分离、油气计量、原油储运、污水处理等工艺设计，天然气处理中还有轻烃回收、脱水脱硫等一些复杂的工艺。相关工艺设计参数选取、流程规划不合理，都会影响整个站场的处理效率，增加能耗。

在运行生产的过程中，油田的产能和井口的流体状态是浮动变化的，其中的原因有经过长期的开采，油井的产能下降，井底压力衰减，井口持液率会有变化，会影响到站场集输工艺的安全和效率。例如，戚有龙等人对水套炉分析研究，通过水合物的形成的温度条件进行计算分析和建立模型，最后通过模型来推出水套炉的运行最佳参数，降低能源消耗和温室气体的排放。

（三）节能减碳意识不足

正如近年来呼吁节能减碳的号召，人们开始重视人类社会的生产活动对环境生态造成的后果，节能减碳的观念开始得以普及。在油田开发的早期，人们缺少对环境生态的保护意识，注重安全和生产效率，相关的油气集输站场工艺缺乏节能减碳的设计意识。

三、地面集输中节能减碳措施建议

作为能源消耗及能源生产的主体，油气企业肩负着不可推卸的节能减排责任，而节能减排必须充分发挥广大职工主观能动性及岗位优势，深入开展节能减排分析工作及实践工作，以达到提高能源综合利用率的目标。

（一）设备与技术及时更新

设备的老旧和过时，不仅会引起油田的生产效率下降，造成环境污染和资源浪费，严重时会引起事故的发生，威胁到相关人员的人身安全。相关的生产经营者需要及时改善和更新老旧和高耗的设备，并加强日常的管理和维护，使生产过程中的能源消耗减到最低。例如，考虑及时更新油水分离技术，既可以提高油田的开采效率和原油的质量，也可以有效减少油田的能耗投入。

（二）油气集输工艺设计优化

油田集输设计时，要注意留意技术条件发展更新和趋势，在设计环节要加大对技术的投入和科研支持，为油田集输系统的长期战略发展提供相应的技术支持。

在石油地面集输工艺设计中，压力负荷过载同样会造成能源的消耗、污染的排放增加。因此在油田的集输工艺设计中，需要考虑如果出现压力负荷现过重，应立即采取相应的解决措施。例如，如果发现蒸汽负荷过重，应立即采取两台锅炉同时运行的措施；如果出现蒸汽负荷偏低现象，需采用单炉运行的方式，提升锅炉的运行效率，降低燃料油、天然气以及电、水、蒸汽的消耗，使得蒸汽负荷与能源耗费的比例处于合理的状态。设计环节同样考虑节约用水和循环用水，少新鲜水的用水量。

在地面技术工艺设计环节不仅可以从压力、节约用水等方面进行节能减碳，可以工艺设计的管材的选用、管径确定、泵和压缩机的参数设置、加热炉等方面做到节能减碳，也可以通过利用计算机电子科学技术来进行对地面集输工艺系统的信息化管理等一些措施。

（三）行业节能减碳意识培养

减碳意识养成要从自上而下，从整个社会的意识养成，到整个石化行业。在石化行业上游的生产环节，设计人员在进行相关的工艺设计时，要考虑节能减碳布局，培养正确的节能减排意识，要认识到是有集输生产过程中的节能减碳的重要意义和作用。要做到对节能减碳意识的确立，要从多个途径来进行实施，例如运用板报、条幅以及微信公众号、QQ群、大屏幕等新媒体加大宣传力度，也可以采取培训、宣讲来进行知识普及。意识的培养不仅仅实施在上游环节，设计人员也可以整个设计实施环节和生产环节进行指导，力争在整个环节做到节能减碳。

为了树立职工全员节能减排意识，企业构建具有企业特色的长期宣传与集中宣传相结合的长效机制，立足于将节能减排理念纳入节油、节气、节电及节水等内容，开展“四节”实践活动，培养广大职工倡导文明节能的工作习惯，营造事事节能、人人节约的工作氛围。

（四）相关法律法规监督和奖励支持

社会层面或者公司内部制定相关的奖惩激励措施，对上游工艺设计进行监督和法律支持。例如：将节能减排理念与地面系统相结合，大力推广抽油机系统优化设计及匹配技术，以达到减少油气处理阶段能耗的目标，实现以油替代、降低能耗及回收利用，为促进科技进步及促使节能减排技术成为调整经济结构转变增长方式中坚力量奠定夯实基础。无论是生产运营方还是设计施工方，都可以设置一些奖励来进行激励，例如可以对节能减碳的优秀的设计项目进行设奖评选和补贴支持等措施，从而促进节能减碳实施。

四、结论

通过本文探讨，强调了节能减碳理念对于油田企业发展的重大意义，可以推动相关管理人员高度认识到应用节能减排理念的重要性及必要性。通过分析地面集输工艺中能源高耗和温室气体的问题分析，给出相对的可行性意见。

石油行业节能减碳措施实施迫在眉睫，要自上而下形成统一的意识，有序推进整体的节能减碳措施。当然，节能减碳不仅仅局限于上游设计环节，也体现当前要营造节能减排工作氛围及扩大技术投入及资金投入，不断完善相关管理机制，为节能减排工作顺利开展提供强有力的支持。

参考文献

[1] 田雨．油气集输系统能耗分析与节能技术[J]．化工设计通讯，2019，45(01)：198-228.

[2] 夏洪君，汤国栋，刘卫锋．提高油气计量准确度节能降耗减排工艺技术[J]．中国石油和化工标准与质量，2014，34(12)：225-226.

[3] 戚有龙，康静．水套炉参数优化设置及节能减排技术研究[J]．化工管理，2014(27)：170-171.

[4] 张喜元．石油集输生产过程中实现节能减排的探讨[J]．中国石油和化工标准与质量，2018，38(07)：31-32.

[5] 芮文强．石油集输生产过程中的节能减排方案探析[J]．化工管理，2017(25)：123.

航煤加氢装置改造运行总结

王立波
翟玉娟　中国石油化工股份有限公司石家庄炼化分公司
肖俊泉

为满足日益增长的航煤需求量，公司拟对航煤加氢装置进行扩能改造，将加工能力由原设计 0.6Mt/a 扩展至 0.8Mt/a，另外利用此次升级改造对以往装置设计不足项进行消缺、补齐处理。通过对动、静设备核算确定改造方案并完成改造，通过改造前后大负荷标定和实际生产对比，改造后装置消除大负荷生产瓶颈，产品质量稳定，设备运行良好，而且能耗比改造前降低约 2.17kgoe/t。

一、概述

某炼化企业航煤加氢装置采用中国石油化工股份有限公司石油化工科学研究院开发的催化剂，由 SEI 负责工艺技术开发和工程设计。原料油来自 1#和 2#常减压蒸馏装置的直馏煤油。直馏煤油中的硫醇性硫，硫含量，颜色及银色腐蚀不符合航空煤油产品质量标准。建设本装置的目的是脱除直馏煤油中的硫醇性硫，降酸值，改善油品颜色及使银片电腐蚀合格等，生产质量满足 3#军用航煤标准的航空煤油并兼顾冬季生产低凝点柴油。装置于 2012 年 11 月投产。

为满足日益增长的航煤需求量，航煤加氢装置原设计能力为 0.6Mt/a，扩展至 0.8Mt/a。另外，利用此次升级改造对以往装置设计不足项进行消缺、补齐处理。装置改造前公称规模 0.6Mt/a，操作弹性 110%，改造后的公称规模 0.8Mt/a，操作弹性 100%，年操作时间 8400h。装置由反应部分、分馏部分、公用工程三部分组成。

此装置改造采用石油化工科学研究院(RIPP)成熟先进的加氢催化剂，RIPP 根据询价文件提供关于该装置的扩能改造基础数据。石科院提供的基础数据中包括滴流床与液相床两种改造方案供业主选择。根据 SEI 的设计经验，受反应器设计条件(设计压力 3.05MPa)的限制，煤油介质以3.0MPa、310℃的操作条件进入反应器后将发生大量的汽化，无法保证液相加氢反应器内维持液相连续相，故液相床方案不适合此次改造，此改造方案仅按照滴流床方案开展。考虑到热高分流程有利于装置的节能降耗，为近些年来相近装置建设的发展趋势，此次改造基于原0.6Mt/a航煤加氢装置进行，尽量利用现有设备，减少设备和管线改动的工作量，控制投资成本。此次改造方案设计按照热高分流程开展。

二、改造内容

① 增加热高分D-107，(Φ2200mm×8000mm)。

② 反应产物换热器的折流板间距由原250mm更改为350mm，双弓折流板开口为29%。

反应产物换热器原设计可以满足改造后的换热要求，但原结构在扩能后会导致反应系统压降过大(0.3MPa)进而引起循环氢压缩机能力不足，因此需要将E-101A/B/C/D的折流板间距由原250mm更改为350mm，双弓折流板开口为29%，改造后压降不超过0.15MPa。

③ 应用热高分流程后塔底产品与塔进料换热器不改造，延用原型号4台串联。

④ 增加一台精制航煤与热水换热器，要产生热水116~127t/h(67~90℃)。考虑最新安全与环保要求，将精制航煤冷却至40℃送出装置。

⑤ 增加一台航煤产品水冷，两台重叠放置。

⑥ 反应进料泵、航煤产品泵进行原地改造。反应进料泵扩能改造后流量由95.11m^3/h增加至117.3m^3/h；航煤产品泵扩能改造后流量由113.31m^3/h增加至142.4m^3/h，进行原地改造。

⑦ 分馏塔顶回流泵设置泵的最小流量线。分馏塔顶回流泵由于扩能后反应裂化程度较小，原设计流量相对较大(36.81m^3/h)，现能力只需大约5m^3/h，设置泵的最小流量线。

⑧ 对加热炉进行消项处理，解决炉管震动和余热回收排烟温度过低问题。

反应进料加热炉与分馏塔底重沸炉满足扩能改造后工艺负荷要求，改造仅对加热炉进行消项处理。装置改造后工艺流程见图1。

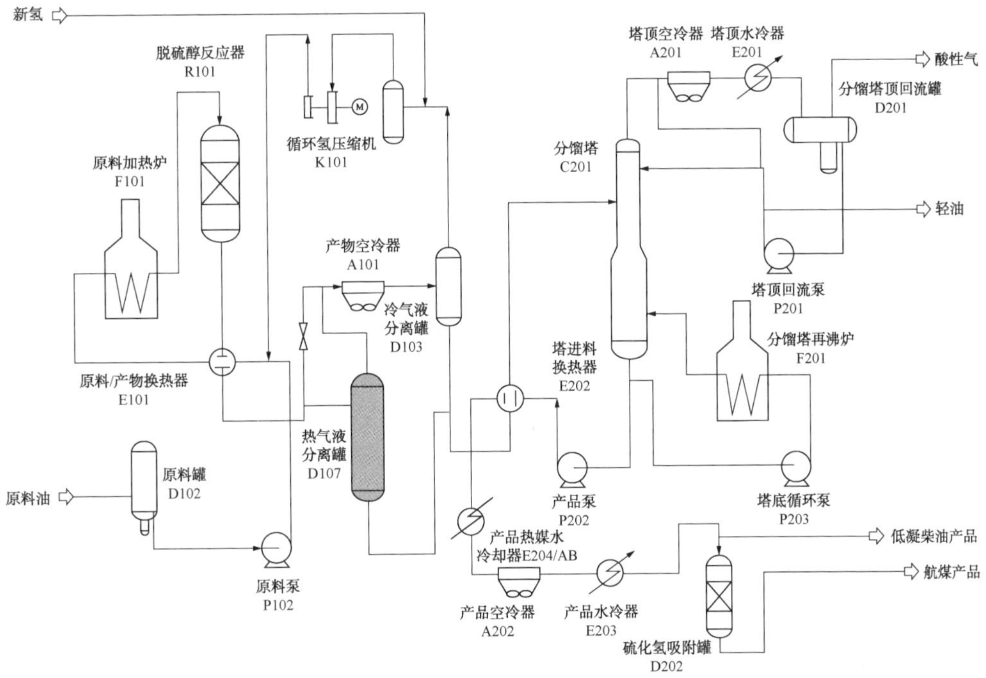

图1 装置改造后流程

三、装置改造效果

（一）塔 201 入口温度

从图 2 可以看出，塔 201 进料温度从改造前的 191.8℃左右提高到 200℃左右，塔 201 进料温度平均提高 8.2℃。由于反应产物取热减少，剩余热量通过新增加换热器提供给热媒水供连续聚丙烯装置代替 1.0MPa 蒸汽使用。

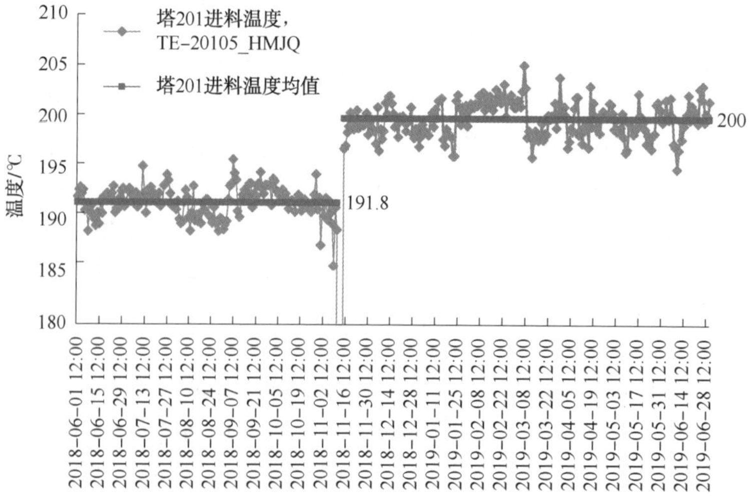

图 2　改造前后塔 201 进料温度对比折线图

（二）热高分冷却器

改造前空冷 101 出口温度夏季长时间超过设计值 50℃，介质温度过高会导致循环氢带液，影响循环氢压缩机的安全运行。在装置 80t/h 进料量生产过程中，3 月空冷 101 全部投用工频情况下空冷 101 出口温度已经达到 56℃，6 月以后最高达到 62℃。2018 年 11 月，装置完成改造投用热高分，此次改造增上热高分后空冷 A101 冷却介质和负荷发生改变，由改造前的油气混合物改为循环氢，而空冷 101 原设计空冷风机 2 个变频、2 个工频。当冷后温度过高时，空冷风机全部改为工频；当气温低时，空冷风机部分停运或改为工频变频，或工变频任意组合投用，达到节电目的。改造后空冷 101 出口温度同期同工况下降至 50℃以下，11 月~次年 2 月，空冷 101 空冷风机处于全部停运状态。改造前后空冷 101 出口温度对比如图 3 所示。

从图 3 可以看出，装置改造后空冷 101 出口温度明显低于同期温度。从图中还可以看出，改造后空冷 101 出口温度比改造前出现明显波动，主要是班组人员根据冷后温度启停空冷风机，变频、工频交替运行。

（三）换热器

装置改造增上一台精制航煤与热水换热器和增上一台航煤产品水冷换热器后，航煤产品出装置温度满足不大于 45℃出装置温度要求，而且产品空冷 202 风机全年 4 个月处于停运状态。

（四）泵及加热炉

反应进料泵扩能改造后由于受上游装置原料量限制，泵出口最大流量达到 92t/h；航煤

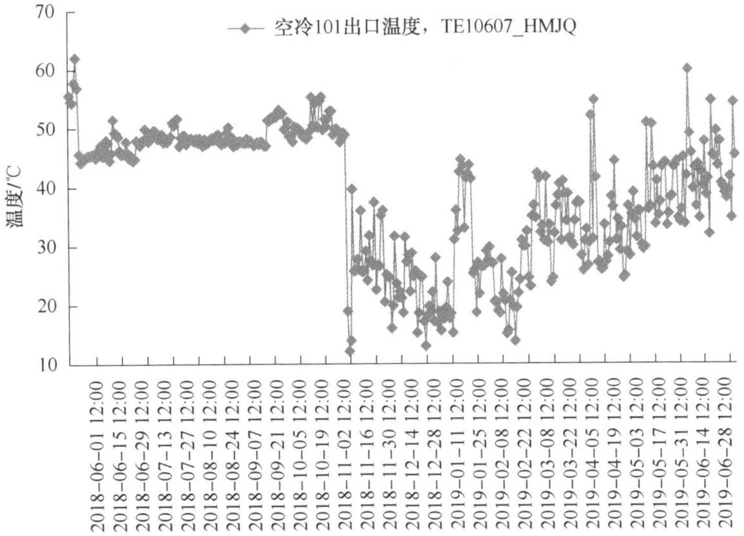

图 3　改造前后空冷 101 出口温度对比折线图

产品泵最大流量达到 90t/h，两台泵运行稳定。分馏塔顶回流泵设置泵的最小流量线后，装置 3 台塔顶回流泵能够随时切换保证分馏塔的平稳运行。炉 101 炉管在转油线处进行门字形加固，解决了炉管震动问题，余热回收将烟气进空气预热器跨线加粗为 DN500，改造后基本解决了排烟温度过低烟气带大量明水问题。

四、装置运行分析

2018 年 10 月 15 日装置改造施工项目全部完毕，11 月 12~14 日航煤加氢装置停工投用热高分投用。从热高分投用装置运行至今，装置运行平稳，产品质量稳定，装置能耗比改造前大幅度降低。

（一）装置改造前大负荷标定结果

2016 年 8 月装置完成大负荷标定，装置进料量 83. 2t/h，反应 253. 2℃、压力 1. 945MPa。

装置标定结果表明，装置具备 113%负荷处理原料油的能力，且装置大负荷运行时平稳，设备状态良好。产品质量均合格。

在装置在 113%负荷生产条件下，原料性质稳定时，能生产出合格的航煤产品。

装置氢耗低，充分证明了 RHSS 技术氢耗低、RSS-2 催化剂在低压、低氢油比、低温条件下具有更高活性的特点。

加热炉仍未达到满负荷运行，炉 101 仍然只保留两个火嘴运行，在未点燃火嘴风道加盲板的情况下，炉膛氧含量在瓦斯组分平稳的情况下，能保证氧含量在 2%~4%范围内，加热炉具备装置 113%负荷运行的能力，余热回收设计仍然表现过大，排烟温度仍过低，标定条件下仍然达不到 100℃，最低 92℃，最高 98℃。

反应器压降在 86~88kPa，压降较小，而且反应器温升较小，不超过 2℃，比较理想，且反应温升易于控制，说明反应器催化剂在运行接近 4 年后活性和强度能满足生产要求。

反应产物空冷、航煤产品空冷、水冷冷后设备冷却能力不足，尤其是反应产物空冷，航煤出装置温度最高 43℃，最低 37℃，均值 41. 3℃。而反应产物空冷 101 冷后，温度在全部投用工频的条件下最高 56℃，最低 48℃，均值 52℃。

（二）装置改造后大负荷标定结果

2019 年 9 月装置完成大负荷标定，9 月 14 日装置进料量 90～95t/h，在反应温度 263～265℃、压力 1.985MPa 条件下标定，装置进料量根据直供量全量引进至最大量，9 月 16 日 10：00 标定结束。

1. 航煤原料性质

从表 1 的数据看出，航煤原料的终馏点 245～250℃，碱性氮 3.0mg/kg，原料油性质符合标定原料条件。

表 1 原料性质

采样日期	闪点(闭口)/℃≤46.0	硫醇硫/%(m/m)≤0.03000	初馏点/℃	10%回收温度/℃	50%回收温度/℃	90%回收温度/℃
2019/9/16 7：00：00	30.0	0.0116	130.5	166.5	192.0	222.0
2019/9/15 7：00：00	30.0	0.0092	131.5	168.5	195.5	225.0
2019/9/14 7：00：00	27.0	0.0088	132.5	170.5	197.0	228.0
采样日期	终馏点/℃≤260.0	密度(20℃)/kg/m³	硫含量/%(质量分数)≤0.200	碱性氮/(mg/kg)≤5.00	氮含量/(mg/kg)	氯含量/(mg/kg)
2019/9/16 7：00：00	245.0	—	0.110	3.0	3.6	<1.0
采样日期	终馏点/℃≤260.0	密度(20℃)/kg/m³	硫含量/%(质量分数)≤0.200	碱性氮/(mg/kg)≤5.00	氮含量/(mg/kg)	氯含量/(mg/kg)
2019/9/15 7：00：00	249.0	788.6	—	—	—	—
2019/9/14 7：00：00	250.0	—	—	—	—	—

2. 工艺条件

从 9 月 14 日～9 月 16 日标定数据可以看出(见表 2)，在全厂物料平衡的条件下，装置改造后最大进料量可以提高至 93.4t/h。

表 2 工艺参数统计表

标定时间	2019 年 9 月 14 日 10 时 0 分	2019 年 9 月 15 日 10 时 0 分	2019 年 9 月 6 日 10 时 0 分	改走后设计值
原料进料量/(t/h)	90.4	90	93.4	95.2
反应器入口温度/℃	263	262.9	262.9	
反应器出口温度/℃	263.8	263.5	263.5	
床层总温升/℃	0.8	1.1	0.9	
反应器入口压力/MPa	2.301	2.301	2.304	
反应器床层总压差/MPa	0.108	0.106	0.110	

续表

标定时间	2019年9月14日 10时0分	2019年9月15日 10时0分	2019年9月6日 10时0分	改走后设计值
低压分离器压力/MPa	1.983	1.985	1.985	
A101出口温度/℃	49.35	38.95	48.312	≤50
混氢流量/(Nm^3/h)	9822	9681	9788	
新氢进装置流量/(Nm^3/h)	246	259	280.5	
原料加热炉炉膛温度/℃	598	601	609.9	
F101氧含量/%	3.56	3.42	2.93	
分馏塔进料温度/℃	200	201	200.8	
分馏塔底温度/℃	222.2	223.3	222.6	
分馏塔底返回温度/℃	224.9	226.2	225.3	
分馏塔顶温度/℃	100.3	109.7	107	
分馏塔压力/MPa	0.119	0.117	0.116	
轻馏分油量/(t/h)	1.677	0.877	1.236	
容201顶富气量/(Nm^3/h)	395	350	432	
排烟温度	102	102.1	100.5	
产品出装置温度/℃	33.3	33.9	34.22	≤45

3. 标定结论

① 装置具备98.2%负荷处理原料油的能力，且装置大负荷运行时平稳，设备状态良好。

② 产品质量均合格，硫醇硫0.0007[指标%(m/m)≤0.00160]以下，闪点43~46℃，均值44.3℃，硫化氢5mg/m^3(指标：气相中硫化氢含量≤15mg/m^3)，铜腐合格，由此证明在装置在93.4t/h以下处理量生产条件下，原料性质稳定时，能生产出合格的航煤产品。

③ 加热炉仍未达到满负荷运行，炉101仍然只保留两个火嘴运行，在未点燃火嘴风道加盲板的情况下，炉膛氧含量在瓦斯组分平稳的情况下能保证氧含量在2%~4%范围内，加热炉具备装置98.2%负荷运行的能力，余热回收通过调节烟气跨线排烟温度能够控制在100℃以上，解决了排烟温度过低问题。

④ 反应器压降在86~88kPa，压降较小，而且反应器温升较小，不超过2℃，比较理想，且反应温升易于控制，说明反应器催化剂在运行接近4年后活性和强度能满足生产要求；RSS-2催化剂在装置标定期间，在实际运行空速超出催化剂技术协议要求值，但通过提高反应温度，具备生产出市场所需的合格航煤产品的能力。

⑤ 标定过程中反应产物空冷、航煤产品空冷、水冷冷后设备冷却能力经过改造后，全部在工艺卡片允许范围内，航煤出装置温度最高34.22℃，最低33.3℃，均值33.8℃。反应产物空冷101冷后温度在只投用2台变频的条件下最高49.35℃，最低38℃，均值45.2℃。

(三) 装置改造前后大负荷标定能耗对比

从表3可以看出，装置个改造前最大负荷标定期间能耗6.07kgoe/t表明装置标定期间能耗远远低于设计值9.66kgoe/t，装置处理负荷达到设计负荷的113%。装置改造后，大负荷标定装置能耗 3.90kgoe/t，装置处理负荷达到改造后设计负荷的 98.2%，装置改造后比改造前装置大负荷运行能耗降低。

表 3 能耗统计表

项目名称	改造前		改造后	
	本期		本期	
	能耗/(kg/t)	实物量/t	能耗/(kg/t)	实物量/t
装置加工量		3872.965		4363
能耗合计	6.07		3.90	
水	0.15	5957	0.17	7607
其中：循环水	0.15	5957	0.17	7607
电	1.76	29668	1.56	29592
工艺炉燃料	3.35	13.67	2.19	10.08
其中：燃料气	3.35	13.67	2.19	10.08
热进(出)料(千克标油)	0.8	3116	-0.03	3116

五、结论

① 装置改造后，在原料量不足的情况下，装置处理负荷达到改造后设计负荷的 98.2% 时，装置运行平稳，设备状态良好；在原料性质稳定条件下，产品质量合格，没有出现高负荷生产瓶颈。

② 加热炉仍未达到满负荷运行，炉 101 仍然只保留两个火嘴运行，在未点燃火嘴风道加盲板的情况下，炉膛氧含量在瓦斯组分平稳的情况下能保证氧含量在 2%~4%范围内，余热回收通过调节烟气跨线排烟温度能够控制在 100℃以上，解决了排烟温度过低问题。

③ 反应器压降比较理想，说明反应器催化剂在运行接近 7 年后活性和强度具备生产合格航煤产品的能力。

④ 装置处理负荷达到改造后设计负荷的 98.2%工况下，反应产物空冷、航煤产品空冷、水冷冷后设备冷却能力经过改造后，全部在工艺卡片允许范围内，装置改造后消除了空冷冷却不足的瓶颈。

⑤ 装置改造后大负荷标定装置能耗比改造前装置大负荷运行能耗降低 2.17kgoe/，能耗远远低于原设计值 9.66kgoe/t。

深冷分离技术在流化床聚乙烯节能降耗中的应用

王　涛
李东华
中国石化齐鲁分公司塑料厂

某公司高密度聚乙烯装置利用深冷分离技术，实现了排放气中物料的回收再利用，降低了装置的能耗物耗，提升了装置的经济技术指标。该技术利用透平膨胀机膨胀及节流阀膨胀致冷，实现了流化床聚乙烯装置工艺排放气中低聚物、己烯、乙烯的分段液化，进而通过气液分离获得高纯度的己烯、乙烯和氮气，本文对此做了介绍。

一、概述

某公司年产 140kt 高密度聚乙烯(HDPE)装置，以乙烯为主要原料，以丙烯、1-丁烯或 1-己烯为共聚单体，采用原美国联合碳化物公司(UCC)Unipol 气相流化床聚合工艺生产高密度聚乙烯。该装置有两条生产线，可生产 36 个牌号的高密度聚乙烯产品，5 个牌号的中密度聚乙烯产品，目前形成规模生产的产品牌号有 6 个，用于注塑、吹膜、吹塑、管材和电缆用料，广泛地用于农业、交通、建筑、轻工、重工、国防及人民生活的各个领域。装置于 1987 年开工生产，经过不断扩能改造，产能达到 170kt/a。

受产品特性制约，装置生产时聚合反应器中乙烯组分在 67% 以上，个别牌号甚至在 82%，加上装置工艺技术落后，使得装置物耗能耗水平一直处于行业中下游水平。近年来，虽然通过精细化管理，物耗水平由原来的 1020kg/t 以上降低到 1012kg/t，每年物料损失仍高达 1800t 以上，其中主要是原料乙烯、丁烯、己烯以及在聚合反应过程中生成的丁烷、己烷等副产物。以装置物料损失点进行分类整理，结果见表 1。

表 1 装置物料损失点汇总表

项目	损失比例/%	项目	损失比例/%
乙烯脱炔氢气消耗	0.17	粉料树脂吸附带出	58.11
乙烯脱炔乙烯损失	2.44	中试消耗	12.04
精制容器再生损失	0.32	扫地粒料	0.92
聚合单元检修	15.02	扫地粉料	3.46
出料带出	3.34	造粒单元检修	4.16

通过表 1 可以看出，其中粉料树脂吸附、树脂从反应器出料时带出以及中试消耗 3 项合计占装置物料总损失的 73.5%，这些物料在脱气仓中使用氮气脱除后排放至火炬。每年需向脱气仓中通入 1200 万标立方米以上的氮气以保证树脂中烃类的脱除效果，保障下游设施安全，占车间氮气总耗用量的 60%。同时，这些物料排放至火炬后为保持火炬无烟燃烧，减少对环境的污染，火炬系统每年投入的消烟蒸汽在 1000t 以上。通过技术手段回收排放气中的乙烯和氮气，是装置节能降耗的有效途径。

二、HDPE 装置尾气特点

高密度聚乙烯装置排火炬尾气压力约为 0.83MPa，温度为 40℃，其典型组成如表 2 所示。由表 2 中数据可知，排火炬尾气中氮气约占 85wt%，乙烯等低碳烃约占 15wt%。这股尾气中氮气纯度不够高，不能送回脱气仓作为吹扫气；如果直接排放，不仅损失大量低碳烃，而且浪费了压力能。

表 2 HDPE 装置排火炬尾气组成

牌号	质量分数/wt%						
	氢气	甲烷	乙烯	乙烷	丁烯	己烯	氮气
牌号 A	0	0.27	14.15	0.77	0.33	0	84.48
牌号 B	0	0.17	13.59	0.47	0	0.65	85.10

生产运行过程中发现排火炬尾气中还含有少量低聚物，其成分非常复杂，主要是 C_8～C_{16}的 α-烯烃，具体见表 3。低聚物会对后续分离系统造成影响，在选择尾气回收技术和设计尾气回收方案时，必须充分考虑低聚物的影响，采取有效措施来解决低聚物的问题。

表 3 HDPE 装置排火炬尾气中低聚物的组成及凝固点

组分	质量分数/wt%	凝固点/℃	组分	质量分数/wt%	凝固点/℃
C_4	1.44	-138	C_{12}	26.67	-10
C_6	0.91	-95	C_{14}	35.18	6
C_8	5.04	-57	C_{16}	12.05	18
C_{10}	17.66	-30	C_{18}	1.06	28

三、深冷分离技术介绍

深冷分离技术利用膨胀机和节流阀双膨胀实现自深冷分离，压缩尾气经深冷后分离出低聚物和富烃液体，而气体经膨胀机膨胀至接近常压，为尾气的预冷提供冷量。由于气体在膨胀机内绝热膨胀对外做功，因而可以为系统提供足够的冷量，使其达到足够低的温度。整个深冷分离系统不需要输入额外的动力，分离后的尾气作为脱气仓吹扫气部分替代原脱气用氮气循环使用。

该工艺主要包括排放气压缩系统、低聚物分离系统、深冷分离系统等 3 个主要工序。排放气压缩系统的功能是将常压状态的排放气冷却后压缩升压至较高压力，同时分离出部分析出的低聚物。低聚物分离系统是利用深冷分离系统的部分冷量在较低的温度下回收排放气中的己烯。深冷分离系统其功能是：利用透平膨胀机膨胀及节流阀膨胀制冷，将升压后的尾气深度冷却使大部分烃类被冷凝变成气液混合物，从而利用气液分离实现乙烯和氮气的分离。回收的氮气送回脱气仓作为吹扫气；液相产品汽化后送到乙烯裂解装置；回收己烯送到己烯汽提塔提纯；回收低聚物富集于低聚物回收罐内。其工艺流程如图 1 所示。

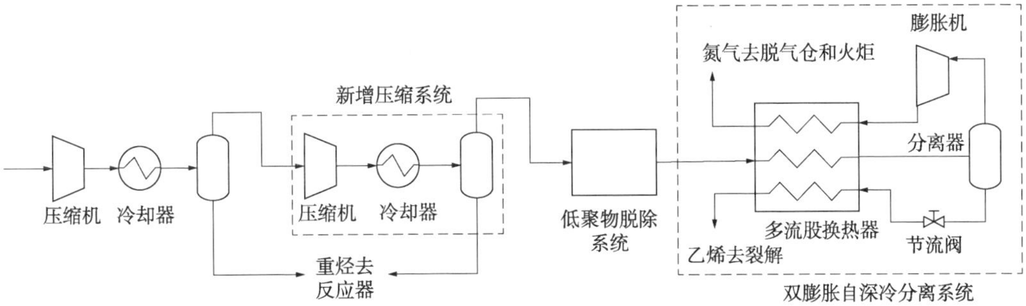

图 1　高密度聚乙烯装置排火炬尾气回收工艺流程简图

四、技术应用过程

2010 年，塑料厂与北京信诺海博石化科技发展有限公司合作进行了排放气变压吸附回收实验。2012 年对广州石化排放气变压吸附回收技术应用进行了考察，2013 年对齐鲁石化 25×10^4t 全密度聚乙烯配套的膜分离回收系统上线使用情况进行了考察，通过实验和考察认为变压吸附和膜分离技术不适合齐鲁 HDPE 装置。

2014 年塑料厂与浙江大学合作，开展深冷分离技术在排放气处理方面的工业化应用，利用排放气中各组分沸点的差异，实施排放气回收再利用和低聚物综合治理。项目于 2014 年 8 月开工建设，12 月 30 日一次开车成功。经过初期参数摸索，2015 年 1 月 4 日趋于稳定，回收乙烯纯度在 89%以上返裂解(见表 4)；回收己烯纯度在 80%以上返己烯汽提塔(见表 5)；回收低聚物富集于低聚物回收罐作为溶剂油处理；回收氮气纯度在 96%以上返脱气仓，部分替代脱气吹扫用氮气，通过深冷回收系统投运前后脱气仓下游树脂可燃气的检测发现，树脂中的可燃气含量由原来的 200ppm 以上降低至 50ppm 以下，下游设施的安全性得到提高。

表 4　回收乙烯组成

化合物	含量/%	化合物	含量/%
乙烯	94. 76	丁烷	—
甲烷	0. 37	己烯	0. 15
乙烷	3. 06	氮气	1. 99

表 5　回收己烯组成

化合物	含量/%	化合物	含量/%
2-甲基丙烯	1.20	癸烯及异构体	2.93
己烯及异构体	80.18	癸烷	0.06
辛烯	1.89	其他	13.65
辛烷	0.09		

五、结论

深冷分离技术工艺简洁、操作便利，对排放气气量和组成变化适应性强，工艺参数调整到位后，运行过程中需要的人工干预少，系统稳定性高。在装置节能降耗的同时，提高了装置的安全环保水平，具有良好的推广价值和非常好的经济和社会效益。

不同负荷下延迟焦化能耗分析及优化措施

祝华腾 | 中国石化齐鲁分公司研究院

本文主要介绍了第三延迟焦化装置在正常负荷生产(195t/h)、低负荷生产(155t/h)和超低负荷生产(134t/h)下的运行情况，对比分析了主要操作参数和经济技术指标的变化原因，并从操作参数和操作方式等方面提出了一些优化措施。超低负荷运行最突出的问题是分馏塔的热量不足和装置的能耗过大，需低控分馏塔顶温和开大防喘振开度来保证装置的平稳运行。同时，本文也根据装置能耗增加的原因提出了一些节能降耗的优化措施。

一、概述

第三延迟焦化装置采用 SEI 设计的“一炉两塔”工艺技术方案，本装置采用的工艺流程图如图 1 所示：从常减压装置来的减压渣油和分馏塔的各个侧线换热后进入加热炉，经加热炉的对流、辐射段加热到 500℃左右进入焦炭塔，高温渣油在焦炭塔中发生裂解和缩合反应，最终得到液态烃、汽油、柴油和蜡油以及部分石油焦和干气。

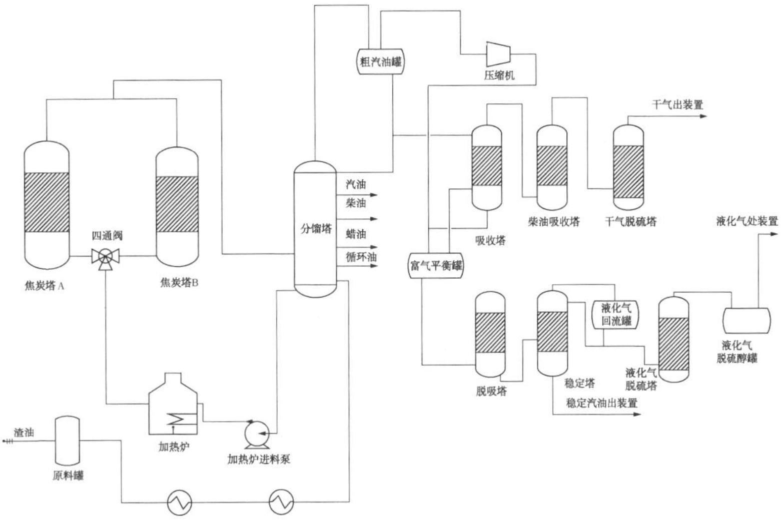

图 1　第三延迟焦化装置流程简图

二、不同负荷生产条件下操作参数的对比

第三延迟焦化装置在正常负荷生产（195t/h）、低负荷生产（155t/h）和超低负荷生产（134t/h）下的操作参数如表1所示。

表1　第三延迟焦化装置不同生产负荷条件下的主要操作参数

操作参数	进料量		
	134t/h	155t/h	195t/h
生产负荷/%	66.34	76.73	96.53
A路出口温度/℃	494	494	494
B路出口温度/℃	494	494	494
C路出口温度/℃	494	494	494
D路出口温度/℃	494	494	494
焦炭塔顶温度/℃	488	488	488
焦炭塔预热温度/℃	260	290	320
分馏塔顶温度/℃	135	135	135
分馏塔顶压力/MPa	0.1	0.1	0.1
顶循回流量/（t/h）	37	52	60
顶循回流抽出温度/℃	161	165	171
柴油上回流量/（t/h）	31	65	70
柴油下回流量/（t/h）	11	30	40
蜡油上回流量/（t/h）	73	81	96
蜡油下回流量/（t/h）	48	60	69
循环油上回流量/（t/h）	54	61	75
循环油下回流量/（t/h）	23	15	10
气压机防喘振开度/%	25	13	8

（一）分馏系统的变化

通过表1的对比可以发现，焦化装置在超低负荷运行的情况下，不仅焦炭塔预热换塔的温度降低，而且分馏塔侧线的抽出和回流量均在低限运行，尤其是上半部分系统运行的难度最大，集油箱液位在换塔时无法维持正常指标，同时集油箱液位过低时容易引起泵抽空，导致生产波动。

根据焦化的工艺特点，除焦塔在生焦前需要引入正在生产的焦炭塔的油气进行循环预热，使塔顶温度达到380℃，塔底温度达到320℃。因此，进料量的减少使焦炭塔顶的油气量减少，生焦周期的延长使处理塔的空置时间增加，预热到要求条件所需要的油气量就会越多，这就会使分馏塔的热量不足。分馏塔各个侧线的流量降低，可能会造成干板，引起塔盘结焦及分馏效果变差，尤其是分馏塔下部的洗涤段，回流量降低可能会造成焦粉夹带，对分馏系统造成冲击。

为了保证分馏系统的正常运行，需要加大对分馏塔各个侧线流量的监控，把流量控制在设计的最低值以上，同时加大对各侧线回流机泵过滤器的清洗频率，保证运行效果。

（二）气压机的变化

通过表1的对比可以看出，在进料量降低的情况下，气压机的防喘振开度明显增大，从正常负荷的8%增加到超低负荷的25%。为了保证气压机平稳运行，其入口压力须控制在0.05~0.06MPa，进料量的降低使分馏塔顶的富气量减少，这就需要开大防喘振开度来防止压缩机喘振，这样势必会使气压机组运行效率降低。

为了保证气压机的安全、稳定、高效运行，需要增加富气的来源，因此可以加大对重油气柜气的回炼量。

三、不同生产负荷下能耗的对比及分析

焦化装置超低负荷（134t/h）、低负荷（155t/h）和正常负荷（195t/h）运行时的主要能耗点如表2所示。通过对比可以发现，在进料量减少的情况下，焦化装置的能耗并没有降低，反而从正常负荷的19.08kgoe/t增加到超低负荷的26.25kgeo/t。

表2　第三延迟焦化装置不同生产负荷下的能耗

项目	134t/h		155t/h		195t/h	
	单耗/（t/t）	能耗/（kgoe/t）	单耗/（t/t）	能耗/（kgoe/t）	单耗/（t/t）	能耗/（kgoe/t）
新鲜水	0.053	0.008	0.091	0.016	0.123	0.021
循环水	17.71	1.06	10.95	0.66	8.48	0.52
除氧水	0.03	0.21	0.02	0.13	0.02	0.15
除盐水	0.00	0.00	0.00	0.00	0.00	0.00
电（度）	18.56	4.27	15.21	3.52	12.40	2.89
3.5MPa蒸汽	0.31	26.94	0.25	22.16	0.20	18.06
1.0MPa蒸汽（出）	-0.34	-25.82	-0.24	-18.07	-0.19	-14.72
1.0MPa蒸汽（入）	0.06	4.36	0.05	3.52	0.03	2.20
燃料气	0.018	17.27	0.015	14.06	0.012	11.80
热出料	-2.04	-2.04	-2.78	-2.80	-1.81	-1.84
装置总能耗		26.25		23.20		19.08

（一）蒸汽单耗增加的原因分析

在焦化装置各个能耗点变化中，通过对比可以发现，3.5MPa蒸汽的单耗不仅没有随着进料量的降低而减少，反而有所增加，3.5MPa蒸汽的消耗量从正常负荷的0.2t/t增加到超低负荷的0.31t/t，3.5MPa蒸汽的单耗增加的原因如下。

（1）加热炉3.5MPa蒸汽的消耗量增加。在超低负荷下，装置进料量控制在134t/h，为保证加热炉长周期安全运行，加热炉4路炉管的分支流量控制在34t/h，但炉管的3路注汽量与满负荷运行时维持一致，这样就会使3.5MPa蒸汽的单耗增加。

（2）气压机3.5MPa蒸汽的消耗量变化不大。在超低负荷生产条件下，为了应对因富气量减少造成气压机组运行效率低、工况差的情况，保证汽压机组的安全、稳定、高效运行，需要通过开大反飞动量来保证气压机的入口流量，而3.5MPa蒸汽作为气压机的动能来源，反飞动量的增加势必会增加气压机消耗的3.5MPa蒸汽量。

（二）燃料气单耗增加的原因分析

在整个焦化装置能耗中，燃料气的单耗从正常负荷的0.012kg/t增加到超低负荷的0.018 kg/t，燃料气单耗增加的原因如下：在装置超低处理量期间，分馏系统的各个侧线回流量均会减少，这会使原料和各个侧线换热后的温度降低，而原料出加热炉的温度控制在494℃，这就需要相应地增加加热炉运行室燃料气的消耗量来给予原料更多的热量，使其能够满足进焦炭塔的温度要求。

（三）电单耗增加原因的分析

处理量降低时，分馏单元各个侧线的流量减少，分馏单元各个离心泵的负荷降低，但是由于装置设计时各个侧线的流量有一个最低值，在正常运行时不能低于该值。另外，离心泵是按照满负荷选型的，根据泵的特性曲线，在低流量运行时泵的效率较低，所以耗能不会与循环量成正比例下降，这是电单耗升高的一个主要原因。

四、结论和措施

为了更好地解决装置低负荷运行的相关问题，对低负荷运行下的工况和重点设备操作参数的变化进行了深入分析，针对影响系统低负荷运行中问题，采取了相应的措施。

（1）强化加热炉调整，降低燃料气的消耗。加热炉在保证氧含量的情况下，把空气挡板关闭，烟气挡板关小，提高烟气的温度，降低瓦斯的单耗。

（2）动态调整装置内换热流程，提高原料换热终温，在装置低处理量期间，分馏系统的各个侧线回流均会减少，从能量利用方面考虑，应在保证分馏塔内部的物料平衡和热量平衡的基础上，增加分馏塔中部和底部的流量，加大原料的换热效果。

（3）在保证干气产品质量和气压机安全稳定运行的前提下，增加焦化富气压缩机的物料来源。在装置处理量低的情况下，需扩展焦化装置富气的来源，在条件允许的情况下，加大对重油气柜气的回炼量，实现装置的经济运行。

（4）在低负荷下，采用电机调频技术能够有效提高电机效率，尽量将运行机泵和空冷切换至装有变频的节能设备，增强装置节电能力。

参考文献

[1] 姚坚刚，瞿滨．延迟焦化装置能耗分析及优化[J]．齐鲁石油化工，2007，35(4)：279-282.
[2] 龚朝兵，周雨泽，宋金宝，等．延迟焦化装置的能耗分析及节能优化实践[J]．中外能源，2013，18(1)：84-88.

加氢裂化尾气脱硫及溶剂再生装置节能研究

郭岩锋
贾庆龙
中国石化齐鲁分公司研究院化工工艺研究所所长

以加氢裂化尾气脱硫及溶剂再生装置为研究对象，以实际数据为基础，利用 Aspen Plus 流程模拟软件对加氢裂化尾气脱硫及溶剂再生装置进行了流程模拟，建立了与实际工况吻合的稳态流程模型。利用此模型，对再生装置热负荷、再生胺液中 H_2S 含量进行了详细研究，在此基础上，提出了节能方案。采用推荐的方案，再生塔(T102)能耗降低约40%，每年节约 0.3MPaG 蒸汽 6.64×10^4t，CO_2 排放量可降低 1.54×10^4t。

化工流程模拟是指根据实际化工生产中的工艺操作参数、装置结构，通过计算机模拟软件构建数学模型，对工业生产过程进行模拟计算，获得各个工艺设备及全流程的质量及能量数据。Aspen Plus 是一款最常用的化工流程模拟软件，最初是由美国麻省理工学院于 20 世纪 70 年代后期研究开发，后由艾斯本技术公司于 80 年代初完成商业化。现已经成为设计、研究部门和生产车间强有力的辅助工具，并在炼化装置优化中得到了广泛应用。

本文采用 Aspen Plus 模拟软件对某石化公司加氢裂化尾气脱硫及溶剂再生装置进行模拟，针对装置的主要耗能设备进行了优化研究，并提出优化建议，对装置进行优化调整，节能降耗成效显著。

一、装置简述

物料来自本装置的低分气，经冷却后进入分液罐去除固体与液体杂质后进入吸收塔(T101)下部，在塔的上部喷入贫胺液以吸收低分气中的硫化氢。脱硫后的低分气送至本装置的氢提浓部分回收氢气。

吸收了硫化氢的富胺液进入富胺液闪蒸罐，经缓冲、脱气、换热后进入胺溶剂再生塔(T102)。通过塔底再沸器将溶剂再生，使硫化氢自塔顶逸出。再生后的贫液自塔底部流出经换热冷却后进入溶剂储罐，再由贫液泵抽出分别送往本装置的低分气吸收塔(T101)。

二、原理及反应方程

化学吸收法是以可逆的化学反应为基础，以碱性溶剂(MDEA)为吸收剂的脱硫方法，溶剂与含硫气中的酸性组分(主是 H_2S)反应生成一种化合物；吸收了酸气的富液在升温、降压的条件下，化合物又能分解而放酸气。主要涉及反应方程式：

$$2R_2NR'+H_2S \rightleftharpoons (R_2NR'H)_2S$$

$$(R_2NR'H)_2S+H_2S \rightleftharpoons 2R_2NR'HHS \qquad R: -CH_2-CH_2OH; R': -CH_3$$

上述反应为可逆反应，较低温度下(25~40℃)，反应向左进行(吸收)；较高温度下(大于105℃)，反应向右进行(解吸)，此时生成的胺的硫化物分解，析出 H_2S，醇胺溶剂被再生，可以循环利用。

三、模型建立与对比

(一) 模拟流程图

应用 Aspen Plus 自带流程图绘制功能，建立了加氢裂化尾气脱硫及溶剂再生模型流程图，物性方法采用 ELECNRTL，如图 1 所示。

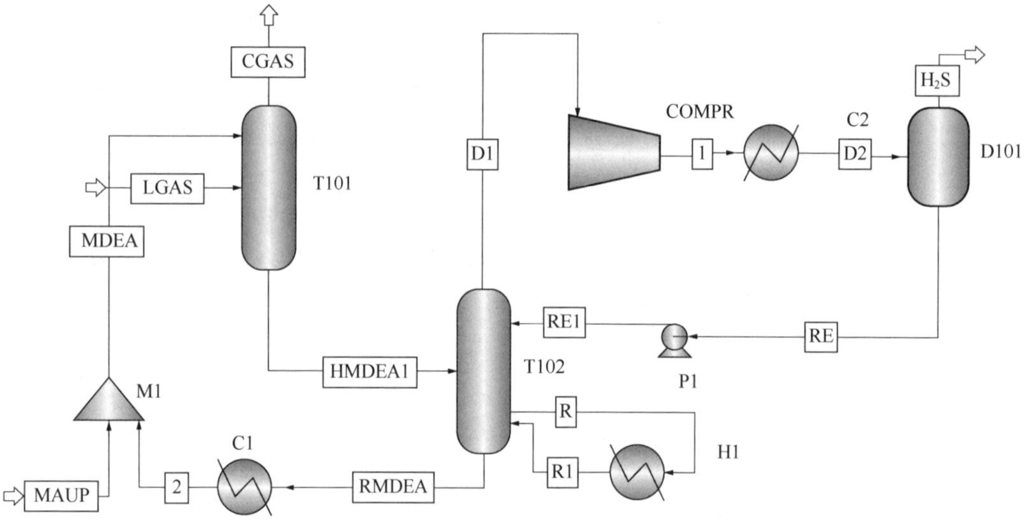

图 1 加氢裂化尾气脱硫及溶剂再生模型流程图

(二) 模型输入数据

吸收塔(T101)和再生塔(T102)模拟条件分别见表 1~表 3。

表 1 吸收塔(T101)进料参数

吸收塔 T101	温度/℃	压力/MPa	流量	进料位置
低分气	32	2.35	15000m³/h	1
贫胺液	42	3	40t/h	21

表 2 再生塔(T102)进料参数

再生塔 T102	温度/℃	压力/MPa	流量/(t/h)	去硫黄气相/(m³/h)	塔顶回流/(t/h)
富胺液	105	0.2	45	4700	6.5

表 3　吸收塔(T101)和再生塔(T102)设备参数

项目	单位	T101	T102
塔顶压力	MPa	2.4	0.17
塔底压力	MPa	2.46	0.2
回流比		—	0.14
塔顶馏出物/进料比例	%	—	0.14
塔板数	块	25	40
进料位置	块	1/25	16

(三) 模拟值与实际值对比

按照上述方法和工艺参数，利用 Aspen Plus 完成吸收塔(T101)和再生塔(T102)模拟，模拟结果和实际工况对比分别见表 4 和表 5。

表 4　吸收塔(T101)工艺参数模拟值与实际值对比

吸收塔 T101	模拟值	实际值	吸收塔 T101	模拟值	实际值
塔顶温度/℃	42.7	42	脱后低分气 H_2S 含量/m%	37	≤40
塔底温度/℃	44.6	45			

表 5　再生塔(T102)工艺参数模拟值与实际值对比

再生塔(T102)	模拟值	实际值	再生塔(T102)	模拟值	实际值
塔顶温度/℃	104	102	塔顶 H_2S 含量/m%	97.6	未分析
塔底温度/℃	123	122	塔顶去硫黄气相量/(m^3/h)	4711	4800
塔底 H_2S 含量/m%	0.18	0.19	塔顶回流/(t/h)	6.3	6
塔底 MDEA 含量/m%	35	35-40			

从表 4 和表 5 可以看出，工艺参数模拟值和实际值吻合较好，说明模型能够较好地反映装置实际操作状况，可以进行后续应用分析。

四、模型分析与结果讨论

(一) 再沸器蒸汽负荷对再生塔(T102)参数的影响

再沸器蒸汽负荷对再生塔(T102)是非常重要的调节参数，再生塔塔底温度主要是由塔底重沸器提供，其次来自进料。调整再沸器蒸汽量是维持塔内正常温度的主要手段。较高的操作温度对提高溶剂的再生效果有利，按设计要求再沸器的蒸汽量要确保再生后贫液中的 H_2S 含量 < 2g/L，相应地在一定贫液量条件下，也保证了吸收塔(T101)顶净化气 H_2S 含量≤100mg/m^3，如果再沸器提供的蒸汽不足，再生温度达不到要求，会使贫液内 H_2S 含量升高，最终导致净化气不合格。

为此考察了再沸器蒸汽负荷变化对再生塔(T102)运行参数的影响，结果见表 6。

表 6 再沸器蒸汽负荷变化对再生塔(T102)参数影响

再沸器负荷/(Gcal/h)	采出去硫黄/(kg/h)	回流量/(kg/h)	塔顶温度/℃	塔釜温度/℃	塔顶采出量/(kg/h)	贫胺液总硫质量含量(H_2S)/g/L
9. 8	6713. 8	6287. 5	102. 8	123. 7	13002	2. 11
10. 0	6724. 9	6474. 9	103. 1	123. 7	13200	2. 07
10. 1	6735. 5	6662. 7	103. 4	123. 7	13398	2. 02
10. 2	6745. 4	6851. 1	103. 6	123. 7	13597	1. 98
10. 3	6754. 9	7040. 6	103. 9	123. 7	13795	1. 94
10. 4	6763. 9	7229. 9	104. 1	123. 7	13993	1. 90
10. 6	6772. 5	7419. 6	104. 4	123. 8	14192	1. 87
10. 7	6780. 8	7609. 8	104. 6	123. 8	14390	1. 83
10. 8	6788. 6	7800. 2	104. 8	123. 8	14588	1. 80
10. 9	6796. 2	7991. 0	105. 0	123. 8	14787	1. 77
11. 0	6803. 5	8182. 0	105. 2	123. 8	14985	1. 74
11. 2	6810. 5	8373. 4	105. 4	123. 8	15183	1. 71
11. 3	6817. 2	8565. 0	105. 6	123. 8	15381	1. 68
11. 4	6823. 7	8756. 8	105. 8	123. 8	15580	1. 66
11. 5	6829. 9	8948. 9	106. 0	123. 8	15778	1. 63
11. 6	6836. 0	9141. 1	106. 1	123. 8	15976	1. 61
11. 8	6841. 8	9333. 6	106. 3	123. 8	16175	1. 58
11. 9	6847. 4	9526. 2	106. 5	123. 8	16373	1. 56
12. 0	6852. 9	9719. 0	106. 6	123. 8	16571	1. 54
12. 1	6858. 2	9912. 0	106. 8	123. 8	16770	1. 51
12. 2	6863. 3	10105. 2	106. 9	123. 8	16968	1. 49
12. 4	6868. 3	10298. 5	107. 1	123. 8	17166	1. 47
12. 5	6873. 1	10491. 9	107. 2	123. 8	17364	1. 45
12. 6	6877. 8	10685. 5	107. 3	123. 8	17563	1. 43
12. 7	6882. 4	10879. 2	107. 5	123. 8	17761	1. 41
12. 8	6886. 8	11073. 0	107. 6	123. 8	17959	1. 39
13. 0	6891. 1	11267. 0	107. 7	123. 8	18157	1. 38
13. 1	6895. 3	11461. 0	107. 9	123. 8	18356	1. 36
13. 2	6899. 4	11655. 2	108. 0	123. 8	18554	1. 34
13. 3	6903. 4	11849. 4	108. 1	123. 8	18752	1. 33
13. 4	6907. 3	12043. 8	108. 2	123. 8	18950	1. 31
13. 5	6908. 2	12091. 9	108. 2	123. 8	19000	1. 31

随着再沸器蒸汽负荷提高，贫胺液中 H_2S 的含量逐渐减小，当再沸器负荷为 10. 2GCAL/h 时，贫胺液中 H_2S 的含量为 1. 98g/L，满足质量控制要求，故再生塔(T102)塔釜蒸汽负荷应≥10. 2Gcal/h，此时塔釜、塔顶温度分别为 123. 7℃与 103. 6℃，塔顶回流量为 6851. 1kg/h，塔顶去硫黄流量为 6745. 4kg/h。

再沸器以 0. 3MPaG 蒸汽作为热源，蒸汽温度 155℃，再生塔(T102)塔底蒸汽流量与对应产生热负荷关系如表 7 所示。

表 7　T102 塔底蒸汽用量和塔顶循环水用量与热负荷关系

蒸汽流量/(t/h)	热负荷/(Gcal/h)	循环水流量/(t/h)	蒸汽流量/(t/h)	热负荷/(Gcal/h)	循环水流量/(t/h)
18	9.2	800.0	21	10.7	930.4
18.5	9.4	817.4	21.5	11.0	956.5
19	9.7	843.5	22	11.2	973.9
19.5	9.9	860.9	22.5	11.5	1000.0
20	10.2	887.0	23	11.7	1017.4
20.5	10.4	904.3			

从表 7 可以看出，热负荷为 10.2Gcal/h 时，对应的蒸汽流量为 20t/h。结合表 6 和表 7 可知，再生塔(T102)蒸汽消耗量大于 20t/h，循环水小时用量大于 887t/h。

(二) 再生塔(T102)节能研究

从表 7 数据可知，随着蒸汽用量的增加，塔顶循环水用量也相应增加，即塔釜需要消耗蒸汽对物料进行加热，而塔顶有需要冷却水进行物料冷却，能量未有效利用。采用逆卡诺循环，以极少的能量驱动压缩机将塔顶低温热能转变成高温热能，而后作为热源对塔釜物料进行加热，可同时节省循环水和蒸汽。

加氢裂化尾气脱硫及溶剂再生节能方案工艺流程如图 2 所示。

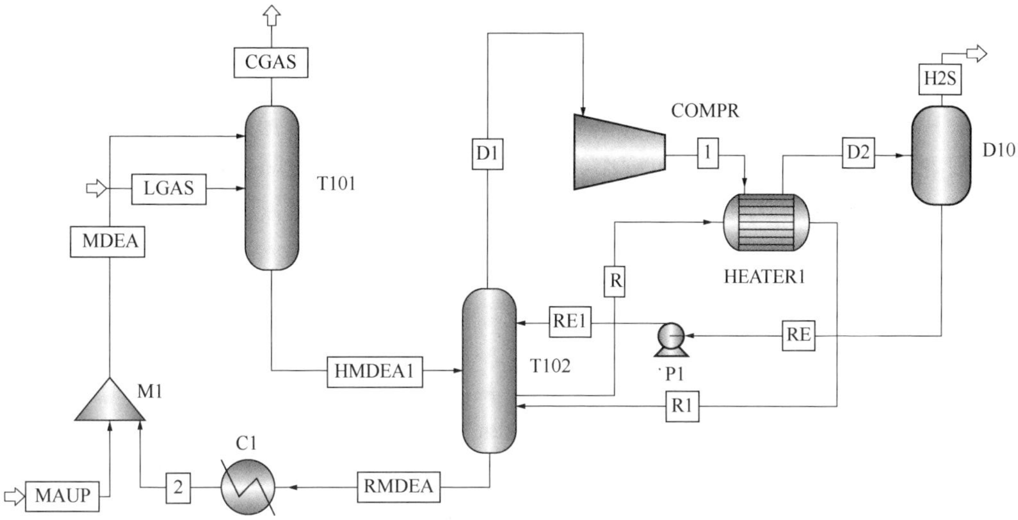

图 2　加氢裂化尾气脱硫及溶剂再生节能方案流程图

与图 1 相比，增加一个压缩机，以低温蒸汽(0.3MPaG 蒸汽)作为热源，将塔顶出来的气体进行压缩升温，而后作为热源与塔釜物料进行换热，冷却后的塔顶物料进入分离罐，进行气液分离；塔釜物料经过加热后返回精馏塔。通过合理的压力控制，采用此方案，塔顶无须循环水冷却，塔釜无须蒸汽消耗。

采用图 2 所示工艺，控制再生 MDEA 中 H_2S 含量小于 2g/L，利用 Aspen Plus 进行模拟计算，结果如表 8 所示。

表 8 节能方案蒸汽与循环水流量一览表

采出去硫黄/(kg/h)	蒸汽流量/(t/h)	热负荷/(Gcal/h)	循环水流量/(t/h)
6662.1	10.6	5.42	0
6689.2	11.3	5.74	0
6708.2	11.2	5.72	0
6719.4	11.5	5.84	0
6745.4	12.1	6.17	0
6763.9	12.1	6.14	0
6780.8	12.3	6.27	0
6803.5	12.5	6.40	0
6810.5	13.1	6.67	0
6829.9	13.3	6.80	0
6838.5	13.3	6.77	0

当酸性气采出量为 6745.4kg/h 时，蒸汽消耗为 12.1t/h，装置热负荷为 6.17Gcal/h。与常规工艺相比，装置热负荷降低 4.03Gcal/h，装置热负荷降低 39.5%，蒸汽消耗节省 7.9t/h，按照年运行 8400h，每年可节约蒸汽约 6.64×10^4t，每年 CO_2 排放可降低约 1.54×10^4t。

五、结论

(1) 采用 Aspen 软件完成了某炼油厂加氢裂化尾气脱硫与溶剂再生装置建模，模拟数据与实际数据一致性好，满足优化要求。

(2) 针对再生塔(T102)蒸汽消耗高的问题，采用拟卡诺循环原理，通过新上一个压缩机，实现塔顶物料的增温增压，而后作为塔釜热源，装置热负荷降低约 40%，每年可解决蒸汽 6.64×10^4t，每年 CO_2 排放可降低约 1.54×10^4t，具有良好的经济和社会效益。

参考文献

[1] 孙巍，李琳，陈晓春．Aspen plus 在在工业精馏塔故障诊断与参数优化中的应用[J]．化工进展，2005，25(8)：935-937.

[2] 李烘涛，何英华，朱丽娜，等．常用化工流程模拟软件发展概述[J]．化工技术与开发，2015，44(1)：29-31.

[3] 赵莹莹．Aspen plus 软件在炼油厂含硫污水汽提过程中的应用[J]．炼油设计，1998，28(5)：48-51.

[4] 陆恩锡，张慧娟，尹清华．化工过程模拟及相关高新技术(Ⅰ)化工过程稳态模拟[J]．化工进展，1999，18(4)：63-64.

[5] 汪优华，孙学锋．溶剂再生装置的流程模拟与优化[J]．中外能源，2011，16(9)：86-89.

加热炉偏烧及瓦斯压力探讨

王龙飞
马　健
孙大宽
唐　宇
中国石化齐鲁石化公司

齐鲁石化公司第三焦化装置2016年9月停工加热炉进行低氮燃烧器改造，运行后发现炉膛温差较大，经过车间仔细研究调整，得出主要原因是配风不匀、瓦斯偏流；此外不同的瓦斯压力下加热炉瓦斯耗量不同。

齐鲁石化公司第三延迟焦化装置于2008年5月份首次开工，2016年9月停工对燃烧器及长明灯进行低氮燃烧器更换。开工后加热炉时常出现炉膛温差较大，快接近工艺指标40℃，极大地影响加热炉运行，加热炉耗能较高。

加热炉能耗是焦化装置能耗占比最大的，加热炉瓦斯燃烧的好坏直接影响加热炉的能耗。除瓦斯燃烧发黄外，加热炉偏烧也同样降低加热炉效率。加热炉偏烧指加热炉一路东西侧(或南北侧)的偏烧，也指两路之间的偏烧。加热炉偏烧极大地降低加热炉的燃烧效率，增加加热炉能耗；并且使加热炉的热负荷不平均，热负荷大的炉管部位易结焦，影响焦化加热炉的长周期运行。怎么解决炉膛偏差问题，成为降低加热炉能耗的关键。

一、炉膛温差

目前三焦化加热炉为一炉两室四管程，见图1。每路有两列燃烧器(主火嘴)和长明灯，一列分别有16支长明灯和16台燃烧器(主火嘴)，加热炉共有4个炉膛热偶点，分别为TI2027A～D，TI2027A、D测温点为A、D路5#主燃烧器的正上方，TI2027B、C测温点为B、C路12#主燃烧器的正上方。主燃烧器是从西向东开始编号，见图2，TI2027A代表的是AB两路西侧的热负荷，TI2027B代表的是AB两路东侧的热负荷。加热炉同室之间未燃烧的瓦斯可通过炉墙顶部进入另一路燃烧，见图 1。

炉膛温差代表了加热炉热负荷的均匀程度，通过炉膛温差能判断出加热炉是否存在偏烧。加热炉的偏烧分为两路之间偏烧和加热炉东西侧偏烧。偏烧的原因大致分为两种，一种是风量不均匀，另一种是瓦斯不均匀。不均匀不只是针对每路之间，同样存在同路东西侧之间。

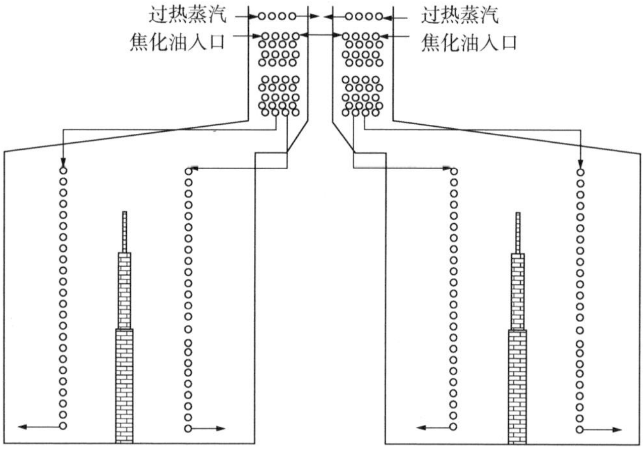

图 1　加热炉内部构造示意图

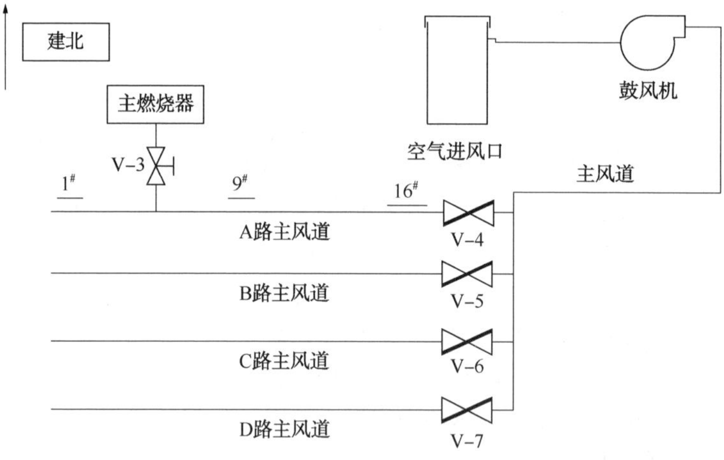

图 2　加热炉供风示意图

(一) 东西侧风量不均匀

最严重的一次是 2017 年 3 月 9 日 A 路炉膛温度 748. 2℃，B 路炉膛温度 708. 8℃，相差将近 40℃，以前出现过 20℃左右的温差(见图 3)。造成炉膛温差这么大的原因，装置 3 月 9 日前全部更换长明灯风头，炉火配风瓦斯不均匀。更换期间，很多主火嘴熄灭后重新配风点燃。

经过车间技术人员及班组骨干研究分析得出：加热炉东西长 25m，主燃烧器成东西分布，加热炉鼓风机在加热炉东北侧，详见图 2。每个主燃烧器风道都有风门控制开度大小，常规情况下所有风门都打开的情况下，加热炉的风经空气预热器后，先经过东侧的 16#燃烧

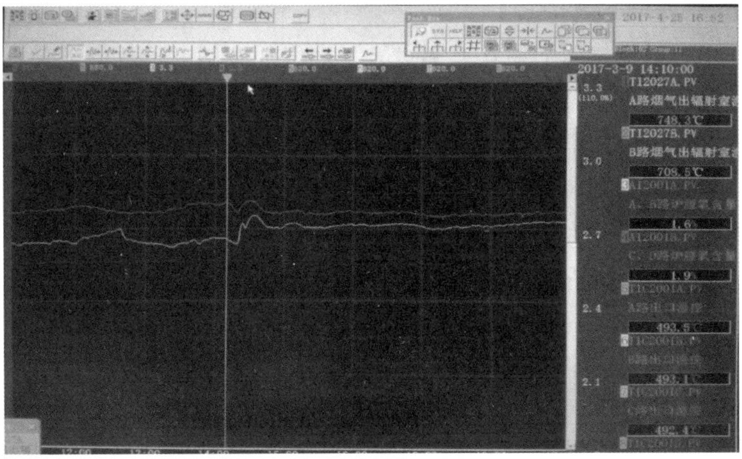

图3　3月9日AB路炉膛温度调整前

器，其余再依次经过15[#]、14[#]最后到1[#]燃烧器。同样风门开度的话，东侧燃烧器(1[#]~8[#])比西侧燃烧器(9[#]~16[#])的风量相对来说要大，因为东侧离鼓风机较近。这样势必造成加热炉东侧的风比西侧进得多；而加热炉东侧燃烧剩下多余的风，起不到燃烧的作用，反而起到吸热的作用，进而造成东侧的炉膛温度比西侧的炉膛温度低。这就是空气过剩系数如果过大，加热炉效率降低的原因。根据此思路进行调整，适当关小东侧燃烧器(9[#]~16[#])的风门后，炉膛温差迅速降低至10℃以内。以前对本装置对加热炉认识未分析如此细，故造成较大程度的炉膛偏差，以前更多考虑的是四路之间瓦斯偏流的情况。

从图4、图5看出，配风调整后，加热炉瓦斯用量明显减少，减少幅度不太好估计。因为扩程前AB路和CD路总瓦斯量程上限是3000m^3/h，每路主火嘴瓦斯量程上限是1300m^3/h。焦炭塔一个周期内不同的阶段用瓦斯量不同，预热换塔时瓦斯耗量大。在一个焦炭塔生产除焦周期内，AB(FI2008A)、CD(FI2008B)路总瓦斯(包括主燃烧器与长明灯)长时间超程，大于3000m^3/h，每路FI2007A~D长时间超程，大于1300m^3/h。3月底对相应瓦斯仪表进行扩程后，5月9日的一个焦炭塔周期内，AB路总瓦斯与每路主火嘴瓦斯均不超程，据估计加热炉总瓦斯至少能节省1300m^3/h，3~5月处理量及循环比保持稳定，处理量循环比对瓦斯消耗的影响微乎其微。

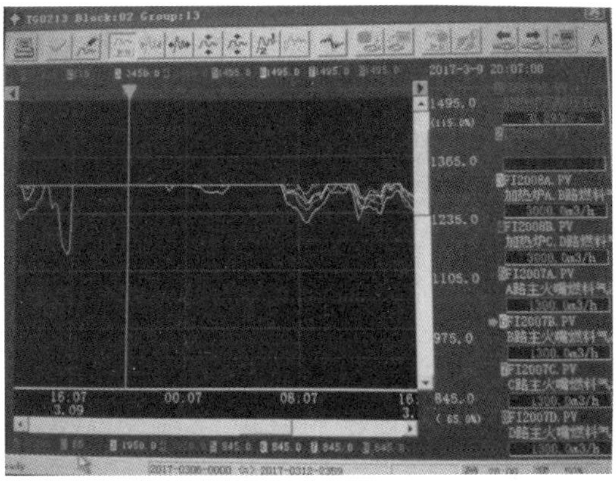

图4　3月9日AB路炉膛温度调整后

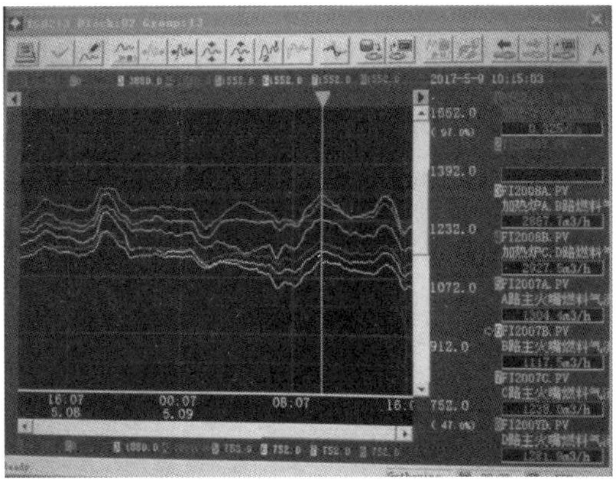

图5　5月9日四路炉膛温度调整后

（二）东西侧瓦斯量不均匀

同理，加热炉四路燃烧器瓦斯从西侧进入，同样的阀门开度，必然西侧瓦斯比东侧的瓦斯量大，如果瓦斯局部过剩，同样造成瓦斯取热，而不是燃烧放热的现象。

（三）四路间瓦斯偏流

加热炉四路出口温度相同，但是同室中的一路瓦斯比另一路超出 200m^3/h 以上。车间技术人员分析得出，原因是瓦斯用量较大的一路，配风量较少，瓦斯燃烧不完全，出口温度达不到设定温度，就自动开大阀门，而不完全燃烧的 CO 或来不及燃烧的瓦斯从炉墙顶部跑到另一路去燃烧，造成另一路瓦斯用量降低。2017 年 3 月和 4 月加热炉 CD 路出现两次偏流，详见表 1 和图 6～图 9。

表 1　炉膛温差与瓦斯表

日期	时间	TI2027C/℃	TI2027D/℃	CD 炉膛偏差/℃	FI2008B/(Nm^3/h)	FI2007C/(Nm^3/h)	FI2007D/(Nm^3/h)
2017.3.25	9：40	726.8	758.3	31.5	3046	1285	1349
	10：16	739	750	11	3012	1293	1306
2017.4.2	8：38	715.8	759.9	44.1	3036	1186	1413
	9：12	729	744.5	15.5	2875	1206	1234

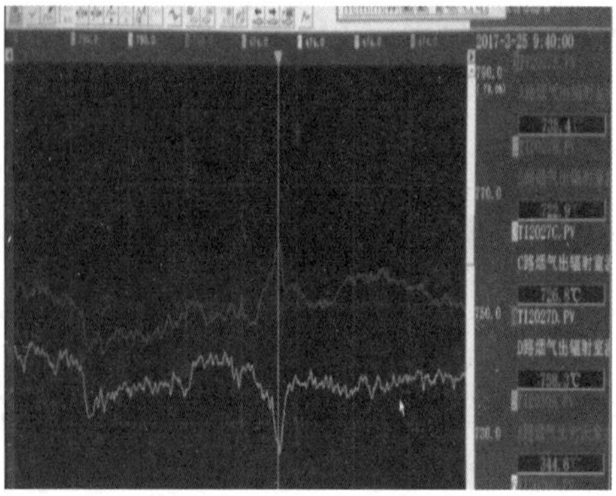

图 6　2017.3.25 炉膛温差图

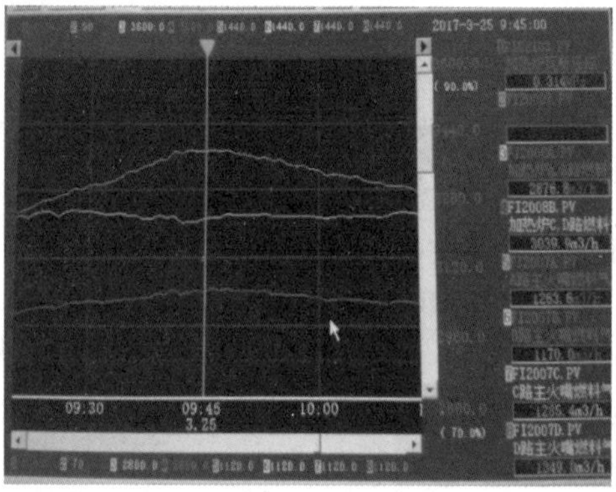

图 7　2017.3.25 加热炉瓦斯图

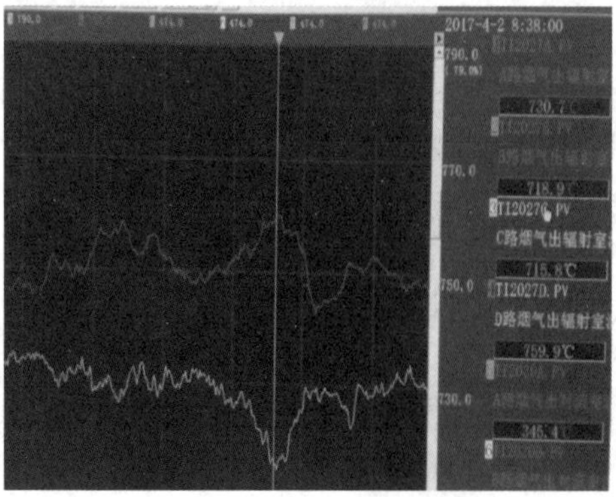

图 8　2017.4.2 炉膛温差图

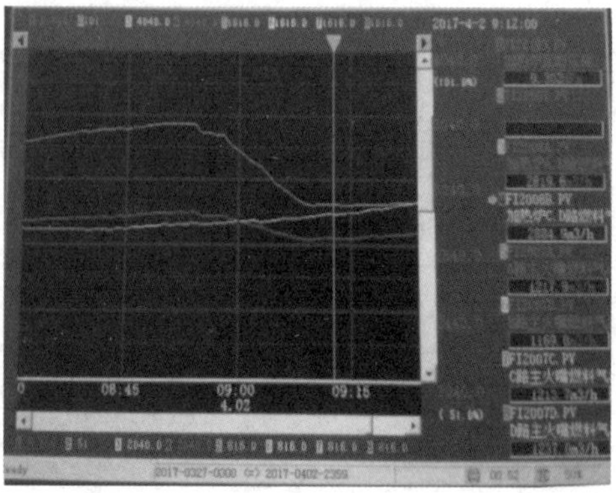

图 9　2017.4.2 加热炉瓦斯图

通过表 1、图 6~图 9 可以看到，3 月 25 日炉膛偏差由 31.5 降到 11℃，CD 路总瓦斯 FI2008B 由 3046 降到 $3012Nm^3/h$，减少 $34Nm^3/h$。4 月 2 日 CD 路炉膛偏差由 44.1℃降到 15.5℃。CD 路总瓦斯 FI2008B 由 $3036Nm^3/h$ 降到 $2875Nm^3/h$，减少 $161Nm^3$。

二、加热炉瓦斯压力

2017 年 6 月齐鲁乙烯新区停工，炼油厂物料产出本厂平衡，瓦斯管网波动比较大。管网瓦斯压力低时，补充天然气进行调节，瓦斯组分和压力波动较大。这造成加热炉出口温度波动大，四路温控阀调节不及时，操作工只能通过手动调节总瓦斯压控 PIC2103。其间，焦化炉膛温差大，车间经常调节加热炉炉火配风，后发现不同的总瓦斯压力，加热炉瓦斯总耗量不同。特选取 2017 年 3 月 26 日和 4 月 25 日不同总瓦斯压控下瓦斯用量表，见表 2。

表 2　加热炉瓦斯不同压力下瓦斯用量表

日期	时间	PIC21038/MPa	FI2008A/(Nm^3/h)	FI2008B/(Nm^3/h)	FI2007A/(Nm^3/h)	FI2007B/(Nm^3/h)	FI2007C/(Nm^3/h)	FI2007D/(Nm^3/h)	AI2001A/V%	AI2001B/V%
2017.3.26	15：39	0.279	2877	3061	1274	1188.9	1350	1318	1.79	2.02
	19：47	0.292	2828	2972	1244	1158	1280	1282	1.80	2.17
2017.4.25	17：30	0.3	2841	2905	1247	1164	1221	1279	1.86	1.98
	19：20	0.28	2886	2957	1269	1211	1247	1318	2.01	2.25
	20：36	0.291	2892	2958	1271	1203	1237	1319	1.91	2.03
	21：50	0.3	2840	2904	1238	1171	1202	1290	1.94	2.16

注：20：36 时加热炉入口温度温度比 19：20 高一度，因为赶上放空塔甩油。

从表 2 发现，瓦斯总压力下降时候，长明灯压力出现下降，造成长明灯燃烧效果不好，主燃气耗瓦斯量增大，进而造成总瓦斯用量偏大。经车间检查，长明灯自力式调节阀已开至最大位置，当总压力低于 0.29MPa 时，长明灯压力无法调节，导致长明灯压力下降。

从图 10 及表 2 中发现，3 月 26 日，通过对比瓦斯压控 PIC2103 在 0.292MPA 与 0.279MPa，氧含量变化不大，AB 路总瓦斯降 $49m^3/h$，CD 路总瓦斯降 $89m^3/h$，A 路瓦斯降 $30m^3/h$，B 路瓦斯降 $31m^3/h$，C 路瓦斯降 $70m^3/h$，D 路瓦斯降 $36m^3/h$。

从图 11 及表 2 中发现，4 月 25 日，通过对比瓦斯压控 PIC2103 在 0.3MPA 与 0.28MPa，氧含量变化不大，AB 路总瓦斯降 $46m^3/h$，CD 路总瓦斯降 $53m^3/h$，A 路瓦斯降 $33m^3/h$，B 路瓦斯降 $40m^3/h$，C 路瓦斯降 $45m^3/h$，D 路瓦斯降 $29m^3/h$。当压力于 17：30 从 0.3MPa 降低到 0.28MPa 后发现瓦斯耗量增大，于 21：50 恢复至 0.3MPa，总瓦斯与调整前相差不大。

生产表明，长明灯燃烧有最优的燃烧压力范围，如果超出此范围，燃烧效率将会降低，需要主燃烧器燃烧提供额外的热量，增加燃料气的消耗。因长明灯自力式调节阀已开至最大，瓦斯总压力不易低于 0.29MPa。

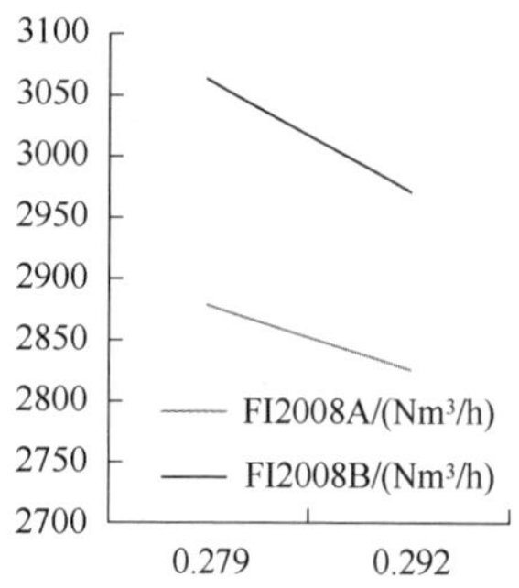

图 10　3 月 26 日不同瓦斯压力加热炉瓦斯耗量

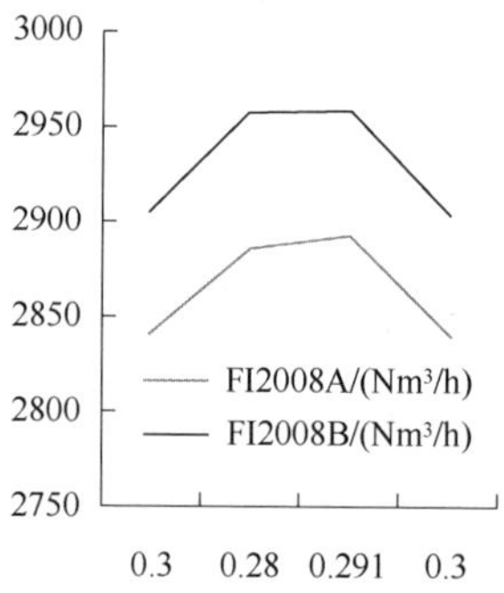

图 11　4 月 25 日不同瓦斯压力加热炉瓦斯耗量

三、结论

2016 年加热炉改造完频繁出现炉膛偏差较大的情况，6 月又遇到管网瓦斯压力波动较大，通过调整总压控来维持生产。车间通过仔细研究、积极调整，解决了以上两个生产问题，得出如下结论：

（1）加热炉不同路之间的瓦斯偏流，会造成加热炉燃烧效率的降低。本文对加热炉东西侧风量、瓦斯的不均匀有了新的认识，即同样会降低加热炉热效率。

（2）长明灯燃烧有最优的燃烧压力范围，如果超出此范围，燃烧效率将会降低，装置受限于长明灯自力式调节阀，总压力不易低于 0. 29MPa。

蜡油加氢装置节能优化总结

张建斌 | 中国石化齐鲁分公司胜利炼油厂

高压加氢装置普遍电耗较高，尤其是新氢机、反应进料泵等升压设备，电耗占比达到整个装置60%~70%。通过对这些高耗能设备及其他设备进行节能改造，装置能耗明显下降。

一、蜡油加氢装置电耗情况

众所周知，加氢装置是耗电大户，尤其是高压加氢装置。中国石化齐鲁分公司胜利炼油厂260Mt/a蜡油加氢装置于2015年3月30日建成投产，装置设计电单耗28.32kW·h/t，年耗电7.363×10kW·h。但是随着技术的不断进步，一些节能措施及能量回收设施的开发，为降低装置电耗奠定了基础。其中，蜡油加氢主要耗能设备耗能情况见表1。

表1　蜡油加氢主要耗能设备

设备名称	设计功率/kW	设备年耗电/kW·h	耗电占比/%
新氢机 K101	4500	27310176	37.09
进料泵 P102	2300	16113003	21.88
反应贫胺液泵 P104	900	6827544	9.27
分馏塔塔底泵 P206	400	3550322	4.82
原料升压泵 P101	280	1911712	2.60

二、节能改造

(一) 新氢机

新氢机是保证加氢装置反应压力的关键设备，主要作用是将新氢压力升高后注入反应系统，为加氢提供氢气，维持氢分压。新氢机基本上都是多级压缩的往复机，电耗很高，功率一般都要在几千千瓦，是加氢装置最大耗电设备。2.6Mt/a蜡油加氢装置新氢机型号为4M125-44/20-133-BX，入口压力2.0MPa，排气压力13.4MPa，额定流量47000m^3/h，轴功率

3930kW，驱动电机功率4350kW。该机一级出口存在抽气，即0.6Mt/a航煤加氢装置从一级出口获取新氢，流量约1200m³/h，2.6Mt/a蜡油加氢装置新氢耗量约41000m³/h。

但是，由于加工负荷和原料性质等原因，2.6Mt/a蜡油加氢装置实际氢耗约28000m³/h左右，机组运行电压10kV，运行电流约200A，回流阀开度90%~98%，这种情况造成了极大的能量浪费。为了降低电耗势必要寻找一种节能方式。目前，往复机节能采用的比较多的方式是贺尔碧格无级调量技术和余隙调节技术，蜡油加氢新氢机采用的是贺尔碧格无级调量系统。

1. 贺尔碧格无级调量系统及原理

贺尔碧格无级调量系统有现场设施、控制柜、DCS系统三大部分组成(见图1)。现场设施有控制油站、执行机构、测量定位点组成(见图2)。控制柜由厂家提供的CIU模块组成，主要是将DCS信号转变后输出至现场执行机构。DCS就是机组控制与监控系统。

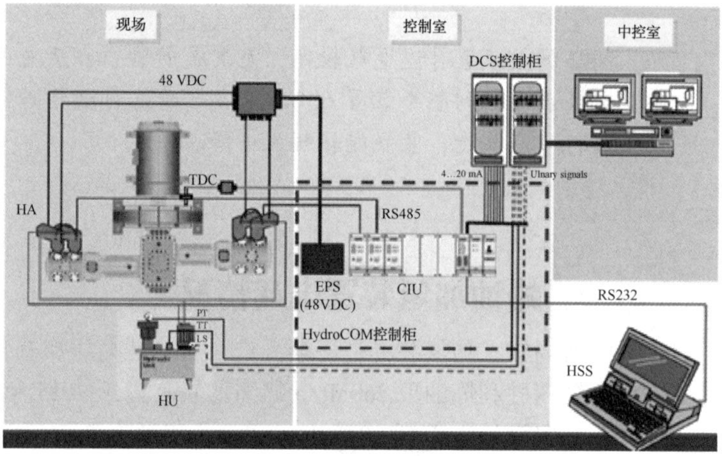

图1　贺尔碧格系统组成

图2　测量定位点

贺尔碧格的工作原理其实可以简称“回流省功”。通过控制进气阀的开关时间改变活塞做功的有效行程，使多余的气体在压缩时通过进气阀返回入口。即当进气终了时，进气阀阀片在执行机构作用下仍被卸荷器强制的保持开启状态，活塞开始压缩气体时，原吸入气缸的气体通过开启的进气阀回流到进气管不被压缩。当活塞运动到特定位置时，执行机构作用在进气阀阀片上的强制外力消失，进气阀关闭，气缸内剩余的气体开始被压缩。活塞运行到特定位置是通过测量定位点测量后将信号传至CIU，CIU通过计算转化为活塞行程，从而控制执行机构动作(见图3)。

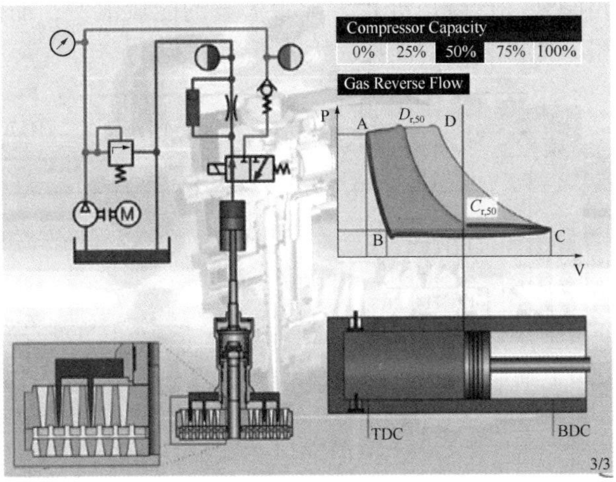

图 3 贺尔碧格工作原理

2. 新氢机的节能改造

装置于 2015 年 6 月进行了贺尔碧格无级调量系统改造。贺尔碧格系统投用后，机组回流阀最低关至 0.5%，最大开度 23%左右，机组运行电流降至 140A 左右，投用后电流降低 60A，电约 935kW，按 280t/h 进料算，贺尔碧格系统投用后电单耗下降 3.34kW · h/t，下降约 11.8%。每年按运转 8300h 计算，电费按 0.65 元/(kW · h)计算，年节约电费 504 万元。而贺尔碧格系统总投资需要 120 万元，投资回收周期大约 3 个月。

截止到 2019 年 10 月，在运行中应注意以下事项：

① 启机前要确认控制方式在手动同步位置，负荷为 0，否则会引起反应系统压力大幅波动；

② 贺尔碧格系统出现故障时，停止现场油站油泵，机组负荷即切换至 100%，操作人员应及时调节回流阀开度，避免反应系统压力波动；

③ 吸气阀更换时拆除执行机构时，先联系仪表人员将执行机构断电，避免执行机构电气元件短路；

④ 飞轮拆卸时，定位点要及时校准，防止信号偏差或检测不到；

⑤ 执行机构寿命约 24000h，运行时做好统计，预知维修时集中更换，尽量减少非计划检修；

⑥ 日常巡检时注意油站、油管连接处有无泄漏。

（二）进料泵

1. 液力透平原理

透平是一种将流体工质中蕴有的能量转换成机械能的能量回收机器。透平的最主要的部件是一个具有沿圆周均匀排列叶片的叶轮。具有较高压力能的流体流过叶轮时冲击叶片，推动叶轮转动，从而驱动轴旋转。轴直接或经传动机构带动其他机械，输出机械功。透平可以用液体、蒸汽、燃气、空气和其他气体或混合气体作为工质，以液体为工质的透平称为液力透平。液力透平的典型结构形式为离心式，除按要求进行水利设计外，一般可以采用离心泵反转运行做透平。加氢装置的反应系统特点为高温、高压，热高压分离器的温度在 250℃左右，压力控制在 11.0MPa，热低压分离器的压力在 2.5MPa 左右，而这 7.5MPa

的压差通常通过高压角阀来进行减压处理，导致大量的能量浪费，而液力透平的投用，刚好可以回收这部分能量，使得装置的能耗大大降低(见图4)。

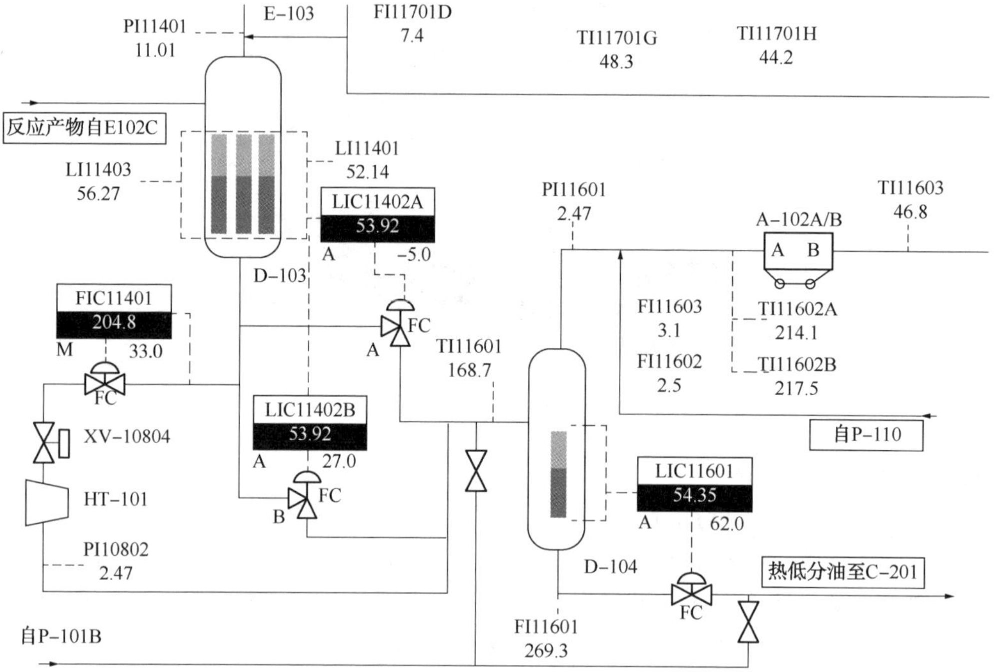

图4　液力透平工艺流程图

2. 进料泵节能改造

2015年10月蜡油加氢装置反应进料泵采用电机主驱动配套液力透平辅助驱动，组合成反应进料泵-液力透平泵组(见图5)，用以回收反应生成油从热高分至热低分的压力能。在保证装置运行安全性和可靠性的前提下，反应进料泵(P102A)—液力透平(HT101)泵组能回收热高分油中蕴含的70%~80%的压力能，节能达电机功率的30%~40%。

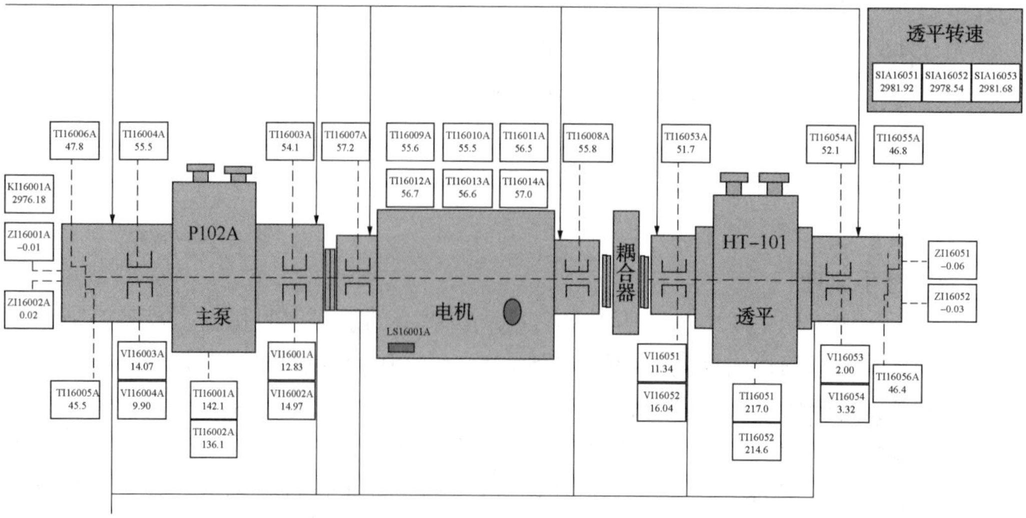

图5　泵组示意图

2.6Mt/a 蜡油加氢装置反应进料泵 P102A 电机设计功率 2400kW，液力透平 HT101 设计输出功率 600kW。液力透平正常投用时装置平均电单耗降低约 1.94kW·h/t，每月（按 30 天算）可节约电量 43.2×10^4kW·h，每月节约电费 36.72 万元，液力透平投资约 400 万元，大约 11 个月可收回投资成本。

3. 注意事项

通过 4 年的运行及兄弟单位经验教训，在运行中应注意以下事项：

① 透平首次开机前暖泵时要格外注意，暖泵时要严格控制升温速度，用正常暖泵流程暖泵，切不可为了加快暖泵速度投用主流程，暖泵过程中盘车时要关闭暖泵流程，避免在外力作用下，透平冲转伤人。

② 主泵检修时，液力透平保持正常预热，以备主泵开启后，尽快投用液力透平，透平预热时，要检查确认离合器在“脱开”位置。

③ 透平密封冲洗方案采用的是 PLAN54，油泵分为主、副油泵，主、副油泵正常切换时，密封油差压要改手动控制，避免油压大幅波动造成透平联锁停机。

④ 透平封油采用水冷器冷却，由于回油温度较高，循环水易结垢。目前，夏季需要喷淋降温并且定期酸洗，今后再有同类装置建议冷却水改为除盐水，避免结垢。

（三）叶轮切削

加氢装置在离心泵选型时往往偏大，再加上装置处理量偏低，这种情况往往会造成能耗的增加。为了降低装置的能耗，一般都会对离心泵进行改造，其中应用比较多也是最经济的方法就是叶轮切削或叶轮抽级（多级泵）。蜡油加氢装置截至到目前有 4 台泵进行了叶轮切削，详见表 2。

表 2　蜡油加氢机泵叶轮切削明细

位号	名称	型号	电机功率/kW	改前电流/A	改后电流/A	节电功率/kW
P101B	原料油升压泵	250AYS175	280	14	12	31.2
P203A	分馏塔塔顶冷凝水泵	ZHYa25-315	18.5	30	20	6
P204A	分馏塔塔顶回流泵	ZHYa40-400	55	80	65	9
P206B	分馏塔塔底泵	250AYS160×2	400	26	20	93.5

从表 2 中可以看出，4 台泵改造后每小时节电 139.7kW·h，按 280t/h 进料算，进 4 台泵叶轮切削后电单耗可降低 0.5kW·h/t。按照厂机动科管理规定，每月定期切换，切削机泵运转每月不少于 25 天算，每年可节电约 100.6×10^4kW·h。通过车间探索，实际上每次定期切换备用泵运转 4h，完全可以满足条件，这样每年可节电 121.7×10^4kW·h。

叶轮切削机泵节能效果显著，但是机泵定期切换工作要严格按照要求进行，避免备用机泵检查不到位，关键时候影响装置平稳运行。

（四）变频电机

现在石油化工装置变频电机应用十分广泛，变频电机的应用首先使机械自动化程度和生产效率大为提高，其次还可以节约能源，降低电耗。蜡油加氢装置就有部分设备应用变频电机，主要集中在空冷电机和个别水泵电机，详见表 3。

表 3　2018 年蜡油加氢装置变频设施运行时间统计

位号	名称	工频电流/A	变频电流/A	运行时间/h	节电/(kW·h)
A101A	热高分气空冷器	40	33	7648	29950
A101C	热高分气空冷器	40	33	7648	29950
A101E	热高分气空冷器	40	33	7648	29950
A101G	热高分气空冷器	40	33	7648	29950
A201B	气提塔塔顶空冷器	31	24	7648	29950
A202A	分馏塔塔顶空冷器	31	24	7648	29950
A202C	分馏塔塔顶空冷器	31	24	7648	29950
A203A	柴油空冷器	31	24	7648	29950
A204A	分馏塔产品空冷器	40	33	7648	29950
A204C	分馏塔产品空冷器	40	33	7648	29950
G1	鼓风机	40	25	8760	73510
P901B	锅炉给水泵	150	95	8752	285130

变频电机在给装置操作带来方便和节能降耗的同时，在运行中要注意负荷问题，当电机负荷(90%以上)较高时，投用变频器不仅不节能，而且对变频器的使用寿命有影响，此时应该改为工频运行，当负荷降下来时再改投变频运行。

三、结语

改造后，2018 年节能效果统计见表 4。

表 4　四种措施节能效果统计(2018 年)

名称	年节电/kW·h	总计节电/kW·h	原设计年耗电/kW·h	节约电量百分比
新氢机	6955408.9	12610717	73630000	17.1%
进料泵	3780167.9			
叶轮切削	1217000			
变频电机	658140			

通过表 4 发现，以上 4 种措施投用后，效益十分可观，每年可节电约 1246×10^4kW·h，装置电单耗也下降了 17.1%，这些经验在以后新装置建设或设备改造提供了有效的依据。同时还注意到装置内还可以有节能优化的地方，比如循环氢脱硫塔富胺液系统也可以增设液力透平，加热炉引风机可以进行转子改造等项目以达到进一步优化装置经济运行。

天然气有机硫水解催化剂工业应用

刘增让
刘爱华
刘剑利
徐翠翠
中国石油化工股份有限公司齐鲁分公司研究院

LS-05 有机硫水解催化剂成功应用于中石化广元天然气净化有限公司，考察了一联合水解催化剂运行温度在130℃、120℃、110℃下转化情况，结果表明：3个温度点催化剂COS水解率均在99%以上，110℃工况与130℃相比中压蒸汽使用量降低50%以上，成品天然气COS含量小于0.5mg/m^3，总硫含量低于8mg/m^3，天然气质量满足《天然气》(GB 17820—2018)一类气技术指标，天然气有机硫水解催化剂工业应用取得成功。

一、概述

2018年，我国发布天然气新标准GB 17820-2018，将一类气的总硫含量(以硫计)由60mg/m^{3}降到20mg/m^3，进入长输管线的天然气必须满足一类气指标，同时规定了商品天然气中硫化氢(H_2S)的含量限值为6mg/m^3，故商品天然气中有机硫的总含量必须在14mg/m^{3}以下，才能满足要求。目前，除欧洲标准(20mg/m^3)外尚无其他国家对商品天然气做出如此严格的总硫限值规定。因此，该标准的出台给天然气净化厂脱硫技术的升级带来了机遇和挑战。

根据《压力管道安全管理与监察规定》第三十九条第(三)款"长输管道系指产地、储存库、使用单位间的用于输送商品介质的管道"的定义，中石化广元天然气净化有限公司(简称元坝净化厂)外输商品气管道自元坝首站之后属于长输管道。中石化元坝净化厂近两年做了大量工艺研究工作以降低产品气总硫含量，包括采用高效配方型溶剂加强脱硫选择性和强化有机硫脱除，提高胺液循环量，降低吸收温度，增加吸收塔板数等措施，但最佳的效果也只能将有机硫降到35mg/m^3，而且这是以牺牲一定的脱硫选择性和产品气产率下降为代价。为满足新国标产品气要求，必须增设精脱硫装置/设施或采取其他解决手段。

针对元坝净化厂天然气性质、装置设计流程及工艺条件等实际情况，拟增设有机硫水解单元，使用中国石油化工股份有限公司齐鲁分公司研究院(简称研究院)开发的LS-05新型有机硫水解催化剂。该催化剂性能优于进口同类催化剂，COS水解率可达99%以上，反应温度较进口催化剂降低20℃，满足天然气净化厂有机硫水解反应单元的使用要求。2021年4~6月先后完成元坝净化厂一联合、二联合、四联合装置的开工运行。运行结果表明：装置各项参数运行正常，催化剂有机硫水解率大于99%，净化天然气中COS含量小于0.5mg/m^3，相比进口催化剂，运行能耗降低近50%，有机硫水解催化剂取得了较好的应用效果。

二、LS-05催化剂工业应用试验

(一) 装置改造流程

从一级脱硫塔出来气体首先通过水解反应器进出料换热器与水解反应器出口气体换热升温，换热升温后的气体进入水解反应器入口分离器分离出携带的溶剂及未汽化的水，分离了胺液的天然气在水解反应器预热器继续加热到所需温度后进入水解反应器，COS与H_2O反应生成H_2S和CO_2，离开水解反应器的气体经水解反应器进出料换热器降温后进入水解反应器出口空冷器，进一步冷却后进入二级脱硫塔。装置改造流程见图1。

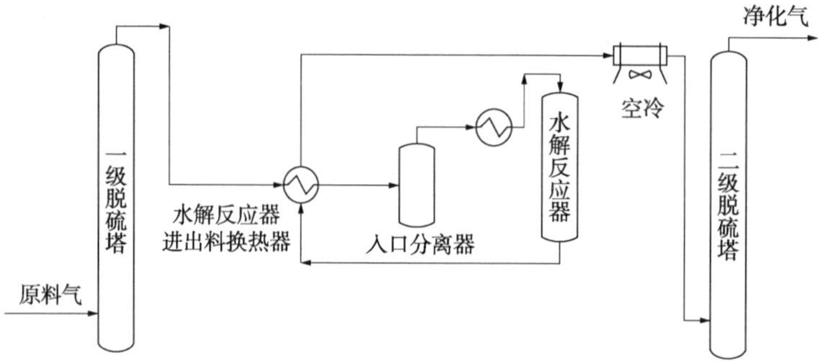

图1 装置改造流程图

(二) 催化剂物化性质

进口催化剂A是国内应用较多的有机硫水解催化剂，研究院研发的LS-05催化剂的物化性质与国外进口催化剂A物化性质比较见表1。

表1 LS-05催化剂与进口催化剂A物化性质比较

项目	LS-05	进口催化剂A
外观	白色球形	白色球形
外形尺寸/mm	Φ2~4	Φ2~4
比表面积/(m^2/g)	336	335
孔体积/(mL/g)	0.43	0.41
大孔比例/%	36.2	35.3

续表

项目		LS-05	进口催化剂 A
强度/(N/颗)		132	121
堆密度/(g/mL)		0.62	0.65
水解率/%	110℃	99.4	98.5
	130℃	99.5	99.4

从表 1 结果可以看出，LS-05 催化剂比表面积与进口催化剂 A 处于同一水平，孔体积、大孔比例及强度均高于进口催化剂 A，反应温度为 130℃时两者水解活性相当；在 110℃下，LS-05 催化剂水解率高于进口催化剂 A 一个百分点，说明 LS-05 催化剂具有低温活性好的特点。LS-05 催化剂综合性能达到国外同类催化剂水平。

三、装置开工后运行情况考察

中石化元坝净化厂一联合 2021 年 4 月中旬开工，二联合 5 月开工，四联合 6 月初开工。以元坝净化厂开工最早的一联合装置为例介绍装置运行 5 个月后情况。

2021 年 9 月 22 日 8：00~9 月 30 日 16：00，在一联合有机硫水解装置 COS 水解单元稳定运行 5 个多月后进行了装置标定，在装置 100%负荷下考察不同反应温度(130℃、120℃、110℃)对催化剂运行情况的影响。考虑装置稳定运行，未进行 110℃以下工业标定。

(一) COS 水解单元主要操作参数

在装置 100%负荷工况下，水解反应器入口温度分别为 130℃、120℃、110℃时 COS 水解单元的主要参数见表 2~表 4。从表 2~表 4 中数据可以看出，一联合 COS 水解单元在 110~130℃运行正常，均能满足产品技术要求。110℃时 3.5MPa 蒸汽平均用量约 227kg/h，130℃时 3.5MPa 蒸汽平均用量约 464kg/h，在满足技术指标要求的前提下，蒸汽用量节约 50%以上。

表 2　COS 水解单元主要操作参数(入口温度 130℃)

项目	9 月 22 日		9 月 23 日		9 月 24 日	
	10：00	15：00	10：00	15：00	10：00	15：00
流量/(km^3/h)	114	113	115	114	116	115
压力/MPa	5.1	5.1	5.1	5.1	5.1	5.0
温度/℃	35.0	35.7	34.2	34.6	35.1	35.3
E106 蒸汽/(kg/h)	463	460	455	475	460	468
入口温度/℃	130	130	130	130	130	130
出口温度/℃	128	128	128	128	128	128
压差/kPa	11.6	11.3	11.4	11.5	11.6	11.4

表 3　COS 水解单元主要操作参数(入口温度 120℃)

项目	9 月 25 日		9 月 26 日		9 月 27 日	
	10：00	15：00	10：00	15：00	10：00	15：00
流量/(km^3/h)	116	116	116	116	117	115
压力/MPa	5.1	5.1	5.0	5.0	5.2	5.2

续表

项目	9月25日		9月26日		9月27日	
	10：00	15：00	10：00	15：00	10：00	15：00
温度/℃	35.1	35.7	34.7	34.4	34.8	34.6
E106 蒸汽/(kg/h)	348	316	307	348	360	424
入口温度/℃	120	120	120	120	120	120
出口温度/℃	118	118	118	118	118	118
压差/kPa	11.4	11.5	11.4	11.3	11.4	11.3

表 4　COS 水解单元主要操作参数(入口温度 110℃)

项目	9月28日		9月29日		9月30日	
	10：00	15：00	10：00	15：00	10：00	15：00
流量/(km^3/h)	114	116	116	116	116	115
压力/MPa	5.2	5.2	5.1	5.1	5.2	5.2
温度/℃	35.6	36.0	35.4	36.1	35.6	36.5
E106 蒸汽/(kg/h)	209	203	240	237	235	237
入口温度/℃	110	110	110	110	110	110
出口温度/℃	109	109	108	108	108	108
压差/kPa	10.6	10.7	11.3	11.1	11.1	10.6

(二) 催化剂水解率考察

COS 水解率按下式计算，计算公式如下：

$$\eta_{COS}=\frac{M_0-M_1}{M_0}\times 100\%$$

式中，M_0为水解反应器入口 COS 浓度，mg/m^3；M_1为水解反应器出口 COS 浓度，mg/m^3。

在水解反应器入口温度为 130℃、120℃、110℃工况下，反应器出入口在线表分析测试数据及水解率见图 2~图 7。从图 2~图 7 中数据可以看出，水解反应器入口 COS 含量(以 S 计)为 55~65mg/m^3，水解反应器出口 COS 含量(以 S 计)为 0.2~0.4mg/m^3，催化剂 COS 水解率均在 99%以上。

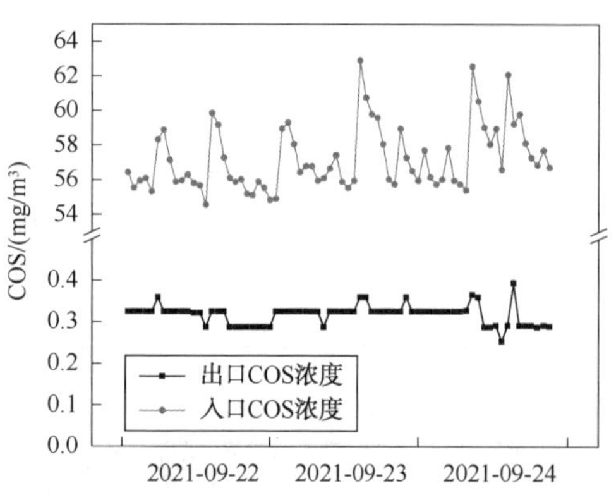

图 2　COS 水解反应器出、入口在线表数据
(入口温度 130℃)

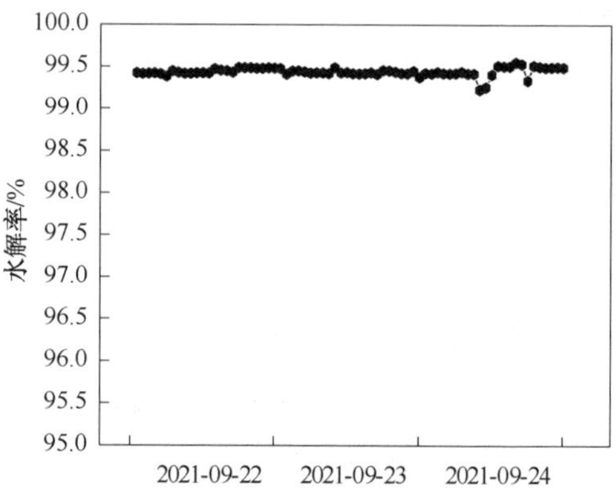

图 3　COS 水解催化剂转化率
(入口温度 130℃)

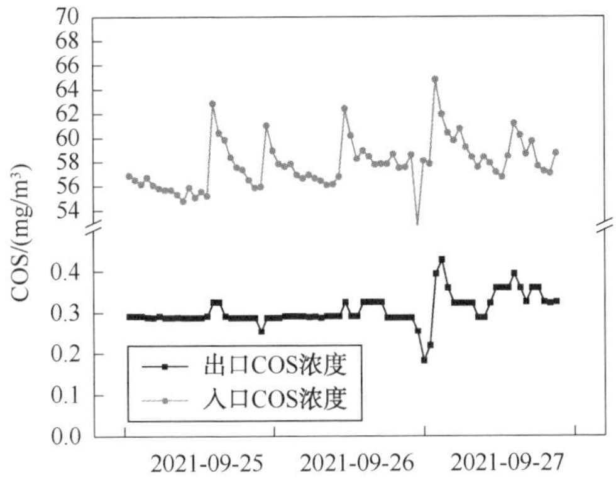

图 4　COS 水解反应器出、入口在线表数据
（入口温度 120℃）

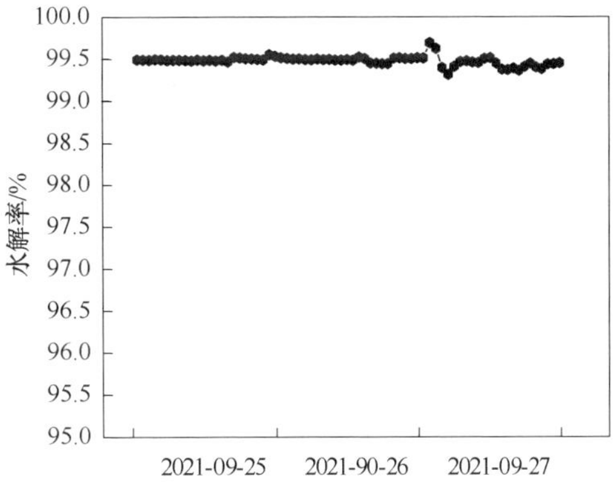

图 5　COS 水解催化剂转化率
（入口温度 120℃）

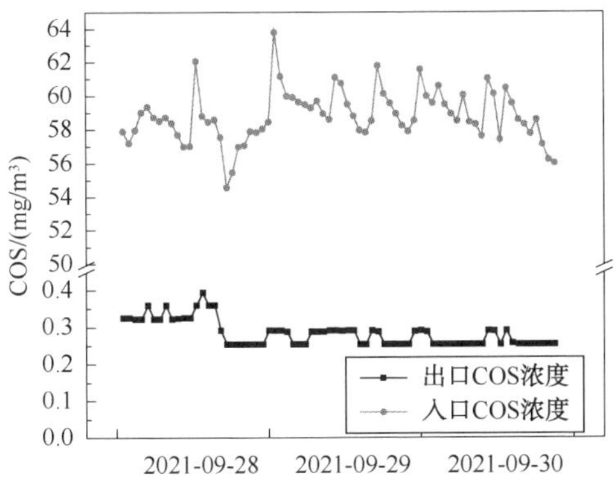

图 6　COS 水解反应器出、入口在线表数据
（入口温度 110℃）

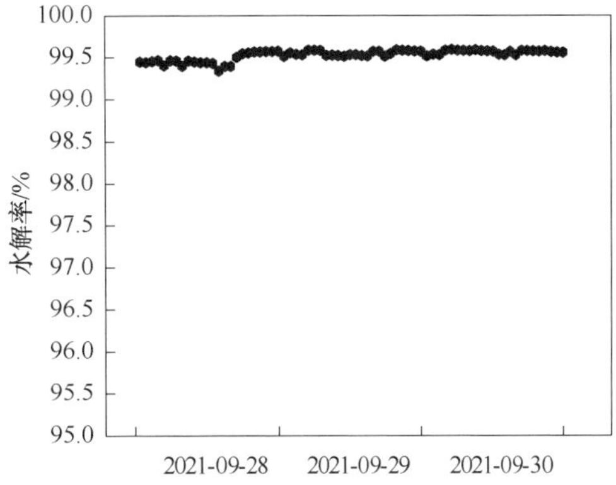

图 7　COS 水解催化剂转化率
（入口温度 110℃）

（三）净化天然气组成

在水解反应器入口温度为 130℃、120℃、110℃工况下，一联合净化天然气组成数据见表 5~表 7。

表 5　净化天然气组成（入口温度 130℃）

项目	9 月 28 日	9 月 29 日	9 月 30 日
CH_4/mol%	99.30	99.31	99.35
C_2H_6/mol%	0.03	0.03	0.03
CO_2/mol%	0.21	0.25	0.24
He/mol%	0.02	0.02	0.02
H_2/mol%	<0.01	<0.01	<0.01
N_2/mol%	0.44	0.39	0.36
总硫/(mg/m^3)	7.1	7.0	5.5
H_2S(以 S 计)/(mg/m^3)	<0.1	<0.1	<0.1
COS(以 S 计)/(mg/m^3)	<0.1	<0.1	0.1
甲硫醇(以 S 计)/(mg/m^3)	3.6	3.6	3.7
乙硫醇(以 S 计)/(mg/m^3)	0.5	0.5	0.5

表 6　净化天然气组成(入口温度 120℃)

项目	9 月 25 日	9 月 26 日	9 月 27 日
CH_4/mol%	99.35	99.36	99.28
C_2H_6/mol%	0.03	0.03	0.03
CO_2/mol%	0.24	0.23	0.28
He/mol%	0.02	0.02	0.02
H_2/mol%	<0.01	<0.01	<0.01
N_2/mol%	0.36	0.36	0.39
总硫/(mg/m^3)	6.7	6.6	6.1
H_2S(以 S 计)/(mg/m^3)	<0.1	<0.1	<0.1
COS(以 S 计)/(mg/m^3)	<0.1	<0.1	0.1
甲硫醇(以 S 计)/(mg/m^3)	3.8	3.4	3.2
乙硫醇(以 S 计)/(mg/m^3)	0.5	0.5	<0.1

表 7　净化天然气组成(入口温度 110℃)

项目	9 月 22 日	9 月 23 日	9 月 24 日
CH_4/mol%	99.25	99.27	99.35
C_2H_6/mol%	0.03	0.03	0.03
CO_2/mol%	0.33	0.28	0.22
He/mol%	0.02	0.02	0.02
H_2/mol%	<0.01	<0.01	<0.01
N_2/mol%	0.37	0.40	0.38
总硫/(mg/m^3)	7.1	6.8	6.8
H_2S(以 S 计)/(mg/m^3)	<0.1	<0.1	<0.1
COS(以 S 计)/(mg/m^3)	<0.1	<0.1	0.1
甲硫醇(以 S 计)/(mg/m^3)	3.9	3.6	3.4
乙硫醇(以 S 计)/(mg/m^3)	0.5	0.5	0.5

从表 5~表 7 可以看出，净化天然气形态硫组成主要为甲硫醇和乙硫醇，COS(以 S 计)含量均小于 0.1mg/m^3，甲硫醇(以 S 计)含量均小于 4mg/m^3，乙硫醇(以 S 计)含量均小于 1mg/m^3。

一联合净化天然气总硫数据见图 8~图 10。

从图 8~图 10 中数据可以看出，在不同反应温度下(130℃、120℃、110℃)，净化天然气总硫含量均低于 8$mg \cdot m^{-3}$，满足国家《天然气》(GB 17820—2018)新标准所要求的 20mg/m^3，天然气质量满足一类气技术指标。

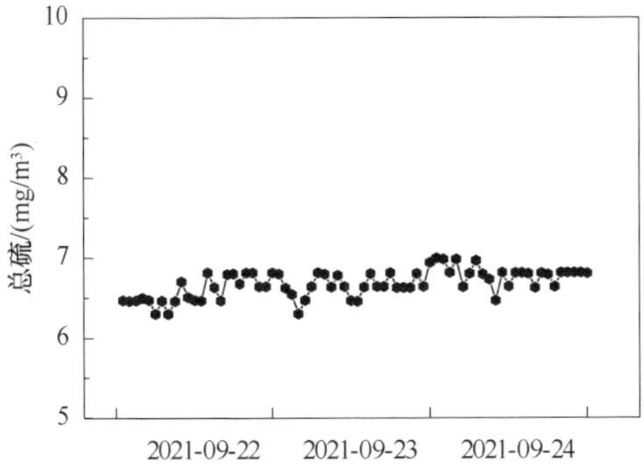

图 8 净化天然气总硫
（入口温度 130℃）

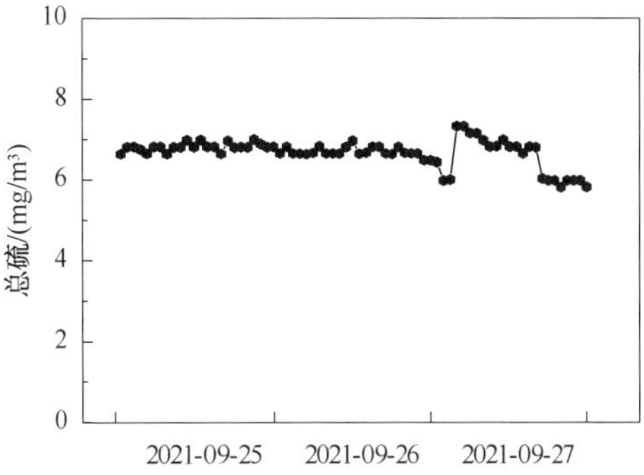

图 9 净化天然气总硫
（入口温度 120℃）

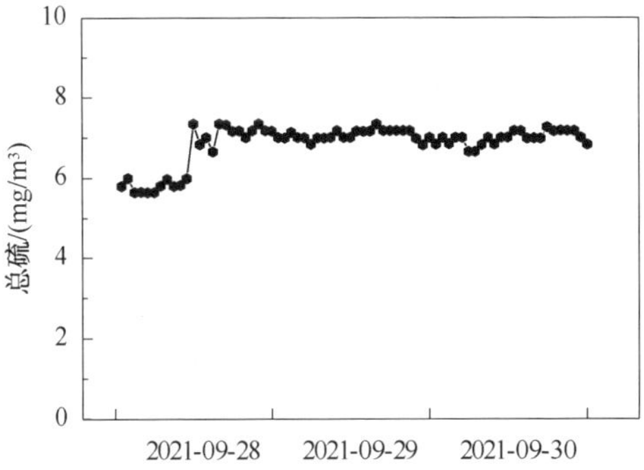

图 10 净化天然气总硫（入口温度 110℃）

四、结语

（1）水解反应器入口温度在 110℃、120℃、130℃时均能满足使用要求，入口温度为 110℃工况较 130℃工况中压蒸汽使用量降低 50% 以上，至今一直在 110℃工况下运行，节能效果显著。

（2）一联合装置净化天然气总硫低于 $8mg/m^3$，远低于国家 GB 17820—2018 规定的 $20mg/m^3$，天然气质量满足一类气技术指标，LS-05 有机硫水解催化剂成功实现工业应用。

参考文献

[1] 蔡黎．强制性国家标准《天然气》GB 17820—2018 正式发布[J]．石油与天然气化工，2018，47(6)：32.

[2] 李健，邱云霞，李林龄．新国标《天然气》对元坝天然气净化厂的影响及解决方案[J]．石油化工设计，2020，37(1)：40-43.

济南炼化硫黄装置节能优化措施

薛倩男 | 中国石油化工股份有限公司济南分公司

近几年，中国石油化工股份有限公司济南分公司硫黄装置综合能耗总体呈下降趋势。基于节能增效，硫黄装置通过工艺流程改造、设备检修及节能改造和操作优化等措施，实施了蒸汽跨装置直供、部分水回用的工艺优化，对换热器、机泵、废热锅炉和胺液净化等设备进行改造，并加强优化操作。通过以上节能措施的综合应用，硫黄装置实现年节电 191.71×10^4 kW · h、节约蒸汽 35448t、增发蒸汽 1260t、节约除盐水 8400t、节约风 756×10^4 Nm^3。

一、济南炼化硫黄装置构成及能耗趋势

中国石油化工股份有限公司济南分公司(简称：济南炼化)硫黄装置属于炼油的下游环保装置，由 160t/h 含硫污水汽提装置、20kt/a 硫黄回收装置、40kt/a 硫黄回收装置、90t/h 胺液再生装置、气体脱硫装置和 800kt/a 液化气脱硫醇装置组成。

160t/h 含硫污水汽提装置由原料含硫污水罐区(含 2 个 5000m^3原料水罐)和污水汽提及附属系统组成，将上游装置产生的含硫污水汽提净化，产出达到硫化物≤15mg/L、氨氮≤60mg/L、pH 值在 6.5~9.5 区间回用要求的净化水和含蒸汽较低、含 H_2S 与 NH_3较高且适于克劳斯工艺处理的合格含氨酸性气。20kt/a 硫黄回收装置和 40kt/a 硫黄回收装置均以胺液再生装置的清洁酸性气、160t/h 含硫污水汽提排放的含氨酸性气和 S-Zorb 再生烟气为原料，硫黄回收部分采用直流式的部分燃烧法，两级催化转化的克劳斯工艺，尾气处理采用还原-吸收-焚烧工艺，生产的液体硫磺质量合格率 100%，烟气 SO_2 排放达标率 100%，附加产生 1.0MPa 蒸汽和凝结水。

气体脱硫装置由 200kt/a 干气脱硫、500kt/a 液化气脱硫和 150t/h 胺液再生装置组成，其中 200kt/a 干气脱硫、500kt/a 液化气脱硫和两套硫黄尾气处理的吸收部分都使用“醇胺法”脱硫，脱硫剂采用的是 N-甲基二乙醇胺，即 MDEA。200kt/a 干气脱硫、500kt/a 液化气脱硫和

800kt/a 液化气脱硫醇装置能耗因素相对简单，能耗本文暂不陈述。90t/h 胺液再生装置和150t/h 胺液再生装置工艺原理一样，各配有一套胺液净化；90t/h 胺液再生装置选用进口高效脱硫剂，操作浓度控制 15%~40%，处理两套硫磺回收装置胺液；150t/h 胺液再生装置操作浓度控制在 15%~30%，胺液用户较多，包括 200kt/a 干气脱硫、500kt/a 液化气脱硫、污水罐区闪蒸气及污水大罐呼出气脱硫、焦化干气脱硫、柴油加氢装置循环氢脱硫、丙烷脱硫。近几年各装置的综合能耗见表 1。

表 1　济南炼化硫黄装置综合能耗

装置名称	单位	2019 年	2020 年	2021 年	2022 年上半年
160t/h 含硫污水汽提	kg 标油/t	7.95	9.16	8.13	8.28
20kt/a 硫黄回收	kg 标油/t 硫黄	-85.49	-163.35	-125.34	-111.1
40kt/a 硫黄回收	kg 标油/t 硫黄	-140.93	-202.5	-177.01	-198.04
90t/h 胺液再生	kg 标油/t	7.45	7.76	6.5	6.31
150t/h 胺液再生	kg 标油/t	4.17	4.11	3.66	3.99

从表 1 可知，近几年各装置综合能耗总体趋势是下降的。

二、硫黄装置节能措施

在保证各装置运行安全环保且产品质量合格的前提下，结合装置特点，围绕节能降耗，提出并实施了以下几项措施。

（一）工艺流程改造

1. 跨装置优化 0.3MPa 蒸汽管网

常减压装置加工负荷较低，自发蒸汽作塔底吹汽的量偏小，造成过热蒸汽在减压炉对流室停留时间长，过热蒸汽系统压力及温度高，最高温度达 460℃，逼近炉管设计温度，存在较大的安全风险；而 150t/h 胺液再生装置再生塔塔底再沸器用蒸汽的 75%来源于减温减压后的 1.0MPa 蒸汽，能量损失大。将常减压装置 0.3MPa 蒸汽直供 150t/h 胺液再生塔底吹汽，在消除装置生产瓶颈的前提下实现节能降耗，流程如图 1 所示。经优化，150t/h 胺液再生装置可减少 1.0MPa 蒸汽约 2t/h。

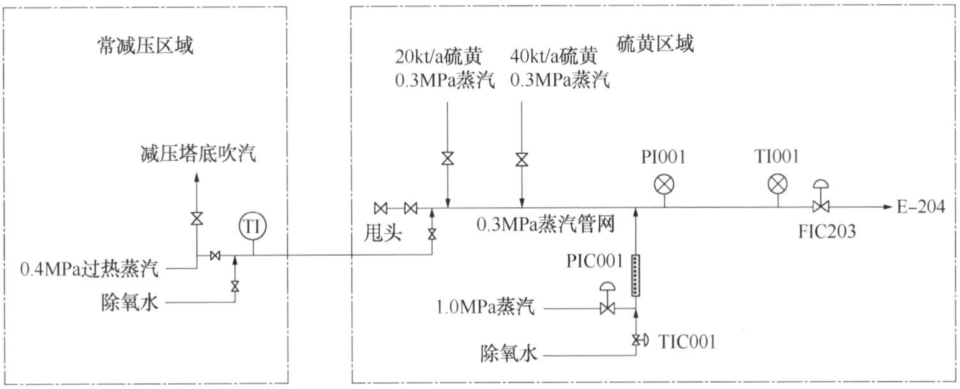

图 1　常减压装置 0.3MPa 蒸汽直供 150t/h 胺液再生塔底吹汽流程

2. 原料水罐水封水再利用

原料含硫污水罐区 2 个 5000m^{3}原料水罐的水封水利用的是 160t/h 含硫污水汽提装置的净化水，其进入水封罐 D-105/1.2 与呼出气短暂接触后，溢流进入原料水罐，增加了装置污水处理。现将原料水罐 D-102/1.2 顶部水封罐净化水引至常减压装置电脱盐注水罐 D-12 再利用。水封罐 D-105/1.2 和电脱盐注水罐 D-12 两者高度落差约为 10m，距离 200m，测算能够满足自流条件，不需要增压，流程见图 2。

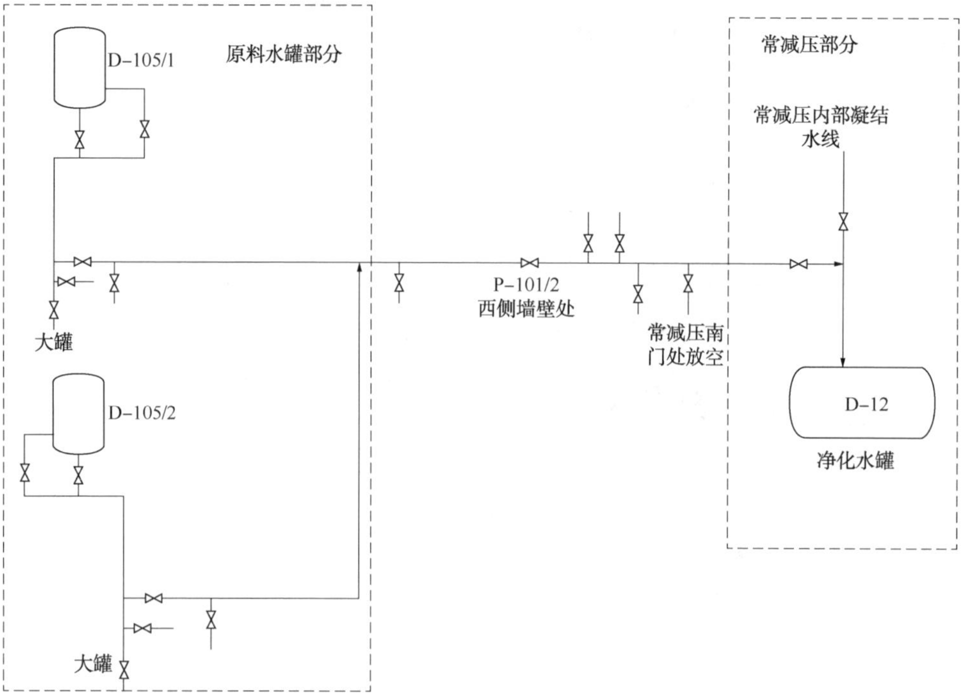

图 2　原料水罐水封水再利用流程

水封水改至电脱盐注水罐后，标定水封水量为 3t/h，污水汽提按目前蒸汽单耗 130kg/t 计算，可节约蒸汽 0.39t/h，年节约蒸汽 3276t，节能效果显著。

3. 脱硫醇水洗水回用

液化气脱硫醇装置经过 3 次扩能改造，设计能力为 800kt/a，同时实现焦化液化气和催化液化气双系列独立脱硫醇运行后，水洗水总量增加了 2t/h，以确保系统安全稳定运行，但是水洗水的增量相对于液化气量增幅来讲是过剩的。为保证合格气分料，减轻碱液携带，根据液化气质量，现在水洗水泵 P-508 出口至除盐水 P-502 入口配制水洗水回用流程，使得部分水洗水返回再利用，减少除盐水的消耗量约 1t/h，同时水洗水去原料水罐的量也降低了，同步降低了污水汽提的负荷。污水汽提按目前蒸汽单耗 130kg/t 计算，间接节约蒸汽 0.13t/h，达到节能的目的。脱硫醇水洗水回用流程见图 3。

（二）设备检修及节能改造

1. 换热器预防性检修

160t/h 含硫污水汽提装置污水汽提塔塔底重沸器 E-106 出现堵塞，换热效果变差，能耗有所增加。同时凝结水背压升高，造成加热蒸汽量提不起来，塔盘焦粉加速富集，塔盘堵塞风险增大，对加工负荷和净化水合格率有一定的影响。另外净化水-原料水换热器 E-

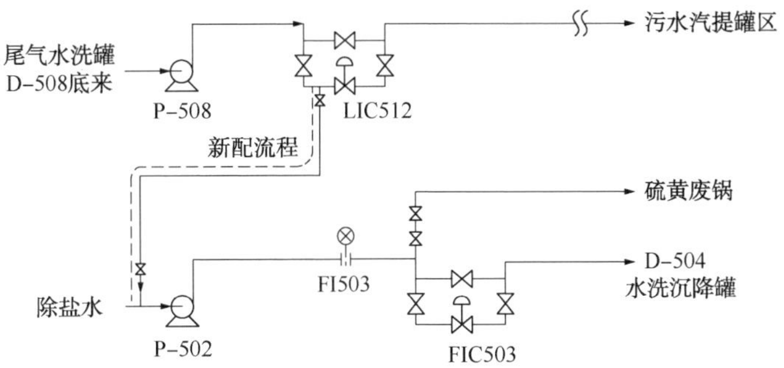

图 3　脱硫醇水洗水回用流程

105/3.4 胶粉沉积造成换热效率低，导致净化水换热网络的热量利用减少。针对此工况，制订并开展设备预防性检修计划，检修完投用后共节约蒸汽 1t/h。

2. 机泵节能改造

电的消耗主要是机泵电机。机泵电机的运行原则是运行变频、小功率、电流低的设备。硫黄装置共 15 台节能机泵，将节能机泵作为主运行机泵，备用机泵执行季度定期切换，运行一周后切回。

根据实际工况，将 150t/h 胺液再生装置的贫胺液泵 P-201/1、160t/h 含硫污水汽提装置净化水泵 P-106/1 和 20kt/a 硫黄回收装置制硫风机 K-701/2 进行节能改造。净化水泵 P-106/1 原泵额定流量 170m^3/h，正常工况净化水量 120~140m^3/h，现将该泵进行切削叶轮，改造后可实现每年节电 20.32×10^4kW·h；贫胺液泵 P-201/1 原泵额定流量 199m^3/h，正常工况净化水量约 120m^3/h，现将该泵进行切削叶轮，改造后可实现每年节电 68.31×10^4kW·h；制硫风机 K-701/2 原风机额定流量 7500Nm^3/h，现将其机组更新，改造后新机组额定流量为 4500Nm^3/h，可实现每年节电 92.58×10^4kW·h。

3. 胺液再生塔底新增换热器

在上一运行周期(2017 年 3 月~2021 年 3 月)的后期，90t/h 胺液再生装置富胺液进塔温度为 85℃，相比装置温度偏低，造成塔底重沸器蒸汽用量大，装置能耗高。现在胺液再生塔底增加一台贫富液换热器 E-726，将富胺液进塔温度提高至 98℃以上，以降低再生蒸汽单耗。

贫富液换热器 E-726 投用后，富胺液进塔温度由 96℃上升至 103℃，蒸汽消耗由 6.85t/h 降至 6.15t/h，节约蒸汽 0.7t/h，蒸汽单耗由 94.5kg/t 降至 82kg/t，节能效果显著。

4. 废热锅炉挖潜

40kt/a 硫黄回收装置废热锅炉 ER601(以下简称废锅)取热能力下降，出口过程气温度偏高，已试验过多种调节手段，发现效果一般，初步判断是废锅管程结垢，效率下降，导致取热能力下降，因此废锅后温度将制约硫黄负荷的继续提高。废锅管束自 2011 年开工后没有清理过，于 2021 年停工大检修期间时对 40kt/a 硫黄废锅管束进行清理，取热效率恢复良好。

废锅原设计发 0.35MPa 蒸汽，后受加工负荷限制，装置自开工以来一直借用原 1.0MPa 进装蒸汽线发 1.0MPa 蒸汽，由于该线管径较细(DN100)，存在一定的限流造成背压偏高，不利于废锅 ER-601 发汽。现新配一条 DN150 蒸汽线，投用后双线并行，以降低后路压力，增加废锅发汽量约 0.15t/h。新配蒸汽流程见图 4。

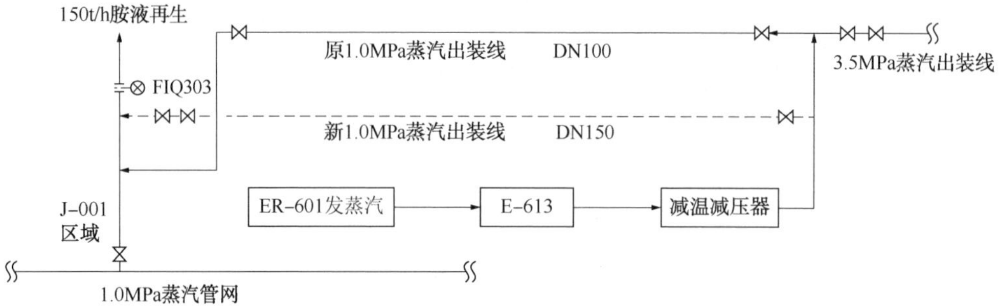

图 4　40kt/a 硫黄新配蒸汽流程

5. 90t/h 胺液再生增加胺液净化

胺液再生塔 C-721 频繁托液，经过分析 40kt/a 硫黄富胺液内固体杂质含量较多，现增配了富胺液过滤流程(见图 5)，引流部分胺液进入胺液净化过滤器内过滤，以减少进再生塔 C-721 内富胺液中固体杂质的含量，减小对再生塔操作的影响。

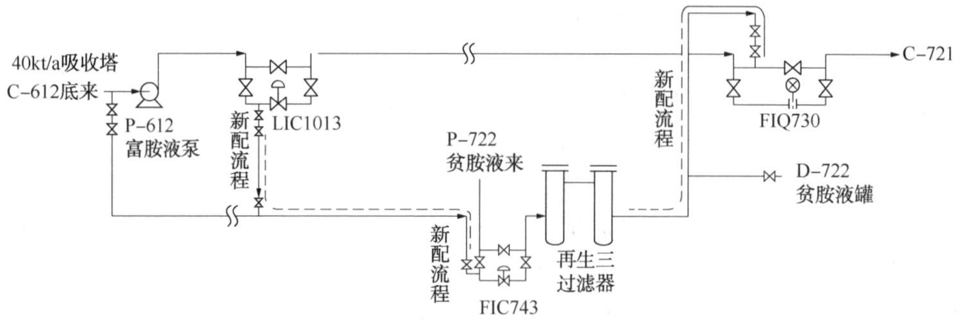

图 5　40kt/a 硫黄富胺液过滤流程

胺液净化过滤器为三级过滤器，一级过滤器精度为 25μm(楔形滤芯)，二级为瓷球和椰壳活性炭，三级过滤器精度为 5μm(PP 滤袋)，设施处理量为 5t/h，操作弹性 50%~120%，操作压力为≤1.0MPa，设施出入口允许压降为≤0.1MPa，过滤器精度为 5μm。经持续进行胺液过滤后，富胺液中固体杂质明显减少，胺液品质得到提高，硫黄装置吸收塔胺液循环可试操作情况降量，胺液再生的蒸汽使用量减少。

(三) 操作优化

1. 精准控制净化风

通过氮气、净化风排查进一步摸清各装置用气点，对漏风的调节阀进行漏点处理，同时对净化风用量大的加热炉火焰监视器冷却风、制硫炉、尾气炉看窗冷却风进行精细化调整，在保证设备安全运行的前提下降低能源介质使用，仅 40kt/a 硫黄装置尾气炉节风 $100Nm^3/h$。

2. 合理控制风机出口放空量

40kt/a 硫黄装置制硫风机 K-601/1.2 和尾气炉风机 K-611/1.2 是离心式风机，离心式风机要采用入口阀节流，风机出口压力满足流量控制需求即可，避免压力过高，日常运行时，出口放空阀全关，降低风机负荷。现集中调节 40kt/a 制硫风机、尾气风机出口放空量，在保证风机不喘振安全运行的前提下，分别减少放空量 $500Nm^3/h$、$300Nm^3/h$，全年节电

10.5×10^4kW·h。

3. 节能效果核算

硫黄装置采取上述节能措施后，节能效果显著，具体核算结果见表2。

表2　硫黄装置节能措施实施效果汇总

能耗因素	增减量	能耗因素	增减量
节约除盐水/(t/a)	-8400	脱硫醇水洗水回用	-1092
脱硫醇水洗水回用	-8400	换热器预防性检修	-8400
节约电/(10^4kW·h/a)	-191.71	胺液再生塔底新增换热器	-5880
机泵切削叶轮	-181.21	节约风/(10^4Nm^3/a)	-756
合理控制风机出口放空量	-10.5	精准控制净化风	-84
节约蒸汽/(t/a)	-35448	合理控制风机出口放空量	-672
跨装置优化0.3MPa蒸汽管网	-16800	增发蒸汽/(t/a)	1260
原料水罐水封水再利用	-3276	新增蒸汽线	1260

四、结论

济南炼化针对硫黄装置运行现状和能耗情况，实施了跨装置优化0.3MPa蒸汽管网、原料水罐水封水再利用、脱硫醇水洗水回用等工艺流程优化，进行了换热器预防性检修以及机泵切削叶轮、胺液再生塔底新增换热器、废热锅炉管束清理、新增蒸汽线及胺液再生增加胺液净化等一系列节能改造，并优化操作精准控制净化风、合理控制风机出口放空量等。

经节能效果核算可知，机泵节能改造较合理控制风机出口放空量更利于节约电能，但合理控制风机出口放空量在节电节风两方面同时降耗；跨装置优化0.3MPa蒸汽管网(蒸汽直供)既消除了上游装置生产瓶颈，又在硫黄装置节能措施中节约蒸汽方面效果最佳，这类跨装置优化建议推广，如航煤直供、蜡油直供、渣油直供等。胺液再生增加胺液净化虽未进行节能效果核算，但无论是原有的贫胺液净化还是新增的富胺液净化，胺液品质均得到有效提高，固体杂质明显减少，对硫黄装置吸收塔胺液循环降量和胺液再生塔降蒸汽是有利的。

综合优化实施后，济南炼化硫黄装置合计实现年节电191.71×10^4kW·h、节约蒸汽35448t、增发蒸汽1260t、节约除盐水8400t、节约风$756\times10^4Nm^3$，创造了显著的经济效益。

延迟焦化装置在低负荷工况下延长生焦周期的实践与分析

张　磊
尹连军
曹曙光
刘丽华　中国石油天然气股份有限公司大港石化分公司
杨志刚
陈昉彬
郑洪生

对大港石化公司 1.2Mt/a 延迟焦化装置在低负荷工况下，对生产方案进行优化。将延迟焦化装置生焦时间由 24h 延长至 48h。通过对石油焦质量和装置能耗数据对比，月能耗降低 1.41kgEO/原料，月节省电量 21×10^4kW·h，月节省蒸汽 270t，月节省瓦斯 1.5 万 m^3，年降本 279.234 万元，提升了装置的整体经济效益。48h 生焦石油焦焦质明显变硬，块状石油焦明显增加，粉焦减少，除焦操作正常。

一、概述

大港石化公司 1.2Mt/a 延迟焦化装置由中油股份华东设计院设计，2003 年底开始建设，2004 年 11 月建成投产。装置以大港减压渣油为主要原料，年处理能力为 1.0Mt/a，主要产品为汽油、柴油、液化气、蜡油、石油焦，副产品为干气。2010 年 4 月经北京拓首科技发展有限公司设计，将原 1.0Mt/a 延迟焦化装置处理量提高到 1.2Mt/a，循环比 0.25。2017 年 7 月 13 日至 2021 年 3 月 16 日，装置第九周期安全平稳运行 1315 天，创历史最长纪录。

2021 年 6 月 4 日装置第十周期开工至今，其间根据公司总体生产安排，降低延迟焦化装置生产负荷至 1500t/d，为设计负荷的 43%，焦炭塔容积使用率只有 27%左右，远低于焦炭塔的设计值。从降低装置整体运行成本、提高经济效益的角度出发，通过装置能耗、成本、运行工况核算分析，以及国内同类装置调研学习、相关文献查阅，采取延长生焦周期降低延迟焦化装置能耗及运行成本的方案。

二、延长生焦周期的实施情况

（一）生焦方案的选择

延迟焦化装置原采用24h生焦周期，每日16：40切塔，第二天5：30~8：00除焦。低负荷工况（1500t/d）下每天焦炭产量为345t，对应实测焦炭塔的空高为22m。

焦炭塔是延长焦化生焦反应的场所，其生产期间除要容纳一个生焦周期的石油焦外，还要考虑泡沫层的高度，并留有一定的安全高度，实际生产中安全高度控制不低于切线下3.80m。针对装置的工艺流程和焦炭塔的生焦量，制定了2个延长生焦周期的方案：36h生焦方案、48h生焦方案。

方案1：36h生焦方案生焦量适中，符合安全高度要求的前提下可调整加工量至2000t/d。但是切塔周期及辅助性工作时间节点每天都有变化，缺少规律性，极易发生误操作事故。

方案2：48h生焦方案能使各项操作减半，能够达到最大的节能效果。但是需严格控制加工量，风险是如处理量大幅增加不及时调整生焦方案的话，在生焦末期焦炭塔内泡沫层过高会导致大油气管线结焦及分馏塔发生冲塔事故，影响正常操作和产品质量，对安全生产不利。

通过综合对比分析36h、48h生焦的优缺点，48h生焦周期更具可操作性和经济性，各操作阶段更有规律。根据测算能保证安全高度的前提下，48h生焦方案，加工量应控制在1500~1700t/d较适宜。

执行48h生焦后按照目前加工量1500t/d，计算每个焦炭塔生焦周期的实际加工量为3000t；加工量提至1700t/d时，每个焦炭塔生焦周期实际加工量为3400t，此时可以考虑改回24h生焦操作。

综上所述，加工量在1500~1700t/d，48h生焦操作具有可行性。

（二）36h生焦方案执行情况

2022年3月27日，延迟焦化装置开始由24h生焦向36h生焦转换。3月31日0：00第一塔36h带三泥焦除焦，其余塔焦未回炼三泥。截至4月6日共计生产5塔36h焦。36h生焦期间加热炉反应温度执行变温操作，生产塔前12h反应温度控制499℃，后24h反应温度控制500℃，循环比控制1.05。装置生产平稳，产品质量合格。36h生焦工序及除焦时间见表1。

表1 36h生焦工序及除焦时间

工序	南切北	北切南	南切北	北切南	南切北	北切南	南切北	北切南	南切北
	3月26日	3月27日	3月28日	3月30日	3月31日	4月2日	4月3日	4月5日	4月6日
切塔	16：40	18：40	20：30（3.28）	8：30（3.30）	20：30（3.31）	8：30（4.02）	20：30（4.03）	8：30（4.05）	16：40（4.06）
小吹汽	16：40	18：40	20：30	8：30	20：30	8：30	20：30	8：30	16：40
三泥雾化	18：40	20：40	22：30	10：30	22：30	10：30	22：30	10：30	18：40

续表

工序	南切北	北切南	南切北	北切南	南切北	北切南	南切北	北切南	南切北
给水冷焦	20：40	22：40	0：30 (3.29)	12：30	0：30 (4.01)	12：30	0：30 (4.04)	12：30	20：40
放水	4：00	6：00	10：00	22：00	10：00	22：00	10：00	22：00	4：00
除焦	5：30 (3.27) 南塔	7：30 (3.28) 北塔	12：00 (3.29) 南塔	0：00 (3.31) 北塔	12：00 (4.01) 南塔	0：00 (4.03) 北塔	12：00 (4.04) 南塔	0：00 (4.06) 北塔	5：30 (4.07) 南塔
空塔	无	无	15：00	3：00	15：00	3：00	15：00	3：00	8：00
试压	8：00	10：00	23：00	11：00	23：00	11：00	23：00	8：00 (4.06)	
预热	10：00	12：00	1：00 (3.30)	13：00	1：00 (4.02)	13：00	1：00 (4.05)	10：00	
生焦时长	24h	26h	26h	36h	36h	36h	36h	36h	32h
其他	带三泥	带三泥	带三泥	带三泥	不带三泥	不带三泥	不带三泥	不带三泥	不带三泥

（三）48h 生焦方案执行情况

2022 年 5 月 25 日，延迟焦化装置开始由 24h 生焦向 48h 生焦转换。48h 生焦期间，加热炉反应温度执行变温操作，生产塔前 24h 反应温度控制 497℃，后 24h 反应温度控制 499℃，循环比控制 1.05。切塔前中部中子料位计未见泡沫层，未投用消泡剂。5 月 28 日 5：30 第一塔 48h 除焦，未回炼三泥。生焦期间装置生产平稳，产品质量合格。48h 生焦工序及除焦时间见表 2。

表 2　48h 生焦工序及除焦时间

工序	南切北	北切南	南切北		北切南	南切北	北切南
切塔	4 月 3 日	4 月 5 日	4 月 6 日	4 月 7 日	4 月 8 日	4 月 9 日	4 月 10 日
	20：30 (4.03)	8：30 (4.05)	16：40 (4.06)		16：40 (4.08)	16：40 (4.09)	16：40 (4.10)
小吹汽	20：30	8：30	16：40		16：40	16：40	16：40
三泥雾化	22：30	10：30	18：40		18：40	18：40	18：40
给水冷焦	0：30(4.04)	12：30	20：40		20：40	20：40	20：40
放水	10：00	22：00	4：00		4：00	4：00	4：00
除焦	12：00(4.04) 南塔	0：00(4.06) 北塔	5：30(4.07) 南塔		5：30(4.09) 北塔	5：30(4.10) 南塔	5：30(4.11) 南塔
空塔	15：00	3：00	8：00(4.07)		8：00(4.09)	8：00	8：00
试压	23：00	8：00(4.06)		8：00(4.08)	8：00	8：00	8：00
预热	1：00(4.05)	10：00		10：00	10：00	10：00	10：00
生焦时长	36h	36h	32h	48h	24h	24h	
其他	不带三泥	不带三泥	不带三泥	不带三泥	不带三泥	不带三泥	不带三泥

三、延长生焦周期后对生产的影响

延长生焦周期期间，产品质量合格，未掺炼三泥，除焦时未发现异味。除焦期间未出现卡钻事件，总液收71.77%，轻油收率52.19%，较24h生焦产品分布变化较小。36h生焦装置月能耗降低0.59kgEO/原料，月节省成本127922元。48h生焦装置月能耗降低1.41kgEO/原料，月节省成本232695元。

（一）对产品质量的影响

为防止石油焦焦质过硬，出现硬质焦块较多，影响除焦安全。延长生焦周期期间，加热炉反应温度执行变温操作。

36h生焦期间：生产塔前12h反应温度控制499℃，后24h反应温度控制500℃。

48h生焦期间：生产塔前24h反应温度控制497℃，后24h反应温度控制499℃。

延长生焦周期后石油焦质量对比情况见表3，48h生焦脱前原油、焦化原料(减渣和过汽化油)、石油焦硫含量对比情况及对比图见表4、图1，延长焦操作后石油焦含量趋势图见图2。

表3　延长生焦周期后石油焦质量对比

	日期	挥发分/%	硫含量/%	灰分/%	体积密度/(g/cm³)	备注
24h生焦	2月28日	8.78	0.37	0.26		
	3月7日	9.22	0.42	0.15		
	3月14日	8.33	0.43	0.19		
	3月21日	8.02	0.41	0.17		
	平均值	8.59	0.41	0.19		
36h生焦	3月31日	9.82	0.4	0.15	0.746	
	4月1日	10.45	0.43			
	4月3日	9.02	0.49			
	4月4日	9.59	0.55			
	平均值	9.72	0.47	0.15	0.746	
48h生焦	5月28日	9.1	0.52	0.17		
	5月30日	10.66	0.55	0.17		
	6月1日	8.72	0.59	0.17		
	6月3日	9.34	0.52	0.2		
		8.48	0.53	0.45		
		8.66	0.51	0.29		
	6月5日	10.18	0.42	0.15		
	6月7日	10.1	0.58	0.16		
	6月10日	9.7	0.47	0.52		
	6月11日	8.14	0.45	0.17		
	6月13日	8.01	0.44	0.18		
	平均值	9.19	0.51	0.24		

表 4　48h 生焦脱前原油、焦化原料(减渣和过汽化油)、石油焦硫含量对比

日期	脱前原油硫含量/(mg/kg)	原料硫含量/(mg/kg)	石油焦硫含量/%	备注
5 月 28 日	1957	3805	0. 52	北塔 48h
5 月 30 日	1944	3509	0. 55	南塔 48h
6 月 1 日	1948	3284	0. 59	北塔 48h 混合
			0. 58	北塔 48h 上部
			0. 56	北塔 48h 下部
6 月 3 日	1948	3507	0. 52	南塔 48h 上部
			0. 53	南塔 48h 下部
			0. 51	南塔 48h 中部
6 月 5 日	1924	3677	0. 42	北塔 48h 上部
			0. 4	北塔 48h 中部
			0. 39	北塔 48h 下部

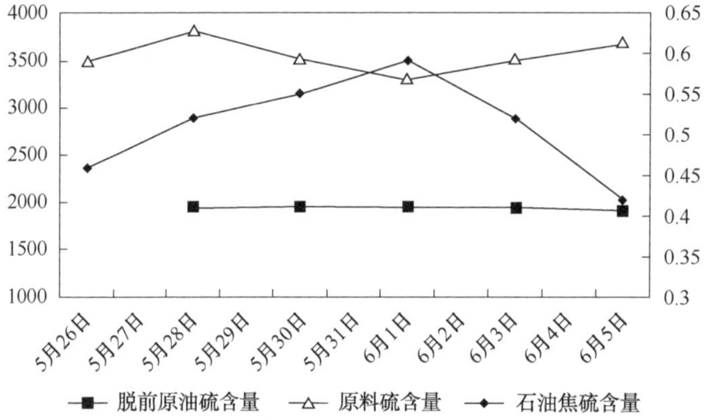

图 1　48h 生焦脱前原油、焦化原料(减渣和过汽化油)、石油焦硫含量对比图

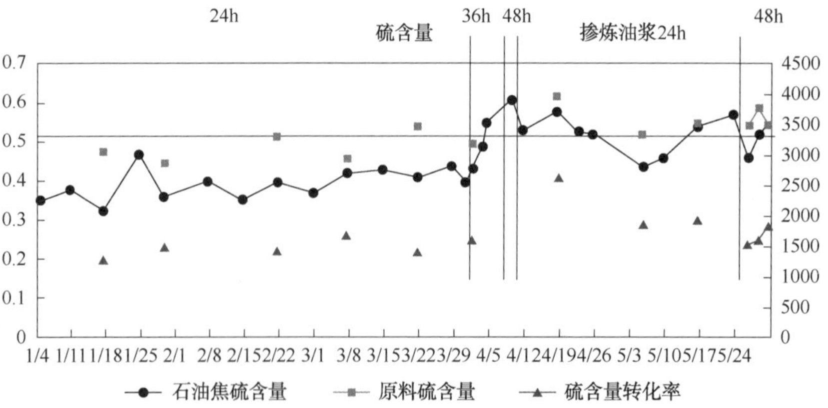

图 2　延长生焦操作后石油焦硫含量趋势图

在石油焦样品分析中，24h、36h、48h 生焦周期石油焦平均硫含量分别为 0. 41%、0. 47%、0. 57%，从数据上看不断升高；但是从 48h 同一塔焦上中下石油焦硫含量对比上

看，石油焦硫含量变化不大，证明延长生焦周期对石油焦硫含量影响较小。

通过脱前原油、焦化原料、石油焦硫含量对比分析，焦化原料硫含量较前期(3月)升高，使石油焦硫含量裕度减小，4月11日~5月20日掺炼硫含量较高的催化油浆(5031mg/kg)，石油焦硫含量进一步升高。48h生焦期间(5月25日开始)停止掺炼催化油浆，脱前原油硫含量(平均1944mg/kg)趋势较平稳，焦化原料硫含量(平均3547mg/kg)趋势小幅波动，石油焦硫含量先升高(0.59%)后降低(0.44%)。

根据相关研究，焦化原料中的含硫杂质在延迟焦化过程中进行分解或浓缩反应，在产品中重新分配，硫含量向气体和石油焦两个方向转化，约各有30%的硫分布到气体和石油焦中，其余硫分布到焦化液体产品中。石油焦中硫的分布与焦化原料中硫的组成、结构有着内在的联系。一般来说，原料中的烷基硫醚和环硫醚由于其中的C-S键不稳定，易裂解析出H_2S并富集至焦化气体。原料中的芳基硫醚和噻吩环非常稳定，易于缩合。当原料中的芳基硫醚和噻吩硫占总硫的份额越多时，石油焦中硫含量就会增加。

(二)对环保的影响

24h生焦操作及48h生焦操作，焦炭塔除焦阶段控制在5：00~8：00时间段，避开人员集中活动时间段，焦炭塔除焦的异味导致的环保压力相对较小。36h生焦操作有一半的除焦在白天12：00，此时间段是周边居民活动时间，除焦期间的异味带来的环保压力更加突出。

3月29日开始停止掺炼三泥，除焦时未发现明显异味，顶底盖机开盖采样结果可燃气含量分别为0.24%，0.05%，数据较低。

36h生焦顶底气体数据见表5。

表5　36h生焦顶底盖气体数据

项目	单位	顶盖气体	底盖气体
H_2含量	%(v/v)	0	0
H_2S含量	mg/m3	<2	<2
O_2含量	%(v/v)	20.92	20.94
N_2含量	%(v/v)	78.8	78.97
CO含量	%(v/v)	0	0
CO_2含量	%(v/v)	0.04	0.04
甲烷含量	%(v/v)	0.24	0.05
乙烷含量	%(v/v)	0	0
乙烯含量	%(v/v)	0	0
丙烷含量	%(v/v)	0	0
丙烯含量	%(v/v)	0	0
正丁烷含量	%(v/v)	0	0
异丁烷含量	%(v/v)	0	0
反丁烯含量	%(v/v)	0	0
正丁烯含量	%(v/v)	0	0
异丁烯含量	%(v/v)	0	0
顺丁烯含量	%(v/v)	0	0
异戊烷含量	%(v/v)	0	0
正戊烷含量	%(v/v)	0	0
C_{5+}含量	%(v/v)	0	0
可燃气体含量	%(v/v)	0.24	0.05

（三）对安全生产的影响

延长生焦时间阶段，处理量严格控制减渣量 62±1t/h。如提高处理量需提前一天通知调整。36h 生焦操作及 48h 生焦操作均未投用消泡剂，中部中子料位计均未见泡沫层，切塔前安全高度均高于 3.80m。

48h 生焦操作单塔处理量 3000t，相对于 24h 生焦单塔处理量 3000t，反应时间延长一倍。48 小时生焦泡沫层厚度为 2.77m，泡沫层升高速度为 0.48m/h。相比较 24 小时生焦，处理量 3000t/d 左右时，泡沫层厚度为 4.52m，泡沫层升高速度为 0.80m/h。泡沫层厚度及泡沫层升高速度均明显降低。

延迟焦化装置焦炭塔部分为间歇操作，24h 生焦操作及 48h 生焦操作规律性较强，操作人员操作较为固定，不易发生误操作事件。延长生焦周期后，36h 生焦操作较 24h 生焦操作变得交错、规律性减弱，误操作的概率相对增加。

36h 生焦操作：单塔除焦时间由 1h20min 延长至 1h50min。48h 生焦操作：单塔除焦时间延长至 2h。

块状石油焦明显增加，粉焦减少，调整除焦器切距由 1~2m 调整至 0.5~1m，试验期间未出现卡钻等事件。

24h、36h、48h 生焦石油焦情况见图 3~图 5。

图 3　24h 生焦石油焦情况

图 4　36h 生焦石油焦情况

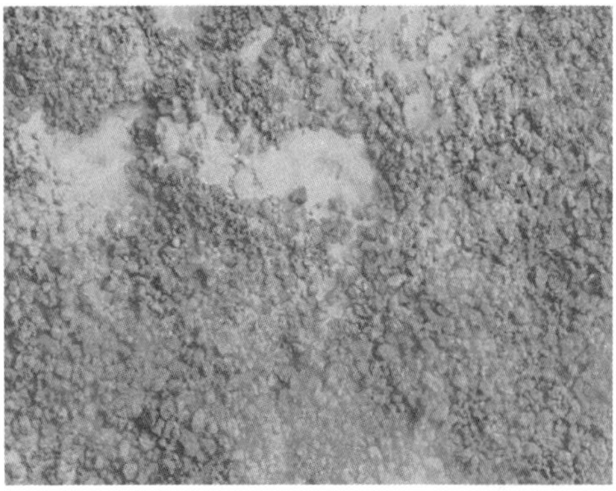

图 5　48h 生焦石油焦情况

（四）对操作人员操作强度的影响

以一个月 30 天为基准计算，执行 36h 生焦周期进行 20 次切塔操作，操作人员切塔工作量减少 30%；执行 48h 生焦周期进行 15 次切塔操作，操作人员切塔工作量减少 50%。

（五）对产品收率的影响

延长生焦周期本质上未调整循环比、反应压力等反应条件，其中 36h 生焦期间执行加热炉出口温度变温操作 499~500℃；48h 生焦期间执行加热炉出口温度变温操作 497~499℃，较 24h 生焦期间加热炉出口温度控制 501℃小幅降低，通过表4来看，延长生焦周期产品分布较24h生焦变化较小。

物料数据对比情况见表6，24h生焦与36h生焦产品分布对比情况见表7，24h生焦与48h生焦产品分布对比见表8。

表6 物料数据对比

日期	加工量	蜡油至船燃	干气	液化气	汽油	柴油	焦炭	损失	
3月19日	1538	328	77	49	311	432	362	-44	24h生焦
3月20日	1515	325	79	47	341	466	356	-103	
3月21日	1513	262	76	45	333	468	355	51	
3月22日	1541	262	76	45	321	391	362	85	
3月23日	1518	319	77	46	319	396	356	4	
3月24日	1517	348	76	45	339	392	356	-39	
3月25日	1543	281	74	45	337	401	362	111	
3月26日	1538	255	70	48	328	409	361	67	
合计	1528	297	76	46	329	419	359	299	
3月29日	1526	377	71	49	320	420	359	-122	36h生焦
3月30日	1556	284	71	45	336	396	365	59	
3月31日	1524	340	71	47	340	372	358	-72	
4月1日	1498	299	72	46	324	430	352	-43	
4月2日	1500	232	72	48	327	434	352	45	
4月3日	1497	268	71	48	347	384	351	21	
4月4日	1503	251	71	47	330	406	353	45	
4月5日	1501	318	72	46	339	436	353	-64	
合计	1513	296	71	47	333	410	355	297	
4月8日	1501	294	70	46	316	399	294	40	48h生焦
4月9日	1505	295	71	47	336	426	295	-22	
合计	1503	294	71	47	326	412	294	18	

表7 24h生焦与36h生焦产品分布对比

生焦类型	干气/%	液化气/%	汽油/%	柴油/%	蜡油/%	焦炭/%	轻收/%	总液收/%	损失%
24h生焦	4.94	3.03	21.50	27.46	19.55	23.49	51.99	71.54	0.03
36h生焦	4.72	3.11	22.00	27.08	19.58	23.48	52.19	71.77	0.03
对比分析	-0.22	0.08	0.49	-0.38	0.03	0.00	0.20	0.23	0.00

表8 24h生焦与48h生焦产品分布对比

生焦类型	干气/%	液化气/%	汽油/%	柴油/%	蜡油/%	焦炭/%	轻收/%	总液收/%	损失%
24h生焦	4.94	3.03	21.50	27.46	19.55	23.49	51.99	71.54	0.03
48h生焦	4.69	3.11	21.69	27.43	19.59	23.44	52.23	71.82	0.04
对比分析	-0.25	0.08	0.19	-0.02	0.04	-0.04	0.24	0.29	0.01

（六）对能耗的影响

延长生焦周期对能耗的影响主要体现在3个方面：一是电耗降低，冷焦频次减少，冷焦水空冷器、接触塔空冷器、冷焦水泵、高压水泵的运行时间都比24h生焦有所缩短；二是蒸汽耗量降低，由于冷焦频次减少，赶空气、试压和小吹汽、三泥雾化所用蒸汽都相应减少；三是加热炉出口温度降低以及切塔频次降低，使得焦炭塔预热总时长降低，加热炉瓦斯耗量降低。但是试验期间瓦斯热值波动较大，计量误差使得瓦斯耗量增加。36h 生焦装置月能耗降低 0. 59kgEO/原料。

48h 生焦装置月节省电量 21×10^4kW · h，月节省蒸汽 270t，月节省瓦斯 1. 5×10^4m^3，月能耗降低 1. 41kgEO/原料。

24h 生焦与 36h 生焦能耗数据分析见表 9，24h 生焦与 48h 生焦能耗数据分析见表 10。

表 9　24h 生焦与 36h 生焦能耗数据分析

月份	电	新鲜水	循环水	除氧水	L 蒸汽	L 发汽	软化水	天然气	M 蒸汽	0. 6MPa 蒸汽	合计
24h 生焦	6. 36	0. 02	0. 82	0. 82	6. 22	−5. 87	0. 33	24. 58	24. 70	−18. 24	37. 71
36h 生焦	5. 92	0. 01	0. 84	0. 78	5. 88	−5. 69	0. 34	24. 70	24. 10	−17. 70	37. 13
对比分析	−0. 44	0. 00	0. 02	−0. 04	−0. 34	0. 18	0. 02	0. 12	−0. 60	0. 55	−0. 59

表 10　24h 生焦与 48h 生焦能耗数据分析

月份	电	新鲜水	循环水	除氧水	L 蒸汽	L 发汽	软化水	天然气	M 蒸汽	0. 6MPa 蒸汽	合计
24h 生焦	6. 36	0. 02	0. 82	0. 82	6. 22	−5. 87	0. 33	24. 58	24. 70	−18. 24	37. 71
48h 生焦	5. 37	0. 02	0. 83	0. 68	5. 86	−5. 53	0. 35	24. 35	23. 87	−17. 48	36. 30
对比分析	−0. 99	0. 00	0. 00	−0. 14	−0. 36	0. 34	0. 03	−0. 23	−0. 82	0. 76	−1. 41

（七）对成本的影响

延长生焦试验期间瓦斯热值波动较大，计量误差使得瓦斯耗量增加。实际操作条件加热炉变温操作 497~499℃较之前 501℃降低，切塔频次降低使得焦炭塔预热总时长降低，加热炉瓦斯耗量降低。因此，瓦斯成本按照预热时长进行计算。36h 生焦装置月节省成本 127922 元，年降本 153. 506 万元；48h 生焦装置月节省成本 232695 元，年降本 279. 234 万元。

（八）对设备的影响

之前焦炭塔由每 24h 一次冷热循环，造成焦炭塔各截面不同部位应力随之变化，使焦炭塔产生低频热疲劳破坏；改为 48h 生焦后，焦炭塔冷热循环周期延长了一倍，理论上焦炭塔的使用寿命也延长了一倍。

生焦周期延长后，高压水泵启动频率减半，不仅有利于设备运行，减少损坏，同时减少了对系统电网的冲击。

延长生焦周期的同时也减少了顶底盖开关频次，降低了切焦器、天车、三位阀的维修频次和维修成本。

四、结论

（1）通过延长生焦周期的实践，证明了在焦炭塔容积利用率不足时，可以通过施行 48h 方案，实现在安全生产的前提下提高焦炭塔利用率的目标。

（2）在原料性质和各项工艺参数不变的情况，通过对延长生焦周期前后运行数据的对比，发现延长生焦周期后不仅可以降低石油焦的挥发分，节约能耗，还可以延长设备的使用寿命、降低劳动强度，大大节省装置的运行成本。

延迟焦化装置回炼“三泥”降低碳排放

邓遵安
蔡国晏　中石油云南石化有限公司
贾启鹏

本文介绍了中石油云南石化有限公司1.20Mt/a延迟焦化装置焦炭塔大吹汽时回炼“三泥”对装置的影响及降低碳排放量。利用冷焦塔焦炭高温热加热“三泥”使轻组分裂解挥发，重组分留在焦炭塔中，除焦时随焦炭进入焦池，同时分析了对产品石油焦的影响。每一生焦周期可回炼“三泥”35t，每年可回炼2038t，节省废弃物处置费用约265万元/年，解决公司“三废”处理难题，减轻环保压力，每年减少碳排放2647t。

炼油过程中产生的含油污泥主要由公用工程污水处理场的池底泥、浮渣、活性污泥及油气装置三相分离后的油泥等组成，简称为“三泥”。其主要成分是杂物、污油和水，热值非常高，具有极高的回收利用价值。利用传统处理方法——焚烧法，处理每吨三泥需消耗燃料气600Nm^3，碳排放1.2t，处理费用高并且不环保，故探究利用焦化装置回炼三泥方法的可行性及可降低碳排放量。

一、目前国内焦化装置采取的三泥回炼方式

(一) 回炼到焦炭塔顶部

将三泥从焦炭塔顶部注入作为焦炭塔急冷油的一部分参与反应。油气随着一起进入分馏塔进行分离，其他的杂质污泥均匀进入焦炭塔，分布均匀，对焦炭的灰分起一定影响。在较高的油气线速下，三泥中的机械杂质进入分馏塔后容易造成塔盘阻塞影响分馏塔操作，同时会加快大油气线结焦。三泥进入分馏塔后容易影响产品质量，重油组分和固体物进入分馏塔底与焦化原料混合后，进入加热炉辐射进料中的固体杂质会加重加热炉的炉管结焦趋势。同时，由于三泥中含有大量的水，由焦炭塔顶注入水会大量汽化，使焦炭塔顶温度剧烈波动，容易造成焦炭塔油

气法兰泄漏，发生安全事故。

（二）回炼到焦炭塔底部

进入焦炭塔底部利用塔内余热进行汽化分离。分为两种方式：一是在焦炭塔吹汽时，将三泥从焦炭塔的吹汽线注入；二是在焦炭塔小给水时，将三泥从焦炭塔的给水线注入。这两种方式主要是利用焦炭塔中400℃左右的焦炭作为载体，利用其余热将三泥中的水分、油分蒸出，部分重油降解，油气进入放空系统回收三泥中的大部分重油分和固体杂质留在焦炭塔中，除焦时随焦炭一起进入焦池。

二、云南石化公司污泥处理现状及问题分析

中石油云南石化有限公司污水车间三泥在污泥罐中混合，三泥混合切水后含水率约为98%，经离心机脱水，脱水后含水率80%左右。2020年脱水后的三泥量大约2228t。公用工程三泥离心脱水后进入干化焚烧装置处理，每吨离心脱水后的三泥处理成本约1300元。焦化装置在焦炭塔大吹汽阶段采用蒸汽及凝结水作为冷却介质对焦炭进行冷却降温，不但增加了蒸汽和凝结水的消耗，还浪费了大量焦炭的热量。因此，结合焦化装置焦炭塔大吹汽期间需要降温的情况，将三泥作为冷却介质在焦炭塔大吹汽期间进入焦炭塔内，既降低了焦炭的温度，同时对三泥进行回炼处理。当前公用工程已有去焦化装置的污泥泵和污泥输送管线；焦化装置已有接收三泥的三泥罐、两台螺杆泵、以及从三泥罐至焦炭塔的管线。

三、延迟焦化装置大吹汽时三泥回炼技术简介

（一）技术方案

结合云南石化公司延迟焦化装置实际情况，公用工程三泥在污泥罐内经沉降初步脱水至98%，通过已有的污泥泵以及三泥管线，输送至焦化装置三泥罐内。另需要在焦化装置新增三泥均质系统，将三泥罐内的污泥引入三泥均质系统，调整公用工程离心机的相关参数，将浮渣脱水后含水率为88%~90%，使三泥具有一定的流动性，离心脱水后的三泥用槽车运输至焦化装置引入均质系统。管线输送和槽车运输离心脱水后污泥经均质系统均质后三泥含水率预计约95%，再经3S智能喷雾系统雾化后，在焦化装置大吹汽阶段进行资源化处理。根据现有焦化装置焦炭产品质量分析数据及回炼三泥含水率含油率，经初步测算和多个项目运行数据分析，不会对焦炭出厂质量产生不利影响。对当前流程进行适当改造，将公用工程含水率高的三泥经均质预处理系统后，在大吹汽期间经智能喷雾系统送至焦炭塔内，利用焦炭塔内较大的热容量对均质后三泥进行处理，既可以实现三泥资源化、清洁化生产，又可以降低装置大吹汽期间蒸汽用量。根据焦炭塔大吹气冷焦时的热量，结合三泥性质，经热量衡算及经中石化塔河石化、中石油大港石化等多个实际项目经验，焦炭塔每次可处理含水率95%~98%的三泥35~40t。

（二）流程描述

利旧公用工程污泥罐，污泥泵以及污水车间至焦化装置输送的管线，将离心前含水率较高(约98%)的污泥通过管线输送至焦化车间三泥罐内。在焦化装置新增一套均质系统和一台三泥循环泵，将三泥罐内含水率约98%的三泥送至均质系统，将污水车间三泥离心脱水后含水率为88%~90%，使三泥具有一定的流动性，用槽车运输至焦化装置通过螺杆泵引入均质系统，均质后的三泥含水率约95%。经均质处理后，三泥通过原有的三泥螺杆泵引

至焦炭塔大吹汽平台，在每次焦化大吹汽时经专用智能喷雾系统由蒸汽雾化后进入焦炭塔，并在三泥返回均质系统管线上设置调节阀控制回炼量。利旧原有的蒸汽管线，在大吹汽蒸汽线上调节阀后引出一条分支线，接至新增加的专用智能喷雾系统，蒸汽雾化三泥后，气液混合物从智能喷雾系统出口经出口阀进入焦炭塔原有大吹汽管线上进入焦炭塔。在大吹汽期间，将均质预处理后的三泥引入焦炭塔内，三泥中的污油以及部分水汽化后进入放空塔，灰分及不能汽化的重油残留在焦炭塔焦炭中。焦化装置新增一套专用控制系统，该控制系统可以实现均质系统液位和三泥回炼的自动化监测控制。通过增加较少的远传仪表，组态到 DCS 系统内，该系统按照预设的方案自动控制蒸汽及三泥流量，避免增加操作复杂度。同时，控制系统会实时获取焦炭塔的塔壁温度、塔顶温度、塔顶压力等参数，通过设置监测参数的安全上限以实现回炼三泥时保证操作安全和设备的长周期运行。流程图见图 1。

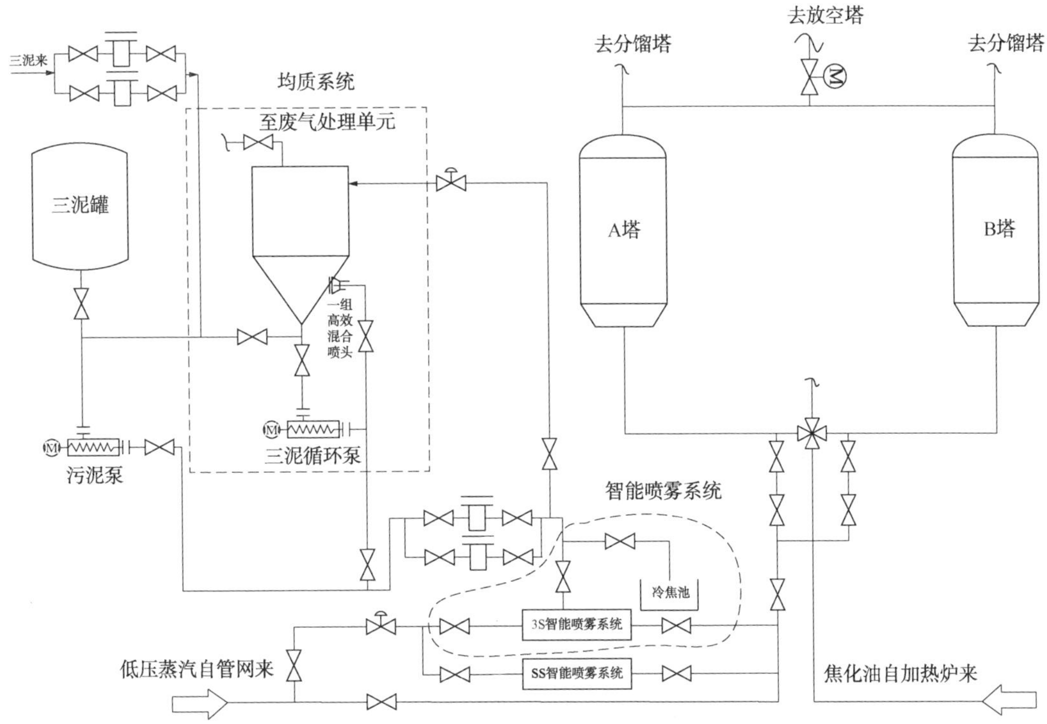

图 1　三泥资源化处理系统原则流程图

四、延迟焦化装置大吹汽三泥回炼问题及解决措施

（一）三泥回炼过程中的问题

1. 冷焦水质变差

由于焦化装置冷焦水是循环使用，因三泥中水质量分数约 90%，杂质和油质量分数约 10%，长期回炼会带来冷焦水带油和焦粉沉积增加的问题。冷焦水杂质增多，在回炼三泥过程中，冷焦水泵入口过滤器会发生堵塞。

2. 除焦卡钻

在焦炭塔内浮渣中，部分重油组分发生裂解缩合反应不充分而产生黏油或沥青质，而极具黏软性的焦炭对钻具旋转产生较强的阻力，严重阻碍了除焦过程中钻具的正常工作，最终导致卡钻发生。

3. 放空塔底泵入口过滤器堵

在大吹汽时期掺炼三泥，焦炭塔内部热量大，会有少量焦粉被带入放空塔系统，造成放空塔底过滤器堵塞。

（二）解决措施

针对在三泥回炼过程中存在的问题，从改善水质、防止卡钻及防止放空塔底泵过滤器堵塞等方面提出了以下解决措施：

（1）对除焦水质量进行重点监控，增加除焦水水质化验分析频次，当出现上升情况时及时对除焦水进行新水置换。

（2）若卡钻频繁发生，应降低浮渣的回炼量或暂停浮渣回炼。另外，适当提高加热炉出口温度，通过加大反应深度可提高焦炭硬度，降低卡钻发生率。

（3）掺炼时，可利用放空系统的压控阀，根据焦炭塔的压力情况，控制放空系统的压力，避免因两者的压力差过大，油气线速度高，携带焦粉进放空塔。

五、经济效益

（一）直接经济效益

生焦周期 36h 计，焦炭塔每 36h 大吹汽一次，每年大吹汽次数为 233 次；大吹汽期间，焦炭塔每次可以处理均质后含水率 95%的三泥量 35t，全年焦炭塔共处理均质后含水率 95%的三泥 12600t/a，转换成含水率 80%的三泥量约 2038t。根据现有焦化装置焦炭产品灰分和挥发份数据，处理三泥不会对焦化装置出厂指标产生影响。2020 年，污水车间含水率 80%的三泥量进入干化焚烧装置处理量为 2228t，干化焚烧装置运行成本约 1300 元/t。项目实施后，按照焦化装置回炼污水车间含水率 80%的三泥 2038t，可以减少焚烧装置的运行费用 410 万元/年。

（二）间接效益

三泥进焦炭塔回炼，三泥中的油在焦炭塔内发生反应，一部分油气冷凝后进入放空塔回流罐内，经油水分离后，回收了三泥中的部分轻油，剩下的作为焦炭外卖。由于三泥进入焦炭塔回炼，不再进行干化焚烧，每年减少碳排放 2647t。

（三）投资估算

根据上述技术方案和焦化装置内改造工程量，该项目整体预计工程费用需设计院复核相关工程量确定，其中上海优华供货的专有成套设备即均质系统和智能喷雾系统（配套控制系统）费用为 500 万元。

参考文献

[1] 王乐毅，翟志清，李晓昌，等. 低负荷延迟焦化装置掺炼三泥的问题分析及对策[J]. 炼油技术与工程，2016，46(12)：23-26.

[2] 蔡海军，刘海涛，侯勇，等. 延迟焦化装置回炼“三泥”的实践与问题分析[J]. 炼油技术与工程，2017，47(03)：11-14.

[3] 杨健，贾中辉. “三泥”智能雾化回炼技术在延迟焦化装置的应用[J]. 石油石化绿色低碳，2017，2(01)：32-35.

延迟焦化装置的清洁生产技术措施

徐先财
宫红亮　中国石油乌鲁木齐石化公司炼油厂
魏智强

本文介绍了乌石化炼油厂1.2Mt/a延迟焦化装置采用清洁生产技术措施，主要从节能降耗和污染物治理方面出发，通过采用先进工艺技术、管理减排、操作优化和技术改造等一些列措施，在治理本装置生产中产生的污染物的同时，利用其工艺特点，处理炼厂生产过程中污染物，达到了节能降耗、减污增效的目的，实现了装置清洁生产。

随着新《中华人民共和国环保法》和《中华人民共和国清洁生产促进法》的实施，人们对环境保护的认识不断深入，清洁生产是企业实施可持续发展战略、提高市场竞争力、最终实现环境效益和经济效益"双赢"的根本途径。国家环境保护总局于2003年发布的《清洁生产标准石油炼制业》，为炼油厂开展清洁生产提供技术支持和导向。如何充分利用企业内部现有装置，减少污染物的生成量和加强对产生污染物的处理，是实现清洁生产的重要途径。乌鲁木齐石化炼油厂1.2Mt/a延迟焦化装置在治理自身产生的污染物的同时，利用其工艺特点，处理炼厂生产过程中污染物，达到了节能降耗、减污增效的目的，实现了装置清洁生产。

一、技术背景

乌石化炼油厂1.2Mt/a延迟焦化装置采用"一炉两塔"工艺路线，主要由焦化、吸收稳定、脱硫脱硫醇三个部分组成。设计装置资源能源利用指标和污染物产生指标都满足《清洁生产标准石油炼制业》延迟焦化装置的一级标准。但装置自开工后，去除脱硫脱硫醇部分能耗，装置焦化和吸收稳定部分综合能耗高达31.91kg标油/t，超出设计指标3.77kg标油/t，超出《清洁生产标准石油炼制业》中关于焦化装置清洁生产资源能源利用一级指标中综合能耗≤30kg标油/t的要求；装置分馏塔塔顶含硫污水常出现乳化带油问题，严重时含硫污水中含油量高达3%~5%(m/m)。含硫污水指标也超出清洁生产中污染物产生一级指标(含硫污水石油类≤400μg/g);装置焦炭塔预热产生凝缩油及焦炭塔吹汽冷焦过程产生的放空污油产量约43.8kt/a,不仅降低装置产品收率,而且增加了污油处理环节中的二次污染。以上均反映出该装置在清洁生产方面存在很大需要优化改进的地方。

二、清洁生产技术措施

(一)节能降耗

延迟焦化装置能耗主要包括燃料气、蒸汽、电及水等。其中,燃料气消耗在装置能耗中占主导地位,其次是电和蒸汽的消耗。因此,装置节能降耗应从降低燃料气、蒸汽、电等方面出发。

1. 降低燃料气消耗量

(1)应用加热炉在线清焦技术。通过加热在线清焦技术应用和不断优化,实现了加热炉长周期运行,同时降低了加热炉燃料气消耗量。实践证明,通过监控加热炉炉管结焦情况,及时进行在线清焦可降低加热炉燃料气消耗量10%~12%。

(2)加强加热炉日常维护和运行管理。在检修期间对加热炉保温衬里维护,确保加热炉外壁温度不超60℃;通过加强加热炉运行管理,操作中控制炉膛氧含量1.5%~3%;确保加热炉无漏风;计算烟气露点腐蚀温度,合理降低排烟温度等措施,加热炉热效率由89.6%提高至90.8%,降低燃料气消耗。

(3)优化换热流程,提高渣油换热终温。原设计原料渣油经与稳定汽油-渣油换热器和蜡油-渣油换热器换热后进入分馏塔底,换热终温为295℃。经过对换热流程分析,认为侧线蜡油仍有很大优化利用的空间。利用装置检修期间新增加两台蜡油-渣油换热器,提高了渣油换热终温,分馏塔塔底温度由295℃提高至308℃,提升了13℃。加热炉负荷降低约6%,降低燃料气消耗。

2. 降低蒸汽消耗量

(1)降低1.0MPa蒸汽消耗量。本装置1.0MPa蒸汽主要用于焦炭塔吹汽、防结焦蒸汽、防冻伴热。在保证焦炭挥发分和冷焦操作不产生影响的情况下,通过对焦炭塔吹汽量进行优化,将小吹汽量5t/h低为3t/h,时间由2h降至1.5h,大吹汽量由18t/h降低至14t/h;通过对焦炭塔安全阀、压力表等防结焦蒸汽进行限量,无结焦现象且达到了降低蒸汽耗量的目的;另外,蒸汽伴热是装置在冬季生产中不可小觑的蒸汽消耗大户,通过车间评审,切除了装置内部分蒸汽伴热。同时,利用柴油的低温余热为放空塔顶空冷器做伴热,代替蒸汽伴热。消除了该空冷器在冬季运行中蒸汽伴热水击的问题,同时降低了蒸汽和柴油冷却环节中循环水的消耗量,一举多得。

(2)降低3.5MPa蒸汽消耗量。本装置3.5MPa蒸汽主要用于加热炉炉管注汽和稳定塔塔底重沸器。其中加热炉注汽消耗量最大,加热炉为"三级"注汽,分别为:对流入口、辐射入口和辐射管出口倒数第6根炉管。通过操作优化,在不同处理量时及时调整合适的注汽比,并对三级注汽量进行优化分配,降低了加热炉蒸汽消耗量;另外,吸收稳定单元稳定塔底设计为双重沸器,塔底重沸器以蜡油为热源,中部重沸器以3.5MPa蒸汽为热源。经过对稳定塔参数优化,已经完全切除3.5MPa蒸汽重沸器,对产品质量无影响,节省3.5MPa蒸汽约8.1t/h。

3. 降低电耗量

（1）采用变频控制器。生产中受物料互供频繁变化和装置自身间歇性操作的影响，决定了装置生产中部分设备负荷变化较大。装置原料泵、加热炉风机、空冷器和压缩机等大功率用电设备或操作变化频繁的设备采用变频控制器，避免了“大马拉小车”的现象，实现了装置运行平稳和节能优化的目的。

（2）优化操作。通过对压缩机防喘振线优化，操作优化关闭了反飞动阀，避免部分瓦斯气体循环，降低压缩机电耗；通过优化除焦水水质，并且定期对除焦系统设备维护，降低除焦系统设备故障率，提高了除焦效率，缩短了高压水泵运行时间。平均每月可避免2次因故障拖延除焦时间，合计约4h，高压水泵功率为4000kW，故每月可节省耗电量约1.6×10^4kW·h。

（3）技术改造。装置蜡油侧线设蜡油泵和蜡油产品泵两台，后者为前者的“接力泵”。通过运行分析，蜡油泵的扬程完全能够满足所有需求，蜡油产品泵可切除。对此，在装置检修期间对蜡油产品泵进出口管线增加跨线。实际运行表明，蜡油泵完全可以满足生产需求。蜡油产品泵功率为45kW，全年节省电量约37.8×10^4kW·h。

4. 降低新水耗量

装置设计冷切焦水系统补水使用新水，每月新水耗量约5500t以上。通过回用净化污水，每年节省新水约6.6×10^4t。装置内新鲜水耗量小于0.01t水/t原料。

（三）污染物防治

延迟焦化装置在生产过程中的“三废”有废水、废气、噪声及焦炭粉尘和污油等，由于焦化废水、废气中含有硫化氢、硫醇、硫醚等恶臭污染物，这些恶臭物质在非常低的浓度时仍能表现出很强的气味特征，在发生跑、冒、滴、漏的同时会产生恶臭污染。

1. 废水治理

（1）含硫污水除油破乳剂应用。随着加工原料的劣质化，焦化含硫污水因含大量的硫醇、酚、环烷酸等物质，致使分馏塔塔顶含硫污水乳化严重。受原料影响，装置含硫污水出现乳化现象，严重时含硫污水中含油量高达3%～5%（m/m）。不仅造成轻油损失，而且对下游污水汽提装置操作造成影响。通过对破乳剂筛选和应用阳离子破乳剂，含硫污水中的石油类降至170mg/L以下，平均除油率达99.6%。治理了污水乳化带油严重的问题。含硫污水水质分析如表1所示。

表1　加注破乳剂前后含硫污水水质变化

项目	pH值	石油类/(mg/L)	COD值/(mg/L)	外观特征
加注前	6.7	40176	3980	奶黄色乳化液
加注后	6.9	170	3358	清澈

（2）含油污水减量达标排放。装置含油污水主要来自部分机泵填料冷却用水和日常生产打扫卫生用水。生产中通过实现各设备设施检修前采用密闭吹扫处理；强化人员环保意识管理，杜绝乱排乱放等措施。确保外排含油污水达内控指标，如表2所示。

表 2　含油污水水质分析

项目	pH 值	COD 值/(mg/L)	氨氮/(mg/L)	石油类/(mg/L)
内控指标	6~9	≤2000	≤120	≤300
2014 年	7~8	≤310	≤18	≤131
2015 年	7~8	≤285	≤20	≤95

(二) 废气治理

(1) 降低烟气中污染物浓度。加热炉共有 136 套燃烧器，均采用低氧化氮扁平焰气体燃烧器，其特点就是具有良好的燃烧效果，保证燃料最大程度地完全燃烧，同时降低燃烧产生的氮氧化物。使用低 NO_x 燃烧器，加热炉燃烧产生烟气中的氮氧化物可稳定达到《石油炼制工业污染物排放标准》(GB 31570—2015) 特别排放限值要求。排放烟气参数如表 3 所示。

表 3　加热炉排放烟气检测数据

时间	O_2/(V%)	SO_2/(mg/m^3)	NO_x/(mg/m^3)	烟尘/(mg/m^3)
2013 年	3.9	15	31	13
2014 年	4.1	10	45	14
2015 年	3.7	14	29	10

(2) 密闭处理冷焦水技术。由于焦化装置设计为炼制劣质高硫油，焦炭塔泡焦后排放的冷焦热水温度一般在 90℃左右，冷焦水蒸发废气中含有大量恶臭气体，严重污染周围环境。采用密闭处理冷焦水技术，可将冷焦热水蒸发废气中大量恶臭气体经 MDEA 溶剂洗涤吸收后排放。冷焦水罐区周围空气无明显异味。冷焦水罐区环境监测数据：硫化氢未检出，二硫化物<0.01mg/m^3，挥发分<0.09mg/m^3。

(三) 废渣治理

(1) 冷切焦水系统沉积焦泥及粉尘治理。在冷切焦水处理过程中，由于冷切焦水携带的焦粉沉积在罐底和池底，形成焦泥。其主要成分是焦粉，可随焦炭一起出售。生产中定期启动冷切焦水罐底搅拌器，对冷切焦水罐进行排污，将罐底沉积焦泥泥排入一次沉降池，并定期通过天车对一、二次沉降池池底沉积焦泥抓捞，掺入焦炭。装置内粉尘污染主要由储焦池和焦炭装运过程中的风吹扬起造成。通过加强管理，及时拉运储焦池焦炭和清理地面撒落焦粉，并采用净化水对现场进行喷淋，大大降低了粉尘污染。

(2) 炼厂“三泥”处理。石油加工产生的污水在处理过程中产生大量含油污泥，主要包括隔油池底泥、浮渣、活性污泥以及油罐底部沉积的油泥等，通常简称为“三泥”。由于含油污泥中含有的苯系物、酚类、蒽、芘等物质，有恶臭味和毒性，如果处理不当，就会造成地下水、土壤、大气的环境污染，从而对人类健康和生态安全造成威胁。因此，“三泥”已被国家列入危险废物管理，废物类别为 HW08，废矿物油。但含油污泥的性质特殊，其脱水和处理技术难度大、成本高，一直是困扰乌鲁木齐石化炼油厂净化水厂的环保难题。

通过技术改造，将净化水厂产生的“三泥”在焦炭塔吹汽、冷焦期间送入焦炭塔，利用焦炭塔内焦炭的热量将“三泥”中的水和轻油汽化，重质油被焦化，并利用焦炭塔泡沫层的吸附作用，将“三泥”中的固体部分吸附。蒸发出来的水、油气去放空塔，经分离、冷却后，污水排往含硫污水汽提装置进行净化处理，油品进行回收利用。通过该技术措施，装置每塔焦炭可处理约40t“三泥”，对装置生产操作无影响，焦炭产品质量影响较小，掺炼前后数据见表4。这样既消除了含油浮渣排放对环境的污染，实现含油污泥无害化处理，又保护了环境，节约了水资源，而且提高了后续产品的利用价值，并增加了经济效益。

表4　掺炼前后焦炭质量变化

项目	挥发分/%(m)	灰分/%(m)	硫/%(m)
掺炼前	12.575	0.869	0.951
三泥	1.309	0.031	0.104
掺炼后	12.921	0.893	1.236
焦炭指标	20	1.2	3

(四) 废油治理

延迟焦化装置废油主要源于焦炭塔预热初期(凝缩油温度在200℃以下)产生凝缩油及焦炭塔吹汽冷焦过程产生的放空污油，废油产量约3.91×10^4t/a。不仅降低装置产品收率，而且增加了污油处理环节中的二次污染。原设计装置可通过放空系统加热或利用焦炭塔放空高温油气余热，加热焦炭塔预热初期产生凝缩油和焦炭塔吹汽、冷焦过程产生的放空污油，如图1所示。

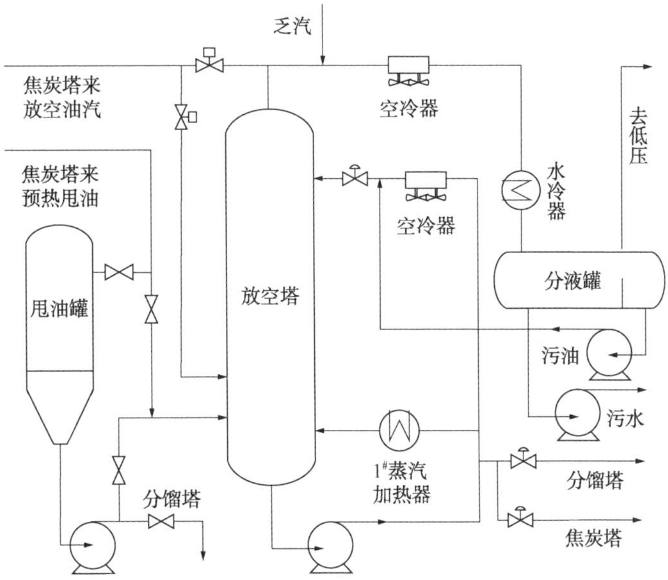

图1　放空系统流程图

在实际运行中，一方面，由于装置凝结水灌顶乏汽在放空塔顶油气线并入放空系统冷却后排放，在焦炭塔非吹汽、冷焦放空期间，乏汽会因放空塔侧压力低，部分乏汽流入放空塔内；另一方面，由于放空内污油含水量大，且放空塔底污油经一台蒸汽加热器不能够将塔底油中水蒸发溢出。两方面原因造成机泵汽蚀抽空。通过技术改造，一方面将乏汽改至放空塔顶空冷与水冷之间，放空塔顶空冷器位于在水冷器之上方，这样即使部分乏汽倒流进入空冷器，也会在空冷器中冷凝，受重力作用流进水冷器，避免了乏汽倒流现象；另一方面将装置蜡油低温余热作为热源，增加一台蜡油-污油换热器。为保证能够处理更为复杂的污油，又增加了一台蒸汽加热器，3 台换热器串联对放空塔底污油进行加热，如图 2 所示。

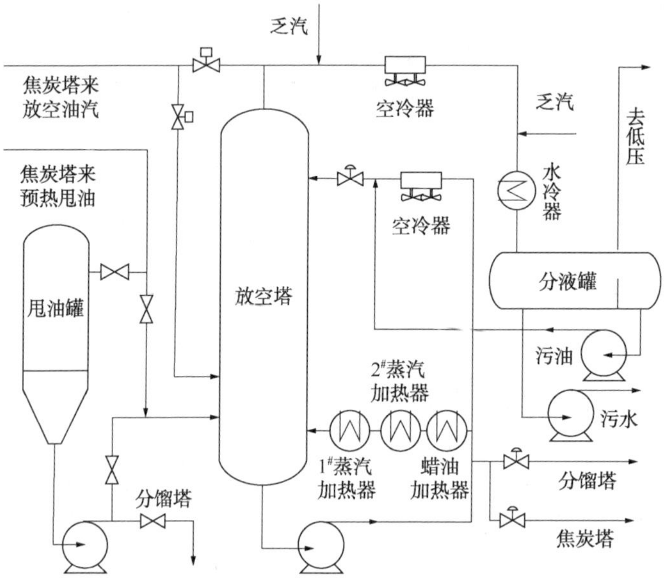

图 2　改造后放空系统流程图

实际运行表明，该项技术改造在充分利用低温热的基础上，解决了放空系统运行中机泵经常性抽空的问题，而且实现了装置内污油全回炼，对放空系统瓦斯起到了净化作用，减缓了放空塔顶空冷器焦粉堵塞问题。经统计，回炼本装置内污油后，装置轻油收率上升了 3. 09%，损失率下降了 3. 19%，装置损失率降至 0. 11%，如表 5 所示。同时可将 0.6×10^6t/a延迟焦化装置放空污油及隔油池污油进行回炼。

表 5　污油回炼前后装置产品收率变化

项目	外甩	全回炼	差值
汽油收率/%	12. 02	13. 01	0. 99
柴油收率/%	33. 05	35. 15	2. 1
蜡油收率/%	18. 55	18. 4	-0. 15
LPG 收率/%	5. 85	5. 96	0. 11
干气收率/%	6. 01	6. 07	0. 06
焦炭收率/%	21. 22	21. 3	0. 08
轻油收率/%	45. 07	48. 16	3. 09
总收率/%	96. 7	99. 89	3. 19

四、清洁生产效果

通过实施一系列技术措施，装置综合能耗显著下降，达到并低于设计能耗指标。从表 6 延迟焦化装置能耗对比表中看出，装置综合能耗由 31. 91kg 标油/t 降至 26. 59kg 标油/t，降低 5. 32kg 标油/t。通过技术改造，延迟焦化装置各项指标达到《清洁生产标准 石油炼制业》

中一级清洁生产水平。装置在治理自身污染物的同时，充分利用装置余热资源，减少污染物的生成量和加强对产生污染物的处理，实现了清洁生产。

表 6 技术措施实施后装置能耗对比

项目	一级清洁生产指标	设计值	2013 年	2014 年	2015 年
综合能耗/(kg 标油/t)	30	28.14	31.91	26.59	26.24

五、结论

延迟焦化装置通过实施一系列技术改造措施，取得了较好的经济和环保效益，达到了节能降耗、减污增效的目的，实现了清洁生产。清洁生产是一项长期工程，虽然装置在清洁生产上取得了较好的成果，但仍有可以改进的余地，例如装置凝结水罐顶乏汽的回收利用、采用旋流分离技术去除含硫污水中焦粉、减小对下游污水汽提装置的影响、采取防尘措施治理焦炭池粉尘污染等。实践证明，生产中节能降耗、减污增效在于点滴积累，不以其小而不为之。

参考文献

[1] 国家环境保护总局 . HJ/T 125—2003《清洁生产标准 石油炼制业》[S]. 北京：中国环境科学出版社，2003.

[2] 黎帮东 . 焦化冷焦清洁生产方案[J]. 化工环保，2004(24)：421-423.

[3] 赵子明，等 . 改进装置工艺 实现清洁生产[J]. 安全 . 健康和环境，2007，7(10)：25-26.

[4] 瞿国华 . 延迟焦化工艺与工程[M]. 北京：中国石化出版社，2007.

[5] 丁勇 . 炼厂焦化含硫污水脱油破乳的研究[J]. 安徽化工，2002，12(6)：26-29.

[6] 国家环境保护部 国家质量监督检验检疫总局 . GB 31570—2015《石油炼制工业污染物排放标准》[S]. 北京：中国环境科学出版社，2015.

[7] 刘健等 . 延迟焦化装置处理炼厂“三泥”技术探讨[J]. 河南化工，2013(30)：46-48.

[8] 时永前 . 天津石化“三泥”无害化处置方法分析[J]. 化工安全与环境，2014(44)：18-20.

延迟焦化大吹汽过程中以水代汽降低碳排放

蔡国晏
邓遵安　中石油云南石化有限公司

本文介绍了中石油云南石化有限公司1.2Mt/a延迟焦化装置焦炭塔大吹汽过程以水代汽节能降碳改造的情况。在大吹汽蒸汽控制阀后新增专用雾化器，凝结水罐至雾化器新增凝结水泵及凝结水管线，采用先进可编程逻辑控制(PLC)系统，1.0MPa蒸汽和凝结水通过雾化器，凝结水雾化形成微米级的液滴被高速的蒸汽携带作为大吹汽介质进入焦炭塔内。改造后的运行结果与改造前相比：装置运行平稳；平均单次大吹汽节约蒸汽11.47t，每年可节约1.0MPa蒸汽约7000t，减少碳排放4667t；石油焦产品挥发分质量分数7.83%(wt)，小于指标14.7%(wt)；焦炭塔塔壁温度下降速率小于40℃/h。

新冠肺炎疫情的影响让本来就面临来自环保、成本等方面巨大压力的炼化企业雪上加霜。提质增效在这个大环境下尤其显得重要，装置节能降碳迫在眉睫。延迟焦化装置作为平衡重油加工的主要装置之一，装置能耗由电、新鲜水、循环水、凝结水、中压蒸汽、低压蒸汽、软化水、燃料气以及低温热输出构成。焦炭塔大吹汽期间1.0MPa蒸汽用量大，能耗约占焦化单元的19%，由于大吹汽是个间歇过程，蒸汽峰值用量对蒸汽管网冲击较大。为了减少焦炭塔大吹汽期间蒸汽用量，降低装置能耗及蒸汽峰值用量对蒸汽管网的冲击及降低碳排放，对延迟焦化装置焦炭塔大吹汽流程进行改造。通过走访调研洛阳石化等延迟焦化装置及对上海优华厂家调研，延迟焦化装置大吹汽时以水代汽技术成熟可靠。

一、装置简介

中石油云南石化有限公司延迟焦化装置设计加工规模为1.2Mt/a，由华东设计院设计并总包建设。装置运行时间按每年8400h设计，设计弹性为设计原料进料量的60%~110%。主要加工原料为上游13Mt/a常减压装置减压深拔的渣油和催化澄清油的混合料为原料，采用“一炉两塔”焦化流程，经过本装置处理，生产出合格的中间产品。装置由焦化部分、吸收稳定部分和双脱部分组成，其中焦化部分主要包括：原料换热、反应、分馏及产品换热、放空冷却及冷切焦水处理单元；吸收稳定部分主要包括：富气压缩、干气液化气分离及焦化汽油稳定单元；双脱部分包括干气液化气脱硫、液化气脱硫醇单元。

主要的工艺过程是“加热炉加热→焦炭塔切换→焦炭塔生焦→焦炭塔冷焦→焦炭塔除焦”，生焦周期为36h或24h，每一生焦周期过程中，原料油渣油以高流速通过加热炉管，急剧加热到进行深度热反应所需温度490~510℃后立即通过四通阀进入进入焦炭塔内，进行裂解和缩合反应。焦炭塔反应生焦，反应完成后，冷焦过程将焦炭从420~480℃冷却至45℃，再通入高压水进行除焦。其中焦炭塔冷焦过程分为小吹汽→大吹汽→水冷三个工艺步骤。为了保证焦炭塔长周期稳定运行，焦炭塔温降速度缓和，汽提部分油气以及保证焦炭质量，需要引入蒸汽进行吹汽，在传统工艺过程中，吹汽是利用1.0MPa蒸汽作为冷却介质，将焦炭从420~480℃冷却至220℃。每一周期，小吹汽1.5h，蒸汽流量约4t/h，大吹汽2h，蒸汽流量约12t/h，每一塔次蒸汽耗量约30t。以全年开工117次/塔计，两个塔每年用于吹汽的1.0MPa蒸汽耗用量约7000t，不但耗能大，而且容易对蒸汽管网造成冲击。

二、以水代汽节能流程改造

（一）改造方案

利用焦化装置原有的凝结水罐，将凝结水引入焦化装置，经凝结水罐及凝结水泵后接至焦炭塔大吹汽平台，并新增水调节阀组和蒸汽调节阀组以及专用的雾化器装置内管网来的凝结水，温度约100℃，进入凝结水罐，经凝结水泵升压至1.5MPa后，经流量计、调节阀组、Y型过滤器(采用滤网50目)，进入雾化器的水相入口。从现有蒸汽总管引出蒸汽旁路，安装流量计、调节阀组、雾化器及切断阀。水和蒸汽混合，进入原有的大吹汽管线后进入焦炭塔内，改造后的工艺流程如图1所示。

（二）SS智能喷雾系统简介

延迟焦化大吹汽节能系统是以专用的雾化器为核心，蒸汽以及水进入雾化器后，在喷嘴及导流器件的作用下，将凝结水雾化成微米级雾滴，凝结水和蒸汽在雾化器内混合并雾化，以水雾的形式经原有大吹汽管线进入焦炭塔，雾化后水的体积已经进行初步膨胀，避免凝结水直接接触焦炭塔内高温焦炭层汽化发生急剧膨胀而产生的炸焦、震动等风险。雾化后的水汽以较高速度进入焦炭内，沿生焦孔道上升迅速汽化，避免焦炭塔塔壁温降速率太大的风险，预防焦炭塔热应力疲劳损坏。

该工艺配套专用的SS控制系统，并通过DCS系统组态，对整个大吹汽过程进行自动控制，在大吹汽的过程中，根据焦炭塔塔顶压力和塔壁的降温速度，调节过热蒸汽流量和代替蒸汽用凝结水流量，将焦炭塔塔壁温降速率以及焦炭塔塔顶压力控制在合理的范围内。在整个大吹汽的过程中，蒸汽和水的比例随焦炭塔内焦炭温度的变化而变化，在大吹汽的初期，由于焦炭的温度较高，进入焦炭塔的水量较少，以确保焦炭塔的长期安稳运行。随着焦炭温度的降低，进入凝结水的流量逐渐增加，蒸汽的流量降低，最大限度地节约蒸汽用量。

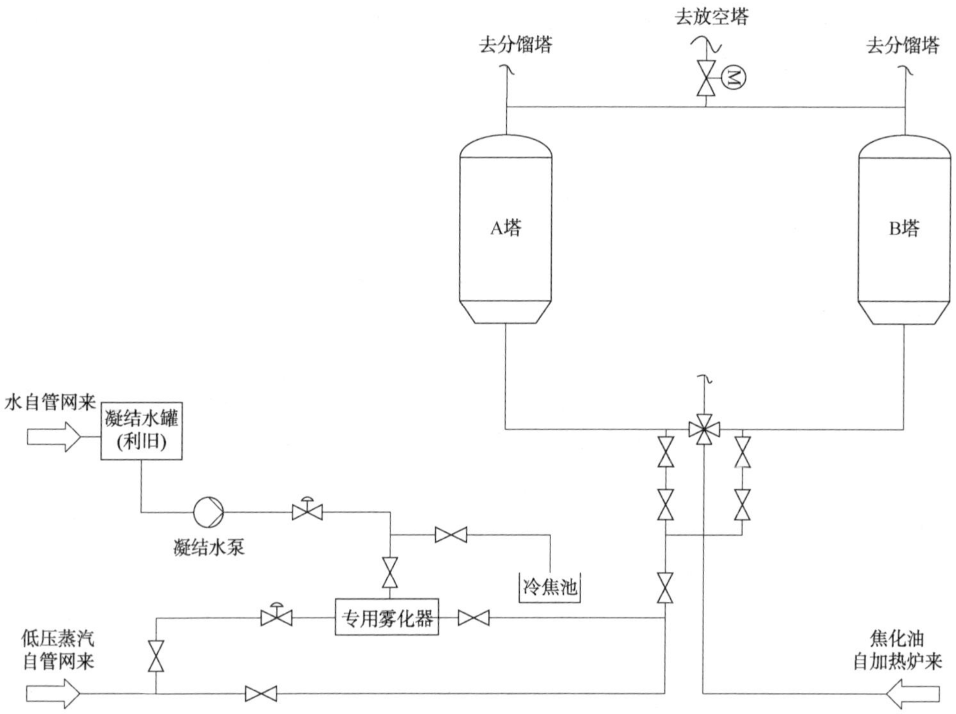

图1　改造后的大吹汽工艺流程

三、改造后实施效果

(一) 节能情况

大吹汽初期，不投用SS智能喷雾系统，只往焦炭塔内通蒸汽，确认焦炭塔塔底进料线温降、塔壁温降及塔顶压力正常后按表1蒸汽和凝结水流量设定值方案投用大吹汽流程。

改造前，大吹汽2h，消耗蒸汽24t。以凝结水代替部分蒸汽后，焦炭塔大吹汽过程平均每塔次用蒸汽12.54t，节约蒸汽11.47t，平均节省蒸汽比率47.73%，平均增加凝结水消耗8.05t，如表2及图2所示。改造后，大吹汽最大蒸汽用量12t/h且持续时间短，相较于改造前蒸汽峰值用量16t/h，降低了4t/h，大部分时间蒸汽量维持在8t/h内，降低了对蒸汽管网的冲击。

表1　蒸汽和凝结水流量设定值

时间/min	5	10	15	20	25	30	35	40	45	50	55	60	100
蒸汽流量/(t/h)	9.0	11.0	12.0	10.0	9.0	8.0	7.0	7.0	6.0	6.0	5.0	5.0	4.5
凝结水流量/(t/h)	0.0	0.0	0.0	3.0	3.5	4.0	4.0	4.5	5.0	5.6	6.2	6.8	6.8

表2　改造后蒸汽及凝结水耗量

项目	8月9日	8月10日	8月12日	8月13日	8月15日	8月16日	平均值
大吹汽塔	C-0101B	C-0101A	C-0101B	C-0101A	C-0101B	C-0101A	-
蒸汽耗量/t	11.8	14.1	11.74	12.39	12.88	12.35	12.54
凝结水耗量/t	7.96	8.17	7.95	7.8	8.38	8.05	8.05
节省蒸汽量/t	12.2	9.9	12.26	11.61	11.12	11.65	11.47
节省蒸汽比率/%	50.8	41.25	51.08	48.38	46.33	48.54	47.73

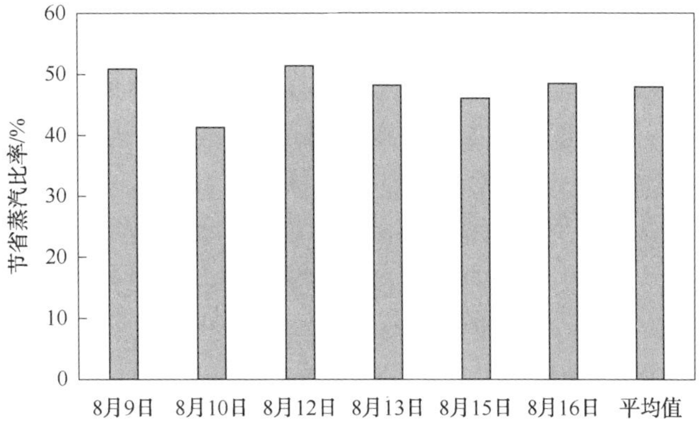

图 2　大吹汽改造后节省蒸汽比率

（二）对设备运行的影响

凝结水在雾化器内形成微米级雾滴后和蒸汽混合进入焦炭塔，由于水蒸汽雾滴温度比1.0MPa 蒸汽温度低，进入焦炭塔后的蒸汽能吸收更多热量，焦炭塔塔壁温降速度快，长时间运行会对焦炭塔形成热应力疲劳损伤。因此，控制好塔壁温降速度即熔融焦与塔壁的温度梯度对焦炭塔使用寿命至关重要。大吹汽期间控制焦炭塔塔壁温降速度小于 40℃/h，这样可最大限度地保护好焦炭塔本体设备不受到热应力损坏。从改造后的运行情况来看，大吹汽期间焦炭塔壁温下降缓慢，最大温降速度是 36℃/h，平均是 31℃/h。图 3 是投用水代汽流程后，大吹汽期间壁温下降趋势，焦炭塔上部、中上部、中部及中下部温度下降速度均小于 40℃/h。现场管道及设备未发生水击，焦炭塔设备未发生异常振动，冷焦结束后放水正常，不存在焦炭急冷炸焦的问题，从而保证了焦炭塔的安全运行及使用寿命。

（三）对焦炭产品质量的影响

焦炭塔大吹汽是利用蒸汽进行冷焦，汽提部分油气，整个过程对焦炭质量的影响主要体现在焦炭产品挥发分。改造后的大吹汽过程，吹汽初期用较大量蒸汽，打开生焦孔道，汽提出焦炭内的轻质油气。在大吹汽中后期，逐渐增大凝结水用量，降低蒸汽用量，对焦炭进行冷却。改造前后焦炭挥发分对比见图 4。

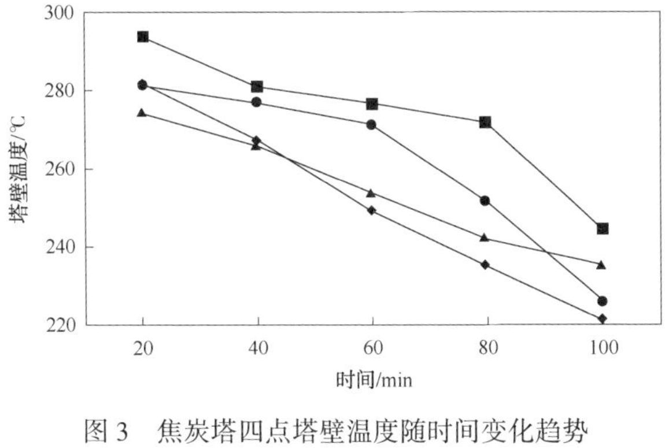

图 3　焦炭塔四点塔壁温度随时间变化趋势

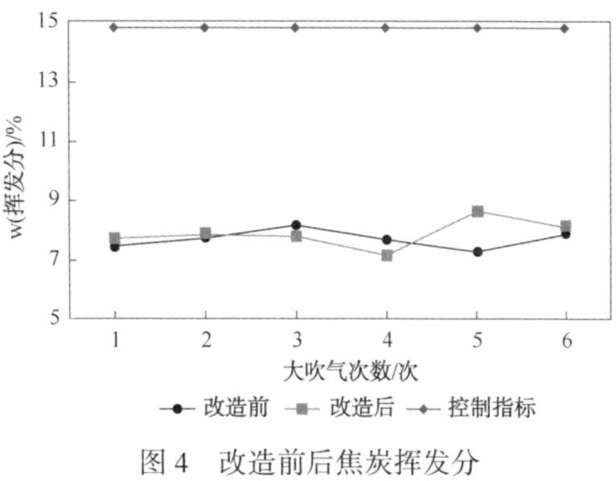

图 4　改造前后焦炭挥发分

由图 4 可看出，在原料性质及操作条件基本一致的前提下，改造后的大吹汽流程对焦炭挥发分几乎没有影响，都在控制指标 14.7%(wt)以内。

四、结论及优化建议

云南石化 1.2Mt/a 延迟焦化装置大吹汽以水代汽项目投用后，按 36h 生焦周期，每塔次可节约蒸汽 11.47t，节汽比率 47.73%，每年可节约 1.0MPa 蒸汽约 7000t。延迟焦化装置用低压蒸汽由动力站烧煤产出，每产 1t 低压蒸汽需燃煤 0.18t，节约 7000t 低压蒸汽，可减少碳排放 4667t，经济及环保效益显著。改造后，大吹汽期间焦炭塔塔壁温度下降缓慢，最大温降速度是 36℃/h，平均是 31℃/h，焦炭塔设备未发生异常振动，焦炭塔安全运行及使用寿命得到保障；焦炭产品挥发分平均值 7.83%(wt)，远远小于控制指标 14.7%(wt)。

后续生产中，可根据实际情况改变蒸汽流量与凝结水流量设定值，在保证焦炭塔塔壁温降小于 40℃/h、塔顶不超压及焦炭产品挥发分合格的前提下，增大凝结水用量，降低蒸汽用量，减少大吹汽结束后的给水时间，进一步降低冷焦能耗。

参考文献

[1] 贾中辉，刘刚．延迟焦化能耗分析及节能措施的探讨[J]．天津化工，2010，24(06)：52-54.

[2] 陆晓成．延迟焦化装置大吹汽过程水代汽节能改造实践[J]．安徽化工，2019，45(05)：86-88.

[3] 梁远峰，葛增艳．延迟焦化中以水代汽进行大吹汽工艺改造的研究[C]．中国科学技术协会．西部大开发科教先行与可持续发展——中国科协 2000 年学术年会文集．中国科学技术协会：中国土木工程学会，2000：1248-1249.

[4] 翟志清，杨军．延迟焦化装置蒸汽系统优化及措施[J]．中外能源，2019，24(07)：79-82.

[5] 杜国．延迟焦化装置能耗分析与节能措施[J]．石油石化节能与减排，2014，4(02)：11-14.

[6] 翟志清，杨军．延迟焦化装置蒸汽系统优化及措施[J]．中外能源，2019，24(07)：79-82.

循环水余热在居民供暖中的应用

李　强｜中国石油天然气股份有限公司哈尔滨石化分公司

循环水传统的冷却方式是经凉水塔冷却降温。中国石油哈尔滨石化公司(以下简称哈石化)循环水余热回收(余热暖民)项目新增板式换热器代替凉水塔，冬季将循环回水引至板式换热器，与电厂来的余热水换热降温。余热水回收循环水余热升温后进入热泵，在热泵内加热采暖水，供居民冬季供暖使用。通过循环水余热回收利用，降低了供暖用煤消耗，减少二氧化碳排放。

一、概述

循环水余热回收(余热暖民)项目，是中国石油哈尔滨石化公司(以下简称哈石化)与哈尔滨华热能源有限公司(以下简称华热能源)合作，由华热能源投资建设的降碳减排项目。该项目设计余热回收能力 84MJ/s，循环水热交换流量 10318t/h，设计温度由 29℃冷却至 22℃；余热水设计温度由 20℃升温至 27℃。2022 年 3 月 25 日哈石化余热暖民项目投运，4 月 19 日供暖期结束时停运。将循环水中低温余热输出用于居民采暖，降低哈石化炼油综合能耗、循环水补水消耗，降低地方采暖燃煤消耗，践行哈石化服务社会、低碳减排的央企责任。

二、项目工艺原理

第二、三循环水场为生产装置提供冷却水，在装置换热升温后循环回水进入板式换热器，与余热水换热降温。回收循环水中余热升温后余热水进入电厂热泵，利用热泵提高居民采暖水温度，将循环水余热转化为居民供暖用热，实现了循环水余热再利用。

三、项目主要工艺流程

从哈石化生产装置返回的第二、三循环水场的循环水，在凉水塔前引至新增的 8 台板式换热器，在板式换热器中与哈投投资股份有限公司热电厂(以下简称哈投)来的余热水换热，冷却降温后循环水返回凉水池。回收余热升温后余热水回到哈投，在热泵机组内与居民采暖水(热网水)换热，降温后的余热水回到板式换热器循环取热。热网水升温后进入哈投供暖管网，为哈尔滨市居民供暖。

四、项目主要设备设施

哈石化厂区 8 台板式换热器及附属循环水管路、余热水管路、现场 PLC 控制柜；哈投厂区 6 台热泵机组及附属蒸汽管路、热网水管路、仪表控制系统等。

五、项目标定数据

2022 年 3 月 25 日哈石化余热暖民项目建成投用，4 月 19 日供暖期结束时停止运行，运行期间自 2022 年 4 月 8 日 1：00 时至 4 月 18 日 21：00 时，对余热暖民项目进行了标定，共计 260h。

(一) 板式换热器运行参数

板式换热器运行数据见表 1。

表 1　板式换热器运行数据

时间	循环水进板换流量/(t/h)	循环水进板换温度/℃	循环水出板换温度/℃	循环水进出温差/℃	余热水进板换温度/℃	余热水出板换温度/℃	余热水进出温差/℃
4 月 8 日	6000	26.1	19.5	6.6	16.8	23.7	6.9
4 月 9 日	4500	23.4	17.6	5.8	16.0	20.9	4.9
4 月 10 日	4500	25.4	19.2	6.2	17.6	22.7	5.1
4 月 11 日	4500	22.4	16.5	5.9	14.9	19.5	4.6
4 月 12 日	4500	24.4	18.0	6.4	16.2	21.6	5.4
4 月 13 日	4500	25.0	18.3	6.7	16.5	21.9	5.4
4 月 14 日	4500	26.2	19.9	6.3	18.4	23.3	4.9
4 月 15 日	4500	24.4	18.2	6.2	16.4	21.6	5.2
4 月 16 日	4500	25.0	19.3	5.7	17.6	22.2	4.6
4 月 17 日	4500	24.6	19.4	5.2	17.8	22.0	4.2
4 月 18 日	4000	25.4	20.2	5.2	19.0	22.5	3.5
平均值	4590	24.8	18.7	6.0	17.0	22.0	5.0

(二) 第二、三循环水场回用水补水量

第二、三循环水场回用水补水量见表 2。

表 2　第二、三循环水场回用水补水量

时间	标定期间回用水补水量/(t/d)	上月同期回用水补水量/(t/d)	上年同期回用水补水量/(t/d)
4 月 8 日	3370	4441	4687
4 月 9 日	4049	3920	3284
4 月 10 日	4234	4342	4339

续表

时间	标定期间回用水补水量/(t/d)	上月同期回用水补水量/(t/d)	上年同期回用水补水量/(t/d)
4月11日	4716	4411	3484
4月12日	3647	4657	3333
4月13日	3925	4274	3809
4月14日	3650	4401	4520
4月15日	2793	4470	3649
4月16日	3287	4568	3910
4月17日	3015	4254	3121
4月18日	2510	4687	3439
平均值	3563	4402	3779

(三) 总排污水外排量

总排污水外排量见表3。

表3 总排污水外排量

时间	标定期间总排污水外排量/(t/d)	上月同期总排污水外排量/(t/d)	上年同期总排污水外排量/(t/d)
4月8日	2430	1438	1392
4月9日	1495	1640	1411
4月10日	1171	1608	1325
4月11日	1152	1466	1308
4月12日	1572	1417	1452
4月13日	1460	1440	1455
4月14日	1512	1534	1307
4月15日	2666	1488	1368
4月16日	2496	1371	1320
4月17日	2707	1329	1364
4月18日	3024	1368	1332
平均值	1971	1463	1367

(四) 污水外排 COD 数据

污水外排 COD 数据见表4。

表 4　污水外排 COD 数据

时间	外排污水量/(t/h)	外排污水COD 浓度/(mg/L)	上月同期外排污水量/(t/d)	上月同期外排污水 COD 浓度/(mg/L)	上年同期外排污水量/(t/d)	上年同期外排污水 COD 浓度(mg/L)
4 月 8 日	2430	26. 39	1438	46. 60	1392	36. 31
4 月 9 日	1495	27. 13	1640	46. 12	1411	31. 84
4 月 10 日	1171	27. 77	1608	37. 08	1325	45. 94
4 月 11 日	1152	29. 71	1466	39. 76	1308	34. 18
4 月 12 日	1572	26. 19	1417	40. 56	1452	38. 50
4 月 13 日	1460	26. 80	1440	43. 63	1455	37. 66
4 月 14 日	1512	48. 62	1534	36. 73	1307	27. 33
4 月 15 日	2666	34. 91	1488	37. 59	1368	23. 73
4 月 16 日	2496	27. 41	1371	37. 32	1320	37. 20
4 月 17 日	2707	27. 86	1329	37. 78	1364	36. 29
4 月 18 日	3024	28. 09	1368	42. 21	1332	28. 83
平均值	1971	30. 08	1463	40. 49	1367	34. 34

六、数据计算

计算部分包括标定实际数据计算及项目完整采暖季运行相关数据估算，估算按板式换热器回收余热的循环水流量分两种工况：工况 1 板换循环水流量 10318t/h，采暖季运行时间 180 天，第二、三循环水场不上凉水塔，循环水全部经板换回收余热；工况 2 又分 3 种情况，即 10318t/h 流量运行 105 天、停用凉水塔，8000t/h 流量运行 30 天、投用一间凉水塔，5500t/h 流量运行 45 天、投用两间凉水塔。

（一）循环水回收热量计算

回收热量=比热×流量×运行时间×换热温差

循环水回收热量见表 5。

表 5　循环水回收热量

计算时段	循环水比热/[J/(kg·℃)]	板换循环水流量/(t/h)	运行时间/h	换热温差/℃	回收热量/MJ
标定实际数据	4200	6000	16	5. 96	2403072
		4500	212	5. 88	23559984
		4000	32	5. 45	2929920
采暖季回收热量估算					
工况 1	4200	10318	4320	7	1310468544
工况 2	4200	10318	2520	7	764439984
		8000	720	7	169344000
		5500	1080	7	174636000

（二）回收热量折算炼油能耗

1tce（千克标煤热当量）= 29.1722MJ

1kg 标油热当量 = 1.4286tce = 41.6754MJ

回收热量折算炼油能耗（kg 标油/t）

= 回收热量÷1kg 标油热当量÷当期原油加工量

循环水回收热量折算能耗见表 6。

表 6　循环水回收热量折算能耗

计算时段	板换循环水流量/（t/h）	运行时间/h	回收热量/MJ	原油加工量/t	折算当期能耗 kg 标油/t	折算全年能耗 kg 标油/t
标定实际数据	6000	16	2403072	6784	8.50	6.65（标定时加工量 104319t 计算）
	4500	212	23559984	85333	6.63	
	4000	32	2929920	12202	5.76	
采暖季折算能耗（以年加工量 3.8Mt 计）						
工况 1	10318	4320	1310468544	1873972	16.78	8.27
工况 2	10318	2520	764439984	1093150	16.78	7.00
	8000	720	169344000	312329	13.01	
	5500	1080	174636000	468493	8.94	

（三）第二、三循环水场回用水补水量计算

上月回用水与标定差 = 上月同期回用水补水量 − 标定回用水补水量

上年回用水与标定差 = 上年同期回用水补水量 − 标定回用水补水量

旁滤系统排污量 700t/d，单间凉水塔蒸发量 1200t/d，第二、三循环水场回用水补水量计算见表 7。

表 7　第二、三循环水场回用水补水量计算

计算时段	回用水补水/（t/d）	上月回用水补水/（t/d）	上月回用水与标定差/（t/d）	上年同期回用水补水/（t/d）	上年回用水与标定差/（t/d）
4 月 8 日	3370	4441	1071	4687	1317
4 月 9 日	4049	3920	−129	3284	−765
4 月 10 日	4234	4342	108	4339	105
4 月 11 日	4716	4411	−305	3484	−1232
4 月 12 日	3647	4657	1010	3333	−314
4 月 13 日	3925	4274	349	3809	−116
4 月 14 日	3650	4401	751	4520	870
4 月 15 日	2793	4470	1677	3649	856

续表

计算时段	回用水补水/(t/d)	上月回用水补水/(t/d)	上月回用水与标定差/(t/d)	上年同期回用水补水/(t/d)	上年回用水与标定差/(t/d)
4月16日	3287	4568	1281	3910	623
4月17日	3015	4254	1239	3121	106
4月18日	2510	4687	2177	3439	929
平均	3563.3	4402.3	839	3779.5	216

采暖季回用水补水估算

工况1	余热回收 10318t/h	凉水塔未投运	回用水补水 700t/d
工况2	余热回收 10318t/h	凉水塔未投运	回用水补水 700t/d
	余热回收 8000t/h	1间凉水塔运行	回用水补水 1900t/d
	余热回收 5500t/h	2间凉水塔运行	回用水补水 3100t/d

(四) 总排污水外排量计算(见表8)

上月总排外排差值=标定总排外排量-上月同期总排外排量

上年总排外排差值=标定总排外排量-上年同期总排外排量

表8 总排污水外排量计算

统计时间	污水外排量/(t/d)	上月同期污水外排量/(t/d)	上月总排外排差值/(t/d)	上年同期污水外排量/(t/d)	上年总排外排差值/(t/d)
4月8日	2430	1438	992	1392	1038
4月9日	1495	1640	-145	1411	84
4月10日	1171	1608	-437	1325	-154
4月11日	1152	1466	-314	1308	-156
4月12日	1572	1417	155	1452	120
4月13日	1460	1440	20	1455	5
4月14日	1512	1534	-22	1307	205
4月15日	2666	1488	1178	1368	1298
4月16日	2496	1371	1125	1320	1176
4月17日	2707	1329	1378	1364	1343
4月18日	3024	1368	1656	1332	1692

采暖季总排污水外排量估算

工况1	余热回收 10318t/h	凉水塔停运	总排污水外排量 4400t/d
工况2	余热回收 10318t/h	凉水塔停运	总排污水外排量 4400t/d
	余热回收 8000t/h	1间凉水塔运行	总排污水外排量 3200t/d
	余热回收 5500t/h	2间凉水塔运行	总排污水外排量 2000t/d

(五) 污水外排 COD 数据(外排水量及 COD 浓度见表9)

污水总排 COD 外排量=外排污水量×外排污水 COD 浓度

上月同期 COD 外排量=上月同期外排污水量×上月同期外排污水 COD 浓度

上月同期 COD 外排量差值=污水总排 COD 外排量-上月同期 COD 外排量

上年同期 COD 外排量=上年同期外排污水量×上年同期外排污水 COD 浓度

上年同期 COD 外排量差值=污水总排 COD 外排量-上年同期 COD 外排量 5. 5. 6 采暖季 COD 外排总量=COD 日外排量×运行天数

全年 COD 最大外排量=上年度非采暖季 COD 外排量+工况 1 采暖季 COD 外排量

表 9　污水外排 COD 数据

统计时间	污水总排 COD 外排量/（kg/d）	上月同期 COD 外排量/（kg/d）	上月同期 COD 外排量差值/（kg/d）	上年同期 COD 外排量/（t/d）	上年同期 COD 外排量差值/（t/d）
4 月 8 日	64. 13	67. 01	-2. 88	50. 55	13. 58
4 月 9 日	40. 56	75. 64	-35. 08	44. 93	-4. 37
4 月 10 日	32. 52	59. 63	-27. 11	60. 87	-28. 35
4 月 11 日	34. 23	58. 29	-24. 06	44. 70	-10. 47
4 月 12 日	41. 17	57. 47	-16. 3	55. 91	-14. 74
4 月 13 日	39. 13	62. 83	-23. 7	54. 7910	-15. 661
4 月 14 日	73. 51	56. 34	17. 17	35. 73	37. 78
4 月 15 日	93. 07	55. 94	37. 13	32. 47	60. 6
4 月 16 日	68. 42	51. 17	17. 25	49. 11	19. 31
4 月 17 日	75. 42	50. 20	25. 22	49. 50	25. 92
4 月 18 日	84. 94	57. 74	27. 2	38. 41	46. 53
2021 年度非采暖季 COD 外排量：8. 28t					
采暖季污水 COD 外排量估算					

	总排污水外排量	污水 COD 浓度	COD 日外排量	采暖季 COD 外排量
工况 1	4400t/d	30. 08mg/L	132kg/d	23. 76t
工况 2	4400t/d	30. 08mg/L	132kg/d	19. 89t
	3400t/d	30. 08mg/L	102kg/d	
	2200t/d	30. 08mg/L	66kg/d	
全年 COD 最大外排量估算				
全年 COD 最大外排量=上年度非采暖季 COD 外排量+工况 1 采暖季 COD 外排量=8. 28+23. 76=32. 04t				

（六）输出热量及节电折算碳减排量（见表 10）

热量/碳排放折算系数=0. 11MJ/kg

电能/碳排放折算系数=0. 262 KWh/kg

单项碳减排折算量=项目数值×碳排放折算系数

每年 10 月 20 日至次年 4 月 20 日，二循凉水塔 200kW 风机运行 1440h，电耗 288000kW·h。余热暖民项目投用后，年最大节电量 288000kW·h。

表 10　输出热量及节电折算碳减排量

计算时段	循环水流量	项目	数值	碳排放折算系数	单项碳减排折算量	碳减排总折算量
标定期间	4500 t/h	输出热量	28892976MJ	0.11MJ/kg	3178.23t	3191.85t
		节电量	52000kW·h	0.262kW·h/kg	13.62t	
采暖季碳减排量估算						
工况 1	10318 t/h	输出热量	1310468544MJ	0.11MJ/kg	144151.54t	144227.00t
		节电量	288000kW·h	0.262 kW·h/kg	75.46t	
工况 2	10318 t/h	输出热量	764439984MJ	0.11MJ/kg	84088.40t	122001.66t
		节电量	168000kW·h	0.262 kW·h/kg	44.02t	
	8000 t/h	输出热量	169344000MJ	0.11MJ/kg	18627.84t	
		节电量	48000kW·h	0.262 kW·h/kg	12.58t	
	5500 t/h	输出热量	174636000MJ	0.11MJ/kg	19209.96t	
		节电量	72000kW·h	0.262 kW·h/kg	18.86t	

七、标定结果及分析

（一）换热系统

标定期间循环水进板换温度最高 27.8℃，最低 21.8℃，平均 25.1℃；循环水板换进出水温差最大 6.8℃，最小 4.8℃，平均温差 6.0℃；余热水进板换最高 19.6℃，最低 14.3℃，平均 17.5℃；余热水进出温差最大 6.9℃，最小 3.5℃，平均温差 5.0℃，运行数据真实准确。从标定数据来看，板换未达到 7℃温差的项目设计值，主要原因是循环水进板换平均温度、循环水进板换流量(4000~6000t/h)，循环水余热总量等重要指标均未达到额定设计工况，热泵机组不处于高效运行区间。

标定期间板式换热器运行平稳，循环水、余热水出水温度稳定，二、三循供水温度能满足装置冷却需要，换热系统实现了余热回收的设计目标。

（二）第二、三循环水场回用水补水量

标定期间第二、三循环水场补回用水日均 3563t；上月同期日均 4402t，标定期间环比减少回用水补水 9229t，环比降低 19.06%；上年同期日均 3779t，标定期间同比减少回用水补水 2379t，同比降低 5.72%。从本次标定数据看，余热回收项目投用后，循环水蒸发损失明显减少，回用水补水量随之降低。

（三）总排污水外排量

标定期间总排污水外排量平均 83.40t/h，上月同期污水外排量平均 60.98t/h，上年同期污水外排量平均 56.95t/h。从污水外排数据来看，循环水余热回收项目投运后，总排污水外排量明显增加。按标定数据估算，余热暖民项目满负荷运行情况下，总排污水外排量最大 4400t/d。

（四）污水外排 COD 量

标定期间总排 COD 外排量 647.1kg，小时平均 2.49kg；上月同期总排 COD 外排量 652.26kg，小时平均 2.47kg；上年同期总排 COD 外排量 516.97kg，小时平均 1.96kg。标定期间，COD 外排量与上月同期基本相同，主要原因为上月同期外排污水 COD 浓度比标定期浓度高 34.61%，尽管标定期间外排污水量大，但 COD 外排总量接近。上年同期 COD 浓度比标定期浓度高 14.16%，但标定期间外排水量大，标定时 COD 外排量依然大于上年同期 COD 外排量。

总排 COD 与氨氮外排量受外排水量及浓度影响，从长期趋势来看，项目投用后污水外排量增加，一定会导致总排污染物增加。用标定时 COD 浓度估算，采暖季 COD 外排量为 132kg/d，上月同期 COD 外排量 59.30kg/d，上年同期 COD 外排量 60.59kg/d。

（五）输出热量折算炼油能耗

标定期间回收循环水余热 28892976MJ，用回收热量折算，降低炼油能耗 6.65kg 标油/t。采暖季项目投用后按相同计算方法，估算工况 1 和工况 2 可分别降低炼油能耗 8.27kg 标油/t 和 7.00kg 标油/t。

（六）碳减排核算

循环水余热回收的热量为居民供暖所用，减少了冬季采暖燃料消耗，直接的环保效应就是减少碳排放，项目所节电能也可实现碳减排，标定期间减少二氧化碳排放 3191.85t。项目回收的热量越多，环保效应越显著，对碳减排的贡献也就越大。项目正式运行后，预估每个采暖节减少 12.20×10^4t~14.42×10^4t 二氧化碳气体排放。

八、结论及改进意见

（一）结论

循环水余热回收作为降碳减排项目 50%系统负荷条件下，自 2022 年 4 月 8 日 1：00 时开始至 4 月 18 日 21：00 时标定期间，数据收集完整可靠。通过数据分析，实际运行达到了预期目标，实现了节能降耗和减少碳排放的目的。通过核算标定数据，以及估算后期数据得知，项目正式投用后，对公司节能降耗和减少二氧化碳排放，都具有积极意义。

（1）标定期间实现节电 5.2×10^4kW·h，循环水补水减少 216t/d，由于污水回用水无新增用户，这部分节水未能转化到公司新鲜水节水量中；节能 6.65kg 标油/t，碳减排 3191.85 吨，达到了项目投运要求。预计完整采暖季正常运行情况下，项目可实现节电 28.8×10^4kW·h，节能 7.00~8.27kg 标油/吨，减少二氧化碳气体排放 12.20×10^4~14.42×10^4t。

（2）标定期间，出水温度满足生产装置冷却需要。标定流量最大 6000t/h，最小 4000t/h，循环水余热回收项目运行平稳，循环水板换出水温度低于 21℃，进出水温差 4.8~6.8℃，满足供暖季各生产装置循环水温度和温差需要。

（3）标定期间，公司污水 COD 排放量 0.647t，预估全年 32.04t，超年度计划 6.24 吨。主要原因是循环水不经凉水塔冷却，蒸发量减少，循环水场回用水补水量下降，回用水外排量增加，污水外排 COD 量上升。

（4）循环冷却水返水池管路设计不合理。一是板式换热器循环水出口 4 条回水管对凉水池冲击较大，瀑布式回水方式已将三循凉水池中间隔板冲开，如长期运行，不排除对凉水池本体造成破坏；二是回水搅动池底泥，使循环水短时间悬浮物和泥量增加，水质快速变差；三是冲击回水产生大量泡沫溢出凉水池，现场环境产生很大负面影响，冬季出现泡沫现场卫生难以处理。

（5）项目投运后板换循环水出口温度出现波动。在实际运行中，出现过循环冷却水温度不稳定情况，哈投侧热泵投用台数、运行稳定性、热泵蒸汽量的变化，以及居民采暖水热负荷变化，都会对循环水余热回收取热产生影响。上述几方面因素剧烈变化时，可能出现余热回收量大幅波动的情况，造成板换循环水出口温度波动较大，进而影响哈石化生产装置运行。项目 3 月 25 日至 4 月 19 日运行期间，由于哈投热泵、蒸汽流量等因素，循环水出板换温度最低 16℃，最高 24℃，对装置冷却产生一定影响。

（二）改进意见

（1）为避免公司环保指标超标，尽早实施污水回用增容及深度回用项目，减少回用水外排，保证公司污染物排放总量受控。

（2）2022 年冬季项目投运前，必须改善循环水凉水池回水形式，避免瀑布式回水冲击凉水池，建议增加循环水回水管数量，提高第二、三循环水场凉水池回水量调节余地，满足凉水池液位控制需要。

（3）采暖季项目运行时必须确定板式换热器循环水流量和出水温度，华热能源确定用热计划，避免循环水量大幅波动，循环水换热后水温稳定控制在 22℃，避免循环水温度及流量波动影响装置运行。

参考文献

[1] 孙晓光．地源热泵工程技术与管理[M]．北京：中国建筑工业出版社，2021.
[2] 马最良．热泵技术与应用[M]．哈尔滨：哈尔滨工业大学热泵空调技术研究所，2010.

催化裂化装置吸收稳定系统节能降耗措施探究

蒋明涛 | 中石油云南石化有限公司

通过对催化裂化装置吸收稳定系统能耗分布进行分析研究，降低解吸塔底重沸器(二)的蒸汽消耗量是关键，解吸塔底重沸器(二)的蒸汽消耗受多方面因素影响，使用AEPEN模拟软件对吸收稳定系统节能降耗措施进行模拟预测，按照措施逐步实施后，每年可节约蒸汽量3.02×10^4t，经济效益达600万元。

随着提质增效理念的不断深入，催化裂化装置作为炼油系统最大的能耗装置，节能降耗工作也在不断推进，各种越来越具体的节能降耗措施均被提出实施。吸收稳定系统作为催化裂化装置的一大系统，节能降耗潜力仍待挖掘。吸收稳定系统中存在大量物料循环，吸收塔、解吸塔和稳定塔之间相互制约、相互影响的因素较多，某些操作可能会造成整个系统的能耗增加。通过对云南石化催化装置吸收稳定系统运行工况进行分析，找出能耗较大的原因，通过流程模拟预测措施实施效果，并运用于实践中，切实达到节能降耗的目的。

一、装置工况

(一) 工艺介绍

云南石化催化裂化装置设计处理量3.3Mt/a，包括反再系统、分馏系统、吸收稳定系统、热工系统和烟气脱硫系统。吸收稳定系统采用四塔流程，其主要包括吸收塔、解吸塔、稳定塔、再吸收塔及相应的换热器等辅助设备，担负着提供合格汽油、液态烃和干气的任务。其中吸收塔和再吸收塔的作用控制干气质量合格，吸收塔使用稳定汽油作为补充吸收剂，再吸收塔使用轻柴油作为贫吸收油；解吸塔的作用控制解吸后的脱乙烷汽油中尽可能不带C_2以下组分，进料采取冷物料自塔顶进入，中部设一台重沸器供热，塔底设两台重沸器供热，分别是低压蒸汽和稳定汽油作为热源；稳定塔的作用分离液态烃和稳定汽油，压力控制方式为热旁路，带不凝气时排放至双脱装置，稳定塔热源为分馏一中油。

（二）目前工况

目前，催化裂化装置处理量为340t/h左右，运行负荷86.5%，干气收率为3.81%，液态烃收率为18.38%，稳定汽油收率为42.37%，干气和液态烃组成见表1，通过组成来看干气中C_3及以上组分为1.7%(v)，丙烯含量0.97%；液态烃基本不含C_2及以下组分，干气及液态烃指标控制较好。吸收稳定系统操作参数见表2，吸收塔操作压力0.918MPa，解吸塔操作压力1.145MPa，属于低压操作区域；补充吸收剂流量162t/h，为设计流量253t/h的65%；解吸塔底温度114℃，较设计值143℃低近30℃，解吸塔底重沸器(二)E-0310蒸汽消耗量9.6t/h，较设计蒸汽消耗30t/h节约2/3。

表1 干气及液态烃组成表 单位：%(v)

分析项目	甲烷	乙烷	乙烯	丙烷	丙烯	C4以上组分
干气	23.2	9.98	13.1	0.18	0.97	0.55
液态烃	<0.01	0.03	<0.01	8.44	37.45	53.66

表2 吸收稳定系统主要操作参数

操作参数	压缩富气冷后温度/℃	吸收塔塔底温度/℃	吸收塔塔顶温度/℃	解吸塔塔顶温度/℃	解吸塔塔底温度/℃	解吸塔中部重沸器返回温度/℃
数值	39.7	42.9	41.1	53	114.5	75
操作参数	吸收塔压力/MPa	解吸塔压力/MPa	稳定塔压力/MPa	补充吸收剂量/(t/h)	解吸气流量/(Nm^3/h)	E-0310蒸汽流量/(t/h)
数值	0.918	1.145	0.96	162	17400	9.1

二、能耗分析

通过对吸收稳定系统能耗分布进行分析，吸收稳定系统能耗主要分为3个部分：一是解吸塔底重沸器(二)E-0310的蒸汽消耗，二是各机泵和空冷的运行电耗，三是各水冷器循环水使用的水耗。其中，机泵电耗和水耗的能耗占比不高，且可采取的措施受运行限制。吸收稳定系统运行的空冷主要为压缩富气空冷器和稳定塔顶油气空冷器，主要根据气温变化来调整。因此，吸收稳定系统节能的关键是降低解吸塔底重沸器(二)E-0310的蒸汽消耗量。

解吸塔底重沸器(二)E-0310蒸汽用量应保证解吸塔的解吸效果，以满足稳定塔进料不带不凝气的要求。而节能降耗则需降低蒸汽用量，因此优化操作则是在保证解吸效果的情况下找到最低的蒸汽消耗量。解吸塔的解吸效果主要受解吸塔进料量、解吸压力及解吸塔热负荷3个方面影响。解吸塔进料量大，则需要的热负荷增加，消耗的蒸汽量增加。解吸塔进料负荷关键在控制解吸气量，解吸气量过大，则大量液态烃组分在吸收塔和解吸塔之间循环，造成解吸塔和吸收塔气相负荷增加。吸收塔气相负荷增加，则需要补充的吸收剂量增加，造成补充吸收剂在三塔之间循环量增加，各塔液相负荷也增加，形成恶性循环。因此，解吸气量是判断吸收稳定系统运行是否节能的关键参数。从吸收塔流程来看，应避免吸收塔过吸收，吸收塔过吸收会造成解吸塔进料轻组分过多，解吸需要的热量则增加。从单个解吸塔流程来看，解吸塔的热负荷来源是低压蒸汽和稳定汽油。稳定汽油属于系统热量利用，应尽可能完全利用，目前解吸塔中间重沸器取热余量较大，可提高中部重沸器返回温度。低压高温有利于解吸，降低解吸塔压力，相同的解吸效果则消耗的蒸汽量降低。

根据影响解吸塔重沸器蒸汽消耗量的关联性，第一步应采取提高解吸塔中部温度措施来降低解吸塔底蒸汽用量，第二步采取降低解吸气量来减少解吸和吸收的循环能耗，第三步采取降低补充吸收剂。由于吸收稳定系统各参数互相影响、互相制约，为避免操作幅度过大引起相反的效果，先通过 ASPEN 流程模拟软件进行模拟，后根据模拟结果进行精确调整操作。

三、提高解吸塔中部温度措施

（一）建立流程模拟分析

按照目前实际工况，建立吸收稳定系统 ASPEN 模拟流程，解吸塔的目的是将凝缩油中的不凝气解吸出来，保证稳定塔进料不带不凝气。因此，在模拟调整解吸塔中部温度时，需限制解吸塔底脱乙烷汽油的 C_2 及以下组分含量，保证液态烃 C_2 及以下组分指标合格。分析指标要求液态烃 C_2 及以下组分含量小于等于 2%，为减少气分装置不凝气排放，小指标按小于等于 0.2%控制。

调整模拟流程，当解吸塔中部重沸器返塔温度为 75℃时，解吸塔底蒸汽量为 9.3t/h，解吸气量 24t/h，与实际工况基本相符。然后模拟调节解吸塔中部返塔温度，保证解吸塔底温度不变，模拟结果见图 1，当解吸塔中部返塔温度提至 79℃时，解吸塔底蒸汽降至 6.8t/h，节约 2.5t/h。

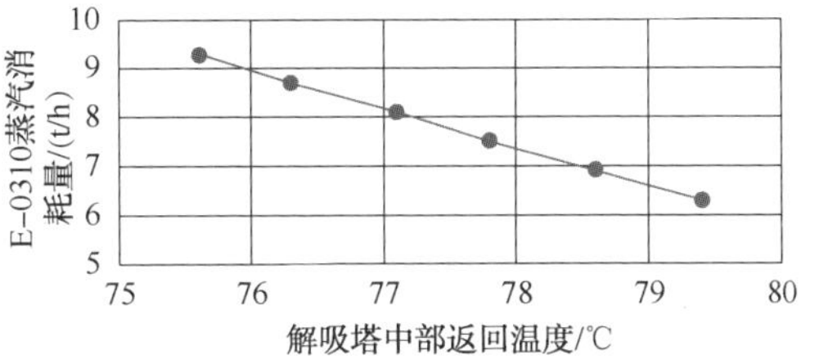

图 1　模拟解吸塔中间重沸器返回温度与 E-0310 蒸汽消耗量关系图

（二）措施实施产生效果情况

逐步提高解吸塔中部重沸器返回温度，先将解吸塔中部温度提高至 76℃，发现解吸气量增加，稳定塔运行正常，逐渐降低解吸塔底蒸汽量，保证稳定塔进料不带不凝气，解吸塔底温度降低，当解吸塔中部返塔温度提至 79℃时，解吸塔中间重沸器的温控阀主路全开，旁路关至 40%，最终操作参数见表 3。从表 3 可以看出，提高解吸塔中部温度由 75℃提至 79℃后，解吸塔底蒸汽量由 8.89t/h 降至 6.49t/h，节约蒸汽 2.4t/h，节能效果明显，与模拟结果基本相符。

表 3　解析塔最终操作参数

参数	解吸塔中部重沸器返塔温度/℃	解吸塔底蒸汽量/(t/h)	解吸塔顶压力/MPa	解吸气量/(Nm^3/h)	解吸塔底温度/℃
调整操作前	75	9.14	1.145	16300	114.5
调整操作后	79	6.49	1.145	17300	113.4

四、降低解吸气量措施

（一）建立流程模拟分析

采取上述操作后，解吸塔底温度维持在 114℃，解吸气量逐渐上涨至 18000Nm³/h 左右，对解吸气进行采样分析，解吸气中 C_3 以上组分偏高，含量达 45.64%，液态烃中 C_2 以下组分小于 0.01%。这就说明，解吸塔存在过解吸情况，大量 C_3 以上组分在吸收塔和解吸塔之间循环，造成解吸塔负荷增加，解吸塔负荷增加，不利于节能降耗。根据解吸塔的解吸原理，低温高压可降低脱吸效果，由于解吸塔底温度已处于较低水平，通过采取提高解吸塔压力的方法来降低脱吸率，降低解吸气中 C_3 以上组分至 35%以下，减少吸收和解吸之间的物料循环。

调整模拟流程，模拟出解吸塔压力 1.145MPa 时，解吸气量 26t/h，解吸气中 C_3 组分含量 34%，与实际工况基本相符。提高解吸塔压力，模拟结果见图 2，当解吸塔压力提高至 1.205MPa 时，解吸气量降至 22t/h，解吸气中 C_3 组分 30%，解吸塔底蒸汽由 6.6t/h 降至 6.3t/h，降低 0.3t/h。

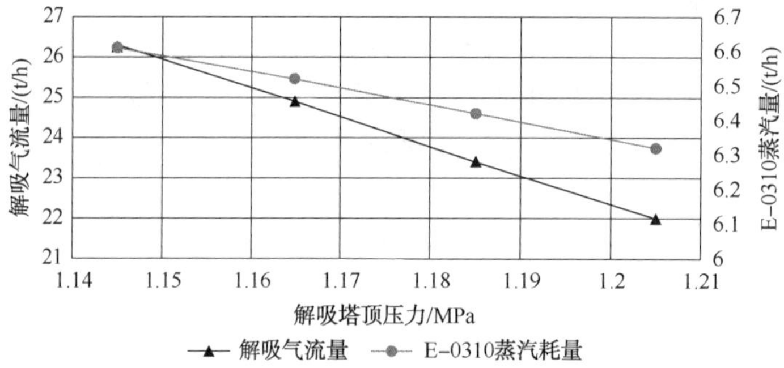

图 2　模拟解吸气流量及 E-0310 蒸汽量与解吸塔顶压力关系图

（二）措施实施效果情况

当提高解吸塔中部重沸器返塔温度后，解吸气量开始逐渐上涨，为保证解吸气量，逐渐提高解吸塔压力至 1.155MPa，解吸气量维持在 17000Nm³/h，解吸塔塔重沸器(二)蒸汽用量 5.9t/h 左右，解吸气中 C_3 及以上组分将至 36%，继续降低解吸塔底温度至 113℃时，轻微波动就会造成气分排不凝气，因此将解吸塔底温度控制在 113.5℃，同时停止提高解吸塔压力。

五、降低补充吸收剂量措施

（一）建立流程模拟分析

降低补充吸收剂流量，降低了吸收塔的气液比，吸收效果理论会变差，但是吸收稳定系统汽油大循环降低，解吸塔进料量会降低，解吸塔进料负荷降低，解吸需要的热负荷降低，解吸气会降低，导致吸收塔气相进料出现降低的情况，吸收塔的气液比可能影响不大，干气中 C_3 以上组分不会出现较大变化，因此通过建立模拟找出补充吸收剂的最佳值。

调整模拟流程，模拟出吸收塔补充吸收剂流量 162t/h 时，干气中丙烯含量为 1.00%，解吸气量 19.4t/h，E-0310 蒸汽消耗量 6.3t/h。逐渐降低补充吸收剂流量至 154t/h 时，丙烯含量为 0.99%，解吸气量可降至 18.0t/h，E-0310 蒸汽消耗量可节约 1t/h(见表 4)。

表 4 降低补充剂量后的相关参数

补充吸收剂量/(t/h)	贫气量/(t/h)	干气中丙烯含量/%(v)	解吸气量/(t/h)	E-0310 蒸汽耗量/(t/h)
162	35.72	1.00	19.4	6.3
158	35.61	0.91	19.8	6
154	35.6	0.99	18.0	5.3

(二) 措施实施效果情况

补充吸收剂流量由 162t/h 逐渐降至 152t/h 后，解吸塔解吸气量降低至 13600Nm^3/h，解吸塔底蒸汽量可降至 5.0t/h 左右，解吸塔底温度维持在 113~114℃，干气中丙烯含量基本维持在 0.9%~1.0%，吸收效果未见明显变差。但解吸塔轻微波动时就会造成气分装置排不凝气，因此将解吸塔蒸汽量控制在 5.5t/h 左右。

六、结论

(1) 吸收稳定系统节能降耗，降低解吸塔重沸器(二)的蒸汽消耗量是关键。

(2) 通过解吸气量和解吸气中丙烯含量可判断吸收稳定系统是否处于最优操作状态，当解吸气量持续上涨和解吸气中丙烯含量超出 30%时，应引起注意。

(3) 使用 ASPEN 系统可精确指导生产操作，对设计操作参数进行优化后更能满足装置不同工况要求。

(4) 通过采取节能降耗措施优化后，解吸塔底蒸汽消耗量降低了 3.5t/h，每年可节约蒸汽 3.02×10^4t，蒸汽量按照 200 元/t，每年的经济效益达 600 万元。

浅谈乙烯装置平稳运行与节能降耗的举措

王仁庶 | 中国石油大庆石化公司

随着现代化进程的不断推进，乙烯需求量日益增大，新的乙烯装置不断建成，老的乙烯装置为顺应时势，也需不断进行改造。首先，平稳生产是装置经济效益的基础；其次，一个重要的课题就是降低能耗，主要体现在裂解炉和三大机组。本文论述了影响乙烯装置平稳运行与节能降耗的一些因素及相应的解决措施，努力做到装置运行安全平稳、节能环保。

自 2018 年装置开工以来，经过不断的探索和调整，目前化工一厂三套乙烯装置均生产平稳，但随着装置精细化管理要求的不断提高，为保证装置长周期、低能耗，主要从以下两大方面着手。

严抓工艺管理：裂解炉热效率、燃料气消耗量、裂解深度、稀释比、蒸汽平衡、稀释蒸汽发生量、放火炬、减少乙烯损失等。

严抓设备管理：加强转动设备、仪表的维护保养，根据需要定期进行设备检修，严格保证检修质量，不断推广新技术，等等。

一、裂解炉管理

（一）加强仪表的维护保养

针对 O2 表、负压表、COT 热偶等关键仪表，要确保显示准确，避免由于假指示造成生产波动，同时也为裂解炉操作调整提供正确的参考。目前，乙烯装置 COT 热偶通常采用贴壁式，工作温度将近 1000℃，经常发生失效情况，导致 COT 指示不准，给操作带来极大不便。当裂解炉下线后，应及时进行更换，新热偶套管要严格执行焊接工艺，保证焊接质量，如采用氩弧焊，炉管与套管焊接长度应控制在 110mm 左右，且堆焊至与套管等径高度等。

（二）加强炉管特护工作

充分发挥裂解炉承包组的作用，加强对炉管的专项管理，车间采用白+黑、内+外，保证炉管运行状态最优化。白天裂解炉承包组会对炉管进行 TMT 测温，夜班班组进行复测，将现场测量数据与中控指示进行参考比对，针对温度偏高的炉管中控室加强关注，室外及时调整避免超温。

(三) 加强空气预热器及风门挡板的管理

(1) 由于裂解炉长年累月运行，底部空气预热器翅片管经常被尘土、树叶等杂物覆盖，严重影响换热效果，不仅降低空气预热温度、增加能耗，还会导致炉膛缺氧、火焰燃烧不充分，定期对空气预热器进行清理。

(2) 根据原料、负荷的变化情况，及时调整风门、挡板开度，降低炉膛过剩空气量，提高裂解炉热效率。

(四) 降低排烟温度及燃料气消耗

在通常情况下，排烟温度每降低 20℃，裂解炉热效率提高约 1%，由于裂解炉长期运行，对流段翅片管被灰尘、耐火材料等填充，传热效果不佳。随着时间的推移，排烟温度将不断上升。针对此种情况，E3 装置 2#炉最先进行对流段化学清洗，对比清洗前后效果，排烟温度由 140℃降低到 128℃，燃料气用量由 $3514m^3/h$ 降低到 $3389m^3/h$，每年可节省约 100 万元。由于效果显著，2020 年 7 月 23 日～8 月 7 日，E1 装置 EF-111B/C 炉对流段进行化学清洗，清洗效果亦非常明显，清洗前后运行参数对比如表 1～表 3 所示。

表 1　EF-111B 炉化学清洗前、后数据对比

项目	清洗前	清洗后	差值
投料量/(t/h)	16.8	16.8	0
COT/℃	850	850	0
炉膛温度/℃	1012	981	↓31
燃料气用量/(t/h)	2.066	1.982	↓0.084
排烟温度/,℃	160.0	135.5	↓24.5
热效率/%	91.58	92.50	↑0.92
产汽量/(t/h)	17.32	16.18	↓1.14

表 2　EF-111C 炉化学清洗前数据

项目	2020 年 6 月 27 日	2020 年 6 月 28 日	2020 年 6 月 29 日	平均
投料量/(t/h)	16.8	16.8	16.8	16.8
COT/℃	850	850	850	850
炉膛温度/℃	1014	1008	1014	1012
燃料气量/(m^3h)	2.085	2.055	2.060	2.066
排烟温度/℃	159.8	160.3	159.9	160.0
热效率/%	91.56	91.59	91.60	91.58
产汽量/(t/h)	17.30	17.32	17.34	17.32

表 3 EF-111C 炉化学清洗后数据

项目	2020 年 8 月 12 日 8 点	2020 年 8 月 12 日 9 点	2020 年 8 月 12 日 10 点	平均
投料量/(t/h)	16.8	16.8	16.8	16.8
COT/℃	850	850	850	850
炉膛温度/℃	988	982	973	981
燃料气量/(m^3h)	2.035	1.995	1.950	1.982
排烟温度/℃	137.5	135.5	133.5	135.5
热效率/%	92.40	92.58	92.52	92.50
产汽量/(t/h)	16.45	16.05	16.05	16.18

(五) 降低炉壁热量损失

E1 装置 EF-111A/B/C/D/E/F/G/I 均已进行低 NOx 火嘴改造，改造主要目的是，降低氮氧化物对大气环境的污染，烟气排放满足安全环保指标。车间也利用火嘴改造裂解炉长期下线的机会，对炉膛耐火材料进行全面检查，重新砌筑鼓包炉墙，修复破损观火孔，对炉墙膨胀缝及侧壁烧嘴砖周围膨胀缝进行填塞，对比前后效果，裂解炉外壁超温点明显减小。

(六) 保证裂解炉长周期稳定运行，减少升降温及频次

2020 年裂解车间在裂解炉长周期运行方面取得了良好的成效，其中 E1 装置 9#炉创纪录地连续运行了 118 天，E2 装置 11#炉在原料为尾油的情况下连续运行了 73 天。车间总结两台裂解炉运行期间的各项调整，为其他裂解炉长周期运行提供了宝贵的经验。

2021 年，为保障乙烯达产 1.35Mt 目标，裂解装置大负荷生产，E1 装置尝试全炉运行模式(无冷备炉)。E2 装置裂解炉则采取两大+两小运行模式(一台小炉子冷备)，经过裂解炉运行模式的优化，在保证裂解炉操作弹性的基础上，尽量避免裂解炉升降温操作，减小了大幅度温度变化对裂解炉尤其是炉管产生的不良影响。

(七) 持续推进裂解炉改造工作

裂解炉所用燃料主要用于对流段物料的加热和辐射段的裂解反应，其中对流段热负荷占 50%~55%，辐射段占 40%，热损失占 5%~10%。预计从 2022 年开始，9#炉对流段改造工作，加入 S100 过热盘管，增加高位热能回收的同时，还可有效降低排烟温度。目前，9#炉排烟温度为 190℃，参考以往裂解炉对流段改造后的效果，排烟温度可降低到 140℃，从而显著提高裂解炉热效率。

(八) 加强裂解炉风机管理

当风机出现故障时，裂解炉将被迫下线，可见风机对于一台裂解炉至关重要。每天班组对裂解炉风机进行一次状态监测，每周设备人员对风机进行一次专项排查，采取此种复合型检查方式，一旦发现不良迹象及时采取措施，确保风机长期处于良好的运行状态，稳定裂解炉的运行。

(九) 加强裂解炉维护

E1 裂解炉达到运行周期下线后，对裂解炉进行例行检查：

(1) 对草帽头及平衡线等升降温期间易泄漏部位进行扒检排查，对发现的漏点及时进行处理；

(2) 拆横跨段及辐射段炉门，对炉膛耐火材料进行检查，如发生损坏，及时进行修复；

(3) 处理裂解炉运行期间发现的蒸汽漏点。

裂解炉下线后经过详细排查，将隐患消灭在萌芽之中，故而 E1 裂解炉上线后均能平稳达到运行周期，为装置大负荷长周期运行提供了有力保障。

E2 装置由于 2013~2017 年处于停工状态，常年停运对裂解炉本体产生的不良影响比较深远。目前，裂解炉操作及维护难度极大，尤其是裂解炉升降温期间，频繁发生泄漏，如小炉子一次及二次注汽部位、SLE 排放线等。车间坚定信心，待裂解炉下线后逐步进行治理。

(十) 新技术的推广

目前各新建的乙烯装置中，新技术不断应用在裂解炉上，例如：

(1) 采用雨滴型炉管，增加内部物料扰动，强化取热，延长裂解炉运行周期；

(2) 炉内衬里采用喷涂技术，强化传热，在保证投料负荷和操作温度不变的前提下，燃料气用量及排烟温度均有所降低，同时也可相应降低裂解炉外壁温度；

(3) 裂解炉风机采用变频电机，根据需要调节风机转速，降低电能消耗；

(4) 增加炉管在线测温系统，实时监测炉管状态，极大地降低了人为测量误差及员工的劳动强度；

(5) 采用裂解炉先进控制，主要包括炉出口温度控制技术、裂解炉稀释蒸汽比在线校正控制技术、裂解炉总通量控制技术等。

二、急冷系统管理

(一) E2 装置急冷油塔更换失效填料

E2 装置急冷油塔自 2004~2017 年，塔内填料已连续使用近 13 年。大检修前，急冷油塔压差已经呈现上涨趋势，对装置运行产生了极其不利的影响。2018 年大检修期间，将塔内堵塞填料全部更换，改善了塔内气液传质传热效果。此次更换填料，降低了急冷油塔内压差，相应地降低了裂解炉炉管出口压力，提高了乙烯收率，同时也在一定程度上提高了裂解气压缩机入口压力，降低了压缩机功耗。

(二) E1 装置急冷系统湿式空冷更换失效填料

裂解车间 E1 装置 7 台急冷水冷却器 EH-202-11/12/13 及 EH-203E/F/G/H 为蒸发式空冷器，用于给急冷水降温，自 2010 年投用以来已连续运行 10 年。湿式空冷内部填料材质为 PVC，使用寿命为 4~6 年，已经超使用寿命。材质老化严重，从外观来看，多处发生碎裂及局部坍塌情况，各层填料之间因灰垢集聚且无法进行清理，减少脱盐水与空气在填料上的接触面积，影响换热效果，导致回落到水槽内部的脱盐水温度较高，形成恶性循环，最终影响对急冷水进行降温。2021 年 5 月 31 日至 8 月 17 日，对 7 台湿式空冷填料进行更换(见图 1)，更换后在夏季高温季节，对急冷水塔降低顶温起到明显效果，更换填料前，每到夏季高温季节 EH-202-1~EH-202-10 均需要喷洒喷淋水，用来降低急冷水温度，更换填料后，未喷洒喷淋水，达到节能降耗目的。

图 1　更换湿式空冷填料

（三）保证急冷油、急冷水系统稳定运行

（1）控制好急冷油黏度，尽可能提高急冷油塔釜温，最大限度地多产稀释蒸汽，降低外补 S10 及工艺水排放量，减少热量损失的同时，也可以减少污水处理量。

（2）严格控制急冷水温度、pH 值在指标范围内，避免急冷水乳化，确保油水分层清晰，保障工艺水品质合格，保证稀释蒸汽品质，有益于裂解炉炉管的运行。

（四）加强工艺水-DS 发生系统管理

（1）对易聚合部位进行定期清理。由于工艺水再沸器发生量不足，2021 年已对 E1 装置 EH-235A～EH-235-E5 台换热器清理 3 轮，共计 15 台次，每次检修拆下封头均能发现有聚合物堵塞换热器（见图 2）。检修结束后，加强排放管理，避免聚合物在换热器内聚集影响换热效果。

图 2　聚合物堵塞换热器管束

（2）定期更换工艺水过滤器和聚结器滤芯（见图 3），可以有效过滤掉工艺水中的烃类物质，保障稀释蒸汽品质，降低稀释蒸汽中烃类在炉管中结焦的风险。

（3）当稀释蒸汽压力降低时，其饱和温度会相应降低，稀释蒸汽产量将增大，因此在保证稀释蒸汽压力允许的情况下，尽可能采用低限控制，提高稀释蒸汽产量。

图 3　EV-235B 聚结器更换滤芯

（五）积极处理仪表问题

2019 年，由于 E1 装置 DS 总量表引压管堵塞，为保证可以实时监控 DS 发生量，采取了带压接管措施，实施后可以准确监测 DS 发生量，对于装置稳定运行起到了积极作用。针对发现的仪表问题，车间积极与仪表车间沟通并及时解决，最大限度地降低仪表故障造成的生产波动。

2020 年，E1 装置稀释蒸汽发生塔 ET-232 现场液位计和远传液位计接管频发发生堵塞，造成液位指示不准。职能人员及时联系仪表车间，对远传液位计和现场液位计接管进行疏通（见图 4），投用后指示正常，避免了 DS 带水进入炉管造成炉管断裂事故。

图 4　疏通 ET-232 塔液位计

2021 年冬季，由于环境温度较往年比偏低，频繁发生仪表指示不准的情况，对装置稳定生产造成了极大的影响。2021 年年底，1.35Mt 乙烯达产任务异常艰巨，车间积极组织、提前谋划，联合仪表车间对仪表进行强制保养，消除了仪表失灵造成的隐患。

三、大机组运行管理

（1）E1 装置裂解气压缩机原透平能耗高，机组问题较多，如中分面、汽封漏气严重、V1 阀故障、压缩机缸体内永久性磨损等，给装置平稳运行带来了极大的隐患。2018 年，利用大检修机会将透平-机组进行整体更新，新机组投用后运行效果良好，透平 S100 用量由 165t/h 降低到 143t/h，外部泄漏点也全部消除。

（2）合理调整裂解气压缩机段间注水量，保证裂解气压缩机各段出口温度低于 85℃，减少裂解气中的不饱和烃如丁二烯、苯乙烯等在叶轮、隔板和级间流道表面聚合结焦，保证压缩机长周期稳定运行。

（3）机组正常运行过程中，在吸入流量允许的情况下，最大限度地控制最小循环量，降低无用功耗。

（4）加强乙烯机、丙烯机本体以及其他低温管线设备的保冷措施，减少冷量损失。

四、其他管理

（1）加强伴热管理。由于E1/E2装置运行年代久远，部分伴热锈蚀严重，极易发生泄漏，针对此隐患车间对伴热进行专项整治，将全部有泄漏风险的伴热统一进行更换。同时，E2装置炉区3层以上均为蒸汽伴热，可以考虑将蒸汽伴热改为热水伴热，取消原有回水线上的疏水器，消除因疏水器故障导致的不良后果，同时也可以节省蒸汽用量，降低装置能耗。

（2）加强火炬管理。针对火炬系统，车间多次组织专项排查，逐条管线、逐个阀门进行确认，杜绝火炬排放，减少不必要的损失。

（3）目前C区运行的AP-802E已经振动攻关成功，降为B区运行机泵，针对另一台C区机泵EP-453，车间目前采取加强监控的措施。2022年对其振值进行攻关，保证设备运行状态达标。对于一些重要的机泵以及裂解炉风机，也开始逐步加装在线监测系统，可以实时监控机泵运行状态，降低发生故障的风险。

（4）加强对小接管及易泄漏法兰的管理。车间制定扒检目标，每月对小接管进行扒检排查，发现问题及时采取可靠措施，对于不能彻底处理的列入大检修计划，运行期间加强巡检，杜绝发生突然泄漏情况。根据生产需求，裂解炉需要定期进行切换。升降温期间，裂解炉上一些法兰温度变化较大，易发生泄漏。尤其在裂解炉升温过程中、投料前，充分做好各阶段的法兰热紧工作，降低泄漏风险。

（5）2021年9月14~15日，E1装置进行窗口检修，解决了裂解气压缩机段间压差逐渐升高、裂解气干燥器ER-331A运行末期露点升高等制约装置长周期问题，检修结束后目前E1装置8台炉大负荷平稳运行。

（6）2021年10月8日，E2装置进行窗口检修，解决了EC-1301及EC-1351透平V1阀盘根泄漏问题，消除了机组的运行隐患。检修结束后，目前E2装置两大+两小裂解炉平稳运行，乙烯日产量多次刷新历史最好纪录。

（7）2021年10月20日，无排放开工线投用，由E1装置裂解气压缩机段间吸入罐EV-303去E2装置裂解气压缩机段间吸入罐EV-1303，将E1装置的裂解气串入E2流程，一天可增加乙烯产量10t。

五、结论

自2018年开车至今，装置一直连续运行，历经了4个阶段。第一阶段为开车初期，主要是以平稳生产为主，积极解决开工过程中发现的设备和工艺问题，使装置逐步进入正轨；第二阶段为优化工艺阶段，装置进入平稳期后，着重抓工艺管理，以优化工艺操作来减少乙烯装置的能耗和物耗；第三阶段，推进现代化设备管理，随着一些新型炉管改造等新技术的应用，降低装置能耗，不断创造历史最好指标；第四阶段，通过E1和E2窗口检修，及时消除生产瓶颈及机组隐患，为装置平稳运行到2023年大检修打下坚实基础。

参考文献

[1] 崔卫明．齐鲁乙烯装置节能降耗的措施[J]．乙烯工业，2006，19(1)11~14.
[2] 孙勇．兰州石化460kt/a乙烯工业装置节能降耗[J]．乙烯工业，2010，22(2)32~36.
[3] 盛在行．乙烯装置节能技术进展[J]．乙烯工业，2010，22(4)59~64.

浅谈炼化企业储运系统 VOCs 治理的探索和实践

申　伟
杨智军
张　鸿
张伟康
罗子明
吴　娟
中国石油庆阳石化公司

近年来，随着经济发展和技术进步，加快建设资源节约型、环境友好型社会是每个企业的必然选择。尤其是对于石油炼化企业，如何与时俱进地保证油气生产储运安全、完善企业节能低碳管理机制、满足国家安全环保循环发展要求成为各炼化企业生产经营的重中之重。本文旨在抛砖引玉，就大多数炼化企业近年来直面油气生产储运各环节节能低碳管理难题，坚守安全发展清洁环保发展的总思路不动摇，集智聚力，多方举措，实施了一系列有力探索与实践。这些真抓实干不断推动广大石油石化企业节能低碳管理及技术人员、新闻媒体、社会公众对石油化工企业安全环保、清洁生产新的认识和了解，为树立石油化工企业良好的社会形象、打造碧水蓝天工程营造良好、和谐的工作氛围，为后期循环经济的全面实现奠定扎实基础。

一、概述

改革开放以来，我国经济快速发展，但是付出了巨大的资源和环境代价。国家“十四五”规划纲要再次强调：生产生活方式绿色转型成效显著，能源资源配置更加合理、利用效率大幅提高，单位国内生产总值能源消耗和二氧化碳排放分别降低 13. 5%、18%，主要污染物排放总量持续减少。这一系列讯息告诉我们，坚持绿色发展，坚持可持续发展，形成人与自然和谐发展现代化建设新格局不仅是国家、企业推进经济结构调整、转变增长方式的必由之路，也是维护中华民族长远利益的必然要求。坚持节约发展、安全发展、清洁发展，既是社会大势所趋，也是各大中型企业，特别是石油炼化企业应有的责任和担当。

石油化学工业在国民经济中占有举足轻重的地位，也是传统的高能耗、高污染行业，其污染防治与生态保护一直受到社会高度重视，国家和地方各级行政主管部门也相继出台了许多政策法规要求，控制石油石化企业各个生产链条对能源资源浪费和环境的污染。特别是近年来，随着炼化行业技术、装备的改进提高，人们环保观念、管理精细化的逐步增强，各炼化企业面对日益发展的科学技术、环保指标严苛的生存发展态势，上下众志成城、与时俱进，不断改进原有“老旧”设备设施，引进先进技术设备，集中精力、最大限度地避免、减少油气生产储存转输过程中给生态环境带来的新的污染，在推动炼化行业安全环保发展、绿色发展上做出了艰苦卓绝的努力、探索和实践。

二、炼化企业储运油气损耗 VOCs 治理原因浅析

最近几年，随着我国周边国家和民营石化工业迅速发展，正形成对国有炼化企业的竞争，经济全球化的趋势已经越来越明显、加剧。始终坚持用“精益”管理扎好“效益”口袋，始终坚持降本提质增效的工作目标，始终坚持企地绿色发展、和谐发展和效益双赢的工作思路，对比同类先进企业，找差距、明措施，大胆选用新技术新工艺，加大隐患源头、过程治理力度，让生产管控更智能、更高效、更环保，实现企业运行质量及经济效益的最大化，争取打造最经济优越的生态环境更是我们炼化人持续思考和孜孜以求的目标。作为业内中人，我们深知：对于国内大多数炼化企业而言，油气前期生产过程大多在各生产装置高温高压密闭工作环境中，其节能减碳主要依靠设备设施更新、技改技措，如常压、重整95+高效加热炉节能改造、循环水系统能源管控单元优化升级等。这些项目投产后均会为企业经济、环保等方面带来可以预见的收益，为落实“双碳”战略目标插上新科技的“翅膀”。但后期成品、半成品进入储罐储存导致损耗、环境污染的原因却是多方面的：主要有漏损、混油和蒸发损耗三种形式。漏损以及混油损耗一般是管理不善以及设备操作不当等原因引起的，通过加强管理可以解决。但石油产品的易蒸发性，且经过大量企业实践数字比对，其在储运中的油气损耗量，一般占加工量的1%~4%，所以此损耗及污染不容小觑。它不仅造成油品数量上的损失，同时还使油品的质量下降，是油品损耗中最大最常见的一种。但在过去，仓储管理中由于蒸发损耗的发生过程比较缓慢、不易觉察，往往未能引起人们足够的重视。所以着力提升油品储运管理及技术水平，下大力气对挥发性油气损耗进行治理，着力实施储运油气损耗 VOCs 治理工程，也是持续提升炼化行业节能减碳管理的有效途径。

三、炼化企业储运油气损耗 VOCs 治理的日常管控措施

储运油品的损耗量一般分布如下：清洗油罐损耗比例为10%~15%，油罐脱水及其他损耗比例为10%~15%，装车损耗比例为15%~25%，油品蒸发损耗比例为50%~80%。

为减少各环节的损耗，实现能耗管理业绩，多年来，各炼化企业油品储运管理人员强化管理意识和责任意识，通常采取以下几个方面加强管理。

（1）认真贯彻落实国家安全环保法规。巩固树立安全环保理念，在制度、规范制定等顶层设计上贯穿科学治理思想，在技术规范的制定和执行上严格严谨，坚守底线思维。

（2）持续优化管理制度和管控行为。不断建立健全油品储运管理制度，比如《储运油品计量实施细则》《储运切罐切水管理细则》《储罐气液相监测管理细则》《储运油品输转统计及

考核管理细则》等，对储运管理的关键重点操作等进行制度化管理。同时在五个方面长期发力：合理安排油品储运作业，大力实行管道调合代替储罐调合；加强对储罐、呼吸阀、机泵、计量工具、定量销售装车系统等设备的检查和维护；强化对油品统计数据的分析，及时发现问题及时纠偏；实施各项检维修作业、吹扫置换时，风险辨识、环保措施先行等等；积极跟进国家各项油气管理标准，不断对现有设备设施进行改造。

（3）采用源头管理+中间控制的方法对所有可能逸出油气损耗的方位进行检测、研究，并下大力气制定管控措施。例如：对所有切水器使用完好性定期进行排查、储罐脱水口（或污水污油池）进行密闭处理；对排污管道、地沟进行及时清洗和监控，减少或追踪油气泄漏根源；对各储罐罐顶气进行严密监测、分析；对各储罐安全附件、阀门（法兰、连接件）的严密性开展 LDAR 检测抽查整改；等等。这些措施，大大缓解了以往炼化企业储罐区油品损耗现状，给后期持续治理工作奠定了依据、提振了信心。

（4）因地制宜，不断加强炼化企业储运油气 VOCs 治理的技术措施

在近几年疫情的影响下，企业之间的竞争全面升级。要想在更加严酷的竞争环境中获得更多的竞争优势，必须以先进的科学技术作为加速度，不断降低生产成本，采用技术+管理双管齐下、并驾齐驱的方式，方能更好地推动企业节能减碳、转型升级，为企业新的腾飞添翼助力。

（1）对于存储汽油、航空煤油、石脑油以及苯的介质储罐采用全接液高效浮盘+二次密封技术，大大消除油气挥发耗能空间。

大多数炼厂储运系统内浮顶罐均使用传统的浮筒式浮盘，长期使用中会发现：内浮盘顶板与浮筒之间存在空隙，浮盘强度低，油气容易从顶板搭接处窜流逸散。浮盘在升降油品搅拌调和时，因液面波动而处于一种纵向浮动漂浮运动工况，从而加剧了油品的挥发。此时，油气挥发率最高可达 8%以上，使浮盘底部与上部极易形成可燃气体爆炸空间。同时还存在浮盘整体结构强度不够、浮筒因受储液腐蚀泄漏导致卡盘或倾盘事件发生。以上隐患的存在，极易导致火灾爆炸事故的发生。随着新《中华人民共和国环保法》的实施及各炼化企业的不断尝试，针对汽、煤、柴油、石脑油及化学品等高挥发性流体储罐，采用全接液浮盘具有高安全性、节能环保，运行稳定、施工简单等特点，浮盘整体结构强度大，架构紧密，具有良好的抗震性能。避免了常规浮盘顶板与液面存在的间隙，有效隔离液面与空气，消除了油气挥发空间（见图 1），环保节能效果可达 98%以上；另外其采用的囊式与刮板结合的二次密封，可以更好地阻绝储罐内液体的挥发，减少挥发气体进入大气的总量。但全接液高效密封浮盘相较于之前使用的浮盘安装技术要求高，使用过程中需要注意罐内液位升降速度，尤其是在低液位时，更应注意进油速度，须制定相应的操作规程。

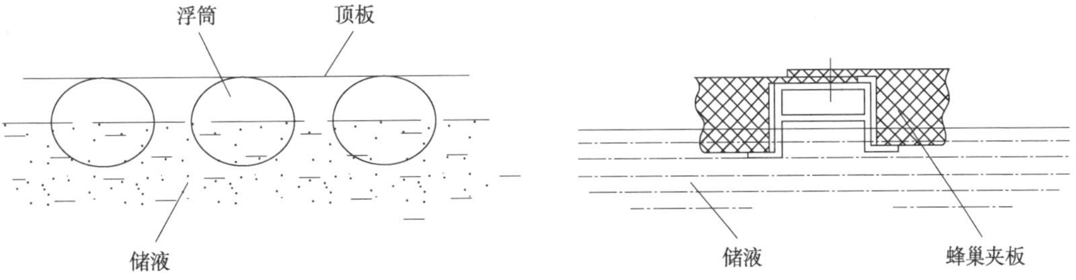

图 1　浮筒式与全接液式技术

表 1 为某炼厂对 4 台介质易挥发储罐进行浮盘+双密封改造前后的跟踪调查情况表。

表 1　改造前后内浮顶储罐 VOCs 排放情况对表

排放量项目	浮盘+密封改造(4 台储罐)	排放量项目	浮盘+密封改造(4 台储罐)
改造前排放量/(t/a)	211.7	减排量/(t/a)	136.9
改造后排放量/(t/a)	74.8	减排占比/%	64.67%

(2) 裸露储罐外表面涂刷太空反射防腐涂料，减少油品温升挥发损失。储油罐固定顶、罐外壁等裸露在大气中的部位上发生的腐蚀，主要是大气腐蚀和水分腐蚀两种。为了有效预防储油罐腐蚀问题的出现，大多在储油罐的内外壁表面涂刷防腐涂料。为了确保防腐效果，必须使用较好的防腐材料，也就是具有抗老化性能、柔韧性、抗冲击性、耐水性、耐油性能以及良好附着力、防静电的防腐材料。经多年的研究与实践，市面上已经有了诸多切实有效的防腐材料。但在实际工作中，夏季常出现裸露易挥发储罐内油品超温的现象。经众多炼厂多次尝试、测算发现，裸露易挥发油品储罐外壁选取太空反射防腐涂料，能使太阳光的反射率达到90%以上，有效降低了罐内油品的储存温度。即使在夏季 39℃ 的高温气候条件，油罐顶板的温度均在 40℃ 以下，油品储存温度均在 33℃ 以下，满足油品夏季储存温度≤38℃的工艺指标需求，大大降低了油品的温升挥发损失，减少夏季炎热天气启运消防水喷淋降温的次数，对炼化生产系统平稳运行、企业节能节水管理起到了积极作用。表 2 为相同大小储罐不同颜色的同一涂料对油品损耗的影响对比。

表 2　涂料的颜色对油品损耗的影响

项目	油罐使用的涂料颜色		
	白色	铅色	黑色
油罐吸收辐射热/%	59	88	100
油品损耗/%	100	180	240

(3) 因地制宜、多措并举，将“老旧+高挥发性介质内浮顶储罐”进行全面改造，持续降低损耗及事故隐患风险。

改为内浮顶氮封储罐：成本是工业企业利润的“守护神”，但成本也是工业企业挖潜的主要抓手。为了深刻汲取某石化“2・20”事故“8・29”事故，减轻实际运行中可能存在的上游装置携带轻烃进罐、罐内硫化亚铁自燃(罐内壁腐蚀)、静电积聚、储罐油品清洁环保要求等问题或引发事故后果，大多数炼化企业将内浮顶储罐根据介质性质、物料来源因地制宜改为内浮顶氮封储罐，加大日常罐顶气相监测监督检查力度，不断消除运行过程中先天、后天缺陷，最大限度降低罐内气体空间形成混合性爆炸气体的浓度及油品大、小呼吸损耗，使氮封成为储罐设备设施安全运行，保证产品储存质量，保护环境和员工身心健康的隐性效益增长点，还为进一步分析、及时修复浮盘密封老化、腐蚀、磨损等问题提供指导依据。如在条件允许的可能情况下，也可将罐顶氮封压力远传至岗位内操 DCS 电脑操作系统进行全天候监控，使员工能及时发现各储罐氮封运行压力、报警、故障情况。这一措施的实施对进一步强化储罐节能降耗管理水准、不断提升罐区数字化监控安全管理水平提供了更高平台。

罐顶气相互联治理：对以往未能采用压力罐、低温罐等形式储存的石脑油、含醚组分油等介质储罐的罐顶呼出气进行收集，互联汇管，减少在进油或日晒升温时，储罐顶的无组织大小呼吸排放和存在的安全风险。后续可采用燃烧法、吸附法、吸收法、冷凝法等进行废气治理或进行油气回收，减少损耗。对涉苯储罐，须新增气相平衡管线及油气回收管线，并完善储罐氮封和安全附件，通过可靠的氮封设施、合理的储罐压力控制方案、安全的气相联通管道以及运行良好的油气回收设施，共同实现苯储罐罐顶油气回收系统的可靠运行及效益实现(见图 2)。

图 2　苯储罐尾气回收撬处理设施

加强人孔、清扫孔、量油孔、浮盘支腿、边缘密封、泡沫发生器等部件密封性管理：对罐顶液位测量仪表重新进行设计选型，选择与液面非接触式光学测量仪表，替代穿越过浮盘式导波管，规避导波管孔洞导致油气泄漏的问题；浮盘导向装置穿越浮盘可选用耐磨的高效密封予以解决；对储罐通气窗进行封堵，且罐顶增设呼吸阀、紧急泄放人孔，同时设置氮气密封及压力远传设备；对以往固定顶储罐，有必要的情况下对罐顶通气孔进行封堵，罐顶增加呼吸阀或压力远传设备(见图 3)。

图 3　储罐罐顶氮封工艺流程图

(4) 定期对储罐氮封阀、呼吸阀、紧急泄压阀等安全附件进行检查校验和适当调整，确保其完好可靠。

石油储罐安全附件是储罐的重要设施，也是储罐发生火灾事故的最后一道防线，作为“养兵千日，用兵一时”的设备，确保储罐安全附件的可靠运行是罐区管理的重要任务之一。2020~2022 年度储运系统呼吸阀检测对比统计表见表 3。

表 3　2020~2022 年度储运系统呼吸阀检测对比统计表

检测时间	检测名称	检测数量	合格数量	一检合格率	修复数量	复检数量
2020 年	呼吸阀	28	15	54%	13	100%
2021 年	呼吸阀	32	18	56%	14	100%
2022 年	呼吸阀	36	22	61%	14	100%

通过近几年对储罐安全附件检测发现，在每个检测周期内，检验前的储罐安全附件完好率只有 57%左右，且问题也多集中在呼吸阀上。其中，呼吸阀阀盘及阀盖锈蚀、阻火器堵塞、液压安全阀严重锈蚀、泡沫发生器固定玻璃破碎等属多见问题，以及储罐雷击着火、

储罐生产运行过程中发生变形等事故事件也在无数次地警示我们。所以结合生产实际，加密对油罐安全附件的检查，杜绝安全附件带病运行，就是在减隐患减排放。根据《挥发性有机物治理突出问题排查整治工作要求》中也提出：存储汽油、航空煤油、石脑油的内浮顶罐罐顶气未收集治理的，鼓励使用低泄漏的储罐呼吸阀、紧急泄压阀。油罐附件安全检查表见表4。

表4　油罐附件安全检查表

附件名	检查周期	检查内容
透光孔	每周不少于1次(不必打开)	密封是否完好，是否漏油、漏气
量油孔	每周不少于1次	盖与座间密封垫是否严密、硬化； 导尺槽磨损情况，螺帽活动情况
机械呼吸阀	每月不少于2次，气温低于0℃时， 每周不少于1次	阀盘与阀座接触面是否良好； 阀杆上下运动是否灵活，有无卡阻； 阀壳网罩是否完好； 呼吸通道有无阻塞现象； 压盖衬垫是否密封； 控制压力是否符合要求
液压安全阀	每季度不少于一次	保护罩是否完好，有无阻塞； 隔离液高度是否符合要求； 控制压力是否符合要求
阻火器	每季度不少于一次 冰冻季节每月不少于一次	防火网和散热片是否清洁通畅； 垫片是否完整，有无漏气

在长期的安全附件检查过程中发现，呼吸阀和浮盘的密封性是减少油品损耗、提升氮封系统运行效率和满足无组织排放达标的重要保障，即当氮封系统压力控制范围狭窄，压力控制阀(呼吸阀、氮封阀等)的控制压力相互之间易产生交集，易导致氮封系统失效。所以在实际工作中，储运系统的技术、管理人员主动出击，定期对储罐的呼吸口等泄漏点开展检测，并对泄漏状况进行分析和评估。查阅图纸确认呼吸阀呼吸压力，深层次探讨阀盘重量、阀座内径和呼吸压力的关系，制定科学有效维修策略，通过研磨密封面、更换老化密封垫、重新核定配重等手段定期对氮封阀、呼吸阀、紧急泄压阀等安全附件进行校验，确保其完好可靠。表5为庆阳石化公司罐顶呼吸阀整改前后的数据统计表。这也意味着今后涉及的所有的安全附件，都将纳入整体考虑。持续加强罐区安全运行、标准规范制定、检测检验等方面的工作，从源头进行安全和环保的治理，实现由粗放型转变成精准型、系统型的转变，着力推进碳中和、碳达峰事业，任重而道远。

表5　储运系统罐顶呼吸阀整改 VOCs 检测对比表

序号	储罐位号	储存介质	检测部位	整改前检测数据/ppm	整改后检测数据/ppm
1	303-101A	轻污油	呼吸阀(北)	3500	640
2	303-102D	柴油加氢原料	呼吸阀(南北)	南2014、北2113	南560、北866
3	303-104A	精制石脑油	呼吸阀(南)	8000	852
4	305-102A	苯	呼吸阀	6646	765
5	305-102B	苯	呼吸阀	3503	407

(5) 引进智能切水系统，有效降低油品加工损耗。

水是油气生产过程和炼油生产过程中的主要伴生物，因此，切水操作是油品储运环节中最重要、最频繁的工作。由于油品和水的视觉特征差异不明显，油包水的现象也时有发生，操作人员即使守在储罐脱水池边观察，也会导致排放的水中带油，加重了生产后期污水处理的负担，造成资源浪费、环境污染和员工身体不可逆转的伤害。经对多家炼厂实地考察发现，对储运原油罐区、生产装置原料罐区、成品罐区、液化烃类罐区因地制宜采用智能切水系统，具有检测灵敏度高、抗污染、适应性及自清洗能力强的特点，能有效降低油品中含油量最低达 200ppm；且操作简单、维护方便，降低了员工的劳动强度和人员切水过程中油气中毒、冻伤、地面污染的风险，减少了罐区外送污水污油的数量和次数，使传统认知中的水变成了油，变成了可见的效益，储罐切水外送过程实现密闭化、自动化。具体操作如图 4~图 6 所示。

图 4　原料、半成品罐区的智能切水系统

图 5　液态烃类的二次切水罐

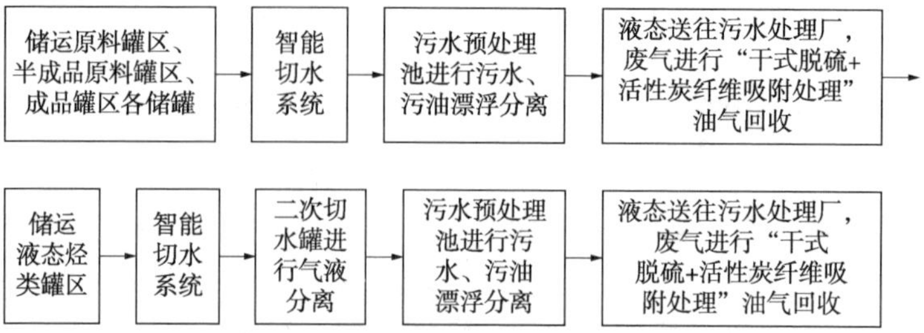

图 6　切水系统的具体流程

（6）精细化推进石油尾气 VOCS 治理，持续提升储运罐区油气排放受控管理水平。

随着社会及科学发展的进步，挥发性的有机物带来的环境问题已经受到广泛的重视。有些不仅对人体有刺激作用，而且其中不少对内脏有毒害作用，还有的是致突变物与致癌物。挥发性有机混合物中的烯烃和某些芳香烃化合物，在大气中，在阳光的作用下，还可以和氮氧化物发生反应形成洛杉矶型的光化学烟雾或工业型光化学烟雾，造成二次污染。炼化企业作为传统工业行业，在实际生产过程中很容易产生各种尾气，因此进一步提升油气污染治理水平，全面推进石油尾气节能减碳治理迫在眉睫。

经与其他炼厂罐区工作交流及长期工作实践，炼化企业尾气治理仍然要遵循“源头减量、过程控制、末端治理”的总体思路，且采用以下管理措施：

① 储罐自动采样器采样置换冲洗油严禁倒入罐区污水井内，倒入各储罐配备的专用废油桶内。液态烃类采样采用密闭采样系统。

② 加强油品切水管理：通过智能自动切水器脱水，不得打开自动切水器旁路脱水。只能在改罐前小量人工检查；切水器如故障不能自动脱水，在迅速报修的同时，外操须旁站进行小量人工手动脱水。

③ 罐区如配备污油污水池系统的，须每周定期打开污油池调节堰门回收污油一次，日常工况不加热。确需必要时，可采用热水伴热加温漂油，严格控制污水/污油加热温度，抑制油气挥发，漂油结束后立即关闭加温。待分析合格后及时外送至污油罐及污水处理系统。

④ 各罐区、泵房污水系统确保无油：机泵维修排油或油罐检修排油后，应采用引流+接油器具进行回收。如确实无法回收的，及时筑坝围堤或热水冲洗地沟，当班立即回收污油并联系回收或外送。

⑤ 排污系统如设有地下污油罐的，罐区机泵/管线检修须排至地下污油罐，不得排入地沟。管线扫线时可用氮气顶油至低液位储罐，残油排至地下污油罐，不允许直接排至污水地沟。

⑥《石油炼制工业污染物排放标准》（GB 31570—2015）、《油气装载系统油气回收设施设计规范》（GB 50759—2012）、《石油化学工业污染物排放标准》（GB 31571—2015）中规定，现有企业自 2017 年 7 月 1 日起，大气污染物排放限值：有机废气排放口去除效率≥95%，非甲烷类总烃≤120mg/m^3，苯≤4mg/m^3、甲苯≤15mg/m^3、二甲苯≤20mg/m^3。依据以上文件通知精神，采用邀请国内多家 VOC 治理厂家进行油气回收技术交流、外出调研等方式，因地制宜地引进先进工艺装备，淘汰落后生产工艺，用可燃气报警仪、FID 检测仪查找、减少各系统“跑冒滴漏”，实现源头尾气减量。并实施了以下管控措施：

a. 根据储罐运行实际情况，最大限度地对储罐内浮盘或密封进行二次改造或封堵罐顶通气孔。

b. 对各储油罐顶气相加密监测分析，增加罐顶油气收集回收设施。目前较常用的罐顶油气回收治理方法主要有化学吸收法、物理吸附法、冷凝回收法、洗涤吸附法等，并统一进入有害尾气回收管道系统进行深处理。由于尾气治理工艺各有特点，效果各异，投资费用及运行费用也差别较大。如对甲醇储罐罐顶气进行水洗回收，对苯储罐罐顶气进行二次回收+RTO 处理(见图 7)，在庆阳石化均取得了不错的成效。

图 7　甲醇储罐罐顶气进行水洗回收设施

c. 还有些炼厂的储运系统针对成品油在地付装车过程中挥发出的油气/空气的混合气也新建油气回收装置，通过"吸收+膜分离+活性炭吸附"等工艺技术，将净化的气体排放掉，将富集油气吸收返回罐区，通过此举实现了油品装车过程安全环保、节能增效的目的。如庆阳石化装车过程油气回收装置自 2019 年 6 月份建成投运以来，通过优化调整操作，装置去除效率平均 99.86%，尾气排放满足环保达标，平均年创效 147 万元，最大限度地回收油品在装车过程中的挥发油气(见图 8)，为节能减碳做出了贡献。

图 8　油品销售装车尾气回收流程图

四、结论

节能减碳，功在当今，利在后世。以上几条油气治理管控方法仅是类似庆阳石化这样的炼化企业管理(技术)者多年生产实践的冰山一角。再加之节能减碳是一项综合性的长期工作，更是重大的民生工程，也是搞好安全工作、管理工作的核心。所以如何更好地从生产源头上减少污染，紧紧抓住炼化企业油气治理这一“牛鼻子”不动摇，树立“上一道工序为下一道服务”的工作理念至关重要。也就是说，在生产过程中通过提高对原材料的利用率，革新生产技术等方式，来降低污染物的生产量、排放量；降低产品的生命周期对周围环境的影响；生产中的副产品实行内循环利用等措施都将为后期实现环境保护与经济的协调可持续发展提供方便和简捷途径。

总之，抓住节能减碳就是抓住了炼化企业经济效益社会效益双赢的关键点，是提质增效强管理、转型升级谋长远、建设高质量精品炼化企业的必经之路，给子孙后代留下一个永续发展的空间，更是每一个炼化企业、炼化人应有的庄重承诺。今后，我们仍然要把工作着力点放在基层一线，对基层一线已有的各项好经验、好做法进行总结提炼，使之更加切合实际，效果更加明显，同时，也让这些好的经验做法得以传承和共享，以实实在在的业绩，续写炼化企业更加灿烂的历史，努力维护人类一个继续生存的未来！

参考文献

[1] 何泉　浅议降低蒸发损耗措施[J]. 石油商技，1994(4)：33-39.

汽油加氢联合装置降低能耗的对策及措施

冯连坤 | 中石油云南石化有限公司

针对疫情和油价影响，中石油云南石化有限公司汽油加氢联合装置进行了降低能耗的操作，结果表明：汽油加氢单元分馏塔压力从0.65MPa(g)降低到0.64MPa(g)，塔底重沸炉出口温度从217℃降低到213℃，重沸炉瓦斯耗量从1150Nm^3/h降低到980Nm^3/h；加氢脱硫反应器温度从221℃降低到215℃，反应炉瓦斯耗量从1248Nm^3/h降低到970Nm^3/h；醚化单元甲醇回收塔塔压从0.17MPa(g)降低到0.08MPa(g)，蒸汽消耗从10.3t/h降低到7.2t/h，汽油加氢联合装置的能耗从1103.4MJ/t降低到808.7MJ/t，达到了节能降耗的目的。

进入2020年后，受国际油价暴跌、全球疫情蔓延、世界经济掉头向下、国内经济增速放缓等影响，在成本、效益、产量的多重压力下，在推进高质量发展的关键时刻，一场提质增效攻坚战摆在了集团公司面前。中石油集团公司提出了"战严冬、转观念、勇担当、上台阶"主题教育活动，动员广大干部员工认清形势，统一思想，坚定信心，直面挑战。

作为新建炼厂，中石油云南石化有限公司积极响应集团公司号召，公司针对云南石化原油运杂费高、完全加工费高、库存高的特点，在炼厂各个装置开展了提质增效的活动。汽油加氢联合装置针对自身装置特点，通过降低汽油加氢单元瓦斯消耗、醚化单元蒸汽消耗等措施，实现装置卡边操作，实现了节能降耗，达到了预期目标。

一、汽油加氢联合装置概述

云南石化汽油加氢联合装置由汽油加氢单元和醚化单元构成，汽油加氢单元采用中国石油化工研究院开发的PHG选择性汽油加氢脱硫技术(原DSO选择性汽油加氢脱硫技术)，在加氢脱硫的同时将汽油分为轻汽油和重汽油。轻汽油醚化单元，采用的是中国石油石油化工研究院开发的LNE-2技术，汽油加氢联合装置于2017年8月实现一次开车成功。

选择性加氢脱硫技术是针对重汽油中有机硫组分和烯烃的脱除存在不同的活性中心，通过抑制催化剂上的烯烃的加氢活性中心，从而选择性地对噻吩等含硫化合物进行加氢脱除，使大部分烯烃得到保留而避免了辛烷值损失，即多脱硫少脱烯，尽量减少辛烷值损失。

轻汽油醚化技术是以轻汽油为原料，将轻汽油中的富含的 C_5、C_6 叔碳烯烃与甲醇进行醚化反应生产相应的醚类化合物，降低轻汽油中的烯烃含量和蒸汽压，提高轻汽油辛烷值，同时将甲醇转化为高附加值的醚类产品，提高炼厂的经济效益。

本文介绍了汽油加氢联合装置在提质增效降低装置能耗采取的对策及措施，分析了在装置安全平稳运行工况下降低能耗的相关运行参数。这些经验措施可为同类装置提供借鉴。

装置流程图见图 1，FCC 汽油首先进入预加氢反应器，对催化汽油进行加氢预处理，脱出原料中的二烯烃，将轻汽油重的硫醇和硫化物转化到重汽油，然后进入分馏塔进行分离，分馏塔测线得到烯烃含量高，辛烷值高的轻汽油。这部分轻汽油进入醚化一反、醚化二反，然后进入分馏塔进行轻重组分分离，塔顶轻组分进入醚化三反后和分馏塔底重组分混合得到醚化轻汽油产品；重汽油进入加氢脱硫反应器，进行脱硫反应，为脱出硫化氢与小分子硫醇反应生成的影响博士试验的大分子硫醇；反应产物进入加氢后处理反应器进一步脱出大分子硫醇，然后进入低分罐，进行油、气、水三相分离，最后进入稳定塔，塔底重汽油产品与醚化轻汽油产品混合一起进入全厂汽油调和池。

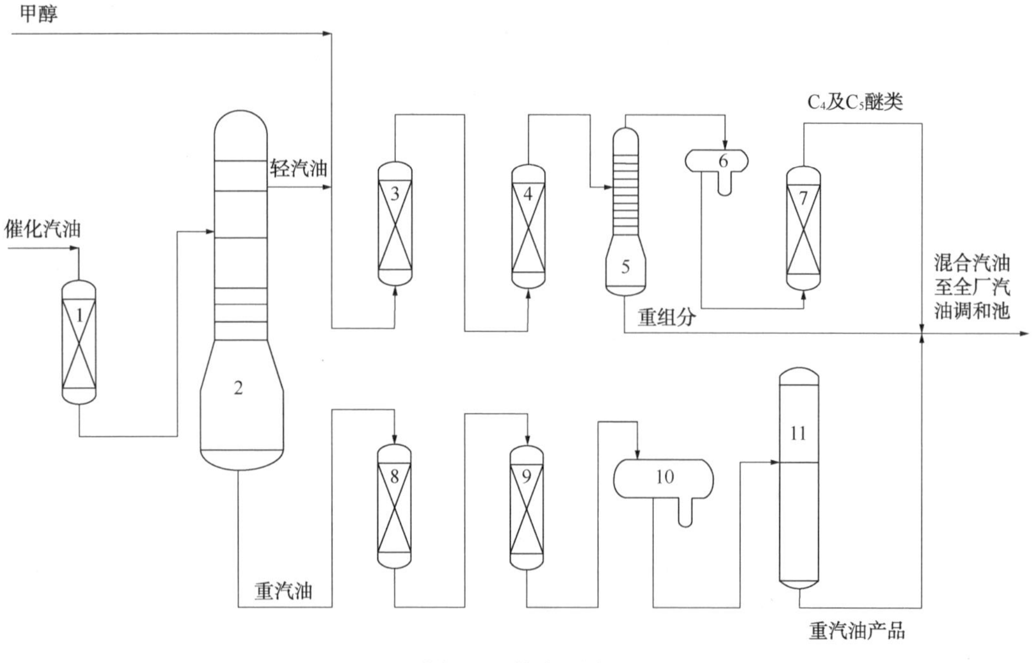

图 1 工艺流程图

1—预加氢反应器；2—分馏塔；3—醚化一反；4—醚化二反；5—醚化分馏塔；6—醚化分馏塔回流罐；7—醚化三反；8—加氢脱硫反应器；9—加氢后处理反应器；10—低分罐；11—稳定塔

二、影响汽油加氢联合装置能耗的主要因素

对于汽油加氢联合装置，根据发表的文献及装置标定数据，影响汽油加氢联合装置能耗的主要因素有蒸汽、电和瓦斯。根据表 1 标定数据，蒸汽能耗占汽油加氢联合装置的 33.90%，瓦斯能耗占汽油加氢联合装置的 43.85%，电能能耗占汽油加氢联合装置的 22.30%。汽油加氢联合装置电的耗能方面主要是大型压缩机机组、电机和空冷。装置空冷

采取一半工频一半变频的设计思路，根据温差对空冷出口温度进行实时调节；往复压缩机设有贺尔碧格无极调节系统，根据装置负荷调节压缩机氢气用量，因此电的用量降低幅度已经不大，主要从降低蒸汽和瓦斯耗量来降低汽油加氢联合装置的能耗。

表 1 汽油加氢联合装置 48h 能耗标定数据

名称	实物量	能耗/(MJ/t)	能耗占比
加工量/t	8371		
新鲜水/t	12	0.0	0.00%
循环水/t	53149	26.5	2.41%
除氧水/t	119	5.5	0.50%
凝结水/t	980	-37.4	-3.39%
电/(kW·h)	210865	246.1	22.30%
1.0MPa 蒸汽/t	980	371.9	33.70%
燃料气/t	102	483.9	43.85%
氮气/Nm^3	1496	1.1	0.10%
工业风/Nm^3	15439	2.9	0.27%
仪表风/Nm^3	15681	3.0	0.27%
能耗累计	1103.4		

三、汽油加氢联合装置汽油加氢单元调整

（一）分馏塔操作条件调整和效果

汽油加氢单元分馏塔的目的是在一定的操作压力、操作温度和回流比下，实现轻重汽油的分离。其中，轻汽油具有硫含量低、烯烃含量高、辛烷值高的特点，重汽油硫含量高、烯烃含量低、辛烷值比轻汽油要低。由于分馏塔采用塔底重沸炉方案，因此降低重沸炉出口温度可以降低瓦斯耗量，初步降低 4℃，重沸炉出口温度从 217℃降低到 213℃。从表 2 中的数据可以看出，分馏塔底重沸炉出口温度从 217℃降低到 213℃后，重沸炉瓦斯耗量从 1150Nm^3/h 降低到 980Nm^3/h，瓦斯耗量降低了 170Nm^3/h。分馏塔重沸炉出口温度降低至 213℃，并运行 24h 后发现加氢脱硫反应器温升出现波动，判断重汽油组分中含有轻汽油，随即对轻汽油终馏点和重汽油初馏点进行分析，相关数据见表 3。

表 2 分馏塔调整工况

分馏塔	重沸炉出口温度/℃	压力/MPa(g)	重沸炉瓦斯流量/(Nm^3·h)
工况 1	217	0.65	1150
工况 2	213	0.65	980

表 3 降温后相关参数

	轻汽油采出比例	轻汽油终馏点/℃	重汽油初馏点/℃	回流比
工况 1	0.37	69.2	72.6	0.52
工况 2	0.37	79.6	77.7	0.49

注：轻汽油采出比例=轻汽油抽出量/装置加工处理量；回流比=分馏塔回流量/分馏塔进料量。

在轻汽油采出比例 0.37 不变的情况下，降低重沸炉出口温度后，分馏塔回流比从 0.52 降低到 0.49，轻汽油终馏点 79.6℃，重汽油初馏点 77.7℃，说明轻重汽油出现叠合，重汽

油中含有轻汽油组分，达不到在分馏塔实现轻重汽油分离的目的。

分析认为，在保持分馏塔压力不变的情况下，分馏塔重沸炉出口温度降低，轻组分量减少，分馏塔回流量减少，降低了分馏塔回流比，从而达不到轻重汽油分离的目的。经过多次反复摸索，在保持重沸炉出口温度不变的情况下，将分馏塔操作压力适当降低至0.64MPa(见表4)，控制轻汽油采出比例为0.37，回流比0.51，在降低瓦斯消耗的同时实现了轻重汽油的脱空。

表4 分馏塔最终操作工况

分馏塔	重沸炉出口温度/℃	压力/MPa(g)	重沸炉瓦斯流量/(Nm^3/h)
工况2	213	0.64	980

(二) 加氢脱硫反应器操作条件调整和效果

汽油加氢单元脱硫反应器的目的是在一定的操作压力、操作温度下，对重汽油进行选择性加氢脱硫，在将其中大部分硫化物脱出的同时减少烯烃饱和。考虑全厂汽油池硫含量还存在一定的余地，在保证产品合格的基础上对加氢脱硫反应器进行了降温操作，从221℃降低到211℃，见表5。

表5 不同温度下硫含量、辛烷值损失和瓦斯消耗

加氢脱硫反应器入口温度/℃	重汽油进料/RON	重汽油产品/RON	RON损失	硫含量/(μg/g)	瓦斯流量/(Nm^3/h)
221	89.4	86.2	-3.2	11.4	1248
215	88.5	86.5	-2.0	12.7	970
211	87.6	86.2	-1.4	14.7	823

通过对加氢脱硫反应器不同入口温度下辛烷值、硫含量和瓦斯流量情况对比，降低加氢脱硫反应器后，一方面可以减少辛烷值损失，另一方面减少了瓦斯耗量，达到了减少瓦斯消耗的目的。加氢脱硫反应器在211℃工况下运行30天后，发现加氢脱硫反应器压差逐渐升高，见表6。

表6 加氢脱硫反应器压差表

时间	装置处理量/(t/h)	加氢脱硫反应器入口温度/℃	脱硫反应器入口压力/MPa	脱硫反应器出口压力/MPa	压降/MPa
前3个月	180	217	2.28	2.04	0.24
第一周	180	211	2.28	2.04	0.24
第二周	180	211	2.34	2.09	0.25
第三周	180	211	2.37	2.09	0.28
第四周	180	211	2.41	2.09	0.32

根据相关文章，早期汽油加氢装置含大量二烯烃，容易在高温部位结焦造成反应器压降升高，结焦化合物为高度聚合烯烃及高度缩合的芳香化合物。采用PHG技术的选择性汽油加氢装置，预加氢反应器将二烯烃转化为单烯烃，控制分馏塔塔底油二烯值小于0.5(mav)；加氢脱硫部分采用加热炉设置在脱硫反应器后部的设计思路，先加氢再进入加热炉，避免了汽油在高温部位因结焦造成的反应器压降升高，但不可避免在加氢脱硫反应器中存在积炭，使得反应器压差增高，因此对于选择性汽油加氢装置，加氢脱硫反应器一般

要求纯气相进料。

采用 HYSIS 软件，对加氢脱硫反应器顶部进料进行了模拟，在 211℃、2.28MPa(g)下，催化汽油为液相，在和循环氢混合后，加热 211℃，2.28MPa(g)，气化率为 0.96，有一部分为液相。而液相组分在催化剂中的结焦速度比气相快，因此必须对加氢脱硫反应器进行提温，保持纯气相，通过软件模拟，在 2.28MPa(g)下，保持循环氢量不变，在软件中建立了案例研究，必须提温至 223℃，气化率方可达到 1。装置随即将入口温度提高至 223℃，经过一周的运转后，加氢脱硫反应器床层压降从 0.32MPa(g)降低至 0.26MPa(g)，脱硫反应器压降恢复正常工况。经过模拟，提高循环氢流量可以保证气化率达到 1 的情况下降低加氢脱硫反应器入口温度，装置将压缩机负荷提高至 100%，计算气化率为 1 的操作温度为 215℃，找到了既减少瓦斯消耗又可以保证装置长周期运行的最低操作温度。

四、汽油加氢联合装置醚化单元的调整

醚化装置甲醇回收塔的作用是将未反应的甲醇进行回收利用，进塔的物料为水和甲醇，塔的压力控制靠强制充入氮气控制塔的压力，用氮气控制塔压，实现了甲醇回收塔压力的操作平稳(见表 7)。生产的甲醇中水含量<0.1%，达到设计要求。

表 7　甲醇回收塔操作条件

甲醇和活性烯烃体积比/℃	进料量/(t/h)	回流罐压力/MPa	甲醇回收塔底温度/℃	回流量/(t/h)	1.0MPa 蒸汽量/(t/h)
1.4	17.6	0.17	130.7	18.5	10.3

参考相关单位对甲醇回收塔低压降温操作经验，装置对甲醇回收塔进行了降压和塔底降温操作，相应的操作条件见表 8。

表 8　甲醇回收塔操作条件

甲醇和活性烯烃体积比/℃	进料量/(t/h)	回流罐压力/MPa	甲醇回收塔底温度/℃	回流量/(t/h)	1.0MPa 蒸汽量/(t/h)
1.4	15.3	0.08	101.4	12.2	7.0

通过对甲醇回收塔降压操作，1.0MPa 蒸汽消耗从 10.3t/h 降低到 7.0t/h，蒸汽消耗降低了 3.3t/h，回流量也相应减少，减少了塔顶空冷负荷，达到了减少甲醇回收塔能耗消耗的目的(见表 9)。经过 7 天的运行，发现甲醇回收塔液位逐渐上升，液位显示从之前的 65%上升至 75%，判断由于降压后影响了甲醇回收塔负荷，塔的负荷降低使的甲醇分离效果变差，多余的甲醇留在了塔底，使得塔底液面逐渐升高，因此对操作工况进行了相应调整。

表 9　甲醇回收塔操作条件

甲醇和活性烯烃体积比/℃	进料量/(t/h)	回流罐压力/MPa	甲醇回收塔底温度/℃	回流量/(t/h)	1.0MPa 蒸汽量/(t/h)
1.35	15.7	0.08	102.7	13.5	7.2

装置甲醇和活性烯烃体积比设计数值为 1.1~1.5，考虑催化剂已运行 3 年，经过咨询研究院，将甲醇和活性烯烃体积比按照 1.35 控制，降低甲醇的进料量；适当提高甲醇回收塔底温度和回流量，减少甲醇在塔底的存量，保持甲醇的纯度符合设计要求。经过一个月

的运行，甲醇回收塔运行平稳，未出现液面升高的现象，生产的甲醇符合设计要求，找到了降低塔压后塔底的最低操作温度。

五、汽油加氢联合装置调整后效果

汽油加氢联合装置在将汽油加氢单元瓦斯和醚化单元的蒸汽进行调整后，统计了汽油加氢联合装置一个月的能耗消耗数据，见表10。

表10 汽油加氢联合装置调整后能耗数据

名称	实物量	能耗/(kgEO/t)	能耗占比
加工量/t	118811		
新鲜水/t	226	0.0	0.00%
循环水/t	559028	19.7	2.43%
除氧水/t	1789	5.8	0.72%
凝结水/t	9174	-24.7	-3.05%
电/(kW·h)	2885864	237.4	29.35%
1.0MPa 蒸汽/t	9174	245.3	30.33%
燃料气/t	918	306.8	37.94%
氮气/Nm^3	188924	10.0	1.23%
工业风/Nm^3	192067	2.6	0.32%
仪表风/Nm^3	442990	5.9	0.73%
能耗累计		808.7	

汽油加氢联合装置经过工艺调整，能耗从标定期间的1103.4MJ/t降低到808.7MJ/t，能耗降低了294.7 MJ/t，蒸汽能耗占比从33.90%降低到30.33%，蒸汽消耗减少了3.1t/h，瓦斯能耗占比从43.85%降低到37.94%，瓦斯消耗减少了448Nm^3/h。根据2020年统计，蒸汽价格为200元/t，瓦斯费用为1.19元/Nm^3。装置在2020年7月份调整到位，截止到2020年12月份停工检修前，累计运行5个月，3648h，共节约费用421万元，实现了降低能耗的目的，达到了预期的目标。

六、结论

（1）汽油加氢单元分馏塔底温度要以分馏塔回流比作为标准，过低的分馏塔底温度容易导致轻重汽油叠合，从操作数据来看，在0.64MPa(g)下重沸炉出口最低温度为213℃。

（2）减少加氢脱硫反应器入口温度要以物料100%为气相组分为标准，过低的加氢脱硫反应器入口温度容易出现床层压降升高速率过快的现象。在目前工况下，加氢脱硫反应器最低操作温度为215℃。

（3）甲醇回收塔可以采取降压操作方式，要以甲醇回收塔操作负荷为标准，提供合适的甲醇进料量。

参考文献

[1] 李长明，张松显，孔祥冰，等．催化裂化轻汽油醚化(LNE)系列工艺技术的工业应用[J]．石油炼制与化工，2016，47(9)：13-17.
[2] 陈晓华．催化裂化轻汽油醚化装置运行分析[J]．炼油技术与工程，2018，48(6)：12-15.
[3] 陈晓华，冯连坤．DSO技术在催化裂化汽油加氢装置上的应用[J]．石油炼制与化工，2018，49(11)：55-57.
[4] 罗辉，高静洁，张需鹏，等．催化汽油选择性加氢脱硫工艺中床层结焦原理[J]．石油学报，2011，27(4)：522-525.
[5] 陈婷婷．MTBE装置甲醇回收塔模拟优化[J]．工业技术，2018，8：57-60.

硫黄回收装置技术改造及优化运行措施

黄　富
彭国峰
中国石油四川石化有限责任公司

介绍了国内某石化厂两套 5×10^4t/a 硫黄回收装置的长周期工业应用情况。采取尾气提标改造和优化运行措施，保证了排放烟气中 SO_2 质量浓度在 20mg/m^3 左右，能够满足《石油炼制工业污染物排放标准》(GB 31570—2015)大气污染物的排放要求(SO_2 排放质量浓度低于 100mg/m^3)，同时蒸汽产量增加 0.7t/h，焚烧炉燃料气用量减少约 50m^3/h，降低了能耗。以上措施较为彻底地解决了各项运行问题，保证了硫黄装置安全环保长周期运行，可作为同类装置技术改造的依据和参考。

国内某石化厂现有两套 5×10^4t/a 硫黄回收装置，采用高温热反应和两级催化反应的 Claus 硫回收工艺，处理来自酸性水汽提装置和溶剂再生装置的酸性气，按制硫所需的 O_2 量严格控制配风比，使 H_2S 与 SO_2 发生高温反应生成硫黄。为满足国家环境保护部和国家质量监督检验检疫总局发布《石油炼制工业污染物排放标准》(GB 31570—2015)对特别敏感地区 SO_2 质量浓度排放限值小于 100mg/m^3的要求，增设尾气提标单元，采用络合铁液相氧化脱硫技术和天然气直供燃料气专线，保证了烟气中 SO_2 达标排放。

一、工艺流程及主要运行参数

(一) 工艺原理

该装置由山东三维石化工程股份有限公司设计，运行负荷 30%~110%，设计尾气排放 SO_2 含量不大于 548mg/m^3、总硫收率为 99.91%。装置原料设计为全厂加氢和非加氢酸性水汽提装置酸性气和全厂液化气、干气、气柜气脱硫单元溶剂再生酸性气。主要工艺流程如图 1 所示。

（二）主要工艺参数

装置主要工艺参数见表1。

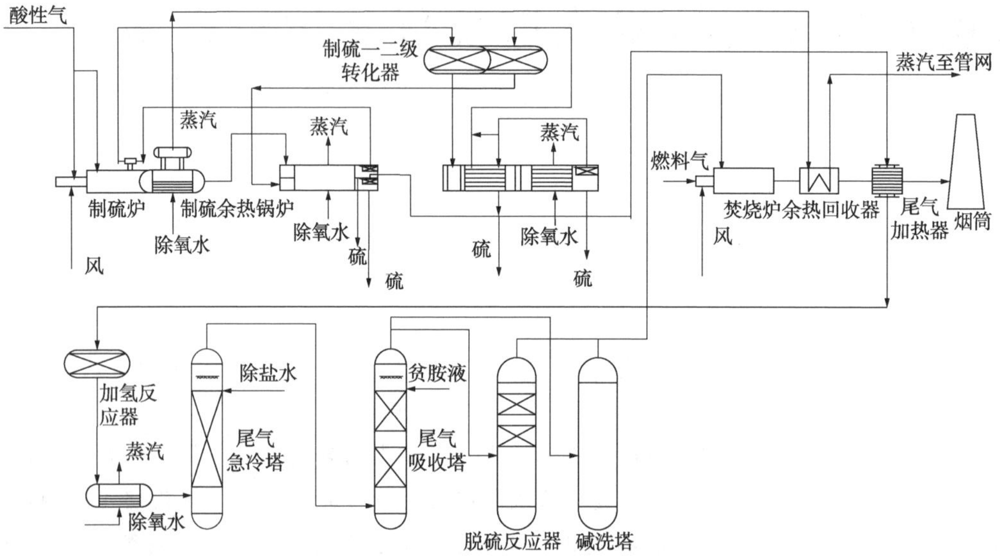

图1　硫黄回收装置主要工艺流程示意图

表1　装置主要工艺运行参数

项目	实际值	设计值	项目	实际值	设计值
制硫炉压力/kPa	53.975	60	加氢反应器出口温度/℃	305.4	326
加氢反应器压力/kPa	22	22	焚烧炉炉膛温度/℃	635	717
尾气入焚烧炉压力/kPa	20	10	烟囱排烟温度/℃	235	
制硫炉头温度/℃	1354.625	1403	清洁酸性气流量/（m^3/h）	3869.75	5437
制硫一级转化器入口温度/℃	246.95	265	含氨酸性流量/（m^3/h）	4054.5	3548
制硫一级转化器出口温度/℃	339.05	309	制硫炉配风流量/（m^3/h）	9484.25	15004
加氢反应器入口温度/℃	283	300			

二、装置优化运行措施

（一）尾气提标排放改造

目前，硫黄回收装置烟气SO_2排放控制技术有多种，可以根据各种技术的优缺点及适应性，选择合适技术。为满足《石油炼制工业污染物排放标准》（GB 31570—2015）中，硫黄回收装置烟气排放SO_2质量浓度不大于100mg/m^3的要求，该石化厂采用络合铁液相氧化脱硫技术（CTS工艺），于2017年6月增设尾气提标单元，降低烟气排放中SO_2含量。

克劳斯制硫尾气经加氢和急冷进入络合铁系统，络合铁系统核心设备是吸收氧化反应器。尾气进入吸收氧化反应器底部，通过吸收区底部的气体分布器扩散形成气泡后向上流动，与催化剂溶液进行气液接触，在气液接触过程中尾气中的H_2S被催化剂溶液吸收并被溶液中的Fe^{3+}氧化成单质硫，溶液中的Fe^{3+}则被还原成Fe^{2+}。脱除H_2S后的净化尾气排放至烟囱直接排放或经焚烧炉焚烧后排放。络合铁脱硫工艺流程示意如图 2 所示。

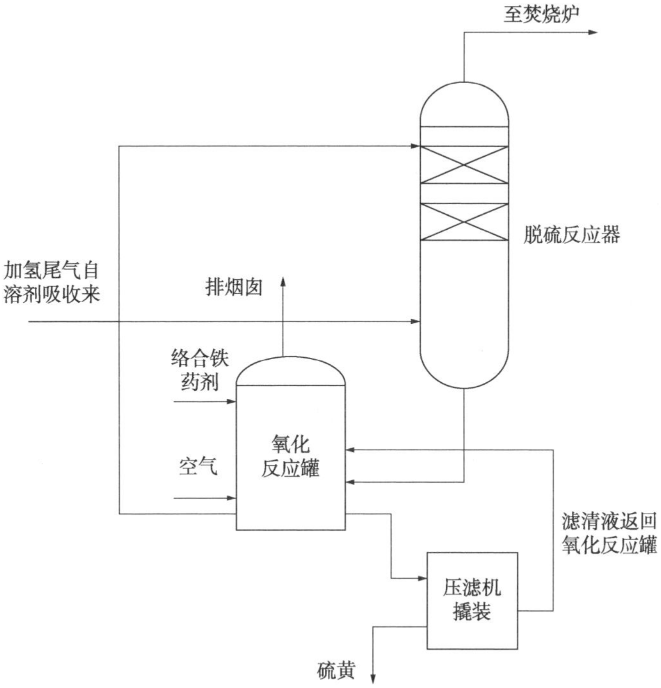

图 2　络合铁脱硫工艺流程示意图

Fe^{2+}溶液循环再生利用，氧化再生空气通过鼓风机进入吸收氧化反应器的氧化区底部，利用底部的空气分布器分散为微小的气泡，气泡上升过程中与溶液接触，将溶液中的 Fe^{2+} 氧化成 Fe^{3+}，氧化再生后的溶液循环进入吸收区进行 H_2S 的吸收和氧化。反应生成的单质硫在吸收氧化反应器的吸收区内溶液中以细小的颗粒状存在，采用液固分离的方法将颗粒硫黄分离出来。改造前后烟气主要排放数据对比见表 2。

表 2　改造前后烟气主要排放数据对比

项目	改造前	改造后	项目	改造前	改造后
SO_2质量浓度/(mg/m^3)	350	20	氧含量/%	6	6
H_2S/ppm	15	5	烟气流量/(m^3·h)	140000	140000
非甲烷总烃质量浓度/(mg/m^3)	6.70	3.44	年排放总量/t	412	24
颗粒物质量浓度/(mg/m^3)	9	8			

该石化厂硫黄装置尾气提标投产后，主要工艺参数均未有大幅度波动，提标单元核心设备主要参数均处于涉及范围之内，烟囱污染物 SO_2 的排放较改造前的 350mg/m^3 降至 20mg/m^3，满足硫黄回收装置 SO_2 达标排放要求。

（二）避免烟气 SO_2超标技术措施

硫黄回收是环保装置，保证烟气中 SO_2达标排放具有重要意义。发生烟气中 SO_2排放超标原因主要有以下三点。(1)尾气加热器内漏，造成加氢前过程气内漏至烟气中，过程气中 SO_2和 H_2S 转化成 SO_2。(2)开工过程中超标。在克劳斯反应过程中，H_2S 与 SO_2最佳配比为 2：1，空气量不足或者过剩均会降低 H_2S 的转化率，开工引酸性气过程中，空气量大小和酸性气流量大小变化较大，适应 H_2S 最佳风量很难达到，因此造成烟气中 SO_2 排放超标。(3)烟囱积硫，导致积硫燃烧造成烟气排放 SO_2 超标。尾气加热器内漏，需要加强烟气组成分析，及时发现尾气加热器运行异常，同时需要及时更换尾气加热器管束，避免超期使用。开工过程中，需要稳步调整制硫炉酸性气量、空气量、燃料气量，做到小时均值不超标。烟囱积硫主要原因是，络合铁溶液氧化罐顶尾气排至烟囱所致，禁止该股尾气直排烟囱，在氧化罐顶出口废气至烟囱之间增设沉降罐，即将该废气引入沉降罐，通过洗涤和沉降后，绝大部分硫粉自然沉降至罐底，罐中部络合铁反应溶液泵入系统循环使用，净化后的罐顶废气排至烟囱，同时，给进烟囱烟气喷水，降低其温度，避免烟囱中硫自燃等。

（三）提高压滤机运行效果

过滤机的主要作用是将侧线甩出络合铁反应溶液中单质硫滤出。该石化厂尾气提标单元运行中，在原料气组成和流量较为稳定的前提下，过滤出的单质硫含量远低于设计值，进而导致系统内硫粉堆积，影响装置长周期运行。因此，改进过滤机是提高系统硫粉滤出情况的重要措施。

运行期间，络合铁反应器床层压力逐渐上升至 20kPa(正常运行应小于 15kPa)，并呈加速上升趋势，之后多次出现床层压力瞬间上升至 30kPa 以上，前序制硫炉压力骤升 10kPa 以上，导致酸性气和空气入炉受阻，制硫炉联锁导致硫黄装置紧急停工的事件发生，严重制约装置长周期运行。通过清理络合铁反应器发现，上下两层填料堆积大量单质硫，气相通道出现严重偏流现象。经过分析，硫粉经过外甩滤出效果较差，实际运行中每天大约 100kg 硫粉，低于设计值每天产生 190kg 硫粉，造成硫粉在系统内堆积，络合铁反应溶液中的硫粉未被有效滤出是造成络合铁反应器填料层硫粉堆积的重要原因。

采用色谱分析方法，压滤出的硫粉粒径分布在 8~15μm，平均粒径 10μm 左右。为了解决络合铁反应溶液中硫粉难以过滤出来问题，过滤机配套的滤布规格选择在 10μm；根据滤布上滤粉厚度和滤出滤粉量，选择合适的过滤周期，新滤布过滤周期为 40min，末期过滤周期为 150min，滤粉厚度不超过 20mm；滤布经过长时间过滤，孔径会逐步损坏扩大，过滤效果变差，采取每季度进行滤布更换；除此之外，络合铁反应溶液中加入适当表面活性剂，促进硫粉沉淀。

（四）采用天然气专线供燃料气

由于该石化厂管网燃料气来源多种多样，有火炬气回收气、加氢干气、催化干气、PSA(变压吸附提纯氢气)解吸气、干气提浓乙烯装置解吸气以及天然气等，组成变化较大，燃料气中 CH_4 含量 95%~80%，甚至更低。而且硫黄回收装置消耗燃料气量较少，单套硫黄回收装置仅需要 $300m^3/h$ 天然气供焚烧炉使用，因此燃料气组成波动容易造成尾气焚烧炉火焰熄灭，触发焚烧炉无火焰联锁停炉。该石化厂硫黄回收装置发生了多起由于燃料气组成变化，导致焚烧炉联锁停炉，造成 SO_2 排放超标。

2018 年，通过天然气专线技术改造，将原有成分复杂易波动的燃料气改为组分稳定、甲烷含量在 95%的天然气供给硫黄燃烧炉，杜绝了因燃料气波动造成的硫黄回收装置 SO_2 排放超标情况的发生。

（五）节能降耗

在运行过程中，由于制硫余热锅炉、余热回收器管束积盐(硅酸盐)，导致换热效率下降。当装置高负荷运行时，制硫余热锅炉出口温度超标，存在较大的安全隐患，需要对制硫余热锅炉和尾气焚烧炉加热器管束清灰、余热回收器清理检修。在同等负荷和原料气组成条件下，制硫炉出口温度由374℃降至261℃，尾气焚烧炉出口温度由400℃降至264℃，0.4MPa和1.2MPa蒸汽产量增加0.7t/h，焚烧炉尾气用量减少50m^3/h。

因此，该石化厂新建一套5×10^4t/a硫黄回收装置，保持两开一备，保证其中两套装置安全环保运行，另外一套可以进行停工检修或者出于备用状态，确保硫黄回收装置运行，处理上游酸性气，同时，具备条件对任何一套制硫炉和尾气焚烧炉换热设备进行管束清灰，提高换热效率的要求。

三、结论

应对硫黄回收装置烟气污染物排放新要求以及节能降耗的需求，对硫黄回收装置进行技术改造和采取优化运行措施，解决尾气提标单元反应器填料层硫粉堆积、过滤机运行效果不佳、燃料气组成变化避免造成焚烧炉运行波动、烟囱存积的硫粉自燃导致排放值超标等问题，并采取分析，在保证排放烟气达标的前提下，降低装置能耗。通过这一系列应对技术手段，硫黄回收装置运行良好，排放尾气中SO_2质量浓度大大降低，保证了硫黄装置安全环保长周期运行。

参考文献

[1] 陈昌介，党占元，刘伟明，等．炼油厂硫磺回收装置尾气SO_2达标排放技术工业应用[J]．石油与天然气化工，2015，48(2)：15-19.

[2] 刘勇，张万全，李峰，等．炼油厂硫磺回收联合装置SO_2达标排放对策[J]．石油与天然气化工，2015，44(4)：8-13.

[3] 宋彬，李金金，龙晓达．天然气净化厂尾气SO_2排放治理工艺探讨[J]．天然气工业，2017，37(1)：137-144.

[4] 曹东学．硫磺回收装置尾气处理技术比选[J]．石油炼制与化工，2019，50(6)：64-69.

[5] 刘建龙，鲁刚，徐凯勃，等．络合铁脱硫技术在硫磺回收尾气处理中的应用[J]．石油炼制与化工，2018，49(7)：81-84.

[6] 王玉亮，胡文景，刘爱华，等．降低硫磺回收装置SO_2排放浓度成套技术开发及应用[J]．石油炼制与化工，2020，51(2)：98-103.

[7] 魏芳．硫磺回收装置尾气超低排放处理系统的设计和运行[J]．石油炼制与化工，2018，49(4)：98-100.

两套歧化装置联合优化降低装置运行成本

刘兹浩 | 中国石油辽阳石化公司

中国石油天然气股份有限公司辽阳石化分公司(以下简称辽阳石化公司)芳烃运行部目前在运两套歧化装置，一套为138Mt/a歧化装置(以下简称大歧化装置)，一套为48mt/a歧化装置(以下简称小歧化装置)，本文通过对两套歧化装置间流程改造前后的能源、碳排放进行分析比对，探究装置流程改变对装置能耗、碳排放的影响，为老旧生产装置在线生产优化工作提供新思路。

一、概述

甲苯歧化与烷基转移是芳烃联合装置中的重要单元。该单元能够将装置中过剩的甲苯及 C_9 芳烃转化为经济性能更高的苯及混合二甲苯(尤其是对二甲苯PX)，在整个芳烃产业链中调整芳烃原料与产品结构。目前的甲苯歧化及烷基转移技术使用的催化剂均为分子筛固体酸为催化剂的活性主体，并在固定床临氢条件下进行反应。目前中国石化、UOP等公司都具有完善的工艺技术。

辽阳石化公司大歧化装置目前使用的是中国石油化工股份有限公司上海石油化工研究院开发的HLD-001P甲苯歧化与烷基转移催化剂，该剂可以通过改变甲苯和 C_9 芳烃的比例来调整反应产物中苯和 C_8 芳烃的收率，用以满足苯、对二甲苯不同市场行情下的生产调节，使装置在不同时期保持效益最大。

小歧化装置于1996年投产，2005年装置进行热集成改造，2013年至2021年处于停产状态，目前该装置更换了具有辽阳石化公司自主知识产权的新型制苯催化剂，并于2022年4月一次开车成功。该剂在甲苯为原料工况下具有较高的甲苯转化率和苯产物的选择性，在苯处于市场价格高位时有利于最大化增产苯，提高装置灵活创效能力。

目前，辽阳石化公司两套歧化装置同时在运，本文对两套装置运行方式，进行综合优化讨论，以达到降低装置运行成本，减少碳排放的目的。

二、运行现状

歧化装置主要分为反应系统及分馏系统两个部分，其中大歧化装置分馏系统包括汽提塔、苯塔、甲苯塔、二甲苯塔、二甲苯再蒸馏塔及重芳烃塔，各精馏塔之间在设计之初就具有较高的热集成，高度的热集成使得精馏系统的热量得到充分利用，从而使得大歧化装置的运行能耗大幅降低；而小歧化装置，其分馏系统仅包括汽提塔、苯塔及甲苯塔三台塔设备，其二甲苯分馏系统则集成在 0.28Mt/aPX 装置(一下简称小 PX 装置)内，由于目前小 PX 装置处于停产状态，故小歧化装置分馏系统目前无法与小 PX 装置的二甲苯分馏系统进行热集成，仅苯塔可以使用甲苯塔顶气相作为塔底热源，汽提塔及甲苯塔需使用中压蒸汽作为塔底热源。正因如此，小歧化装置目前运行的能动成本远高于大歧化装置，其中综合能耗小歧化装置较大歧化装置高 73.14kgEO/t，碳排放量高出 0.33t/t，具体能耗数据如表 1 所示。

表 1 大、小歧化装置正常工况能耗对比表

能源种类	小歧化装置			大歧化装置		
	能源单耗	综合能耗/（kgEO/吨原料）	碳排放/（吨/吨原料）	能源单耗	综合能耗/（kgEO/吨原料）	碳排放/（吨/吨原料）
燃料气/t	0.03	27.36	0.09	0.05	43.59	0.14
天然气/t	0.00	0.00	0.00	0.00	0.00	0.00
中压蒸汽/t	1.00	88.00	0.36	0.06	5.06	0.02
低压蒸汽/t	0.08	6.33	0.03	0.04	3.06	0.01
副产低压汽/t	0.00	0.00		0.01	0.48	
电/kW·h	40.67	9.51	0.03	11.55	2.70	0.01
水/t	0.01	0.00		0.03	0.01	
脱盐水/t	0.00	0.00		0.09	0.20	
循环水/t	35.00	3.50		27.47	2.75	
冷冻水/t	0.00	0.00		0.10	0.04	
供出冷凝水/t	-1.08	-3.68		-0.15	-0.51	
氮气/m^3	4.00	0.60		6.40	0.96	
净化风/m^3	3.67	0.15		7.31	0.29	
非净化风/m^3	0.00	0.00		0.21	0.01	
合计		131.77	0.51		58.63	0.18

小歧化装置由于长期停工，装置老化，2022 年装置开工后，其甲苯塔底蒸汽再沸器连续两次泄漏，严重影响装置平稳生产。综上所述，小歧化装置目前运行成本高、设备运行不稳定，需要进行综合优化调整，以便解决上述问题。

三、优化方案

若要解决小歧化装置存在的高能耗及设备运行不稳定的问题，正常情况下有两种解决方案：其一为对小歧化装置整体进行改造，增加装置内部热集成，更换部分老旧设备；其二为重新起运小 PX 装置，同时更换小歧化装置部分老旧设备。然而，装置改造、更换老旧设备投资大、周期长，无法及时应对现行市场，容易导致改造时错过装置高利润时期，造成得不偿失的额外损失；而将小 PX 装置开工又存在着公司排产无法满足要求，增加小 PX 装置额外能耗的问题。因此，以上两种方案并非解决问题的最佳选择。

既然该问题小歧化装置内部无法解决，则需将目光转向其他同类装置，利用同类装置联合解决高能耗、设备运行不稳定的问题。通过研究装置间流程，利用小歧化装置汽提塔底送料管线，将汽提塔底油送至罐区，进而泵送至大歧化装置苯塔、甲苯塔进行后续分馏流程。此时，小歧化装置整体流程由原甲苯塔塔顶循环甲苯进反应的循环流程变为外购甲苯单进单出的开路流程，然而循环甲苯的好处在于可以回收甲苯塔塔顶热量，减少小歧化装置反应加热炉负荷。因此，为了进一步降低装置能耗，在两装置间寻找一条合适的闲置管线，加以利旧改造，重新制造一条大歧化装置甲苯塔顶热甲苯进小歧化装置反应系统的流程，从而充分利用大歧化装置分馏系统负荷，大幅降低小歧化装置能耗的目的。

四、效果分析

大、小歧化装置按照上述流程进行改造后，小歧化装置利用大歧化装置分馏系统的能耗数据与改造前的能耗、碳排放对比数据如表 2 所示。

表 2　小歧化优化前后能耗对比表

能源种类	小歧化装置			小歧化装置(优化后)		
	能源单耗	综合能耗/(kgEO/吨原料)	碳排放/(吨/吨原料)	能源单耗	综合能耗/(kgEO/吨原料)	碳排放/(吨/吨原料)
燃料气/t	0.03	27.36	0.09	0.05	47.04	0.15
天然气/t	0	0	0	0	0	0
中压蒸汽/t	1	88	0.36	0.61	53.78	0.22
低压蒸汽/t	0.08	6.33	0.03	0.11	8.63	0.04
副产低压汽/t	0	0		0	0	
电/kW·h	40.67	9.51	0.03	6.67	1.56	0.01
水/t	0.01	0		0.01	0	
脱盐水/t	0	0		0	0	
循环水/t	35	3.5		4	0.4	
冷冻水/t	0	0		0	0	
供出冷凝水/t	-1.08	-3.68		-0.27	-0.91	
氮气/m^3	4	0.6		2	0.3	
净化风/m^3	3.67	0.15		2	0.08	
非净化风/m^3	0	0		0	0	
合计		131.77	0.51		110.89	0.42

由表 2 可以看出，通过大、小歧化装置联合优化，小歧化装置单耗下降明显，综合能耗下降 20.88kgEO/t，碳排放量下降 0.09t/t，按照目前小歧化装置进料量 37t/h 计算，可达到年降耗 6674.92tEO/a，效益可达 1668 万元/年，年减排 2.88×10^4/t。

五、结论

综上所述，大、小歧化装置流程优化效果明显，具有明显的节能降耗、减少碳排放量的效果。

通过本案例可以看出，老装置的优化工作局限于其装置本身的设备水平，公司整体间的物料平衡、排产计划。所以，对于老装置的优化工作来说，应与现场实际相结合，综合考虑市场因素、改造时长、改造难度，以尽量减少现场改动量为前提，可综合厂内同类装置，实现装置间的优化改造，综合排产优化，方能以小博大，用最低的物资成本、时间成本换取装置效益最大化。

连续重整装置能耗分析与节能优化

李本柱 | 中石油云南石化有限公司

云南石化2.4Mt/a连续重整装置在炼厂中综合能耗比重较高，对连续重整装置的能耗组成及影响因素进行分析，针对其影响因素，采取相应的节能措施，通过节能优化，如提高加热炉热效率，加强工艺流程优化调整，提高上游热供料直供比例，利用Aspen HYSYS软件对装置进行模拟计算科学优化装置用能，降低重整反应系统压降等措施，大幅降低了连续重整装置能耗。

云南石化2.4Mt/a连续重整装置采用UOP超低压连续重整工艺技术，以精制石脑油为装置原料，生产富含芳烃的高辛烷值汽油调和组分，并副产氢气、戊烷油、液化石油气等产品。连续重整装置是石油工业中非常重要的装置，是芳烃工业的龙头，也是炼厂中的耗能大户，在炼厂中综合能耗比重较高。因此，对重整装置进行节能优化，降低装置的综合能耗对炼油厂的提质增效节能降耗意义重大。

一、装置能耗组成

云南石化2.4Mt/a连续重整装置用能组成见图1，影响装置能耗的主要因素为燃料气、3.5MPa蒸汽、电；以上三种能耗占比为装置综合能耗的95%。

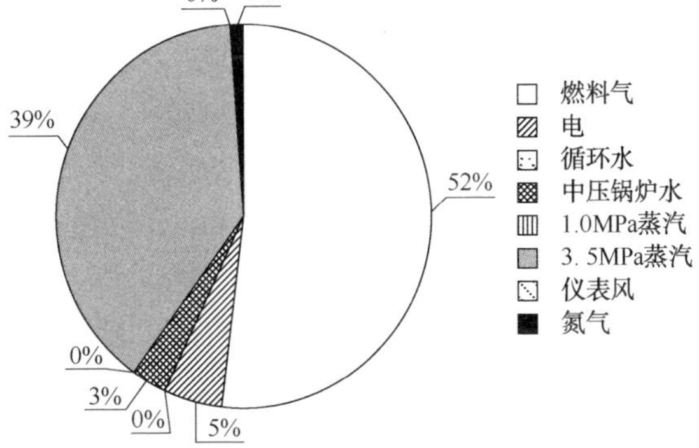

图1　连续重整单元能耗结构图

（一）燃料气

从图1可以看出，连续重整装置中燃料气消耗占比最大为50%，远高于其他公用工程介质，主要原因是：

（1）重整反应主要是将重整进料中的环烷烃和烷烃转换成芳烃，反应系统中主要发生的是吸热反应；为了提高反应深度，使反应生产油辛烷值和产品质量满足要求，需要通过四合一炉对进入反应器进料进行加热；而且随着装置生产时间的延长，催化剂活性逐渐下降，必须通过提高反应温度来保证催化剂的活性和反应深度。

（2）分馏塔的热负荷主要靠塔底物经塔底重沸炉加热至气化率为50%油气返回至塔底作为重沸热源。

（二）蒸汽

连续重整装置能耗占比第二高的是中压蒸汽消耗，为39%，主要原因是：

1）重整反应过程中需要循环氢压缩机K-0201运行提供氢气保证合适的氢油比，目的是改善反应器内温度分布，抑制生焦反应，保护催化剂活性和寿命，同时稀释反应原料，使物料更均匀的分布于床层中。循环氢压缩机为离心式压缩机，需要3.8MPa背压汽轮机驱动。

（2）重整反应产生的氢气通过再接触深冷提纯后增压外送至下游装置，整个过程需要重整氢增压机K-0202两段压缩。重整氢增压机采用一台双缸串联离心式压缩机，采用3.8MPa凝气汽轮机驱动。正常生产过程中，K-0201和K-0202不间断运转消耗中压蒸汽，所以中压蒸汽的消耗量较大。

（三）电

连续重整装置能耗占比第三高的是电量消耗，为7.5%，主要原因是：

（1）装置为临氢装置，装置内有K-201循环氢压缩机组、K-202重整氢增压机组、K-203丙烷冷却压缩机组，再生单元4台风机、四台电加热器，以及其他各种机泵，电气设备较多，用电点多，电耗较大。

（2）综合考虑装置所在地水资源情况，为了减少对冷却用水量，装置共设有47台空冷，正常生产时多数空冷处于运行状态，增加了电耗。

二、装置节能措施

由于燃料气、3.5MPa蒸汽、电占连续重整装置能耗比重很大，为了降低装置综合能耗，首次开工以来，技术人员不断对装置进行优化改造，采取了较多的节能降耗措施，连续重整装置具体节能措施如下。

（一）提高加热炉热效率

云南石化2.4Mt/a续重整装置装置共设有圆筒炉和四合一炉共8台加热炉，主要承担着重整反应和各分馏塔的加热，当装置加工负荷和原料性质稳定的工况下，加热炉有效热负荷对燃料气的消耗影响很大。由于燃料气消耗在装置综合能耗中占比最大，因此提高加热炉热效率对节能降耗意义重大。装置根据加热炉运行中存在的问题，主要采取了以下措施。

1. 燃烧器升级改造

装置开工初期，因圆筒炉设计热负荷相差较大、燃烧器设置于炉膛空间存在差异，导致操作调整过程中炉膛负压、氧含量等工艺参数相互影响；加热炉热负荷变化时燃烧器频繁出现脱火、熄火现象；风门调整过程中相邻燃烧器出现火焰发飘，辐射室顶部出现二次燃烧，加剧炉膛负压波动较大；同时燃烧器燃烧不稳定，氧含量波动大，烟气中 CO 含量高，过剩空气系数偏高，直接影响加热炉安全稳定运行。为了解决加热炉燃烧不稳定这个瓶颈问题，装置对燃烧器进行了以下优化改造：

（1）增加圆筒炉燃烧器中心稳焰枪(顶部带有稳焰罩)，目的提高燃烧器中心火焰温度，使分级燃烧过程中形成的 CO 进行充分燃烧；

（2）对所有加热炉更换新型稳定长明灯。

加热炉燃烧器升级改造后加热炉燃烧工况得到明显改善。燃料气炉前压力有效降低，操作压力由 0.14MPa 降至 0.1±0.01MPa，炉膛温度降低且分布更为均匀，解决炉膛内烟气二次燃烧的问题，有效控制炉膛负压波动，消除燃烧器脱火熄火的隐患，提高加热炉燃烧稳定性。

2. 降低加热炉氧含量

根据加热炉炉膛燃烧情况，合理配置一次风和二次风量，科学调整燃烧器分布，通过不断优化调整，将圆筒炉和四合一炉氧含量由开工初期的 3.5±0.5%降至 1.5±0.5%，确保燃烧器充分燃烧，不产 CO 的情况尽量将氧含量下限控制；通过降低加热炉烟气中氧含量，有效降低过剩空气系数，节约燃料消耗，降低装置综合能耗。

3. 细化加热炉日常管理操作

（1）定期对系统管网燃料气组分、炉子烟道气进行分析。建立加热炉烟气露点腐蚀在线监测，防止加热炉对流段、排烟烟道等低温区域露点腐蚀，根据烟气组成将圆筒炉排烟温度下限由 120℃调整至 115℃。

（2）根据加工负荷变化不断优化调整燃烧器，调整好炉子燃烧状况；降低加热炉过剩空气系数，实时在线监测加热炉效率。

（3）对加热炉进行属地班组分包管理，定期对加热炉进行维护保养，开展加热炉日常检查，消除燃料气泄漏隐患。

通过对加热炉不断优化调整，自首次开工以来，加热炉热效率持续提高，从表 1 看出，跟 2017 年比，2021 年加热炉热效率平均提高约 0.66%，节省燃料气约 680Nm^3/h。

表 1　加热炉主要参数变化

加热炉名称	位号	氧含量/%			过剩空气系数			热效率/%		
		2017 年	2020 年	2021 年	2017 年	2020 年	2021 年	2017 年	2020 年	2021 年
反应进料加热炉	F-0101	3.69	2.67	1.76	1.23	1.16	1.10	92.56	93.10	93.34
汽提塔底重沸炉	F-0102	3.75	2.72	1.72	1.22	1.17	1.10	92.59	93.58	93.84
分馏塔底重沸炉	F-0103	3.66	2.51	1.86	1.21	1.15	1.11	92.64	93.02	93.14
重整进料加热炉	F-0201	3.59	2.58	2.04	1.20	1.16	1.12	92.14	92.24	92.54
		3.42	2.38	1.89	1.21	1.14	1.11			
重整第一中间加热	F-0202	3.66	2.63	1.85	1.22	1.16	1.11	92.12	92.24	92.54
		3.49	2.42	2.15	1.20	1.15	1.13			

续表

加热炉名称	位号	氧含量/%			过剩空气系数			热效率/%		
		2017 年	2020 年	2021 年	2017 年	2020 年	2021 年	2017 年	2020 年	2021 年
重整第二中间加热	F-0203	3.57	2.52	2.05	1.21	1.15	1.12	92.35	92.84	92.94
		3.45	2.34	1.79	1.23	1.14	1.10			
重整第三中间加热	F-0204	3.60	2.52	1.72	1.22	1.15	1.10	92.37	92.84	92.94
脱戊烷塔底重沸炉	F-0205	3.77	2.74	1.73	1.20	1.17	1.10	92.29	92.84	93.09

（二）优化工艺流程

在正常设计工况下，改质石脑油作为石脑油加氢单元的原料要先进反应加氢后再进入汽提塔。装置对改质石脑油原料性质进行长期监测分析后，进行科学评估，认为改质石脑油原料可以不经过反应加氢直接进入汽提塔的情况下，满足精制油质量指标要求。2021 年 2 月通过优化调整石脑油加氢进料流程，将改质石脑油直接改进汽提塔，减少石脑油加氢反应系统进料负荷约 15%，降低 F-0101 炉热负荷，节约燃料气约 200Nm^3/h，每月节约燃料气约 14×10^4m^3。

（三）提高上游原料直供比例

石脑油加氢反应进料主要为轻烃回收直馏石脑油和罐区石脑油。轻烃回收直馏石脑油占进料比为 70%~85%，进料温度为 70~80℃；罐区石脑油占进料比为 15%~30%，进料温度为 30~35℃。提高轻烃回收石脑油直供比例，可以提高混合石脑油反应进料温度，降低 F-0101 炉燃料气耗量，减少装置能耗。装置根据上游来料实际工况，对进料比例进行了优化调整，具体操作条件变化如表 2 所示。

表 2　石脑油加氢反应进料主要操作参数调整变化

项　目	调整前	调整后	项　目	调整前	调整后
轻烃回收直馏石脑油/(t/h)	155	175	F-0101 炉进料温度/℃	235.5	238.5
罐区石脑油/(t/h)	55	35	F-0101 炉燃料气流量/(Nm^3/h)	845	725
混合石脑油进料温度/℃	66	71			

从表 2 看出，通过操作调整，轻烃回收直馏石脑油流量由 150t/h 逐步提至 175t/h，罐区石脑油流量由 55t/h 降至 30t/h，混合石脑油中直供比例提高 12%。随着直供石脑油比例增加，混合石脑油进料温度由 65℃提高至 71℃，F-0101 炉燃料气耗量由 850Nm^3/h 降至 720Nm^3/h。通过优化生产操作参数，增加直供石脑油比例，提高混合石脑油进料温度约 5℃，平均每小时节约燃料气流量 130Nm^3。

（四）利用 Aspen HYSYS 软件模拟计算优化用能

根据装置实际生产工艺工况，充分利用 Aspen HYSYS 软件模拟计算重整脱戊烷塔降压操作的可能性，并通过模拟计算结果优化调整操作指导实际生产，减少燃料气消耗。图 2~图 4 所示为不同压力下软件模拟结果。

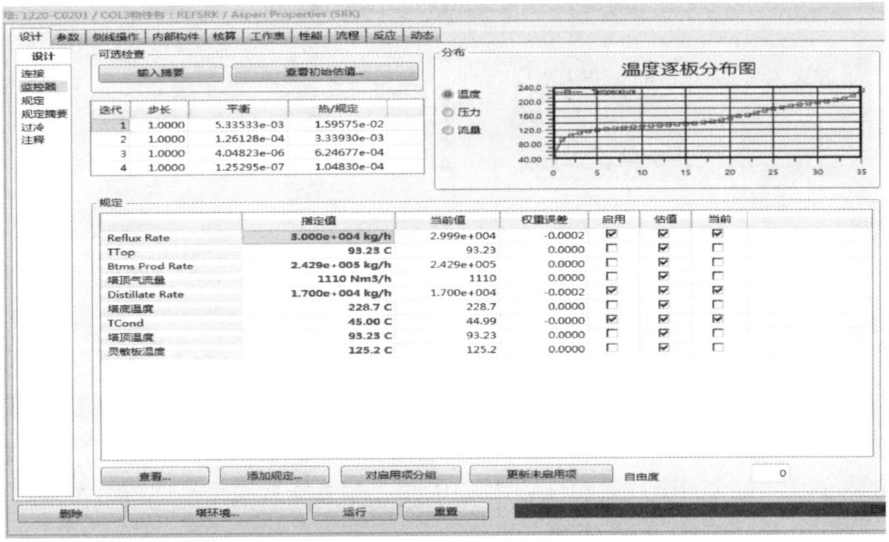

迭代	步长	平衡	热/规定
1	1.0000	5.33533e-03	1.59575e-02
2	1.0000	1.26128e-04	3.33930e-03
3	1.0000	4.04823e-06	6.24677e-04
4	1.0000	1.25295e-07	1.04830e-04

	指定值	当前值	权重误差
Reflux Rate	3.000e+004 kg/h	2.999e+004	-0.0002
TTop	93.23 C	93.23	0.0000
Btms Prod Rate	2.429e+005 kg/h	2.429e+005	0.0000
塔顶气流量	1110 Nm3/h	1110	0.0000
Distillate Rate	1.700e+004 kg/h	1.700e+004	-0.0002
塔底温度	228.7 C	228.7	0.0000
TCond	45.00 C	44.99	-0.0000
塔顶温度	93.23 C	93.23	0.0000
灵敏板温度	125.2 C	125.2	0.0000

图 2　模拟塔压 1.2MPa 脱戊烷塔操作温度及塔顶排放气流量

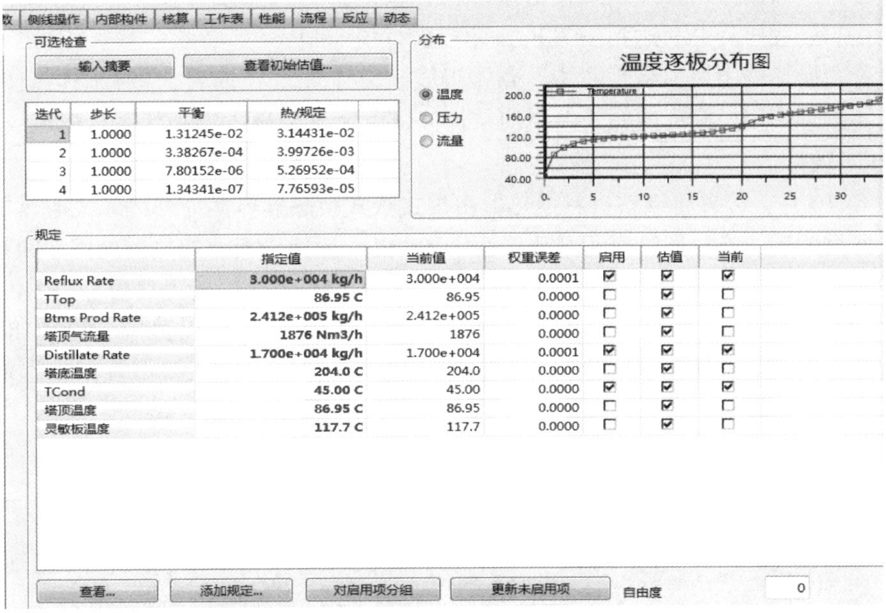

迭代	步长	平衡	热/规定
1	1.0000	1.31245e-02	3.14431e-02
2	1.0000	3.38267e-04	3.99726e-03
3	1.0000	7.80152e-06	5.26952e-04
4	1.0000	1.34341e-07	7.76593e-05

	指定值	当前值	权重误差
Reflux Rate	3.000e+004 kg/h	3.000e+004	0.0001
TTop	86.95 C	86.95	0.0000
Btms Prod Rate	2.412e+005 kg/h	2.412e+005	0.0000
塔顶气流量	1876 Nm3/h	1876	0.0000
Distillate Rate	1.700e+004 kg/h	1.700e+004	0.0001
塔底温度	204.0 C	204.0	0.0000
TCond	45.00 C	45.00	0.0000
塔顶温度	86.95 C	86.95	0.0000
灵敏板温度	117.7 C	117.7	0.0000

图 3　模拟塔压 0.8MPa 脱戊烷塔操作温度及塔顶排放气流量

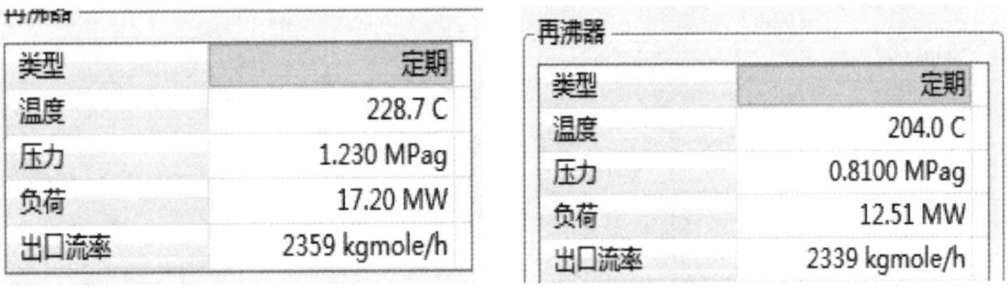

再沸器	
类型	定期
温度	228.7 C
压力	1.230 MPag
负荷	17.20 MW
出口流率	2359 kgmole/h

再沸器	
类型	定期
温度	204.0 C
压力	0.8100 MPag
负荷	12.51 MW
出口流率	2339 kgmole/h

图 4　模拟脱戊烷塔 1.2MPa 及 0.8MPa 操作时加热炉热负荷

根据流程模拟软件计算结果，制订脱戊烷塔降压操作方案，并用于生产指导，在满足产品质量和分馏精度的前提下，成功对脱戊烷塔进行了降压操作。模拟结果与生产实际操作对比见表 3。

表 3 脱戊烷塔燃料气消耗数据对比

序号	塔顶压力/MPa	燃料气耗量/(Nm³/h)	
		模拟计算	实际操作
1	1.2	1230	1210
2	1.1	1115	1100
3	1.0	1042	1050
4	0.9	967	973
5	0.8	888	895

脱戊烷塔开始实施降压操作方案后，通过实际生产操作数据变化，从表 3 可以看出：将脱戊烷塔塔顶压力由 1.2MPa 降低至 0.8MPa 后，满足塔分馏要求的工况下可节约燃料气用量约 300Nm³/h，每个月节约燃料气约 22×10^4m³，装置综合能耗降低约 1.5kgEo/t。

(五) 降低重整反应系统压降

重整进料换热器原设计采用焊接板式结构，投用初期换热效果较好，热端温差小，但换热器板程、壳程压降总和达到 147kPa，超过设计值 86kPa。

缠绕管式换热器主要由绕管芯体、壳体组成。设计采用 U 形管，将有限空间内的换热管增长，换热管采用层间反向螺旋缠绕的结构，极大地改变流体流动状态，传热效果较好，管/壳层压降较低。

2019 年 10 月，装置将重整进料换热器由焊接板式换热器更换为缠绕管式换热器，缠绕管式换热器投用后，换热器管壳程总压降小于 70kPa，远低于板式换热器投用期间板壳程总压降 140kPa，总系统压降随之降低，重整平均反应压力下降，二反入口由 0.38MPa 下降至 0.37MPa，四反入口由 0.34MPa 下降至 0.31MPa，循环氢压缩机出口压力发生明显变化，中压蒸汽单耗降低；因换热效果比板式换热器更换前好，燃料气单耗也有明显降低。装置综合能耗对比分析见表 4 内容。

表 4 进料换热器更换前后能耗对比

项目	原焊接板式换热器		缠绕管式	
	2017.8.16 (投用初期)	2019.10.26 (投用末期)	2019.11.9 (投用初期)	2020.8.20 (100%负荷)
重整进料量/(t/h)	193.7	214	240	285
燃料气流量/(Nm³/h)	9545	10805	10479	14039
循环机蒸汽消耗/(t/h)	75	66	66	90
燃料气单耗/(kgEO/t)	43.84	43.81	40.73	42.54
中压蒸汽单耗/(kgEO/t)	35.05	28.28	27.11	26.54
综合能耗/(kgEO/t)	62.12	60.45	57.53	54.79

从表 4 数据可以看出，更换缠绕管式换热器后能耗变化情况：

(1) 缠绕管式换热器管/壳程总压降降低，反应系统总压降随之改善，循环氢压缩机中压蒸汽用量明显减少，重整循环压缩机中压蒸汽节约平均用量 15t/h，中压蒸汽单耗比原焊接板式换热器换热器正常运行期间下降近 8kgEO/t。

(2) 缠绕管式换热器换热效果稳定高效，在加热炉操作条件、原料性质稳定情况下，综合能耗明显改善。

三、节能效果

通过对装置采取各项节能措施，连续重整装置节能效果显著，装置燃综合能耗及燃料气、3.5MPa 蒸汽、电等主要耗能介质均逐年下降，明显低于设计指标，2021 年装置综合能耗比设计值低 18.27kgEO/t，比 2017 年开工初期降低了 10.73kgEO/t(见表 5)。

表 5 连续重整装置能耗数据变化

能源名称	设计指标	2017 年	2018 年	2019 年	2020 年	2021 年
	单耗/(kgEO/t)	单耗/(kgEO/t)	单耗/(kgEO/t)	单耗/(kgEO/t)	单耗/(kgEO/t)	单耗/(kgEO/t)
燃料气	58.37	44.95	39.41	38.19	39.79	37.98
电	6.08	4.58	4.48	4.10	4.12	3.87
3.5MPa 蒸汽	—	35.67	37.10	29.62	29.89	27.39
综合能耗	70.98	63.44	58.98	53.90	54.24	52.71

四、结论

(1) 加热炉有效热负荷对燃料气的消耗影响很大，通过对加热炉不断优化调整，加热炉热效率持续提高，2021 年加热炉热效率比 2017 年比平均提高约 0.66%，节省燃料气约 $680Nm^3/h$。

(2) 加强工艺流程优化，提高上游热供料直供比例，减少加热炉加热负荷，节省燃料气用量。

(3) 充分利用 Aspen HYSYS 软件对装置进行模拟计算，科学优化装置用能。对重整脱戊烷塔降压操作模拟计算，将脱戊烷塔顶压力由 1.2MPa 降低至 0.8MPa 后，可节约燃料气用量约 $300Nm^3/h$，装置综合能耗降低约 1.5kgEO/t。

(4) 将重整进料换热器由焊接板式换热器更换为缠绕管式换热器，重整反应系统总压降下降明显，重整循环压缩机中压蒸汽节约平均用量 15t/h，中压蒸汽单耗比原焊接板式换热器换热器正常运行期间下降近 8kgEO/t。

参考文献

[1] 张方方. 大型化连续重整装置的节能设计[J]. 石油炼制与化工，2009，40(5)：53-56.
[2] 陈铮. 200 万吨/年连续重整装置的能耗分析及节能措施[J]. 广州化工，2011，39(16)：131-132.
[3] 谢洪波. 1.2Mt/a 连续重整装置的节能技改[J]. 化工生产与技术，2009，16(2)：58-62.
[4] 郭秀梅，钱广华. 低氮燃烧器在芳烃联合装置的应用[J]. 石化技术，2018，25(09)：328-329

理论配比燃烧优化技术在常压蒸馏装置加热炉上的应用

司春旭
冯晓滨　中国石油宁夏石化公司
安永峰

为进一步降低燃料消耗，减少氮氧化物排放，提高加热炉热效率，中国石油宁夏石化5Mt/a常压蒸馏装置加热炉引进理论配比燃烧优化技术(简称SCO技术)，即在烟道上增加CO分析仪，根据烟道的CO值控制鼓风机入口蝶阀，达到降低炉膛过剩空气系数，节约燃料气消耗，降低污染物排放量，提高加热炉热效率的目的。

一、概述

常压加热炉是常压蒸馏装置的关键设备，其作用是通过燃料气燃烧为常压塔原油蒸馏提供热量，常压炉是重大耗能设备，同时也是二氧化碳、氮氧化物等污染物排放的主要设备，其运行状况与装置的节能和环保有着最直接的关系。5Mt/a常压蒸馏装置常压加热炉于2011年建造完成，并与当年投用，整体设计加工量为5Mt/a，设计热负荷：55MW，方箱炉，由辐射室、对流室、水热煤空气预热器组成，辐射室是2个相对独立的炉膛，以提高辐射传热能力，加热炉是4路进料4路出料。燃烧器采用16套低氮燃烧器(正常运行8~10台工作)，利用燃料在炉膛内燃烧时产生的高温火焰与烟气作为热源来加热炉管中高速流动的油品，使部分油品汽化，达到在常压塔内分离各侧线产品的目的。常压炉原来采用控制炉膛中的O_2含量(或采用手动)控制鼓风机入口蝶阀来实现燃料和空气的配比。在此种控制模式下，炉膛氧含量及过剩空气系数过高，排烟热损失大，易造成热效率下降或无法进一步提高常压炉热效率，而且由于入炉氧含量高，还会引起燃料气消耗量上升及烟气氮氧化物含量增加，不利于节能降耗和环保减排。借鉴了其他炼化企业的加热炉节能改造经验后，常压加热炉引进理论配比燃烧优化技术(简称 SCO 技术)，降低常压炉整体氧含量，确保过剩空气系数降低达到减少排烟热损失，通过优化配比燃料气量达到节约燃料气消耗，进而提高加热炉热效率，同时降低烟气氮氧化物含量，实现环保减排。

二、SCO 技术

(一) 技术简介

采用理论配比燃烧优化技术(简称 SCO 技术)，即对烟气中 CO 含量进行在线测量，并通过对 CO 含量的控制来直接控制燃烧效果，实现燃料和空气的最佳配比，降低烟气中的氧含量，减少过剩空气，减少 CO_2 和 NO_x 的排放，提高加热炉的热效率，节约燃料，减少污染物的排放。

(二) 技术原理

当燃烧空气充足时，甲烷燃烧完全转化为二氧化碳和水，即以下燃烧方程式：

$$CH_4+2O_2 = CO_2+2H_2O$$

当燃烧空气减少时，氧气量不足以使甲烷完全转化为 CO_2, 就会产生 CO：

$$3CH_4+5O_2 = CO_2+6H_2O+2CO$$

将 CO 作为鼓风机入口蝶阀或者风门挡板的控制变量，通过把 CO 控制在微量的状态，使实际燃烧接近理论配比。

(三) 实施方案

在常压炉引风机前总烟道安装一台 CO 分析仪检测烟气 CO，并控制鼓风机入口调节蝶阀，CO 含量通常控制在 50ppm。控制负压和引风机以保持原有与控制方案。CO 控制回路示意图见图 1。

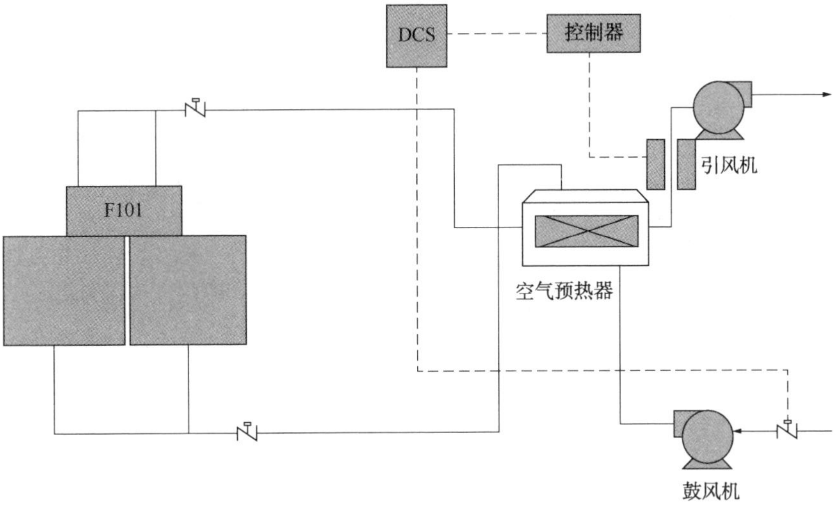

图 1 CO 控制回路示意图

(四) 加热炉燃烧器和 DCS 仪表调试方案

1. 加热炉燃烧器调试方案

在理想状态下，一台加热炉的燃烧器都按照设计参数共同分配一样的燃料量和空气量，确保每台燃烧器的燃烧情况一致。但在实际用途上，正常运行中的损耗将会稍微改变燃烧器的性质，影响单独燃烧器的空燃比，导致不同燃烧器的空燃比有所区别。因此，炉膛需要定期检查、分析，并根据燃烧情况合理调整空气和燃料，达到最佳的空燃比。燃烧器的调试基于观察燃烧器的火焰形式，火焰稳定性和机械缺陷。在更恶劣的环境下，可能也需要按照炉膛温度或热场分布调整燃烧器的火焰。CO 控制系统调试最重要的工作是进行燃烧平衡调试，通过不断修正所有燃烧器的空燃比来实现接近理论配比燃烧。

本次调节计划"先现场燃烧器调节后 PID 调整"的方式来进行低氧燃烧控制，通过平稳性运行验证，得到稳定运行状态。

2. DCS 仪表调试及 CO 控制回路投用

（1）根据常压炉运行参数，设置 CO 控制执行机构鼓风机入口蝶阀开度的高低限位，合理确定上、下限阀位；

（2）投用 CO 控制自动前，对常压炉的负压投自动，针对负压控制，调整其 PID 值，使其烟道挡板的变化能适应进风量和负压的变化，负压自动正常后，CO 控制投用自动，设定 CO 控制值为 50，并不断调整 P/I/D 值，进而实现 CO 控制。

三、运行对比与分析

（一）燃烧器燃烧状况

比较图 2、图 3，通过对燃烧器燃烧状态的调整，常压炉燃烧状况有显著改变，相比之前的火焰燃烧发黄发飘，调整后整体火焰呈淡蓝色，火焰刚硬且正。

图 2　投用 CO 控制前加热炉燃烧器运行

图 3　投用 CO 控制后加热炉燃烧器运行

（二）常压炉燃料气耗量对比

在表 1 中，CO 控制系统投用后，相同加工负荷下，加热炉耗量降低 300~400Nm^3/h 左右，降幅达到 10%以上。

表 1　CO 控制系统投用前后燃料气耗量变化

项目	技改前	技改后
加工负荷,%	80	80
燃料气耗量/(Nm^3/h)	3300~3500	2900~3200

注：热效率采用反平衡法计算

（三）CO 控制系统投用前后运行数据对比

比较表 2、表 3，投用前，东西炉膛平均氧含量分别为 3.0%，3.2%，氮氧化物 45mg/m³，排烟温度为 133℃，热效率 92.5%；投用 CO 控制后效果显著，东西炉膛平均氧含量降低为 0.9%、1.1%，氮氧化物下降至 20mg/m³ 左右，降幅达 55%以上，热效率 93.3%，提高约 0.8 个百分点。

表 2 投用前工艺数据

O_2 控制		时间											
参数	位号	0：00	2：00	4：00	6：00	8：00	10：00	12：00	14：00	16：00	18：00	20：00	22：00
加工量/（t/d）	FI1001	486	487	486	485	486	485	486	487	487	488	487	489
排烟温度/℃	TI2123	133	135	134	133	134	134	133	134	135	134	134	133
O_2/%	AIC2101	3.0	2.9	3.0	2.9	2.9	3.2	3.1	3.0	2.9	3.0	2.9	2.9
	AI2101A	3.3	3.3	3.3	3.2	3.3	3.4	3.4	3.3	3.4	3.2	3.3	3.1
	AI2101B	3.0	2.9	3.0	2.9	2.9	3.2	3.1	3.0	2.9	3.0	2.9	2.9
CO/ppm	AIC1111	0	0	0	0	0	0	0	0	0	0	0	0
NO_x/ppm	AI4003	46.7	44.3	45.1	47.8	47.2	49.3	46.5	42.8	44.2	49.4	46.5	47.3
加热炉负压/Pa	PI2102A	−50	−47	−37	−38	−37	−43	−42	−51	−52	−48	−52	−45
	PI2102B	−71	−65	−57	−63	−46	−57	−54	−69	−54	−57	−61	−56
产品出口温度/℃	TI2012	364	364	364	365	364	364	364	364	364	364	364	364

表 3 投用后前工艺数据

O_2 控制		时间											
参数	位号	0：00	2：00	4：00	6：00	8：00	10：00	12：00	14：00	16：00	18：00	20：00	22：00
加工量/（t/d）	FI1001	490	487	490	489	485	486	486	490	487	489	488	487
排烟温度/℃	TI2123	128	128	129	128	129	129	129	129	129	129	129	129
O_2/%	AIC2101	0.9	1.0	1.0	0.9	0.9	1.0	0.9	1.1	1.0	0.9	1.0	0.9
	AI2101A	1.2	1.2	1.1	1.1	1.2	1.3	1.1	1.3	1.2	1.0	1.1	1.2
	AI2101B	0.9	1.0	1.0	0.9	0.9	1.0	0.9	1.1	1.0	0.9	1.0	0.9
CO/ppm	AIC1111	0	0	0	0	0	1.0	0	90	0	0	14	5
NOx/ppm	AI4003	21	21	18.9	19.1	21.8	16.8	14.0	16.7	17.8	16.7	10.9	10.2
加热炉负压/Pa	PI2102A	−52	−44	−48	−46	−48	−54	−50	−41	−43	−52	−51	−52
	PI2102B	−70	−59	−61	−60	−63	−68	−64	−57	−58	−70	−66	−71
产品出口温度/℃	TI2012	364.5	364.5	365	364	364	365	364	364	365	365	364	364

投用前后氧含量、CO 含量、排烟温度变化情况见表 4。

表 4　投用前后氧含量、CO 含量、排烟温度变化

项目	技改前	技改后	项目	技改前	技改后
氧含量/%	2.8~3.5	1.0~1.2	排烟温度/℃	131~135	127~129
氮氧化物含量/(mg/m^3)	45~50	15~21	热效率/%	92.3~92.5	93.1~93.3

注：热效率计算采用反平衡法。

(四) 总结

常压加热炉应用理论配比燃烧优化技术，整体应用效果如下：

(1) 燃烧器的燃烧状况有显著改变，相比之前的火焰燃烧发黄发飘，调整后整体火焰呈淡蓝色，火焰刚硬且正。

(2) 投用 CO 控制后，相同加工负荷下，常压炉所需燃料量减少 10%以上。

(3) 炉膛氧含量降低至 0.9~1.2%，投用前过剩空气系数为 1.15，投用后降低为 1.06。

(4) 投用前烟气中 NO_x 量在 $45mg/m^3$ 左右，投用后降低为 $20mg/m^3$ 左右，实现了减少 50%以上 NO_x 排放量；

(5) 在确保不出现烟道露点腐蚀的前提下，烟气排烟温度降低 5℃以上。

(6) 投用前常压加热炉热效率为 92.5%，投用后热效率提升至 93.3%，提升约 0.8 个百分点。

四、结论

应用理论配比燃烧优化技术，提升和优化了常压炉的运行水平；降低了燃料气消耗量，减少烟气 NO_x 排放量，达到了节能降耗的目的；有效降低常压炉氧含量及过剩空气系数，同时排烟温度显著下降 5℃以上，常压炉热效率提升了 0.8 个百分点。

参考文献

[1] 唐孟海，胡兆灵．常减压蒸馏装置技术问答[M].2 版．北京：中国石化出版社，2015.

分馏邻二甲苯过程中的节能优化措施

李红伟 | 中国石油辽阳石化公司

中国石油天然气股份有限公司辽阳石化分公司(以下简称辽阳石化公司)于2019年新建增产邻二甲苯项目，采用在原有二甲苯塔与重芳烃塔间增设二甲苯再蒸馏塔及邻二甲苯塔流程，设计二甲苯再蒸馏塔顶物料去混合 C_8 储罐。新建装置投用后，经过流程优化改造，实现减少能源消耗的目的。

某生产工况下邻苯的实际生产情况(二甲苯塔 C981 进料一股为歧化进料 140t/h，C_9 与甲苯比例为 5：5 时的甲苯塔底物料，另一股物料为 54.05t/h 的重整 C8+A 油)，此时二甲苯再蒸馏塔 C984 塔顶物料 8t/h 去混合 C_8 储罐，邻二甲苯塔 C985 塔顶产邻苯为 9.53t/h。产品组成数据见表 1，产品质量合格。

表 1　改造前邻苯组成情况

邻苯组成	实际含量/wt%	邻苯组成	实际含量/wt%
NA	0.04	MX	0.71
EB	0.01	OX	98.76
PX	0.25	C9A	0.23

一、改造思路

二甲苯再蒸馏塔 C984 设计目的是除去邻苯塔进料中的 PX 与 MX，保证邻苯塔生产的邻苯产品中 PX 与 MX 含量在指标范围内(PX+MX 小于 1.3%wt)。为了保证这一分离要求，二甲苯再蒸馏塔塔顶物料为 8t/h，其中含有 47.91%的邻苯，而二甲苯塔进料中邻苯含量仅为 12.49%。将这部分邻苯返回二甲苯塔 C981 再次分离，可以实现在保证现有产量的情况下，减少燃料气消耗。

二、改造方案

将二甲苯再蒸馏塔 C984 塔顶液相采出在阀组处增加一条分支线，

将这股物料送至甲苯塔 C962 塔底退油线，经退油线进入甲苯塔底泵 P967，然后送入二甲苯塔 C981 进料，继续回收这股物料中的邻苯，可以在装置生产情况下进行改造。

三、邻苯产量不变，减少燃料气消耗

二甲苯塔 C981 塔底热源由二甲苯塔重沸炉 F981A/B 辐射室及对流室共同提供，二甲苯再蒸馏塔 C984 塔底热源由二甲苯再蒸馏塔重沸炉 F982 辐射室提供。在保证邻二甲苯产量不变时，改造后可以减少加热炉燃料气消耗。由于生产邻二甲苯涉及两组加热炉，下面就两组加热炉分别试验，保持其中一组加热炉热负荷不变，调整另一组加热炉保证改造后的邻二甲苯产量与改造前产量相等，分别得出两组加热炉的燃料气消耗情况，计算出节省燃料气的量。

保证邻苯产量不变，如果改造全部用于节省二甲苯塔重沸炉 F981A/B 燃料气消耗上，改造前后相关数据对比见表 2。

表 2　改造前后二甲苯塔及其重沸炉相关数据情况

相关数据	改造前	改造后	相关数据	改造前	改造后
C981 热负荷/MW	61.45	52.96	OX 组成		
C981 回流量/(t/h)	601.40	500.1	EB	0.01	0.00
F981 炉氧含量/%	0.5	0.5	PX	0.29	0.29
F981 炉对流室出口温度/℃	284	284	MX	0.78	0.79
F981 炉燃料气消耗量/(t/h)	5.561	4.793	OX	98.77	98.77
邻苯产量/(t/h)	9.53	9.53	C9A	0.15	0.15

可见，在改造前后邻苯产量及质量不变、加热炉氧含量及对流室出口温度不变情况下，改造后在二甲苯再蒸馏塔重沸炉 F982 不做调整时，二甲苯塔重沸炉 F981A/B 共节省燃料 0.768t/h。

保证邻苯产量不变，如果改造全部用于节省二甲苯再蒸馏塔重沸炉 F982 燃料气消耗上，改造前后相关数据对比见表 3。

表 3　改造前后二甲苯再蒸馏塔及其重沸炉相关数据情况

相关数据	改造前	改造后	相关数据	改造前	改造后
C984 热负荷/MW	26.95	20.83	OX 组成		
C984 回流量/(t/h)	301.0	227.4	EB	0.01	0.01
F982 炉氧含量/%	3.0	3.0	PX	0.29	0.29
F982 炉辐射室出口温度/℃	310	310	MX	0.78	0.78
F982 炉燃料气消耗量/(t/h)	2.473	1.912	OX	98.77	98.77
邻苯产量/(t/h)	9.53	9.53	C9A	0.15	0.15

可见，在改造前后邻苯产量及质量不变、加热炉氧含量及对流室出口温度不变情况下，改造后在二甲苯再蒸馏塔重沸炉 F982 炉不做调整时，原二甲苯塔重沸炉 F981A/B 共节省燃料 0.561t/h。

四、结论

将二甲苯再蒸馏塔 C984 塔顶物料改去原二甲苯塔 C981 进料，可以满足邻二甲苯生产需要，产品质量合格。改造后在不增加邻苯产量的情况下，每小时减少燃料气消耗在 0.768t，节省能源消耗明显，有利于减少碳排放。此次改造非常成功，达到改造目的。

MTBE装置节能降耗优化措施

闫智斌 | 中国石油四川石化有限责任公司

根据MTBE的特点，针对MTBE流程中的耗能过高的问题，对装置醚化反应器、催化蒸馏塔、甲醇萃取塔、吸附蒸馏塔进行了节能优化操作。优化后装置单位能耗从4435.25MJ降到3816.66MJ，实现了节能降耗的目的。

一、概述

随着炼化行业竞争日益激烈，节能降耗已经成为各炼化企业提高竞争实力、降低企业成本、增加经济效益的有力措施。近几年，国内汽车消费快速增长，汽油需求量直线上涨，MTBE作为一种理想的高辛烷值汽油添加剂和抗爆剂，可以促进清洁燃烧，降低汽车有害污染物排放，市场需求旺盛。在MTBE装置运行过程中，各种控制参数对反应效果均有较大的影响，没有对操作参数进行相应优化操作，将会大大增加装置的运行能耗，影响装置运行的经济性。在能源日益紧缺、炼化行业竞争日益激烈的新形势下，通过优化装置操作条件，有效地降低装置能耗、提高装置经济效益具有重要意义。

中国石油四川石化有限责任公司MTBE装置针对装置自身工艺特点，在提质增效降低装置能耗方面采取多种优化措施，对装置醚化反应器、催化蒸馏塔、甲醇萃取塔、吸附蒸馏塔进行了节能优化操作，摸索装置能耗最小值，有效降低了装置能耗，达到了预期目标。

二、装置工艺技术简介

中国石油四川石化 8×10^4t/aMTBE装置于2016年7月投产，已连续运行6年。装置由原料净化和混相反应单元、催化蒸馏和产品分离单元、甲醇萃取和甲醇回收单元、吸附蒸馏与再生单元及公用工程单元组成。采用混相床反应器+催化蒸馏技术，根据正碳离子反应理论，混合

C_4 原料中的异丁烯和原料甲醇在大孔径强酸性催化剂的作用下，反应生成 MTBE 产品，再根据精馏原理，将反应产物中的 MTBE 分离出来，经一体式吸附蒸馏塔脱硫后得到高纯度的 MTBE 产品。装置流程见图 1。

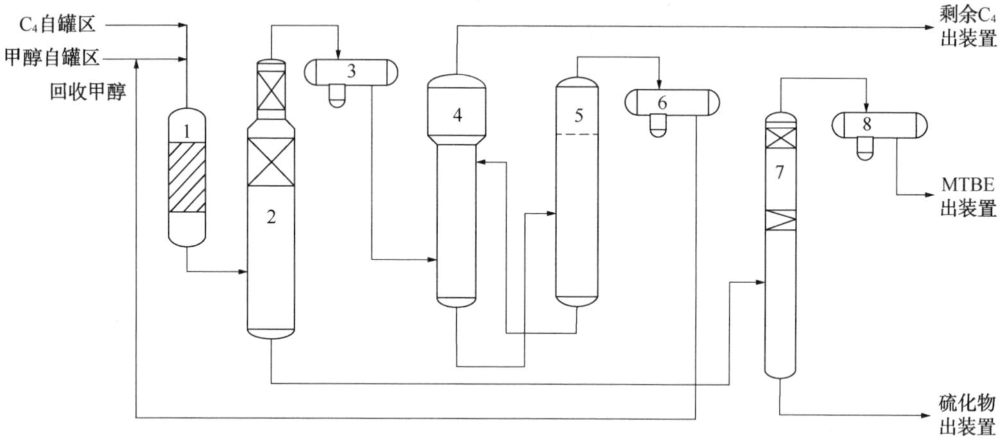

图 1　MTBE 装置工艺流程

1—醚化反应器；2—催化蒸馏塔；3—催化蒸馏塔回流罐；4—甲醇萃取塔；5—甲醇回收塔；6—甲醇回收塔回流罐；7—吸附蒸馏塔；8—吸附蒸馏塔回流罐

三、装置能耗分析

标定数据见表 1，MTBE 装置能耗由蒸汽、电、循环水、氮气和仪表风构成，蒸汽能耗占 MTBE 装置总能耗的 91. 11% ，是装置能耗的主要组成部分，优化操作空间较大。电耗占 MTBE 装置总能耗的 7. 75% ，电耗方面主要是电机运行消耗。循环水能耗占 MTBE 装置总能耗的 9. 33%，主要是塔顶物料冷却消耗。因此，主要以降低蒸汽耗量的方式来降低 MTBE 装置的能耗。

表 1　MTBE 装置标定能耗数据

项目	单位耗量	单位能耗/MJ	占比/%
循环水	98. 72t	413. 63	9. 33
凝结水	1. 26t	-403. 59	-9. 10
1. 2MPa 蒸汽	1. 27t	4041. 14	91. 11
氮气	3. 36Nm^3	21. 10	0. 48
仪表风	11. 96Nm^3	19. 02	0. 43
电	29. 05KW · h	343. 95	7. 75
合计	—	4435. 25	100

四、节能优化调整措施

（一）优化调整醚化反应器

MTBE 装置醚化反应器反应温度由进料温度控制，反应温度控制在 40~70℃时，混合 C_4 原料中的异丁烯和原料甲醇发生可逆的放热反应，部分物料汽化吸收反应热使反应器内温度保持在合适的范围内。此时，MTBE 产品中的副产物较少，催化剂活性和选择性得到充分发挥，有利于催化剂长周期运行。

为了避免反应器入口温度受气温变化或凝结水量变化影响而产生波动，装置通过技改增加醚化反应器入口原料温度控制阀。通过稳定醚化反应器入口温度控制，避免热量浪费，减少副反应发生，保护催化剂活性，确保异丁烯转化率满足设计要求。

醚化反应器醇烯比是指甲醇原料和 C_4 原料中的异丁烯的摩尔比。适当增加醇烯比，有利于提高异丁烯的醚化转化率。醇烯比过大，甲醇剩余量大，造成甲醇回收成本高；醇烯比过低，导致异丁烯转化率降低，副反应增加，床层飞温风险增大。为了保证反应正常进行，异丁烯得到最大限度的转化，同时有充足的物料汽化吸热，保护催化剂，设计要求控制醇烯比在 1.0~1.1。经过反复摸索，在实际生产中醇烯比控制在 1.02~1.05。

将醇烯比降低后，经过一段时间的运行，发现醚化反应器温升从 24℃ 上升至26℃。分析认为，由于甲醇进料减少，物料从醚化反应器中携带热量的能力降低，反应器温度上升，同时异丁烯转化率未出现明显变化，反应生成热得到有效利用。由于反应生成物中未发生反应的甲醇量减少，甲醇回收塔进料减少，甲醇回收塔塔底蒸汽消耗从 5.7t/h 降低到 4.9t/h，蒸汽消耗减少了 0.8t/h，达到了预期目的。相应参数变化见表 2。

表 2　醚化反应器调整前后数据对比

项目	醇烯比		项目	醇烯比	
	1.08	1.03		1.08	1.03
醚化反应器温升/℃	24.2	26.4	甲醇回收塔蒸汽/(t/h)	5.7	4.9
回收甲醇量/(t/h)	0.2	0.07	异丁烯转化率/%	98.9	98.9

(二) 优化调整催化蒸馏塔

在催化蒸馏塔中，醚化反应生成物中的 MTBE 从塔底分离，甲醇和剩余 C_4 形成低沸点的共沸物从塔顶分离，未转化的异丁烯与甲醇进入塔上部的反应段继续反应，生成的 MTBE 落入塔底分离，实现异丁烯的深度转化。

为了降低催化蒸馏塔蒸汽消耗，装置参考同类装置优化操作经验，对催化蒸馏塔进行了降低塔顶压力和塔底温度操作。由于醚化反应器压力是通过催化蒸馏塔塔顶压力来间接控制的，调整催化蒸馏塔塔顶压力，会影响到醚化反应器催化剂活性和反应器内物料的气化率，进而影响醚化反应器温度。在开工初期，催化剂具有较好的低温活性，在低温低压条件下操作，既有利于降低装置能耗，又有利于提高产品收率；当催化剂处于末期时，可以根据转化率情况，适当提高反应压力和温度。因此，装置分多次对催化蒸馏塔塔顶压力进行了小幅优化。优化操作后，醚化反应器运行正常，催化蒸馏塔塔底重沸器蒸汽消耗减少了 0.5t/h，塔顶回流相应减少，塔顶冷却器负荷降低，催化蒸馏塔整体能耗降低，MTBE 产品纯度≥98.3%(质量比)，未出现甲醇超标现象，剩余 C_4 中 MTBE 含量≤50mg/kg，未出现明显上升，满足生产要求。催化蒸馏塔调整前后数据见表 3。

表 3　催化蒸馏塔调整前后数据对比

项目	调整前	调整后	项目	调整前	调整后
塔底温度/℃	130	120	回流量/(t/h)	28	22
塔顶压力/MPa	0.6	0.55	催化蒸馏塔蒸汽/(t/h)	7.7	7.2

（三）优化调整甲醇萃取塔

甲醇回收塔的作用是分离甲醇水溶液中的甲醇并回收利用。将装置醇烯比降低后，甲醇回收塔进料量减少，塔底蒸汽消耗已经明显降低。

为了进一步降低甲醇回收塔蒸汽消耗，装置参考同类装置优化操作经验，对甲醇回收塔进行了降低塔顶压力和塔底温度操作。优化操作后，甲醇回收塔塔底重沸器蒸汽消耗减少了 0.4t/h，塔顶回流相应减少，塔顶冷却器负荷降低，甲醇回收塔整体能耗降低，回收甲醇纯度≥99%(质量比)，回收甲醇中水的质量分数<0.1% ，满足生产要求。甲醇回收塔调整前后数据见表 4。

表 4　甲醇回收塔调整前后数据对比

项目	调整前	调整后	项目	调整前	调整后
塔底温度/℃	137	125	回流量/(t/h)	6	5
塔顶压力/MPa	0.20	0.15	甲醇回收塔蒸汽/(t/h)	4.9	4.5

（四）优化调整吸附蒸馏塔

吸附蒸馏塔可以脱除 MTBE 中的大部分硫化物，吸附蒸馏塔塔底温度的控制对于整个脱硫操作来说非常重要，塔底温度过低，造成塔底硫化物中 MTBE 含量较高，造成产品损耗；塔底温度过高，装置能耗增加。

为了降低吸附蒸馏塔蒸汽消耗，装置对吸附蒸馏塔进行了降低塔顶压力和塔底温度操作。优化操作后，吸附蒸馏塔塔底重沸器蒸汽消耗减少了 0.3t/h，塔顶回流相应减少，塔顶冷却器负荷降低，吸附蒸馏塔整体能耗降低，脱硫后 MTBE 中硫含量≤10mg/kg(质量比)，未出现硫含量超标现象，塔底硫化物外排量未出现明显上升，满足生产要求。吸附蒸馏塔调整前后数据见表 5。

表 5　吸附蒸馏塔调整前后数据对比

项目	调整前	调整后	项目	调整前	调整后
塔底温度/℃	125	110	回流量/(t/h)	7.5	5.0
塔顶压力/MPa	0.1	0.025	吸附蒸馏塔蒸汽/(t/h)	2.3	2.0

五、实施效果

MTBE 装置在工艺上进行节能优化调整，通过全面调整工艺运行参数，装置生产运行平稳，其能耗情况见表 6。

表 6　MTBE 装置操作优化后能耗数据

项目	单位耗量	单位能耗/MJ	占比/%
循环水	67.43t	282.53	7.40
凝结水	1.05t	-336.32	-8.81
1.2MPa 蒸汽	1.07t	3704.74	97.07
氮气	0.71Nm^3	4.46	0.11
仪表风	6.92Nm^3	11.00	0.29
电	12.69KW · h	150.25	3.94
合计	—	3816.66	100

由表6可以看出，MTBE 装置经过优化操作，能耗从标定期间的 4435.25 MJ 降到 3816.66 MJ，降低了 13.95%，蒸汽消耗从 16.08t/h 降到 13.69t/h，达到了预期的目的。

六、结论

MTBE 装置通过稳定控制醚化反应器入口温度和降低醇烯比，能够有效降低装置能耗，但在优化操作过程中应注意避免装置生产波动；催化蒸馏塔、甲醇回收塔、吸附蒸馏塔可以采用多次小幅度降低塔顶压力和塔底温度的方式，找到满足生产要求的最低塔底操作温度和塔顶回流量，但在优化操作过程中应注意关注产品质量波动情况，避免调整幅度过大，导致产品不合格。

参考文献

[1] 童兆春 . MTBE 装置催化剂失活原因分析及对策探讨[J]. 山东化工，2010，39(8)：34-36.
[2] 赵著禄，王少华，宋计军，等 . MTBE 装置改造总结[J]. 齐鲁石油化工，2007，35(2)：108-110.
[3] 何德永，白应峰，王建明 . 齐鲁 MTBE/1-丁烯装置节能优化措施[J]. 齐鲁石油化工，2015，43(2)：107-110.
[4] 邹家敏 . 甲基叔丁基醚装置操作工[M]. 北京：中国石化出版社，2007：64-65.
[5] 陈婷婷 . MTBE 装置甲醇回收塔模拟优化[J]. 工业技术，2018(8)：57-60.
[6] 莫贤娣 . 影响精馏操作的主要因素及精馏节能技术浅析[J]. 化学工程与装备，2001(1)：71-72.

45/80 国产大化肥装置单耗高原因分析及措施

周　强 | 中国石油宁夏石化公司

中国石油宁夏石化公司化肥一部装置是我国自主开发建设的国内首套大型氮肥装置，这套装置从 2018 年投产运行后吨氨天然气单耗一直居高不下。本文从高压蒸汽减压阀、水碳比、氨压缩机出口气流量大和合成气余热回收器(E1801)内漏 4 个方面对问题进行了分析，并针对存在的问题采取有效的解决措施，使该装置吨氨天然气单耗的问题得到了有效的解决。

一、概述

中国石油宁夏石化公司化肥一部装置是我国自主开发建设的国内首套大型氮肥装置。设计年产合成氨 45×10^4t、尿素 80×10^4t。我们旨在通过优化全厂工艺流程，综合利用工艺过程产生的余热，合理安排全厂蒸汽平衡以及大型转动设备采用高效机组等手段和方法，提高能量利用效率，最终达到吨氨耗能较先进的水平。

吨氨天然气消耗包括两个方面：天然气的原料消耗和燃料消耗。

(一) 工艺简述

本合成氨装置以天然气为原料，转化部分采用一、二段蒸汽转化工艺，变换部分采用高温变换和低温变换工艺，脱碳部分采用 MDEA 脱碳技术，氨合成部分采用三床轴径向复合床间接换热式合成塔，氨合成塔为 15. 5MPa，冷冻系统为两级氨冷(如图 1 所示)。

化肥一部生产尿素装置满负荷下可提供 404t/h、11. 81MPa(A)、510℃高压蒸汽作为合成装置、尿素装置的动力源。高压蒸汽的来源：(1)开工锅炉满负荷产汽 130t/h；(2)转化汽包 V1401 满负荷下产汽 220t/h；(3)合成气余热回收器汽包 V1804 满负荷产汽 54t/h。高压蒸汽用户主要有 K1201、K1801、K1901(如图 2 所示)。

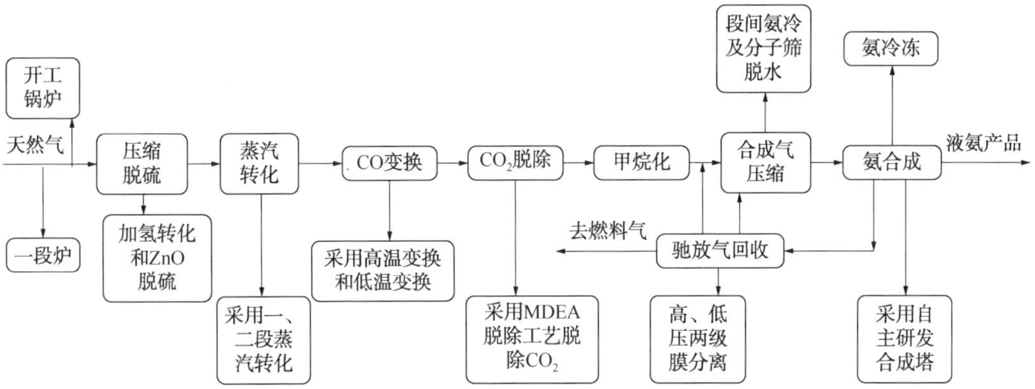

图 1　合成系统工艺框图

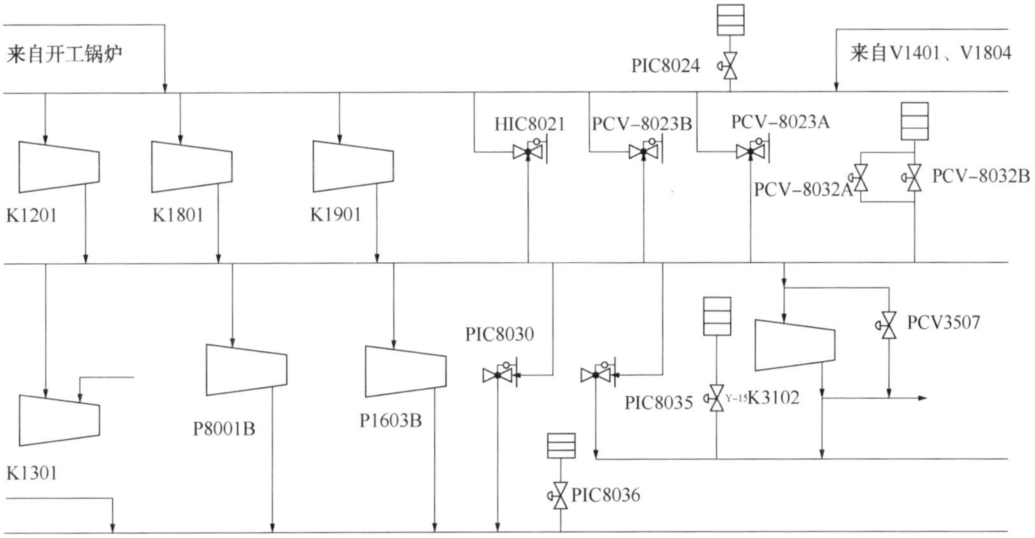

图 2　蒸汽系统简图

二、问题的提出

宁夏石化公司化肥一部年产 45×10^4t 合成氨和 80×10^4t 尿素装置是国内首套国产大化肥装置。在装置满负荷的情况下吨氨天然气单耗居高不下，在 1150Nm^3/h 左右，高于公司要求的控制指标 1130Nm^3/h。

三、造成吨氨天然气单耗高的原因

（一）PCV-8023A/B 阀门无法投用自动控制

从表 1 可以看出，随着 PCV8023A/B 阀门投用自动控制，开工锅炉的产汽量逐渐降低，中压蒸汽放空阀的开度也逐渐减少，减少了蒸汽的放空量。

表 1　PCV-8023A/B 阀门自控状态和放空阀门开度关系表

阀门状态	开工锅炉的产汽量/t	高压管网阀门开度 PIC8024/%	中压蒸汽管网放空阀开度 PCV8032B/%
PCV8023A/B 都未投用自动控制	100~105	1~3	9~15
PCV8023B 投用自动控制	98~100	0~1	9~10

续表

阀门状态	开工锅炉的产汽量/t	高压管网阀门开度 PIC8024/%	中压蒸汽管网放空阀开度 PCV8032B/%
PCV8023A 投用自动控制	97~101	0~1	9~12
PCV8023A/B 都投用自动控制	89~92	0	5~8

(二) 水碳比高

从表 2 可以看出，降低水碳比不但可以降低原料蒸汽的用量，而且还可以降低工艺冷凝液的处理量和一段转化炉燃料气的用量。

表 2　水碳比和燃料气用量统计表

时间	3 月 20 日	3 月 21 日	3 月 22 日	3 月 23 日	3 月 24 日	3 月 25 日	3 月 26 日	3 月 27 日	3 月 28 日	3 月 29 日
水碳比	3.7	3.7	3.65	3.65	3.6	3.65	3.6	3.55	3.5	3.45
工艺蒸汽流量/t	118	118	117	117	116	117	116	115	114	113
工艺冷凝液处理量/t	84	84	83	82	83	82	81	80	79	79
一段炉燃料气流量/(Nm^3/h)	13890	13890	13883	13840	13780	13728	13700	13645	13590	13523

(三) 氨压缩机出口气流量大

从表 3 中可以看出，实际氨压缩机出口气流量比设计值高出很多(设计流量 $7\times10^4 m^3/h$)，这将增大氨压缩机的功耗，而且使合成气出口液氨分离温度升高，降低了合成氨的产量。(备注：经过仪表确认和压缩机用汽量可判断出流量计的显示是准确的。)

表 3　压缩机出口气流量统计表

时间	6 月 15 日	6 月 16 日	6 月 17 日	6 月 19 日	6 月 20 日	6 月 21 日	6 月 22 日	6 月 23 日	6 月 24 日
打气量/(Nm^3/h)	81324	81580	89987	81267	80278	83654	86534	84578	88431
时间	7 月 15 日	7 月 16 日	7 月 17 日	7 月 19 日	7 月 20 日	7 月 21 日	7 月 22 日	7 月 23 日	7 月 24 日
打气量/(Nm^3/h)	81247	83746	87654	86521	89345	91136	92756	91328	90873

(四) 合成气余热回收器(E1801)内漏

宁夏石化公司委托江苏中特创业设备检测有限公司逐个对合成气余热回收器(E1801)管头棒阳极(RT)进行检测，发现 80%的管头焊缝存在裂纹和密集气孔缺陷，缺陷多集中在紧贴换热管的熔合线附近，图 3 为 E1801 内漏检测图。由于合成气余热回收器(E1801)的内漏，对高压蒸汽管网的压力高低有了严格的要求。而为了达到要求，需要保证高压管网和合成气余热回收器的压差在 0.01~0.06MPa 且高压蒸汽管网压力小于 E1801 管程通过的合成气压力。以保证有微量的合成气漏入合成气余热回收器汽包(V1804)，检测与合成气余热回收器(E1801)连接的合成气余热回收汽包(V1804)中高压蒸汽中的富集氢气浓度小于 10000ppm，则要求高压蒸汽管网的压力必须跟随合成工艺气压力的变化而变化，导致高压蒸汽管网放空阀有 4%左右的开度。

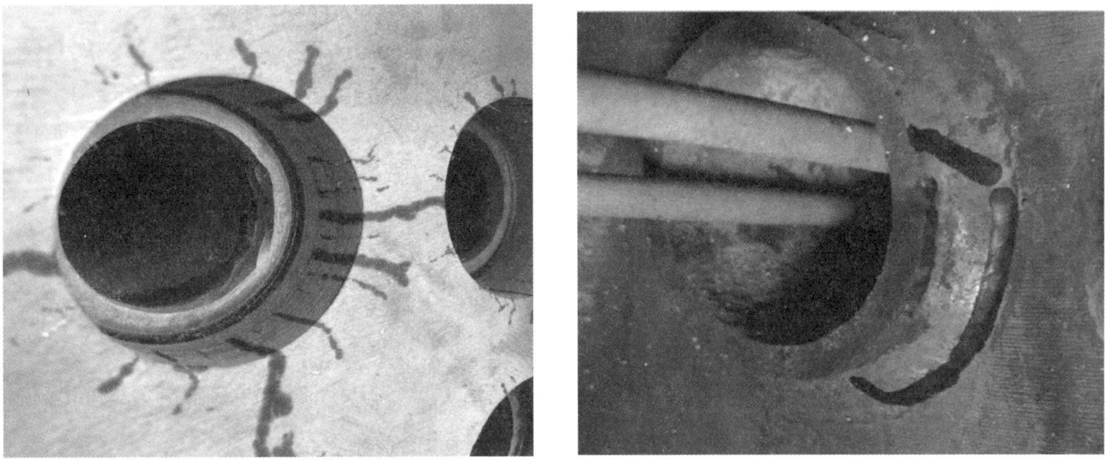

图 3　E1801 内漏检测图

四、控制措施

（一）针对 PCV-8023A/B 阀门无法投用自动控制采取的措施

1. 采取措施一

PCV8023A/B 无法投自控，对阀门 PCV8023A/B 分别进行拆检和调校(如图 4 所示)。

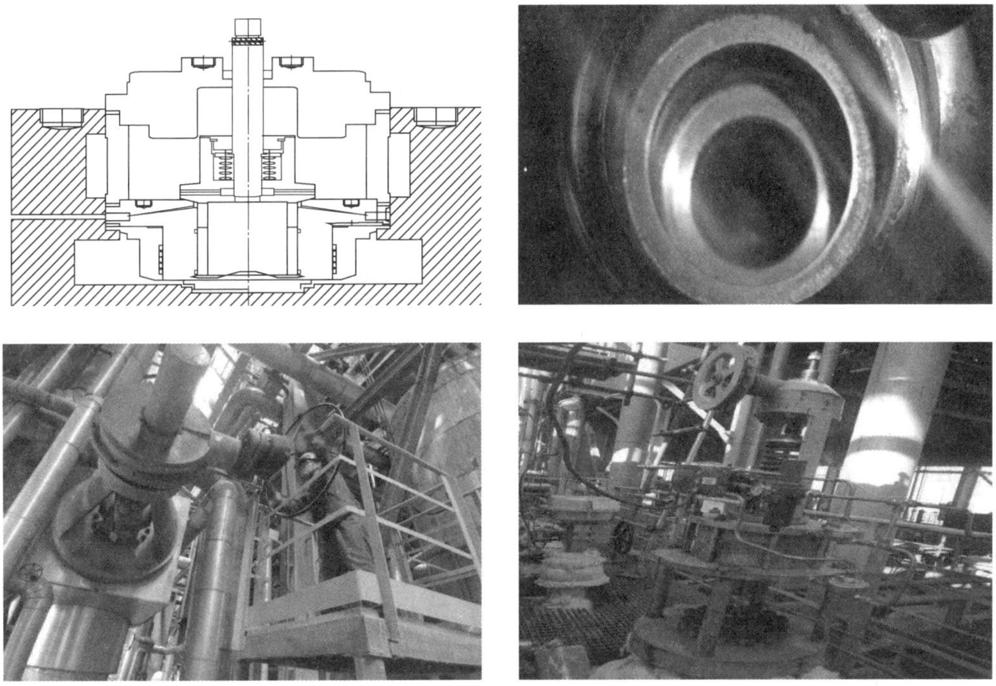

图 4　PCV8023A/B 拆检和调校图

2. 采取措施二

针对 PCV8023A/B 不能投用自动控制，还通过改变高压蒸汽管网的操作流程来改变 PCV8023A/B 的减高压蒸汽量。

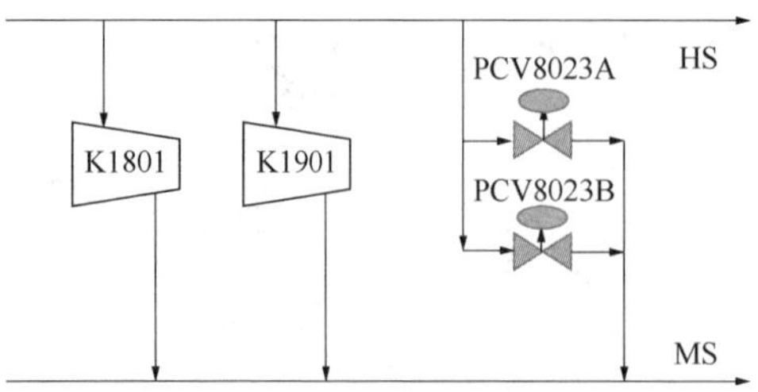

图 5　高压蒸汽流程调整示意图

如图 5 所示，K1801 用蒸汽量从 220t/h 提高至 232t/h；K1801 的抽汽阀门从 25%关小至 22%。经过对阀门的调校和流程工况的调整将 PCV8023B 阀门逐渐关闭并将 PCV8023A 阀门开度保持在 3%～5%，投用自动控制。经过对蒸汽管网的优化，合成气压缩机出口压力上涨 1MPa，提高了合成系统的压力，每小时可以多产 0.2t 的氨，降低了吨氨天然气单耗。

（二）针对水碳比高采取的措施

针对水碳比高的问题，使用逐步降低水碳比的方法进行优化调整，经过一段时间降低水碳比，水碳比从原来的 3.5 降低到 3.15。每小时节省中压蒸汽 5t。

降低水碳比后，工艺冷凝液的量由 78t/h 降低至 74t/h，经过全面优化工况，一段炉的燃料气量降低了 1000Nm^3/h。

（三）针对氨压缩机出口气流量大的问题采取的措施

1. 措施一

我们采取了对冷冻系统惰气排放换热器进行简单的在线技改。如图 6 所示，这样可以降低冷冻系统排惰温度，减少惰气带出冷冻系统的氨量，降低了液氨不必要的浪费。

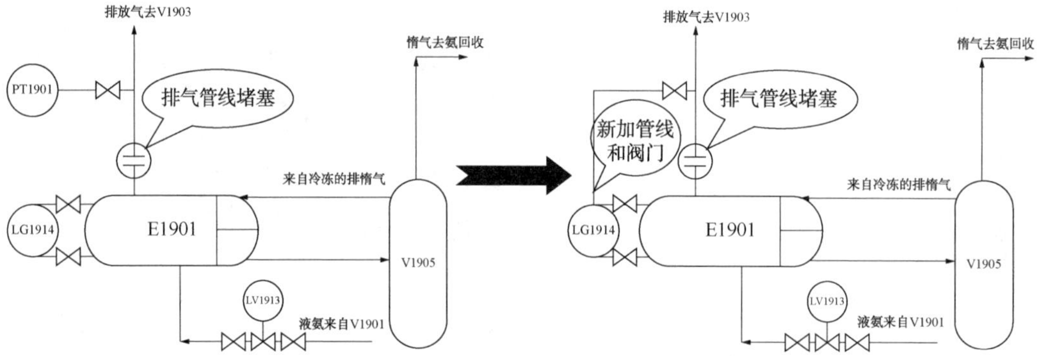

图 6　氨压机工艺气流程变更图

2. 措施二

针对氨压缩机打气量大的问题，我们从设备上分析原因，找出操作中存在的问题。

从图 7 中我们看出，V1901 内部有隔板，隔板的 N2A/B 口进入的是从水冷器 E1902A/B 送来的温度在 25～40℃的热氨，隔板的 N1 口进入的是从 V1802 送来的温度在 1～10℃的冷氨。因此，当装置在夏天运行时，由于循环水温度高，造成冷冻系统的闪蒸量增大，从 E1902A/B 送入 V1901 的热氨量超过了送往尿素（N5 口）的热氨量，热氨会没过隔板和 V1802 来的冷氨混合，通过 N4 口进入各个氨冷器，造成各个氨冷器的闪蒸量增大，从而加重了 K1901 的负荷，同时增加了 K1901 透平的蒸汽用量和打气量。

逐渐开大 LV1811 阀门至 60%的开度并关闭阀门 LV1903A。让 V1901 中经过 N4（图 8 中）口的氨全部由 V1802 中来的冷氨提供。这样就可以降低各个氨冷器的闪蒸量，从而降低 K1901 透平蒸汽用量和打气量。

经过对冷冻工况的优化和调整，K1901 的打气量由原来的 $9\times10^4m^3/h$，降低到 7×

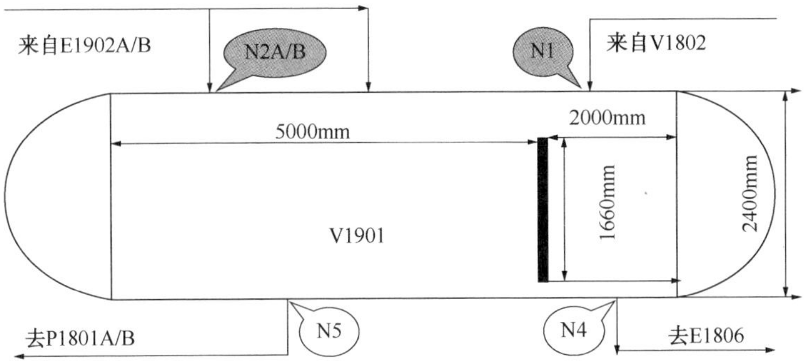

图 7　V1901 设备示意图

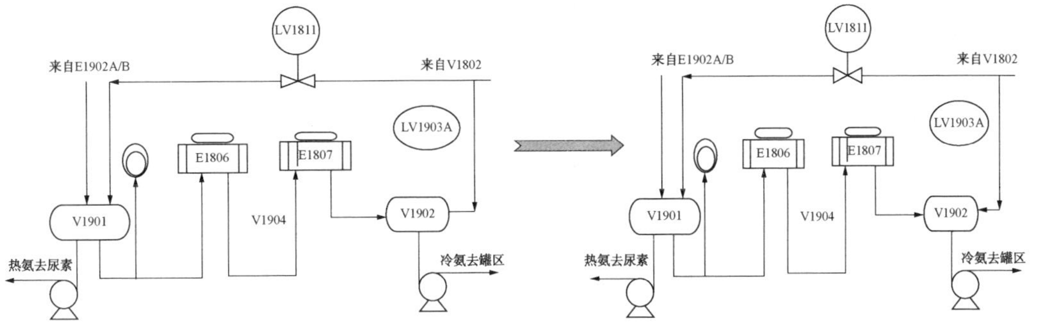

图 8　冷冻系统操作流程变更图

$10^4m^3/h$，K1901 用蒸汽量降低了 8t/h，进一步节省了高压蒸汽的用量。

（四）针对合成气余热回收器（E1801）内漏

针对合成气余热回收器内漏问题，我们对整个设备进行了整体更换。设备更换后高压蒸汽的放空阀全关，这样可以减少高压蒸汽的浪费，每小时可节省 10t 的高压蒸汽。

五、结论

通过采取有效的控制措施，吨氨天然气消耗从 $1150Nm^3/h$ 降至 $1080Nm^3/h$。对于自主设计的国产大化肥来说，吨氨天然气单耗的有效降低为国产大化肥在市场竞争中奠定了坚实的基础。

0.4Mt/a 芳烃抽提装置节能降耗措施浅析

张铁晶 | 中国石油大庆石化公司

为实现 0.4Mt/a 芳烃抽提装置高效运行，本文通过对比设计和实际运行情况，确定采取优化工艺参数、控制抽提进料组成、控制汽提塔烃负荷、充分利用换热流程、控制空冷电机低频运行等节能降耗措施，结合 VMGsim 流程模拟技术辅助验证，实现低负荷下降低装置能耗 3.82kg 标油/t，降低装置加工成本。

一、工艺流程介绍

0.4Mt/a 芳烃抽提装置(以下简称 F3 装置)以加氢汽油为原料，采用环丁砜抽提技术进行单苯抽提生产，主要由原料切割、苯抽提、苯精制三个单元组成(见图 1)。

上游装置生产的加氢汽油经原料切割塔分离，塔底的芳烃调和组分送出装置，塔顶的 C_6 及以下馏分与循环的抽余油混合后进入抽提进料缓冲罐。抽提进料与塔顶的贫溶剂逆流接触，塔底富含芳烃的第一富溶剂，在汽提塔内汽提蒸发除去非芳烃，塔底第二富溶剂进入回收塔中，溶剂和苯分离后溶剂循环使用，回收塔顶的苯进入干苯塔中蒸发脱除微量水作为产品馏出。抽提塔顶的抽余油进入抽余油水洗塔，经过水洗回收溶剂后一部分送出装置，一部分循环进入抽提塔。

二、能耗分析

芳烃抽提装置能耗计算公式如下：

$$综合能耗=\frac{\sum 蒸汽、循环水、电等能源消耗量\times 能源折算系数}{加氢汽油处理量} \quad (1)$$

对综合能耗中占比较大的蒸汽单耗、循环水单耗做图对比如图 2 所示。

由图 2 来看，蒸汽单耗在综合能耗占比约 92%；其次为循环水单耗，占比约为 3.5%。主要蒸汽用户为切割塔、汽提塔、回收塔再沸器。具体用量情况如表 1 所示。

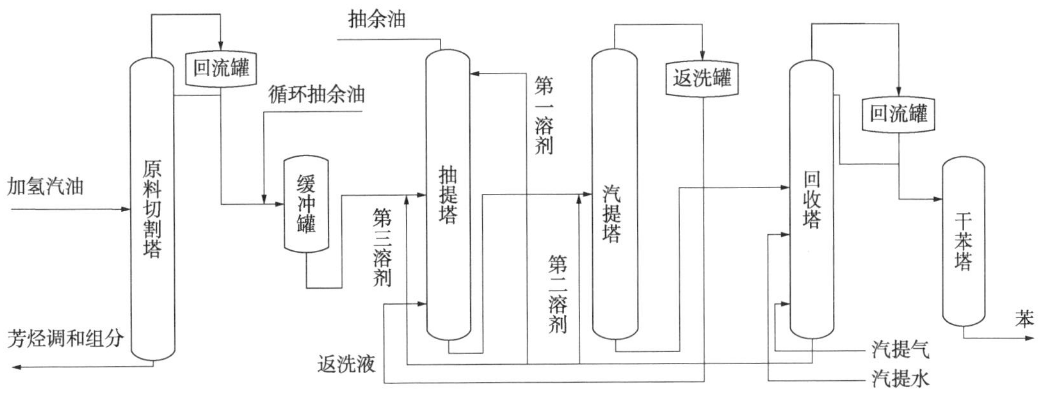

图 1　F3 装置工艺流程简图

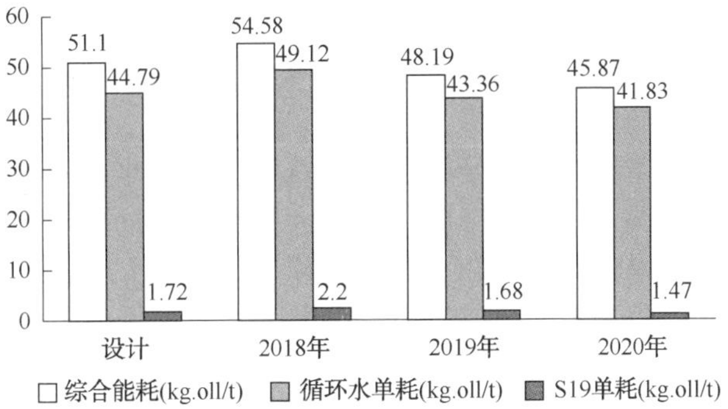

图 2　F3 装置综合能耗、蒸汽和循环水单耗组合图

表 1　F3 装置再沸器设计蒸汽用量表

用蒸汽位置	蒸汽量/(t/h)	备注	用蒸汽位置	蒸汽量/(t/h)	备注
切割塔再沸器	13.72		回收塔再沸器	2.98	
汽提塔再沸器	9.45		白土塔进料加热器	1.09	备用

由于实际加氢汽油中 C_5 含量高，导致抽提的单元返洗液增多，同时汽提塔改造后塔底温度典型操作值 150℃低于设计的 167℃。因此，回收塔底再沸器的蒸汽消耗量的典型操作值达到 4.7t/h，塔底温度的偏差对抽提单元的换热网络产生影响，主要是汽提塔的进料温度典型值 97℃低于设计的 118℃和回收塔进料温度低于设计 167℃。对比设计，通过对流量等参数的动态调整，提高汽提塔进料温度，利用回收塔中部循环换热以及控制汽提水用量，能够达到降低汽提塔和回收塔蒸汽消耗的目标。

三、节能降耗优化措施及效果

（一）优化工艺参数

分析化工生产工艺，工艺条件参数是化工生产的核心内容。选用相应的工艺参数，可实现对生产工艺的设计与创新，从而确保化工生产的稳定性。因此，通过优化工艺参数，确保产品质量和大负荷稳定生产，实现节能降耗。F3 装置分析物料组成与设计的偏差，结合工艺分离原理及换热的最佳点，对参数进行优化总结，实现窄点控制。

1. 精细切割塔的操作

切割塔是多组分精馏操作，在加氢汽油进料组成中苯含量在 45%~55%(m)时，切割塔在压力 0. 055~0. 060MPa 下、塔底温度在 125~134℃、灵敏板温度 109~114℃、经验回流比 1. 19~1. 23 实现将加氢汽油中的 C_6 组分分离，保证塔顶进入抽提的原料中甲苯含量≤0. 01%(m)，塔底芳烃调和组分中苯组分含量≤0. 7%(m)。根据加氢汽油组成的变化及时调整塔底温度和回流，降低塔底蒸汽消耗。

2. 抽提塔的优化

抽提塔的操作温度主要受贫溶剂温度影响，在一定塔压情况下，控制溶剂比在 2. 4 左右。贫溶剂自塔顶流到塔底，抽提塔的温度自上而下由 73℃逐步降低 50℃，塔底物料流入汽提塔。将贫溶剂的入口温度提高到 74℃，塔底的出料温度能够提高到 52℃，从而实现提高汽提塔的进料料温度 2℃，降低塔底再沸器的蒸汽用量。

3. 汽提塔的优化

主要利用抽提塔元的换热流程提高汽提塔进料温度，控制溶剂的烃负荷稳定情况下降低第二溶剂流量，降低塔底的蒸汽消耗。

降低第二溶剂从而降低了汽提塔底的操作温度，回收塔的进料温度降低，回收塔底再沸器的蒸汽消耗量增加。因此，在对汽提塔第二溶剂进行调整的时候，要综合汽提塔和回收塔的整体蒸汽用量变化确定调整效果。

汽提塔的返洗液量高于设计值，导致在装置负荷提到 85%左右时，汽提塔因塔盘开孔率低，频繁出现液泛的情况。针对实际气相量增大的情况，核算汽提塔塔盘能动因子同时保证传质效率，增大汽提塔升气孔面积，核算在原设计上增大开孔率到 13%。在这种情况下，逐步摸索装置稳定运行参数并开展逐步的优化。

(1) 降低第二溶剂，减少塔底蒸汽消耗。

在进料负荷稳定的情况下，调整第二溶剂量，相关参数变化如图 3、表 2 所示。

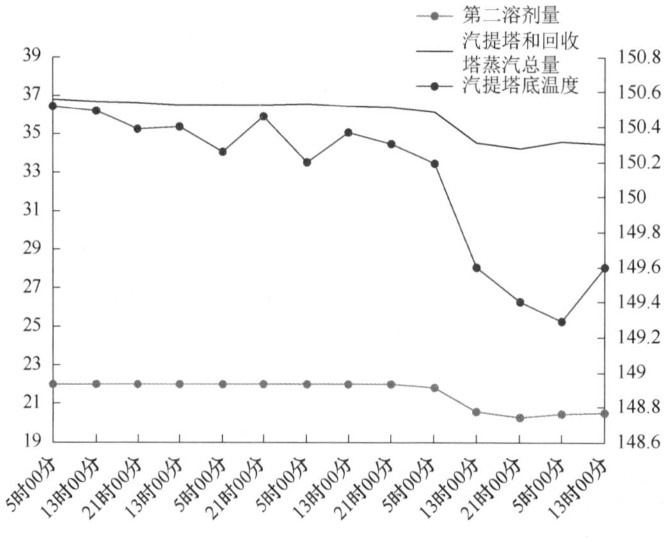

图 3 F3 装置汽提塔降低第二溶剂的蒸汽变化图

表 2 加氢汽油设计与实际组成对比表

时间	第二溶剂流量/(t/h)	汽提塔底蒸汽量/(t/h)	汽提塔底温度/℃
5 月 12 日 5：00	22	9. 9	150. 2
5 月 12 日 13：00	22	9. 86	150. 4
5 月 12 日 21：00	22	9. 78	150. 3

续表

时间	第二溶剂流量/(t/h)	汽提塔底蒸汽量/(t/h)	汽提塔底温度/℃
5 月 13 日 5：00	21.86	9.75	150.2
5 月 13 日 13：00	20.58	9.47	149.6
5 月 13 日 21：00	20.3	9.46	149.4
5 月 14 日 5：00	20.47	9.51	149.29
5 月 14 日 13：00	20.52	9.42	149.3

第二溶剂的注入量下调 1.5t/h，汽提塔底操作温度下降 1.16℃，蒸汽消耗减少 0.45t/h，化验石油苯产品中非芳含量(见图 4)不大于 0.015%(m)，满足质量指标。

(2) 利用换热流程提高汽提塔进料温度。

① 利用流程模拟试验提高汽提塔进料温度降低能耗效果。利用 VMGsim 流程模拟软件，模拟将抽提塔底贫富换热器温度 100℃提高至 125℃塔底蒸汽物流 S41 的流量变化，计算结果如图 5 所示。

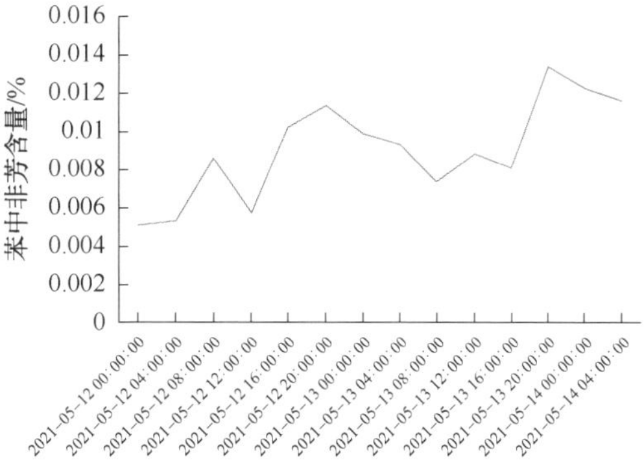

图 4　石油苯中非芳变化图

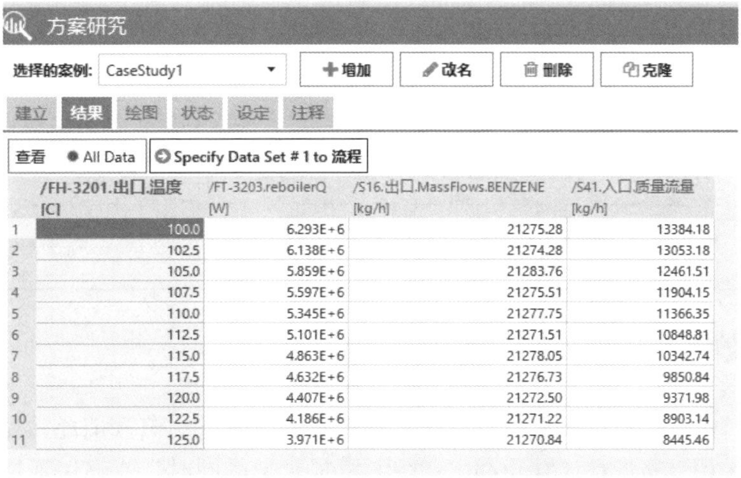

	/FH-3201.出口.温度 [C]	/FT-3203.reboilerQ [W]	/S16.出口.MassFlows.BENZENE [kg/h]	/S41.入口.质量流量 [kg/h]
1	100.0	6.293E+6	21275.28	13384.18
2	102.5	6.138E+6	21274.28	13053.18
3	105.0	5.859E+6	21283.76	12461.51
4	107.5	5.597E+6	21275.51	11904.15
5	110.0	5.345E+6	21277.75	11366.35
6	112.5	5.101E+6	21271.51	10848.81
7	115.0	4.863E+6	21278.05	10342.74
8	117.5	4.632E+6	21276.73	9850.84
9	120.0	4.407E+6	21272.50	9371.98
10	122.5	4.186E+6	21271.22	8903.14
11	125.0	3.971E+6	21270.84	8445.46

图 5　第一富溶剂温度提升节约蒸汽变化图

从图 5 可以看出，经贫富溶剂换热器的第一富溶剂温度从 100℃升至 110℃，1.9MPa 消耗的 S41 质量流量理论节约 2017.83kg/h，绘图见图 6。

图 6 黑线代表随着随着汽提塔入口温度升高，塔底再沸器消耗的 1.9MPa 蒸汽流量变化趋势图，随着进料中与贫溶剂换热后的物料温度升高，塔底蒸汽消耗量下降，塔顶出口产品 S16 的质量保持稳定。

② 实际调整验证。一提高汽提塔贫溶剂的温度，因塔温度自塔顶向塔底逐渐降低趋势，因此，在汽提塔进料量 173.4t/h 情况下，将贫溶剂的温度控制目标值 72℃调整至 74℃，抽提塔底出料温度上涨 2.1℃，塔底蒸汽消耗下降 0.2t/h。二是优化换热流程的操作，自贫富溶剂换热 FH-3201 换热后富溶剂的温度增加 0.57℃，降低塔底蒸汽 0.1t/h，与模拟效果相同(见表 3)。

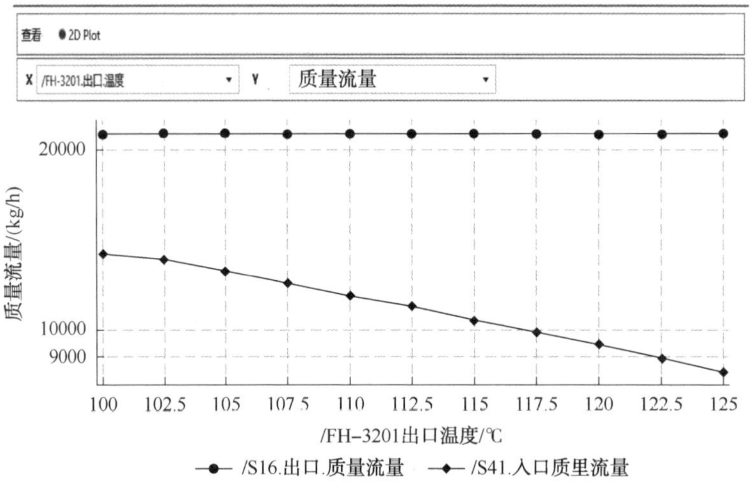

图 6 汽提塔进料温度塔底蒸汽变化图

表 3 降低第二溶剂的蒸汽消耗变化数据表

日期	汽提塔进料量/(t/h)	抽提塔底出料温度/℃	FH-3201 换热温度/℃	汽提塔底蒸汽量/(t/h)	第二溶剂/(t/h)
11 月 1 日	153. 247	50. 86	106. 82	9. 721	20. 026
11 月 2 日	153. 562	51. 3	107. 31	9. 593	19. 956
11 月 3 日	153. 757	50. 81	107. 49	9. 637	19. 818
11 月 4 日	153. 583	50. 64	106. 5	9. 62	19. 93
11 月 5 日	153. 407	50. 65	105. 93	9. 72	19. 993
11 月 6 日	153. 426	50. 7	104. 54	9. 927	20. 034
11 月 7 日	154. 071	51. 57	104. 95	9. 773	20. 03
11 月 8 日	153. 752	53	103. 55	9. 72	19. 961

4. 回收塔的操作优化

回收塔的操作优化主要是控制汽提水的用量和控制回流比。

水的汽化潜热值高，汽提水的用量增大将会增大回收塔的蒸汽消耗，在不同负荷下动态的调整汽提水用量靠近设计 0. 6t/h，在控制汽提水量的同时，能够保证抽余油塔水洗比控制在 0. 1，抽余油中溶剂损失≤15mg/kg。

回收塔回流比偏大会造成能耗增加，偏小则会导致芳烃夹带溶剂，影响苯产品的总硫含量；当塔底温度过低时，会导致贫溶剂芳烃和水含量上升，影响溶剂的选择性，抽提分离效果下降。综合以上因素，回收塔回流比 0. 3，塔底温度降到 166~168℃，既可保证贫溶剂的含水量和芳烃含量适当，还可保证苯产品中噻吩和总硫质量指标。

同时，将回流温度适当提高，也能降低蒸汽消耗。具体的操作调整验证如下。

(1) 降低回流比。

在进料负荷不变请款下，逐步降低回收塔回流量，降低回流比，将回流量和塔底蒸汽消耗量的变化作图对比如图 7 所示。

在塔顶回流由 9. 3t/h 逐步降低至 8. 5t/h 的过程中，塔底的蒸汽消耗量下降 0. 4t/h(回收塔进料负荷不变)。

（2）提高回流控制温度。

利用流程模拟软件模拟提高回收塔回流温度分别 27.5℃和 42℃时，再沸器消耗蒸汽量分别为 6784.87kg/h 和 6689.52kg/h，差值为 95.35kg/h，蒸汽小幅下降。

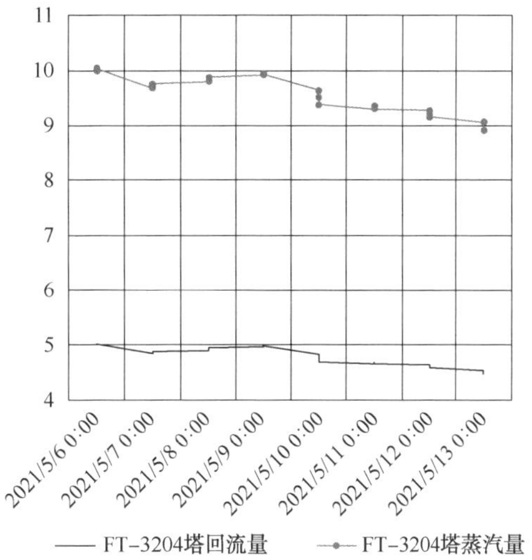

图 7　降低汽提塔回流的蒸汽消耗变化图

（二）公用工程管理

1. 利用装置自产凝液

装置自产凝液循环利用主要体现在三方面：一是利用自产凝液将进入装置的 1.9MPa 蒸汽减温减压，能够减少锅炉水日常使用；二是利用自产凝液给切割塔进料和干苯塔底再沸器加热，在冬季和大负荷期间进行平衡分配，优先确保干苯塔的分离效果，确保苯产品中水含量满足优等品控制要求；三是对切割塔进料影响，通过凝液给切割塔进料加热，提高进料的热负荷，降低切割塔底蒸汽消耗。

2. 控制电能的消耗利用

F3 装置有两台空冷，每台空冷有四台风机，两台变频和两台非变频电机，日常以投用变频电机调整为主，环境温度、生产负荷变化，以最大程度运用顶部和四周的百叶。主要采取两项日常操作优化措施：使用变频调速技术，日常调整 FH-3104 和 FH-3209 空冷风机的过程中，电机低频运转，减少电能耗损，此技术能够对电动机外部电源供热频率改变，从而使电动机频率改变，以改变负载转速；在冬季，要考虑为防止管束发生冻堵，顶部百叶关闭，确保热风循环，同时在入冬和入夏季节，组织员工清理空冷翅片上灰尘、柳絮等杂物，提高传热系数。在氮气管网压力满足生产要求情况下，氮压机停止运转备用，节约电能消耗。

3. 控制循环水消耗

通过窄点控制水冷器后点温度，内操 DCS 监控和外操巡检结合，在负荷、物料组分变化的情况下，及时跟踪调整循环水回水阀门开度，在保证循环水冷却器流速的情况下，进行最大程度调整。根据换热优化，部分水冷器备用状态，减少循环水消耗，为防止阀门内漏冻坏设备，在循环水冷器的给回水阀门处加盲板隔离。另外，对于带有冷却器的机泵，在机泵备用时，关闭循环水，并向员工培训启泵过程中确认循环水的投用情况。通过日常的持续管理和对岗位员工宣贯培训，养成节水的好习惯。

4. 蒸汽软管站的管理

现场的蒸汽软管站合理布局分配投用，关闭临近的软管站蒸汽，进行盲板隔离，纳入规范化管理，减少软管站的蒸汽消耗。

四、结论

0.40Mt/a 芳烃抽提装置通过科学化、规范化管理可以实现节能降耗、增产创效的目的。验证总结了控制溶剂比、利用换热提高塔进料温度、控制回流和汽提水量等产品质量控制参数，进行稳定运行的因素分析和窄点控制，结合加强公用工程管理等措施，实现降低能耗 3.82kg 标油/t。

作为装置的技术管理人员要认识到，在实际的生产过程中，原料的组成是在动态变化的，在负荷和原料组成变化的时候，要培训员工将这些节能降耗调整思路融入到操作过程中。我们在管理过程中，一要做到各个管理环节之间的衔接性，通过持续不断的管理来促进管理的稳定性和有效性；二要确定管理的标准，在高标准的管理水平要求下，企业的生产环节会变得井然有序，实现高质量发展。

参考文献

[1] 申明男．化工工艺中常见的节能降耗技术措施探析[J]．山西化工，2019(6)：124-125，

[2] 丁秋琴．化工工艺中的新型节能降耗技术及其应用［J］．化工设计通讯，2021，2(47)：29.

2.5Mt/a 重油催化裂化装置节能改造技术措施

张俊猛
王俊宏
黄　富
李彦斌
中国石油四川石化有限责任公司

针对反再系统收卸剂用汽、除氧器乏汽回收、轻柴油外送温度、富气压缩机控制等用能特点，实施了节能优化技术改造措施。结果表明，技术改造可以明显降低蒸汽用量，有效回收排放蒸汽，减少设备用电消耗，降低了生产运行能耗，间接地减少二氧化碳排放，每年经济效益可达 1380 万元。

一、概述

2020 年 9 月，中国在第七十五届联合国大会上提出："二氧化碳排放力争于 2030 年前达到峰值，努力争取 2060 年前实现碳中和"。在我国能源系统中二氧化碳排放中煤炭、石油化工、电力、钢铁、水泥、交通等是重要排放行业。石油化工行业作为高能耗高污染产业，在减少二氧化排放、节能降耗实现碳排放目标上起着至关重要的作用。随着加工原油劣质化、重质化，炼油单元的加工能耗也有所提高，给节能降耗提出了新的挑战。炼油单元的核心装置之一催化裂化装置因其工艺过程的特殊性，产能大，用能也大。装置用能特点表现在：总输入能多，需要高能级的输入能、能量自给率高、低温热多、蒸汽用量多而分散、可回收利用能数量大、质量高等六大特点。所以降低催化裂化装置运行能耗成为石油化工企业节能的重要的重要措施之一。

中国石油四川石化有限责任公司 2.5Mt/a 重油催化裂化装置，由中石化洛阳石油化工工程公司设计，中石油第六建设公司施工建造，项目于 2014 年 1 月建成投产。装置采用中石化石油化工科学研究研究的 MIP-CGP 工艺技术，以加氢渣油为原料，并适时掺炼加氢柴油、常三线等，主要产品有干气、液化气、汽油、柴油、油浆等。为了降低运行能耗，节约成本，装置从设计、操作上采取了一系列的节能措施，节能效果明显，经济效益显著。随着装置运行周期的延长，运行能耗有所增加，装置根据生产中的实际情况，在设备、工艺、操作调整等方面持续开展生产攻关。针对运行过程中的反再系统卸剂、收剂用汽，除氧器乏汽回收，轻柴油外送，富气压缩机控制等用能特点，开展技术改造，节能效果明显，取得了良好的经济效益，并且有利于装置的长周期平稳运行。

二、反再系统卸剂、收剂系统的技术改造

（一）反再系统卸剂、收剂系统的现状

催化裂化装置生产过程中原料油在催化剂的作用下发生裂化分解、氢转移、异构化、芳构化等一系列反应，催化剂受原料中重金属及水蒸气作用发生中毒和失活，活性和选择性降低，为了维持反再系统中平衡催化剂的活性，需要定期卸出部分平衡催化剂，并补充部分新鲜催化剂。催化装置使用的催化剂粒度为 20~100μm 的固体颗粒，所以一般催化剂的卸出和收取是通过集装箱或编织袋来盛装的。利用低压工业风作为输送流化介质，同时用低压蒸汽的汽抽子将废催化剂罐和新鲜催化剂储罐抽成负压，增加正压和负压的压差的推动力，增强催化剂的输送效率，从而完成催化剂的输送过程。整个操作过程劳动强度大，故障率高，持续时间长，输送效率低，而且使用大量蒸汽作为抽负压的介质，造成蒸汽直接对空排放的浪费。

（二）卸剂、收剂技术系统改造措施

催化裂化装置进行分析论证停用蒸汽抽真空系统可行性，并经过现场试验摸索。技术改造在外取热器返回口增加大型卸剂线，并在弯头处增加工业风线作为输送风，停用平衡催化剂罐顶的气抽蒸汽，利用再生器的操作压力及系统藏量静压（0.32MPa 左右）将平衡催化剂压至罐中。卸剂时，操作员只需控制卸剂线第二道手阀和输送风阀开度，就可以保证卸剂速度，使卸剂线不发生超温或者阻噎塞。

新鲜催化剂收剂系统进行技术改造，由抽吸式改为压送式，将集装箱收料改为粉罐车压料。收剂前将粉罐车密闭冲压至 0.4~0.5MPa，然后将罐车底部卸料线与收剂线用软管进行连接，在管线弯头处增设工业风用于流化输送。收剂时，操作员通过调节工业风的开度，控制催化剂输送速度。当粉罐压力大幅降低，证明新鲜催化剂收剂完毕。反再系统卸剂、收剂技术改造流程示意图如图 1 所示。

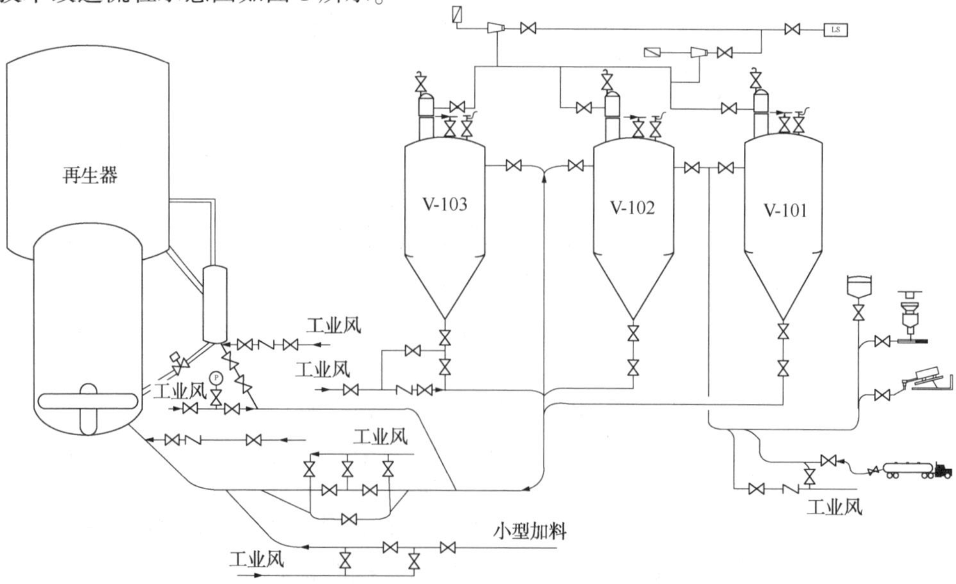

图 1 反再系统卸剂、收剂技术改造流程示意图

（三）卸剂、收剂技术改造效果

将反再系统卸剂、收剂由抽吸式改为压送式，流程相对简单，技术改造工作量低，施工周期短，整改操作简便，不需使用低压蒸汽进行抽真空的操作。单次卸剂可以节省蒸汽10t/h，卸剂时间由 2 个小时缩短至 1 个小时，每年节约低压蒸汽 1500 吨。收剂单次节省低压蒸汽 12t/h，收剂操作时间由 5 小时缩短至 50 分钟，每年节约 1.2MPa 低压蒸汽 6600t。此项技术改造不仅降低生产操作成本，更大大降低操作人员劳动强度，提升了工作效率。卸剂位置由高温的烧焦罐改至温度相对较低的外取热，减少了再生器热损失，降低了卸剂的危险性，有助于安全生产，整个操作过程的避免了催化剂粉尘的外漏，对环境不会造成污染。

三、催化柴油外送热供料技术改造

（一）催化柴油外送的现状

为了不断降低生产运行的能耗，各装置在热进料技术改造上越来越多也取得了良好的效果。传统物料传送是将产品经过换热冷却达到规定温度后进入下游装置，下游装置再根据需要加热升温后使用。热供料则是将中间产品出装置后不经冷却直接进入下游加工装置，通过减少冷却与加热过程来达到减少能量损失的目的，进而实现节能降耗。催化裂化装置产的柴油自分馏塔自流至柴油汽提塔，经过轻柴油泵加压先后与脱乙烷汽油、富吸收油、热水换热后再经过空气冷却器冷却，最后作为产品外送。催化柴油主要作为柴油加氢装置、蜡油加氢装置、渣油加氢装置的原料，剩余的送至柴油罐区。生产过程中为了控制柴油汽提塔液位，保证罐区安全，操作上控制柴油外送温度≤45℃。由于柴油温度换热冷却后，到加氢装置又需要加热到 300℃左右，不利装置间的节能降耗。

（二）柴油外送技术改造措施

催化装置剩余柴油可以单独外送，柴油汽提塔液位就可控制，则柴油温度不必低于45℃。经过技术改造，在贫吸收油冷却器后增加至一个柴油至罐区界区阀后的控制回路，实现柴油汽提塔液位平稳控制，外送温度 45℃以下。催化柴油外送给加氢装置采用热供料，外送温度控制在 80℃左右，停运 3 台柴油干式空冷。催化轻柴油外送技术改造流程示意图如图 2 所示。

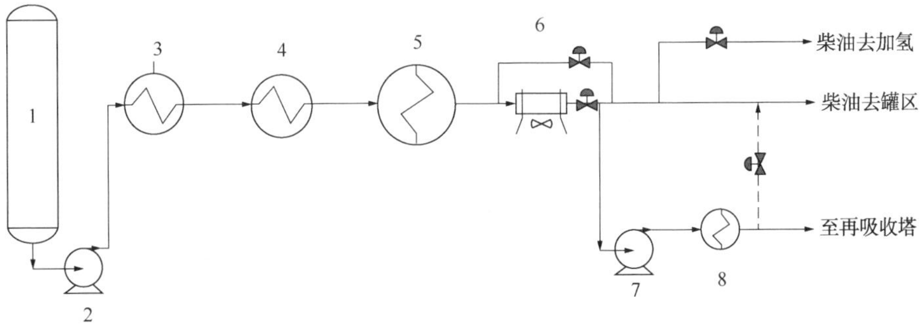

图 2　轻柴油外送技术改造流程示意图

1—轻柴油汽提塔；2—轻柴油泵；3—轻柴油/脱乙烷汽油换热器；4—轻柴油/富吸收油换热器；5—轻柴油/热水换热器；6—轻柴油干式空冷；7—贫吸收油泵；8—贫吸收油/循环水冷却器（虚线部分为优化流程）

（三）柴油外送技术改造效果

催化裂化装置共有轻柴油干式空冷 4 台，停运 3 台，1 台投用保证流程切换时能迅速降低柴油温度。采用催化装置与加氢装置柴油外送热供料，停运催化柴油空冷，节约电能，减少了二氧化的排放，同时又降低了加氢装置加热炉负荷，节省瓦斯用量。触类旁通，渣油加氢装置将加氢柴油冷供料改为热供料，温度由 40℃ 提高至 130℃，可以减少催化原料开工加热器的 4.0MPa 蒸汽用量，保证了原料的雾化效果，对降低焦炭产率起到了积极作用。

四、除氧器乏汽回收技术改造

（一）除氧器运行现状

催化裂化装置为了保证汽包上水的除氧水质量，需要用除氧器对除盐水进行热力除氧。除氧器排出的气体除了氧气和其他杂质气体外，还携带有大量高温蒸汽。蒸汽含有大量的显热和潜热，可回收价值较高，高温蒸汽直接排放到大气，造成装置能量的浪费。除氧器排放乏汽的管线缩径造成现场噪声较大，不利于现场降噪。大量白汽的直接排放，有损企业社会形象。除氧器使用的除盐水因换热设备停运、散热损失大、供水温度低等原因造成换热后的温度低于设计温度，进入除氧器后需要使用大量蒸汽才能保证溶解氧符合汽包上水要求，达到节能、节水，消灭装置污染乏汽排放，成为催化装置亟待解决的生产难题。

（二）除氧器乏汽回收技术改造措施

为了避免蒸汽的浪费，提高除盐水上水温度，催化裂化装置进行技术改造对排放的乏汽进行回收。乏汽回收设施由乏汽吸收动力头、乏汽回收设施本体和乏汽回收水泵组成，采用文丘里管吸射装置、填料吸收装置、水膜吸收装置三级吸收，确保外排的乏汽全部回收。除氧器产生的乏汽(单台按 2.5t/h、104℃)，进入对应的乏汽吸收动力头，利用乏汽吸收动力头内的文丘里射流装置和汽水混合装置将乏汽和低温除盐水进行汽水混合吸收，形成 79℃ 的高温除盐水后，自流进入乏汽回收设施本体，再通过乏汽回收水泵升压后送回除氧器再利用，以充分回收乏汽热量，减少除氧器蒸汽消耗。

（三）除氧器乏汽回收技术改造效果

投资和改造费用相对专利设备较低，而且改造方便、设备仪表维护量小、一次性投资低、回报周期短。除氧器乏汽回收实现了工艺介质的循环再利用，解决了乏汽排放造成的蒸汽污染。乏汽回收单元投用后，不影响原来的除氧器运行，乏汽回收投用前后除氧水溶解氧对比结果如表 1 所示。从表 1 中可以看到，除氧水溶解氧未发生变化。当出现故障时，能快速地完成切换，便于乏汽回收和直排，汽水系统运行安全有保障。采用的喷射混合方式回收使无噪声，降低了装置的噪声污染，减少对听力的损害。

表 1　乏汽回收投用前后除氧水溶解氧对比结果

样品	投用前除氧水溶解氧/(μg/L)	投用后除氧水溶解氧/(μg/L)	样品	投用前除氧水溶解氧/(μg/L)	投用后除氧水溶解氧/(μg/L)
1	12.5	13.1	4	13.3	13.2
2	13.2	12.4	5	13.1	12.9
3	13.3	12.5			

五、富气压缩机优化控制改造

（一）富气压缩机控制现状

催化裂化装置应压力控制方案是利用富气压缩压转速控制分馏塔顶压力，间接控制反应压力，但气压机反喘振阀不参与压力控制。因此，在实现生产中，分馏塔顶压力投自动控制时，气压机 DV 值(工作点与喘振点的差值)，不受自动控制方案约束，特定条件下有可能造成气压机喘振。为了控制反应压力，兼顾气压机工况，需要人工调节转速和反飞动量，不仅使自控率降低、人员劳动强度增大，并且在手动控制时，需采用增加反飞动量的方式，保持气压机 DV 值有较大安全裕度，以保证在异常工况下气压机不发生喘振，间接造成了气压机蒸汽用量增加。

（二）富气压缩机性能控制优化措施

催化裂化装置采用气压机的性能控制可以兼顾反应压力和气压机工况，增加汽轮机转速与防喘振阀解耦控制功能，可以保证在分馏塔顶力自动控制时，汽轮机转速和防喘振控制同时起作用，控制压力在设定范围，避免单一调整转速造成机组喘振的风险。针对控制程序和操作画面中一些不满足操作需要的地方进行优化，完善操作记录、历史数据记录和 SOE 记录等。

（三）富气压缩机性能控制的效果

性能控制投用后，优化控制方案调节更加灵敏可靠，分馏塔顶压力控制平稳，在工况突变时，可以同时调整汽轮机转速和反喘振阀，相比人工调节更加快速，可有效保证气压机 DV 值处于安全状态。在同负荷下，由于气压机 DV 值可实现自动控制，且调节速度更加灵活，DV 值控制安全裕度可以在确保安全的前提下，由原来的 4~6，降低到 2~3，汽轮机使用的 4.0MPa 蒸汽用量平均降低约 2.7t/h。富气压缩机性能控制投用前后汽轮机蒸汽用量变化趋势图如图 3 所示。

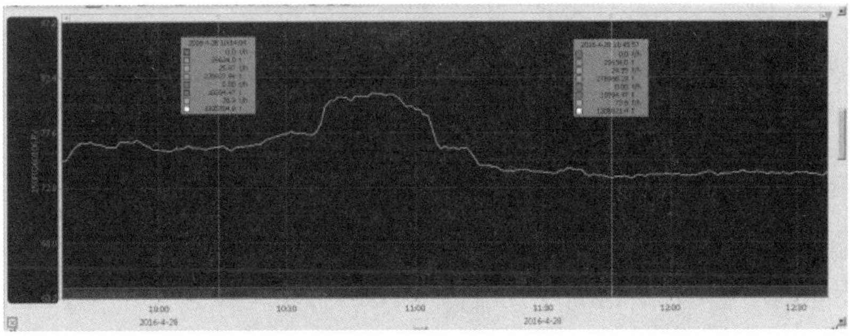

图 3　性能控制投用前后汽轮机蒸汽用量变化趋势图

六、节能技术改造效益测算

反再系统卸剂、收剂系统的技术改造后，单次卸剂可以节省蒸汽 10t/h，单次收剂节省低压蒸汽 12t/h，年节省 1.2MPa 低压蒸汽 8100t，每年节约成本约 157.95 万元；催化柴油外送热供料技术改造后，可停用柴油干式空冷 3 台，年节约电能 42.65kW，每年节约成本约 15.76 万元；除氧器乏汽回收技术改造后，可节约 1.2MPa 低压蒸汽 4.4t/h，回收除盐水 9.5t/h，减去机泵电耗费用，每年可回收综合效益 757 万元；富气压缩机优化控制改造可节约 4.0MPa 中压蒸汽 22.68×10^4t，年节约成本约 449.06 万元。各项节能技术改造措施效益如表 2 所示。由表 2 可知，除氧器乏汽回收技术改造创效最为明显每年 757.67 万元，催化柴油热供料效益最低每年 15.76 万元。

表 2　节能技术改造措施创造效益表

技术改造措施创造效益	低压蒸汽	中压蒸汽	除盐水	电	小计
反再卸剂、收剂系统/(万元/年)	157.95	0	0	0	157.95
催化柴油外送热供料/(万元/年)	0	0	0	15.76	15.76
除氧器乏汽回收/(万元/年)	713.06	0	53.94	-9.33	757.67
富气压缩机优化控制/(万元/年)	0	449.06	0	0	449.06

七、结论

催化裂化装置通过对生产运行过程中反再系统卸剂、收剂系统，轻柴油外送热供料，除氧器乏汽回收，富气压缩机性能控制等技术改造，避免了蒸汽直接对空排放，减少了蒸汽消耗，也节省了用电消耗，减少了二氧化碳的排放，各项措施节能效果明显，合计每年可节省 1.2MPa 低压蒸汽 4.50×10^4t，节省 4.0MPa 中压蒸汽 22.68×10^4t，节约电能 42.65kW，节约运行成本可达 1380 万元，经济效益显著。石油化工装置节能是一项任重道远的工作，需要不断创新持续推进，本装置的节能改造技术措施对重油催化裂化装置具有一定的推广借鉴意义。

参考文献

[1] 贾婴．中国炼油行业碳排放量及碳减排曲线研究[J]．石油炼制与化工，2022，53(5)：109-114.

[2] 张凡，王树众，李艳辉，等．中国制造业碳排放问题分析与减排对策建议[J]．化工进展，2022，41(03)：1645-1653.

[3] 田原宇，乔英云，刘欣梅，等．碳中和约束下的石油炼制技术与产业发展动向及展望[J]．中外能源，2022，27(07)：9-16.

[4] 王佳，刘忠恩，王国庆，等．催化裂化装置在设计中如何节能降耗[J]．炼油与化工，2007，18(1)：50-51.

[5] 王瑞，张杨，彭国峰，等．重油催化裂化装置节能降耗措施分析与应用[J]．石油炼制与化工，2015，46(8)：86-89.

[6] 王峰，孟泓泽．装置间热联合技术在大港石化公司 140 万 t/a 催化裂化装置的应用[J]．石油化工设计，2016，33(3)：33-34.

[7] 闫俐辰．催化裂化联合装置节能降耗改进措施[J]．石化技术与应用，2022，40(2)：108-110.

[8] 赵津．催化裂化装置节能改造及效果分析[J]．工业、产业，2015，2：20-21.

[9] 邹泽军．金陵分公司炼油节能探讨[J]．节能技术，2006，24(138)：369-373.

[10] 任京东，林敏，窦丽媛，等．我国石化行业节能减排的途径与措施分析[J]．现代化工，2010，30(3)：4-10.

[11] 张俊猛，广进华，储南翔，等．催化裂化装置设备运行优化分析[J]．山东化工，2018，47(23;)：135-138.

碳达峰 碳中和 石化行业节能低碳新技术

设备节能

TANDAFENG
TANZHONGHE
SHIHUAHANGYEJIENENGDITANXINJISHU

新型耐腐蚀空气预热器的开发及应用

王恒博
李玫重
孙志钦
高晓红
中石化炼化工程(集团)股份有限公司洛阳技术研发中心

为解决炼油加热炉空气预热器的低温露点腐蚀问题，分析了5种非金属材料的性能特点，并开发了适用于耐烟气露点腐蚀的石墨空气预热器和陶瓷空气预热器。分析了两种空气预热器的材料性能、结构特点及工业应用效果。结果表明，两种空气预热器均具有优异的耐腐蚀性能及稳定的结构强度，能够将加热炉排烟温度降低至酸露点以下，从而进一步提升加热炉热效率，降低能源消耗。

加热炉是石油化工生产中的主要能耗设备，降低加热炉能耗对降低生产成本、提升经济效益具有重要影响。目前，炼油企业加热炉排烟温度一般为120~140℃，排烟损失较高。通过回收加热炉烟气中的余热，不仅可以进一步提高加热炉热效率，降低燃料消耗，同时还可降低二氧化碳的排放量。

然而，降低排烟温度至90~120℃，会使加热炉烟气处于酸露点温度以下，导致烟气冷凝形成稀硫酸，对空气预热器的壁面产生腐蚀，影响设备的长周期安全稳定运行。非金属材料具有优异的耐腐蚀性能，采用非金属材料制备高性能耐腐蚀的空气预热器能够解决低温露点腐蚀问题，具有广阔的应用前景。

一、非金属空气预热器

近年来，基于非金属材料制成的换热设备已逐渐在石油化工、航空航天、电子等领域获得应用，并取得了一定效果。目前，国内外使用较多的非金属材料为搪瓷、玻璃、氟塑料、石墨和陶瓷。

搪瓷管采用高温烧结技术，将搪瓷、陶瓷等无机耐腐蚀材料熔融凝聚在金属基材表面，形成一层耐腐蚀的涂层，防止壁面腐蚀问题的发生。然而，由于生产工艺的限制，在制备过程中难以避免产生气泡、针孔等缺陷。烟气中的硫化物冷凝后所形成的稀硫酸会通过涂层表面的缺陷渗入基材，从而对金属基材造成腐蚀。此外，由于搪瓷涂层与金属基材的线膨胀系数相差较大，频繁、急剧的温度变化将导致搪瓷涂层开裂甚至脱离金属表面，影响搪瓷管的耐腐蚀性能。

玻璃管的基本成分为氧化钠、氧化硼和二氧化硅，具有优异的耐腐蚀、低膨胀率、耐高温、高硬度和高化学稳定性的特点，已被广泛应用于化工、航天、民用等多个领域。但由于玻璃材质的导热性能较差，应用于空气预热器需要较大的换热面积，导致造价及占地面积较高。另外，因玻璃材质的脆性特性，其在生产、运输和运行过程中易发生破裂，因此不适用于空气预热器的工业应用。

氟塑料由于其导热系数过低[0.19W/(m·K)]，虽然具有优异的耐酸腐蚀性能，但传热性能的不足使其不适用于空气换热设备。

石墨和陶瓷材料具有导热系数高、耐腐蚀、耐磨损等优良性能，是作为耐腐蚀空气预热器的理想传热元件材料。近年来，中石化炼化工程(集团)股份有限公司洛阳技术研发中心高晓红、李玖重、孙志钦等人相继开发了耐腐蚀的新型石墨空气预热器及陶瓷空气预热器，并于中石化某分公司实现工业应用，分别稳定运行 7 年和 5 年。这两项技术解决了空气预热器烟气低温露点腐蚀的问题，提高了加热炉热效率，具有广阔的推广及应用前景。

二、石墨空气预热器

(一) 石墨材料性能

石墨是碳的一种同素异形体，在其晶体结构中同层碳原子间以 sp2 杂化形成稳定的共价键，6 个碳原子在同一平面上形成正六边形的环，伸展形成片层结构。由于同层碳原子以共价键相连，键能强且难以被破坏，因此石墨具有很强的化学稳定性，能耐酸、碱和有机溶剂的腐蚀。

石墨材料不仅具有优异的耐腐蚀特性，同时具有良好的热力学性能，其导热系数可达 55~100W/(m·K)，可以在 300℃以下稳定工作。因此，采用石墨材料制成的空气预热器，可在低于烟气露点温度的条件下运行，在回收烟气显热的同时，能够部分回收含酸水蒸气的汽化潜热，从而提高加热炉的效率，达到深度节能的目的。

(二) 石墨空气预热器结构

石墨空气预热器可分为管式和块孔式两类。管式空气预热器需要较长的石墨管束，由于石墨材料的强度和韧性较差，因此在生产、运输和运行过程中易发生应力断裂，影响空气预热器的正常使用。块孔式石墨空气预热器是由若干长方体形石墨块堆叠形成，具有较高的结构强度，更适用于石墨空气预热器。

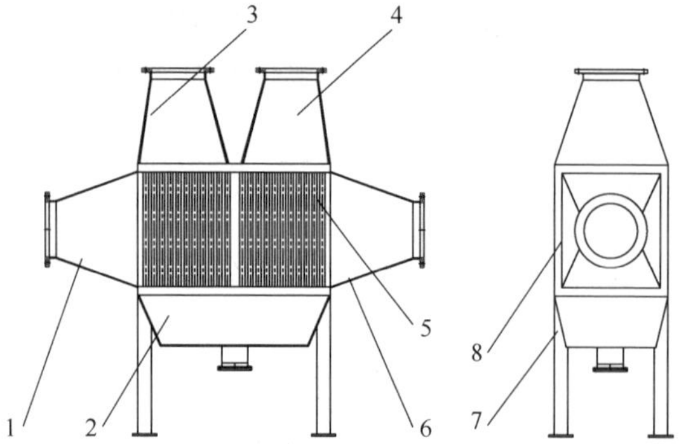

图 1　石墨块孔空气预热器

1—烟气出口过渡段；2—连通器；3—空气进口过渡段；4—空气出口过渡段；5—石墨芯体；6—烟气进口过渡段；7—支座；8—壳体

石墨块孔空气预热器结构如图 1 所示，主要由石墨块孔换热芯体、壳体、烟气进出口段、空气进出口段、空气连通器、支腿等结构组成。为便于烟气侧冷凝液的排出，在石墨块孔空气预热器的烟气出口端设置有排凝管，以及便于观察检修而设置的底部手孔等。采用烟气与空气错流操作，通过石墨块孔进行间壁换热，其中烟气、空气分别采用单程、双程流动。

(三) 工业应用

石墨空气预热器技术于 2015 年，在中石化某分公司 0.6Mt/a 重整加热炉的余热回收系统上进行了工业应用。该分公司原余热回收系统采用“热管+搪瓷管”的组合式空气预热器。在运行过程中由于烟气中硫含量不稳定，在低温段冷凝后产生的稀硫酸导致搪瓷管出现腐蚀穿孔现象，空气预热器失效，加热炉热效率降至91%。

应用石墨空气预热器技术对该装置余热回收系统进行改造，改造后的流程如图2所示。保持原高温段热管结构不变，利用石墨块孔空气预热器替换低温段的搪瓷管结构，烟气及空气均采用单程结构。重整加热炉的高温烟气出对流室后进入热管空气预热器与空气进行换热，烟气温度从300℃降至150℃。随后，烟气进入低温段石墨块孔空气预热器继续与空气换热，烟气则降至95℃，并经引风机抽出至烟囱排空。来自鼓风机15℃的冷空气与石墨空气预热器中的烟气换热后升至70℃，继续在热管空气预热器中换热，升至220℃后进入热风系统。该石墨空气预热器设计参数汇总于表1。

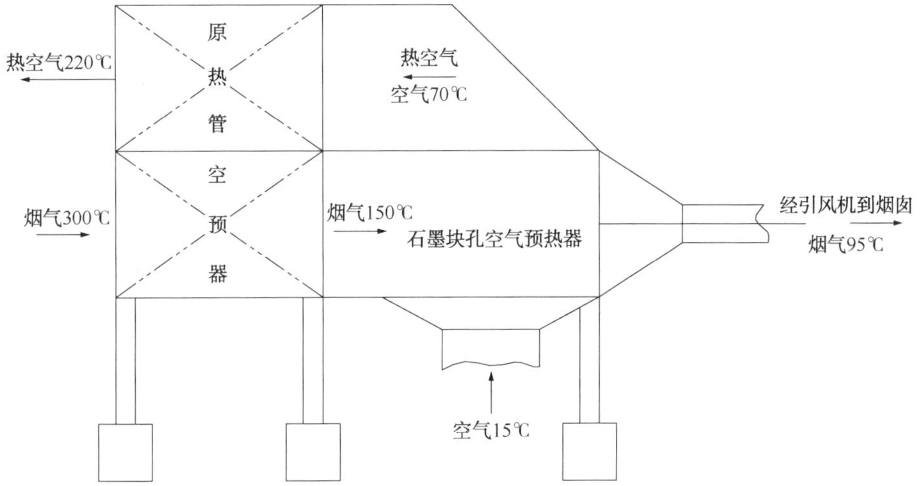

图2　改造后空气预热器示意图

表1　石墨空气预热器设计参数

名　称	单　位	数　值	名　称	单　位	数　值
烟气流量	kg/h	27072	空气流量	kg/h	25560
烟气入口温度	℃	150	空气入口温度	℃	15
烟气出口温度	℃	95	空气出口温度	℃	70
烟气侧压降	Pa	400	空气侧压降	Pa	700

对改造前后的加热炉运行数据进行了测试，结果汇总于表2。结果表明，重整加热炉余热回收系统进行节能改造后，可以解决低温段露点腐蚀问题，加热炉热效率由91.13%升至94.02%。多回收热量0.486MW，每年可节约燃料气351t。此外，由于燃料消耗的减少，重整加热炉每年减少排放二氧化碳1053t，具有显著的经济及社会效益。

表2　改造前后加热炉运行数据

项目	w(烟气中SO_2)/μg/g	φ(烟气中O_2)/%	烟气进空气预热器温度/℃	烟气出空气预热器温度/℃	加热炉热效率/%
改造前	12	6.02	251.5	138.9	91.13
改造后	6	4.10	239.0	93.0	94.02

三、陶瓷空气预热器

（一）陶瓷材料种类

目前，国内外常用于制备陶瓷空气预热器的材质有：氮化硅（Si_3N_4）、刚玉、莫来石、碳化硅（SiC）等。氮化硅具有高强度、耐高温和抗氧化等优良性能，但由于其价格昂贵，推广受到较大限制。刚玉具有硬度大、耐腐蚀性等特点，且其制备工艺成熟，已被广泛应用于化工、冶金、电子等行业，但刚玉脆性较大，抗热震性能差。

莫来石的化学成分为 $3Al_2O_3 \cdot 2SiO_2 \sim 2Al_2O_3 \cdot SiO_2$，其晶体中硅铝氧结构是由［$SiO_4$］四面体连接成的双链，晶体呈针状、柱状结构。莫来石晶格质点结合力强，具有化学稳定性高、耐高温、抗热震性好、机械强度高等特点，是应用前景广泛的陶瓷材料。但莫来石材质导热系数偏低，应用于空气预热器需对其导热性能进行改进。

碳化硅（SiC）材质因其较高的导热系数［40W/（m·K）］、热膨胀系数小、抗热震性好等特点，被广泛应用于工业换热器。在高温作用下，碳化硅（SiC）表面可形成一层致密的 SiO_2 保护膜，因此其还具有良好的化学稳定性。

图 3　陶瓷空气预热器示意图

综上所述，以莫来石为基体，添加碳化硅（SiC）等成分的改性莫来石材料不仅能够克服莫来石材料导热系数较低的问题，同时改善了其单体材料的韧性和强度，是用来制备空气预热器的理想传热元件材料。

（二）陶瓷空气预热器结构

与石墨空气预热器相同，采用蜂窝间壁式结构的陶瓷空气预热器可有效避免因受外加负荷作用导致陶瓷材料裂缝、断裂和破碎现象的发生。蜂窝间壁式结构的热强度也明显高于陶瓷管式空气预热器，其结构如图 3 所示。

（三）工业应用

陶瓷空气预热器技术于 2017 年成功应用于中石化某分公司 0.4Mt/a 酮苯装置加热炉余热回收系统，在原低温段搪瓷管位置安装陶瓷蜂窝空气预热器，解决了低温段烟气露点腐蚀的问题。工业应用结果显示，采用陶瓷空气预热器后，可使加热炉排烟温度降低至 84℃，加热炉热效率则进一步提升至 94%。改造前后加热炉运行数据见表 3。

表 3　改造前后酮苯装置加热炉运行数据

项目	散热损失/%	排烟损失/%	附属设备损失/%	烟气进空气预热器温度/℃	烟气出空气预热器温度/℃	加热炉综合热效率/%
改造前	2.06	5.65	0.65	141.6	120	91.64
改造后	2.01	3.15	0.67	142.2	84	94.17

酮苯装置加热炉进行节能改造后，可以解决低温段空气预热器露点腐蚀问题，综合热效率可提升 2 个百分点，多回收热量 0.586MW，每年可节约燃料气 423t，每年减少二氧化

碳排放量约1269t。

四、结论

（1）对比分析了不同非金属材料的热力学和机械性能的特点，确定石墨、陶瓷材料更适用于作为耐腐蚀的空气预热器传热元件材料。

（2）开发了石墨空气预热器，并成功应用于中石化某分公司重整加热炉，解决了低温段空气预热器露点腐蚀穿孔问题。降低排烟温度至93℃，并提升加热炉热效率至94.02%。

（3）开发的陶瓷空气预热器解决了中石化某分公司酮苯装置加热炉空气预热器低温露点腐蚀的问题，降低排烟温度至84℃，提升加热炉综合热效率为94.17%。在减少燃料消耗的同时，降低了CO_2的排放量。

参考文献

[1] 杜洪建．耐硫酸露点腐蚀的搪瓷空气预热器[J]．石油化工腐蚀与防护，2007，24(4)：38.

[2] 逯红江．玻璃板管式空气预热器在延迟焦化装置加热炉上的应用[J]．设备与防腐，2019，47(2)：129-132.

[3] 孙海龙．玻璃板式空气预热器在苯乙烯装置上的应用[J]．化工中间体，2019(13)：116-118.

[4] 吴晓姝．基于氟塑料换热器的锅炉余热回收影响研究[J]．塑料科技，2021，49(03)：56-59.

[5] 高晓红，李玖重，孙志钦．耐腐蚀石墨空气预热器结构优化研究[J]．石油化工腐蚀与防护，2020，37(3)：4.

[6] 孙志钦，李玖重，高晓红．新型石墨空气预热器性能研究[J]．石油化工设备技术，2016，37(5)：4.

[7] 高晓红，孙志钦，李玖重，等．耐腐蚀陶瓷空气预热器材料性能试验研究[J]．石油化工腐蚀与防护，2021，38(6)：4.

[8] 高晓红，李玖重，孙志钦．新型陶瓷空气预热器开发与应用[J]．炼油技术与工程，2020，50(3)：4.

[9] 李玖重，孙志钦，高晓红．新型耐露点腐蚀陶瓷空气预热器的试验研究[J]．石油化工腐蚀与防护，2019，36(5)：4.

[10] 李爱菊，张仁元，王毅．新型陶瓷换热器用蓄热材料的选择[J]．耐火材料，2004，38(3)：208-210.

管道保温能效提升成套技术开发及工业应用

周天宇
李玖重
郜建松
孙志钦
中石化炼化工程(集团)股份有限公司洛阳技术研发中心

炼化企业保温管道存在散热损失大、施工强度大、管理效率低的问题，管道保温能效提升成套技术通过开发高标准新型管道保温结构并编制选用表格方便设计人员，通过开发气凝胶毡复合保温管壳及阀门套减小施工难度和强度，通过开发管道保温分级管理平台实现管道保温的智能化数字管理，从而实现管道保温设计、施工和管理全生命周期的降本增效。在石化企业应用该技术对保温管道进行改造后，节能减排效果明显，管道保温能效提升成套技术具有显著的经济和社会效益。

—

炼化企业有大量的保温管道，近年对炼化企业样本管道保温现状开展的能耗测试结果表明：约有 52%保温管道的散热损失超过国标允许值，散热损失超标率在 50%以上的占超标管道数量的 57.2%。保温管道热损大，导致能量无形中被大量浪费，增加企业生产成本；输送介质温降过大，致使终端温度不能满足工艺生产要求，甚至带来安全隐患；能源利用率低，不符合当前“双碳”目标和节能减排工作的要求。

一、管道保温存在问题

对炼化企业管道保温现状调研分析发现，企业管道保温能效存在的问题突出表现在以下三个方面。

（一）设计环节

保温厚度设计没有严格按照热能价格、保温造价等参数计算经济厚度，保温厚度或偏薄，散热损失较大；保温厚度或偏厚，工程投资费用较高。对于保温效果较好但价格昂贵的纳米气凝胶毡，缺乏合理的、具有经济效益的“纳米气凝胶毡+传统保温材料”复合保温结构；并且对于不同地域环境、不同介质温度和管径的管道保温，缺乏相应的厚度、规格、结构选材标准和设计方法，设计时往往根据经验确定，达不到最佳的使用效果，给设计选用和企业采购造成困难。

(二) 施工环节

传统的保温结构采用保温材料现场包裹后捆扎，外包防护镀锌铁皮或铝皮作为保护层。此种结构存在诸多缺陷：首先施工质量受施工人员个人技能水平影响较大不易保证；其次安装施工工人劳动强度大，耗时较长；在管道检修时，需要耗费大量的人力去拆除，且拆除后的保温结构不能重复使用。

(三) 管理环节

保温管线数量巨大、种类繁多、数据繁杂，而目前国内大部分石化企业管道保温管理还停留在台账记录阶段，依靠手工和经验管理，管理难度大，管理水平落后；对管线保温缺乏全面了解，各作业部对需改造保温管线进行筛选时大多是依靠经验进行的，常常造成欠修或过修，无法高效利用有限的改造资金；缺少完善的工艺管线保温测评、改造设计、施工验收一体化技术。

二、能效提升技术

新材料和信息技术的发展，给管道保温技术进步提供了契机，通过实验室比选和优化研究开发新型管道保温结构，编制选用表格，提高设计水平；通过纳米气凝胶毡和常规保温材料异质复合工艺研究，开发气凝胶毡复合保温管壳和可拆卸阀门保温套，提高施工水平；基于多属性决策分析算法，设计了 4 个数据库和 8 个功能模块，开发管道保温分级管理平台，提高管理水平。通过上述 3 项手段集成管道保温能效提升成套技术，能减少散热损失 30%以上、相同厚度下可节约投资约 25%、极大地提高施工和管理效率，实现管道保温设计、施工和管理全生命周期降本增效，引导企业保温技术升级，提高我国管道保温的整体技术水平。管道保温能效提升成套技术的技术路线如图 1 所示。

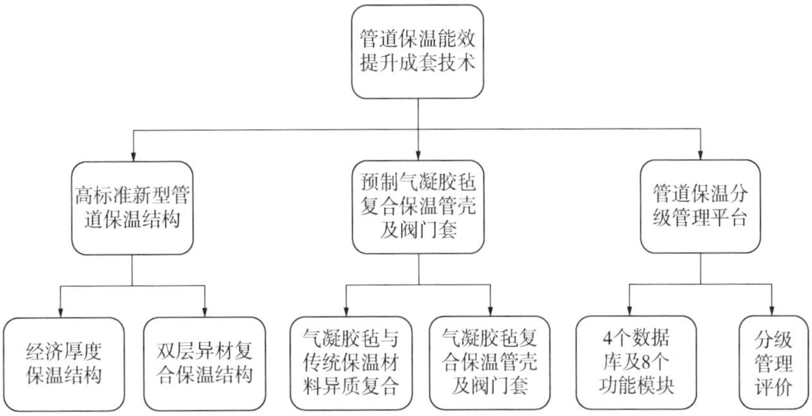

图 1　管道保温能效提升成套技术开发技术路线

(一) 高标准新型管道保温结构

1. 经济厚度保温结构

以“每年散热损失费用与投资的年分摊费用之和为最小值”为寻优目标，通过分析研究，确定管道保温经济厚度，见图 2。

采用经济厚度一方面考虑了传热的基本原理，另一方面考虑了材料价格，气象条件，同时考虑了热能价格、贷款利率等对保温厚度的影响，技术经济性优势明显，是减少管道表面散热损失最简便、最行之有效的手段。

2. 双层异材复合保温结构

双层异材复合保温结构如图 3 所示，在靠近管道的高温部位采用耐高温、价格高的硅酸铝，低温部位采用价格较低的岩棉；或在保温层内层使用导热系数低、造价高的纳米气凝胶毡，在保温层外层使用传统保温材料，可提高保温性能，减少保温层的厚度，降低保温工程综合造价。

实验表明：合理选择双层异材复合保温结构的材料和各层厚度，同样保温厚度下，传统保温材料双层异材保温结构的表面散热损失比单一保温结构散热损失减少 7.5%，造价减少 23.4%；“纳米气凝胶毡+传统保温材料”复合保温结构比常规保温结构减少散热 30%以上，且具有结构稳定、使用寿命长、减少保温层下腐蚀等优点。

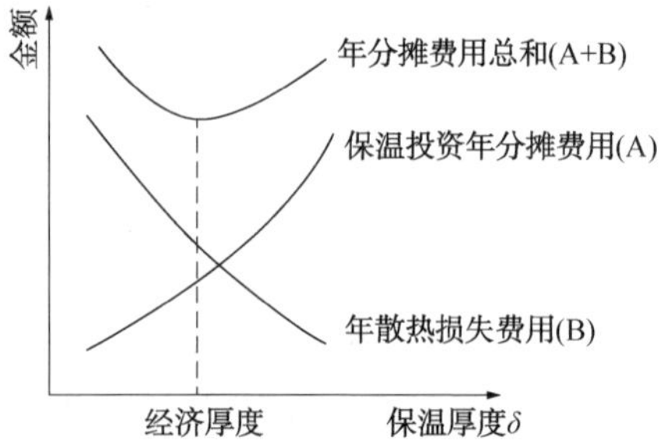

图 2 保温层的经济厚度

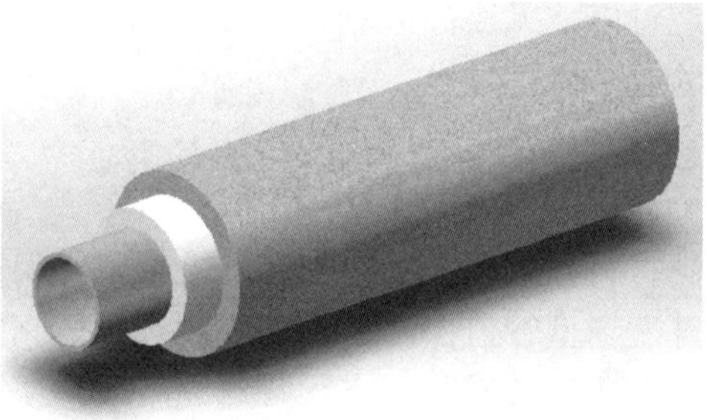

图 3 双层异材复合保温结构

3. 保温厚度选用表

基于上述高标准新型管道保温结构，通过参数优化，合理确定热价、结构造价和环境参数，编写计算程序计算出全国不同地区、不同介质温度不同管径对应的各种保温材料的经济使用厚度以及双层异材保温结构各层厚度，并编制选用表，如图 4、图 5 所示，方便设计、施工、管理人员参照选用。

地理区域：华北地区
敷设种类：室外
保温层种类：复合硅酸盐毡
热传导率：λ=0.044+0.00015 (t_m −70)

公称直径DN/mm	管道外径D_0/mm	管道表面温度/℃																				
		100	120	140	160	180	200	220	240	260	280	300	320	340	360	380	400	420	440	460	480	500
		保温层的厚度/mm																				
15	22	50	50	60	60	70	70	70	80	80	80	90	90	90	100	100	100	100	110	110	110	120
20	27	50	60	60	60	70	70	80	80	80	90	90	90	100	100	100	110	110	110	110	120	120
25	32	50	60	60	70	70	80	80	80	90	90	90	100	100	100	110	110	110	120	120	120	130
32	38	50	60	60	70	70	80	80	90	90	90	100	100	100	110	110	110	120	120	120	130	130
40	45	60	60	70	70	80	80	90	90	90	100	100	100	110	110	120	120	120	130	130	130	140
50	57	60	70	70	80	80	90	90	90	100	100	110	110	110	120	120	130	130	130	140	140	140
65	73	60	70	70	80	90	90	100	100	100	110	110	120	120	120	130	130	140	140	140	150	150
80	89	70	70	80	80	90	90	100	100	110	110	120	120	130	130	130	140	140	150	150	150	160
100	108	70	70	80	90	90	100	100	110	110	120	120	130	130	140	140	140	150	150	160	160	170
125	133	70	80	80	90	100	100	110	110	120	120	130	130	140	140	150	150	160	160	160	170	170
150	159	70	80	90	90	100	110	110	120	120	130	130	140	140	150	150	160	160	170	170	180	180
200	219	80	80	90	100	110	110	120	130	130	140	140	150	150	160	160	170	170	180	180	190	190
250	273	80	90	100	100	110	120	120	130	140	140	150	150	160	170	170	180	180	190	190	200	200
300	325	80	90	100	110	110	120	130	130	140	150	150	160	160	170	180	180	190	190	200	200	210
350	377	80	90	100	110	120	120	130	140	140	150	160	160	170	180	180	190	190	200	200	210	210
400	426	80	90	100	110	120	130	130	140	150	150	160	170	170	180	180	190	200	200	210	210	220
450	478	80	90	100	110	120	130	140	140	150	160	160	170	180	180	190	190	200	210	210	220	220
500	529	90	100	100	110	120	130	140	140	150	160	170	170	180	190	190	200	200	210	220	220	230
600	630	90	100	110	120	120	130	140	150	160	160	170	180	180	190	200	200	210	220	220	230	230
700	730	90	100	110	120	130	130	140	150	160	170	170	180	190	190	200	210	210	220	230	230	240
800	830	90	100	110	120	130	140	140	150	160	170	180	180	190	200	200	210	220	230	230	240	250

图 4 保温材料经济厚度选用表

地理区域：华东地区
敷设种类：室外
保温层种类：内层硅酸铝管壳+外层岩棉管壳
热传导率：硅酸铝管壳：$t_m \leqslant 400$℃：$\lambda=0.044+0.0002(t_m-70)$；$t_m>400$℃：$\lambda=0.11+0.00036(t_m-400)$
岩棉管壳：-20℃$\leqslant t_m \leqslant 100$℃：$\lambda=0.0314+0.000174t_m$；
100℃$<t_m \leqslant 600$℃：$\lambda=0.0384+7.13\times10^{-5}\times t_m+3.51\times10^{-7}\times t_m^2$

公称直径DN/mm	管道外径D_0/mm	管道表面温度/℃												
		350	375	400	425	450	475	500	525	550	575	600	625	650
		内层保温厚度δ_1，外层保温厚度δ_2/mm												
		$\delta_1+\delta_2$	$\delta_1+\delta_2$	$\delta_1+\delta_2$	$\delta_1+\delta_2$	$\delta_1+\delta_2$	$\delta_1+\delta_2$	$\delta_1+\delta_2$	$\delta_1+\delta_2$	$\delta_1+\delta_2$	$\delta_1+\delta_2$	$\delta_1+\delta_2$	$\delta_1+\delta_2$	$\delta_1+\delta_2$
15	22	10+80	20+80	20+80	30+70	30+80	40+70	40+80	40+80	60+60	60+70	70+60	70+70	80+60
20	27	10+90	20+80	20+80	30+80	30+80	40+80	40+80	50+70	60+70	60+80	70+70	70+80	80+70
25	32	10+90	20+80	20+90	30+80	30+90	40+80	40+90	50+80	60+80	70+70	70+80	80+70	80+80
32	38	20+80	20+90	30+80	30+90	40+80	40+90	50+80	50+90	60+80	70+80	80+70	80+80	90+70
40	45	20+90	20+90	30+90	40+80	40+90	50+80	50+90	60+80	60+90	80+70	80+80	90+70	100+70
50	57	20+90	30+90	30+90	40+90	50+80	50+90	60+80	70+80	80+70	80+80	90+80	100+70	100+80
65	73	20+100	30+100	40+90	40+100	50+90	60+90	70+80	70+90	80+80	90+80	90+90	110+70	110+80
80	89	20+110	30+100	40+100	50+90	60+90	70+80	70+90	80+80	90+80	90+90	110+70	110+80	120+80
100	108	30+100	30+110	40+100	50+100	60+90	70+90	70+100	90+80	90+90	100+90	110+80	120+80	130+80
125	133	30+110	40+100	50+100	60+100	70+90	70+100	80+90	90+90	100+90	110+80	120+80	130+80	140+80
150	159	30+110	40+110	50+110	60+100	70+100	80+90	90+90	90+100	110+80	120+80	130+80	140+80	140+90
200	219	40+110	50+110	60+110	70+100	80+100	90+100	100+90	110+90	120+90	130+90	140+90	150+80	160+80
250	273	40+120	50+120	60+110	70+110	80+110	90+110	110+90	110+100	130+90	140+90	150+90	160+90	180+70
300	325	40+120	50+120	70+110	80+110	90+100	100+100	110+100	120+100	130+100	140+100	160+80	170+80	180+80
350	377	40+130	60+120	70+110	80+110	90+110	100+110	110+110	130+90	140+90	150+90	170+80	180+80	190+80
400	426	50+120	60+120	70+120	80+120	100+100	110+100	120+100	130+100	140+100	160+90	170+90	180+90	190+90
450	478	50+120	60+120	70+120	90+110	100+110	110+110	120+110	140+90	150+90	160+90	180+80	190+80	200+80
500	529	50+130	60+130	80+120	90+110	100+110	120+100	130+100	140+100	150+100	170+90	180+90	190+90	210+80
600	630	50+130	70+120	80+120	90+120	110+110	120+110	130+110	150+90	160+100	170+100	190+90	200+90	210+90

图 5　双层异材复合保温结构各层厚度选用表

（二）预制气凝胶毡复合保温管壳及阀门套

鉴于纳米气凝胶材料价格相对昂贵，将纳米气凝胶与常规保温材料（岩棉、硅酸铝针刺毯和硅酸钙等）进行异质复合制成半圆形保温管壳，既能够实现良好的保温效果，也能够降低使用成本。气凝胶毡复合保温管壳将有助于提高保温隔热效率和材料强度，减小管道保温层的厚度，降低保温材料投入成本，同时减少了施工难度和强度，保证了施工质量。

1. 预制气凝胶毡复合保温管壳

将保温内层和保温外层均分为两个部分，在施工时分别将两部分套设于管道上形成完整圆环，施工方便，对施工人员的技术水平要求不高，能够保证施工质量。保温管壳的内层和外层采用错位设计，利用保温内层的对接端面和保温外层的对接端面错位设置，避免了由于形成搭接缝隙所导致的热量损失；在施工过程中，利用保温内层和保温外层轴向方向的错位设计进行长度方向的搭接，同样能够减少热量损失、缩短施工周期。气凝胶毡复合保温管壳结构见图 6。

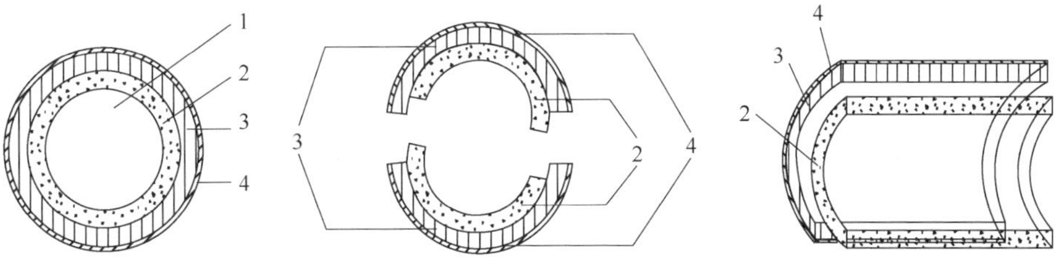

图 6　气凝胶毡复合保温管壳结构

1—管道；2—气凝胶毡；3—常规保温材料；4—外护层

2. 预制气凝胶毡复合保温阀门套

如图 7 所示，每个保温阀门套分体包括不锈钢外壳和内衬保温层。内衬保温层采用气凝胶毡复合保温结构，与不锈钢外壳连接并形成一个有机的整体，该整体结构是在预制工厂制造成型的。通过内衬保温层的优化复合和不锈钢外壳，达到了长期高效的节能效果，与常规保温套相比，节能效果提升 30%；不锈钢阀门保温套设有导热槽，可以及时发现阀门法兰密封面的泄漏，消除安全隐患，保证高温阀门包而不漏；保温套分体之间通过扣合的方式相连，可以重复使用，降低成本；此外，快速装拆的结构方便阀门检查维修。

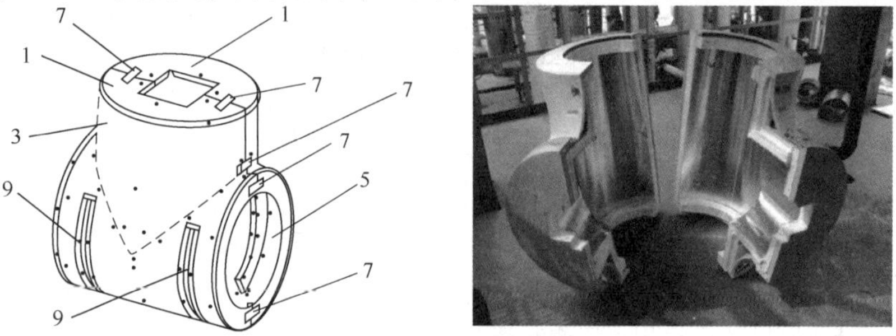

图 7 可拆卸阀门保温套

1—保温套分体；3—不锈钢外壳；5—内衬保温层；7—扣件；9—导热槽

（三）管道保温分级管理平台

1. 管理平台基本体系架构

管道保温分级管理平台以四个保温数据库为基础，设计 8 个功能模块，实现 8 项主要功能，服务设备管理、节能管理、采购管理、工程设计 4 个客户群，如图 8 所示。系统主要数据库包括保温管线基础数据库、高标准保温结构及其厚度数据库、保温管线检维修数据库、总部入网供应商数据库。

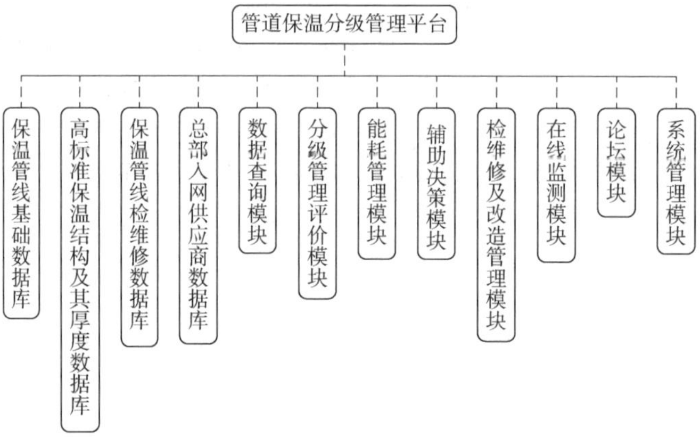

图 8 管道保温分级管理平台基本体系架构

通过数据查询模块，可查询管道名称、编号、长度、保温材质、保温厚度、施工单位等基础参数，还可查询管道保温散热检测数据和检维修记录。通过分级管理评价模块，将管道分为急需改造、部分改造、暂缓改造 3 个等级，便于精准地找出管道保温存在的问题，高效利用改造资金。通过能耗管理模块，可以查阅车间、分公司级和集团公司级的管道能耗状况走势，动态显示管道保温的能耗情况。通过辅助决策可以根据管道的介质温度和管径，选择出最优的保温材料、结构、厚度、材料供应商及施工企业等。通过在线监测模块，可以对重点管道表面温度实现高密度在线监测，实时评价管道的保温效果。

2. 分级管理评价

分级管理评价作为管道保温分级管理平台的核心功能，主要解决目前筛选需改造保温管线筛选时依据不足造成欠修或过修的问题。将多属性决策分析算法引入管道保温分级评价，将影响保温能效的因素分为散热量、长度、管径、破损点、回收期、厚度、介质温度、使用年限、异型件、材料等 10 个方面，利用层次分析法构造成对比较矩阵，运用多属性决策分析法，将保温管线的影响因素具体数值进行归一化无量纲处理，使得影响因素之间可以进行数值大小的比较。最后运用加权算术平均算子法对不同管线进行加权求和计算，计算出每一条保温管线的分数，根据管线的得分及排名情况分为急需改造的、需要部分改造的、暂缓改造 3 个等级。此外，根据得分薄弱项能准确找出管道保温存在的问题，为管道保温升级改造提供准确依据。分级评价界面如图 9 所示。

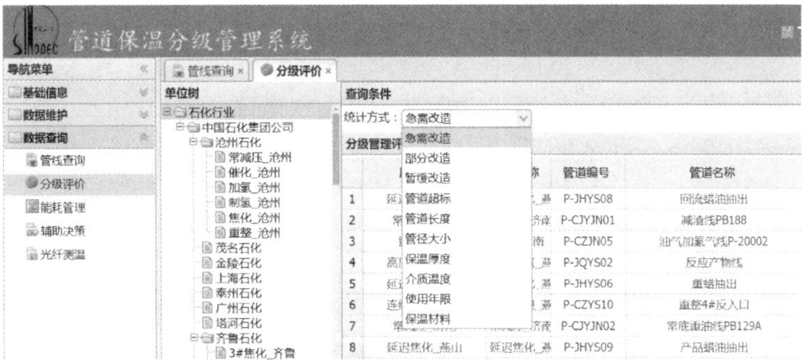

图 9　管道保温分级评价界面

借助管道保温分级管理平台，可以实现对管道保温全寿命周期的动态管理，使管道保温管理技术实现从经验管理到数据管理、从人工管理到智能管理、从人工巡检到智能巡检的升级，提高我国管道保温管理的技术水平。

三、工业应用

管道保温能效提升成套技术在天津分公司炼油部 3.5MPa 中压蒸汽管网上进行了工业应用，16 条管线经过节能改造后，热损失平均减少 60.3%，每年可多回收热量 6.5×10^4GJ，折合每年节约 1546 吨标油，增加经济效益 463.7 万元，减少二氧化碳排放量 4595t；在荆门分公司三套装置共 6 根管线上进行了工业应用，热损失平均减少 70.7%，每年可多回收热量 1.7×10^4GJ，折合每年节约 405 吨标油，增加经济效益 121.4 万元，减少二氧化碳排放量 1203t。工业应用测试评价及计算方法符合《设备及管道绝热效果的测试与评价》(GB/T 8174—2008)、《设备及管道绝热层表面热损失现场测定　热流计法和表面温度法》(GB/T 17357—2008)、《石油化工生产企业 CO_2 排放量计算方法》(SH/T 5000—2011) 等标准。

四、结论

管道保温能效提升成套技术通过开发经济厚度、双层异材等高标准新型管道保温结构并编制选用表格方便设计人员；开发管道保温分级管理平台实现管道保温全寿命周期的智能化数字管理；开发气凝胶毡复合保温管壳及阀门套减小施工难度和强度，从而解决管道保温在设计、施工、管理 3 个环节能效提升的瓶颈。减少管道保温散热损失，大幅延长保温使用寿命，提高管理效率和能源利用率，符合当前“双碳”目标和节能减排工作的要求，具有显著的经济和社会效益。

参考文献

[1] 周天宇，郜建松，孙志钦．蒸汽管道保温技术优化研究[J]．石油化工设计，2018，35(03)：35-38.

[2] 周天宇，郜建松，孙志钦，等．气凝胶毡在管道保温中的应用研究[J]．石油化工设计，2019，36(04)：64-66.

60MW 高温高压汽轮机反动式通流提效改造及效果分析

刘东平 | 中国石化齐鲁分公司热电厂

本文论述了针对某电厂 2 台汽轮机设计制造水平较差、通流效率低、热效率低、轴封漏气量大、汽缸偏移、1 号轴承瓦易磨损等的实际运行情况，统筹考虑在不影响汽轮机基础的情况下进行反动式通流改造，最终提高了机组运行的经济性和可靠性，为后期同类型汽轮机实施反动式通流改造提供了一定参考依据。

一、引言

中国石化股份有限公司齐鲁分公司某厂 7 号、8 号汽轮机是哈尔滨汽轮机厂高科技有限公司生产的高温冲动、单缸、单轴、双抽凝汽式机组，机组额定出力为 60MW，最大出力为 72MW。机组采用 20 世纪 80 年代技术，汽轮机通流效率低，热耗率高。7 号、8 号机组虽然 2005 年投产，但采用了 20 世纪 80 年代技术设计制造，与当前的汽轮机先进设计技术有较大差距，汽轮机通流效率低、热耗率高、机组经济型较差，主要表现为：

（1）该汽轮机设计成型年代早，叶片型线设计技术已相对落后，叶片型线损失、二次流损失大，叶片级效率低；

（2）汽轮机通流子午面光顺程度较差，流动损失大；

（3）通流级数偏少，各级焓降分配和速比不合理，轮周效率偏低；

（4）动、静叶片匹配不佳，叶片来流攻角偏大，增加了攻角损失；

（5）低压段回热抽汽口间隙过大，涡流损失大，影响通流效率。

该厂所有机组均为母管制，各个机组的主蒸汽、凝结水、高压给水、低压给水等主要管系均由母管连成一体，单台机组的煤耗值无从得知。为了解 2 台机组的实际运行热效率，改造前该厂委托西安热工院对其中的 8 号机组进行了性能诊断试验。试验结果显示：8 号机等效额定纯凝工况下汽轮机效率为 71.1%，发电煤耗率为 461.84g/(kW·h)、热耗率为 11959.53kJ/(kW·h)，热耗率比额定纯凝工况设计值 9830kJ/(kW·h)多 2129.53kJ/(kW·h)；8 号机等效额定抽汽工况下汽轮机发电煤耗率 290.66g/(kW·h)，热耗率为 7526.60kJ/(kW·h)，热耗率比额定抽汽工况设计值 6557kJ/(kW·h)多 969.6kJ/(kW·h)。可见运行了 15 年后，7 号、8 号汽轮机的主要性能指标均偏离了设计工况，也落后于目前的主流水平。同时，2 台机组在实际运行中还存在轴封系统漏气量大、汽缸偏移、1 号轴承瓦易磨损等各类问题。为了提高 2 台机组的热效率，消除机组安全隐患，降低机组供电标煤耗，提升机组安全经济运行水平，在保证不影响汽轮机原土建基础的情况下实施反动式通流改造。

二、改造方案

（一）改造前汽轮机主要设备技术参数

1. 机组设备现状

7 号、8 号汽轮机是该厂三期工程，汽轮机为 60MW 高温高压、单缸、单轴、双抽凝汽式汽轮机组，配套杭州锅炉集团有限公司生产的 2 台 410t/h 高温高压煤粉锅炉，锅炉型号 NG-410/9.8-M8。两台机组分别于 2005 年 6 月、2005 年 10 月建成投产。7 号、8 号机组和一期、二期机组按照母管制连接在一起，以提供机组运行稳定性，两台机组目前均常年运行。

2. 汽轮机技术参数

7 号、8 号汽轮机带一段可调整中压工业抽汽、一段可调整低压工业抽汽，汽缸由前缸、中缸和排汽缸组成，前缸安装有高压进汽调节阀和中压抽汽调节阀以及低压抽汽旋转隔板，中缸装有低压末六级，排汽缸下方连接凝汽器，机组排汽缸采用坐缸轴承。汽轮机通流部分共有 16 级，高压段包括 1 个单列调节级和 2 个压力级，中压段由 1 个单列调节级和 3 个压力级组成，低压段则由 1 个旋转隔板调节级和 8 个压力级组成。新蒸汽通过 2 个高压主汽门、4 个高压调节汽门进入汽缸。中压抽汽由中压调节阀控制，中压调节阀为双座阀结构，中压调节阀在汽缸前部上半安置 2 个，汽缸前部下半左右各 1 个，每个阀门有两个汽口，一进一出。低压抽汽由转动隔板控制，转动隔板有 4 组喷嘴。该机组汽封由前汽封、后汽封和隔板汽封组成，均采用梳齿形。在后汽封处，开有现场动平衡的螺孔。回热系统由两级高加、一个除氧器和三级低加组成。主要参数如表 1 所示。

表 1　改造前 7 号、8 号汽轮机主要技术参数

汽轮机形式	高温、高压、冲动、单缸、单轴、单排汽、抽汽凝汽式	汽轮机形式	高温、高压、冲动、单缸、单轴、单排汽、抽汽凝汽式
汽轮机型号	CC60-8.83/4.31/1.47	额定中压抽汽压力	4.31(4.01~4.51)MPa
额定功率	60MW	中压抽汽量(额定/最大)	80/180t/h
最大功率	72MW	低压抽汽压力	1.47MPa
额定进汽量(冷凝/抽汽)	230.77/404.40t/h	低压抽汽量(额定/最大)	120/200t/h
最大进汽量	450t/h	排汽压力(额定冷凝)	6.2kPa
新汽压力	8.83MPa	级数	16 级
新汽温度	535℃	额定转速	3000r/min

（二）改造方案比选确定

7号、8号汽轮机原通流为冲动式，改造期间与国内主要主机厂进行了充分的技术交流，主要改造技术方案分为冲动式通流改造方案和反动式通流改造方案。两种方案均可在确保轴承跨距不变、汽轮机基础不动、各回热抽汽口位置不变等主要原则下，实现通流改造并保证安全运行。但两种方案的经济性确存在一定差距，反动式通流改造方案的经济性明显更高，投资回收期更短。改造前后两种方案设计工况下主要经济性指标如表2所示。

通过表2可看出：反动式改造方案在经济性上无论是在额定纯凝工况下还是在额定抽汽工况下均高于冲动式改造方案，在投资额上略高于冲动式改造方案但是其10年运营期净利润却高于冲动式改造方案。因此，该厂最终选择了反动式改造方案。

表2　单台机组改造前后经济指标对比表

序号	项目	单位	改造前（实测额定纯工况）	反动式方案改造后（设计额定纯凝工况）	冲动式方案改造后（设计额定纯凝工况）	改造前（实测额定抽汽工况）	反动式方案改造后（设计额定抽汽工况）	冲动式方案改造后（设计额定抽汽工况）
1	汽机进汽量	t/h	281.75	227.00	233	434.91	399.00	403.00
2	机组额定发电	MW	60.00	60.00	60.00	60.00	60.00	60.00
3	汽机额定热耗	kJ/kW·h	11959.53	9636.0	9801.30	7526.60	6422	6505.60
4	发电标准煤耗	kg/kW·h	0.46184	0.36312	0.37850	0.29065	0.24800	0.25123
5	综合厂用电率	%	12.46	12.46	12.46	12.46	12.46	12.46
6	发电厂用电率	%	5.50	5.50	5.50	5.50	5.50	5.50
7	供电年均标准煤耗	kg/kW·h	0.48872	0.38426	0.40052	0.30757	0.26242	0.26585
8	发电年利用小时数（按机组铭牌出力）	h	7500.00	7500.00	7500.00	7500.00	7500.00	7500.00
9	全厂热效率	%	26.63	33.87	32.49	68.49	72.83	72.48
10	年总耗煤量	10^4t/a	20.78	16.34	17.03	31.87	29.84	29.98
11	年节约的标煤量（改造前后同一工况相比）	10^4t/a	—	4.44	3.75	—	2.03	1.89

注：(1)锅炉效率89.37%，管道效率取99%；(2)全厂机组发电设备运行小时数按照7500h设计。

（三）改造原则

7号、8号机组汽轮机通流提效改造确定为反动式方案，汽轮机通流改造是在汽轮机主蒸汽进汽压力和温度、排汽背压、中低压调整抽汽的压力、温度和流量等边界条件基本不变的情况下进行汽轮机本体反动式通流改造。汽轮机本体改造遵循以下原则：

（1）在确保改造效果的前提下，尽可能利用原有设备，减少改造工作量。

（2）前后轴承跨距保持不变，改造不影响原土建基础。

（3）排汽缸不变，各管道接口位置尽可能保持不变。

（4）汽轮机与发电机连接方式和位置不变，转子旋向不变。

（5）机组的热力系统不变，采用反动式通流设计，降能增效。

（四）改造范围

原汽轮机由前汽缸、中汽缸、后汽缸组成，通过垂直法兰面螺栓连接。改造后机组仍采用单层缸形式，后汽缸利旧，将前汽缸和中汽缸整合为一个前汽缸。对喷嘴组、调节级优化型线，动、静叶片优化设计，采用 T 形叶根，转子随动叶改造，外缸随静叶改造，隔板及径向汽封采用镶片式，端部汽封和平衡活塞汽封等采用新型汽封。因此通流改造范围主要是汽轮机内部相关部件的更换，主要包括转子主轴、各级动叶及隔板、套装叶轮、隔板套等，并保持新部件与汽缸、轴承座等老部件的接口及连接方式不变，原汽轮机本体需要更换部件范围如图 1 所示。

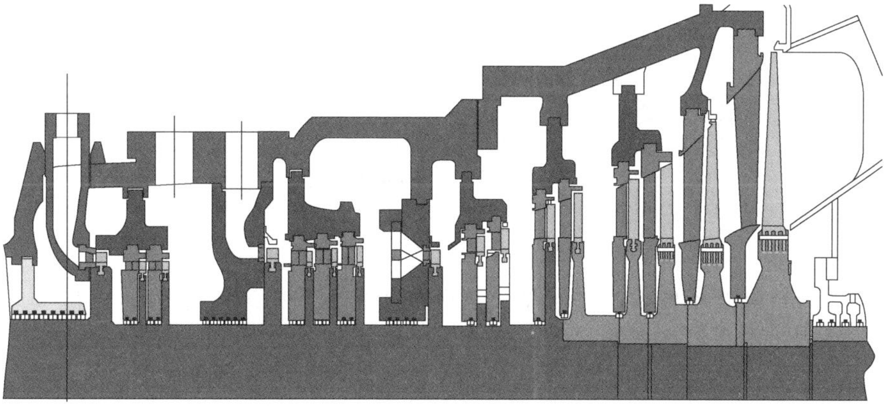

图 1 原汽轮机本体需要更换部件范围（涂颜色部分需更换）

具体改造明细：更换全新的前汽缸、中汽缸、转子，全部的动静叶片、隔板、喷嘴、前汽封、后汽封、隔板汽封、主汽门、高压调节汽阀、中压座缸抽汽调节阀、低压座缸抽汽调节阀、后轴承座油封以及罩壳（整体罩壳包含汽轮机、发电机）等。

（五）重点部位改造主要技术措施

（1）更换主汽门调门组件，两侧分别为一主两调阀门组，调门关闭时间与改造前保持不变。主蒸汽进汽管道不进行更换，阀组需利旧原阀门基础，确保阀门主蒸汽进口与主蒸汽管道位置匹配，同时需保证调门出口定位尺寸与原调门至汽缸本体的导汽管接口尺寸偏差在可控范围内。

（2）汽缸体部分通流区域进行更换，原前汽缸与中汽缸合并更换为前汽缸，排汽缸利旧。为了保证新旧部件连接的密封质量，排汽缸垂直中分面在安装时需现场加工，新前汽缸预留照配余量。静止部件采用轻量化设计，结构紧凑，内部冗余空间优化减少。涉及改造的静止部件改造前重量为 70. 3t，改造后重量为约 58. 3t，重量大大减轻。

（3）转子部分改造前重 22. 66t 为套装转子全冲动级共 16 级，改造后转子为整锻转子反动式重量为 22. 5t，通流部分高中压 8 级（3+5），低压 17 级（15+末二级），转子材料为 25Cr2NiMo1V。因改造后转子转动惯量有所增加，为了保证改造转子与未改造的发电机转子和主油泵小轴的良好连接，转子靠背轮螺栓孔在厂内加工至理论值，并提前准备现场镗孔工作，以应对可能出现的螺栓孔错位量大的情况；调阀端与主油泵小轴连接的止口预留了余量，现场安装时对主油泵小轴止口进行适当加工照配，来保证小轴与转子的连接质量。

（4）改造后两级调整抽汽均采用带快关功能的座缸阀，快关时间<1s。中压抽汽采用2个座缸阀形式，提高阀门的压力等级，配两个油动机，用油为高压油；低压抽汽采用2个座缸阀的形式，取消原来的旋转隔板来提高调整抽汽可靠性，配一个油动机，用油为高压油，阀门杠杆重新设计。

（5）转子的相对死点位于前轴承座内的推力轴承处，机组绝对死点位于排汽口中心线与后汽缸下半的两侧支承面的中心线交点处。静止部件由后汽缸靠近发电机侧裙边中心线分别往汽轮机端、发电机端膨胀，前座通过前汽缸下猫爪处的横向键推动，转子由推力轴承沿机组中心线的2个方向膨胀，机组滑销系统维持改造前不变，滑销系统如图2所示。

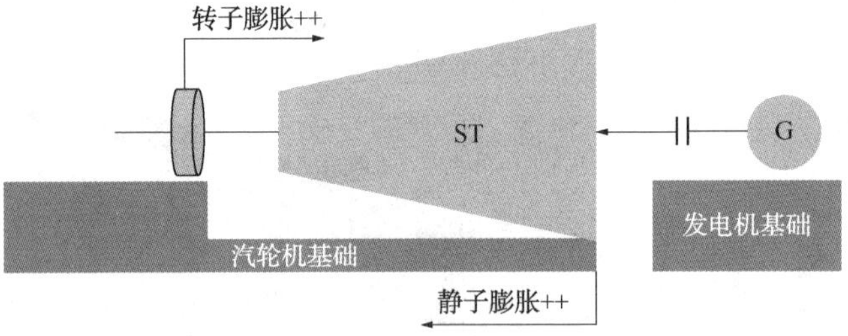

图2 改造后汽轮机滑销系统

（6）改造后更换了汽轮机前后轴承以消除原来机组轴承易磨损汽缸跑偏等原始问题。推力轴承与前轴承合并为径向推力联合轴承，装于前轴承座内。前轴承体具有球面自位结构，推力轴承正、负推力瓦的上、下半分别组装于各自的安装环中。转子吊入下缸时，正负推力瓦尚未安装；待转子吊入后，正、负推力瓦下半分别滑入，再安装上半并加压板固定；以免转子安装时撞坏推力瓦块。推力瓦为瓦面供油的平衡块结构支撑形式，可有效平衡各瓦块的承载，并提高轴承承载能力，减小轴承耗功。径向轴承均为椭圆轴承，采用衬瓦结构，轴承合金浇于薄型衬瓦上，便于衬瓦更换；上半衬瓦上方有一小孔将轴承回油引入油杯，以测量轴承回油温度，并可监视轴承供油是否正常。后轴承装于与后汽缸铸成一体的后轴承座内。

（7）改造后利用当今先进的AIBT通流技术，对汽轮机通流部分进行整体流道布置，优化通流级数、焓降分配、叶片选型、差胀间隙、叶顶围带和叶根，使各个全三维叶片级均处在最佳的气动状态，将不同反动度叶片级的实现最优组合，实现通流效率和强度的自动匹配、差胀安全性和效率的自动匹配，最终提高机组整体通流效率。

（六）改造后汽轮机主要结构概述

改造后汽轮机为单缸、反动式、双抽汽凝汽式、具有两级调整抽汽机组。采用整锻无中心孔转子，通流由1级高压调节级和24级压力级共25级组成。其中，通流部分高压段包括1个高压调节级和2个压力级，中压段由1个单列调节级和4个压力级组成，低压段由15个反动式压力级和2级540mm标准末级叶片的压力级；新蒸汽通过2个高压主汽门、4个高压调节汽门进入汽缸。推力轴承与前轴承合并为径向推力联合轴承，装于前轴承座内；后轴承和发电机前轴承同装于与后汽缸焊成一体的后轴承座内。汽轮机转子与发电机转子用刚性联轴器连接。前汽缸中部分别布置中压座缸抽汽调节阀、低压座缸抽汽调节阀，均为2个，中座缸抽汽调节阀为独立油动机控制，低压座缸抽汽调节阀为单油动机通过座缸抽汽调节阀杠杆控制。改造后汽轮机纵剖面图如图3所示。

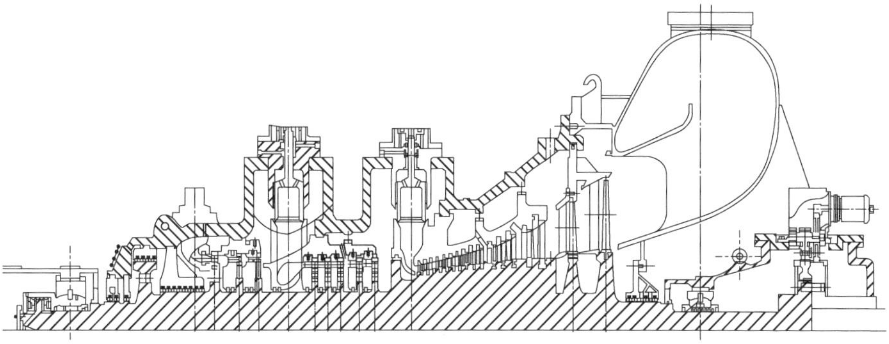

图 3　改造后汽轮机纵剖面图

三、改造过程中的重难点及解决方案

（一）原汽轮机土建基础利旧

2 台机组运行了 15 年后，汽轮机土建基础、基座等的实际情况未知，能否满足改造后汽轮机的使用要求是此次改造的重点，为此从以下几个方面予以解决。

（1）该厂委托专业的鉴定机构对 2 台汽轮机土建基础、基座等的构件混凝土强度、构件钢筋配置、构件截面尺寸、宏观情况、基础动力特性进行了鉴定检测并出具了正式报告。

（2）汽轮机设备供货厂家统筹优化主机设计，确保改造前后涉及改造的转子、汽缸等动静部分总重量减轻，静止部件改造前重量为 70. 3t，改造后重量为约 58. 3t，重量大大减轻；转子部分改造前重 22. 66t 为套装转子全冲动级共 16 级，改造后转子为整锻转子反动式重量为 22. 5t。

（3）设计院根据改造部分设备的详细载荷分布及汽轮机基础鉴定报告进行了复核，最终确定 2 台汽轮机现有土建基础均可满足改造后使用要求。

（二）满足热平衡图各工况的条件下，实现主要辅机设备均利旧、部分辅机最小改造

2 台汽轮机进行反动式提效改造后，各级的压降、效率较改造前不尽相同，热平衡图中各工况下各回热抽汽的温压数值不尽相同，与利旧的辅机设备的设计参数部分存在冲突。根据热平衡图设计院将全部利旧的辅机设备、管道等进行了设计复核，发现中压工业供汽压力、低压工业供汽压力、三段抽汽至 2 号高压加热器压力、三段抽汽至低压工业供汽抽汽逆止门在个别极端工况下存在超利旧设备设计参数的问题。为了尽量减少辅机设备改造同时满足改造后汽轮机的安全高效运行，一是在每台机组的中、低抽汽管道上分别各新增一个压力调节阀，汽轮机本体座缸阀主调，供热抽汽管道上的压力调节阀辅助调节以满足外供中、低压蒸汽压力要求；二是在 2 号高压加热器进汽电动门前新增一个电动减压阀以满足极端工况下的压力要求；三是整体更换三段抽汽至低压工业供汽抽汽逆止门以满足改造后该处的温压要求。

（三）反动式改造后开机过程中轴向推力大

由于反动式汽轮机的反动级叶片窄，每一级动静叶间的轴向间隙可以设置得很小，因此与冲动式汽轮机相比同样的跨距下可布置更多的反动级，这是反动式汽轮机效率明显高

于冲动式汽轮机的主要原因。但是反动式汽轮机既在静叶膨胀又在动叶膨胀，所受的轴向推力与冲动式汽轮机相比还有叶轮两侧压差所产生的轴向推力，其轴向推力比同容量的冲动式汽轮机大得多，为此在调阀端设置了平衡活塞，通过平衡活塞及平衡活塞两侧腔体内的压差来平衡轴向推力。该厂 2 台汽轮机改造时平衡活塞高压侧腔体与 2 号高压加热器进汽(来自汽轮机三段抽汽)管相连接，低压侧腔体与 3 号低压加热器进汽(来自汽轮机六段抽汽)管相连接。因此，汽轮机开机或运行时，平衡活塞两侧腔体内的压差产生的推力向汽轮机机头方向。

在 8 号汽轮机调试阶段开机过程中，发现机组并网后汽轮机轴向位移偏大，并随负荷增加逐渐增大，到 12MW 时轴向位置达 1.1mm 接近保护动作值 1.2mm，1 号推力瓦温度亦随轴向位移增加为逐渐增大。调试组决定打闸停机，再次冲转亦出现以上现象，随即停机分析原因。经过现场查看及调取相关数据分析，推断直接原因是 8 号汽轮机反动式改造后轴向推力较大，但主机厂多次理论计算后，确认设计上已考虑轴向推力平衡，模拟该工况数据后认为理论上不可能出现 1.1mm 的轴向位移。调试组讨论后认为，出现上述工况的主要原因平衡活塞未起到主机厂设计的效果，为此进行了以下几方面检查及验证工作。

(1) 怀疑与平衡活塞两侧腔体相连接的管道接错，导致远偏离主机厂设计的轴向推力平衡。通过现场查看均是按照主机厂设计接管，排除该原因可能性。

(2) 怀疑平衡活塞低压侧汽封体损坏导致平衡活塞高压侧向低压侧大量漏汽，减小了高低压侧的压差，从而导致反向的轴向推力变小，不足以平衡正向的轴向推力。停机后通过观察孔放置微型探头观察高低压汽封未见异常，排除该原因可能性。

(3) 利用停机机会在靠近平衡活塞高低压两侧腔体附近引出管道上增加了压力表，将其信号传至 DCS，以便判断两侧压力是否与主机厂设计相符。再次开机时发现平衡活塞低压侧压力为正与其相连接的 3 号低压加热器压力为负值，两者相差巨大，与设计理念相违背。这说明平衡活塞低压侧压力与 3 号低压加热器压力不同步，怀疑平衡活塞低压侧与 3 号低压加热器相连接的管道因某种问题未连通或完全连通。该厂立即组织技术人员全面排查该段管线时仍未发现异常，因该管线为利旧原停运管线，对其进行保温拆除后发现保温层下还有一道关闭的阀门，将其开启后恢复保温，再次开机直至带至满负荷，各项参数均正常。

四、改造后效果

该厂 7 号、8 号汽轮机反动式通流改造分别于 2020 年 12 月 29、2021 年 7 月 16 日完工投运，然后带至满负荷进行 72h 考验。为了验证汽轮机改造后的效果，该厂仍委托西安热工院对其进行了性能诊断试验。试验结果表明：7 号、8 号汽轮机通流改造后，单台机组额定抽汽工况修正到设计运行参数条件下，发电机端输出额定功率 60MW，汽轮机进汽量为 396.1t/h；额定纯凝工况修正到设计运行参数条件下，发电机端输出额定功率 60MW，汽轮机进汽量为 227t/h。该结果优于改造时的技术协议要求：额定纯凝工况下新蒸汽总进汽流量不得高于 227t/h，额定抽汽工况下新蒸汽总进汽流量不得高于 399t/h。

7 号、8 号汽轮机通流改造后单台机组额定抽汽工况下年节约标煤 2.04×10^4t，每年可减少污染物排放量约为烟尘 1.07t，二氧化硫 1489.6t，氮氧化物 142.8t，二氧化碳 5.3×10^4t，具有良好的环境效益和社会效益。

五、结束语

该厂的冲动式汽轮机实施反动式通流提效改造后，汽轮机热效率大幅提升，额定抽汽工况下单台汽轮机进汽量减少 38.81t/h，热耗率减少 1126.1kJ/kW・h，发电标煤耗减少 48.25g/kW・h；同时开机时间减少 2h，1 号轴承磨损、汽缸偏移、轴封漏汽量大等问题均得以解决。根据国务院办公厅《关于印发〈能源发展战略行动计划(2014—2020 年)〉的通知》(国办发〔2014〕31 号)要求，到 2020 年，现役燃煤发电机组平均供电煤耗要低于 310 克/千瓦时；2021 年，我国又将“碳达峰、碳中和”写入了政府工作报告，煤电机组的节能减排要求日趋严格。运行年限较长的小机组实施反动式通流改造可大幅降低机组煤耗，是现役机组能效达标和碳达峰、碳中的主要手段之一，也是提升煤电企业经济效益的有效途径。

参考文献

[1] 马群. 浅谈反动式汽轮机[J]. 贵州电力技术，2003(10)：43-45.

永磁调速技术应用于 CFB 水泵的节能分析

章　琦[1]
李淑一[2]
黄　强[2]
黄　海[2]
徐俊峰[2]

1. 中国石化茂名分公司
2. 江苏磁谷科技股份有限公司

永磁调速技术作为一种先进的电动机调速节能技术，因其优良的可靠性在钢厂、电厂的电动机节能领域得到广泛应用。滑差调速型永磁调速技术完美解决了变频调速技术存在的寿命短、可靠性不足、核心器件严重依赖进口等问题，具有极高的推广价值。本文介绍了两种典型的滑差调速型永磁调速技术——涡流永磁调速技术和绕组永磁调速技术，分析了各自的工作原理，区别了各自的工作特性。广东茂名石化有限公司首次在循环流化床(CFB)水泵应用绕组永磁调速技术，调速 85%时，相较工频运行节电率达 38.6%，相较涡流永磁调速技术节电率达 15%，明显具有更高的节电收益和更好的社会效益。

一、概述

随着我国“碳达峰、碳中和”目标的提出，节能减排具有越来越重要的社会效益、经济效益。我国总发电量中，50%左右是消耗在风机、泵类负载上。风机、泵类负载主流的节能运行方式是调速运行。

在调速技术中，应用最早的是液力偶合调速。液偶的最大特点是没有谐波，而且可靠性比较高。但是液偶效率低、维护量较大，逐渐面临淘汰。变频调速技术具有调速范围宽、效率高的特点，但是变频器属于电子产品，在可靠性要求很高的场合不适合。此外，变频器的使用维护成本比较高。

近年来出现的永磁耦合调速技术分为原动机永磁调速和滑差型永磁调速，其中的滑差型永磁调速是本文介绍的重点，它具有谐波污染少、可靠性高的优点，越来越受到用户欢迎。目前滑差型永磁调速技术主要分为两种，分别是涡流永磁调速和绕组永磁调速，两种技术原理相似而又各有特点。本文结合具体案例详细对比了两种永磁调速技术的节电收益和产生的社会效益。

二、涡流永磁调速技术介绍

涡流永磁调速技术是最近十几年来兴起的一种滑差传动技术。美国 MagnaDrive 公司研发了 PMD 系列产品，广泛应用于各类风机水泵的调速。

涡流永磁调速主要由永磁转子、导体转子和执行机构构成，图 1(a)示出了一种筒式结构的涡流永磁调速器。当原动机驱动导体转子旋转，导体切割永磁转子的磁场，产生感应涡流，进而产生感应磁场，该磁场与永磁转子磁场相互作用驱动负载，从而实现转矩的传递。其调速原理如图 1 所示：永磁体按 N、S 极交替布置，导电体通常为铜。通过执行机构来调节导体转子的左右移动来调节啮合长度 δ，从而改变两转子间传递转矩的大小来达到调速的目的。

还有一种盘式结构，见图 1(b)。盘式结构调速器与筒式结构调速器略有不同，在调节 δ 的时候，不是改变啮合长度，而是改变了气隙中的磁通密度，从而改变两转子间传递转矩的大小来达到调速的目的。

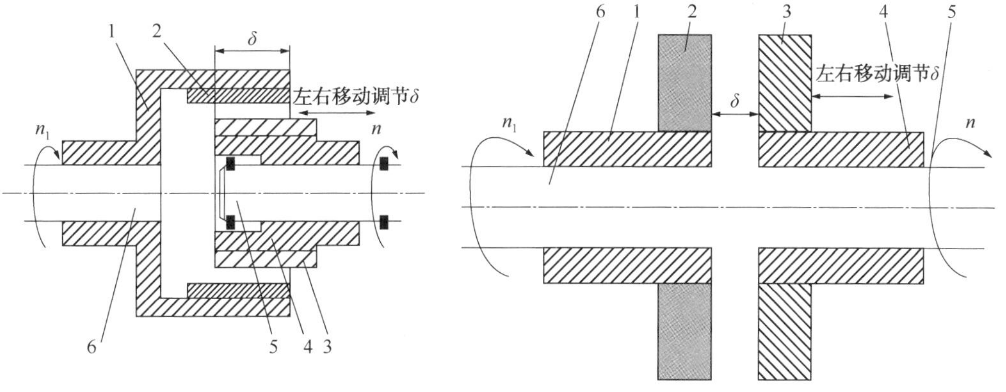

(a)筒式结构的涡流永磁调速器　　(b)盘式结构的涡流永磁调速器

图 1　涡流永磁调速器

1—永磁转子；2—永磁体；3—导电体；4—导体转子；5—输出轴；6—输入轴

三、绕组永磁调速技术介绍

绕组永磁调速器结构示意图见图 2。轴一为原动轴，永磁体固定在原动轴上，随原动机一起转动。轴二为负载轴，绕组固定在负载轴上，负载轴与原动轴之间有气隙。负载轴上装设有集电环，用于导出绕组上的转差功率(表现为电压和电流)。电动机启动后，装在原动轴上的永磁体随原动轴一起旋转，产生旋转磁场，切割负载轴上的绕组，在绕组内产生感应电动势。若绕组是一个闭合的回路，则在闭合的绕组回路内产生感应电流，感应电流和原动轴上的永磁磁场相互作用，驱动负载轴转动。转子绕组通过集电环与控制器相连，控制器调节绕组内感应电流的大小，从而改变扭矩的大

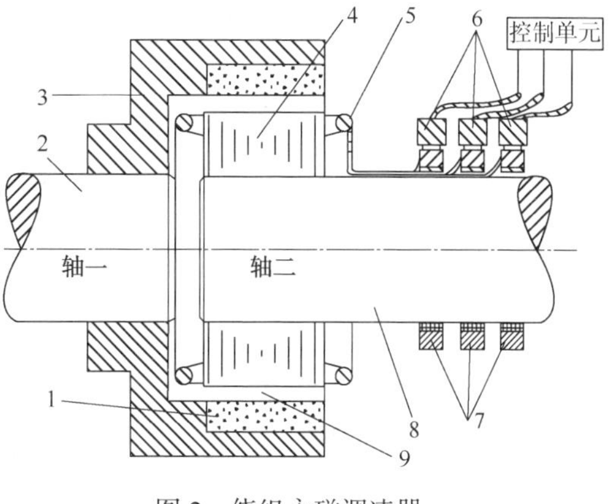

图 2　绕组永磁调速器

1—永磁体；2—轴一；3—外壳；4—绕组转子铁芯；5—绕组；6—电刷；7—集电环；8—轴二；9—气隙

小，实现调速功能。转差功率通过变流回馈到电网，达到更加节能的目的。

四、两种永磁调速技术的异同点

（一）两种永磁调速技术的相同点

两种永磁调速其实都属于滑差类调速，具有以下几个相同点：

（1）输入转速保持不变。变频调速只能应用于电动机，它是通过改变电动机的频率和电压来改变电机转速的，而两种永磁调速技术都不改变电动机的转速。也就是说，电动机始终保持恒定的速度。事实上，哪怕原动机不是电动机，而是内燃机或汽轮机，也不影响两种永磁调速技术的应用。

（2）输出转速可以任意调节，一般低于输入转速。涡流永磁调速技术通过改变 δ 来调节转矩，绕组永磁调速技术通过改变感应电流来调节转矩，对于风机水泵来说转速随着转矩而变化，因此输出转速可以任意调节。一般来说，输出转速小于输入转速，因为两种永磁调速技术的原理都是电磁感应。只有输出轴与输入轴存在转速差，才能够发生电磁感应。

（3）输出转矩可以任意调节，在忽略风摩损耗的情况下，输出转矩等于输入转矩。在电磁感应的过程中，永磁转子与导体转子（绕组转子）相互作用，两个转子之间传递的转矩来自原动机，施加于负载。从力的相互作用来看，负载转矩就等于原动机的转矩。

（4）存在转差功率，也就是电机的功率大于负载的功率。对于转差类调速，输入功率（电机的功率）P_1为：$P_1=T_1 \cdot \omega_1$。

负载功率为：$P=T \cdot \omega$。

式中，T_1为电机转矩；ω_1为电机角速度；T 为负载转矩；ω 为负载角速度。

如前所述，$T_1=T$，而 $\omega<\omega_1$，所以 $P<P_1$。

令 $\Delta P=P_1-P$，其中 ΔP 就称为转差功率。

对于风机水泵类负载，由于转矩与转速的平方成正比，任意转速下的转差功率是可以计算出来的。为了方便计算，下面用标幺值来进行计算。

假设以额定角速度为基准值 1，输出角速度为 ω，其中 $0\leqslant\omega<1$。

以满载时的负载转矩为基准值 1。风机泵类负载转矩与速度平方成正比，则负载在任意转速下的转矩为：$T=\omega^2$。

由于输入转矩等于输出转矩（忽略风磨损耗），易知电机的转矩为：$T_1=T=\omega^2$。

电机的功率等于转矩与转速的乘积为：

$$P_1=T \cdot \omega_1=\omega^2 \cdot \omega_1=\omega^2$$

可见，满载时（将负载转速 $\omega=1$ 代入上式），电机的功率为基准值 1。

负载的功率为转矩与负载转速的乘积：

$$P=T \cdot \omega=\omega^2 \cdot \omega=\omega^3$$

则转差功率为：

$$\Delta P=P_1-P=\omega^2-\omega^3$$

为了求得 ΔP 的极值，对 ΔP 求导并令其为 0，则：$2 \cdot \omega-3\omega^3=0$。

可以求得两个极值点：

$$\begin{cases} P_{\min}=0, & \omega=0 \\ P_{\max}=\dfrac{4}{27}, & \omega=\dfrac{2}{3} \end{cases}$$

这就意味着转差功率最大可能达到满载功率的 4/27(亦即 14.815%)。

(二) 两种永磁调速技术的不同点

虽然两种永磁调速都属于滑差调速，但是二者具有明显的不同点。

(1) 涡流永磁调速时采用的是机械调节，绕组永磁调速时采用的是电气调节。涡流永磁调速是通过改变 δ 的大小来实现的。这是一种机械调节，需要机械调节机构来完成。绕组永磁调速是通过改变绕组中的感应电流的大小来完成的，这种调节通常由开关或者电力电子器件来实现。

通常认为，机械调节更加可靠，但是调节的快速性、线性度以及精度稍差。电气调节的可靠性稍差，但是调节的快速性、线性度以及精度更好。绕组永磁调速技术关键是加强速度调节可靠性设计。

(2) 涡流永磁的转差功率在导体上发热消耗，调速器最大发热量为额定功率的 14.815%；绕组永磁的转差功率引出到外部回收利用，调速器最大发热量为额定功率的 2%。涡流永磁调速的导体转子与外部没有联系，转差功率只能消耗在导体转子上。由于转差功率最大可达 14.815%满载功率，假设额定功率为 1000kW，则最大转差功率为 148.2kW，这些功率全部转化为导体转子上的发热，本体的散热压力很大。

绕组永磁调速的绕组转子通过碳刷和滑环结构，将转差功率引出到外部控制回路上。本体损耗只有类似于电动机的铜耗、铁耗和机械损耗。这部分损耗通常不会超过额定功率的 2%，因此本体散热压力很小。

转差功率引出后如何处理决定着系统的效率。如果将转差功率消耗在电阻上，则控制器非常简单，但是效率比较低，与涡流永磁调速相同；如果将转差功率回收利用，则效率非常高，甚至比变频调速的系统效率还高，系统相对较为复杂。

五、应用于 CFB 水泵的节能比较

2021 年 7 月，广东茂名石化有限公司首次在 CFB 水泵上应用绕组永磁调速技术，选择的是将转差功率全部并网回收利用的方案。CFB 是目前工业化程度最高的洁净煤燃烧技术，要求水泵具有调速精度高、可靠性高、响应速度快以及节能要求高等特点。

现场设备如下：

电机额定功率 800kW，电机额定转速为 494r/min。改造前为阀门调节，实际流量为额定流量的 85%。

(一) 改造前耗电情况分析

由于阀门调节效率较低，为方便计算，在调节流量范围不大的情况下，将电机损耗与节电抵消，系统耗电按照额定功率 800kW 计算。

(二) 涡流永磁调速改造

由于流量与转速成正比，85%的流量需求意味着可以调速至 85%额定转速运行。

则此时电机耗电功率 P_1 为：

$$P_1 = \omega^2 = 85\%^2 = 72.25\%$$

节电率为：1-72.25%=27.75%。

亦即每小时节电功率为：800×27.75%=222kW。

假设年运行 8000h，而每度电为 0.6 元，则年节省电费为：222×8000×0.6=106.6 万元。

(三) 绕组永磁调速改造

同上，由于流量与转速成正比，85%的流量需求对应调速值为 85%额定转速。

则此时电机耗电功率为：$P_1=\omega^2$。

采取转差功率回收的方案，则实际耗电为：

$$P_2=P_1-\Delta P=\omega^2-(\omega^2-\omega^3)=\omega^3=85\%^3=61.4\%$$

节电率为：1-61.4%=38.6%。

亦即每小时节电功率为：800×38.6%=308.8kW。

假设年运行 8000h，而每度电为 0.6 元，则年节省电费为：

308.8×8000×0.6=148.2 万元

可见，绕组永磁改造比涡流永磁改造节电率约为 1-调速比 85%=15%，每年可多节省 41.6 万元。

（四）绕组永磁调速实际节电效果

2021 年 11 月 1 日和 11 月 5 日，选取设备编号为 P8101A 和 P8101C 的两台水泵并联运行进行节能效果统计，统计数据见表 1。其中，P8101A 电压互感器变比为 6000/100，电流互感器变比为 300/5；P8101C 电压互感器变比为 6000/100，电流互感器变比为 200/1。

表 1　绕组永磁调速节电效果

编号	转速	日期	持续时间	开始电能	结束电能
P8101A	419	11 月 1 日	6h5min	443.79	444.56
P8101C	495	11 月 1 日	6h	7214.81	7215.2
P8101A	495	11 月 5 日	6h5min	456.46	457.72
P8101C	495	11 月 5 日	6h3min	7221.06	7221.43

依据表 1 可计算出编号调速 P8101A 的 CFB 泵调速 84.7%运行相较全速运行节电 38.9%。

P8101A 泵调速运行后，耗电功率大幅度下降的同时，P8101C 泵耗电功率有 6.3%的升高，扣除 P8101C 泵耗电增加量，P8101A 泵综合节电达 32.7%。

六、结论

本文介绍了两种滑差型永磁调速技术的基本原理，应用于风机/水泵类负载，调速后系统耗电相较全速运行均有较大节电空间，绕组永磁调速相较涡流永磁调速理论节电率约为 1-调速比。绕组永磁调速采用外部电路进行调速，转差功率高质量、高效率回收，在提高系统效率的同时更方便设计冗余回路，可以大幅度提高系统可靠性。

参考文献

[1] 徐甫荣．大功率风机水泵调速节能运行的技术经济分析(1)[J]．电源技术应用，2001(12)：50.
[2] 李毅搏．新型永磁调速器解析建模与电磁特性分析研究[D]．江苏：东南大学，2019.
[3] 王煜伟，等．永磁耦合调速器节能性能试验[J]．热力发电，2020(4)：125-130.
[4] 刘经纬．双筒式永磁调速器的解析建模与性能分析[D]．陕西：西安理工大学，2019.
[5] 方剑，徐俊峰．绕组式永磁耦合调速技术及应用分析[J]．节能科技，2018(3)：50-53.
[6] 漆复兴．一种无接触、无摩擦离合器的研究[J]．船电技术，2020(5)：9-11.
[7] 徐甫荣．大功率风机水泵调速节能运行的技术经济分析(2)[J]．电源技术应用，2002(1)：46-51.
[8] 杨金保，等．大型风机不同调速方式的能耗研究[C]．第十二届全国炼铁原料学术会议，银川 2011：136-140.

抗腐蚀预热器在加热炉节能降碳领域的应用

袁成志 | 中国石化工程建设有限公司

实现碳达峰和碳中和目标不仅是中国履行应对气候变化的承诺，更是对国民经济高质量发展的一次伟大实践。在国家“双碳”目标背景下，中国石化积极行动，率先提出提前十年实现碳中和目标。为此，积极发展节能降碳技术迫在眉睫。加热炉是石化工业企业的关键耗能设备，其耗能约占装置总耗能的50%~80%。目前加热炉系统的主要热损失为排烟损失，约占加热炉总放热量的7%，约占全部热损失的80%。为了回收排烟余热，人们研制出了各种类型的空气预热器，但受限于烟气露点温度，120℃以下的排烟温度对预热器长周期运行挑战巨大。近几年，在加热炉烟气余热回收领域应用的高效组合式抗烟气低温露点腐蚀空气预热器技术，在加热炉节能降碳领域获得了良好的应用效果。本文就其技术原理、结构特点和使用效果进行介绍，探讨经济高效的热炉节能降碳解决方案。

加热炉是为装置供应热量的设备，它将燃料的化学能转化为热能提供给工艺介质。基于加热炉能耗占装置能耗的比例，加热炉节能降碳一直是装置节能降碳的关键一环，各炼厂均将加热炉排烟温度和热效率列为加热炉考核关键指标。在加热炉加热过程中约有 1.5%的能量，通过壁板散失到环境中，约有 5.5%的能量通过烟气排放到大气中，造成了能量损失。工业炉燃料多为烃类气体，燃烧烟气中二氧化碳约占 8.5%（v/v），是炼厂排放二氧化碳的主要源头之一。以一个 15Mt/a 加工规模的炼化企业为例，加热炉总负荷约 3200MW，年排放二氧化碳约 5.85Mt，加热炉热损失每降低一个百分点，每年约节省燃料气折算天然气 2.28×10^4t，按照每立方米 3.2 元价格计算，每年可节省燃料费用 10170 万元，减排二氧化碳 5.85×10^4t。

一、加热炉节能降碳的制约因素

加热炉节能降碳的重点是减少排烟损失，目前主要是通过设置空气预热器回收加热炉烟气中的余热，降低排烟温度的技术手段实现的。在我国，随着节能环保意识的逐年加强，以及节能管理工作的逐渐精细，烟气余热回收技术也有了快速发展，加热炉热效率从接近90%迅速发展到93%，市场上涌现出各种类型的空气预热器。在加热炉热效率达到93%时，空气预热器低温侧部分触及了烟气露点温度，一些燃料条件较差的加热炉出现严重的露点腐蚀，影响装置长周期运行和加热炉效率的稳定。传统空气预热器多采用各类耐低温腐蚀钢材，在邻近烟气露点温度时，极易出现长周期耐腐蚀性、抗堵塞性和密封性不足的问题。尤其在烟气酸露点温度以下的腐蚀失效防护、泄漏率控制、高效传热、抗积垢堵塞方面的能力不足，制约了加热炉效率的进一步提升。高效组合式抗烟气低温露点腐蚀空气预热器的出现，较理想地解决了上述问题，使得突破露点温度限制、深度回收烟气余热成为可能。

二、高效组合式抗低温露点腐蚀空气预热器结构特点

针对石油化工行业加热炉操作精细、过剩空气控制严格、排烟温度变化范围大、烟气成分复杂腐蚀性强的特点，并最大限度地适应传统加热炉余热回收系统布置和操作习惯，采用高温段金属材质换热单元与低温段耐热玻璃材质换热单元组合的预热器形式，获得在烟气高温段尽量提高换热效率、减少压降损失，低温段抗烟气低温露点腐蚀、抗积灰的复合效果。具体是高温段采用一定厚度的不锈钢或碳钢材料制造换热元件形成间壁换热单元，充分发挥金属材料易成形、导热系数高的优势；以冷端烟气温度为界划分低温段，采用耐热玻璃形成间壁换热单元，充分利用玻璃材质耐腐蚀、不易积灰不生锈的优点。形成的高效组合式抗烟气低温露点腐蚀空气预热器可实现烟气垂直进出、空气水平进出或烟气空气均水平进出的排布形式，与传统烟气余热回收系统匹配度高。

目前市场上该类预热器主要有3种形式：复合板管式空气预热器，采用金属矩形板管式空气预热器与玻璃矩形板管式空气预热器相结合的技术方案；组合板式空气预热器，采用金属板式空气预热器与玻璃板式空气预热器相结合的技术方案；板-扁管式空气预热器，采用金属波纹板空气预热器与玻璃扁管空气预热器相结合的技术方案。3种技术方案均能适应加热炉排烟温度降至露点温度以下的工况，解决了深度回收利用加热炉烟气余热的设备腐蚀、堵塞、失效率高、运行周期短等问题，可以将加热炉效率提高至95%以上，减少加热炉废气排放，减少 CO_2 排放，实现良好的经济及社会效益。

三、基本技术原理

高温段金属预热器基本技术原理与传统板式空气预热器相同，主要区别在于换热单元的具体结构进行了改进，包括换热单元的流通截面形状、表面处理，以增强气流扰动或提高气流流速，提高传热系数。依据高效组合式抗烟气低温露点腐蚀空气预热器的技术特点，高温段金属预热器的冷端温度得以精确控制，使高温段冷端烟气温度及冷端金属温度始终处于烟气露点温度之上，在不发生烟气低温露点腐蚀的前提下实现高效换热。

玻璃具有优越的抗腐蚀性能，是目前最优良的耐酸露点腐蚀材料之一，材料易获得，与碳化硅陶瓷、石墨复合材料等耐腐蚀材料相比成本优势明显，因而成为低温段空气预热器的首选材料。普通玻璃为脆性材料，强度低、抗热震性差、抗折抗弯能力差，无法直接作为换热元件材料长周期使用，需要进行改性。经优化配方，加入能够提高抗热震性和耐热性的成分，控制杂质含量，并采用热强化工艺进行处理，使其表面应力不低于90MPa，耐温不低于250℃，能够承受200℃以上至水冷的冷热冲击，最终成为满足使用需求的耐热

玻璃。耐热玻璃经过玻璃粘结及成型工艺制成低温换热原件。

由于玻璃不像金属材料一样能够方便地进行焊接，因此玻璃换热元件需要采用专门的结构和材料进行密封，并兼顾不同材料膨胀量差异而产生的热应力问题。

四、工程应用的典型结构

图 1 所示为某装置应用的高效组合式抗烟气低温露点腐蚀空气预热器设备结构示意图，包含烟气进、出口，空气进、出口，金属换热模块，玻璃换热模块 6 个部分。

由图 1 可知，高温段金属换热模块位于上部，低温段玻璃换热模块位于下部，烟气从顶部烟气入口进入空气预热器，经高温段金属换热模块降温后直接进入低温段玻璃换热模块，降至最终排烟温度后经烟气出口排出预热器。空气从侧下方经空气入口先进入低温段玻璃换热模块与烟气换热后，再经风道转入高温段金属换热模块继续吸热，最后经空气出口出预热器供燃烧使用，根据不同的换热及压降需求，空气可往返多次形成多程换热。

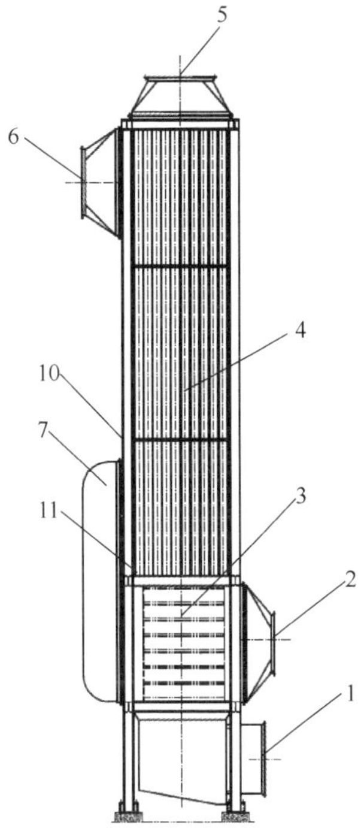

图 1　典型设备整体结构图

1—烟气出口；2—空气进口；3—玻璃换热模块；4—金属换热模块；5—烟气进口；6—空气出口

五、应用效果

近几年，高效组合式抗烟气低温露点腐蚀空气预热器从开发试用逐步走向成熟，其在为提高加热炉热效率提供优秀的解决方案的同时，技术本身也获得了快速发展，从最初的试验性替代传统空气预热器，到如今为众多用户所接受，推动加热炉热效率获得大幅提升，达到 95%~96%甚至更高的加热炉热效率，加热炉热效率提高了 2~4 个百分点。

目前，高效组合式抗烟气低温露点腐蚀空气预热器在新建和改造项目中已有近 50 个应用案例，实现了理想的高效率深度烟气余热回收效果，保持加热炉高效运行。较早的案例运行周期已经超过 6 年，经停工检修验证该预热器没有明显的腐蚀痕迹，无泄漏，换热面无积灰，证明抗低温露点腐蚀、抗积灰性能优异。在较晚的应用案例中，加热炉保证设计热效率通常控制在 95%以上，一些装置排烟温度能够低至 70~90℃，有力地支持了装置节能和降碳工作。

六、结论

理论分析和工程实践均证明采用高效组合式抗烟气低温露点腐蚀空气预热器可以可靠地将加热炉排烟温度降至露点温度以下，杜绝了设备烟气低温露点腐蚀的发生，从根本上解决了困扰深度回收利用加热炉烟气余热的设备腐蚀、堵塞、失效率高、运行周期短等问题，使以往为防止露点腐蚀而避之唯恐不及的超低温排烟成为常规设计，95%以上的加热炉效率成为“标准配置”。

根据《国内外油气行业发展报告》数据，到 2021 年末，我国炼油能力已达到 9.1×10^{8}t/a，据此按照低值 2 个百分点的热效率提升估算，采用此项技术全国范围加热炉每年可节省燃料 2.7Mt 以上，节省燃料费用 120 亿元以上，每年减少二氧化碳排放 7Mt 以上，是维持传统加热炉设计操作习惯下，追求加热炉节能低碳的合理方案，值得推广。

催化裂化主风机节能改造技术典型应用

钟　杰｜中国石化北京燕山石化炼油厂

中国作为工业大国，对能源的需求日益增长。随着能源供应紧张，能源过渡消耗造成环境恶化，温室气体减排压力进一步加剧，从源头控制能源利用方式的节能目标日渐清晰，低碳环保、节能降耗将是未来发展的趋势。国内某0.8Mt催化裂化装置安装有一台电机驱动的离心机机组，装置运行期间因机组转速无法调节，通过出口放空阀开度调节负荷，造成部分过剩能耗无法回收。为推进能源利用效率提升，充分应用节能改造技术，通过变速箱转子设计计算，合理降低机组转速，降低电机运行电流，达到了做优降本减费工作、减少能源消耗的目的。该技术的成功应用，为大型机组节能降碳工作的提供了成功案例，总结了新经验，具有一定的借鉴意义与参考价值。

一、背景

主风机机组是催化裂化装置关键设备，其作用是为再生系统催化剂流化提供动力、保证两器差压、为催化剂再生烧焦提供充足氧气。某0.8Mt重油催化裂化装置主风系统安装有一台电机驱动+变速箱+离心压缩机机组(见图1)。该机组运行期间长期通过打开出口放空阀进行负荷调整，造成能源利用效率不高。为进一步提高能源利用效率、降低能耗，结合装置运行负荷调整变量，通过降低增速箱齿数比以降低离心压缩机转数、降低变速箱负载，从而达到既满足工艺运行要求，同时降低电机运行电流的目的。

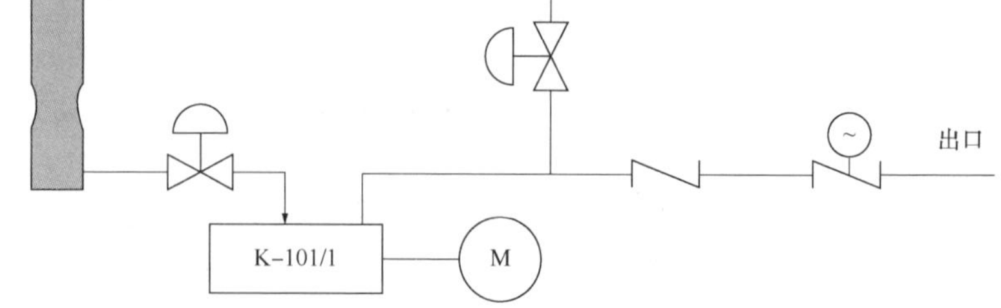

图1　重油催化裂化装置主风系统

二、节能技术应用

通过重新核算变速比降低离心机转速调节负荷的技术原理简单，主要关键控制点为工艺风量、变速箱变速比核算。结合工艺风量需求参数和离心压缩机预期性能曲线如图 2 所示。

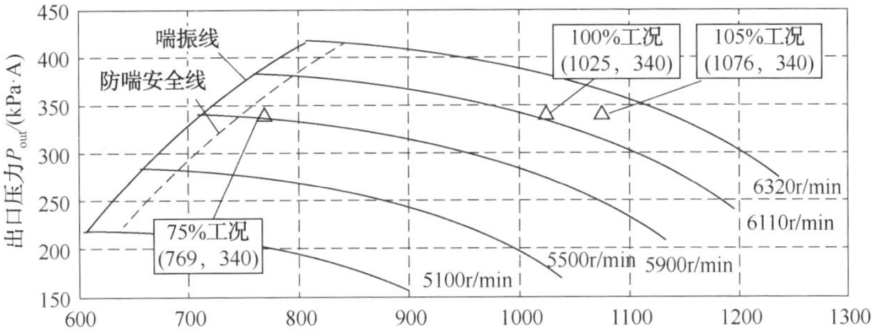

图 2　进口态容积流量 Q_{in}/(m^3/min)

工艺流量操作参数 800~1100m^3/min，操作压力 250~350kPa，根据离心压缩机预期性能曲线，初步选择运行转数 5900r/min；通过对比实际运行参数和性能曲线理论数据发现，操作压力和流量运行值较理论值偏低，以操作风量 1000m^3/min，操作压力 250kPa 为例，理论转数 5900r/min，实际运行转数 6100r/min，结合实际运行经验，进一步选择运行转数 6110r/min。

以 n=1494r/min 为输入转数，n=6110r/min 为输出转数校核计算，确认齿数比，经综合计算得出输出转数 6090r/min。

三、数据分析

（一）运行数据分析

1. 机械性能数据

变转数技术应用后，J-101/1 主风机组运行正常，机组转速 6090r/min，轴振动、轴位移均无明显变化，齿轮箱最大振动 22.4μm，主风机最大振动 21.0μm，轴位移 200.5μm，各项机械性能数据正常、平稳(见图 3、图 4)。

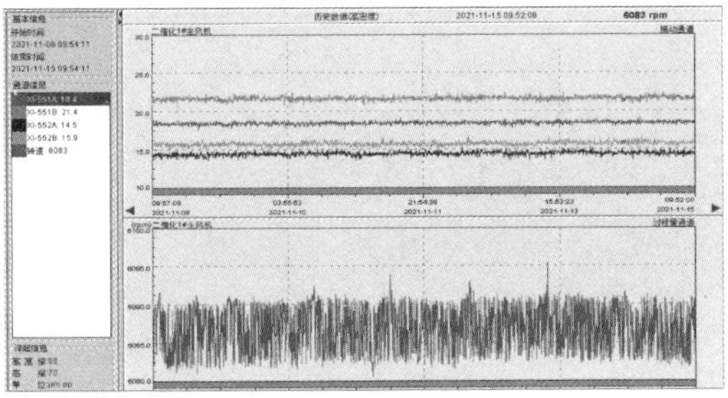

图 3　齿轮箱振动趋势

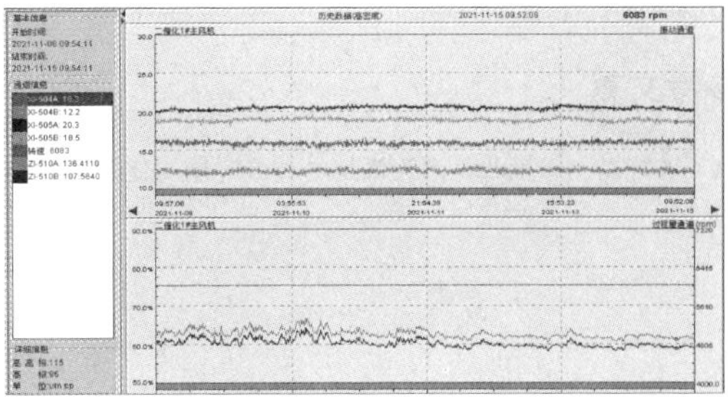

图 4　风机振动、轴位移趋势图

2. 工艺指标数据

催化裂化主风机机组是装置核心设备，主要工艺参数指标是主风容积流量，容积流量、出口压力、转数共同决定了机组实际性能工作点，通过实践论证，降转数技术应用后，1#主风机测量转速6090r/min，处理量110t/h条件下，2#主风机转速6200r/min，主风总量1833m³/min，主风总管压力0.24MPa，两台主风机出口均无放空，既满足工艺操作条件，同时有效减少了主风流量排空(见图5)。

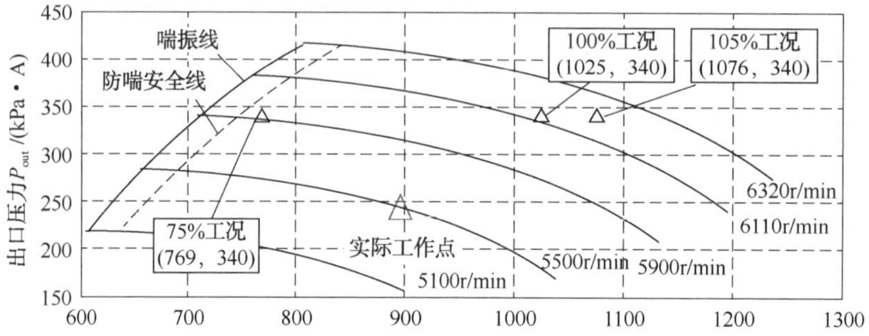

图5 进口态容积流量 Q_{in}/(m³/min)

(二) 综合效益核算

节能技术应用后，主风机机组转数降低、出口容积流量有下降。经对比统计，二催化1#主风机降转速改造前后电流分别是410A和330A左右，电流下降明显。此次节能技术的应用，共投资费用48万元，其中包括设备采购费，主要为变速箱大小齿轮轴组件、轴瓦组件等，施工费及其他费用。经计算，每年可节约费用：80A×6kV×1.73×0.9×0.75×8760≈490万元/年。

四、结论

(1) 随着近年来能源结构的变化，国内催化裂化装置主风系统节能技术应用较多，如采用3机组或4机组布置形式，通过汽轮机改电机驱动等，具有应用广泛、技术成熟的特点，投资大、成效高，而本文所描述降变速箱转数的节能技术，是一个典型理论结合实际的应用，是催化裂化装置节能技术的新思路、新经验、新应用。

(2) 变速箱机械、能效运行数据是大机组设备改造后绩效评价重要组成之一，各参数运行优良、平稳，节能效果好，证明此次节能技术应用取得较好成效。

(3) 通过实践应用与理论参数对比发现，本文所描述机组的性能曲线参数，理论数据与实际工作点偏差较大，因此在技术应用过程中，对参数核算的准确性是取得成效的关键。

参考文献

[1] 衣晓磊，王玉岭．汽轮机与电动机应用对比[J]. 中国设备工程，2018(上)：157-158.

电动固井装备研制与应用

潘　涛
张会治　中石化中原石油工程有限公司
李深江

大位移井、长封固段、高密度和高压力等特殊固井作业逐年增多，通常采用的2(用)+1(备)+1(前置液)的固井设备配置方案已经无法满足此类固井作业的需求，而且车载柴油动力系统燃料成本高、噪声大，排放污染环境。电动固井装备的研制，实现单台注水泥，两台替浆，节约施工成本，提升作业效率；施工噪声小、能耗低，清洁环保、节能降碳，满足当前环境保护相关要求。

近年来，大位移井、长封固段、高密度和高压力等特殊固井作业逐年增多，用于解决现场固井技术难题的新型水泥浆体系也不断推出。现有的柴油机动力的水泥车车身长、超重，山路行驶不便，常规固井装备在水功率、排量等方面已经无法满足此类固井作业的需求，研制满足深井固井大排量、长时间作业要求和绿色环保的新型固井装备已成为新的发展趋势。

一、国内外现状及发展趋势

（一）国外技术现状和发展趋势

国外固井装备制造公司通过多年的技术研发与储备，在大功率固井装备研制方面处于领先甚至垄断地位，掌握了大量的关键专利技术，其中代表产品如哈里伯顿 Advantage 系列、斯伦贝谢 CPS 系列等装机功率从 1000hp 到 3500hp，能够实现泥浆顶替和高强度固井作业单机化。哈里伯顿 HCS Advantage，斯伦贝谢 CPS679、CPS763、CPS977、CPS3000 都是采用电机驱动的固井装备。

（二）国内技术现状和发展趋势

国内主要固井装备制造公司在大功率自动控制固井装备研制方面尚未取得突破，功率在 600hp 以下的固井泵仍为主流配置。为了满足国内大型固井施工对排量、压力、可靠性的要求，井场通常采用2(用)+1(备)+1(前置液)的固井设备配置方案，设备协同作业效率不高，人员、设备浪费情况严重，施工成本较高。

同时，随着车载柴油动力系统燃料成本高、噪声大及排放环境污染等问题日趋突出，绿色环保的电驱动力技术成为新的发展趋势，柴油发动机和液力变速箱的驱动模式，已渐渐无法满足日趋严苛的环保要求。目前，国内油田网电建设逐步完善，网电石油装备正逐步得到应用，配备电驱动力的钻塞泵注设备成为新的发展方向，稳定、可靠、性价比高的钻塞泵注设备研制工作已经迫在眉睫。

(三) 油气勘探开发的需要

固井作业是钻井施工中重要组成部分，是一个涉及面广、风险大、作业要求高、技术性很强的隐藏性井下作业工程，也是考核钻井质量的三大要素之一。固井质量的好坏直接关系到油气井的产能与寿命。

大力发展非常规天然气已成为我国今后能源发展的重点之一，随着非常规天然气的开发力度不断加大，页岩气作为非常规气体能源的重要战略地位正在凸显。目前，中国四川盆地页岩气层埋深均在2000m以上，中国石化涪陵二期和威荣区块3500m深层页岩气开发已在进行，由于固井装备在流量、密度等监测和控制等方面自动化程度低，现场主要依赖人工计量和调节，施工效率和精度低，作业难度显著增加，成本、安全和环保等问题日益突出。

二、可行性研究

(一) 公司现状

中石化中原石油工程有限公司(以下简称中原石油工程公司)成立于2012年12月，涉及钻井、井下特种作业、管具、固井、油藏综合服务和钻井工程研究等专业。自公司成立以来，认真贯彻中国石化集团公司“节能减排、绿色低碳”发展战略，大力实施节能降碳技术攻关，能耗总量和碳排放总量逐年下降，能效水平稳步提升。

固井公司隶属中原石油工程公司，目前拥有高压油气井固井、低压易漏失井固井、小井眼固井、岩盐层固井、煤气层固井、水平井固井及常规一次性固井等19项固井技术。固井公司是一家集油气井固井设计施工、固井工艺技术研究、水泥浆化验、水泥浆添加剂研制开发、固井工具附件研制及应用、散灰储运混拌等于一体的专业化石油工程技术服务公司。多年来，固井公司发挥技术与装备优势，积极参与国内外市场竞争，先后进入吐哈、青海、辽河、大庆、四川、长庆、吉林及江苏等国内油田和地区。1996年进入苏丹、哈萨克斯坦等市场并不断扩展境外固井业务，先后与新西兰石油公司、美国阿莫科东方石油公司、德士古石油公司及菲利浦斯石油公司等国际知名石油公司成功进行合作。

目前，固井公司拥有固井队伍13支，固定资产418台(套)，其中双机双泵水泥车24台、单机单泵水泥车34台，高温高压水泥浆稠化仪等化验仪器52台，大型散灰混拌库4座，主要分布在河南、山西、东北、陕北、内蒙古、四川等国内地区和苏丹、哈萨克斯坦、乍得、南苏丹等境外地区。

(二) 研制思路

中原石油工程公司作为中石化石油工程公司市场开拓的排头兵，有面临着复杂多变有着替浆压力达到50MPa的、水泥浆密度达到2.30g/cm^{3}页岩气固井施工，水泥量200t以上、单次固井施工3h以上的页岩气井施工、大规模使用的钻井队伍，技术高超的现场设备操作维护保养人员、能够对电动水泥车的研制提供良好的试验条件，使得电动水泥车投产时，可满足各种复杂井的固井施工。

中石化石油机械股份有限公司具备压力35～140MPa、排量1300～4200L/min的单机单泵、双机双泵、车载式、橇装式和手动自动混浆固井设备系列产品，可实现高能混浆、数据采集传输、混浆液面自动控制。掌握固井混浆技术、大型固井泵等两大固井装备核心装置的研发能力，拥有24项固井设备有效专利，具有柱塞泵生产线及固井设备总装、调试、试验生产线，年产能200台固井设备。

中石化石油工程技术研究院长期从事固井工艺技术研究、固井工具开发，固井软件与现场固井技术服务等工作。先后承担了国家及部局级科研项目近80项，研究成果多次获得省部级科技进步奖项，具有25项发明专利和18项专有技术，编制了13项行业标准。在固井现场监控系统和固井优化设计理论与软件技术有较多的积累，从科研技术方案、人员和试验设备配套方面具有良好的基础。

中原石油工程公司将依托石油机械公司现有的固井装备研制开发能力和配套的成套装备试验检测能力，石油工程技术研究院丰富的固井技术研发和工程经验，开展电动固井装备技术研究和设备研制，实现变频器控制交流电机驱动柱塞泵技术、密度精确测量技术、固井设计与施工过程监测技术及高效混合器设计技术的创新。

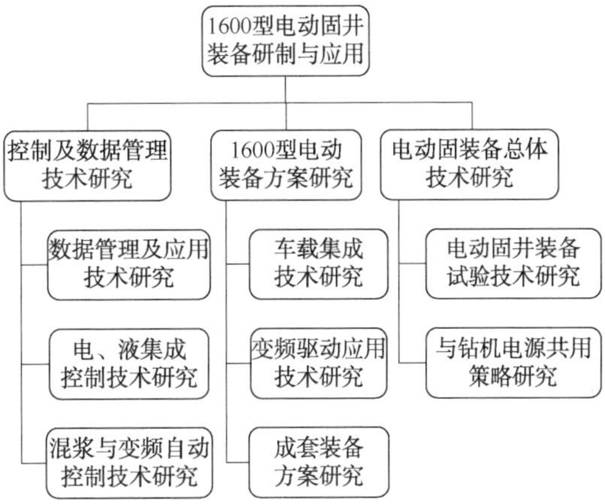

图1　1600型电动固井装备的应用场景

(三) 技术目标

研制出具有国际先进水平的1600型电动固井装备(见图1)，建立电动固井装备研发体系，形成适应于我国页岩气固井施工特点的低碳环保固井装备、试验验证平台等综合配套技术和安全应用规范，提升我国固井装备科技创新和制造能力，为国内深层页岩气高效率、低成本开发提供装备保障。

三、研究内容

(一) 技术内容和关键

1. 总体技术研究

(1) 与钻机电源共用策略研究。结合单台固井车单独作业及两台固井车同时作业时负载情况，研究固井车的用电负荷。根据固井车作业负载情况及钻机供电情况，研究供电策略，实现电驱固井车与电驱钻机电源共用的目标。

(2) 试验技术研究。针对大排量、高压力工况，提出符合作业工况的试验标准，结合试验条件，以核心装置和关键技术基础研究为指导，开展试验方式、方法研究，确定核心部件、固井装备试验验证要素，制定电机、传动系、控制系统及电动固井装备的试验方案和步骤，形成相应的试验规范，完成1600型电动固井装备的型式试验，充分验证产品的技术性能。

2. 1600型电动装备方案研究

（1）成套装备方案研究。通过开展页岩气固井作业工况研究，确定电动固井装备的主要参数，依据固井作业环境条件和装备负载特性，开展大功率电机电压、功率、扭矩、转速、特性曲线、外形尺寸、重量等参数分析和研究，形成满足固井设备安装和使用要求的电机和传动总体方案。

（2）变频驱动应用技术研究。结合固井泵负载特性，开展变频器驱动技术研究，确定变频器各项性能参数；开展变频器快速动态响应算法研究，实现变频器对电机速度控制，实现固井泵排量精确控制。

（3）车载集成技术研究。在基础应用技术研究和关键部件研制的基础上，通过安全防护要求的研究，保证电机的安装空间，结合材料、结构、防锈蚀等方面要求，形成装备的电-机械传动方案；通过底盘车各轴载荷计算，优化固井装备零部件配置与整机布置，减轻整机的重量，控制整机总体外形尺寸，解决固井装备整机性能与外形尺寸及重量之间的矛盾，保证整机能够适应页岩气开发工况的移运要求，形成1000型电动固井装备的车载集成技术方案，完成整机制造。

3. 控制及数据管理技术研究

（1）混浆与变频自动控制技术研究。研究变频自动启动技术，实现水泥浆目标密度下变频电机的自动启动功能。研究变频自动调速技术，实现水泥浆不同流量需求下变频电机的自动调速功能。研究变频通信技术，将动力控制与混浆控制结合，实现固井作业中混浆技术的自动化升级。

（2）电、液集成控制技术研究。通过机、电、液系统的可控性研究，分析液压控制系统关键部件，建立可控液压单元集成系统关键部件的数学模型，分析有关参数及系统特性，实现固井车电、液集成控制。

（3）数据管理及应用技术研究。研究现场对固井作业、设备状态信息、运维数据需求，制定数据采集需求。研究基于物联网的数据采集方案，快速实现任意一台设备的互联互通，将大量数据安全收集、中间存储、回传并实时无缝接入公有云平台服务端。采用分类、估计、预测、相关性分组、聚类等分析方法，研究数据挖掘算法，实现固井装备大数据的管理和应用，逐步实现设备的远程程序维护、故障告警、预测性诊断等目标。

（二）技术方法和路线

1. 技术方法

以工程需求为导向，围绕能力提升、节能环保、更高安全性和可靠性主题，对比分析国内外电动固井装备技术现状，厘清装备与工程应用存在的问题，结合技术发展趋势，确定电动固井装备主要技术指标；采取合作模式，开展关键部件相关基础理论技术研究和关键部件攻关，建设配套试验能力；采用列举法开展装备总体方案研究，对比分析形成优化集成方案，并通过试验验证的方式对方案进行优化。

2. 技术路线

1600型电动固井装备技术路线如图2所示。

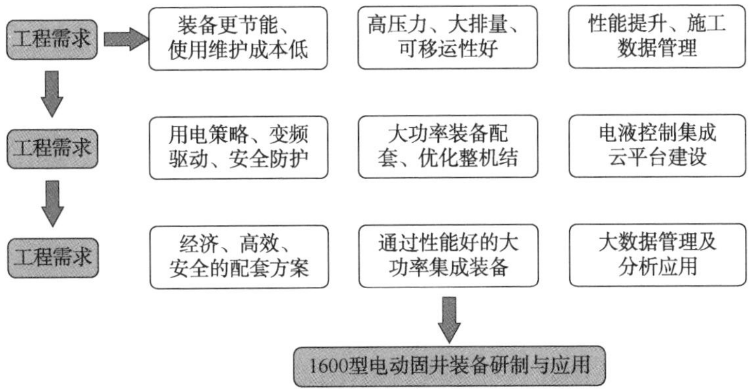

图 2　1600 型电动固井装备的技术路线图

四、市场前景分析

（一）市场需求分析

1600 型电动固井装备的研制与应用将解决国内固井装备单泵功率小、自动化程度低，混浆性能不稳定、操作烦琐等问题，有效应对深井、特殊地区对高压力、大排量、高性能泥浆的需求，降低操作人员劳动强度，消除固井作业中影响作业质量的不稳定因素，提高固井质量。研制成功的 1600 型电动固井装备势必将成为解决非常规油气开发与新式固井工艺难题的重要工具。

同时，自主研发的 1600 型电动固井装备将提升中原石油工程公司技术实力和创新能力，从而提高市场竞争力。

（二）效益预测

1600 型电动固井装备的研发，突破车载大功率电动固井装备的技术瓶颈，对提高我国固井设备工程适应性、自动控制技术研究以及加工制造技术、企业信息化建设等都会有很大的促进作用，有利于形成具有自主知识产权的核心技术及部件，打破国外公司技术垄断，推动国内固井工艺进步，推进重大装备国产化进程。通过本项目的技术研究向下延伸到其他系列化的固井产品装置中，可大大提高我国固井装备的整体水平，并大幅度提高市场占有率。

1600 型电动固井装备装机功率 1600hp，实现单台注水泥，两台替浆，大大节约施工成本(见表 1、表 2)，提高固井质量，提升作业效率，降低劳动强度；同时，变频器控制交流电机驱动柱塞泵动力组合噪声小、能耗低、清洁环保、节能减排，满足了当前环境保护相关要求。更为重要的是，可以提高国产设备竞争力，为国产固井装备进入国际市场创造条件。

表 1　使用维护成本对比表　　单位：万元

固井车类型	维护成本	设备折旧	燃料费用	人工费用
4 台 600 型单泵固井车	35	160	132	120
2 台 1000 型柴驱固井车	27	140	132	60
2 台 1600 型电驱固井车	12	120	97	75

维护成本：工作 1000h，包含大泵易损件、三大件维保。

设备折旧：数量和购置费下降带来的设备折旧成本。

燃料费用：对比 1000h 燃油于用电经济性，柴油 6.5 元/L，电费 1.2 元/kW · h。

人工费用：单车 2 人，费用 15 万/人 · 年。

表 2 绿色低碳高效对比表(工作 1000h)

项目	CO_2、NO_x 排放	场所噪声	电油消耗费(不含底盘)	动力维保费	火灾风险
1000 型柴驱固井车	25t	105dB	132 万元	9 万元	火灾隐患
1600 型电动固井车	零排放	95dB	97 万元	<1 万元	较小

五、效果应用

(一) 研究成果

2020 年 4 月，1600 型电驱固井车-SJX5390TGJ 型固井车由中石化石油机械股份有限公司研制出厂，整车采购总价 650 万元，并交付中原石油工程公司，为世界首台陆地电动固井车，主要技术性能如图 3 所示。

图 3 SJX5390TGJ 型固井车主要性能

整机主要性能：最高压力 79MPa，最大清水排量 2800L/min，水泥浆密度控制范围 1.0~2.5g/cm^3，工作环境温度 49~-20℃。

底盘卡车：中国重汽 SITRAK C7H 8×6，最大功率 353kW(1900r/min)，最大扭矩 2300N·m(1000~1400r/min)。

变频调速一体机：1 台 6 级 YKVFT-630-6 型电机，绝缘等级 H 级，额定功率 1200kW，额定电压 600V，额定效率 96%，重量≤9700kg，强迫风冷。

柱塞泵总成：QPE1200 型柱塞泵，由动力端总成、减速器和液力端总成组成，是一种卧式、往复、单作用、五缸柱塞泵，额定输入功率为连续工况 1200 马力、间歇工况 1400 马力。

自动混浆系统：采用 ACM-IV.2 密度自动混浆控制系统，最大混浆能力 2300L/min，水泥浆密度 1.0~2.5g/cm^3，精度范围±0.02g/cm^3，紧急情况可实现手动控制，音叉式密度计，电脑控制屏幕能显示瞬时排量、累计排量、密度、压力等数据。

混合罐：容积约 1.6m^3，2 个搅拌器，包括扩散槽、高能混合器及下灰阀等部件。

计量罐：两室，每室容积 2.0m^3，可单独计量，也可两室互通。

SJX5390TGJ 型固井水泥车具有自动混浆及二次混浆功能，整车设备操作由电路系统、液压系统、气压系统及机械传动系统来实现，集中在控制台可由一人完成，同时具备远程管理系统，实现远程在线设备监控、施工监测、数据管理和维保记录等，操作方便可靠，自动化程度高。该车配备低压非放射性密度计，准确测量水泥浆瞬时密度值，保证固井质量。

SJX5390TGJ 型固井水泥车主要用于油气田深井、中深井、浅井的各种固井作业，可完成自制水泥浆、注水泥、替泥浆、碰压等工作。可用于洗井和一般浅井的压裂施工，该车的最大优点在于井深在 4500m 以内的各种固井作业可实现一台车完成。

（二）应用效果

1. 效果分析

柴油机组：固井双机平台单机柴油消耗约 75L/h，两机共 150L/h，单井施工总时长平均 2h，单台双机平台柴油消耗 300L，甲方为确保固井工作连续性保障固井质量，一般要求两台双机平台同时施工，因此，单井固井施工油耗 600L，燃料成本 3319 元，能源消耗 0.75 吨标煤。

电动固井：1600 型电驱固井车固井施工电力消耗约 1000kW·h，单井施工总时长平均 2h，累计耗电 2000kW，电力成本 1440 元，能源消耗 0.25 吨标煤(见图 4)。

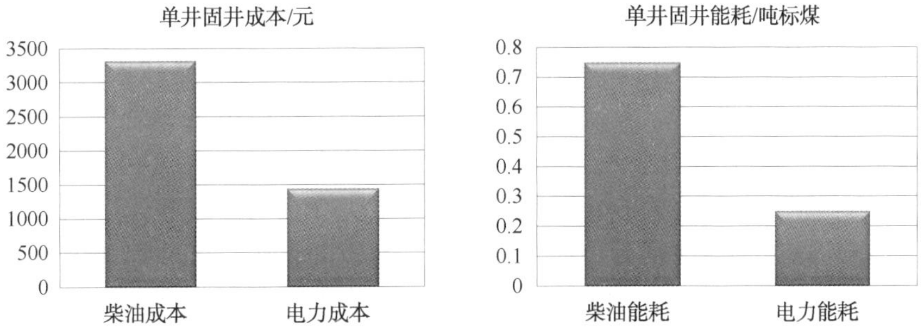

图 4　1600 型电驱固井车固井能耗

注：①电力折标煤系数 1.2290，柴油折标煤系数 1.4571。
②四川省 2021 年 0#柴油价格最低 5266 元/t，最高 7973 元/t。本文选取年平均价格 6432 元/t(1L 0# = 0.00086t)。
③四川省采取“阶梯电价+峰谷电价+四川丰水期试行居民生活用电电能替代价格”，固井施工一般为白天，为平峰和高峰时段(07：00~23：00)，执行第三档(峰平谷总读数>281kW)，6~10 月 0.6224 元/kW，11 月~下年 5 月 0.8224 元/kW。本文选取年平均价格 0.72 元/kW。

维护保养：柴油机组维保项点多达 35 项，电机仅有 5 项，可大大减轻现场保养操作人员劳动强度，节约设备配件损耗费用，维保成本相当于柴油机组 30%。按照电机 2000h 轴承保养、加注指定油费用测算，较柴油机组可减少维保费 4 万元/年。

2. 直接效益

中原石油工程公司为满足西南区域市场，针对不同施工区块井深大、压力高等特点，对较高压力的油井或页岩气井固井施工需求，进一步降低能源成本，节约能源消耗，自 2020 年交付以来，将 1600 型电驱固井车派遣至西南区域开展固井施工，由于此次 1600 型电驱固井车设计生产为国内首次，无经验可参考，仍需在使用中逐步完善，因此导致施工井次较少。截至目前，已累计施工 23 井次，经测算，取得直接经济效益如下：

累计消耗电量 = 23 井次×2000kW/井次 = 4.6000kW；

累计替代成品油 = 23 井次×600L/井次×0.00086t/L = 11.87t；

累计减少能耗=11.87t×1.4571−46000kW/10000×1.229=11.6 吨标煤；

累计节约成本=11.87t×6432 元/t−46000×0.72 元/kW=43227 元。

3. 社会效益

1600 型电驱固井车的研制应用，使用清洁能源-电力替代传统化石燃料-柴油，有效解决柴油机燃烧所导致的高能耗、高排放、高成本等不利局面，促进固井施工过程中的清洁生产，适应当前国家生态环境保护要求，展现中原石油工程公司绿色低碳的良好企业形象。经测算，累计施工 23 井次减少工业废气等污染物排放量如下：

工业废气=11.87t×0.3949×$10^4$$m^3$=4.69×$10^4$$m^3$

二氧化硫=11.87t×4.76kg=56.50kg

氮氧化物=11.87t×3.046kg=36.16kg

注：吨柴油工业废气排放量系数 0.3949×10^4 m^3，二氧化硫（SO_2）系数 4.76kg，氮氧化物（NO_x）系数 3.046kg。

六、结论

（1）1600 型电驱固井车自研制投用以来，累计施工 23 井次，减少能耗 11.6 吨标煤，节约成本 4.32 万元；减排工业废气 4.69×$10^4$$m^3$、二氧化硫 56.50kg、氮氧化物 36.16kg。

（2）工业高压电网，具有供电稳定、无烟尘、低噪声、价格相对低廉等优点，属于清洁能源。依托钻井工程作业网电应用环境，电动固井装备应用具备较大发展空间。同时，用电网供电替代传统柴油动力，具有施工现场清洁生产、机电设备安全可靠、员工操作强度降低等优势。

（3）中原石油工程公司作为石油工程技术服务专业化公司，近年来，积极开展节能降碳技措项目，推广网电、天然气等清洁能源利用，有效降低施工作业能源消耗，提高工程经济效益，助力中国石化安全绿色健康高质量发展，更好履行国有企业的经济责任、政治责任和社会责任。

连续重整装置四合一加热炉环保节能改造

景　沙
夏　刚　中国石油乌鲁木齐石化公司炼油厂

某公司1Mt/a连续重整装置四合一加热炉排烟温度高达220℃，远高于烟气露点温度，加热炉运行热效率仅有87.7%，无法达到达标指标的要求，同时造成加热炉瓦斯耗量高；另外，加热炉烟气氮氧化物浓度较高，不能满足即将实施的新的环保规范要求；通过调研对比增设空气预热器，更换新型燃烧器，可以降低排烟温度，最终提高加热炉热效率，实现节能降耗的目的。设施投用后的结果表明，该技术可以有效地改善加热炉运行状态，降低瓦斯消耗，具有良好的环保效益和经济效益。

某石化公司1Mt/a连续重整装置2010年10月试车成功。装置重整反应系统采用四合一方箱炉提供热源，四合一加热炉(F-2201、F-2202、F-2203、F-2204)由辐射室和对流室、余热锅炉组成。加热炉烟气通过在对流室换热管与锅炉水换热产生中压蒸汽后从对流室出口排烟。

一、四合一加热炉在运行中存在的问题及解决方案

（一）存在问题

（1）由于四合一加热炉设计采取自然通风，无余热回收系统，长时间运行后该加热炉燃排烟温度高达220℃，远高于烟气露点温度，造成烟气热量的浪费，加热炉运行热效率仅有88.6%，无法完成集团公司下达的达标指标，同时造成加热炉瓦斯耗量高，装置能耗高，竞争能力低。

（2）加热炉燃烧器为普通燃烧器，燃烧产生的氮氧化物浓度高，无法满足新的环保规范要求，存在环保超标排放的风险。

（3）重整四合一加热炉因现场燃烧器问题造成重整负荷119t/h运行时在满足炉膛温度不超温的情况下重整反应温度只能维持在522℃，严重影响重整反应苛刻度，造成装置纯氢产率及芳烃转化率降低，影响装

置的对标工作的开展。

（二）解决方案

重整四合一炉使用的瓦斯硫含量远远小于 50ppm（见表 1），而该炉的排烟温度却在 220℃左右，远高于该烟气的露点腐蚀温度，导致大量的热量浪费。国内目前的重整装置四合一加热炉降低排烟温度的主要途径有两种：一类是通过增加落地省煤器设施，将烟气引入省煤器增通过换热产生蒸汽，从而达到降低排烟温度的目的；另一类是通过增设余热回收系统，用高温烟气加热燃烧器用助燃空气，将燃烧器供风型式由自然通风改造为强制通风，使加热炉的排烟温度进一步降低，增大对排烟热量的回收，提高加热炉热效率，降低加热炉瓦斯用量，从而达到降低装置能耗的目的。通过调研对比两类改造施工的难度及改造后的经济效益，决定采用增加烟气余热回收系统进行相关的改造，同时将现用的普通燃烧器更换为新型低氮燃烧器，解决烟气氮氧化物浓度高，重整反应温度提温受限的问题。

表 1　装置用瓦斯组成

序号	组分名称	组成/%（V/V）	序号	组分名称	组成/%（V/V）
1	氢气	10.81	7	异丁烷	12.2
2	甲烷	1.94	8	丁烯	2.8
3	乙烯	0	9	正丁烷	13.16
4	乙烷	12.2	10	碳五及以上	4.9
5	丙烯	0	11	氮气+氧气	0.1
6	丙烷	41.89	12	硫含量	未检出

根据上述燃料气组成计算的得到的燃料气硫露点如图 1 所示。

采用烟气监测数据得到加热炉烟气中的湿度为 18.9%，二氧化硫含量为 0.3mg/m^3，利用模拟计算器计算得到加热炉烟气的露点温度如图 2 所示。

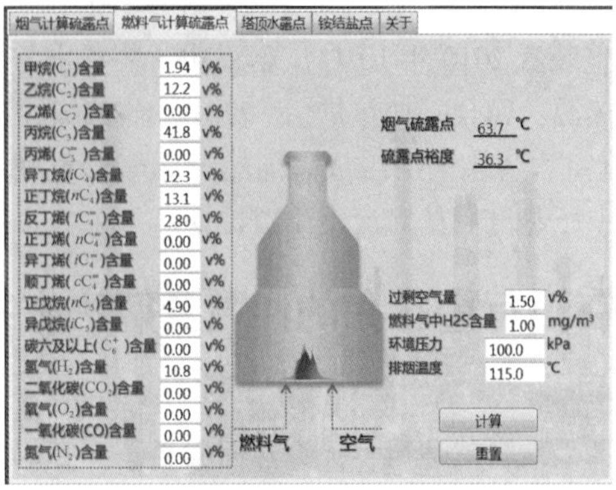

图 1　燃料气硫露点温度计算结果

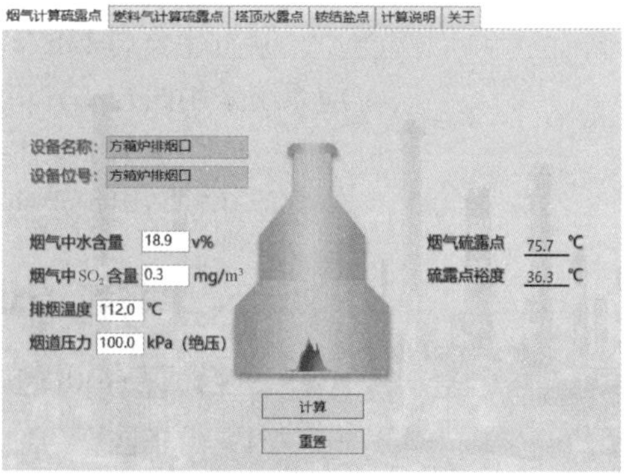

图 2　烟气硫露点温度计算

二、改造内容及效果

（一）改造内容

改造流程如图 3 所示。

利用 2019 年大检修在加热炉旁空地上新增一套烟气余热回收系统，将加热炉的自然通风方式改造为强制通风，通过将烟气引入高低温板换与空气换热后降低排烟温度，提高进

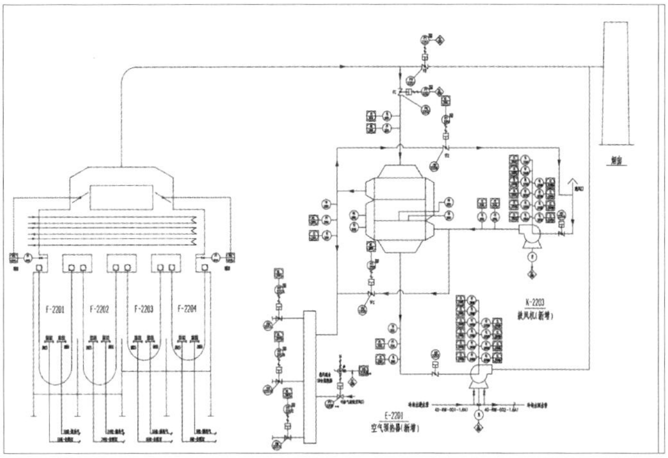

图 3　改造流程示意图

入加热炉空气温度，达到提高加热炉热效率，降低瓦斯消耗的目的。1Mt/a 芳烃联合装置四合一加热炉余热回收系统的改造主要内容是增设一台钢板—铸铁板空气预热器，增设一台鼓风机，增设一台引风机，增加余热回收烟风道以及更换 58 台低氮燃烧器等。烟气流程：热烟气从四合一炉顶部联合烟道引出，经热烟道进入空气预热器后，再由烟气引风机引出，经冷烟道送至烟囱排空。空气流程：冷空气从吸风筒由鼓风机鼓入空气预热器换热，与预热器内烟气充分换热后进入联合风道，从联合风道分三路控制进入四合一炉每台燃烧器进行助燃。增设一条冷空气旁路，通过调整换热空气量以调节空气预热器出口烟气温度；增设一条热空气旁路，通过调节热空气量调节进入空气预热器的空气温度，避免空气入口处空气预热器露点腐蚀，同时可避免冬季运行期间鼓风机吸入口结霜导致鼓风机供风量不足的情况。

（二）效果验证

1. 加热炉热效率的提升

改造后空气预热系统于 2019 年 7 月 23 日正式开车投入系统运行，通过对相关参数调整稳定运行后，方箱炉排烟温度从 210℃ 降至 115℃，空气进炉膛温度从环境温度提至 172℃，瓦斯用量从 3750Nm^3/h 降至 3200Nm^3/h，每小时节省瓦斯用量 550Nm^3，加热炉热效率从 88. 6%上升至 93. 5%。运行至 2021 年 5 月，加热炉热效率稳定在 93. 5%，同时加热炉系统运行稳定。

2. 对重整反应系统的影响

此次改造通过将烟气的热量回收提高入炉空气温度，适当地提高加热炉热负荷，同时更换新的燃烧器，解决了装置高负荷运行反应温度无法提高的瓶颈问题，通过装置 122t/h 长期高负荷运行数据表明重整反应温度可以维持在 527℃ 运行，改造前装置负荷 119t/h 时反应温度最高 522℃ 就会造成炉膛超温，重整进料提高 3t/h，反应温度提高 5℃，重整产氢提高 4000Nm^3/h。

3. 加热炉烟气氮氧化物含量的降低

此次改造后新更换的低氮燃烧器，方箱炉烟气中的氮氧化物含量由更换前的 90mg/m^3 降低 50mg/m^3 左右，减少了外排烟气的氮氧化物。

（三）经济效益分析

通过增设烟气余热回收系统，在降低排烟温度的同时提高了加热炉热效率，降低了装置的瓦斯用量 0.99t/h，目前在用燃料气单价为 1000 元/t，年产生的经济效益为 831.6 万元；重整负荷和反应温度的提高增加了重整产氢，提高全厂用氢装置的运行负荷，同时增加了芳烃产量；氮氧化物浓度的降低达到了节能减排的目的，年累计降低氮氧化物排放量 20.16t。

三、结论

（1）增设烟气余热回收系统，解决重整装置四合一加热炉热效率长期不达标的问题，在提高热效率的同时达到了节能降耗的目的。

（2）四合一加热炉的改造提高了装置的运行负荷及反应苛刻度，为全厂用氢平衡、减油增化的工作提供了保障。

（3）经过近两年的运行考核，该设施运行稳定，通过此次改造可以得出结论：1Mt/a 规模的重整装置通过增加余热回收设施是可行的，经济效益及环保效益显著。

参考文献

[1] 钱家麟．管式加热炉[M]．北京：中国石化出版社，2003.
[2] 罗家弼．炼油技术常用数据手册[M]．北京：中国石化出版社，2016.

乙烯装置裂解炉节能降耗的应用分析

雷伟伟
刘序洋
宋　毅
杨　柳
高海庆
胡　丹
中国石油四川石化有限责任公司生产四部

为了深入习近平生态文明思想，四川石化站在“建设生态文明是中华民族永续发展的‘千年大计’”的高度，积极践行绿色发展理念，推行绿色生产方法，加快推进无异味工厂创建。四川石化乙烯裂解炉作为乙烯装置主要能耗设备，其燃料消耗占乙烯生产能耗的主体，因此对裂解炉进行操作优化及节能改造具有十分重要的意义。本文主要介绍了四川石化公司裂解炉在节能降耗方面所采取的优化措施：增加空气预热器、增设蒸汽喷枪、对引风机进行改造、采用超声波吹灰等；对比了节能措施投用前后的运行情况，分析了节能优化后经济指标，并在现有基础上结合装置特点提出优化建议。

一、概述

2021 年 10 月 21 日，国家发改委提出了约束推动重点领域节能降碳的若干意见，其中针对石化化工领域专门发布《石化化工重点行业严格能效约束推动节能降碳行动方案（2021—2025 年）》，提出到 2025 年，通过实施节能降碳行动，炼油、乙烯、合成氨、电石行业达到标杆水平的产能比例超过 30%，其中乙烯的单位产品能耗基准水平要达到 640 千克标准油/吨，标杆水平要达到 590 千克标准油/吨。为贯彻落实党中央、国务院碳达峰碳中和相关工作部署，坚决遏制“两高”项目盲目发展，推动炼油、乙烯、合成氨、电石等重点行业绿色低碳转型，确保如期实现碳达峰目标，根据《关于严格能效约束推动重点领域节能降碳的若干意见》，引导能效落后企业装置实施技术改造，科学合理地制订不企业节能改造的具体工作方案，明确落实措施。

炼化行业既是能源生产企业，也是能耗大户，能源利用情况制约着我国整体能源经济的发展。近年来，随着科技创新能力不断提高，我国炼化工业能效水平得到显著提升，节能与绿色发展方面取得巨大成就。然而在新常态下，节能低碳形势依然严峻，石化产业节能降耗责任重大，刻不容缓，要抓好机制创新和技术创新，通过系统节能、智慧节能和协同节能，实现炼化工业绿色、低碳、高质量可持续发展。在"碳达峰、碳中和"的背景下，石化行业亟需加快碳减排与资源化利用技术的科技创新和推广应用。

众所周知，乙烯是石油化工的标志产品，在石油化工中占主导地位。以乙烯为龙头的石化工业在国民经济中占有重要的地位，乙烯装置生产的三烯(乙烯、丙烯、丁二烯)和三苯(苯、甲苯、二甲苯)是其他有机原料及三大合成材料(合成树脂、合成橡胶、合成纤维)的基础原料。它约占国家财政收入的10%；因此它作为重要的原材料，其产品及衍生的行业对整个国家的经济有重大影响。

乙烯生产装置是高耗能装置，降低乙烯装置的能耗是降低乙烯生产成本的重要途径之一，乙烯裂解炉作为乙烯装置的主要能耗设备，因此研究裂解炉的节能降耗就显得尤为重要，相关数据表明乙烯生产能耗70%以上是消耗于裂解炉的燃料，而机泵的功耗中，80%以上是由裂解炉回收的高压蒸汽供给的。研究发现，提高裂解收率和裂解炉热效率，可使乙烯装置能耗明显下降。四川石化乙烯装置相关技术人员通过8年的调研和实践，对四川石化公司的乙烯裂解炉进行了几个方面技术优化，节能降耗效果明显。

二、乙烯裂解炉的节能优化

乙烯产业的发展水平代表了一个国家石化工业整体实力。乙烯裂解炉是乙烯生产环节当中的重要设备之一，裂解炉在乙烯生产过程当中的运行状态，直接决定了乙烯生产所需要的能源消耗。针对四川石化乙烯装置，优化裂解炉的设备是提升其应用性的最有效措施，并且有利于提升工艺生产的经济效益。

(一) 采用空气预热器

利用炼油装置的废热凝液预热燃烧空气可以减少燃料用量，减少的燃料用量大致相当于预热空气的热负荷，同时降低炉排烟温度，提高炉热效率，降低乙烯装置能耗。以乙烯装置装置3#裂解炉投用空气预热器前后燃料气(FG)消耗量、排烟温度、引风机转速数据变化见表1，燃料气(FG)消耗量对比见图1，排烟温度对比见图2，引风机转速对比见图3。

表1 3#炉空气预热器投用前后数据对比

项　目	燃气消耗量/(kg/h)	排烟温度/℃	引风机转速/(r/min)
空气预热器投用前	7787	140.8	760
空气预热器投用前	7316	134	693
差值	471	6.8	67

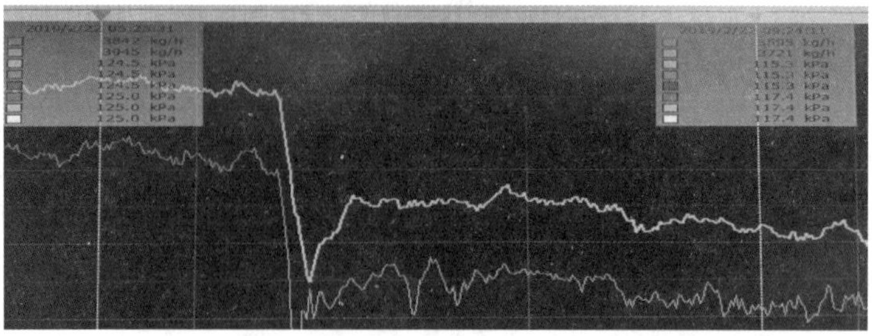

图1 3#炉空气预热器投用前后FG消耗对比

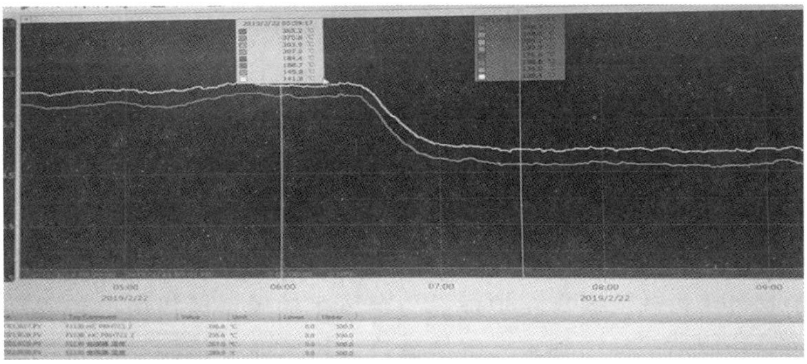

图 2　3#炉空气预热器投用前后排烟温度对比

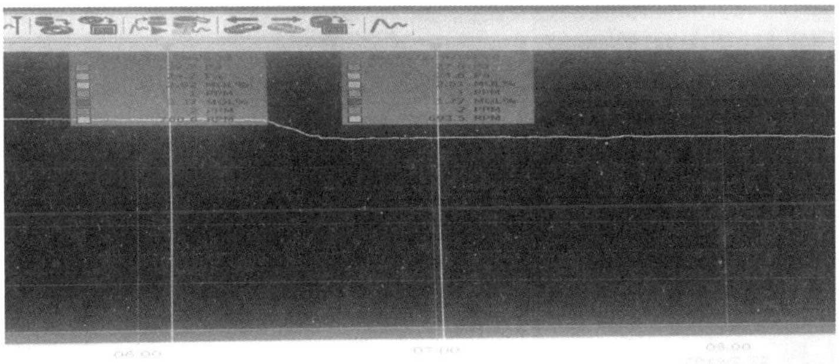

图 3　3#炉空气预热器投用前后引风机转速对比

由表 1 可以看出，3#裂解炉进过改造后，每小时可节约燃料气 471kg，裂解炉的排烟温度可降低 6.8℃，引风机转速降低 67r/min；图 1 表明了空气预热器投用后 FG 的消耗量立即下降，达到了立竿见影的效果；图 2 表明了空气预热器投用后裂解炉的排烟温度立即下降；图 3 表明了空气预热器投用后引风机转速逐渐降低，最后达到一个稳定值。因此，按照单台炉节约 400kg/h 燃料气来算，该装置裂解炉为 7 开 1 备，7 台炉全年可节约燃料气 22400t，按照每吨 2000 元成本，实际创造经济效益可达 4480 万元/年。

（二）增设蒸汽喷枪

对裂解炉烧嘴进行改造，增设 LS 蒸汽喷嘴，在炉非运行工况下如升降温、烧焦、切换操作时有效控制烟气中 NO_x、SO_2、粉尘浓度符合国家排放标准，同时设置 CEMS 监控系统与国家控制平台联网，随时监控烟气中 NO_x(<100)、SO_2(<50)、粉尘浓度(<20)不超标，及时发现装置现场的泄露情况，并采取有效措施。为了进一步强化 VOCs 排放管控，四川石化引入挥发性有机物泄漏检测与修复技术(简称 LDAR 检测)，通过专业仪器、系统方法对潜在泄漏源进行检测。公司引进成熟的在线修复技术，提高属地自主修复率，确保新发现的泄漏点在 15 天内动态清零，减少挥发性有机物泄漏。改造前后 NO_x、SO_2、粉尘浓度对比如表 2 所示。

表 2　改造前后 NO_x、SO_2、粉尘浓度对比

环保指标	改造前/(mg/m³)	改造后/(mg/m³)
NO_x	306	80
SO_2	150	10
粉尘含量	50	1

由表 2 可知，改造后 NO_x 的浓度为 80mg/m^3<100mg/m^3，SO_2 的浓度为 10mg/m^3<50mg/m^3，粉尘浓度为 1mg/m^3<20mg/m^3，可见改造后 NO_x、SO_2、粉尘浓度降低效果显著，达到了环保指标要求。同时改造后操作上可严格控制炉膛氧含量指标 2%~2.5%，在保证环保指标合格的情况下使炉膛燃烧充分，将热效率提高 1.5%。四川石化坚持对 VOCs 泄漏零容忍，装置现场存在泄漏风险的储罐密封附件都纳入到 LDAR 检测管理范围，无异味工厂建设成效显著。

（三）采用引风机变频技术

由于裂解炉是负压控制，通常在炉顶设一台风机抽风，风机由电机驱动，采用变频电机替代普通电机，并取消了烟道挡板，直接通过电机转速来控制炉膛负压。变频电机不仅启动电流低，而且正常运转时比普通电机节电 30%~40%，可以采用 380V 高压电机，同时避免随裂解炉负荷提高出现电机过载而导致跳车的事故发生。

（四）采用超声波吹灰技术

利用声波吹灰器将声能通过谐振管馈入炉内，使炉内被污染受热面附近的流场发生改变，进而改变灰粒的受力，通过声能量的作用使这些区域中的空气分子与灰、渣粒子产生振荡，灰粒子间相互碰撞，使灰粒难以在受热面沉积或停留，以便烟气流将其带走，达到清灰的目的。保证裂解炉对流段翅片管不积灰，使烟气的废热高效传递给裂解炉盘管内的原料、稀释蒸汽和过热产生超高压蒸汽，提高超高压蒸汽的品质，节约外补的高压蒸汽，达到节能目的。

另外，在保证燃料充分燃烧情况下严格控制炉膛氧含量有效降低炉排烟温度 2~3℃，使裂解炉热效率可达 94%以上。

优质的裂解原料可以提高乙烯收率，减少焦粒的生成，延长炉运行时间，能够提高裂解炉开工率，减少裂解炉退料吹扫烧焦过程中需要大量的燃气蒸汽的消耗。此外，随着原料干点的提高，要使进入辐射段前完全汽化，稀释蒸汽的用量就会增加，而劣质的原料中胶质含量高，芳烃指数大，使急冷油的粘度增大，导致回收的蒸汽量不能满足裂解炉的使用，必须要外补中压蒸汽(MS)，增大蒸汽消耗。另外，劣质原料在生产过程中结焦速度会加快，严重影响废热锅炉传热，导致超高压蒸汽(SS)量减少。因此，优化裂解原料是裂解炉节能降碳的重要研究方向之一，选择正构烷烃高、烯烃和芳烃少的裂解原料是优质的原料。目前，我们在这方便进行的技术改进不多，只有石脑油分储分裂，但因为新冠肺炎疫情影响搁浅了，这是笔者呼吁公司下一步的技改方向。

三、结论

本文详细阐述了乙烯裂解炉节能技术的具体应用，并全面分析论述了节能技术的应用效果，进一步论证了乙烯装置节能技术的应用不仅可以降低乙烯在生产过程中的能源消耗，提升生产效率，而且还能降低我国化工产业能源消耗，从根本上提升乙烯装置的生产效率，为实现化工产业绿色、可持续发展做出贡献。

参考文献

[1] 徐大伟．乙烯装置裂解炉节能技术应用分析[J]．同行，2016(11)：1.
[2] 史亚萍．乙烯装置裂解炉的节能技术[J]．中国化工贸易，2015，7(033)：166.

新型混合式节能省煤器的研制及应用

龚亚军
任恒昌　中石油克拉玛依石化有限责任公司动力厂
朱焱松

针对某炼化企业自备热电厂3#、4#锅炉存在的热风温度高、SCR入口烟温高、排烟温度高等问题，结合热力计算及生产实际，自主研制了一种新型节能混合式省煤器，以最小的投入、最小的工艺变动和最佳的工艺结构解决了实际问题，在现役锅炉节能、安全及脱硝系统综合改造中有着极其重要的借鉴意义和推广价值。

某炼化公司热电厂3#、4#锅炉系四川锅炉厂设计制造的CG-130/3.82-M16/24型中温中压中间仓储式自然循环煤气混烧炉；尾部结构为高、低温对流过热器，转向室，单通道上级省煤器，左右双通道上级空预器、出口汇合成一个通道经SCR和下级省煤器后再次进入两个通道的下级空预器，其中上、下省煤器均为鳍片式省煤器。3#、4#锅炉分别于2001年12月、2009年12月建成投产，2014年进行低氮燃烧分级(LNB)+SCR工艺技术脱硝改造并于当年9月投产。

3#、4#锅炉随着使用年限的增长逐渐出现烟温后移，排烟温度超设计值20~40℃、接近滤袋除尘器的滤袋长周期安全运行温度上限200℃，热风温度超设计值70℃以上，SCR入口烟温已接近、甚至部分时段超过催化剂连续安全运行温度的上限410℃(催化剂安全运行温度295~410℃)，严重影响了锅炉运行的安全、经济性，脱硝催化剂及滤袋除尘器的运行安全。因此，如何降低上级空预器入口烟温(热风温度)、SCR入口烟温和排烟温度高等问题，同时又必须满足制粉系统运行中热风温度330℃左右和SCR入口烟温长周期运行最低指标295℃以上的要求，避免出现因改造后的上级省煤器吸热量过大，上级空预器换热量不足、热风温度偏低，影响制粉系统出力和锅炉出力等问题，以及避免出现进入SCR的烟气温度偏低脱硝催化剂活性不足、脱硝效率下降、脱硝还原剂氨气大量逃逸等问题，成为制约2台锅炉安全、经济运行和脱硝催化剂、滤袋除尘器安全运行的关键。

一、热风温度、SCR入口烟温、排烟温度高原因查找、分析

影响锅炉热风温度、SCR入口烟温和排烟温度的主要因素是，燃烧状况和尾部受热面积灰、传热效果变差。热电厂在2014年脱硝改造期间燃烧器已采用垂直分级低氮燃烧技术改造，且改造后锅炉燃烧良好。可见，要降低$3^{\#}$、$4^{\#}$锅炉热风温度、SCR入口烟温和排烟温度的关键是增加或更换锅炉的尾部受热面。

（一）3#锅炉热风温度、SCR入口烟温、排烟温度高原因查找、分析

表1为$3^{\#}$锅炉2014年4月9日实际运行烟温热力计算与设计热力计算汇总对比表。表1可知，$3^{\#}$锅炉上级省煤器在入口烟温比设计值低27℃情况下，出口烟温却比设计值高33℃，下一级受热面上级空预器入口温度比设计值高33℃情况下，出口烟温比设计值高68.5℃。由此可见，造成$3^{\#}$锅炉热风温度、SCR入口温度、排烟温度偏高的原因是上级省煤器、上级空预器吸热量不足，但由于热风温度已超设计值80℃、空预器已发生明显高温变形，上级空预器再不能增加其换热量，故只能对上级省煤器重新设计、改造安装。

表1　$3^{\#}$锅炉实际运行烟温热力计算与设计热力计算对比表

名称	烟气进口温度/℃					烟气出口温度/℃				
	左侧	右侧	两侧均值	设计值	差值	左侧	右侧	两侧均值	设计值	差值
高温过热器	820	834	827	935	-108	617	587	602	783	-181
低温过热器	—	—	—	783	—	—	—	—	629	—
上级省煤器	617	587	602	629	-27	526	496	511	478	33
上级空预器	526	496	511	478	33	431	396	413.5	345	68.5
下级省煤器	431	396	413.5	345	68.5	292	301	296.5	241	55.5
下级空预器	292	301	296.5	241	55.5	206	207	206.5	141	65.5

（二）$4^{\#}$锅炉热风温度、SCR入口烟温、排烟温度高原因查找、分析

表2为$4^{\#}$锅炉2015年4月11日实际运行烟温热力计算与设计热力计算汇总对比表。表2可知，$4^{\#}$锅炉上级省煤器在入口烟温比设计值低10℃情况下，出口烟温却比设计值高10℃，下一级受热面上级空预器入口温度比设计值高10℃情况下，出口烟温比设计值高90.5℃。由此可见，造成$4^{\#}$锅炉热风温度、SCR入口烟温、排烟温度偏高的原因是上级省煤器、上级空预器吸热量不足，但由于热风温度已超设计值90.5℃、空预器已发生明显高温变形，上级空预器再不能增加其换热量，故只能对上级省煤器重新设计、改造安装。

表2　$4^{\#}$锅炉实际运行烟温热力计算与设计热力计算对比表

名称	烟气进口温度/℃					烟气出口温度/℃				
	左侧	右侧	两侧均值	设计值	差值	左侧	右侧	两侧均值	设计值	差值
高温过热器	803	732	767.5	915	-147.5	588	562	575	753	-178
低温过热器	—	—		751	—	—	—	—	593	—
上级省煤器	588	562	575	585	-10	467	429	448	438	10
上级空预器	467	429	448	438	10	410	411	410.5	320	90.5
下级省煤器	410	411	410.5	320	90.5	277	265	271	237	34
下级空预器	277	265	271	237	34	174	173	173.5	150	23.5

从以上分析可知，造成$3^{\#}$、$4^{\#}$锅炉热风温度、SCR入口烟温、排烟温度偏高的原因是

上级省煤器、上级空预器吸热量不足，但由于 3#、4# 锅炉热风温度已超设计值 70℃以上，空预器已发生明显高温变形，上级空预器再不能增加其换热量，故只能对上级省煤器重新设计、改造安装。

二、方案优选及设计

（一）现运鳍片管省煤器更换

现运鳍片管省煤器换热量下降的主要原因是管束间搭桥、积灰，换热效果变差，现运鳍片管省煤器更换从原设计来讲是可以满足生产需要，但投运后再次发生积灰、搭桥后又会出现换热量不足的问题，故现运鳍片管省煤器更换不仅浪费资金，也从根本上无法解决问题。

（二）现运鳍片管省煤器更换为光管省煤器

光管省煤器因其换热系数和换热面积小于同外形尺寸的鳍片管省煤器，故在外形面积及上下联箱标高不变的情况下只会更加减少省煤器换热量。

（三）现运鳍片管省煤器更换为螺旋翅片管省煤器

因螺旋翅片管省煤器能大幅度扩展换热面积，一般为光管、翅片管的几倍甚至十几倍，使省煤器的传热面积增加。但如果上级省煤器整体更换为螺旋翅片管省煤器其外形尺寸面积将大幅减小，而上级省煤器上下联箱标高、上下联箱管束接口都已定，整体螺旋翅片管改造可能存在与原系统不匹配问题，且整体螺旋翅片管改造使原鳍片管未实现充分利旧，增加了采购费用和安装、施工费用。

（四）设计一种新型省煤器——螺旋翅片管+鳍片管/光管节能混合式省煤器

从前 3 种方案分析可知，如果能设计一种既能满足上级省煤器换热量又可充分利旧现有省煤器鳍片管的新型省煤器，可大大节省投资和改造、施工费用，将是最佳选择。

结合制粉系统运行中热风温度、SCR 入口烟温最低指标要求，查阅相关省煤器文献资料和电厂/热电厂在省煤器改造方面先进经验和专利技术，对比不同燃煤锅炉使用的光管省煤器、鳍片管省煤器、螺旋翅片管省煤器的使用情况，结合 1.1 节、1.2 节热力计算结果设计出一种沿烟气方向前两排鳍片管更换为螺旋翅片管与下面四排原鳍片管连接起来组成“螺旋翅片管+鳍片管/光管混合式省煤器”（见图 1）。

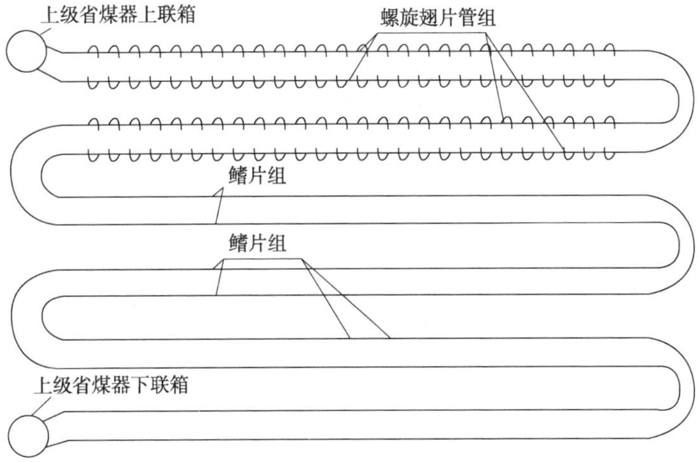

图 1　螺旋翅片管+鳍片管混合式省煤器结构图

三、节能混合式省煤器的优点

由“螺旋翅片管+鳍片管/光管混合式省煤器”的优点如下：

(1) 强化传热。前排螺旋翅片省煤器换热效果极佳，可以大幅度提高省煤器换热效果，整体提高省煤器的吸热效果。

(2) 抗堵灰能力强。烟气流过翅片管时形成附面层产生的旋涡，最大限度地提高工作稳定性。

(3) 前两排均匀焊接的螺旋翅片确保管束的吸热均匀，有效消除翅片与管束之间受热不均产生的脱焊爆管隐患。

(4) 在现役锅炉烟道尺寸，省煤器联箱位置、标高及钢支撑载荷不变情况下，通过改造部分省煤器管束，有效解决了因积灰、搭桥造成的省煤器换热量下降问题，减小了工程量，节约了投资，以最小的投入、最小的工艺变动和最佳的工艺结构解决了实际问题。

四、节能混合式省煤器烟侧的结灰及措施

结灰是螺旋翅片管省煤器能否高效长期运行的关键。结灰程度与燃煤中灰的成分等有关，常见的污染形式有飞灰、化学反应物等沉积在翅片管的表面，在高温下产生严重的结垢，影响翅片管的传热。为此在 2 台锅炉上级省煤器改造时在螺旋翅片管上方各自加装了 2 台 Y263M2-4C93 型固定旋转式蒸汽吹灰器(见图 2、图 3)，以降低螺旋翅片管积灰、结垢。

图 2　3#锅炉新增 Y263M2-4C93 型固定旋转式蒸汽吹灰器

图 3　4#锅炉新增 Y263M2-4C93 型固定旋转式蒸汽吹灰器

五、节能混合式省煤器翅片管的磨损及措施

翅片管由于大幅度扩展了受热面，使传热得到强化，所以在与光管省煤器相同空间条件下，可以采用较低的烟气流速。3[#]、4[#]锅炉上级省煤器处烟气流速均在12m/s左右，从以往鳍片管省煤器运行情况及国内其他燃煤锅炉螺旋翅片管运行情况来看，必须采取防磨措施。由此改造时在2台锅炉左右两侧墙弯头处加装了弯头防磨护板，护板上方再用水泥密封，避免在两侧墙和弯头之间空间形成烟气走廊，护板材质由普通钢板改为A3钢，来增加省煤器的抗磨能力。另外，局部磨损也是省煤器管排泄漏的主要原因之一，为此，在上级省煤器管排南北距弯头1120mm及管束中间处增设了3处定位板来消除烟气走廊，避免了局部磨损的发生。弯头防磨护板和定位板，提高了整组省煤器的抗磨性能，延长其使用寿命。护板、定位板安装部位及尺寸见图4。

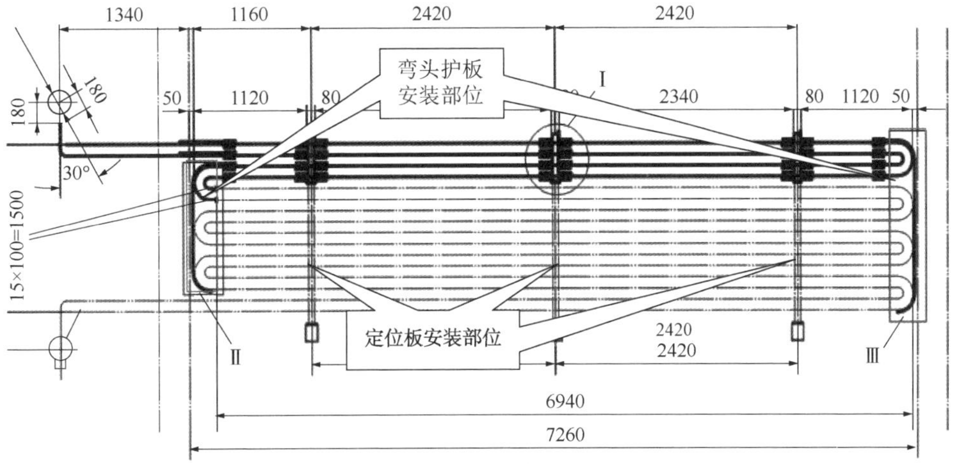

图4　3[#]、4[#]锅炉上级省煤器护板、定位板安装部位及尺寸图

六、应用效果及效益分析

（一）应用效果

1. 3[#]、4[#]锅炉热风温度比改造前分别下降90.8℃、77.7℃

3[#]炉热风温度均值由改造前的419.1℃降至328.3℃，下降了90.8℃，降至设计值330℃左右。4[#]炉热风温度均值由改造前的412.7℃降至335.0℃，下降了77.7℃，降至设计值340℃左右。

可见，3[#]、4[#]锅炉应用自主设计的混合式省煤器改造不仅把2台锅炉热风温度降至最佳运行参数而且保护了上级空预器，避免了上级空预器管材高温氧化、变形及潜在的泄漏、非计划停产的风险。

2. 3[#]、4[#]锅炉SCR入口烟温比改造前分别下降71.5℃、58.6℃

3[#]炉SCR入口烟温均值由改造前的385.4℃降至313.9℃（入口烟温设计值295~410℃），下降了71.5℃。4[#]炉入口烟温均值由改造前的381.4℃降至322.8℃（入口烟温设计值295~410℃），下降了58.6℃。

可见，3[#]、4[#]锅炉上级省煤器螺旋翅片管改造后2台锅炉SCR入口烟温降至设计值略

偏上，不仅最大限度地保留了催化剂的活性，而且又避免了催化剂高温烧损及因此造成的非计划停产、催化剂重新购置、更换造成的公司资金浪费问题。

3. 3#、4#锅炉排烟温度比改造前分别下降 31.48℃、22.52℃

从表3、表4可知，3#、4#锅炉上级省煤器改造前后排烟温度分别下降了31.48℃、22.52℃，锅炉热效率分别提高了1.92%、1.44%，不仅节约了能源，而且因烟气温度大幅降低、烟气体积缩小后降低了锅炉吸风机出力和电耗。

表3 3#锅炉上级省煤器改造前后排烟温度、热效率对比表

名称	2014年1~4月平均排烟温度/℃	2016年1~4月平均排烟温度/℃	差值/℃	2014年1~4月平均热效率/%	2016年1~4月平均热效率/%	差值
3#锅炉	193.30	161.82	31.48	89.20	91.12	1.92

表4 4#锅炉上级省煤器改造前后排烟温度、热效率对比表

名称	2015年1~4月平均排烟温度/℃	2017年1~4月平均排烟温度/℃	差值,℃	2015年1~4月平均热效率/%	2017年1~4月平均热效率/%	差值
4#锅炉	172.01	149.49	22.52	90.04	91.48	1.44

（二）效益分析

1. 投资及改造费用

单台锅炉螺旋翅片管采购费用为7.644万元，改造费用6.0298万元，2台锅炉投资费用合计=7.644×2+6.0298×2=273476≈27.35万元。固定投资成本=27.35/5=5.47万元/年。

2. 效益分析

3#、4#锅炉上级省煤器应用自主研制的混合式省煤器改造后热效率分别提高了1.92%、1.44%。2016年3#锅炉消耗燃煤、干气、天然气分别为93638t、2007221m³、3112132m³；4#锅炉消耗燃煤、干气、天然气分别为100734t、2230246m³、3457925m³。干气单价0.316元/m³、天然气单价1.15元/m³，燃煤单价282.85元/t。

年合计节约燃料费=3#锅炉节约燃料费+4#锅炉节约燃料费=[93638×282.85+(2007221×316/1000+3112132×1150/1000)]×1.92%+100734×282.85+2230246×316/1000+3457925×1150/1000)×1.44%=106.71万元。

七、结论

（1）自主创新设计了“螺旋翅片管+光管/鳍片管混合式省煤器”，代替了纯光管或鳍片管式省煤器，在烟道及省煤器外形尺寸不变的情况下，很好地解决了上级省煤器吸热量不足但又不能过大问题，即确保了上级空预器、脱硝催化剂、滤袋除尘器运行安全又保障了制粉系统出力和催化剂的活性，同时充分利旧原有设备，节省了投资和改造费用。

（2）3#、4#锅炉上级省煤器应用混合式省煤器改造解决了上级省煤器吸热量不足问题，其排烟温度分别下降了31℃、22℃，提高了锅炉热效率1.92%、1.44%，实现了降本增效、清洁生产。

（3）在克拉玛依石化首次应用螺旋翅片管+固定旋转式蒸汽吹灰器技术，较好地解决了省煤器管束间积灰、搭桥问题，保障了省煤器换热效果。

（4）自行研制的“螺旋翅片管+光管/鳍片管混合式省煤器”还未见有报道。在现役锅炉以最小的投入、最小的工艺变动和最佳的工艺结构解决了实际问题，在现役锅炉节能、安全及脱硝系统综合改造中有着极其重要的借鉴意义和推广价值。

参考文献

[1] 欧阳晓瑞，等．整体型螺旋翅片管在省煤器改造工程中的创新应用[J]．科技创新，2014(10)：16-17.

[2] 陆炳生．国产1000t/h燃煤锅炉螺旋翅片省煤器的设计和应用[J]．华东电力，1999(06)：46-47.

[3] 裴海灵，等．螺旋肋片管省煤器在降低锅炉排烟温度中的应用[J]．湖南电力，2005，25(2)：54-55.

新型旋膜式除氧头成功应用案例

陶余江 | 中石油云南石化有限公司公用工程部

除氧器除氧效果和节能效果，将严重影响石油炼制系统装置的稳定运行，越来越受到企业的重视，装置系统高效节能和长周期平稳运行的理念在生产企业中一直是探索的方向。该文介绍了炼油除氧水系统的新型除氧器的应用案例，对新型旋膜式除氧头应用前后的指标进行了对比。

一、概述

除氧器是锅炉及供热系统关键设备之一，若除氧器除氧能力差，将对锅炉给水管道、省煤器和其他附属设备的腐蚀造成的严重损失，引起的经济损失将是除氧器造价的几十或几百倍。旋膜除氧器是一种新型热力除氧器，可用于定压、滑压、负压等方式运行，适用于各类电站锅炉、工业锅炉给水及电厂补给水或热用户用水的除氧。旋膜除氧器的设计特征是：利用气体在水中的溶解特性，通过加热蒸汽，将进入除氧器的补给水、凝结水（包括各种疏水）加热到与除氧器内部压力相对应的饱和温度，根据亨利定律和道尔顿定律，溶解水中的氧和二氧化碳等非冷凝气体自水中析出，由顶部排气管排入大气，使水中的含氧量达到规定的标准，合格的除氧水贮存在除氧器下部的水箱中，随时准备锅炉给水的需要。

二、基本结构及工作原理

旋膜除氧设备由旋膜除氧器、除氧器水箱以及附件组成，按水流方向，由上而下分为排气区段、起膜器组、空间区段、水蓖层、填料层、蒸汽分配系统及除氧水箱等组成。主凝结水、补给水及其他软化水通过管道进入起膜贮水器，经起膜器上若干个切向螺旋形排列的小孔由起膜管外壁，以高速的射流而出，然后贴管内壁形成湍流旋转水膜旋转而下，最后由离心作用在起膜管下端出口处形成水膜裙，进入空间区段。

在这样的工况下，起膜管是中空的，加热蒸汽可以顺畅地从其中通过，并受水的吸卷，与水充分搅合，进行热质交换，冷凝成水，能量消失后变成水滴，以自由落体下降，是为一级除氧；除氧水进入蓖条组及填料层进入深度除氧后汇集于水箱，送入锅炉并溶解于水中的氧和其他不凝结气体不断地从水中逸出，上升进入排气空间；水膜裙交叉空间可能滞留的气体，由连通管排至排气区，再经气水分离器进入排气管排入大气。

三、原有除氧器存在问题以及原因分析

余热回收装置 500t/h 除氧器一台，运行 1 年半后，出现间歇性溶解氧超标现象。该除氧头填料使用寿命为 2 年，而且需要每年打开对内部填料进行检查、补充，否则填料出现乱层，就会造成溶解氧超标。而该除氧器连续运行，不具备每年检查补充填料的条件，为保障供水质量，需要对除氧器进行升级改造。出现间歇性溶解氧超标原因进行分如下：

（1）原除氧器的加热蒸汽主管由水箱进入后以 U 形管将蒸汽引入到除氧头降水管内，垂直向上通入除氧头下封头，底部落水管与下部上行蒸汽管（DN450）共用一根 DN1200 管道，该结构易导致加热蒸汽的不均匀分布，且难以使除氧水顺畅的下行进入水箱，会引起除氧塔短时间淤水，同时下行除氧水没有得到充分除氧处理就形成了较大体积的水体进入水箱，造成出水含氧量的超标。

（2）现除氧器的布水、布汽方式不够合理，除氧塔混合空间高度太小，造成热能交换不足，会影响除氧效果。

（3）现除氧器使用的不锈钢编织丝网材料为较早期常用填料，该填料在实际运行中较易出现断裂，需每年打开对内部填料进行检查补充，否则可能会出现断层，造成溶解氧超标。而目前大检修目标周期为 4~5 年，现除氧器自开工投用后一直运行，无备用设备，不具备每年检查补充填料的条件。

（4）目前，国内大部分除氧器生产厂家制造除氧器的旋膜管为碳钢材质，并且由于切线开孔角度的问题，造成进入旋膜管的形成旋膜厚度较厚，甚至发生水膜断裂、破损的现象。在实际运行中会表现为当进水、进汽压力或流量有波动时，易造成除氧器出水氧含量超标的现象。

四、处理方法和改造内容

根据上述分析原因，在公司大检修期间，对原有除氧器的除氧头进行改造（改造前后的对比情况见图 1）。改造内容未主要包括：

（1）更换新型旋膜式除氧头（包含旋膜器组合件、水篦组件、规整波纹填料组件、水箱鼓泡器加热装置）；

（2）调整布水布汽方式，保证除氧效果；

（3）部分管线进行改造；

（4）配备带冷却系统的密闭采样器 1 套。

五、除氧头价改造前后运行效果

（一）改造后可满足技术要求

（1）保证除氧器稳定运行，满足多工况供水（60% ~ 110%），出水溶解氧指标 ≤ 15μg/L；

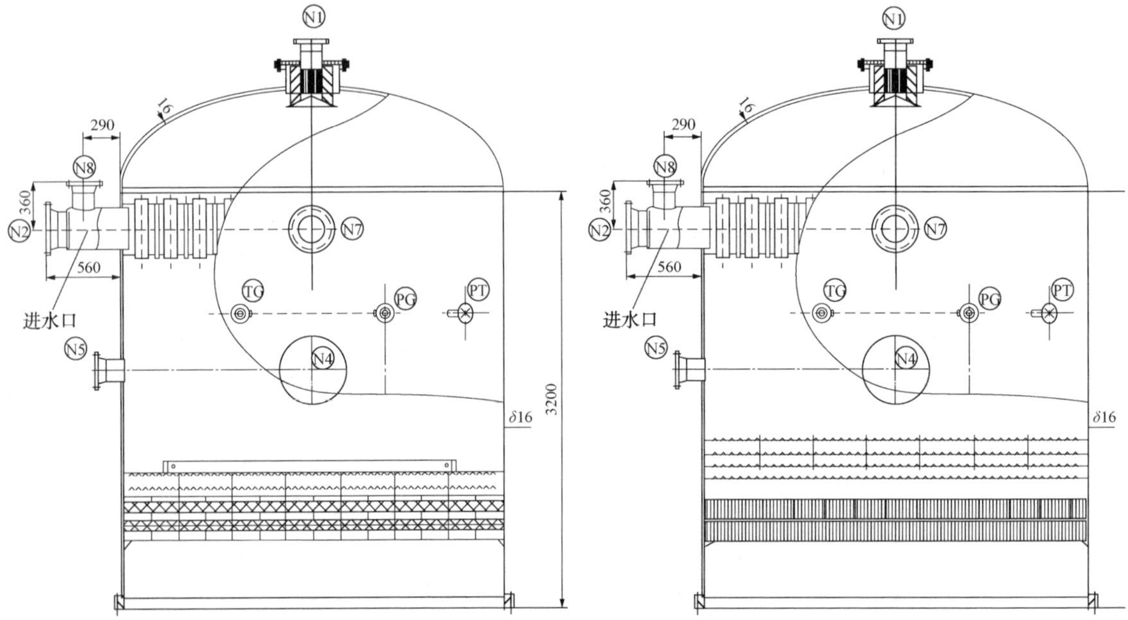

(a) 改造前　　(b) 改造后

图 1　除氧器的除氧头改造前后的对比

(2) 不间断稳定运行至少 5 年，设备设计使用寿命不少于 20 年；

(3) 填料采用一次成型规整波纹细丝不锈钢网，填料 10 年内免维护(可使用 2 个检修周期)；

(4) 布水、布汽方式合理，能够保证水汽充分传热；

(5) 除氧器水箱改造后具有深度除氧及启动初期的均匀加热功能；

(二) 成果或经济效益

(1) 除氧器改造后运行工况优化情况：除氧头放空阀开度由原来的 36%关小至现在 21%；除氧器压力由原来 43kPa 降低至现在 36kPa 控制；除氧器温度由原来 106℃降低至现在 104℃下限控制。通过以上措施，蒸汽用量总体下降。

(2) 除氧器改造后产品质量情况：项目改造投用后，除氧水溶解氧含量目前长期稳定控制在 10ppb 以下，运行稳定，达到了公司质量指标溶解氧含量≤15ppb 的要求。

(3) 除氧器改造后经济效益分析：除氧器改造投用后，低低压蒸汽消耗量由原来设计 16t/h 下降至现在 10.5~11.8t/h(按正常负荷 375t/h)，按每小时节约蒸汽 4t，低低压蒸汽单价按 144 元计算，全年可节约低低压蒸汽 35040t，年节约蒸汽的经济效益约为 504.6 万元。

六、结论

随着工业生产对设备的要求越来越高，高效节能设备逐渐被企业重视。选用高效节能设备能有效降低企业的生产和运维成本。

囊式气柜回收技术在节能减排中的应用

丁长胜 | 中国石油锦州石化公司

本文阐述了采用囊式气柜回收技术小本体聚丙烯和丙烯深加工装置排放的丙烯尾气，以及利用膜分离技术进一步回收该系统驰放的不凝气中丙烯的基本原理，根据 Hagen-Poiseuille 方程推导的计算公式采用 PROII 软件进行了模拟计算，并对改造前、后情况进行了分析对比。应用结果表明，理论计算出的膜面积满足工艺要求，丙烯回收率 98% 以上，达到了预期效果；采用囊式气柜比湿式气柜闪蒸压力下降 0.15MPa 以上，是进一步提高回收深度、降低丙烯单耗的有效途径。

一、概述

间歇式液相小本体法聚丙烯装置闪蒸工序排放的丙烯尾气多采用传统的湿式气柜/压缩/冷凝组合回收工艺（CC 法）。闪蒸工序排放的含有 N_2 和少量 O_2、H_2 等不凝气组分的丙烯尾气经旋风分离、布袋过滤去除固体杂质后，进入湿式气柜。当气柜内丙烯尾气积累到一定量后，开启压缩机，通过两级压缩升压、冷却降温，实现部分丙烯冷凝液化回收。显然，压缩/冷凝工艺遵循"过饱和蒸汽压下气-液平衡原理"，丙烯回收率与压缩机二段冷凝器出口的温度、压力呈对应关系，其值大小随着该处温度降低、压力升高而增加。由于闪蒸排放的丙烯尾气中含有氮气和少量的氢气等不凝气组分，二段分液器内丙烯气的分压由 $P_{丙烯}=X_{丙烯}\times\Sigma P_i^0 X_i$ 决定，在一定温度、压力下不凝气含量越高，丙烯气分压越低，丙烯回收率越低。因此，传统丙烯回收工艺要提高丙烯回收深度，只能通过提高压缩机出口压力、降低二段冷凝器出口温度及排放不凝气以降低其中氮气和氢气的分压来实现，而这必然会导致改造投资和生产运行成本增加，资源浪费。另外，受气-液理论平衡点限制，即使在压缩机二段冷凝器出口温度下降到25℃，压力升高到2.0MPa的理想状态下，不凝气中仍有约50%的丙烯(丙烷)被排放到高压瓦斯或火炬系统，经初步核算改造前因排放不凝气造成年跑损丙烯约875t，既浪费丙烯资源，又污染环境。不凝气中各组分含量参见表1。

表1　改造前排放不凝气分析结果　　单位：体积%

组分	1	2	3	4	5	6	平均
丙烯	62.5	70.5	65.5	72.5	75.5	78.5	60~80
氮气	37.2	29.1	34.2	27.1	24.3	21.1	20~40
氧气	0.3	0.4	0.3	0.4	0.2	0.4	0.2~0.4

有机蒸汽膜法回收技术是20世纪90年代兴起的新型膜分离技术，最初由欧美研发成功并进入市场。聚丙烯生产过程中气柜/压缩/冷凝/有机蒸汽膜(CCM法)系统回收丙烯的工艺原理是，通过采用高分子复合膜“反向”选择性溶解-扩散从而打破传统压缩/冷凝工艺中的气-液平衡点，实现不凝气中的丙烯透过富集并与不凝气分离。根据不同气体分子在高分子复合膜中的溶解扩散性能存在差异，其中分子尺寸较大的可凝性有机蒸气(如乙烯、丙烯、重烃等)与尺寸较小的惰性气体(如氢气、氮气、甲烷等)相比，被优先吸附，选择性渗透，使低浓度的有机蒸气通过膜得以富集，当混合气体在驱动力——膜两侧相应组分分压差的作用下，渗透速率相对较快的气体优先透过膜壁而在低压渗透侧被富集，而渗透速率相对较慢的气体则在高压滞留侧被富集，从而达到混合气体分离的目的。与传统的压缩/冷凝、深冷过程、变压吸附(PSA)相比，采用CCM法回收不凝气尾气中的丙烯具有投资少、占地小、启动快、稳定可靠、运行成本低、丙烯回收率高的特点，是一种绿色低碳工艺。

二、膜法丙烯回收工业应用

为进一步提高回收深度，实现清洁环保生产，近两年在中油股份公司和炼化板块的大力支持下，中国石油锦州石化公司(以下简称锦州石化)在丙烯回收系统上采用压缩/冷凝/膜回收及囊式气柜组合工艺，从大连某公司成套引进膜回收系统及囊式气柜，对丙烯回收系统进行了优化改造。

(一) 改造流程简述

改造后，来自聚丙烯和丙烯深加工装置闪蒸排放的丙烯尾气进入气柜，再经两级压缩、冷凝后大部分气相丙烯冷凝成液相经二段分液器进入压油罐，再送往丙烯储罐作为丙烯深加工装置原料。不凝气首先经聚结过滤器，脱除气体中含有的固体杂质和微小液滴后通过电伴热带加热，以确保高出其露点(如原料气不被加热高出露点温度，在经过膜分离器时，液体会在膜表面冷凝出液滴，导致膜出现溶胀现象，使膜分离器损坏。膜分离器入口设有高温报警，并在超高温时联锁停车)后进入膜分离器。在一定的压差推动下，渗透侧得到的富集丙烯气返回气柜，尾气侧气体去装置原排放系统。

CCM系统与二段分液器上原不凝气排放系统并联设置，在膜回收系统停车或联锁停车时，原排放系统自动投用，同时关闭膜系统进出口阀，可保证不因膜系统影响压缩机工作。

采用CCM系统后，可以充分利用压缩机提供的压力定压排放，排放气进膜回收系统，富集丙烯返回气柜加以重新压缩/冷凝，得到液相丙烯，不凝气排入高压瓦斯系统。

膜组件对气体的分离是通过膜分离器来实现的。依据膜分离器中原料气与渗透气的相对流动方向，气体膜分离器中的流型可以分为逆流、并流和错流3种。在同样操作条件下，膜分离器的分离性能与流型有关。通常认为，逆流流型可获得最佳的分离效果，这是因为逆流流型的平均推动力最大。改造后物料流程示意图及各点物料衡算分别见图1、表2。

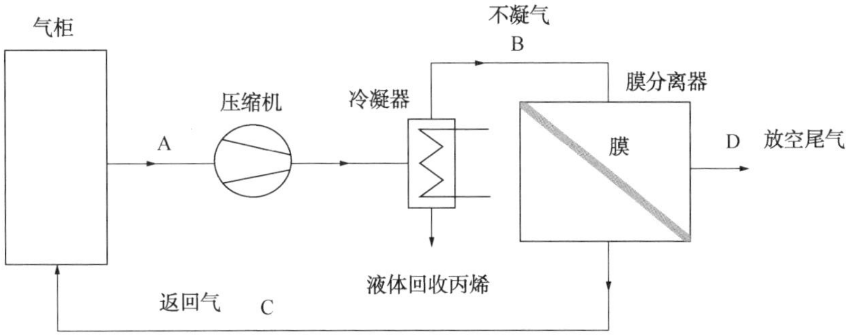

图1 改造物料流程示意图

表2 各点物料衡算表

序号	指标	A	B	C	D
1	温度/℃		30		
2	压力/MPa		1.6	0.02	1.55
3	气量/(Nm^3/h)	580	250	210	40
4	丙烯含量/V%	79.34	63.8	74.97	5.37
5	丙烷含量/V%	1.22	1.02	1.19	0.13
6	氮气含量/V%	18.68	34.17	22.83	93.51
7	氢气含量/V%	0.33	0.59	0.53	0.9
8	乙烷含量/V%	0.43	0.42	0.48	0.08

(二) 主要设备选型

1. 膜组件

通过物料衡算和Hagen-Poiseuille方程推导可以得出下面的常微分方程组：

$$\begin{cases} \dfrac{dL^*}{dA^*} = \dfrac{dV^*}{dA^*} - \sum_{i=1}^{N} \alpha_i(x_i - \gamma y_i) \\ \dfrac{dx_i}{dA^*} = \dfrac{x_i \cdot \sum_{i=1}^{N} \alpha_i(x_i - \gamma y_i) - \alpha_i(x_i - \gamma y_i)}{L^*} \\ \dfrac{dy_i}{dA^*} = \dfrac{-y_i \cdot \sum_{i=1}^{n} \alpha_i(x_i - \gamma y_i) + \alpha_i(x_i - \gamma y_i)}{V^*} \\ \dfrac{d\gamma}{dA^*} = \dfrac{V^*}{\gamma} \cdot \dfrac{K \cdot L_F^2}{n\pi D_0 \cdot J_m \cdot P_F^3} \end{cases}$$

式中，U为原料气流量，Nm^3/h；V为渗透气流量，Nm^3/h；L_F为原料气总量，Nm^3/h；x_i为原料气i组分浓度；y_i为渗透气i组分浓度；P_F为原料气侧压力，atm；P_p为渗透气侧压力，atm；A为膜面积，m^2；J_i为渗透率，$Nm^3/(m^2 \cdot atm \cdot h)$；$\alpha_i$为分离系数。

膜分离器的逆流流型可以用上面的常微分方程组来模型计算，它的边界条件为：

$z=0$，$V^*=0$，$y=\varphi_1(x,\gamma)$；$z=l$，$\gamma=\varphi_2(\gamma_0,V^*)$，$x=x_F$，$L^*=1$

其中 $z=0$ 处，为渗透气的出口处；$z=l$ 处，为放空尾气的出口处。

有机蒸汽膜回收技术的核心是高性能的有机蒸汽膜。非对称膜和复合膜均可用于有机蒸汽分离，常用的是复合膜。分离层材料要求高溶解选择性，具有高扩散系数并耐溶剂的聚合物，三维交联的聚合物(如硅橡胶类)和聚酰亚胺是常用的膜分离层材料。支撑层材料要求耐有机溶剂性能好，如聚醚酰胺、聚酰亚胺等。目前较常用的复合膜为硅橡胶/聚醚酰胺和硅橡胶/聚烯烃。本项目选用 EUVOC-P/N-4040 型卷式膜组件，选用材料为 PAN/POMS，设计压力 4.0MPa，结合前面导出的常微分方程组，采用 PROII 软件模拟计算，求得所需膜面积为 $16m^2$。

膜回收系统丙烯回收率(R)计算公式为：

$$R=(V_2\times C_2)/(V_1\times C_1)\times100\%\text{或}$$

$$R=[1-(V_3\times C_3)/(V_1\times C_1]\times100\%$$

式中，V_2 为渗透气量 Nm^3/h；V_1 为原料气量 Nm^3/h；V_3 为尾气量 Nm^3/h；C_2 为渗透气丙烯浓度%(V)；C_1 为原料气丙烯浓度%(V)；C_3 为尾气丙烯浓度%(V)。

2. 气柜

丙烯回收系统的气柜按密封形式不同可分为干式和湿式两种。

与传统威金斯干式气柜相比，湿式气柜制作相对简单，钢材用量相比较于干式柜更少，但存在占地面积大，使用维护不便，以及安全隐患较大，易发生脱轨、卡轨、冒顶等问题。特别是在回收丙烯深加工装置排放的闪蒸丙烯气时，如使用湿式气柜，丙烯气中夹带的产品与水接触会溶解于水，造成资源浪费，因此需在气柜前增加水洗塔及塔底泵，从而增加投资、操作烯琐。

干式气柜不易腐蚀，操作更加安全，而且不需水洗塔及泵等设备，是本项目的首选。

通过大量调研、论证，对于干式气柜有两种形式可供选择：传统的威金斯卷帘密封型和囊式气柜。其中，囊式气柜是由德国蒂森克虏伯集团(ThyssenKrupp)公司开发的一种干式气柜，是比威金斯型气柜结构更简单、操作更安全稳定、免维护的一种新型气柜。该气柜主要由外壳、密封橡胶膜、稳定框架、配重铁块及附属仪表装置等五大部分组成。气柜外形为直筒。以下半部圆筒和半圆形橡胶膜作为贮气部分，上部钢结构圆外筒外壳作为保护层。其工作原理是，借助内部橡胶膜的升降来恒定管网压力、接受或输出媒介气体，正常升降速度可达 5m/min 以上。两种干式气柜比较见表 3。

表 3　两种干式气柜对比表

项目	囊式气柜	威金斯卷帘密封型
原理	借助内部橡胶膜的升降来恒定管网压力、接受或输出媒介气体	借助内部大面积活塞、T 围栏及橡胶膜的升降来平衡管网压力、接受或输出媒介气体
内部结构	由一个橡胶膜和一个稳定框架组成，整个气柜中橡胶密封膜与钢结构的连接，只有 2 道密封结构简单，使用钢材量少、重量轻	由大面积活塞、多个 T 围栏及多片橡胶膜组成，结构复杂
安装要求	安装简单，施工方便，没有特别精密的安装要求，稳定装置的配重在气柜外部，稳定装置不会发生偏移，对土建基础要求较低，耐地震性能好，即使基础晃动，对气柜没有任何破坏	对土建沉降均衡度、活塞与 T 形围环间隙、活塞底板的安装精度、密封膜固定件的安装精度等都有严格的要求

续表

项目	囊式气柜	威金斯卷帘密封型
可操作性及运行维护	全自动、免维护，没有运行维护费用	全自动运行，但维护费用较高，其中对正常生产的影响较大
技术可靠性	在国外已有十几年的应用业绩	在国内有应用的业绩，但使用中故障率较高，特别是运行一定时间后，已有停用企业

综上所述，改造中选用了囊式气柜。

通过统计、计算，聚丙烯和丙烯深加工装置闪蒸工序每天排放的丙烯尾气总量为12000~15500Nm^3，结合原丙烯回收系统多年的操作经验，确定囊式气柜容积为3000m^3。

3. 压缩机

闪蒸工序正常丙烯尾气排放量为500~650Nm^3/h。如果选择更大流量的2D20压缩机，操作上一台间歇开，一台备用，则压缩机开启频繁，不利于压缩机的设备维护，而且停机时，气柜柜位上升速度快，生产不平稳。如果一台常开、一台备用，常开的压缩机需要大量打循环，该电机的功率为250kW，造成能源的大量浪费；而选用3台4L-12.5/22型压缩机，该压缩机的容积流量587Nm^3/h。操作中，一台常开，一台间歇开，另外一台备用。当聚丙烯的丙烯气量较大、柜位迅速上升时，开两台压缩机，不但操作灵活，而且运行成本低。

综上所述，选择3台4L-12.5/22-II(110kW)型压缩机。

三、结果与讨论

（一）技术效果评价

锦州石化膜分离系统自投用以来，操作平稳，分离性能稳定，经对膜回收系统的原料气、尾气和渗透气分别进行了分析、评价。经过计算，该膜回收系统丙烯回收率平均为99.33%，高于90%的设计考核指标。CCM系统现场运行分析数据见图2。虽然进入膜分离器的原料气的组成与处理量波动较大，但膜的分离性能基本维持稳定，排放不凝气气中的丙烯体积均分数小于15%。

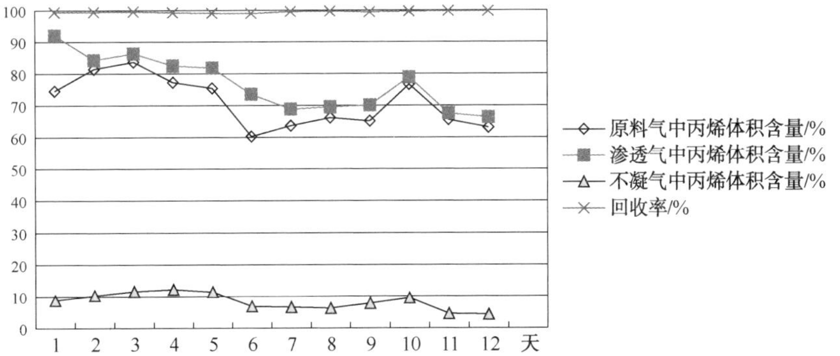

图2　原料气、渗透气、不凝气中丙烯含量分析图

（二）经济效益分析

1. 降低聚丙烯装置丙烯单耗

为了标定出丙烯回收装置改造效果，我们选取了有代表性的改造前、改造后的两个月

的生产运行数据(这两个月环境温度、工艺状况及加工量和膜回收运行时间相近)，通过累加平均法分析比对，发现投用膜回收系统后该装置平均每天回收丙烯 28.5t，而改造前平均每天回收丙烯 25.1t，则投用膜回收系统后每天多回收丙烯(=28.5-25.1)≈3t。若年生产时间按 350 天计算，则全年多回收丙烯量=3t/d×350d=1050t。

全年回收总价值=回收丙烯量×丙烯单价=1050t×0.9 万元/t=945 万元。

从以上数据分析，膜回收系统的投用，装置回收丙烯量明显增多，且实际操作过程数据与模拟计算结果基本相符，聚丙烯装置丙烯单耗下降 42kg/t 聚丙烯。

2. 降低丙烯深加工装置丙烯单耗

囊式气柜投产一年多来运行平稳，免予维护，尤其是气柜操作压力远低于其他形式的气柜，闪蒸排放压力比改造前下降了 0.15MPa 以上。这使得改造前夹杂在中间物料中的大量丙烯得以闪蒸回收，减少了对空排放，大大提高了丙烯回收深度，使 0.1Mt/a 丙烯深加工装置的丙烯单耗下降 33.8kg/t 产品，年创效益可达 3200 万元。

四、结论

(1) 采用囊式气柜/压缩/冷凝/膜(CCM 系统)组合工艺回收间歇式小本体聚丙烯装置的丙烯尾气，膜回收系统的丙烯回收率在 98%以上，使装置丙烯单耗下降 42kg/t 聚丙烯。

(2) 膜法丙烯回收系统采用撬装式结构和 PLC 控制，投资省(投资回收期仅 4~6 个月)，占地小、操作简单、效益大，适于小本体聚丙烯行业应用。

(3) 囊式气柜结构简单，安装、使用方便，运行可靠，操作压力低，与膜回收系统组合可进一步提高丙烯回收深度，使丙烯深加工装置丙烯单耗下降 33.8kg/t 产品，将在石化企业节能减排、绿色发展中发挥更大作用。

参考文献

[1] 李玉贵，陈宇观，等. 液相本体法聚丙烯生产及应用[M]. 北京：中国石化出版社，1992.
[2] 张旭之，陶志华，等. 丙烯衍生物工学[M]. 北京：化学工业出版社，1995.
[3] 王保国，吕宏凌，杨毅. 膜分离技术在石油化工领域的应用进展[J]. 石油化工，2006，35(8)：705-710.
[4] M. L. Jacobs，D. E. Gottschlich and R. W. Baker. Monomer Recovery in Polyolefin Resin Degassing[J]. Hydrocarbon Processing，75，49(1996).
[5] Baker R W，Wijmans J G，Kaschemekat J H. The design of membrane vapor-gas separation systems[J]. J. Membr. Sci.，1998，151(1)：55-62.
[6] Baker R W，Yoshiooka N，Mohr J M，et al. Separation of organic vapors from air[J]. J. Membr. Sci.，1987，31(2-3)：259-271.
[7] Paul H，Philipsen，C，Gerner J，et al. Removel of organic vapors from air by selective membrane permeation[J]. J. Membr. Sci.，1988，36：363-372.
[8] Kesting E R，Fritzsehe K A. Polymeric gas separation membranes John Wiley&Sons，Inc . NewYork，1993.
[9] 王湛. 膜分离技术基础[M]. 北京：化学工业出版社，2006.
[10] S. P. Nunes，K. -V. Peinemann. Membrane Technology in the Chemical Industrry[D]. WILEY-VCH，2001：73-74.
[11] 时钧，袁权，高从锴. 膜技术手册[M]. 北京：化学工业出版社，2001.

双碳背景下自备电厂现有机组的减排策略

——抚顺石化公司自备电厂减排策略探索

张　航
乔红亮
中国石油天然气股份有限公司抚顺石化分公司热电厂

中国石油天然气股份有限公司抚顺石化分公司热电厂（以下简称抚顺石化热电厂）是抚顺石化公司东部石油二厂、乙烯化工厂、腈纶厂等6家企业的电力、热力供应中心，最新机组投产于2013年。随着国家碳达峰、碳中和相关政策的逐步推进，辽宁省各发电企业于2019年起开始核查和碳交易工作。抚顺石化热电厂在2019年、2020年、2021年接受了相应省厅委托的第三方企业进行了碳核查工作，但是由于机组效率、运行方式等原因，造成核查碳排放量偏高，购买碳汇金额居高。相较于国内主力发电机组，自备电厂机组容量小，发电效率低，但是设备未到经济使用寿命，拆除重建也不是优选的方式，因此在机组不淘汰的基础上，急需寻求适应双碳背景下的发展模式。

一、概况

抚顺石化公司热电厂经陆续建设及改造，共建设了12台炉11台机，目前处于运行状态的共5台炉、7套发电机组，厂区分为新、老两个厂区，具体情况见表1、表2。

表1　锅炉情况一览表

序号	锅炉型号	蒸发量	投用时间	状态	额定压力	额定温度
8	HG-410/9.81-M5	410t/h	1999	在运	9.8MPa	535℃
9	WGZ410/9.8-16	410t/h	2003	在运	9.8MPa	535℃
10	HG-460/9.81-YM21	460t/h	2013	在运	9.8MPa	535℃
11	HG-460/9.81-YM21	460t/h	2013	在运	9.8MPa	535℃
12	HG-460/9.81-YM21	460t/h	2013.12	在运	9.8MPa	535℃

表 2　汽轮机情况一览表

序号	汽轮机型号	容量	投用日期	状态	额定压力	额定温度
6	B20-8.83/0.98	20MW	2015	在运	8.83MPa	535℃
7	B10-8.83/4.0	10MW	2015	在运	8.83MPa	535℃
8	EHNG50/50/32	30MW	2000	在运	8.83MPa	535℃
9	CC50-8.83/0.98	50MW	2003	在运	8.83MPa	535℃
10	CC100-8.83/4.0/1.27	100MW	2013	在运	8.83MPa	535℃
11	CC100-8.83/1.27/0.196	100MW	2013	在运	8.83MPa	535℃
3	B10-8.83/4.0	10MW	2013	在运	8.83MPa	535℃

注：6 号、7 号汽轮机原型号为 CC25-90/10/1.2，1990 年由哈尔滨汽轮机厂生产，2015 年改造为现型号背压汽轮机。

建厂时，国内电力市场电力供应与使用量均处于大幅度增长期，电力供应紧张。总体设计理念是，热电厂供电、供汽均需满足炼油化工使用，热电厂与电网供受电基本平衡，具备孤网运行能力。因此，抽凝式汽轮机成为自备电厂的主力机型，配备背压机保障供汽。发电行业再热发电机组无法供高参数工业用汽，制约了自备电厂无法使用主力发电机组，这是自备电厂机组小、发电效率低但是建设发电能力高的主要原因。

二、经济指标计算

随着国家碳达峰、碳中和战略的提出，电力行业(包括自备电厂)最早被纳入碳排放数据核查重点企业并纳入碳交易，发电成本进一步提高。随着电网产能过剩，炼油化工可通过大量采购电网电力来降低成本，自备电厂也必然需要更加合适的运行模式。表 3 以 2020 年 1 月运行数据作为计算基础，分析各项经济指标。

表 3　2020 年 1 月运行数据

名称	3 号机	7 号机	9 号机	10 号机	11 号机	汇总值
主蒸汽耗汽量/t	133819	98929	98757	270914	320225	
3.5MPa 供汽量/t	123642	94992		82762		
1.0MPa 供汽量/t					114377	
发电量/MW	6225	4613	22320	50029	56579	
发电量理论值/MW	6399	4268	23424	54998	66222	
发电标煤耗/t	843	1060	10492	18702	21229	
供热标煤耗/t	15060	11570	0.00	10080	12793	
额定发电功率/MW	7440	7440	37200	74400	74400	
发电标准煤耗率/(g/kW)	140	230	470	370	380	350
供热标准煤耗率/(kg/GJ)	37.48	36.94	—	40.40	40.41	40.25
负荷率/%	84	62	60	67	76	

根据经济指标计算结果，因机组负荷率相对较低，且抽汽参数高，各机组煤耗较高。总体发电标煤耗率 350g/kW，供热标煤耗率 40.83kg/GJ。供电标煤耗更是远高于国内平均 305g/k · Wh。可以看出 3 号、7 号背压机供电、供热煤耗均大幅度优于 10 号、11 号抽凝机组，9 号机由于纯凝运行，其发电煤耗达到 470g/kW · h。充分说明，通过将现有抽凝机组改造为背压机组、是一个充分利用现有机组，建设周期短、提高经济性、减少碳排放的策略。这也符合自备电厂在碳排放背景下的供能定位，即减少供电量，保障供汽量。

三、改造案例

抚顺石化热电厂已将6号、7号机由抽凝机组改造为背压机组，其中6号机排汽1.0MPa，由于供汽手段较多，运行较少。7号机排汽4.0MPa，用汽量大，全年运行。因此，将7号机作为分析对象计算其改造前后对比，同样使用一个月的运行数据作为对比，对比数据见表4。

表4 7号汽轮发电机改造前后运行数据

名称	改造前	改造后	名称	改造前	改造后
主蒸汽耗汽量/t	123135	98929	供热标煤耗/t	8991	11570
3.5MPa供汽量/t	—	94992	额定发电功率/t	18600	7440
1.0MPa供汽量/t	71424		发电标准煤耗率/(g/kW)	425	230
发电量/t	17856	4613	供热标准煤耗率/(kg/GJ)	41.25	36.94
发电量理论值/MW·h	18572	4268	负荷率/%	96	62
发电标煤耗/t	7588	1060			

改造前后对比可以看出，改造后，背压机组以热定电运行，受外供汽影响，负荷率下降34%，但是供汽量仍然提高23568吨/月。发电量大幅度下降，但是发电标准煤耗率降低46%，供热标准煤耗率略有下降。下降后的煤耗均优于全国平均水平。燃烧标煤量下降3949吨/月。总体来看，非常符合自备电厂“减供电、保供热”的发展策略，充分利用电力市场大型主力发电机组低能耗的优势，同时充分发挥自备电厂小型发电机组在热电联产方面的突出特点。对于已建成、未到报废年限的抽凝机组，有一定的借鉴意义。

四、继续优化策略探索

目前运行的6台机组中3台抽汽凝气式发电机组煤耗相对较高，纯凝机组因为有凝汽冷源损失，即使按照最大抽汽工况，发电煤耗率也超过288g/kW，纯凝发电时发电煤耗率346g/kW，高于背压机组的发电煤耗。

通过切缸改造、光轴改造等方案，将抽凝发电机组改为抽汽背压式发电机组，此方案会减少部分发电能力，但是抚顺石化热电厂本身为供热机组，减少发电能力的同时减少发电煤耗是而保证碳达标是可行的。以10号机组为例，改造前后方案对比见表5中初步估算。

表5 10号机组改造初步估算

名称	改造前额定工况	改造后估算额定工况
型号	CC100-8.83/4.0/1.27	CB65-8.83/4.0/1.27
额定进气量/(t/h)	624.98	624.98
保证供汽量不变时进汽量/(t/h)	624.98	325
额定中压抽汽量/(t/h)	160	160
额定低压抽/排汽量/(t/h)	100	323
供汽量不变时低压抽/排汽量/(t/h)	100	100
额定发电功率/MW	100	65

续表

名称	改造前额定工况	改造后估算额定工况
保证供热不变时发电量/MW	100	27.5
额定发电标准煤耗率/(g/kW·h)	288	146
供汽量不变时发电标煤耗/(g/kW·h)	288	150
标准煤耗量/(t/h)	56.33	31.41
碳排放计算量/(tCO_2/h)	181	101

由上表可以看出，10号机组由抽凝机改为抽背机组后，在相同供热量的条件下减少碳排放量80tCO_2/h。发电标煤耗由原有288g/kW·h改为146g/kW·h，减少142g/kW·h，极大地提高了机组效率。同时，由于改造为背压机组，低压供汽能力由原有100t/h增加为323t/h，极大增加了1.0MPa蒸汽的供汽能力。

五、结论

随着国内电力行业的发展，炼化企业的自备电厂功能已经遭受冲击，发电行业向着大型机组发展，而热电联产机组大型化发展受限，主要职能由以前的保障炼化园区的电力供应、热力供应逐步变为了保障热力供应。模式由以前的“稳供电、保供热”转变为“少供电、保供热”，这是社会经济技术发展的大势所趋。自备电厂必须认清历史发展规律，积极转型，寻求适合自己的发展策略。现存热电联产机组，依然高比例的承担着历史赋予的重任。随着双碳战略的实施，已建成的自备电厂未来几年乃至十几年仍然面临着转型的阵痛。

参考文献

[1] 肖增弘，周振起．热力发电厂[M]．北京：机械工业出版社，2012.

低负荷工况下减压炉降温停炉节能减排实践应用

朱东明 | 中国石油哈尔滨石化公司

本文系统分析了中国石油哈尔滨石化公司常减压装置运行负荷及用能现状，针对性地提出了减压炉降温停炉节能减排方案，通过方案实施，不仅降低了装置燃料及动力消耗，而且减少了污染物排放总量，取得了显著的经济效益和社会效益。

一、概述

哈尔滨石化公司常减压装置燃料消耗占公司总燃料量的19%，占常减压装置能耗的87%，是公司能耗大户。公司燃料气产用不平衡，每天需要外购天然气$5.5\times10^4m^3$，不仅增加了燃动成本，同时增加了外购碳排放量。因此，降低燃料气消耗是公司节能减排、降本增效工作的重点，是实现双碳目标的重要手段。

通过对常减压装置运行负荷及用能现状分析，确定了低负荷工况下减压炉降温停炉的可行性。通过技术攻关，不仅降低装置燃料消耗，减少了加热炉废气排放量，而且降低了操作人员强度，实现了节能降耗的目标。减压炉降温停炉的攻关成功，是公司落实低碳环保具体工作的重要举措，也为其他工艺炉优化运行提供了新思路，是公司有能力、有勇气积极应对外界挑战的具体体现。

二、装置运行现状

中国石油哈尔滨石化公司常减压蒸馏装置设计原油加工能力4.2Mt/a，主要加工大庆原油、俄罗斯原油和海拉尔原油。装置采用初馏→常压蒸馏→减压蒸馏，燃料型“三级蒸馏”工艺路线。主要产品有石脑油、航煤、轻柴油、混合蜡油及减底渣油；副产品有初顶瓦斯、常顶瓦斯、减顶瓦斯。

其中，减压炉的作用是为减压蒸馏提供必需的热量。原油经过常压蒸馏后，常底渣油在350℃左右，经常底泵加压后分四路调节阀控制进入减压炉F-701，加热至340~360℃进入减压塔；同时1.0MPa蒸汽经减压炉对流式加热至240℃以上，作为减压抽真空系统蒸汽喷射器的动力。

2021年7月，常减压装置加工负荷发生较大变化，为防止能量过剩，依托装置流程模拟优化核算，结合装置运行实际，采取"减压炉降温停炉"的技术攻关措施，以达到节能降耗的目的。

（一）装置用能现状

哈石化常减压装置消耗、燃气消耗分别见表1、表2。

表1 哈石化常减压装置燃动消耗统计表

项目	5月	6月	合计	占总能耗比例/%
总能耗	8.94	8.93	8.94	
燃料气	7.79	7.71	7.75	87
天然气	0.02	0.00	0.01	0
电	0.99	1.02	1.01	11
1.0MPa蒸汽	1.03	1.05	1.04	12
循环水	0.31	0.37	0.34	3
除盐水	0.01	0.00	0.01	0
低温位热量	-0.02	-0.01	-0.01	0
重油输转	-1.46	-1.48	-1.47	-16
热联合	0.27	0.28	0.27	3

表2 哈石化各装置燃料气消耗统计表

装置	年消耗/t	占比/%	装置	年消耗	占比/%
常减压	25562	19.2	汽油加氢	7803	5.9
I套催化	5536	4.2	柴油液相加氢	5905	4.4
II套催化	2054	1.5	甲乙酮	365	0.3
连续重整	52304	39.2	酸性水-硫黄	365	0.3
加氢裂化	15185	11.4	电站锅炉1	14935	11.2
加氢改质	1079	0.8	电站燃气锅炉2	2184	1.6
合计	133371t				

表1、表2表明：常减压装置燃料气消耗占公司燃料总消耗量的19.2%，常减压装置是公司的能耗大户。常减压装置燃动消耗中，燃料气消耗占比最大，占装置总能耗的87%。因此，降低燃料气消耗是常减压装置节能降耗的关键。

（二）装置负荷现状

常减压蒸馏装置设计原油加工能力4.2Mt/a，日平均加工量为11500t。表3统计表明：2021年7月份开始，原油加工量降至9034t/d，装置负荷降至78%，装置负荷较低。总拔由设计的55.44%降低至44.44%，其中减压拔出率由11.45%降低至5.33%，其中单日最低降至3.58%，减压拔出率降低较大。在装置低负荷运行工况下，固定能耗不变，会导致总能耗较高。其"固定能耗"如下：

（1）散热损失不会因为装置负荷的降低而降低。

（2）机泵、压缩机、水环泵、风机等耗电设备离开最佳工作点，且不因为装置负荷降低而停运。

（3）蒸汽喷射器蒸汽流量不因降量而降低。

（4）加热炉负荷降低后，空气漏入量并不降低，降低了加热效率。

表4数据显示：装置降量后，各高温位的侧线流量均远低于设计值，造成高温位的热量难以取出，导致原油换热终温仅为292℃，与设计的换热终温302℃相差10℃，这势必造成燃料消耗增加。因此，减压拔出率的降低，会导致高温位侧线流量降低，原油换热终温降低，燃料消耗降低。

表3　常减压装置加工负荷统计台帐

月份	5月	6月	7月
月加工量/t	340255	320197	280051
日加工量/t	10976	10673	9034
加工负荷/%	96.28	93.62	78.56
常压拔出率/%	41.24	39.62	41.45
减压拔出率/%	8.0	39.07	5.33

表4　常减压装置高温热源流量统计表

序号	物料	设计值/(t/h)	运行值/(t/h)
1	常二线	96	58
3	减二线	44	11
4	减三线	7	3
5	常二中	231	70
6	减二中	89	20
7	减一中	120	43
8	自身换热最终温度	302	292

（三）减压炉运行现状

表5数据表明：减压炉设计负荷为14.23MW，实际运行负荷为5.8MW，实际运行负荷只有设计的40.76%。减压炉进料常压渣油温度为353℃，减压炉出口温度为351℃，温度降低了2℃，减压炉出口温度低于进料温度，说明在目前运行的工况下，减压炉没有起到升温气化的作用，只起到维温作用，炉温存在控制过高的情况，能量利用率较低。

表5　减压炉负荷及运行关键参数统计表

设计负荷/MW		14.23	实际负荷/MW		5.8	负荷率/%	40.76
日期	加工量/(t/d)	减压炉进料温度/℃	减压炉出口温度/℃	装置内换热终温/℃	热联合换热终温/℃	高压瓦斯单耗/(kg/t)	减压炉过热蒸汽温度/℃
6月	10673	353	351	293	298	8.11	307
7月	9050	348	350	288	294	7.39	311

三、降温停炉可行性分析

（一）必要性分析

常减压装置燃料气消耗占公司燃料总消耗量的19.2%，占常减压装置能耗的87%，是公司能耗大户。通过低负荷工况下减压炉降温停炉攻关，可以有效降低燃料气消耗，减少污染物排放，是实现双碳目标的重要手段，同时也为其他工艺炉优化运行提供了新的思路。

（二）可行性分析

通过现状分析，明确了燃料气消耗较高的因素主要有两个方面：

（1）装置降量后，原油换热终温由设计的302℃降低至292℃，温度降低10℃。减压拔出率的降低，将导致减压塔侧线流量降低，高温位的热量难以取出，造成装置原油换热终温降低，燃料气单耗在7.7kg/t以上，燃料消耗较高。

（2）减压炉设计负荷为14.23MW，实际负荷只有设计的40.76%。减压炉进料温度为353℃，炉出口温度为351℃，温度降低2℃，减压炉出口温度低于进料温度，说明在目前减顶真空度的工况下，减压炉温度存在控制过高的情况，在工艺工程中只起到维温作用，能量利用率较低，造成不必要的燃料消耗浪费。

通过现状分析，认为攻关目标可行，理由如下：

（1）委托北京中智软创科技有限公司对常减压装置进行流程模拟核算，得出在“总拔低于53%的情况下，减压炉可实现停炉，减压炉出口温度约为320℃”的结论，进一步论证了减压炉停炉的可能性。

（2）在减压塔真空度≥-96kPa的条件下，减顶真空度能够弥补减压炉停运后气化率要求，能够保证产品质量和减压拔出率，在低负荷工况下减压炉存在能量过剩情况。减压炉降温停炉后，不仅可以降低燃料消耗，降低加热炉烟气排放量，减少碳排放总量，同时可降低操作强度。

（3）针对减压炉降温停炉操作，成立了攻关组，攻关组成员涉及工艺、设备、安全、操作多个专业和层面，人员技能技术水平全面，操作经验丰富。同时制订了详细的攻关方案，全面识别了过程中的风险，制定了详细的操作卡和应急处置措施，能够确保操作过程安全受控。

四、降温停炉难点及对策

（一）实施难点及对策

操作实施前，攻关小组对实施难点进行了分析，确定了减压炉降温停炉过程中存在两个方面的难点：

（1）熄火后能否满足安全平稳生产要求。减压炉停运在国内运行装置中没有实例，减压炉停运后的热量损失自然会增加，特别是冬季的热损失更大，是否能保证减压拔出率缺乏实际经验。

（2）操作过程中如何保证环保排放指标。在降温停炉过程中，随着负荷降低，加热炉风门、挡板、燃料的调节余地降低，烟气环保在线分析存在超标的风险。

减压炉降温停炉过程难点、风险及管控措施见表6。

表 6　实施过程难点、风险及管控措施

<table>
<tr><th>难点</th><th>问题风险</th><th>控制措施</th></tr>
<tr><td rowspan="24">安全平稳生产方面</td><td rowspan="5">原油换热终温降低，散热损失可能较大，能耗较高</td><td>①降温过程中，通过调整现场风门控制氧含量不大于10%，氧含量高于12%时，停鼓风机和引风机</td></tr>
<tr><td>②关闭鼓风机、引风机出入口挡板，降低多余空气带走的热量损失</td></tr>
<tr><td>③当减压侧线及减渣温度低于与拔头油换热的温度时，及时开 E-310、E-312 等换热器副线阀门，避免出现倒取热情况，保持原油换热终温最大化</td></tr>
<tr><td>④减压炉熄火后及时关闭烟囱直排挡板</td></tr>
<tr><td>⑤封堵漏风的看火窗、点火孔、风门等部位进行密封，减少散热损失</td></tr>
<tr><td rowspan="3">加热炉熄火后，减压侧线流量不足，原油换热网络大幅度变化，引起加氢裂化和本装置生产波动</td><td>①加氢裂化装置要提前做好预防，按照直供蜡油 32～34t/h 做好预案</td></tr>
<tr><td>②在应急情况下，可以提高常压炉出口温度至 365℃平衡生产</td></tr>
<tr><td>③如果不能维持生产，立即准备点炉，恢复正常操作</td></tr>
<tr><td rowspan="2">减压炉降温熄火中存在减压拔出率不足的风险</td><td>①关闭水环真空泵出入口联通线，提高真空度，尽量维持减压拔出率稳定</td></tr>
<tr><td>②如果不能满足减压拔出率要求，立即退守至安全平稳状态，终止降温熄火调整</td></tr>
<tr><td rowspan="3">减压炉停炉后存在抽子蒸汽带水喘振，造成减顶真空度不足，减低液位升高，减渣外甩增多，出装置超温的风险</td><td>①查资料 1.0MPa 过热蒸汽需控制在 180℃以上，因此入装置蒸汽温度在 250 以上，能够满足要求</td></tr>
<tr><td>②在减压炉降温过程中，对抽子过热蒸汽运行情况进行检查，如果抽子出现喘振，同时立即退守至安全平稳状态，终止降温熄火调整</td></tr>
<tr><td>③减顶真空度不足时，协调催化装置提高加工量，避免渣油出装置超温</td></tr>
<tr><td rowspan="2">随着炉温降低，燃料调节阀开度减小，容易造成炉火熄灭，引发安全事故</td><td>①调节阀开度小于 10%，通过减少瓦斯火嘴数量，提高瓦斯调节阀调整范围</td></tr>
<tr><td>②调节阀开度小于 5%且火嘴剩余 2 个火嘴时停止降温操作，防止发生意外熄火事故</td></tr>
<tr><td rowspan="2">降温过程中温度变化过快时，容易造成换热器法兰泄漏</td><td>①为防止降温过程温度变化过快，每次调整温度为 1～3℃</td></tr>
<tr><td>②稳定 4h 以上，检查无问题后再进行下一步操作</td></tr>
<tr><td rowspan="4">熄灭后的火嘴一次、二次阀门可能存在内漏风险，长时间泄漏，存在炉膛闪爆的风险</td><td>①将熄灭的火嘴软管解开测氧测爆，确定阀门没有内漏的情况</td></tr>
<tr><td>②内漏阀门立即加盲板隔离</td></tr>
<tr><td>③熄灭的火嘴瓦斯和长明灯全部盲板隔离</td></tr>
<tr><td>④每熄灭 1 个火嘴，对该火嘴瓦斯和长明灯加盲板隔离</td></tr>
<tr><td rowspan="2">加热炉熄火后不能满足生产需求，需要重新点炉升温，过程需要重新通风置换、测氧测爆等手续，恢复时间较慢</td><td>①做好减压炉重新点炉方案和应急，如果减压炉熄火后不能满足生产需求，则减压炉需重新点炉升温，恢复正常生产</td></tr>
<tr><td>②质检计量部人员做好应急准备</td></tr>
<tr><td>空气预热器停运后，热管冬季存在冻裂的风险</td><td>③确定长期停炉后，将热管抽出送至室内库房保管</td></tr>
</table>

续表

难点	问题风险	控制措施
环保排放达标方面	烟气环保存在超标风险，且鼓风机、引风机停运后，在线分析系统被旁路	①对减压炉的操作调整缓慢平稳进行，调整过程中氧含量富余控制
		②制定《加热炉烟气排放超标预案》，出现不达标情况进行调整
		③提前做好烟气环保分析仪旁路停运申请，质量安全环保处专人负责
		④鼓风机、引风机停运后，联系质检计量部对烟气排放进行人工检测，确保减压炉烟气排放合格

（二）降温停炉原则

通过装置运行现状及可行性分析，制定了技术攻关操作调整原则：

技术攻关的总原则："在保证产品质量和收率的前期下，保持原油换热终温最大化，减压炉降温操作，并向停炉方向实验。"

常压炉的调整原则："在保证产品质量和收率的前提下，常压炉出口温度最低化控制。"

减压炉的调整原则："在保证总拔的前提下，真空度最大化，减压炉出口温度逐渐降低，并向停炉的方向试验。"

（三）降温停炉步骤

针对本次攻关内容，操作难点及风险，攻关成员进行充分风险识别，制订了详细的工作计划、攻关方案、风险管控措施和应急处置方案，具体操作如表 7 所示。

表 7　减压炉停炉攻关计划及分工表

实施	起止时间	工作内容
准备阶段	7 月 1 日至 7 月 4 日	1. 现状调查，可行性论证
		2. 制定攻关措施、操作卡
		3. 进行风险识别，制定管控措施
		4. 制订冬季和环保专项管控方案
实施阶段	7 月 5 日至 8 月 8 日	1. 减压炉由 350℃降温至 340℃
	8 月 9 日至 8 月 81 日	2. 减压炉由 340℃降温至 330℃
	8 月 31 日至 9 月 2 日	3. 减压炉由 330℃降温至 320℃
	9 月 3 日至结束	4. 减压炉熄火停运及后续维护

五、降温停炉过程实施

（一）第一阶段主要工作——减压炉降温至 340℃

（1）7 月 5 日开始，减压炉每天以 1~2℃由 350℃向 340℃降温。

（2）减压炉 340℃稳定运行至 8 月 8 日。

（二）第二阶段主要工作——减压炉降温至 330℃

（1）8 月 9 日开始以减压炉每天以 1℃由 340℃向 330℃降温。

（2）逐渐熄灭 5 个火嘴稳定运行，确保调节阀调整在安全范围内。

（三）第三阶段主要工作——减压炉降温至 320℃

（1）9 月 1 日开始，减压炉每天以 2~3℃由 340℃向 330℃降温。

（2）逐渐熄灭 2 个火嘴，剩余 3 个火嘴稳定运行。

（3）停运减压炉引风机、鼓风机，验证加热炉运行情况。

（4）停运减压炉烟气环保分析，改为人工检测。

（四）第四阶段主要工作——减压炉熄火停运

（1）9 月 3 日减压炉熄灭全部火嘴，验证减压炉及减压系统运行情况。

（2）隔绝燃料系统，火嘴管线全部加盲板，确保运行安全。

（3）加热炉漏风处封堵，验证热损失情况。

六、降温停炉应用效果

通过攻关，减压炉实现了降温并停运，实现了降低燃料气消耗，减少废气排放，降低操作强度，圆满地完成了此次活动的攻关目标。具体目标完成情况如下。

（一）经济效益

1. 燃料消耗情况

减压炉燃料消耗情况见表 8、表 9、图 1。

表 8　减压炉降温停炉关键参数统计表

日期	加工量/(t/d)	减压炉进料温度/℃	减压炉出口温度/℃	装置内换热终温/℃	热联合换热终温/℃	高压瓦斯耗量/(t/d)
7 月 5 日	8996	348	350	288.1	294	70.84
8 月 1 日	9019	347	340	282	285	56.68
8 月 31 日	9075	347	331	277	283	65.97
9 月 3 日	9005	346	321	272	278	59.15
9 月 4 日	8996	346	321	273	278	59.68
9 月 5 日	8994	346	321	273	278	60.34
9 月 6 日	9000	346	320	271	277	58.58
9 月 7 日	9000	346	320	271	277	59.43
9 月 8 日	9000	346	320	271	277	58.86
9 月 9 日	9000	346	320	271	275	56.84

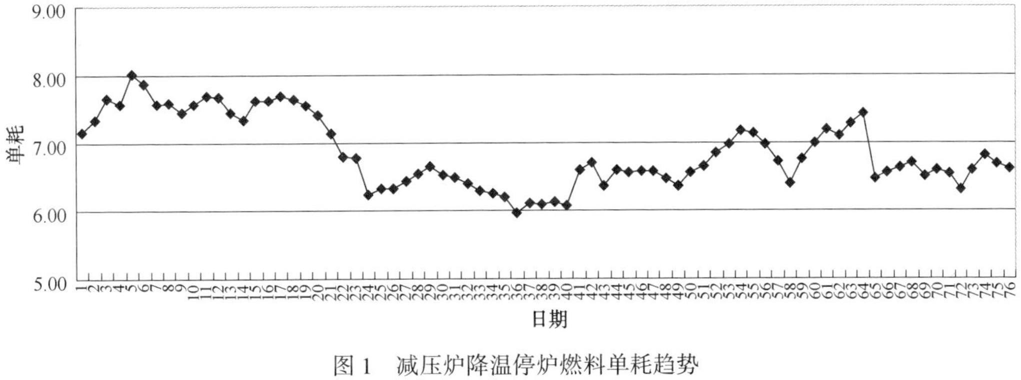

图 1　减压炉降温停炉燃料单耗趋势

表 9　减压炉停炉前后燃料单耗统计表

日期	加工量/(t/d)	减压炉出口温度/℃	燃料气耗量/(kg/t)
调整前	10673	350	7.71
调整后	9000	320	6.59

减压炉降温停炉前燃料气平均单耗为 7.70kg/t，降温停炉后燃料气平均单耗为 6.59t/kg，单耗降低 1.1 个单位。可降低燃料约 9.5t/d，降低加工费用 936.2 万元/年，即 9.5×2700×365=936.2(万元)。

2. 电耗完成情况

减压炉鼓风机功率 37kW，引风机功率 75kW。减压炉停运后节电 2688kW·h/d，降低加工费用 54.9 万元/年，即 112×365×24×0.56=54.9(万元)。

3. 经济效益情况

总经济效益=936.2+54.9=991.1(万元/年)。

注：燃料气单价 2700 元/t，电单价 0.56 元/(kW·h)。

(二) 社会效益

(1) 加热炉烟气排放情况(见表 10)。

一氧化碳：$15952.06\times252.37\times24\times365/10^9=35.26$t

烟　　尘：$15952.06\times10.22\times24\times365/10^9=1.43$t

氮氧化物：$15952.06\times23.62\times24\times365/10^9=3.3$t

二氧化硫：$15952.06\times0.39\times24\times365/10^9=0.05$t

以 2020 年减压炉排放数据计算：减压炉停运后，可减少二氧化硫排放 0.05t/a，减少氮氧化物排放 3.3t/a，减少烟尘排放 1.43t/a，减少一氧化碳排放 35.26t/a。

表 10　减压炉烟气排放数据统计表

时间	烟气流量/(m^3/h)	二氧化硫/(mg/m^3)	氮氧化物/(mg/m^3)	烟尘/(mg/m^3)	一氧化碳/(mg/m^3)
1 月	17839.69	1.49	68.59	12.37	186.64
2 月	19280.26	0.67	49.61	12.37	341.94
3 月	19254.40	0.16	15.59	11.53	352.93
4 月	23697.52	0.11	21.86	12.35	216.22
5 月	17265.04	0.16	25.52	11.27	122.89
6 月	14158.61	0.29	17.36	10.05	191.25
7 月	14792.85	0.49	15.48	11.87	208.89
8 月	15229.44	0.22	16.61	8.11	107.78
9 月	15269.62	0.32	13.45	8.13	269.84
10 月	12432.02	0.15	17.38	7.95	205.30
11 月	10561.80	0.13	11.28	8.63	316.46
12 月	11643.40	0.52	10.77	8.09	508.34
平均值	15952.06	0.39	23.62	10.22	252.37
年排放量/(t/a)		0.05	3.30	1.43	35.26

(2) 降低操作者强度。

减压炉停炉后，减压炉进料 4 个控制回路调整频率降低；燃料气 1 个控制回路，鼓风机和引风机 2 个控制回路被停运(见表 11)，大大降低了操作者的劳动强度。

表 11　减压炉控制回路统计表

序号	控制回路名称	回路位号	序号	控制回路位号	回路名称
1	减压炉一路进料	FIC5013	5	燃料控制阀	TIC5020A
2	减压炉二路进料	FIC5014	6	鼓风机转速	HIC5105
3	减压炉三路进料	FIC5015	7	引风机转速	HIC5106
4	减压炉四路进料	FIC5016			

七、巩固措施

（一）完善保温，降低热损

减压炉对流室弯头箱最高温度 149℃，热量损失较大。减压炉停炉后，对流室弯头箱增加保温，保温后度降至 48℃，温降达到 100℃（见图 2）；同时减压炉过热蒸汽温度由 269℃升高至 275℃，保温效果明显，保证了减压抽子蒸汽的冬季安全运行。

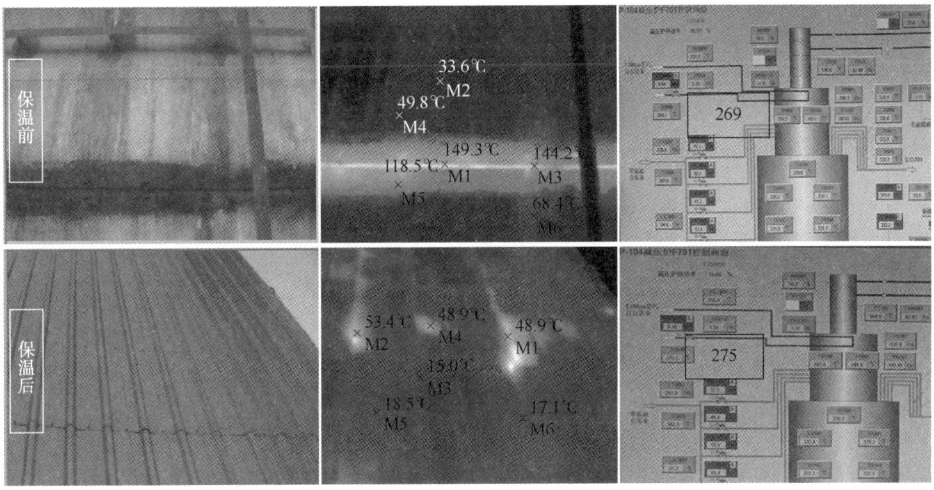

图 2　对流式保温完善前后对比图

（二）抽出热管，防止冻裂

减压炉停运后，烟气回收系统也随之停运，为防止热管冬季在室外冻裂，将余热回收系统热管全部抽出存放室内，防止冬季冻裂损坏。

八、结论

此次攻关中，通过不断讨论和完善操作方案，组织全员参与识别风险，制定风险管控措施和应急处置措施，形成了《常减压装置减压炉停运节能方案》《加热炉烟气环保排放超标应急预案》《常减压装置减压炉冬季运行管控方案》。操作过程严格按方案和操作卡执行，操作过程安全环保受控，实现了"低负荷工工况下减压炉降温停炉节能减排"的攻关目标。

本次攻关主要形成以下成果：

（1）减压炉停炉后，可降低燃料 9. 5t/d，降低加工费用 936. 2 万元/年；鼓风机和引风机停运，每年降低加工成本 54. 9 万元，两项总计 991. 1 万元/年。

（2）减压炉停运后，可减少二氧化硫排放 0. 05t/a，减少氮氧化物排放 3. 3t/a，减少烟尘排放 1. 43t/a，减少一氧化碳排放 35. 26t/a。

（3）减压炉停炉后，减压炉 7 个控制回路回路被停运，大大降低了操作者的劳动强度。

（4）减压炉降温停炉的攻关成功，是公司落实节能减排具体工作的重要举措，也为其他工艺炉优化运行提供了新思路，是公司有能力、有勇气积极应对外界挑战的具体体现。

下一步工作计划：减压炉进行工程核算，利用检修期间对减压炉进出料、过热蒸汽加副线流程，彻底甩掉减压炉，消除常压渣油在炉管内空走所造成的热量损失，确保减压炉长期停运节能攻关成果。

新型纳米纤维材料在高压蒸汽管线上的应用

郑明岩 | 中国石油吉林石化公司

新型纳米纤维材料可有效替代传统岩棉保温材料，化工装置蒸汽管线更换新型保温后，散热强度大幅降低，保温效果显著，节约蒸汽消耗，降低乙烯装置综合能耗，实现减碳、降碳目标，在乙烯行业具有较高的推广价值。

一、概述

中国石油吉林石化 2#乙烯装置采用德国林德公司前脱乙烷前加氢工艺流程，于 1996 年 9 月建成投产，设计能力为 30kt/a。2001 年进行一期挖潜改造，装置生产能力提高至 38kt/a；2004 年开始二期改造，扩建仍然采用林德公司的工艺技术，改造采取“宜单则单、宜并则并”的原则，既有并行流程又有原装置内部结构改造，整个装置生产规模扩大至 70kt/a。

乙烯装置高压蒸汽压力 12.0MPa，温度 520℃在正常生产中主要由裂解炉的急冷废热锅炉回收高温裂解气废热而产生，不足部分由辅助锅炉来补充。因此，高压蒸汽管网由辅助锅炉产气量控制，高压蒸汽大部分用于驱动裂解气压缩机透平，小部分为甲烷化反应器预热器加热以及为二段汽油加氢反应器进料过热器提供热源。该管线自 2005 年乙烯装置改扩建以来，仅在 2012 年对部分蒸汽管线保温进行更换，其余蒸汽管线保温运行达 16 年之久，保温效果逐渐降低，管线外表温度最高达到 90℃以上，造成能量浪费，影响乙烯装置综合能耗。为此需要对乙烯装置高温管线保温进行节能改造。

二、陶瓷纤维

（一）材料介绍

1992 年美国学者 Hunt A J 在国际工程大会上首次提出绝热概念。

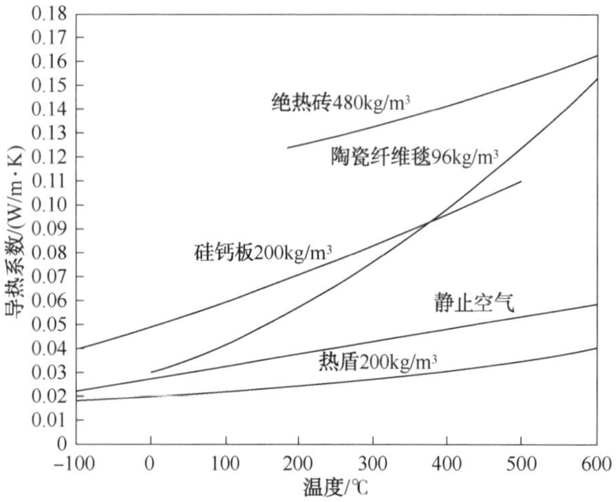

图 1 各种保温材料在不同温度下导热系数

绝热材料可有效降低高温输送管道的热量损失，其导热系数由固体传导、气体分子传导、气体对流传热和红外辐射传热所决定；陶瓷纳米纤维棉（简称热盾毯）是一种新型轻质纳米多孔材料，其独特的三维立体和纳米级孔隙结构，能够有效隔断热传导和热对流，具有质轻、低导、低折射率和良好的机械性能等优点。由于空气分子团的自由行程约为 70nm，而陶瓷纳米纤维棉的孔洞远小于该直径，致使常温下陶瓷纳米纤维棉导热系数（0.015W/m · K），小于静止空气的导热系数（0.020W/m · K），如图 1所示。

（二）性能特点

陶瓷纳米纤维棉具有优异的绝热性能，拥有独特的纳米级结构能够有效阻止热量传递，是目前工业实现的导热系数最低的绝热材料之一，传热性能仅为传统保温材料的 1/3～1/5，可大幅减小保温体厚度，减少散热面积，减少散热损失；它具备优异的整体防水性能，保温体不会受潮，更不会吸水腐蚀管道，确保隔热性能长期有效，是热管道保温材料的理想选择；它具有良好的机械性能，质轻、柔韧，优良的抗压及抗拉强度，长期使用不沉降、变形，避免了传统保温材料长期高温或受到振动而产生形变堆积和保温性能急剧下降的现象；它易于现场加工、施工便捷，利用普通裁剪工具即可加工成适合复杂部件所需形状，轻巧方便，安装简易。而且陶瓷纳米纤维棉使用寿命长，在正常使用条件下，持续使用不低于 10 年。

（三）性能指标

陶瓷纳米纤维棉性能指标见表 1。

表 1 陶瓷纳米纤维棉性能指标

名称	陶瓷纳米纤维棉	检测标准
导热系数/[W/(m · K)]	≤0.055(600℃热面)	《耐火材料导热系数试验方法(水流量平板法)》(YB/T 4130—2005)
永久线变化	<3%(1000℃×24h)	《耐火材料陶瓷纤维制品试验方法》(GB/T 17911—2006)
体积密度	<200kg/m³	《耐火材料 陶瓷纤维制品试验方法》(GB/T 17911—2006)
憎水率	>98%	《绝热材料憎水性试验方法》(GB/T 10299—2011)
体积吸水率	<3%	《矿物棉及其制品试验方法》(GB/T 5480—2008)
溶出液 pH 值	7~8	《复合硅酸盐绝热制品》(JC/T 990—2006)
氯离子含量	≤15ppm	《绝热材料中可溶出氯化物、氟化物、硅酸盐及钠离子的化学分析方法》(JC/T 618—2005)
防火等级	A1	《建筑材料燃烧性能分级方法》(GB 8624—2006)

三、改造方案

（一）高压蒸汽管线工艺参数

高压蒸汽管线工艺参数见表2。

表2　高压蒸汽管线工艺参数

序号	外径/mm	长度/m	运行温度/℃	原保温材料	原保温厚度/mm	热盾保温厚度/mm
1	219	90	520℃	硅酸铝棉	180	70
2	426	80		硅酸铝棉	230	70
3	325	20		硅酸铝棉	220	70
4	165	150		硅酸铝棉	120	70
5	426	100		硅酸铝棉	230	70
6	426	50		硅酸铝棉	230	70
7	426	25		硅酸铝棉	230	70
8	529	60		硅酸铝棉	250	70

（二）原保温热损失现状分析

经现场测量并根据《石油化工绝热工程节能监测与评价》（Q/SY193—2013）4.8.2的公式计算，高压蒸汽管线的散热损失 $Q=395.7W/m^2$。同时，该规范6.1.3规定，介质温度520℃时，管道、设备保温后的允许最大散热损失为 $242W/m^2$。管线热损失超标，为此，工厂提出采用纳米纤维棉作为保温材料，利用2021年装置大检修期间对高温管线的保温（约575m）进行更换。该项目实施后，能够较好地解决管道的散热损失，从而达到节能减排的目的，同时也消除了安全隐患。

（三）保温改造方案及投资额分析

根据该蒸汽管线工艺条件，设计改造结构为：70mm陶瓷纳米纤维棉+防锈铝皮。

采用陶瓷纳米纤维棉分层敷设，分层固定，为减少管线冷热线变化对保温效果的影响，陶瓷纳米纤维棉保温结构中沿管线轴向和径向陶瓷纳米纤维棉分别搭接不小于50mm，避免传统保温易出现的脱节和松动现象。

材料用量及投资额如表3所示。

表3　材料量及投资额表

保温结构	材料量/m^3	综合单价/(万元/m^3)	投资额/万元
70mm陶瓷纳米纤维毯+0.6mm防锈铝皮	55.99	2.9	162.38

注：综合单价是包含主材费、辅材费、安装费、脚手架搭拆等措施费及税金的全费用单价。

四、施工方案

该项目于2021年6月开始施工，2021年7月完工并投用。管道保温施工一般流程：拆除原保温→清理干净管道表面→包裹要求厚度的陶瓷纳米纤维棉→安装金属外保护壳。

（一）准备工作

准备场地，用于贮藏陶瓷纳米纤维棉，该场地需有遮盖及相应的保护措施。在场地内切割所需长度材料，以及方便施工的各种形状材料。在运往施工现场之前，已剪切好的材料需用塑料纸打包或成捆包装。施工前确保所有需要进行绝热的管道表面的洁净和干燥，并对材料的质量情况进行核查，确保材料本身干净、干燥。施工人员应配备完善的劳动保护用品。

（二）施工过程

1. 管道保温

施工时应逐层捆扎，采用同层错缝、内外层压缝方式敷设，搭缝位置不得布置在管道垂直中心线45°范围内。通过直接包裹测量的方式分别确定两层的所需长度。材料沿管道方向的搭接尺寸为10~20mm。按合适长度裁剪陶瓷纳米纤维棉绝热材料。将裁剪好的陶瓷纳米纤维棉绝热材料紧贴管道敷设，先将起始端用镀锌铁丝(Φ0.5mm或Φ1mm)或高温胶带固定住，再将另一端以同样方法固定在管道上。在第4层外用纤维铝箔通过螺旋缠绕法将材料固定在管道上，缠绕方向应与材料搭接方向一致，捆扎平整，纤维铝箔搭接尺寸为宽度的1/2。推荐使用宽度为10~30cm的纤维铝箔。相邻两层的环向接缝应错位材料宽度的1/2进行捆扎，最后敷设金属保护层。

2. 弯头保温

对于45°/90°弯头的绝热施工，可通过钣金展开放样的方法将陶瓷纳米纤维棉绝热材料加工成弧形的多节弯形(虾米腰)敷设。首先通过直接包裹测量的方式确定包裹的长度；然后将加工好的虾米腰的中心线紧贴弯头的外径，从弯头切线处开始施工，先将第一节虾米腰用镀锌铁丝固定；然后再逐节固定下去。内外层应压缝敷设，逐层捆扎固定；最后敷设金属保护层。

3. 阀门及法兰保温

用陶瓷纳米纤维棉绝热材料包裹管道至法兰处，然后量出包裹隔热材料后的管道直径以及法兰尺寸。包裹材料条到隔热管道上，直至达到与法兰直径相同的厚度。如果接口截面处需要隔热，切割材料时不要按截面一样的尺寸来切割。包裹阀门部位直到包裹部位尺寸与法兰相同时为止。用束缚材料将隔热材料绑缚在阀门上。根据需要，在阀门接头处也可用陶瓷纳米纤维棉绝热材料包裹。

4. 保护层

金属保护层的切割、拆边、滚圆等工序，应由专用机具加工，装配时，个别部位可用手工辅助。压型板必须采用机械剪切，不得用乙炔焰切割。

垂直管道、金属保护层的敷设，应由下而上进行施工，接缝应上搭下，弯头与直管段上的金属护壳应有按规定搭接，搭接部位不得固定。水平管道金属保护层的环向搭接应沿管道坡向，由高处搭向低处，其纵向接缝宜布置在水平中心线下方的15°~45°处，缝口朝下。金属保护层安装时，应紧贴保温层。安装金属护板应保证表面平整、光滑，确保外表工艺美观。法兰、阀门护壳：法兰、阀门护壳为可拆式结构，实测下料，制作安装，壳内保温层填满，咬口工艺精细、美观、固定牢固。当金属保护层采用支撑环固定时，钉孔应对准支撑环。水平管道的纵向接缝应设置在管道的侧面，水平管道的环向接缝应按坡度高搭低茬。

五、改造效果及效益分析

2021年7月乙烯装置大检修开车后，高压蒸汽管线外表温度显著降低，详见图2。

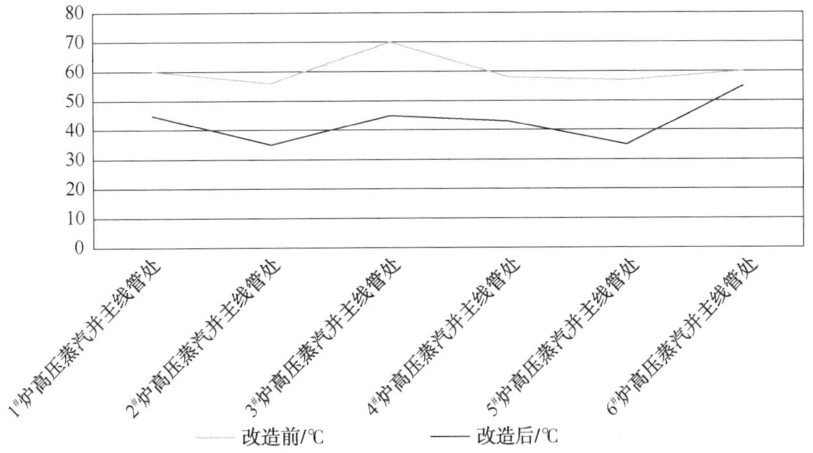

图 2 高压蒸汽管线保温改造前后外表温度变化图

管道保温改造后散热损失不超过 242W/m²，管道保温改造后的节能效益见表 4。

表 4 高压蒸汽管线保温节能改造效益表

管线名称	改造前散热损失/（W/m²）	改造后散热损失/（W/m²）	改造前散热面积/m²	改造后散热面积/m²	改造前年散热量/GJ	改造后年散热量/GJ	年节能量/（GJ/a）	节能量折标煤/（tec/a）	节能量折中压蒸汽/（t/a）	年节能效益/（万元/a）	节能率/%
乙烯装置高压蒸汽管线	395.7	242	1305.71	853.55	15624.04	6246.32	9377.72	319.98	2943.69	52.99	60
投资额	162.38 万元										
静态投资回收期	3.06 年										

注：中压蒸汽按热值折算，以 3.5MPa、420℃的蒸汽焓值扣除环境的水焓值折算蒸汽热量，蒸汽的焓值为 3.1857GJ/t；中压蒸汽的单价按 180 元/t 计算。标煤的折算系数根据《综合能耗计算通则》（GB/T 2589—2008）的规定，1kg 标煤（1kgec）的低（位）发热量=29307kJ；装置年运行时间按 8400h 计算。

通过表 4 可以看出，经过保温改造，年节能量 9377.72GJ，节能率 60%，折合标煤 319.98t，约减排二氧化碳 844.75t。节能量折合中压蒸汽 2943.69t，年创效 2943.69×180=52.99 万元，投资回收期约 3 年。

陶瓷纳米纤维棉作为一种新型保温隔热材料，在高压蒸汽管线保温应用上对比传统保温材料有明显的节能效益，达到了节能减碳的目的，在乙烯行业具有较高推广价值。

参考文献

[1] 史兆宪．节能法制与能源管理基础[M]．北京：中国发展出版社，2011.

1Mt/a 万蜡油加氢装置新氢压缩机 C1002 无级气量调节系统故障原因及处理措施

李广占
何　松
白汉林
刘振伟
中国石油独山子石化司炼油二部

本文对 1Mt/a 蜡油加氢装置新氢压缩机 C1002 无级气量调节系统故障原因进行分析，采取相应的处理措施，解决了新氢压缩机 C1002 无级气量调节系统易损件寿命短、故障频繁、整台机组无故障运行时间短的问题，保证了蜡油加氢装置长周期平稳运行。

一、概述

某石化公司炼油厂 1Mt/a 蜡油加氢装置新氢压缩机 C1002 为装置反应系统补充新氢，一旦出现新氢机故障停机，备机短时间无法开启会导致装置停工。设备型号为 4M50-18/24-180-BX，介质为氢气，是三级对称平衡式压缩机，出口压力为 13MPa。设备厂家为沈阳气体压缩机股份有限公司。依据改造后装置满负荷生产时，新氢压缩机经常处于 70% 负荷运行，机组调节只能通过回流控制阀调节，导致大部分能量损失在机组回流上。压缩机的能耗与每次循环过程中实际压缩气量不成比例，2016 年压缩机通过增加无极气量调节技术可有效地节省能量，但 2016—2020 年新氢压缩机无级气量调节系统累计出现故障检修 22 次，无故障运行周期最长不超过 3 个月，严重影响装置平稳运行。

二、机组无级气量调节系统故障统计分析

查阅机组前期历次故障分析报告及检修总结并组织维护单位人员召开专题会。对机组历次出现的故障进行统计分析，查找机组运行中出现的典型故障。主要存在问题如下：

（1）机组各级进气阀片故障率仍旧偏高，连续运行周期不超过 3 个月，且故障现象类似，均是从阀片边缘部位断裂缺损，见图 1 和表 1。

（2）进气阀执行器电磁阀故障率较高，机组备用测试、定期切换、运行过程会出现部分执行器突发故障不动作、漏油等导致生产波动。

（3）气阀执行器填料漏气量较大，填料寿命短。

（4）液压系统高压软管长期运行过程中容易出现渗油。

表 1　C1002 气阀阀片断裂故障统计表

日期	机组	故障描述	运行描述	外理方法
2016-11-15	C-1002A	前一级缸气阀阀片断裂	运行周期 1 个月	前一级气缸侧阀片更换（更换 1 个阀片）
2016-11-18	C-1002B	二级进气阀断裂	运行周期 3 天	更换二级进气阀（更换 1 个阀片）
2016-11-22	C-1002A	二级进气阀一个，前一级进气阀一个	运行周期 4 天	二级进气阀一个，前一级进气阀一个（更换 2 个阀片）
2016-11-29	C-1002B	一、二级进气阀断裂	运行周期 7 天	更换一、二级进气阀阀片（更换 4 个）
2016-12-7	C-1002A	更换新阀片厚度的一级进气阀 4 个、二级进气阀 2 个	运行周期 9 天	更换新阀片厚度的一级进气阀 4 个、二级进气阀 2 个（更换 6 个阀片）
2017-5-25	C1002B	2017 年 4 月 24 日开机运行，至 2017 年 5 月 25 日新氢机 C1002B 二级吸气阀温度升高，被迫切换检修	运行周期 1 个月	更换二级轴侧及盖侧吸气阀（更换两个阀片）
2017-6-12	C1002B	2017 年 5 月 26 日开机运行，至 2017 年 6 月 12 日新氢机 C1002B 二级吸气阀温度升高，被迫切换检修	运行周期 17 天	更换二级轴侧及盖侧吸气阀（更换两个阀片）
2017-11-24	C1002B	2017 年 11 月 16 日开机运行，至 2017 年 11 月 24 日三级盖轴侧进气阀阀片温度高，被迫切机检修	运行周期 8 天	更换三级盖轴侧进气阀阀片
2018-7-4	C1002B	2018 年 6 月 11 日开机运行至 2018 年 7 月 4 日对 C1002B 二级轴侧进气阀，三级盖侧进气阀温度高，切换机组对阀片进行检修	运行周期 1 个月	更换进气阀阀片 2 个
2018-9-25	C1002B	2018 年 7 月 10 日开机，运行至 2018 年 9 月 25 日对新氢机 C1002B 二级轴侧及盖侧气阀温度升高，切换机组更换阀片检修	运行周期 2 个月	新氢机 C1002B 二级轴侧及盖侧气阀阀片进行更换（更换阀片 2 个）
2019-12-4	C1002B	2019 年 9 月 10 日开机运行至 2019 年 12 月 4 日二级盖侧进气阀阀片温度高，切换机组更换阀片检修	运行周期 3 个月	更换二级盖侧进气阀阀片（更换阀片 2 个）
2020-4-3	C1002A	2020 年 3 月 25 日开启运行，至 2020 年 4 月 3 日新氢机 C1002A 前一级轴侧、盖侧，后一级轴侧进气阀温度测温高，前一级轴侧超过 70℃，被迫停机检修	运行周期 1 个月	对新氢机 C1002A 前一级轴侧、盖侧，后一级轴侧进气阀阀片进行更换。（更换阀片 3 个）

续表

日期	机组	故障描述	运行描述	处理方法
2020-4-21	C1002B	2020年4月3日开启运行，至2020年4月21日后一级盖侧气阀阀片、更换二级轴侧气阀阀片温度高，被迫机组切换	运行周期18天	更换阀片2个
2020-7-15	C1002A	2020年4月7日开启运行，至2020年7月15日4#阀(前一级轴侧)吸气温度高(超过70℃)，2020年4月3日更换该阀片，运行8天后温度即出现上升(未超过55℃)。7月15日17：30温度突然上升至70℃，紧急切换更换阀片检修	运行周期3个月	更换一级轴侧吸气阀阀片(更换阀片1个)
2020-8-26	C1002A	2020年8月25日新氢压缩机C-1002A前一级盖侧温度出现大幅上升，最高上升至61.8℃，随后恢复正常，8月25日14：35再次出现波动上升，上升至57.7℃，切换更换阀片检修	运行周期41天	更换前一级两台吸气阀阀片(更换阀片2个)

图1　阀片断裂典型故障图

三、机组无级气量调节系统故障攻关方案

专业攻关小组针对影响C1002压缩机无级气量调节系统问题的分析评价，完成新氢机一机一册维护方案修订。针对机组无极气量调节系统故障发生的主要问题，组织维护单位完成机组无极气量调节系统的改造升级方案：

(1) 从气阀原始设计上考虑气阀长周期运行优化方案。

① 将气阀卸荷叉由单圈改为双圈设置：原气阀压叉只有一圈压叉，液压作用力全部作用在该叉脚上，压强较大，并且阀片受力不均；改进后采用两圈叉脚，受力均匀，压强降低(见图2)。

② 降低阀片外径：对于氢气压缩机适宜采用窄槽道的阀片，原阀片设计槽宽为5mm，外径为149mm。通过工艺参数核算，在满足装置工艺生产负荷的前提下，改进后的阀片槽宽变为4mm，并且在密封线长度没有降低的基础上，阀片外径降低为136mm，一定程度上增加了阀片的抗冲击强度(见图3)。

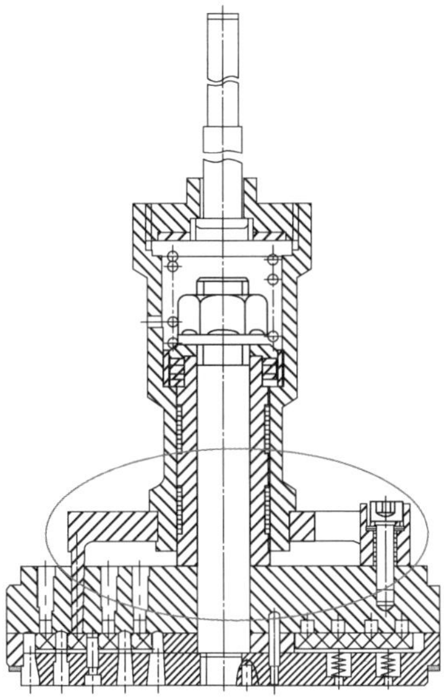

图 2　执行器结构优化图

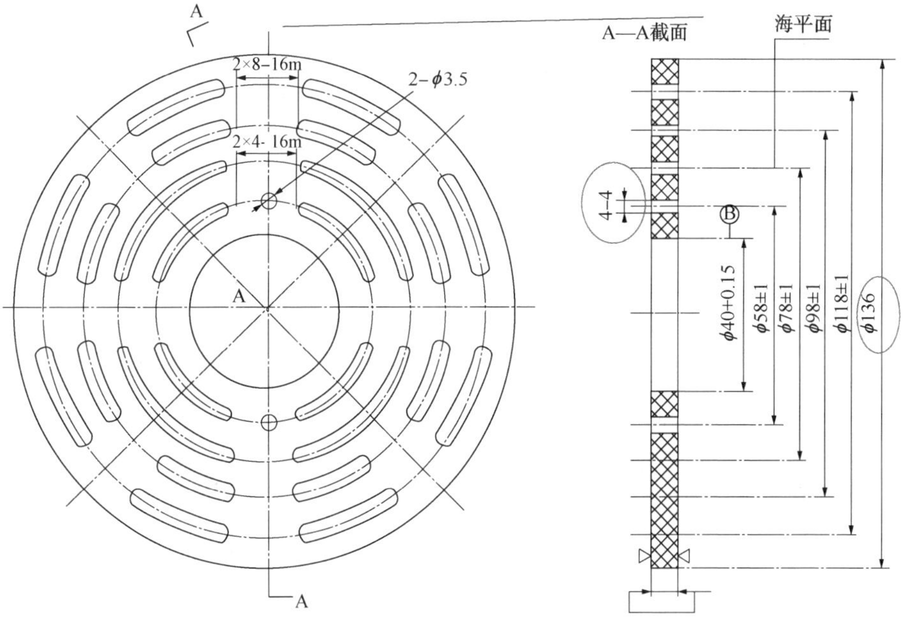

图 3　阀片结构优化图

(2) 优化执行器内部结构和提高加工精度，解决执行器活塞室至电气室的密封问题，减少电气室的漏油，从而根本上解决进气阀执行器不动作的故障，提高执行器的可靠性。

(3) 优化执行器填料密封结构，将执行器填料密封由三道密封增加为四道密封(见图4)，保证密封性能，延长使用寿命。

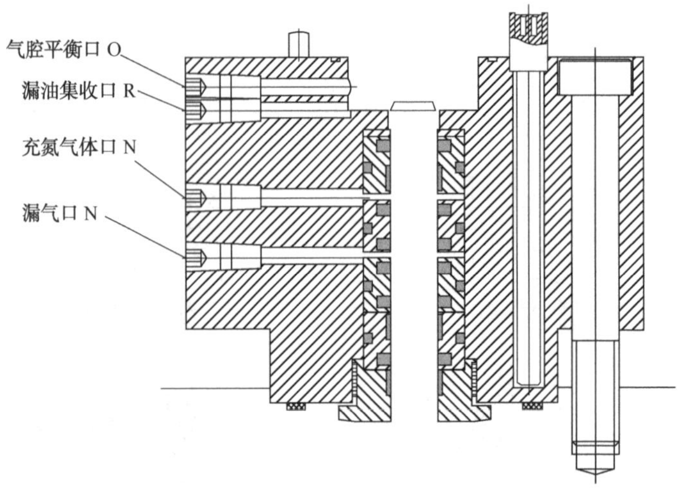

图 4　填料结构优化图

（4）提升油路系统过滤性能，定期对液压系统油品指标进行监测，从而降低油质对调节系统的影响，更换耐油耐高压润管，彻底消除管路渗漏。

（5）定期对机组排气压力、温度等工艺参数变化进行对标和定检，根据效果验证的动态变化，不断优化部件细节设计，制订机组出合理的检修和预防性检查计划。

四、机组无级气量调节系统改造实施

（1）一季度完成压缩机一、二级气阀升级改造，以及油路优化并投入运行。检修过程按照检维修作业计划书进行安装，严格按升级方案全过程管控安装质量(见图 5、图 6)。

（2）二季度根据机组气阀运行状况，持续优化阀片结构，将 C1002B 一、二级网状进气阀由平面阀升级为型面进气阀并投入运行验证(见图 7、图 8)。

图 5　液压系统增加中间过滤器

图 6　执行器接头由平面密封改为卡套接头

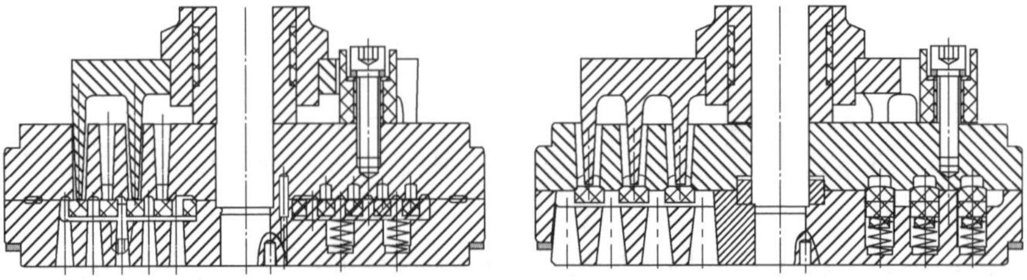

(a) 现有平面阀结构

(b) 优化方案型面阀结构

图 7　环状型面阀优化图

（3）三季度对 C1002B 三级进气阀进行预防性检查，三级入口执行器顶塞进行更换，增大受压面积及对气阀顶杆的力，调高气量调节系统液压油油压，由 11.5MPa 提高到 12.5MPa 以上，增大顶塞压力，完成机组三级气阀升级改造方案及计划实施。

图 8　阀片实物对比图

五、机组无级气量调节系统改造效果验证

（1）机组气量调节系统改造升级后运行平稳，对比升级改进前后机组运行状况对比，未出现执行器故障，各级压力控制平稳，各级气阀温度保持稳定(见图 9~图 11)。

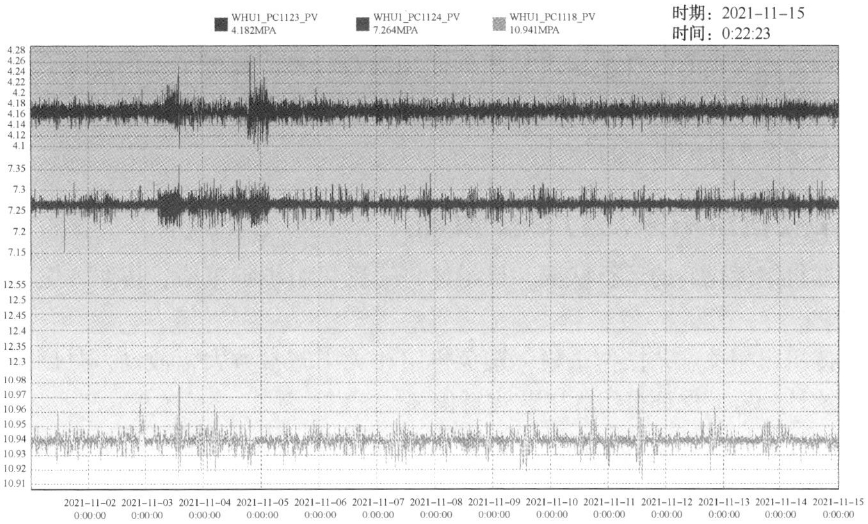

图 9　C1002 各级出口压力及反应压力趋势变化稳定

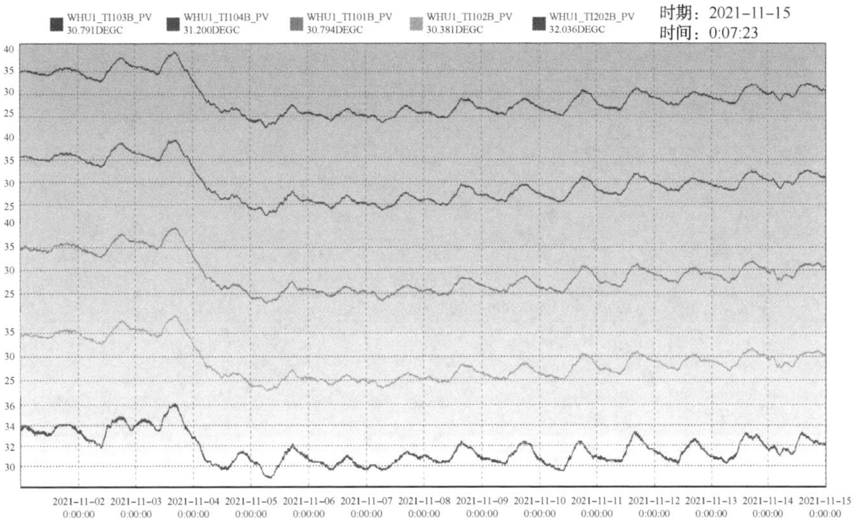

图 10　C1002 各级气阀温度趋势变化稳定

图 11　改造后阀片验证无断裂、缺损

（2）经过持续攻关 C1002 机组各易损件使用寿命延长，降低了维护成本，全年往复压缩机故障率大幅下降，保障了装置平稳运行，实现了蜡油加氢新氢压缩机 C1002 实现无故障运行时间大于 8 个月的既定目标。

六、往复机组后续运行维护策略

（1）根据机组优化后的运行状况，机组修订完善机组维护策略，按照方案持续开展机组定检定修。

（2）保持机组相关工艺操作平稳，避免机组相关工艺参数大幅波动，月度进行重点工艺运行参数统计分析，保证机组无工艺运行偏离。

（3）持续开展机组的参数对标，一方面与设计对标，另一方面与行业内工况类似机组的对标，查遗补缺。

碳达峰 碳中和 石化行业节能低碳新技术

余热利用

TANDAFENG
TANZHONGHE
SHIHUAHANGYEJIENENGDITANXINJISHU

智能冷岛系统在炼油厂中的应用

徐祖伟
蔡玉田
叶剑云　中石化节能技术服务有限公司
刘烜辰
朱明璋

炼厂中存在的大量低温余热由于缺少合适的热阱而无法高效利用，同时沿海的炼厂中装置对冷量存在需求，因此本文从炼厂中的实际需求出发，阐述了低温热制冷在炼厂中的应用。智能冷岛技术的应用使得冷冻水的利用从单一的装置利用变成了系统性的应用。通过智能冷岛对冷冻水的集中应用，使得炼厂中的冷冻水的应用匹配更加的智能化、合理化。智能冷岛技术不仅可以对整个炼厂的低温余热进行集成利用，达到节能降碳的目的，同时也创造了良好的经济效益。

国家发展及改革委等部门《关于严格能效约束推动重点领域节能降碳的若干意见》中要求通过实施节能降碳行动，钢铁、电解铝、水泥、平板玻璃、炼油、乙烯、合成氨、电石等重点行业和数据中心达到标杆水平的产能比例超过30%，行业整体能效水平明显提升，碳排放强度明显下降，绿色低碳发展能力显著增强。其中，石化化工重点行业严格能效约束推动节能降碳行动方案(2022—2025)中要求加强工艺余热、余压回收，实现能量梯级利用。

目前，炼油厂中存在大量得低温热未得到回收利用，通常把温度在90~120℃的油品中可以利用的热量，或工艺热物流换热后温度在120℃以下的不可用于工艺回收的剩余热量，需用水冷却(或空冷却)的那部分低品位热能称为低温余热，这部分低温热通过空冷器和水冷器进行冷却，这不仅造成了热量的浪费，同时增加了空冷器和水冷器的负荷。炼油厂低温热主要集中在油品、烟气、塔顶汽、乏汽和凝结水中，一个50 $\times 10^4$t/a 的中型炼油厂能够回收的低温热在80MW 以上。但是低温热的利用率只有70%，仍有部分低温热未得到充分利用。随着碳中和与碳达标的长期节能目标的部署，节能减排不仅成为企业的利润增长点，同时也成为企业能否生存的指标点。能源消费总量和强度指标已经作为项目审批的前置条件，而低温热的合理利用逐渐成为炼油厂节能减排的重点工作之一。

一、低温热利用的方式

通常的低温热遵循“温度对口、梯级利用”的原则，同时低温热的利用从传统的“粗放型”转变为“集约型”。在炼厂中低温热的用途主要有以下几种：建立热媒水系统进行利用、装置伴热、制冷进行利用和低温热发电。炼厂通常采取热媒水回收装置中的低温热，形成75~95℃的热媒水系统，将热媒水用于原油加热、装置伴热等需要低温位热源的物料处。其中，利用热媒水取热以后继续加热其他用热单元属于同级利用的方式。低温热利用的效率依次为同级利用、溴化锂吸收制冷、热水扩容发电(带采暖)、有机工质发电，其中，发电能效仅为8%~12%，低温余热的间接利用能效均较低。在炼厂中经常出现低温热较多，但是合适的热阱较少，无法做到同级利用，导致大量的热量通过热媒水取出来以后，后续又通过水冷器继续进行冷却，形成了热量和电量的浪费。

针对沿海炼厂，由于空气的湿度较高，即使在冬季装置也存在温度高、湿度大的环境，因此沿海的炼油厂对冷量有一定的需求，冷量可以广泛地应用于多个装置，如催化裂化、连续重整、焦化、常减压等装置。

二、低温热制冷的原理和应用

（一）低温热制冷原理

低温余热制冷技术有多种制冷方式，如机械压缩式制冷、吸附制冷、喷射制冷和吸收式制冷。其中，吸收式制冷在炼厂中得到了最广泛的应用。吸收式制冷原理是利用液态制冷剂在低温低压下汽化来达到制冷目的，通过消耗能量使热量从低温物体向高温物体转移(见图1)。常用的溴化锂机组则是利用溴化锂作为吸收剂，水作为制冷剂，制取5℃以上的冷冻水送入冷冻水系统中，作为冷媒水进行使用。

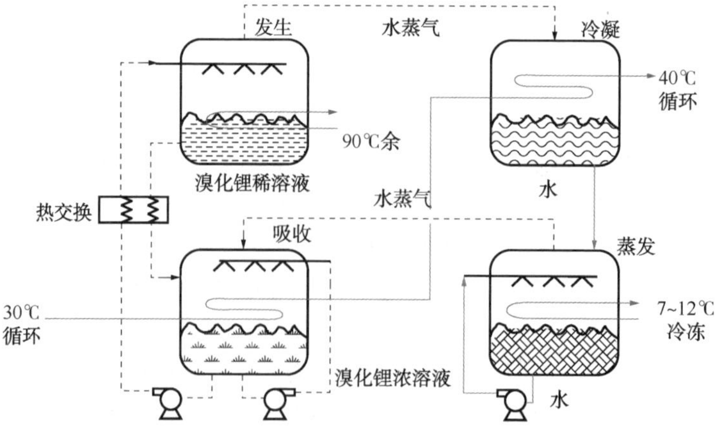

图1 吸收式制冷机原理

（二）低温热的应用

目前，低温热制取的冷媒水在炼厂中的应用大多数局限于某一个装置或者某一个工段，没有进行全厂性的综合利用，导致冷能利用的出现不合理和浪费的现象。如表1所示，冷冻水可以应用于炼厂的多个装置，均可以取得良好的经济效益。

表1 冷量使用装置表

装置名称	物料名称	用冷位置	装置名称	物料名称	用冷位置
常减压装置	不凝气	抽真空系统	重整装置	冷低分油	再接触单元
催化裂化装置	贫吸收油	吸收稳定单元	硫回收装置	贫胺液	尾气处理单元
气分装置	丙烯塔塔顶气	丙烯塔	胺液脱硫装置	贫胺液	脱硫单元
焦化装置	贫吸收油	吸收稳定单元	控制室和办公楼	空气	空调系统

1. 常减压装置的应用效果

常减压装置使用冷冻水替代新鲜水进行冷却，提高了抽真空的效率，减少了抽真空系统的蒸汽耗量，并使得减压塔塔顶的真空度提高，从而减少了燃料气的消耗，提高了常减压蒸馏装置减压塔真空度，降低了能耗。某企业利用300t/h的冷媒水替代新鲜水用于减压塔顶抽真空的冷却，减压塔塔顶相对真空度由-97.33kPa提高至-98.40kPa，抽空动力蒸汽消耗降低约1000kg/h，减少燃料消耗100~200kg/h。

2. 催化和焦化的应用效果

催化裂化装置和焦化装置使用冷冻水在吸收稳定部分将贫吸收油的温度降低，提高吸收塔的吸收效果，使得吸收塔塔顶的C_3、C_4含量降低，虽然降低了干气的产量，但是使得液化气的收率提升，同时避免了干气中夹带的大量的C_3、C_4进入下游干气脱硫装置形成污油，某企业采用冷冻水(7~12℃)改善了催化裂化装置吸收稳定效果，提高了液化气收率；干气中C_3、C_4质量分数由1.35%降低到0.5%，液化气产量增加了360kg/h，干气产量相应减少了。将制得的冷冻水供焦化装置和气分装置分馏塔水冷，焦化干气中C_{3+}组分同比下降3.11%(体积分数)，显著改善了焦化吸收稳定系统的分离效果；同时丙烯塔塔顶冷却能力增加，有利于提高丙烯产品收率。该方案每年按投用5个月计算，年经济效益达183万元。

3. 重整装置的应用效果

重整装置使用冷冻水可以替代重整装置的氨压机，使得再接触油的温度满足再接触的要求。某企业采用溴化锂机组产生冷冻水替代原有的氨压机以后，连续重整的氢气平均收率由6.91%降低至6.81%，全年减少氢气带液量711.26t，降低了反应单元压缩机的入口操作温度，不仅有利于装置的平稳操作，每年还可年效益达到了260万元。

4. 硫回收装置的应用效果

硫回收装置利用冷冻水能够降低胺液的温度，提高吸收效率，使得硫黄尾气中的H_2S含量降低，进而降低后碱洗塔中的负荷。胺液脱硫装置利用冷冻水使得胺液温度降低，使得干气、液化气脱硫后的物料H_2S含量降低，从而使得贫胺液的循环量降低，进而使得溶剂再生装置的负荷下降，间接使得溶剂再生装置的蒸汽耗量降低。某企业脱硫、脱硫醇装置冷冻水用量为100t/h，用于降低干气脱硫塔和液化气脱硫塔的进料温度，降低脱硫塔的操作温度，减少了胺液循环量，胺液循环量由72t/h减为42t/h。胺液循环量减少后，溶剂再生装置消耗的1.0MPa蒸汽量减少3t/h。

三、低温热制冷制取冷媒水系统的应用

（一）原有流程对冷冻水的需求

低温热制冷在炼厂中均只是就部分装置进行应用，未做到系统化可，调节性较差，同时存在冷冻水利用过程中未进行冷能回收、冷冻水未做到梯级利用等措施，使得冷冻水无法成为一个整体的系统进行考虑。某炼厂原有凝结水在凝结水站装置先与换热水站热水(换后85℃)、二级除盐水换热(由28℃换至60℃)至83℃，然后与化学水站原料新鲜水换热(换至41℃)至43℃，然后通过冷却水冷却至37℃进凝结水站原料水罐。该换热流程温位匹配得不好，温差较大，且二级除盐水被换热至60℃左右，进入二级冷除盐水系统的水温较高，影响去各装置更多的取低温热。同时，炼厂中的装置在夏季时由于温度高，导致出现了以下问题：常减压装置抽真空系统蒸汽耗量变大、焦化和催化吸收稳定系统夹带量均较大、重整装置无氨压机导致氢纯度不高、厂前区采用蒸汽吸收制冷消耗大量蒸汽、气分装置的塔顶采用的湿空冷已经无法满足冷去的要求等问题。因此在炼厂既存在低温热利用不充分的问题，同时又有大量的冷量的需求，冷媒水系统的建立能够从两段均能解决要求。

（二）冷冻水改造应用流程简述

以下流程是根据旧有的流程进行改造的方案，新方案中将凝结水的热量与进入除氧器的除盐水进行换热，使得一部分凝结水的热量进行同级利用，减少了除氧器中的蒸汽消耗，然后将凝结水通过溴化锂机机组进行取热制取冷媒水，再利用新鲜水继续冷却凝结水。被新鲜水冷却后的凝结水温度能满足直接进入凝结水罐的需求，从而使得循环水冷却器能够不投用(阴影部分表示改造后停用)。具体流程见表2。

表2　冷能利用表

装置名称	位置	介质	冷冻水量/(t/h)	冷却后介质温度/℃	用途
重整装置	再接触罐前	再接触油	536	10	
焦化装置	吸收塔	贫吸收油	200	35	
催化裂化装置	吸收塔	贫吸收油	596	35	
常减压装置	抽真空系统	水冷器	150	30	
一级除盐水	脱丙烷塔顶	塔顶气	120	30	
办公室和中控楼	空调系统	空气	400	15	替代蒸汽制冷机组
小计			2002		

制取的冷冻水建立智能冷能岛将冷媒水进行分配利用到各装置进行调节。冷能的利用可以用于以下装置。

智能冷岛通过各个用冷位置的负荷变化以及环境温度的变化，进行智能调节，根据用冷的负荷智能调节冷冻水的分配负荷，并根据冷能的使用负荷智能调节溴化锂机组的负荷，智能冷岛包含了相关的设备以及智能控制系统。

本方案中利用凝结水制取的冷冻水进入智能冷冻岛中，通过智能冷岛的控制系统将冷冻水分配到各单元中，并根据用冷单元的冷冻负荷、冷冻水的进出口温差、环境温度和凝结水的参数进行智能调节(见图2)。具体装置的用冷单元如下：

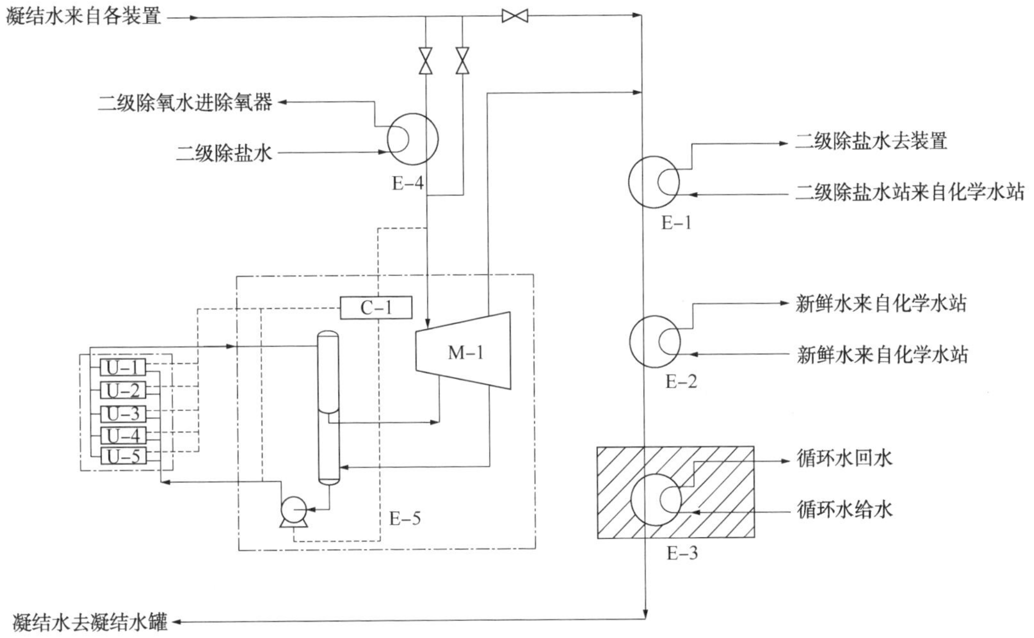

图 2　智能冷冻改造流程示意图

E-1—二级除盐水一次换热器；E-2—二级除盐水一次换热器；E-3—二级除盐水一次换热器；
E-4—二级除盐水一次换热器；E-5—二级除盐水一次换热器；M-1—低温热溴化锂制冷机组；
C-1—智能冷岛控制系统；U1/U2/U3/U4/U5—重整、焦化、常减压等装置。

（1）重整装置：将冷冻水直接送至再接触罐前的换热器中，不新增换热器，将再接触前的温度降低至 10℃。

（2）催化装置，将冷冻水直接送至吸收稳定部分，将粗汽油的温度降低至 35℃，新增贫吸收油深冷冷却器。

（3）焦化装置的冷量送至吸收稳定部分，将进入吸收塔的稳定汽油温度降低至 35℃，新增贫吸收油深冷冷却器。

（4）硫黄回收装置的冷量送至胺液吸塔前，将后冷器中新鲜水退出改用冷冻水即可，将贫胺液却至 35℃进入吸收塔。

（5）送至办公楼的冷冻水进入原有的空调冷冻部分，并入原有的冷冻水管线。利用冷冻水将空气进行冷却。

通过采用溴化锂机组制冷回收凝结水的热量，并将冷冻水送入智能冷冻岛，然后分配各装置用冷点进行利用，不仅解决了装置运行的瓶颈问题，使得装置的部分产品的收率得到了提高，同时减少了空冷器的电耗和抽空器的蒸汽耗量。智能冷冻水在运行中合理的分配冷量，避免大量冷量的浪费。

（三）冷冻水改造后的效益

凝结水的热量进行回收利用以后，使得二级除盐水进入除氧器以后，减少了除氧器的蒸汽消耗 9t/h；同时生产的冷冻水用于办公楼制冷替代原有的蒸汽制冷机组，减少了蒸汽的消耗 3t/h。通过此两项减少了蒸汽消耗 15t/h。

冷冻水送入重整装置减少了氨压机的电耗，送入催化、焦化装置增加了汽油和液化气的产量（见表 3）。

表 3　装置节能量表

序号	冷冻水使用单元	节省工质消耗	增加产品产量
1	重整装置	电：300kW·h	
2	催化装置		液化气：180kg/h
3	焦化装置		液化气：220kg/h
4	常减压装置	蒸汽：2t/h	
5	除氧器	蒸汽：9t/h	

全年按照沿海季节的冷冻水使用时间为 6000h 计，整个项目的节能效益达到了 2208 万元/年，取得了良好的节能效益。

四、结论

随着《石化化工重点行业严格能效约束推动节能降碳行动方案(2021—2025)》中要求炼油的基准能耗不低于 8.5 千克标准油/吨·因数，达到标杆水平 7.5 千克标准油/吨·因数的石化产能比例需要超过 30%，因此采用智能冷岛技术回收炼油厂的低温热建立智能冷岛是一个可靠的节能降碳的技术路线。智能冷岛技术将冷冻水和装置的深冷有机的结合，不仅可以解决低温热无法回收利用的问题，同时能够解决部分装置的运行瓶颈、增加装置的产品收率等作用。同时，由于冷冻水需求在沿海炼厂的运行时间较长，因此能够取得良好的收益。智能冷岛为炼油厂的低温热利用提供了一个集约型的利用方案。

参考文献

[1] 天津大学化工原理教研室．化工原理(上册)[M]．天津：天津科学技术出版社，1987.

[2] 杨延飞，宫超．炼油企业低温热能特点及其回收利用[J]．炼油技术与工程，2016(2)：51-56.

[3] 冯国卫，刘浩．炼厂低温热能联合利用研究[J]．精细与专用化学品，2018，26(6)：33-35.

[4] 赵晓敏．炼油厂低温余热综合利用的技术路线[J]．炼油技术与工程，2016，46(11)：53-56.

[5] 汪红．炼油厂低温余热发电技术及其经济性分析[J]．炼油技术与工程，2011，41(12)：35-39.

[6] 杨维嵘．溴化锂吸收式制冷机的结构及原理[J]．广东化工，2009(5)：177-180.

[7] 余桂红．炼油厂低温热回收系统构建[J]．炼油技术与工程，2014(8)：61-64.

[8] 李平阳．溴化锂制冷技术在低温热回收利用中的应用[J]．中外能源，2010，15(2)：96-99.

[9] 王士永．应用溴化锂制冷技术回收炼油厂低品位热能[J]．石油炼制与化工，2007，38(3)：57-61.

[10] 贾正万．干气脱硫装置胺液损耗大的原因分析与改进措施[J]．炼油技术与工程，2018，48(9)：18-22.

乙烯装置急冷系统热量联合利用浅析

王富聚 | 中国石化中原石油化工有限责任公司

中原石化烯烃一部乙烯装置急冷系统存在高温位热量利用不充分、低温位热量过剩问题，通过对急冷油热量的回收，有效解决了汽油分馏塔-急冷塔-汽提塔之间存在热量利用不合理、消耗大量循环水的问题，同时达到了节能减排的目的。

中原石化烯烃一部乙烯装置设计规模为 18×10^4t/a，经过技术改造和技术攻关，实际产能超过 21×10^4t/a。乙烯车间急冷水系统存在热量过剩、消耗大量的循环水，造成能量浪费和能耗费用增大。因此需要一种科学的方法，从源头入手对高品质热量进行利用，从而减少低品位能量产生。

随着国内可持续发展战略、加强环保与清洁能源等政策的实施，设法提高能源利用效率应该是目前我国节能减排的工作重点。本次改造针对汽油分馏塔盘油和急冷油热量取热优化，通过回收急冷油的热量以减少急冷水的热量，回收的急冷油的热量用于替代工艺水汽提塔的蒸汽。根据乙烯装置现状和操作数据，结合大系统优化技术提出优化思路，制订出改造方案。

一、运行现状

（一）急冷油换热流程

乙烯装置汽油分馏塔 DA101 塔底抽出急冷油，一部分送去减粘塔 DA103，另一部分与汽包底部再沸器 E123A/B/C 的汽包水换热。换热后的急冷油一部分与裂解汽油混合后返塔，另一部分与锅炉给水换热器 EA138A/B/C 换热至(约 153℃)返塔。

（二）急冷水换热流程

急冷塔 DA104 塔底抽出急冷水(约 85℃、1007t/h)，急冷水一股作为原料送去工艺水汽提塔，流量约 36.8t/h；另一股约 970t/h 的急冷水经过多个换热器换热后(约 70℃)进入循环水冷却器 EA130，温度降至 64℃，约 620t/h 返回急冷塔 E-DA104 中部，约 350t/h 急冷水再次经循环水冷却器 EA131 冷却至 38℃后返回急冷塔 E-DA104 顶部。

(三) 工艺水换热流程

工艺水汽提塔 DA105 进料为急冷塔底的急冷水(约 36.8t/h，85℃)，塔底再沸器 EA-133 消耗低压蒸汽 6.5t/h；塔顶气体流量为 4.4t/h，温度为 114.2℃。优化前的换热流程见图 1。

乙烯装置运行基础数据表如表 1 和表 2 所示。

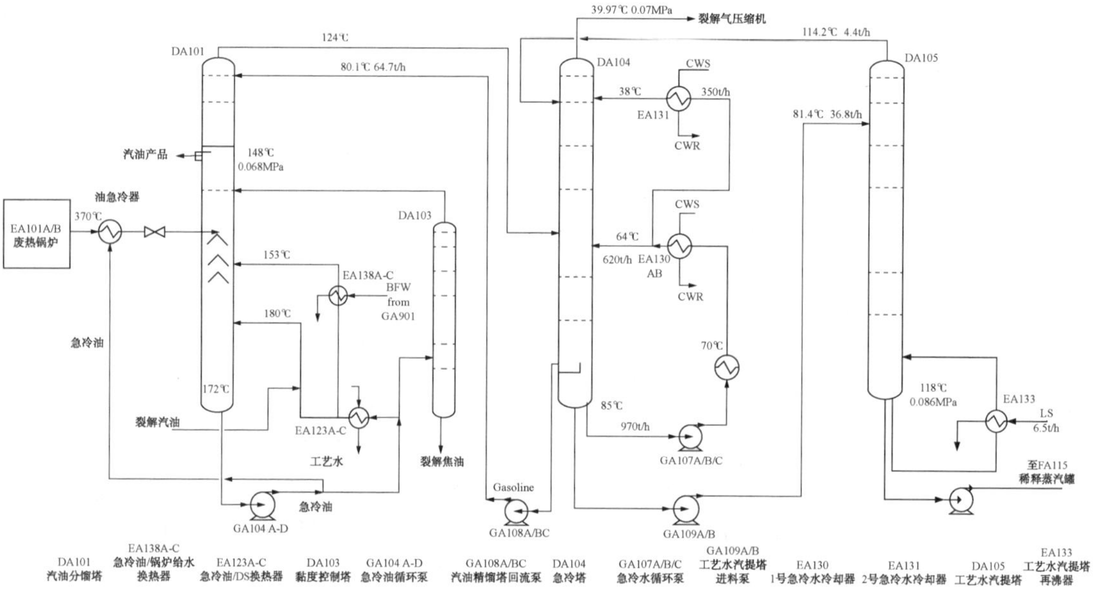

图 1 优化前换热流程

表 1 汽油分馏塔 DA101 基础数据

名称	数值	名称	数值
乙烯产品量/(t/h)	15	裂解焦油温度/℃	151
汽油分馏塔顶温度/℃	124	上返塔温度/℃	153.3
汽油回流量/(t/h)	64.7	塔底温度/℃	171.7
汽油回流温度/℃	80.1	下返塔温度/℃	180

表 2 工艺水汽提塔 DA105 基础数据

名称	数值	名称	数值
工艺水流量/(t/h)	36.8	塔顶气体温度/℃	114.3
工艺水进塔温度/℃	85	塔底再沸器低压蒸汽用量/(t/h)	6.5
塔顶气体量/(t/h)	4.3	低压蒸汽温度/℃	174

二、存在问题

(一) 低温位急冷水

急冷塔(DA104)急冷水出塔温度为 85℃，属低品位热能，存在热能利用率低、热量过剩等问题。当前，急冷水经过多级换热后，仍经过 EA130 和 EA131 冷却，消耗大量的循环水。

(二) 高温位急冷油热量

目前，从汽油分馏塔 DA101 塔底抽出的急冷油与汽包底部再沸器 E123A/B/C 的汽包水换热后分为两部分：一部分与锅炉给水换热器 EA138A/B/C 换热至 153℃经上部返塔，返塔温度较高；另一部分与裂解油气混合后经下部返塔。高温位的急冷油热量利用不充分，造成 DA104 急冷塔的低温位的急冷水消耗大量循环水。

(三) 工艺水汽提塔消耗蒸汽

目前，工艺水汽提塔 DA105 塔底再沸器蒸汽消耗量为 6. 5t/h；塔顶气体流量为 4. 4t/h，温度为 114. 2℃；工艺水进料温度低，为 85℃，进料量为 36t/h。

三、优化改造方案

在正常工况下，汽油分馏塔 DA101 塔底温度 172℃，塔底抽出的急冷油与汽包底部再沸器 E123A/B/C 的汽包水换热，一部分与锅炉给水换热器 EA138A/B/C 换热至 153℃返塔，返塔温度较高。而工艺水汽提塔塔底再沸器消耗低压蒸汽 6. 5t/h，塔底温度 118℃。因此，可以将汽油分馏塔塔底抽出换热后返塔的急冷油作为工艺水汽提塔塔底再沸器的热源，节约蒸汽用量。改造后流程见图 2。

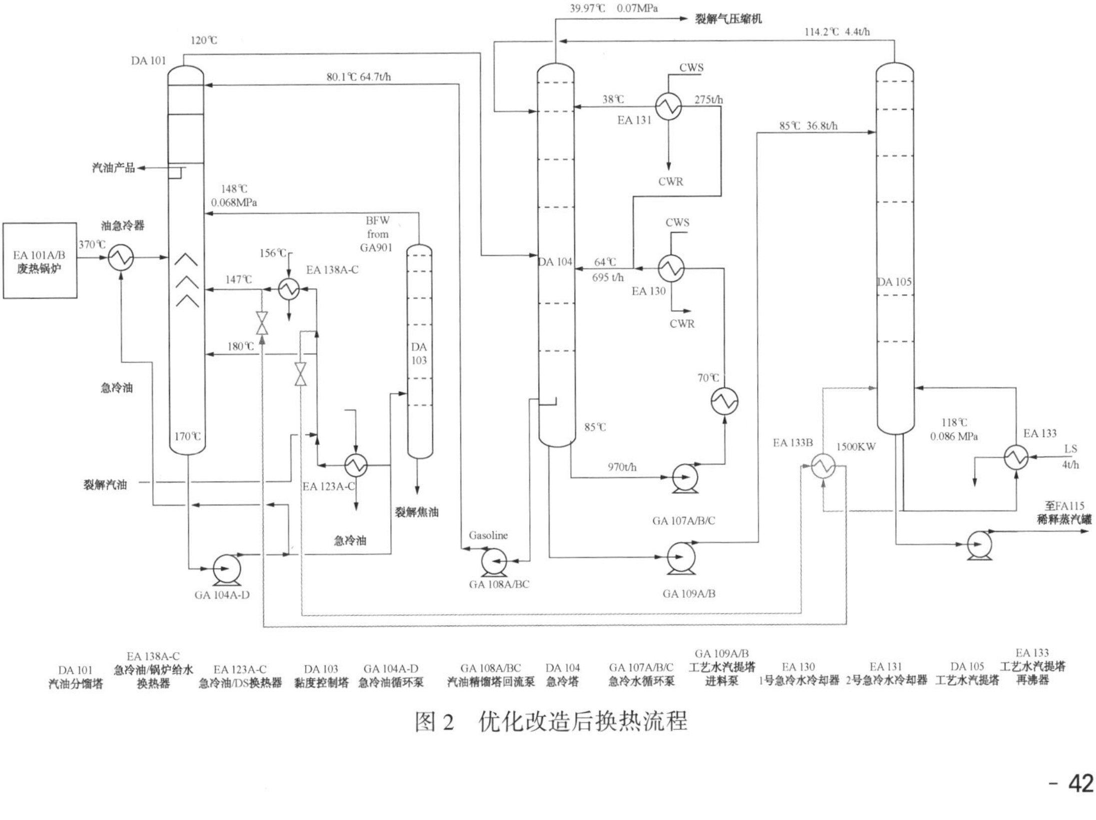

图 2　优化改造后换热流程

经过模拟计算，通过改造可回收急冷油热量 1500kW，同时节约循环水 200t/h。利用此改造可以有效回收急冷油的热量，解决汽油分馏塔-急冷塔-汽提塔之间存在高温位热量利用不充分、低温位热量过剩、消耗大量循环水的问题。

四、项目实施

2019 年 10 月，乙烯装置急冷油能量优化项目施工完毕，新增一台工艺水汽提塔再沸器 EA133B，并于 2019 年 12 月 24 日投入运行，进行了生产调试(见图 3)。项目投用后各项参数逐步向设计值调整，调整过程中系统较为稳定。

从图 3 可知，工艺水汽提塔重沸器 EA133B 急冷油出口温度 TI133B 保持稳定的工况下，通过调整急冷油进 EA133B 的流量，从而获得更多的热量给重沸器 EA133B，最终减少工艺水汽提塔重沸器 EA133 低压蒸汽的消耗量。

对比表 3 数据可看出，在投用前后汽油分馏塔 DA101 塔底温度在 164℃左右，工艺水汽提塔 DA105 汽提流量在 4030kg/h 左右的工况下，工艺水汽提塔 DA105 再沸器 EA133 低压蒸汽流量减少了 1668. 6kg/h。

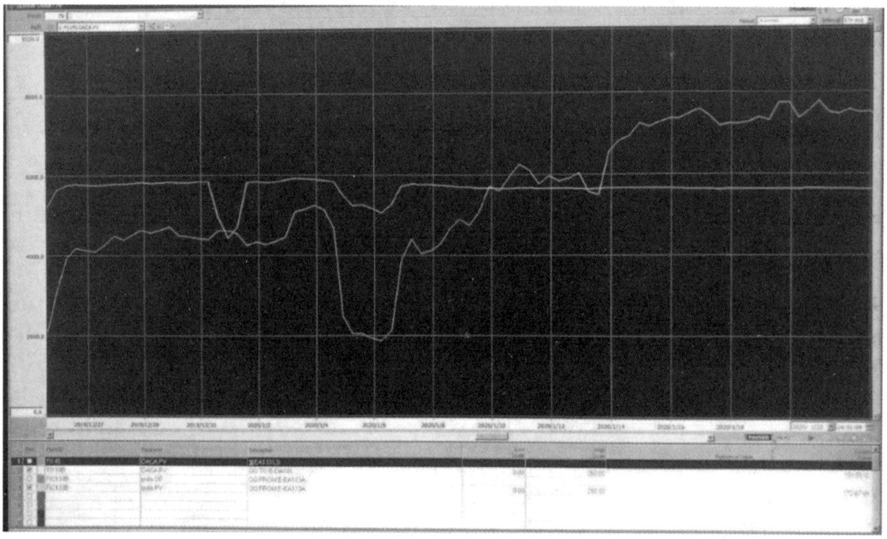

图 3 急冷油进 EA133B 流量和出口温度趋势图

注：黄色为 FIC133B 急冷油入口流量，白色为 TI133B 急冷油出口温度。

表 3 数据对比表

名称	投用前	投用初期	调整后
时间段	2019 年 12 月 2 日～2019 年 12 月 24 日	2019 年 12 月 25 日～2019 年 12 月 30 日	2020 年 1 月 3 日～2020 年 1 月 30 日
DA101 塔底温度/℃	163. 79	157. 67	164. 9
DA105 再沸器低压蒸汽流量/(kg/h)	7442. 7	6462. 6	5774. 1
DA105 汽提流量/(kg/h)	4043. 5	4039. 9	4020. 1
EA133B 急冷油流量/(kg/h)		117000	180000
EA133B 急冷油返回温度/℃		152	147. 6

五、结论

通过采用急冷油系统能量优化改造，可以有效回收急冷油的热量，同时解决长期以来存在的低温热利用困难、循环水消耗量大的问题。项目实施后节约 0. 35MPa 低压蒸汽 1668. 6kg/h，同时使急冷水的余热得到利用，降低循环水用量 200t/h。该项目的实施，降低了装置能耗，符合国家“碳达峰、碳中和”及发展循环经济的要求，每年可节能 1561. 6t 标煤，具有很好的环境效益和经济效益。

参考文献

[1] 杨春生，吴兴松．乙烯装置急冷油系统存在问题的分析[J]. 乙烯工，2003，15(2)：5-8.

[2] 郝昭，段巍卓，赵伟奇，等．乙烯装置急冷系统优化措施[J]. 化工设计，2019，29(2)：9-12.

[3] 杨春生．乙烯装置节能减排的重点是改造急冷油系统[J]. 中外能，2009，14(5)：101-106.

[4] 崔卫明．齐鲁乙烯装置节能降耗的措施[J]. 乙烯工业，2007，19(1)：11-14.

[5] 白宇辰．乙烯装置急冷区典型流程以及工艺操作[J]. 乙烯工业，2020，32(1)：24-28.

[6] 娄永峰．一种降低乙烯装置能耗的热集成系统[P]. 中国，ZL 2018 2 0133787. 2. 2018-09-28.

煤气化装置余热回收利用发电

张　冰｜中国石化齐鲁分公司

对装置系统余热充分开发利用是煤气化装置节能降耗运行的重要措施，中国石化齐鲁分公司气体联合装置闪蒸单元存在大量低温余热，通过调研新上一套 ORC 余热发电机组，收集气化闪蒸系统富余热量，对富余热量进行有机朗肯循环发电、并网，实现节能降碳同时，创造了良好的经济效益。

一、项目背景及改造理由

气体联合车间气体联合装置闪蒸单元存在大量低温余热，冬季使用部分余热取暖，夏季低温热用循环水冷却，循环水消耗量大，并且煤气化余热部分污染物进入大气，存在环境污染，通过余热发电可以实现节能降耗，减少环境污染。

前期公司组织考察，海南炼化公司和燕山石化公司的余热发电均为装置自用，发电直接并入装置变电所，且未发生或因余热发电设施波动造成的装置运行异常。发电设施自动化程度较高，操作人员只需日常的巡检，不需要增加定员，劳动强度无明显增加，技术相对成熟。通过利用余热可以实现减少循环水和伴热蒸汽消耗。

二、主要改造内容及流程

新上一套 ORC 余热发电机组，收集气化闪蒸系统 V1403/1402 的热量，在原先采暖改造基础上对富余热量进行有机朗肯循环发电、并网。

ORC 余热发电机组工艺流程主要包括乏汽、闪蒸汽、有质回路流程三个部分，ORC 余热发电机组以乏汽（4t/h，0.15MPa）和闪蒸蒸汽（10t/h，0.8MPa）作为设计负荷。冬季只采用高压闪蒸汽发电，其余季节采用乏汽和高压闪蒸汽并联使用。冬季关闭乏汽入口阀门 XV15201，使乏汽从余热发电机组切出，作为采暖热源使用，发电机组运行可适应热源 40%～110%负荷操作弹性要求，满足热源的切换要求。

（一）乏汽流程

乏汽经过 E1511 乏汽蒸发器、E1512 乏汽预热器换热，换热后的乏汽凝液（70℃）去乏汽凝液罐 V1413，通过泵 P1415A/B 打回 V1402 除氧器，用于煤气洗涤，换热器和乏汽凝液罐 V1413 的气相通过压力调节阀 PV14131 去往 RCO 装置。

（二）高压闪蒸汽流程

高压闪蒸汽经过 E1513 闪蒸汽蒸发器、闪蒸汽预热器换热，换热后的高压闪蒸汽凝液（100℃）去往 V1412，气相去净化单元 V2108 气液分离罐。由于气相 90℃以下容易形成铵盐结晶体，因此气相出口增加 0.5MPa.G 蒸汽伴热。

（三）有机工质 R245fa 五氟丙烷（非易燃易爆）

R245fa 的用量约 7t，液态有机工质通过泵 P1531 分别进入乏汽预热器 E1511 和闪蒸汽 E1512 预热器余热，预热后工质进入分别进入乏汽 E1513 蒸发器和闪蒸汽预热器。蒸发后的工质为气相，温度约 100℃，气相工质进入 G1511 透平膨胀机进行发电，发电后工质为气相 64℃，然后进入冷凝器 C1511 冷凝，冷凝后液相 40℃，进入 P1531 工质泵（见图 1~图 3）。

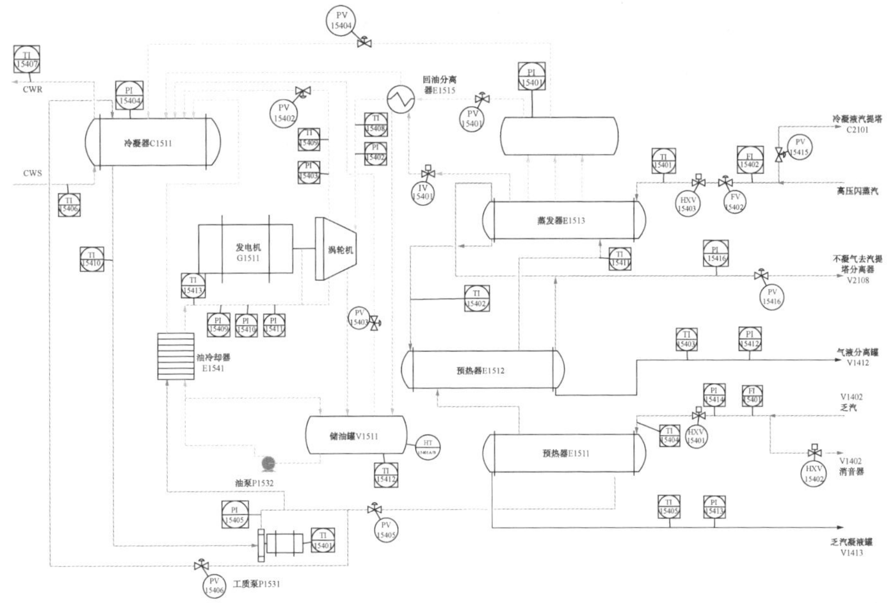

图 1　发电机组流程图

图 2　发电机组涡轮机

图 3　发电机组蒸发器

三、实施效果

发电机组试车投用后，正值冬季采暖季，乏汽流程优先向厂区供暖，只投用高压闪蒸汽流程，高压闪蒸气流量约 10t/h。发电机组开车后，运行稳定，每小时发电量控制在 700~900kW · h(见图 4)。

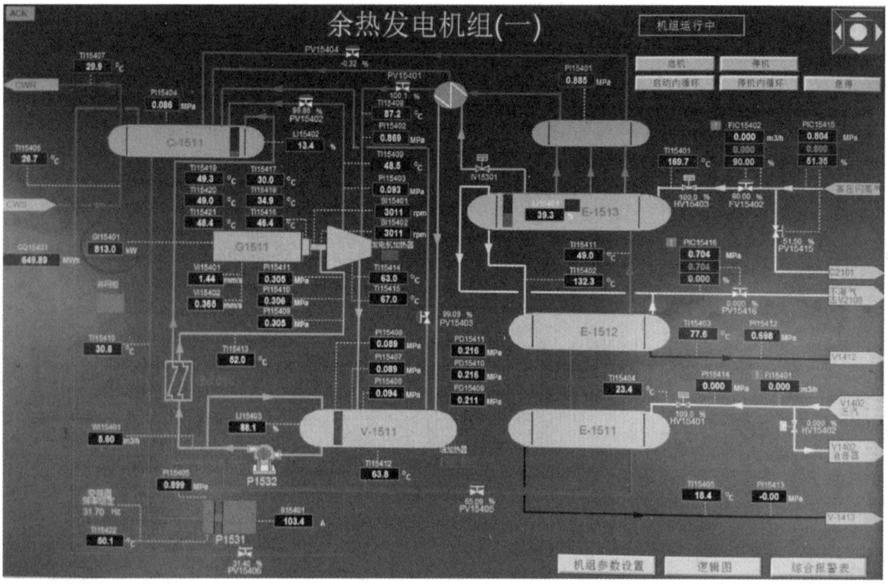

图 4 发电机组运行图

运行初期发现气化炉更换烧嘴及倒炉期间，气化炉负荷调整，高压闪蒸气量热源波动，易导致发电机组功率联锁波动停机，及时总结余热发电项目稳定运行经验，并编制完善余热发电项目操作法及注意事项。2021 年 12 月及以后，气化炉更换烧嘴及倒炉期间，发电机组运行稳定，未出现联锁停机的情况。截至 2022 年 5 月 31 日，累计发电量为 4027MW · h。

四、结论

自 2021 年 10 月 19 日发电机组开车以来，发电机组运行稳定，每小时发电量控制在 700~900kW · h。设施自动化程度较高，不需要增加定员，且技术相对成熟，劳动强度无明显增加。

热泵技术在河南油田余热利用中的应用研究

陈多倩 | 中石化中原石油工程设计有限公司

河南油田油气集输站场大多采用加热炉为原油外输、掺水和脱水提供热源，燃料为天然气，同时大量处理后温度在40~50℃的采出水除小部分用于注汽锅炉回用外，其余大部分直接注入地下造成能量浪费。

采用热泵技术提取采出水余热是节能低碳环保的有效措施，也是各大油田正在实施的成熟工艺。通过对热泵技术分析研究，本文合理选取符合河南油田生产现状的供热设备和工艺系统，并以稠油联合站为例进行工艺设计。

随着环境污染问题日益严重，我国对环境保护的要求也愈加严格。根据《2030年前碳达峰行动方案》，到2025年非化石能源消费比重将达到20%左右，为实现碳达峰奠定坚实基础；到2030年非化石能源消费比重将达到25%左右，顺利实现2030年前碳达峰目标。

河南油田在采出水余热利用方面的研究和应用工作开展较晚，经验较少。2013年开始引进热泵技术，在下二门联合站新建压缩式热泵，利用谷电蓄热技术通过水罐蓄热，通过板式换热器换热替代原加热炉系统，后续运行中因换热器堵塞、热泵负荷率较低导致机组存在“喘振”等问题导致整个系统运行不够理想，因此余热利用未大规模展开。

目前，热泵技术在国内发展已较为成熟稳定，各油田也有热泵应用实例，其稳定节能特性也得到了实践检验。因此，需开展热泵技术在河南油田站场的适应性研究，提出合适的热泵利用方案，推广应用节能技术。

一、集输及采出水余热现状

（一）集输系统现状

河南油田有稠油联合站、魏岗联合站、下二门联合站等6座主要集输站场，担负的主要任务是各区块内产出的原油进站处理、加热后外输、分离出的采出水处理回注、掺水加热回掺等，包含原油脱水、原油稳定、原油外输、采出水处理、注水、供热等六大生产系统，在各工艺生产环节，对原油和掺水均有加热需求，由 35~45℃加热至 55~70℃，供热设备主要为加热炉。

（二）采出水余热现状

原油来液经过分离器脱水处理后产出采出水，经过除油、沉降、过滤等工艺处理后，进入注水罐用于注水开发，六座联合站采出水总量约 $2287\times10^4m^3$/年，温度在 41~50℃，大部分未进行余热利用直接回注地下，按照提取 10℃计算，可回收热量 96×10^4GJ/a，而联合站耗热量约为 57.1×10^4GJ/a，采出水中蕴藏的巨大余热未能有效利用。

目前，仅有下二门联合站于 2013 年建成投用了采出水余热利用，其采出水量为 $13000m^3/d$，采用电驱动压缩式热泵技术和谷电水罐蓄能技术，将采出水由 46℃降至 31℃，提取 9450kW 负荷通过热泵替代原油外输加热炉、掺水加热炉和采暖加热炉，经计算节省天然气 0.6×10^4~$1.5\times10^4m^3/d$。

在实际运行过程中，并未得到业主认可，原因如下：

（1）由于采用的是水罐蓄能式系统、压缩式高温热泵机组，部分设备先定制生产、配套设备较多，投资较高为 3450 万元。

（2）压缩式热泵供热系统年耗电量大，运行成本为 1000 万元/年。

（3）压缩式热泵设计负荷与实际负荷差距较大，存在“喘振”现象，另外换热设备适应性不好，存在堵塞现象，效果不够理想。

基于上述原因，该系统没有得到广泛认可，后续其他站场采出水余热利用没有大规模铺开，因此河南油田站场在采出水余热利用方面还有很大的研究和应用需求。

二、热泵技术适应性研究

（一）热泵技术发展

热泵技术的发展可上溯百年之久，至 20 世纪 50 年代，美国、日本等国家已大量研制生产热泵并用于工商业和民用领域，热泵技术得到较大发展。我国的热泵技术研究和发展应用起步较晚，最早于 20 世纪 50 年代开始有学者研究，到 80 年代才开始有较为广泛应用。虽然起步晚，但由于热泵技术有节能降耗、环保高效的特点，在国内发展速度较快，近年来，该技术发展已较为成熟稳定，广泛用于民用采暖工程。

在工业工程中，油田站场、火电厂等高耗能行业领域，热泵技术也有普遍应用。大庆油田最早于 2000 年引进热泵技术，胜利油田、中原油田等近几年也将热泵技术用于民用采暖工程、工业生产供热工程等，取得了较好的经济效益。

（二）热泵原理

热泵是一种能从自然界的空气、水或土壤中低品位热源获取热能，经过电力、废热、蒸汽或燃烧热能等做功，输出可用的高品位热能的设备，是一种高效供能技术。

热泵根据取用的余热来源可分为空气源热泵、水源热泵以及地源热泵三类，根据驱动方式分为压缩式热泵（主要指电能驱动）和吸收式热泵（主要指热能驱动），根据供温度分为高温热泵和低温热泵。

针对油田联合站用热，主要可用余热资源为丰富的中温回注采出水，因此采用水源热泵，提供清洁高效的供热热源。

以下以水源热泵机组为基础，分析压缩式热泵和吸收式热泵在余热利用中的应用情况，其中压缩式热泵以电能驱动，吸收式热泵以天然气为驱动源。

1. 压缩式热泵原理

压缩式热泵主要由蒸发器、冷凝器、压缩机和膨胀阀四部分组成，通过工质(制冷剂)不断完成蒸发(吸取余热中的热量)—压缩(温度再升高)—冷凝(放出热量)—节流—再蒸发的热力循环过程，从而将低温余热中的热量转移到热水中(见图1)。

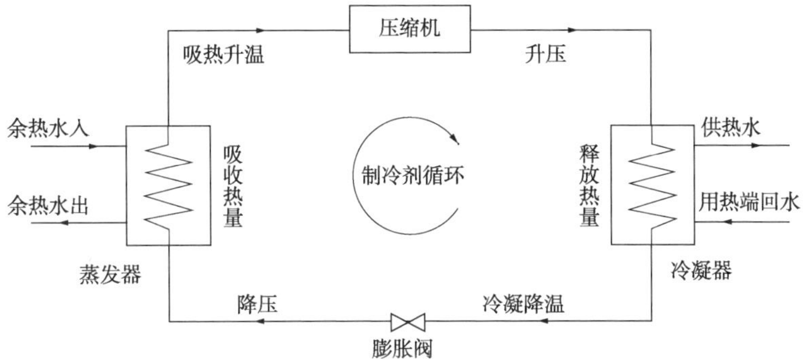

图1　压缩式热泵工作原理图

压缩式热泵能效比 COP(输出能与输入能之比)理论计算值可达 7，实际运行为 4~6。该能效比反映了热泵性能，也可用来简单理解其热能转移过程。例如能效比为 4，即指：输入 1 份电能，采出水提供 3 份热能，即可通过热泵机组转移 4 份热能至用热端。

由于电驱动压缩式热泵机组不产生废水、废气、废渣，能效比高，是高效节能环保的绿色产品。

热泵可利用水体温度在 12℃以上，制热温度有所不同，目前压缩式热泵根据制热工艺和供热温度，又可分为两种产品：普通热泵机组和高温热泵机组。

1）普通热泵机组

普通热泵机组一般为螺杆式热泵机组，压缩机采用螺杆式压缩机，该机组的特点是出水温度最高到 60℃，稳定运行在 55℃，比较适合小型民用供暖项目，末端一般适用于风机盘管或地板采暖。由于受到螺杆式压缩机容积式的限制，机组容量难以做大，一般在多机头并联的情况下，单机最大能做到 3~4MW 供热量。受到出水温度的限制，不适用于油田站场工艺生产需求的 55~70℃的加热温度。

2）高温热泵机组

高温水源热泵是近期发展起来的解决石油化工行业能源和环境问题的有效技术，目前该技术已在欧美国家的石油化工行业大量应用，可回收油田采出水余热，输出 80℃热水用于工艺生产。但高温压缩式热泵一般为定制生产、进口产品，机组单台投资较高。

2. 吸收式热泵原理

以燃气溴化锂吸收式热泵机组为例，主要是由吸收器、发生器、冷凝器和蒸发器四部分组成，其中发生器和吸收器替代压缩式热泵中的压缩机功能。

其以溴化锂溶液作为吸收剂，水作为制冷剂，燃烧天然气释放热量，在发生器中加热混合稀溶液，产生水蒸气，进入冷凝器释放热量，加热供热热水；冷凝后液体进入蒸发器，在蒸发器中利用水在高真空下蒸发吸热，吸收低温热源热能，然后蒸汽进入高压的吸收器

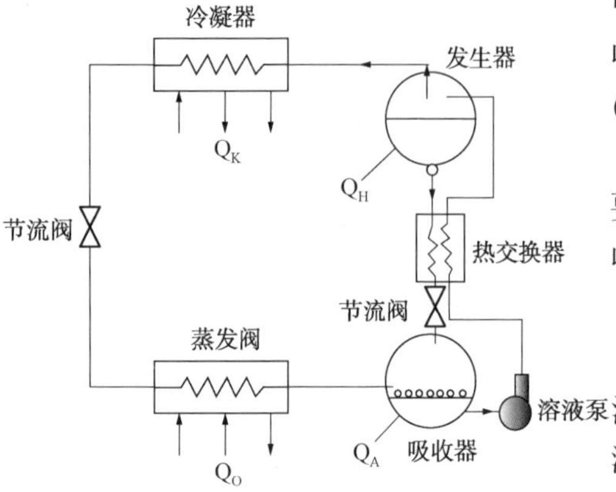

图 2　吸收式热泵工作原理图

中绝热压缩，温度升高后被溴化锂浓溶液吸收，然后进入发生器进入下一个循环（见图 2）。

吸收式热泵根据制热工艺和供热温度，主要分两种类型：第一类吸收式热泵和第二类吸收式热泵。

1）第一类吸收式热泵

第一类吸收式热泵以少量高温热源（如蒸汽、废热、高温热水、燃气燃油等）为驱动热源，从低温余热源（15～60℃）提取热量，输送入热水中，制取较高温度热水（50～85℃），从而实现热能自低温向高温的转移，能效比为 1.2～1.8。

热泵驱动源类型较多，如蒸汽、高温热水、燃油燃气、烟气等，对于有丰富廉价的驱动热源的地区，适合使用吸收式热泵，在油田生产领域，对于有自产伴生气情况的站场较为适合。

2）第二类吸收式热泵

第二类吸收式热泵也称升温型热泵，是以中温余热源（60～100℃）为驱动，在采用低温冷却水条件下，制取比驱动热源温度更高的热水或蒸汽（100～150℃），不消耗高温热能。由于没有外部供热能，仅是热能间转化，其能效比较低在 0.4～0.6。

针对河南油田联合站内余热资源，没有 60～100℃的中温余热，其能效比很低不适用于联合站余热利用。

通过原理解析，目前适合油田联合站余热利用的热泵机组主要为电驱动压缩式热泵和热能驱动吸收式热泵机组。

（三）两类热泵对比及选择

针对电驱动压缩式热泵和热能驱动吸收式热泵机组，对其技术性能及经济性能分别进行对比计算（见表 1）。

表 1　压缩式和吸收式热泵技术性能对比表

项目	压缩式热泵	吸收式热泵
原理	利用电能驱动压缩机做功，产生工质相变转移热量	利用高温热能产生工质相变和浓度变化实现热量转移
能效比	4～6	1.2～1.8
余热利用温度	>12℃	>15℃
制热温度	普通机组 55℃；高温机组 80℃	50～90℃
输入能源	电	蒸汽、燃气、高温热水、高温废气等
耗能情况	消耗高品位能源电能，相对矿物燃料耗能成本高	消耗低品位热能，对于一次能源利用率高，耗能成本低，但节电不节能
运行管理	运转部件多，维护相对频繁，维护费用高	运转部件少，维护费用低

续表

项目	压缩式热泵	吸收式热泵
制造特点	对制造工艺要求相对较低	机组内部构造复杂，需保证真空度，对于焊接制造工艺要求严格，泄漏后无法使用
适用范围	单台设备体积小、能效高，适用范围广，适用于电能廉价地区	单台设备体积大、制热量大，适用于集中供暖等大中型项目；适用于余热丰富、热能廉价或有废热等低成本热能的地区

针对河南油田联合站用热需求和余热资源情况，选取对比的两种热泵类型：吸收式和压缩式，从性能方面均能满足，各有利弊。因此，需进一步考量其经济性。主要包含两个方面：投资及运行成本。

(1) 设备投资。对于加热介质要求温度不高，低于55℃时，吸收式热泵机组的投资成本略高10%。对于加热介质温度要求较高达70℃时，压缩式热泵需特制高温型机组，为进口产品价格高昂，约为吸收式热泵价格的3倍。

(2) 运行成本。由于能耗成本在供热系统运行成本中占最大比重，而两种热泵能源输入类型不同：吸收式热泵输入燃气、蒸汽、高温废热等，能效低；压缩式热泵输入电能，能效高。因此主要考量方式是需要根据油田能源来源和价格进行比较。

河南油田西气东输天然气价格约为2.48元/m^3，电价约为0.7731元/(kW·h)，据此价格进行经济性能计算，计算中其他参数如下：压缩式热泵能效比取4.5，吸收式热泵能效比取1.7。计算结果见表2。

表2　压缩式和吸收式热泵单位热量能源价格对比表

项目	压缩式热泵	吸收式热泵
能效比	4.5	1.7
能源种类	电	天然气
热值	3600kJ/(kW·h)	8500kcal/Nm^3
能源单价	0.7731元/(kW·h)	2.48元/Nm^3
热量单价	47.7元/GJ	41元/GJ

通过计算单位热量能源价格可知，在河南油田目前能源结构和价格条件下，吸收式热泵耗能成本较低，更适用于油田实际情况。

同时，联合站内有完善的天然气管网，有丰富的采出水余热资源，因此在采出水余热利用中选取燃气吸收式热泵作为联合站供热热源。

三、设计实例

以稠油联合站作为对象，采用燃气吸收式热泵提取采出水余热为集输系统供热，对工艺设计、设备选型、效益计算等进行分析。

(一) 现有余热供热能力校核

1. 用热负荷计算

稠油联合站用热包括原油外输加热、掺水加热、沉降罐维温等，根据未来5~10年产量预测，稠油联合站供热负荷计算见表 3。

表 3　供热负荷计算表

序号	项目	液量/(t/d)	进口温度/℃	出口温度/℃	计算负荷/kW
1	一级换热 (含水 45%~50%)	2500	45	68	2096
2	掺稀换热 (含水 1.50%)	690	50	68	306
3	二级换热 (含水 20%~25%)	2530	68	80	922
4	7#罐维温	68℃			142
5	3#罐维温	68℃			108
6	4#罐维温	80℃			167
7	原油储罐 1#、5#	70℃			323
合计					4064

2. 余热能力计算

稠油联合站目前采出水日均处理量为 8400m³/d，其中注汽锅炉回用水量为 1800m³/d，余热利用可用回注采出水量为 6600m³/d，温度为 43~45℃。根据地质部门提供数据，注入地下采出水最低温度为 20℃，从 43℃降至 20℃可提取温差范围为 23℃，经计算可提取采出水热负荷 7379kW，吸收式热泵 COP 取 1.7，若全部提取 23℃采出水余热，则吸收式热泵可提供热负荷为 17920kW，远大于稠油联合站用热负荷 4064kW，因此稠油联合站现有采出水余热完全可以满足站内用热需要。

（二）工艺流程

选用吸收式热泵机组，为保护热泵机组设置前置换热器隔离采出水与热泵，水量为 6600m³/d，经计算需提取 8℃热量，采出水进入换热器由 43℃降温至 35℃，软化循环水从换热器中升温，由 30℃提高至 38℃，进入热泵机组蒸发器端降温，释放热量，通过热泵机组燃烧天然气能源做功，将提取的热量和天然气热量合并送至冷凝器端。通过冷凝器放热，加热系统循环水产生 90℃的高温热水，用于原油外输加热、掺水加热、分离器和沉降罐加热，系统回水 70℃送至冷凝器端，循环升温。热泵机组的工艺流程见图 3。

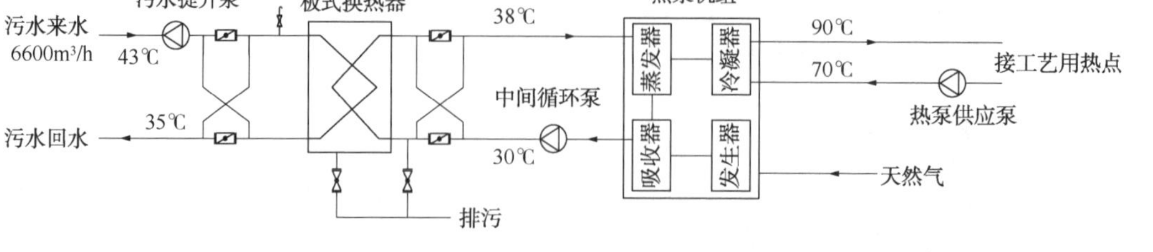

图 3　热泵工艺系统流程图

（三）主要设备选型

热泵系统的设备主要是热泵机组和换热器，其余循环泵及软化水系统为常规配置。

1. 热泵机组

供热负荷为4064kW，为节约投资选用1台5000kW燃气吸收式热泵机组，正常运行时热泵负荷率为82%，处于高效区间，原加热系统作为热泵系统备用。

2. 换热器

综合考虑换热器内介质、耐腐蚀、维修方便、占地面积等因素，同时根据近几年换热器技术发展，以及胜利油田和中原油田已运行项目经验及现场调研情况，选用宽流道板式换热器，流道宽度8~10mm，是普通板式换热器的2.5倍，可有效减少堵塞，延长清洗维护周期，换热器设计反洗流程。

（四）效益计算

投用热泵机组后，稠油联合站每年可回收余热资源5.28×10^4GJ，折合天然气用量155.7×10^4Nm^3/a，以天然气价格2.48元/Nm^{3}计算，年节省燃料成本386.2万元。

四、热泵工艺设计和推广应用建议

（1）通过热泵技术分析、国内油田热泵技术利用情况、河南油田下二门联合站应用热泵技术存在问题和实例设计分析可知，热泵技术在油田采出水余热利用节能环保改造中，是可行且具有效益优势。在热泵选取时，应多方面考量余热资源、用热情况、能源构成、价格、投资和运行成本，选取更为合适的热泵机组，实现优化能源结构、节能降碳减排降耗的目标。

（2）应正确理解吸收式热泵的热能转移原理，其能效较低，产出热量大部分来自燃气等热能输入，回收1份热量，需要相应的输入更多热能来完成提取和转移。因此对于余热丰富、用热需求不大的地区，并不能将所有余热资源都提取利用，只需按需回收利用即可。

（3）热泵机组的余热提取温差并非越大越好，提取温差过大会造成热泵内部换热负荷增大。热泵的蒸发器和冷凝器也是换热设备，由于热泵机组内部构造复杂，制造成本高于普通换热设备，将过多的换热负荷置于热泵机组内，会造成投资大幅增加。因此，需对前置换热器、热泵、用户端换热设备进行经济性分析、均衡设计。

炼化企业低温余热综合利用

张家龙 | 中国石油锦西石化公司

合理利用低温余热是提高能源利用效率、降低炼化企业全厂能耗的有效途径。通过对全厂热源和热阱普查，利用炼化能量系统优化方法及低温余热梯级利用的原则，优化全厂东区、西区热源和热阱匹配，采用闭式循环系统，形成了全厂低温热综合利用项目。该项目投用后低温热替代高品质蒸汽91t/h，达到节能降碳的目的。

炼化企业全厂低温余热综合利用，是一项重点的节能优化内容。尤其是老炼厂建厂时间早，装置布置分散，装置间热进料和热联合开展不充分。全厂没有统一低温热回收系统，低温热取热和利用率低，造成气体分馏、原油罐区等部位冬季采暖和伴热低压蒸汽消耗大、全厂能耗高。利用炼油过程系统能量优化方法，对装置间热出料和热进料及装置内能量实施优化，再统一考虑全厂低温热综合利用。针对中国石油锦西石化分公司炼化企业全厂低温热利用存在不足等问题，采用该低温热综合利用方法，通过装置流程模拟，对装置热源、热阱进行系统排查，进行全厂热源和热阱的匹配；根据厂区平面合理布局热水站，形成东区、西区两套热媒水系统，以热媒水为媒介，通过机泵和管线，进行热量综合回收利用。热媒水系统采用闭式循环，解决氧腐蚀问题，保证系统长周期运行。对国内同类企业开展全厂低温热综合利用，具有一定的指导和借鉴意义。

一、现有低温余热回收和利用情况

锦西石化公司原油加工能力6.5Mt，现有30套生产装置，主要加工大庆、辽河及海输原油。装置间热联合及低温热利用情况见表1。

现有低温热系统有：催化二套-气分低温热系统、重油催化-低温热发电热媒水系统、厂西采暖伴热低温热系统、加氢裂化低温热系统及南北蒸馏供供水车间生水加热。通过调研，发现公司低温热回收方面存在的主要问题是：

(1) 余热回收不充分，例如四套加氢的余热都没回收，它们的最小潜力约 1700×10^4kcal/h。

(2) 已回收的余热利用率低，如重催是余热大户，潜力约 2500×10^4kcal/h，但热水闪蒸发电效率只有6%～8%，相反最需热水的气体分馏和厂区采暖伴热却消耗大量蒸汽约90t/h。

(3) 利用不平衡，如焦化热水冬季用于装置采暖，夏季却未利用，循环水冷却。

(4) 加氢裂化装置低温热系统取装置低温余热，作为该装置和制氢装置冬季伴热及装置脱硫单元贫胺液加热。热水循环量约为350t/h，上水温度113℃，出水118.5℃。回收温度能量利用率低。

表1　现有低温余热回收和利用情况

序号	装置	热水量/(t/h)	温度范围/℃	热量/(104kcal/h)	去向
1	南蒸馏	269	37～68	834	化学装置生水加温
2	北蒸馏	69	39～60	145	化学装置生水加温
3	催化二套	317.4	65～95	952.3	在用，与气分联合
4	重油催化	837.1	65～95	2511.2	在用，去低温发电
5	加氢改质	213	65～95	639	空冷冷却
6	汽油加氢精制	127	65～95	381	空冷冷却
7	柴油加氢精制	90.1	65～95	270.3	空冷冷却
8	延迟焦化	221.5	65～95	665.6	供厂西采暖、夏季冷却
9	焦化污水汽提	78.2	65～95	234.5	冬季供厂西水伴热
10	重催污水汽提	58.3	65～95	175	冬季供厂西水暖
11	苯乙烯	80	65～95	240	在用，装置内部使用
12	加氢裂化	659	70～95	1348	改造后热量
13	天然气制氢	231	65～95	694	循环水冷却
14	新重整装置	523	65～95	1206	新建装置
合计		3773.6		10295.9	

根据公司低温热系统现状及分析，虽然设置了部分低温热系统，进行初步利用，但并不完善，厂内还存在大量的低温热阱在利用高品质热量(蒸汽)进行加热，大量的低温热源热量取热不充分甚至未取出，未来规划新建装置及装置改造也存在大量低温余热待利用，因此有必要开展全厂低温热综合利用。

二、全厂低温余热综合利用规划原则

炼化企业应用炼油能量系统优化方法，在开展全厂总能规划、装置内能量优化及深入开展装置间热进料和热联合，再实施全厂低温热大系统回收和利用。全厂低温余热回收利用应遵循以下原则：

(1) 热源热量优先工艺直接利用，消减低温热，如加强换热网络、提高换热终温、提高热回收率、减少低温热产生，以及装置与装置、装置与系统热联合；

（2）低温热避免并联取热，并联用热，应根据实际梯级取热，梯级用热；

（3）低温热系统应根据平面、物料流向、热源热阱位置及热容，进行“顶层设计”，合理规划低温热系统，避免大流量、低温位、低温差、全厂收集低温热的模式；

（4）充分利用炼厂周边“资源”，如热电厂、化工厂等，将厂内剩余热量输送至至厂外，减少厂内冷公用工程消耗，节能增效；

（5）在经过以上利用后，若低温热还存在剩余，再考虑制冷、低温热发电等能量转化类利用。

三、全厂低温热综合利用方案

2018 年 8 月，为了降低公司能耗，锦西石化启动全厂低温热回收利用项目。利用低温余热综合利用方法，系统进行厂区热源和热阱排查、热源高质高用、两套催化优先开展热联合，消减低温热后，再考虑低温热综合利用。通过对国内同类炼厂低温热利用方案的调研及技术比对，结合厂区平面和热源热阱匹配，经过多次讨论和论证，形成了本次全厂低温余热综合利用方案。

（一）全厂热源热阱排查

全厂热源、热阱参数汇总表分别见表 2、表 3。

表 2　全厂热源参数汇总表

序号	装置	热源名称	热源温度/℃	热源可最大取热负荷/kW	备注
1	II 催装置	分馏塔顶油气	130	13239	已取热
2		分馏塔顶循	112.6	4324	已取热
3		分馏塔侧线柴油	98.1	237	已取热
4		分馏塔一中循环油	200	0	已取热
5	加氢裂化装置	过滤器反冲洗油		22992.5	已取热
6		分馏塔顶油气	122.9		已取热
7		分馏塔柴油	103		已取热
8	焦化装置	分馏塔顶循	150	4650	已取热
9		分馏塔侧线柴油	148.3	3218	已取热
10		焦化净化水	115	3572	已取热
11		重催净化水		0	已取热
12	重催装置	分馏塔顶油气	100.6	14716	已取热
13		分馏塔顶循	132.3	8358	已取热
14		分馏塔侧线柴油	108.9	2210	已取热
15		分馏塔一中循环油	212.7	—	已取热
16		稳定汽油	159	4642	已取热
17	制氢装置	中变气	147.6	5600	未取热
18	新建连续重整装置	脱 C_7 塔塔顶油气	129.5	18247	新建装置
19		混合二甲苯	125		新建装置
20		汽油组分	153		新建装置

续表

序号	装置	热源名称	热源温度/℃	热源可最大取热负荷/kW	备注
21	渣油加氢装置	加氢尾油	189	7813	新建装置
22		汽提塔顶油气	274	5731	新建装置
23	加氢改质装置	精制柴油	166.9	5996	未取热
24	加氢精制装置	分馏塔顶油气	152.8	5102	未取热
25	工艺取热总计			130647.5	

表 3　全厂热阱参数汇总表

序号	热阱名称	热阱温度要求/℃	低温热/kW	蒸汽/kW	总热负荷/kW
1	气分脱乙烷塔	60~65	0	1824	1824
2	35 万吨气分丙烯塔	50~55	8816	6126	14942
3	15 万吨气分丙烯塔	50~55	5141	7645	12786
4	汽油加氢装置伴热热水	75	0	2600	2600
5	辽河原油预热	55	0	1928	1277
6	大庆原油预热	55	0	2117	1516
7	达尔原油预热	55	0	3921	3120
8	厂中采暖	60	0	3803	3803
9	厂东采暖	60	0	3803	3803
10	尿素脱蜡溴化锂	90	0	8500	8500
11	厂西伴热	80	1740	1743	3483
12	厂西采暖	55	6081	2909	8990
13	重催除盐水	75	0	3904	3904
14	热电生水(冬季)	38	0	15310	15310
15	热电生水(夏季)	38	0	9269	9269
16	热电除盐水	75	0	28656	28656
17	烷基化装置脱异丁烷塔底再沸器	130	0	7977	7977
18	烷基化装置脱轻烃塔底再沸器	105	0	3843	3843
19	烷基化装置碱液预热	90	0	1340	1340
20	调合罐区	40~45	0	2600	2600
21	新建硫磺除盐水	75	0	4058	4058
22	新建溴化锂	90	0	8000	8000
23	冬季合计		21778	102049	121774.32
24	夏季合计		13957	99108.3	111012.32

由上述热源热阱表可以看出，在低温余热升级利用以后，热源相对可最大取出热负荷130647.5kW，热阱需求最大负荷102049kW，热源热阱温位各异，结合热源热阱参数，以装置为单位对热源进行划分，可分为两部分：平均温度在150℃以上的高温热源和平均温度在150℃以下的低温热源。对热阱进行划分，可分为三部分：100℃以上高温热阱，70~100℃或工艺较为关键的中温热阱和70℃以下低温热阱。

(1) 平均温度在150℃以上的高温热源：渣油加氢装置(还未建成)、柴油加氢精制装置、柴油加氢改质装置。

(2) 平均温度在150℃以下的低温热源：II催装置、加裂装置、制氢装置、新建重整装置(还未建成)、重催装置、焦化装置。

(3) 100℃以上高温热阱：烷基化装置。

(4) 70~100℃或工艺较为关键的中温热阱：气分装置(较为关键)、汽油加氢伴热、尿素溴化锂、厂西伴热、重催除盐水、热电除盐水和生水加温、3+3硫黄除盐水。

(5) 70℃以下低温热阱：厂东及厂中采暖、原油预热、厂西采暖、调合罐区。

(二) 总工艺流程选择

1. 总工艺流程制定

通过对全厂热源热阱的排查，同时借鉴国内同类企业低温余热利用方法。从总工艺流程的选择上，首先对两套催化热量进行优化，充分开展装置热联合，降低低温热输出；再重点对热水循环方式及热水站数量工艺路线进行比对。

2. 工艺路线选择及方案比选

对于装置内的低温热量，往往是因为工艺需要且并未统筹考虑能量综合利用而产生，存在对高温物料的冷却采用冷公用工程或低温热冷却，会导致一定的高能低用问题。对于能量回收路线的选择，工艺物料间换热能量利用最直接，且能量传递直接，体现在多发生蒸汽或减少再沸器蒸汽使用量，能量回收效果最好，另外，对于热量较小的高温或热量较大，温度相对较低，只能使用低温热进行能量回收的工艺物料，采用低温热进行回收可实现低温热的利用，达到节能目的。

低温热媒水存在两种循环方式：开式循环及闭式循环两种方案可供选择。

方案一：开式循环为设置热媒水循环罐，热媒水循环泵从热媒水循环罐中将水抽出，送至管网系统作为取热热水，至各装置取热后作为用热热水送至各用热装置，之后返回至热媒水循环罐，由于热水由泵从循环罐抽出，泵运行受管路系统影响较小，运行稳定。

方案二：闭式循环为不设置热媒水循环罐，采用管道升压泵方式直接将循环回来的热媒水升压，没有热媒水循环罐部分。

循环方式方案对比见表4。

表4 热媒水循环方式对比表

序号	对比内容	方案一	方案二
1	一次投资	因需设置循环罐，一次投资较大	投资相对较小
2	运行费用	因压力在循环罐中被释放，升压泵功率较高，运行费用较高，循环罐中有水蒸发，存在一定水耗	运行费用相对较低，几乎无水损耗
3	操作难易程度	操作相对复杂，需考虑循环罐压力控制及水蒸气散发问题	操作简单，无须特殊操作
4	运行稳定性	因设置循环罐，系统运行稳定性较好，受管路系统影响小	设置多台备用泵，运行稳定性较好，但由于温度变化，受循环管路系统影响较大
5	系统维护	需要定期做水质分析，必要时进行加药、除油等操作，维护工作较多	水质分析仅为确定是否存在泄漏现象，正常操作无须水质分析及加药、除油等操作，维护工作较少
6	应用情况	某石化企业采用开式系统，换热器出现腐蚀问题。	辽阳石化等有应用，运行稳定

由表4可见，方案二闭式循环方式在一次投资、运行费用、稳定性、操作及维护上均优于开式循环，开式存在氧腐蚀问题，本项目选择方案二。

3. 热水站数量选择

根据厂区平面情况，存在建立热媒水大系统数量的方案选择。

方案一：分别建立厂东低温热利用系统与重催热电低温热系统，两套系统独立运行，互不干扰。

方案二：建立一个热媒水大系统，将全厂低温热系统合并为一套系统。

两套低温热系统从一次投资、操作难易程度、运行经济性及应用情况上都要优于一套大的热媒水系统，虽然一套热媒水系统在运行费用上有一定优势，但相对于管线一次投资的增加及运行后热量充分利用而节省的费用来说均是较小的，因此采用两套独立的低温热媒水系统是更优的方案。

（三）低温余热升级利用

经过现有低温热系统分析及热源热阱分析，目前还存在一些热阱温位相对较高（100℃左右），利用蒸汽加热温差较大，由于热源热阱分布，并入低温热水系统也不合适。另外，还存在一些高温热阱，目前直接产出低温热水，热量高质低用，因此结合厂内现场布置形成项目，进行联合优化，详情如下：

（1）二套催化顶循与气分装置脱丙烷塔热联合项目；

（2）二套催化一中循环油及原料换热网络优化项目；

（3）重催顶循-溶剂再生塔热联合；

（4）重催一中热量利用优化项目；

（5）二套催化装置除盐水换热网络优化项目。

以上内容为换热网络优化及热联合内容，本文不做重点说明。

（四）东区热媒水系统

东区热媒水系统热源、热阱情况分别见表5、表6。

东区热媒水热水站位置为厂西加油站旁，设计流量1500t/h，系统主管线DN600，循环水泵设计6台500t/h，3开3备。系统回收催化二套、加氢裂化、天然气制氢、新重整装置热水，热水温度95℃，一级热水供气体分馏、厂西水伴热、汽油加氢水伴热热源；二级热水75℃，供东油品原油加热、厂中、厂东水暖，上水温度冬夏季均为65℃。

热水站入口管线设置有旋流除污器、除油除铁设施，并利旧6台空冷做为后冷实施，保证回水温度稳定。

表5　东区热媒水系统热源情况表

序号	装置名称	热源	参数				
			流量/(t/h)	温度IN/℃	温度OUT/℃	冬季负荷/kW	夏季负荷/kW
1	二套催化	塔顶油气	101.6	130	73.6	10979	10979
2		顶循	287	116.7	95	4079	4079
3		柴油	44	102.4	84.6	237	237
4		一中	177.2	200	195	444	444

续表

序号	装置名称	热源	参数				
			流量/(t/h)	温度 IN/℃	温度 OUT/℃	冬季负荷/kW	夏季负荷/kW
5	天然气制氢	中变气	27	147	70	5600	5600
6	连续重整装置					18427	15000
7	加氢裂化装置					19160	14500
8	合计					58926	50839

表 6 东区热媒水系统热阱情况表

序号	装置名称	热源	参数				
			流量/(t/h)	温度 IN/℃	温度 OUT/℃	冬季负荷/kW	夏季负荷/kW
1	气分装置	乙烷再沸				1824	1824
2		丙烯再沸				14942	14942
3		丙烯再沸				12786	12786
4	汽油加氢	伴热换热				2600	
5	原油罐区	辽河原油	214	40	55	1928	1928
6		大庆原油	238	37	55	2117	2117
7		达尔原油	321	30	55	3931	3931
8	厂西伴热及采暖					8004	
9	厂中水暖					3807	
10	厂东水暖					3807	
11	溴化锂						8500
12	损失					3180	4811
13	合计					58926	50839

(五)西区热媒水系统

西区热源、热阱情况分别见表 7、表 8。

表 7 西区热源情况表

序号	介质	设备位号	工艺侧			热媒水侧			热负荷/kW
			温度 IN/℃	温度 OUT/℃	流量/(t/h)	温度 IN/℃	温度 OUT/℃	流量/(t/h)	
1	分馏塔顶油气	E1201/A-I	100.6	81.4	155	35	61.9	470	14671
2	顶循	E1204/5AB	131.7	93.5	335	61.9	77.2	470	8297
3	一中	E1207AB	212.7	197	314	77.2	83.2	470	3273
4	柴油	E1212AB	108.9	39.3	21.7	35	42.2	100	837
5	稳定汽油	E1306	159	118	155	42.2	82.2	100	4642
6	重催合计							570	31720

续表

序号	介质	设备位号	工艺侧			热媒水侧			热负荷/kW
			温度IN/℃	温度OUT/℃	流量/(t/h)	温度IN/℃	温度OUT/℃	流量/(t/h)	
7	柴油改质精制柴油	E1122AB	166.9	69.1	102.8	35	82	110	5996
8	柴油精制分馏塔顶油气	E-21AB	152.8	59.1	36.3	35	79	100	5102
9	热源合计							780	42818

表8　西区热阱情况表

序号	介质	设备位号	工艺侧			热媒水侧			热负荷/kW
			温度IN/℃	温度OUT/℃	流量/(t/h)	温度IN/℃	温度OUT/℃	流量/(t/h)	
1	重催除盐水	E1308C	45.8	75	115	83.1	49.4	100	3904
2	热电除盐水	E101/102/103	560	20	51.6	81.2	55.4	680	20372
3	热电生水	E201/202	400	5	38	55.4	36	680	15310
4	散热								3232
5	热阱合计							780	42818

西区热媒水热水站位置为重催装置旁，设计流量870t/h，系统主管线DN450，循环水泵设计2台1000t/h，1开1备。系统回收重催装置、加氢精制分馏塔顶油气、加氢改质柴油及新建渣油加氢热水热水温度100℃，一级热水供热电公司除盐水加温；二级热水75℃，供热电公司生水加温，上水温度冬夏季均为55℃。

热水站入口管线设置有除油除铁设施，无后冷实施。

四、项目实施情况

（一）项目投产情况

该项目从2018年8月份开始方案论证，及可研编写及项目上报，低温余热升级改造内容，于2020年9月15日前施工完成，随着装置开工投产。

东区热媒水系统建设日期2020年4月15日~11月31日，广东热媒水升压站系统于2020年11月6日开始充水，冲洗、试漏，11月9日升压站启动单台循环泵运行。12月25日气分全部采用低温热换热，系统运行正常。

2020年12月31日顶循与110t/h胺再生热联合投运，2021年4月1日由于胺再生塔底重沸器壳程气返线管线振动，将该重沸器切除，并于9月对该项目进行了整改，9月9日项目整改完成后再次投运运行稳定。

重整-热电热媒水系统管线施工2021年4月15日~9月25日。2021年9月25日重催-热电热媒水系统建成，经过管线冲洗置换，10月27日重催装置低温余热停用，热源供热电公司除盐水和生水加温。因该系统循环泵入口无旋流除污器、管线杂质多，系统置换慢。

重催-热电媒水系统投用后，西区热源过剩，而东区热源不足。生产运行处根据热量平衡。在东油品辽河原油换热器处，增加东区和西区热媒水连通线。东油品辽河、大庆、海输 3 台换热器热源由东区热源供，改为西区热源供。

2021 年 11 月 17 日加氢改质装置置低温热换热器(E1122A/B)投用，11 月 29 日加氢精制低温热换热(E21)投用。

通过，东区、西区低温热热量优化，全厂低温热回收利用项目施工历时两年时间全部建成投产，系统运行稳定，于 2021 年 11 月 25 日进行了系统标定。

(二) 标定结果

(1) 催化裂化顶循-气体分馏热联合相关参数见表 9。

表 9　催化裂化顶循-气体分馏热联合

序号	装置	顶循油流量/(t/h)	去气分温度/℃	气分返回温度/℃	热量/(10^4kcal/h)	热量/kW
1	催化二套	338	135	98.5	722.52	8401.26

催化顶循与气体分馏脱丙烷塔热联合，替代气体分馏脱丙烷塔再沸器蒸汽 12.5t/h。

(2) 催化裂化一中及原料换热网络优化项目相关参数见表 10。

表 10　催化裂化一中及原料换热网络参数

序号	操作条件	投用前	投用后
1	顶循流量	140t/h	338t/h
2	顶循返塔温度	51℃	92℃
3	分馏塔顶温	128℃	132℃
4	分馏塔顶压	0.1437MPa	0.1634MPa
5	一中流量	120t/h	116t/h
6	一中返塔温度	222℃	170.7℃
7	柴油出装置温度	65℃	60℃
8	热媒水出装置温度	64℃	62℃
9	热媒水回装置温度	100℃	83℃
10	热媒水流量	412t/h	415t/h
11	稳定汽油进空冷前温度	92℃	57℃
12	冷回流流量	8t/h	9t/h

催化装置调整柴油换热网络，柴油先加热原料再加热富吸收油，一中增大流量，降低温差，加强与原料换热。

(3) 重催顶循-溶剂再生塔热联合相关参数见表 11。

表 11　重油催化顶循-胺再生热联合

序号	装置	顶循油流量/(t/h)	去胺再生温度/℃	返塔温度/℃	热量/(10^4kcal/h)	热量/kW
1	重催装置	355	140	95	681	7900

重催顶循与胺再生热联合，替代蒸汽 6.0t/h。

（4）重催一中热量优化利用相关参数见表12。

表12 重油催化一中热量优化利用

序号	项目	标定	改造前	设计
1	加工量/（t/h）	185	213	202
2	一中循环量/（t/h）	302	302	314
3	一中循环抽出温度/℃	263	282	283
4	一中环返塔温度/℃	181	208	197
5	热媒水出装置温度/℃	100	116	86
6	热媒水进装置温度/℃	58	60	35
7	热媒水流量/（t/h）	460	476	570
8	油浆蒸发器油浆入口温度/℃	320	307	313
9	油浆蒸发器产汽量/（t/h）	25	20	—

循环油浆进蒸汽发生器的温度提高17℃，综合顶循与溶剂再生热联合对3.5MPa蒸汽产汽量减少的影响，多产3.5MPa蒸汽5t/h。

（5）东区热媒水系统相关参数见表13。

表13 东区热媒水热量平衡表

序号	装置	热水量/（t/h）	上水温度/℃	回水温度/℃	热量/（10^4kcal/h）	热量/kW
1	催化二套	415	63	84.5	892.25	10376.87
2	加氢裂化	530	65	84	1007	11711.41
3	天然气制氢	140	65	92	378	4396.14
4	新重整	0	0	90	0	0
5	气体分馏	772	82.5	53.5	-2238.8	-26037.2
6	系统损失	0			-38.45	-447.17
7	合计	1085			0	0

东区热媒水系统循环量1085t/h，给水温度82.5℃、给水压力1.35MPa，回收温度65℃、回水压力0.2MPa。因新重整未开工，东区热媒水热源不足。

（6）西区热媒水系统热量平衡表见表14。

表14 西区热媒水热量平衡表

序号	装置	热水量/（t/h）	上水温度/℃	回水温度/℃	热量/（10^4kcal/h）	热量/kW
1	重催装置	520	56	100	2288	26609.44
2	加氢精制	75	56	100	330	3837.9
3	加氢改质	55	56	96	220	2558.6
4	重催除盐水加温	54	101	63.5	-202.5	-2355.08
5	热电生水加温	175	9	34	-437.5	-5088.13
6	热电除盐水加温	189	30	83	-1001.7	-11649.8

续表

序号	装置	热水量/(t/h)	上水温度/℃	回水温度/℃	热量/(10^4kcal/h)	热量/kW
7	东油品辽河原油	185	50	69	-272.57	-3170
8	东油品大庆原油	439	38	53	-428.03	-5938.67
9	东油品海输原油	412	55	63	-255.59	-2972.49
10	系统损失				-240	-2839
11	合计	650			0	0

西区热媒水系统循环量 650t/h，给水温度 94℃、给水压力 1.50MPa，回收温度 56℃、回水压力 0.28MPa。

(三) 效益评估

1. 实物消耗

全厂低温热利用项目实物消耗量见表 15。

表 15　全厂低温热利用项目实物消耗量

序号	项目名称	蒸汽/(t/h)	电/kW·h	凝结水/(t/h)	循环水/(t/h)	除盐水/(t/h)	新水/(t/h)
1	Ⅱ催顶循-气分热联合	-12.5	35	-12.5	-150		
2	重催顶循-溶剂再生塔热联合	-6		-6	-245		
3	重催一中热量利用优化项目	-5				5	0
4	东区热媒水系统	-40	609	-40	-200	1	0
5	西区热媒水系统	-47.5	1519	-25.75	-40	1	-50
6	合计	-111	2163	-84.25	-635	7	-50

全厂低温热回收项目投用后，回收热量折合替代蒸汽 111t/h，扣除催化二套与气分原热水联合，较改造前替代蒸汽 91t/h。多耗电 2163kW·h(投用前低温余热发电量 1200kW·h)，机泵自用电 963kW·h(扣除两套加氢停 5 台空冷电耗 105kW·h)。凝结水减少 84.25t/h，循环水减少 635t/h；除盐水增加 7t/h；新水消耗减少 50t/h。

(二) 效益及成本核算

全厂低温热利用项目成本核算情况见表 16。

表 16　全厂低温热利用项目成本核算

序号	工质名称	单位	单价/(元/吨)	数量	成本/(元/h)
1	1.0MPa 蒸汽	t/h	120	-91	-10920
2	凝结水	t/h	16.14	84.25	1360
3	电	kWh	0.54	2163	1168
4	循环水	t/h	0.38	-635	-241
5	除盐水	t/h	16.14	7	113
6	新鲜水	t/h	5.96	-50	-298
7	合计				-8818

经过计算全厂低温热项目投用后，用低温热替代高品质蒸汽，经济效益 8818 元/h，全年经济效率 7407 万元。年回收热量 7.50×10^4t 标煤，影响全厂能耗下降 9.5 千克标油/吨，减少二氧化碳排放量18×10^4t/a。该项目总投资约 1.05 亿元，投资回收期不到 2 年。

五、结论

（1）通过开展全厂低温余热综合利用工作，深入开展装置热联合，优化催化装置用能。根据装置平面设置厂东、厂西热媒水系统，提高低温余热利用率，实施后替代高品质蒸汽 91t/h，达到节能降碳的目的。

（2）炼化企业全厂低温余热回收利用，应根据厂区平面，进行热源和热阱匹配，合理布置热水站数量；低温热利用应梯级利用、串级使用，提高低温热余热利用率。

（3）热媒水系统应采用闭式循环系统，系统设置自动排气阀，泵入口设有旋流除污器及除油除铁设施。闭式循环系统，水质稳定，有利于系统长周期稳定运行。

（4）尽管经过此项节能技术改造，低温热利用率提高，但也存在南北蒸馏低温热夏季过剩、焦化装置低温热夏季未被利用、被循环水冷却等问题。炼化企业低温余热利用需要持续改进，尤其夏季低温热综合利用需要进一步优化研究。

参考文献

[1] 锦西石化分公司，H19204018F 中国石油锦西石化分公司低温热利用工程可研报告，2019.

低温余热综合利用典型案例分析

孟　敏
陈宝玺
杨　丽　　中国石油辽阳石化公司
张　锋
韩忠魁

某芳烃装置生产过程中产生大量100~200℃的气相或气液混相低温位物流，低温热品位不高，因富含相变潜热，热负荷却很大，过剩热量大都以空冷或水冷进行消纳，为实现能量高效利用，在充分匹配有效冷阱基础上，通过增设低温热及低温热发电系统，以循环热水为载体，实现芳烃装置低温热量有效集成、梯级利用，年节能创效1.07亿元。

热能的利用应当遵循“高质高用、低质低用”的原则，只有形成能量多次梯级利用的用能格局，才能实现能量的高效利用。大部分企业在整体能量利用方面大多数情况下相互孤立存在，这导致很多企业存在“高质低用、低质排弃”的低效能量利用现象。对于大部分装置而言，装置内部工艺物流热集成较好，高温位的热能均已回收利用，但低温位热量利用不足，大都以空冷或水冷方式进行冷凝冷却，导致低温位热量大量浪费，同时增加了空冷负荷及耗电量，甚至成为部分装置高负荷运行的瓶颈。

某芳烃装置以石脑油为原料，产品为苯、邻二甲苯及对二甲苯，加氢、重整、抽提、分馏、歧化、分离及异构化等工艺过程产生大量热能，高温位热能利用较为充分，而低温位热量大都由空冷冷却浪费。对此，应用能量集成优化的概念，充分平衡生产、生活和辅助设施3类不同热阱，同时匹配增设低温热发电设施，以实现将低温热量“吃干榨尽”，减少能量损失，提高装置能效。

一、热量平衡分析

（一）低温热源分析

综合考虑各方面因素，筛选出邻二甲苯塔C102(A)、抽余塔C201

(A)、C261(B)塔顶油气及异构化脱庚烷塔 C301(A)、C361(B)塔顶馏出物等 5 股物流实施低温热回收。

5 股低温工艺物流空气冷却器总负荷为 101.35MW，如表 1 所示。

考虑工艺条件的限制、设备投资和回收能量的利用等因素，在塔顶空冷器前设置低温热回收换热器，将 60℃的循环热水加热至 95℃，并设定循环热水与低温热物流的低温端传热温差不低于 20℃，可回收的低温热合计 97.03MW，如表 2 所示。

表 1 低温热源负荷统计表(一)

塔顶物流	流量/(t/h)	操作压力/MPa	进空冷温度/℃	出空冷温度/℃	冷却负荷/MW
C102(A)	70	0.11	177	105	9.49
C201(A)	188	0.031	147	60	26.99
C261(B)	400	0.02	145	85	51.88
C301(A)	70	0.63	162	70	5.2
C361(B)	147.5	0.40	134	55	7.79
合计					I01.35

表 2 低温热源负荷统计表(二)

塔顶物流	流量/(t/h)	进换热器温度/℃	出换热器温度/℃	可回收低温热/MW	后冷负荷/MW
C102(A)	70	177	105	9.49	0
C201(A)	188	147	80	25.05	1.93
C261(B)	400	145	85	51.88	0
C301(A)	70	162	80	4.76	0.44
C361(B)	148	134	80	5.85	1.94
合计				97.03	4.31

(二) 低温热阱分析

1. 自备电厂生水和脱盐水加热

自备电厂冬季制备脱盐水 1150t/h，需供热量 116MW，消耗蒸汽 160t/h；夏季制备脱盐水 850t/h，需供热量 78MW，消耗蒸汽 108t/h。因温位所致，95℃循环热水只能替代部分蒸汽，只能将部分脱盐水和生水分别加热至 85℃和 38℃，实际可利用低温热量夏季为 38.93MW，冬季为 59.85MW。

2. 生活区采暖

生活区采暖热源由两套系统构成，分别为来自自备电厂的 0.245MPa、180℃蒸汽系统和来自蒸汽管网的 1.0MPa、280℃蒸汽系统，蒸汽经采暖换热站加热采暖水，采暖供水温度 70℃，回水温度 50℃。生活区采暖总热量需求 234.41MW(冬季)。

3. 工艺制冷

生产装置大多采用电或蒸汽为作为动力进行制冷，产生的冷冻水温度为 7～-4℃，制冷消耗动力需求 20.65MW。

将上述低温热阱统计至表 3 中。

表 3 低温热阱负荷统计表(一)

低温热阱	夏季		冬季	
	负荷/MW	比例/%	负荷/MW	比例/%
自备电厂生水、脱盐水加热	38.93	65.34	58.85	18.75
生活区采暖	0	0	234.41	74.67
工艺制冷	20.65	34.66	20.65	6.58
合计	59.58	100	313.91	100

（三）低温热源、热阱匹配性分析

从上述分析可知，可有效利用的低温热源负荷为97.03MW，而低温热阱随季节不同差异巨大，冬季因生活区采暖需求热量极大，热量缺口216.9MW；夏季无采暖需求，热量过剩37.45MW，数据明细如表4所示。

表4　低温热源、热阱匹配表(一)

低温热源/MW	低温热阱		
	项目	夏季/MW	冬季/MW
97.03	自备电厂生水、脱盐水加热	38.93	58.85
	生活区采暖	0	234.41
	工艺制冷	20.65	20.65
	合计	59.58	313.91
	热量盈余	37.45	-216.88

为解决上述问题，冬季对供热区域与供热能力进行合理匹配，可将低温热量“吃干榨尽”；夏季因有效低温热阱缺口较大，为避免热量浪费，经过大量分析与调研，决定增设低温热发电(ORC)系统，考虑到系统能量损失等问题，选用功率为33.44MW的发电机组。最终形成的热源匹配表如表5所示。

表5　低温热源、热阱匹配表(二)

低温热源/MW	低温热阱		
	项目	夏季/MW	冬季/MW
97.03	自备电厂生水、脱盐水加热	38.93	58.85
	生活区采暖	0	12.53
	工艺制冷	20.65	20.65
	低温热发电	33.44	0
	合计	93.02	92.03
	热量损失	4.01	5

结合低温热及低温热阱匹配性分析，最终形成芳烃装置低温热回收利用组合方案如图1所示。

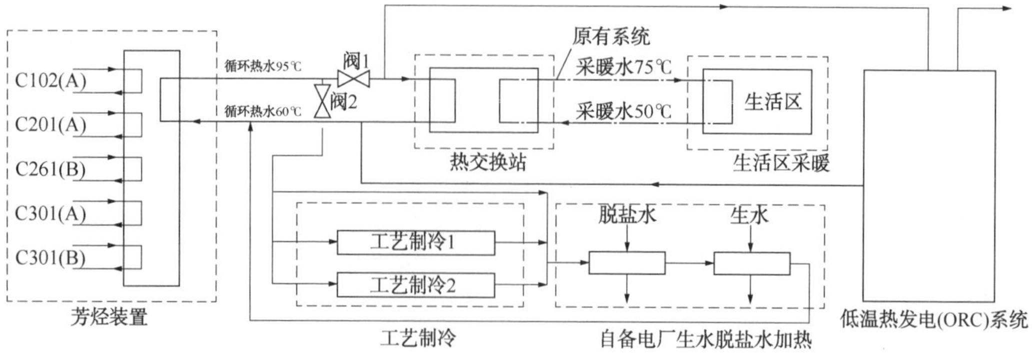

图1　芳烃装置低温热回收利用组合方案

二、应用效果

（一）低温热回收利用情况

芳烃装置低温热综合改造项目投用后冬季热量平衡如表 6 所示。

冬季运行低温热系统能量损失 6.43MW，其余 90.6MW 热量得到了有效回收，能量利用率 93.4%。

芳烃装置低温热综合改造项目投用后夏季热量平衡如表 7 所示。

表 6　低温热系统冬季运行数据

性质	单元名称	介质	流量/(m^3/h)	温差/℃	功率/MW
输出	PX 装置	循环热水	1900	45	97.03
有效利用	生活区采暖	循环热水	440	23	11.33
	冷冻机	循环热水	800	22	20.47
	热电厂生加	化学制水	495	28	27.5
	热电厂软加	锅炉给水	702	29	31.3
系统损失					6.43

表 7　低温热系统夏季运行数据

性质	单元名称	介质	流量/(m^3/h)	温差/℃	功率/MW
输出	PX 装置	循环热水	1900	45	97.03
有效利用	ORC 发电机组	循环热水	1250	23	33.44
	冷冻机	循环热水	800	22	19.1
	热电厂生加	化学制水	475	28	17.3
	热电厂软加	锅炉给水	650	29	21.62
系统损失					5.57

夏季运行低温热系统能量损失 5.57MW，其余 91.46MW 热量得到了有效回收，能量利用率 94.2%。

（二）效益分析

1. 冬季运行效益分析

冬季运行按 3500h 计算，利用芳烃低温热向生活区供暖、加热自备电厂生水和脱盐水，节省蒸汽 56t/h，即 19.6×10^4t/a；停芳烃装置塔塔顶空冷器 38 台，节电 760kW，即 266×10^4kW·h/a；低温热用于己二酸及乙二醇装置工艺制冷，节约电耗 2600kW，节电 910×10^4kW·h/a。

冬季运行合计节约蒸汽 19.6×10^4t，节电 1176×10^4kW·h，减少碳排放 7.56×10^4t，创效 4943 万元。

2. 夏季运行效益分析

夏季运行按 4500h 计算，加热自备电厂生水和脱盐水，节省蒸汽 37t/h，即 16.6×10^4t/a；停芳烃装置塔塔顶空冷器 20 台，节电 400kW，即 180×10^4kW·h/a；用于己二酸及乙二醇装置工艺制冷，节约电耗 2600kW，节电 1170×10^4kW·h/a；低温热(ORC)发电 2160×10^4kW·h。

夏季运行合计节约蒸汽 16.6×10^4t，节电 3510×10^4kW·h，减少碳排放 8.35×10^4t，创

效 5777 万元。

3. 小结

低温热项目按全年运行 8000h 计算，年节电 4686×10^4kW・h，节汽 36.2×10^4t，减少碳排放 15.91×10^4t，创效 1.07 亿元/年，效益明细表如表 8 所示。

表 8　热温热综合利用项目效益表

组合方案	年节电/(10^4kW・h)	年节汽/(10^4t)	减少碳排放/(10^4t)	效益/万元
冬季	1176	19.6	7.56	4943
夏季	3510	16.6	8.35	5777
合计	4686	36.2	15.91	10720

三、结论

(1) 芳烃装置生产运行过程产生大量低温热，不仅导致空冷负荷高、电量消耗大，同时造成了低温位能量的大量浪费，在平衡低温热源、有效低温热阱基础上，用低温热发电来调节低温热源与热阱平衡，以实现低温热量的充分利用，提高该系统的运行稳定性与灵活性。

(2) 项目投运后，公司低温余热回收系统已成为目前国内为数不多的实现“冷、热、电联产联运”、能量梯级利用的节能示范性装置。该系统全年热能利用率均在 93%以上，将收集到的低温余热“吃干榨净”。

(3) 在实现上述节能减排效益的同时，还有效解决了芳烃装置夏季高温运行的瓶颈问题，打造了全新的化工装置节能降耗、低碳环保、安全经济运行的绿色链条，也为新时代化工企业生产系统节能优化提供了有借鉴意义的全新模式。

参考文献

[1] 郭守权，芳烃联合装置低温热的回收与利用[J]. 炼油技术与工程，2011，41(11)：1-4.
[2] 杨纪，秦会远，丁明，等．芳烃联合装置扩能改造与低温热利用[J]. 炼油技术与工程，2018，48(04)：52-56.
[3] 唐孟海，高国正．炼油过程能量优化和低温余热回收利用[J]. 石油炼制与化工，2010，41(2)：64-68.
[4] 余桂红．炼油厂低温热回收系统构建[J]. 炼油技术与工程，2014，44(08)：61-64.

气分装置低温热水的利用情况分析

鞠　涛｜中国石油大连石化公司

低温热水余热利用，潜力巨大，提高余热利用率，可直接减少生产能耗。通过利用低温热水改造，气分装置节能降耗，经济效益显著。

目前，能源利用面临着日益严峻的形势和挑战，工业第一耗能大户炼油企业承担着不可推卸的节能重任。急需开发新工艺、新节能途径以及新能源或者能源替代品，从而实现节能降耗的目的。其中最有效的途径是利用现有设备、运用系统全局思路，使得工艺产生的热量尽可能被工艺装置使用，实现炼厂装置内部、装置与装置之间、全局最大优化运行，最大限度地实现低温热水余热利用，最大限度地降低低温热水排放数量，提高能源利用效率。

低温热水一般指的是生产过程中工艺装置、系统部分通过内部优化改造后装置内或者装置之间仍无法利用的热量。考虑工艺技术水平及换热设备能力等因素，目前炼化企业低温余热一般是指 80～150℃区间未被利用的低温热水。

大连石化公司目前利用低温热水取代生产中使用的低压蒸汽，从而引致全厂蒸汽动力系统的优化改进，减少低压蒸汽使用量，提高余热的利用率，停开部分锅炉，调整蒸汽管网运行策略，可直接减少生产能耗。

一、低温热水作为重沸器热源的优势

（1）低温热水作为一种常见物质，易于传输、保存，危险系数小，且潜热较大，通过换热的方式易将热水中的热量释放。

（2）低温热水大多属于连续、负荷稳定的情况，节能幅度大、效益高，尤其取代蒸汽作为重沸器热源，节能效果显著。

（3）用热水作为塔底热源，塔底温度与热水流量组成串级控制回路，调节更加线性、平稳。用蒸汽作为热源，蒸汽调节阀易卡涩，温度调节过程易存在滞后的现象。

(4) 重沸器用热水替代蒸汽作为热源，在热源切换过程中，避免了水击造成设备损坏，更加有利于设备稳定长周期运行。

目前全厂低温热水主要用于气分装置、MTBE 装置的原料预热及塔底重沸器加热、其他生产装置及罐区伴热使用。

二、低温热水资源分析

大连石化公司的低温热水主要包括制氢、加氢等装置的一联合车间低温热水(三水站热水)，二、三、四套催化装置的低温换热水，2Mt 柴油加氢装置的低温热水。这些装置的低温热水品味较高，热量较大、供应充足，易于回收利用。

低温热水的低温热量可以通过公式求取，显热的计算公式如下：

$$Q_p = mC_p(T_2 - T_1)$$

式中，Q_p 为恒压条件下物质吸收或放出的热量，kJ；C_p 为物质的平均恒压热容，kJ/(kg·℃)；m 为物质的质量，kg。

由水的物理性质表得到相关温度下水的比热容，根据上述公式对各装置低温热水进行热量衡算，得出表 1 中各装置低温热水的余热负荷：

表 1　大连石化低温热水运行情况

装置	上水温度/℃	回水温度/℃	热水流量/(t/h)	低温热负荷/(GJ/h)
2Mt 柴油加氢装置	102	72	150~220	18.9~27.72
二催化	78	51	300~400	34.02~45.36
三催化	95	52	100~330	18.06~59.598
四催化	77	50	550~800	62.37~90.72
三水站	82	48	750~1000	107.1~142.8

三、气分装置低温热水使用情况分析

气分装置就是根据液态烃中各组分挥发度不同，经过多次部分汽化与部分冷凝，最终由塔顶和塔底分别得到不同组分的产品。气分装置主要包括脱丙烷塔、脱乙烷塔、丙烯塔。其中脱丙烷塔主将 C_3、C_4 组分分离，分离出的 C_3 组分进入脱乙烷塔。脱乙烷塔将 C_3 组分中的少量不凝气分离，塔底不含 C_2 组分的 C_3 组分进入丙烯塔。丙烯塔将丙烯与丙烷分离。

脱丙烷塔底温度偏高，一般不适宜用低温热水作为热源。脱乙烷塔低温温度控制在 40~65℃，丙烯塔底温度控制在 35~55℃。比较适于用低温热水作为热源。

三、四气分装置各自配置两条低温热水管线，分别是三催化低温热水、四催化低温热水。当热水量不足时，塔底重沸器可以将热源由热水切换为蒸汽，从而保证塔底温度。塔底重沸器用蒸汽作为热源时，蒸汽用量明细见表 2。

表 2　大连石化气分装置重沸器热源用量

三气分装置			四气分装置		
重沸器名称	热源介质	用量/(t/h)	重沸器名称	热源介质	用量/(t/h)
脱乙烷塔底重沸器 E-8103	蒸汽/热水	3.2/88	脱乙烷塔底重沸器 E-8203	蒸汽/热水	5.2/168

续表

三气分装置			四气分装置		
重沸器名称	热源介质	用量/(t/h)	重沸器名称	热源介质	用量/(t/h)
丙烯塔底重沸器 E-8104/1	蒸汽/热水	12.13/473	丙烯塔底重沸器 E-8204/1	热水	420
丙烯塔底重沸器 E-8104/2	热水	220	丙烯塔底重沸器 E-8204/2	蒸汽/热水	21.4/686

进行低温热水流程优化，用低温热水替代蒸汽作为热源，可以节省蒸汽用量，热水流程的有效完善、优化，实现不同热水的切换，同时避免不同热水发生互窜。当一种低温热水流量或温度异常时，可以切换其他低温热水作为塔底热源。具体流程示意图见表3、图1、图2。

低温热水流程改造结束后，三、四气分装置除脱丙烷塔外，脱乙烷塔及丙烯塔均使用低温热水作为塔底热源，热源稳定，且极大减少了蒸汽用量，降低了装置能耗。使用热水作为重沸器热源后用量见表4。

表4　大连石化气分装置低温热水使用情况

三气分装置			四气分装置		
重沸器名称	日常使用热水	可替换热水	重沸器名称	日常使用热水	可替换热水
脱乙烷塔底重沸器 E-8103	柴油加氢热水	三水站热水 三催化热水	脱乙烷塔底重沸器 E-8203	四催化热水	三水站热水
丙烯塔底重沸器 E-8104/1	二催化热水	四催化热水 三水站热水	丙烯塔底重沸器 E-8204/1	四催化热水	三水站热水
丙烯塔底重沸器 E-8104/2	三催化热水	三水站热水 柴油加氢热水	丙烯塔底重沸器 E-8204/2	三水站热水	四催化热水

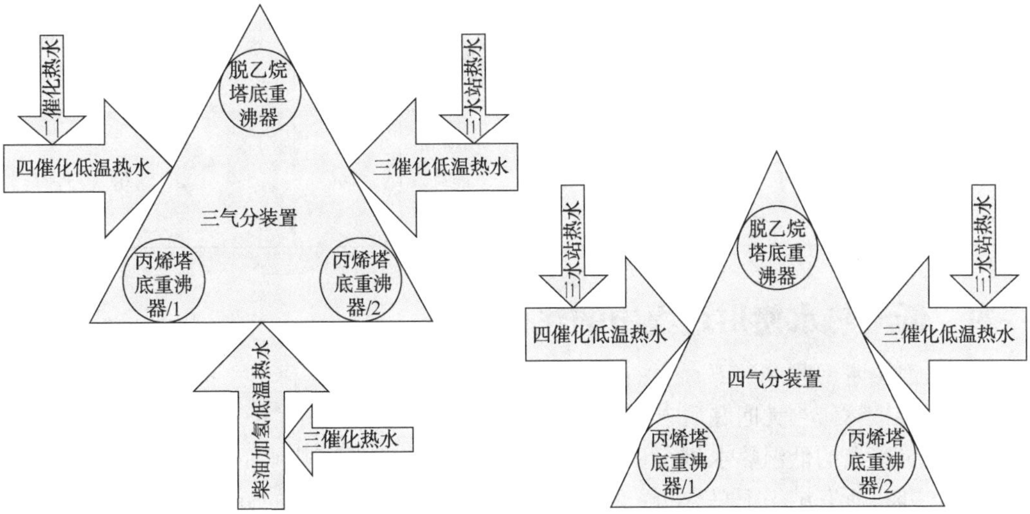

图1　气分装置热水使用情况示意图

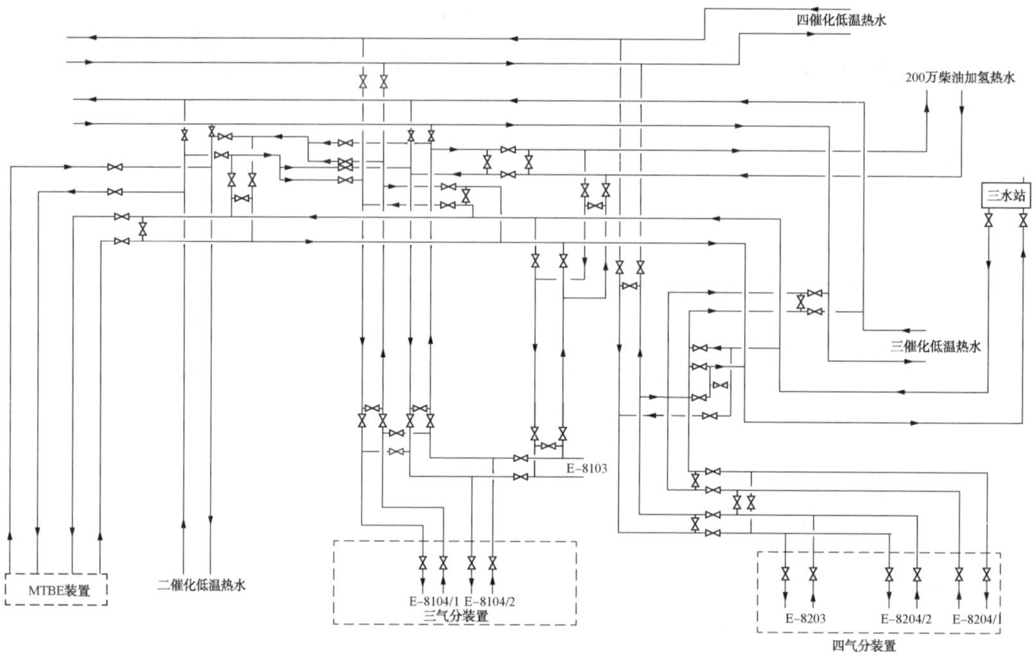

图 2　至气分装置低温热水流程图

表 3　大连石化气分装置重沸器低温热水用量

三气分装置					四气分装置				
重沸器名称	上、回水温差/℃	热水用量/t	折算蒸汽用量/t	低温热负荷/(GJ/h)	重沸器名称	上、回水温差/℃	热水用量/t	折算蒸汽用量/t	低温热负荷/(GJ/h)
脱乙烷塔底重沸器E-8103	40	45	2.37	7.56	脱乙烷塔底重沸器E-8203	29	110	4.2	13.398
丙烯塔底重沸器E-8104/1	36	200	9.47	30.24	丙烯塔底重沸器E-8204/1	29	270	10.3	32.886
丙烯塔底重沸器E-8104/2	40	190	10	31.92	丙烯塔底重沸器E-8204/2	36	500	23.68	75.6

四、低温热水使用过程中的注意事项

(1) 低温热水回收利用系统的建立过程较为复杂，在回收利用之前应进行充分调研、分析核算，待核算研判无问题后方可实施。主要应注意如下问题：

对各装置富余的低温热水进行调研分析，确定各装置低温热水的品质类型、负荷、数量、能级，并将所有结果汇总分析；根据各装置低温热水热负荷的计算，确定最优的重沸器热源。

（2）根据“温度对口，梯级利用”的原则，对低温热水进行合理规划，同时隔离措施，实现热水流程切换的同时，避免热水互窜。重新修订相应的热水切换操作卡，同时进行相关培训，避免热源切换过程中引起操作波动。

（3）重沸器热源由蒸汽改为热水后，热源介质改变，增加重沸器内漏检查频次，对各重沸器低温热水运行情况定期检查、监测。避免水质变差造成管束腐蚀，引起重沸器内漏。必要时可在低温热水回水管线增上内漏监控措施，远程、实时监控，一旦发现异常，及时对内漏重沸器进行隔离处理。

五、结论

三、四气分装置通过低温热水优化改造，替代蒸汽作为塔底重沸器热源，不仅保证生产平稳受控，同时降低了蒸汽用量，每小时减少蒸汽用量约 8t/h，按照 1t 蒸汽价格 220 元计算，一年预计可节省 1500 多万元，经济效益显著。

虽然目前通过优化低温热水替代蒸汽，降低了装置能耗，经济效益显著，但是由上述数据可以看出，低温余热并没有充分、完全被利用，仍然还有很大的潜力可供挖掘。低温余热回收可以节约消耗、提高能源利用率，具有广阔的发展前景。

回收低温余热要考虑技术、经济上的可行性，以及低温余热的利用潜力。在考虑回收低温余热之前要先了解装置本身的热效率是否有可以提高的潜力，从而通过提高本身热效率来减少低温余热散失，这是降低能耗的最佳选择。在回收低温余热时，先考虑大量回收的余热，而后考虑小的余热。根据热源情况和热阱的需求，尽量做到能级的匹配，提高利用效率。

参考文献

[1] 杨友麒，曾广安．我国化工节能的潜力与对策[J]．中国能源，1994(09)：13-21.
[2] 刘兴高．精馏过程的建模、优化与控制[M]．北京：科学出版社．2007.
[3] 冯宵．化工节能原理与技术[M]．北京：化学工业出版社．2009.
[4] 董必军．热泵精馏在气体分馏装置丙烯塔中的应用分析[J]．化学工业与工程技术，2008，58-60.

苯乙烯工艺凝液回收再生利用新方法研究

张　钺[1]　1. 中国石油吉林石化公司研究院
侯西峰[2]　2. 中国石油吉林石化公司化肥厂
崔学烈[3]　3. 吉林梅基特环保科技公司

采用MS络合过滤新技术，进行了苯乙烯工艺凝液的回收再生利用中试研究。并连续运行3个多月，其间各项出水指标均优于处理要求、运行稳定，充分证明了MS络合过滤技术的优势、工艺流程及设备的简洁性、运行的便利性。

一、概述

苯乙烯装置是以乙苯为原料，在催化剂和水蒸气及适宜的反应温度共同作用下生成的，反应后的蒸汽经冷凝和油水分离后产生大量的工艺凝液。工艺凝液经汽提工艺回收有价值的有机烃后排出温度为80~90℃的工艺凝液。而苯乙烯合成催化剂是铁系催化剂，最终排出的工艺凝液中总铁含量为1000~2000μg/L、总烃含量为5~30ppm。起初，苯乙烯合成工艺的原设计配套凝液的处理技术，是通过白土过滤使总铁小于150μg/L、总烃小于10ppm的指标要求，然后锅炉给水回用。但是，这种凝液处理装置投运后，发现白土过滤器处理效果甚微，其过滤水质不能满足锅炉给水指标。所以，致使很多企业将苯乙烯工艺凝液直接排至污水处理厂，既增加了装置能耗和污水排放量，又造成了大量水资源的浪费。

然而，苯乙烯工艺凝液具有较大的利用价值，凝液是水蒸气形成，其最大的价值和优势在于导电率低，并含较高热能。如有效去除其中的总铁和总烃，一是可作为制备无盐水的新鲜水使用，降低离子交换或反渗透处理负荷，进而可节省处理费用；再是可直接回收其含有的热能，可大大节省发生蒸汽所需能源消耗。因此，开发和应用高效、经济、实用的苯乙烯工艺凝液处理技术，是企业实现节能、节水、减排、降碳、增效的有效途径。

二、凝液处理技术现状及存在的问题

（一）国内技术现状

通过企业调研和查阅文献可知，苯乙烯工艺凝液处理方法可谓五花八门，也没有形成某种稳定和有效的处理方法。但在其技术路线中均采用了精密过滤环节。然而，精密过滤器实质上是一种一次性过滤设施，如陶瓷膜、纤维滤元等微滤装置装置（见图 1）。这种过滤装置完全是物理或机械截留过滤装置，随着使用时间的延续，其滤孔或滤材间隙逐渐被堵塞，过滤效率也随之逐渐衰竭不可再生。起初 2 天、后期 2~5 个小时反冲洗一次，一般不超过 3 个月整体处理系统瘫痪。

国内某苯乙烯装置采用多级过滤方式，建设了处理规模为 $34m^3/h$ 的苯乙烯工艺凝液处理设施（见图 2）。

图 1　陶瓷膜、滤元及其组件

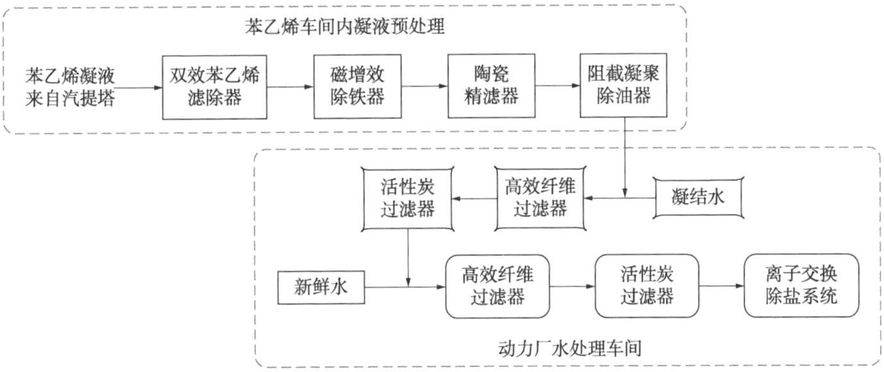

图 2　苯乙烯工艺凝液处理流程

如图 2 所示，采用如此复杂的多级过滤后，出水送至动力部门与其他凝结水混合，再经纤维过滤和活性炭过滤后，作为一般生水与新鲜补充水混合后去制备无盐水。

（二）国外技术现状

目前，被国际社会认可较为先进的凝结水处理技术是美国的"粉末树脂覆盖过滤器"。粉末树脂覆盖过滤器需要加压条件下运行，并且内置造价较贵的纤维滤元。正常过滤时，需要将粉末树脂覆盖于滤元表面。反冲洗时，再将树脂覆盖层洗脱下来，这样能够大大延长滤元的使用时间，但最终还是要定期更换铝盐。另外，粉末树脂覆盖过滤器造价贵、运行费用高。粉末树脂覆盖过滤器过滤效果虽好，但每一次反冲洗都需对过滤器进行重新再次覆盖粉末树脂，故需增设复杂繁琐的专门的粉末树脂覆盖系统，同时要求凝结水水温必须降至 60℃以下。所以，粉末树脂覆盖过滤器运行操作复杂、耗能、烦琐（见图 3）。

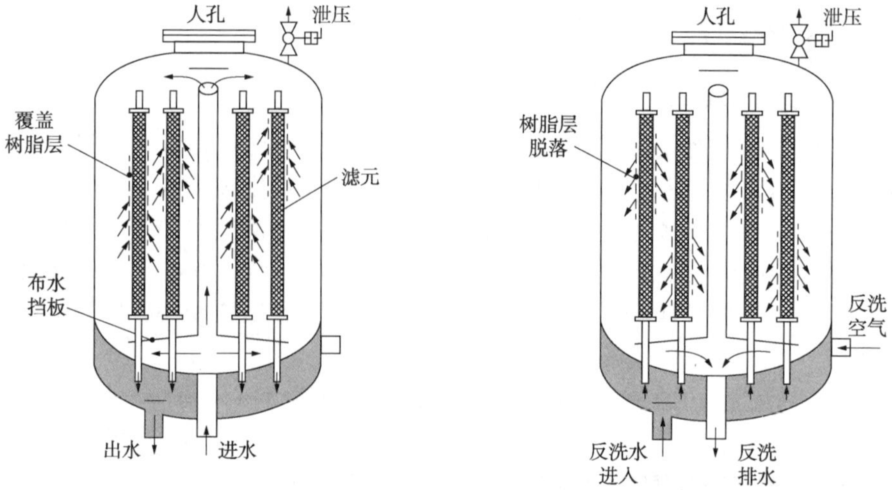

(a)过滤状态　　(b)反洗状态

图 3　粉末树脂覆盖过滤器

(三) 存在的主要问题

纵观国内外苯乙烯凝液处理技术，均没有好的处理方法。存在的主要问题是：均以物理或机械截留为主属一次性过滤产品精密过滤器，加之精密过滤器组件造价高、更换组件施工难，最终导致整体的运行维护费用高、实用性差。因此，开发过滤精度高、过滤介质再生性好的过滤技术势在必行。

三、MS 络合过滤技术在苯乙烯工艺凝液回收处理中的应用

吉林梅基特环保科技公司经多年的努力，独家开发出一种大比表面积、高等电点、多孔性轻质魔砂(简称 MS)滤料，而且进一步以 MS 滤料为核心，开发出将物理和化学双重作用于集于一身的全新的过滤技术，即“MS 络合过滤技术”，大大提高了过滤出水水质，以砂滤形式达到膜过滤的过滤水质。

(一) MS 滤料

MS(魔砂)滤料是一种新型水过滤专用材料，按照络合过滤原理所需特别配制，并经高温烧结而成，是一种具有大比表面积、高等电点(低 ζ 电位)、多孔性轻质滤料。MS 滤料与常规石英砂滤料对比详见表 1。

表 1　MS 滤料与石英砂滤料对比

项目	MS 滤料		石英砂
外观 (放大镜下)	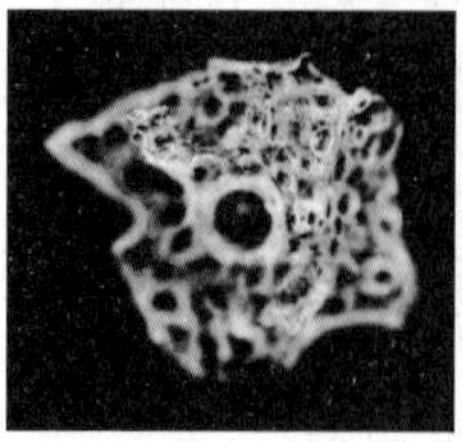 MS滤料外观	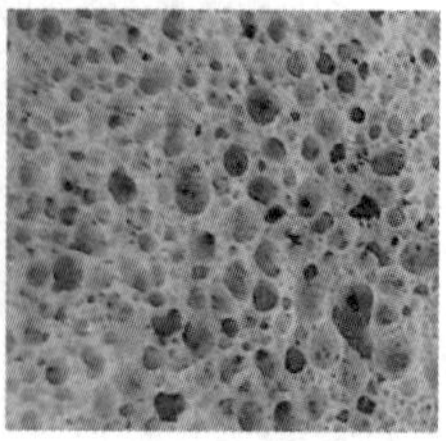 滤料表面	 石英砂外观

续表

项目	MS 滤料	石英砂
真比重	1.2~1.7g/cm^3	2.65g/cm^3
比表面积	20m^2/g	0.04m^2/g
表面 ζ 电位(pH7)	-2~-5mV	-50~-70mV

（二）MS 络合过滤基本原理

水中胶体颗粒均带有负电，其电性强度用表面 Zeta(ζ)电位表示。一般来说，ζ 电位绝对值愈高，水中胶体颗粒的分散体系愈稳定，水相中胶体分散稳定性的分界线一般认为为 30mV，如果所有颗粒都带有高于 30mV 的 zeta 电位，则该分散体系应该比较稳定(见图 4)。

MS 络合过滤技术是利用“胶体表面 ζ 电位及其稳定性”关系，向原水中投加微量络合剂 CA，使之与 ζ 电位较高的污染物快速发生络合反应，形成较低 ζ 电位络合胶体；再使之通过低 ζ 电位的 MS 滤料层时，使污染物颗粒强力吸附于滤料表面，进而使低 ζ 电位的污染物颗粒间进一步发生络合和接触凝聚，使过滤水体得到净化(见图 5)。

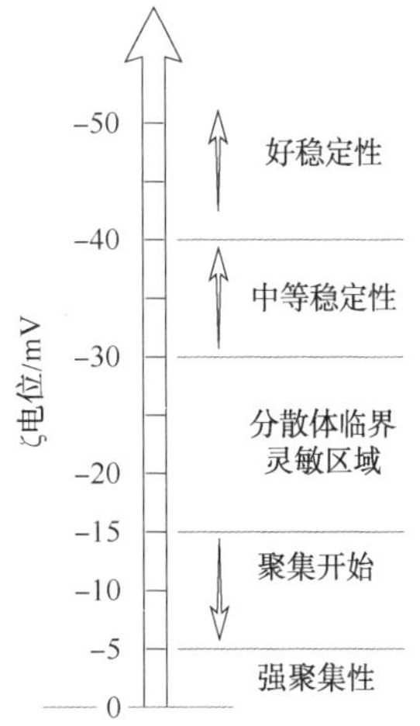

图 4　胶体表面 ζ 电位及其稳定性

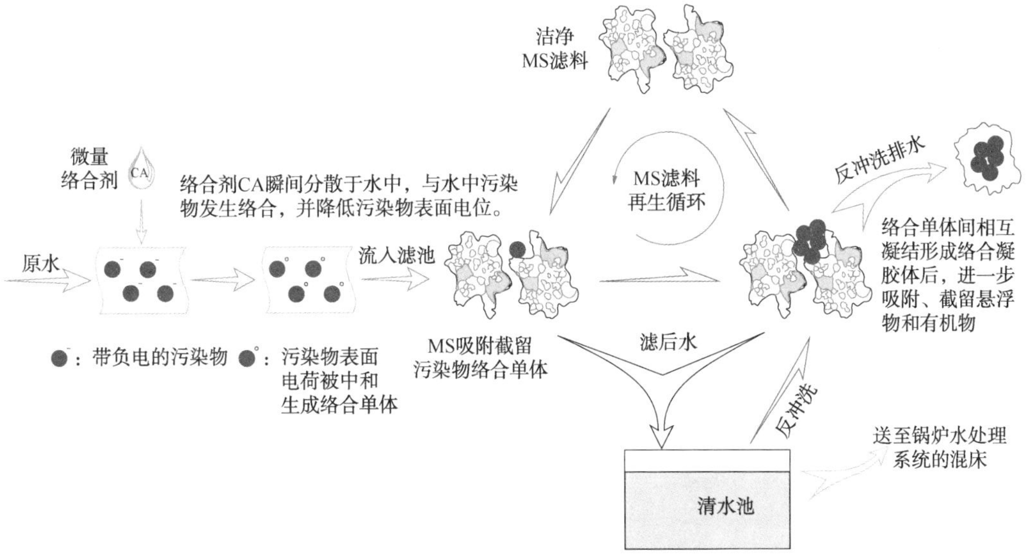

图 5　MS 络合过滤原理

MS 络合过滤技术特点是，在滤池内络合剂与污染物颗粒快速发生络合反应，并通过滤层时，络合污染物颗粒被 MS 滤料吸附截留，并在滤料表面污染物颗粒间进一步发生吸附、凝结、沉积、多核络合物等反应(见图 6)，从而使水体得到净化，并大大提高了滤后水水质。在滤料反冲洗时，由于 MS 滤料比重小，滤料可得到充分的膨胀、碰撞和摩擦，可使滤料得到充分的再生。

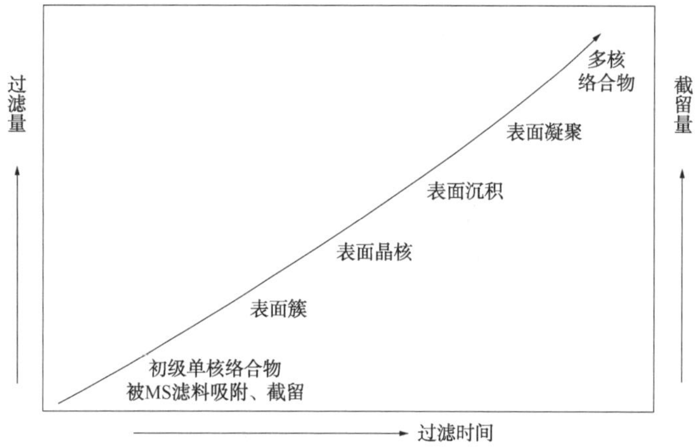

图 6　MS 滤池内发生的各种反应集合

(三) 采用 MS 络合过滤技术处理苯乙烯工艺凝液流程

吉林梅基特环保科技公司于 2021 年 5 月至 10 月在吉林石化化肥厂苯乙烯车间内进行了处理规模为 $60m^3/d$ 的中试应用研究（PLC 自动控制）。其过滤速为 15~20m/h，MS 滤料层厚度为 40cm，处理流程详见图 7。

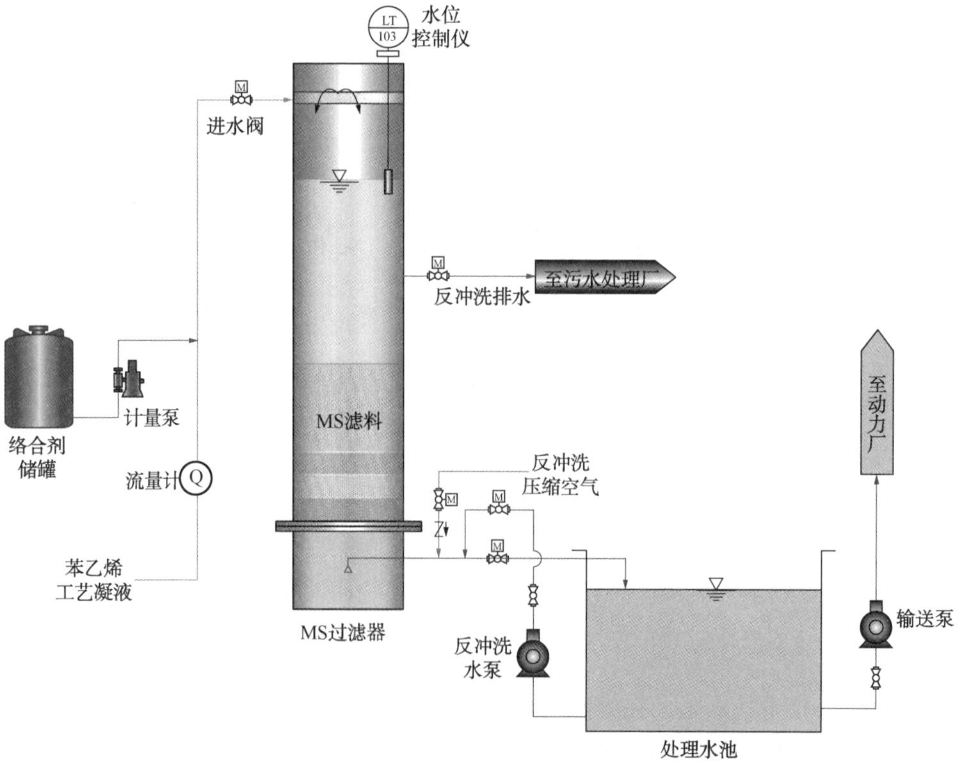

图 7　吉林石化公司化肥厂苯乙烯凝液处理中试流程

四、结果

本中试研究过程经历了吉化公司 H 厂的大检修过程(2021 年 6 月)，所以，该研究经历了苯乙烯合成催化剂使用的末期和初期阶段，即苯乙烯合成装置停止运行的前 20 天，和大检修后初期运行的 86 天，前后实际运行 106 天。也就是说，本中试研究经历了苯乙烯工艺凝液水质最不好的时段。其间，进水水质波动虽然较大，但 MS 络合过滤出水水质一直稳定。进出水水质分析结果详见表 2。

表 2 结果表明，MS 络合过滤出水水质远优于工艺凝液处理标准。另外，MS 络合过滤周期为 72h；采用气、水联合反冲洗方式，产水率达到 99%以上；过滤全过程几乎没有温度损失。

表 2　凝液进出水水质及新鲜水水质比照

项目	单位	凝液处理标准	进水(凝液实测值)	出水(MS 滤后水)
pH		6~9	6. 35~8. 86	7. 2~8. 9
电导率	μs/L	≤20	3. 6~16. 2	11~18
总铁	μg/L	≤150	430~1060	20~57
苯系物	mg/L	≤10	<3	<1
浊度	NTU	<2	2~14. 3	<0. 1
温度	℃		85	85

五、预期效益

回收和处理全部 $100m^3/h$ 苯乙烯工艺凝液，经 MS 络合过滤处理后送至动力厂。预估总投资为 1120 万元。

(一) 直接经济效益

本项目其他基础数据按如下计算：

(1) 新鲜水年平均温度：10℃。

(2) 清洁凝液送至动力二厂水温设为：65℃(凝液水温 85℃)。

(3) 有效运行时间为：8000h。

(4) 凝液回收率设为：98%。

(5) 新鲜水(工业用水)水价为：1. 6 元/t。

(6) 排污费为：5 元/t。

(7) 1. 0MPa 蒸汽价格为：160 元/t 计算。

以上述基础数据为依据，可计算得到如下经济效益：

① 年回收蒸汽凝液总量为 78.4×10^4t/a，其价值为 517. 44 万元；

② 78.4×10^4t 回收水由 10℃升温到 65℃，需要 1. 0MPa 蒸汽 6.35×10^4t，其价值为 1016 万元；

③ 年运行成本(含药剂、电费、维护费用等)约 100 万元。

因此，合计年经济效益：517. 44+1016 － 100＝1433. 44 万元。

投资年回报率：1120/1433. 44＝0. 78 年＝9. 37 个月。

吨水效益：1433.44 万元/78.4×10^4t＝18.28 元/t。

（二）间接社会环境效益

本项目年节水 78.4×10^4t，可年节省 5900t 标煤。根据国家发改委提供数据，工业锅炉每燃烧一吨标准煤，最低产生二氧化碳 15458kg、二氧化硫 8.5kg、氮氧化物 7.4kg 为依据计算。可获得年减排二氧化碳 7493.2t/a、二氧化硫 50.15t/a、氮氧化物 43.66t/a 的社会环境效益。

六、结论

本苯乙烯工艺凝液回收再生利用项目的中试研究，经 3 个多月的连续运行结果表明：

（1）创新性的在苯乙烯工艺凝液处理中，采用了具有化学反应和物理截留双重作用的 MS 络合过滤技术，是集石英砂过滤技术经济性、成熟性和膜过滤技术出水水质优良性于一身的水过滤新技术。

（2）应用 MS 络合过滤技术，不仅可直接处理高温苯乙烯工艺凝液，而且仅一步过滤处理使出水达到了凝液处理指标，大大简化了处理流程，进而可大大节省处理设备的占地面积及一次性投资。

（3）MS 络合过滤技术，采用常规“砂滤”方式，可使滤料反冲洗再生和重复使用。

（4）MS 络合过滤出水水质完全达到凝液处理要求指标，并满足直接进入二级脱盐（混床）水质要求。

（5）MS 络合过滤技术，在苯乙烯工艺凝液回收处理中应用是完全可行的。

（6）利用 MS 络合过滤技术回收处理苯乙烯工艺凝液，其经济效益及社会环境效益显著，投资回收期仅为 10 个月。

（7）利用 MS 络合过滤技术回收处理苯乙烯工艺凝液，是推动企业实现节能、节水、减排、降碳、增效的好项目。

（8）MS 络合过滤技术采用程序化、智能化的 PLC 控制技术，实现了水过滤全过程的自动化控制，是高效、实用、经济的水过滤新技术。

碳达峰 碳中和 石化行业节能低碳新技术

新能源

TANDAFENG
TANZHONGHE
SHIHUAHANGYEJIENENGDITANXINJISHU

低能耗高纯度氢气分离与液化工艺技术进展与展望

曹力威
赵百仁
彭　勃
王振维
中国石化工程建设有限公司

氢能是一种清洁、高效、无污染的新型二次能源，是我国实现碳达峰碳中和目标，能源结构转型中不可或缺的重要组成部分。在产运储用的氢能产业链中，如何利用低能耗方式实现高纯度氢气的分离与液化是氢能大规模应用所急需解决的问题。基于此，本文系统性总结了现阶段氢气提纯与液化的主要技术路径，对比了不同技术路线的优缺点，并对未来氢能与现有工业流程相结合的途径提出了展望。

一、概述

能源转型与气候变化是当今全球面临的重大挑战之一。自第一次工业革命以来，煤、石油、天然气等化石能源的发现和利用极大提高了劳动生产率，推动了人类社会大繁荣、大发展，但同时也带来了严重的环境问题和气候问题。随着我国经济的快速发展，能源消费量也不断增长，气候变暖、大气污染等环境问题日益凸显。在全球气候治理的大背景下，基于人民对美好环境的向往与引领经济社会高质量发展的需求，我国在 2020 年正式承诺将于 2030 年实现碳达峰、2060 年实现碳中和。在碳达峰碳中和的双碳背景下，进行可再生能源的开发，逐步缩减石油、煤电份额，能源生产和消费逐步向多元化、清洁化、高效化、全球化和市场化的方向发展，是我国能源结构转型的重中之重。氢能作为是一种来源丰富、燃烧热值高，零污染的二次能源，能有效辅助可再生能源大规模消纳，实现电网大规模调峰和跨季节、跨地域储能，推进工业、建筑、交通等领域的低碳化，在未来能源体系中被寄予厚望。我国具有良好的制氢基础与大规模的应用市场，发展氢能优势显著。因此，加快氢能产业发展是助力我国实现碳达峰碳中和目标的重要路径。

目前在工业体系中，氢气多被用作石化行业中的中间产料，用于氨、甲醇等化学品的生产。根据世界氢能理事会与麦肯锡公司联合发布的《氢能实现净零排放》报告，到2050年，氢能的主要用途将会在交通运输部门，占比将达到44%左右，其中重型卡车需求最大，预计将占比17%（见图1）。在交通和便携电源领域大量使用的氢燃料电池中，质子交换膜燃料电池（PEMFC）具有效率密度高，低温启动，结构紧凑等优势被寄予厚望。但是PEMFC对氢气中部杂质（如一氧化碳，硫化物等）要求苛刻，微量杂质会严重毒害PEMFC的膜电极组件，使燃料电池的寿命和性能大大下降，因此高纯氢的提纯尤其重要。在交通运输的主要应用场景下，国际能源署（IEA）提出质量储氢密度应大于5%，体积储氢密度应大于50kg/m^3（H_2）的储氢目标，而目前传统的高压气态储氢并不能满足这一需求。相比之下，低温液态储氢在储存密度等方面具有巨大优势，液氢在常压下的密度为70.9kg/m^3，相当于70MPa氢气密度的1.8倍。但氢气的液化是一个高耗能的工艺流程，并且需要在-253℃极低温的条件下进行，这使得我国目前的液氢装置主要装配在航天发射场等非市场化应用，适宜大规模推广的低耗能、低成本的液氢生产工艺有待研发。

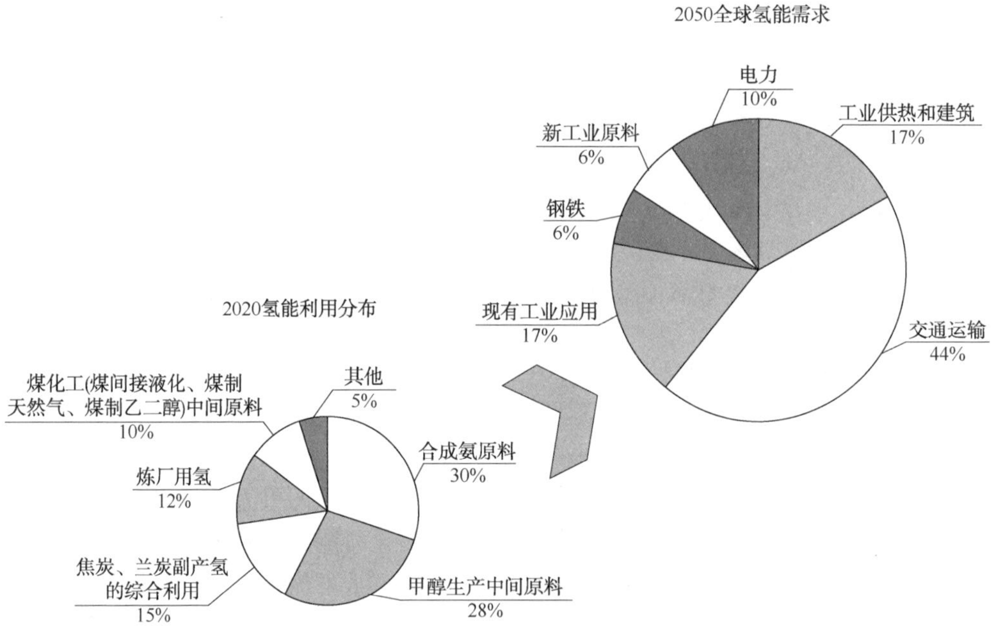

图1　2020年氢能使用比例与2050年氢能需求比例对比图

鉴于此，本文第2部分概述了高纯度（99.999%以上）氢气提纯的工艺流程，对不同提纯方法的工艺原理、使用范围、优缺点等进行对比分析；第3部分总结了氢气液化技术的发展，对不同氢液化系统的单位耗能进行了比较；第4部分提出了目前氢气提纯液化流程中存在的问题及其与现有化工流程相结合的可能性。

二、高纯度氢气的常用提纯方法

一般认为纯度大于99.999%（5N）以上的氢气为高纯度氢气。利用富氢原料气生产高纯度氢气的工艺主要分为分离和提纯两个工艺过程，其中分离过程利用吸附平衡和相平衡去除主要杂质和次要杂质，得到5N及以下纯度的氢气。这一分离过程常用的方法包括变压吸附(PSA)分离、低温精制、聚合物膜分离等。对于不同来源含氢原料气分离方法的对比分析，相关专家已做过较为充分的讨论。提纯过程是采用金属钯膜、低温吸附、金属氢化物等方法进一步提纯氢气到5N以上。表1中总结了氢气提纯的主要方法及其对应的特点和局限性。

表1 高纯度氢气提纯常用方法

	低温变温吸附法	金属氢化物法	金属钯膜扩散法
是否需要预处理	否	是，需要预脱除CO、H_2O、O_2等杂质	是，需要预脱除CO、H_2O、O_2等杂质
操作压力	根据吸附剂种类而定，一般大于2MPa	根据金属氰化物种类而定，一般大于0.5MPa	大于0.5MPa
回收率	>99%	>99%	>99%
分离后氢气体积分数	5N以上	5N以上	5N以上
脱除杂质	H_2O、N_2、O_2、CO_2、CO等杂质气体	包括稀有气体He、Ar等各种杂质	包括稀有气体He、Ar等各种杂质
使用规模	可以进行大规模工业化生产	较适合大规模工业化	暂无法实现大规模工业化应用
能耗	高	低	低

（一）低温及变温吸附法

低温及变温吸附法基于吸附剂对不同气体的吸附程度随温度的变化而变化，从而达到对氢气提纯的效果。由于相对杂质气体而言，氢气在较高温时对吸附剂的吸附程度较低，所以一般常采用低温(-196℃)或常温吸附，升温脱附的方法实现氢气的提纯。对于变温/常温吸附过程，吸附剂的选择会极大地影响吸附条件以及提纯效果。目前较为常见的吸附剂包括分子筛、活性炭，而新型分子材料MOFs(Metal Organic Frameworks)，也在实验室级别实验中展示了比传统材料更高的选择性和吸附性，进而可以进一步降低变温吸附氢气提纯这一过程的能量消耗，为潜在地大规模工业化应用提供了可能性。

（二）金属钯膜扩散法

金属钯膜扩散法时利用钯膜对氢气分子的选择透过性，将氢气分子与杂质气体分子分离。金属钯膜法占地面积小，能耗较低，较易与液态阳光燃料如甲醇重整或氨分解等相结合实现氢气的"现产现用"，从而解决氢气的储运和安全难题。针对燃料电池氢源技术快速响应的需求，需要进一步开发高透氢性能和高稳定性的钯复合膜。中科院大连化学物理研究所的李慧研究员首次提出指型加空隙结构的不锈钢钯复合膜新设计(见图2)。将不锈钢底膜用$MnCO_3$溶胶凝胶修饰后采用化学镀制备钯膜，均匀光滑的修饰层保证了钯复合膜的制备质量和重复性，而且$MnCO_3$加热后分解产生1mm的空隙，保证

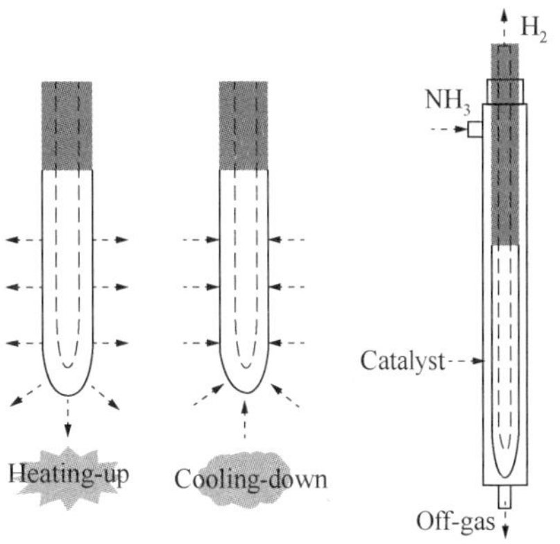

图2 指型和空隙结构钯复合膜和氨分解膜反应器示意图

在快速升降温过程中金属钯膜的自由伸缩，避免不锈钢基底与金属钯膜接触造成膜结构的破坏，克服高性能不锈钢钯复合膜难以制备和稳定性差的关键问题。另外空隙结构显著降低了多孔载体的渗透阻力，透氢速率达到 $2.1\times10^{-6}mol/m^2\cdot s\cdot Pa$，透氢选择性（$H_2$ 对 N_2 吸附比）达到 16000。但金属钯膜技术对原料气中的杂质含量要求较高，需预先脱出。此外，金属钯膜生产成本较高，氢气透过速度较低，成为阻碍该氢气提纯方法大规模工业化推广的主要障碍。

（三）金属氢化物法

金属氢化物是基于储氢合金的逆吸放氢的能力对氢气进行提纯。金属氢化物主要有两种形成方式：（1）直接解离化学吸附法（direct dissociative chemisorption）见式（1）；（2）电化学水解离法（electrochemical splitting of water），见式（2）。

$$M+\frac{x}{2}H_2\longleftrightarrow MH_x \tag{1}$$

$$M+\frac{x}{2}H_2O+\frac{x}{2}e^-\longleftrightarrow MH_x+\frac{x}{2}OH^- \tag{2}$$

根据温度和压力，式（1）中的反应向左或右移动，实现金属氢化物的逆吸放氢过程，从而达到对氢气提纯的效果。在低温高压的条件下，氢气分子在诸如稀土系，钛镁合金的催化下，分解生成氢原子，然后经过扩散、相变、化合反应等过程生成金属氢化物。在高温低压的条件下，杂质气体从金属颗粒之间排出，氢气从晶格中逸出，纯度可以达到 6N 以上。金属氢化物氢气法还具有氢气的储存功能，可以同时进行氢气的提纯和存储。这种集成的方法操作简单，和钯膜纯化法项目，材料原材料价格相对较低，因而具有大规模工业化应用前景。但是金属氢化物存在稳定性较低，存在易于粉化失效、氢气释放较慢等问题，这也是未来金属氢化物材料研发的主要方向。

三、氢气液化技术发展

由于氢气是一种永恒气体（permanent gas），即除非在非常低的温度下，否则不能液化的气体，这就意味着氢气不能仅通过压缩来进行液化。为了使氢气液化，需要首先将氢气冷却到临界温度（-240℃）一下，然后进一步储存在低于沸腾温度（1atm，-253℃）的真空绝缘容器中。通过低温冷却将氢气液化，可以使氢气的体积减少为原来的 1/848，在储存、运输中都具有显著的优势。氢气液化流程主要由三个阶段组成：压缩升压阶段，冷却降温阶段，膨胀降温阶段。按照制冷方式的不同，氢气液化系统主要分为以下 3 种：林德-汉普森（Linde-Hampson）系统、克劳德（Claude）系统、氦制冷的布雷顿（Brayton）系统。

（一）林德-汉普森系统（L-H 系统）

L-H 系统是最为基础且流程简单的液化过程。在这一过程中，常温常压的原料氢气经过返流氢气预冷，降温至 50~70K，然后进入节流阀，获得约 25%液态氢气。经分离器分离作用，液态氢作为产品储存，气态氢返流，对原料氢预冷。图 3 展示的是林德-汉普森氢气液化流程图。

（二）克劳德（Claude）系统

克劳德系统是世界上几乎所有大型氢气液化工厂的基础流程。在克劳德循环中，冷量的获得主要依靠节流阀膨胀和膨胀机绝热膨胀两种方式，其能耗较预冷的林德-汉普森系统

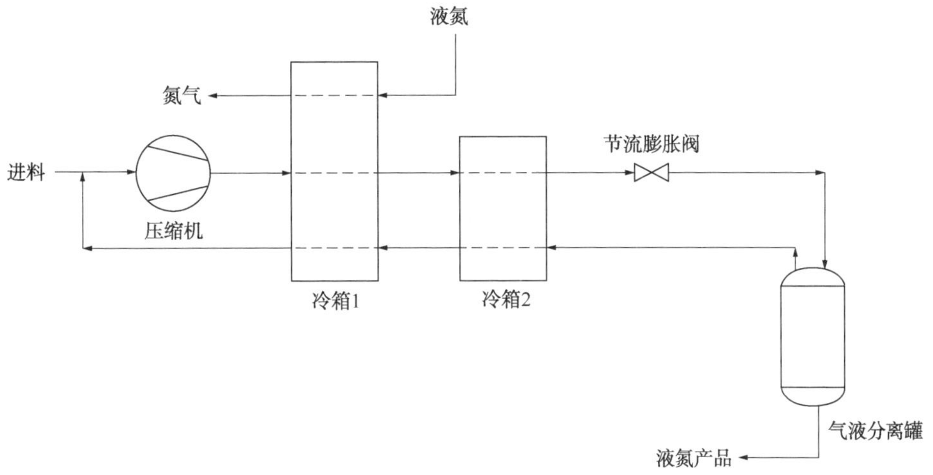

图 3　林德-汉普森氢气液化流程图

更低。这是由于克劳德系统中利用膨胀机可以使氢气在等焓膨胀前获得比 L-H 系统更低的温度，同时可以降低预冷液氮的用量，从而达到降低能耗的效果。图 4 中展示的是克劳德氢气液化系统的基础流程。

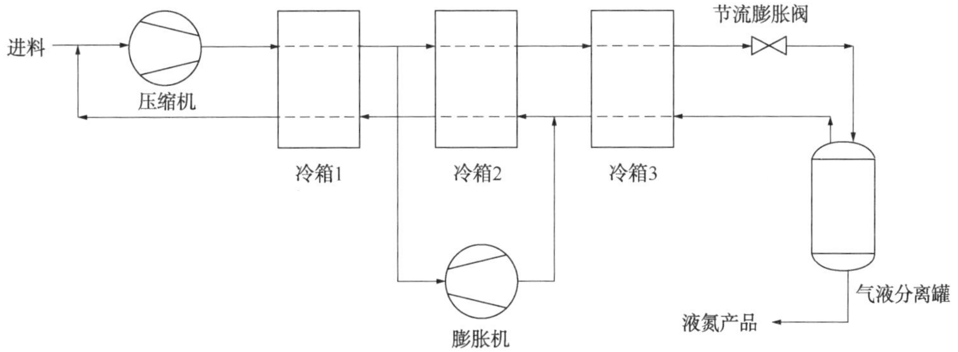

图 4　克劳德氢气液化流程图

(三) 氦制冷的布雷顿(Brayton)系统

布雷顿体系是基于发电厂中的喷气发动机组/燃气轮机组发展而来的。在布雷顿循环中，液氦作为主要的制冷剂，液氮可加入作为预冷剂，从而降低压缩机做功。氦气在氦制冷体系中先被压缩，通过液氮预冷，再被换热器逐级冷却，最后在氦透平膨胀机中膨胀降至低温。但氦制冷的氢液化系统流程较为复杂，能耗较高，在大型氢液化系统中尚未得到广泛的应用。图 5 中展示的是布雷顿系统氢气液化流程图。

(四) 正仲氢催化反应

正仲氢是双原子分子氢的两种自旋异构体形态，氢分子中两个原子自旋方向相同的成为正氢(Ortho-H_2)，自旋方向相反的成为仲氢(Para-H_2)。在无催化剂的情况下，正仲氢转化缓慢，但正仲氢转化热大于汽化潜热，从而造成液氢气化蒸发，不利于氢气的储存和运输。因而液氢产品中要求仲氢含量至少在 95%以上，即要求液化时将正氢基本都转化为仲氢，以减少液氢储存运输过程汇总的蒸发损失。正仲氢催化转化法主要基于

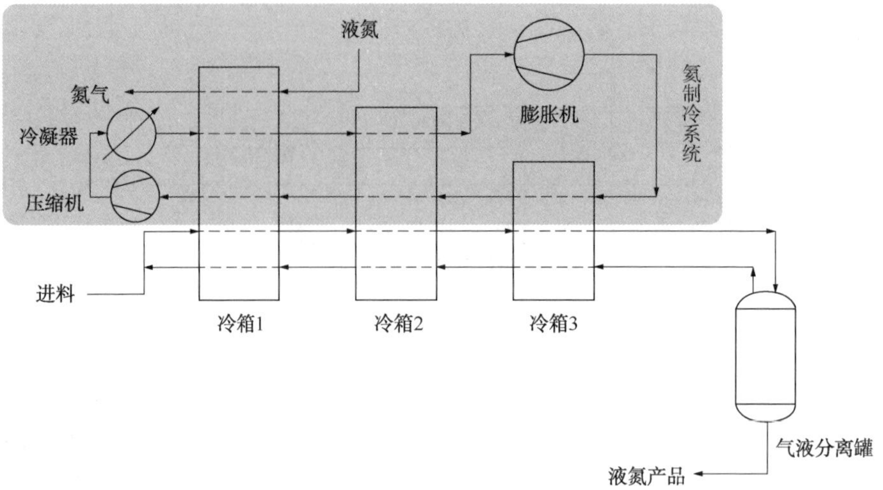

图 5　布雷顿系统氢气液化流程图

仲氢与正氢间相互转化的磁性机理，磁性催化剂的非均匀磁场使得氢分子中的原子自旋方向发生改变，常见的正仲氢催化剂包括铁基催化剂和铬基催化剂。

$$\text{ortho-}H_2+\text{catalyst}\longleftrightarrow\text{para-}H_2+\text{catalyst}$$

$$k^0=k_{op}+k_{po}$$

式中，k^0、k_{op}、k_{po}分别为总转化率常数、正氢到仲氢转化率常数、仲氢到正氢转化率常数。

将正仲氢催化反应和上述氢气液化循环相结合可以极大地降低液氢中的仲氢含量，提升产品质量，便于液氢后续的储存，运输与利用。图 6 所示为克劳德氢气液化系统与正仲氢催化反应结合的流程示意图。

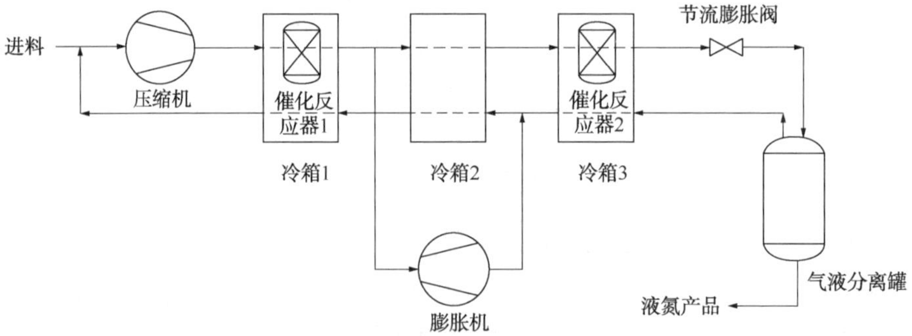

图 6　克劳德氢气液化系统与正仲氢催化反应结合的流程示意图

对上述不同氢气液化流程的对比，多以液化过程的循环效率为优化目标，图 7 中标示了理论流程、实际运行流程以及部分概念性流程㶲效率以及其比单位能耗。从图中可以看出，L-H 系统循环能耗高，效率相对较低，其技术特点不适合大规模工业应用。克劳德循环效率高，运行经济性高，目前已应用于大规模氢气液化系统，在液化量 3t/d 以上的系统中能耗优势尤其突出。氦制冷的布雷顿循环采用间壁式换热形式，安全性更高，这也得益于近年来氦制冷剂的长足发展。但是布雷顿循环的整机效率略低于克劳德循环，更适用于 3t/d 以下的氢气液化装置。

目前，产业化运行的氢气液化装置的单位能耗为 10 ~ 15kWh/kgLH$_2$，其相对循环效率

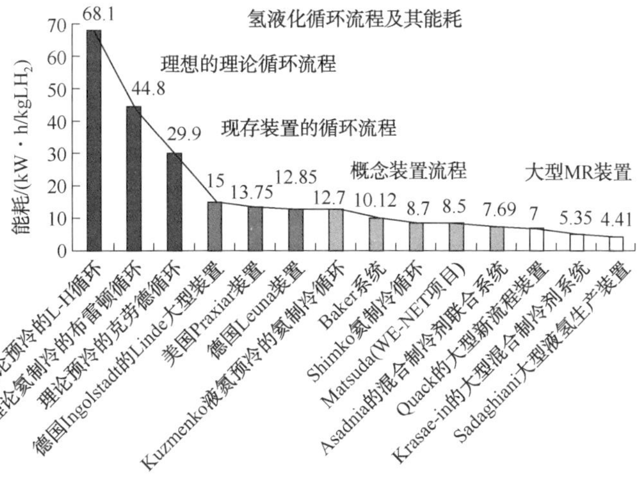

图 7　氢气液化过程的效率对比(假设氢气入口压力为 21bar)

为 20%~30%。而概念性流程尤其是以 Quack 为代表的大型化 MR 系统体现出了低能耗高效率的特点，为未来工业化打下了理论基础。

四、总结与展望

随着氢能技术的不断发展与进步，以及全球对气候变化和环境保护的重视，氢能的开发利用成为诸多国家能源体系布局中的重要组成部分。我国在 2019 年首次将氢能利用写进《政府工作报告》，将氢能纳入中国能源体系之中，正式开启氢能大发展元年。进入“十四五”以来，我国又多次发布氢能纲领规划，密集出台了一系列支持氢能发展的政策，氢能逐渐成为战略性新兴产业中的重点发展方向。本文通过对高纯度氢气提纯以及液化技术方法的总结与比较，指出以下氢能未来发展中不可或缺的四部分：(1)新材料、新型催化剂的基础研究；(2)膨胀机组、大型集成冷箱等关键设备的研究；(3)工艺流程优化及其与现有流程的耦合；(4)氢能利用标准体系的建立(见图 8)。

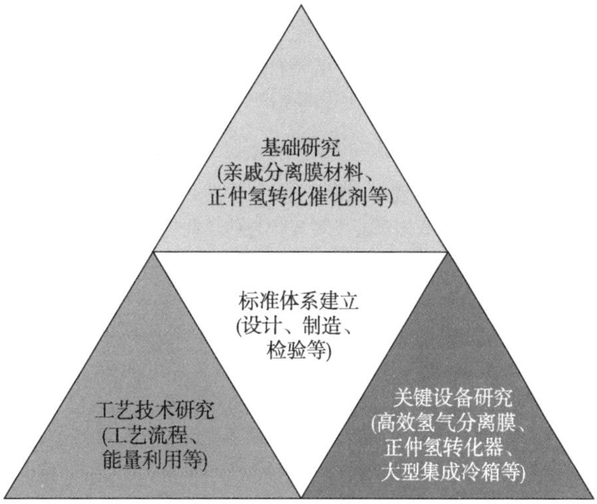

图 8　氢能开发利用技术开发思路

首先，如氢气分离膜、正仲氢转化催化剂等新材料的发展可以迅速提升流程效率，提高产品质量。以正仲氢转化催化剂为例，在实验室级别，如 MOFs、碳纳米管、钙钛矿等新材料已经展现出了更高的转化率和反应速率，接下来能否降低新材料的制造成本，将其大规模应用在实验装置中，将成为未来氢能新材料产业发展的重点。

其次，在氢气提纯和液化中的关键设备目前国产化比例较低，许多核心设备安全依赖进口。以氢液化循环中的核心部件膨胀机为例，国内尚无国产产品化的氢透平膨胀机。而膨胀机是液化过程中主要的冷量提供者，其热力性能、力学性能的优劣对装置的经济性和长期运转的可靠性至关重要，因此开发国产化核心设备是降低国外对我国氢能技术制约的必经之路。我国的高校以及科研院所如西安交通大学和北京航天试验研究中心，正在合作开展大型氢液化装置和高效氢、氦透平膨胀机的研发工作，积极突破这一技术难题。

再次，氢气的高纯度分离与液化流程耗能高、投资大，如果能将这一流程与现有化工流程耦合，可以获得低成本氢源，整合氢气供应链，使得产品获得更高的经济性。液化天然气接收站有大量可利用的冷能资源，以50t/d液氢生产为例，与氮气预冷流程相比，采用LNG和液氮联合预冷工艺，可以节约电量高达39.1×10^4kW·h/d。截至2021年底，我国已投产22座LNG接收站，如果能将这一冷能资源与高纯度氢气提纯与液化流程相结合，将能极大地降低能耗。此外，氢气也是烯烃生产的副产物，烯烃装置生产的粗氢经过碱洗和深冷分离，已经去除硫、水等杂质，是制备高纯度氢气和液氢的优质原料。同时，乙烯装置中的制冷系统也可以为氢气液化过程提供冷量，提高能源利用效率。开展结合烯烃分离的高纯度氢气提纯于液化工艺，可大幅降低液氢生产能耗，提升液氢产品经济性，也可为烯烃装置副产氢的高品位利用以及烯烃装置的提质增效开辟新的途径。

最后也是最为重要的是，随着氢能技术的发展，相关领域的国家标准与规范建设是保障氢能安全有序发展的重中之重。以液氢领域为例，我国目前仅有国家标准三项：《氢能汽车用燃料液氢》规定了氢能汽车用燃料液氢的技术指标，检验方法以及标志、运输等；《液氢生产体系规范技术》规定了液氢生产系统的氢液化装置，液氢贮存、辅助设施、安全防护等的设置；《液氢贮存和运输技术要求》规定了液氢贮存、罐车罐箱的运输、清洗与置换、安全与防护等。但仅这三项国家标准对于制氢、储氢、运氢、用氢这套完整的产业链是远远不够的。氢能利用的安全性也是人们关注的问题，在未来氢能取得大规模应用之际，对氢泄漏爆炸相关机理模型的研究至关重要，如何保障用氢安全则是重中之重。因此，国内相关氢气纯化与液氢民用化标准的发布与贯彻落实，将极大地推动液氢从生产到应用的全产业链关键技术突破，从而促进相关产业发展，加速我国的能源转型与实现碳中和的步伐，实现构建人类命运共同体的伟大目标。

参考文献

[1] 王赓，郑津洋，蒋利军，等. 中国氢能发展的思考[J]. 科技导报，2017，35(22)：105-110.

[2] 刘坚，钟财富. 我国氢能发展现状与前景展望[J]. 中国能源，2019，41(2)：32-36.

[3] 孟翔宇，顾阿伦，邬新国，等. 中国氢能产业高质量发展前景. 科技导报，2020，38(14)：77-93.

[4] Ren, J., Andreasen, K. P., & Sovacool, B. K. (2014). Viability of hydrogen pathways that enhance energy security: a comparison of China and Denmark. *International journal of hydrogen energy*, 39(28): 15320-15329.

[5] Momirlan, M., & Veziroglu, T. N. (2002). Current status of hydrogen energy. *Renewable and sustainable energy reviews*, 6(1-2): 141-179.

[6] 凌文，刘玮，李育磊，等. 中国氢能基础设施产业发展战略研究[J]. 中国工程科学，2019，21(3)：76-83.

[7] Meng, X., Gu, A., Wu, X., et al. Status quo of China hydrogen strategy in the field of transportation and international comparisons. *International Journal of Hydrogen Energy*, 2021, 46(57): 28887-28899.

[8] 凌文，刘玮，李育磊，等. 中国氢能基础设施产业发展战略研究. 中国工程科学，2019，21(3)：76-83.

[9] 世界氢能理事会与麦肯锡联合发布《氢能实现净零排放》报告，报告摘要链接：https://chinaautoms.com/a/new/2022/0209/13402.html.

[10] 毛宗强. 世界氢能炙手可热 中国氢能蓄势待发[J]. 太阳能，2016(7)：16-19.

[11] 邵志刚，衣宝廉. 氢能与燃料电池发展现状及展望. 中国科学院院刊，2019，34(4)：469-477.

[12] Von Colbe, J. B., Ares, J. R., Barale, J., et al. Application of hydrides in hydrogen storage and compression: Achievements, outlook and perspectives. *international journal of hydrogen energy*, 2019, 44(15), 7780-7808.

[13] Krasae-in, S., Stang, J. H., & Neksa, P. (2010). Development of large-scale hydrogen liquefaction processes from 1898 to 2009. *International journal of hydrogen energy*, 35(10), 4524-4533.

[14] 吕翠，王金阵，朱伟平，等. 氢液化技术研究进展及能耗分析. 低温与超导，2019，47(7)，11-18.

[15] 韩红梅，杨铮，王敏，等. 我国氢气生产和利用现状及展望[J]. 中国煤炭，2021，47(5)：59-63. doi:10.19880/j.cnki.ccm.2021.05.010

[16] 唐璐，邱利民，姚蕾，等. 氢液化系统的研究进展与展望[J]. 制冷学报，32(6)，1-8.

[17] 王永锋，张雷. 氢气提纯工艺及技术选择. 化工设计，2015，25(2)：14-17.

[18] 公育红，龙卫泽，范维帅，等. 氢气 TSA 干燥装置流程分析与优化[J]. 煤气与热力，2018，38(5)：12-15.

[19] Nandi, S., De Luna, P., Daff, T. D., et al. A single-ligand ultra-microporous MOF for precombustion CO_2 capture and hydrogen purification. *Science advances*, 2015, 1(11), e1500421.

[20] 朱琳琳，桂建舟，鲁辉. 钯膜及其在涉氢反应中的应用研究进展[J]. 工业催化，2012，20(10)：8-13.

[21] Liu, J., Ju, X., Tang, C., et al. (2020). High performance stainless-steel supported Pd membranes with a finger-like and gap structure and its application in NH_3 decomposition membrane reactor. *Chemical Engineering Journal*, 388, 124245.

[22] Saidi, M., Gohari, M. H., & Ramezani, A. T. (2020). Hydrogen production from waste gasification followed by membrane filtration: a review. *Environmental Chemistry Letters*, 18(5), 1529-1556.

[23] Uehara, I. (2008). Separation and purification of hydrogen. *Energy carriers and conversion systems with emphasis on hydrogenvol*, 1, 268-82.

[24] Chen, X. Y., Wei, L. X., Deng, L., Yang, F. S., & Zhang, Z. X. (2014). A review on the metal hydride based hydrogen purification and separation technology. *Applied Mechanics and Materials*, 448, 3027-3036.

[25] Fujisawa, A., Miura, S., Mitsutake, Y., & Monde, M. (2013). Simulation study of hydrogen purification using metal hydride. *Journal of alloys and compounds*, 580, S423-S426.

[26] Miura, S., Fujisawa, A., & Ishida, M. (2012). A hydrogen purification and storage system using metal hydride. *International journal of hydrogen energy*, 37(3), 2794-2799.

[27] Aziz, M. (2021). Liquid hydrogen: A review on liquefaction, storage, transportation, and safety. *Energies*, 14(18), 5917.

[28] Aasadnia, M., & Mehrpooya, M. (2018). Large-scale liquid hydrogen production methods and approaches: A review. *Applied energy*, 212, 57-83.

[29] Wijayanta, A. T., Oda, T., Purnomo, C. W., Kashiwagi, T., & Aziz, M. (2019). Liquid hydrogen, methylcyclohexane, and ammonia as potential hydrogen storage: Comparison review. *International Journal of Hydrogen Energy*, 44(29), 15026-15044.

[30] Nandi, T. K., & Sarangi, S. (1993). Performance and optimization of hydrogen liquefaction cycles. *International journal of hydrogen energy*, 18(2), 131-139.

[31] Ohira, K. (2004, June). A Summary of Liquid Hydrogen and Cryogenic Technologies in Japan' s WE-NET Project. In *AIP Conference Proceedings*(Vol. 710, No. 1, pp. 27-34). American Institute of Physics.

[32] Cardella, U., Decker, L., & Klein, H. (2017, February). Economically viable large-scale hydrogen liquefaction. In *IOP conference series: materials science and engineering*(Vol. 171, No. 1, p. 012013). IOP Publishing.

[33] Zhang, N., & Lior, N. (2008). A novel Brayton cycle with the integration of liquid hydrogen cryogenic exergy utilization. *International Journal of Hydrogen Energy*, 33(1), 214-224.

[34] Bian, J., Yang, J., Li, Y., Chen, Z., Liang, F., & Cao, X. (2021). Thermodynamic and economic analysis of a novel hydrogen liquefaction process with LNG precooling and dual-pressure Brayton cycle. *Energy Conversion and Management*, 250, 114904.

[35] 吕翠，王金阵，朱伟平，等. 氢液化技术研究进展及能耗分析. 低温与超导，2019，47(7)：11-18.

[36] Hostert, L., Neiva, E. G., Zarbin, A. J., & Orth, E. S. (2018). Nanocatalysts for hydrogen production from borohydride hydrolysis: graphene-derived thin films with Ag-and Ni-based nanoparticles. *Journal of Materials Chemistry A*, 6(44), 22226-22233.

[37] Zhou, L. (2005). Progress and problems in hydrogen storage methods. *Renewable and Sustainable Energy Reviews*, 9(4), 395-408.

[38] Numazawa, T., Kamiya, K., Utaki, T., & Matsumoto, K. (2014). Magnetic refrigerator for hydrogen liquefaction. *Cryogenics*, 62, 185-192.

[39] Fradkov, A. B., & Troitskii, V. F. (1965). Liquefier with two-stage conversion to obtain 98 per cent parahydrogen. *Cry-*

ogenics, 5(3), 136-137.

[40] Yin, L., & Ju, Y. (2020). Review on the design and optimization of hydrogen liquefaction processes. *Frontiers in Energy*, 14(3), 530-544.

[41] 殷靓，巨永林，王刚. 1000L/h 氢液化装置工艺流程分析及优化[J]. 制冷技术，2019，39(1)：39-44.

[42] 陈双涛，周楷淼，赖天伟，等. 大规模氢液化方法与装置. 真空与低温，2020，26(3)：173-178.

[43] Quack, H. (2002, May). Conceptual design of a high efficiency large capacity hydrogen liquefier. In *AIP Conference Proceedings*(Vol. 613, No. 1, pp. 255-263). American Institute of Physics.

[44] Veziroğlu, T. N., & şahi, S. (2008). 21st Century's energy: Hydrogen energy system. *Energy conversion and management*, 49(7), 1820-1831.

[45] Mao, D., Griffin, J. M., Dawson, R., Fairhurst, A., & Bimbo, N. (2021). Metal organic frameworks for hydrogen purification. *International Journal of Hydrogen Energy*, 46(45), 23380-23405.

[46] Yu, G., Hu, Z., Gao, Y., Zhang, L., & Yang, C. (2021). A Conceptional Constant-Pressure Integrated Hydrogen Purification and Storage System by Combining the Modified Graphene and Carbon Nanotube: A Molecular Dynamics Analysis. *Energy & Fuels*, 35(10), 8970-8981.

[47] Yang, M., He, F., Zhou, C., Dong, F., Yang, G., Zhou, W., & Shao, Z. (2021). New perovskite membrane with improved sintering and self-reconstructed surface for efficient hydrogen permeation. *Journal of Membrane Science*, 620, 118980.

[48] Faramarzi, S., Nainiyan, S. M. M., Mafi, M., & Ghasemiasl, R. (2021). A novel hydrogen liquefaction process based on LNG cold energy and mixed refrigerant cycle. *International Journal of Refrigeration*, 131, 263-274.

[49] 罗梓斌. 乙烯装置氢气净化系统的问题分析与处理[J]. 石化技术，2021，28(06)：33-34.

中深层地热能促进石化行业低碳发展

武明辉
黄嘉超
王婷灏
谷雪曦
中国石化集团新星石油有限责任公司

近年来，我国地热行业和石化行业在各自的领域分别取得了高速发展，截至“十三五”末，中深层地热能供暖面积累计达 $5.8\times10^8m^2$，连续多年位居世界首位。石化产业是国民经济的重要支柱产业，对促进相关产业升级和拉动经济增长具有举足轻重的作用。石化行业运行过程中需要大量的热量来实现化学产品间的转化，是能源消耗和碳排放的主要工业部门之一。随着全球能源转型加快，地热作为一种清洁低碳能源与石化行业存在天然的能量供需匹配关系，替代石化行业中的部分化石能源，融合发展的潜力大，有助于石化行业脱碳。

当前全球气候变暖问题日益严峻，环境污染问题亟待解决，环境保护已经成为国际社会共同研究与探讨的重要课题。近年来，我国地热行业和石化行业在各自的领域高速发展。石化行业运行过程中需要大量的热量，是能源消耗和碳排放的主要工业部门之一。随着全球能源转型进程的加快，地热作为一种清洁低碳的新能源与石化行业存在天然的能量供需匹配关系，替代石化行业中的部分化石能源，有助于石化行业脱碳，两者融合发展的潜力巨大。

一、地热能基本概述

地热能是一种存在于地球内部岩土体、流体和岩浆体中，并且可以被人类开发利用的热能，是一种清洁低碳的可再生能源，并且具有储量大、分布广、稳定可靠等特点。

（一）地热能分类状况

地热能具有多种分类。根据地热能性质和存在状态的不同，可以分为热水型地热能、蒸汽型地热能、干热岩型地热能、地压型地热能、岩浆型地热能、沉积盆地型地热能等；根据储存位置的不同，可以分为浅层地热能(温度低于25℃、深度小于200m)、中深层地热能(温度高于25℃、深度在3000m以内)和超深层地热能(温度高于150℃、深度大于3000m)等；根据热储温度的不同，可以分为高温地热能(150~300℃)、中温地热能(90~150℃)和低温地热能(25~90℃)，其中低温地热还可分为温水(25~40℃)、温热水(40~60℃)和热水(60~90℃)。根据我国目前地热资源和市场需求状态，中深层地热能源以规模化供暖利用为主。中深层地热提供热能稳定，与高能耗的石化行业存在较大的耦合发展空间。

(二) 中国地热产业发展现状

中国地热资源分布广泛、种类繁多、储量丰富，发展潜力巨大。进入21世纪以来，地热资源开发利用快速发展，地热市场需求旺盛，专业企业和机构不断涌现，地热技术不断进步，政策保障不断强化，地热能直接开发利用量连年增长，位居世界第一，已经成为中国绿色低碳发展的重要组成部分。

随着中国首个地热产业规划《地热能开发利用“十三五”规划》的发布，北方地区清洁供暖的推广实施，各地政府地热能利用规划和优惠政策的陆续出台，中国地热能开发利用规模发展。近年来，中国中深层地热能供暖在京津冀大气污染传输通道的“2+26”城市及汾渭平原11城市得到快速发展，成为北方地区清洁供暖的重要绿色替代能源。截至“十三五”末，中深层地热能供暖面积累计达$5.8\times10^8 m^2$，连续多年位居世界首位。

二、中深层地热技术原理及工艺流程

中深层地热供暖项目首先要通过多种勘查技术综合利用的地热资源勘查探明地下地热资源分布规律，通过地质-工程一体化技术优化，在选定靶区钻凿地热生产井与回灌井，以地下热水为媒介把地下热储富含的热能开采至地面，然后采用“板式换热器+热泵机组”的工艺将地热水中能量传递至供暖循环水中，为用户提供热能。降温后的地热尾水在回灌站内通过除气、多级过滤等工艺，降低地热尾水中的气体与固体颗粒含量，防治储层堵塞，达到可持续循环开发利用的目的。整体上可以分为地热资源勘查与评价、钻井与经济回灌工艺、地面换热工程工艺等三个综合技术流程。

(一) 地热资源勘查与评价技术

以全国地热资源选区评价技术为基础，通过对盆地构造、地层等方面的深入研究，明确盆地不同构造单元内的“储、盖、通、源”和水循环条件，优选盆地内的地热富集区带。通过“地震+非震”综合地球物理方法的应用，以及重点区带地热资源精细评价技术，在分析不同类型地热田的概念模型的基础上，根据热储的规模、埋深、温度、地下流体含有物等方面的综合评价，计算地热资源量，并对地热田进行等级划分，优选出有利目标区。

(二) 钻井与经济回灌工艺

通过地质-工程一体化技术优化研究，合理设计井身结构，降低钻井故障率。在井筒工艺方面，形成易漏失碳酸盐岩储层安全高效钻井技术、砂岩地热井防砂与回灌技术。创新了易漏失碳酸盐地层钻井工艺，采用降低井筒液柱循环压力工艺，形成清水充气钻井工艺和双壁钻杆气举快速穿漏钻井工艺。通过对砂岩回灌的主要制约因素进行研究以及对地层堵塞原因机理的分析，提出可行的防堵、解堵方案，最终实现全部原水同层回灌，保证了砂岩地区地热开发的良性循环及可持续发展。

（三）地面换热工程工艺

利用创新设计的地热梯级利用工艺，地热高温部分可以进行发电，低温部分进行供热，或地热井来水经过一级板式换热器换热后，这部分温度较低的地热水，经过热泵进一步提取热量，温度降至20℃左右再回灌至原储层，提高了“地热利用率”（见图1）。采用“板式换热器+热泵机组”的工艺流程，地热尾水全部同层无压回灌。取暖系统循环水通过板式换热器和热泵提取地热水热量后，供给采暖用户，地热能转化成了供热产品。通过工艺流程可知，中深层地热可以提供稳定的热能不仅能为石化企业基础设置供暖制冷，也可以为石化装置提供稳定的基础热能。

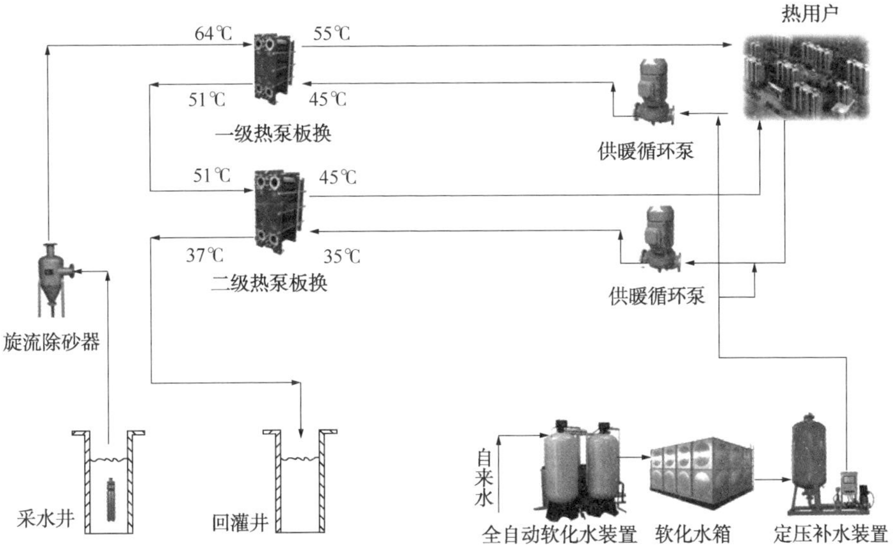

图1　地热站供热流程

（四）技术创新性及先进性

水热型地热能利用技术涉及从地质、钻井工程、热能工程、电气信息、经济评价等多个专业技术的综合利用，属于典型的资金密集和技术密集型产业。新星公司通过在实践应用中不断创新，建立完善各项标准，保持了地热行业的领先地位，引领行业的高质量发展。

（1）通过重点地区地热资源选区评价研究，形成地热资源评价及靶区优选技术，建立地热资源分级评价标准，优选了地热资源靶区目标。

（2）通过地热水水化学化学特征研究建立地热水补径排研究方法，明确了重点区域地热水循环条件，并针对地热水性质，形成了防腐除垢技术方案。

（3）通过碎屑岩出砂、回灌一体化研究，形成碎屑岩地热井防砂与回灌技术。建立了国内第一个砂岩地热井回灌技术标准——《地热井工程技术规范》，极大的提高了碎屑岩地热井的回灌效果，支撑了砂岩热储的可持续开发。

（4）在钻井过程中热储层保护、易漏失层安全高效钻井、砂岩地热井完井防砂、砂岩井回灌有利因素分析、回灌中防堵解堵及回灌工艺系统设计和工艺设备方面进行了创新性的研究，形成了地热井钻井技术规范，制定了砂岩回灌技术规范，发布了国家级别的《地热回灌技术规范》标准，降低了钻井施工事故率，减少了钻井周期和施工费用，实现了灰岩

100%自然回灌、砂岩90%以上的自然回灌，技术水平达到国际先进水平。

（5）通过研究地热梯级综合利用关键技术，综合考虑地热能“量”与“质”的利用程度，按照“品位对口，梯级利用”的原则并针对典型用户用能需求，构建了3类共7种地热利用系统典型流程，指导系统的优化设计。设计并建成了地热发电–供热联供试验项目，创新性地设计了基于凝汽器热回收的地热梯级利用系统，可以在几乎不影响供热能力的前提下生产高品位的电能。

（五）技术适用性

水热型钻井回灌工艺技术适用于不同类型、不同区域的水热型地热田的开发利用，技术应用成本低、效果好，随着“取热不取水”及“原水同层回灌”的国家政策的要求，该技术目前已经在水热型地热供暖项目中得到了普遍的推广应用。

地热梯级利用技术以“品位对口，梯级利用”为原则，根据供给侧热源参数和需求侧用户参数进行灵活设计，并以系统性能评价指标为优化目标函数，技术方法具有普遍的适用性。对于中高温地热资源，可以利用中低温发电技术和吸收式技术，实现电能和冷量等能源的获取；对于上述过程的尾水和中低温地热资源，可以通过高效换热技术和热泵提温技术实现供热，工艺流程同样具有普遍的适用性和广阔的推广应用前景。

三、中深层地热能促进石化行业低碳发展建议

石油化工产业链长、工艺流程复杂、产品结构多样，生产加工过程的能耗类型多样，其中以热能和动力能为主，热能主要用于提供石化产品反应和分离过程所需的热量；动能主要用于提供石化反应过程所需的产品输送。目前，热能供应主要通过化石燃料燃烧生成，动能供应主要通过电力系统和蒸汽动力系统实现。化石能源在能源构成中占据主导地位，碳减排压力大。中深层地热能能够为石化产业过程提供稳定的基础热能供应，通过与储能结合，中深层地热与石化产业融合发展的潜力巨大。

针对中深层地热与石化行业融合发展建议开展以下工作：

（1）针对石化产业分布开展中深层地热资源评价选区工作；

（2）以热能为中心创新发展石化用能流程；

（3）中深层地热与石化产业融合发展对行业碳减排潜力研究。

参考文献

[1] 赵丰年. 地热能技术标准体系研究与应用进展[M]. 北京：中国石化出版社，2021.

[2] 袁清，刘金侠. 常规地热能开发技术应用与实践[M]. 北京：中国石化出版社，2015.

江水源能源站项目对石化行业低碳发展的启示

武明辉
黄嘉超
王婷灏
刘　芮
中国石化集团新星石油有限责任公司

汉口滨江国际商务区江水源可再生能源站示范项目利用长江水作为主要冷热源，采用水源热泵、冰蓄冷、大温差输配等技术，为商务区200余万平方米建筑物提供空调供冷供热服务。我国七大石化基地均沿海分布，随着地表水热能开发利用技术的进步，拥有更大资源量的海洋水热能综合利用与石化行业融合发展成为可能。石化行业与海洋水冷热能技术的开发将为石化行业低碳发展提供新的降碳路径。

我国是石化产品生产和消费大国。进入21世纪以来，石化产业保持快速增长，产业规模不断扩大，综合实力逐步提高，工业增加值年均增长20%左右。同时，石化行业也是高能耗、高排放的八大重点行业之一。根据国家统计局能源统计数据和环境统计数据测算，2020年我国石化和化工行业碳排放总量为13.78亿吨二氧化碳，占全国碳排放总量的13.37%。随着我国碳达峰、碳中和目标的明确，以及新发展格局战略的提出，石化行业的绿色低碳发展已成为当前可持续发展的重要途径。

此前由发改委制定的《石化产业规划布局方案》提出，将推动产业集聚发展，建设上海漕泾、浙江宁波、广东惠州、福建古雷、大连长兴岛、河北曹妃甸、江苏连云港七大世界级石化基地。中国石化行业正在向装置大型化、炼化一体化、产业集群化方向发展。目前，中国已经建成投产了近30个千万吨级炼油基地，合计产能占中国炼油总产能45%左右。七大石化基地地理位置全部临海，随着地表水热能开发利用技术的发展，拥有更大资源量的海洋水热能综合利用与石化行业融合发展成为可能。本文以武汉汉口滨江商务区江水源能源站示范项目为例对江水源作为主要冷热源应用技术进行分析。

一、滨江商务区江水源能源站示范项目基本情况

(一) 项目概况

汉口滨江国际商务区江水源可再生能源站示范项目由武汉新星滨江新能源有限公司建设和经营，站址位于湖北省武汉市江岸区汉口滨江国际商务区 13 号地块中央公园绿地下方。该项目 2020 年 1 月启动建设，总设计供能规模为 2.11km²，其中商业建筑面积 0.23km²，办公建筑面积 1.81km²，文化公共建筑面积 $7\times10^4m^2$。

(二)资源背景

项目采用武汉长江段江水源作为冷热源。江水夏季日平均温度 23~28℃，冬季日平均温度 7~14℃，年均径流量达 714.4km³(23500m³/s)，温度稳定、水质良好、水量充沛，能完全满足项目用水需求。

(三) 技术方案

夏季制冷时，长江水直接进入热泵机组冷凝器，温度升高后再排入长江江中；用户侧循环水经过热泵蒸发器温度降低，往复循环，将“冷”供给用户(见图 1)。此外，商业和办公建筑在夜间供冷需求大幅度降低，热泵利用低价的谷电制冷，储存于蓄冰罐中，用于白天供冷调峰。冬季供暖时，调整阀门状态，切换能源站运行流程，长江水进入热泵机组蒸发器，温度升高；用户侧循环水经过热泵蒸发器温度降低。相似地，利用低价谷电制热蓄热。

本项目按照以江水源热泵为主的供能系统设计，采用了成熟稳定的蓄能技术，与传统中央空调相比，能效比更高，可以减少商务区空调装机和配电容量，调配降低城市电网峰值，减低电网的负荷压力，降低城市冷热岛效应，改善居民居住环境，减少社会资源浪费。采用了模块化设计理念，设置 6 个模块，既能单独控制也能联合控制，可以随着用户入住率提升，通过分期建设方式，有效避免热负荷冗余，降低项目投资风险。

二、项目预计环境和社会效益

该项目预计 2022 年底投入试运行，使用长江水作为主要热源，整体环保水平较好。运行过程中，只有水源热泵机组、水泵需要消耗一定的电力，与燃煤集中供暖系统平均水平相比，减排效益明显，实现全部产能后，预计每年节约标煤 7374t，减少二氧化碳排放 18140t，减少二氧化硫排放 253t，减少氮氧化物排放 59t。

三、对石化行业绿色低碳发展的启示

该项目利用长江水采用水源热泵+水蓄能技术进行供暖制冷，对于在长江流域、珠江流域、东南沿海等地表水资源丰富、水量稳定、水质较好的地区，依托江河湖海开展大型水源热泵供热制冷项目具有重要的示范意义。除本项目以外，国内已经在南京江北新区、长沙滨江新城、重庆两江新区等地也建成了江水源供热制冷项目，这些系统运行稳定，节能效果较好，为我国城市地表水源冷热能的利用提供了新的解决方案。刘宏昌等对大连、天津、青岛、上海、温州等 5 个沿海城市从水温、水质和潮差 3 个海水资源的适宜性方面阐述其差异性，然后结合模拟得到的各城市冬季的 COP 数值，建立适宜性综合评价模型，并且初步制定海水源热泵供热技术在我国沿海海域应用适宜性分区标准。海洋是一个储量巨

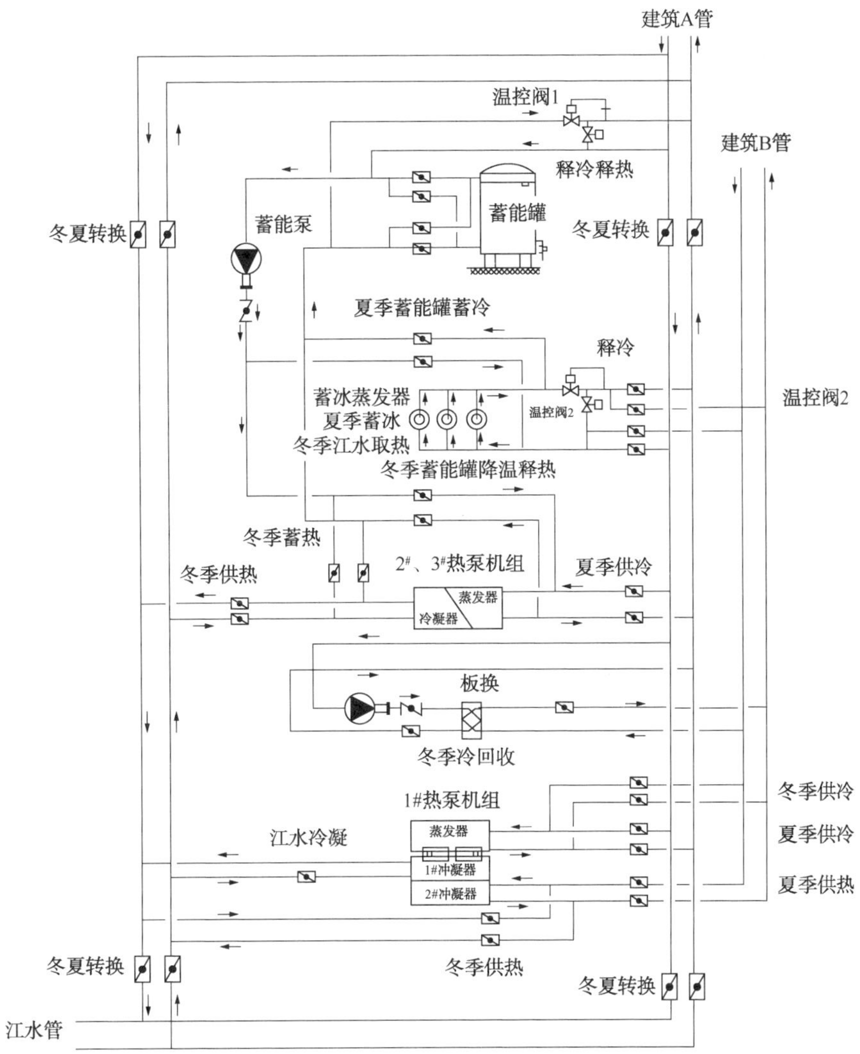

图1　能源站工艺流程示意图

大、可再生的清洁能源库，而且分布面积广接受太阳辐射面积大，太阳能大部分以热能的形式储存在海水中，而且海水的单位体积热容又比较大。随着热泵技术的发展以及对清洁能源需求的增加，海水源热泵供热技术与我国沿海石化行业的融合发展，将海水作为热源和冷源代替部分传统化学能、电能的锅炉和制冷机，将为石化行业低碳发展提供新的降碳路径。

四、问题和建议

（一）开展大型海水源热泵与石化企业供热制冷先导试验项目，助力石化行业低碳发展

我国东部沿海地区石化企业集中分布，且沿海水资源总量很大，具备支撑大型供热制冷项目建设的资源条件，但是类似项目仅局限在少数地区的供暖应用上，尚没有大范围的工业化应用。建议在沿海石化产业基地规划中要统筹考虑规模化利用海水建设大型供热制冷项目，作为行业供热制冷的有机组成部分，取代部分传统石化燃料等相对高排放用能方式，实现更好的节能减排效果。

（二）科学论证相关环境评价影响，适时出台相关政策促进产业间联合发展

目前开展海水源热泵研究项目少、规模小，对大规模利用海水源缺乏对相关环境影响的科学论证，在逐步扩大实验项目规模的对环境影响开展科学评价的基础上，适时出台相关政策促进产业间联合发展。相比燃煤锅炉供热，海水源热泵初期投资较高，但在能源可持续利用、环保效益等方面具有优势，政府如能给予一定的积极政策引导，将为石化行业碳中和目标达成新的路径。

参考文献

[1] 张莉，胡松涛. 海水作为热泵系统冷热源的研究[J]. 建筑热能通风空调，2006，25(3)：34-38.

[2] 刘宏昌，胡平放. 海水源热泵供热技术在我国沿海海域应用适宜性评价方法[C]. 2016年第二十届全国暖通空调制冷学术年会论文集. 2016，1-5.

[3] 于慧俐，姜坤，张祺邦，等. 海水源热泵系统供暖实验研究[J]. 建筑节能，2019，47(8)：19-21.

推进光伏发电，助力“双碳”行动

赵　杭
潘　涛
彭胜强　中石化中原石油工程有限公司管具公司
代继红
李红雷

“十四五”时期，在国家提出“双碳”目标的大环境下，我国已进入减污降碳增效的阶段，经济结构也将实现由“量”向“质”转变的高质量发展。发展绿色能源经济作为重要载体，新能源、可再生能源成为重要的增量主体产业。大规模利用可再生能源，实现能源多样化，已成为世界各国可持续发展的重要战略方针。管具公司结合光伏发电投资成本较低、发电相对稳定、节能低碳环保等特点，积极推进“分布式光伏车棚发电项目”绿色能源试点工程，为实现绿色低碳企业发挥示范引领作用。

管具公司隶属中石化中原石油工程有限公司，是为石油、天然气勘探开发提供物资装备保障和技术服务的专业化公司，位于河南省濮阳市清丰县马庄桥镇，东经 115.5°、北纬 35.89°，年日照总数在 2200～3000 小时，太阳能年辐射年在 5016～5852MJ/m^2，属太阳能资源较丰富区，位于全省前列，由于交通运输等条件较好，并网接入条件优越，适宜建设太阳能分布式光伏发电站，开展可再生能源大规模利用，实现能源多样化。

一、光伏发电项目实施背景

（一）环保意识的觉醒

众所周知，当前世界面临人口、资源、环境的种种挑战，能源短缺问题变得越来越突出。在能源利用总体剧增的情况下，人类所依赖的石化能源逐渐枯竭；而环境的污染恶化、气温的持续上升，也给人类带来不可磨灭的灾难。2020 年 9 月 22 日，习近平主席在联合国大会发言，提出中国要在 2030 年前实现 CO_2 排放达峰，2060 年之前碳中和；2020 年 10

月6日，欧盟宣布2030年减排目标从40%提高到60%（2020年5月提议为55%）；2020年10月26日，日本公布2050年碳中和目标。

（二）国家的政策导向

习近平在中共中央政治局第三十六次集体学习时强调，深入分析推进碳达峰碳中和工作面临的形势任务，扎扎实实把党中央决策部署落到实处，实现碳达峰碳中和，是贯彻新发展理念、构建新发展格局、推动高质量发展的内在要求，是党中央统筹国内国际两个大局作出的重大战略决策。

（三）"双碳"目标的实现

我国已进入新发展阶段，推进"双碳"工作是破解资源环境约束突出问题、实现可持续发展的迫切需要，是顺应技术进步趋势、推动经济结构转型升级的迫切需要，是满足人民群众日益增长的优美生态环境需求、促进人与自然和谐共生的迫切需要，是主动担当大国责任、推动构建人类命运共同体的迫切需要。

（四）集团公司的担当

完成碳达峰、碳中和目标是中国石化作为国有特大型企业的政治担当，是维护党和国家利益的根本体现，也是引领传统能源行业转型升级的有效途径。集团公司战略布局调整、产业结构优化需要每个企业落实到行动上，而不是停留在口号上。管具公司全面践行习近平生态文明思想，贯彻落实集团公司绿色洁净发展战略，发挥油气田企业特有优势，推进化石能源洁净化、洁净能源规模化、生产过程低碳化，强化脱碳技术研发和产业化发展，推动"能效提升"计划和绿色企业行动计划实施，努力争取尽早完成碳达峰、碳中和目标，彰显国有企业责任担当。

二、光伏发电项目实施方案

光伏发电主要是利用天然洁净的太阳能转换为电能用于社会生产、生活。管具公司厂区固定、面积较大、地势开阔、光照充足、用电量大，有利于太阳能大面积接收、转化、利用。管具公司结合企业自身优势及光伏发电投资成本较低、发电相对稳定、节能低碳环保等特点，制订"分布式光伏车棚发电项目"实施方案。该项目利用厂区原有混凝土场地，新建光伏车棚4座，每座组件朝正南方向横向布置，排列行间距0.02m，列间距0.02m，发电系统光伏组件组串数量为18，并联数量为5。光伏组件选用单晶硅组件，单块组件容量不低于540Wp，参考尺寸为2278mm×1134mm×35mm（长×宽×厚）。

（一）项目能源分析与评价

太阳能作为一种清洁、可再生的新能源，是取之不尽、用之不竭的绿色环保资源，也是目前应用比较广泛的清洁能源之一。光伏发电是利用半导体界面的光生伏特效应，把太阳光所转化的热能储存起来，在需要时再转化成电能的一种技术，可以根据不同的需求改变自己的利用形式。

河南省，简称豫，界于北纬31.23°~36.22°，东经110.21°~116.39°，东接安徽、山东，北界河北、山西，西连陕西，南临湖北，总面积16.7万平方千米。素有九州腹地、十省通衢之称，是中国重要的综合交通枢纽和人流物流信息流中心。其地势呈望北向南、承东启西之势，地势西高东低，由平原和盆地、山地、丘陵、水面构成；地跨海河、黄河、淮河、长江四大水系。大部分地处暖温带，南部跨亚热带，属北亚热带向暖温带过渡的大陆性季风气候；河南地处沿海开放地区与中西部地区的结合部，是中国经济由东向西梯次推进发展的中间地带。

如图1所示，河南省濮阳市为太阳能资源中等地区，年日照数在2200～3000h，年辐射总量达到5016～5852MJ/m²，相当于日辐射量3.8～4.5kW·h/m²，太阳能资源较丰富，位于全省前列。属北温带大陆季风气候区，由于北部蒙古高原的干燥冷空气经常侵入，形成了半干旱半湿润易旱地区。主要气候特点为四季分明，雨热同季，日照充足，日温差较大，降水偏少。春季少雨多旱风，夏季炎热雨集中，秋季晴朗日照足，冬季寒冷降雪稀。

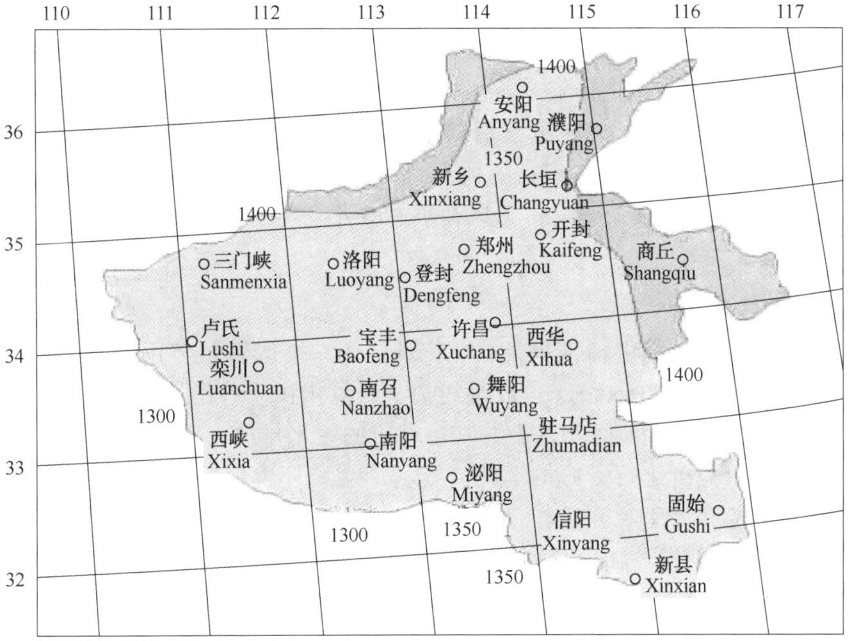

图1 河南省太阳能分布图

管具公司位于濮阳市清丰县马庄桥镇，东经115.5°、北纬35.89°，年平均气温13.3℃，极端高气温42.5℃（1996年7月19日），极端低气温-20.2℃（1993年11月21日），年日照总数在2300～2500小时，太阳能年辐射年在5016～5852MJ/m²，有丰富的日照资源，属于三类光伏发电区域。由于交通运输等条件较好，并网接入条件优越，可以建设太阳能分布式光伏发电站（见图2）。

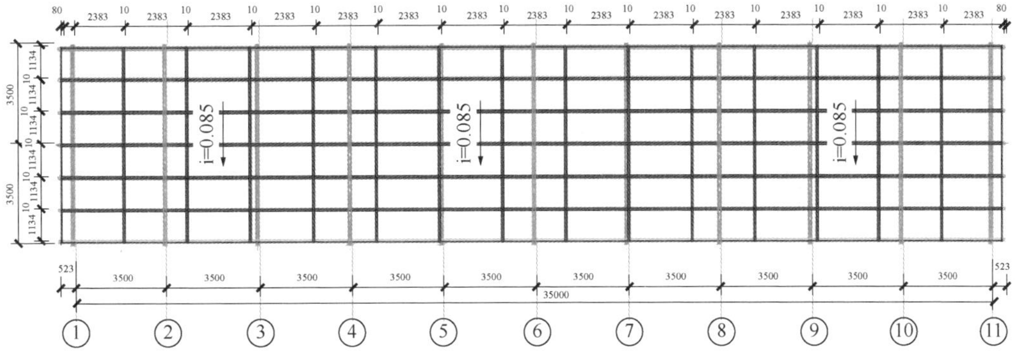

图2 光伏组件平面布置图

（二）项目规模与架构

该项目符合国家新能源产业政策，消纳方式自发自用余电上网。

管具公司北停车场约 2000m^2，用于安装光伏组件并网发电，年发电量约 236kW · h，本项目计划总投资约 76 万元，本项目采用“分块发电、低压并网”方案：设置 1 个低压 380V 并网点，共配置 540Wp 单晶硅电池组件 360 块，采用平铺的安装方式，经过逆变器逆变后经交流汇流箱后接入光伏并网柜，总安装容量 194.4kW。4 台 40kW 并网逆变器，4 台并网柜，系统就地逆变至 380V 并网，以保障安全、优化结构、节能减排、促进和谐为重点，努力构建安全、绿色、和谐的现代电力工业体系。

该发电系统包含光伏组件、支架、直流线缆、逆变器、交流线缆、汇流箱、GGD 配电柜等。设计使用年限 25 年，结构安全等级为二级，结构重要性系数为 1.0，地基基础设计等级为丙级，主体结构基础形式为筏板基础，抗震设防烈度为 7 度，设计基本地震加速度值为 0.15g，设计地震分组为第二组；场地土类别为Ⅲ类，地面粗糙度类别为 B 类；屋面设计恒荷载（仅含组件自重）0.15kN/m^2，风荷载（50 年一遇）0.45kN/m^2，雪荷载（100 年一遇）0.45kN/m^2。

（三）项目电力负荷

项目建成后，每年可提供清洁电能 24 万 kW · h。投运后每年可节约标准煤约 94.4t，每年可减少 CO_2 排放量约 235t、SO_2 排放量约 7t、氮氧化物排放量约 3.5t。此外，每年可减少大量的灰渣及烟尘排放，节约用水，并减少相应的废水排放，节能减排效益显著。因此，建设本光伏电站可以减少化石资源的消耗，有利于缓解环境保护压力，实现经济与环境的协调发展，项目节能和环保效益显著。

本光伏电站工程的建设符合可持续发展的原则，是国家能源战略的重要体现。

（四）项目施工选址

此次“分布式光伏车棚发电项目”选址在管具公司现有停车场，在开发利用太阳能资源的同时，节省土地资源。根据光伏电站的区域面积、太阳能资源特征、安装条件、交通运输条件、地形条件，结合濮阳市气象站的相关资料等，同时考虑光伏电站的经济性、可行性，初步规划出分布式光伏发电项目。

该项目建设地点完全按照国家有关规定规划建设，经实际考察，无遮挡现象，具有以下特点：

（1）富集的太阳光照资源，保证很高的发电量；

（2）靠近主干电网，以减少新增输电线路的投资；

（3）主干电网的线径具有足够的承载能力，在基本不改造的情况下有能力输送光伏电站的电力；

（4）离用电负荷近，以减少输电损失；

（5）便利的交通、运输条件和生活条件；

（6）能产生附加的经济、生态效益，有助于抵消部分电价成本；

（7）良好的示范性，国家电网启动分布式光伏发电支持政策。

（五）发电系统设计

1. 光伏组件选择标准与规范

（1）《光伏发电站设计规范》（GB/T 50797—2012）；

(2)《并网光伏发电系统验收技术规范》(CNCA/CTS 0004—2010)；

(3)《光伏建筑一体化系统运行与维护规范》(JGJ/T 264—2012)；

(4)《光伏发电工程验收规范》(GB/T 50796—2012)；

(5)《建筑电气工程施工质量验收规范》(GB 50303—2002)；

(6)《建筑节能工程施工质量验收规范》(GB 50411—2007)；

(7)《太阳能光伏能源系统术语》(GB 2297)；

(8)《光伏电站技术条件》(GB/T 37729)；

(9)《太阳能电池型号命名方法》(GB 2296)；

(10)《地面用太阳能电池标定的一般规定》(GB 6497)；

(11)《地面用晶体硅太阳能电池组件设计鉴定和定型》(GB/T 9535)；

(12)《晶体硅光伏器件的 I-V 实测特性的温度和辐照度修正方法》(GB/T 6495. 4)；

(13)《地面用光伏(PV)发电系统概述和导则》(GB/T 18479)；

(14)《晶体硅光伏(PV)方阵 I-V 特性的现场测量》(GB/T 18210)；

(15)《建筑结构可靠性设计统一标准》(GB 50068)；

(16)《建筑结构载荷规范》(GB 50009)；

(17)《光伏发电站接入电力系统技术规定》(GB/T 19964)；

(18)《光伏系统并网技术要求》(GB/T 19939)；

(19)《光伏(PV)系统电网接口特征(IEC 61727：2004，MOD)》(GB/T 20046)；

(20)《电能质量公用电网谐波》(GB/T 14549—2008)；

(21)《电能质量电压波动和闪边》(GB/T 12326—2008)；

(22)《电能质量三相电压允许不平衡度》(GB/T 15543—2008)；

(23)《电能质量电力系统供电电压允许偏差》(GB 12325—2008)；

(24)《晶体硅太阳能电池组件设计鉴定和定型》(IEC 61215)；

(25)《太阳能电池组件的安全性构造要求》(IEC 61730. 1)；

(26)《太阳能电池组件安全性测试要求》(IEC 61730. 2)；

(27)《电能计量装置技术管理规程》(DL/T 448)；

(28)《建筑物防雷设计规范》(GB 50057—2010)；

(29)《安全标志及其使用导则》(GB 2894—2008)；

(30)《电气装置安装工程电力变压器、油浸电抗器、互感器施工及验收规范》(GB 50148—2010)；

(31)《电气装置安装工程盘、柜及二次回路结线施工及验收规范》(GB 50171)；

(32)《电气装置安装工程电缆线路施工及验收规范》(GB 50168)；

(33)《综合布线系统工程验收规范》(GB 50148—2010)；

(34)《民用建筑太阳能光伏系统应用技术规范》(JGJ 203—2010)。

上述标准、规范及规程仅是该项目的最基本依据，并未包括实施中所涉及到的所有标准、规范和规程，并且所用标准和技术规范均应为合同签订之日为止时的最新版本。

2. 光伏组件性能

光伏组件为室外安装发电设备，是光伏电站的核心设备，要求具有非常好的耐侯性，能在室外严酷的环境下长期稳定可靠地运行，同时具有高的转换效率。该项目采用 540Wp 组件。

(1) 光伏组件正常条件下的使用寿命不低于 25 年，组件功率标准严格按照 TUV

IEC61215、IEC61730 中相关要求。在 25 年使用期限内输出功率不低于 80%的标准功率。

（2）提供的晶硅组件单件功率不能低于 280W，同时光伏组件应具有高面积比的功率，功率与面积比不小于 170W/m^2。功率与质量比大于 15W/kg，填充因子 FF 大于 0.70，功率温度系数不高于-0.39%，温度范围在-45～85℃，接线盒类型为防水密封型。

（3）组件采用 A 级标准电池片封装（EL 成像无缺陷），组件的电池上表面颜色均匀一致，无机械损伤，焊点无氧化斑。

（4）组件的每片电池与互连条应该排列整齐，组件的框架应整洁无腐蚀斑点。

（5）组件的封装层中不允许气泡或脱层在某一片电池与组件边缘形成一个通路，气泡或脱层的几何尺寸和个数应符合相应的产品详细规范规定。

（6）组件在正常条件下绝缘电阻不能低于 200MΩ。

（7）光伏电池受光面应有较好的自洁能力；表面抗腐蚀、抗磨损能力应满足相应的国标要求。

（8）采用 EVA、玻璃等层压封装的组件，EVA 的交联度应 80%～95%，EVA 与玻璃的剥离强度大于 50N/cm。EVA 与组件背板剥离强度大于 40N/cm。

（9）承包方提供光伏组件测试数据，TUV 标定的标准件校准测试设备，测试标准 STC（T=25℃，1000W/m^2，AM1.5）。

3. 光伏组件运行方式

该项目铺设光伏发电系统光伏组件经串联后接入组串逆变器，然后通过交流电缆接入配电柜后接入配电房变压器低压 0.4kV 侧。选用单晶硅 540Wp 光伏组件，总装机容量 194.4kWp。

每个发电单元光伏组件通三相并网逆变器直接并入三相低压交流电网（AC380V，50Hz），通过交流配电线路给当地负荷供电，最后以 6kV 电压等级就近接入，实现并网。由于分布式电源容量不超过上一级变压器供电区域内最大负荷的 25%，所有光伏发电自发自用。

为减少光伏阵列到逆变器之间的连接线及方便日后维护，配置光伏阵列汇流箱，该汇流箱可直接安装在电池支架上，汇流箱的输出经直流线缆接至配电房内直流配电柜，经直流配电后接至并网逆变器，逆变器的交流输出经交流配电柜接至防逆流控制柜，输出 0.4kV、50Hz 三相交流电源（见表 1），实现用户侧并网发电功能。

表 1　40kW 组串式逆变器性能参数

效率		输入	
最大效率	98.70%	每路最大输入路数	2
中国效率	98.10%	MPPT 数量	4
输入		输出	
最大输入电压	1100V	额定输出功率	10kW
每路 MPPT 最大输入电流	30A（核实组件工作电流）	最大视在功率	110kVA
每路 MPPT 最大短路电流	45A	额定输出电压	400，3L/N/PE
最低启动电压	200V	输出电压频率	50Hz
MPPT 电压范围	200～950V	最大输出电流	167A
额定输入电压	600V	功率因数	0.8（超前）或 0.8（滞后）

续表

输出		显示与通信	
最大总谐波失真	<3%	RS485	支持
保护		GPRS	支持
输入直流开关	支持	PLC	支持
防孤岛保护	支持	常规参数	
输出过流保护	支持	尺寸(宽×高×厚)	520mm×660mm×220mm
输入反接保护	支持	重量	55kg
组串故障检测	支持	工作温度	-25~60℃
直流浪涌保护	二级(一级可选)	冷却方式	智能风冷
交流浪涌保护	二级(一级可选)	相对湿度	0~100%
绝缘阻抗检测	支持	防护等级	IP66
RCD 检测	支持	夜间自耗电	<2W
显示与通信		拓扑结构	无变压器
显示	LED 指示灯		

（六）逆变器的选型与作用

该项目采用 380V“自发自用，余电上网”模式，以停车场结合的分布式并网光伏发电系统方式进行建设。根据接入容量本项目推荐使用 10kW 组串式逆变器进行设计。

在光伏并网系统中，逆变控制部分担负着系统的 DC/AC 转换，并准确控制转换电压、频率、相位、谐波含量等重要指标，同时，负责光伏并网发电系统各部分与公共电网的协调运行，并对系统可能发生的各种异常状态进行保护，它是光伏并网系统的关键设备。合理的逆变器配置方案和电气一次主接线对于提高太阳能光伏系统发电效率，减少运行损耗，降低光伏并网电站运营费用以及缩短电站建设周期和经济成本的回收期具有重要的意义。

（七）光伏组件布置方式

根据选定的光伏组件和逆变器形式与参数，结合逐时太阳能辐射量与风速、气温等数据，确定晶硅光伏组件组串数为 20，汇流形式为 4 进 1 出。

（八）光伏组件支架设计

该项目光伏组件直接安装在支架上。支架基础设计结合场址工程地质条件及光伏发电站的特点，在保障安全要求的前提下，尽量减少建筑材料耗量，节约资源，保护环境。

支架基础荷载主要有支架及光伏组件自重、风荷载、雪荷载、温度荷载及地震荷载。其中起控制作用的主要是风荷载，设计时保证风荷载作用下的稳定。支架杆件间的连接可采用焊接或螺栓连接。螺栓连接对结构变形有较强的适应能力，施工安装速度快、便捷；焊接连接施工安装速度较慢，焊机进场需要较长距离施工供电，而且现场施焊受天气影响较大，所以本工程采用螺栓连接。其中，车棚钢架立面图见图 3。

（九）电气设计

1. 设计依据

《供配电系统设计规范》(GB 50052—2009)

《低压配电设计规范》(GB 50054—2011)

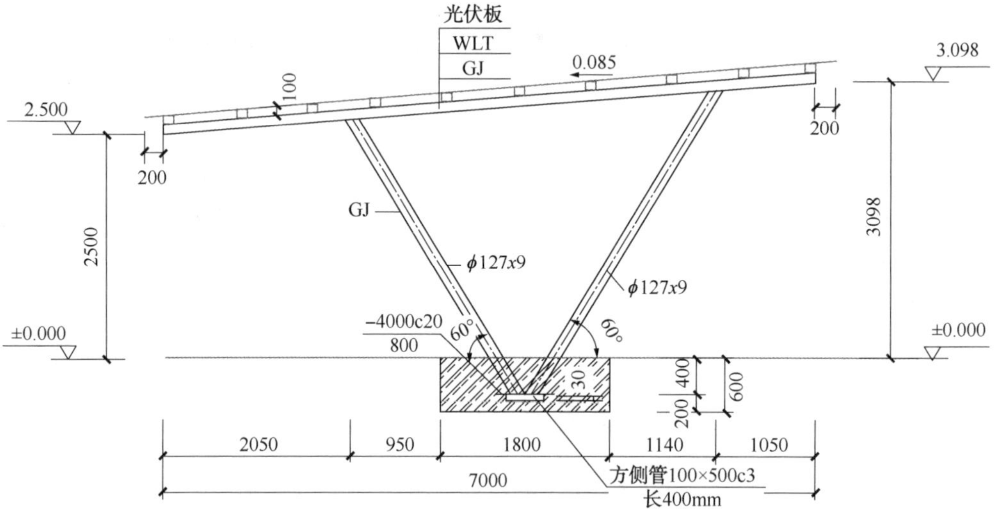

图 3 车棚钢架立面图

《光伏发电站设计规范》(GB 50797—2012)

《光伏发电系统接入配电网技术规定》(GB/T 29319—2012)

《光伏并网逆变器技术规范》(NB/T 32004—2018)

《交流电气装置的接地设计规范》(GB/T 50065—2011)

《电力工程电缆设计标准》(GB 50217—2018)

《光伏发电站防雷技术要求》(GB/T 32512—2016)

《光伏系统并网技术要求》(GB/T 19939—2005)

《电能质量三相电压不平衡》(GB/T 15543—2008)

2. 接入电网方式及特点

(1) 就近低压并网，降低损耗，提高效率；

(2) 局部故障检修时不影响整个系统的运行；

(3) 用电高峰时提供大量电力，有助于城市电网调峰；

(4) 便于电网的投切和调度；

(5) 方便运行维护。

国家电网在《分布式电源接入电网技术规定》中指出：“分布式电源总容量原则上不宜超过上一级变压器供电区域内最大负荷的25%”。光伏发电系统接线图见图4。

三、项目作用与意义

(一) 环境效益

生态环境是人类赖以生存的物质基础，随着全球经济发展，生态环境的污染和破坏也越来越严重。解决环境问题，促进经济、社会与环境协调发展和实施可持续发展战略，是政府面临的重要而又艰巨的任务。随着经济的发展，提高能效，开发利用清洁、可持续的新能源，势在必行。

光伏发电是一种清洁的能源，既不直接消耗资源，又不排放污染物、废料，也不产生温室气体破坏大气环境，也没有废渣的堆放、废水排放等问题。该项目为太阳能光伏并网

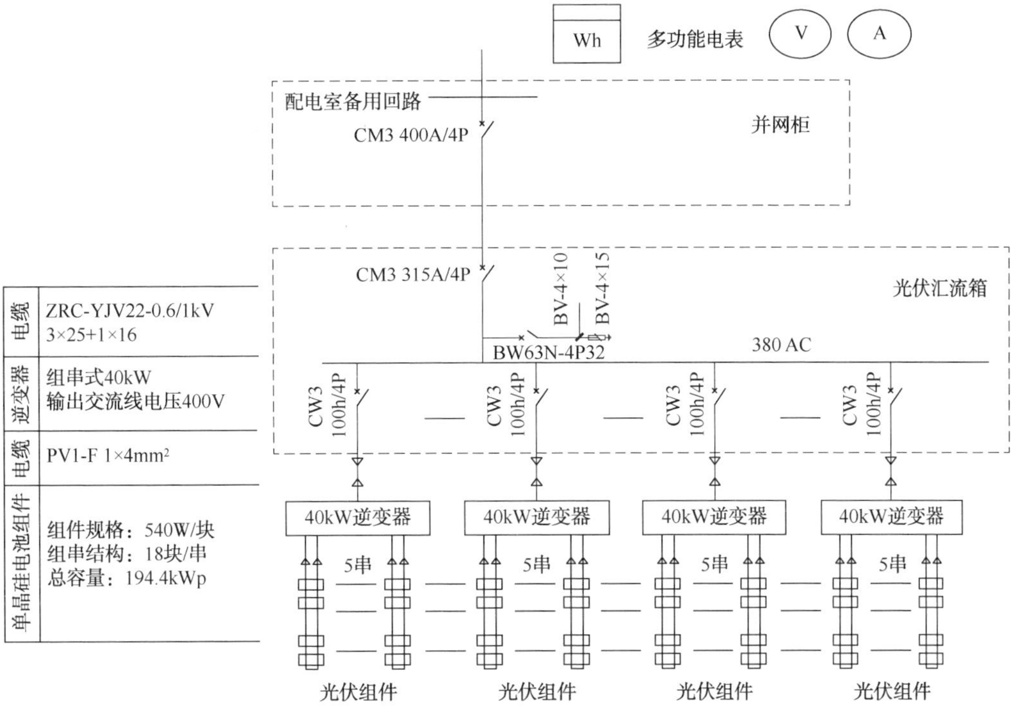

图 4　光伏发电系统接线图

发电工程，采用清洁可再生的太阳能作为能源，太阳能板采用晶体硅光伏构件，利用“光伏效应”将太阳光辐射能直接转换为电能并输送进电网，有利于保护周围环境，是一种绿色可再生能源。

（二）节能降耗

光伏发电是采用清洁的可再生的太阳能作为能源，运行期间无任何污染物产生，没有大气和水污染等问题，也不存在废渣的堆放问题，有利于周围环境的保护。项目本期装机容量为 194. 4kWp，平均每年发电量为 236kW · h。光伏发电平均每年节能减排效益分析表见表 2。

表 2　光伏发电平均每年节能减排效益分析表

单位节能减排量	数值	节能减排量	数值
减少单位消耗标准煤/（kg/kW · h）	0. 4	节约标准煤/（t/a）	94. 4
减排单位碳粉尘排放量/（kg/kW · h）	0. 272	减排烟尘/（t/a）	64
减排单位 CO_2 排放量/（kg/kW · h）	0. 997	减排 CO_2/（t/a）	235
减排单位 SO_2 排放量/（kg/kW · h）	0. 03	减排 SO_2/（t/a）	7
减排单位 NO_x 排放量/（kg/kW · h）	0. 015	减排 NO_x/（t/a）	3. 5

本项目预计 25 年发电总量为 468 万 kW · h，由此可见，光伏发电明显的环境效益。

（三）经济效益

光伏发电项目充分利用厂区的闲置空间，在节能环保、空间规划、厂区能源的供应、利用方面，起到了重大作用。该项目完工后，年发电量达 15~20 万 kW · h，该项目按 25 年寿命设计，总计可节约标准煤约 1971t，减排二氧化碳 5458t，相当于种植树木 1.2 万棵，节约电费近 10 万元/年。

（四）社会效益

随着石油和煤炭的大量开发，不可再生能源保有储量越来越少，终有枯竭的一天，因而新能源的开发已经提到了国家战略高度。光能是清洁的、可再生的能源，既不直接消耗资源，又不释放污染物、废料，也不产生温室气体破坏大气环境，也不会有废渣的堆放、废水排放等问题，有利于保护周围环境。开发光能符合国家环保、节能政策，光伏电场的开发建设可有效减少常规能源尤其是煤炭资源的消耗，保护生态环境，营造出山川秀美的旅游胜地。

四、结论

该项目能够促进公司绿色能源的发展，缓解社会环境和能源压力，有效降低能源消耗及二氧化碳、氮氧化物、二氧化碳粉尘排放，把促进新能源和清洁能源发展放在更加突出的位置，为社会经济绿色发展做出积极贡献。

管具公司以此次光伏发电项目建设为契机，在全公司开展碳达峰、碳中和相关文件学习及开展系列讲座，增强全员节约意识、环保意识、生态意识，倡导简约适度、绿色低碳、文明健康的生活方式，把绿色理念转化为广大干部员工的自觉行动，为实现“3060”碳达峰、前碳中和目标积极贡献力量。

综合能源服务站实现“碳中和”的路径探讨

曾勇昭
梁泽辉　中国石化销售广西石油分公司
文　彬

随着“碳达峰，碳中和”目标的提出，能源转型和产业升级脚步加快，新能源汽车迅捷发展，传统的加油站已经不能满足人们的日常所需。具备“油气氢电服”的综合能源服务站成为目前加油站的发展方向，而这样的综合能源服务站需要大量的能源作支撑。在综合能源服务站中采用光伏发电技术能够很好地为其提供所需的电能，并且适应绿色低碳社会的发展，助力“碳中和”实现。本文对综合能源服务站实现“碳中和”的路径进行探讨。

一、概述

为应对全球气候变化，顺应全球绿色低碳转型的大方向，习近平主席提出“二氧化碳排放力争于2030年前达到峰值，努力争取2060年前实现碳中和”的目标。无论是从应对全球气候变暖的角度，还是发展清洁能源的角度，太阳能、风能、潮汐能等可再生能源的利用都是研究新能源发展的主要方向。

遍布全国各地的加油站，是当今社会生活不可或缺的一部分，具有数量多、分布广的特点，其拥有丰富的可利用资源，可以用于实现绿色发电。随着“双碳”目标的提出、能源转型脚步的加快、新能源的迅速发展及生活水平的不断提高，使得加油站的发展迫在眉睫。在这样的形势下，综合能源服务站也就应运而生。“油气氢电服”综合能源服务站是集加油、加天然气、加氢、充换电、便利店、车主服务等多功能集于一体的新型综合能源服务站，在给人们带来更好的服务和体验的同时，也意味着需要消耗更多的能源。如果在综合能源服务站中的建筑安装光伏或者空余场地安装小型风力发电设备进行发电，不仅可以承担综合能源服务站自身的部分用电需求，还可以将余电通过反馈回电网的方式进行售卖，为综合能源服务站带来可观的经济效益，促进综合能源服务站最大限度地节约资源，确保资源的可持续利用。

新能源风力发电的优点：一是风能是可再生资源，取之不尽，通过风力发电能够间接减少矿产资源的消耗；二是风力是一种清洁能源，发电过程中不会对环境造成污染；三是建设规模相对灵活，可根据可利用土地资源情况选择装机容量与机型。但是风力发电也存在着不少缺点：一是土地资源占用，若想要获取足够的电能，则需要扩大建造的面积；二是对于地理环境有着较高的要求，风力发电设备的建设需选在地势平坦开阔、遮挡物较少或者地理位置高的地点，并且很多地方风力稳定性不足会导致发电功率不稳定；三是噪声污染。所以在综合能源服务站使用风能发电会具有一定的局限性。

在推动我国的产业结构升级调整中，光伏发电在绿色电力产业发展中优势明显。光伏发电具有以下优点：一是资源丰富，覆盖范围广，在太阳能照射到的地方就可以进行开发利用；二是对比于风能、潮汐能等其他可再生的新能源而言，光伏发电的功率较为稳定，同一区域的日照强度、时长有规律可循；三是光伏发电的单位发电成本随着技术的不断发展逐渐降低，已经与火力发电的成本齐平；四是光伏设备安装周期短，在综合能源服务站安装光伏只需要一周左右时间。所以在综合能源服务站中推行光伏发电，相比于风力发电更具可行性。

在深化可持续发展的背景下，本文通过论述光伏建筑一体化(BIPV)技术在综合能源服务站中的安装使用情况，探讨光伏建筑一体化技术对综合能源服务站实现“碳中和”的意义。

二、光伏建筑一体化(BIPV)技术简介

太阳能光伏建筑一体化，又称 BIPV(Building Integrate Photovoltaic)在 1986 年由世界能源组织首次提出，是指将光伏发电设备与建筑材料相结合，替代传统的建筑材料的技术，属于小型分布式光伏系统，具有投资小、建设快、占用土地资源少的特点。通过与建筑物同时设计、施工和安装，实现太阳能光伏发电系统与建筑物的完美融合。BIPV 技术无论是在经济方面、技术方面还是从建筑物自身考虑，都具有优越性。

(1) 能够有效减少建筑材料的消耗，缓解用电的压力，并降低在输电线路方面的投入。BIPV 技术将光伏发电与建筑材料集成在一起，通过光伏发电实现电力资源的自给自足，在缓解用电压力的同时，节省了原有的建筑耗材，达到降低建筑成本的目的，并且面积较大的建筑还能通过光伏产电的余电进行售卖，回收建筑成本。

(2) 节约土地资源。使用 BIPV 技术对既有的建筑进行节能改造可以很好地维持建筑结构表面，既不影响美观，又可以节约土地资源。

(3) 节能环保。BIPV 技术利用太阳能进行发电，积极响应国家“双碳”目标，符合国家减少使用化石燃料能源的政策要求，并且在发电过程中，还不会产生噪声污染。

三、BIPV 在加油站的应用

随着“碳达峰、碳中和”目标的提出，加油站也逐渐趋向于净零排放的目标发展，为国家的节能增效计划做贡献。加油站实现二氧化碳零排放目标主要有四个途径：第一，提高加油站建筑的能效标识等级；第二，增加加油站自身生产电能的能力；第三，实现加油站发电由可再生能源产电；第四，发展负碳技术，将加油站运营全过程中产生的二氧化碳进行吸收。基于成本以及安全因素考虑，加强可再生能源的利用，提高加油站自身的产电能

力，是加油站实现“双碳”目标的主要途径。加油站可利用的可再生能源主要为太阳能，安装光伏的主要位置为站房屋顶以及罩棚顶，而面积较大的罩棚是安装光伏的重要资源。

2021 年 6 月 5 日世界环境日，中石化首座光伏建筑一体化的碳中和加油站——百色六华加油站在广西百色建成投营。中石化广西石油分公司在广西日照条件最好的百色地区打造了六华加油站光伏发电项目，该站位于百色起义纪念馆正对面，是中石化首批对外发布的“碳中和”加油站之一。该站采用了 BIPV 的光伏组件，使用光伏组件与彩钢瓦相结合的材料完全替代了加油站原有的整个罩棚顶面。这是应用太阳能发电的一种新理念，与后期直接在罩棚加装的光伏发电设施不一样，BIPV 在建设前就设计光伏组件与罩棚融合为一体，整体设计、整体施工，不仅结构重量轻、用材省，而且安装结构极为稳定、使用寿命长。使得加油站罩棚不仅能够发电自用，节能创效，而且寿命还由原来的 5~10 年延长至了 25 年，实现罩棚与光伏发电板同生命周期，解决了普通罩棚后期需要反复拆装维护的问题。

百色六华加油站采用“自发自用，余电上网”的模式，BIPV 铺设面积共 887.4m^2，装机容量 101.8kW，根据目前发电情况来看，预计年发电量 11.6×10^4kW·h。而六华加油站本身年用电量约 8kW·h，白天用电约 5 万度，光伏发电除供应加油站自身使用外，每年额外有 6×10^4kW·h 富余电能并入电网，实现发电用电并存，在就地消纳电能、有效提供了清洁可持续发展的电力能源的同时，为公司节省了电费开支，并减少了碳排放量。目前，六华加油站光伏发电系统累计发电量达到 102303kW·h，其中自身消纳 45159kW·h，上网电量 57144kW·h，按照当地电价 0.64 元/kW·h，上网电价 0.42 元/kW·h 计算，合计为加油站节约了 52902 元。六华加油站光伏发电全年可减少碳排放量 68t，能够完全抵消加油站自身每年约 48.8t 的碳排放，实现了加油站自身“碳中和”。全生命周期可以减排二氧化碳 1695t，等于植树 9.22 万多棵，节约标煤约 614.7t，实现净零排放要求。

四、BIPV 技术应用分析

随着能源转型和产业升级，积极推进“油气氢电服”综合能源服务站的建设，一站式为客户提供综合加能服务，通过信息化、数字化和智能化技术，为客户打造绿色环保、优惠便捷、信息智能型的“人·车·生活”生态服务圈成为加油站的必然趋势。BIPV 技术为综合能源服务站实现净零排放提供了途径，助力油气销售行业“双碳”目标的实现。现通过以下几个方面对 BIPV 技术在综合能源服务站中的应用进行分析。

（一）用电方面

传统加油站用电负荷主要来源于照明系统、加油机、空调、洗车机等，而综合能源服务站涵盖加油、加气（天然气）、加氢、充换电、洗车及服务中心等多种业务，这就意味着相对于传统的加油站需要消耗更多的电力资源，以及排放更多的二氧化碳。目前，加油站安装光伏的位置主要有站房及辅助用房屋顶、罩棚顶、停车区等，而仅在屋顶和停车区安装光伏难以满足综合能源服务站的用电需求。

（二）安全环保方面

目前加油站罩棚分布式光伏的安装主要分为 BIPV 和 BAPV（建筑外加式）两种方式，两者对应的光伏组件产品也不同。BAPV 是指在已有的建筑上，后期安装的、附着在建筑物上的光伏发电系统。目前，加油站大部分采用普通彩钢瓦作为罩棚顶，由于普通彩钢瓦的寿命较短，并且受到原罩棚承重设计的限制，所以直接在罩棚原有彩钢瓦上安装光伏发电设备的 BAPV 技术并不适用。光伏组件寿命为 25 年，普通彩钢瓦寿命为 5~10 年，使用 BAPV 技术会增加后期维护成本以及在更换彩钢瓦过程中存在安全风险。而使用光伏板与彩钢瓦一体的 BIPV 组件，不仅美观，而且结构重量轻、用材省，安装结构极为稳定，延长了罩棚的使用寿命，节省了后期维护成本和降低安全风险。

通过采用 BIPV 技术，可以提供足够的场所用于光伏发电系统的安装，减少了土地资源的占用，也减少了 BAPV 技术所需安装支架等材料。另外，光伏发电系统的材料属于半导体材料，在运行过程中不会有噪音和废气的产生，所以不存在噪声污染和环境污染。其次，通过 BIPV 技术还可以减少了输送过程中电能的损耗。

综合能源服务站属于易燃易爆场所，其本身所经营的油气产品，对于安全、防爆等有着较高的防护要求。所以在光伏设计时严格按照《光伏发电站防雷技术要求》(GB/T 32512)进行设计，选用防护等级不低于 IP65，耐火等级达到 A 级不燃的光伏组件。并且罩棚与加油机距离在 8m 以上，光伏组件安装于罩棚上方，在综合能源服务站安装 BIPV 符合《汽车加油加气站设计与施工规范》(GB 50156)及《加氢站技术规范》(GB 50516—2021)中的规定，符合安全生产要求。

(三) 运行效益

如果在综合能源服务站建造初期将光伏发电设备与罩棚一起进行设计修建，那么 BIPV 技术的经济效益与美观性都能够达到最优化的效果。BIPV 技术可以作为综合能源服务站建筑的一部分，因此可以节省部分建设的成本。BIPV 技术的应用，能够很好地促进综合能源服务站经济效益的发展。虽然 BIPV 技术在建设初期较大，安装成本也比较高，但其属于一次性投入，即前期投入，长久使用。假设综合能源服务站罩棚可利用面积为 850m^2(具体以实际面积为准)，进行 BIPV 技术投资收益测算。可装光伏装机容量为 100kW，所需投资 72 万元。按照“自发自用、余电上网”方式运行，所发电量 70%由加油站自身消纳(电价 0.64 元/kW·h)，剩余 30%上网，上网电价 0.42 元/kW·h，考虑组件每年的衰减率(光伏组件生命周期约 25 年，根据目前市场上的组件衰减率首年约为 2.5%，其后逐年约衰减 0.7%，25 年累计衰减约 20%进行计算)，那么投资收益测算如表 1 所示。

表 1　BIPV 技术投资收益测算

周期	发电量/kW·h	自用电量/kW·h	用电单价	节省费用/元	上网电量/kW·h	上网单价	上网收益/元
5 年	485800	340060	0.64	217638.4	145740	0.42	61210.8
10 年	952300	666610	0.64	426630.4	285690	0.42	119989.8
15 年	1401300	980910	0.64	627782.4	420390	0.42	176563.8
20 年	1832800	1282960	0.64	821094.4	549840	0.42	230932.8
25 年	2246800	1572760	0.64	1006566.4	674040	0.42	283096.8

从投资收益估算中可以看出，投资回报期在 15 年左右，原罩棚生命周期为 5~10 年，相对于 BIPV 技术 25 年的生命周期而言，在建设完成后需要维护、更换 1~2 次。使用 BIPV 技术不仅可以节省原本罩棚材料的耗材和维护、更换的费用，还能在后 10 年能够为综合能源服务站进行创效。

五、例证分析

2021 年 9 月 10 日，全国首座集加油、加天然气、加氢、充换电、文旅、便利店、汽服、快餐等多功能于一体的“油气氢电服”综合能源服务站——中石化广西南宁石油分公司新阳综合能源服务站建成投营。新阳综合能源服务站主要碳排放来源于自身用电、便利店用电、洗车业务用电以及天然气业务，新阳综合能源服务站用电主要来源于加油区(包含罩棚灯用电，占比 22.4%)、加天然气(用电占比 49%)、加氢(用电占比 2%)、充换电(用电占比 4%)、便利店(用电占比 12.1%)及洗车业务(用电占比 8.5%)等，年用电量约 19×10^4kW・h，折合碳排放量 110.39t。当然，随着业务的不断发展，用电量也会随之增加。

通过安装光伏可以很好地减少综合能源服务站的碳排放量，新阳站综合能源服务站罩棚面积约 2000m^2，其中加油加气区罩棚面积为 1800m^2，加氢区罩棚面积为 200m^2。若采用 BIPV 技术进行分棚建设，则可以在加油区安装 BIPV 面积约 1700m^2，装机容量约 204kW，每年可以为新阳综合能源服务站发电约 20.4×10^4kW・h，折合减少碳排放量 118.5t，为其实现碳中和提供了路径。并可以通过余电上网创造效益，根据前文测算模式测算，装机容量 204kW 全生命周期可减少约 2663t 碳排放，自身消纳用电节约费用约 199 万元，余电上网创效约 57.8 万元。

六、结论

在综合能源服务站中使用 BIPV 技术，不需要占用额外的土地资源以及其他基础设施，投资回收期适中，具有良好的经济效益，同时可以有效地减少综合能源服务站的电能消耗，间接减少化石能源的消耗和环境污染，对于综合能源服务站的节能减排、绿色低碳发展具有很好的助推作用。BIPV 技术是综合能源服务站实现碳中和十分有效的路径之一，无论从安全环保还是运行效益的角度来看，BIPV 技术都值得在综合能源服务站中进行应用推广。

参考文献

[1] 刘承波，杜华健，万乐. 光伏发电助力油站碳中和[J]. 加油站服务指南，2021(9)：62-63.
[2] 张侃. 碳中和背景下光伏新能源产业发展研究[J]. 现代商业，2021(9)：47-49.
[3] 程琪. 光伏发电技术在加油站的应用[J]. 石油库与加油站，2018，27(2)：19-23.
[4] 周文波. 碳中和背景下的光伏建筑一体化发展趋势[J]. 现代雷达，2021，43(7)：98-99.
[5] 吴高翔，王凯. 光伏建筑一体化存在的问题及解决方法分析[J]. 智能城市，2021，7(7)：39-40.
[6] 张蕾，邢治河，魏昭. 加油站光伏发电模式选择与经济性分析[J]. 油气与新能源，2021，33(3)：97-101.
[7] 苏剑，周莉梅，李蕊. 分布式光伏发电并网的成本/效益分析[J]. 中国电机工程学报，2013(34)：50-56.
[8] 郭强. 分布式光伏并网发电现状及应用研究[J]. 中国高新科技，2021(2)：34-35.
[9] 吴国楚. 浅析光伏建筑一体化[J]. 青海科技，2011，18(1)：50-51.

“余热+光伏”技术在油田联合站的应用

杨志豪 | 中石化中原石油工程设计有限公司

联合站是油气集输系统最重要的组成部分，具有能耗高、用能环节多且复杂的特点，是油田生产的主要耗能单元。随着老油田采出液综合含水日益上升，原油产量逐步递减，地面工程系统能力过剩，运行能耗偏高，吨油成本居高不下。采用“余热+光伏”能源互联技术，充分利用站内采出水余热资源和本区域太阳能资源，可有效降低运行能耗。以某联合站为例，利用采出水余热后可减少联合站天然气消耗 $118.6\times10^4 Nm^3/a$，光伏发电除满足余热系统消耗外还可替代站内现有耗电 $27\times10^4 kW\cdot h/a$，共计可减排二氧化碳 2732t/a，有效降低了运行过程中天然气的消耗，提高能源消耗中可再生能源的占比，达到节能降碳的目的。

一、概述

联合站一般负责采油区油、气、水分离、原油外输增压、加热等，主要依托加热炉满足站内脱水加热、原油外输加热和冬季采暖等用热需求。随着开发的深入，我国各主要油田已进入高含水期，大庆、胜利、辽河、中原等油田的含水率达 90%。这些油水混合液经过加压、加热送至联合站通过相关处理工艺进行油水分离，所得污水温度一般为 40～60℃。污水回注前均经过了除油除悬浮物处理，并且对水质稳定性进行了控制，腐蚀、结垢的趋势较弱，是有潜力进行综合利用的余热资源。

根据调查统计，部分联合站有着较多的闲置屋顶资源或土地资源，可以综合余热资源和场地资源的优势，开发“余热+光伏”能源互联技术，减少对化石能源的消耗，提升节能降碳效果。

以某采油厂联合站为例进行分析，充分利用站内采出水余热资源和本区域太阳能资源，采用“余热+光伏”能源互联技术，替代已有的燃气加热炉和高架热水炉，降低联合站原油加热和自来水加热对天然气的消耗。

二、资源分析

（一）采出水余热资源

该采油厂共有污水处理站 3 座，处理水量 27000m^3/d，处理后水温 35～40℃。采用重力“三段式”处理工艺，处理后水质满足《碎屑岩油藏注水水质指标及分析方法》（SY/T 5329—2012）中注入层平均空气渗透率为 0.01～0.05μm^2的要求，回注油田。按 10℃温差计算，年可利用余热资源 41.39×10^4GJ。与常规地热能开发利用相比，采出水余热利用，不需要进行额外的钻井及尾水回灌，降低工程投资。

（二）太阳能资源

根据《太阳能资源评估方法》（GB/T 37526—2019）有关规定，以太阳能年总辐照量为指标将太阳能资源的丰富程度划分为最丰富、很丰富、丰富和一般 4 个等级。该区域平均年总辐照量为 4726.8MJ/m^2，年日照小时数 2450h，日均 6.7h，属于太阳能资源丰富（C）地区。

三、方案设计

（一）余热利用部分

1. 联合站概述

联合站主要负责采油管理三区、四区油、气、水分离，原油外输增压、加热等。设计原油处理能力 200×10^4t/a，后经多次改造，现有设施处理能力 67×10^4t/a，实际处理量 29.3×10^4t/a。联合站目前使用燃气加热炉为外输原油加热，高架热水炉为采油厂油井作业及洗井提供热水，蒸汽锅炉为站内工艺设施伴热、老化油处理工艺及冬季采暖提供蒸汽，共计消耗天然气 223.3×10^4Nm^3/a。污水处理设计能力 2.4×$10^4$$m^3$/d，实际污水处理量 1.35×$10^4$$m^3$/d，温度 43～45℃。在冬季供暖期时利用污水余热为附近采油厂居民区供暖，利用后的尾水温度 30～35℃。

2. 技术思路

目前该联合站主要有加热炉、高架热水炉、蒸汽锅炉三种供热热源，根据各用热单元负荷及供热热源温位不同的特点，以加热炉和高架热水炉作热源的用热负荷较大，且被加热介质终温分别在 60～72℃和 93℃。考虑利用热泵技术提取污水余热，将低品位热能转化为高品位热能，通过优选的高效换热设备，满足以加热炉和高架热水炉作热源的供热需求。由于污水温度低，利用热泵技术无法生产蒸汽，不能满足以蒸汽锅炉为热源（蒸汽温度 130℃左右）的供热需求，因此不考虑蒸汽锅炉的替代。

站内用热单元要求被加热介质温度达到 60～93℃，直接换热技术和电压缩式热泵技术无法满足要求，因此选用高温电压缩式热泵+直燃型吸收式热泵。考虑充分利用采出水余热，对联合站内三相分离器后的滤前采出水和进注水罐前的滤后采出水分别取热，同时根据不同季节的采出水水温和原油运行加热需求，考虑春秋、夏、冬三种运行工况。

3. 工艺流程

以冬季运行工况为例，取自注水罐前的 30℃滤后采出水，一部分用于清水加热一级板式换热器，对热水站的 8℃清水进行一级预热至 25℃；一部分通过电压缩式热泵前置板式换热器，制取供回水为 27℃/22℃的低温中介水作为电压缩式热泵的热源水。电压缩式热泵通过对热源水进行利用和提温后，输出供回水为 65℃/55℃的高温中介水，再与吸收式热泵

95℃的高温中介水进行混合，使原油换热处高温中介水达到82℃，通过板式换热器，将原油从34℃加热至72℃。

取自三相分离器后的45℃滤前采出水，一部分用于清水加热二级板式换热器，对一级预热后的25℃清水进行二级预热至40℃；一部分通过吸收式热泵前置板式换热器，制取供回水为40℃/35℃的低温中介水作为吸收式热泵的热源水。吸收式热泵通过对热源水进行利用和提温后，输出供回水为95℃/55℃的高温中介水，一部分通过清水加热三级板式换热器，对清水进行三级加热，将温度从40℃加热至93℃，供应热水站使用；另一部分高温中介水作为原油加热板式换热器补充热源进行调节(仅冬季)。春秋、夏、冬三种运行工况如图1所示。

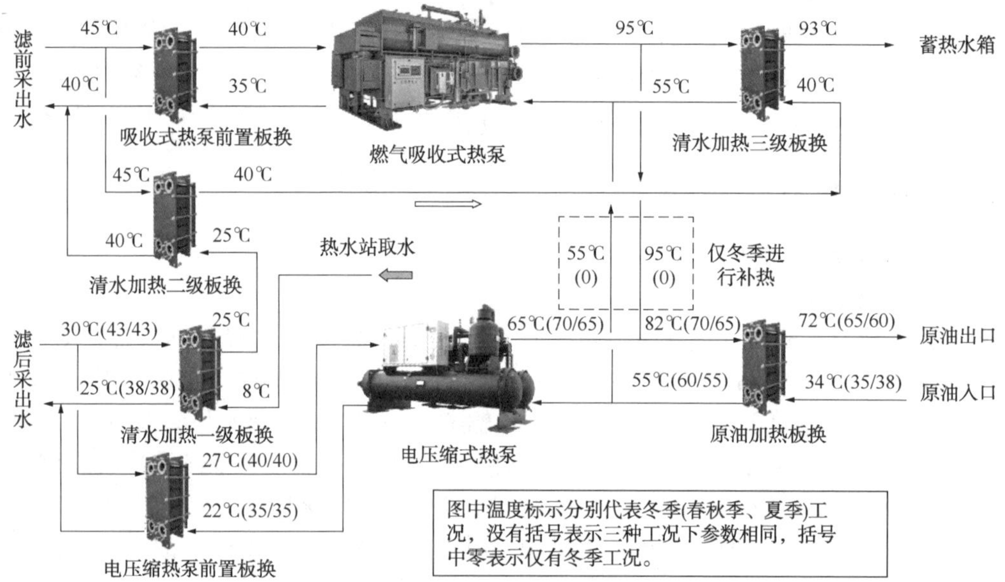

图1 余热利用工艺流程图

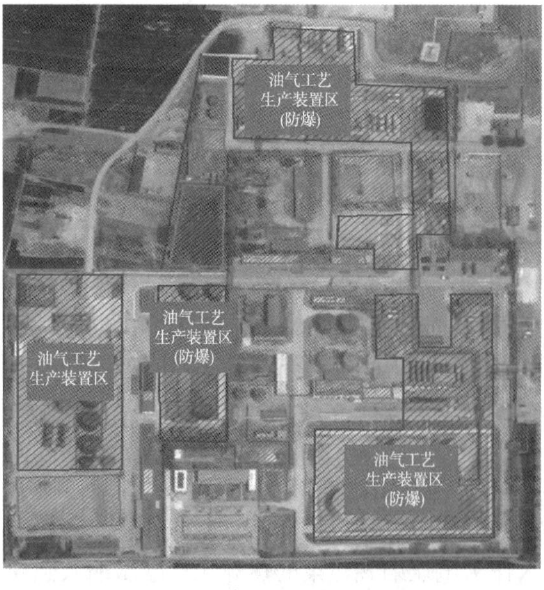

图2 联合站区域划分示意图

(二) 光伏发电部分

1. 建设场地

联合站污水余热利用项目具有用电量大的特点，联合站现有可利用建筑物屋顶资源和闲置场地，适合建设太阳能分布式光伏发电系统。根据《爆炸危险环境电力装置设计规范》(GB 50058—2014)第5章关于爆炸性环境电气装置布置和电气设备选择的要求以及太阳能光伏行业发展现状和油田实际情况，联合站新建光伏发电设备仅安装在非防爆区域的可利用建筑物屋顶和闲置场地，如图2中绿色区域所示。

2. 方案设计

充分利用站内可利用的建筑物屋顶和地面闲置区域，共计可安装450Wp 多晶硅太阳能电池组件 2880 块，总容量 1296kW。太阳能光伏发电系统由太阳能电池组件、组串式逆变器、交流汇流箱、光伏配电箱、站内现有配电系统构成。光伏阵列发电单元经组串式逆变器逆变后输出 380V 交流电，通过交流汇流箱进行汇集，经光伏配电箱计量后接入站内现有 0. 4kV 配电系统。太阳能光伏发电系统如图 3 所示。项目实施后，所发电量可实现站内自发自用。根据测算，太阳能光伏发电系统年均发电量167×10^4kW · h，年均输电量 137×10^4kW · h。

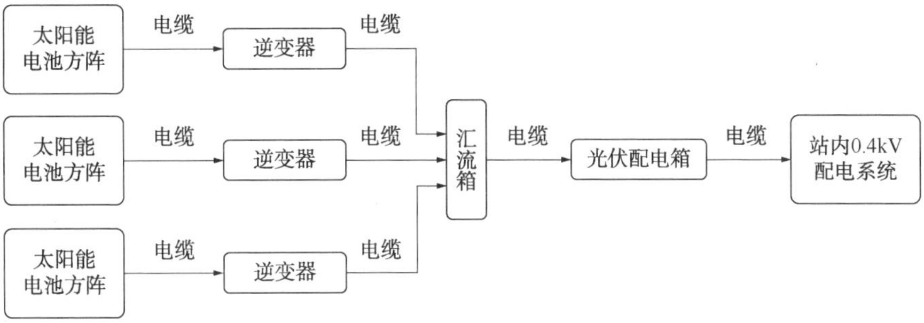

图 3　太阳能光伏发电系统示意图

(三)能耗对比

“余热+光伏”综合利用项目改造前，联合站加热炉及高架热水炉耗气量为 184.8×10^4 Nm³/a，辅机耗电量为 10.5×10^4kW · h/a。项目改造后余热利用系统耗气量为 66.2×10^4Nm³/a，耗电量为 110×10^4kW · h/a；光伏发电系统输电量为 137×10^4kW · h/a，在满足余热利用系统耗电基础上可以满足部分站内现有用电需求。项目实施后，联合站整体可减少能耗 4.3×10^4 GJ/a（见表 1）。

表 1　“余热+光伏”综合利用项目改造前后能耗对比情况

项　　目	天然气/(Nm³/a)	电 kW · h/a	能耗 GJ/a
实施前	184.8×10^4	10.5×10^4	6.5×10^4
实施后	66.2×10^4	-27×10^4	2.2×10^4
差值	118.6×10^4	37.5×10^4	4.3×10^4

注：-27×10^4kW · h/a 表示光伏发电可向站内现有用电系统输送的电量。

四、应用及前景

“余热+光伏”综合利用项目利用本区域内的太阳能和站内采出水余热资源，形成较为完善的加热工艺技术，通过余热利用减少天然气消耗，再通过太阳能光伏发电满足余热利用系统的耗电。项目实施后，年减少天然气消耗 118.6×10^4Nm³，年减少外购电量 27×10^4kW · h，共计可减排二氧化碳 2732t，节能降碳效果显著。

可根据油田资源优势，因地制宜地推广“余热+光伏”能源互联技术，在应用中调整优化，发挥技术优势，提升可再生资源的利用质量和效率，增加生产工艺中可再生能源的占比，减少对化石能源的消耗，进一步推动油田绿色低碳发展。

关于阀室离网型光伏电信仪综合装置研究

安忠敏
尚德斌
刘桂兰　中石化中原石油工程设计有限公司
姚晓林
杜　飞

一、概述

此前，中石化天然气管道项目中阀室一体化装置是由电力变压器、10kV 环网柜、0.4kV 配电柜、UPS 机柜、RTU 机柜、通信机柜于一体的撬装化舱体，同时配备了通风设备等。长输管道项目中的阀室其位置偏僻，外电一般接入地方农网，农网供电压降大、故障率高，电网接入审批流程复杂、建设周期长，且费用不菲；后期运维管理与国网存在交叉，对管理带来不便。针对以上痛点，中石化中原石油工程设计有限公司(以下简称中原设计)紧贴中石化“五化”建设纲要：“标准化设计、工厂化预制、模块化施工、机械化作业、信息化管理”，将光伏发电与撬装阀室电控一体化设备间深度融合，为阀室提供稳定电能的同时，有效解决了传统电源供电难、管理难、建设周期长等问题。

光伏离网型阀室电信仪综合装置，集光伏组件、太阳能储能系统、阀室一体化装置与一身，配备加热器、火灾检测报警、门禁、发电机紧急充电接口等，舍弃了原一体化装置内 10kV 环网柜、电力变压器、0.4kV 配电柜，保证供电的灵活性、安全可靠、便捷(见图 1)。

二、阀室离网光伏发电系统的工作原理

离网型光伏，顾名思义就是不连接电网，光伏独立发电，主要由太阳电池组件、控制器、蓄电池组成，若要为交流负载供电，还需要配置交流逆变器，特别适合规模小、地处偏僻的用户使用。

当白天日照充足时，太阳能组件方阵将光能转换为电能，为用电负荷(24V/220V)供电同时为蓄电池充电；当系统遇光照不足时(日落或阴雨天)，由蓄电池向用电负荷供电；当蓄电池工作电压低至某一阈值时，

太阳能控制系统提前并持续发出告警，此时有足够的时间供运维人员携带应急柴油发电机至阀室，利用柴油发电机对蓄电池进行紧急充电(见图2)。

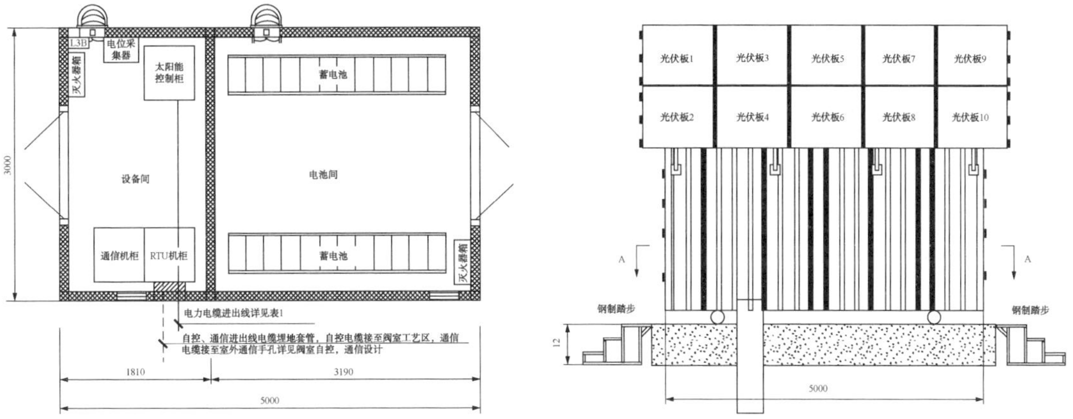

图1　离网型光伏电信仪综合装置结构图

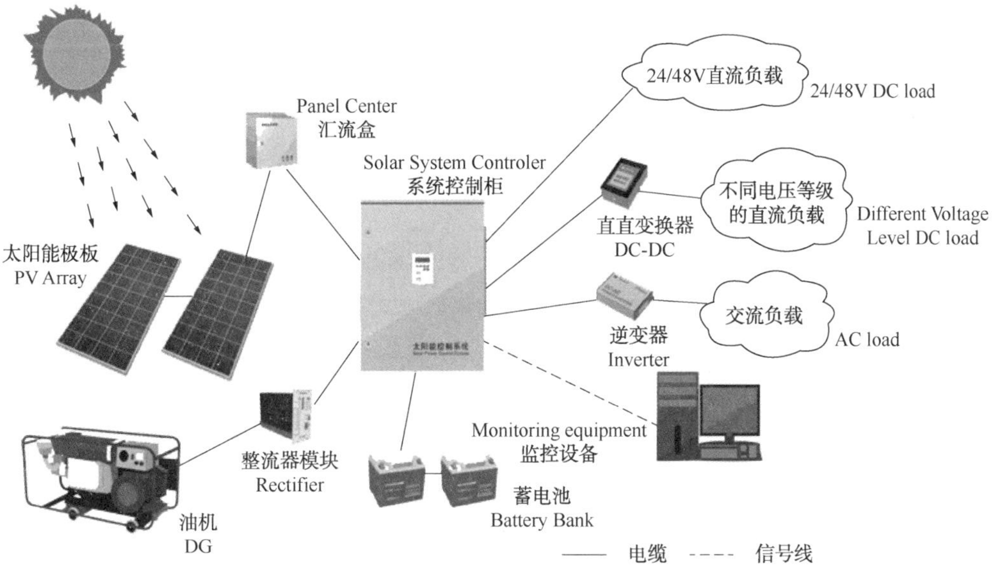

图2　离网光伏阀室发电系统组成

三、阀室离网光伏系统分析

离网型光伏发电系统，首先需要确定用电需求，核实地理位置(经纬度)，分析当地太阳能资源(太阳辐射量)及地理环境、气象数据的收集。其次，根据用电需求确定光伏系统的设计容量，包括光伏组件规格、系统电压、最佳倾角、光伏组件容量及运行方式、蓄电池的容量及结构形式；最后进行光伏、负荷、蓄电池、控制器的整体配置及组态。

(一) 基础数据分析

以中石化某天然气管道工程离网阀室为例。该工程线路全长185.3km，管道沿线拟建建4座站场及7座阀室。对标准阀室的用电负荷进行了统计，见表1。

项目所在地区的光照适宜，利用软件Meteonorm 8.0查询了项目所在地太阳能资源，平均年总太阳辐射量为1234kWh/m^2，即4442.4MJ/m^2(见图3)。根据《太阳能资源评估方法》

(QX/T 89)，项目所在地区属于三类地区，适合光伏发电系统。

表 1　典型阀室负荷统计表

编　号	负荷名称	电压等级	负荷容量/W	负荷等级
1	RTU 柜自控	DC24V	70	重要
2	RTU 柜工控网交换机	DC24V	20	重要
3	RTU 柜通信网交换机	DC24V	20	重要
4	周界防范报警主机	DC24V	30	重要
5	摄像头	DC24V	2 * 70	重要
6	电位采集器	AC220V	10	三级
7	门禁	AC220V	40	三级
8	风机	AC220V	243，不计入	三级，非连续
9	室内照明	AC220V	30，不计入	三级，非连续
10	插座	AC220V	500，不计入	三级，非连续
11	加热器	AC220V	100，不计入	三级，非连续
		合计	383.5	

Radiation　Temperature　Precipitation　Sunshine duration
Daily global radiation　Daily temperature　Data table

	Gh kWh/m²	Gk kWh/m²	Dh kWh/m²	Bn kWh/m²	Ta °C	Td °C	FF m/s
January	60	72	43	36	3.2	-2.1	2.4
February	73	82	55	32	5.5	0.3	2.8
March	91	97	68	36	10.7	4.1	3
April	119	121	86	47	16.6	9.6	2.9
May	141	138	96	61	21.7	14.7	2.7
June	128	122	87	53	25.3	19.6	2.7
July	148	143	96	70	28.7	23.6	2.6
August	136	135	91	59	27.9	22.9	2.7
September	114	121	75	59	23.5	18.3	2.5
October	93	105	65	47	17.9	12.3	2.4
November	70	85	45	49	11.5	6.3	2.3
December	61	75	42	41	5.3	-0.4	2.4
Year	1234	1297	848	591	16.5	10.8	2.6

图 3　软件模拟地区光伏发电量表

(二) 光伏容量及配置分析

1. 光伏安装角度分析

离网型光伏发电系统的最佳倾角是发电量最少月份仍然能够满足负载正常供电的角度。本项目选取管道沿线日照最差的地区(东经 117.83°，北纬 32.82°，方位角 0°)作为设计参考点。经模拟，当组件倾角为 39°时，光伏组件的年均标准辐射量最大为 1304kWh/m^2 · a，即 4694.4MJ/m^2，系统相较最优的损失为 0，即发电量为最大值(见图 4)。

2. 光伏容量分析

本工程选取单晶硅 540Wp 光伏组件。

在太阳能板阵容量计算中，充分考虑控制系统效率、线损、长期工作后的组件降效、污垢、组件差异性、温度对输出功率的影响等等，依据以下式进行计算：

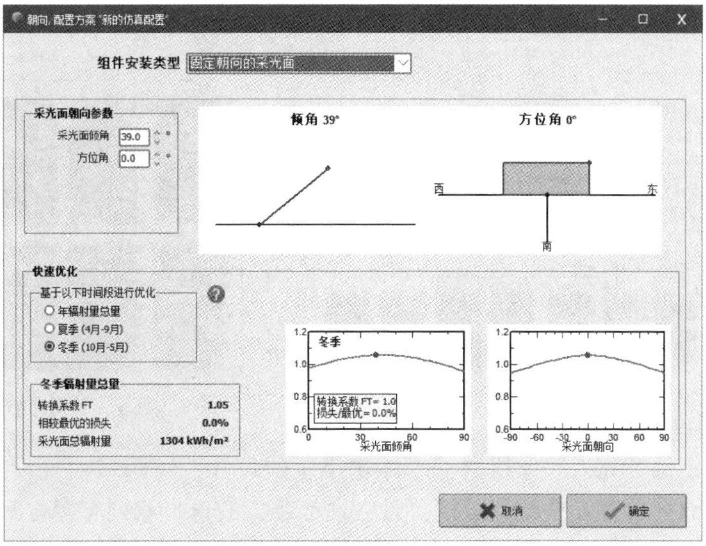

图 4　最佳倾角模拟计算

$$P=N_s\times N_p\times W_p$$

其中，$N_s=U/U_{pv}$；$N_p=\dfrac{\dfrac{P_{wh}}{U\times T_d\times\eta}+\dfrac{C_{wh}}{U\times T_d\times\eta\times D}}{I_0}$。

式中，P 为太阳能电池组件的总容量，W；N_s 为太阳能电池组件的串联块数，块；N_p 为太阳能电池组件的并联数，块；W_p 为单块太阳能电池组件的峰值功率(Wp)，540Wp；U 为系统额定电压，V；U_{pv}为太阳电池组件额定电压，V；I_o 为单块太阳能电池组件的峰值电流，A；P_{wh}为负载日耗电量，约 9204Wh；C_{wh}为在连续阴雨天期间，蓄电池放电的总容量，Wh；$C_{wh}=P_{wh}$(负载日耗电量)×7 天(连续阴雨天)，约 64428Wh；T_d 为日照最差季节每天的等效日照时间，3.26h；η 为太阳能电池组件发电量的修正系数，考虑效率、线损、温度、衰减、污垢等对组件发电量的影响(%)，取值 0.9；D 为蓄电池深放电恢复周期，10~20 天。太阳能电池板阵容量计算应考虑对蓄电池的充电：本项目考虑蓄电池完全放电后，太阳能在为负载供电的同时，应能在 10 天之内恢复蓄电池容量。

将选取系数带入太阳能组件容量计算公式 $N_p=4.06$，取整得 $N_p=5$。

负载光伏组件需求容量计算：

$$P=U/U_{pv}\times\frac{\dfrac{p_{wh}}{U\times T_d\times\eta}+\dfrac{C_{wh}}{U\times T_d\times\eta\times D}}{I_0}\times W_p=5202\text{Wp}$$

则太阳能光伏矩阵采用单晶硅组件功率 540Wp，2 块串联，5 块并联，共计 10 块，总容量为 5400Wp≥5202Wp，满足实际计算容量需求。

(三) 光伏阵列分析

考虑到阀室地处偏远，运维人员较少，且光伏支架安装在阀室屋顶，上屋顶层存在不便，故采用固定式光伏布置方式。

参照 540Wp 太阳能光伏板数量及尺寸，布置了 2 种方案：

光伏板布置方式 1：一字形布置(见图 5)。

光伏板布置方式 2：双列布置(见图 6)。

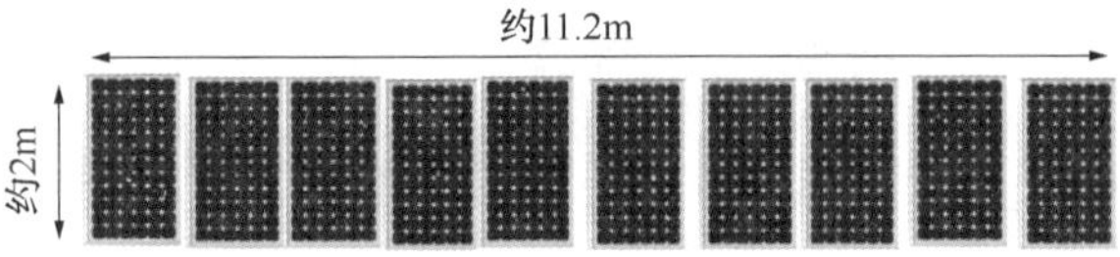

图 5 一字形布置示意图

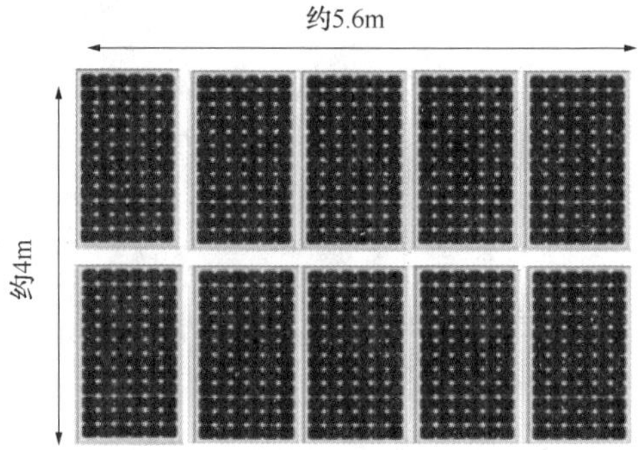

图 6 双列布置示意图

单排布置长度约 11m，远远超出了一体化小屋的尺寸，与阀室油气设施间安全距离不满足规范要求。双列布置安全距离合规，且方便运维，故选择双列布置方案。

(三) 蓄电池容量及配置分析

根据现场连续阴雨天气及用户需求，储能系统的蓄电池容量要保证光伏无法输出电能的情况下，阀室离网运行 7 天。参照《独立太阳能光伏电源系统技术要求》(GB/T 33766)相关规定，蓄电池容量计算如下：

$$Bc=A\cdot Q_1\cdot n\cdot T_0\cdot/U/DOD$$

式中，Bc 为蓄电池组容量，A·h；A 为包括充电控制器、逆变器及交流回路损耗的安全系数，取 1.1~1.4；Q_1 为日平均负载用电量，Wh；n 为自给天数，7 天；T_0 为温度修正系数，暂按 1.0 计；U 为直流系统额定电压，V，取 24V；DOD 为最大允许放电深度，0.8。

将数据代入公式：$Bc=(A\cdot Q_1\cdot n\cdot T_0)/(U\cdot DOD)=3691.19$Ah。

由上可知，蓄电池满足负荷 7 天的后备使用条件需要配置 3691.19Ah，考虑冗余设计，采用 2 组电池，每组 12 只，共 24 只，单只电池参数为 2000Ah/2V。

(四) 整流逆变分析

1. 整流配置

整流模块为蓄电池充电时间(从蓄电池容量的 20%回充至 90%)控制在 5h 以内。

整流模块将提供总的功率为 $P=C_{wh}/T+P_w$；

单个整流模块为 2200W 模块数 $n=6$(只)。

2. 逆变装置

本项目交流负荷分为冲击类负荷(风机)和非冲击类负荷(除风机外)冲击负荷合计 243W，考虑 6 倍启动负荷，即为 1458W。

非冲击负荷合计 850W；

交流负荷=1458W+850W=2308W。

因此，需要配置一个 3000W 逆变器。

四、离网光伏阀室电信仪综合装置的应用

2021 年，中原设计公司中标天然气分公司皖东北输气管线项目，针对阀室地理位置偏导致供电难、供电审批时间长、后期管理交叉给运维带来不便等突出问题。在“30/60”双碳

背景下，中石化提出打造世界领先洁净能源化工公司的目标及“一基两翼三新”的产业格局。中原设计紧贴集团公司“五化”纲要，围绕痛点，深入现场，仔细研究分析，创新性的提出将光伏新能源与综合装置有机结合，选用了10块540Wp单晶硅光伏组件、竖向双列布置、冬季最佳倾角安装、固定式运行方式、铅酸胶体蓄电池等，作为此次离网型光伏系统最佳方案，并与预制舱服务商-青岛特锐德公司合作，生产出第一套试验装置(见图7)，并成功模拟了现场环境安全平稳运行，同时申请了实用新型专利1项(专利号：ZL 2021 2 3090148.3)。

图7　离网光伏阀室电信仪综合装置效果图

该套试验装置于2021年9月初完成工厂试验：(1)光伏发电量满足日常生产运维需求；(2)2021年10月5日~10月11日，当地遭遇连续暴雨、小雨等天气，通过数据监控：在光伏几乎无发电的情况下，由储能系统提供电能，阀室运行良好，离网运行达6天之久，未发生失压断电情况。光伏日均发电曲线见图8。

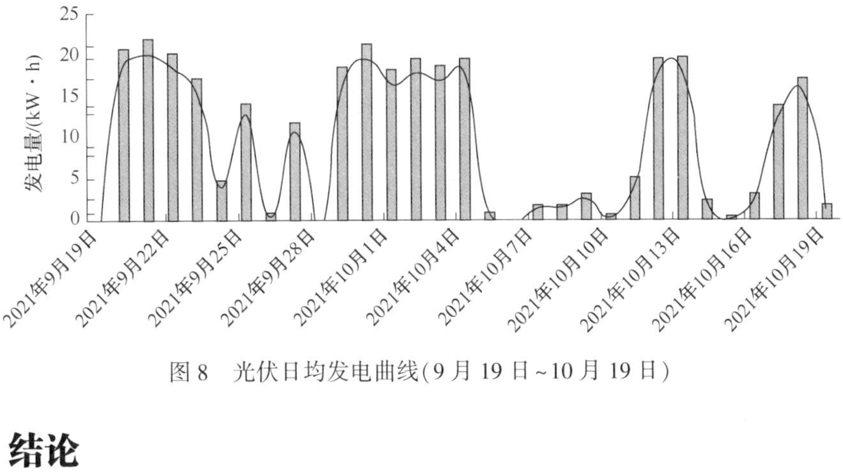

图8　光伏日均发电曲线(9月19日~10月19日)

五、结论

离网光伏阀室电信仪综合装置解决了天然气管道项目中阀室供电难、供电可靠性差、管理存在交叉、管理难度大等问题，让阀室的电源主动权掌握在中石化天然气分公司手中，减少了单个阀室架空线路带来的征地、施工等高额费用，并大幅缩短了建设周期。此外，该套装置适用性强，应用前景广阔，全国大部分地区均可使用，装置可设计标准化、工厂预制化、施工模块化。

节能降碳新技术

——光伏发电的优化研究

肖　楠｜中石化中原石油工程设计有限公司

文章以河南某公司的光伏发电系统为例，计算了不同倾角和阵列间距下系统的年发电量，并依托工程实际，计算了该项目的各项收益、节能降碳效果。结果表明：在一定范围内降低安装倾角或缩短完全无阴影遮挡的时间段，可显著缩小阵列间距，组件发电量仅受到轻微损失。在限制条件的场地中，采用以上措施可显著增加组件安装数量，增加项目总体发电量，提升项目效益，得到更高的减碳效果。

一、概述

光伏发电是利用清洁能源——太阳能资源进行光电转换，具有良好的社会效益和经济效益，目前在国内外得到了广泛的应用和发展。光伏组件安装时一般选择一个特定倾角固定式安装，在一天内太阳运动时，太阳方位角和高度角不断变化，某些时间段前排组件会在后排组件上形成阴影。在整块光伏组件上形成的局部遮挡，可能造成组件输出功率的大幅降低，对发电量造成不可忽视的影响。本文主要研究优化调整安装倾角和阵列间距这两个参数，结合工程实际，讨论如何实现整体项目效益优化提升。

二、光伏发电系统模型

（一）光伏发电系统的构成

光伏发电系统可分为并网型和离网型两大类，并网型光伏发电系统依托已有电网，即发即用，得到了较为广泛的应用。

光伏发电系统（并网型）的基本构成包含光伏电池组件、支架系统、并网逆变器、汇流箱、升压变压器等。一般采用分散发电、就地升压、集中并网的方式。典型光伏发电系统(并网型)示意图如图 1 所示。

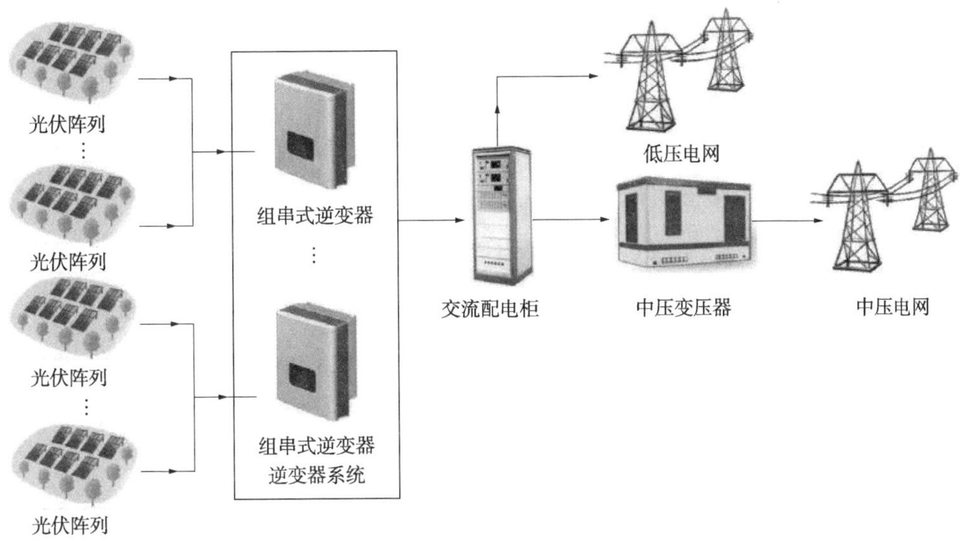

图 1　典型光伏发电系统(并网型)示意图

(二) 影响光伏组件发电量的主要因素

影响光伏组件发电量的主要因素有：组件安装倾角和阵列间距。

光伏组件将太阳光能直接转化为电能，是光伏电站的基本发电设备。光伏组件的工作原理是光生伏打效应，组件所获得的太阳辐射量，直接决定了光伏方阵的发电量。为使光伏组件获得更多的太阳辐射能量，一般将其倾斜式安装，以使得太阳光线在组件上的入射角更小。以河南某地为例，根据 Meteonorm 软件相关气象数据，可模拟仿真计算其倾斜面上年太阳总辐射量，模拟结果见图 2。

由图 2 可以看出，在方阵方位角为 0°(正南向)、安装倾角为 23°时，在该地实施光伏发电项目，光伏组件单位面积发电量最高，也就是 23°为该地最佳安装倾角。

在不考虑场地周围高大建筑物、树木等因素时，光伏组件阵列自身的遮挡对其发电量的影响直观重要。前后两排组件间距越小，对后排组件的遮挡越严重，全年平均遮挡时间也越长，年发电量降低。对于阵列间距的选择标准，目前较为通用的做法是：在特定方位角下，采用对应的最佳倾角，并保证冬至日 9：00 至 15：00 光伏组件不被遮挡。光伏阵列间距示意图见图 3。

太阳高度角、太阳方位角、光伏阵列间距的计算公式如下：

太阳高度角：$\sin\alpha=\sin\phi\sin\delta+\cos\phi\cos\delta\cos\omega$　(1)

太阳方位角：$\sin\beta=\cos\delta\sin\omega/\cos\alpha$　(2)

光伏阵列间距：$D=\dfrac{\cos\beta\times H}{\tan[\arcsin(\sin\phi\sin\delta+\cos\phi\cos\delta\cos\omega]}$　(3)

式中，D 为遮挡物与阵列的间距，m；H 为遮挡物与可能被遮挡组件底边的高度差，m；ϕ 为当地纬度；β 为太阳方位角；δ 为太阳赤纬角，冬至日的太阳赤纬为-23.45°；ω 为时角，上午 9：00 的时角为-45°。

由以上讨论可知，在某一固定地点，场地较为空旷的理想场地上，光伏发电系统的发电量主要受以下两个因素影响：安装倾角和阵列间距。

Plane orientation

Azimuth 0°

Inclination 15°

	Gh kWh/m²	Gk kWh/m²	Dh kWh/m²	Bn kWh/m²	Ta °C	Td °C	FF m/s
January	61	71	43	39	2.8	-3.9	1.8
February	75	83	53	38	5.9	-0.5	2
March	101	107	74	43	12.1	4.1	2.3
April	134	138	80	75	17.7	10	2.2
May	143	143	98	62	22.7	14.5	2.1
June	141	138	93	64	26.5	19.2	2
July	158	157	98	82	28.4	23.2	2
August	149	151	95	73	27.3	22.2	1.9
September	118	124	75	64	22.9	17	1.8
October	95	104	63	52	17.7	11	1.6
November	68	78	48	42	10.8	4.6	1.8
December	63	73	45	40	4.9	-1.8	1.8
Year	1303	1365	864	675	16.6	10	1.9

Plane orientation

Azimuth 0°

Inclination 23°

	Gh kWh/m²	Gk kWh/m²	Dh kWh/m²	Bn kWh/m²	Ta °C	Td °C	FF m/s
January	61	74	43	39	2.8	-3.9	1.8
February	75	85	53	38	5.9	-0.5	2
March	101	109	74	43	12.1	4.1	2.3
April	134	138	80	75	17.7	10	2.2
May	143	140	98	62	22.7	14.5	2.1
June	141	134	93	64	26.5	19.2	2
July	158	153	98	82	28.4	23.2	2
August	149	149	95	73	27.3	22.2	1.9
September	118	126	75	64	22.9	17	1.8
October	95	107	63	52	17.7	11	1.6
November	68	82	48	42	10.8	4.6	1.8
December	63	77	45	40	4.9	-1.8	1.8
Year	1303	1374	864	675	16.6	10	1.9

Plane orientation

Azimuth 0°

Inclination 25°

	Gh kWh/m²	Gk kWh/m²	Dh kWh/m²	Bn kWh/m²	Ta °C	Td °C	FF m/s
January	61	75	43	39	2.8	-3.9	1.8
February	75	86	53	38	5.9	-0.5	2
March	101	109	74	43	12.1	4.1	2.3
April	134	138	80	75	17.7	10	2.2
May	143	139	98	62	22.7	14.5	2.1
June	141	133	93	64	26.5	19.2	2
July	158	152	98	82	28.4	23.2	2
August	149	149	95	73	27.3	22.2	1.9
September	118	126	75	64	22.9	17	1.8
October	95	108	63	52	17.7	11	1.6
November	68	82	48	42	10.8	4.6	1.8
December	63	78	45	40	4.9	-1.8	1.8
Year	1303	1373	864	675	16.6	10	1.9

Plane orientation

Azimuth 0°

Inclination 30°

	Gh kWh/m²	Gk kWh/m²	Dh kWh/m²	Bn kWh/m²	Ta °C	Td °C	FF m/s
January	61	77	43	39	2.8	-3.9	1.8
February	75	87	53	38	5.9	-0.5	2
March	101	109	74	43	12.1	4.1	2.3
April	134	136	80	75	17.7	10	2.2
May	143	136	98	62	22.7	14.5	2.1
June	141	130	93	64	26.5	19.2	2
July	158	148	98	82	28.4	23.2	2
August	149	146	95	73	27.3	22.2	1.9
September	118	125	75	64	22.9	17	1.8
October	95	109	63	52	17.7	11	1.6
November	68	84	48	42	10.8	4.6	1.8
December	63	80	45	40	4.9	-1.8	1.8
Year	1303	1366	864	675	16.6	10	1.9

图 2 固定式安装模拟计算结果

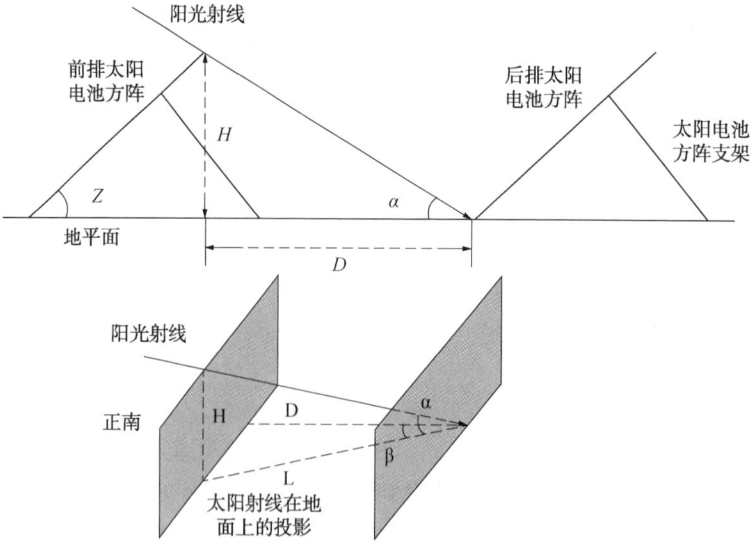

图 3 光伏阵列间距示意图

（三）光伏发电系统的减碳量计算

光伏发电项目可有效减少常规能源尤其是煤炭资源的消耗，减少温室气体排放，保护环境，具有较好的社会效益。根据项目运营其的年均发电量，计算可得建成投运后平均每年减排二氧化碳的数量。

三、设计优化

依托具体工程项目，对光伏发电阵列的安装倾角和阵列间距进行优化调整，在一定范围内降低安装倾角或缩短完全无阴影遮挡的时间段，可显著缩小阵列间距，单个组件发电量仅受到轻微损失，项目整体发电量可得到显著提高。

（一）工程安装地点

本文以河南某地光伏发电系统为例进行优化设计计算。系统位于河南省中南部，地处北纬 32°18′~33°35′，东经 113°10′~115°12′，海拔 176m。安装地点为 4 块分散场地，场地周围无遮挡物，但场地形状不规则，总面积约 13720m^2。

（二）气象资料

根据 Meteonorm 软件相关气象数据，该地月平均气象资料见表 1。

表 1　当地气象资料

	Gh/(kWh/m^2)	Dh/(kWh/m^2)	Bn/(kWh/m^2)	Ta/℃	Td/℃	FF/(m/s)
January	61	43	39	2.8	-3.9	1.8
February	75	53	38	5.9	-0.5	2
March	101	74	43	12.1	4.1	2.3
April	134	80	75	17.7	10	2.2
May	143	98	62	22.7	14.5	2.1
June	141	93	64	26.5	19.2	2
July	158	98	82	28.4	23.2	2
August	149	95	73	27.3	22.2	1.9
September	118	75	64	22.9	17	1.8
October	95	63	52	17.7	11	1.6
November	68	48	42	10.8	4.6	1.8
December	63	45	40	4.9	-1.8	1.8
Year	1303	864	675	16.6	10	1.9

（三）系统模型

1. 光伏组件选型

选择 475Wp 组件，尺寸为 2182mm×1029mm（长×宽），采用固定倾角安装，分两排竖向布置；相邻两块光伏组件间预留 20mm 压块安装空间。

2. 光伏阵列倾角及间距选择

通过专业光伏仿真软件 PVsyst，对该项目 4 块场地分别进行仿真计算，结果见表 2~表 5。

表 2　1#场地最佳倾角仿真结果

方位角	倾角	采光面总辐射量/(kW·h/m²)	相较最优的损失
南偏西 14°	15	1345	-0.8
	20	1353	-0.3
	22	1354	-0.2
	25	1353	-0.3
	30	1347	-0.7

表 3　2#场地最佳倾角仿真结果

方位角	倾角	采光面总辐射量/(kW·h/m²)	相较最优的损失
南偏西 41°	15	1328	-2.2
	18	1331	-1.9
	20	1331	-1.9
	25	1328	-2.1
	30	1320	-2.7

表 4　3#场地最佳倾角仿真结果

方位角	倾角	采光面总辐射量/(kW·h/m²)	相较最优的损失
南偏西 24°	15	1341	-1.2
	19	1346	-0.8
	20	1347	-0.7
	25	1347	-0.7
	30	1340	-1.2

表 5　4#场地最佳倾角仿真结果

方位角	倾角	采光面总辐射量/(kW·h/m²)	相较最优的损失
正南	15	1348	-0.7
	20	1356	-0.1
	23	1357	0
	25	1356	-0.1
	30	1350	-0.5

由于各场地边界不规整，场地方位角各不相同，其采光面总辐射量最大时的最佳倾角也有所不同。由上表可知，1#～4#场地的最佳倾角分别为22°、18°、20°和23°。

根据2.2节相关内容，选取最佳倾角安装，并以保证冬至日9.00至15：00组件不遮挡为原则，可计算出光伏阵列布置的阵列间距等，见表6。

表 6　最佳倾角下阵列间距

场地	方位角	安装倾角	光伏阵列斜面宽度/mm	光伏阵列投影宽度/mm	前后排间距/m	前后排中心距/m
1#	南偏西 14°	22°	4384	4064.8	4.1	8.15
2#	南偏西 41°	18°	4384	4169.4	3.86	8.03
3#	南偏西 24°	20°	4384	4119.6	4.0	8.16
4#	正南	23°	4384	4035.5	3.55	7.6

相关研究表明，光伏阵列的间距减小时，单个组件平均的占地面积减小，总的安装容量显著增加，可提升光伏发电量；但间距减小造成的阴影遮挡加剧，又造成了组件的单位发电量减小，降低了组件的利用效率。如何采取合理的措施减小间距，但又控制其阴影遮挡造成的损失，可以为我们进行光伏阵列优化设计提供新的思路。

（四）系统优化

根据前文的讨论，可采用以下两个方向对系统进行优化，以实现提升系统发电量、进而提升项目经济效益的目的。

1. 降低固定倾角

以本工程 1#场地（方位角南偏西 14°）为例，分别对各个安装倾角进行仿真，结果见图 4。

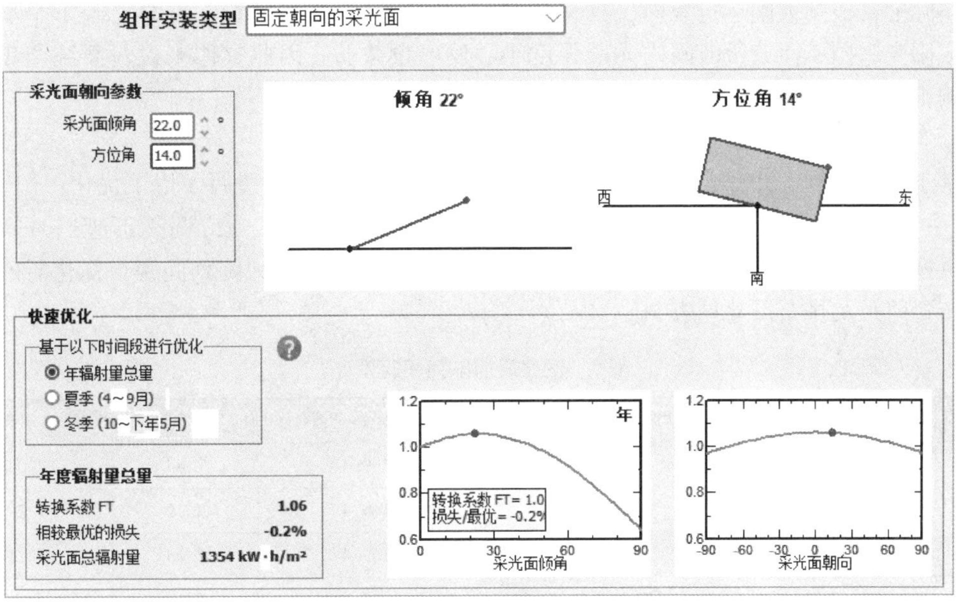

图 4　场地年辐射量与倾角、方位角曲线图

由图 4 可见，该场地最佳倾角为 22°，在最佳倾角附近，曲线变化十分平缓，其±5°角范围内，组件的发电效率的损失不超过 0.3%。因此，我们可以尝试在此范围内适当降低方阵倾角，以提高场地装机容量。

2. 调整不遮挡时间段标准

在一天内，随着太阳的运动，物体的影长在清晨及傍晚较长，中午十分较短，其拟合曲线见图 5。

由图 5 可知，该曲线呈现较为平滑的凹形，在清晨和傍晚时分，曲线的斜率较大，相邻时刻间，影长增加或减小的幅度也越大，而在 9：00 和 15：00 之间，曲线较为平缓，相邻时刻间，影长变化十分有限。这也是一般光伏发电系统设计时将冬至日 9：00 至 15：00 不遮挡定为原则的主要原因。但我们观察曲线，其并未在 9：00 或 15：00 该两点产生尖锐转折，因此考虑适当放宽该时间段，以减小阵列间距，提高装机容量，从而达到提升系统总体发电量的目的（见图 6）。北京某地的相关研究表明，其应用的某项目的日发电量峰值出现的情况是选择 9：12 至 15：21 时间段，比应用一般性原则即9：00~15：00 不遮挡，发电量提高 5.6%左右。

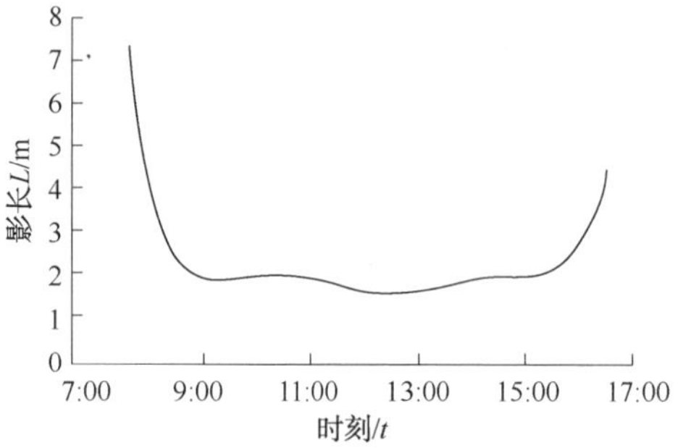

图 5　单日物体影长拟合曲线

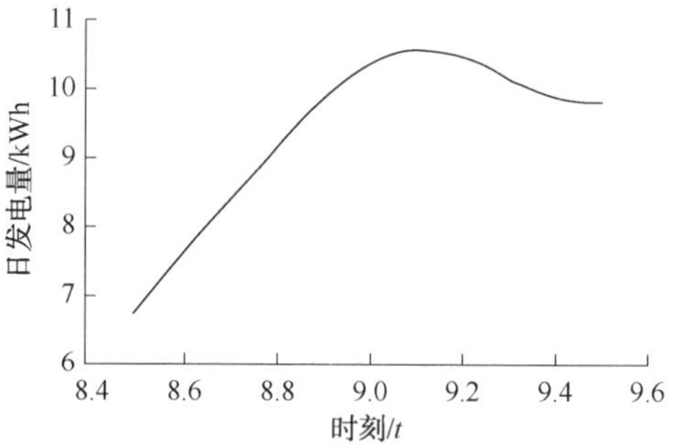

图 6　日发电量与时刻选择的关系

实际上，根据太阳运行规律，只有冬至日前后约一个月时间内，在早、晚 1 个小时内会造成阳光遮挡，而该段时间内光照强度小、发电量微弱，因此整体来说对系统全年发电量影响很小。此方法可有效缩短阵列间距，提高场地利用率。

3. 阵列设计优化

基于以上分析，并综合考虑场地现状，本文对项目阵列设计进行了以下优化：(1)降低倾角——1#、2#、3#场地均选择倾角 18°，4#场地选择倾角 23°；(2)调整不遮挡时间段标准——选取冬至日9：30~14：30 阳光不遮挡为原则，来计算场地阵列间距。优化后的光伏阵列布置间距及排布尺寸见表 7。

表 7　优化后的阵列间距设计

场地	方位角	安装倾角	光伏阵列斜面宽度/mm	光伏阵列投影宽度/mm	前后排间距/m	前后排中心距/m
1#	南偏西 14°	18°	4384	1469.4	2.87	7.04
2#	南偏西 41°	18°	4384	4169.4	3.12	7.29
3#	南偏西 24°	18°	4384	4169.4	3.04	7.21
4#	正南	23°	4384	4035.5	3.14	7.2

与前文 3.3 节分析相比可见，优化后阵列间距得到了显著缩短，分别减少了 13%~30%不等，同一场地可安装的光伏组件更多，对提高系统装机容量十分有益。

四、发电量计算

光伏发电系统的年发电量计算如下：

年发电量(kW·h)=装机容量(kWp)×年日照时数(h)×$\eta_{总}$。

其中，同一地区年日照时数为定值。

系统总效率：

$$\eta_{总}=\eta_1\times\eta_2\times\eta_3\times\eta_4\times\eta_5 \tag{4}$$

式中，η_1为光伏阵列能量转换效率，一般取 87%；η_2为逆变器能量转换效率，一般取 98%；η_3为交流并网能量转换效率，一般取 98%；η_4为方位角偏差、倾角偏差造成能量损失，可根据软件仿真分别测算；η_5为间距缩小造成的阴影损失。

以下对前文列出的两个设计方案分别进行装机容量、年发电量等各项数值测算，其中传统设计方案数值以 X 表示，优化设计方案数值以 X' 表示(见表 8)。

表 8　发电系统效率测算表

场地	方位角	倾角	η_4	η_5	$\eta_{总}$	装机容量/kWp
1	14	22	99.80%	1	83.39%	430.35
2	41	18	98.10%	1	81.97%	84.55
3	24	20	99.30%	1	82.97%	125.4
4	0	23	1	1	83.55%	559.55
场地	方位角	倾角	η'_4	η'_5	$\eta'_{总}$	装机容量/kWp
1	14°	18°	99.5%	99.7%	82.89%	471.2
2	41°	18°	98.1%	99.7%	81.72%	103.55
3	24°	18°	99.1%	99.7%	82.55%	156.75
4	0°	23°	1	99.7%	83.30%	621.3

由表 8 数据可知，加权平均后的系统效率分别为 $\eta_{总}=83.32\%$，$\eta'_{总}=82.95\%$。系统装机容量分别为 1199.85kWp 及 1352.8kWp。在损失小部分发电效率的情况下，总装机容量得到了显著的提升，约提升 12.7%。

根据目前市场主流组件参数，单晶太阳电池组件的首年衰减率不超过 2.5%，之后衰减不超过 0.6%，年峰值小时数采用 1374h，以此为基础，可测算光伏发电系统 25 年发电量，见表 9。

表 9　光伏发电系统 25 年平均发电量预测

项　　目	年发电量/(10^4kW·h)一般方案	年发电量/(10^4kW·h)优化方案
首年发电量	137.36	154.18
5 年平均值	133.66	150.02
10 年平均值	131.42	147.51
15 年平均值	129.40	145.24
20 年平均值	127.46	143.07
25 年平均值	125.57	140.95

由表 9 可见，方案优化后，首年发电量增加了 16.82×10^4kW·h，25 年平均发电量增加了 15.38×10^4kW·h，平均提升 12.2%。

五、效益分析

作为一种新型能源开发方式的光伏发电项目，具有污染少、建设简单、因地制宜、清洁高效等种种优点，不仅能为投资者带来经济效益，同时也因为其在节能减排、绿色能源、调整能源结构等方面的突出贡献，有着十分显著的社会效益。在分析光伏发电项目的效益时，需要从运维成本、建设投资、项目收入、碳排放等各个角度进行分析，也是推动光伏项目发展的重要举措。

光伏发电项目的成本由以下几项组成：组件成本、运维成本、财务费用等。发电项目的收益有电费收入、补贴收入、环境收益等。

（一）LCOE 模型

LCOE 模型是国际上通用的，用来评价利用光伏每产生 1 度电所用成本的指标，决策者往往倾向于采用该指标来分析光伏发电技术的各项成本。将项目运行周期内的运营成本、初始投资等各项指标折算成现值，如式(5)所示。

$$\mathrm{LCOE}=\frac{I_0+\sum_{n=1}^{N}\frac{A_n+T_n}{(1+i)^n}-\frac{V_R}{(1+i)^N}-\sum_{n=1}^{N}\mathrm{CERs}}{\sum_{n=1}^{N}\frac{Q_n}{(1+i)^n}} \tag{5}$$

式中，I_0 为初始投资；A_n 为第 n 年的运营成本；VR 为残值；Tn 为其他费用。

光伏发电系统所发电量并网模式有全部自发自用、自发自用余电上网、全额上网 3 种模式。由于补贴电价、上网电价等政策因素，自用电量占系统发电量的比例与项目的经济效益有着密切关系，不同自用电量比例对光伏发电项目经济指标的影响见表 10。

表 10　经济效益与自用电量的关系分析表

自用电量比例/%	回收期/年	内部收益率/%	LCOE/(元/kW·h)
25	9.03	8.12	0.675
50	8.46	9.02	0.675
75	7.95	9.90	0.675
100	7.49	10.76	0.675

可见，项目所发电量的自用比例越高，投资回收期越短，内部收益率越高。

另外，在对度电成本的影响中，作用最大的是发电量的变化。优化光伏发电技术，可显著提高发电量，从而达到降低度电成本的目的。

(二) 系统经济评价参数

本文以河南某地光伏发电系统为例，选用典型运营模式，对优化设计前后的两个工程方案分别进行经济分析。(1)一般方案：装机容量 1.2MWp，优化方案 1.35MWp，年平均日照实数 1374h。(2)系统性能：首年衰减 2.5%，次年及以后每年衰减 0.6%。(3)初期投资：一般方案为 4.42 元/W，优化方案为 4.34 元/W。(4)运维费：运营期前 5 年维修费率 0.5%，之后每 5 年递增 0.5%；折旧年限 15 年，系统残值 0%。(5)该地区上网电价 0.49 元/kW·h，无补贴。

(三) 经济效益测算

经由对前述两个设计方案的投资、造价、发电量、度电成本等分别进行财务分析及相关测算，测算结果见表 11。

表 11　经济效益测算表

	装机容量/kW	单瓦造价/(元/W)	投资/万元	年均发电量(10^4kW·h)	度电成本/(元/kW·h)	年均收益/万元	年均成本/万元	投资回收期/年
优化前	1199.85	4.42	529.88	129.40	0.30	82.98	35.33	9.12
优化后	1352.80	4.34	587.05	145.24	0.29	93.15	39.14	8.63

由表 11 可见，经过优化设计后，该项目的装机容量由 1.2MWp 提升到 1.35MWp，得到了显著提升，系统年均发电量由 129.4×10^4kW·h 增加到 145.24×10^4kW·h。虽然投资增加，但度电成本由 0.30 元/kW·h 降至 0.29 元/kW·h，投资回收期得到明显缩短，提

高了项目的经济效益。

（四）减碳效果测算

由以上分析，经优化设计后，系统25年年均发电量由 $129.4\times10^4kW\cdot h$ 增加到 $145.24\times10^4kW\cdot h$，投运后年减排二氧化碳（$CO_2$）由75.18t增加到84.38t，增加了9.2t，减碳效果更优。

六、结论

本文以河南某光伏发电项目为例，计算了不同倾角和阵列间距下，项目的装机容量、发电效率、年发电量、单瓦造价、度电成本、投资回收期等各项指标数据。

结果表明：在一定范围内降低安装倾角或缩短完全无阴影遮挡的时间段，可显著缩小阵列间距，组件发电量仅受到轻微损失。以上可显著缩小阵列间距，提升系统总装机容量及发电量。基于以上两点进行的设计优化方案，获得了更好的经济效益，达到了更优的节能减碳效果。

参考文献

[1] 黄磊. 太阳能光伏发电并网电站设计与研究[J]. 建筑电气，2007，2：19-22.

[2] 成珂，杨洁，吴自博. 光伏阵列安装角度与安装节距的优化选择[J]. 可再生能源，2014，6：743-747.

[3] 王庆伟，于大龙，尚仁杰，等. 光伏阵列组件间距对单位面积发电量的影响[J]. 可再生能源，2013，9：14-17.

[4] 吕双辉，蔡声霞，王守相. 分布式光伏——储能系统的经济性评估及发展建议[J]. 中国电力，2015，48(2)：139-144.

[5] 孙建梅，陈璐. 基于LCOE的分布式光伏发电并网效益分析[J]. 中国电力，2018，51(3)：88-93.

化学储能行业的发展现状趋势和机遇

徐丽秋
吴福丽　中国石油大连润滑油研究开发中心
王　雷

随着可再生能源在一次能源中的占比逐步提升，风光发电的随机性和波动性也在影响着整个电力系统，储能可以从根本上改善新能源电力的可调节性，提高电网稳定性和能效，解决新能源消纳问题。化学储能在新型储能中重占比最大，增长速度最快。根据国家最新发展规划，2030 年化学储能达到 30GW 规模，是 2020 年的 10 倍，新能源配储能成为各地鼓励的发展模式，多省份发布了要求风光发电配置储能的政策，配置比例为 10%~20%，容量时长 2h。与电动汽车相比，储能系统电池更多，带电量更大，充放电频次更高，对温度的控制要求更严格，而且还有利用退役汽车电池的储能设施，因而储能系统的安全性问题更重要，散热方式和冷却介质的选择是重要的影响因素。前期大部分储能系统采用风冷，结构简单成本低，但占用空间大，冷却效率低，控制难度大，2021 年开始新建的储能装置倾向于采用液冷系统。储能使用场景包括发电端、电网端和用户端，增长最快的是发电端，三种场景都有实际需求，而且已经达到有经济效益的阶段，叠加碳交易收益以及政策推动，未来储能特别是化学储能规模将爆发增长，带动对液冷和冷却液需求大幅增加。目前，储能液冷技术大都从电动汽车动力电池和数据中心及工业热管理系统套用而来，因而系统设计和使用的冷却液都还在探索阶段，冷却液性能要求大致方向是绝缘性、材料相容性、热传导性以及化学稳定性、长寿命低成本等。润滑油企业应抓住机遇，主动了解储能行业的发展和需求，参与配套冷却液的研发，将中国在动力电池和化学储能技术的优势转化成热管理系统和冷却液的优势，进而参与未来国际标准的制定，抢占先机。

一、为什么储能

碳中和已经是全球共同使命，是未来 30~40 年全球最重要最确定性的事件，必然带来能源产业升级。实现“碳达峰、碳中和”目标，构建以新能源为主体的新型电力系统，对电网的消纳能力和调节能力提出了新的更高要求。

目前的发电种类包括火电、水电、核电、风电、光伏发电等，火电目前占比超过一半，成本低，控制灵活，根据电网需求灵活调整发电量负荷，但碳排放量大、耗能高，在双碳目标的大前提下，应用受限，未来总量和占比都是下降的趋势。发展可再生能源是未来的方向，水核风光电各有特点，水电依赖自然条件，容量扩展有限，核电开停负荷不可调，安全也是人们担心的问题。因此所谓碳中和的现实路径，更多的是通过风光发电，但风电光电具有不稳定不连续的特点，影响电网平稳和用户用电，所以每年的弃风弃光量很大。国家能源局数据显示，截至 2021 年底，全国风电装机 3.3×10^8kW，光伏装机超 3.1×10^8kW，风、光累计装机总容量 6.4×10^8kW，同期全国电力总装机容量约 23.7×10^8kW，风、光装机在总量中占比已达 27%，但发电量占比仅为 11.7%。弃风弃光既有以往成本高的因素，更多是因为与用电峰谷无法匹配。

随着可再生能源在一次能源中的占比逐步提升，特别是实现平价后，可再生能源高比例接入，其随机性和波动性也在影响着整个电力系统。因此需要用好风光电，提高电网对高比例可再生能源的消纳和调控能力，削峰填谷、稳定电网运行，提高电网运营效率和质量，实现风光电的完整高效利用，保证整个社会的能源安全。其基础是以储能和调峰能力为支撑，发展消纳可再生能源为主的增量配电网、微电网和分布式电源，研发和推广智能电网技术，以及推进绿色低碳金融产品和服务开发，设立碳减排货币政策工具等。

储能是最核心的技术，储能成为新能源场站的标配方案，新能源+储能可以从根本上解决新能源的波动性，改善新能源发电的可调节性，提高电网电力系统的稳定性，解决新能源消纳，助推能源发展转型。储能是“3060 双碳”背景下，构建以新能源为主体的新兴电力系统的重要技术支撑。传统的电力系统是由电源、电网和用户三端构成，未来新型电力系统将增加储能作为第四端。

二、储能的主要方式对比和发展现状趋势

储能指通过一定方式将能量转换成较稳定的存在形态后进行储存，并按需释放。按照储能作用时间的长短，可以将储能系统分为数时级以上、分钟至小时级、秒级等。

（一）几种储能方式对比

按照储能的原理，应用最多的是机械储能和电化学储能及氢储能三大块。机械储能是通过物理方式进行能量储存，主要有抽水蓄能、压缩空气储能和飞轮储能等；电化学储能主要包括各类电池技术，目前主要有锂电池储能、铅蓄电池储能和钠硫电池储能；氢储能是利用电解水生产氢气，再将氢气压缩、运输和作为驱动源使用，但目前技术和成本的制约，短时间内应用受限（见表 1）。

表 1　机械储能和电化学储能对比

机械储能			
抽水蓄能	电网低谷时利用过剩电力将水从低标高的水库抽到高标高的水库，电网峰荷时高标高水库中的水回流到下水库推动水轮发电机发电	技术成熟、功率和容量较大、寿命长、运行成本低	受地理资源条件的限制，能量密度较低，总投资较高

续表

机械储能			
压缩空气蓄能	利用过剩电力将空气压缩并储存，当需要时再将压缩空气与天然气混合，燃烧膨胀以推动燃气轮机发电	容量大、工作时间长、充放电循环次数多、寿命长	效率相对较低、建站条件较为苛刻
飞轮储能	利用电能将一个放在真空外壳内的转子加速，将电能以动能形式储存起来	功率密度高、寿命长、环境友好	能量密度低、充放电时间短、自放电率较高
电化学储能			
形式	基本原理	优点	缺点
锂离子电池	正负电极由两种不同的锂离子嵌入化合物构成。充电时，Li^+从正极脱嵌经过电解质嵌入负极；放电时则相反，Li^+从负极脱嵌经过电解质嵌入正极	长寿命、高能量密度、高效率、响应速度快、环境适应性强	价格依然偏高，存在一定风险
铅蓄电池	铅蓄电池的正极二氧化铅（PbO_2）和负极纯铅（Pb）浸到电解液（H_2SO_4）中，两极间会产生2V的电势	技术成熟、结构简单、价格低廉、维护方便	能量密度低、寿命短，不宜深度充放电和大功率放电
钠硫电池	正极由液态的硫组成，负极由液态的钠组成，电池运行温度需保持在300℃以上，以使电极处于熔融状态	能量密度高、循环寿命长、功率特性好、响应速度快	阳极的金属钠是易燃物，且运行在高温下，因而存在一定的安全风险

（二）抽水储能与电化学储能的装机量现状

目前成熟度高的储能方式是：抽水储能+新型储能，新型储能包括电化学储能（锂离子电池、液硫电池、铅蓄电池等）、压缩空气储能、飞轮储能等，而新型储能里商业化最多最成熟的是电化学储能，即电池储能。抽水蓄能仍然是当前主力，新型化学储能发展非常迅速，其中锂离子电池的储能技术占比最高，增长最快。

抽水蓄能是当前技术最成熟、经济性最优、最具大规模开发条件的灵活调节电源：抽水蓄能效率损失在25%~30%，差不多抽水用4kW·h，发电发3kW·h，土建寿命长达50年，是目前唯一达到GW级的储能技术。抽度电成本低，约0.21~0.25元/kW·h。电化学储能以磷酸铁锂电池为例，理想状态下其循环寿命约4000次，锂电成本约0.62~0.82元/kW·h，但随着电动汽车的高速发展，带动电池的产能扩张、技术进步、质量提高，锂电成本快速下降，是未来最具潜力的储能方式。储能的开发成本现在随着技术的进步和产业规模的快速发展，每年都在以10%~15%的速度在下降，而且设置灵活，响应迅速。

根据中国能源研究会储能专委会/中关村储能产业技术联盟（CNESA）全球储能项目库的不完全统计，截至2021年底，全球已投运电力储能项目累计装机规模209.4GW，同比增长9%，抽水蓄能的累计装机规模仍占据最大比重，但份额持续下降：2020年较2019年占比下降2.3%，2021年又下降4.1%，首次低于90%，而全球电化学储能项目累计装机规模由2008年的不足100MW跃升至2020年14.2GW，同比增长49.6%%；2021年新型储能的累计装机规模达到25.4GW，同比增长67.7%，其中，锂离子电池占据绝对主导地位，市场份额超过90%。电化学储能已成为全球储能新增投运装机的主要部分。

全球新一轮碳减排目标刺激能源体系变革加速（见图1），预计2025年全球电化学储能需求量达315GW·h，五年复合增速达61.69%，“十四五”期间需求量达810GW·h，其中发电侧与用户侧将为储能需求贡献主要增量。

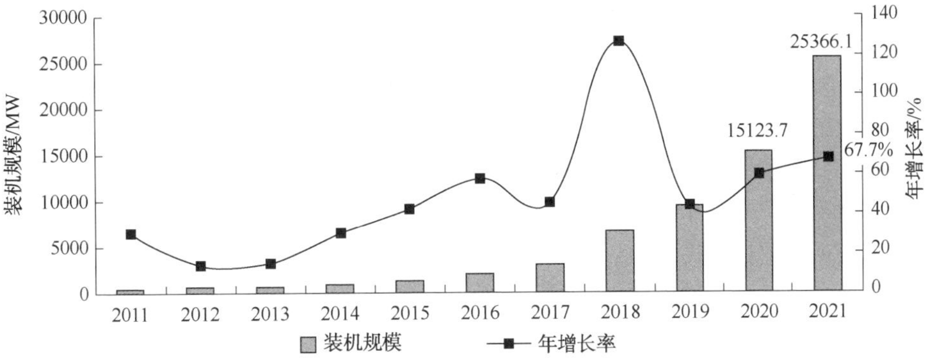

图 1　全球新型市场储能累计装机规模

国内抽水蓄能发展最为成熟，但受地理限制比较高，从发展的趋势来看，电化学储能的增长最快。截至 2021 年底，中国已投运电力储能项目累计装机规模 46. 1GW，占全球市场总规模的 22%，同比增长 30%。其中，抽水蓄能的累计装机规模最大，为 39. 8GW，同比增长 25%，所占比重与 2020 年同期相比再次下降 3%；市场增量主要来自新型储能，累计装机规模达到 5729. 7MW，同比增长 75%(见图 2、图 3)。

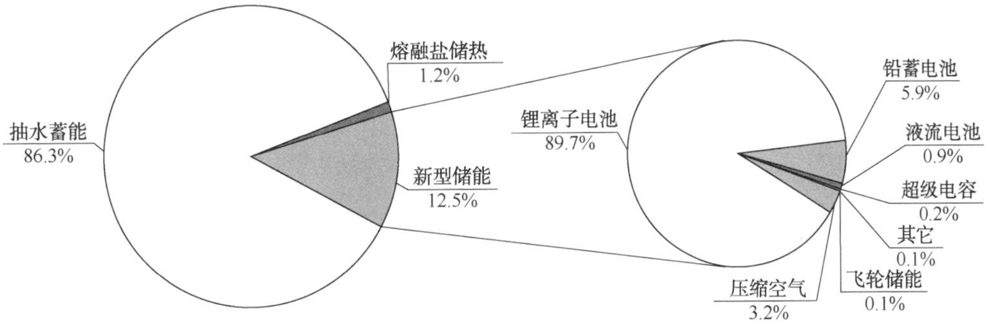

图 2　2021 年我国各种储能占比

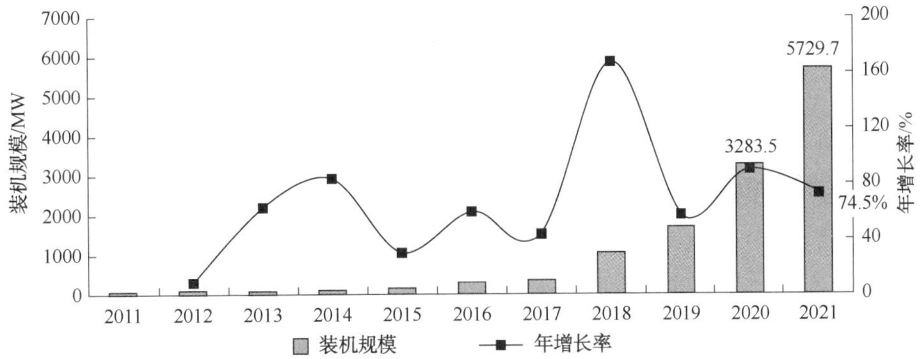

图 3　截至 2021 年全国新型储能电站装机规模情况

（三）抽水储能与电化学储能发展规划和趋势预测

从发展规划来看，2021 年 7 月 23 日，发改委、能源局印发《关于加快推动新型储能发展的指导意见》，明确定义了新型储能，即“除抽水蓄能外的新型电储能技术”，到 2025 年，实现新型储能从商业化初期向规模化发展转变，装机规模达 30GW 以上，是抽水储能的二分之一(与 2020 年相比还有 10 倍的增长空间)，到 2030 年，实现新型储能全面市场化发展。

中关村储能产业技术联盟(CNESA)在《储能产业研究白皮书 2022》中的预测数据，保守场景，预计 2026 年新型储能累计规模将达到 48. 5GW，2022～2026 年复合年均增长率为 53. 3%，市场将呈现稳步、快速增长的趋势。理想场景，随着电力市场的逐渐完善，储能供应链配套、商业模式的日臻成熟，新型储能凭借建设周期短、环境影响小、选址要求低等优势，有望在竞争中脱颖而出。预计 2026 年新型储能累计规模将达到 79. 5GW，2022～2026 年复合年均增长率为 69. 2%(见图 4、图 5)。

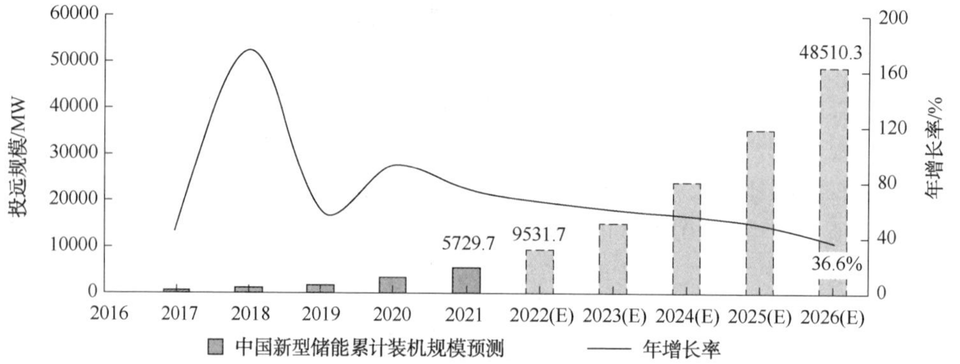

图 4　国内新型储能累计投运规模预测(保守场景 2022～2026)

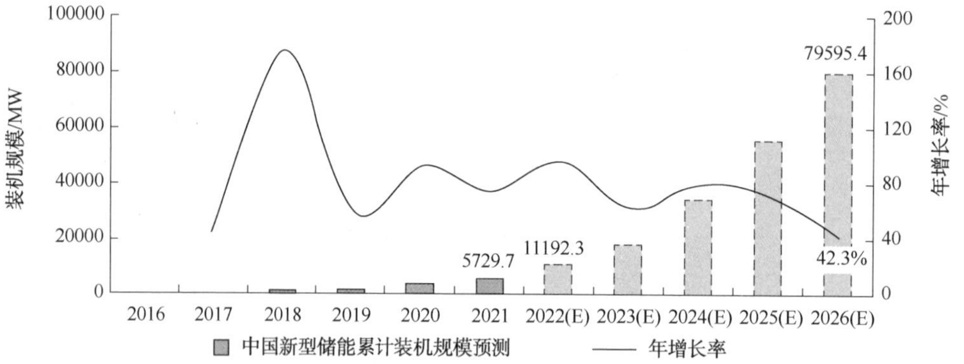

图 5　国内新型储能累计投运规模预测(理想场景 2022～2026)

三、化学储能的主要应用场景和产业链

储能的应用场景主要包括电源侧、电网侧及用户侧，产业链主要包括设备提供商，系统集成商/安装商，以及下游终端用户三个环节。

(一) 化学储能的主要应用场景

储能商业作用路径主要有三种，消纳风光发电减少弃电量，参与电网调频、调峰等电力辅助服务模式，峰谷电价差实现盈利，未来还可以通过碳交易获得收易。按照设备或项目接入位置，分为电源侧、电网侧及用户侧，2020 年电网侧占据主导地位，2021 年电源侧发展迅速，占比与电网侧接近；按照储能项目应用场景：分为独立储能、风储、光储、工商业储能等 30 个场景。独立储能、工商业储能这两类场景在 2021 年迎来了大发展。按照储能项目提供服务类型，可划分为支持可再生能源并网、辅助服务等六大类。2021 年投运储能项目，可再生能源并网、辅助服务、用户能源管理服务是储能项目提供最多的服务类型。

（1）发电侧：提高新能源电力消纳，减少弃风弃光，获取收益，配置储能可以在发电高峰期给储能系统充电储存，在发电低谷期再把储存的电量释放以达到平滑发电曲线的效果。通过将原来无法利用的发电量存储起来，在合适的时机卖出，赚取电价收益。在近两年新能源配储能成为各地鼓励的发展模式。但据测算，即使配置储能系统可以完全消纳弃风光量，按储能系统成本 150 万元/MW · h、电池循环寿命 6000 次、标杆电价 0. 49 元的计算，目前的收益率仅 3%。2021 年 9 月，国家发改委正式批复《绿色电力交易试点工作方案》，首批绿电交易价格溢价 0. 03～0. 05 元/kW · h，溢价率约 10%，目前新能源市场化交易电量占新能源总发电量比重已趋近 30%，绿电交易使风光配储价值进一步凸显，环境价值进一步推动风光储一体化发展。

（2）电网侧：为保障电力系统稳定运行，储能在电网侧承担调峰调频、缓解线路阻塞、延缓电网设施升级、减少电网投资等，获得电力辅助服务收益和纳入电网成本。电网侧储能项目一般由电网公司作为投资主体，负责项目整体建设与运营，2019 年 5 月，发改委发布的《输配电定价成本监审办法》中，明确抽水蓄能电站、电储能设施不能纳入输配电成本，导致储能项目投资费用无法得到传导，收益受损。

（3）用户侧储能的主要安装在微电网、工商业以及家庭侧，为业主节约电量电费和容量电费，据测算按 1. 5 元/kW · h 的储能系统成本计算，峰谷价差大于 0. 7 元/kW · h 可实现超 10%的收益率，配储降本优势显著。目前仅北京、浙江、江苏、广东等东部主要省份工商业峰谷价差高于 0. 7 元/kW · h，未来随着峰谷价差进一步扩大、浮动电价制度推进加上储能持续降本，电化学储能的经济效益提升。用户侧包括的应用场景比较多，空间更大，市场容量大小取决于地区的发达情况和场地接入点限制，东部地区有较大的市场空间。

2021 年中国新增新型储能项目接入位置与应用场景分布见图 6。

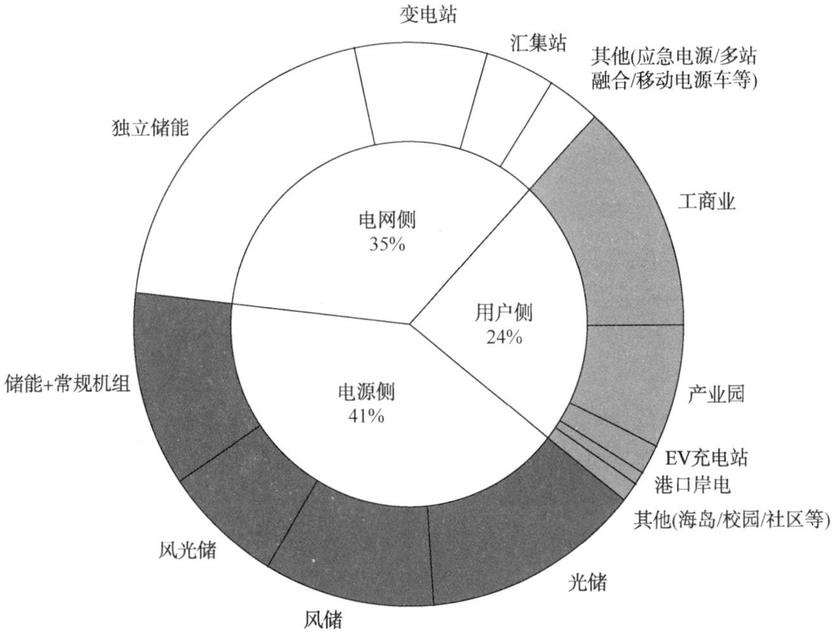

图 6　2021 年中国新增新型储能项目接入位置与应用场景分布（MW，%）

（二）电化学储能行业的设备供应产业链

1. 电化学储能系统结构

电化学储能系统由电池组、双向储能变流器(PCS)、能量管理系统(EMS)、电池管理系统(BMS)、机械支撑集装箱及包括电器元件的加热和冷却系统(热管理系统)舱内设施共同组成。电池通过排列，连接组装成电池模组，再和其他元器件一起固定组装到柜体内构成电池柜体(集装箱)。

储能系统成本中，电池占比最高，达到了60%，其次是PCS、EMS和BMS占比分别为20%、10%和5%。

(1) 电池矩阵(电堆)，由若干单电池组成，在电池选择上又可以分为功率型电池、能量型电池和容量型电池。在发电侧和用户侧储能场景，一般需要储能电池连续充电或连续放电两个小时以上，因此适合容量型电池的应用；而电网侧需要调频和平滑峰谷的场景，需要系统短时快速充放电，一般使用功率型电池；在更复杂的储能和调频场景则需要能量型电池。行业集中度逐渐提升，未来向高安全、长寿命、低成本发展，磷酸铁锂将是主流路径。

(2) 双向储能变流器PCS(逆变器)，主要作用在于将交流电与直流电相互转换进而对电池系统进行充放电，一方面将电网端的交流电转化为直流电为电池堆充电；另一方面将电池堆的直流电转换为交流电回馈给电网。

(3) 电池管理系统(BMS)与能量管理系统(EMS)的主要作用在于对电池和系统的状态进行监测和管理，主要包括实现单体电芯的电压电流检测、电量计算、均衡管理等功能，系统性地解决储能电池系统的安全管控，保证系统安全运行和使用寿命。

(4) 能源管理系统，将储能系统内各子系统的信息汇总，全方位掌控整套系统的运行情况，并做出相关决策，为运营商的后台管理人员和用户的运维人提供运营工具，实施监管运行情况，保证系统安全运行。

(5) 热管理系统：电池在合适的温度环境(23~25℃)，才能发挥更高的工作效率。如果电池工作温度超过50℃，电池寿命会快速衰减。而温度低于-10℃时，电池会进入“冬眠”模式，无法正常工作。频繁的充放电以及电池的结构性缺陷等导致的局部过热甚至会引发火灾事故，热管理的作用就是调节储能系统的温度，保证整套系统安全长周期使用。

2. 储能电站的安全性

动力电池的安全性问题一直是大家关注的焦点，相比于电动汽车，大容量储能电站更加考验电池的安全性。2021年4月1，北京丰台区一储能电站发生起火爆炸事故，直接原因是电池间内的磷酸铁锂电池发生内短路故障，引发电池及电池模组热失控扩散起火；由法国可再生能源公司Neoen运营的，采用特斯拉Megapack系统的“维多利亚大电池”储能项目，2021年7月底发生火灾，火灾的原因是启动测试期间未发现的冷却液泄漏造成的。

2021年10月，国家能源局发布了《新型储能项目管理规范(暂行)》。规范指出，建设动力电池梯次利用储能项目，必须遵循全生命周期理念，建立电池一致性管理和溯源系统，梯次利用电池均要取得相应资质机构出具的安全评估报告。已建和新建的动力电池梯次利用储能项目须建立在线监控平台，实时监测电池性能参数，定期进行维护和安全评估，做好应急预案。

3. 热管理系统

储能系统中的电池和流变器需要热管理。电池的冷却系统包括pack电池组、机架和集装箱。储能电池容量和功率大，对散热要求较高，同时储能系统内部容易产生电池产热和温度分布不均匀等问题，因而温度控制对于电池系统寿命、安全性极为重要。要求保证电芯本质安全，控制好电池的一致性，加强电池管理系统和能量管理系统对储能系统的监测和控制。同时，储能电池系统稳定、高效运行与温控系统密切相关。

目前主流路线包括风冷和液冷方案，因为前期装机较多的储能项目为通信基站等带电量、功率密度相对较小的项目，风冷方案的制冷效率可以满足，因此风冷方案较为多见，2020 年前国内储能系统大部分采用风冷。但风冷换热系数低，冷却速度较慢，冷却的均匀性和冷却效率都不好，且需要大面积的散热通道。在未来大型储能电站电池密度高的大功率充放电场景或复杂工况下，风冷技术方案恐难解决电芯散热问题，液冷技术是行业的发展趋势。2021 年，业内开始研究液冷系统，该系统可以大幅减小电池温差从而提升电池系统的稳定性、效率及使用寿命；同时，液冷不需要预留散热通道，将大幅节约大型储能项目的占地面积，提升单位空间部署密度，节省空间，有统计同样体积的风冷集装箱，能装 3~4MW·h 的电池，而液冷的产品大概能装 6MW·h，有效能量密度可以提升 30%~50%，装机量变大，冷却效果均匀性都得到提升。此外，液冷噪声超低，环境友好，能更好地确保电池在最佳温度范围内运行，提高储能系统的安全性。从行业发展来看，不管是变流器还是电池，未来液冷都是发展方向。

当前，液冷方案市场推广难点在于成本较高，但随着其技术和应用场景的不断成熟，液冷提升能量密度、减少占地面积、降低能耗的综合优势会进一步凸显。未来随着新能源电站、离网储能等更大电池容量、更高系统功率密度储能电站需求增大，带电量持续增加。液冷方案凭借制冷效率高、能耗低等优势，占比将快速提升，也得到温控方案供应商和众多下游集成商的认可。

液冷和风冷的优缺点比较：

（1）液冷不需要预留散热通道，能够使集装箱电池的利用率更高，可以大幅节约大型储能项目的占地面积。

（2）液冷效率高，更省电，能耗低。

（3）成本。液冷投资比风冷要高，空冷和液冷空调部分成本差不多，液冷需要管道，同样容量的液冷成本略高于空冷。但风冷系统通过冷却空气间接冷却电芯，整个储能系统将产生很大的自耗电，而液冷产品则能降低这部分额外的运行成本，长期的总运营成本液冷更占优势。未来液冷逐渐成熟市场渗透率变高之后，液冷成本也会下降。

（4）可靠性。风冷的结构简单，可靠性比较高，液冷对结构、检测和包括冷却液的材料要求比较高。

液冷的运行模式：控制系统检测采集温度数据、电池模组的状态数据，获取电池产热功率，根据该电池产热功率，计算冷却水的流速；冷却装置中的冷却液吸收电池模组中的电池热量，通过控制冷却液循环流动，可有效控制储能电站温度。

液冷技术分为全表面液冷技术、底板液冷技术和沉浸式液冷技术。目前储能电站的热管理系统大多参考比较成熟的数据中心和电动汽车的方式，三者有相似之处，但工作环境、工况也不完全相同。数据中心用空冷就可以，也可以沉浸式液冷，不用太担心漏电安全问题。目前储能电站一般不必设计沉浸式液冷。电芯工作环境温度不高，一般为 20~25℃，在现有冷却液或冷却水条件下，浸没式液冷在电芯散热方面效果优势不明显，还有漏液风险。

电动汽车的电池热管理已经比较成熟，要求也比较高，热管理方案有一定的参考价值，但也有不同的特点：(1) 车用电池容量较小，小汽车可能容量为 50kW·h，公交车大概容量为 200kW·h，而储能系统一般最小单位都 1000kW·h；(2)车上冷却系统冷量较小；(3)车上的电压是低压的，储能是 380V，系统设计上也有差异；(4)结构不同，新能源车是整个电池包起来，储能根据各家设计情况不同，一般一个液冷单元最小包裹一个模组，就像一个抽屉一样。对于一个机组来说，可能几处电池公用一个制冷机组。因此，电动汽车的液冷系统可能很难直接移植到储能这种大规模场景。相同点：车上的规范和标准也可以共用，比如重卡电池量大，接近储能系统了，因此冷媒、热管设计可以借鉴。

变流器冷却市场空间也比较大，目前国内基本上都采用强迫风冷，国外这部分已经有应用液冷散热，有这方面的产品应用。

四、电化学储能行业的参与者

储能产业链主要包括设备提供商、系统集成商/安装商以及下游终端用户三个环节，而设备制造和集成安装企业会有很多业务上的交叉。系统集成商/安装商储能系统涉及电化学、电力电子、软件通信等多个领域，具有较强的综合性，往往需要从整体的角度进行优化结合，而不仅仅是各个环节的简单拼凑。近年来，专业的储能系统集成商也开始逐渐涌现，兼具集成能力、运维服务。储能系统安装，包括大型 EPC 承包商和小型当地安装商；终端用户，如发电商、电网、工商业和家庭用户。

电池与变流器是储能系统的核心设备，因此电池厂商与逆变器厂商在目前储能市场占主导地位。随着储能需求的快速提升，目前各类电池、逆变器厂商均加大了在储能领域的拓展力度。全球范围内动力电池巨头在储能领域的出货量大幅提升，而且基本上所有的主流光伏逆变器厂商近年来都开始向储能领域延伸，陆续推出相应的储能变流器及系统集成产品。国内布局较早的厂商已在储能领域建立一定的先发优势，

（一）化学储能重点企业

分析储能行业的现状和发展前景，化学储能发展迅速，安全长周期的运行离不开热管理系统的维护，而其中液冷以其高效可靠成为重要的冷却形式，2021 年成为研发热点，是热管理系统未来发展方向。目前，热管理系统还没有统一的标准，技术发展参差不齐，也正是积极参与的时机。从化学储能的发展初期和发展规律来看，有了前期 10 余年新能源电力规模扩展和新能源汽车的发展在动力电池方面成熟技术的铺垫，叠加碳中和碳达峰目标需求的推动，电化学储能已经没有太高的技术障碍，虽然在成本上与抽水蓄能还有差距，但建设周期短、前期投资少、规模灵活、应用场景多，电池成本也在迅速下降，行业未来发展是个爆发式高速发展时期。

在行业发展初期，技术不是很成熟，热管理系统以及冷却液的开发应用和选用方面，用户端话语权不多，主要还在于储能技术提供商、系统集成/建设企业，以及了解电池性能掌握电池技术的电池制造商，而温控领域比如前期数据中心温控系统提供商会被项目建设方优先考虑，在液冷领域有积累的企业，可能取得领先优势。

（二）储能热管理的公司

储能温控领域目前参与者主要包括三类：第一类是数据中心温控设备企业，由于集装箱储能和集装箱数据中心比较类似，这类企业通过原有的风冷方案切入，同时在液冷技术有积累；第二类是工业冷却设备企业，这类企业在液冷和户外应用领域均有较深积累；第三类是部分汽车零部件供应商。液冷设备结构较风冷设备更为复杂，同时对于产品品质、温度控制程序的设计等要求也更高，预计未来在液冷和户外应用领域有积累的企业可能获

得领先。系统集成商有自己的温度控制方案，也需要与专业的热管理公司合作，这些公司大部分都在早期的数据中心和新能源汽车及工业空调领域的温控系统的设计建设中有经验和渠道，转而开展储能领域的热管理更有优势。

五、电化学储能冷却液及用量

因为目前电化学储能使用的电池和参与储能业务的企业都与电动汽车动力电池密切相关，热管理系统也都是由在数据中心、5G 基站和电池热管理系统中有积累和优势的企业负责设计施工，特别是液冷系统。储能液冷技术 2021 年才开始研究开发和设计使用，使用的冷却液目前没有统一规范，储能建设企业和维护单位也没有确定具体的需求，需要油品行业结合功率负荷结构等参数，合作开展冷却液研发。国内润滑油企业在新能源汽车油液方面的开发布局已经逐步全面，设计形成成套的专业新能源汽车油液脂产品线，覆盖混合动力发动机油、电动汽车减速箱油、冷却液、热管理液、润滑脂、制动液等多个品类，未来将在电动汽车冷却液的基础上研究开发储能冷却液，具备开发的基础技术和路线。

储能系统与电动汽车的电池系统相似，冷却液的需求大致方向是绝缘性、高阻燃性、材料相容性、热传导性以及化学稳定性、长寿命、低成本等；但是也有不同的工况特点，如储能系统占比更多的是安全性好、低成本的硫酸铁锂电池，发电侧用户侧更多采用容量型电池、装机量更大、充放电频次更高、电压高、集中冷却等，这些都会对冷却液提出不同的要求。

中国在动力电池和电化学储能方面有技术和规模，储能行业正处于开发的初始阶段，部分大型电池和储能系统上已经在开发自己的液冷技术，润滑油行业应该抓住机遇，根据储能行业的需求和发展，结合客户的要求，及早开展合作，主动参与配套冷却液的开发定制，掌握主动权，进而参与未来标准的制定，抢占先机。

目前储能电站液冷系统方面的具体需求还没有确定，参考电动汽车冷却液使用规律，粗略估计液冷储能电站的冷却液用量。一般电动乘用车动力电池带电量为 50kW · h，冷却液用量 15L 左右，2020 年电化学储能功率 3. 27GW，到 2021 年已超过 5GW，按 2h 算，带电量 10GW · h，相当于约 20 万辆电动乘用车，如果全部采用液冷方式，初装冷却液用量 3.0×10^6L，约 3000t；按中关村储能产业联盟的估计，到 2026 保守和乐观的状态新型储能规模为 48/73GW；按电化学储能占比 90%计算，则为43/65GW，约为 2021 年的 9/13 倍，粗算的冷却液需求量在 2. 7×10~3.9×10^4t。按中国电力科学研究院首席技术专家惠东的预测，到 2030 年总量需要 150GW，则需求量可达 9×10^4t。加上国内储能业务的出口，2021 年，中国储能锂电池出货量超 50GW · h，占全球储能锂电池出货量 65%，同比增长 194. 7%，大部分出口国外，因此由储能电池出口带动的配件出口量也是很可观的。

截至 2021 年底，全国风电装机 300GW，光伏装机超 310GW，风、光累计装机总容量 640GW，按 10%~20%配建储能电站，需要 64~128GW，是远远高于 2021 年电源侧储能实际装机量 2GW（5×41%），因此未来增长量会很大，带动对冷却液的需求大幅增长。完成双碳目标，非化石能源占比达 70%，对储能的装机量要求更高仅发电侧冷却液需求量会有大幅提高。考虑电网侧和用户侧的需求增长，需求潜力相当可观。这里还没有包括未来能源需求的必然增长以及维护更换冷却液带来的需求量。

六、结论与建议

（1）近年来，全球变暖促使各国达成关于减排的共识和合作，国内围绕双碳目标的政策规划措施持续推动。风光等新能源发电的波动性决定了储能的重要作用。目前比较成熟储能方式主要有抽水储能、化学储能，其中抽水储能发展早、技术成熟、占比最大，而化学储能作为主要新型储能方式，发展速度最快，占比迅速增加。

（2）根据国家最新的规划，未来化学储能达到 30GW 规模，是目前的 10 倍。新能源发电配建储能成为各地纷纷鼓励的发展模式，多省份发布要求风光发电配置储能的政策，配置比例为 10%~20%，容量时长一般为 2h。

（3）储能的应用场景包括发电侧、电网侧和用户侧，发电侧主要作用是应对风光发电的波动性，减少弃风弃光量，保证发电效率；电网侧主要作用是平衡波峰波谷、调频、保障电网稳定、减少波动冗余量投资；用户侧则主要用来保障用电需求，并利用峰谷电费差价节省电费。据测算，这 3 个场景目前既有保障作用，还能兼顾经济效益，叠加国家政策的支持推动，发展动力很大。

（4）储能电池与电动汽车电池类似，也是由电芯和框架组成，以及监测、转换、控制系统和热管理系统等；不同的是，储能系统电池更多，带电量更大，充放电频次更高，对温度的控制要求更严格，而且还有利用退役汽车电池的储能设施，因而储能系统的安全性问题更突出。

（5）保证储能电站的安全的措施和渠道，包括合理选用安全性好的电芯、设计散热性能优良的结构、内部参数监测控制系统优化等，而热管理系统是重要的因素，包括散热方式和冷却介质的选择。

（6）因为电化学储能发展起步较晚，技术还在发展提高过程中，目前热管理系统延续数据中心的模式，大部分还是采用风冷，但风冷占用空间大，冷却效率低控制难度大。2021 年开始液冷技术得到快速发展，新建的储能装置大多采用液冷系统。

（7）得益于新能源汽车的高速发展打下的基础，中国在动力电池和储能电站的设备、系统、设计建设方面的技术和规模都走在全球前列，电池和储能电站出口量很高，拥有一批电池生产、系统集成和技术提供商。

（8）参照动力电池汽车的带电量和冷却液装机量，对储能电站冷却液的需求量做粗略估算，参考因素包括国内储能电站装机量和规划发展趋势，各地风光发电配建 10%/20%储能电站要求，以及未来实现双碳目标非化石能源占比 70%，对储能的装机量和冷却液量需求更大。考虑中国储能电站出口、电网侧用户侧储能及冷却液的更换维护要求，储能电站冷却液的市场空间非常大。

（9）目前电化学储能热管理系统和冷却液处于发展初期，没有形成统一规范，大致方向是绝缘性、抗燃性、材料相容性、热传导性以及化学稳定性、长寿命低成本等。润滑油企业应根据储能行业的需求和发展，联合具有优势的国内电池生产和储能集成建设企业，主动参与开发自主冷技术和冷却液，实现突破，掌握主动权，进而参与未来标准的制定，抢占先机。

参考文献

［1］中国能源研究会储能专委会、中关村储能产业技术联盟. 储能产业研究白皮书 2022［C］. 2022.

［2］国家发展改革委，国家能源局. 关于加快推动新型储能发展的指导意见. https://www.ndrc.gov.cn/xxgk/zcfb/ghxwj/202107/t20210723_1291321.html? code=&state=123.2021/07/23.

二氧化碳生物质利用研究进展

惠继星 | 中国石油吉林石化公司研究院

控制温室气体 CO_2的排放已成为全球环境研究的焦点。合理高效利用二氧化碳是解决以上问题的关键。对当前国内外 CO_2减排技术现状进行了介绍，重点从利用微藻减排 CO_2、副产高附加值产品、微藻在环保领域的应用等方面进行了综述。

一、概述

CO_2减排是当今各国政府及科学界的重大战略课题。从源头上消除 CO_2排放的方法是调整产业结构、提高能源利用效率以及寻找可再生能源等。近年来，随着全球人口和经济规模的不断增长，能源使用带来的环境问题越来越突出。大气中 CO_2浓度升高带来的全球性气候变化，已引起国际上的高度重视，减少 CO_2的排放是当前全世界所面临的艰巨任务。据相关资料统计，全球每年排放 CO_2 约 2.5×10^{10} t，其中我国达 6.0×10^{9} t，位居世界第一。与经济的快速持续发展相应的能源增长引起 CO_2排放量增加，已成为制约经济发展的瓶颈。一场以低碳经济为核心的产业革命已经出现，低碳经济将逐步成为全球意识形态和国际主流价值观。低碳经济以其独特的优势和巨大的市场已经成为世界经济发展的热点，成为全球经济新的支柱之一。

CO_2是一种宝贵的资源，以 CO_2为原料的产品，涉及无机、有机和高分子化学等广阔领域。因此进行 CO_2资源化利用研究是回收利用 CO_2，减少大气污染，“变废为宝”的一种有效途径。CO_2不仅广泛应用在石油开采、冶金、焊接、低温冷媒、机械制造、人工降雨、消防、化工、造纸、农业、食品业、医疗卫生等传统领域，还可应用于超临界溶剂、生物工程、激光技术、核工业等高科技领域。近年来，CO_2在棚菜气肥、蔬菜(肉类)保鲜、生产可降解塑料等领域也展现良好的发展前景。依据现行技术的特性分类，大致上可区分为 CO_2物理利用法、CO_2化学利用法和 CO_2生物利用法三大类。从持续发展的角度来看，CO_2生物利用技术，尤其是微藻减排 CO_2技术，更具环保、经济、彻底，符合自然界循环的独特优势，为人类解决能源、健康、环境和粮食四大问题提供了一个全新而有效的利用模式，因而受到国内外研究者的高度重视。

二、微藻减排 CO_2

自然界中，大量的 CO_2通过酶催化下的光合作用转化成碳水化合物，是自然界中碳循环的关键环节。生物法利用 CO_2具有安全、经济、高效等优点。能够利用 CO_2的生物主要是植物和自养微生物。其中微生物具有光合速率高、繁殖快、环境适应性强、处理效率高以及易与其它工程技术集成等特点，理论上每生产培养 1t 微藻，可利用 1. 83tCO_2，因而受到国内外研究者的高度重视。近年来，国内外的研究结果表明，绿藻中的小球藻在利用 CO_2上显示了极大优势。在适当的条件下，小球藻利用 CO_2的速率是树木的 10 倍。陈红萍等研究发现，用小球藻来利用 CO_2不仅能脱除通入气体中的 CO_2，而且可以促进小球藻生长。美国、日本和前苏联从 20 世纪 90 年代开始研究微藻在环境控制和生命保护系统中 CO_2的去除和 O_2转化过程中的作用。通入气体的流量和 CO_2浓度对 CO_2的脱除率有很大影响。在适宜的实验条件下，该光生物反应器中约有 50%的 CO_2被利用。不仅如此，利用微藻针对烟道废气中大量 CO_2的脱除减排以及密闭空间，如潜艇和载人航天器中微量 CO_2的利用方面已进行了广泛和较为深入的研究。我国东北大学在烟道气 CO_2利用研究过程中筛选出了耐高浓度 CO_2的小球藻 ZY-1。

三、微藻减排 CO_2副产高附加值产品

微藻利用 CO_2，除了通过光合作用合成人类所必需的碳水化合物、类脂及蛋白质，还可以利用 CO_2生产高附加值的产品，如生物燃油和生物燃气等。目前微藻能源产业是集固碳减排、能源生产、与农业发展三位一体的战略性新兴产业，利用微藻减排 CO_2具有巨大的经济效益、社会效益和环境效益，引起了各国研究者的普遍重视。一些学者甚至认为，在化石能源日趋紧张的今天，微藻是解决能源与环境问题的有效途径。

(一) 生物燃油

寻找化石燃料的替代能源是全球面临的迫切需求。生物新能源是一种可持续发展的可再生的新能源，在过去的 20 年内发展迅速，已从第一代发展到第三代生物燃料。一般来说，生物燃料包括生物乙醇、生物柴油、生物氢气和沼气等，均来源于生物材料。第一代生物燃料来源于农作物，如甜菜、甘蔗、大豆、玉米、棕榈、油菜籽等植物油和动物脂肪；第二代生物燃料，利用植物非食用部分，如木质纤维素生物质、农林废弃物等，发酵生产乙醇；第三代生物燃料则是以藻类和蓝细菌为代表，生产生物燃油和生物柴油等。

日本国际贸易和工业部资助了名为"地球研究更新技术计划"的项目。该项目利用微藻来减排 CO_2，并开发密闭式光生物反应器，通过微藻吸收火力发电厂烟气中的 CO_2生产生物能源。山东科技大学开发出一套塔式立体微藻利用二氧化碳和能源化技术，该成果可应用于 CO_2减排、水体富营养化治理及生物能源领域，只要安装一个塔式反应器就可固定烟道气中的 CO_2，并将生成的微藻通过高压水相无相变反应过程制取生物油。

(二) 乙醇

蓝细菌细长聚球藻，通过基因工程加入丙酮酸脱羧酶和乙醇脱氢酶，已成功改造为从

丙酮酸生产乙醇的菌株。之后进一步的改造使得蓝细菌生产乙醇的产量获得极大提高。乙醇相对现有的燃油，由于其吸湿性和低能密度，主要作为汽油的补充，而不能替代汽油。因此，人们致力于寻找更长碳链燃料。日本一家研究小组从表层海水中获得一种叫 Tit-1 的海藻新品种，白天它与普通植物一样在光照条件下将 CO_2转化为淀粉贮藏起来，在弱光或厌氧条件下将淀粉转化为乙醇。

(三) 异丁醛

异丁醛是来源于石油的一种重要的碳氢化合物的化学原料，用于制造橡胶硫化促进剂和防老剂、异丁酸等，通过加入酮酸脱羧酶改变缬氨酸生物合成通路的碳流方向后，也在蓝细菌细长聚球藻中成功生产，8 天内表达量可达 1. 1g/L。

(四) 异丁醇

异丁醇是一种汽油的替代品，可以很容易通过化学转化异丁醛获得。通过蓝细菌细长聚球藻直接生物合成异丁醇，也可以通过再加入乙醇脱氢酶获得，6 天内产量可达 450mg/L。蓝细菌细长聚球藻内引入三种异源酶，乙酰乳酸合酶、2-乙酰乳酸脱羧酶、乙醇脱氢酶，可以从丙酮酸转化为化学原料 2,3-丁二醇，21 天内表达量达 2. 4g/L。

美国加州大学洛杉矶分校的科学家于 2009 年 12 月中旬宣布，他们成功开发出一种能将 CO_2转化为液体燃料的转基因蓝藻。通过基因技术，研究人员首先增加了聚球蓝藻菌中具有吸收 CO_2作用的核酮糖二磷酸羧化酶(RuBisCO)的数量。而后又插入了其他微生物的基因以增强其对 CO_2的吸收能力。通过光合作用，转基因蓝藻就可以产生异丁醇气体。

(五) 生物柴油

生物柴油是通过脂肪酸与短链醇转酯作用生成的长链脂肪酸的单烷基酯，如脂肪酸甲基酯(FAMEs)或脂肪酸乙基酯(FAEEs)。所有的生物燃料中，生物柴油可能最受重视，因其与传统柴油的化学结构和能含量(内能)相似。此外，柴油机使用生物柴油不需要改造，在德国、意大利和马来西亚等国，生物柴油已作为商用运输用燃料与柴油混合使用。与来源石油的柴油不同，生物柴油可生物降解而且无毒，作为燃料燃烧时产生的有毒物质和其他温室排放物显著减少。微藻被认为是一种优良的生物柴油生产系统。石油即源自远古藻类化石中的脂肪酸，也是目前液体燃料的主要来源。微藻通过光合作用，生产大量的脂类和碳水化合物，可进一步加工为各种生物燃料和有价值的产品。微藻种类约有 50000 种，某些 FAME 含量高的微藻通常作为生物柴油的生产品种。藻类生长周期短，相较于油料种子作物产油量更高。微藻油含量最高可达 80%，一般微藻都可以达到 20%~50%的水平，大约每年每英亩可产生物柴油 5000~15000 加仑，因此微藻被称为可循环的绿色油田。

(六) 氢能

美国加州大学等研究人员发现一种叫莱因哈德衣藻(Chlamydomonasreinhadtii)的绿藻具有持续产氢能力。这种天然藻产氢量很低，每升衣藻水体可以释放 2. 0~2. 5mL/h 的氢气，能维持 24~70h，随后氢气产生量持续减少。可以通过控制其生长所必需的或障碍生长的关键因素或采用分子遗传技术改造藻的特性提高其产氢能力。

四、微藻的环保应用

城市、农业和工业废水，通过初级和二级废水处理过程，将清澈的、相对洁净的水排放到自然水体。但是，无机氮和磷及一些重金属相对难以处理。微生物为废水处理提供了三级生物处理途径，同时还可以生产有价值的生物质，作为饲料、饲料添加剂、肥料或微生物制剂。此外，化学氧化还原和生物电化学系统可以回收无机物或合成有机产品。微藻用于废水的生物除污处理尤其有吸引力。因为微藻可以利用废水中无机氮和磷快速生长，清除重金属，以及一些有毒的有机化合物，不会导致二次污染，同时可以生产生物柴油，以及各种生物活性的化合物。目前已有上千种的微藻被报道可以耐污染。藻类除污系统可用于人类下水道污水、家畜和水产养殖排放废水以及食品加工厂污水的处理等。例如，从英国塔尔伯特港的炼钢厂排放水体中分离得到的微藻用于生物除污实验中，藻类和细菌混合物投放到600L 的光反应器中，经过 5 天培养后，废水中 99%的氮和磷被清除。发电厂、采矿、矿物加工厂是金属污染和 CO_2 排放的重灾区。比如在煤炭发电厂的洗灰水中培养藻类，其生物质产量从 6. 8gm-2d-1 增长至 22. 5gm-2d-1(干重)，同时还可以清除铅、镉、汞、钪、锡、砷、溴等金属污染。

五、其他

甲酸是一种重要的有机化工原料，主要用作消毒剂和防腐剂。通过生物转化的方法可以将 CO_2转化为甲酸。该方法是以甲酸脱氢酶作为生物催化剂，以还原态的烟碱腺嘌呤双核苷作为电子给体，在非常温和的条件(37℃，pH = 7)下将 CO_2转化为甲酸，甲酸的收率为 98. 8%。

六、展望

目前，世界已探明的主要矿物燃料储量和开采量不容乐观，化石能源终将耗竭。因化石燃料过量利用而引发的温室效应和全球气候变暖及次生气候异常和灾害，已引起了世界各国的普遍关注。

利用微藻一方面可以减排二氧化碳，另一方面可以副产生物柴油、乙醇、异丁醇、异丁醛等高附加值产品，还可用于治理环境污染，其优势显而易见。另外，微藻培养无须占用现有耕地，可以利用盐碱滩涂和沙漠等非耕地资源，实现丰富的生物燃油供给。微藻减排 CO_2副产生物燃油技术在解决环境和能源问题的同时也有助于解决世界的粮食问题。作为微藻生物燃油产业的副产品同时能够生产大量的植物蛋白质和糖类。这些蛋白质和糖类可以加工成动物饲料，减少用于饲料的粮食消耗，大大降低饲料产业对传统农业的依赖，大幅增加植物源食品和动物源食品的供给，解决发展中国家人民的饥饿和营养不良问题。微藻减排二氧化碳技术是具有美好前景的清洁可再生能源技术，具有同时解决世界环境、能源和粮食问题的巨大潜力，具有广阔的发展前景。

参考文献

[1] 李顺龙，王耀华，宋维明. 发展林木生物质能源对二氧化碳减排的作用[J]. 东北林业大学学报，2009，37(4)：83-85.

[2] 杨贺勤，刘志成，谢在库. 绿色化工技术研究新进展[J]. 化工进展，2016，35(6)：1575-1584.

[3] 王玉瑛，侯立波. 二氧化碳资源化利用及市场分析[J]. 化学工业，2016，34(4)：41-44.

[4] de MoraisMG，Costa J AV. Carbon dioxide fixation by Chlorella kess-leri，C. vulgaris，Scenedesmus obliquus and Spirulina sp. cultivated in flasks and vertical tubular photobioreactors[J]. Biotechnol Lett，2007，29：1349-1352.

[5] 陈红萍，梁英华，王奔. 二氧化碳的化学利用及催化体系的研究进展[J]. 化工进展，2009，28：271-278.

[6] Satoh A，Kurano N，Miyachi S. Inhibition of photosynthesis by intracellular carbonic anhydrase in microalgae under excess

concentrations of CO_2[J]. Photosynth. Res., 2001, 68(3): 215-224.

[7] 高慧，杨艳，刘知鑫. 二氧化碳大规模脱除与利用技术综述[J]. 世界石油工业，2021，28(6)：42-52.

[8] 刘可心. 二氧化碳生物固定的研究进展[J]. 中国高新科技，2018，2(14)：12-14.

[9] 房昕. 温室气体二氧化碳的分离回收与综合利用[J]. 青海环境，2009，71(3)：34-39.

[10] 顾永强. 微藻制生物柴油前景可期[N]. 中国经济导报，2009-05-16.

[11] Kelly A Landry, Treavor H Boyer. Diclofenac removal inurine using strong-base anion exchange polymer resins[J]. Water Research, 2013, 47(17): 6432-6444.

[12] Fan Jun, Li Haibo, Shuang Chendong, et al. Dissolved or-ganic matter removal using magnetic anion exchange resin treatment on biological effluent of textile dyeing wastewater[J]. Journal of Environmental Sciences, 2014, 26(8): 1567-1574.

[13] 王凯，贺明丽，王梦，等. 以 CO_2为原料的绿色生物制造[J]化工进展，2019，38(1)：538-544.

[14] MelisA, HappeT. Hydrogenproduction: Green algae as a sourceof energy[J]. PlantPhysiology, 2001, (127): 740-748.

[15] 李煦，荣峻峰，宗保宁. 微藻碳减排与生物质利用技术研究进展[J]. 石油炼制与化工，2021，52(10)：62-71.

[16] LuYang, Jiang Zhong yi, XuSong wei, e tal. Efficient Conversion of CO_2 to Formie Acid by Formate Dehydrogenase Immobilized in a Novel Alginate-Silica Hybird Gel. Catal Today, 2006, 115(1-4): 263-268.

[17] 孔乙杰，王研，王蕊. 微藻固定 CO_2协同处理污水研究进展[J]. 轻工科技，2019，35(8)：112-113.

[18] 王凯，刘子鹤，陈必强，等. 微生物利用二氧化碳合成燃料及化学品——第三代生物炼制[J]. 合成生物学，2020，1(1)：60-70.

“碳中和”目标下光伏电解水制氢在炼厂的应用前景及研究

王 宸 | 中国石油玉门炼油化工总厂联合运行二部气分 MTBE 装置

在实现“碳中和”这一大的背景下，目前玉门炼厂炼油能耗较高，在节能提效、富氢气体回收、CO_2回收、清洁替代等当方面具备一定的潜力。酒泉市是国家重点的风光电新能源基地，玉门炼厂有着天然的优势，光伏发电成本继续大幅下降在未来可以用绿氢替代灰氢用绿电替代干气；用绿电替代蒸汽，利用可再生能源的氢把捕集到的二氧化碳作为碳的原料来生产一些新材料，帮助炼厂实现低碳转型。本文阐述了电解水制氢的成本以及应用现状，介绍了氢能在各领域的应用。

一、研究背景及意义

我国是世界能源最大的生产国和消费国，同时也是世界上最大的碳排放国，随着中国经济的进一步发展，中国能源的发展问题将面临严峻的挑战。在党的十九大报告中，习近平总书记从保障国家能源安全的全局高度，提出“四个革命、一个合作”的能源安全新战略，推进能源生产和消费革命，构建清洁低碳、安全高效的能源体系。习近平总书记在第七十五届联合国大会上表示：中国二氧化碳排放力争于 2030 年前达到峰值，力争 2060 年前实现碳中和。2020 年，玉门炼厂炼油综合能耗 68.6kg 标准油/t，与中石油先进值 47.04kg 标准油/t 相比仍具有较大的节能潜力，2Mt 加工量节能潜力约为 6×10^4t 标煤，CO_2减排潜力约为 15×10^4t，2020 年玉门油田炼化总厂碳排放量 50×10^4t 左右，目前炼油能耗较高，在节能提效、富氢气体回收、清洁替代等当方面具备一定的潜力。

酒泉利用丰富的风能、太阳能资源，建成了千万千瓦级风电基地和百万千瓦级光电基地，加快培育氢能产业，促进氢能与风光电融合发展，玉门油田也即将拥有自己的光伏发电。再加上近年来，光伏发电成本持续大幅度下降，电解水电能消耗是一项巨大的成本支出。光伏发电具有不稳定性，是不稳定的电源。通过采用光伏和电网联合供电，解决了光伏发电的不稳定性问题。如果光伏发电的成本继续大幅下降，玉门炼厂可以利用自己得天独厚的优势，用绿电替代干气；用绿电替代蒸汽；用绿氢替代灰氢那么将极具经济竞争力。预计到2050年，目前从地底下挖一些化石能源会转为地上，无论是风能和太阳能这种新能源，作为能源的主要来源。同时化工的转型也要依靠氢能，氢可以提供能源，但是材料纯粹依靠氢是不行的。这个时候，利用可再生能源的氢把捕集到的二氧化碳作为碳的原料来生产一些新材料，比如 CO_2加氢制甲醇等。这些思路可以让炼厂逐步推进碳中和目标。

二、电解水制氢技术

电解水又称氧化电位水或者电解离子水，通常利用电解槽将 K_2CO_3溶液或者 NaCl 溶液在消耗少量电的情况下电解，同时用隔膜分离生成的碱性电解水和酸性电解水的总称。消毒杀菌等工作是电解水的应用范例。

电解水可以用来制氢。当向水输入电流以后，水溶液中的阴阳离子受到阳极和阴极的吸引发生了移动。水溶液中的 OH^-离子被阳极吸引到阳极，最后生成水和氧气。水溶液中的 H^+离子被阴极吸引到阳极，最后生成氢气。电解水装置工艺比较简单，制取的氢气纯度比较高。电解水制氢通常受限为小规模的制氢装置，到目前为止其制氢量只占世界产氢量的 4%。电解水制氢装置现在已经受到了越来越多的关注，因为可以利用可再生能源制氢。

（一）电解水制氢装置的研究应用现状

氢气的生产技术是一种由来已久的生产技术，目前获得应用的氢气的生产技术主要包括矿物燃料转化制氢、水电解制氢、热分解直接制氢、光催化法制氢以及热化学循环法制氢等。其中，使用的最为广泛的把可再生资源转化为氢的技术是电解水制氢技术。目前，电解水制氢为使用的比较成熟的制氢方法之一，到 1902 年已经有 400 多个工业电解槽，总的产氢容量是 10000Nm Hh，工业规模制氢方法主要包括电解水和甲烷蒸汽重整制氢。当前最经济的制氢方法是甲烷蒸汽重整，甲烷蒸汽重整制氢生产过程中产生大量二氧化碳消耗大量化石燃料，电解水制氢产品纯度高、工艺简单、可以利用可再生能源作为能量来源。当前电解水制氢主要包括固体聚合物电解水制氢、碱性电解水制氢及高温固体氧化物电解水制氢。其中，碱性电解水制氢是目前比较成熟的制氢方法，该方法易于操作，工艺过程简单。目前为止，工业上的大规模电解水制氢基本上都是使用碱性电解水制氢技术，它技术成熟安全可靠。随着光伏发电成本持续大幅度下降，利用光伏发电供电的电解水制氢成本也随之下降，利用光伏发电供电的电解水制氢变得越来越有吸引力。

（二）电解水制氢成本分析

以产氢能力 $600m^3/h$，年产氢量 $1.2\times10^6m^3$的电解水制氢装置为基准，对电解水制氢项目成本进行静态测算，电价为 0.5 元/kW · h，成本测算结果见表 1。电解水制氢最重要的成本在于电费，用电的成本决定了氢气的成本。电解水制氢工艺需要尽可能的压低电费成本，其他如折旧、运营费用，则需要通过技术进步、提升管理水平来降低，整体占比较小且是一个长期过程。如果采用当前市场销售电价作为制氢成本，电解水技术路线是没有竞争力的。当电价低于 0.3 元/kW · h(利用“谷电”电价)，电解水制氢成本会接近传统化石能源制氢。此外，考虑碳减排的因素，可再生能源电解水制氢与化石原料制氢相比更具有一定的社会效益。未来，可再生能源发电制氢的潜力很大。作为全周期零碳排放技术，随着可再生能源发电平价上网，电解水制氢成本将持续下降。根据世界可再生能源协会预测从现在起到2050年，太阳能光伏、陆上风电技术的成本仍有相当的下降空间，光电成本2.4美分/kW·h，风电成本3.6美分/kW·h。从长远来看，可再生能源电解制氢具有竞争力。

表1　电解水制氢成本测算

产氢能力/(m^3/h)	600	折旧成本/(万元/a)	40
年利用数/h	2000	大修成本/(万元/a)	6
产氢量/($10^4 m^3$/a)	120	人工成本/(万元/a)	24
总投资/万元	600	电耗成本/(万元/a)	300
电耗量/(10^4kW·h/a)	600	总成本/(万元/a)	372
材料成本/(万元/a)	3	折算质量成本/(元/kg)	34.8

三、氢能

"灰氢"不可取，"蓝氢"可以用，"绿氢"是方向，已成业界共识。氢能是实现"碳中和"发展目标的最优解。

在未来，它有可能取代化石燃料。传统汽车的尾气污染了环境，是全球变暖的原因之一。同时，传统车用燃料面临短缺的情况。所以，寻找新技术替代燃油技术降低污染物排放更加紧迫。氢燃料电池汽车可以真正做到没有污染、没有排放。近年来，太阳能、风能发展迅速。由于风能和太阳能的间歇性，可再生系统需要储能。利用电解制氢把光伏电和风电转化为氢气，可以提高太阳能和风能的利用效率和使用量。化石能源的利用往往伴随大量污染物的产生。化石能源对环境带来比较大的影响。氢燃料燃烧不会产生粉尘颗粒、碳氧化合物和二氧化碳等物质。氢对环境影响小，清洁是氢能的特点之一。和煤、石油等能源相比，氢燃烧释放的能量大，热值高是氢能的特点之一。

要实现"碳中和"的目标，就必须在能源结构上进行调整，增加清洁能源比重。而氢能是100%的清洁能源，是实现"碳中和"目标的重要途径，具有以下不可比拟的优势：一是零碳排放，其能量转化后的最终产物只有水；二是可以实现能源互补，可以作为电、热、气转换的媒介，是在可预见的未来实现跨能源网络协同优化的有效途径；三是应用场景广泛，可应用于交通、工业、民生、发电等众多领域；四是储能优势明显，其具有储能密度高、周期长、环保无污染、电能质量高等特点。

（一）氢能在储能领域的应用

氢在储能领域的应用主要体现在太阳能转化为氢能储存和太阳能电池制备耗氢上。在国家发展的新能源战略中，太阳能发电技术的储能越来越受到关注，太阳能由于昼夜变化造成的间歇性、不连续性，给太阳能使用带来不便。把太阳能转变为氢能储存是很好的方向，高效地将电能转化为氢能是解决太阳能不连续的有效手段。制备高质量太阳能电池膜需要高纯氢，同样在制备光导纤维时也需要高纯氢。

（二）氢能在电子化学领域的应用

氢是电子工业生产过程中重要的材料。超大规模集成电路制造需要高纯氢，生产电真空材料需要高纯氢，氢在电子工业生产过程的应用会日益广泛。在石油化工工业方面，氢气即作为一种产品，也作为一种原料，直接由石油裂解所制造的馏分由于含有多种有害的化合物以致不能直接进行工业上的使用，需要加氢处理除去有害物质。

氢是轻化工业生产和制备过程中重要的原料，加氢工艺、氢化工艺是轻化工业生产常见的工艺过程。随着我国经济结构转型，轻化工业发展比较较快，对氢需求量大。在冶金工业方面，冶炼金属过程中，为了使金属氧化物或其他化合物还原为单质，氢气也经常会作为还原剂，玉门炼厂富余的氢气也可以售卖到嘉峪关的酒钢去做冶金原料建立合作关系，增加经济效益。

（三）氢能在航天领域的应用

美国国家航空和宇宙航行局及国防部均采用氢气作为航天飞机和无人火箭的主要动力，其中液氢、液氧作为卫星、宇宙飞船、航天飞机等的高能燃料早已得到了广泛应用，并且还在不断发展，氢正经历着由军用高能燃料逐渐向民用和通用能源等方面过渡。

（四）氢动力汽车

氢动力汽车在发动机燃料燃烧过程中提供氢气及空气，并使氢氧燃烧所产生的热能转换成为可以供汽车稳定运行动能，氢动力汽车可以提供与化石燃料相似的性能。由于氢能具有的高热值、无污染，以氢气为燃料汽车具有远大的未来市场。

四、结论

在未考虑碳税前，制氢成本最低的是化石能源制氢；在考虑碳税后，制氢成本最低的是弃电电解水制氢；由于可再生能源弃电电解水制氢没有碳排放，碳税税率对其制氢成本没有影响。从短中期来看，化石能源制氢将是市场供燃料氢的主要工艺，但是成本下行空间有限。随着环保力度逐渐加大，利用 CCS 技术控制碳排放将会进一步提高制化石能源氢成本，因此化石能源制氢也将会逐步退出舞台，预计 2050 年可再生能源电力成本降低一半。从长期来看，受电价成本下降影响，高效、清洁的利用可再生能源发电的电解水制氢技术有望成为未来供氢的主流路线，从而成为有效供氢主体。碱性电解水制氢技术成熟安全可靠，在未来的发展中可以考虑。

玉门炼厂制氢装置原料为炼厂干气，产氢量约为 7100t/a，如果通过发展绿氢/蓝氢技术全部替代后可减排 CO_2约 8×10^4t，富余的氢气可以与捕集的 CO_2进行碳中和，也可以售卖到周边的工业园区或者酒钢用做原料，这样都有利于炼厂未来发展。在碳中和目标下，对于炼厂来说是一种挑战，也是一种机遇，各炼厂要更加坚定地发展新能源、利用风光新能源这一优势来减少碳排放，进一步完成未来的规划目标。

碳达峰 碳中和 石化行业节能低碳新技术

减碳技术

TANDAFENG
TANZHONGHE
SHIHUAHANGYEJIENENGDITANXINJISHU

典型现代煤化工企业碳达峰碳中和的思考

张玉鸿 | 中国石化长城能源化工有限公司安全环保部

本文从碳排放的总量、强度和排放结构等方面的情况，简要介绍了煤制甲醇和煤制烯烃等典型现代煤化工企业的碳排放现状。分析了典型煤化工企业实现双碳目标所面临的难点问题。从实施节能减排的主要措施入手，按照前端控制、中端减排和末端治理三个方向，提出了典型现代煤化工企业实现碳达峰碳中和的基本途径。对煤化工企业实现双碳目标具有指导作用。

当前，为应对能源安全和气候问题，节能减排已经成为全球共识，世界各国陆续提出“碳中和”目标。研究表明，我国已成为全球温室气体排放量最大的国家，2020 年我国碳排放总量再创历史新高，达到 98.99×10^{8}t，占全球碳排放总量的 30.7%，远超其他地区。为遏制全球暖化趋势，推进人类命运共同体建设，我国必须采取有效措施大幅减少碳排放，并逐步实现碳中和。2020 年 9 月 22 日，国家主席习近平在第七十五届联合国大会一般性辩论上向国际社会作出庄严承诺：中国将提高国家自主贡献力度，采取更加有力的政策和措施，二氧化碳排放力争于2030 年前达到峰值，努力争取 2060 年前实现碳中和。吹响了我国向“双碳”目标进军的号角，此后习近平主席多次在不同场合进行了深刻阐述，国家层面也密集出台相关政策文件积极推进碳达峰碳中和。现代煤化工作为我国近年来为保证国家能源安全、实现煤炭清洁高效利用而发展起来的新兴行业，具有高耗能高碳排放的特点，其实现碳达峰碳中和意义重大。

一、典型煤化工企业碳排放现状

煤化工是指以煤为原料，经化学加工使煤转化为气体、液体和固体燃料以及化学品的过程。新型煤化工以生产洁净能源和可替代石油化工的产品为主，如柴油、汽油、航空煤油、液化石油气、乙烯原料、聚丙烯原料、替代燃料(甲醇、二甲醚)等，它与能源、化工技术结合，可形成煤炭-能源化工一体化的新兴产业。本文以已经投产的煤制甲醇和煤制烯烃等新型煤化工典型企业的碳排放现状为例进行分析探讨。

（一）排放总量

新型煤化工企业建成投产转入商业运行后，在碳资产管理方面，均遵照国家有关法规标准以及上级公司的要求制定管理制度、完善组织机构、配备管理人员，从而建立了相应的碳资产管理体系，每年遵照国际标准 ISO14064 开展碳盘查和核查工作。图 1 为三家典型煤化工企业 2020 年盘查出的碳排放总量，从图中可以看出，三家企业 2020 年碳排放总量达到 26.24×10⁴t 二氧化碳当量，其中企业一排放 7.13×10⁴t，企业二排放 12.14×10⁴t，企业三排放 6.97×10⁴t。按照国家碳排放权交易管理办法的规定，年度温室气体排放量达到 2.6×10⁴t 二氧化碳当量的温室气体排放单位列入温室气体重点排放单位。煤化工企业如此巨大的碳排放量，充分印证了煤化工企业具有高碳排放的特点。

（二）排放强度

为便于比较，碳排放强度采用单位可比产值碳排放量，可比产值采用 2020 年固定价格计算，图 2 为三家典型煤化工企业 2020 年的单位可比产值碳排放量指标，三家企业综合万元可比产值碳排放量为 14.54t 二氧化碳当量。其中企业一最高，万元可比产值碳排放量达到了 20.54t 二氧化碳当量，企业二最低为 12.59t，企业三居中为 13.80t。由此可见，煤化工企业的碳排放强度也很大。

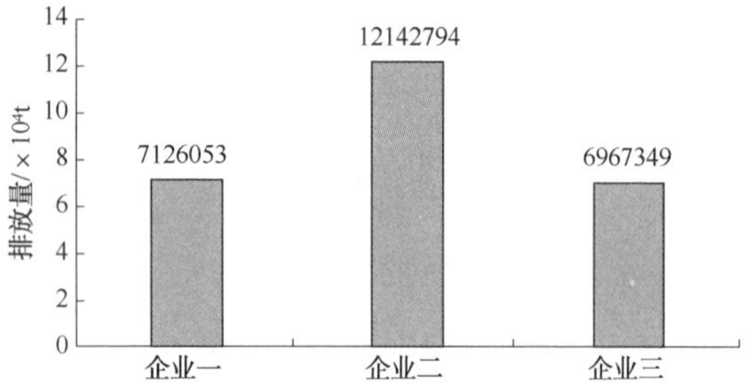

图 1　典型煤化工企业 2020 年碳排放总量

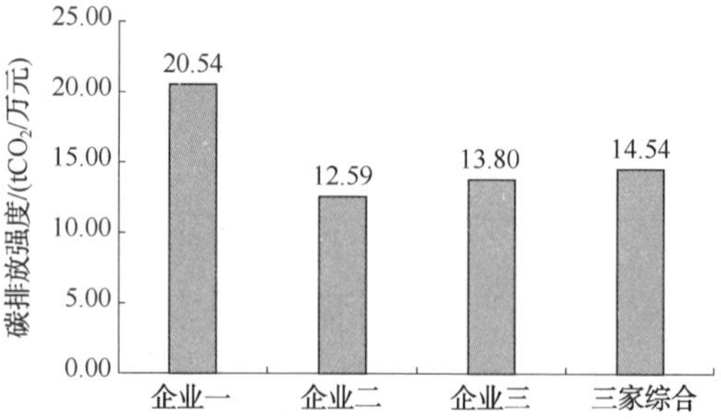

图 2　典型煤化工企业 2020 年碳排放强度

（三）排放结构

煤化工企业根据国际标准 ISO14064 的规定，对在生产经营过程中产生的二氧化碳（CO_2）、甲烷（CH_4）、氧化亚氮（N_2O）、氢氟碳化物（HFC）、全氟化碳（PFC）和六氟化硫（SF_6）六种温室气体排放进行盘查。通过识别，煤化工企业没有产生全氟化碳（PFC）的排放，因此实际排放的温室气体只有五种。

表 1 为某煤化工企业 2020 年盘查出的碳排放情况统计表，全年共产生碳排放 712.6053×10⁴t 二氧化碳当量，其中直接排放 732.9546×10⁴t，间接排放-20.3493×10⁴t（主要是向企业外供热）。直接排放中固定排放源排放 473.9855×10⁴t 二氧化碳当量，占 64.67%，移动排放源排放 867t，占 0.01%，制程排放源排放 258.7972×10⁴t 二氧化碳当量，占 35.31%，逸散排放 853t，也只占 0.01%。由此可见，煤化工企业产生碳排放的主体一是固定排放源，如燃煤锅炉直接燃烧产生的温室气体排放，二是制程排放源，如煤制甲醇过程中的煤气化和变换反应产生的二氧化碳排放。该煤化工企业 2020 年的碳排放总量中，固定排放源和制程排放源二者产生的碳排放占 99.98%。

表 1 某煤化工企业 2020 年碳排放情况统计表

排放源类别	排放源类型	CO_2	CH_4	N_2O	HFCs	SF_6	合计
		t	tCO_2e	tCO_2e	tCO_2e	tCO_2e	tCO_2e
直接排放	固定排放源	4718669	1399	19787	0	0	4739855
	移动排放源	827	4	36	0	0	867
	制程排放源	2587972	0	0	0	0	2587972
	逸散排放源	0	102	0	726	24	853
直接排放合计		7307467	1505	19823	726	24	7329546
能源间接排放	间接-外购	5278203	0	0	0	0	5278203
	间接-外供	5481697	0	0	0	0	5481697
间接排放合计		-203493	0	0	0	0	-203493
合计		7103974	1505	19823	726	24	7126053

二、典型煤化工企业实现双碳目标面临的难点问题

（一）从国家层面看，实现“双碳”目标时间非常紧。

我国“双碳”目标远远超出了《巴黎协定》2℃温升控制目标下全球 2065~2070 年左右实现碳中和的要求。同时，西方发达国家工业化进程长达 200 年，中国只有 60 年左右。西方国家 200 年实现碳达峰，中国 2030 年就要实现这一目标，时间非常紧迫；另外从碳达峰到碳中和，美国从 2007 年到目标 2050 年间隔 43 年，欧盟间隔 71 年，而中国只有 30 年，这也为中国带来了相当的难度。

为了实现碳达峰、碳中和，国家层面高度重视，密集发文制定时间表、路线图和实施方案，明确了主要的阶段性目标。到 2025 年，绿色低碳循环发展的经济体系初步形成，重点行业能源利用效率大幅提升。为实现碳达峰、碳中和奠定坚实基础。单位国内生产总值能耗比 2020 年下降 13.5%；单位国内生产总值二氧化碳排放比 2020 年下降 18%；非化石能源消费比重达到 20%左右；森林覆盖率达到 24.1%，森林蓄积量达到 $1.80\times10^{10}m^3$。到 2030 年，经济社会发展全面绿色转型取得显著成效，重点耗能行业能源利用效率达到国际先进水平。二氧化碳排放量达到峰值并实现稳中有降。单位国内生产总值能耗大幅下降；单位国内生产总值二氧化碳排放比 2005 年下降 65%以上；非化石能源消费比重达到 25%左右，风电、太阳能发电总装机容量达到 1200GW 以上；森林覆盖率达到 25%左右，森林蓄积量达到 $1.90\times10^{10}m^3$。到 2060 年，绿色低碳循环发展的经济体系和清洁低碳安全高效的能源体系全面建立，能源利用效率达到国际先进水平，非化石能源消费比重达到 80%以上，碳中和目标顺利实现，生态文明建设取得丰硕成果，开创人与自然和谐共生新境界。

（二）从企业层面看，尚存在诸多技术方面的问题。

1. 关键碳减排技术储备不足。

有研究表明，要确保我国 2060 年实现碳中和目标，应在 2030 年前实现能源活动二氧化碳排放达峰且峰值水平控制在 $1.05\times10^{10}t$ 以内，2060 年能源活动二氧化碳排放量要控制在 5×10^8t 以内，非二氧化碳温室气体和工业过程排放要控制在 10×10^8t 左右，碳汇和碳移除等技术要实现负排放 15×10^8t 左右。目前先进节能降碳技术还不能满足“双碳”目标的需要。从 2025 年到 2035 年，碳强度的大幅下降亟需低碳、零碳技术支撑，2035 年后实现深

度减碳，更需要低碳、零碳及负碳新技术储备。近年来，尽管在光伏、地热、二氧化碳回收利用及驱油等方面取得了一定进展，但现有低碳技术尚不足以支撑实现碳中和目标，节能技术、固碳技术有新突破的难度较大，实现节能降碳、碳中和的目标时间短、成本高、任务十分艰巨，急需关键低碳核心技术研发攻关和推广应用。

2. 煤化工企业碳排放总量和强度都比较大，实现碳中和难度较大。

从物料平衡角度来考虑，现代煤化工的煤气化和变换过程会产生大量的 CO_2，导致碳排放总量大、强度高，即使调整产品结构，生产 C/H 比高的醋酸等产品，虽然可以一定程度降低 CO_2排放强度，但 CO_2排放量仍然很大，真正实现碳中和尚有很长的路要走。

3. 现有标准规范还不能满足“双碳”目标的需要。

新建项目需要严格控制项目能耗总量和碳排放总量，项目前期设计阶段需要将先进成熟节能降碳技术推广应用到位、节能降碳措施落实到位，但目前投资项目设计标准还无法满足这一要求。同时，碳足迹核算也没有统一标准规范，不同服务机构核算出来的结果存在较大差异。例如：某企业委托第三方机构核算出某一年聚乙烯、聚丙烯碳足迹为 10.6084tCO_2e/t 和 10.1550tCO_2e/t，而在另一家机构指导下核算出来下一年度的聚乙烯、聚丙烯碳足迹为 5.0755tCO_2e/t 和 2.9396tCO_2e/t。

4. 煤化工企业自身碳资产管理基础还比较薄弱。

一方面，煤化工企业自身的碳资产管理体系，如组织机构、制度建设、管理标准、人员配备、专业人才队伍的培养等方面，同企业实现绿色低碳高质量可持续发展的需要还存在较大差距；另一方面，企业通过参与碳交易可以降低成本，也可能增加企业成本，在目前企业缺乏成熟的碳贸易(交易)经验和专业人才队伍的情况下，如何通过碳交易来达到企业降本减费的目的是一个全新的课题。

三、典型煤化工企业实现双碳目标的基本途径

根据近年来在节能降碳管理方面的工作经验，结合国家在碳达峰、碳中和方面的要求，总结出典型煤化工企业实现双碳目标的一些基本途径。基本思路是以国家碳达峰和碳中和为契机，以碳排放管控为抓手，优化产品结构，降低物耗能耗，提升规划发展和生产管理水平。从三个方面入手来推进双碳目标的实现：一是进行前端控制，就是在项目前期的论证设计阶段确保低碳；二是实施中端减排，就是在实际生产过程中采取各种技术和管理措施来减少碳排放；三是进行末端治理，就是对通过采取节能减排措施后仍然会产生的碳排放进行处置。

（一）前端控制

建设项目的前端控制非常关键。某煤化工项目在设计阶段通过采用按以汽定电的原则配备锅炉、汽驱改电驱、优化汽化炉产能等措施进行优化后，碳排放总量每年可下降 100 万吨以上。相较花费大量人力、物力和财力建设的 1Mt/a CCUS 项目，性价比无疑是非常高的。

1. 加强项目源头管控

强化新建投资项目源头管控，严格项目能耗总量和强度指标审核，项目能效水平满足政府“双控”管理要求的同时，要达到行业乃至世界先进水平。加强项目碳排放总量和强度指标审核，严格控制新建项目碳排放指标；加强项目前期管理，按照项目类别，落实各级管理主体责任，严控新建项目碳排放增量。

2. 加强项目设计管理

加强项目前期设计管理，确保先进成熟节能降碳技术推广应用到位、节能降碳措施落实到位，碳排放指标达到行业乃至世界领先；开发、应用高效绿色低碳催化剂，大幅度降低物耗能耗。

（二）中端减排

1. 强化碳资产管理

企业应建立碳资产管理组织机构，明确专管部门，配备专管人员，制定制度流程，充实碳资产管理力量，加强政策研究，尽快培养出一批适应形势要求的碳资产管理人才，以满足不断增长的碳资产管理需求。如某煤化工企业不断夯实基础，在规范碳排放管理方面进行了有益的探索。一是组织开展《碳排放管理细则》等制度培训、碳排放数据管理专项检查，规范碳排放数据质量管理，提高核算准确度；二是分别用国际标准方法和国家行业指南核算温室气体排放量，填报碳排放系统，编制碳排放报告，监测计划及补充数据报告；三是完成集团公司和政府部门第三方、第四方碳核查和年度碳排放报告的修订，对核查中发现的不符合项，及时对接并整改。

2. 加强能耗“双控”管理

在实际生产经营管理过程中充分利用数字和信息化手段，加强能源生产、供应、输送、转换、消耗全过程管理，控制好能耗总量和强度指标，严格执行地方政府控煤指标，努力提高能效。如某煤化工企业通过淘汰落后高耗能机电设备、实施工艺改造和优化操作，减少蒸汽放空，减少生产装置火炬长明灯天然气的消耗量，降低了能耗也减少了碳排放。

3. 推进“能效提升”计划

“能效提升”计划是中国石化为了降低能源消耗，提高能源利用效率，而推出的一项长期行动计划，多年来在加大节能投资规模和促进企业节能减排方面成效显著。各煤化工企业应按照国家推荐的成熟节能降碳技术和高耗能行业重点领域节能降碳改造升级实施指南，通过装置热联合、蒸汽能量梯级利用、充分利用余热余压、实施热电机组能效提升工程等技术措施，充分挖掘“能效提升”计划项目，落实项目资金，加强过程管控，加大实施力度，确保项目按期保质完成，持续压减燃动能耗与加工损失，降低能源消费。例如：2017 年以来，三家煤化工企业已先后实施“蒸汽管网优化改造”“余热蒸汽发电”等 14 个“能效提升”计划项目，年节能量达到 13×10^4t 标煤，目前尚有 8 个项目正在实施，预计年节能量近 8×10^4t 标煤。

4. 深化能效对标工作

开展能效对标活动是企业提升能效的另一条重要途径，煤化工企业应通过参加能效“领跑者”遴选活动等方式，深化能效对标工作，对标本企业历史最好水平、行业最优水平，挖掘装置优化潜力，提升装置能效水平。一是积极推进煤电机组升级改造，自备电厂供电煤耗降至 300g 标准煤/kW · h 以下；二是推动煤炭清洁高效利用，促进煤炭消费转型升级，煤制甲醇和煤制烯烃单位产品能耗全面达到标杆水平；三是用能效高的设备替代能效低的设备，如某煤化工企业落实好国家有关部门要求，在前期淘汰一批高耗能落后电机的基础上，又积极推进变压器能效提升工程等，节能减排效果也比较明显。

5. 优化工艺操作开展技术攻关推广应用先进技术

对于已经投产的生产装置，如何优化运营，持续保持其物耗能耗指标的先进性，组织优势力量开展有针对性的技术攻关是前提和基础。煤化工企业应持续开展降低热电燃料煤耗和煤气化装置原料煤耗、减少非计划停工确保长周期运行、解决瓶颈问题、优化能量利用、降低循环水系统能耗等技术攻关；推广应用高效换热器、节能机泵、气凝胶新型保温等先进技术；开展装置脱瓶和节能提效技术改造。

6. 积极推进太阳能利用项目

太阳能是没有碳排放的绿色能源，是煤化工企业未来能源消费的主要发展方向之一。目前在煤化工企业已少量利用了太阳能，如某职工宿舍采用太阳能进行热水制备，某企业源水装置的远程阀室应用了光伏供电装置，某企业生产区域路灯照明进行了太阳能改造并积极推进办公楼增设光伏发电设施，等等。

目前可以大力推进的工作是规划煤矿光伏发电，加强绿电绿氢与煤化工的融合。充分利用国家产业扶持政策和采煤沉降区土地资源，积极与地方政府有关部门沟通协调，在现有煤化工项目配套的煤矿采煤沉降区生态恢复治理中，因地制宜大力发展生态光伏发电。同时，开展绿电制绿氢、绿氧项目开发，在煤制甲醇过程中适当使用绿氧、绿氢，降低空分装置能耗和合成气变换装置的 CO 变换反应深度，减少二氧化碳的产生量，进而减少企业制程排放源的碳排放量。

7. 结合企业特点和市场需求适当调整产品路线

高碳氢比产品相较于低碳氢比产品具有更好的固碳作用，多生产高碳氢比的产品也能有效减少碳排放。因此，对于有条件的企业，可根据自身特点，结合市场需求，多生产 C/H 比高的产品，如醋酸、醋酐、醋酸甲酯、碳酸二甲酯 DMC、PGA 等。

8. 积极开展产品碳足迹核算评价

开展碳足迹核算评价是煤化工产品取得碳标签，从而走向世界的需要。企业也可以在开展碳足迹核算评价的过程中，了解所生产的产品在碳排放方面存在的问题和不足，便于进行有针对性的改进和提升，特别是针对产品碳足迹有重大影响的环节和因素，可以制定具体改进措施来降低单位产品碳排放，提高产品的竞争力。中国石化集团公司之前已经组织企业针对特定产品开展了碳足迹核算工作，某煤化工企业也委托第三方服务机构对某年度其生产的主要产品聚乙烯和聚丙烯进行过碳足迹核算，企业还根据核算报告提出的改善建议和措施，优化调整了生产，减少了碳排放。

9. 大规模利用绿电和绿氢

未来随着科技进步和绿色能源成本的大幅下降，可以考虑大规模利用绿电和绿氢。一是对于自备电厂，可以考虑实施核电装置、电锅炉改造，也可考虑取消自备电厂，直接使用绿电锅炉；二是对于工艺生产装置，可以考虑将汽驱全部改为电驱，最大限度地减少蒸汽用量。同时，在煤制甲醇过程中大量使用绿氧、绿氢，尽可能将煤中的碳全部转化到甲醇产品中，基本不产生碳排放，从而实现固定排放源和制程排放源的近零碳排放，生产出真正的煤化工绿色产品。

（三）末端治理

1. 应用 CCUS 技术

对于通过采取各种节能降碳措施后无法避免的碳排放，可以采用 CCUS 技术回收利用。现阶段主要着眼于煤化工生产装置产生的高浓度二氧化碳的回收利用，未来则可以考虑将生产装置的少量碳排放彻底清除。例如，某煤化工企业通过开展对外合资合作，将部分煤制甲醇净化单元排出的高浓度 CO_2 气体通过管道送至厂外两家气体公司进行综合利用，每

年可减少 35×10^4t 二氧化碳排放量，在实现碳减排的同时还创造了经济效益，也延长了下游产业链。

2. 融入碳市场，参加碳交易

全国碳排放权交易市场(简称碳市场)是实现碳达峰与碳中和目标的核心政策工具之一，也是企业实现碳资产价值和碳指标调节的载体。企业应组织优势力量，参与碳市场运行的各个环节，按要求开展碳排查，组织好企业碳排放的监测、报告与核查(MRV)工作，开发和储备 CCER(中国温室气体自愿减排)项目，开展碳配额指标的测算，参与碳配额指标的核定、分配和碳排放权的交易，完成年度碳履约工作等。企业通过积极融入碳市场，参加碳交易，在积累碳资产的同时，也积累碳资产管理经验。2021 年有两家现代煤化工企的热电联产自备电厂纳入了发电行业全国碳排放权交易市场，都按要求完成了第一个履约周期碳排放配额清缴工作，其中一家企业还参加了全国碳市场的首日碳交易。

四、结语

(1) 煤化工企业碳排放的总量和强度都比较大，鉴于我国实现双碳目标的时间非常紧，企业本身也存在诸多技术层面的不足，客观情况决定了典型的现代煤化工企业实现双碳目标必将面临很大的困难，需要各企业引起足够的重视，付出更多的努力。

(2) 典型现代煤化工企业的碳排放主体是固定排放源和制成排放源，这是企业需要采取有效措施进行减排的重心所在。通过采取前端控制、中端减排和末端治理的全过程管控，在项目建设前期进行前端控制，使得投资项目碳排放总量和强度指标尽可能小；在生产装置投产后实施中端减排，采取管理的和技术的措施，促进生产优化和节能减排；对于企业在生产经营过程中产生的碳排放，特别是高浓度二氧化碳，采取 CCUS 技术进行回收利用。如此企业可以实现大幅度碳减排，生产出低碳产品。

(3) 煤化工企业实现碳中和的根本出路还在于技术进步，一方面稳定而低成本的绿电和绿氢供应需要新的技术突破；另一方面绿电绿氢与煤化工的深度融合也需要新的技术突破。当绿电绿氢能稳定供应而且价格低廉，并且绿电绿氢应用于煤化工的生产技术成熟的时候，现代煤化工装置可以实现将煤中的碳全部固定到产品之中，真正生产出不产生碳排放的绿色产品。

(4) 煤化工企业希望管理好碳资产，使之不断升值，并加快实现碳中和的进程，主动融入碳市场，积极参与碳交易，是必由之路。

参考文献

[1] 田涛，王之茵，刘兆鑫. 煤化工生产过程 CO_2 排放及减排研究略[J]. 石油石化绿色低碳，2019，4(3)：6-10.

[2] 张向农. 炼化企业能源管理数字化探索与实践[J]. 石油石化绿色低碳，2022，7(1)：72-75.

[3] 张楚珂，田涛，王之茵，等. 聚丙烯产品碳足迹核算及对比研究[J]. 石油石化绿色低碳，2021，6(6)：17-22.

降低碳排放的环烷基重油高效裂化催化剂平台技术

韩　蕾
王　鹏
严加松
王维家
陈学峰
赵晓光
中国石化石油化工科学研究院

催化裂化是原油二次深加工的主要方法之一，由于近年来原油重质化和劣质化的不断加剧，常规催化裂化催化剂已不能满足重质油尤其是环烷基重油的裂化需求。本技术基于反应机理的研究，从分子筛和基质两方面开发了提高环烷环开环裂化选择性的新型催化剂ROC-1，在降低焦炭产率的同时提高环烷基重油裂化活性。ROC-1催化剂应用于0.8Mt/a的催化裂化装置，液相产品收率明显增加，焦炭显著降低，减少工业烟气中CO_2排放量，助力碳减排，实现经济效益和社会效益双丰收，具有广阔的应用前景。

一、概述

随着全球重质油产量的逐年增加，炼油企业正面临着原料重质化和劣质化、产品轻质化和清洁化、炼制过程低能耗和零排放的压力。预计2040年我国90%汽车动力仍将依靠汽油，且车用汽油质量要求越来越高。为了应对这些问题，国内已建成25套渣油加氢装置改善催化裂化原料油质量，但加氢处理后的原料中环烷烃和环烷芳烃的比例明显增加，含量达到50%以上。从环保需求出发，FCC装置因催化剂烧焦是石油炼制过程中碳排放的主要装置，如何降低生焦是CO_2减排的重点关注方向。原料加氢后催化焦占比进一步增加，与此同时，环烷环的开环裂化反应的选择性直接影响了汽油和LPG等高附加值产品的收率。

深入挖掘环烷烃类的裂化潜力是实现提质增效的有效途径，但是富含环烷环的烃类加工至少存在以下四方面问题：(1)分子动力学直径大，自身不易扩散，同时影响链烷烃和产物扩散；(2)开环活化能高，裂化反应选择性低，液相产品收率低(相对于石蜡基原料)；(3)作为供氢剂使产物中的烯烃转化为烷烃，降低汽油辛烷值；(4)大分子环烷芳烃易脱氢成为芳烃，增加焦炭产率。

现有技术中，通常利用酸性基质协同高稀土含量的分子筛提高重油转化率，一方面导致烯烃饱和，降低汽油辛烷值；另一方面也会导致焦炭产率增加。本技术针对传统重油催化裂化工艺中存在的如何兼顾催化原料中大分子环烷烃裂化反应活性和选择性的问题，基于在不同类型酸中心上大分子环烷芳烃的反应网络研究，通过新型催化材料的创制，有效地抑制大分子环烷烃的氢转移反应，在低生焦的前提下保证环烷基重油裂化活性，提高高辛烷值汽油和液化气产率，助力炼化企业节能增效，为市场提供更优质的石油石化产品。

二、促进开环裂化的新型催化材料

小晶粒Y型分子筛一直没能在催化裂化催化剂中成功应用的核心问题是分子筛的晶格稳定性无法满足催化裂化工艺条件的要求，无论是高温热稳定性还是水热稳定性，都明显低于常规晶粒分子筛。本技术从原材料、硅铝比、成核晶化、动力学和几何结构等方面出发，精细调控关键参数，综合探究Y型分子筛的合成机理，揭示合成参数与产品骨架稳定的本质联系，成功将Y型分子筛晶粒从常规1000nm降至500nm(如图1所示)，同时保证结构稳定性。与现有技术合成的小晶粒分子筛(热崩塌温度804℃)相比，小晶粒SCY分子筛热崩塌温度为975℃，提高近200℃，骨架结构稳定性接近1000nm常规晶粒分子筛(986℃)。

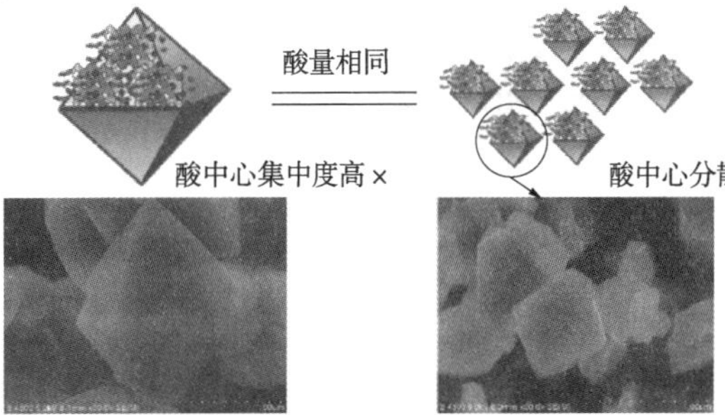

图1 不同晶粒尺寸分子筛形貌对比

常规气相超稳方法进行小晶粒分子筛的抽铝补硅会导致分子筛骨架结构的崩塌，为了进一步提高小晶粒Y型分子筛的水热稳定性，开发了气相超稳耦合稀土离子定位交换技术。通过焙烧温度、超稳深度与超稳温度的协同匹配，科学控制抽铝反应与补硅反应，实现一级与二级超稳反应的梯度控制，解决了小晶粒分子筛超稳化过程中结晶损失度高的难题，充分提高了小晶粒分子筛的水热稳定性，使其在催化裂化过程中的应用成为可能。图2是分子筛在不同老化时间下相对结晶度和结晶保留度对比，相比较于常规Y型-Re分子筛，气相超稳耦合稀土离子定位交换技术研发的SCY-Re在相同条件老化后具有更高的相对结晶度和结晶保留度，结构崩塌产生的非骨架铝减少，降低生焦L酸中心。

针对基质材料的复杂孔道走向及高容纳性空间结构，从源头改变基质胶体孔结构，研发了纤维状基质新结构，如图3(a)所示。纤维结构的柔性有利于黏结分子筛等无黏性组分，保证催化剂机械强度不损失。采用溶胶凝胶法合成多功能复合氧化物基质材料，新型复合氧化物基质最可几孔径可达8nm。丰富的贯通中孔孔道有利于大分子扩散，降低双分子碰撞几率，减少生焦；同时构建适宜的B酸中心，减少L酸中心[图3(b)、图3(c)]，可降低生焦，实现基质材料孔径与酸性质的有效适配，解决了渣油大分子预裂化能力和生焦选择性相矛盾的难题。

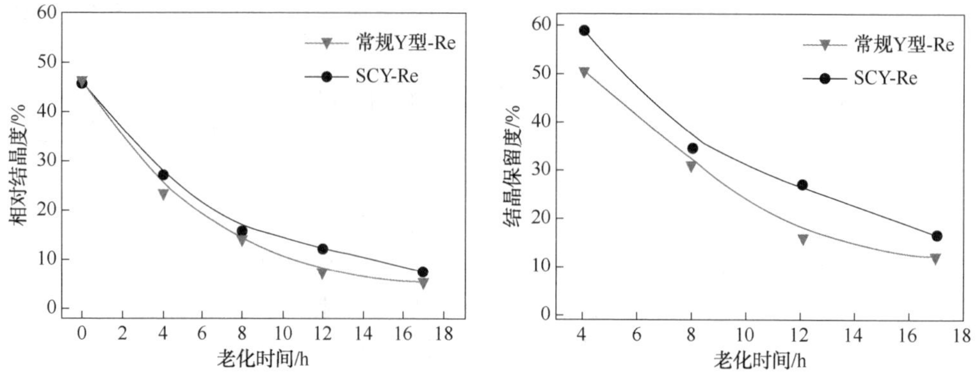

(a) (b)

图 2 不同老化时间下的相对结晶度和结晶保留度

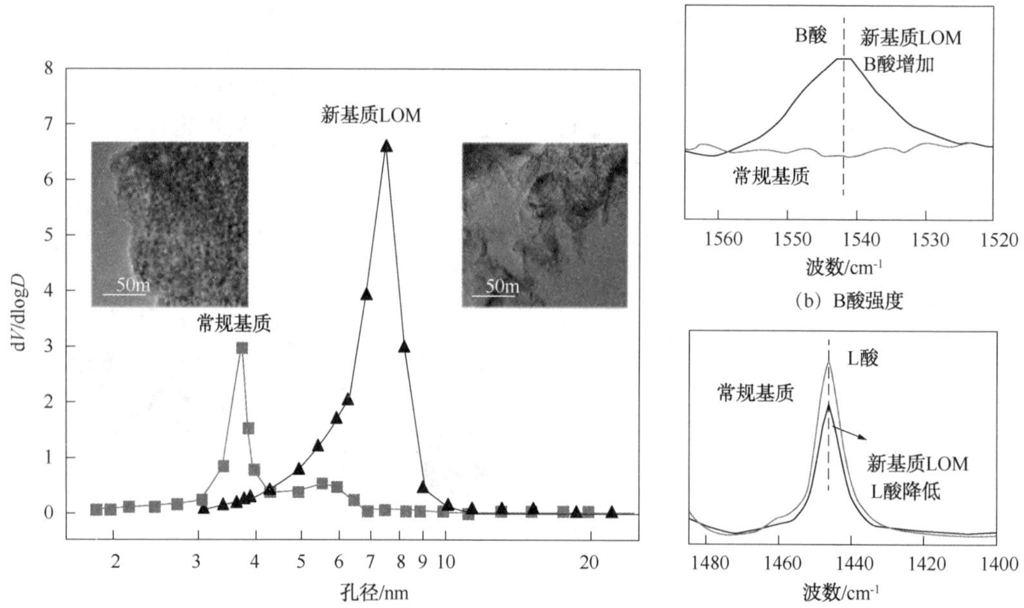

(a) 孔径分布 (b) B酸强度 (c) L酸强度

图 3 基质物性对比

三、催化剂 ROC-1 的工业应用

采用高结构稳定性小晶粒 SCY-Re 分子筛为主要活性组元，匹配新型 LOM 基质及优异的制备技术，创新研发新型高效催化裂化催化剂 ROC-1，可以更多地将多环烷烃转化为市场需要的高附加值、轻质石油产品，并在 0.8Mt/a 催化裂化装置上成功工业应用。在原料性质和掺渣比率相当的基础上(见表 1)，总结标定结果表明(见表 2)，干气量增加 0.02 个百分点(均为质量产率，下同)，液化气增加 0.24 个百分点，稳定汽油产率增加 0.44 个百分点，柴油产率增加 0.60 个百分点，油浆产率降低了 0.21 个百分点，焦炭产率降低了 0.68 个百分点。此外，汽油辛烷值增加 0.6 个单位。剂耗与原催化剂 RICC-1 相当，产品分布得到了有效改善，装置运行平稳，平均每年新增经济效益约 2210.6 万元，工业烟气 CO_2 排放量减少 2.0×10^4t/a。

选取典型工况条件下生产运行情况，在原料掺渣率自65%波动变化至75%左右时，汽油收率基本不变(见图4)，焦炭产率仍能维持5.5%左右(见图5)，更凸显了催化剂在促进多环环烷烃和环烷芳烃开环裂化降低生焦能力。

表1　催化原料性质

项　目	空白标定	总结标定	项　目	空白标定	总结标定
名称	混合原料	混合原料	沥青质	0.4	0.4
密度(20℃)/(kg/m^3)	921.8	922.2	馏程/℃		
残炭/%	2.0	2.2	初馏点	220	219
w(碱性氮)/(μg/g)	785	825	5%	307	288
烃族组成(w)/%			10%	353	336
饱和烃	57.3	59.1	30%	419	404
芳烃	28.0	26.8	50%	461	446
胶质	14.3	13.7	70%	509	505

表2　标定期间的产物分布

工　况	空白标定	应用标定	工　况	空白标定	应用标定
产品分布(w)/%			焦炭	7.48	6.80
干气	2.73	2.75	合计	100.30	100.33
液化气	15.89	16.13	损失	-0.30	-0.33
汽油	44.87	45.31	液体产品收率/%	80.97	82.24
柴油	20.21	20.81	汽油选择性	0.635	0.641
重油	5.42	5.05	焦炭选择性	0.106	0.096
油浆	3.70	3.49			

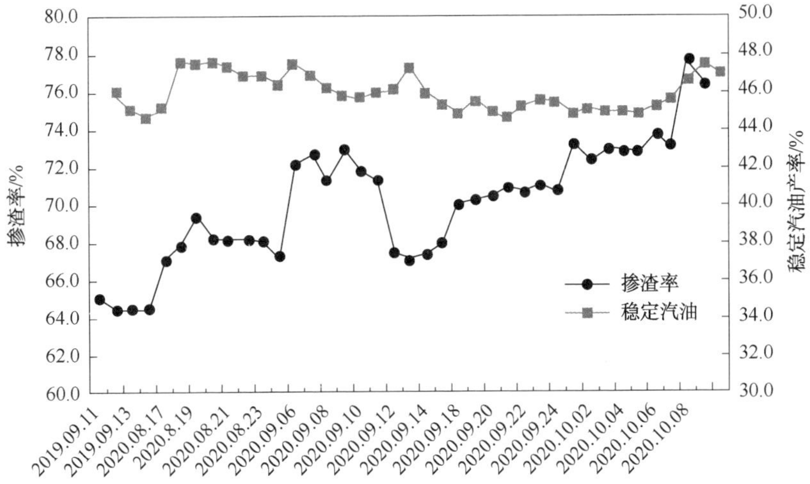

图4　日常统计数据中掺渣率与汽油收率变化

四、结论

随着催化裂化原料的劣质化和重质化，渣油加氢技术不断推广，催化原料中环烷环占比不断增加，如何高效裂化环烷环生产高附加值产品成为炼厂提质增效的重要问题。同时，面对2035年碳达峰和2060年碳中和的全球发展规划，合理利用化石原料中的碳和氢，减

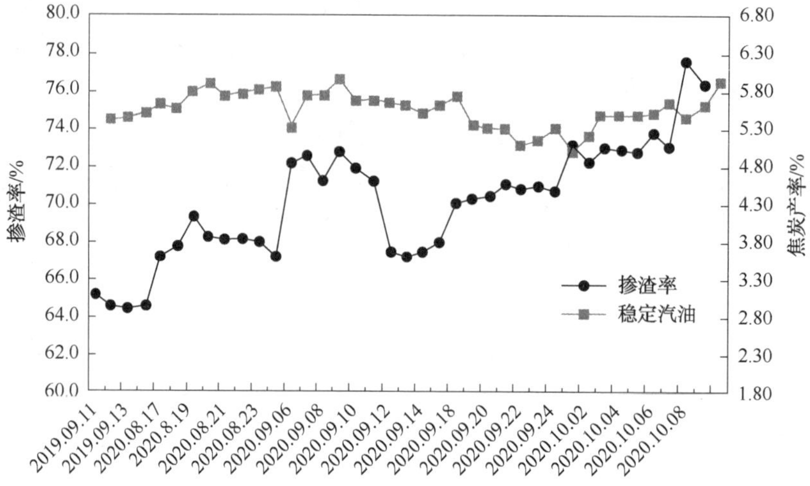

图 5　日常统计数据中掺渣率与焦炭产率变化

少催化转化过程中焦炭的生成，对于降低能耗，减少 CO_2 的排放具有重要的社会效益。采用高结构稳定性小晶粒 SCY-Re 分子筛为主要活性组元，匹配新型 LOM 基质及优异的制备技术，成功开发新型高效催化裂化催化剂 ROC-1，能高效促进大分子环烷烃开环裂化，增产高辛烷值汽油同时降低显著焦炭，是优异的环烷基重油催化裂化催化剂，具有显著的经济和社会效益。

参考文献

[1] 任文坡，李雪静. 渣油加氢技术应用现状及发展前景[J]. 化工进展，2013(05)：53-60.
[2] 曹湘洪. 我国炼油技术开发的若干思考与建议[J]. 石油炼制与化工(9)：1-8.
[3] 高浩华，王刚，张兆前. 重油分级催化裂化反应性能[J]. 石油学报(石油加工)，2012，28(6)：907-912.
[4] Ren T.，Patel M.，Blok K. Olefins from ConventionA and Heavy Feedstocks：Energy Use in Steam Cracking and Aternative Processes[J]. Energy，2006，31(4)：425-451.
[5] 杨丽静，田松柏，田辉平. 催化裂化多产丙烯催化剂研究进展[J]. 石化技术与应用，2006，24(4)：319-322.

低分压烟气二氧化碳捕集技术

郭本帅 | 中石化南京化工研究院有限公司气体净化研发中心

一、技术简介

中石化南京化工研究院有限公司(以下简称南化院)依托中石化碳捕集、利用与封存(CCUS)重点实验室，针对燃煤烟气、水泥、石灰窑气、催化裂化再生烟气等低分压 CO_2 排放源的实际排放情况，研发新型高效低能耗二氧化碳捕集溶剂，攻关形成了低分压烟气二氧化碳捕集技术。

早在20世纪80年代，南化院便开始进行改良MEA法捕集 CO_2 技术开发，经过10多年的研究开发，针对燃煤电厂烟气、天然气锅炉烟气中 CO_2 捕集存在的胺降解损耗大、设备腐蚀严重等问题，开发了以MEA水溶液为主体，添加活性胺、抗氧剂和缓蚀剂，适用于捕集烟道气等低分压二氧化碳的复合吸收剂，形成了第一代低分压烟气二氧化碳捕集技术，既提高了溶剂的吸收能力，同时有效解决了MEA溶液的氧化降解、设备腐蚀和能耗高等技术难题。

“十二五”期间，依托国家科技支撑计划“大规模燃煤电厂烟气 CO_2 捕集、驱油及封存技术开发及应用示范”及相关中石化项目，南化院从降低能耗的角度出发，对碳捕集溶剂进行重点攻关，从分子结构层面进行了新型胺基捕集溶剂的设计；依次开展了溶剂吸收再生小试、处理烟气 $3 \sim 5Nm^3/h$ 的模试试验和100t/d的工业试验，形成的新型高效低能耗烟气二氧化碳捕集技术经鉴定，达到国际先进水平。

“十三五”期间，依托国家重点研发计划项目“用于 CO_2 捕集的高性能吸收剂/吸附材料及技术”及相关中石化项目，南化院优化得到了新型高效低再生能耗 CO_2 捕集溶剂工艺技术。当二氧化碳捕集率达90%以上时，溶剂再生能耗可下降至2.8GJ/tCO_2。2021年，在某公司 $15\times10^4t/a$ 燃烧后 CO_2 捕集和封存全流程示范装置上，通过优化工况，溶剂再生能耗下降至2.4GJ/tCO_2 以下，达到国际先进水平。

二、技术原理

根据理论分析，MEA与二氧化碳反应生成比较稳定的氨基甲酸盐，在再生过程中需要较多的能量才能分解，导致再生能耗较大。同时氨基甲酸盐对设备的腐蚀性较强，又易形成水垢。MEA 与二氧化碳的反应式如下：

$$CO_2+HOCH_2CH_2NH_2 = HOCH_2CH_2HNCOO^-+H^+ \quad (1)$$

$$H^++HOCH_2CH_2NH_2 = HOCH_2CH_2NH_3^+ \quad (2)$$

总反应式可以写为：

$$CO_2+2HOCH_2CH_2NH_2 = HOCH_2CH_2HNCOO^-+HOCH_2CH_2NH_3^+ \quad (3)$$

由总反应式可知：MEA 吸收二氧化碳的最大容量为 0. 5molCO_2/molMEA。

二氧化碳捕集新技术开发了多种活性胺，形成了复合胺吸收溶剂。活性胺与二氧化碳的反应机理与 MEA 不同，胺与二氧化碳反应不形成稳定的氨基甲酸盐，其最大吸收容量为 1molCO_2/mol 胺。总反应方程式可以写为：

$$CO_2+R_1R_2NH+H_2O = R_1R_2NH_2^++HCO_3^- \quad (4)$$

因此使用该活性胺，在同摩尔浓度下与 MEA 法相比，吸收能力提高、再生能耗下降。

在捕集二氧化碳过程中，有机胺易与氧气、二氧化碳、硫化物等发生化学降解，也易发生热降解，而引起有机胺降解损耗增大的主要原因是氧气与 MEA 的氧化降解反应。MEA 与氧气的降解中间产物主要为过氧化物，最终产物为氨基乙酸等，与二氧化碳的降解产物主要有恶唑烷酮类等。有机胺降解问题一直是醇胺法捕集二氧化碳存在的技术难题，根据上述降解反应机理，新技术开发了一种抗氧化剂，抑制过氧化物的形成，中断降解反应链的发生，有效地控制了降解产物的生成。

传统的复合胺法回收低分压二氧化碳存在设备腐蚀严重的技术问题。复合胺法造成设备腐蚀严重的主要原因是由复合胺与二氧化碳反应生成的氨基甲酸盐及复合胺的化学降解产物所引起。该技术经过大量的试验研究，首先加入抗氧化剂和活性胺解决了复合胺的化学降解，然后开发了一组缓蚀剂配入复合胺溶液中，使溶液对设备的腐蚀速率小于 0. 1mm/a，解决了复合胺法对设备腐蚀性严重的技术问题。

三、技术优势

(1) 采用该技术捕集低分压二氧化碳，二氧化碳捕集率≥90%，产品二氧化碳纯度≥99. 5%，溶液吸收二氧化碳能力提高 15%~40%，再生能耗较传统 MEA 法降低 30%以上。

(2) 解决了胺降解和腐蚀问题，溶液不再频繁更换，生产操作稳定。

四、工艺流程

典型的低分压二氧化碳捕集工艺流程示意如图 1 所示。

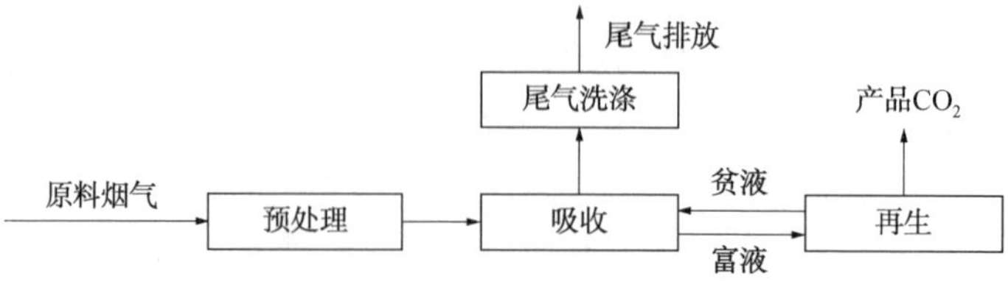

图 1 低分压二氧化碳捕集技术工艺流程示意

原料烟气首先进入预处理系统，在其中除去原料气中的强酸性组分，并使烟气降温至示意的温度，然后由引风机自吸收塔底送入吸收塔，其中一部分 CO_2 被自塔顶逆流喷淋的贫液（解吸 CO_2后的溶液）吸收，净化后的净化气经吸收塔顶尾气洗涤后，由塔顶排入大气。

吸收 CO_2后的富液由吸收塔底流出，换热后送入再生塔。富液通过汽提解吸部分 CO_2，然后进入煮沸器，使其中的 CO_2进一步解吸。解吸 CO_2后的贫液由再生塔底流出，经热量回收并冷却后进入吸收塔。溶液往返循环构成连续吸收和解吸 CO_2的工艺过程。

解吸出的 CO_2连同水蒸气经冷却分离除去水分后得到产品 CO_2气，送入后序工段使用。

五、应用业绩

近年来，研究开发的 40 多项具有自主知识产权的专利技术和专利溶剂成功应用于 60 多个厂家气体净化装置，所捕集的 CO_2主要用于生产尿素、甲醇、合成气、食品级 CO_2、EOR 等。这些技术的应用消除了工厂生产“瓶颈”，实现了大幅度增产节能，每年新增产值总计 30 亿元以上，直接经济效益达 10 多亿元。

某公司 15×10^4t/a 燃烧后 CO_2捕集和封存全流程示范，是目前国内规模最大的燃煤电厂碳捕集装置，使用南化院开发的最新吸收剂，CO_2捕集率>90%，再生能耗达到 2. 4GJ/tCO_2以下，达到国际先进水平。

某电厂 4×10^4t/a 烟气 CO_2捕集纯化工程，使用南化院开发的二代吸收剂，吸收剂浓度为 3. 3M，是二代吸收剂工程化试验，优化出第二代吸收剂的配方和工艺操作参数，CO_2捕集率>80%，吸收能力为>22L/L，再生能耗达到 2. 91GJ/tCO_2（1. 395t 蒸汽/tCO_2），溶剂消耗为 1kg 溶剂/tCO_2。

某公司 51000Nm^3/h 烟气二氧化碳捕集纯化工程，使用南化院开发的二代吸收剂，吸收剂浓度为 3. 3M，第二代吸收剂工业应用，在满足生产要求的条件下，装置的溶剂循环量下降 34. 7%，单位再生能耗下降 41. 8%，降低循环水消耗 200t/h，CO_2捕集成本大幅降低。CO_2捕集率>80%，吸收能力为>16L/L，再生能耗达到 2. 97GJ/tCO_2。

某发电厂二期烟道气回收 1×10^4t/a CO_2捕集与精制工程，使用南化院开发的吸收剂，吸收剂浓度为 3. 3M，第二代吸收剂工业应用，利用烟道气中的 CO_2生产食品级二氧化碳，生产运行稳定。CO_2捕集率>90%。

六、知识产权情况

围绕低分压二氧化碳捕集技术进行了专利布局，已申请发明专利 36 件，授权发明专利 16 件。部分专利如下：

（1）一种低浓度 CO_2的离子液体捕集溶液及捕集方法，CN107754557B。

（2）一种氨烃基硅烷系列脱碳溶剂及脱碳方法，CN107866133B。

（3）一种 CO_2吸收溶液，CN105498449B。

（4）一种烟气二氧化碳捕集工艺，CN103566712B。

（5）一种醇胺法捕集烟气中二氧化碳的加压再生方法，CN110624363B。

NCMA脱碳技术

周志斌 | 中石化南京化工研究院有限公司气体净化研发中心

一、技术简介

中石化南京化工研究院有限公司开发的NCMA脱碳技术，通过专有脱碳溶剂、灵活的工艺流程、精确匹配的工艺参数，能够实现净化气中CO_2含量的定制化需求，低至满足LNG等深冷分离系统对进料中CO_2的要求，而且腐蚀、发泡等方面均优于行业内同类产品。NCMA脱碳技术已成功应用于天然气、合成气、炼厂气、焦炉气、高炉气等气源的百余套脱碳装置，广泛验证了其脱碳性能与节能降耗的精细平衡。基于NCMA脱碳溶剂的装置建设费用低，主要材质基本以碳钢为主、少数部位使用304不锈钢。NCMA脱碳过程无废气排放，只在装置检维修过程中产生少量含有脱碳溶剂的废水和活性炭废渣。

2009年，NCMA脱碳溶剂获得中国发明协会颁发的第十八届全国发明展览会金奖；2011年，又被国家科学技术部认定为国家重点新产品；2014年，因在高含碳天然气脱碳的应用获得中国石化集团公司科技进步三等奖；2018年，因在干气脱硫脱碳的应用获得中国石化集团公司技术发明三等奖；2020年其主专利之一的ZL200310106567.9获得第二十一届中国专利优秀奖。

二、技术原理

醇胺法是脱除气体中CO_2和H_2S的主要方法。醇胺与H_2S的反应属于受气膜控制的瞬时反应，与CO_2的反应机理则比较复杂。MDEA属于叔胺，含有一个叔氮原子，它吸收CO_2时仅生成碳酸氢盐，加热再生的蒸汽消耗远低于伯、仲胺与CO_2生成颇为稳定的氨基甲酸盐。因此，MDEA被广泛应用于各种脱除CO_2的过程。

MDEA等叔胺与CO_2的反应途径如下：

$$CO_2+H_2O \xrightarrow{K_{OH}} H^++HCO_3^- \quad (1)$$

$$H^++(CH_2CH_2OH)_2NCH_3 \longrightarrow (CH_2CH_2OH)_2NH^+CH_3 \quad (2)$$

(1)+(2)式：

$$(CH_2CH_2OH)_2NCH_3+CO_2+H_2O \longrightarrow (CH_2CH_2OH)_2N^+CH_3 \cdot HCO_3^- \qquad (3)$$

反应(1)是 CO_2 水化反应，它控制着 MDEA 与 CO_2 的反应。在 25℃时反应速度常数 $K_{OH}=10^4L/mol \cdot S$、$[OH]=10^{-3}\sim10^{-5}mol$，因此反应(3)是很慢的反应。

当在叔胺溶液中加入少量的活化剂 R_1R_2NH 时，CO_2 的吸收反应按下面的反应途径进行：

$$R_1R_2NH+CO_2 \xrightarrow{K_1} R_1R_2NCOOH \qquad (4)$$

$$R_1R_2NCOOH+H_2O \xrightarrow{K_2} R_1R_2NH+H^++HCO_3^- \qquad (5)$$

(4)+(5)+(2)式：

$$(CH_2CH_2OH)_2NCH_3+CO_2+H_2O \longrightarrow (CH_2CH_2OH)_2N^+CH_3 \cdot HCO_3^- \qquad (6)$$

式中，R_1、R_2 为 H、烷基或羟基等。

上述反应途径中涉及两个关键的参数，即 CO_2 与醇胺的反应速率常数 K_1 和氨基甲酸盐的稳定常数 K_2。决定 K_2 大小的正是胺的空间位阻效应，由位阻胺生成的氨基甲酸酯极不稳定，使反应(5)进行得更彻底。但是，过大的位阻效应将不利于反应(4)的进行。基于此，NCMA 脱碳溶剂在反复的试验中，优选出特殊的活化剂，其 R_2 为与 N 原子相连的 C 原子上至少带有一个支链的烷基。NCMA 脱碳溶剂的活化剂在吸收 CO_2 过程中不生成稳定的氨基甲酸盐，一方面可以加快吸收 CO_2 的速度，另一方面可以避免由于氨基甲酸盐所产生的再生能耗较大、吸收容量低，以及其引起的腐蚀、降解等问题。

三、技术优势

(1) 定制化的 CO_2 净化度。根据工艺指标需要控制 CO_2 净化度，NCMA 可以将 CO_2 脱除至摩尔分数 $<20\times10^{-6}$。

(2) 可同时脱除硫化物。同时脱除硫化物时不增加设备、不增加能耗，硫化物中的硫化氢可脱至摩尔分数 1×10^{-6} 以下。

(3) 吸收容量大。NCMA 脱碳溶液的 CO_2 平衡吸收容量为 50~70L/L，其吸收容量可在 15~70L/L 范围内变动。

(4) 再生热能耗低。由于 NCMA 脱碳溶液的吸收容量大，同等处理气量下再生热能耗降低。

(5) 溶剂损失少。NCMA 脱碳溶剂的蒸气分压低，常温下纯溶剂蒸气压<0.01mmHg(1.3Pa)，气体经冷却分离后夹带量较少。

四、工艺流程

NCMA 脱碳技术具体实施时工艺流程视气源条件、净化气规格、现场公用工程等条件而定，其基本流程示意如图 1 所示。

原料气经分液罐分离凝液后进入吸收塔下部，在塔内自下而上，与由塔顶部下来的 NCMA 贫液逆流接触，气体中的 CO_2 被吸收，净化气由塔顶引出，经净化气分离器分离夹带的液滴后送往后工序。吸收了 CO_2 的 NCMA 富液，从吸收塔底部出来减压闪蒸出一部分烃类后，与从再生塔出来的贫液换热，进入再生塔上部，然后自上而下与塔底蒸汽再沸器产生的汽提蒸汽逆流接触，解吸出剩余的 CO_2。从再生塔底部出来的贫液，经贫富液换热器与富液换热、贫液冷却器冷却后，再经贫液泵加压，进入吸收塔循环使用。从再生塔顶部出来的再生气经再生气冷却器冷却、分离器回收冷凝液后，送出装置。

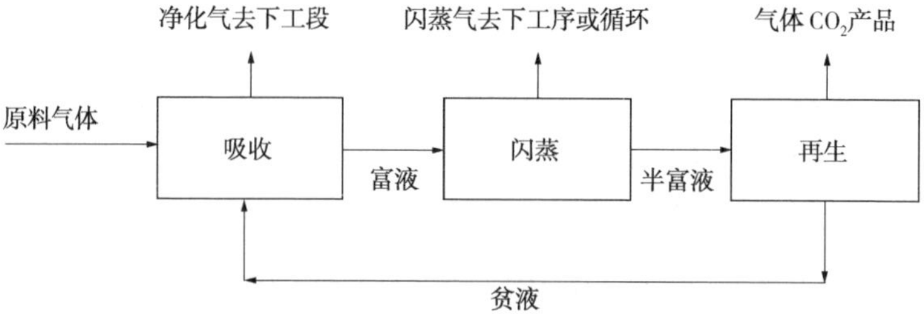

图 1 NCMA 基本流程示意图

五、应用业绩

NCMA 脱碳技术已成功应用于多种脱碳场景的百余套装置，典型案例如下所述。

某气田天然气脱碳装置采用 NCMA 脱碳工艺和溶剂进行设计和开车，与同类处理装置相比，溶液吸收能力提高 50%以上，单位能耗下降 25%以上。

某化肥厂配套联醇生产，合成气脱碳装置采用 NCMA 脱碳工艺和溶剂进行改造，CO_2 由 22mol%脱至 2mol%左右，脱除 CO_2量上升到 2450Nm^3/h 左右，取得了很大的经济效益。

某石化炼厂干气脱碳脱硫装置采用 NCMA 脱碳工艺和溶剂进行改造，吸收塔的胺液循环量由初始 MDEA 配方溶液的 33t/h 下降到 9t/h，净化提浓干气中 CO_2 的含量由 400ppmv 下降至 20ppmv，溶剂的 H_2S 负荷以及脱除硫醇的能力均高于原溶液，降低了能耗，减少了后工序的耗碱量和废碱的排放量，具有良好的经济效益。

某钢铁企业高炉气脱碳装置采用 NCMA 脱碳工艺和溶剂进行设计和开车，CO_2 由 34mol%脱至 1mol%以下，脱碳后的富氢碳气送入高炉替代部分焦煤，降低了炼铁的焦煤耗量和碳排放量。

六、知识产权情况

为了确保 NCMA 溶剂的质量，制定并申请了中国石化企业标准《NCMA 脱碳溶剂》(Q/SH 1170 056—2014)。为了跟踪使用过程的质量状况和测试及评价溶液的性能，参与制定了国家标准《活化 MDEA 脱硫脱碳剂化学成分分析方法》(GB/T 31589—2015)和《醇胺类脱硫脱碳剂净化性能评价方法》(GB/T 36767—2018)。

为了保护 NCMA 脱碳技术的合法权益，结合不断积累的工程实践经验和开发过程不断完善时得到知识和成果，积极开展专利布局。总体上，已经申请了 20 件改进型专利和外围专利，从脱碳吸收液配方组成、新型脱碳工艺、气液高效传质与分离的设备及工艺、特殊气源脱除 CO_2的方法等，授权 8 件，部分专利如下：

（1）一种高炉气净化处理的方法，CN201910931219. 6。

（2）从高含碳天然气制液化天然气的脱碳方法，CN201810738432. 0。

（3）一种用于天然气脱碳的吸收剂，CN201510335777. 8。

（4）一种 CO_2吸收溶液，CN201410488728. 3。

（5）一种抑制气体分离装置拦液的新型填料塔，CN201420554828. 7。

反应循环气脱碳技术

孔凡敏 | 中石化南京化工研究院有限公司气体净化研发中心

一、技术简介

中石化南京化工研究院有限公司(以下简称南化院)开发的反应循环气脱碳成套技术是基于传统合成氨热钾碱脱碳技术衍生而来，采用添加了活化剂的热碳酸钾溶液从含有大量烃或氧气、少量醛、酮、酸、酯、醇类的反应循环气(如费托合成反应循环气，乙烯氧化制环氧乙烷循环气，乙烯和醋酸、氧气反应制醋酸乙烯反应循环气，合成气一步法制烯烃反应循环气)中脱除二氧化碳，以减少反应器进口气体中CO_2组分的含量，最大限度地减少CO_2对反应催化剂的影响，提高催化剂催化活性和选择性。该技术具有系统水平衡优异、能耗低、烃损失少、溶剂消耗小、技术成熟度高等优点，有显著的经济社会效益。

二、技术原理

在热钾碱工艺中，CO_2的吸收过程是在碳酸钾水溶液中的可逆反应过程，其整个反应过程可表示为：

$$CO_2+K_2CO_3+H_2O\longleftrightarrow 2KHCO_3+热$$

由于该反应进行十分缓慢，须加入某些物质作为活化剂对反应起到催化作用，大幅度提高反应过程的传质速率和溶液的吸收能力。传统的活化剂有AS_2O_3、硼酸等无机盐及二乙醇胺、氨基乙酸等有机胺类活化剂。近年来又相继开发出一些更加高效的活化剂，其中比较重要的有：Exxon Mobil Reasearch & Engineering CO 的 Flexsorb HP(空间位阻胺活化热钾碱脱碳工艺)和 UOP 公司的 ACT-1 活化剂等。

三、技术优势

(1) 采用该技术脱除反应循环气中的二氧化碳，净化气中CO_2含量可降至1%以下，烃损耗降至1%以下，解吸能耗降至3500kJ/Nm^3CO_2。

(2) 系统具有优异的水平衡，溶剂损失少，生产操作稳定。

四、工艺流程

该技术工艺流程简图如图 1 所示。

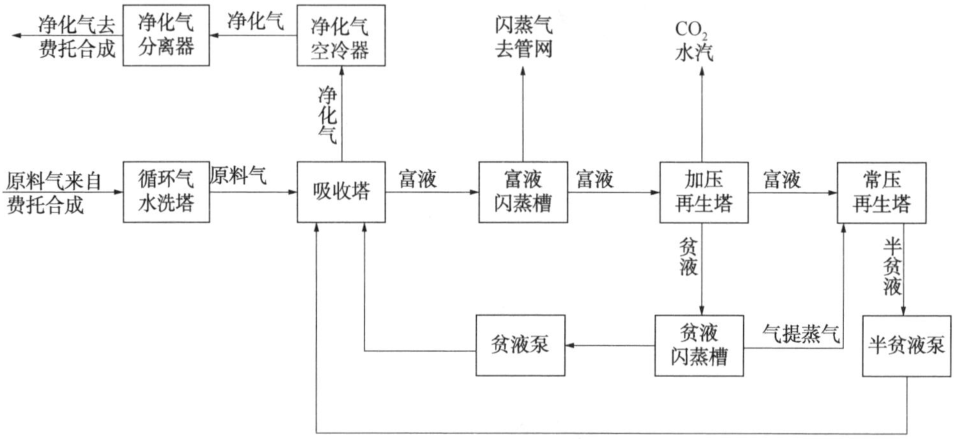

图 1　反应循环气脱碳技术工艺流程简图

费托循环气从界区外进入循环气水洗塔，洗涤含氧有机物后进入吸收塔底，在塔内与贫液和半贫液逆流接触，以脱除二氧化碳，使塔顶出口净化气中 CO_2 含量降到 1%以下，冷却到 50℃分离冷凝水后返回合成反应器。从吸收塔底出来的富液先进入富液闪蒸槽一级闪蒸，闪蒸出一部分工艺气体，闪蒸气经洗涤水洗涤后送出本工序回收利用。一级闪蒸后的富液进入加压再生塔顶部的闪蒸段二级闪蒸。闪蒸后的溶液大部分引入常压再生塔，进一步解吸再生形成半贫液；少部分流入加压再生塔，充分再生形成贫液。贫液出塔进入贫液闪蒸槽，闪蒸出来的气提蒸汽引入常压再生塔底部供半贫液气提再生，闪蒸后贫液进入贫液泵加压后冷却后进入吸收塔。从常压再生塔底出来的半贫液进入半贫液泵加压后进入吸收塔中部。

五、应用业绩

（一）EO/EG 循环气脱碳技术开发应用

某公司乙二醇装置采用荷兰壳牌(SHELL)专利技术，1995 年 12 月投产。反应器入口循环气 CO_2摩尔分数 4.45%。改用 YS-8520 型高选择性催化剂要求反应器入口 CO_2摩尔分数≤2%，南化院 2009 年 7 月完成改造任务。

某公司乙二醇装置采用美国 SD 公司专利技术，1995 年 8 月 19 日投产。采用南化院工艺，于 2011 年 7 月改造完成投产。反应器入口气中 CO_2摩尔分数从 6.5%降至 1.0%以下。

某集团采用美国 DuPont 公司技术新建了一套 330kt/a 的乙酸乙烯(VAM)装置，采用南化院技术，于 2010 年 5 月完成“节能环保型循环气脱碳工艺包”开发设计，并通过 DuPont 公司专家组审查。

某公司新建 20×10^4t 精 EO 装置全部为中国石化自主创新开发，其中脱碳单元是南化院的专利技术。2017 年 8 月投产，稳定运行至今。各项性能考核数据均优于合同指标。采用自主开发的 TH-02 型脱碳活化剂执行中国石化企业标准 Q/SH 1170039—2014。

2018 年 8 月，中国石化科技部组织开发了 80×10^4t EO/EG 成套技术，其中脱碳单元不仅各项指标达到国外同类技术先进水平，并且三废处理也达到国家环保标准。

在 20×10^4t 精 EO 装置脱碳工艺基础上，针对某公司 EO 循环气脱碳存在的问题，开发脱碳新工艺流程，满足新型催化剂对循环气中 CO_2 浓度≤1.0%的要求，大幅度减少投资。采用我院技术，该项目已于 2020 年 12 月完成脱碳单元工艺包开发。

（二）煤制油费托合成反应循环气脱碳

2005~2006 年，南化院针对 3 套 160~180kt/a 煤制油工业化示范装置，在进行活化热碳酸钾循环气脱碳技术模拟试验的基础上，完成了循环气脱碳单元工艺包设计。其中，某煤制油装置已于 2009 年 3 月 15 日一次试车成功，2011 年实现满负荷生产；某煤间接液化项目也于 2009 年 12 月 15 日开车成功。2015 年 8 月下旬，某能源化工有限公司国内首套年产 1Mt 成品油装置开始试运行，11 月下旬费托合成达到 80%负荷，每小时生产成品油 100t。

某公司是世界最大的年产 4Mt 合成油装置，循环气脱碳单元为 2 个系列，处理生产能力 2000kt/a 成品油的循环尾气。2016 年 12 月 6 日第一套装置投入运行，2017 年 11 月第二套投产，2017 年 12 月 15 日两套费托合成均达到 100%负荷，稳定运行至今。

此外，2017 年 7 月某公司 1000kt/a 装置投产，9 月满负荷运行。2017 年 12 月潞安 1000kt/a 装置投产。

目前国内所有大中型煤制油装置均采用南化院脱碳技术，其溶液均使用南化院 TH-01 型脱碳活化剂。

六、知识产权情况

围绕富烃循环气脱碳技术及设备进行了专利布局，已申请发明专利 35 件，授权发明专利 13 件。部分专利如下：

（1）一种费托合成循环气脱除二氧化碳的溶剂和方法，CN101210186A。

（2）一种减少 GTL 合成循环气中二氧化碳的方法，CN101210186A。

（3）一种环氧乙烷/乙二醇合成循环气脱除二氧化碳的方法，CN102675248A。

（4）一种从混合水溶液中吸附乙二醇的方法，CN102531839A。

（5）一种醋酸乙烯反应循环气脱除二氧化碳的工艺，CN102641653A。

高浓度二氧化碳回收技术

郭本帅 | 中石化南京化工研究院有限公司气体净化研发中心

一、技术简介

石油化工企业工艺气脱碳装置常副产大量的高浓度的二氧化碳，如低温甲醇洗装置 CO_2 气体的浓度可达 99%以上，且基本不含水，直接经压缩和液化即可得到工业级别的液体二氧化碳产品。中石化南京化工研究院有限公司（以下简称南化院）依托中石化碳捕集、利用与封存（CCUS）重点实验室，针对低温甲醇洗尾气、PSA 尾气等高浓度 CO_2 排放源，开发了高浓度二氧化碳回收技术。

二、技术原理

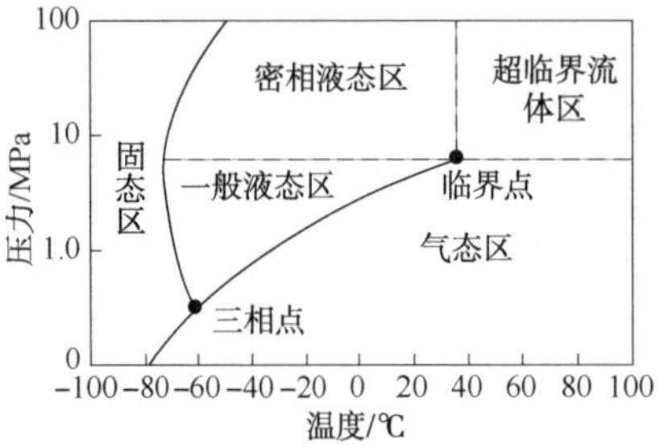

图 1　二氧化碳的相图

高浓度二氧化碳的生产是二氧化碳气体液化和提纯的过程。二氧化碳的相图是研究其液化的基础。由图 1 可以看出，二氧化碳的三相点温度为-56℃，压力为 0.52MPa；临界点的温度为 31.4℃，压力为 7.38MPa；当温度高于-60℃，压力大于 0.6MPa 左右时，二氧化碳处于液态；当温度和压力同时高于临界温度和临界压力时，二氧化碳进入临界状态，超临界二氧化碳具有许多特殊性质和广泛用途。

根据 CO_2 的热物理性质，常有高压液化（将 CO_2 加压至临界压力以上，再冷却液化，不使用制冷机）和低温液化（先将 CO_2 加压再利用制冷机冷却液化）两种方案。

常温高压液化的原理是在常温条件下，通过加压使 CO_2 相态转化为液态，该工艺具有流程简单、对温度要求不高等优点。由于常温高压液化对压力要求比较高，通常需要采用钢瓶进行贮存，因此存在贮存容器消耗大、运输费用高、灌装效率低下、购置设备花费大等缺点。

低温低压液化是通过对常压下的 CO_2 适当加压使其压力达到 2MPa 左右，然后制冷液化。液化过程中一般采用制冷机组来吸收潜热。CO_2 的液化实质就是通过改变压力和温度来使 CO_2 液化的过程，在三相点和临界点之间 CO_2 很容易被液化，虽然在三相点附近液化时所需压力不高，但所需温度较低；在临界附近液化时所需温度不高但压力较大。

高压液化在应用时有诸多限制。低温液化可以规模化生产，具有明显的工程应用优势，获得了广泛的应用。由于不同来源的二氧化碳原料气中都会不同程度地带有微量烃、醇、醛、苯及有机硫等对人体有毒、有害的杂质，在二氧化碳液化时会或多或少地一起冷凝，从而对二氧化碳产品质量产生影响。高浓度二氧化碳的生产，其实就是捕集到的二氧化碳气体的液化和净化的过程。

低温甲醇洗尾气有其特殊性(CO_2>99%)，不含水分和硫化物，属于高浓度 CO_2 原料气，直接液化既满足生产液态 CO_2 纯度的要求。同时，由于液化后的 CO_2 采用罐车拉运的方式进行运输，CO_2 罐车承压能力有限，通常在 2.5MPa 左右。因此，通常采用低压低温液化技术对气体 CO_2 进行回收。

三、技术优势

(1) 二氧化碳回收操作运行稳定，回收成本低；

(2) 采用模块撬装化设计，便于安装。

四、工艺流程

低温甲醇洗装置的高浓度 CO_2 尾气回收装置分为压缩、制冷液化、罐区和循环水设施四部分。工艺流程如图 2 所示。

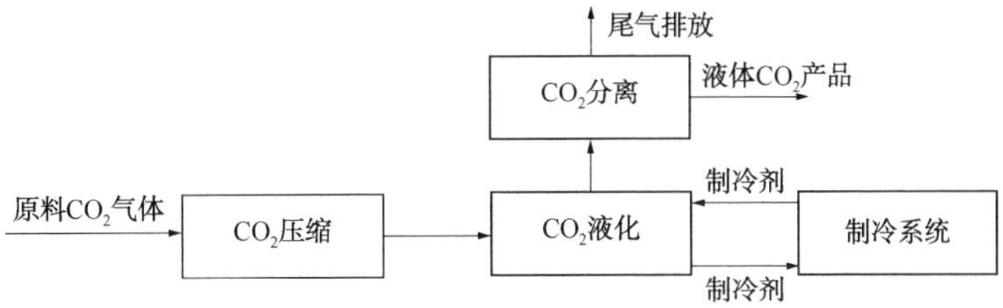

图 2　工艺流程示意图

煤制氢低温甲醇洗装置分离出的 CO_2 工业尾气，来气压力为 0.10~0.15MPa，温度为 30℃，管输至压缩撬块，进入压缩撬块的气液分离罐，在压缩撬块内进行增压，四级增压的出口压力为 2.5MPaG，温度≤85℃，经水冷至 40℃后，全部进入液化撬块。增压后的气体 CO_2 先进入余冷回收器与不凝气进行换热回收冷量，再与制冷撬块来的冷剂在液化器内进行换热，通过制冷剂的蒸发、吸热产生的冷量，将气体 CO_2 在 2.0~2.5MPa、-20~-25℃时液化。液体 CO_2 通过分离器分离出不凝气，节流后去余冷回收器回收冷量，分离出的液体 CO_2 产品进入 CO_2 储罐。液体二氧化碳产品用泵经管网输送至码头。

制冷剂采用 R507 或者液氨(R717)，通过液化器的低压液体制冷剂经蒸发、吸热，将冷量传递给二氧化碳使其液化，吸热气化的气体制冷剂通过制冷压缩机增压，再经水冷器冷凝，使气态制冷剂冷凝成液态制冷剂，液态制冷剂节流后去液化器，完成制冷循环。

五、应用业绩

南化院与某公司合作，已建立了 3 套 5×10^4t 低温甲醇洗尾气二氧化碳回收装置，但受规模较小等因素的影响，回收成本较高。南化院针对化工厂高浓度二氧化碳尾气，形成了 20×10^4t/a 高浓度二氧化碳回收工艺包，通过流程优化和合理选型，降低低温甲醇洗尾气二氧化碳回收运行成本，实现更加经济高效的碳减排。

新疆某公司建设了一套年回收量 50000t 的 CCUS 装置。原料气引自新疆美克化工乙炔尾气处理单元 PSA 提纯段放空气，用于为宝浪油田提供驱油用 CO_2原料。本项目由南化院提供 CO_2回收装置的工艺软件包和详细设计。

六、知识产权情况

围绕高浓度二氧化碳回收技术进行了专利布局，已申请发明专利 2 件。如：

(1) 降低二氧化碳液化冷耗的方法和装置，202110788354. 7。

(2) 处理含二氧化碳的原料气的系统、方法及应用，202111262669. 4。

CO_2 化学利用技术

于　杨
王金利　中石化南京化工研究院有限公司
郭天佛

一、CO_2加氢制甲醇技术

（一）技术简介

二氧化碳是重要的温室气体，也是大量廉价的“碳源”。目前我国甲醇产能已接近 1×10^8t/a，CO_2加氢制甲醇，每生产 1t 甲醇可消耗 1.45t CO_2，因此，CO_2加氢制甲醇是可实现规模化 CO_2化工利用的重要技术路线。由于 CO_2的化学惰性，对于 CO_2加氢制甲醇工艺开发，研制高效的催化剂是技术的关键。C307-DC 催化剂是南化院自主研发的 CO_2加氢制甲醇专用催化剂，采用“金属-碱性位”双活性中心构筑策略，提升了催化剂的活性；通过独特的洗涤工艺，得到超低本体 Fe、Na 杂质催化剂，保障了催化剂具有较好的甲醇选择性；优化催化剂助剂和添加方式，提升了催化剂的水热稳定性，使用 C307-DC 催化剂，在 CO_2加氢制甲醇一步法工艺上，甲醇单程收率可达 20%以上；在两步法工艺上，甲醇单程收率可达 35%以上。

（二）技术原理

C307-DC 催化剂上 CO_2加氢制甲醇的催化反应机理如图 1 所示。催化剂主要由 Cu、ZnO 以及载体和功能助剂组成，经 CO_2-TPD 表征测试发现，催化剂表面有丰富的碱性位。

如图 1 所示，在反应条件下，原料气 CO_2和 H_2从气相扩散至催化剂表面和孔道。H_2主要化学吸附在 Cu 的金属位点上，CO_2主要化学吸附在碱性位点上。化学吸附的 H_2均裂后形成活泼 H·并溢流至碱性位点，与碱性位点上的 CO_2进行逐步加氢反应。通过甲酸盐路线，依次经过中间体 HCOO、HCOOH、HCOH，得到 CH_3OH，并脱离催化剂表面进入气相中。

此外，当原料中有 CO 时，先发生水煤气变换反应：$CO+H_2O\rightarrow CO_2+H_2$，然后再按以上反应路径进行甲醇合成反应。

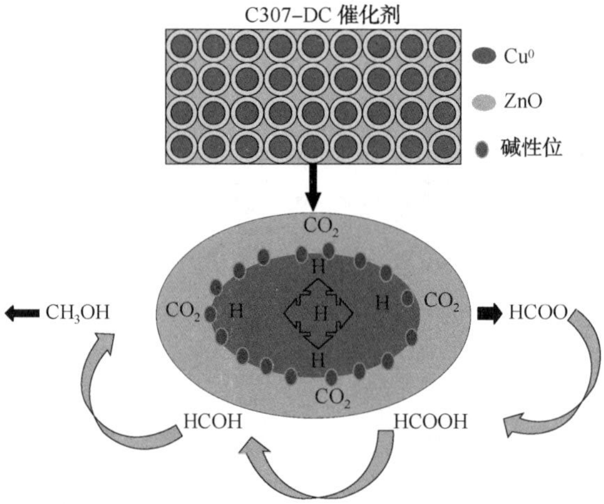

图 1 C307-DC 型催化剂上 CO_2 加氢制甲醇催化机理示意图

（三）技术优势

（1）开发了具有球状微观形貌的介孔载体材料，其大的比表面积保证了活性组分和固溶体的高分散度，能够确保催化剂活性组分性能的充分发挥，同时大大提高了催化剂在高时空产率下的力学稳定性。

（2）开发了高活性、大比表面积、超低杂质含量催化剂制备工艺。通过引入过程助剂，不影响催化剂的组成，改善了催化剂结构，增大了活性比表面积，提高了有利于反应的孔径分布比例，传热传质效果提升；催化剂活性和选择性提高，产品中关键杂质铁的含量能够降到 50ppm，处于世界领先水平。

（3）引入特殊助剂，增大了催化剂表面碱性位数量，提高了 CO_2 的吸附与活化能力，保障了催化剂具有良好的水热稳定性。

（4）提出了“金属-碱性位”双活性中心 CO_2 加氢制甲醇催化机理。

在 C307-DC 催化剂研发过程中，对该催化剂上 CO_2 加氢制甲醇进行了“多尺度构效关系”分析，采用了多种催化剂创新指标手段，取得了有益的效果。2019 年，C307-DC 催化剂作为重要创新技术，获得中国石化前瞻性基础性研究科学三等奖；2019 年其主专利之一的 ZL201510307696.7 获得南京市优秀专利奖。

为了保证 C307-DC 催化剂的质量，制定了中国石化企业标准《C307-DC 型二氧化碳加氢制甲醇催化剂》（Q/SH 1170 077—2021），用于催化剂的生产及跟踪使用过程的状况以及评价催化剂的性能。

（四）工艺流程

二氧化碳加氢制甲醇工艺主要包括一步法工艺和两步法工艺，工艺流程如图 2 所示。

（1）两步法：对应上图蓝线，自左向右依次为，原料气供气（CO_2、H_2、N_2）、原料气净化单元（脱硫、脱氯）、逆水煤气变换反应单元（RWGS，$CO_2+H_2 \longrightarrow CO+H_2O$）、甲醇合成反应单元（MS，$CO_2+H_2 \longrightarrow CH_3OH$、$CO+H_2 \longrightarrow CH_3OH+H_2O$）、甲醇精馏单元（若粗甲醇方便处理，此单元可省去）。

（2）一步法：在两步法工艺中，将来自脱氯塔的原料气经电加热后，不通入 RWGS，而是直接与甲醇合成反应器出口循环气混合后，再经过热交换，直接进入甲醇合成反应器 MS 合成甲醇，其他工艺与两步法相同。

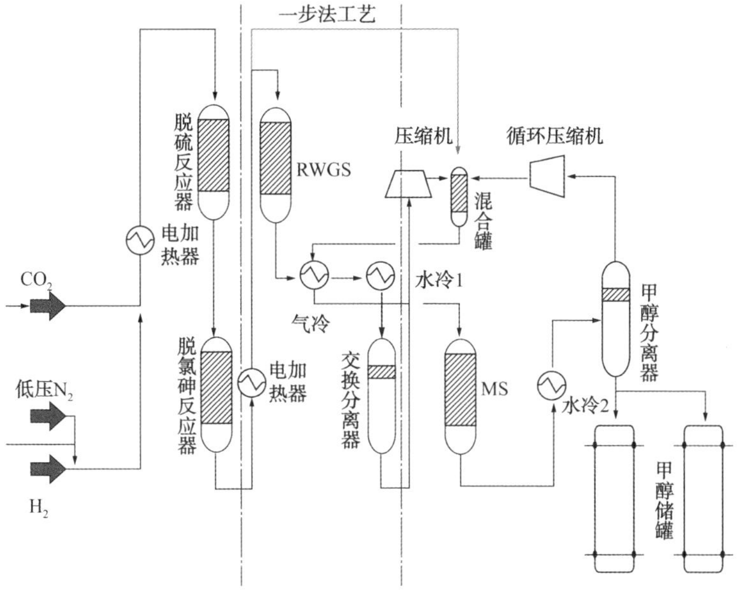

图 2　二氧化碳加氢制甲醇工艺流程简图

(五) 知识产权情况

围绕二氧化碳加氢制甲醇催化剂、工艺进行了专利布局，已申请发明专利 39 件，授权发明专利 21 件。部分专利如下：

(1) Method for preparing copper-zinc-based catalyst used in synthesis of methanol through CO_2 hydrogenation，US10010875B2。

(2) Monolithic catalyst used for carbon dioxide hydrogenation reaction and method for preparing same，US11338273B2。

(3) 一种用于 CO_2加氢制甲醇的铜锌铝催化剂及其制备方法，CN106179356B。

(4) 一种 CO_2加氢制甲醇用铜锌基催化剂的制备方法，CN104437510B。

(5) 一种铜锌基加氢催化剂的制备方法，CN106268972B。

二、CO_2加氢制甲烷技术

(一) 技术简介

CO_2甲烷化反应是由法国化学家 Paul Sabatier 提出的，因此，该反应又叫作 Sabatier 发不应，反应过程是将按照一定比例混合的 CO_2的和 H_2通过装有催化剂的反应器，在一定的温度和压力条件下 CO_2和 H_2发生反应生成水和甲烷，化学反应式如下：

$$CO_2+4H_2 \longrightarrow CH_4+2H_2O$$

(二) 技术原理

CO_2作为一种直线型对称的非极性分子，热力学性质较为稳定，化学惰性较高，这使其活化和转化较为困难。CO_2分子具有低能级的空轨道和高的电子亲和能，这就决定了 CO_2分子是强电子受体及弱电子给体。因此，CO_2分子的活化可经适当的方式向其输入电子，或作为氧化剂获取其它分子的电子。因此，研发出能够有效地向 CO_2分子输入电子，实现 CO_2分子的活化和甲烷化的高效催化剂是研究的关键。

CO_2甲烷化反应是指CO_2和H_2在一定温度和压力、在催化剂作用下反应生成CH_4和H_2O的过程。主反应如(1)式所示。

$$CO_2+4H_2 \longrightarrow CH_4+2H_2O \quad \Delta H_{298K}=-165kJ/mol \quad (1)$$

$$CO_2+CH_4 \longrightarrow 2CO+2H_2 \quad \Delta H_{298K}=247kJ/mol \quad (2)$$

$$CO+H_2O \longrightarrow CO_2+H_2 \quad \Delta H_{298K}=-41.1kJ/mol \quad (3)$$

$$CH_4 \longrightarrow C+2H_2 \quad \Delta H_{298K}=74.8kJ/mol \quad (4)$$

$$2CO \longrightarrow C+CO_2 \quad \Delta H_{298K}=-172.4kJ/mol \quad (5)$$

$$CO_2+3H_2 \longrightarrow CH_3OH+H_2O \quad \Delta H_{298K}=-53.7kJ/mol \quad (6)$$

CO_2甲烷化反应是强放热反应，从热力学角度来考虑，高温不利于CO_2甲烷化反应，反应会受到热力学平衡的制约，因此低温有利于平衡向正方向进行；从动力学角度来考虑，低温会降低CO_2甲烷化反应的速度，实验时一般反应温度范围在150~500℃。此外，CO_2甲烷化反应是强放热反应，反应过程中易导致催化剂发生烧结而失活。CO_2甲烷化过程中还可能发生式(2)~式(6)的副反应，在不同的催化剂上副反应是否发生、反应进行的程度会不一样。

研究表明，CO_2甲烷化反应可能经过两种机理发生：一种是CO中间体机理，即CO_2第一步先转变为CO，CO加氢得到CH_4；另一种是CO_2直接与解离后的H^-反应得到CH_4。

(三) 技术优势

南化院具有煤基合成气甲烷合成催化剂的成功研发经验。开发的NCJ型甲烷合成催化剂，具有高活性、高选择性、耐高温、抗积碳等优点，成功通过中石化科技部组织的中试鉴定。采用绝热-等温两段甲烷化试验装置，绝热床装填100mL NCJ-1甲烷合成催化剂，等温床装填40mL NCJ-2甲烷合成催化剂，进行了探索性试验。绝热反应器操作温度620~650℃，反应压力3.0MPa，反应空速5000h^{-1}，CO_2转化率约62%，选择性约85%。等温甲烷化反应器，反应压力2.9MPa，反应空速约3500h^{-1}，CO_2转化率约72%，选择性接近100%。

(四) 工艺流程

CO_2或含有CO_2的混合气先经过脱水和脱硫脱碳净化反应炉净化后，在依次通过一个或多个甲烷合成反应炉发生甲烷化反应，生成的反应产物经过气液分离后得到需要的富含甲烷的产品气(见图3)。

(五) 知识产权情况

围绕二氧化碳加氢制甲烷催化剂、工艺进行了专利布局，已申请发明专利18件，授权发明专利6件。部分专利如下：

(1) 一种二氧化碳甲烷化双金属催化剂的制备方法，CN108855092B。

(2) 一种利用甲醇驰放气合成LNG的工艺，CN107118818B。

(3) 无须还原活化的二氧化碳甲烷化催化剂的制备方法，CN107224980B。

(4)一种二氧化碳甲烷化催化剂及其制备方法，CN106311242B。

(5) 一种二氧化碳甲烷化双金属催化剂的制备方法，一种铜锌基加氢催化剂的制备方法，CN108855092A。

(6) 一种二氧化碳甲烷化催化剂的制备方法，CN106179484B。

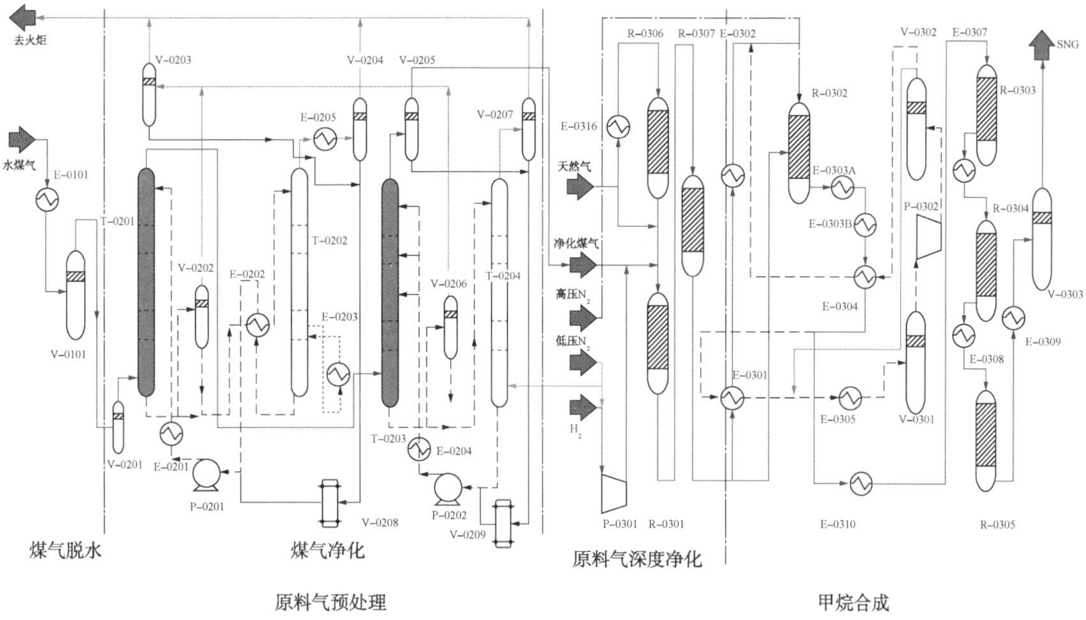

图 3　CO_2加氢制备甲烷工艺流程示意图

三、CO_2制聚醚碳酸酯多元醇技术

（一）技术简介

二氧化碳是一种廉价且来源广泛的化工原料，在众多的 CO_2化学法转化路线中，环氧化物与 CO_2的共聚反应是合成高附加值化学品的一种有效途径。二氧化碳基聚醚碳酸酯多元醇作为一类高价值化学品，与传统聚醚多元醇的生产工艺相比，合成 CO_2含量为 20wt%的多元醇能够减少 13%～16%的化石能源消耗。金属络合物催化剂是环氧丙烷和 CO_2共聚的一类高效催化剂。改变中心金属显著增加催化活性，其中 Zn-Co 双金属氰化物催化剂是高活性双金属催化剂（DMC）的代表。南化院自主研发的多金属氰化物催化剂，采用金属掺杂的双金属催化剂合成策略，降低反应中副产物环状碳酸酯选择性，提高聚合物中碳酸酯单元的含量。环氧丙烷转化率与多元醇产品选择性均大于 90%，聚合物数均分子量 500～5000g/mol，聚合物碳酸酯单元含量可达 15%以上。

（二）技术原理

典型的 DMC 催化剂组成式为 $M^{II}[M(CN)_n]_m \cdot xM^{II}X_w \cdot yL \cdot zH_2O$。其中，$M^{II}$为二价金属，可以是 Zn^{2+}、Fe^{2+}、Ni^{2+}、Co^{2+}等；M 是过渡金属离子，如 Co^{2+}、Co^{3+}、Fe^{2+}、Fe^{3+}、Cr^{3+}、Ni^{2+}等；MIIXw 为水溶性金属盐；L 为有机配体，可以是醇、醛、酮、醚、酯、酰胺、腈、硫化物及其混合物。

M^{II}与 M 通过氰基桥连形成三维网络结构，这种天然的网络结构在气体分离、储氢、催化等领域应用广泛。当量的金属盐与金属氰酸盐反应得到的产物对环氧化合物均聚及共聚反应均没有效果；过量的金属盐与金属氰酸盐反应得到的产物 M 金属位的配位是不饱和的，使其对环氧烷烃聚合反应具有一定的活性。DMC 催化剂的三维网络结构及氰基的强配位效应使其难溶于大多数溶剂，在催化反应中表现为多相催化特征。通过金属掺杂的合成策略引入第三类金属，能够提高催化剂活性。

其催化环氧与CO_2的共聚机理可分为两步，如图4所示：一是CO_2在催化剂活性位上吸附活化，然后环氧烷烃再插入CO_2与催化剂的中间；继而再重复该过程，实现链的增长，链的“回咬”形成副产物环状碳酸酯。

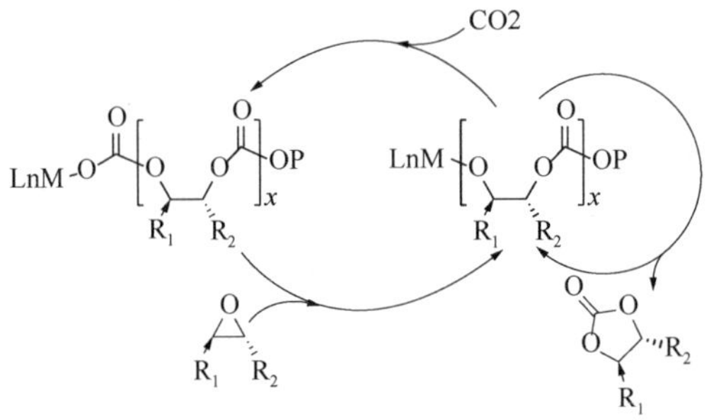

图4　环氧化物与CO_2共聚反应机理

（三）技术优势

（1）开发了新型多金属氰化物催化剂，采用金属掺杂的双金属催化剂合成策略，在高活性双金属氰化物催化剂，大大提高了催化剂活性。

（2）开发了优异的聚合工艺，实现较温和的温度和压力下合成低分子量的目标产物。有效降低反应中副产物环状碳酸酯选择性，提高聚合物中碳酸酯单元的含量。

（3）优化升级后处理工艺，节能降耗，打通全流程。

（四）工艺流程

二氧化碳环氧丙烷制聚醚碳酸酯多元醇工艺流程如图5所示。

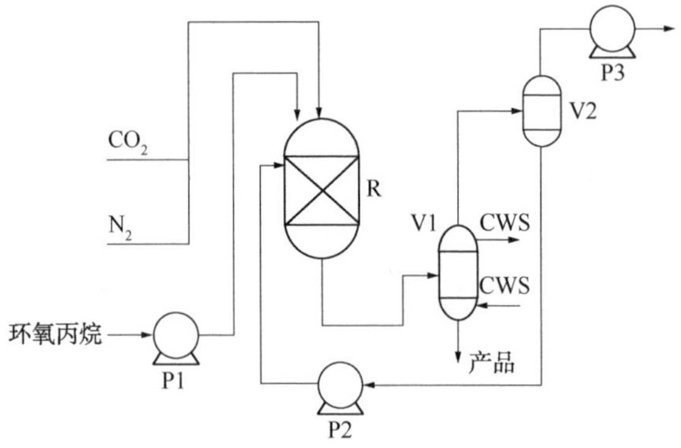

图5　二氧化碳加氢制聚醚碳酸酯多元醇工艺流程简图

R—计量泵；V1—分液罐；V2—分液罐；P1—计量泵；P2—计量泵；P3—真空泵。

对应图5流程，自左向右依次为，原料气供气（CO_2原料、N_2保护气）、泵送液体原料（环氧丙烷）、高压反应釜（多元醇产品制备）、分液后处理单元V1（产品与原料环氧丙烷分离）、分液后处理单元V2（回收原料环氧丙烷并回收利用）。

（五）知识产权情况

围绕二氧化碳加氢制聚醚碳酸酯多元醇催化剂、工艺进行了专利布局，已申请发明专利2件。专利如下：

（1）一种碳酸酯的制备（申请中）。

（2）一种连续制备碳酸酯的方法（申请中）。

CO_2矿化利用技术

黄汉根 | 中石化南京化工研究院有限公司气体净化研发中心

一、CO_2矿化脱硫渣技术

（一）技术简介

CO_2矿化脱硫渣技术是指以钢厂和垃圾发电厂的半干法脱硫灰为原料，利用其富含钙、镁组分的特点，通过与CO_2碳酸化反应，将其中的钙、镁组分转化为稳定的碳酸盐产品，使得利用后的钢渣得到稳定化处理，实现工业烟气中CO_2直接原位固定与钢渣工业固废协同利用。其反应方程式如下式所示：

$$(Ca,\ Mg)_xO_x + xCO_2(g) \longrightarrow x(Ca,\ Mg)CO_3(s) \tag{1}$$

（二）技术原理

根据双膜理论，碳酸化反应体系存在两个相界面：气液相界面和固液相界面[见图1(a)、图1(b)]，而每个相界面两侧各有一个很薄的停滞膜[见图1(c)]，结合CO_2浓度与累积吸收量变化将碳酸化进程分为三个阶段。在碳酸化反应前期，$Ca(OH)_2$的溶解扩散速率大于CO_2气体溶解扩散速率，反应区域在气液界面的液膜内，$CaCO_3$固体也在此生成，由于此区域距$Ca(OH)_2$粒子较远，所以在碳酸化反应前期不会出现生成的$CaCO_3$包裹在$Ca(OH)_2$表面的现象。此时，碳酸化反应快速进行，控制步骤为CO_2的吸收溶解过程。在碳酸化反应中期，由于$Ca(OH)_2$颗粒逐渐减少，气液界面处液膜内的Ca^{2+}不能得到迅速补充，此时反应区域可能由液膜延伸到液相中，此反应区域仍远离$Ca(OH)_2$颗粒，不会出现包裹覆盖现象。此时，碳酸化反应仍较快进行，控制步骤为CO_2溶解吸收和$Ca(OH)_2$颗粒溶解扩散共同控制。在碳酸化反应后期，浆液中$Ca(OH)_2$颗粒的浓度很低，颗粒溶解扩散速率显著降低，反应区域深入固液界面附近的液膜内，$CaCO_3$固体也在此区域生成，易分布于$Ca(OH)_2$表面形成包裹，阻碍$Ca(OH)_2$颗粒的溶解，此时，碳酸化反应进行缓慢，控制步骤为$Ca(OH)_2$颗粒的溶解扩散过程。

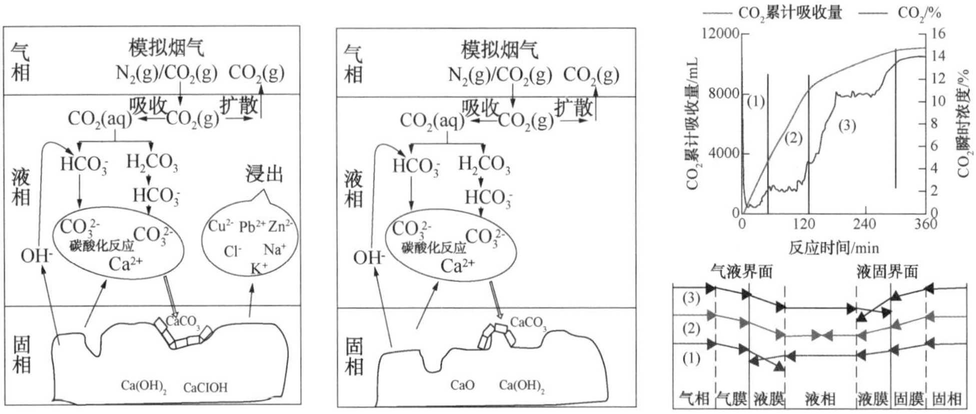

(a)垃圾电厂脱硫灰　(b)钢厂脱硫灰　(c)反应过程

图 1　脱硫灰矿化反应机理

(三) 技术优势

通过项目开发的 CO_2 矿化减排协同脱硫渣处理新工艺，烟气 CO_2 矿化减排的同时分离废弃物生产化学品与建材，利用有价值的碳酸盐、石膏产品抵消减碳成本投入，突破碳捕集封存过程经济性限制，实现了 CO_2 矿化减排、废弃物无害化处理，资源回收利用三重意义。此外，采用机械作用与 CO_2 碳酸化的物理与化学场耦合强化脱硫渣 CaO 高效剥离与矿化一体化创新工艺技术，简化流程，降低了过程能耗，提高了过程能量利用效率，解决了现有矿化封存能耗高、效率低等问题。

(四) 工艺流程

图 2 半干法脱硫渣直接矿化吸收 CO_2 工艺流程如图 2 所示，烟道气由进气管道进入增压风机，由风机运送至一级塔吸收塔，与一级塔内的吸收液进行逆流吸收，气体从一级塔顶部离开后，再进入二级塔，与新鲜吸收液进行二次逆流吸收，吸收尾气从塔顶离开体系，排放向大气；新鲜的脱硫渣浆液在原料罐配制，充分混合后送至二级塔底部，浆液从底部运送到塔顶喷淋层，对烟气内 CO_2 进行吸收。一级塔底部同样将塔底液运送至塔顶进行雾化吸收，吸收完毕的吸收液从一级塔的底部出料口送至产品罐。

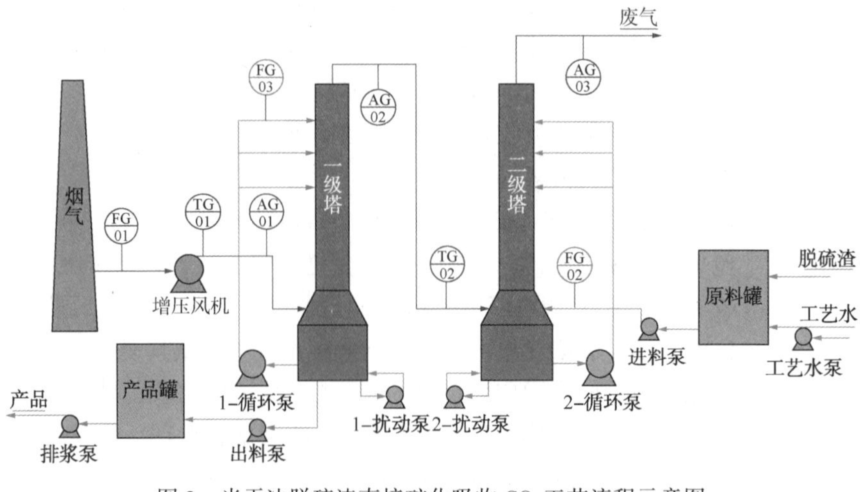

图 2　半干法脱硫渣直接矿化吸收 CO_2 工艺流程示意图

（五）应用业绩

总体上，目前我国的 CO_2矿化技术在新技术研发与工程化试验上，均处于国际领先水平，但大规模的工业示范与验证还不够，急需基于当前扎实的研究基础和一定规模的扩大试验，特别是结合资源利用过程工艺，进一步推动工程化放大研究与示范工程建设，推进工业化应用。

2019 年，中石化集团公司立项“二氧化碳矿化脱硫渣关键技术与万吨级工业试验”，由中石化南京化工研究院有限公司和某高校共同承担，建立了国内首套万吨级二氧化碳矿化钢厂脱硫渣示范装置。该装置安全平稳运行，烟气吸收转化率 94.7%，矿化固定率 126kgCO_2/t 脱硫渣，生命周期碳净封存率 75.1%，为大型 CO_2矿化脱硫渣装置设计、开车和安全稳定运行提供技术支撑。该技术通过了中石化科技部的技术鉴定，正在推进全流程示范工程与产业化应用。

（六）知识产权情况

南化研究院在二氧化碳矿化脱硫渣关键技术与万吨级工业试验项目基础上，对关键性的技术申报发明专利 4 件。如：

（1）一种脱硫渣再生 CO_2捕集溶剂的方法，201911298690.2。

（2）一种降低负载 CO_2有机胺再生能耗耦合高炉渣矿化的方法，201810501399.X。

（3）一种利用仿生矿化制备超亲水和水下超疏油滤网用于油水分离的方法，申请中。

（4）一种利用蔗糖分离脱硫渣矿化制备碳酸钙的方法，申请中。

二、CO_2矿化磷石膏技术

（一）技术简介

磷石膏矿化利用 CO_2技术主要是利用硫酸钙和碳酸钙在硫酸铵中的溶度积差别，在氨介质体系中，使磷石膏中的硫酸钙与 CO_2发生反应生成碳酸钙和硫酸铵。所得固体碳酸钙产品可以加工成高附加值的轻质碳酸钙产品，硫酸铵母液进一步转化制备硫酸钾及氯化铵钾等硫基复肥产品，由此实现磷石膏中钙、硫资源的高值化回收利用。其具体反应方程式如下式所示：

$$CO_2+CaSO_4\cdot 2H_2O+2NH_3\longrightarrow (NH_4)_2SO_4+CaCO_3(s)+H_2O \tag{2}$$

（二）技术原理

采用氨水作为吸收剂捕集烟气中的 CO_2属于一种化学吸收法 CO_2分离技术，该方法首先由 Bai 等于 1997 年提出。氨水吸收 CO_2与胺法的吸收过程类似，吸收剂与 CO_2发生化学反应，产物是以碳酸氢铵为主的混合物，可作为农作物肥料，也可将其中的 CO_2再生提纯后进行储存或转化为其它化学品。

在烟气中喷淋氨水吸收 CO_2形成碳酸氢铵是一个复杂的气-液化学反应，其总的化学反应方程为：

$$NH_3+H_2O+CO_2=NH_4HCO_3 \tag{3}$$

实际反应过程比较复杂，要经过一系列中间阶段，反应的过程大致为：

$$2NH_3+CO_2=NH_2COONH_4 \tag{4}$$

NH_2COONH_4进一步水解：

$$NH_2COONH_4+H_2O=NH_4HCO_3+NH_3 \quad (5)$$

同时，NH_3和 H_2O 反应生成 NH_4OH：

$$NH_3+H_2O=NH_4OH \quad (6)$$

水解产生的 NH_4HCO_3和 NH_4OH 反应生成$(NH_4)_2CO_3$：

$$NH_4HCO_3+NH_4OH=(NH_4)_2CO_3+H_2O \quad (7)$$

$(NH_4)_2CO_3$吸收 CO_2形成碳酸氢铵：

$$(NH_4)_2CO_2+H_2O+CO_2 \Leftrightarrow 2NH_4HCO_3 \quad (8)$$

随着吸收的不断进行，水解生成的 NH_4HCO_3浓度不断增大，当超过其在氨水中的饱和溶解度时，就会结晶析出，从而获得副产品碳酸氢铵，或将其中的 CO_2再生提纯后进行储存或转化为其他化学品。

（三）技术优势

烟气捕集前直接矿化方法省去了捕集过程，直接以烟气做原料参与反应，工艺过更加简单。与传统的捕集后矿化技术相比，直接矿化工艺还有以下 3 点优势：

（1）“一步法”CO_2直接矿化磷石膏联产硫复肥与碳酸钙的 CCU 技术路线创新。国内外率先提出以工业固废磷石膏直接矿化低浓度尾气 CO_2联产硫复肥与碳酸钙的 CCU 技术路线，具有热力学原理上的竞争优势和工艺路线创新性。

（2）“全混流”氨促 CO_2矿化反应技术创新。国内外率先提出以氨气为动力源、热源和反应促进剂的多相全混流氨促 CO_2矿化反应技术，替代传统的液固搅拌反应器和加热装置、替代热源，缩短流程、减少设备、降低能耗，是支撑本项目技术经济优势的核心技术。

（3）“热力学势”多级利用系统技术创新。国内外率先提出低浓度尾气 CO_2直接矿化磷石膏联产硫酸铵与碳酸钙的热力学系统内浓度梯度、温度梯度、压力梯度和速度梯度（统称热力学势）多级利用技术组合，这对低位能化学加工系统节能减排具有普遍意义，是提高环境排放物控制标准的技术保障。

（四）工艺流程

含 CO_2的尾气由风机加压后进入文丘里反应器，与富氨溶液反应吸收 CO_2，气液两相混合物进入碳化槽进行气液分离，经分离后的碳铵溶液被送入反应结晶器。磷石膏经工艺水洗涤后，送入真空过滤器进行液固分离，然后加入反应结晶器。

液氨经气化后加入反应结晶器，碳铵溶液和磷石膏的液固混合物在反应结晶器内进行反应，反应产生的料浆为 $CaCO_3$（固）和$(NH_4)_2SO_4$（溶液）的混合物。反应料浆自动溢流到养晶槽，结晶成长后的晶浆从养晶槽自动溢流到晶浆储罐，随后由晶浆泵送出界区处理。

吸氨喷射反应器的入口液体通过溶液循环泵送入吸氨喷射反应器顶部，气液混合物垂直下降进入冷却器，最终进入液封罐。富氨溶液降温后送入文丘里反应器吸收尾气中的 CO_2。

出文丘里反应器的气液两相混合物进入碳化槽，尾气上升进入逆流喷淋塔，对其中的残余氨气进行化学吸收，尾气进入并流喷淋塔，进一步洗涤后进入酸洗槽，尾气出口 NH_3含量达标排放。流程示意图见图 3。

（五）应用业绩

2012 年中国石化联合高校启动了“低浓度尾气 CO_2直接矿化磷石膏联产硫基复肥技术开发项目”，利用某集团磷肥厂排出的磷石膏废渣对中石化某气田天然气净化过程中排放的

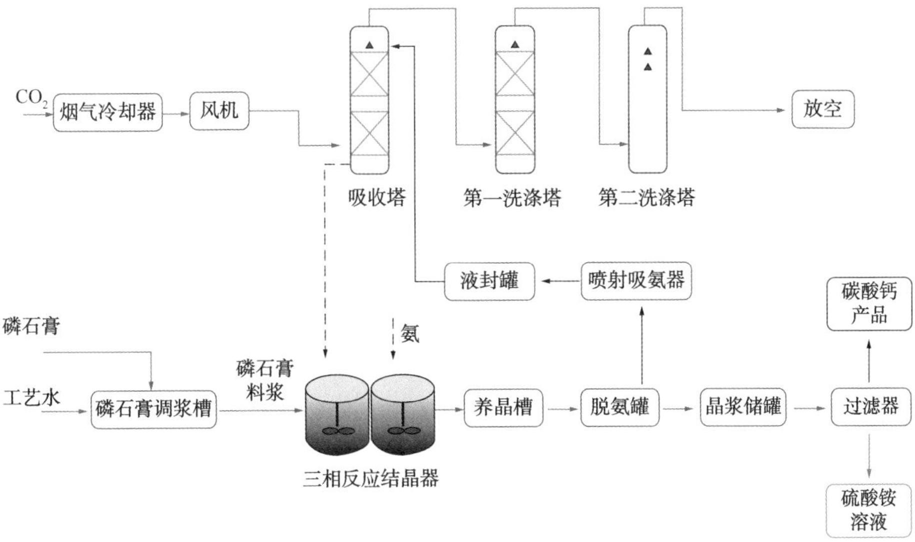

图 3　CO_2矿化磷石膏工艺流程示意图

CO_2进行矿化处理，以实现CO_2减排和磷石膏处理为一体的绿色低碳技术路线。2013 年 8 月在中石化某净化厂建成 $100Nm^3/h$(烟气)规模中试装置，2013 年 9 月打通流程并经 72h 连续运行验证了工艺可行性；2014 年 9 月再次完成第二阶段中试运行，取得了工艺包开发所需数据。烟气CO_2利用率达到 75%以上；磷石膏转化率超过 92%，产品碳酸钙固液分离强度超过 $880kg/m^2 \cdot h$ 干基，硫酸铵洗涤率大于 99%；通过试验验证，尾气氨含量可达 10ppm 要求，通过集团公司组织的专家评议。

(六) 知识产权情况

磷石膏矿化项目组在研究开发的基础上，对关键性的技术申报了发明专利 6 件，授权 4 件。

(1) 烟气二氧化碳与磷石膏转化一步法节能节水清洁工艺，ZL201210223218. 4。

(2) 烟气脱硫脱硝脱碳与磷石膏转化耦合联产硫基复肥的方法，ZL201210179443. 2。

(3) 三相全混流二氧化碳氨化矿化反应系统与装置，ZL201210237185. 9。

(4) 烟气 CO_2与磷石膏浆膜三相流化矿化方法，201410124933. 1。

二氧化碳生物利用技术

汪　东 | 中石化南京化工研究院有限公司气体净化研发中心

一、技术简介

二氧化碳温室气体积累而导致的全球性气候变化引起了人们的广泛重视。与碳固定领域内其他方法相比，生物固碳通过高等植物和自养微生物的光合作用固定二氧化碳，并生成生物质，具有能耗更低。生物质可转化为高附加值产品等特色，更加贴近可持续发展的碳中性技术路径，被认为是一种环境友好、性能高的碳捕集技术。其中，微藻生长快，固碳效率是植物的数十倍，且微藻的应用面广、经济价值高，因而微藻固碳已成为近年来国际上碳减排领域的研究热点，被认为是降低二氧化碳水平最环保安全和持续的方式。目前，针对废水处理行业碳减排的主要手段是，提高废水处理过程的能源效率以及从废水处理中回收可再生能源。然而涉及废水-碳关系中利用废水直接进行碳捕集、转化和利用方面的技术研究与运用报道不多见。由于微藻固碳过程中存在需要人工培养基培养微藻以及微藻固碳效率低下等问题，导致了微藻固碳生产效率低和成本高，制约了微藻固碳的商业化生产。而利用废水为介质培养微藻，不但可以降低微藻培养的成本，还可以用来实现二氧化碳的捕集与利用，实现以废治废，变废为宝，可以实现“减污降碳”协同增效目标。

二、技术原理

二氧化碳生物利用技术是通过高等植物和自养微生物的光合作用固定二氧化碳，并生成生物质、具有能耗更低、生物质可转化为高附加值产品等特色，更加贴近可持续发展的碳中性技术路径，被认为是一种环境友好、性能高的碳捕集技术。其中，微藻通过光合作用将二氧化碳转化为多碳化合物用于微藻生物质的生长，经下游利用最终实现二氧化碳资源化利用的技术，比如微藻固定二氧化碳转化为生物燃料和化学品技术、微藻固定二氧化碳转化为食品和饲料添加剂技术、微藻固定二氧化碳转化为生物肥料技术等。微藻通过光合作用固定二氧化碳的总方程式如式(1)所示：

$$6CO_2+6H_2O(\text{光照、微藻叶绿体})\longrightarrow C_6H_{12}O_6[(CH_2O)_n]+6O_2 \quad (1)$$

三、技术优势

微藻具有对极端条件的强适应性、快速生长速率、高生物量生产率和有效的光合作用，因此具有捕集与利用二氧化碳排放的巨大潜力。与物理化学固定二氧化碳方法相比，二氧化碳微藻生物利用技术的优势体现在：

(1) 微藻可以直接利用太阳能进行光合固碳，节省了大量的能源；

(2) 微藻生长速度快，且固碳效率是一般陆生植物的 10~50 倍，占地面积小，生长条件范围广，可在极端条件下生存，如高温、高盐度、极端 pH、高光照强度及高二氧化碳浓度等；

(3) 可以与废水处理工业相结合，在有效去除污染物的同时，降低微藻生产成本；

(4) 产生的微藻生物质具有广泛的应用。

四、工艺流程

利用废水为介质培养微藻，可以利用化工废水驱动二氧化碳协同利用，可以实现“变废为宝”。基于“化工废水处理与二氧化碳协同利用”的概念，可以对现有化工废水处理工艺的流程进行重新设计(如图 1 所示)。在整个处理工艺中，主要存在有机碳和无机碳两种形式。一方面，化工厂产生的废水(有机碳，以 COD 表示)进入好氧活性污泥处理设施中进行处理，在这个过程中产生的二氧化碳(无机碳)用微藻进行捕集并转化为微藻生物量(生物质有机碳)，废水处理过程产生的剩余污泥以及微藻捕集二氧化碳过程中产生的剩余微藻(生物质有机碳)经过热裂解处理后可以产可燃气体(有机碳)和惰化的生物炭(无机碳)。在该技术中，由于采用好氧活性污泥处理的 PTA 生产废水出水培养微藻，避免了使用自来水，实现了“变废为宝”。另一方面，热裂解处理产生的可燃气体给锅炉供热，产生的二氧化碳(无机碳)以及化工厂生产过程产生的二氧化碳(无机碳)也利用微藻进行捕集并转化为微藻生物量，热裂解产生的惰化生物炭可以添加到废水生物处理设施中进一步提高处理效率，同时可以作为环境污染物处理的催化材料。这样的设计通过对现有情况下的“无用”碳转化和利用实现和利用废水、气体和固体中的碳，达到了化工厂的“减污降碳”协同增效目标。

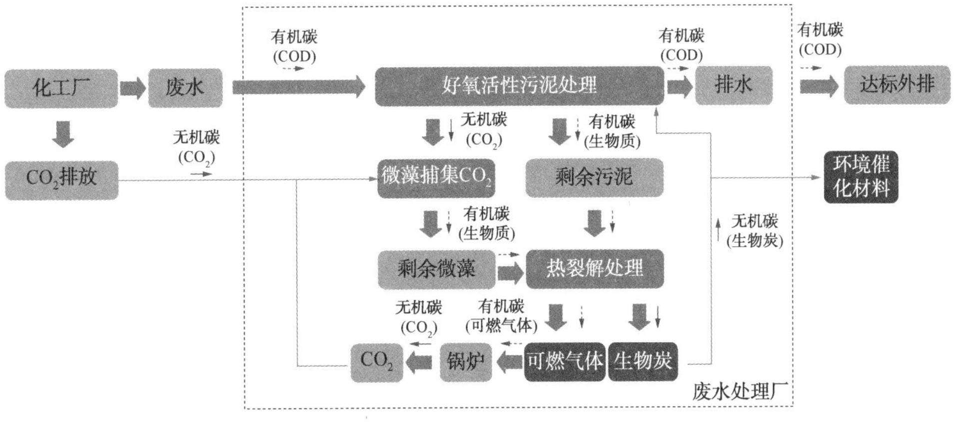

图 1　基于化工废水处理与二氧化碳协同利用的化工废水处理工艺流程

五、应用业绩

利用废水为介质培养微藻，实现二氧化碳生物利用技术已经完成了相关的技术研发，并在某大型石化企业水厂开展了中试试验。采用一体化装置，包含好养活性污泥处理、微藻处理以及热裂解处理等多个操作单元，处理能力为180t/a，PTA生产废水经水厂现有预沉淀池处理之后，通过侧线系统进入到中试系统中。整个系统连续运行124天，结果表明，中试设备在COD去除和二氧化碳捕集方面具有良好的性能，产生的剩余生物质通过热裂解处理，生物质热裂解率>95%，主要产CO、CH_4等烃类、少量氢气以及二氧化碳。捕获和利用废水中的有机碳和二氧化碳，实现了PTA生产废水COD去除率达到92%以上，对二氧化碳(10%体积分数)捕集率达到93%以上，二氧化碳捕集强度为9~11kg/t废水。中试装置能长周期稳定运行，对进水负荷冲击也具有较强的自适应性。

六、知识产权情况

围绕利用废水为介质培养微藻，实现二氧化碳生物利用技术进行了专利布局，已申请发明专利5项，其中国际专利2项：

(1) 一种对苯二甲酸废水处理及资源化利用方法(CN201811215345.3)(已授权)。

(2) 一种用于氧化反应的催化剂及其应用(CN201811215358.0)。

(3) Method for treatment and resource utilization of acidic organic wastewater (Ref.: YR1960932PUS)。

(4) 酸性有機廃水の処理及び資源化利用方法(YR1960932PJP.)。

(5) 一种基于生物增效手段的对苯二甲酸生产废水处理方法及其应用(CN202010234238.6)。

1Mt/a 二氧化碳回收装置投用实践

张　冰｜中国石化齐鲁分公司

二氧化碳的综合利用有利于温室气体减排和环境保护，是减少温室气体对环境影响的重要措施。齐鲁分公司第二化肥厂煤制气装置排放的二氧化碳尾气，二氧化碳浓度高，属于优质的二氧化碳资源。在齐鲁分公司第二化肥厂建设一套 1Mt/a 二氧化碳回收装置，将二氧化碳尾气加压回收、干燥脱水、低温液化、精馏提纯为液体产品，罐区储存，装车汽运至 80km 外的胜利油田分公司作为驱油溶剂，液体二氧化碳驱油后封存地下。二氧化碳回装置工艺简单，公路运输成本比较低廉，实现“人工碳循环”同时，创造了良好的经济效益。

一、建设背景及意义

中国石化积极响应党和国家“碳达峰、碳中和”号召，践行央企担当，依托在 CCUS(二氧化碳捕集、利用与封存)领域先进的技术和丰富工程实践，于 2021 年 7 月 5 日，宣布正式启动我国首个百万吨级 CCUS 示范项目建设，即齐鲁石化—胜利油田 CCUS 项目。该项目投资 3. 74 亿元，设计处理能力为 1Mt/a。项目建成投运后，每年可减排二氧化碳 1Mt/a，相当于植树近 900 万棵、近 60 万辆经济型轿车停开一年。该示范项目的建设，对实现二氧化碳低成本回收和规模资源化利用与封存搭建了一条完整的“人工碳循环”途径，对我国碳减排目标实现具有重大意义。

2021 年 10 月 21 日，习近平总书记在胜利油田考察时，详细了解了 CCUS 技术研发情况，对 CCUS 项目建设给予高度评价，对能源清洁高效开发利用、提升减碳水平寄予殷切嘱托。

二、主要改造内容及实施过程

(一) 主要建设内容

本项目范围包括二氧化碳工艺生产装置(包括压缩单元、溴化锂冷水单元、液化提纯单元、制冷单元及新风补充单元）和配套的辅助生产设施（包括罐区及装车设施、装置变配电室、供电改造、循环水站改造等）。

该项目初期可用原料为齐鲁分公司第二化肥厂煤制气装置尾气［二氧化碳浓度 91.62%（mol）］，流量 108t/h，采用中压法液化提纯技术，每年可生产液态二氧化碳 70.301×10^4t；将来利用其它可回收气源，再新增 1 台 CO_2 压缩机组及 1 台丙烯制冷机组，即能实现 1Mt/a 二氧化碳生产能力。

1Mt/a 二氧化碳回收利用装置，是以煤制气产生的二氧化碳尾气为原料，采用中压法低温液化提纯工艺进行回收。主装置区主要包括：2700#压缩单元、2800#液化提纯单元（包括风机系统）、2900#制冷单元及溴化锂冷水单元。主要工艺路线：二氧化碳原料气首先进入压缩单元增压，并经过溴化锂冷却水机组回收余热制冷，再依次进入干燥脱水、液化提纯系统，在低温条件下冷凝液化获得液态 CO_2 产品；合格的液态 CO_2 产品进入储罐区储存。该工艺路线流程短、能耗低、投资省（见图 1、图 2、图 3）。

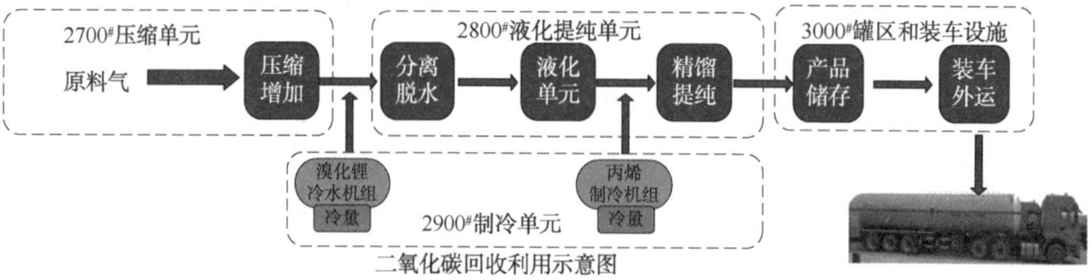

图 1　二氧化碳装置回收利用示意图

图 2　二氧化碳生产装置图

图 3　液体二氧化碳球罐及产品装车图

该项目创新应用了多项节能新技术。利用溴化锂制冷技术，充分回收二氧化碳压缩机出口余热，制取低温冷媒水，进行能量回收。采用膨胀发电技术，利用高压不凝气在膨胀过程中产生的能量，驱动发电机做功发电，发电用于装置区夜间照明，多余电量并入厂区低压电网。装置主干道采用太阳能路灯实现装置区绿色低碳照明。

（二）实施过程

2021 年 6 月 1 日项目可行性研究报告批复。

2021 年 6 月 17~18 日，组织相关单位与工艺包提供方华油惠博科技股份有限公司进行了工艺包审查交流，提出了修改建议。6 月 20 日，组织相关人员协助齐鲁工程公司按照预定计划完成了压缩机、汽轮机设备技术协议签订及商务谈判。

2021 年 10 月组织相关单位人员参加基础设计审查等各项工作。

2021 年 10 月 20 日安全专篇批复，基础设计批复，10 月 25 日开工报告批复，项目正式进入施工建设阶段。

2022 年 1 月 29 日我国首个百万吨级 CCUS(二氧化碳捕集、利用与封存)项目——齐鲁石化-胜利油田 CCUS 项目全面建成中交。

2022 年 4 月 1 日 9：50 二氧化碳装置二氧化碳压缩机 K2701 投料开车，20：50 分子筛开始再生；2 日 13：00 装置引聚合级丙烯，22：00 分子筛开始再生完成；3 日 10：26 丙烯压缩机 K2901 冲动，20：00 产出二氧化碳合格产品，装置实现一次试开车成功。4 日 11：30 首车二氧化碳产品装车出厂，装置全流程打通。在二氧化碳装置建设后期按时保质的完成装车系统、地衡及无人值守系统的安装调试工作，为产品出厂打下有力基础。

三、实施效果

在集团公司的正确领导下，齐鲁石化公司克服新冠疫情影响，坚持以 2020 年中央经济工作会议首次提出二氧化碳排放力争 2030 年前达到峰值、2060 年前实现碳中和为目标，落实习近平总书记视察胜利油田的重要指示精神，科学组织二氧化碳项目设计论证，以“建功必须有我”的奋斗者姿态，组织项目建设和试开车工作，实现了项目高效建成中交、一次试开车成功，高负荷稳定运行。

自 2022 年 4 月装置试开车以来，第二化肥厂不断优化装置运行，及时消除二氧化碳装置初期运行隐患，并积极与客户对接沟通，探索开发新客户，保证二氧化碳装置高负荷稳定运行，2022 年上半年捕集装车外送液体二氧化碳产品 120178.34 吨。实现了二氧化碳低成本回收和规模资源化利用的“人工碳循环”，对我国碳减排目标实现具有重大意义。

模块化甲醇制氢碳排放比较

苏文清
窦隽虹
中国石化工程建设有限公司

简述甲醇制氢工艺，对甲醇水蒸气转化制氢提出三种供热方式；建立了甲醇水蒸气转化制氢碳排放计算模型，根据消耗数据研究加热方式对装置碳排放量的影响；之后从优化反应条件、催化剂改良和绿电制氢三个角度分析甲醇制氢工艺的节能减碳途径。研究结果标明，直接排放是甲醇制氢碳排放的主要形式，加热炉供热方式碳排放量同比最低，增加绿电占比可以有效减少能源消耗造成的碳排放量。

一、概述

第一次工业革命开始至今，人类的用能载体从煤炭、石油逐渐转变为天然气、氢气等低碳能源，能量密度逐渐增高，整体沿着“降碳增氢”的方向不断演变。面对全球高效、环保、低碳发展的大趋势，氢能作为一种零污染、产量充足、应用广的二次能源，被誉为21世纪的“终极能源”。

氢能产业链主要分为氢的制取、储运加注以及综合利用三部分。制氢的方式主要分为四种：化石能源、工业副产、电解水制氢以及生物、太阳光催化等其他工艺制氢。直至2020年我国氢气产能约4100万吨/年，产量达到约33.42Mt。当前，将氢气运输到加氢站的最常用方式是技术相对成熟且安全的高压长管拖车，然而国内长管拖车上路运营的载气压力不得高于20MPa，因此进一步将气态氢气的经济运输半径限制在200km以内。中国电动汽车百人会预计，截止到2030年，我国的氢燃料电池汽车数量将达到100万辆。尽管目前短距离长管拖车运输氢气到加氢站是可行方案，随着未来氢气的需求量增加，加氢站数量也将随之增长，长管拖车输氢的方式可能无法满足需求。因此，在“现制现用”的理念下，各个加氢站内建立分布式制氢装置可以最大限度地减少氢气在运输和储运过程中的费用、危险性以及碳排放。目前，适用于分布式模块化制氢模式的工艺技术主要有天然气制氢、甲醇制氢与电解水制氢。天然气制氢流程相对较长，更适用于大规模工业化生产，其投资与制氢成本均比甲醇制氢和电解水制氢技术高；电解水制氢产能低且耗电量大，目前只适用于小规模生产；甲醇制氢的原料易于储存运输，制氢流程短，反应条件温和，工艺技术成熟。近年来，CO_2加氢合成甲醇技术的突破进展不仅为解决化石能源紧缺的问题提供了解决思路，更让甲醇成为碳循环经济中重要的一环。因此，甲醇制氢技术是目前最适宜应用于模块化制氢模式的工艺技术之一。

二、甲醇制氢工艺技术

（一）甲醇制氢工艺原理

甲醇制氢工艺主要有三种：甲醇裂解制氢、甲醇水蒸气转化制氢以及甲醇部分氧化制氢。甲醇部分氧化技术目前技术成熟度低，还需要纯氧作为原料，应用范围受限；甲醇裂解作为一项成熟技术，通常被用来制备合成气，其产物 CO 含量较高（>10%v），需要进一步吸附分离来制备高纯度的 H_2，投资成本较高。甲醇水蒸气转化工艺的反应原料为甲醇和水，产物主要为 H_2和 CO_2，伴有少量 CH_4和 CO。其反应原理如下：

$$CH_3OH+H_2O \xlongequal{} CO_2+3H_2+49.5kJ/mol \tag{1}$$

这可以看作是甲醇裂解反应和一氧化碳变换反应的总反应：

$$CH_3OH \xlongequal{} CO+2H_2+90.7kJ/mol \tag{2}$$

$$CO+H_2O \longrightarrow CO_2+H_2O-41.2kJ/mol \tag{3}$$

式(1)为主导反应，因此产氢率高，理论产氢率为 18.8wt%，其产物中 CO 含量低（<1%v），副产物少。虽然是吸热反应但反应条件较为温和（反应温度约为 250~280℃），工艺流程简单。因此，目前甲醇水蒸气转化制氢被认为是最有希望实现分布式制氢的工艺技术之一。

（二）甲醇水蒸气转化制氢工艺流程

甲醇水蒸气转化制氢工艺以甲醇和水为原料，在一定温度、压力和催化剂的作用下，反应生成富氢气体，再经过变压吸附提纯获得高纯氢气。工艺流程简图如图 1 所示。

分析反应式(1)可知，甲醇水蒸气转化为吸热反应，且反应条件温和，因此可以选择多种加热介质提供反应所需要的热量。常规流程采用导热油供热方案，即设置导热油循环系统。在转化反应器中，导热油为管内的甲醇转化反应供热，同时为甲醇和水的混合原料的汽化提供热量。导热油自身获得热量主要有三种方式：电加热器、蒸汽加热器以及加热炉。三种加热方式的优缺点如表 1 所示。

表 1　三种供热方式优缺点比较

供热方式	优　点	缺　点
电加热器	结构体积小，操作无污染，安装操作简便，在压力较低时可提供较高工作温度	用电量大，能耗相对较高；如果电来自煤电，单位氢产量的碳排放量高
蒸汽加热器	导热油不易过热分解与积炭，使用寿命更长；设备占地小；安全经济性高	超高压蒸汽与导热油压差较大，对换热器制造要求高；需要另接蒸汽管线及配套蒸汽凝结水系统
加热炉	技术成熟；可利用副产 PSA 解吸气作为燃料，降低能耗；补充燃料为甲醇，经济性好，储存安全	温度控制不当易结焦；明火设备，需提升防火防爆等级；占地面积较大；需要处理加热炉烟气

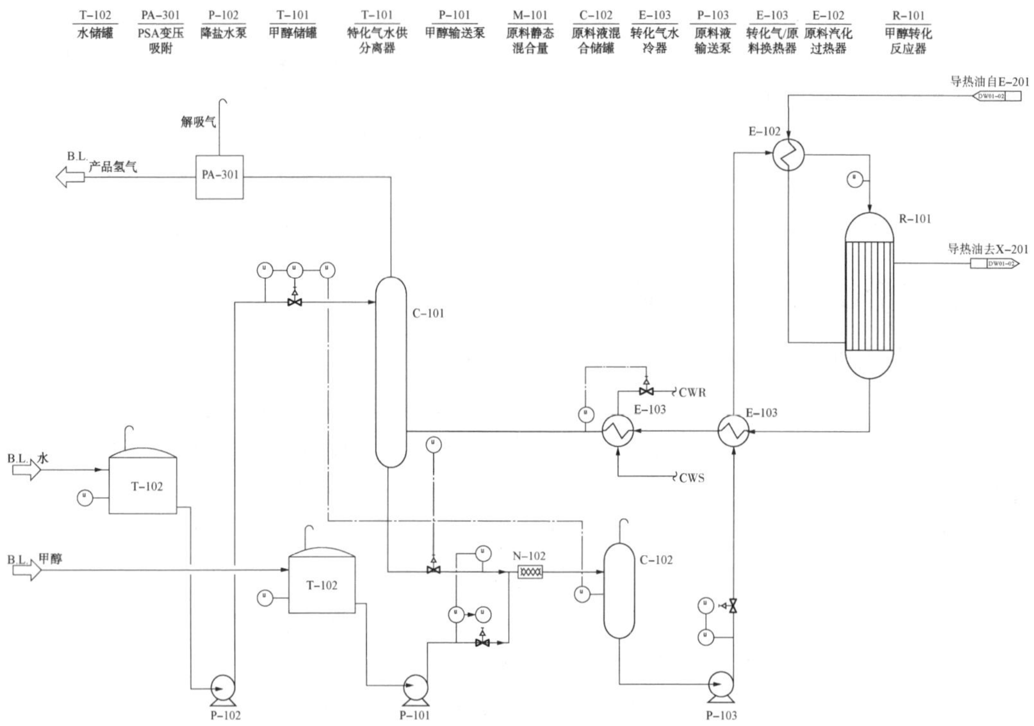

图 1　甲醇水蒸气转化制氢工艺流程图

三、三种导热油供热方式消耗汇总

以产氢规模为 1000Nm³/h 的甲醇水蒸气转化制氢装置为例，分别计算三种供热方式的原料和公用工程消耗量。其中原料甲醇采用中华人民共和国国家标准工业甲醇优等品（GB/T 338—2011）；转化反应温度 250℃，产品氢浓度≥99. 97%v，产氢压力为 1. 2MPaG，水醇比 1. 5~2. 0；氢气提纯模块中 PSA 的氢回收率≥85%。不同供热方式的消耗量见表 2~表 4。

表 2　电加热器供热方式消耗汇总表

序　号	项　目	小时消耗量		序　号	项　目	小时消耗量	
		单位	数量			单位	数量
1	除盐水	t	0. 315	4	仪表风	Nm^3	100
2	甲醇	t	0. 568	5	新鲜水	t	1
3	电	MWh	0. 803				

表 3　蒸汽加热器供热方式消耗汇总表

序　号	项　目	小时消耗量		序　号	项　目	小时消耗量	
		单位	数量			单位	数量
1	除盐水	t	0. 315	4	仪表风	Nm^3	100
2	甲醇	t	0. 568	5	新鲜水	t	1
3	10. 0MPa 蒸汽	t	1. 44				

表 4　加热炉供热方式消耗汇总表

序　　号	项　　目	小时消耗量		序　　号	项　　目	小时消耗量	
		单位	数量			单位	数量
1	水	t	0.315	4	仪表风	Nm^3	100
2	甲醇原料	t	0.568	5	新鲜水	t	1
3	甲醇燃料	t	0.186				

四、三种导热油供热方式碳排放计算和比较

（一）建立碳排放计算模型

根据《中国石油化工企业温室气体排放核算方法与报告指南(试行)》中要求，石油化工企业应核算的排放源类别和气体种类有 5 种构成：

(1) 燃料燃烧 CO_2排放：这部分碳排放量主要由用于动力、热力供应的化石燃料燃烧所产生的 CO_2组成。

(2) 火炬系统燃烧 CO_2排放：炼油厂的各中生产活动所产生的可燃性废气都会被集中至火炬系统中进行燃烧处理，这部分碳排放量由火炬燃烧所产生的 CO_2组成。

(3) 工业生产过程中 CO_2排放：在《中国石油化工企业温室气体排放核算方法与报告指南(试行)》中建议按照装置核算生产过程的碳排放量。制氢装置统一采用碳质量平衡法对制氢工艺过程中的碳排放量进行核算。

(4) 净购入电力和热力包含的 CO_2排放：这部分碳排放量为间接排放范围。

(5) 需要被扣除的 CO_2回收利用量：如果企业所产生的 CO_2有自用部分，或者将 CO_2作为产品外供，则可以在总排放量中扣除这部分 CO_2排放量。

每个类别的计算公式与核算方法详见《中国石油化工企业温室气体排放核算方法与报告指南(试行)》。三种供热方式的甲醇水蒸气转化制氢工艺的 CO_2排放计算边界如图 2 所示。

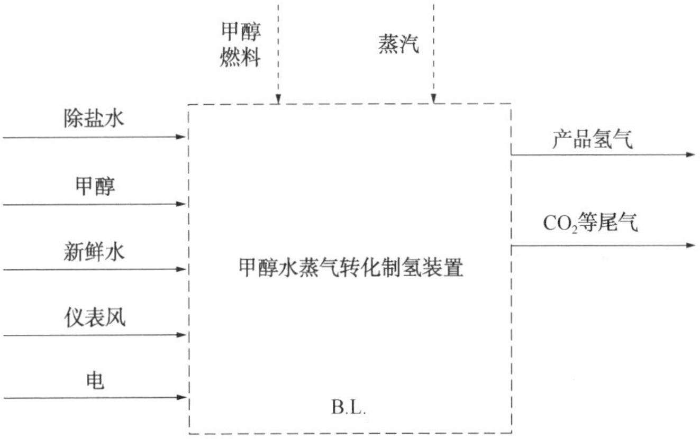

图 2　甲醇水蒸气转化制氢工艺的 CO_2排放计算边界

其中，电和蒸汽加热器供热工艺在界区范围内无燃料燃烧，加热炉供热工艺所用燃料燃烧产生的 CO_2需计入直接排放范围；制氢装置工艺生产过程排放大量 CO_2，是碳排放主要来源之一；CO_2回收利用抵扣不予考虑；电和蒸汽加热器购入的电力和蒸汽较多，计入间接排放范畴。

（二）计算结果分析

根据集团公司《关于开展 2021 年度碳盘查工作的通知》，电网电力排放因子取值为 0.604tCO_2/MWh，这个数值高于国家电网的数值 0.581。热力供应排放因子采用缺省值，取值为 0.11tCO_2/GJ。三种导热油供热方式碳排放计算结果见表 5~表 7。

表 5　电加热器供热方式碳排放计算表

序号	分类	项目	实物量		CO_2排放折算值		CO_2排放量	占比
			单位	数量	单位	数量	tCO_2	
1	工艺生产过程	原料	t	0.568	t 碳/t 原料	0.3745	0.780	62%
2	净购入电力	电加热器	MWh	0.803	tCO_2/MWh	0.604	0.485	38%
合计							1.26	100%
单位 CO_2 排放量		每吨纯氢					14.06	

表 6　蒸汽供热方式碳排放计算表

序号	分类	项目	实物量		CO_2排放折算值		CO_2排放量	占比
			单位	数量	单位	数量	tCO_2	
1	工艺生产过程	原料	t	0.568	t 碳/t 原料	0.3745	0.780	59%
2	净购入热力	蒸汽加热器	t	1.44	GJ/t 蒸汽	3.425	0.543	41%
合计							1.32	100%
单位 CO_2 排放量		每吨纯氢					14.69	

表 7　加热炉供热方式碳排放计算表

序号	分类	项目	实物量		CO_2排放折算值		CO_2排放量	占比
			单位	数量	单位	数量	tCO_2	
1	燃料燃烧	燃料	t	0.186	t 碳/t 燃料	0.3745	0.2503	24%
2	工艺生产过程	原料	t	0.568	t 碳/t 原料	0.3745	0.7800	76%
合计							1.03	100%
单位 CO_2 排放量		每吨纯氢					11.45	

图 3、图 4 显示了三种供热方式碳排放量构成及比例。甲醇水蒸气制氢三种加热方式的 CO_2 排放量在 11.45~14.69（tCO_2/tH_2）范围内。工艺生产过程导致的 CO_2 排放量相同均为 0.78tCO_2，占比在 59%~76%。由于产品氢气纯度较高，原料甲醇中的碳原子几乎全部转化成 CO_2 排放，因此原料甲醇的消耗对 CO_2 排放量的影响较大，反应条件的优化以及制氢工艺技术的优化都会影响原料甲醇的消耗量，从而影响碳排放。电加热方式的电耗带来了 38% 的碳排放量，占比也较高；如果换为蒸汽加热方式，间接排放方式带来的碳排放量增加了 0.63tCO_2/tH_2，略高于电加热方式吨产品碳排放量；加热炉供热方式的碳排放量同比最低，为另外两种加热方式碳排放量的 71.1%~77.2%。从上述计算结果可知，加热炉供热方式碳排放量最低，但该结论的前提是电网电力排放因子和热力供应排放因子按照缺省值考虑，而实际不同的供电和供热方式的排放因子取值不同，对碳排放计算结果也会有较大影响。

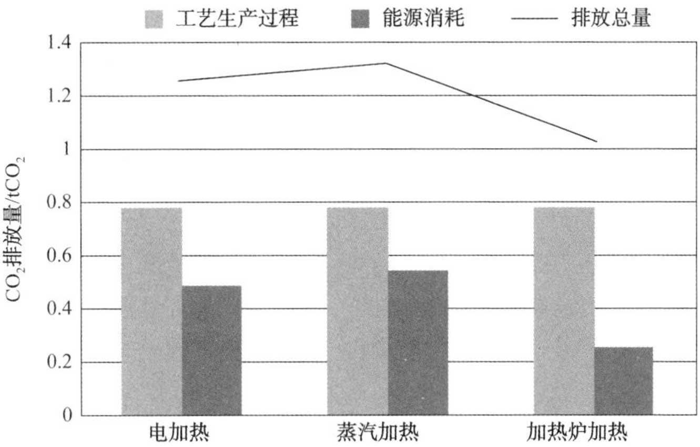

图 3　三种供热方式碳排放总量及构成

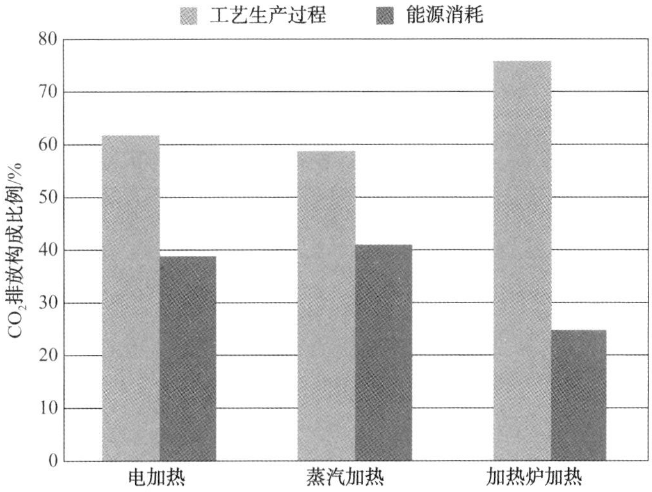

图 4　三种供热方式碳排放量构成比例

五、甲醇制氢节能减碳途径

从碳排放量计算结果可以看出，甲醇水蒸气转化制氢的碳排放主要来自两部分：一个是工艺过程排放，另一个是能源消耗排放。甲醇制氢时吸热反应，需要大量热能供应，因此如何能够合理降低能耗、减少原料甲醇的消耗、充分利用或回收原料中的碳，是未来进一步节能降碳的研究方向。

(一) 优化反应条件

在甲醇水蒸气转化制氢的所有反应条件中，温度、压力和水醇比对于催化反应的转化率和选择性影响很大。甲醇制氢作为吸热反应，从理论上讲，温度升高有利于反应的正向进行。正如黄媛媛等人研究发现，甲醇的转化率与氢气选择性随温度升高而增长，在 260℃时达到最优反应温度；通常甲醇的转化率会随水醇比的增大而升高，然而尹长学等发现水醇比过大时，残液量的增长会导致大量能耗。因此综合考虑，水醇比在 1.5~2.0 范围内时最有利于反应的进行。

(二) 催化剂改良

催化剂的性能对于甲醇制氢效果有直接影响。目前，最常用的甲醇水蒸气转化制氢催化剂为活性高、选择性好的铜基催化剂，但其寿命短、稳定性差、价格高的缺点限制了其发展。负载型催化剂能够有效提高反应活性，其中 Cu 基尖晶石催化剂由于其稳定性高的优点而备受关注。ZnO_2、CeO_2 等助剂改性后的催化剂能够有效提升 Cu 的分散度，进而提高催化剂活性。催化剂活性受反应条件影响较大，因此需要在实际生产过程中根据工艺条件选择最适宜的催化剂种类和反应条件，从而使甲醇利用率达到峰值。

（三）绿电制氢

通过中国区域电网平均二氧化碳排放因子，可以计算出企业的电力隐含二氧化碳排放量，目前企业在进行碳排放量计算时使用 2012 年由国家发改委发布的数据。在生产电力的过程中，二氧化碳排放值为零或趋近于零的方式被称为绿电。与其他方式相比(比如火力发电)，绿电对于环境的影响较小。绿电含量越高，区域电网的平均二氧化碳排放因子越小，生产电能的过程越低碳环保。

电网的碳排放因子数值对于装置净购入电力引起的间接碳排放量有直接影响。通过图 2 我们可以看到，净购入电力对于电加热工艺的碳排放量影响最大。假设电力总消耗量不变，计算 6 种电网条件下电加热工艺的总碳排放量，数值如表 8 所示。

表 8　电加热工艺在不同排放因子下碳排放量

电网名称	排放因子/(tCO_2/MW·h)	CO_2 排放量/tCO_2	单位 CO_2 排放量(每吨纯氢)
华北区域电网	0. 8843	1. 49	16. 56
东北区域电网	0. 7769	1. 40	15. 60
华东区域电网	0. 7035	1. 34	14. 94
华中区域电网	0. 5257	1. 20	13. 36
西北区域电网	0. 6671	1. 32	14. 62
南方区域电网	0. 5271	1. 20	13. 37

从图 5 中我们可以观察到，随着区域电网排放因子的增大，每吨纯氢的单位 CO_2 排放量呈递增关系。碳排放因子每增加 0. 1，每吨纯氢的单位 CO_2 排放量会增加 0. 983tCO_2/tH_2。因此绿电含量越高，耗电量高的电加热工艺碳排放就越少。当电力供应碳排放因子≥0. 7035 时，电加热工艺的碳排放量会超过蒸汽加热工艺；预计当电力供应碳排放因子<

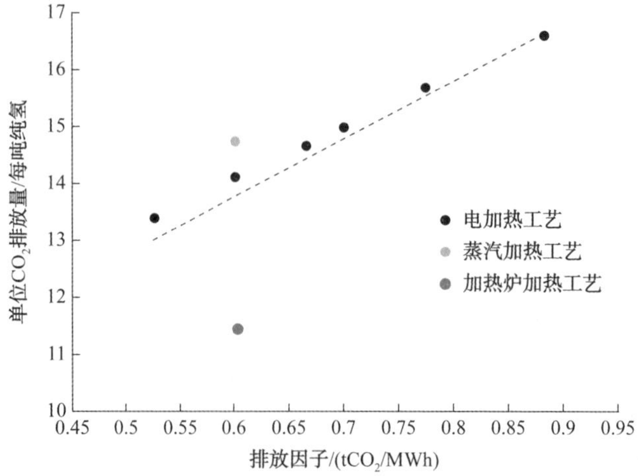

图 5　三种工艺在不同电网排放因子下的碳排放量

0.3657时，电加热工艺，将成为三种加热方式中碳排放量最低的一种方式。因此，而配合绿电的电加热供热方式的甲醇制氢工艺可显著降低碳排放量。随着国家电网中绿电比例的逐年提升，电加热方式不仅是较为简单可靠的甲醇制氢导热油加热方案，同时也是低碳排的方案，是未来配合加氢站实现模块化制氢的最佳选择。

六、结论

本文针对甲醇蒸汽转化制氢工艺中电加热器、蒸汽加热器以及加热炉三种加热方式，分别对其消耗和CO_2排放进行计算并分析比较结果，得出如下结论：

（1）甲醇水蒸气转化制氢工艺生产过程碳排放占比最大，其次是能源消耗产生的碳排放。

（2）当电力供应碳排放因子取值0.604tCO_2/MWh、热力供应碳排放因子取值0.11tCO_2/GJ时，三种导热油加热方式中，加热炉供热方式碳排放总量最低。

（3）优化反应条件、改良催化剂以及采用绿电制氢都可以促进甲醇制氢装置节能减碳。其中，当绿电占比较高，电力供应碳排放因子降至0.3657以下时，耗电量大的电加热供热方式碳排放量最低。

分布式加氢站内制氢技术是当下的研究热点，模块化甲醇蒸汽转化制氢工艺的优势明显，是当下发展的重点之一。三种导热油供热方式各有优缺点，应根据加氢站的地理位置、安全需求、基础设施条件、未来绿色能源的发展，综合考虑节能减碳措施，合理选取分布式模块甲醇制氢的导热油加热方式。

参考文献

[1] 中国氢能源及燃料电池产业创新战略联盟．中国氢能源及燃料电池发展报告-碳中和战略下的低碳清洁供氢体系[M]．北京：人民日报出版社，2021.

[2] 中国氢能联盟．中国氢能源及燃料电池产业白皮书(2019版)[R]．北京：中国氢能联盟，2019.

[3] 罗佐县，曹勇．氢能产业发展前景及其在中国的发展路径研究[J]．中外能源，2020，25(02)：9-15.

[4] 单彤文，宋鹏飞，李又武，等．制氢、储运和加注全产业链氢气成本分析[J]．天然气化工(C1化学与化工)，2020，45(01)：85-90，96.

[5] 马志超，冯浩，闫云东．加氢站供氢模式的选择及制氢技术的研究现状分析[J]．广州化工，2019，47(16)：132-134.

[6] 李建国，刘义，钟玉发，等．甲醇水蒸气重整制氢工艺现状及发展[J]．石油化工技术与经济，2019，35(06)：53-56.

[7] 白秀娟，刘春梅，吴凤英，等．甲醇制氢技术研究与应用进展[J]．广州化工，2020，48(03)：8-9，25.

[8] 张磊．甲醇水蒸气重整制氢催化剂的研究[D]．大连：大连理工大学，2013.

[9] 严进生．蒸汽加热导热油系统的设计思路[J]．广东化工，2016，43(16)：166-167，174.

[10] 汪琦，张慧芬，俞红啸，等．导热油电加热炉的设计开发[C]．全国第二十届热载体加热技术交流会论文集．2017：18-22.

[11] Liu Y，Qing S，Hou X，et al. Temperature dependence of Cu-Al spinel formation and its catalytic performance in methanol steam reforming[J]. Catalysis Science & Technology，2017，7：5069-5079.

[12] 郝敏彤，张超，冯彬，等．甲醇水蒸气重整制氢铜基催化材料的研究进展[J]．炼油与化工，2022，33(01)：9-12.

[13] 黄媛媛，巢磊，李工，等．$Cu-ZrO_2-CeO_2/\gamma-Al_2O_3$催化甲醇水蒸气重整制氢反应的性能[J]．化工进展，2017，36(01)：216-223.

[14] 尹长学，程玉春，郝树仁，等．甲醇蒸汽转化制氢工艺条件优化[J]．精细石油化工进展，2002(08)：37-39.

关于二氧化碳管道输送模式的探讨

张钧晖
范振宁
陈建磊
梁海宁
张　艳
张湘玮
中国石化石油工程设计有限公司

为便于二氧化碳输送管道的技术交流与指导国内二氧化碳管道工程的实施，本文在国内外标准、教材、权威机构文件等研究与专家咨询的基础上，分析和厘清了二氧化碳的相态划分问题以及国内外二氧化碳管道输送模式的界定，提出了二氧化碳管道输送模式的分类方法及依据，可将其分为三类：气相二氧化碳管道输送、液相二氧化碳管道输送、超临界二氧化碳管道输送。

二氧化碳捕集利用与封存技术（CCUS）是一种大规模的温室气体减排技术，是实现碳中和目标不可或缺的重要技术选择。作为 CCUS 技术的关键一环，输送环节在 CCUS 技术中起着承上启下的功能。对于长距离输送而言，采用管道输送是最为经济的做法。目前全球 CO_2 管道超过 8000km，主要集中在美国，其总长度超过 7200km，由十几家不同的公司运营，而国内尚无有长距离、大规模的 CO_2 管道输送示范项目，均为短距离的集输管道，更无超临界 CO_2 管道输送示范项目。虽然长距离、大规模的 CO_2 管道输送已经获得应用，但对于其输送模式，目前国内外没有统一的模式进行界定，有必要形成一定的规范性术语，以便于技术交流与指导国内 CO_2 管道工程的实施。

一、CO_2的相态的划分

CO_2 是一种常见的碳氧无机化合物，在不同的温度和压力下有不同的相态，一般可分为气相、液相、固相、超临界相。在饱和线和临界压力以下时，CO_2为气相；在饱和线以上、熔化线和临界温度以下时，CO_2为液相；在饱和线和熔化线以上时，CO_2为固相；当压力高于临界压力，温度高于临界温度时，CO_2为超临界相(见图1)。

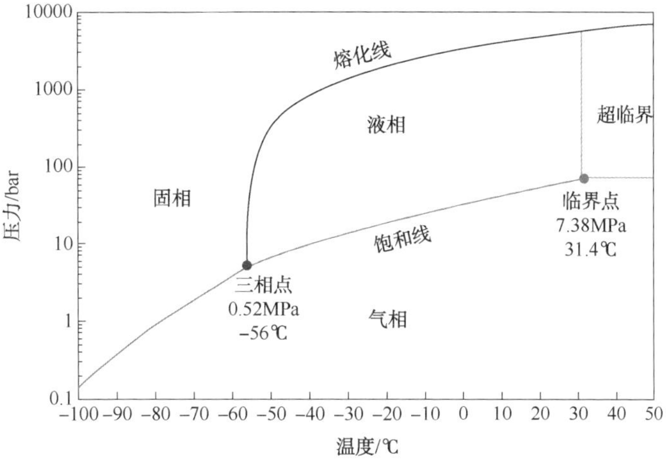

图1　二氧化碳的相态划分

在实际的工程应用上，通常还会划分出“密相”这一相态，但对于密相的定义，目前国内外没有一个统一的标准，总的来说有以下四种见解(见表1、图2)。

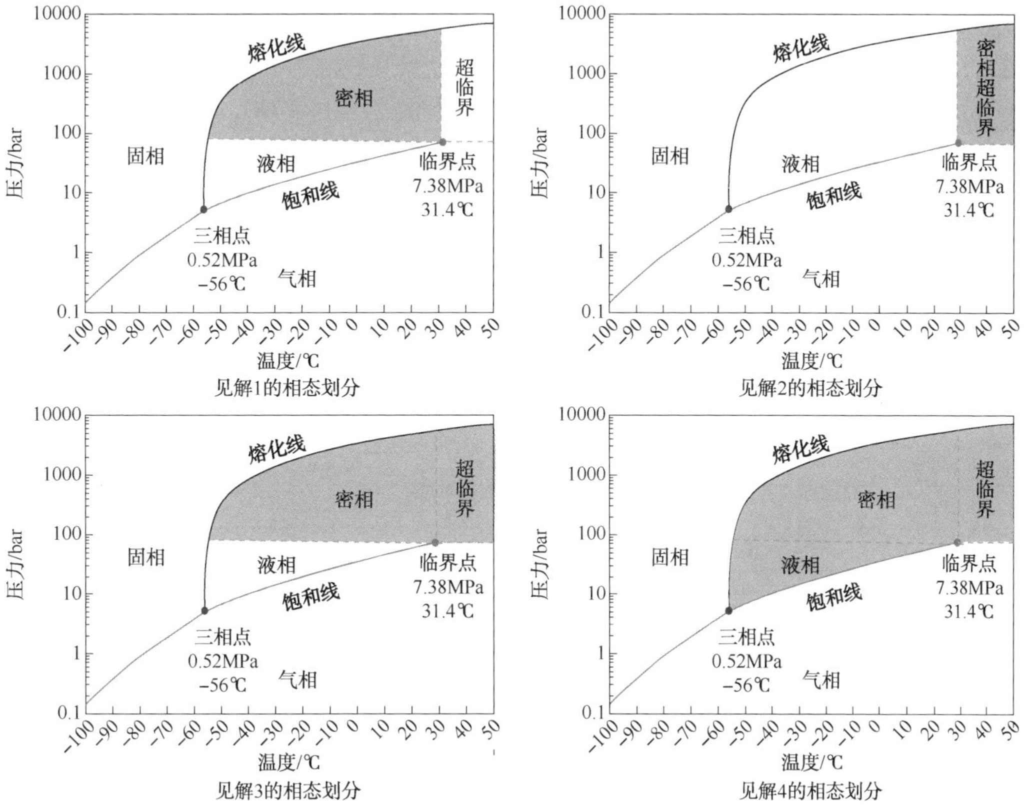

图2　不同单位对密相的定义

(注：图中阴影部分标记区域代表密相)

表1 四种见解及其代表出处

相态划分	内容	代表出处
见解1	压密相是压力高于临界压力、在熔化线以下时的区域	教材《含杂质二氧化碳管道输送》、SH/T 3202、国内团体标准 T/CSES 41
见解2	密相与超临界一致，压力和温度都超过临界点的区域	美国DOE部门、部分石油公司
见解3	密相是压力高于临界压力以上的区域	加拿大标准CSA-Z662、英国HSE部门
见解4	密相是超临界相与液相的统称	DNV标准DNVGL-RP-F104、ISO标准ISO 27913

二、CO_2管输相态及其特点

为了确保CO_2管道安全和降低运行成本，首先需要控制管输介质在输送过程中维持稳定的相态。国外CO_2长输管道一般采用超临界或密相(液相)进行输送，北美地区一般采用超临界态输送，压力控制在8.8~18.6MPa，该压力高于目前天然气管道常用的压力范围。如果采用气相输送，压力一般不超过4.8MPa，以避免出现4.8~8.8MPa的压力变化而形成两相流。有研究表明，对于大输量、长距离CO_2管道，综合考虑工程投资和运行费用，采用超临界或密相(液相)输送更具优势，这与实际工程的应用现状也是相符的。CO_2长输管道项目的输送相态见表2。

因此，当采用管道输送CO_2时，为提高输送效率，通常采用高压力输送。在长距离输送过程中，管输介质与环境间持续热交换，输送介质温度接近环境温度。在管输操作温度范围内，将管输压力控制在临界压力以上，远离临界点及气液饱和线，是目前控制管输发生气-液相变的有效且经济的手段，已被工程实践所检验。由于CO_2管道输送的这种特殊性，在初始采用超临界相进行输送时，会产生相态的变化，如Quest项目与ACTL干线，CO_2的相态将由超临界相转为密相或液相，因此仅仅根据相态而进行输送模式的界定，难免会产生歧义，有必要形成新的界定方法。

表2 CO_2长输管道项目的输送相态

管道项目	所在地区	输送参数	长度	输送相态	建成时间
Canyon Reef Carriers	美国	—	225km	超临界相	1972
Bati Raman	土耳其	—	90km	超临界相	1983
SheepMountain	美国	—	660km	超临界相	1983
Bravo	美国	—	350km	超临界相	1984
Cortez	美国	—	808km	超临界相	1984
NEJD	美国	—	293km	超临界相	1986
Weyburn	美国和加拿大	—	328km	超临界相	2000
Snøhvit	挪威	—	295km	液相(密相)	
Quest项目	加拿大	起点：9.9MPa，43℃ 终点：9.3MPa，14℃	65km	超临界相、液相(密相)	2015
ACTL干线	加拿大	起点：17.93MPa -5~40℃	241km	超临界相、液相(密相)	2019
SCS Midwest Carbon Express	美国	起点：10~21MPa 49℃(max)	1130km	超临界相	待建
Peterhead项目	英国	起点：12.1MPa 25℃	102km	液相(密相)	待建

续表

管道项目	所在地区	输送参数	长度	输送相态	建成时间
White Rose 项目	英国	起点：9~18.2MPa　20~32℃	157km	超临界相、液相(密相)	待建
CO_2WAG 项目	卡塔尔	—	160km	—	待建
中石化齐鲁石化 CCUS 项目	中国	起点：11MPa、10℃	114km	液相(密相)	待建
中石化胜利电厂 CCUS 项目	中国	起点：12MPa、50℃	70km	超临界相	待建
延长石油 CCUS 项目	中国	起点：<10MPa	100km	液相(密相)	待建

三、CO_2管道输送模式的界定

对于输送模式，目前国内外没有统一的模式进行界定。同参与 CO_2管道建设的工程公司交流，国外公司在工程上对管输模式并不严格界定，北美地区习惯性的称之为“超临界输送”，其国外管道监管部门——美国交通部颁布的法规 49CFR195 *Transportation of Hazardous Liquids by Pipeline* 认为“只要压力在超临界压力以上，则认为处于超临界状态”。国际标准 *Carbon Dioxide Capture, Transportation and Geological Storage—Pipeline Transportation Systems*(ISO 27913—2016)将液相相态和超临界相态统一纳入密相范畴。在该规范指导下，欧洲地区 CO_2管道输送模式分为气相输送和密相输送。挪威船级社标准 *Design and Operation of Carbon Dioxide Pipelines*(DNVGL-RP-F104—2021)将 CO_2输送模式分为气相、液相、超临界相 3 种模式。国内二氧化碳行业标准二氧化碳输送管道工程设计标准(SH/T 3202—2018)对二氧化碳输送模式进行了划分，分为气相输送、液相输送、超临界输送 3 种模式，对超临界输送进行了术语定义“超临界二氧化碳输送—指输送压力高于临界压力的输送形式”，并在条文解释中写道“由于国外超临界二氧化碳管道输送气源端多位于超临界区域，随着输送过程中温度降低，二氧化碳由超临界逐渐转化为密相，因此超临界二氧化碳管道输送指只要求压力高于临界压力的形式输送，包括超临界和密相形式的输送”。

总而言之，国内外对于 CO_2的相态及其输送模式的划分依然存在着争议，这可能是在区别气相输送时的不同理解，但在实际的管道工程中常被称为“超临界”或“密相”。因此，对于 CO_2管道输送而言，很少关注其温度，更多的是关注于压力，无论是美国的 49-CFR 195，还是我国的 SH/T 3202，都认为“只要压力在超临界压力以上，则认为处于超临界状态”。

对于 CO_2管道输送模式而言，可分为以下 3 类：气相二氧化碳管道输送、液相二氧化碳管道输送、超临界二氧化碳管道输送。各种输送模式的特点如表 3 所示。

表 3　各种输送模式的特点

输送模式	定　义	优　点	缺　点	适用场景
气相二氧化碳管道输送	以气相进行输送的状态	可选用常规管材和密封材料，泄漏后果影响较小	密度低，所需管径大	小规模、短距离
液相二氧化碳管道输送	输送压力在超临界压力以下，并处于液相区的输送状态	密度大，所需管径小	需选用特种管材和密封材料，泄漏影响区域较大，需要进行保温输送	小规模、短距离
超临界二氧化碳管道输送	输送压力在超临界压力以上的输送状态	密度较大，所需管径小	需选用特种管材和密封材料，泄漏影响区域较大	大规模、长距离

CO_2管道输送模式的划分依据有以下几点：

一是，对照相图将二氧化碳分为气相、固相、液相、超临界相四种相态是合适的，密

相作为液相或超临界相态的总称，与气相、液相、固相、超临界相提并论不合适，应区别术语的使用场景。

二是，对二氧化碳管道输送模式的界定属于工程问题，旨在指导工程建设、方便工程交流和沟通，应与学术术语的界定有所区分和侧重。

三是，结合国内 CCUS 路径规划展望，国内 CO_2管道气源主要来自于煤电烟气、化工尾气、空气中捕集等，结合捕集提纯工艺的选用，CO_2交付管道输送的初始相态主要是气相和低温液相两种。

四是，从 CO_2长距离管输的经济性和稳定性来看，通过提高和控制管输压力指标来实现工程目标要比通过控制管输温度更加可行，因此关注的重点应该是界定介质是否采用超临界压力以上进行管道输送。

五是，目前，CO_2输送管道建设主要聚集于北美地区，欧洲地区已建管道较少，国内示范管道工程尚在筹划中，从便于国内外 CO_2管道交流的角度考虑，管输模式的界定借鉴北美地区习惯做法较为可行。

六是，对于 CO_2管道输送的压力是在临界压力以上的情况，虽然 CO_2管道输送状态的可以称为“密相”或“超临界相”，但对于 CO_2管输模式而言，“密相”一词的具有宽泛性，除了定义有分歧外，该名词还用在气力输送上，定义为“密相二氧化碳管道输送”难免会引发歧义。

四、结语

CCUS 作为大幅度提高石油采收率和最现实可行的大规模碳减排技术，对保障国家能源安全、实现“双碳”目标具有重大意义，加快产业化发展势在必行。虽然长距离、大规模的 CO_2管道输送已经获得应用，但对于其输送模式，目前国内外没有统一的模式进行界定，有必要形成一定的规范性术语，以便于技术交流与指导国内 CO_2管道工程的实施，可将其分为三类：气相二氧化碳管道输送、液相二氧化碳管道输送、超临界二氧化碳管道输送。

参考文献

[1] 张贤，李阳，马乔，等．我国碳捕集利用与封存技术发展研究[J]．中国工程科学，2021，23(06)：70-80.

[2] 科学技术部社会发展科技司，中国 21 世纪议程管理中心．中国碳捕集利用与封存技术发展路线图(2011)[M]．北京：科学出版社，2011.

[3] IEA GHG. CO_2 Pipeline Infrastructure；IEA Environmental Projects Ltd：Cheltenham，UK，2014.

[4] Mohitpour M，Seevam P，Botros K K，et al. Pipeline transportation of carbon dioxide containing impurities[M]. ASME Press，2012.

[5] ILI I L I. Subchapter A. General [49 CFR Part 195 Subpart A] § 30105. Definitions [49 CFR 195. 2][J].

[6] Canadian Standards Association. CSA－Z662－19 Oil and gas pipeline systems[J]. Rexdale，Ontario，Canada：Canadian Standards Association，2019.

[7] ISO/TC 265，ISO 27913：2016 Carbon dioxide capture，transportation and geological storage —Pipeline transportation systems，2016.

[8] 黄辉，周晶，粟科华．CO_2 输送管道工程设计标准的探讨[J]．天然气工业，2014，34(12)：131-134.

[9] 吴瑕，李长俊，贾文龙．二氧化碳的管道输送工艺[J]．油气田地面工程，2010，29(09)：52-53.

[10] LU H，Ma X，Huang K，et al. Carbon dioxide transport via pipelines：A systematic review[J]. Journal of Cleaner Production，2020.

[11] West，J. M. Design and operation of a supercritical CO_2 pipeline-compression system，SACROC unit，Scurry County，1974.

二氧化碳输送管道泄漏后果及风险分析

时利香
景龙祥　中国石化石油工程设计有限公司
范振宁

在全球积极应对气候变化和国内“双碳”战略目标的导向下，碳捕获、利用与封存(Carbon Capture、Utilization and Storage，CCUS)被广泛认为是实现全球温控目标和我国碳中和愿景不可或缺的关键途径。在CCUS技术中，CO_2主要是通过高压管道进行输送。CO_2作为一种新兴的输送介质，其泄漏理论分析存在空白。本文以某一项目为例，利用PHAST和SAFETI软件分析某一液态CO_2输送管道高后果区管段泄漏的影响范围和风险，同时对比分析不同相态CO_2管道的后果差异性。发现随着泄漏孔径的增大，二氧化碳泄漏引起的扩散和毒性致死率影响范围也增大，且扩散范围明显大于致死率范围；二氧化碳泄漏后首先高速向高空喷射，后由于其密度原因下沉至地面；液态CO_2的扩散和毒性范围均大于气态，但是在实际运行中要结合项目实际情况，选择合适的输送相态；该高后果区的个人风险和社会风险水平均可接受，但在项目建设期仍要采取必要措施进行风险防护。

一、概述

CO_2输送是开展碳减排工作的重要环节，管道作为输送量大、输送距离远、高效的输送方式，被广泛应用到工业生产生活中。因此管道运输安全变得至关重要，一旦管道失效，不仅会影响正常运输，还易导致火灾、爆炸或中毒事故，对周围群众的生命财产安全构成严重威胁，因此明确二氧化碳长输管道泄漏产生的后果与风险变得尤为重要。本文采用定量风险评价方法研究了CO_2输送管道发生泄漏后对周围环境的影响，为后续管道建设、管道完整性管理的实施提供理论指导。

本文介绍了二氧化碳泄漏后对周围环境和人身安全造成的毒性危害

和健康伤害，然后以某一二氧化碳输送管道高后果区为例，利用挪威船级社(DET NORSKE VERITAS，简称DNV)独立开发的PHAST和SAFETI软件，分析液态二氧化碳泄漏后的扩散和毒性影响范围，同时对比分析液态和气态CO_2输送管道泄漏的后果差异性，最后基于上述的后果结果评价该高后果区的个人风险和社会风险水平，为后续二氧化碳长输管道风险评价工作提供了技术指导和理论支持，具有重要的研究意义。

二、二氧化碳危害

(一) 急性健康危害

二氧化碳对人体造成危害的方式主要是通过排挤空气中的氧气，降低氧气浓度；同时提高血液中CO_2的浓度，造成呼气系统、神经系统方面的损伤。表1是美国国家职业安全卫生研究所(National Institute for Occupational Safety and Health，NIOSH)提供的数据，给出了人体暴露于不同浓度的CO_2环境中，不同的暴露时间，所引起的人体不适症状。从表中可以看出，当CO_2在空气中的体积浓度高于4%时，人体暴露于空气几分钟即可呼吸困难，危及生命健康。

表1　吸入高浓度CO_2的急性健康影响

CO_2在空气中的浓度/(%v/v)	暴露时间	对人的影响
2	几小时	头疼，轻度用力呼吸困难
3	1小时	轻度头疼，出汗，静止呼吸困难
4~5	几分钟内	头疼，头晕，血压上升，呼吸困难
6	1~2分钟 ≤16分钟 几小时	听觉和视觉障碍 头疼，呼吸困难 战栗
7~10	1.5分钟 数分钟至1小时	无意识，接近无意识 头疼，心跳加速，呼吸急促，头晕，出汗
>10-15	1分钟至几分钟	头晕、困倦、剧烈肌肉抽搐，无意识
17-30	1分钟内	失去控制和有目的的活动能力、无意识、抽搐、昏迷、死亡

(二) 毒性危害

在正常情况下，CO_2不具有毒性，当空气中的浓度超过2%时才会使肌体产生中毒现象，高浓度的二氧化碳则会让人窒息。

根据Eisenberg Probit方程，参考有毒气体影响计算方法，根据气体浓度及接触时间计算产生的人员死亡概率。

$$P_r = A + B \cdot \ln(c^N \cdot t) \tag{1}$$

式中，P_r为致死率；c为有毒物质浓度，mol/L；t为接触时间，s；A、B、N为常数，取决于物质性质。

对于CO_2这一物质，A、B、N这三个参数数值分别为-90.778、1.01、8，是风险计算软件SAFETI中确定的数值，该数值是根据英国健康与安全委员会HSE提出的SLOT(小概率1%~5%死亡事件)和SLOD(概率为50%的死亡事件)计算得到。

三、定量风险评价流程

定量风险评价(Quantitative Risk Assessment，QRA)是管道风险评价的高级阶段，将管道失效频率与事故后果进行定量计算，实现了对高后果区管道风险的精确描述，通过数值表明所评价对象的危险程度，并通过与国家或行业标准规定的风险可接受标准进行对比，科学地确定风险防控和消减措施，最大程度地减少事故发生后所造成的经济损失、人员伤亡、环境破坏。

风险评价首先是识别风险因素，在得到风险因素的基础上，考虑管道失效的可能性以及管道失效带来的损失等其他因素，综合分析得到系统的风险大小，然后将风险值与规定的风险评价准则相比较，得到最终风险评价的结果，最后根据结果来决定采取相应的风险缓解措施。基本流程应包含以下步骤，详细流程图见图1。

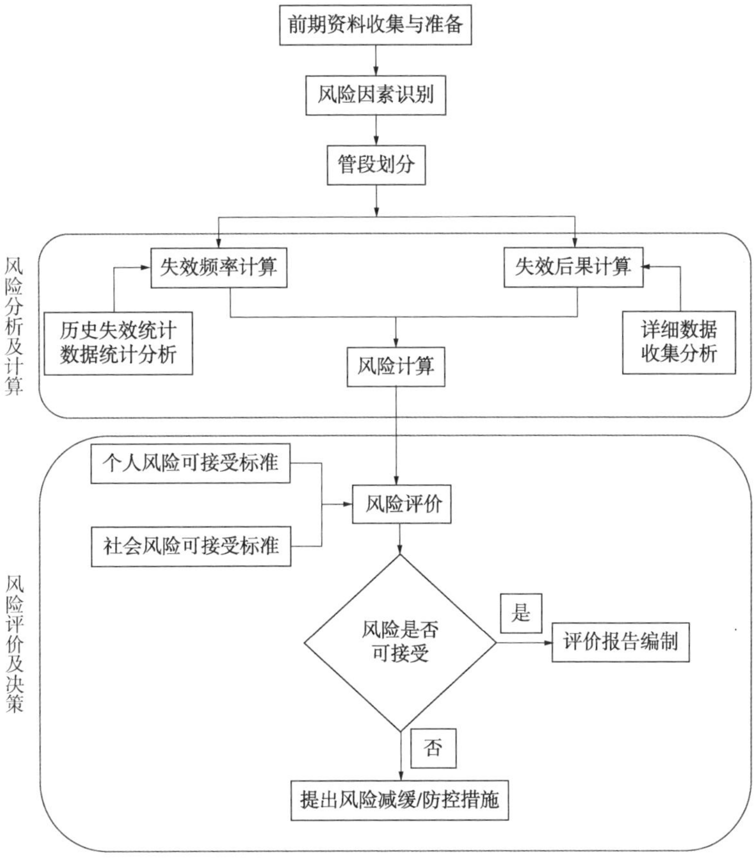

图1　定量风险评价流程图

（1）前期准备与资料收集；

（2）风险因素识别；

（3）管段划分；

（4）失效频率计算；

（5）失效后果计算

（6）失效风险计算；

（7）失效风险评价；

（8）风险消减措施和设计方案优化；

（9）评价报告编制。

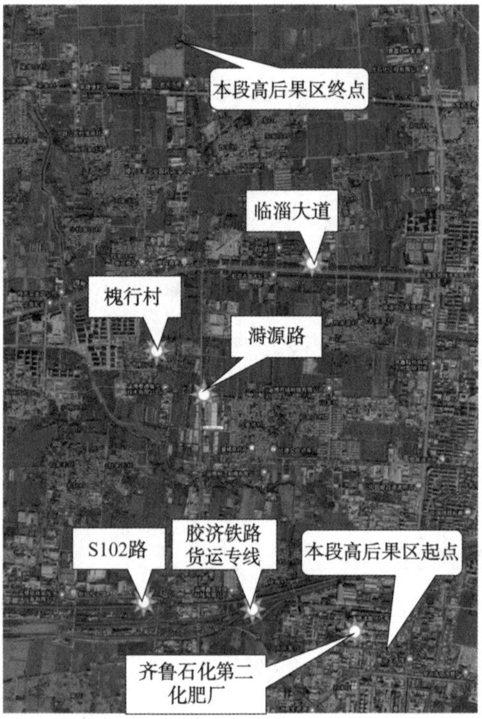

图 2　高后果区示意图

四、工程实例

（一）工程概况

以某一二氧化碳输送管道工程为例进行应用。该项目主要是将齐鲁石化第二化肥厂液态CO_2产品通过管道运输至胜利油田，以提高油气采收率。根据《二氧化碳输送管道工程设计标准》(SH/T 3202—2018)中二氧化碳管道高后果区管段识别准则，本工程管道共有16个高后果区管段，以其中某一高后果区为例进行定量风险评估，从而提出风险消减措施。

该高后果区位于淄博市临淄区，长度为9.7km，管道外径323.9mm，壁厚12mm，设计压力12MPa。此段路由总体走向为西向北方向，管道周围200m范围内有槐行村、临淄大道、淤源路、纬四路等场所。整体走向示意图如图2所示。

1. 气象条件

表2、表3为管道所处临淄区基本气象参数及风频数据。

（二）失效后果分析

应用PHAST软件对高后果区管线泄漏事故产生的后果进行模拟，分析不同泄漏孔径、不同天气类型下CO_2的扩散及毒性影响范围，模拟结果如下。

表 2　临淄区基本气象参数

序　号	参　数	描　述	备　注
1	环境温度	13.7℃	年平均温度
2	相对湿度	64%	年平均湿度
3	大气压力	101.07kPa	年平均气压
4	风速	2.3m/s	年平均风速

表 3　临淄区风频数据列表

	风　向	频　率	单　位		风　向	频　率	单　位
累年各风向频率	N	3	%	累年各风向频率	S	4	%
	NNE	3	%		SSW	9	%
	NE	4	%		SW	6	%
	ENE	5	%		WSW	7	%
	E	6	%		W	5	%
	ESE	10	%		WNW	5	%
	SE	4	%		NW	4	%
	SSE	3	%		NNW	4	%

1. 不同泄漏场景对扩散范围的影响

研究了 CO_2液相输送时管道发生断裂泄漏后在风速为 5m/s，大气稳定度为 D(中性)时不同泄漏孔径(小孔 2mm，中孔 50mm，大孔 100mm，完全破裂 300mm)下 CO_2浓度限分别为 10%、5%、2%和 1%的影响区域最大尺寸。从图 3~图 6 可以看出，CO_2发生泄漏后急速向高空扩散，随着下风距离的增大，CO_2逐渐下沉直至地面。这是因为 CO_2的远场扩散具有重气扩散特征。一般长距离 CO_2管道的输送压力通常高于 10MPa，而大气压力为 0.1MPa。在泄漏过程中，由于管内外的巨大压差，导致 CO_2向空气中膨胀喷射而出。同时，喷射出来的 CO_2由于强节流效应温度也会急剧下降，所以在喷射口附近会有干冰的存在。喷射到空气中的 CO_2随着压力和温度的下降转换为气态，又由于 CO_2的密度比空气重，从而在图中呈现出下沉的趋势。

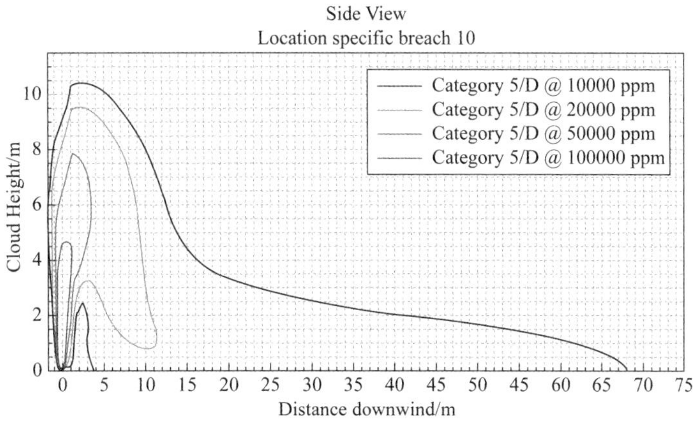

图 3　小孔泄漏扩散影响范围

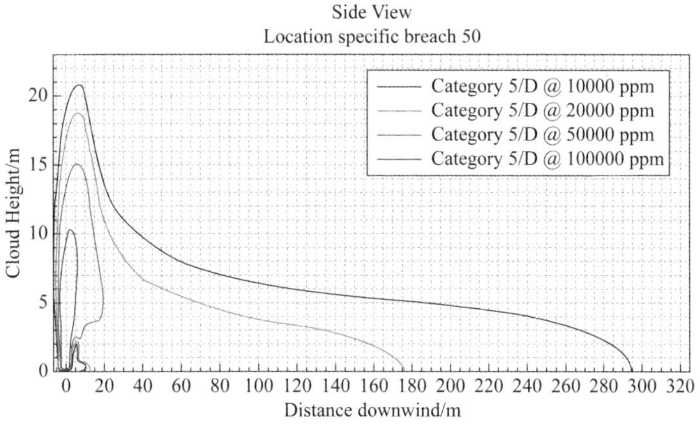

图 4　中孔泄漏扩散影响范围

各浓度下 CO_2扩散距离数据统计如表 4 所示。根据表可知，下风向是扩散主流方向。随着泄漏口尺寸的增大，三个方向的扩散影响范围逐渐增大。当泄漏口尺寸为 10mm(小孔泄漏)时，1%及以上浓度的影响区域均很小。当完全破裂时，1%浓度的 CO_2下风向影响范围达到 1015m，高度达到 72m；2%浓度的 CO_2下风向影响范围达到 529m，高度达到 66m；5%浓度的 CO_2下风向影响范围达到 54m，高度达到 55m；10%浓度的 CO_2下风向影响范围达到 15m，高度达到 38m。泄漏口径越大，泄漏所产生的危害越大。

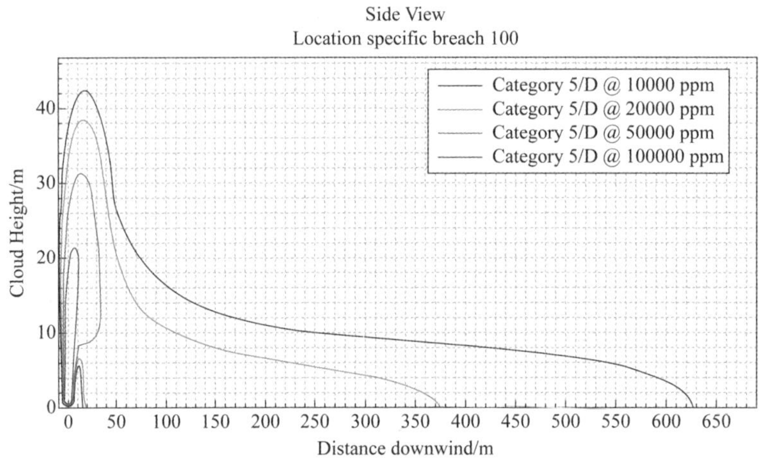

图 5　大孔泄漏扩散影响范围

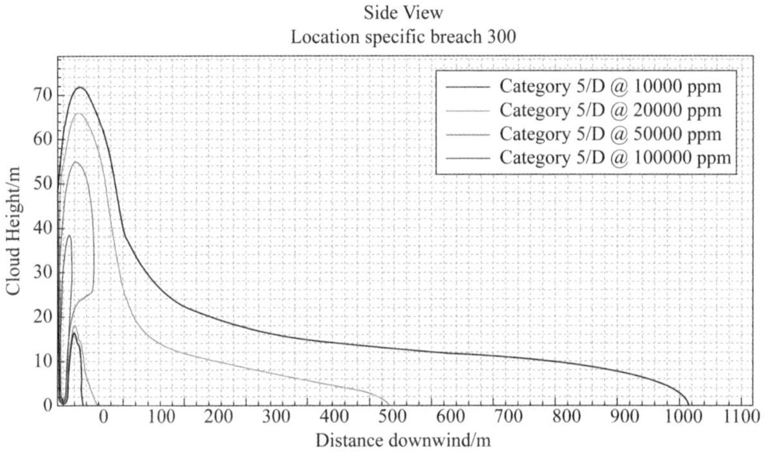

图 6　完全破裂扩散影响范围

表 4　各泄漏场景下 CO_2 扩散距离与浓度的关系

泄漏场景	1% CO_2 浓度范围/m			2% CO_2 浓度范围/m			5% CO_2 浓度范围/m			10% CO_2 浓度范围/m		
	高度	上风	下风	高度	上风	下风	高度	上风	下风	高度	上风	下风
小孔泄漏	10.47	1.62	68.19	9.58	1.32	11.28	7.92	0.89	3.60	4.73	0.55	1.23
中孔泄漏	20.95	5.80	295.18	18.82	4.92	176.72	15.20	3.69	19.69	10.43	2.56	6.27
大孔泄漏	42.44	9.55	630.02	38.43	8.03	376.05	31.38	5.76	34.94	21.42	3.93	10.38
完全破裂	71.75	11.84	1015.06	66.07	9.71	528.52	55.04	6.73	53.92	38.38	4.54	14.98

2. 不同泄漏场景对毒性范围的影响

二氧化碳泄漏后，主要事故后果是 CO_2 气体对人员产生的窒息和健康影响，图 7～图 10 给出了不同泄漏场景下可能产生 0.1%、1%、10%、99%致死率的影响范围。从图中可以看出，当泄漏孔径为 10mm 时，0.1%、1%、10%、99%的致死率影响面积分别为 4.2m^2、3.7m^2、2.8m^2、0.11m^2，影响范围较小；当泄漏孔径为 50mm 时，0.1%、1%、10%、99%的致死率影响面积分别为 32.3m^2、31.3m^2、29.4m^2、22.7m^2，最大影响尺寸为下风向

3.5m；当泄漏孔径为 100mm 时，0.1%、1%、10%、99%的致死率影响面积分别为 59.3m^2、58.1m^2、56.0m^2、43.4m^2，最大影响尺寸为下风向 4.6m；当完全破裂时，0.1%、1%、10%、99%的致死率影响面积分别为 67.0m^2、65.6m^2、63.0m^2、48.8m^2，最大影响尺寸为下风向 4.6m。随着泄漏口径的增大，不同致死率的影响面积均相应的增大。但是与扩散影响范围相比，毒性影响范围相对较小，说明虽然扩散距离大，但是对人的致命伤害较小。因此在选取管道路由时，要保证管道毒性致死范围内无人口分布，尽量远离人口密集区，避免造成人身威胁。

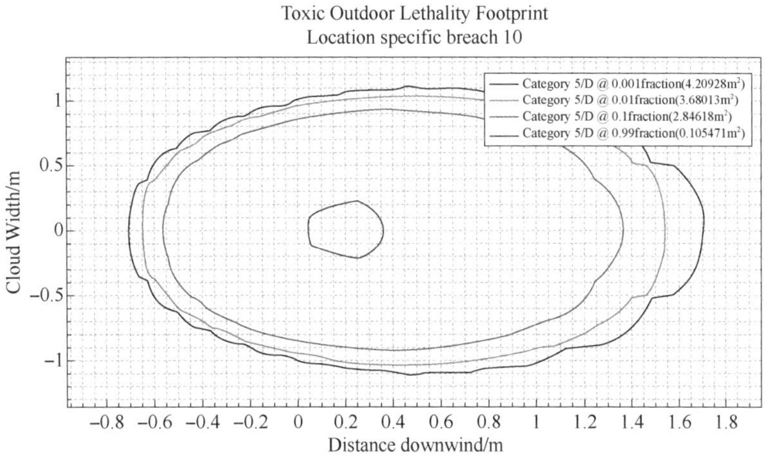

图 7　小孔泄漏毒性影响范围

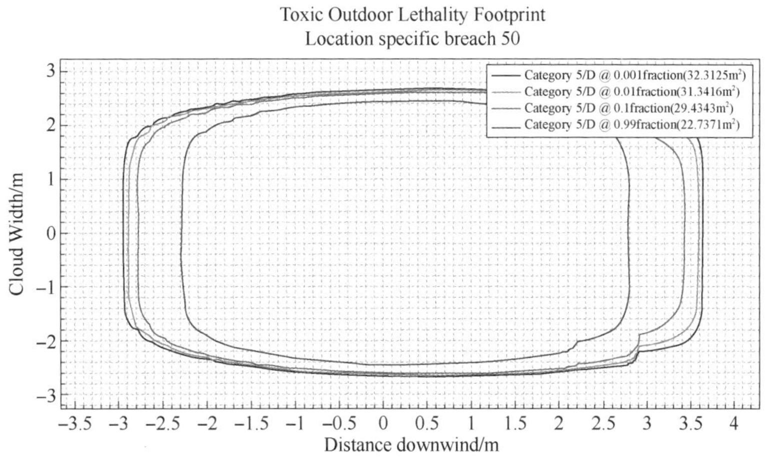

图 8　中孔泄漏毒性影响范围

（三）液态与气态 CO_2泄漏后果对比

CO_2的相态具有一定的特殊性，温度和压力的小幅变化都有可能导致相态发生变化。在管道输送时，若没有采取合适的输送压力和温度，输送过程中极有可能发生相态变化，影响管道的安全运行。因此本文对比研究了液态与气态 CO_2管道泄漏后的扩散和毒性影响范围，对比其后果差异，为后续选择合适的相态输送提供理论基础。

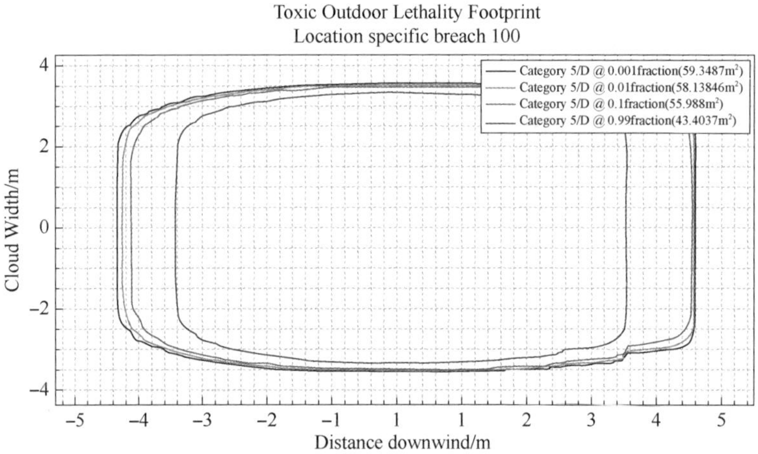

图 9　大孔泄漏毒性影响范围

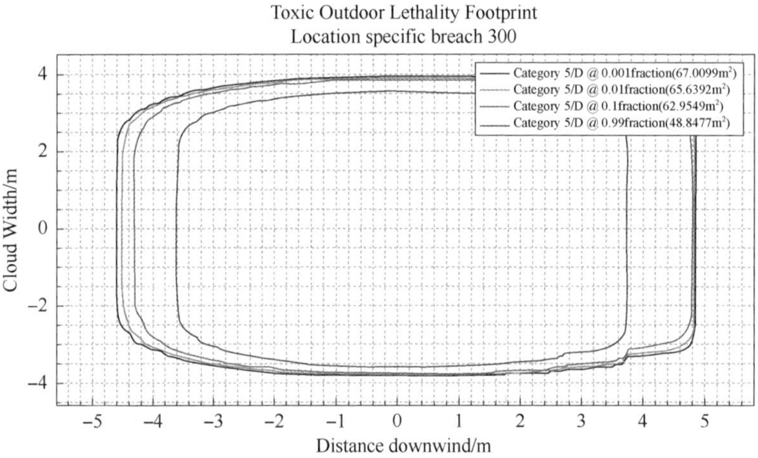

图 10　完全破裂毒性影响范围

1. 扩散差异性

对比研究了 CO_2液相和气相输送时管道发生断裂泄漏后在风速为 5m/s，大气稳定度为 D(中性)时完全破裂情景下 CO_2浓度限为 4%的影响区域。图 11、图 12 给出了完全破裂情景下液相和气相达到 4%浓度 CO_2的影响区域。从图中可以看出，液相 CO_2输送时，当 CO_2的浓度达到 4%时，下风向最远距离为 6.5m；气相 CO_2输送时，当 CO_2的浓度达到 4%时，下风向最远距离为 4.1m。在相同工况下，液态 CO_2的扩散范围大于气态 CO_2的扩散范围。

2. 毒性差异性

对比研究了 CO_2液相和气相输送时管道发生断裂泄漏后在风速为 5m/s，大气稳定度为 D(中性)时完全破裂情景下 CO_2毒性影响区域。图 13、图 14 给出了完全破裂情景下液相和气相 CO_2的毒性影响区域。从图中可以看出，当毒性致死率达到 99%时，液相 CO_2的影响面积为 48.8m^2；气相 CO_2的影响面积为 20.4m^2。在相同工况下，液态 CO_2的毒性影响面积大于气态 CO_2的影响面积，几乎是 CO_2影响面积的 2 倍。

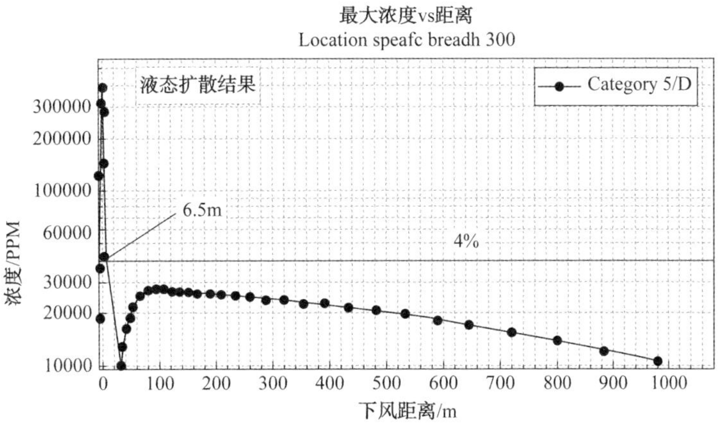

图 11　完全破裂液相 4%浓度 CO_2 扩散影响范围

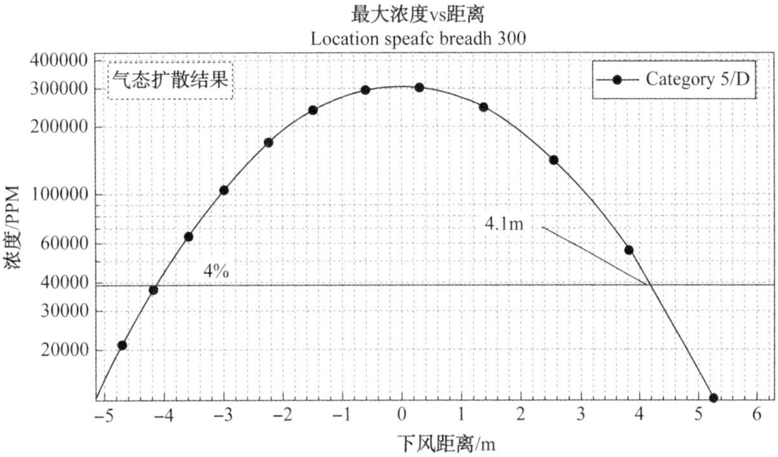

图 12　完全破裂气相 4%浓度 CO_2 扩散影响范围

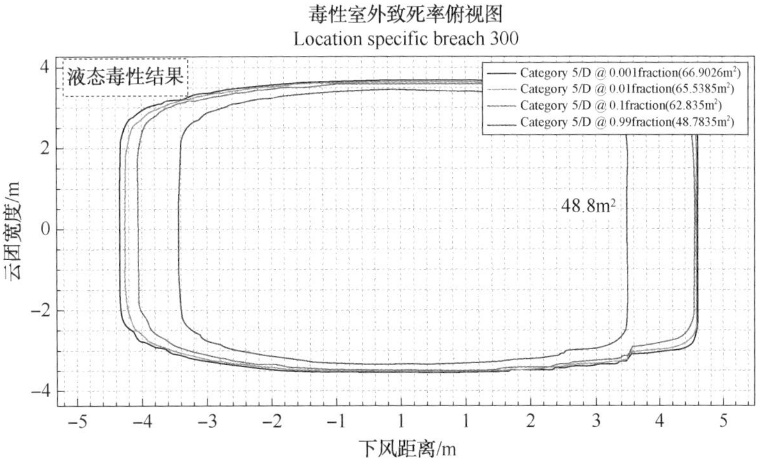

图 13　完全破裂液相 4%浓度 CO_2 毒性影响范围

综上所述，液态 CO_2 输送比气态 CO_2 的危害较大，影响范围更广，但是在本项目中，考虑管道上下游两端产品均为液态 CO_2，管道作为中间环节需要做好上游端和下游端的匹配，因此该项目选择液相输送方式。

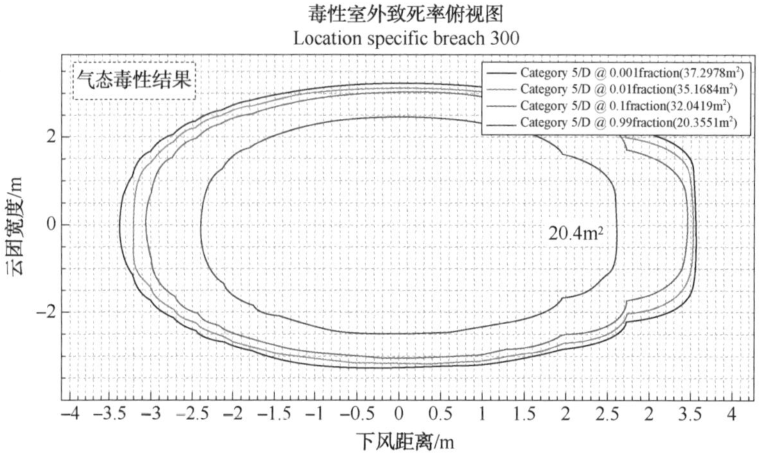

图 14　完全破裂气相 4%浓度 CO_2 毒性影响范围

(四) 失效风险分析

1. 社会风险分析

社会风险表示的是在某一给定地区，当危险发生时所造成的死亡人数(N)和累积失效概率(F)之间的关系，以 F-N 曲线形式表示。社会风险与危险发生地点无关，与管道周围的人口密度有关。因此，如果当危险发生时附近没有人群存在，则社会风险为零，而个体风险可能很高。

应用 Safeti 软件对高后果区管线泄漏事故产生的风险进行模拟，模拟结果如下。

高后果区社会风险 F-N 曲线计算结果如图 15 所示。从图中可以看出，根据《油气输送管道风险评价导则》(SY/T 6859—2020)规定的社会风险基准，F-N 曲线落在了“可接受区”内，符合规定的社会风险可接受标准。

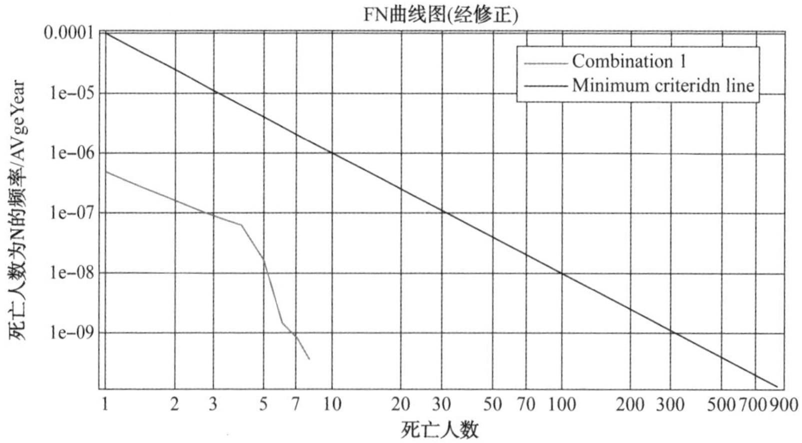

图 15　社会风险 F-N 曲线

2. 个人风险分析

个体风险表示的是当危险发生时所引起的位于管道附近某一点的个体死亡率，该风险依赖于危险发生点的地理位置，与人是否存在于该点无关，因此个体风险给出的是管道周围的不同地点的风险分布。

《油气输送管道风险评价导则》(SY/T 6859—2020)将油气输送管道的个人风险以容许上限 10^{-4}/a 和容许下限 10^{-6}/a 为界分为不可接受区、可接受区和广泛接受区。若个体风险水平基于上限和下限之间，需考虑风险的成本与效益，采取降低风险的措施，使风险水平"尽可能低"。从个人风险等高线图中可看出并未出现 10^{-4}、10^{-6} 等高线，即整个区域的个人风险值均低于 10^{-6}，没有进入不可接受区域。

该高后果区个人风险等高线如图 16 所示，图中黄色和红色曲线分别为 3×10^{-8}、3×10^{-9} 风险等高线，值低于《危险化学品生产装置和储存设施风险基准》(GB 36894—2018)规定的数值，虽然部分陈家庄落在等值线以内，但是由于其风险值较低，可忽略。

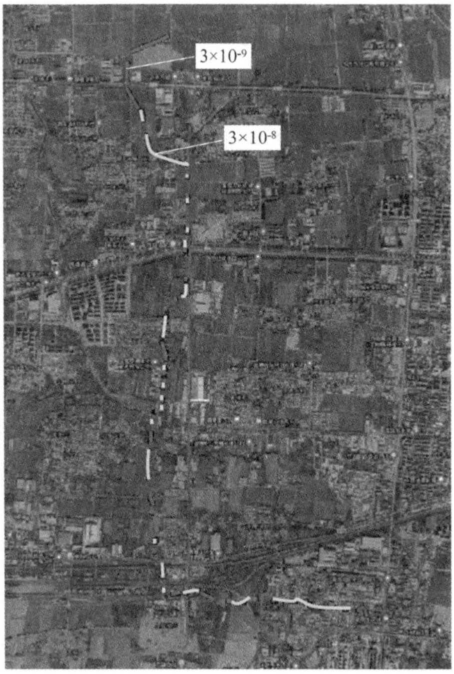

图 16　个人风险等高线

五、结论及展望

(一) 结论

采用 PHAST 和 SAFETI 风险计算软件分析液态二氧化碳泄漏对管道周围人口及环境的影响。得到主要结论如下：

(1) 二氧化碳发生泄漏时，下风向是主要扩散方向。随着泄漏口径的增大，二氧化碳泄漏所产生的影响范围也越大。与气态二氧化碳相比，液态二氧化碳管道的泄漏持续时间较长，主要是因为液态 CO_2 的密度较气态 CO_2 的密度大，管内介质的初始质量也更大，从而导致泄漏持续时间长。

(2) 随着泄漏口径的增大，不同毒性致死率的影响范围也变大，但是相较于扩散影响范围而言范围较小，说明虽然扩散距离大，但是对人的致命伤害较小。

(3) 液态 CO_2 的扩散和毒性影响范围均大于气态 CO_2，但是在实际运行中，确定输送相态时要结合项目实际情况，考虑管道敷设环境温度、管道上下游建设情况和经济性，选择合适的输送相态。

(4) 该高后果区的个人风险概率低于标准规定值，社会风险曲线落在"可接受区"，说明该段管道的风险可接受，但是在项目施工期间仍要采取减缓措施，如增加管道埋深、增设安全监控、加密地面标识等措施。

(二) 展望

论文在模拟计算过程中也存在一些不足：

(1) 由于 CO_2 的特殊物性，其节流效应明显，在管道泄漏到大气的过程中流体温度会降低，在泄漏口处聚积干冰，引起人体机体各系统一系列生理变化，重者可造成局部性或全身性损伤，如冻伤或冻僵，甚至死亡。因此在后续管道安全管理中要着重防护干冰对人体的伤害。

(2) 本次计算过程中存在一些问题，如受到软件限制，泄漏介质按照纯二氧化碳来计算，没有考虑杂质如 H_2S、CO、H_2O 等对二氧化碳泄漏的影响，在未来应着重开展这方面的研究。

(3) 重点研究二氧化碳释放过程中的相态变化，分析释放后压力、温度随时间的变化规律。继续深入分析不同相态(密相和超临界)CO_2输送管道泄漏扩散和毒性影响范围。

参考文献

[1] 胡其会，李玉星，张建，等. “双碳”战略下中国 CCUS 技术现状及发展建议[J]. 油气储运，2022，41(4)：361-371.

[2] 吕奎，孔益平，周宇，等. 天然气管道风险分析及应急管理[J]. 安全与环境工程，2012，19(02)：117-121，124.

[3] DUNCAN，IAN J.，WANG，HUI. Estimating the likelihood of pipeline failure in CO_2 transmission pipelines：New insights on risks of carbon capture and storage[J]. International Journal of Greenhouse Gas Control，2014，2149-60.

[4] 王天瑜. 天然气管道风险分析与安全距离计算方法研究[D]. 北京：中国矿业大学(北京)，2017.

[5] 梁韬，陈国华，张瑞华，等. SAFETI 在 LPG 储罐事故后果评价中的应用[J]. 油气储运，2006(02)：5，53-58，62.

[6] 滕霖. 超临界 CO_2 管道泄漏扩散特性及定量风险评估研究[D]. 青岛：中国石油大学(华东)，2019.

[7] Vianello C，Macchietto S，Maschio G. Risk assessment of CO_2 pipeline network for CCS-a UK case study[J]. Chemical Engineering Transactions，2013，31，13-18.

[8] 陈兵，崔维刚，郭焕焕，等. 风速对超临界-密相二氧化碳泄漏扩散特性的影响[J]. 科学技术与工程，2019，19(34)：144-149.

[9] 张范辉. 油气长输管道风险评价研究[D]. 青岛：中国海洋大学，2008.

[10] 赵永涛. 油气长输管道工程风险评价发展及现状[J]. 安全、健康和环境，2007(02)：37-39.

[11] 杨慧来. 长输油气管道定量风险评价方法研究[D]. 兰州：兰州理工大学，2009.

[12] 陈利琼. 在役油气长输管线定量风险技术研究[D]. 成都：西南石油学院，2004.

[13] 曹峥. 油气集输管道风险评价技术研究[D]. 青岛：中国石油大学(华东)，2019.

[14] Marszal E M. Tolerable risk guidelines[J]. ISA Transactions，2001，40(4)：391-399.

[15] Bottelberghs P H. Risk analysis and safety policy developments in the Netherlands[J]. Journal of Hazardous Materials，2000，71(1/3)：59-84.

[16] 董玉华，高惠临，周敬恩，等. 长输管道定量风险评价方法研究[J]. 油气储运，2001(08)：5-8，58.

[17] Bottelberghs P H. Risk analysis and safety policy developments in the Netherlands[J]. Journal of Hazardous Materials，2000，71(1-3)：59-84.

[18] BUBBICO R. A statistical analysis of causes and consequences of the release of hazardous materials from pipelines[J]. Journal of Loss Prevention in the Process Industries，2018，32(11)：458-466.

[19] 顾帅威. 不同相态 CO_2 管道减压过程流动与温降特性研究[D]. 青岛：中国石油大学(华东)，2019.

不同输送相态下埋地二氧化碳管道周围土壤温度场特性研究

张湘玮
范振宁
梁海宁　中国石化石油工程设计有限公司
张　艳
张钧晖

在全球积极应对气候变化和国内“双碳”战略目标的导向下，碳捕获、利用与封存(Carbon Capture、Utilization and Storage，CCUS)为了研究埋地二氧化碳管道周围土壤温度场的分布规律，基于中石化齐鲁石化-胜利油田百万吨级CCUS示范项目二氧化碳输送管道建立管道周围土壤温度场数值模型，用Fluent软件对二氧化碳三种输送相态(低压液相、高压液相、超临界)下的典型工况土壤温度场进行计算，在低压液相输送的基础上分析管道周围土壤冻结范围的季节变化规律及不同埋深、不同运行温度对管道周围土壤冻结范围的影响。研究结果表明，随着埋深增大，管道周围多年冻土范围增大，季节性冻土范围受影响较小；而随着起点温度的升高，管道周围多年冻土和季节性冻土范围都减小，当温度升高至0℃时将不再形成冻土。在高压液相输送和超临界输送的基础上，以小麦为例分析管道运行温度变化对地表植被的影响。结果表明，为使土壤温度能满足沿线农作物生长需求，二氧化碳高压液相输送时，其管输介质温度不宜低于5℃，超临界输送时不宜高于50℃。

一、概述

在全球积极应对气候变化和国内“双碳”战略目标的导向下，二氧化碳捕集、输送与封存利用(Carbon Capture，Utilization and Storage，以下简称“CCUS”)被广泛认为是实现全球温控目标和我国碳中和愿景不可或缺的关键途径。二氧化碳管输作为连接CCUS上游捕集和下游封存的最高效方式，是 CCUS 技术的重要组成部分。国外二氧化碳管道建设起步较早，在役长度超过 1×10^5km，主要分布于美国、加拿大等地，输送相态以液相和超临界为主。国内已建二氧化碳管道以小规模、短距离气相输送为主，近年来逐渐向输送能力百万吨、输送长度百公里级别发展，如中石化齐鲁石化-胜利油田百万吨级 CCUS 示范项目二氧化碳输送管道工程、胜利电厂 2Mt/a 二氧化碳输送管道工程等。受限于国内二氧化碳管输技术成熟度和碳源碳汇的空间分布格局，我国现阶段规划或在建二氧化碳管道项目多位于东部排放源密集区域，输往百公里范围的油田进行驱油利用和地质封存，管道沿线生态环境复杂，地表植被丰富。另外，当二氧化碳液相输送时，为避免发生相变，管输温度有时需要保持在 0℃以下，可能会导致土壤冻结，不利于环境保护与管道安全运行；超临界输送时，管输温度可能高达 40~50℃，高温同样会影响地表农作物生长。在此背景下，二氧化碳管输方案的确定势必考虑管道运行对周围土壤温度场的影响。目前，国内外虽然已经开展了一系列关于埋地管道周围土壤温度场的研究，但是大多针对热油管道与周围土壤换热，或以多年冻土区长输管道周边土壤的冻胀问题为研究对象。二氧化碳液相或超临界输送时密度和原油、成品油介质密度相近，但黏度更接近气体黏度，除了提高二氧化碳管输效率、降低沿程摩阻外，也使二氧化碳与周围环境的换热效率有别于传统油气管道。目前缺乏与二氧化碳输送管道工程实际情况相近的埋地管道土壤热力系统的数值模拟研究，无法为示范工程的开展提供技术支持及决策参考。

本文依托于中石化齐鲁石化-胜利油田百万吨级 CCUS 示范项目在建二氧化碳输送管道，在前人研究成果的基础上，建立埋地二氧化碳管道周围土壤温度场的数值模型。充分结合二氧化碳介质特点，将不同相态二氧化碳输送方案考虑在内，从冻土形成与沿线植被生长角度，分析管道埋深、输送温度等参数变化对管道周围土壤温度场的影响，以期为二氧化碳管道工程建设提供技术指导。本文的成果已在齐鲁石化-胜利油田百万吨级 CCUS 示范项目二氧化碳输送管道工程上得到了应用，并且对于其他二氧化碳管输工程也有一定的借鉴意义。

二、数值模型建立

（一）物理模型

齐鲁石化-胜利油田百万吨级 CCUS 示范项目二氧化碳输送管道位于山东省淄博市境内。管道基础参如下：外径 $D=323.9$mm，壁厚 $\delta=12.5$mm，管顶浮土高度 $h=1.5$m。根据以上数据，建立埋地管道土壤温度场计算的物理模型，如图 1 所示。通常将埋地管道水平轴线方向 10m 外的土壤换热情况视为绝热，考虑到管道土壤物理模型的对称性故使用半模型（沿着管道中心线竖直面剖开）。

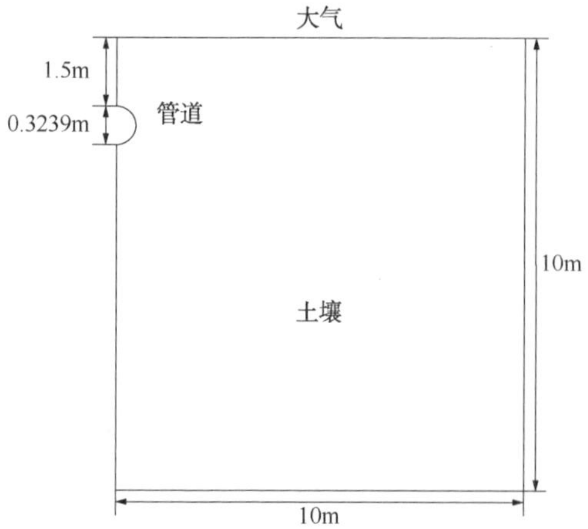

图 1　物理模型

（二）理论模型

管道周围土壤冻土相变、土壤内水分迁移、土壤变形等因素均会对埋地二氧化碳管道周边土壤传热造成影响。因此，本文在确保求解结果精度的基础上进行如下假设，以便将土壤温度场的计算转化为易于求解的数学模型：

(1) 假设温度场计算模型中土壤为不可压缩介质；

(2) 忽略管道与土壤间的接触热阻；

(3) 假设温度场计算模型中土壤为各向同性介质；

(4) 假设土壤边界没有水分补给及排泄现象，不考虑水分的迁移。

基于以上假设，确定埋地二氧化碳管道周围土壤瞬态温度场热力学方程如下：

$$\rho C\frac{\partial T}{\partial t}=\frac{\partial}{\partial x}\left(\lambda\frac{\partial T}{\partial x}\right)+\frac{\partial}{\partial y}\left(\lambda\frac{\partial T}{\partial y}\right)+\frac{\partial}{\partial z}\left(\lambda\frac{\partial T}{\partial z}\right) \tag{1}$$

式中，ρ 为土壤密度，kg/m^3；C 为土壤热容，J/(kg·℃)；Λ 为土壤导热系数，W/(m·℃)；T 为时间，s；T 为土壤温度,℃。

考虑土壤冻融状态对热参数的影响，式(1)中土壤比热容 C 可由下式计算：

$$C=\begin{cases}C_s & T\leqslant T_1\\ C_s+\dfrac{C_1-C_2}{T_1-T_2}(T-T_1)+\dfrac{L}{1+W}\dfrac{\Delta W}{\Delta T} & T_1\leqslant T\leqslant T_2\\ C_1 & T\geqslant T_2\end{cases} \tag{2}$$

土壤导热系数 λ 可由下式计算：

$$\lambda=\begin{cases}\lambda_s & T\leqslant T_1\\ \lambda_s=\dfrac{\lambda_1-\lambda_2}{T_1-T_2}(T-T_1)+ & T_1\leqslant T\leqslant T_2\\ \lambda_1 & T\geqslant T_2\end{cases} \tag{3}$$

式中，C_s 为土壤冻结时的比热容，J/(kg·℃)；C_t 为土壤融化时的比热容，J/(kg·℃)；λ_s 为土壤冻结状态下的导热系数，W/(m·℃)；λ_t 为土壤融化状态下的导热系数，W/(m·℃)；L 为水的相变潜热，kJ/kg；T_1 为冻土剧烈相变区下界温度，这里取-20℃；T_2 为冻土剧烈相变区上界温度，这里取 0℃；ΔT 为温度的微小变化,℃；W 为冻土总含水量,%；ΔW 为温度的微小变化范围内，未冻结土的含水量变化,%。

建立模型时，还需要确定土壤恒温层深度和温度，前人已有大量研究表明，当土壤深度超过 10m 后其温度场受季节变化的影响已非常小。因此，设定土壤恒温层深度 $H=10$m，温度 $T_h=15$℃。这里采用了相关文献中的计算方法，详细计算过程不再赘述。

(三) 边界条件

边界条件主要结合图 1 的二氧化碳管道周围土壤温度场物理模型进行说明，从上到下，从左至右依次为上、下、前、后和管壁边界条件。

1. 上边界条件

上边界条件主要为二氧化碳管道地表与大气的对流传热问题，地表温度随大气温度的变化在管道全年运行过程中不断变化，这里将上边界设定为第三类边界条件：

$$\lambda_s\frac{\partial T}{\partial z}\bigg|_{z=R+\delta+H_1}=\alpha(T_w-T_f) \tag{4}$$

2. 下边界条件

已有大量研究表明大气温度对土壤温度场的影响深度有限，可将地表以下一定深度的土壤温度看做恒定值，因此将下边界归类为第一类边界条件：

$$T|_{z=H}=\cos t \tag{5}$$

3. 前边界条件

因为对称性，管道及土壤中心线竖直面的热流密度均为0，设定为于第二类边界条件：

$$\left.\frac{\partial T}{\partial y}\right| = 0 \tag{6}$$

4. 后边界条件

由于土壤温度场模型中的侧边边界距管道中心线的距离大于管道周围土壤热力影响区的距离，因此将其设定为绝热边界，即第二类边界条件：

$$\left.\frac{\partial T}{\partial x}\right| = 0 \tag{7}$$

5. 管道内壁边界条件

管道内壁边界条件是管壁与二氧化碳流体之间的对流换热问题，受管输二氧化碳相态、温度、压力、流量等诸多因素影响，为第三类边界条件：

$$\alpha = BV^{n} \tag{8}$$

式中，x 为管道轴向热力影响范围，m；y 为垂直于管道轴向的水平热力影响范围，m；z 为垂直于管道轴向的竖直热力影响范围，m；R 为管道内径，m；δ 为管壁厚，m；H_1 为管外壁至地表深度，m；H_2 为管外壁下侧至土壤恒温层厚度，m；H 为恒温层深度，m；λ_s 为管壁导热系数，W/(m·℃)；T_w 为土壤温度,℃；T_f 为大气温度,℃；T_{in} 为管内壁温度,℃；T_g 为管内流体温度,℃；α 为地表换热系数，W/(m^2·℃)；α_{in} 为管内壁换热系数，W/(m^2·℃)。

（四）模型验证

因缺少实际运行的二氧化碳管道周围土壤温度场实测数据，现依据文献中的数据，采取上述方法进行建模计算，对比1月、4月、7月和9月的实测数据与模拟结果。其中，建立两种不同的土壤温度场计算模型，分别为模型Ⅰ和模型Ⅱ，如图2所示，模型Ⅰ建立了完整的管壁和防腐层结构，模型Ⅱ则忽略防腐层热阻，将管壁简化为单一曲面，采用虚拟壁厚进行计算。在模型Ⅱ中，管道内壁边界条件采用对流传热模型(a)和恒壁温模型(b)两种，通过比较与实测数据的误差来优选边界条件。模拟结果与实测数据的误差图3如所示。由计算结果可知，土壤温度场实测与计算数据的误差较小，管道内壁采用对流传热模型时误差保持在1.5℃内，证明数值模拟的结果具有一定的可靠度。管道内壁采用恒壁温模型时误差基本高于采用对流传热模型，而是否考虑管道壁厚和防腐层对误差的影响不大。因此，后文的计算中对模型进行一定程度的简化，采用模型Ⅱ和对流传热边界条件，提升了计算速度。

三、数值计算结果

（一）典型工况参数设置

1. 二氧化碳管输参数

纯二氧化碳临界压力为7.38MPa，临界温度为31.4℃，三相点压力为0.52MPa，温度为-56℃，其相态可分为超临界相、高压液相、低压液相、气相、固相5个区域，如图4所示。

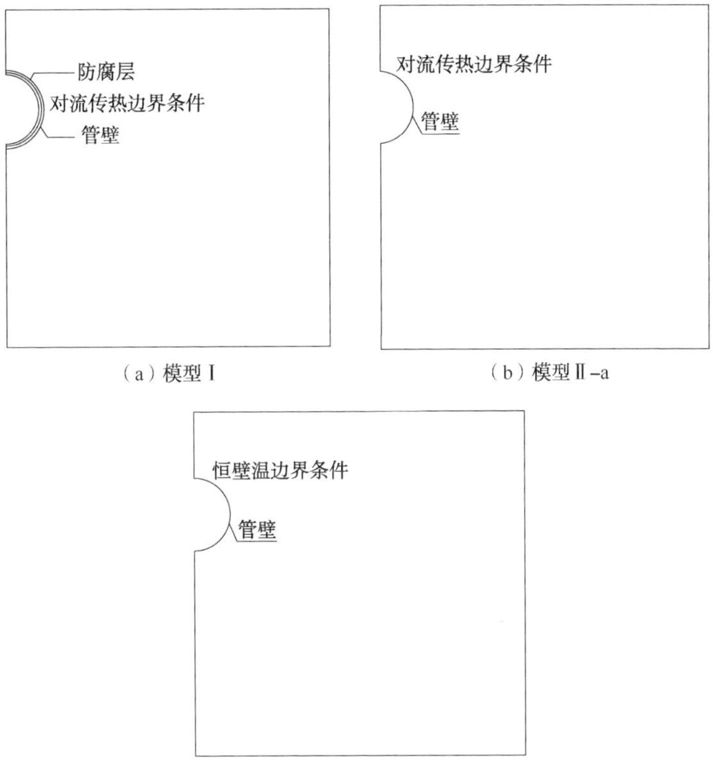

（a）模型Ⅰ　（b）模型Ⅱ-a　（c）模型Ⅱ-b

图 2　模型示意图

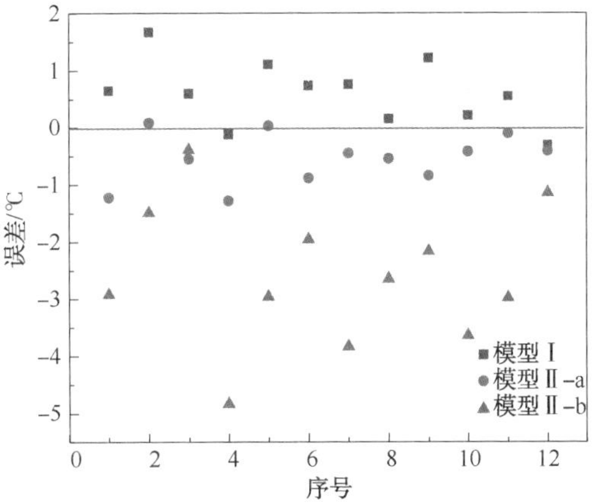

图 3　模拟结果与实测数据的误差示意图

管输二氧化碳可以是气相、液相、超临界相，但为防止二氧化碳性质发生阶跃式突变，管输过程应避免相变，并控制压力不落在临界压力 1.1 倍区域内。前人研究普遍认为，管输液相和超临界相二氧化碳更为经济。尽管也有学者认为输送气相的二氧化碳在较低质量流量和短距离管道中具有成本效益，但是本文的研究背景是基于百万吨、百公里级别二氧化碳输送管道的，故从三种典型工况展开研究：

典型工况 1：低压液相输送，管输二氧化碳温度 $T_1=-20$℃，压力 $P_1=6.0$MPa。

典型工况 2：高压液相输送，管输二氧化碳温度 $T_2=0$℃，压力 $P_2=10.0$MPa。

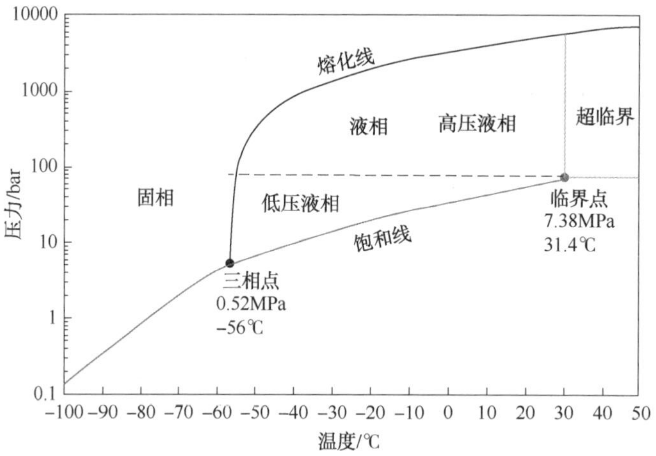

图 4　纯二氧化碳相图

典型工况 3：超临界输送，管输二氧化碳温度 $T_3=40℃$，压力 $P_3=10.0MPa$。

三种典型工况下的二氧化碳输量均按 1Mt/a 考虑。

2. 大气温度

大气温度的变化可能会影响管道周围土壤温度场分布情况，因此考虑大气温度的周期性变化。在中国气象网中获取管道所处区域内全年的大气温度数据，取每个月的平均温度作为当月的温度值。获得的月平均气温如表 1 所示。

表 1　月平均气温

月份	1	2	3	4	5	6	7	8	9	10	11	12
平均温度/℃	-5	0	4	10	16	21	24	22	19	10	3	-1

3. 土壤导热系数

土壤热参数的确定需结合管道沿线地质资料，具体设置如下：密度 $\rho_s=1480kg/m^3$，导热系数 $\lambda_s=1.65W/(m\cdot℃)$，比热容 $C_{Ps}=1070J/kg\cdot℃$。

4. 土壤和大气对流传热系数 α_s

地面风速大小处于强迫对流（$V\geq0.15m/s$）时的风速和对流换热系数经验关系式如下：

$$\alpha=BV^n \tag{9}$$

式中，B 为经验系数，在风直接接触区域附近 $B=18.3$；n 为速度指数，一般取 0.06。

α_s 的确定需要结合管道所处地区各月的风力数据，这里取 $\alpha_s=18W/(m^2\cdot℃)$。

5. 管道参数

管道相关参数选择如下：密度 $\rho_p=7900kg/m^3$，导热系数 $\lambda_p=76.6W/(m\cdot℃)$，比热容 $C_{Pp}=450J/kg\cdot℃$。

6. 土壤温度初场

在实际运行中土壤温度场不是稳态的，而是随着季节温度的变化而不断变化的。为使计算结果尽量与实际接近，在考虑二氧化碳管道运行的影响之前，利用 FLUENT 软件进行 10 年的非稳态计算，其中非稳态步长设定为 86400s（1 天），以 30 天为节点监测土壤温度场的变化，直到相同年份相同位置的土壤温度不再发生变化，此时的温度场作为计算时的土壤温度初场，如图 5 所示。

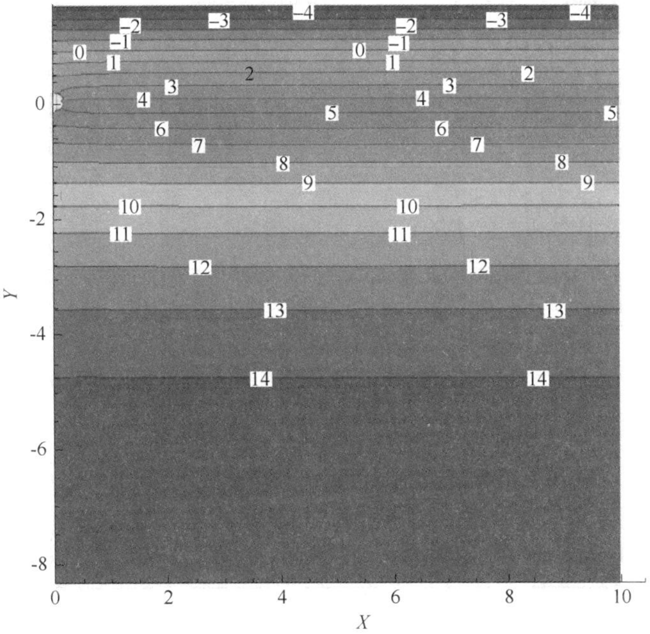

图 5 初始土壤温度场(单位:℃，下同)

在 Fluent 软件中设置上述边界条件、基础数据并进行数值模拟，根据计算结果分析埋地二氧化碳管道周围土壤温度场的变化规律。

(二) 典型工况计算结果

1. 工况 1：低压液相输送

二氧化碳低压液相输送工况下不同月份管道周围土壤温度场分布如图 6 所示。在全年 1~12 月大气条件和管道运行工况下，根据管道周围温度场云图可知，土壤温度场整体表现为靠近管壁和地表处等温线比较密集，且除了 1 月、2 月，其余月份地表温度基本都在 0℃以上。且 1~12 月管道周围都会形成低于 0℃区域，其半径在 1~3m 不等。总体可见，此工况下二氧化碳管道运行会对周围土壤温度场产生较大影响。

图 7 是不同月份管道周围土壤温度场的冻结范围。由图 7 可知，在大气温度和管道输送介质温度的共同作用下，1 月管道周围温度场冻结面积最大。管道下方纵向最大冻结深度出现在 4 月，此时大气平均温度大于 0℃，说明管道周围土壤温度场主要受管道内低温流体影响。之后管道周围季节性冻土开始不断融化，6 月、7 月、8 月管道周围冻土范围基本不再发生变化。模拟结果表明，基础工况下管道周围土壤会形成半径 1m 左右的多年冻土，而季节性冻土范围为 2~4m，在最严重的 1 月、2 月，土壤发生严重冻结现象且冻结区域已连成片。

管道周围冻土的存在一方面造成冻胀、融沉进而破坏管道结构；另一方面也会对管道沿线地表植被生长情况造成损害。因此有必要进一步研究管道周围土壤温度场的影响因素，总结其变化规律，为控制措施的选取提供依据。

2. 工况 2：高压液相输送

二氧化碳高压液相输送工况下不同月份管道周围土壤温度场分布如图 8 所示。计算结果表明，高压液相输送时，管道运行对土壤温度场的影响相对较小。即使在大气温度较低的 1 月和 12 月，管道周围也不会有冻土生成。但是管道周围土壤温度仍低于管道运行前温度，靠近管道位置土壤温度比运行前平均下降了 2℃左右。因此，还需进一步分析来确定管道运行对地表植被的影响。

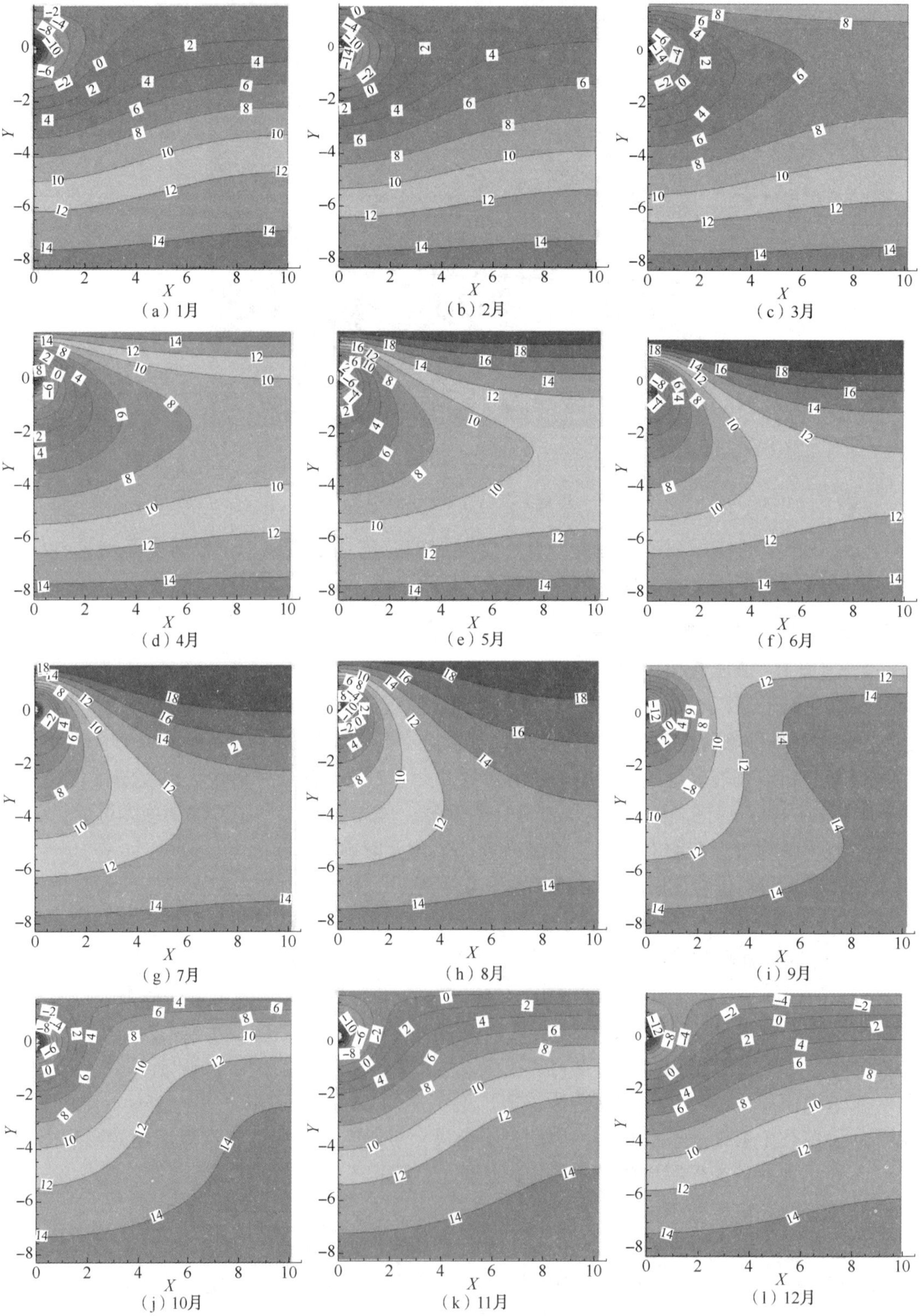

图 6　工况 1 不同月份管道土壤温度场分布

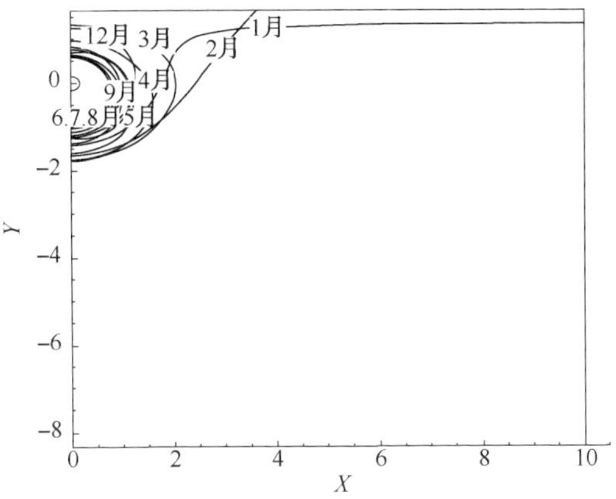

图 7　不同月份土壤温度场的冻结范围

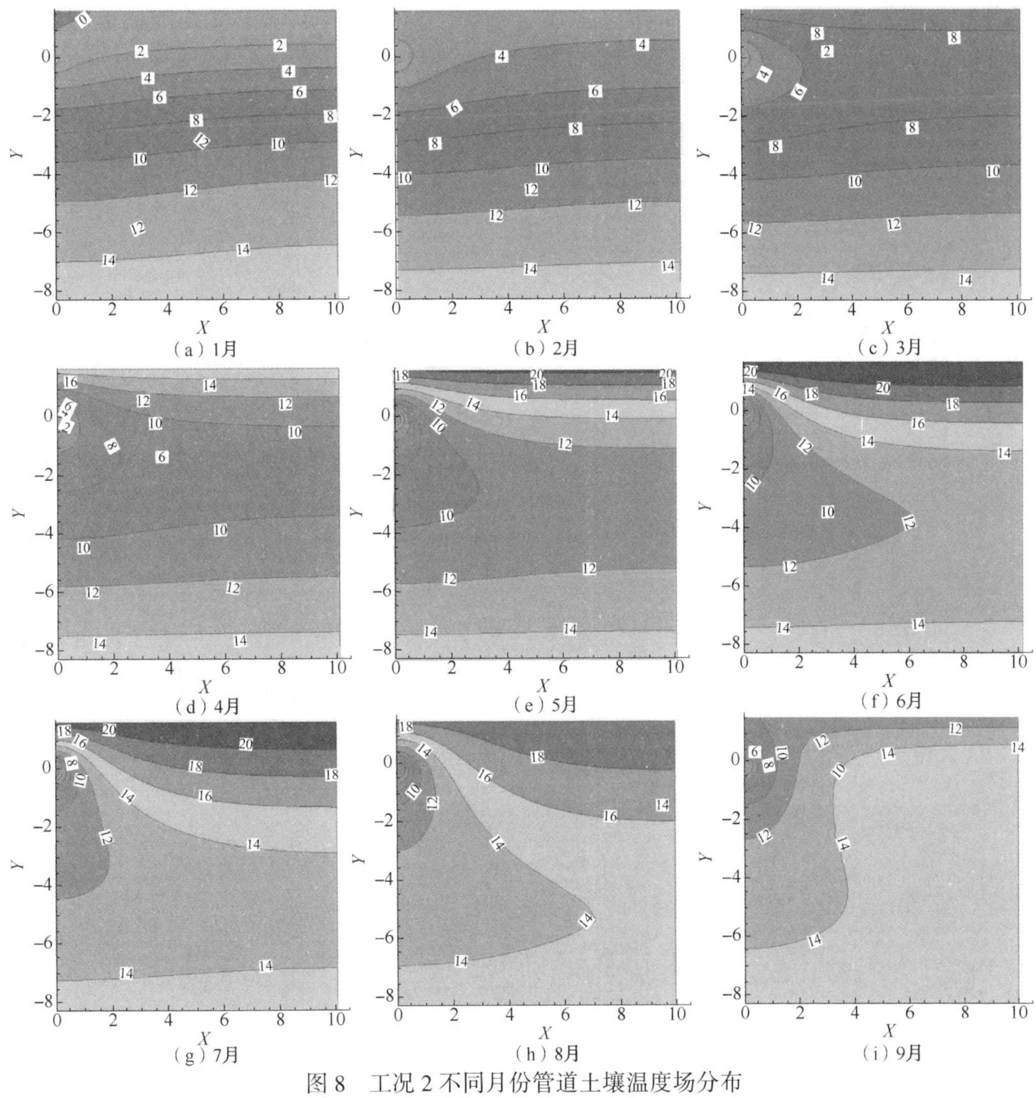

图 8　工况 2 不同月份管道土壤温度场分布

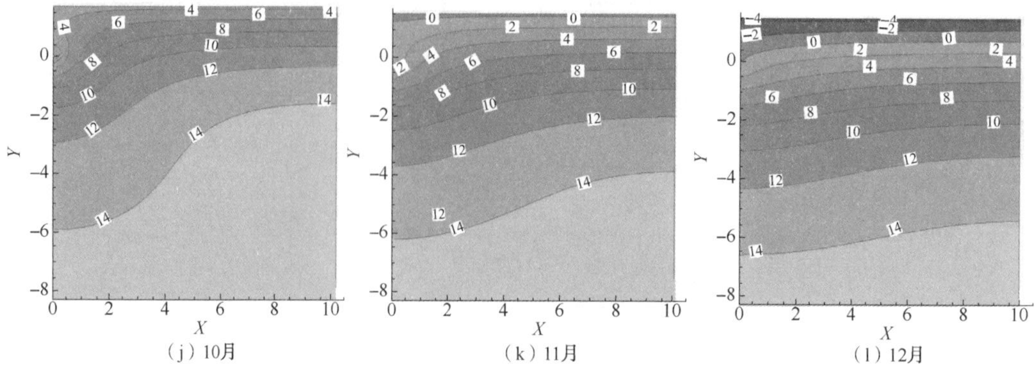

(j) 10月　(k) 11月　(l) 12月

图 8　工况 2 不同月份管道土壤温度场分布(续)

3. 工况 3：超临界输送

二氧化碳超临界输送工况下不同月份管道周围土壤温度场分布如图 9 所示。二氧化碳超临界输送时，管道影响范围内土壤温度显著升高，靠近管道位置土壤温度比运行前平均上升了 10℃左右，管道运行对地表植被的影响还需进一步分析。

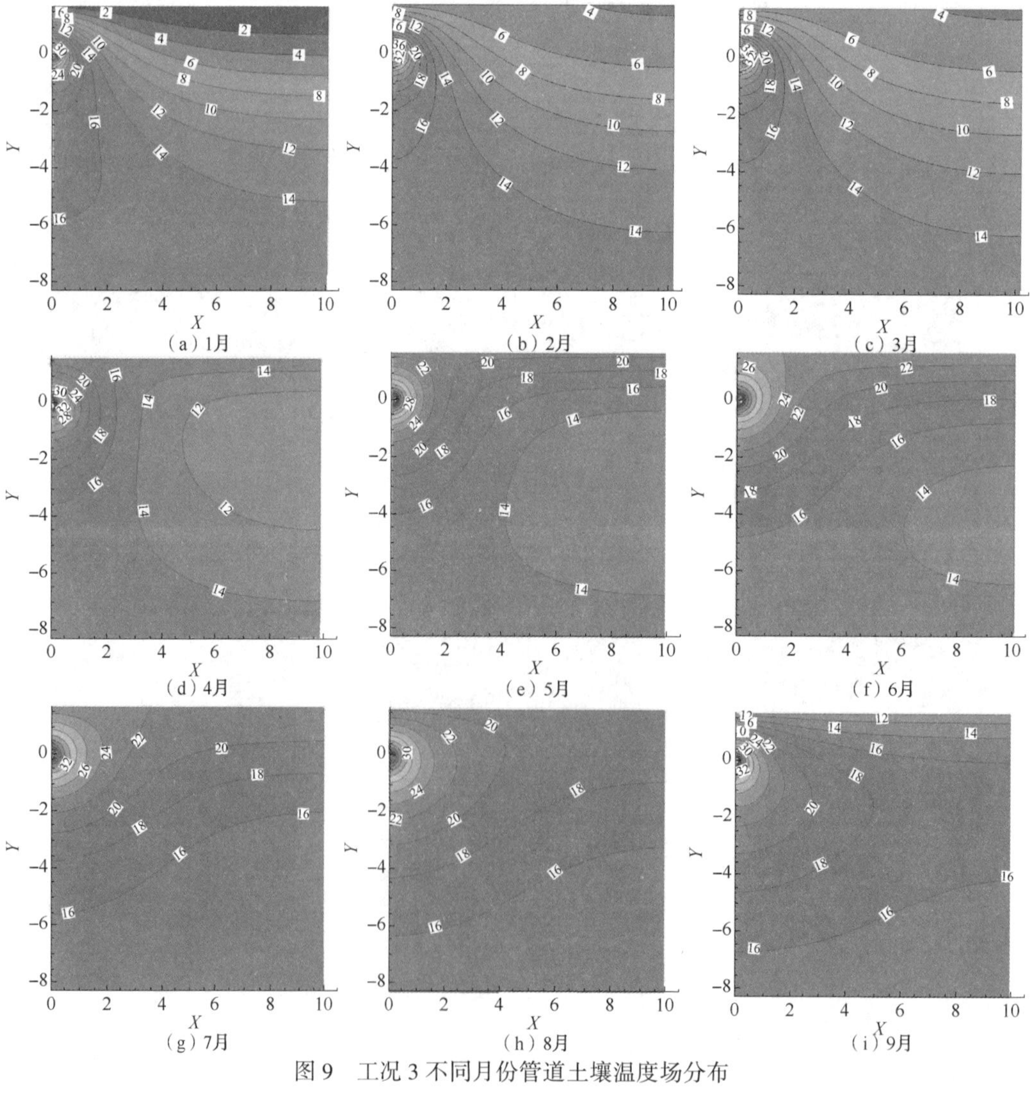

(a) 1月　(b) 2月　(c) 3月

(d) 4月　(e) 5月　(f) 6月

(g) 7月　(h) 8月　(i) 9月

图 9　工况 3 不同月份管道土壤温度场分布

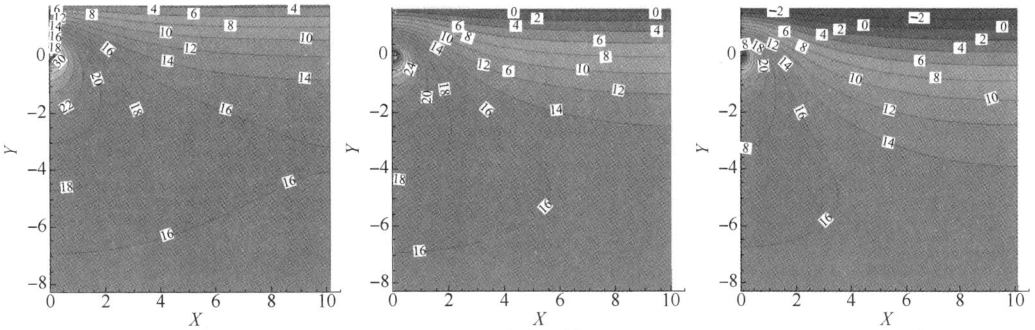

（j）10月　　（k）11月　　（l）12月

图 9　工况 3 不同月份管道土壤温度场分布(续)

四、计算结果分析

（一）土壤冻结范围影响因素分析

对土壤冻结范围的分析主要是针对典型工况 1 展开的。

管道周围冻土类型可分为季节性冻土和多年冻土。季节性冻土受季节低温影响，冬季冻结并在夏季全部融化；而多年冻土为常年保持低温冰冻状态的土壤，形成多年冻土的年平均温度-0.1～-2.5℃，最低可达-4～-5℃。

1. 管道埋深的影响

分别建立管道上方覆土层深度 1.0m、1.5m、2m、2.5m 的二氧化碳管道周围土壤温度场计算模型并求解，如图 10 所示。

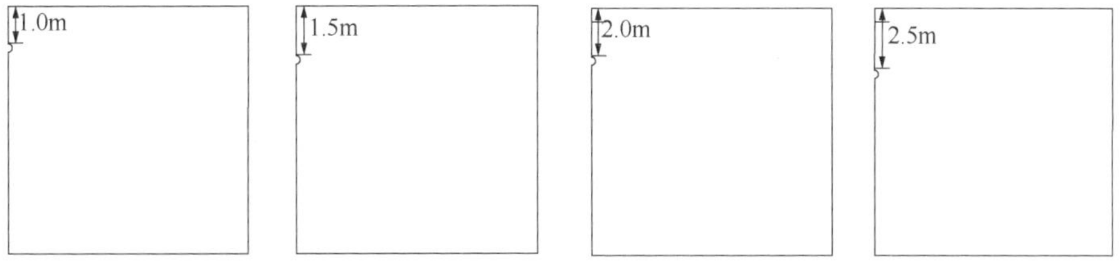

(a) 1.0m埋深模型　(b) 1.5m埋深模型　(c) 2.0m埋深模型　(d) 2.5m埋深模型

图 10　不同埋深管道周围土壤模型

取 1 月、2 月、8 月土壤温度场计算结果进行比较，分析管道埋深对土壤长年冻土和季节性冻土的影响情况。计算结果如图 11～图 13 所示，其中蓝色代表冻土生成范围。计算结果显示，增大管道埋深对缓解土壤冻结没有帮助：随着管道埋深的增加，季节性冻土半径变化较小，在大气温度的共同作用下依然会出现大面积冻结现象；并且随着管道埋深的增加，管道周围多年冻土半径也增大。其原因可能是：埋深增加导致大气温度对管道周围温度场的影响程度减弱，导致部分冻土无法在夏季融化。

2. 输送温度的影响

调整二氧化碳输送温度为-20℃、-15℃、-10℃、-5℃、0℃并对管道周围土壤温度场进行数值模拟。计算结果如图 14～图 16 所示，从左至右、从上至下依次为-20℃、-15℃、-10℃、-5℃、0℃出站时 1 月、2 月、8 月土壤冻结范围。由计算结果可知，输送温度变化对管道周围土壤冻结范围有较大影响。季节性冻土和多年冻土半径均显著减小。当温度大于-10℃时，管道周围形成的多年冻土半径小于0.5m；但是在冬季仍会形成较大范围的季节性冻土；当输送温度增加到0℃时，管道周围土壤已不会形成冻土，此时土壤温度场主要受大气温度的影响。

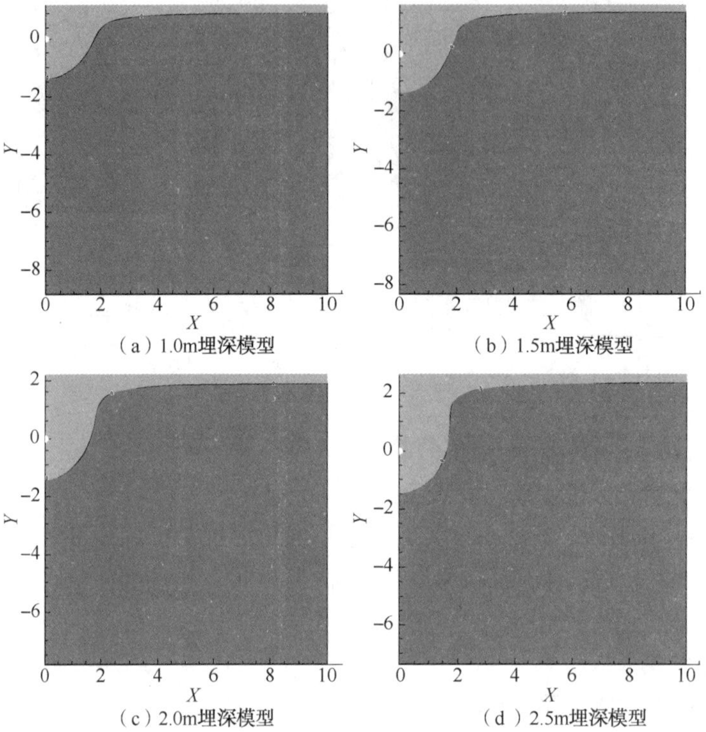

图11　1月土壤冻结范围

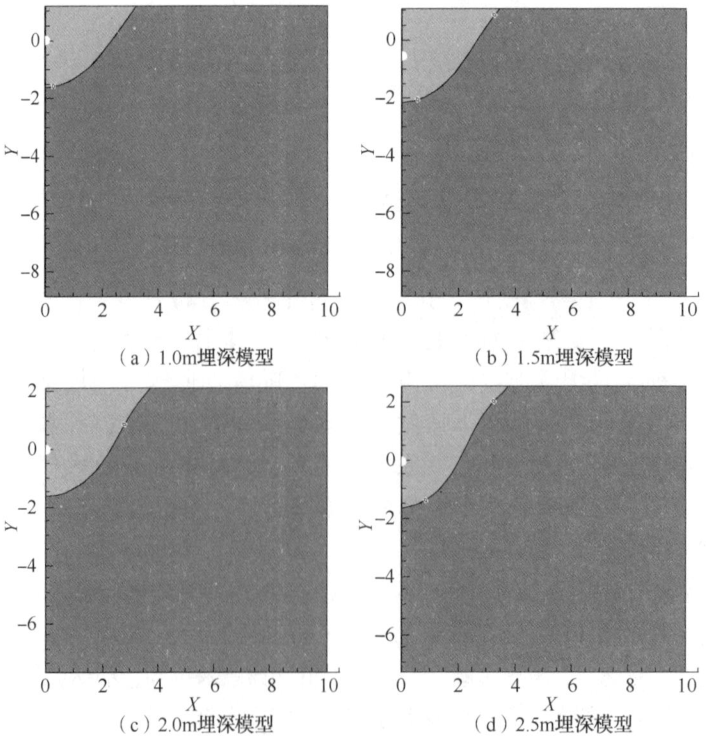

图12　2月土壤冻结范围

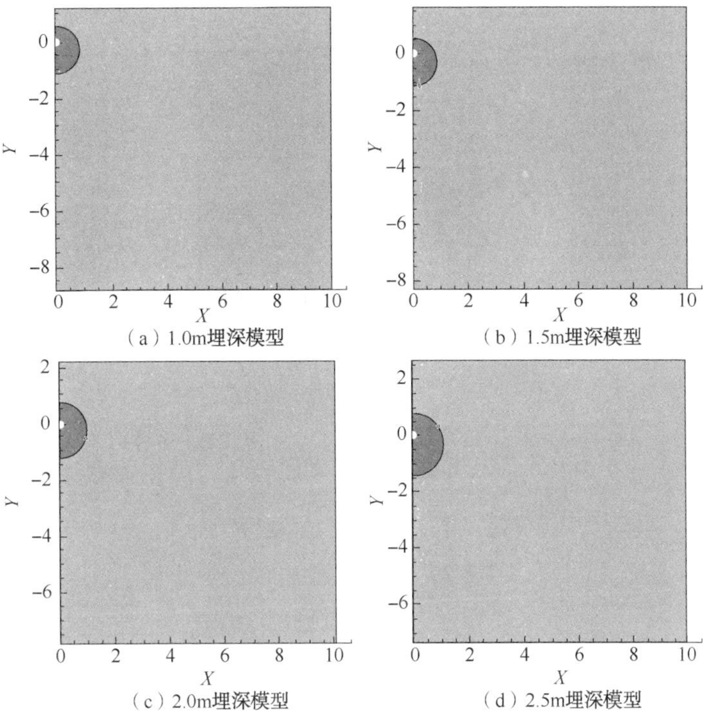

（a）1.0m埋深模型　（b）1.5m埋深模型
（c）2.0m埋深模型　（d）2.5m埋深模型

图 13　8 月土壤冻结范围

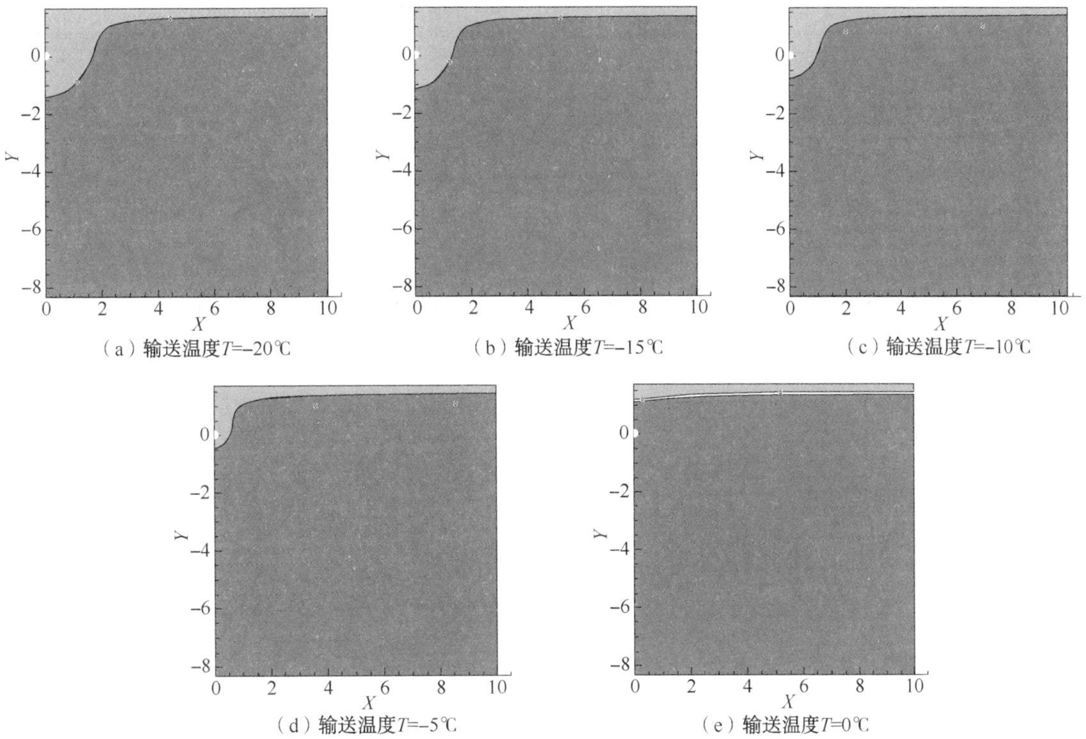

（a）输送温度T=−20℃　（b）输送温度T=−15℃　（c）输送温度T=−10℃
（d）输送温度T=−5℃　（e）输送温度T=0℃

图 14　1 月土壤冻结范围

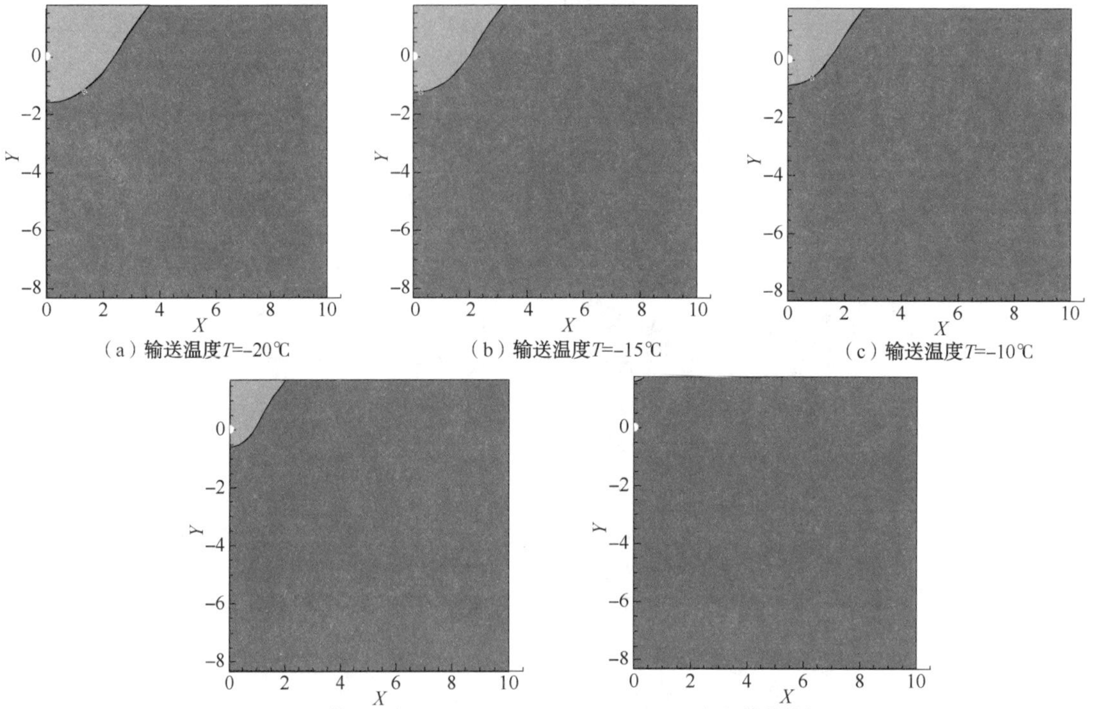

（a）输送温度T=−20℃ （b）输送温度T=−15℃ （c）输送温度T=−10℃
（d）输送温度T=−5℃ （e）输送温度T=0℃

图 15 2 月土壤冻结范围

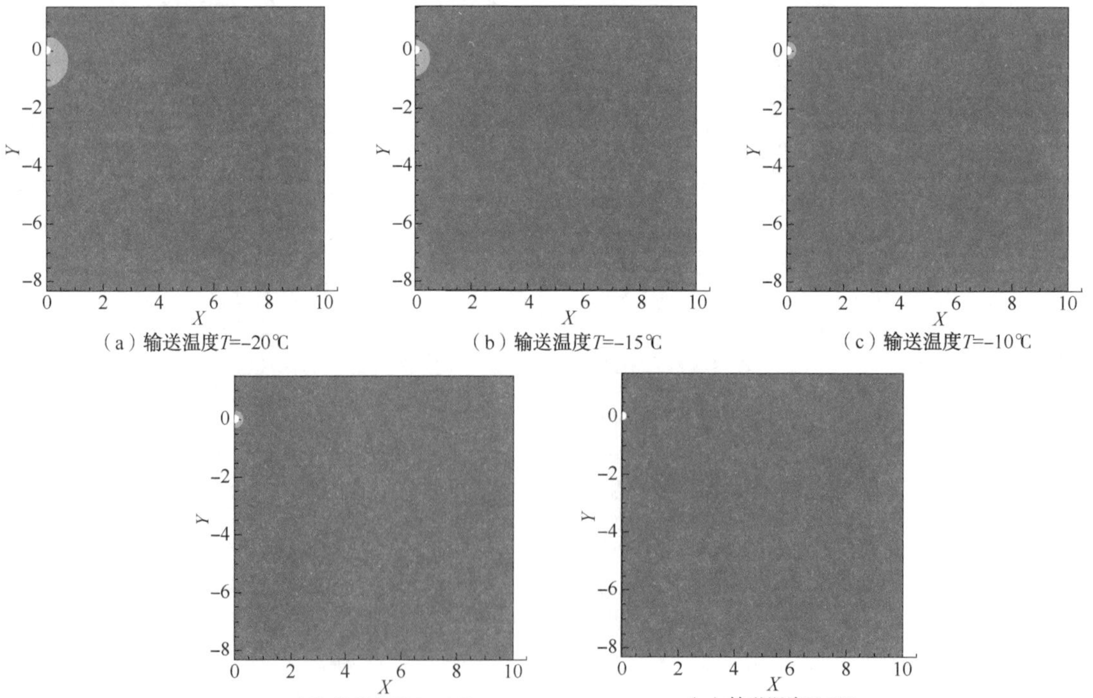

（a）输送温度T=−20℃ （b）输送温度T=−15℃ （c）输送温度T=−10℃
（d）输送温度T=−5℃ （e）输送温度T=0℃

图 16 8 月土壤冻结范围

（二）输送温度对地表植被的影响

齐鲁石化-胜利油田百万吨级 CCUS 示范项目二氧化碳输送管道所处地区主要以旱地（主要为小麦）为主，故本文以小麦为例，分析管道运行对地表植被的影响。小麦的根系主要分布在地表下方 0.5m 的区域，已有研究表明冬小麦根区温度 2~4℃，根系有微弱的生长。10℃以上根系生长比较活跃。12~16℃生长最好。超过 30~35℃根系生长受到阻碍。故本文设定土壤温度最小容许值为 2℃，最大容许值为 30℃。分别改变典型工况 2、工况 3 下的输送温度，分析地表以下 0.5m 处土壤温度值。

1. 高压液相输送

调整二氧化碳输送温度为 0℃、5℃、10℃并进行数值模拟，每隔 30 天监测管道中心线处地表以下 0.5m 处土壤温度，得到该处全年土壤温度变化示意图，如图 17 所示。输送温度为 0℃时，管道中心线处地表以下 0.5m 处土壤温度区间为 1~18℃，其中 1 月份最低温度低于 2℃，全年有 6 个月份温度低于 10℃，分别是 1~4 月、11~12 月；输送温度为 5℃时，管道中心线处地表以下 0.5m 处土壤温度区间为 2~18℃，位于小麦生长容许温度区间内，其中 1~4 月和 12 月温度低于 10℃；输送温度为 10℃时，管道中心线处地表以下 0.5m 处土壤温度区间为 4~18℃，其中 1~4 月和 12 月温度低于 10℃，总体温度有所升高。由此可见，为使管道运行不对地表植被造成太大影响，二氧化碳高压液相输送时，其管输介质温度不宜低于 5℃。

2. 超临界输送

调整二氧化碳输送温度为 40℃、50℃、60℃并进行数值计算，每隔 30 天监测管道中心线处地表以下 0.5m 处土壤温度，得到该处全年土壤温度变化示意图，如图 18 所示。输送温度为 40℃时，管道中心线处地表以下 0.5m 处土壤温度区间为 10~28℃，位于小麦生长容许温度区间内，其中 3~9 月份温度高于 16℃；输送温度为 50℃时，管道中心线处地表以下 0.5m 处土壤温度区间为 14~30℃，位于小麦生长容许温度区间内，其中 2~10 月份温度高于 16℃；输送温度为 60℃时，管道中心线处地表以下 0.5m 处土壤温度区间为 16~34℃，其中 6 月、7 月、8 月土壤温度超过 30℃，除 12 月外，其余月份温度均高于 16℃。由此可见，为使管道运行不对地表植被造成太大影响，二氧化碳超临界输送时，其管输介质温度不宜高于 50℃。

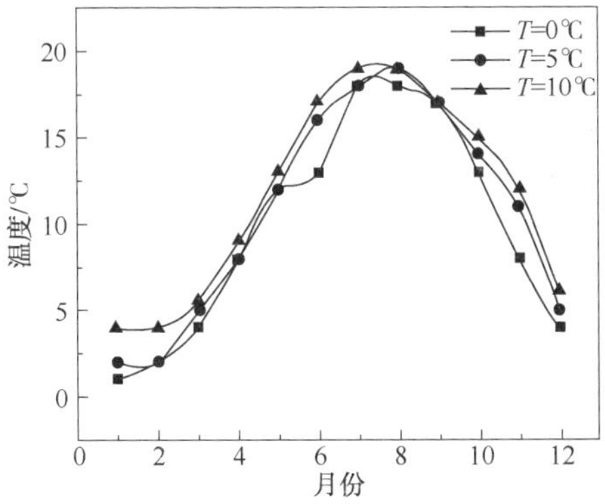

图 17 地表以下 0.5m 处土壤温度变化范围示意图

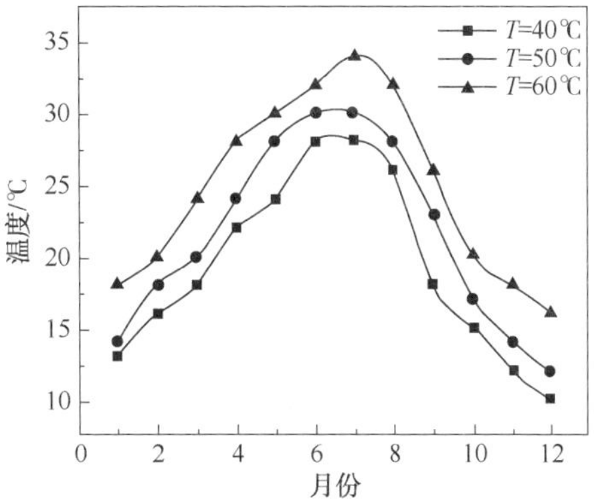

图 18 地表以下 0.5m 处土壤温度变化范围示意图

五、结论

本文建立埋地二氧化碳管道与周围土壤的数值模型，在保证计算精度的前提下对模型进行简化、优选边界条件并通过实测数据验证了计算模型的准确性；考虑大气温度周期性变化条件下，对二氧化碳低压液相、高压液相、超临界埋地输送管道周围土壤温度场进行计算，得到其全年瞬态温度变化情况并进行分析，得出以下结论：

（1）低压液相输送时，埋地二氧化碳管道周围会形成冻土。增大管道埋深对缓解土壤冻结作用不大，反而会增大管道周围多年冻土半径；而改变出站温度能有效改善管道周围土壤冻结问题，当输送温度升高到0℃时，管道周围将不会形成冻土。

（2）以小麦为例分析二氧化碳管道运行对沿线植被的影响，结果表明，高压液相输送时，当管输二氧化碳温度低于5℃时，地表以下0.5m处的土壤温度低于小麦生长的容许下限值；超临界输送时，当管输二氧化碳温度高于50℃时，地表以下0.5m处的土壤温度高于小麦生长的容许上限值。为使土壤温度能满足沿线农作物生长需求，高压液相输送时输送温度宜≥5℃，超临界输送时输送温度宜≤50℃。

参考文献

[1] 张贤，李阳，马乔，等．我国碳捕集利用与封存技术发展研究[J]．中国工程科学，2021，23(06)：70-80.

[2] HARLAN，R. L.，Analysis of coupled heat-fluid transport in partially frozen soil journal Water Resources Research[J]. 1973，19(5)：1314-1323.

[3] BONACINA C，COMINI G，FASANO A，et al. Numerical Solution of Phase Change Problems[J]. International Journal of Heat and Mass Transfer，1973，16(10)：1825-1832.

[4] COMINI G，GUIDICE S D，Lewis R W，et al. Finite element solution of non-linear heat conduction problems with special reference to phase change[J]. International Journal for Numerical Methods in Engineering，1974，8(3)：613-624.

[5] LUNAR DINI V J，Phase change around insulated buried pipes：quasi-steady method[J]. Journal of Energy Resources Technology，1981，103(3)：201-207.

[6] ZARLING J P，GOERING D J. Performance of insulating systems for buried pipe[J]. Regions Environmental Engineering Conference，Fairbanks，AK，1983：29-42.

[7] 崔慧．热油管道热力非稳态工况的数值模拟研究[D]．北京：中国石油大学，2006.

[8] 李南生，李洪升，丁德文．浅埋集输油管线拟稳态温度场及其热工计算[J]．冰川冻土，1997，(001)：67-74.

[9] 李长俊，曾自强，江茂泽．埋地输油管道的温度计算[J]．石油石化节能，1999(2)：59-62.

[10] 陈友昌，宋永涛，丁德文．冻土区埋地集油管线周围土壤的温度场模拟计算[J]．油气田地面工程，1994(2)：4-7.

[11] 何树生，喻文兵，陈文国，等．东北多年冻土区埋地式输油管道周围温度场特征非线性分析[J]．冰川冻土，2008，(02)：287-295.

[12] 鲁岑．CO_2管道输送规律及运行参数[J]．油气储运，2015，34(05)：493-496.

[13] Wetenhall B，Race J M，Aghajani H，et al. The main factors affecting heat transfer along dense phase CO_2 pipelines[J]. International Journal of Greenhouse Gas Control，2017，63：86-94.

[14] Olugunwa B，J Race，Tezdogan T. The Influence of Burial Depth and Soil Thermal Conductivity on Heat Transfer in Buried CO_2 Pipelines for CCS：A Parametric Study[C]//2020 13th International Pipeline Conference. 2020.

[15] 崔慧，吴长春．热油管道非稳态工况传热与流动的耦合计算模型[J]．石油大学学报(自然科学版)，2005，(03)：101-105.

[16] 刘晓燕，庞丽萍，王振．庆哈埋地管道允许停输时间的计算[J]．油气储运，2003，022(005)：18-21.

[17] 赵留康．基于燃气调压站土壤冻胀的管道失效分析及防护方法研究[D]．北京：中国石油大学(北京)，2021.

[18] 吴国忠，庞丽萍，卢丽冰，等．埋地输油管道非稳态热力计算模型研究[J]．油气田地面工程，2002(01)：95-96.

[19] MILLER D R. Freezing and heaving of saturated and unsaturated soils [J]. Highway Research Record，1972(393)：1-11.

[20] 王紫怡．埋地燃气管道及其周围土壤温度场的数值模拟[D]．北京：中国石油大学(北京)，2020.

[21] 中华人民共和国工业和信息化部．SH/T 3202—2018 二氧化碳输送管道工程设计标准[S]．北京：中国石化出版社，2018.

[22] ZHANG Z X, WANG G X, Massarotto P, et al. Optimization of pipeline transport for CO_2 sequestration[J]. Energy Conversion and Management, 2006, 47(6): 702-715.

[23] Teh C J, Barifcani A, Pack D, et al. The importance of ground temperature to a liquid carbon dioxide pipeline[J]. International Journal of Greenhouse Gas Control, 2015, 39: 463-469.

[24] WANG D, ZHANG Y D, Adu E , et al. Influence of Dense Phase CO_2 Pipeline Transportation Parameters[J]. International Journal of Heat and Technology, 2016, 34(3): 479-484.

[25] Knoope M, A Ramírez, Faaij A. Economic Optimization of CO_2 Pipeline Configurations[J]. Energy Procedia, 2013, 37: 3105-3112.

[26] 刘高灵. 漠大一线温度场分析与近中期结构安全性评价[D]. 北京：中国石油大学(北京), 2020.

[27] MALT BY T C, CALLA DINE C R. An investigation into upheaval buckling of buried pipelines-II: Theory and analysis of experimental observations[J]. International Journal of Mechanical Sciences, 1995, 37(9): 965-983.

[28] 刘炜，杨君林，许安民，等. 不同根区温度对冬小麦生长发育及养分吸收的影响[J]. 干旱地区农业研究，2010，28(4): 197-201.

低分压 CO_2 捕集系统换热网络分析与节能优化

王　辉[1]
李清方[1]
刘海丽[1]
张克舫[2]
王伟健[1]
陈宏福[1]
于惠娟[1]
张舒漫[1]
张　建[1]

1. 中石化石油工程设计有限公司；
2. 中国石油大学(华东)新能源学院

国内外针对燃煤烟气等低分压 CO_2 气源多采用醇胺溶液吸收法进行碳捕集，但该法目前存在捕集热耗高、冷却水量大等问题，对工艺过程进行用能评价和节能优化意义重大。本文以燃煤电厂大规模 CO_2 捕集系统为研究对象，完成了系统内换热网络夹点分析，找出了用能不合理之处和最大节能潜力点。基于夹点分析原则，对高温的 CO_2 压缩气和塔顶再生气等余热资源进行回收，提出 3 项节能措施：(1) 对低温胺回收液和 CO_2 压缩气体匹配换热，将胺回收液由 66℃ 加热到 106.27℃；(2) 对塔顶再生气和分流 5% 的富液匹配换热，将该股富液由 59℃ 加热到 104℃；(3) 对解吸塔补液和塔顶气匹配换热，将 43℃ 补液加热到夹点温度 95℃。如此调整碳捕集系统内部换热网络，节能率可达 13.72%，大大减少公用加热蒸汽的用量，有效减少了碳捕集系统运行成本，提高了碳捕集系统减排量，增加了碳捕集系统的经济效益和环境效益，对实现大规模烟气碳捕集工业化推广具有重要意义。

一、概述

我国电力、钢铁及水泥这三类行业 CO_2 排放量占比达到工业总碳排 75%，是碳捕集的重点关注行业，但其排放的尾气具有 CO_2 压力低、浓度低的特点。相对于浓度气源而言捕集难度大，业内多采用以醇胺溶液为主的化学吸收工艺。该工艺特点是在吸收塔内相对低温条件下进行 CO_2 吸收，在再生塔内高温条件下进行 CO_2 解吸，通过吸收溶液的循环流动和反复加热冷却来实现 CO_2 连续吸收和解吸，因此整个工艺过程需要消耗大量的蒸汽和冷却水用于物料的加热冷却，导致整个碳捕集过程能耗成本居高不下，限制了大规模烟气碳捕集项目的工业化推广。考虑到 CO_2 捕集系统本身虽然能耗较高，但大量高低温余热被排出系统外。主要在于能量的利用没有从总能系统角度考虑考虑协调优化，因此系统能量的分配和利用存在相当不合理的地方。所以当务之急是找出二氧化碳捕集系统能量利用不合理的地方，开展节能节水工艺优化研究，形成更为合理的用能系统。为此，国内外企业和高校对此开展了大量研究工作。刘练波基于能量守恒定律对 CO_2 捕集测试装置进行了能量平衡分析，从能量利用角度出发提出了两项改进工艺性能的技术措施。该法虽然可有效提高系统能量利用率，但提效空间有限，并无法完全确定能量利用的合理性。邬春雷则在碳捕集系统能量平衡模型的基础上进一步建立了㶲平衡分析模型，不仅求出了有效能损失大小，还能从㶲效率判断热力学完善程度，但不能解决供用能之间的最优匹配问题。王照量利用夹点分析对碳捕集系统中的换热网络进行了分析优化，刘中良在此基础上进一步考虑了高温烟气的冷却需求，重新优化了碳捕集系统换热网络，但没有充分考虑碳捕集与电厂热力系统的能量耦合。本文拟针对某电厂百万吨级二氧化碳捕集系统工艺能耗进行分析诊断，找出用能薄弱环节，挖掘节能潜力，充分考虑与电厂热力系统的整合，开展不同工艺方案的技术和经济性分析，提出优化的工艺方案，进而为后续的节能降耗工作做铺垫。

二、烟气碳捕集工艺流程及物流数据

(一) 碳捕集主要工艺流程

图 1 为某电厂规划建设的一套产能规模为 2Mt/a 的碳捕集工艺流程图。主要包括吸收单元、解吸单元、冷却单元、压缩单元。

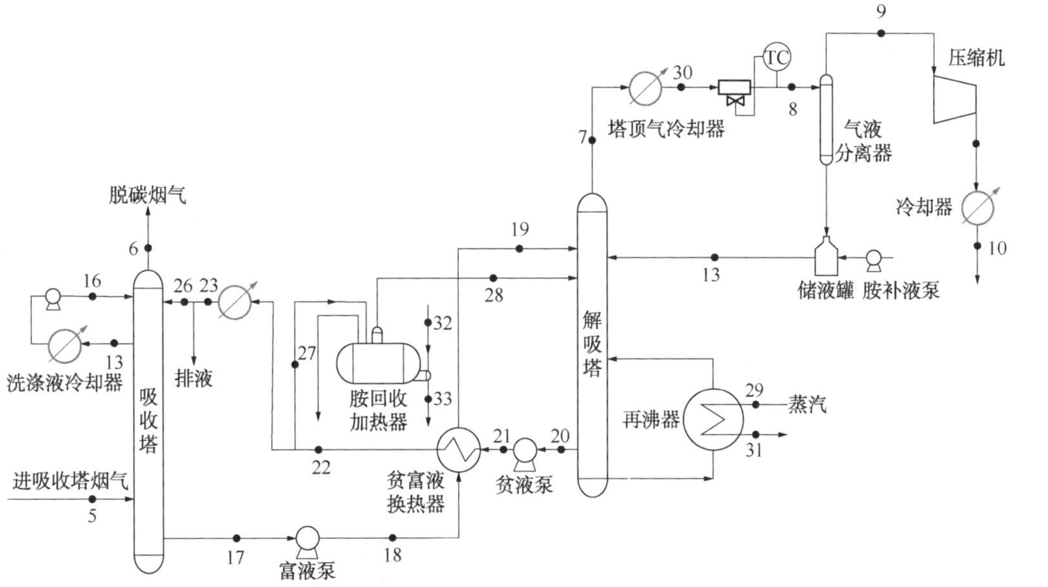

图 1　电厂烟气碳捕集系统主要工艺流程示意图

经过电厂烟气处理系统除尘、脱硫脱销并冷却降温之后的 45℃ 低温烟气，通过风机提压后送入吸收塔。在吸收塔中，烟气与塔内的吸收液接触，使 CO_2得到脱除，净化后的脱碳烟气从塔顶排出，吸收了 CO_2的富液通过富液泵加压送至解吸塔。富液从解吸塔上部进入，通过汽提解吸出部分 CO_2，然后进入再沸器，使其中的 CO_2进一步解吸。解吸 CO_2后的高温贫液由解吸塔底流出，用泵加压后经贫富液换热器换热，再通过贫液冷却器冷却后进入吸收塔，溶剂往返循环构成连续吸收和解吸 CO_2的工艺过程。从解吸塔顶出来的再生气(CO_2及蒸汽混合物)通过冷却器冷凝至 50℃，经由分离器汽水分离除去水分后得到 CO_2气体，再经过中间干燥后送入压缩机，并压缩到超临界状态(11MPa)，冷却后经管道外输至目的地。

(二) 碳捕集系统冷热物流数据

根据图 1 所示，CO_2捕集工艺流程以及设计参数，提取了 8 个物流的数据，热物流分别是贫胺液、塔顶气、尾气洗涤液、CO_2压缩气体，冷物流分别是胺回收液、解吸溶液、富液、解吸塔补液(见表 1)。考虑到各物流匹配换热的传热温差相差大，为便于下文进行夹点分析，确定夹点时采用冷、热物流的温差贡献值处理方法计算各物流温差贡献值。

表 1　CO_2捕集系统冷热物流数据

物流类型	物流编号	初始温度/℃	目标温度/℃	热容流率/(kW/℃)	冷热负荷/MW	温差贡献/℃
热物流	H_1 CO_2 压缩气	264	50	131.38	28.12	5
	H_2 贫胺液	107	40	5164.93	346.05	3
	H_3 塔顶气	100	50	934.94	46.75	5
	H_4 尾气洗涤液	45	40	3254.4	16.27	5
冷物流	C_1 胺回收液	61	135	492.43	36.44	5
	C_2 再生溶液	107	107.1	1607710	160.77	5
	C_3 富胺液	56	107	5438.6	277.37	3
	C_4 解吸塔补液	40	107	163.36	10.95	3

三、碳捕集系统换热网络夹点分析

由图 1 和表 1 可以看出，碳捕集过程涉及大量换热装置，冷、热物流通过复杂换热网络进行能量交换，能流关系十分复杂。利用夹点技术对过程能量进行分析可以取得很好的节能效果。本小节拟通过夹点分析，从冷热物流总复合曲线的特点找出用能薄弱环节。

(一) 温区划分

由于实际系统中热、冷物流间的传热温差各不相同，全过程系统不能采用单一的最小传热温差 ΔT_{min}作夹点计算，为此，采用“虚拟温度法”进行夹点分析。其中热物流的虚拟温度为实际温度与温差贡献值之差，冷物流的虚拟温度为实际温度与温差贡献值之和。将所有冷热物流的虚拟初温、虚拟终温按升序排列，温度与温度之间作为一个温度区间，最终可以得到 13 个温区，相应的温区划分如图 2 所示。

(二) 热量衡算

在每个温区中，依据焓平衡确定热能的净盈值或净亏值。对于任何温区 k 的焓平衡计算式为：

$$D_k = (T_k - T_{k+1})(\sum CP_H - \sum CP_C) \tag{1}$$

$$O_k = I_k - D_k \tag{2}$$

式中，k 为温区数，$k=1，2，\cdots 13$；D_k 为该网络为满足热平衡时所需外加的净热量，kW；

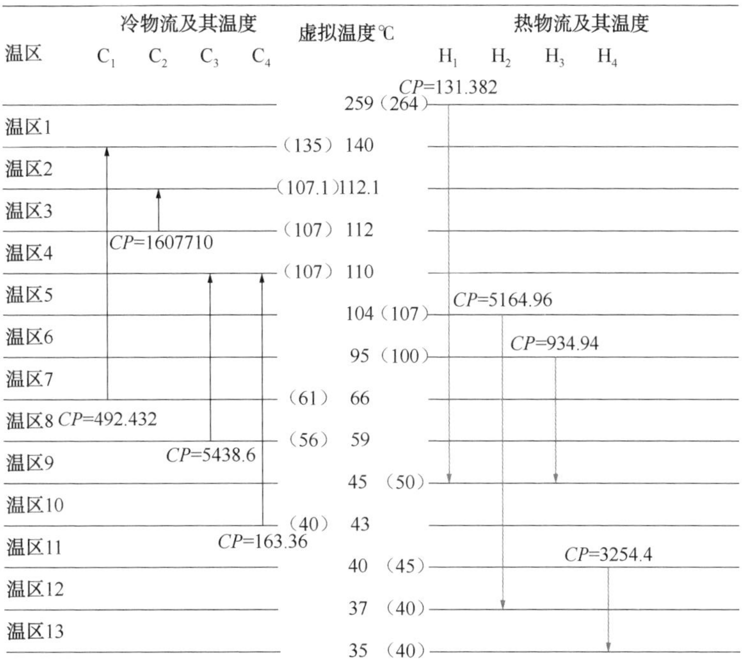

图 2 温区划分

I_k 为由外界或其他温区供给第 k 个温区的热量，kW；O_k 为第 k 个温区向外界或其他温区排出的热量，kW。D_k 值为正时，表示需要由外界供热；D_k 值为负时，则表示该温区有剩余热量可以输出。

（三）热通量级联

考虑外界无热量输入时各温区之间的热通量。通过计算可以得到各个温区的净加热量 D_k 和净排热量 O_k 结果。温区(k)内所获得的一切热能都可以给温区(k+1)内所有负荷供热。由此，可以建立起如图 3(a)所示的热通量级联图。假设没有热能从热公用工程供给最热的温区(1)，那么盈余的 15.64MW 作为热通量传到温区(2)；在温区(2)中，它合并自身亏缺的 10.07MW 热量，于是就有 5.57W 的热量盈余作为热通量流入温度温区(3)；温区(3)具有 160.81MW 的热量亏缺，抵消温区(2)所流入的热量，还有 155.24MW 的热量亏缺，将其作为热通量传给温区(4)；然后依次在温区(5)~温区(13)中，热量得到累加，最后，有 −49.35MW的热量传给冷公用工程。很明显，温区(3)~温区(13)中的热通量均为负值，意为有热量从低温区向高温区传递，从热力学角度出发，这是不合理、不可行的。为了使热通量更符合热力学规律，必须从热公用工程加入最小的热公用工程量。取绝对值最大的负的热通量的绝对值即为所需外界加入的最小热量，即最小加热公用工程用量。由图 3(a)可以看出，第 6 温区和第 7 温区之间的热通量为负的绝对值最大(−199.22MW)，即最小的公用工程加热量为 199.22MW。

（四）确定夹点温度

以最小加热公用工程用量再从第一个温区输入，然后再计算各温区之间的热通量，计算结果如图 3(b)所示。由最后一个温区流出的热量，就是最小冷却公用工程用量。计算得到最小冷却公用工程负荷为 149.87MW。通过计算可以确定热量盈亏量为 0 的区界，即夹点的位置。可以看出，第 6 温区和第 7 温区之间的热通量为 0，该处即为夹点，夹点平均虚拟温度为 95℃。

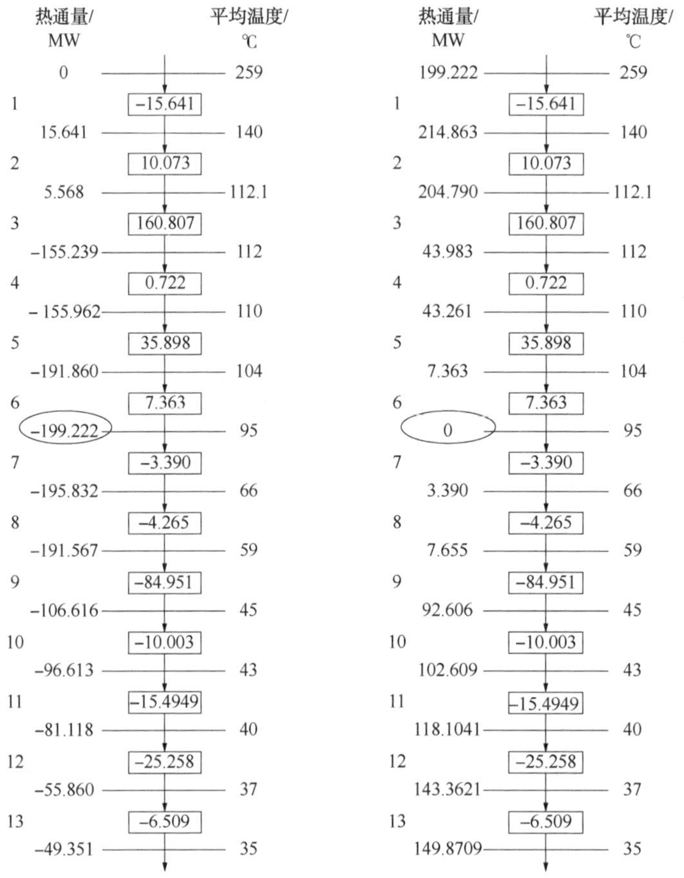

（a）无外部热量输入方案　　（b）最小外部热量输入方案

图 3　热通量级联图

（五）初始换热网络诊断分析

由表 1 可以看出，需要冷却的热物流有 4 股，即 $H_1 \sim H_4$；需要加热的冷物流有 4 股，即 $C_1 \sim C_4$。碳捕集系统配套的加热公用工程为 144℃和 170℃的饱和蒸汽，冷却公用工程为 50℃空冷和 32～42℃循环冷却水。CO_2 捕集系统初始换热网络如图 4 所示，CO_2 捕集系统内部仅有贫液和富液内部物流换热，贫富液换热器热负荷为 239. 3MW，其余冷物流依靠汽轮机的抽汽来加热，消耗的公用工程加热量为 246. 233MW，再生气和循环冷却水进行冷却，公用工程冷却量为 197. 893MW。根据表 1 所示的冷热物流数据，以及贫富液的换热量数据，可以确定换热网络的最大节能潜力＝246. 23－199. 22＝47. 01MW，由此可以计算得出最大节能率＝47. 01/246. 23×100%＝19. 09%。

对一个换热网络进行用能诊断，就是根据现有换热网络格子图确定：(1)是否有穿越夹点而设置的换热器；(2)在夹点之上是否有冷却器；(3)在夹点之下是否有加热器。如果在系统中存在以上 3 种现象，就可以推断系统的用能不合理，应加以改进。CO_2 捕集系统用能有几处不合理，具体如下：

（1）H_1 热物流 CO_2 压缩气体降温需求(虚拟温度 259℃→45℃)，在冷却器 1 中被冷却水即公用冷却工程冷却。259℃在夹点温度 95℃之上，不应该采用公用冷却工程冷却。

（2）C_1 冷物流胺回收液加热需求(虚拟温度 66℃→140℃)，是在胺回收加热器中采用

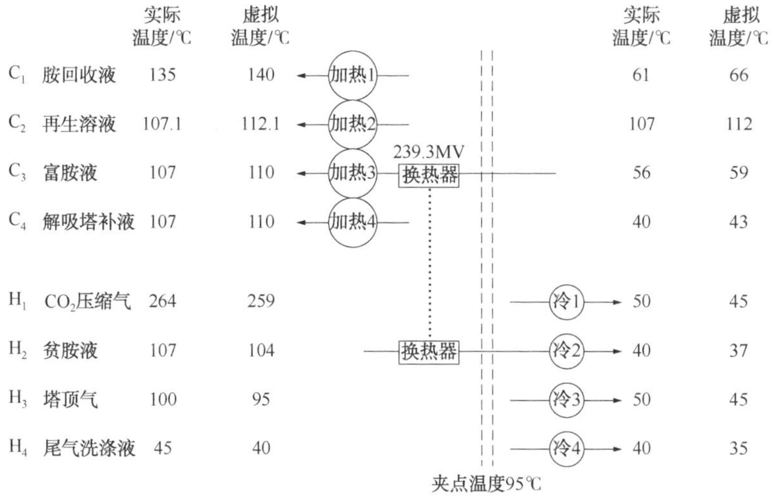

图 4　初始换热网络

外部蒸汽(热公用工程)加热到 140℃。由于 66℃在夹点温度 95℃之下，此段不应该采用外部蒸汽加热。

(3) C_4 冷物流解吸塔补液 43℃→110℃，43℃在夹点温度 95℃之下，此段不应该采用热公用工程加热。

上述换热流程的设置违反了夹点分析基本准则，造成了能量的浪费，需要加以改进优化。

四、换热网络调优与简化

(一) 换热网络调整优化

对换热网络(见图 4)进行改进，应以夹点位置为分界线，分别对夹点以上和夹点以下的冷、热物流进行重新匹配。根据夹点技术设计准则，换热网络需按照实际物流特性进行调优，这样得到的换热网络简单，操作性强。图 5 是调优后的换热网络的格子图，冷物流在上方，从右流向左，热物流在下方，从左流向右，两物流的匹配换热用热、冷物流上的方块的连线表示为此，实施了以下 4 点优化措施：

(1) 增加换热器 2，将胺回收液和 CO_2 压缩气体匹配换热，CO_2(先通过换热器 5 温降到 217℃)再在换热器 2 中从 217℃温降到 66℃，66℃低于夹点温度可用公用冷却工程冷却。胺溶液由 66℃温升到 106. 27℃，106. 27℃高于夹点温度，可以用公用加热负荷加热，再进入胺回收加热器，可减少加热蒸汽用量。

(2) 增加了换热器 3，通过换热器 3 从塔顶气中吸热 12. 31MW，通过贫富液换热器 1 从贫液中吸热 232. 43MW。具体采用富液分流实现，使 95%的富液进入贫富液换热器 1 被贫液加热，剩余 5%的富液进入换热器 3 被塔顶气加热。使富液由 59℃被塔顶气加热到 104℃，再进解吸塔，减少了公用工程加热负荷。塔顶气由 81. 83℃温降到 72. 73℃，可减少公用冷却负荷。

(3) 增加了换热器 4，使解吸塔补液与塔顶气换热，由原来的 43℃进入解吸塔吸热温升到 110℃，变化为被塔顶气加热到夹点温度 95℃，再进解吸塔，减少了公用工程加热负荷。塔顶气由 81. 83℃温降到 72. 73℃，可减少公用冷却负荷。

(4) 增加了换热器 5，使 CO_2 压缩气体与再生溶液匹配换热，使 CO_2 压缩气体温降到 217℃，同时使再生溶液温升到 110. 0℃，减少再沸器热负荷。

根据以上分析，先用系统中的再生溶液 C_3 将 CO_2 压缩气体 H_1 冷却到 222℃，再利用胺回收液 C_1 将 CO_2 压缩气体 H_1 冷却到 71℃；先利用塔顶气 H_3 将解吸塔补液 C_4 从 40℃加热到 92℃，再进入再沸器中采用蒸汽加热到 107℃。

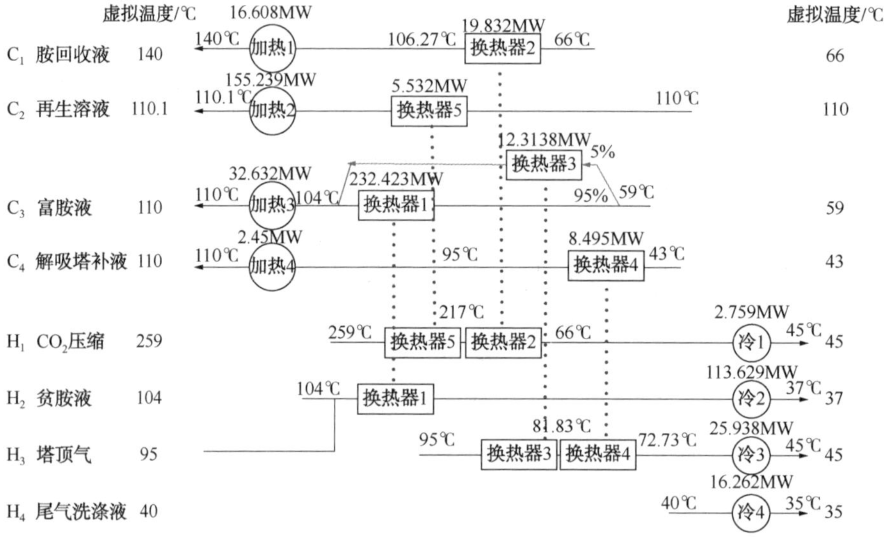

图 5 调优后的 CO_2 捕集系统换热网络

可见，调优后的系统增加了 4 个换热器，系统中冷、热物流间的换热过程增加，回收了更多系统余热，减少了加热蒸汽用量，也减少了循环冷却水用量。公用工程加热负荷为 206.93MW，公用工程冷却负荷为 158.59MW，与初始换热网络相比，调优后的换热网络节能率为 15.96%，与夹点分析得到的理想结果 19.09%相差不大，节能完善度达到 83.6%。

（二）调优换热网络的简化

图 5 所示调优的换热网络可以进行进一步简化。因 CO_2 压缩气体为气体状态，再生溶液为液体状态，气液之间总传热系数较小，相应的换热器的传热面积大，而且对再生溶液的加热量相对较低(温度从 107℃加热到 107.1℃)。换热器 5 的热负荷为 5.53MW，在 4 个换热器中减小热公用工程的贡献最小，仅为 12%(换热器 2、换热器 3 和换热器 4 分别为 42.95%、26.67%和 18.4%)。因此可以不回收此热量，不设置换热器 5(热负荷 5.53MW)。调优换热网络的简化使系统减少了一个换热器，保留了换热器 2、换热器 3 和换热器 4，系统公用工程加热负荷变为 212.46MW，公用工程冷却负荷为 164.12MW，调优简化后的换热网络节能率为 13.72%，节能完善度达到 71.87%。图 6 为调优简化后的捕集系统主要工艺流程图。表 2 列出了夹点分析、调优、简化前后换热网络的公用工程量以及与原换热网络相比公用工程加热负荷的节能率。

表 2 CO_2 捕集系统公用工程负荷以及节能率

换热网络模型	公用工程冷却负荷/MW	公用工程加热负荷/MW	加热负荷节能率/%
系统初始换热网络	197.893	246.233	—
最大潜力换热网络	149.8709	199.222	19.09
调优之后换热网络	158.588	206.929	15.96
简化之后换热网络	164.12	212.461	13.72

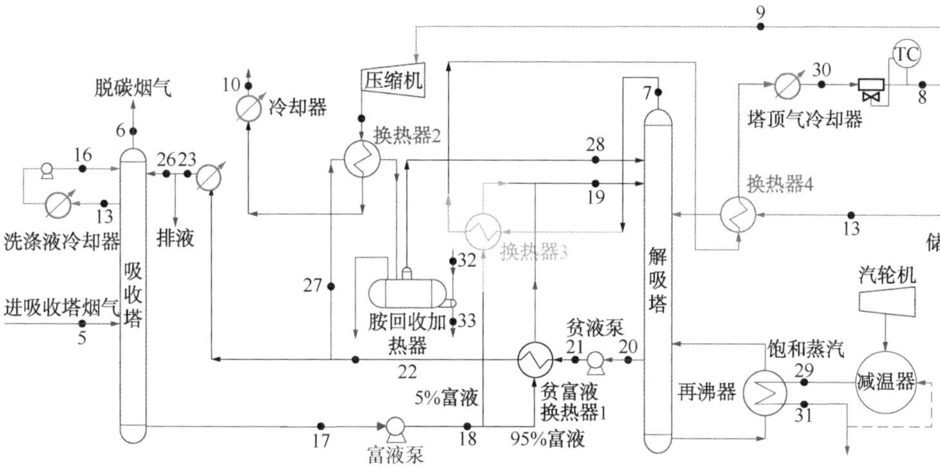

图 6　调优简化后的捕集系统工艺流程图

五、结论

对某电厂 2Mt/a 的碳捕集系统用能情况和换热网络进行了夹点分析和优化简化，结果表明：

（1）换热网络夹点温度为 95℃，最小的公用工程加热量为 199. 22MW，最小冷却公用工程负荷为 149. 87MW；

（2）初始换热网络用能不合理之处在于，夹点之上热源采用了冷却公用工程，夹点之下冷源采用了热公用工程，存在跨越夹点的热量传递；

（3）换热网络调优之后公用工程加热负荷为 206. 93MW，公用工程冷却负荷为 158. 59MW，与初始换热网络相比，调优后的换热网络节能率为 15. 96%。

（4）调优换热网络再经简化之后，公用工程加热负荷变为 212. 46MW，公用工程冷却负荷为 164. 12MW，换热网络节能率为 13. 72%，更加具备可实施性。

参考文献

[1] 刘练波，汪世清，郭东方，等 . CO_2捕集测试装置能量平衡分析[J]. 中国电机工程学报，2017，37(11)：6.

[2] 邬春雷 . 百万吨二氧化碳捕集系统能耗分析[D]. 青岛：中国石油大学(华东)，2012.

[3] 王辉，徐明海，张建，等 . 注采输系统用能分析及优化方法研究进展[C]//2015 年中国化工学会年会论文集 . 2015.

[4] 王照亮，王成运，李清方，等 . 电厂 CO_2 捕集工艺夹点分析与过程集成节能[J]. 化工学报，2012，63(2)：6.

[5] 刘中良，王远亚，张克舫，等 . 基于夹点技术的烟气处理系统的优化与评价[J]. 化工进展，2014，33(10)：5.

[6] 姚平经 . 全过程系统能量优化综合[M]. 大连：大连理工大学出版社，1995.

[7] 李有润，朱漫 . 夹点理论及其在换热网络优化综合中的应用[J]. 化学工程师，1991(1)：6.

[8] 冯霄，李勤凌 . 化工节能原理与技术[M]. 北京：化学工业出版社 . 1998.

[9] 范卫东，李会泉，姚平经，等 . 化工过程系统用能诊断和调优的“夹点分析法”[J]. 高校化学工程学报 . 1997；11(2)：178-183.

[10] 华贲 . 过程能量综合的研究进展与展望[J]. 石油化工，1996(25)：62.

[11] 华贲 . 工艺过程用能分析及综合[M]. 北京：中国轻工业出版社，1989.

[12] 华贲 . 过程系统的能量综合和优化[J]. 化工进展，1994(3)：6-15.

用于碳捕集的 CO_2 气体分离膜研究进展

马 杨
刘长雷
朱寅菲
张东琪
中国石油辽河石化公司

CO_2的排放导致全球气候变暖，捕集 CO_2是实现"碳达峰碳中和"的有效方法。膜分离是一种高效的分离方法，气体分离膜捕集 CO_2技术备受关注。气体分离膜按其结构可以分为中空纤维膜、平板膜。本文从气体分离膜的结构出发，分别陈述了中空纤维膜、平板膜对 CO_2气体分离的研究进展。中空纤维膜因其较高的表面积-体积比、可控的制备过程和可以工业化的优势，成为 CO_2捕集技术研究的重点。平板膜对 CO_2气体的分离目前研究技术最成熟，具有制备方法简单、高效、工业改进成本低的优势。

一、概述

我国 CO_2排放力争于2030年达到峰值，努力争取2060年前实现"碳中和"。"碳达峰碳中和"将带来一场由科技革命引起的经济社会环境的重大变革，其意义不亚于三次工业革命。目前，我国 CO_2排放量超过100亿吨，约占全球27%，排名世界第一。欧盟在1990年实现"碳达峰"，预计60年(2050年)实现"碳中和"。美国2007年实现"碳达峰"，预计43年(2050年)实现"碳中和"。我国在"双碳"目标下，各行各业大力发展"碳减排"，力求30年即可实现"碳中和"(数据来源 Wind)。各国碳排放量趋势及中空纤维组件在氨吸收塔中的应用见图1。

膜分离是一种新型气体分离技术，具有能耗低、效率高、占地面积少、操作简单等核心优势。气体膜分离市场大、前景广，如脱 CO_2、制氢、制氮、富氧、脱湿、有机蒸气回收等。膜法捕集 CO_2技术成本低、市场空间大，尤其适用炼化行业大量尾气的捕集。气体分离膜根据其形状可以分为中空纤维膜和平板膜。中空纤维膜具备较高的表面积-体积比，因其单位体积内膜表面积大，具有较高的分离效率。中空纤维膜的制备过程可控，更适合大规模生产。

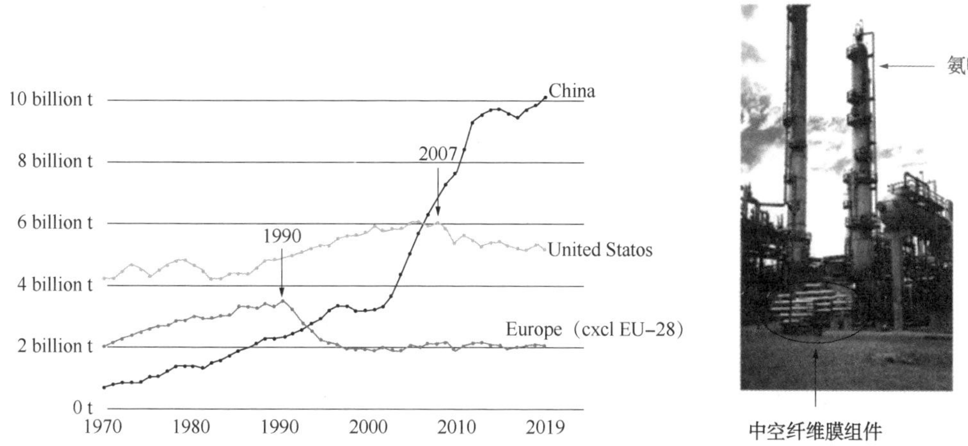

(a)中国、美国、欧盟历年碳排放量　　(b)中空纤维膜组件的应用

图 1　各国碳排放量趋势和中空纤维膜组件在氨吸收塔中的应用

二、中空纤维 CO_2 气体分离膜

中空纤维膜具有较高的孔隙率、比表面积，适用于从不同的气体中捕集 CO_2，中空纤维膜分离器结构简单、体积小，适用于炼化厂的尾气回收改造，经济价值高。中空纤维膜的制备已被广泛研究，改性方法各异。Jue 等人通过三孔喷丝板进行双浴纺丝，将不溶于水的 1-丁醇/四氢呋喃皮层与 PIM-1 聚合物溶液一起喷出，以控制气隙中的溶剂损失，防止纤维变平或皮肤层形成缺陷，产生不对称中空纤维膜结构(见图 2)。制备得到的无缺陷纤维厚度为 3~6μm，CO_2 渗透率可以达到 360GPU，CO_2/CH_4 选择性为 23，CO_2/N_2 的选择性为 28。Yong 等人首次制备了具有协同分离性能的中空纤维 PIM-1/Matrimid 膜，共混膜的超薄致密层厚度小于 70nm。硅橡胶涂层后，含有 15wt%PIM-1 的纤维的 CO_2 透过率提高到 243.2GPU，CO_2/CH_4 选择性为 34.3。在 50/50CO_2/CH_4 混合气体测试中，CO_2 渗透率为 188.9GPU，CO_2/CH_4 选择性为 28.8。此方法开发的中空纤维膜在天然气净化、空气分离和 CO_2 捕集方面具有很大的潜力，适合工业化。Sunder 等人重点研究了通过使用 CTA 作为聚合物来分离 CO_2 和 CH_4 气体，使用聚二甲基硅氧烷(PDMS)对 HFM 进行后处理。对于 PDMS 涂层的 CTA HFM，在 1cm 的气隙距离下纺丝的纤维在 9bar 的进料压力下表现出最高的 CO_2 透过率为 14.85GPU，CO_2/CH_4 选择性为 2.54。

由于无机中空纤维具有较高的填充密度和在恶劣应用条件下的耐久性，因此它是放大制造二维材料膜的有希望的基材。然而，2D 材料(例如 MXene 纳米片)在中空纤维上的低效堆叠通常会导致层间空间过大，从而导致低分子筛性能。Qu 等人采用简单的热处理工艺制备了自交联 MXene 中空纤维膜。制备的自交联 MXene 中空纤维膜的 H_2 渗透率为 70.6GPU，H_2/CO_2 选择性为 30.3，在 120 小时以上具有良好的操作稳定性。自交联改性是改善 2D MXene 膜尺寸筛分性能的有效途径。Lin 等人使用高温蒸汽诱导水解方法获得用于 CO_2 捕获的氟化 OH/SiO_2-TiO_2/聚醚砜(PES)复合中空纤维膜。通过高温水解硅前驱体和钛前驱体，在聚醚砜表面接枝 SiO_2 和 TiO_2，提高聚醚砜膜的耐碱腐蚀性和疏水性。陶瓷-碳酸盐两相中空纤维膜在

600~1000℃的温度下具有良好的 CO_2 分离性能，但机械强度较差。Chen 等人研究了一种新型结构的陶瓷碳酸盐双相中空纤维膜，此膜具有高 CO_2 渗透性和优越的机械强度。该纤维膜在 750℃下的 CO_2 通量为 2.3mL/min · cm^2，新型 SDC-SDC/LNO 碳酸盐中空纤维膜的极限载荷和弯曲强度分别是纯单层 SDC-碳酸盐中空纤维膜的 3.6 倍和 1.9 倍。这种机械强度的提高是由中空纤维膜独特的双层结构实现的。

(a)横截面 (b)不对称结构

(c)内边界 (d)17.5wt%THF纺丝的表皮层

图 2 PIM-1 中空纤维的 SEM 图像

Magnone 等人试图建立五种单胺基吸收剂的 CO_2 吸收性能之间的关系，包括单乙醇胺(MEA)、二乙胺(DEA)、N-甲基二乙醇胺(MDEA)、2-氨基-2-甲基-1-丙醇(AMP)和哌嗪(PZ)，以及使用疏水改性陶瓷中空纤维膜接触器(HFMC)在混合胺基吸收剂中的 16 种二元混合物，用于 CO_2 的化学吸收(见图 3)。在保持所有其他变量不变的情况下，使用疏水改性陶瓷 HFMC 进行 CO_2 化学吸收的单胺基吸收剂和混合胺基吸收剂的 CO_2 吸收性能在很大程度上取决于其化学性质和浓度。在单胺溶液中，MEA 和 DEA 的 CO_2 吸收通量最高。对于混合胺基吸收剂中的 CO_2 吸收，用 20wt% 的 DEA 替换 MDEA 将 CO_2 化学吸收从 1×104mol/m^2s 增加到约 7×104mol/m^2s。与单 MDEA 的相应水溶液相比，水性 MDEA 混合 DEA 的 CO_2 吸收通量增加百分比超过 500%。

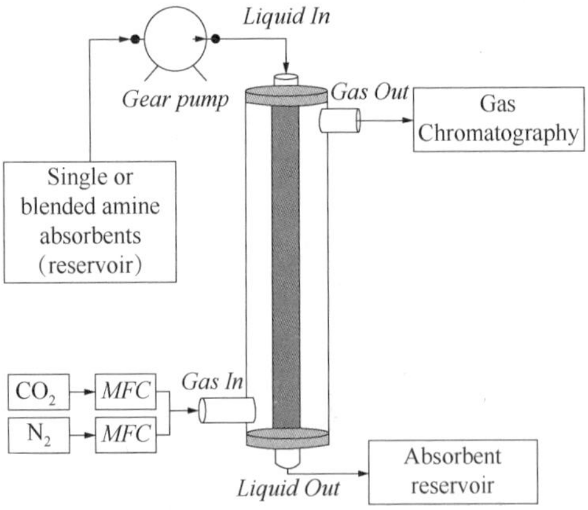

图 3 CO_2 吸收实验装置示意图

(MFC=质量流量控制器)

三、CO_2气体分离平板膜

平板膜使用寿命长，在工业应用中装入板框式膜分离装置，易于更换，减低维修成本。根据 CO_2 气体分离膜研究制备的方法，从聚酰亚胺类改性和自聚微孔聚合物的改性方法进行分类。选择性和渗透率是评价平板膜气体分离性质的两个重要指标。渗透率是当渗透达到稳定状态时，膜两侧压力的增长率，如式(1)所示：

$$P=\frac{273.15\times10^{10}}{760}\frac{Vl}{AT\Delta p}\left(\frac{\mathrm{d}p}{\mathrm{d}t}\right) \tag{1}$$

式中，P 为渗透率，bar；V 为渗透侧的体积，cm^3；l 为膜厚，cm；A 为膜的有效面积，cm^2；T 为测试温度，K；ΔP 为膜两侧的压力差，cmHg。

气体 A 对 B 的选择性是气体渗透率的比值，如式(2)所示：

$$\alpha_{A/B}=\frac{P_A}{P_B} \tag{2}$$

(一) 聚酰亚胺类

CO_2引起的塑化效应对聚合物膜分离性能产生不利影响。为了解决这个问题，Xu 等人研究了一种高性能的交联溴化 6FDA 基聚酰亚胺(BMPI)，表现出高度抑制的塑化效应。通过在聚酰亚胺结构中引入溴原子来调节聚酰亚胺前体膜的渗透性和选择性，形成溴化度为60%的性能最佳的膜。膜的 CO_2 渗透性达到 395bar，CO_2/CH_4的选择性从非溴化类似物的22.0 增加到 26.0。在 350℃ 下处理的完全交联 BMPI 处理 10h 后，CO_2 渗透率高达483.6bar，CO_2/CH_4选择性为 26.0。此交联反应大大稳定了膜在高 CO_2进料压力下的抗塑化性能。An 等人通过增加溴化/脱溴诱导热交联，膜的渗透率增加，选择性损失很小。由于脱溴诱导的自由体积增强，75%溴化/脱溴诱导的交联 PI 膜大幅提高了 CO_2 和 C_3H_6 的渗透率，分别高达 157%和 172%，同时乙烯桥保持了良好的选择性。在 CO_2压力分别为 24 和10atm 时，CO_2诱导的塑化有较高的耐受性。

(二) 自聚微孔聚合物类

有效且经济的二氧化碳-甲烷分离(CO_2/CH_4)在一些行业中非常理想，在不同的分离技术中，膜分离具有较低的生产成本和较低的 CH_4 损失。Yahia 等人合成了尺寸在 45~450nm的沸石咪唑骨架(ZIF-8)晶体，并将其并入具有固有微孔的聚合物 PIM-1 中，以形成混合基质膜(MMMs)。粒径为 120nm 的 ZIF-8 晶体制成的 MMMs 气体传输性能得到了最大的改善，CO_2/CH_4选择性和 CO_2 渗透率分别为 11.4 和 9700bar，而 PIM-1 分别为 6.4bar 和9300bar。前者接近 Robeson2008 年的上限，而 PIM-1 则达到了 1991 年的 Robeson 上限。Luque-Alled 等人引入新型功能化氧化石墨烯(GO)填料来减少 PIM-1 膜物理老化的策略。PIM-1 与合成的 GO 和与(3-氨基丙基)三乙氧基硅烷(APTS-GO)反应的 to-GO 共价连接，纳米填料在混合基质膜(MMM)中均匀分散。基板形态对薄膜复合(TFC)膜的 CO_2传输性能有显著影响。Pang 等人使用 2-吡咯烷酮(2-PD)和 2-甲氧基乙醇(2-ME)新混合的溶剂，通过水蒸气诱导相分离，作为非溶剂浸入水中，制备具有双连续结构的聚醚砜(PES)基质。与常用溶剂 N-甲基-2-吡咯烷酮(NMP)相比，2-PD/2-ME 混合溶剂更具亲水性，并可显著降低铸造溶液的热力学稳定性。优化的基板具有非常高的 CO_2透过率 133226±3870GPU，其渗透性是用 NMP 合成基板的 5 倍。通过使用这种新基质，制备的含胺 TFC 膜的 CO_2透过率增加了 908±8GPU。

（三）混合基质膜

基于膜的分离可以缓解与传统热驱动过程相关的资本和能源密集型挑战。为了进一步推动气体分离的边界，混合基质膜得到了广泛的开发；然而，确定一种最佳的纳米填料来提高 MMMs 的分离性能，使其超过 Robeson 渗透率选择性上限，仍然是一个持续的挑战。Ma 等人研究了一种基于吡嗪熔融结晶多孔石墨骨架（PGF）的新型 MMM。此外，所制备的 MMM 具有诱人的 CO_2分离性能，接近当前 CO_2分离的 Robeson 上限。Yang 提出将 2D 微孔碳纳米板（MCN）用于在混合基质膜（MMM）中构建低阻力和高选择性气体传输通道，以提高 CO_2分离性能。使用相变材料作为可移动模板合成 MCN，并与 Pebax-1657 结合以制备 MMM。微通道网络在 MMM 中的随机有效堆叠产生了高选择性气体传输通道，显著提高了 CO_2/N_2选择性。含有 0.5wt% MCN 的 MMMs 表现出最佳的分离性能，CO_2渗透率达到 160.69bar，CO_2/N_2选择性达到 61.2bar。在纯气体试验中，CO_2渗透性和 CO_2/N_2选择性分别为 123bar 和 76bar，与原始 Pebax 膜相比分别显著增加 53.0%和 28.8%。制备的 MMM 的最佳 CO_2分离性能超过了 Robeson 的上限。

（四）其他

静电纺丝技术可以制备高孔隙率，高渗透性的气体分离膜。Bonso 等人通过电纺聚合物的热解制备了从具有高自由体积的微孔聚合物 PIM-1 衍生的柔性和独立的碳纳米纤维。电纺 PIM-1 纤维碳化后的 BET 表面积为 $546m^2/g$。经过蒸汽活化和退火等进一步热处理后，表面积增加到 $1162m^2/g$。Wang 等人制备的微孔聚合物 PIM-1 静电纺丝膜具有可调形貌和孔隙率的纤维。将 PIM-1 溶解在良好溶剂四氢呋喃（THF）和由 THF 和非溶剂（二甲基甲酰胺（DMF）或甲苯）组成的共溶剂中，用于静电纺丝。LiPebax 基膜的最大挑战之一是如何同时实现高 CO_2渗透能力和选择性，将超薄 Ni-Co 纳米片（Ni-Co-NS）填料加入 Pebax 基质制备混合基质膜（MMM），以提高 CO_2分离性能。镍和钴金属分别构成亲 CO_2和非亲 CO_2纳米域，亲 CO_2纳米域具有较高的亲和力，而非亲 CO_2纳米域具有较低的摩擦扩散。因此，不同的 CO_2亲和力纳米域的组合显著促进了 CO_2转运。另外，通过将第二种钴金属引入镍纳米粉中，纳米片的孔径从 0.79nm 减小到 0.49nm，并且减小的孔径有助于增强 CO_2/CH_4的选择性。与气体浓度梯度平行的镍-钴纳米颗粒的均匀纳米孔构成了高速 CO_2传输通道，有助于提高 MMM 的 CO_2渗透性。因此，Ni-Co-NS 填料显著改善了 MMMs 的 CO_2分离性能。含 5wt%Ni-Co-NS 填料的 Pebax/Ni-Co-NS-MMMs 的 CO_2渗透率最高，为 483±11bar，CO_2/CH_4选择性为 39±1.1。

四、结语和展望

碳捕集技术是实现"碳减排碳中和"目标的重要手段，CO_2气体分离膜的研究及制备方法较为成熟，其膜组件的工业化应用性强，有利于炼化厂直接改造现有工艺流程，成本低。CO_2气体分离膜有中空纤维膜式和平板式，在工业应用中可以根据实际工艺情况选择分离器，有望在炼化厂普及应用。目前，CO_2气体分离膜的研究突破了塑化等技术问题，可以达到 Robeson 上限。

参考文献

[1] International Energy Agency. Global Energy Review: CO_2 Emissions in 2021[R]. 2021.

[2] Wang S, Tian Z, Feng J, et al. Enhanced CO_2 separation properties by incorporatingpoly(ethylene glycol)-containing polymeric submicrospheresinto polyimide membrane[J]. Journal of Membrane Science, 2015, 473: 310-317.

[3] Luo S, Stevens K A, Park J S, et al. Highly CO_2-Selective Gas Separation Membranes Based onSegmented Copolymers of Poly(Ethylene oxide) Reinforced withPentiptycene-Containing Polyimide Hard Segments[J]. ACS Applied Materials & Interfaces, 2016, 8: 2306-2317.

[4] Li J, Chen B. Review of CO_2 absorption using chemical solvents inhollow fiber membrane contactors[J]. Separation and Purification Technology, 2005, 41: 109-122.

[5] Jue M L, Breedveld V, Lively R P. Defect-free PIM-1 hollow fiber membranes[J]. Journal of Membrane Science, 2017, 530: 33-41.

[6] Yong W F, Li F Y, Xiao Y C, et al. High performance PIM-1/Matrimid hollow fiber membranes for CO_2/CH_4, O_2/N_2 and CO_2/N_2 separation[J]. Journal of Membrane Science, 2013, 443: 156-169.

[7] Sunder N, Fong Y Y, Bustam M A, et al. Investigation on the effects of air gap distance on the formation of cellulose triacetate hollow fiber membrane for CO_2 and CH_4 gases permeation[J]. Materials Today: Proceedings, 2022(02): 280.

[8] Qu K, Dai L, Xia Y, et al. Self-crosslinked MXene hollow fiber membranes for H_2/CO_2 separation[J]. Journal of Membrane Science, 2021, 638: 119669.

[9] Lin Z, Liu Y, Zhang Z, et al. Preparation and characterization of OH/SiO_2-TiO_2/PES composite hollow fiber membrane using gas-liquid membrane contactor for CO_2/CH_4 separation[J]. Separation and Purification Technology, 2022, 288: 120551.

[10] Chen T, Xu Y, Zhang Y, et al. Double-layer ceramic-carbonate hollow fiber membrane with superior mechanical strength for CO_2 separation[J]. Journal of Membrane Science, 2022, 658: 120701.

[11] Magnone E, Lee H J, Shin M C, et al. A performance comparison study of five single and sixteen blended amine absorbents for CO_2 capture using ceramic hollow fiber[J]. Journal of Industrial and Engineering Chemistry, 2021, 100: 174-185.

[12] Xu S, Ren X, Zhao N, et al. Self-crosslinking of bromomethylated 6FDA-DAM polyimide for gas separations[J]. Journal of Membrane Science, 2021, 636: 119534.

[13] An H, Lee A S, Kammakakam I, et al. Bromination/debromination-induced thermal crosslinking of 6FDA-Durene for aggressive gas separations[J]. Journal of Membrane Science, 2018, 545: 358-366.

[14] Yahia M, Le Q N P, Ismail N, et al. Effect of incorporating different ZIF-8 crystal sizes in the polymer of intrinsic microporosity, PIM-1, for CO_2/CH_4 separation[J]. Microporous and Mesoporous Materials, 2021, 312: 110761.

[15] Luque-Alled J M, Ameen A W, Alberto M, et al. Gas separation performance of MMMs containing(PIM-1)-functionalized GO derivatives[J]. Journal of Membrane Science, 2021, 623: 118902.

[16] Pang R, Chen K K, Han Y, et al. Highly permeable polyethersulfone substrates with bicontinuous structure for composite membranes in CO_2/N_2 separation[J]. Journal of Membrane Science, 2020, 612: 118443.

[17] Ma C, Zhang C, Labreche Y, et al. Thin-skinned intrinsically defect-free asy-mmetric mono-esterified hollow fiber precursors for crosslinkable polyimide gas separation membranes[J]. Journal of Membrane Science, 2015(06): 018.

[18] Yang X, Zheng W, Xi Y, et al. Constructing low-resistance and high-selectivi-ty transport multi-channels in mixed matrix membranes for efficient CO_2 separation[J]. Journal of Membrane Science, 2021, 624: 119046.

[19] Bonso J S, Kalaw G D, Ferraris J P. High surface area carbon nanofibers deri-ved from electrospun PIM-1 for energy storage applications[J]. Journal Of Materials Chemistry A, 2014, 2: 418.

[20] Wang S, Shi K, Tripathi A, et al. Designing Intrinsically Microporous Polymer(PIM-1) Microfibers with Tunable Morphology and Porosity via Controlling Solvent/Nonsolvent/Polymer Interactions[J]. Acs Applied Polymer Materials, 2020, 2(6): 2434-2443.

[21] Li L, Huang L, Lv X, et al. Ultrathin Ni-Co nanosheets with disparate-CO_2-af-finitynanodomainsin membranes to improve gas separation[J]. Separation and Purification Technology, 2022, 292: 121024.

丁二烯装置低碳减排尾气回收的可行性研究

魏　荣 | 中国石油大庆石化公司

丁二烯是重要的石油化工基础原料，目前丁二烯生产的主要方法是从乙烯裂解副产品混合 C_4 中抽提丁二烯，工业上丁二烯的抽提工艺主要有乙腈(ACN)法、二甲基甲酰胺(DMF)法和N-甲基吡咯烷酮(NMP)法。丁二烯抽提装置脱气系统排放的尾气中乙烯基乙炔(VA)浓度较高，其中VA一般大于20wt%，最高可超过40wt%；精馏系统排放富含甲基乙炔(MA)、1,3-丁二烯的尾气，这些富含炔烃的尾气(简称丁二烯尾气)目前尚无工业利用价值，只能送火炬燃烧处理，但直接排放火炬管网较危险，需用剩余 C_4 稀释，造成大量 C_4 炔烃的浪费。此外，随着裂解深度的增加，C_4 馏分中炔烃含量逐步升高，导致丁二烯抽提装置排放的尾气量增大，装置物耗能耗增加。本文主要围绕丁二烯装置脱气系统炔烃排放气和丁二烯塔釜排放的物料展开讨论，探讨装置低碳减排和尾气回收利用的可行性。

一、概述

丁二烯抽提三套装置是1.2Mt/a乙烯改扩建工程的配套装置，于2012年8月建成投产。装置引进德国BASF公司NMP法工艺技术，以N-甲基吡咯烷酮(NMP)为溶剂、裂解 C_4 为原料，采用两级萃取精馏、两段普通蒸馏的工艺生产高纯度1,3-丁二烯产品。装置设计规模年产 15×10^4t 丁二烯，设计生产负荷39.5t/h。

裂解 C_4 馏分中含有丁烷、丁烯、炔烃以及少量的 C_3 和 C_5，各组分的沸点极为接近，有的还与丁二烯形成共沸物，要从其中分离出高纯度的丁二烯，用普通精馏的方法是十分困难的。目前工业上广泛采用萃取精馏和普通精馏相结合分离的方法，生产高纯度的丁二烯来满足各种合成橡胶工业的要求。丁烯、丁烷及 C_4 炔烃的沸点与1,3-丁二烯的沸点非常接近或形成共沸物，在NMP中的溶解性与1,3-丁二烯有很大差别，通过萃取精馏的方法较容易与1,3-丁二烯分离。1,2-丁二烯、MA、C_3及C_5烃的沸点与1,3-丁二烯的沸点差别较大，通过普通精馏的方法将其分离。

二、装置物料排放介绍

本装置物料排放主要包括C_4炔烃、C_3炔烃和二聚物排放的气相，以及丁二烯塔釜的液相排放，见表1。

表1　丁二烯装置排放点及排放量表

排放点	排放介质	设计排放量/(kg/h)	实际排放量/(kg/h)	备注
主洗塔顶	不凝气	0	约400	连续
炔烃洗涤塔顶	C_4炔烃	1723	1200	连续
丙炔塔顶	MA	459.8	200	连续
丁二烯塔釜	C_4~C_5	150	130	连续
二聚物罐	二聚物	5	5	间断

由表1可以看出，装置排放物料主要是连续排放的炔烃洗涤塔顶的C_4炔烃、丁二烯塔釜的C_4、C_5废烃和丙炔塔顶连续排放的C_3炔烃。

（一）C_4炔烃排放

C_4炔烃从脱气塔中部侧线抽出，侧线抽出气中含有1,3-丁二烯、乙基乙炔(EA)、VA、水和NMP，侧线抽出气进入炔烃洗涤塔，在炔烃洗涤塔内抽出气中的NMP和水被回流水洗涤进入塔釜自流回脱气塔。1,3-丁二烯、EA、VA从塔顶经冷却后排放进入火炬。基于安全因素，塔顶排放气中VA含量不能高于30%，因此在炔烃洗涤塔顶引入MTBE单元稀释气对排放气中的VA进行稀释，总排放气中约40%为来自稀释气的异丁烷，约28%的VA、12%的1,3-丁二烯、5%的EA等。

避免C_4炔烃过量排放的措施包括：稳定脱气塔侧线温度，避免脱气塔侧线抽出组分频繁变化。根据装置负荷和原料中VA含量确定C_4炔烃排放量和稀释气流量。稳定脱气塔釜温度在149℃左右，脱气塔侧线采出温度在130~133℃，炔烃洗涤塔塔顶温度达到设计值106℃，调整炔烃洗涤塔回流罐温度达到48℃。

根据装置负荷和原料中VA含量及时调整C_4炔烃排放量和稀释气流量，计算公式为：

$$C_4\text{炔烃排放量}(kg/h)=\text{装置负荷}(kg/h)\times\text{原料中VA百分含量}(\%)/28\%$$

$$\text{稀释气流量}(kg/h)=C_4\text{炔烃排放量}(kg/h)\times 48\%$$

（二）C_3炔烃排放

C_3炔烃排放气由丙炔塔回流罐顶排放，主要目的是脱除系统中的MA，保证产品质量合格。C_3炔烃排放气每年排放约1600t，其中MA含量约为43%，其他组分为1,3-丁二烯。因高浓度的MA有分解倾向，基于安全因素，Lummus工艺包设计将MA排放气直接排放入热火炬系统，从而造成附加值较高的1,3-丁二烯大量损失。

（三）丁二烯塔釜排放及其他

丁二烯塔塔底产物中大部分为1,2-丁二烯、顺丁烯-2、1,3-丁二烯，含有少量的VA、EA、C_5烃。设计丁二烯塔釜排放中丁二烯含量16.1%，实际丁二烯塔釜排放中丁二烯含量18.23%(取2021化验数据的平均值)，丁二烯塔釜重组分连续性排放，排放损失较大。

按照工艺包设计，主洗塔顶及后洗塔顶没有连续的排放物流，因压缩机密封泄漏气返回萃取系统，泄漏气中含有不凝气氮气，造成主洗塔及精馏/后洗塔压力难以控制。因此，主洗塔顶根据生产需要，需连续将不凝气排放到火炬，并携带一部分抽余 C_4 和丁二烯造成损失。在正常生产情况下，丁二烯二聚物的平均流量为 5kg/h，排放量较少。

三、装置排放物料回收的可行性分析

丁二烯装置的排放损失是由裂解 C_4 进料中 C_3、C_5、MA、VA 和 EA 的含量来决定的。为了降低丁二烯的损失率，排出物中丁二烯的含量必须减少。然而，要确保 VA 浓度在安全范围内，MA 的浓度也有限度，应该保证低于安全标准；要确保萃取系统压力可控，C_3 及不凝气是必须要排放的，要确保产品质量合格，这些杂质物流排放也是必要的。如果原料中含有更多的 VA、MA 等杂质，丁二烯损失将会相应增加，同时排放的烃类也随之更多。在此，重点围绕排放量大且连续排放的 C_4 炔烃和丁二烯塔釜物料的去向和回收可行性展开讨论。

（一）碳三炔烃排放气的回收利用

经过探索和尝试，装置开工后通过控制加热量和回流量同时结合在线分析的化验数据保证塔顶馏出物中的 MA 含量不得超过 50%（体积），由于馏出物中的 MA 浓度对塔顶的温度十分敏感，为了确保安全运行，在操作压力为 0.45MPa 条件下，通过精心操作将塔顶温度保持在 39℃以上，在保障排放气馏分安全的前提下，对该股排放气回收的去处进行研究。根据该部分排放气的组成及温度压力等性质的综合分析，利用全厂资源优势，最终发现乙烯装置裂解气压缩机段间适合接收该股排放气。通过对原流程进行技术改造，在排放气去火炬流程中新增去乙烯装置裂解气压缩机段间的流程，将此部分排放气送至乙烯装置进行回收，从而实现对排放气的回收利用。

（二）C_4 炔烃排放和丁二烯塔釜物料去向、利用的调研和分析

丁二烯装置炔烃排放和丁二烯塔釜物料排放损失量见表 2（以 2021 年数据为例）。

表 2 丁二烯塔釜及炔烃排放组成表

丁二烯塔釜物料（约 180kg/h）					
组分名称	设计值/wt%	化验实际分析数值/wt%	组分名称	设计值/wt%	化验实际分析数值/wt%
NMP	0.03	—	EA	0.75	0.9
反-2-丁烯	0.14	0.1	C_5 类	16.39	3.4
顺-2-丁烯	24.99	38.9	TBC	0.68	—
1,2 丁二烯	16.10	23	甲苯	0.92	—
1,2 丁二烯	40.00	33.7			
炔烃排放物料（约 1300kg/h）					
组分名称	设计值/wt%	化验实际分析数值/wt%	组分名称	设计值/wt%	化验实际分析数值/wt%
水	2.87	—	1,2 丁二烯	11.10	9.8
MA	3.76	0.19	1,2 丁二烯	3.73	1.68
丙烯	0.12	0.72	EA	3.18	5.05
异丁烷	39.19	46.6	VA	27.44	27.85
1-丁烯	3.50	1.25	C_5 类	5.08	1.5
异丁烯	0.02	6.05			

C_4 炔烃尾气连续排放每年至少可达 8000t，排放量大且存在易爆炸的危险，很多公司对丁二烯尾气回收和利用进行了开发，但结果尚不够理想，主要方式包括：（1）直接排火炬烧

掉，物料全部损失并污染环境；(2)设压缩机，将尾气和全厂火炬气一起回收用作燃料；(3)液化后作为燃料。

但这些处理及回收方式均没有实现高附加值产品的回收，造成浪费。为提高 C_4 资源的综合利用，有效降低生产成本，C_4 炔烃加氢技术成为提高其附加值的主要途径。采用加氢技术可以将含炔烃物料加氢成为丁二烯、丁烯、丁烷，增加丁二烯装置的附加值。国内外针对丁二烯装置尾气的加氢工艺开发，例如德国 BASF 开发了将丁二烯尾气与 C_4 抽余液混合后进行两段选择加氢生产丁烯的工艺。福建联合石化 2016 年 6 月开车的 2.3×10^4t/a 丁二烯尾气加氢装置，采用北京化工研究院的两段选择加氢技术，将丁二烯装置的炔烃尾气加压液化后在钯系催化剂作用下选择加氢，加氢产物中丁二烯质量分数小于 3×10^{-5}，EA 和 VA 质量分数均小于 5×10^{-6}，可以作为 MTBE/丁烯-1 装置的原料。该技术已在镇海炼化和浙江石化的丁二烯装置尾气加氢装置实现了推广应用。中国石油兰州化工研究中心针对 C_4 炔烃选择加氢回收丁烯开发了催化剂 PEC-41，该催化剂为钯系催化剂，加氢产物中乙烯基乙炔和丁二烯质量分数小于 2000ppm。该催化剂于 2017 年在抚顺同益石化 C_4 炔烃加氢装置首次工业应用，加氢后炔烃和二烯烃的含量由 25.13%降至 0.16%以下。

丁二烯塔釜物料原设计流程是进入 C_4~C_5 废烃罐收集，作为裂解炉燃料。原始开工后由于物料中含有 TBC 及 C_5 成分导致炉子火嘴频繁堵塞，因此该流程被迫停用。2013 年技术改造后，车间将该物料送至炔烃洗涤塔处理，在炔烃洗涤塔内废烃中的 TBC 随水进入溶剂内，最后在溶剂再生系统内脱除；废烃中的烃类作为稀释气随 C_4 炔烃送四达气站回收；甲苯随二聚被分离送至输转轻污油罐，解决了丁二烯塔釜废烃回收难题。但 2015 年大检修时发现炔烃洗涤塔堵塞严重，通过和专利商 BASF 专家交流确认该胶状物质是废烃中的 TBC 结晶体及 C_5 的聚合物形成。2017 年炔烃洗涤塔因被胶状物质堵塞，造成塔压差升高，分离效果下降，装置溶剂损失大幅增加，装置被迫停工检修 55 小时。为保证装置的长周期运行，2017 年底车间将该物料送至实业公司四达气站回收。实业公司四达气站可将此股物料中的烃类与 C_4 炔烃一起压缩后回收，其中所含甲苯、TBC、C_5、NMP 溶剂水溶液不定期从原料罐底脱除送至废碱装置处理。2020 年底四达气站停运，此股物料进入低压火炬罐与 C_4 炔烃排放一起排至低压火炬；炔烃排放物料带微量水和溶剂，在低压火炬罐内气液相分离，气相烃类排至低压火炬。

车间对于全国丁二烯装置进行调研，对丁二烯塔釜及炔烃排放物料的处理情况进行汇总，具体情况见表 3。

表 3　国内部分丁二烯装置丁二烯塔釜物料走向表

单位	丁二烯塔釜物料处理	炔烃排放物料处理	备注
Lummus(NMP 法)	丁二烯塔釜物料进入二聚/水分离罐进行闪蒸，烃类与炔烃排放一起去炔烃加氢或低压火炬，重组分去裂解装置的燃料油汽提器(如果有的话)回收顶部的轻烃，并将重组分送至燃料油中	丙烯冷却液相加氢回收丁二烯	Lummus 在技术交流时给出的建议
山东万华(ACN 法)	丁二烯塔釜物料和丙烯冷却后的炔烃排放物料混合外卖	—	
新疆独山子(NMP 法)	丁二烯塔釜物料单独送至裂解急冷油塔，轻烃回收，重组分进入焦油		
上海赛科(NMP 法)	丁二烯塔釜物料和 C_4 炔烃排放一起外卖给园区内的化工企业，进行炔烃加氢处理	炔烃加氢处理	

续表

单位	丁二烯塔釜物料处理	炔烃排放物料处理	备注
浙江石化(NMP 法)	丁二烯塔釜物料单独送至裂解急冷水塔，轻烃回收，重组分进入焦油	—	
三江石化(ACN 法)	丁二烯塔釜物料进入焚烧炉焚烧	—	

经过对以上丁二烯装置调研，丁二烯塔釜物料去裂解装置急冷油、急冷水塔的较多。因此车间提出三种方案解决此项问题；

（1）将丁二烯塔釜物料送至裂解装置急冷油/急冷水塔，C_4 回收，重组分进入焦油，将废烃泵出口线配至裂解急冷油/急冷水塔进料线处。

（2）将废烃罐进行改造，增加加热器，同时在上部增加塔盘，将轻重组分分离，轻组分进入热火炬，重组分间断送至华科焦油。

（3）公司推进炔烃加氢项目，将 C_4 炔烃和丁二烯塔釜物料全部送至炔烃加氢装置处理，解决装置物料排放损失大的同时，回收烃类产丁烯盈利。

车间建议将丁二烯塔釜物料送至裂解装置，回收 C_4 物料，如果炔烃加氢项目建设完成后，彻底解决两股物料的排放并实现回收再利用。

四、排放损失控制

将丁二烯塔釜温度提高至 58℃后，经过化验分析排放组成中丁二烯含量由 18%降低至 14%，有效地降低了丁二烯的排放损失；脱气、炔洗系统稳定后，二聚物生成频率明显减少，排放周期由原来的每班 2 班一次延长为每 6 班一次；通过在线分析监测，及时计算调整炔烃洗涤塔 C_4 炔烃排放量，C_4 炔烃排放气中丁二烯含量大大降低。

五、回收效益

按正常生产负荷 39.5t/h 计算，C_3 炔烃正常排放量以 200kg/h，C_4 炔烃排放量为 1000kg/h，回收排放气效益如表 4 所示。

表 4 排放气回收项目效益表

	排放量/(kg/h)	年累计/t	单价/(万元/t)	累计效益/万元
C_3 炔烃	200	1600	0.3627	580
C_4 炔烃	1000	8000	0.3627	2901

六、结语

C_3 炔烃和 C_4 炔烃为装置废气，原设计送往火炬燃烧，通过对 C_3 炔烃和 C_4 炔烃的去向进行研究，找到了两股物料安全和合理的去向，通过回收不仅能实现装置低碳排放，减小装置排放损失，降低火炬的负荷，避免对周围大气环境的污染，同时通过回收创造了客观的经济效益，整个装置的尾气回收项目将取得可观的效果。

参考文献

[1] 朱警，李正琪 . C_4 抽余液加氢精制脱除二烯烃和炔烃催化剂的研制[J]. 石油化工，1993，(2)：71-76.

[2] 周召方 . 丁二烯装置 C_4 尾气的综合利用[J]. 乙烯工业，2016，28(3)：57-59.

[3] 郑来宁 . 全国首套液化炔烃尾气加氢装置建成投产[J]. 石化技术与应用，2016，34(5)：382.

重质油加工企业提高非化石能源比例降碳的方法探讨

刘小行
李为民
中国石油辽河石化公司

通过研究重质油加工企业用能结构及碳排放特点，提出通过提高非化石能源比例的方式，降低企业碳排放。

一、概述

近10年，随着中国经济体量的不断增长，二氧化碳排放量处于逐年增加的状态(见表1)；在二氧化碳总排放量中，化石能源作为燃料所产生的二氧化碳占有绝对比重，近年来消耗总量上升明显(见表2)。为此，国家在实施节能减排、提高资源利用效率的过程中，积极推动淘汰落后产能，提高能效，保证经济高速增长的同时，单位国内生产总值(GDP)耗能显著降低，抑制了温室气体的排放总量的上升速度。

表1　2011—2020年中国二氧化碳排放量

年份	排放量/亿吨	年份	排放量/亿吨
2011	94.59	2016	96.11
2012	100.26	2017	97.14
2013	101.97	2018	100.27
2014	100.48	2019	102.56
2015	97.57	2020	105.2

2030年我国实现碳达峰，提出的非化石能源的发展目标是占能源消费总量的25%，减少碳排放的主要方向就是减少化石能源的消耗。而炼油行业在为社会提供化石能源(汽油、煤油、柴油等成品油)的同时，自身在加工过程中也消耗大量化石燃料，是温室气体排放的重要行业，也是国家减排行动的重点行业，承担着巨大的责任和压力。

重质油加工企业做为炼油行业的一个分支，其特点是原料性质差，轻油收率低，产品中以沥青、渣油、船燃等重质产品为主，在炼油综合能耗和单位能量因数耗能等指标方面远逊于常规以汽柴油为主要产品的原油加工企业，其用能结构和在碳排放方面也有其鲜明的特点。

表 2　各种化石能源消费量统计表　　单位：亿吨

年份	煤炭	石油	天然气	二氧化碳排放总量
2000	23.9	6.9	0.54	31.3
2001	24.4	7	0.6	32.1
2002	27	7.6	0.64	35.2
2003	32	8.3	0.76	41.1
2004	37	9.6	0.84	47.4
2005	42.7	10.1	1.06	53.8
2006	47.4	10.8	1.23	59.4
2007	51.2	11.2	1.53	63.9
2008	54.3	11.4	1.77	67.5
2009	59.8	11.8	1.97	73.6
2010	61.3	13.3	2.35	76.9
2011	66	13.9	2.86	82.8
2012	67.6	14.5	3.25	85.4
2013	69.04	15.2	3.7	87.9
2014	68.53	15.8	4.05	88.4
2015	67.11	17	4.97	89.1
2016	66.24	17.4	5.34	89
2017	66.28	18.1	6.14	90.5
2018	66.86	19	7.22	93.1

二、重质油加工企业的用能结构及碳排放的特点

石油加工企业由于工艺路线和产品方案不同，其用能特点也差异较大，以某沥青和船燃企业为例，作为重质油加工企业，一般用能呈现以下特点，见表 3。

表 3　某重质油加工企业用能结构表

序号	能源项目	单位	实物消耗量	能耗 吨标煤	比例/%
1	原油	吨	18032	25761	4.70
2	天然气	万立方米	1605	21344	3.89
3	电	万千瓦时	41456	50949	9.29
4	重油	吨		0	0.00
5	汽油	吨	119	175	0.03
6	柴油	吨	57	83	0.02
7	炼化干气	吨	184812	290413	52.98
8	催化烧焦	吨	58875	79905	14.58
9	热力	吨标煤	79518	79518	14.51
	能源消耗总计	吨标煤		548149	100.00

从表3可以看出，该加工企业化石能耗占比高达76.2%，其中炼厂干气和催化烧焦分别为52.98%和14.58%，非化石能源能耗为23.8%，主要是热力和电力消耗，分别占14.51%和9.29%。

在碳排放结构方面，参考该企业的碳排放结构图可以看出，非化石能源的碳排放占比为33%左右。某重质油加工企业的碳排放结构见表4。

表4　某重质油加工企业的碳排放结构表

排放分类				时间		
				2018年	2019年	2020年
总计				1353423	1624151	1592387
直接排放	小计			864157	1081610	1055991
	燃料燃烧排放	CO_2排放量/t		555684	775461	761688
	过程排放	排放量/t	CO_2排放量/t	308356	323372	318187
			CH_4排放量/t	118	111	142
			N_2O排放量/t	0	0	0
			CO_2排放当量/t	308474	323483	318329
	逸散排放	排放量/t	CH_4排放量/t	0	0	0
			CO_2排放当量/t	0	0	0
	回收利用	排放量/t	CO_2排放量/t		17334	24026
			CH_4排放量/t			
			CO_2排放当量/t	0	17334	24026
间接排放	小计			489266	542541	536396
	电力	CO_2排放量/t		263402	299154	317229
	蒸汽	CO_2排放量/t		225868	243387	219167
非化石能源占总排比例				36.15%	33.40%	33.69%

从表4中可以看出，非化石能源比例高的工况，碳排放总量相对其他工况较低，因此，进一步压缩化石能源的数量，提高非化石能源的比例，可以有效地降低碳排放总量。

三、提高非化石能源比例的方法

（一）综合应用提高能源效率的措施，降低企业的炼厂燃料的消耗

由于是加工重质原油，在燃料消耗方面，有诸多不利因素，如常减压端换热效果差、换热终温低，进而增加了燃料气的消耗，因此在加热炉的技术采用上，要高度重视。作为炼厂能耗最高的能量转换设备，可以考虑进一步提高工业炉热效率，如应用高效隔热炉体材料，强化炉管传热技术，降低烟气排放温度，通过装置间热联合，使用高通量换热器，强化换热器保温和在线清洗等技术，提高换后终温，抑制热损失，减少余热浪费，最大限度地节能降耗；同时，通过能量优化管理、设备升级改造和使用低碳替代燃料，可实现部分减排。对能耗和二氧化碳排放量较大的炼油工艺装置如催化裂化、常减压蒸馏、制氢、加氢处理和加氢裂化等，强化工艺优化控制等措施来降低能耗，或者采用节能新技术降低催化烧焦等，这些技术将成为炼油行业综合利用资源、节能减排的重要手段（见表5）。

表 5　节能措施降低加热炉燃料统计表

装置名称	南蒸馏	西蒸馏	超稠油减粘
措施内容	换热器清洗，加热炉节能喷涂	换热网络改造，加热炉节能喷涂	换热网络改造，加热炉节能喷涂
效果	提高换后终温 25℃，炉外壁温度下降 7℃	提高换后终温 12℃，炉外壁温度下降 11℃	提高换后终温 35℃，辐射室温度下降 72℃，炉外壁温度下降 9℃
降低燃料气量	160kg/h	156kg/h	498kg/h

（二）强化非化石能源的代替

大力推行电能替代，对工厂进行电气化改造，使电力成为大机器生产的动力基础，并在工艺过程中以及在工业生产管理和控制中广泛应用，最终实现化石能源清洁利用，提升能效水平。它包括：(1)动力设备电气化。即采用电力作为工业动力；(2)工艺过程电气化。即在工艺过程中应用电力；(3)以电子设备(如电子计算机)管理和控制生产。电能替代是实现“碳达峰”与“碳中和”目标的重要路径，需要新领域，新技术，新方法和新模式的支撑。

由表 2 可知，重油加工企业作为加热炉燃料的炼厂干气耗能占 50%以上，具有较大的可替代空间。传统燃料型加热炉具有效率低、高污染排放等缺点，利用电加热炉代替传统燃料型加热炉，热效率可达到 95%以上，是强化非化石能源替代的一种重要手段。

叶元华等研究一种可进行电加热的导热油锅炉，通过电加热板可对导热油进行电加热，替代原有的燃料燃烧加热方式，可应用于重质油加工企业罐区升温、维温，节省燃料消耗。

（三）强化二氧化碳的回收

对二氧化碳的回收，可以有效降低碳的排放总量，炼油企业碳排放点源众多，但目前具备回收价值的装置主要集中在制氢和催化装置。从某炼油企业的制氢装置和催化装置的烟气和中变气的原料来看，年回收二氧化碳量分别可以达到 23×10^4t/a 和 10×10^4t/a，回收数量相当可观。

表 6　某重质油加工企业回收二氧化碳数量统计表

项　目	数　量		项　目	数　量	
原料	催化烟气	制氢中变气	原料	催化烟气	制氢中变气
流量/(Nm^3/h)	134368	38706	压力/kPag	1~3	2550
温度/℃	59.2	40			
组成，v%					
H_2		74.31	CO	0.1	2.4
CH_4		5.96	CO_2	10.82	17.06
O_2	3.21		H_2O	9.53	0.27
N_2	76.33		年回收量/(10^4t/a)	23	10

（四）基于数字化、智能化炼油厂的节能技术

建设数字化、智能化炼油厂是炼油产业高质量发展的必然趋势，已经受到许多炼油企业的重视。物联网、大数据、云计算、智能化等信息技术深度融合，能实现炼油企业能量

的优化、低碳管控的数字化、智能化、精细化，在建设和改造炼油企业的过程中，要把支持企业的数字化、智能化、低碳化作为最重要的工作内容。要突破数据准确自感知的难题，尽快实现炼油企业的物质流、能量流、数据自动感知与自动采集、异构数据自动集成，逐步形成和完善生产效率、产品品质约束下的加工能耗最低、碳排放最小的在线优化等技术。

四、结论

全球能源发展由化石能源时代向低碳能源时代加快转变，能源转型是实现碳达峰碳中和的关键，炼油企业调整能源结构，提高非化石能源的比例，让非化石能源成为增量主体，可以采用多种措施，提高能源的效率，降低燃料等化石能源的数量，是炼油企业今后降低碳排放总量的关键。

参考文献

[1] 赫永达，文红，孙传旺．"十四五"期间我国碳排放总量及其结构预测——基于混频数据 ADL-MIDAS 模型[J]．经济问题，2021(04)：31-40.

[2] 蔡博峰，曹丽斌，雷宇，等．中国碳中和目标下的二氧化碳排放路径[J]．中国人口・资源与环境，2021，31(01)：7-14.

[3] 王文文，孙文静，孙慧，等．我国碳排放管控现状与未来展望[J]．现代化工，2021，41(02)：19-22.

[4] 邓小肃，刘安军，王涛，等．电加热炉代替液态烃圆筒加热炉的工业应用[J]．化工机械 2006，33(6)：354-356.

[5] 叶元华，等．一种可进行电加热的导热油锅炉：201620897865. 7[P]. 2016-08-17.

[6] 曹湘洪．炼油行业碳达峰碳中和的技术路径石油炼制工程[J]. 2022，52(1)：1-10.

制氢装置二氧化碳捕集技术应用研究

谢海舟 | 中国石油天然气股份有限公司大庆石化分公司

制氢装置作为炼油过程中最大的脱碳过程，亦面临减少碳排放的挑战，本文结合 40000Nm³/h 制氢装置的碳排放现状，通过介绍现有二氧化碳捕集技术，研究制氢装置碳捕集措施，实现对二氧化碳的部分回收，降低碳排放总量。

一、概述

面对全球气候变暖挑战，调整产业结构、控制温室气体排放、加快绿色与清洁低碳发展受到世界各国高度重视。化石能源消费是导致全球碳排放量增加的主要原因，为降低碳排放，加快发展新能源、推动能源结构向绿色低碳转型已成普遍共识。炼厂作为能源行业的重要组成部分之一，在能源转型与“双碳”目标的约束下，将面临更大的转型升级和低碳发展挑战，化工型炼厂将成为未来炼厂发展的主流方向，碳捕集与利用亦将成为未来炼厂重点工艺。

炼厂的碳排放主要分为燃烧排放、工艺排放以及间接排放(如外购电能排放)，以典型的千万吨级炼厂为例，燃料燃烧排放的 CO_2 约占 55%，催化烧焦排放约占 33%，制氢工艺排放约占 8%，火炬排放与间接排放数量占比 4%。在碳达峰后，炼厂普遍在排放集中的位置(如常减压塔加热炉、制氢装置等)增设碳捕集设施，并对捕集的 CO_2 进行地下封存或集中利用。

随着炼油产品质量升级，加氢工艺成为各企业的首选工艺，制氢装置势必同步增加，而制氢装置基本是炼油过程中最大的脱碳过程，因此炼厂制氢装置 PSA 尾气中的 CO_2 是较好的工业化 CO_2 捕集气源。本文对制氢装置应用二氧化碳捕集技术进行研究。

二、某地 40000Nm³/h 制氢装置的碳排放现状

(一) 装置简介

某地 40000Nm³/h 制氢装置，由原料精制、转化系统、中变及冷却

分液系统、热工系统和公用工程等部分组成，原料精制部分采用湿法脱硫（MDEA 溶液吸收）对原料进行初步净化，然后再用 ZnO 进行精脱硫的方法进行原料净化，转化部分采用烃类-水蒸气转化法制氢，产品部分采用 PSA 净化提纯工艺制取 H_2。

制氢单元主要原料为大庆油田所产的油田气、加氢装置所产的加氢干气、加氢低分气、重整氢 PSA 提浓解吸气，主要产品为纯度 99%以上的工业 H_2。设计产氢能力 $4.4\times10^4 Nm^3/h$，年产氢 $3.19\times10^4 t$。制氢总能耗为 $149.9\times10^3 MJ/t$ 工业氢（$13.6\times10^3 MJ/1000$ 标准立方米工业氢），H_2纯度 99.9%。所产 H_2一部分供给加氢裂化，其余部分送全厂 H_2管网。

（二）碳排放现状

1. 工艺过程排放

$$E_{CO_2-制氢} = \sum_{j=1}^{N} [AD_r \times CC_r - (Q_{sg} \times CC_{sg} + Q_w \times CC_w)] \times \frac{44}{12} \quad (1)$$

式中，$E_{CO_2-制氢}$为制氢装置产生的 CO_2 排放，单位为吨 CO_2；j 为制氢装置序号；AD_r 为第 j 个制氢装置原料投入量，单位为吨原料；CC_r 为第 j 个制氢装置原料的平均含碳量，单位为吨碳/吨原料（%）；Q_{sg}为第 j 个制氢装置产生的合成气的量，单位为万 Nm^3 合成气；CC_{sg}为第 j 个制氢装置产生的合成气的含碳量，单位为吨碳/万 Nm^3 合成气；Q_w 为第 j 个制氢装置产生的残渣量，单位为吨；CC_w 为第 j 个制氢装置产生的残渣的含碳量，单位为吨碳/吨残渣。

以 2020 年为标准，则 $E_{CO_2-制氢} = \{(58740_{油田气} \times 0.7372 + 26886_{干气} \times 0.8113) - [23500_{氢气} \times 0\%(V) + 0_{残渣})]\} \times 44/12 = 238757.7t$。

$$E_{CO_2-燃烧} = \sum_j \sum_i \left(AD_{i,j} \times CC_{i,j} \times OF_{i,j} \times \frac{44}{12} \right) \quad (2)$$

式中，$E_{CO_2-燃烧}$为企业的化石燃料燃烧 CO_2 排放量，单位为吨 CO_2；i 为化石燃料的种类；j 为燃烧设施序号；$AD_{i,j}$为燃烧设施 j 内燃烧的化石燃料品种 i 消费量，对固体或液体燃料以及炼厂干气以吨为单位，对其他气体燃料以气体燃料标准状况下的体积（万 Nm^3）为单位，非标准状况下的体积需转化成标况下进行计算；$CC_{i,j}$为设施 j 内燃烧的化石燃料 i 的含碳量，对固体和液体燃料以吨碳/吨燃料为单位，对气体燃料以吨碳/万 Nm^3 为单位；$OF_{i,j}$为燃烧的化石燃料 i 的碳氧化率，取值范围为 0~1。

燃烧产生碳量 $= AD_{干气}(1.7) \times 0.813 \times 0.99 \times 44/12 + AD_{瓦斯}(16747.3) \times 0.64 \times 0.99 \times 44/12 = 5.017 + 38907.327 = 39812.144t$。

2. 事故排放火炬

2020 年以来无紧急排放火炬情况，只有一次窗口检修期，其中排放种类为氮气置换系统，排放量为 $500m^3$，则 2.0MPa 泄压排放量为 $10000m^3$/次，按照 30%（V）为油田气、30%（V）中变气、30%（V）氢气、10%（V）尾气计算，则碳排放吨数为：$3000\times1.199/1000\times0.7372+3000\times0.79/1000\times0.5+0+1000\times1.7/1000\times0.89=2.79t$。

3. 电能及蒸汽热碳换算

电能取 2019 年东北电网排放因子数值 1.0935（tCO_2/MWh），2020 年电能为 10901217kW·h，则碳排放吨数 = 11920.5t。

以质量单位计量的热水可按式（3）转换为热量单位：

$$AD_{热水} = Ma_w \times (T_w - 20) \times 4.1868 \times 10^{-3} \quad (3)$$

式中，$AD_{热水}$为热水的热量，GJ；Ma_w为热水的质量，吨热水；T_w为热水的温度，℃；4.1868为水在常温常压下的比热，kJ/(kg·℃)。

热能供应为热水50t/h(仅冬季)全年=151×24×50=181200t，另外其中制氢外供热2268200t，则制氢为负碳排放。

根据上式：$AD_{热水}=181200\times(85-20)\times4.1868\times10^{-3}-2268200\times(100-20)\times4.1868\times10^{-3}=49312.1-759719.9=-710407.8$GJ

以质量单位计量的蒸汽可按式(4)转换为热量单位：

$$AD_{蒸汽}=Ma_{st}\times(En_{st}-88.74)\times10^{-3} \tag{4}$$

式中，$AD_{蒸汽}$为蒸汽的热量，GJ；Ma_{st}为蒸汽的质量，吨蒸汽；En_{st}为蒸汽所对应的温度、压力下每千克蒸汽的热焓，单位为kJ/kg。

饱和蒸汽0.8MPa，2768.4kJ/kg；过热蒸汽1.0MPa，200℃；2855.5kJ/kg。

$AD_{蒸汽}=(151\times24\times17+214\times24\times3.5)\times(2855.5-83.74)\times10^{-3}=79584\times2.77176=220587.7$GJ。

热能供应排放因子按指南给出的0.11t(CO_2/GJ)。

供热碳排放吨数=-489820.1GJ×0.11t(CO_2/GJ)=-53880.21t。

制氢装置年碳排放总量=184880.28t(2020年全年量其中未包括检修排放2.79t)。

三、二氧化碳捕集技术

目前国内外可用于CO_2分离与捕集的方法主要有：溶剂吸收法、膜分离法和变压吸附法。

(一) 溶剂吸收法

溶剂吸收法可分为物理吸收法和化学吸收法。

1. 物理吸收法

物理吸收法的原理是通过交替改变CO_2和吸收剂之间的操作压力和操作温度以实现CO_2的吸收与解析，从而达到分离解析的目的。物理吸收法的特点是吸收温度很低、吸收压力要求较高(一般运行的压力为2~4MPa)，吸收能力大，吸收剂用量少，而且吸收剂再生不需要加热，因而能耗低。由于CO_2在溶剂中的溶解服从亨利定律，因此物理吸收法仅适用于气源CO_2分压较高的条件。

制氢驰放气中虽然CO_2浓度在50%左右，但气源压力几乎为常压，如若对1000Nm³/h解吸气增压到3.0MPa，其能耗与费用大致为235kW·h和120元/h电费，捕集成本较高。

2. 化学吸收法

化学吸收法捕集CO_2是根据原料气中CO_2与溶剂发生化学反应来实现分离的，因为该化学反应是可逆反应，所以通过加热的方式可以对吸收溶剂进行再生，同时被吸收的CO_2被再生释放出来，通过对再生气进行精制所得CO_2纯度可达99.99%。化学吸收法最主要的特点是可以进行常压吸收，气源压力要求小，且技术成熟、分离效果好、运行可靠，目前仍是CO_2捕集的主流工艺技术。其缺点是溶剂再生能耗大、工艺复杂、成本高，吸收剂对设备会产生腐蚀，用于规模化CO_2减排捕集有其局限性。

(二) 膜分离法

气体膜分离是利用各气体组分在高分子中的溶解、扩散速率不同，在膜两侧分压差的作用下，气体通过膜的渗透速率不同而分离的过程。膜分离法应用于常压气源 CO_2 捕集，同样需将气源增压到 3.5MPa 左右，增压能耗与成本较高。另外，膜分离法较适宜的 CO_2 浓度为 20%~60%，但其产品气纯度也有限，只能在一定程度上进行提浓，需要和其他方法联合使用，而且需要较高的压头。目前膜技术的研究还不成熟，针对适用于制氢驰放气 CO_2 捕集的膜材料的选择也较难。同时，要使捕集回收的 CO_2 达到再利用的纯度，必须使用两级或多级膜分离系统。

(三) 变压吸附法

变压吸附法(PSA)是利用专用吸附剂的平衡吸附量随组分分压升高而增加的特性进行加压吸附、减压脱附的操作方法。变压吸附法(PSA)技术在国内最早(20 世纪 80 年代)用于合成氨工业回收纯氢，之后用于石油、石化工业提取氢回用至加氢装置。随着 PSA 技术及吸附剂研发的不断深入，PSA 装置规模不断扩大，应用领域不断拓宽，现已成为气体分离技术的主流技术。

PSA 技术适用于小规模、中高压、较高浓度的 CO_2 捕集，其特点是工艺简单、控制水平高、装置操作弹性大、运行费用低、节能环保；能适合原料气量和组成较大波动，可制取高纯度气体；原料气中有害微量杂质可作深度脱除；无溶剂和辅助材料消耗，正常吸附剂一般可用 15 年以上。对于 CO_2 含量在 50% 制氢驰放气，1.1MPa 的吸附压力就能达到要求，无须多次增压，大大降低了能耗和成本；无“三废”排放，对环境不会造成污染。与膜分离相比，占地面积稍大；与溶剂吸收法相比，属干法工艺，整体工艺过程简单，操作过程中没有流体周期性升温、降温的弊病，最重要的是省去了溶剂再生需要消耗的大量外供热能。

四、制氢装置碳捕集措施

目前主要成熟的碳捕集技术包括溶剂吸收技术、膜分离技术、变压吸附技术。根据制氢实际情况，更适宜选择溶剂吸收技术进行碳捕集。捕集原本要作为转化炉原料解吸气中的二氧化碳(CO_2 约占 18.2%，体积分数)，提高解吸气(CO_2 约占 52.9%，体积分数)热值，提高转化炉热效率。

制氢转化炉的主要燃料为 PSA 产生的副产品解吸气(CO_2 约占 52.9%，体积分数)，在制氢装置负荷在 70%左右的情况下，解吸气量在 13000~15000Nm^3/h 左右。

在该工况下，PSA 原料即中变气进 PSA 量约为 51000Nm^3/h。其中 CO_2 约占 18.2%(体积分数)，若能在中变气进入 PSA 前，增加脱碳设施，可以大幅度提高解吸气热值，减少 CO_2 带走的热量，提高转化炉热效率。

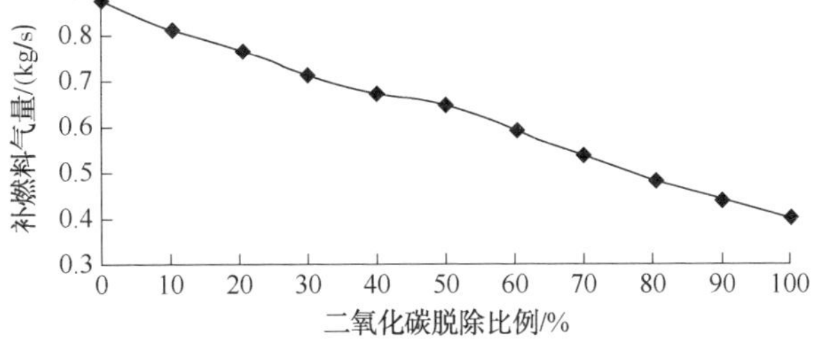

图 1　随二氧化碳不同脱除比例补充燃料气量

PSA 解吸气中的碳脱除后，需要补充的燃料气、所需的燃烧空气及相应产生的烟气量明显降低，即二氧化碳气体脱除后，节约了外补燃料，减少了燃烧空气用量，降低了外排烟气量。

对比同类型装置，某 80000Nm^3/h 制氢装置，解吸气组成与本装置组成基本一致，将 CO_2 不同脱除情况下进行流程模拟的结果。在 100%脱除情况下补充燃料气量、总烟气量、配风量减少量超过三分之一。

五、预期效果

增加碳捕集设施后，可以将尾气中的二氧化碳作为副产品进行回收，对热效率变化计算如下。

管式炉热效率的通用反平衡式。

$$\eta=(1-q_{烟}-q_{散})\times100\% \tag{5}$$

式中，η 为管式炉热效率；$q_{烟}$ 为排烟热损失(包括不完全燃烧热损失)百分比；$q_{散}$ 为散热损失百分比。

计算转化炉热效率相关数据见表 1~表 5。

表 1　燃烧热值(低热值)

瓦斯	含量/%(V)	热值，(MJ/Nm^3)	中变气 PSA 尾气	含量/%(V)	热值，(MJ/Nm^3)
甲烷	42.4	33.88	甲烷	14.9	33.88
乙烷+乙烯	7.4	60.3	氢气	24.7	10.2
丙烷+丙烯	12.5	86.23	一氧化碳	5	11.95
丁烷	4.8	112.16	二氧化碳	55.4	0
丁烯	10.1	106.9	氮气	<0.1	0
C_5及以上	2.5	136.95	—		
一氧化碳	0.0	11.95			
氢气	13.0	10.2			
氮气	6.6	0			
二氧化碳	0.8	0			
硫化氢/(mL/m^3)	2	33.88			
瓦斯流量/(Nm^3/h)	1800		尾气流量/(Nm^3/h)	15000	
瓦斯燃烧热/(MJ/h)	90965.5		尾气燃烧热/(MJ/h)	122475.3	

表 2　燃料燃烧热及热负荷

项　目	瓦斯燃烧热	尾气燃烧热	总的热量	转化炉热负荷
方案一	90965.5MJ/h	122475.3MJ/h	213440.8MJ/h	59.3Mw·h

表 3　燃料气烟气量

项目	含量/%(V)	空气系数	CO_2系数	水系数	SO_2系数	空气量/m^3	CO_2量/m^3	水量/m^3	SO_2量/m^3
甲烷	42.4	9.524	1	2	0	7268.72	763.20	1526.40	—
乙烷	7.4	16.667	2	3	0	2220.04	266.40	399.60	—

续表

项目	含量/%(V)	空气系数	CO_2系数	水系数	SO_2系数	空气量/m^3	CO_2量/m^3	水量/m^3	SO_2量/m^3
丙烷	12.5	23.81	3	4	0	5357.25	675.00	900.00	—
丁烷	4.8	30.952	4	5	0	2674.25	345.60	432.00	—
丁烯	10.1	28.571	4	4	0	5194.21	727.20	727.20	—
戊烷	2.5	38.095	5	6	0	1714.28	225.00	270.00	—
二氧化碳	0.8	0	1	0	0	0.00	14.40	0.00	—
氢气	13.0	2.381	0	1	0	557.15	0.00	234.00	—
氮气	6.6	0	0	0	0	0.00	0.00	0.00	—
硫化氢	0.002	7.143	0	1	1	0.26	0.00	0.04	0.06
合计	—	—	—	—	—	24986.16	3016.80	4489.24	0.06

表 4 尾气烟气量

项目	含量/%(V)	空气系数	CO_2系数	水系数	氮气系数	空气量/m^3	CO_2量/m^3	水量/m^3	氮气量/m^3
甲烷	14.9	9.524	1	2	0	21286.14	2235	4470.0	—
一氧化碳	5	3.181	1	0	0	2385.75	750	0.0	—
二氧化碳	55.4	0	1	0	0	0.00	8310	0.0	—
氢气	24.7	2.381	0	1	0	8821.61	0	3705.0	—
氮气	0.06	0	0	0	1	0.00	0	0.0	0
合计	—	—	—	—	—	32493.50	11295.00	8175.0	0

表 5 燃料产烟气量汇总表

名称	瓦斯产烟气量	尾气产烟气量	合计	名称	瓦斯产烟气量	尾气产烟气量	合计
空气/(Nm^3/h)	24986.16	32493.50	57479.7	水/(Nm^3/h)	4489.24	8175.00	12664.2
CO_2/(Nm^3/h)	3016.80	11295.00	14311.8				

(一) 计算烟气带走热量损失(见表 6)

24 小时内平均为 155.7℃的烟气带走的热量如下:

$$V_{O_2}=0.21\times(1.26-1)\times57479.7=3138.4\mathrm{Nm^3/h}$$

$$V_{N_2}=0.792\times57479.7=45409.0\mathrm{Nm^3/h}$$

表 6 烟气带走热量

项目	含量/(Nm^3/h)	热值/(KJ/Nm^3·℃)	带走热量/MJ	项目	含量/(Nm^3/h)	热值/(KJ/Nm^3·℃)	带走热量/MJ
氧气	3138.4	1.305	757.69	SO_2	0.06	1.591	0.01
CO_2	14311.8	1.593	4217.76	氮气	45409.0	1.293	757.69
水	12664.2	1.494	3500.26	合计			8475.7

(二) 转化炉热损(见表 7)

$$Q_{顶损失}=M_{顶}\times(T_{顶}-T_{年平均})\times K_{顶}\times K_{顶校正}\times2$$
$$=199.2\times(189.4-0)\times22\times1.3\times2$$

$= 2158069.06\text{kcal}$

$= 9033.68\text{MJ}$

$Q_{侧损失} = M_{侧} \times (T_{侧} - T_{年平均}) \times K_{侧} \times K_{侧校正} \times 2$

$= 717.9 \times (61.5 - 0) \times 20 \times 1.0 \times 2$

$= 1766034\text{kcal}$

$= 7382.02\text{MJ}$

表 7 热量损失

序号	项目	单位	数值	序号	项目	单位	数值
1	炉外壁顶面面积	m^2	199.2	6	侧平面校正系数	—	1
2	炉外壁侧面面积	m^2	717.9	7	炉顶面传热系数	kcal/m^2·h·℃	22
3	炉顶面平均温度	℃	127	8	炉侧面传热系数	kcal/m^2·h·℃	20
4	炉外壁侧面平均温度	℃	69	9	环境温度	℃	26
5	炉顶平面校正系数	—	1.3	10	环境年平均温度	℃	0

数据来源：《炼油工程师手册》。

(三) 转化炉热效率

转化炉热效率 $= 1 - q_{散} - q_{烟损}$

$= 1 - (9033.68 + 7382.02) \div 213440.8 - 8475.7 \div 213440.8$

$= (1 - 0.117) \times 100\% = 88.3\%$

按照二氧化碳脱除率 90%(v) 计算，则减少了 CO_2 的携带热量，并且本部分热量减少后引发瓦斯耗量减少，这两部分在一起，得出热量见表 8。

表 8 烟气带走热量

项目	含量/(Nm^3/h)	热值/(KJ/Nm^3·℃)	带走热量/MJ	项目	含量/(Nm^3/h)	热值/(KJ/Nm^3·℃)	带走热量/MJ
氧气	3138.4	1.305	757.69	SO_2	0.06	1.591	0.01
CO_2	1431.2	1.593	2279.9	氮气	45409.0	1.293	757.69
水	12664.2	1.494	3500.26	合计			7295.6

减少使用瓦斯 75.1Nm^3/h，热量减少 3790.2MJ。

转化炉热效率 $= 1 - q_{散} - q_{烟损}$

$= 1 - (9033.68 + 7382.02) \div 209650.6 - 7295.6 \div 209650.6$

$= (1 - 0.112) \times 100\% = 88.8\%$

进行碳捕集后，热效率增加了 0.5%。

碳达峰碳中和目标下炼化企业的低碳发展策略研究

尉　勇
宋子维
张　昭
鱼　钰
中国石油长庆石化公司

基于国家碳达峰碳中和的战略目标和中石油集团公司“清洁替代、战略替代、绿色转型”三步走部署，分析长庆石化公司三年来的用能结构和二氧化碳排放量和碳排放强度。结合长庆石化公司发展规划，提出碳达峰碳中和行动方案，重点分析低温热利用技术、碳捕集技术、光伏发电技术及二氧化碳的利用和转换技术的应用前景，为公司的能源结构调整探索节能减排路径，为炼化企业的低碳发展转型提供发展思路和建议。

2020年9月，习近平总书记在联合国大会上做出“中国努力争取在2030年实现碳达峰，2060年前实现碳中和”的承诺，双碳目标的实现，不仅为应对全球气候变化做出重大贡献，而且对我国贯彻新理念发展、构建新发展格局、推进经济社会全面绿色转型具有里程碑意义。中国主动提出“双碳”目标，既彰显了中国对全球气候治理的大国责任担当，同时也给占碳排放量比重最高的石化能源行业带来巨大挑战。石油石化行业作为高能耗、高排放行业，必须面对“双碳”目标带来的挑战，长庆石化作为城市型炼厂，必须深入研究节能减排降碳的技术和经济可行性，探索低碳发展新模式，推动绿色低碳转型。

一、用能结构和二氧化碳排放分析

（一）2019~2021年用能结构分析

长庆石化公司能源消耗主要由干气、天然气、焦炭、电力及热力构成(见表1)，近三年的能耗在 $32\times10^4 \sim 37\times10^4$t 标油，各能源的减排方向如下。燃料气(干气+天然气)：通过优化换热网络、回收低温热等措施，降低全厂能耗，从而降低燃料气气用量，达到减排的目的。焦炭：从提高焦炭来源装置的工艺技术、优化装置操作条件和原料的轻质化方面入手，降低焦炭产率，达到减排的目的。电力：通过提高用电设备的能效、采用太阳能替代电力照明、优先采用绿电等措施，降低用电的间接二氧化碳排放量。热力：从采用效率高的换热设备、提高用蒸汽设备的效率等方面入手，提高蒸汽的产量，从而提高热力净输出量，达到降低全公司间接二氧化碳排放量的目的。

表1 长庆石化 2019~2021 用能结构

序号	能源项目	折标系数	2019 年能耗/t 标油	2020 年能耗/t 标油	2021 年能耗/t 标油
1	燃料油	1	1197	57	/
2	干气	0.95	87303	90165	117796
3	天然气	0.93	88290	89758	86044
4	焦炭	0.95	78566	90919	93769
5	外购电力	0.228	80267	86183	87323
6	外购热力	0.02389	-15394	-12586	-15164
7	能源消耗总量		320228	344496	369768

(二) 2019~2021 年二氧化碳排放分析

由 2019~2021 年的二氧化碳排放可看出(见表2)，长庆石化公司二氧化碳年排放当量 0.96~1.2Mt，主要为燃烧排放和过程排放，二者占年排放量的 80%~85%，其节能减排的方向为：提高加热炉的热效率来降低燃料的用量；对排放气进行 CCUS 处理；采用绿电技术部分替代外购电力；优化换热网络、回收低温热、从而提高热力净输出量，来达到降低二氧化碳排放的目标。

表2 长庆石化 2019~2021 二氧化碳排放

	2019 年排放当量/tCO_2	2020 年排放当量/tCO_2	2021 年排放当量/tCO_2
燃烧排放	488509	497604	577278
过程排放	311975	355392	362586
间接排放	163968	194211	185675
回收利用	0	0	0
合计	964452	1047207	1125538

二、业务发展规划及低碳策略对碳排放的影响

长庆石化公司作为燃料型炼厂，公司加工流程简单，碳排放基础总量不大，相比于大型炼厂及炼化一体化企业，在减碳机会和减碳量上处于劣势，减油增化潜力小，节能减排管理优化空间有限。以往的项目建设，设计院往往对单一项目进行论证，在立项、可研、设计对能耗有所提及，但对二氧化碳的排放基本不涉及。项目建设单位和碳管理单位存在“建的不干，干的不建”的矛盾，实际中项目的规划建设对二氧化碳排放有显著影响。

分析公司流程与加工路线，“双碳”管理短期目标全面的降低能耗与实物量消耗，争取

政府、集团碳定额。长期落实低碳循环经济，与社会综合利用进行深度结合，打破传统炼油企业的“围墙炼厂”边界，内部节能减排的同时，拓展能源外输的减碳路径，开展碳捕集联产以及结构转型等。

（一）项目规划对二氧化碳排放影响分析

1. 催化裂化降烯烃改造

为贯彻落实国务院关于打赢蓝天保卫战三年行动计划要求，减少污染物排放，降低汽油烯烃含量，增产丙烯，拟 2023 年对催化裂化装置进行 MIP 改造。电力消耗较改造前增加 150kW，中压蒸汽产出较改造前增加 13t/h，测算二氧化碳直接排放减少 1×10^4t/a。

2. 产品精制隐患改造

催化 MIP 改造后现产品精制装置无法满足干气、液化气产品精制处理要求，需要进行隐患治理改造。改造后，干气精制规模提升至 0.1Mt/a，液化气精制规模提升至 0.3Mt/a，总设计规模 0.4Mt/a。电力消耗较改造前增加 200kW，测算二氧化碳排放量增加 1169t。

3. 气分装置扩能改造

催化装置采用 MIP 改造后，气体产品增加，液化气产量增加，气分装置进行相应的配套改造。改造后加工能力从 0.2Mt/a 提高到 0.3Mt/a。因该装置能耗中无燃料气，主要为电、蒸汽和热水，预计每年能耗增加约 235000GJ（8020 吨标煤），二氧化碳间接排放量增加 2.58×10^4t。

4. 污水系统提标改造

公司污水处理系统处理能力较小，设施老旧，工艺老化，满足不了平稳处理上游污水处理要求，时常受到冲击，因而需要改造。污水系统改造工程预计 2023 年完成一期，全年增加电耗 2MW。2025 年完成污水系统改造二期，全年再增加电耗 2MW。一、二期污水系统改造碳排放每年增加 2668t。

5. 加热炉优化改造

2023 年拟对加热炉优化改造，提高热效率，降低燃料气消耗。溶脱装置加热炉鼓风机重新选型升级改造，可使加热炉氧含量由 7%降低至 3%以下，热效率提高至 93.5%以上；连续重整装置四合一炉增设烟气余热回收系统，提高加热炉负荷，排烟温度降至 100℃以下，热效率提高到 94%以上；对常压炉、减压炉等热负荷较高的加热炉，改造其烟气余热回收系统，增加装置引风机，鼓风机重新进行选型，更换修复常压炉、减压炉辐射室和对流室衬里。通过升级改造加热炉热效率可由目前 92%提高至 93.5%以上；燃料气系统和加热炉集成优化改造。对加氢裂化反应加热炉、重整四合一炉、常减压常压炉、常减压减压炉进行低氧燃烧改造；采用黑体强化辐射传热节能技术，将黑体元件安装于加热炉炉膛内壁，增加传热面积、调控炉膛内热射线辐射，提高加热炉热效率。各装置加热炉改造后，热效率可提高到 93%以上，部分提高到 94%，预计每年节约天然气 5500t，二氧化碳直接排放量降低 1.52×10^4t。

6. 新建氢气提纯项目

2021 年 8 月，陕西省发改委发布《陕西省氢能产业发展规划（2021—2025 年）》（征求意见稿），至 2025 年全省建成投运加氢站 60 座以上，推广各型燃料电池车 5050 辆，其中西安、咸阳地区计划投运加氢站 20 座，燃料电池车 550 辆。2021 年 11 月，咸阳市就《陕西省氢能产业发展规划三年行动方案和政策措施》文件征求意见事宜，建议将咸阳市列入氢能城际物流廊道示范运营的区域，打造以西安为代表的关中氢能消费中心，榆林、渭南、咸阳为氢能供应中心，并将长庆石化公司氢气提纯项目列为省绿氢示范项目，支持长庆石化低成本绿色生产。

推动发展氢能源产业是长庆石化以氢气资源保障为切入点，大力推动“世界一流示范型城市炼厂”建设的重要举措，是公司转型升级实现绿色低碳发展的重要抓手。长庆石化公司拟建 2000Nm^3/h 的燃料电池用氢 PSA 纯化系统、充装站，年增加电耗 1. 89MW，折合二氧化碳 1258t。

规划项目实施后预计可增加二氧化碳排放 5695t/a。

（二）二氧化碳回收利用(CCUS)

炼化行业燃烧废气中的二氧化碳分压较低(体积分数 3%～20%)，且含油 NO_x、SO_x 以及颗粒物等杂质，分离高纯度的二氧化碳是一个复杂和高能耗的过程，直接捕集燃烧废气中的二氧化碳经济性不强。富氧燃烧(oxygen enriched combustion)，简称 OEC，即用比通常空气氧含量高的富氧空气进行燃烧。富氧工艺根据氧含量的不同，分为低浓度富氧(O_2<28%)、中浓度富氧(28%<O_2≤40%)和高浓度富氧(O_2>28%)。长庆石化公司的空分装置排放的总污氮约在 4000～4400Nm^3/h，污氮中氧含量 32%～36%，污氮目前没有任何回收利用，白白浪费掉，可考虑污氮引入加热炉进行试点的富氧燃烧，将富氧燃烧与 CCUS 联合应用。降低燃料气的同时，废气中的 NO_x、SO_x 排放量也显著降低，国外也有成熟的技术应用，如 2011 年澳大利亚建成了世界首套 30MW 富氧燃烧示范发电厂，二氧化碳年捕集量约为 300kt。

考虑到长庆石化公司装置布局、装置烟气排放量及烟气二氧化碳含量等因素，催化裂化装置烟气二氧化碳排放量占直接排放量的 37. 85%，计划先对催化烟气中的二氧化碳进行铺集利用，在二氧化碳铺集工艺成熟和二氧化碳利用途径得到拓展后再考虑对动力锅炉和其他装置排出的烟气进行二氧化碳铺集利用。

拟采用新型高效低能耗胺基溶液吸收催化烟气中的二氧化碳，然后通过溶液解析形成高纯的二氧化碳，加热炉及烟气排放的二氧化碳通过 CCUS 技术后，预计可减排二氧化碳 0. 55Mt/a。

回收的二氧化碳可以用于油田助采剂、食品行业的保护气体、生产碳酸饮料、农业气体肥料、工业干冰、制取高附加值化学品等途径。结合长庆石化公司实际，一方面依托邻近长庆油田的地理优势，吸收的二氧化碳就近输送至长庆油田进行驱油与埋存。初步资源潜力评价显示，长庆油田有 10^9 吨储量适合于二氧化碳驱油，可增加可采储量超 10^8 吨；另一方面，紧邻长庆石化公司的咸阳石化有 0. 1Mt/a 天然气制甲醇装置，若采用二氧化碳制甲醇技术，1t 甲醇的生产需要消耗 2400m^3 的氢气和 760m^3 的二氧化碳，咸阳石化年可消耗二氧化碳 15. 2×10^4t 二氧化碳。

长庆石化 2021 年二氧化碳直接排放量见表 3。

表 3 长庆石化 2021 年二氧化碳直接排放量

排放气来源	排放气 CO_2 含量/v%	CO_2 排放量/(t/a)	比例/%
常压炉烟气	6. 32	46656	4. 98%
减压炉烟气	9. 69	65467	6. 99%
加氢裂化加热炉烟气	9. 55	77834	8. 31%

续表

排放气来源	排放气 CO_2 含量/v%	CO_2 排放量/(t/a)	比例/%
连续重整加热炉烟气	9.21	40213	4.29%
连续重整四合一炉烟气	9.28	69614	7.43%
汽油加氢加热炉烟气	9.37	60653	6.47%
航煤加氢加热炉烟气	9.02	15996	1.71%
柴油加氢加热炉烟气	8.55	46286	4.94%
溶脱装置脱沥青油加热炉烟气	9.78	39843	4.25%
溶脱装置沥青加热炉烟气	6.09	19403	2.07%
动力锅炉烟气	9.65	95312	10.17%
催化裂化再生烟气	14.15	354676	37.85%
硫磺回收尾气处理后气体	31.6	5115	0.55%
合计		937069	100

（三）换热网络优化，低温热利用

对 1.4Mt/a 柴油加氢装置柴油热进料及换热网络进行优化，改造常减压装置柴油热供料流程；改造 1.4Mt 柴油加氢装置原料油泵，实现 1.4Mt 柴油加氢装置精制柴油与异构化热联合；催化裂化外甩油浆泵入口管线抽出位置改至循环油浆换热后，利用外甩油浆热量多产蒸汽。预计年节能量 2180t 标煤(63891GJ)，二氧化碳间接排放量减少 7028t。

公司全厂低温热源尚有 15MW 没有回收，低温热回收率为 73%。冬夏两季热源热肼不均衡问题突出，夏季大量低温热没有用户。厂区内部分管线伴热、采暖使用的是蒸汽作为热源，热量高质低用，有被低温热水替代的潜力。

有机郎肯循环(ORC)技术可将低等价热源的热量有效地转化为电力输出，在低温热利用方面有很好的应用前景。开展低温热系统夏季热量利用研究，实施常减压、溶剂脱沥青低温热系统夏季热量发电改造。计划新增 ORC 发电机组，回收溶脱和常减压装置夏季富余的低温热量进行发电，提高低温热利用率。溶脱低温热系统夏季未利用低温热量 21149kW，采用 ORC 发电机组发电约 2600kW；常减压装置夏季未利用低温热量 25550kW，采用 ORC 发电机组发电约 3000kW，充分回收常减压低温热系统富余的热量。预计年节能量 10820t 标煤(317108GJ)，二氧化碳间接排放量减少 34882t。

（四）绿电技术应用——光伏发电

绿电是指在生产电力的过程中 CO_2 的排放量为 0 或趋近于 0，目前国内以太阳能和风能为主。结合长庆石化公司实际，拟利用会议室、办公室等 4 处屋顶建设光伏电站，所发电量全部自发自用，总面积约 4200m^2，可利用面积约 3500m^2，年发电量约 0.5MW，年减排二氧化碳 354t，示范引领效应明显。

（五）蒸汽优化利用

长庆石化每年约 0.43Mt 的中压(3.5MPa)蒸汽直接通过减温减压器转换为低压(1.0MPa)蒸汽，直接浪费高品位的中压蒸汽的部分能量。为充分利用中压蒸汽压力能，投用并运行好 15MW 蒸汽发电机组，每年可将约 0.36Mt 中压蒸汽转换为低压蒸汽供装置使用，同时可发电 5.5MW 以上，每年可减少间接二氧化碳排放量 3669t。

（六）清洁电力替代

长庆石化公司现有4组液化气汽化器，冬季天然气量不足时，补充燃料气管网。2021年锅炉、加热炉烧液化气8219t，使用电机驱动替代蒸汽驱动压缩机，可大幅度降低燃煤燃气消耗，降低碳排放量，后期可考虑清洁电力替代蒸汽透平及加热炉。

（七）碳汇林建设

植树造林是贯彻党的十九大精神、推进生态文明建设、维护国土生态安全、实现碳中和的重要措施，是集团公司实现绿色低碳发展战略、加强生态环境保护、改善职工生产生活环境、树立良好社会形象的具体行动。每平方千米阔叶林地每天可吸收二氧化碳1000kg，每平方千米草地每天可吸收二氧化碳900kg。长庆石化公司积极响应集团公司与中国绿化基金会合作开展“我为碳中和种棵树”活动，目前已有绿化面积$28\times10^4m^2$，后期拟开展专项碳汇林建设项目。

三、结论

经过十四五的发展，长庆石化公司示范型城市炼厂基本成型，总体上要实现“小而精”“小而特”“小而强”，基本实现高质量发展。年度原油加工量保持在4.8Mt左右，航煤产销量保持1.0Mt及以上；产品结构趋于优化，高标号汽油产量占汽油总产量的50%以上，实现由“生产型”向“经营型”转变。

加工规模的限制，各项技改项目的实施增加的多为电耗折算的过程排放二氧化碳，整个“十四五”期间，长庆石化公司排放的二氧化碳在1.13~1.15Mt/a。随着公司的绿色低碳转型，综合能源岛的建设，CCUS的应用，到“十五五”中后期，长庆石化二氧化碳排放量在0.5~0.6Mt/a，向“油气热电氢”综合能源公司转型；随着绿电技术的发展，清洁电力技术的发展和应用，清洁电力替代蒸汽透平、替代加热炉、用于生产绿氢等。到“十六五”中后期，随着长庆石化公司的能源结构调整，绿色低碳转型，将全面建成世界一流示范型城市炼厂。

参考文献

[1] 辛靖，王连英．“双碳”愿景对炼化产业的影响及路径展望[J]．石油学报(石油加工)，2021，37(6)：1505.
[2] 吴玉超，史军军，王辉国，等．炼化企业在“双碳”背景下的技术探讨[J]．石油炼制与化工，2022，53(1)：4.
[3] 胡二邦．环境风险评价使用技术和方法[M]．北京：中国环境科学出版社，2000.
[4] Fujimori T，Yamada T. Realization of oxyfuel combustion for near zero emission power generation[J]. Proceedings of the Combustion Institute，2013，34(2)：2111-2130.
[5] 朱杰人，曹先常，陈志良，等．低品位热能有机朗肯循环发电技术进展[J]．低温与超导，2021，49(1)：73-80.
[6] 王令茹，徐春霞．浅论城市居住区绿化与树种的选择[J]．现代农业科技，2007，1：38-39.

石化企业提高电气化比例降低碳排放量

常新华
李卫春 | 中国石油天然气股份有限公司大港石化分公司
赵春美

国家"十四五"计划中对"双碳"工作提出了明确的要求。目前各企业都在制定"双碳"工作计划，为了能够根据企业的实际情况制定符合企业特点的降碳计划，本文提出了由电力替代其他能源介质的对比分析，为未来的降碳工作提供思路和节点。

随着碳达峰碳中和时间节点的确定、八大行业逐步纳入全国碳排放市场和碳交易价格不断上涨等因素，石化行业降低碳排放量的压力也越来越重。

一、目前情况

降低碳排放目前有降低能耗、提高电气化比例、碳捕集等手段。降低能耗会持续进行，碳捕集目前下游需求量有限，所以本文主要探讨提高电气化比例，用碳排放因子较低的电能替代化石能源。电气化比例为电能占综合能源消费量的比例，公司2020年电气化比例为9.00%。

二、提高电气化比例方法

提高电气化比例方案制定总的原则：一是工艺余热发汽平衡、控制锅炉发汽在最低安全负荷；二是电力、燃气碳排放相当；三是技术经济可行。

提高电力设备使用，即用电力替代其他能源介质。石化行业中电力可替代的主要有蒸汽和燃料气两种能源介质，因设备效率不同，替代的电量也存在差异。

替代蒸汽方面：1t中压蒸汽通过凝汽式透平可做功695MJ，考虑电机效率需要193kW·h电能够完全替代；而1t中压蒸汽通过换热器变为160℃凝结水却能够释放2519MJ热量，考虑蒸汽换热器(88%)和电加热炉热效率(91%)需要677kW·h电(含1.06%的网损)才能够完全替代。

替代燃料气方面：电加热炉与燃气加热炉热效率基本持平，1标方天然气热值按8000kCal计算，约合9.4kW·h电(含1.06%的网损)。

根据以上数据结合公司用能情况制订提高电气化比例方案。

(一) 电力替代蒸汽方案

1. 电力替代透平

公司为燃料型炼厂，没有自发电装置。根据蒸汽平衡情况，锅炉发汽量预计达到50t/h，超过锅炉安全运行最低负荷10t/h。按照现行价格，用蒸汽驱动透平再驱动压缩机既不经济也不利于降碳。如果将连续重整和汽柴油加氢装置压缩机驱动机由凝汽式透平替换为电力驱动，锅炉可少发蒸汽15t/h，全年可减少二氧化碳排放量5945t(见表1)，同时因电力和燃料气之间的差价，每年节省成本近775万元，公司电气化比例提高至10.82%。

表1　电力替代透平碳排放量对比

项目	消耗蒸汽/(10^4t/a)	蒸汽产生碳排放量/(tCO_2/a)	替代电量/(MW·h/a)	电力产生碳排放量/(tCO_2/a)	差值/(tCO_2/a)
电力替代透平	13.05	28217	25187	22272	5945

2. 电力替代蒸汽换热器

公司中压蒸汽发汽主要有催化裂化、制氢装置和锅炉提供，低压蒸汽由背压式透平和减温减压器获得。如果从低压蒸汽端用电加热炉替代蒸汽换热器等加热设备，以消耗25t/h中压蒸汽输出低压蒸汽的背压式透平计算，当电加热替代低压蒸汽总量达到25t/h时，可以将背压式透平改为电力驱动，电气化比例可提高到12.01%(见表2、表3)。

表2　电力替代蒸汽换热器碳排放量对比

项目	消耗蒸汽/(10^4t/a)	蒸汽产生碳排放量/(tCO_2/a)	替代电量/(MW·h/a)	电力产生碳排放量/(tCO_2/a)	差值/(tCO_2/a)
电力替代蒸汽换热器	21.75	47028	147247	130211	-83183

表3　电力替代蒸汽换热器经济效益对比

项目	消耗蒸汽/(10^4t/a)	蒸汽价值/(万元/a)	替代电量/(MW·h/a)	电力价值/(万元/a)	差值/(万元/a)
电力替代蒸汽换热器	21.75	4350	147247	11485	-7135

目前600kW以下的电加热炉技术比较成熟，只能替换1~2t/h蒸汽换热器。现有技术和各方面价格并不具备替换和推广条件。随着碳达峰和碳中和的推进，电力排放因子会逐步降低，电价也会下调，碳交易市场中的碳价则会逐步提高。

根据测算，在天然气价格不变的情况下，当地区电力排放因子达到0.3194tCO_2/MW·h时，碳排放量出现正效应；当电价降至0.3元/kW·h时，有正向的经济效益。考虑专家预测的碳价160元/tCO_2的话，专家预测2030年电力排放因数降至0.5167tCO_2/MW·h，当电价降至0.27元/kW·h以下时才能够有经济效益。

所以此项技术在不考虑其他政策影响下，至少要到2030年“十五五”及以后才能实现替代。

除替代蒸汽换热器外，还可以替代伴热管线。公司现有伴热只有少量重油管线还保留蒸汽伴热，其余均改为装置回收的低温热水伴热。可替代的仅有管线和仪表等末端伴热不太好的部分，既能够完善保温，又能降低低温热水泵压头，此项措施主要解决工艺问题，对提高电气化比例影响不大。

（二）电力替代燃料气方案

随着碳排放和节能工作的需求不断增加，预计未来技术会不断提高，可以采用 2~3 台电加热炉并联替代 1 台燃料气加热炉，将现有加热炉按照负荷从小到大逐步替换。全厂正常运行实际热负荷小于 3MW 的加热炉中，连续重整装置有 4 台、汽油加氢装置有 2 台。这 6 台加热炉平均热效率为 91%，改造后可减少瓦斯消耗 1300Nm^3/h（见表 4）。电加热炉按 91%热效率计算，需要增加电量 12.22MW · h/h，实施后电气化比例可以达到 15.00%。

表 4　电力替代燃料气碳排放量对比

项目	消耗燃料气/（10^4Nm^3/a）	燃料气产生碳排放量/（tCO_2/a）	替代电量/（MW · h/a）	电力产生碳排放量/（tCO_2/a）	差值/（tCO_2/a）
电力替代燃料气	1131	24454	106314	54932	30478

但是，根据 2030 年预测的电力排放因子 0.5167tCO_2/MW · h 计算，6 台燃气加热炉改为电加热炉后，碳排放量会增加 30478t。经测算当电力排放因子达到 0.2300tCO_2/MW · h 以下时，燃气加热炉改为电加热炉才有二氧化碳减排效益，所以此项措施会根据当时的电力排放因子和减排政策平衡后，择机实施。

2050 年预测电力排放因子为 0.1078tCO_2/MW · h，小于 0.2300tCO_2/MW · h，燃气加热炉改为电加热炉具有二氧化碳减排效益，全厂用电替代天然气燃料，电气化比例可以达到 44.98%。如果将现有天然气制氢装置替换为电解法制氢，电气化比例可提高到 50.40%。

三、结论

综上所述，电力替代蒸汽透平以现在的能源介质的单价和排放因子就能够产生正效益。替代蒸汽加热则需要等到电力排放因子降到 0.3194tCO_2/MW · h 时才能产生正效益。而替代燃料气要想产生正效益，则要等到电力排放因子达到 0.2300tCO_2/MW · h。

随着能量转化次数的增加，转化效率逐步降低。公司锅炉燃料气转化为蒸汽的热效率为 83%；透平效率一般在 50%~75%；蒸汽换热器因能够释放相变焓，热效率在 88%左右。折算后燃料气到透平效率为 42%~62%；燃料到换热器效率为 73%；燃料气加热炉热效率为 91%。能源转化效率越低的设备应该尽早替换为电力设备，转化效率越高的设备应根据国家公布的地区电力排放因子逐步替代。

参考文献

[1] 马翠梅，李士成．省级电网温室气体排放因子研究[J]．资源科学，2014，36(5)：1005-1012.
[2] 邓小肃，刘安军．电加热炉代替液态烃圆筒加热炉的工业应用[J]．化工机械，2006，33(6)：354-356.

炼化生产过程含碳气体的科学利用及减排构思

陈向平
陈家岭
杨　鹏
叶　行
李红霞
中国石油青海油田格尔木炼油厂

炼油生产过程无法避免地会产生大量的 $C_1\sim C_6$ 含碳气体。目前的含碳气体多数作为燃料进行了利用。含碳气体燃烧后产生的二氧化碳排入大气对环保产生影响。因此，从生产的每一个环节构思好含碳气体的科学利用途径，从源头减少碳的来源，不仅可以提升碳利用效率和减碳水平，还能实现炼油与化工装置资源的优势互补，大幅降低炼化装置的生产能耗。本文将以此为研究点展开构思论述。

一、概述

炼油装置多副产高含碳气体，普遍作为燃料使用。以天然气为原料的甲醇装置受原料中氢多碳少的不科学化学计量比影响，存在严重的缺碳现象。国内外同类型甲醇装置都在采取各种补碳工艺措施。国内某炼油厂建有两套以天然气为原料的甲醇装置，合计产能 0.4Mt/a。装置建有两套烟道气低浓度二氧化碳回收装置，因甲醇价格原因处于停运状态。甲醇生产富氢，在生产甲醇产品的同时还承担着为各炼油装置提供氢气资源的重要任务。炼油厂建有 PSA-A/B 两套变压吸附提氢装置，PSA-A 套变压吸附装置以甲醇装置合成工段驰放气为原料，PSA-B 套变压吸附装置以炼油催化装置、催化重整装置的副产瓦斯气和混合氢气为原料。两套 PSA 装置拔出的氢气供全厂炼油装置使用，PSA-A 套产生的解吸气单独供甲醇装置主要作为燃料使用。PSA-B 套变压吸附产生的解吸气并入全厂瓦斯气管网作为燃料使用。受天然气资源的影响，甲醇生产存在原料单一，长期缺碳，导致能耗偏高。而炼油装置副产的含碳气体拔氢后碳源只能作为燃料使用，同样存在碳源利用品质低，减碳途径受限等问题。本文对如何实现炼油和化工装置资源优势互补的科学性和可行性以及如何实现节能减少碳排放措施展开论述。

二、炼油装置副产含碳气体作为甲醇装置原料使用的可行性分析

（一）炼油催化重整装置副产氢作为甲醇装置原料使用的可行性分析

通过表1中统计的催化重整装置副产氢气组成与甲醇转化气组成分析统计表数据可知，重整装置副产氢气气体中氢气含量在80%左右，而碳含量在32.8%左右，氢碳比为2.46左右。目前甲醇装置以天然气为原料，转化气气质成分中氢气含量76%，碳含量21%左右，氢碳比为3.6左右，重整装置副产的含碳气体比天然气制甲醇更具有化学计量比优势，同时可提高碳的利用效率。

表1　0.3Mt/a 重整加氢装置氢气与甲醇转化气组成分析统计

分析项目/V%	时　间				甲醇转化气组成/V%
	2020.5.17	2020.5.19	2020.5.27	平均值	
H_2	81.66	82.23	78.5	80.8	76.13
C_1	6.90	6.64	6.10	6.55	2.51
C_2	5.42	5.53	4.94	5.30	—
C_3	2.84	2.82	2.56	2.74	—
C_4	1.57	1.27	1.17	1.34	—
C_5	0.41	0.45	0.4	0.42	—
C_6	0.07	0.07	0.06	0.07	—
N_2	0.7	0.83	4.82	2.12	0.51
H_2S	0.16	0.1	0	0.09	0.1
O_2	0.07	0.05	1.45	0.52	—
CO	0	0	0	0	12.58
CO_2	0	0.01	0	0	8.27

（二）PSA-Ⅱ套解吸气作为甲醇装置原料使用的可行性分析

通过表2PSA-Ⅱ套解吸气组成分析统计表可知，该气体中氢气含量在44%左右（设计指标≤45%），而碳含量高达46%左右，氢碳比为不足1。作为甲醇原料使用由于H/C比过低，无法直接作为甲醇装置原料使用，但可以作为甲醇装置的原料参与调整H/C比是难得的宝贵资源。

表2　PSA-Ⅱ套解吸气组成分析统计表

分析项目/V%	时　间			平均值
	2021.9.3	2021.10.6	2021.10.13	
H_2	30.08	62.39	44.03	45.5
C_1	15.17	10.2	17.4	14.26
C_2	22.8	11.42	19.25	17.82
C_3	7.91	4.72	9.1	7.24
C_4	6.35	3.26	6.72	5.44

续表

分析项目/V%	时间			平均值
	2021. 9. 3	2021. 10. 6	2021. 10. 13	
C_5	1. 73	0. 87	0. 41	1. 00
C_6	0. 27	0. 12	0. 43	0. 27
N_2	0. 08	0. 08	0. 08	0. 08
CO_2	0. 50	0. 06	—	0. 28
O_2	1. 42	0. 87	0. 28	0. 86
CO	0. 55	0. 10	0. 12	0. 26
N_2	13. 22	5. 99	2. 59	7. 27

三、炼油装置副产含碳气体作为甲醇装置燃料使用的可行性分析

（一）PSA-Ⅱ套解吸气作为甲醇装置燃料使用的可行性分析

通过表 3 气体组成计算得出：

$$\sum \Delta H(\text{PSA-Ⅱ解吸气}) = 0.1426 \times 889.5\text{kJ/mol} + 0.1782 \times 1558.7\text{kJ/mol} + 0.0724 \times 2217.9\text{kJ/mol} + 0.0544 \times 2875.8\text{kJ/mol} + 0.01 \times 3506.2\text{kJ/mol} + 0.00027 \times 4159.1\text{kJ/mol} + 0.455 \times 285.8\text{kJ/mol} = 887.84(\text{kJ/mol})$$

理论上，1mol 天然气燃烧热与 1mol PSA-Ⅱ解吸气气体的燃烧热比为 1∶1. 002。

表 3　催化重整装置副产混合氢各组分热值统计

组分名称	热值/(kJ/mol)	组分名称	热值/(kJ/mol)
H_2	285. 8	C_4	2875. 8
C_1	889. 5	C_5	3506. 2
C_2	1558. 7	C_6	4159. 1
C_3	2217. 9	CH_4	890. 3

（二）全厂瓦斯气气柜混合气作为甲醇装置燃料使用的可行性分析

瓦斯气柜柜内气体组成(见表 4)热值计算结果如下：

$$\sum \Delta H(\text{瓦斯混合气}) = 0.029 \times 889.5\text{kJ/mol} + 0.0137 \times 1558.7\text{kJ/mol} + 0.0475 \times 2217.9\text{kJ/mol} + 0.1677 \times 2875.8\text{kJ/mol} + 0.0142 \times 3506.2\text{kJ/mol} + 0.0013 \times 4159.1\text{kJ/mol} + 0.6135 \times 285.8\text{kJ/mol} = 865.28\text{kJ/mol}$$

理论上，1mol 天然气的燃烧热与 1mol 瓦斯气柜混合气比值为 1∶1. 03。

因此，为了降低全厂瓦斯气管网火炬放烧压力，将混合瓦斯引入甲醇装置内，不仅可以增加全厂瓦斯气管网调峰手段，同时可消除每年夏季存在放烧对全厂能源造成的浪费。理论上可以节约的燃料天然气效益为：

瓦斯气柜解吸气量=(1500~2000)NM^3/h×1. 03=1545~2060(NM^3/h)

瓦斯气替代天然气所创效益：(1545~2060)NM^3/h×24h×90 天×1. 124 元/标方=375. 1 万~500. 1 万元。

通过以上计算可以得到，炼油生产高含碳气体作为燃料使用并不科学。如果将炼油瓦斯气作为甲醇装置原料使用，由于氢碳比比天然气做原料更科学，因此可以有效提高甲醇产量，大幅降低甲醇生产成本能耗。炼厂缺少的燃料通过天然气来补充。

表 4　炼厂瓦斯气柜柜内气体组成分析统计表

分析项目/V%	时　间			平均值
	2021. 7. 7	2021. 9. 22	2021. 11. 22	
H_2	54. 46	65. 2	64. 38	61. 35
C_1	3. 1	2. 76	2. 83	2. 90
C_2	2. 52	0. 77	0. 82	1. 37
C_3	7. 31	4. 14	2. 81	4. 75
C_4	12. 95	17. 41	19. 94	16. 77
C_5	0. 78	1. 67	1. 81	1. 42
C_6	0. 05	0. 22	0. 12	0. 13
N_2	0. 08	0. 08	0. 08	0. 08
CO_2	0. 52	0. 54	0. 07	0. 38
O_2	1. 42	0. 87	0. 14	0. 81
CO	0. 03	0. 04	0. 03	0. 03
N_2	17. 98	7. 16	6. 95	10. 70
H_2S	0. 30	0. 09	0. 10	0. 16

四、攻关方向及对策建议

（一）将炼油 0. 3Mt/a 催化重整装置附产氢气直接作为甲醇装置原料使用

0. 3Mt/a 催化重整装置附产氢气压力在 2. 1～2. 3MPa，与甲醇低负荷的生产状态下的转化反应压力接近。不需要增加压缩机等提压设备就可以直接送至甲醇装置作为原料使用。而且气体组成与甲醇装置原料气组成接近，该气体组成的氢碳比(H/C)为 2. 46 左右，比目前以天然气为原料，没有任何补碳措施的甲醇转化气组成更科学。可实现在甲醇装置的直接使用，是替代天然气和合成甲醇的优质原料。拓展该气体目前只能作为全厂燃料的单一性质，实现炼油与化工装置的资源优势互补。预计可年创经济效益 450 万元以上。效益增加点主要体现在优化气体组成，增加甲醇产量。

（二）将全厂瓦斯气气柜混合气部分引入甲醇装置作为原料气和燃料气两种用途的科学使用，实现全厂瓦斯管网科学调峰能力

目前，炼油厂瓦斯气管网一直存在压力高、火炬放烧压力大等现象，每年夏季调峰措施少，瓦斯气没有其他使用途径等问题。通过将全厂瓦斯气部分引入甲醇装置即可以实现既可以作为补充原料，又可以做燃料进行两种用途的使用，从而实现提高瓦斯气使用品质，增加瓦斯管网调峰能力，进一步提高甲醇装置效益，优化甲醇装置原料结构等意义。瓦斯气压力为 0. 5～0. 8MPa，甲醇装置燃料气系统压力为 0. 3～0. 7MPa，与甲醇装置燃料气系统压力匹配，可直接引入利用。通过消除每年夏季因瓦斯气燃料过剩放火炬对全厂能源造成的浪费。理论上可以节约的燃料天然气量为 1545～2060NM。3/h，替代天然气所创效益在 375 万元以上。

(三) 投运烟道气回收低浓度二氧化碳装置，回收全厂各加热炉排出的含碳气体

两套甲醇装置均设计有烟道气回收低浓度二氧化碳单元。0.1Mt/a 甲醇装置采用以 MEA 为吸收剂的烟道气 CO_2 回收技术。0.3Mt/a 甲醇装置采用以 MEA 为主体的复合胺水溶液低分压 CO_2 回收化学吸收技术，同时添加抗氧剂和缓蚀剂作回收 CO_2 溶剂。活性胺与 CO_2 的反应机理与 MEA 不同，活性胺与 CO_2 反应形成不稳定的氨基甲酸盐，其吸收 CO_2 的最大容量为 1molCO_2/mol 胺。总反应方程式可以写为：

$$CO_2+R_1R_2NH+H_2O = R_1R_2NH_2^{+}+HCO_3^{-}$$

与传统的 MEA 溶剂相比，MEA 与活性胺的复合溶剂吸收能力提高 25%以上，能耗可降低 30%，操作费用至少降低 30%，而且可有效改善 MEA 法存在的胺氧化降解问题。用于回收低分压 CO_2，实际运行过程取得了较好的效果和回收能力。目前国内低分压 CO_2 回收工艺中普遍存在的设备腐蚀和溶液降解等问题也得到了改善。

通过表 5 统计数据可知，炼厂排放二氧化碳总量为 21506Nm^3/h。两套甲醇具备回收二氧化碳的能力为 11833Nm^3/h，回收二氧化碳效率 55%，可以为炼厂每年减排二氧化碳 16.7 $\times10^4$t，为国家双碳目标做出贡献。

表 5 炼厂各装置排放烟气碳含量等数据统计表

装置名称	烟道中 CO_2 浓度/(V%)	烟气流量/(Nm^3/h)	CO_2 排放量/(Nm^3/h)	回收 CO_2 能力/(Nm^3/h)
催化裂化装置	8.0	110000	8800	—
常减压装置常压炉	7.2	26000	1872	—
常减压装置减压炉	2.81	7189	202	—
汽油醚化装置	9.63	13500	1300	—
催化重整装置	7.21	37970	2737	—
加氢改质装置	6.68	19213	986	—
0.3Mt/a 甲醇装置	停运	停运	停运	8833(可随时投运)
0.1Mt/a 甲醇装置	6.55	85635	5609	3000

五、结论

党的十九届五中全会把碳达峰、碳中和作为“十四五”乃至 2035 年国家战略目标。碳排放是炼化企业的共同难题，炼油生产“富碳少氢”，而甲醇生产“富氢少碳”。本着“实现炼油与化工装置资源优势互补全过程科学利用含碳气体”的理念。科学的将炼油含碳气体引入甲醇装置作为原料使用，既可以提升含碳气体的利用品质，降低甲醇生产能耗，又可以将炼油装置含碳气体从生产环节进行转化，实现了本质上的减排。再通过化学吸收法将燃烧产生的二氧化碳回收，就可以实现炼化生产全过程的碳资源利用和碳减排。二氧化碳是影响环境污染的气体，但也是一种宝贵的资源。二氧化碳驱油是最近二三十年来新研发的技术，可以大幅提高石油采收率。本文通过提出对含碳气体全过程的科学利用，将环境污染的废气转变为可利用的宝贵资源，希望可以对炼化生产过程二氧化碳的减排利用带来指导意义。

参考文献

[1] 应卫勇. 碳一化工主要产品生产技术[M]. 北京：化学工业出版社，2004.

关于石化行业降低碳排放的措施和建议

毛　敏｜中国石油四川石化有限责任公司

我国石化全行业碳排放总量大，行业电气化率也长期在低位徘徊，未来一段时间碳排放总量仍将增长，石化行业降碳难度大，应对“双碳”的形势严峻。根据我国石化面临的外部宏观环境、行业特点和发展基础，石化行业碳减排可以从“减量化、资源化、绿电化、数字化、资产化”等五个方面着手：以“减量化”作为最现实有效的降碳手段，以“资源化”利用夺取碳中和的主动权，以“绿电化”为基础提高电气化率，以“数字化”推动绿色低碳发展，以“资产化”提高碳空间利用效率。由于我国石化行业仍处于较快发展阶段，在碳排放总量和碳排放强度约束下，石化行业绿色低碳发展任重道远，需要国家、行业和企业各个层面全方位共同努力，从产业政策导向、碳排放交易市场、科研攻关、产业化等多个方面协同工作，确保国家产业安全和石化行业绿色低碳可持续发展。

绿色低碳发展已在全球形成共识和重要发展趋势，我国提出了“3060”碳达峰碳中和“双碳”目标，国家《2030 年前碳达峰行动方案》中“1+N”政策体系进一步明确了时间表和路线图。作为碳排放大户之一，我国石化行业降低碳排放并实现绿色低碳发展是必由之路。石化行业不仅存量碳排放总量大，而且行业仍在较快发展阶段，短期内全行业碳排放总量仍将增长。因此，立足当前，着眼长远，及早绿色低碳转型是石化企业和全行业今后一段时间内艰巨而紧迫的任务，事关我国石化行业生存和发展，需要深入研究探讨、认真严肃对待。

一、我国石化行业降低碳排放的难度大

（一）我国石化行业碳排放总量大

我国石化工业碳排放绝对数量大。根据落基山研究所的数据，我国

化工部门年碳排放约 13×10^8t。根据中国化工经济技术发展中心分析，2020 年我国化工耗能 6.85×10^8t 标煤，对应测算出 CO_2 排放量 13.78×10^8t。

我国石化行业的碳排放占全国和全球碳排放总量的相当比例。各机构发布的数据略有差别，根据国际能源署(IEA)碳排放数据，2021 年全球 CO_2 排放量 363×10^8t，比 2020 年的同比增长了 6%，达到历史最高水平。根据 BP 能源统计，2019 年全球 CO_2 排放量 343×10^8t，2020 年因疫情原因降为 322×10^8t。2020 年中国的 CO_2 排放量99×10^8t，占全球的 30.7%。以 2020 年我国石化行业的 CO_2 排放量 13.78×10^8t 计算，占全国排放量的 13.9%，占全球的 4.3%。

石化行业碳排放主要是用能产生的，企业耗能占加工量或产品产量的比例高。四川石化是典型的炼化一体化企业，炼油能力 1000×10^4t/a，乙烯能力 80×10^4t/a。2021 年加工原油 839×10^4t，产品产量 770×10^4t。2021 年综合耗能 247×10^4t 标煤，折合 173×10^4t 吨标油，占当年加工量的 20.6%，占产品总量的 22.5%。这意味着 20%以上的当量能源消耗在了加工过程中，相应同期 CO_2 排放量达到 6Mt 以上。

（二）行业快速发展将推迟行业碳达峰时间

行业规模发展导致碳排放总量较快增长。石化行业是国民经济支柱产业，总量大、产业链长、产品种类多、关联覆盖广，关乎国家产业链和供应链安全稳定。同时，我国石化行业还比较年轻，整个行业仍处于较快发展阶段。2021 年，我国炼油能力和乙烯能力分别为 9.1×10^{8t}/a 和 4168×10^4t/a，分别是 2010 年的 1.42 倍和 2.73 倍。产业发展带动了全行业用能和排放总量相应增加，2019 年和 2020 年能耗同比分别增长了 9.68%、8.56%。

行业碳排总量还会保持一定增长。预计我国炼油能力还有一定增长空间，峰值会超过 10×10^{8t}/a。以乙烯为龙头的下游化工增长空间还非常大。乙烯当量需求增长呈加速趋势，2015~2020 年，年均增长 9.4%，比“十二五”期间年均增速提高 3 个百分点，远高于同期 GDP 增速。2020 年国内乙烯当量消费合计 6314×10^4t，当量自给率刚刚超过 50%。在当量需求增长和当量自给率提高双重驱动下，一段时间内，规模总量仍将保持较快增长，预计 2035 年乙烯当量需求将达到 8000×10^4t 左右。由于减排约束趋紧和减排新工艺新技术推广应用，石化行业的碳排放强度会显著降低，但在目前技术水平和工艺基础条件下，碳排放强度的降低在短期内无法抵消规模扩张带来的碳排放总量增加，行业碳达峰仍需时日。

（三）石化行业用能电气化替代难度大

我国化工行业电气化率低。全球能源转型中电气化转型是重要支柱之一，电气化转型能够让用能终端使用零碳低碳电力来替代化石燃料。世界上电气化率最高的国家是挪威，电气化率高达 48%。我国终端用能电气化率为 26.5%，高于全球平均水平。在我国电气化率不断提高的过程中，高耗能的化工行业电气化率提高缓慢，甚至多年没有提高。2017~2019 年，我国化工行业的电气化率维持在 16%的水平，2019 年还略降到 16%以下，这不仅低于我国高耗能行业平均值的 17.8%，更是远低于同属高耗能的有色金属行业的 64%。

石化行业大幅提高电气化率难度大。典型石化企业装置设施最终用能的形式主要有三种，分别是电力、蒸汽、燃料。以四川石化为例，2021 年外购电加上自发电共约 20×10^4 kW·h，只占全厂终端用能的 10%左右，主要用来驱动各种泵、压缩机等动设备；而终端以蒸汽方式用能占比 53%，主要包括 10MPa、4MPa、1.2MPa、0.4MPa 四个等级的蒸汽，分别占比约 30%、37%、23%、10%，主要用于加热伴热和动力；除以上两种用能形式外，其他主要是通过燃料燃烧提供热能。大量以蒸汽作为用能形式主要是基于其优点，包括焓值高、稳定易控制、应用灵活、效率高、安全性好等。在当前技术工艺条件下，蒸汽和加热炉两种用能方式用电替代既不容易也不经济，导致石化行业电气化率大幅提高的难度非常大。

二、石化行业降低碳排放的主要方向

（一）以“减量化”作为最现实有效的降碳手段

从石化行业层面考虑，碳排放减量化主要通过结构优化和能量利用高效化来实现。结构优化降碳排放包括：产业布局优化，继续向园区化、大型化、一体化发展，持续提升产业集中集约化程度，降低单位能化产品碳排放；产业结构优化，扶强汰弱，严控低端产能，通过供给侧结构调整提高产业发展水平；用能结构优化，通过增加低碳能源，减少高碳能源，降低排放总量，如以气代油、以气代煤、清洁电力代替化石燃料，外购用电中提高绿电比例等。此外，随着总量和强度的双控制，统筹调整企业原料结构、产品结构、工艺结构也将成为调结构降碳的重要手段。能量利用高效化降碳主要通过提高能效来实现：除了淘汰落后产能，还应以园区为整体对象，打破企业、装置等壁垒界限，在整个石化园区内按照“高质高用、低质低用、梯级利用”的原则，综合优化能源利用；要重点提高加热炉效率、提高高耗能装置能效、提高热交换效率、加强低温热利用等；应加大力开发利用新工艺、新催化剂、新节能降耗技术等降碳措施。

而从全社会层面来看，碳排放的减量化，还应通过塑料等的回收和循环利用，减少原生料的消耗，减少化工原料的需求总量，从而降低碳排放总量。

（二）以“资源化”利用夺取碳中和主动权

CO_2作为资源的常规用途广泛，但利用量相对小，目前还难以担当碳大幅减排重任。高纯CO_2主要用于电子工业、医学及检测仪器等方面；固体和液态CO_2广泛用于食品中，制冷、防腐、保鲜，也在许多工业加工中作为制冷剂；在消防中作为灭火剂。气态CO_2广泛应用于碳化软饮料，用于化学加工、食品加工过程中惰性保护，还在农业中作为植物气肥。近年来，国内外CO_2驱油的工业试验较多，实验效果明显，大规模利用CO_2的前景看好。

只有努力突破CO_2化工资源化利用的瓶颈，才能取得碳中和的主动。随着新技术工艺和催化剂的发展，CO_2化工利用研究趋热，为大规模资源化利用降碳开创了富有前景的新渠道。CO_2作为化工原料或辅助物一直是化工重要的研究领域。绿色低碳发展的大趋势下，CO_2化工工艺技术和产业化不断取得进展。CO_2与氢气反应制备甲醇工艺技术趋于成熟。2021年，沈鼓集团与安阳环保科技有限公司签订合同，合作建设全球规模最大的CO_2加氢制绿色甲醇并联产LNG的工业化生产装置。盛虹集团与冰岛碳循环国际公司签约合作实施“CO_2捕集利用—绿色甲醇—新能源材料”产业链项目。CO_2和甲烷进行重整获得合成气，合成气后续加工可生产低碳醇、醛、醚等各类烃醇醚类高附加值化工产品。2021年，东华科技公司与美国空气化工产品公司签订了美国CO_2干重整项目合同。该项目位于美国得克萨斯州，采用上海高潞空气公司的干重整技术，以CO_2、天然气为原料产生合成气。山东大学研究团队开发的CO_2生产1,2,5-三嗪三醇工艺技术，CO_2固定量高、工艺能耗少、反应产物性质稳定。美国Twelve公司与LanzaTech公司合作开发出CO_2制乙醇技术，技术具有高度可扩展性。2022年以来，CO_2化工技术进展报道进一步增加：中科院大连化物所和珠海市福沺能源科技有限公司联合开发的全球首套1000t/a CO_2加氢制汽油中试装置投产，并通过科技成果评价。大连物化所CO_2电催化高效制备C_{2+}取得技术突破。中国科学技术大学采用界面型催化剂，实现常压下CO_2加氢制长链烯烃。华东理工大学构建出一种新型催化系统，通过高效耦合CO_2制乙烯、乙烯制环氧乙烷。清华大学和内蒙古久泰集团合作建设的全球首套万吨级CO_2制芳烃工业试验项目在内蒙古准格尔经济开发区开工。LG化学集团开发出利用电力将CO_2高效转化为CO技术。预计未来CO_2化工利用技术将会进一步提速。

（三）以“绿电化”为基础提高电气化率

提高电气化率是石化行业的重要任务。我国总体电气化率偏低，国家发改委等十部委联合印发《关于进一步推进电能替代的指导意见》，明确到2025年终端用能电气化率达到30%左右，要求大力推进工业领域电气化，在石化等领域推广电加热等技术，扩大电气化终端用能设备使用比例。国网能源研究院认为，我国2050年终端电气化率将达到50%以上。石化行业电器化率长期远低于全国电气化率水平，在全国和工业领域大力提高电气化率的背景下，石化行业基础差、压力大，提高电气化率任重道远。

石化行业提高电气化率需和绿电相结合。制约石化行业电气化率有三个原因。一是综合能效问题。化石燃料作为一次能源的效率要远高于其发电后供应二次能源的总效率。以天然气为主的加热炉热效率高达93%以上，乙烯裂解炉热效率可达95%以上，而煤电的转化效率平均低于40%、气电低于60%，加上输电用电损耗，综合效能大大降低，相应的碳排放量就会大幅增加。二是以火力为主的发电供电结构影响提高电气化率的降碳效果。2021年，我国火力发电仍高达71%，以火电为主的背景下大幅提高电气化率并不能降低CO_2排放。三是终端用电设备不匹配。目前，化工过程中的大型加热炉、裂解炉和蒸汽锅炉没有相应的电气设备可替代。在以上因素制约下，石化行业不仅提高电气化率的难度大而且动力不足，在不改变目前发电供电结构的情况下，单纯地大幅提高石化行业的电气化率，会显著降低整体能效，导致碳排放总量增加。因此，石化行业的电气化率提高应当与发电供电结构相匹配。随着新能源发电时代的到来，发电的一次能源损耗与间接碳排放的逻辑将改变。与此同时，攻关解决石化行业大型电供热设备瓶颈，稳步推进绿电化，才是提高电气化率的正确路径。

（四）以“数字化”推动绿色低碳发展

数字技术已渗透进了能源等各领域，正在加快能源结构转型的进程。一方面，数字化基础设施与能源基础设施深度融合，实现传统能源体系的信息化、数字化、网络化、智能化改造；另一方面，通过数据要素的充分流通和使用，推动能源系统中其他各要素高效流通，带动能源系统全要素效率提高。2020年全球气候行动峰会发布的《指数气候行动路线图》指出，数字技术在能源、制造业、农业等领域的解决方案，可以帮助全球减少15%碳排放。德国信息技术协会和苏黎世大学在2020年合作研究认为，数字技术可以将全球温室气体排放量减少20%。全球电子可持续发展倡议组织（GeSI）也认为，未来10年内，数字技术有望通过赋能其他行业贡献全球碳排放减少量的20%。

数字化是石化行业实现绿色低碳化的重要途径和抓手。低碳化发展激发数字化潜能，社会对绿色低碳发展的迫切需求，正在倒逼石化行业加速数字化转型进程。国家要求石化行业加快推进数字化转型，《关于“十四五”推动石化化工行业高质量发展的指导意见》对数字化转型提出明确要求；国家《“十四五”原材料工业发展规划》对石化材料等原材料行业提出了高端化、合理化、绿色化、数字化、安全化等“五化”重点任务。对石化产业而言，数字化有利于提升生产效率、降低对环境的破坏程度。在推动“双碳”目标实现过程当中，提升传统化石能源的能效是重要的过渡手段。未来，石化企业将越来越数字化、智能化、绿色化。通过5G、人工智能、物联网、云计算、数字孪生、区块链等数字化技术在石化领域的应用，利用信息流提升物质流和能量流的效率，提升减排效果。

（五）以“资产化”提高碳空间利用效率

在国际国内碳排放市场日趋成熟的形势下，碳排放权的资产属性日益突出。苑泽明、李元祯指出碳排放权完全具备资产的特征，而且将其确认为长期资产。银保监会政策研究局负责人叶斐表示，在碳排放权市场完善的情况下，碳排放权的价值也逐渐显现，所以碳排放权将来可以作为一个有效的抵质押品。欧洲的碳排放交易市场已经比较完善，我国先在北京等7地进行交易试点，2021年建立了国家统一碳交易市场，交易体系日臻完善。

二氧化碳捕集利用与封存（CCUS）是CO_2终端治理的主要方式，碳交易市场完善后石化企业CCUS有利可图。CCUS是目前唯一能够实现化石能源大规模低碳化利用的减排技术，未来有广阔的发展空间。近年来，我国CCUS各环节技术均取得了显著进展。目前，我国碳交易价格普遍较低，2020年各市场交易价格在23～87元/t，同年欧洲的碳排放交易均价约25欧元/t。2021年，全国市场碳交易价格约40元/t，而欧洲交易价格一路上涨，最高一度超过90欧元/t，全年平均超过54欧元/t。反观CO_2捕集成本，国内CO_2捕集成本普遍在200元以上，成本高的要高于600元。国内碳交易价格不仅与欧洲市场差距大，而且与我国碳捕集成本也有很大差距，因此企业主动开展CCUS的动力不足。未来，随着“双碳”目标要求趋紧，碳总量和碳排放强度成为企业发展的硬约束，将使我国碳交易价格保持长期上涨趋势。与此同时，碳捕捉新技术预期会进一步降低碳捕集成本，碳排放交易将更好地发挥资源优化配套的作用，大大提高碳空间的利用效率。届时，降碳不再仅仅是企业发展的硬约束条件，也会产业化并有利可图，而石化行业具有CO_2捕集和后处理成本低的独特优势。因此，石化行业更应该及早将碳排放权作为资产进行管理，争取在CCUS产业领域领先发展，在保证现有业务可持续发展的同时，开拓具有协同发展效应的新业务领域。

三、石化行业碳减排相关建议

石化行业碳达峰碳中和任重道远，需要国家、行业、企业和相关的科研和工程设计领域等协同努力。

对于国家。一是“双碳”目标制定要差别化，从多维度考核行业和企业的碳排放。为了国家工业体系和产业链的完整，我国不可能像欧美那样把高耗能的基础产业对外转移。因此，根据产业在国家工业体系地位、产业发展阶段、相关业务在产业链价值链中的作用等多维度综合设立各行业“双碳”考核目标指标更加科学合理，更加符合国情。对于石化产业这样比较年轻的国家支柱产业，可以更多地从排放强度方面提出要求，实现优胜劣汰，不宜一刀切限制行业排放总量，影响产业持续健康发展。二是在国内碳约束、国际碳壁垒的形势下，CCUS未来将形成新的产业领域，国家宜给予从科研到产业化等全方位全产业链鼓励和优惠政策，促使我国处于该领域的第一梯队，占领制高点，避免受制于人。三是完善碳排放交易市场，充分发挥交易市场的作用，更高效的配置碳排放空间资源。

对于行业。一是石化行业应当凝聚共识，既要认识到“双碳”和绿色低碳发展的大势，也要充分认识到石化行业碳减排的困难和问题，团结全行业的力量，联合研发、示范推进降碳技术工艺。二是绿电化是石化行业减排难以绕过的门槛，建议将制约石化行业提高电气化率的加热炉、裂解炉等电气化替代研究放在联合攻关的首要位置。

对于企业。一是要着眼长远制定绿色低碳发展路线图和时间表，做好碳中和规划，并基于此重新梳理和制定企业发展战略。没有碳中和规划，没有合适的站位，轻则失去发展机会，重则失去生存基础。二是将碳排放权作为资产进行管理，明确管理部门，完善体制机制，盘查摸清碳排放家底，组织开展技术研究及减排行动，积极参与碳交易。三是将CCUS作为新兴业务领域进行培育，为现有业务腾挪发展空间的同时抢占新业务领域的制高点。

参考文献

[1] 赵文明．“十四五”乙烯行业高质量发展策略研究[J]．化学工业，2020，38(02)：10-20.

[2] 朱维群，王倩，唐震，等．二氧化碳资源化利用的工业技术途径探讨[J]．化学通报，2020，83(10)：919-922.

[3] 苑泽明，李元祯．总量交易机制下碳排放权确认与计量研究[J]．会计研究，2013(11)：8-15，95.

乙醇汽油“碳中和”的优势及推广问题

丁兆婷 | 中国石油吉林石化公司研究院

乙醇汽油是普通汽油与生物燃料乙醇按照一定体积百分比调和而成的，并被国家纳入能源规划战略。乙醇汽油可以减少国际原油进口量，还能减轻普通汽油对环境的污染，因而被称为“绿色能源”。随着全球大力推进“碳达峰、碳中和”的相关政策，乙醇汽油作为一种清洁燃料已成为可再生能源的发展重点之一。我国燃料乙醇产业自2001年开始试点运行至今，在提升农业经济、合理利用人畜不可食用粮食、替代能源、保护环境等目标均已实现，效果显著，但在推广使用过程中也出现汽车使用上的相分离问题、加油排气管开裂、金属腐蚀等问题。本文通过对比国内外乙醇汽油推广情况，从客观的角度阐述了乙醇汽油推广应用中存在的好处及问题。

一、概述

全球气候变暖已对地球自然生态系统和人类社会产生广泛而深刻的影响，已经严重威胁全球经济社会的可持续发展，减少碳排放已经成为国际社会普遍关心的重大问题。目前，全球多个国家和地区确立了在本世纪中叶前后达成碳中和的目标，而生物质能的全生命周期呈碳中性，可改善传统化石能源所带来的碳排放问题，且更适合转化成液体运输燃料。因此，生物燃料乙醇是交通领域极具潜力的替代燃料，发展生物燃料乙醇，契合双碳目标下我国能源转型的现实需求，具有特殊的战略意义，将助推燃料乙醇产业进一步高速发展。

我国政府根据国内实际情况在部分地区适度推广使用车用乙醇汽油，发布实施了《变性燃料乙醇》(GB 18350—2013/XG2—2020)、《车用乙醇汽油》(GB 18351—2017)和《车用乙醇汽油调合组分油》(GB 22030—2017)国家标准，这些标准为我国车用乙醇汽油提供明确的技术标准。但乙醇汽油在推广使用中对环境条件要求非常苛刻，对水非常敏感通常加油站储罐容量限定为 5~7 天的储量。过期的乙醇汽油容易出现分层现象，在油罐、油箱中容易变浑浊，导致汽车打不着火。此外，在实际推广使用中，发现乙醇汽油中会存在微量水分和杂质，乙醇汽油被氧化分解时，还会产生少量有机酸。上述物质会对汽车油箱、油路系统和内部构件造成腐蚀与磨损，降低车辆的油路系统和内部构件的使用寿命，还发现汽车在长周期使用中容易出现加油排气管开裂漏油的问题，从而影响机动车行驶安全。

二、生物燃料乙醇助力碳中和与绿色经济发展

（一）绿色经济——碳交易体系

《巴黎协定》于 2015 年 12 月 12 日，在第 21 届联合国气候变化大会上通过，并与 2016 年 4 月 22 日在美国纽约联合国大厦签署，在 2016 年 11 月 4 日起正式实施。中国作为《巴黎协定》重要的贡献者和践行者，2020 年 9 月，中国向全世界庄严宣布了“二氧化碳排放力争于 2030 年前达到峰值，努力争取 2060 年前实现碳中和”的国际承诺，向世界明确，中国要走绿色复苏、绿色转型的道路。倒逼结构调整，促高质量发展与生态环境质量提升，为全球应对气候变化作出更大贡献。

目前，全球范围内主要碳交易体系包括欧盟碳市场、美国区域温室气体减排倡议（RGGI）、韩国与新西兰碳市场等。根据路透社数据，2019 年，全球碳市场交易价格在 22 欧元/t 左右；2020 年，全球碳交易已达 2290 亿欧元的市场规模，同比上涨 18%，碳交易总量达 1.03×10^{10}t 创新高纪录。其中，欧洲碳交易占据全球碳交易总额近 90%；北美区域碳市场——西部气候倡议组织（WCI）和区域温室气体倡议组织（RGGI）总市值增长 16%，分别达到 220 亿欧元和 17 亿欧元，分别占 2020 年全球碳交易总额的 9.6%与 0.74%。

欧洲碳排放交易体系是世界上最大的碳排放交易市场，于 2005 年开始交易。2021 年 11 月 23 日，欧盟碳排放权配额（EUA）一度上涨至 71.21 欧元/t，当日以 69.70 欧元/t 的价格收盘。相较于 2021 年 1 月 4 日，欧盟排放交易体系（ETS）第四交易阶段启动时 34 欧元/t 的价格，欧盟碳价已经在 2022 年内实现了翻倍增长。

美国 RGGI 碳交易体系是美国首个强制性碳排放权交易体系——区域温室气体减排行动（RGGI）碳市场。2021 年第二季度，美国 RGGI 拍卖成交均价为 7.97 美元/t，较上一季度涨幅为 4.9%，总成交量为 22.99Mt。2021 年 11 月 17 日 RGGI 发布的 CO_2 配额二级市场报告中显示 2021 年 9 月底最后一周 CO_2 价格大幅上涨至 11 美元/t。

2021 年 7 月 16 日，中国碳排放市场上线交易，地方试点市场与全国碳市场并存，目前在碳交易层面上仅占全球 1%左右的交易额。截至 2021 年 11 月 25 日收盘，全国碳排放配额（CEA）挂牌协议交易成交量 26.80×10^4t，成交额 1151.36 万元，目前交易价格为 43 元/t，低于 7 月 16 日开市时 48 元/t 的价格。

（二）生物燃料乙醇减排二氧化碳

相较于使用以汽油、柴油为代表的非可再生能源，使用可再生生物燃料乙醇可大幅减少燃料全生命周期的温室气体排放。最基本原因是：在农作物生长过程中，通过光合作用吸收二氧化碳合成有机物，当农作物被制成乙醇后，其燃烧所排放的二氧化碳大致相当于农作物自身吸收的二氧化碳，达到碳排放中和。据统计，仅 2008~2020 年，美国生物液体燃料的用量减少近 9.8×10^8t 二氧化碳的排放。所以，生物燃料乙醇在应对气候变化和运输

燃料脱碳中发挥的作用越来越大。美国农业部于2018年8月8日发布“玉米乙醇的温室气体效益评估最新证据”(The greenhouse gas benefits of corn ethanol-assessing recent evidence)。该报告根据美国多年来使用生物燃料乙醇的数据，从多个维度，如土地用途改变、农场运营、燃料生产等，对美国使用燃料乙醇对温室气体排放的影响进行分析。其结论是：目前美国玉米基生物燃料乙醇全生命周期的温室气体排放比使用等热值汽油的温室气体排放减少39%。所以，生物燃料乙醇企业可加入“碳交易体系”中，即可提高企业利润增长点又可助力国家碳中和及绿色循环经济的发展。

(三) 绿色抗爆剂——生物燃料乙醇

生物燃料乙醇是绿色、低碳清洁的可再生燃料，与汽油有很好的相溶性，含氧量高达34.7%，是燃油氧化处理的增氧剂，能够使汽油增加内氧燃烧充分，从而降低PM2.5，减少一氧化碳等污染物的排放，达到节能与环保目的。并且，燃料乙醇辛烷值高达111，辛烷值越高的汽油燃烧抗爆震的能力就会越强，作为提高汽油的高辛烷值的组分可以替代传统甲基叔丁基醚(MTBE)抗爆剂。MTBE具有一定毒性，易与水溶合后渗入土壤，污染地下水源，美国环保署已将MTBE列为人类可能的致癌物质。但我国仍然是世界上第一大MTBE生产国，截至2019年12月，国内MTBE装置总产能为22.86Mt，全年MTBE产量在13.16Mt左右，约占到中国普通车用汽油添加比例的8%。近几年，随着环保压力的增大，减少碳排放，全球对于汽车用油添加MTBE进行严格要求，目前，美国已全面禁止在汽油中添加MTBE，而替代品正是生物燃料乙醇。

(四) 绿色替代能源——生物燃料乙醇

自20世纪70年代以来，醇类代用燃料逐渐成为能源开发的重要方向。美国、欧盟、巴西、中国等国家已经大规模使用醇类燃料。2020年，美国燃料乙醇总产量达139.26亿加仑(约合529亿升)，占到全球产量的53%。据美国能源信息署的数据，截至2021年1月1日美国生物燃料工厂的总产能达到210亿加仑/年(约合6258万吨/年)，而燃料乙醇占美国生物燃料总产能的85%(约合5300万吨/年)。2020年，巴西燃料乙醇总产量为79.3亿加仑(约合301亿升)，占全球产量的30%。目前，巴西是全球第二大燃料乙醇生产国和第一大燃料乙醇出口国，其产量仅次于美国，在消费方面位列第三(仅次于美国和德国)，巴西燃料乙醇产量中约90%用于国内替代石油燃料。2020年，欧盟燃料乙醇产量为12.5亿加仑(约合48亿升)，占全球产量的5%。2020年，我国燃料乙醇产量为8.8亿加仑(约合33亿升)，占全球产量的3%。2021年，我国汽油表观消费量接近1.23×10^4，按照10%燃料乙醇添加量计算，未来全国实现封闭使用乙醇汽油时，理论上燃料乙醇用量在12.3Mt。而2021年国内燃料乙醇年产量接近3.5Mt，燃料乙醇供给量尚存9.0Mt缺口。亚化咨询统计数据显示，2019年中国在建和规划中的燃料乙醇项目数量超过30个，总产能超过6.0Mt/a。

目前，不同国家对于乙醇汽油中燃料乙醇添加量规定不同，日本的法规要求乙醇汽油中燃料乙醇含量不得超过3%(体积分数)；欧洲要求燃料乙醇的含量通常为5%(体积分数)；巴西强制汽油中混合乙醇的比例全球最高，2011年开始混合比例在20%~27%，2015年3月以来一直维持在27%。2013年，巴西研制出乙醇、汽油可任意比例调配的混合燃料汽车，即“灵活燃料”汽车。目前，巴西国内85%以上销售的汽车都是灵活燃料汽车，消费者通常依据价格优势选择使用何种燃料，若乙醇/汽油比价低于70%，消费者会倾向于使用乙醇。美国乙醇汽油以 E10(燃料乙醇添加比例为 10%)为主，基本实现全境覆盖，并逐步开始使用 E15 乙醇汽油；从 2015 年至 2020 年，全美 E15 加油站的数量从约 130 个增加至超过 2000 个，部分地区引进了"灵活燃料"汽车。美国可再生燃料协会(RFA)预估，目前美国道路上有超过 2200 万辆"灵活燃料"汽车约占所有车辆的 8%。

目前，我国《车用乙醇汽油》(GB 18351—2017)中已明确要求乙醇添加量为 10%(体积分数)，并严禁添加其他含有氧的物质，用作车用点燃式发动机的燃料。从当前全球燃料乙醇产业发展情况上分析，未来我国引进并推行"灵活燃料"汽车的可行性极大。

对于汽车行业的"碳中和、碳减排"而言，电动汽车、混合动力车和氢燃料电池汽车被视为主要解决方案，新能源汽车要完成整个汽车行业的更新还需几十年，需要极高的时间成本和机会成本，而生物燃料乙醇则被许多国家视为更加直接的解决方案。美国计划到 2025 年，利用生物质燃料替代 75%的中东进口原油，到 2030 年生物质燃料将替代 30%的车用燃料。另外，日本计划将车用燃料中乙醇掺混比例提高至 50%以上。随着国家加大对新能源汽车的推广力度，会在不同时间尺度内逐渐吞噬传统燃油汽车制造商及油气供应商的市场空间。短期来看，在汽油中添加乙醇对汽油消费量的替代效应是立竿见影的，毕竟当前新能源汽车保有量仍很有限，尚未对燃油车形成绝对存量替代，也未对汽油消费产生根本性冲击，但长期来看，未来大规模新能源汽车的应用已经成为各国政府的共识。

三、推广乙醇汽油出现的问题及解决措施

(一) 乙醇汽油对汽车的影响

推广使用乙醇汽油可减少有害尾气的排放，因为乙醇汽油含氧量的提高，导致汽油的组分碳氢的含量减少、氧的含量增多，将原汽油不能完全燃烧的部分充分燃烧，使尾气中 CO 降低 33%。但乙醇汽油中氧含量增加 3.5%，使得汽油的汽化潜热增大、燃烧热值降低，导致车辆出现动力性下降，加速性不良，汽车油耗增加的问题发生。虽然乙醇汽油热值比普通汽油低 3.8%，但动力损失并不大，相比普通汽油使用乙醇汽油油耗约提高 0.5L/100km。

使用乙醇汽油会增加汽车积炭，首先，是由于乙醇的汽化潜热远远高于汽油，乙醇在喷射到进气阀背面时，由于温度低造成的雾化不良形成结焦，造成进气阀背面形成积炭。其次，由于乙醇汽油的胶质高于无铅汽油，导致进气阀更易积炭。最后，由于乙醇汽油含氧高，易氧化生产醌形结构物质，并与醛、酮等含氧化合物发生反应，生成不溶性深色沉积物积炭。当积炭过多时，会影响进气阀的严密性，导致燃烧不充分、油耗偏高、发动机抖动。因此，在使用乙醇汽油车辆时，建议定期使用燃油宝对油箱、油路和发动机进行清洁，以减少发动机胶质沉积，从而消除积炭对发动机造成的不良影响。

乙醇汽油对丁腈橡胶(NBR)+聚氯乙烯(PVC)材料的加油排气软管中的塑化剂发生萃取反应，加速软管老化变硬，导致软管在一定的耐久里程后破裂。对此，将软管材质变更为耐油性更好的氟橡胶(FKM)+氯醚橡胶(ECO)后故障不再现。

(二) 如何提高乙醇汽油稳定性

为了解决乙醇汽油稳定性差，简单而有效的方法是加入增溶剂、乳化稳定剂、金属腐蚀抑制剂。按照作用方式可分为三类：第一种是加入增溶稳定剂，通过分子间作用力使水分子、乙醇分子、增溶剂分子和汽油形成一个稳定的热力学缔合体系；第二种是通过加入

乳化稳定剂使汽油-水-乙醇形成清澈透明的油包水型微乳液稳定体系，从而避免分层现象的发生；第三种是在乙醇汽油中加入少量金属腐蚀抑制剂，金属腐蚀抑制剂的分子和离子吸附在金属并覆盖表面，在妨碍腐蚀反应物和生成物转移的同时，使金属表面能状态稳定，从而使腐蚀反应得以抑制。另外，在国标 GB 18351—2017 中要求将车用乙醇汽油烯烃含量降低至 24%以下，这在较大程度上能够有效提高汽油的稳定性、改善燃烧性能以及减少汽车尾气三元催化剂转化活性的损失等。

四、结论

乙醇汽油作为一种“绿色能源”在实际使用过程中能显著降低温室气体排放量，可助力碳中和与绿色经济发展。同时，乙醇汽油也存在着相分离问题、腐蚀发动机、管路开裂等问题。因此，需要科研人员对燃料乙醇和各类汽油组分的调和性能，乙醇汽油不同环境条件的储存稳定性，乙醇汽油的耐腐蚀、耐溶胀材料以及金属防腐措施上加快技术升级。一旦上述问题得到解决，乙醇汽油的市场前景将十分广阔。

参考文献

[1] 娄岩．美国燃料乙醇行业发展现状与启示[J]．国际石油经济，2019，27(09)：99-106.
[2] 李铭，何利琴．车用乙醇汽油标准的解读[J]．中国标准化，2019(18)：251-252.
[3] 杨万辉，李跃金．乙醇汽油的特点与推广分析[J]．化学工程与装备，2020(10)：29-31.
[4] 孙国兵，贾磊，潘宝财，等．乙醇汽油对发动机控制系统影响的研究[J]．中国石油和化工标准与质量，2016，36(19)：106-107.
[5] 高岩．醇类燃料对二冲程汽油机性能影响的研究[D]．北京：北京林业大学，2010.
[6] 孙远涛，朱荣福．乙醇汽油对发动机性能影响的实验研究[J]．价值工程，2010，29(06)：79.
[7] 乙醇汽油造成腐蚀在美惹官司[J]．全面腐蚀控制，2008(03)：42.
[8] 司瑞．乙醇汽油分层问题研究[D]．天津：天津大学，2008.
[9] 赵志国．使用乙醇汽油及交叉使用纯汽油、乙醇汽油车辆故障规律研究[D]．西安：长安大学，2009.
[10] 郭瑞莲，鲍晓峰，岳欣，等．车用乙醇汽油对发动机进气系统沉积物的影响[J]．汽车工程，2007(08)：642-644
[11] 李永平．乙醇燃料特点及使用性能分析[J]．炼油与化工，2007(03)：4-6
[12] 吕建中．以碳排放权交易市场机制助推绿色低碳转型[J]．世界石油工业，2021，28(04)：1-6.
[13] 郭乾．碳排放权交易体系建设的国际经验及启示[J]．河北金融，2021(11)：25-28.
[14] 瞿国华．我国车用乙醇汽油发展的技术经济分析[J]．中外能源，2019，24(04)：83-90.
[15] 于建宁．车用乙醇燃料的发展与对策分析[J]．石油科技论坛，2003(05)：56-63.
[16] 耿再新，马俊军，张琪．浅谈车用乙醇汽油与车用无铅汽油的优与劣[J]．监督与选择，2004(04)：48.
[17] 张电来．乙醇汽油究竟伤不伤车？[J]．石油知识，2021(02)：27.
[18] 李俊华，张颖，李俊莉，等．乙醇汽油缓蚀剂研究进展[J]．应用化工，2018，47(02)：396-398.
[19] 范兴钰，陈波水，丁建华，等．环保型金属缓蚀剂的研究进展[J]．当代化工，2018，47(01)：136-139.
[20] 强添纲．低温条件下燃用乙醇汽油对汽车使用性能及城市交通的影响[D]．哈尔滨：东北林业大学，2012.
[21] 刘顺涛，蒋福康，景振华，等．燃用乙醇汽油对发动机润滑油性能的影响[J]．石油炼制与化工，2003(07)：48-51.
[22] 朱和菊．车用乙醇汽油对用润滑油性能的影响[J]．石油商技，2005(04)：7-8.
[23] 丁小刚，丘源．乙醇汽油对车用汽油机的影响及对策[J]．企业科技与发展，2018(10)：181-183.
[24] 马亚勤．乙醇汽油混合燃料发动机性能研究[D]．南宁：广西大学，2019.
[25] 罗代伦．乙醇汽油对通用汽油机燃油系统的影响[D]．天津：天津大学，2015.
[26] 娄志刚．乙醇汽油及其应用性能研究[D]．重庆：重庆大学，2008.
[27] 李永平．乙醇燃料特点及使用性能分析[J]．炼油与化工，2007(03)：4-6.

烟气环保排放下实施催化裂化降碳减排对策

解慧敏 | 中国石油抚顺石化公司

在碳达峰、碳中和的大环境下，我国的 NO_x 排放要求越发严格，某炼化公司重油催化装置践行绿色发展理念，在现有资源和工艺条件下，通过对影响碳减排的原因进行分析，并针对每一个原因做出相应的措施，并对措施的效果做出了探索。从解决原料含氮高、再生系统跑剂、烟气脱硝氨逃逸以及反再操作参数优化等方面采取措施，措施实施后，增产 3.5MPa 蒸汽 6.46t/h，减少燃料气耗量 15t/d，节约洗涤塔用新鲜水 5~6t/h，催化剂单耗降低 0.089kg/t，总液收提高 0.42%。与同期相比减少烟气 NO_x 排放 74.77t，减少生焦和减少瓦斯耗量以及减少液化气排放，折合减少 CO_2 排放 24467t，减少汽包排污产生的废水 22920t，实现了环境与效益双赢。

一、概述

2030 年中国将实现碳达峰，2060 年实现碳中和。中石油等多家联合签署降碳宣言。2021 年 1 月 1 日起，烟气 NO_x 排放执行《石油炼制工业污染物排放标准》特别排放限值要求，其中 NO_x 排放要求由≤200mg/m^3 降至≤100mg/m^3。某炼化公司 1.7Mt/a 重油催化装置践行绿色发展理念，在现有资源和工艺条件下，合理利用企业一体化管理的优势，寻求在保证烟气 NO_x 排放符合要求的前提下降碳减排的新方法。

二、对影响降碳减排的原因进行分析

（一）原料组成对烟气中 NO_x 的影响

原料氮以焦炭形式随待生剂进入再生器，经烧焦转化为 NH_3 和 HCN，而 NH_3 和 HCN 的形成与原料总氮和碱性氮有关，要想降低烟气中 NO_x 含量，就要从原料含氮着手分析。该装置原料组成中焦化蜡油是碱氮的主要来源，外委分析混合原料总氮及焦化蜡油总氮和碱性氮含量见表1。

表1　混合原料及焦化蜡油氮含量分析表

序号	混合原料量/(t/d)	掺渣比/%(质量分数)	总氮/(mg/kg)	焦化蜡油	
				总氮/(mg/kg)	碱性氮/(mg/kg)
1	5136	34.35	2540	3143	999
2	5109	31	2585	3212	1093
3	4906	47.75	3078	3052	1102
4	4555	38.44	1558	2947	1027
5	4603	40.54	1892	3016	1011
6	4388	46	3310	2997	1115
7	4451	46.4	1234	3122	989
8	4816	41.55	2040	2988	762

从表1中统计数据可以看出，焦化蜡油总氮及碱性氮含量均高，碱氮更易被催化剂吸附。

（二）焚烧炉低氮火嘴变形及供瓦斯形式对降碳减排的影响

检修对焚烧炉低氮火嘴进行检查，发现4个火嘴两点和八点方向均不同程度的发生偏转，偏转角度高达90°~180°，使得烟气在焚烧炉高温点燃区和稳燃区的停留时间延长，造成烟气中NO_x增高，从而阻碍了焚烧炉风量的提高，严重影响了火嘴的使用效率和焚烧炉炉膛温度的提高。低氮火嘴偏转情况见图1。

图1　低氮火嘴偏转情况

（三）脱硝稀释风未投用，对降碳减排的影响

由于再生过程产生NH_3，余热炉SCR脱硝床层未喷氨，稀释风未投用，造成脱硝床层氨逃逸时常超标，使省煤器结盐，降低了余热回收产汽量。对氨逃逸情况统计见表2。依据统计表绘制氨逃逸量变化趋势图见图2。

（四）再生器内构件工况差对降碳减排的影响

检修时发现一再格栅变形严重，再生器内一级旋风分离器内的耐磨衬里出现侵蚀点，均造成催化剂跑损的主要原因，催化剂跑损对余热回收系统吹灰效果及热量回收的影响，产汽降低。一再格栅变形情况见图 3。

表 2 稀释风未投用前氨逃逸情况统计表

序号	氨逃逸量/(mg/m³)	序号	氨逃逸量/(mg/m³)	序号	氨逃逸量/(mg/m³)
1	3. 52	11	9. 18	21	8. 93
2	7. 38	12	4. 39	22	35. 35
3	2. 25	13	3. 56	23	11. 44
4	11. 86	14	23. 51	24	2. 05
5	10. 9	15	13. 36	25	3. 75
6	3. 47	16	5. 79	26	4. 88
7	2. 36	17	1. 66	27	8. 58
8	4. 48	18	8. 67	28	4. 65
9	2. 75	19	3. 74	29	17. 22
10	3. 15	20	6. 55	30	4. 62

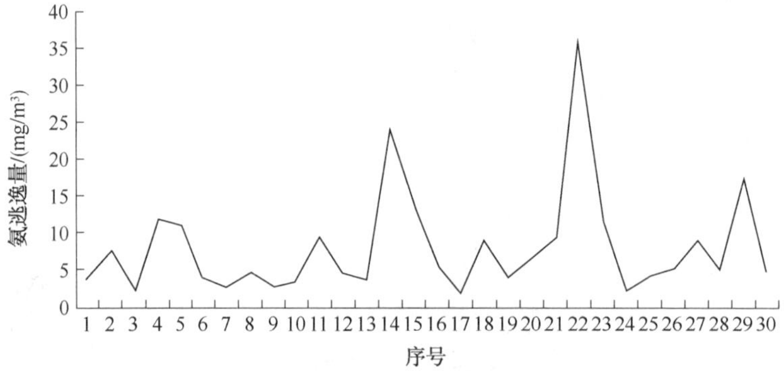

图 2 氨逃逸量变化趋势图

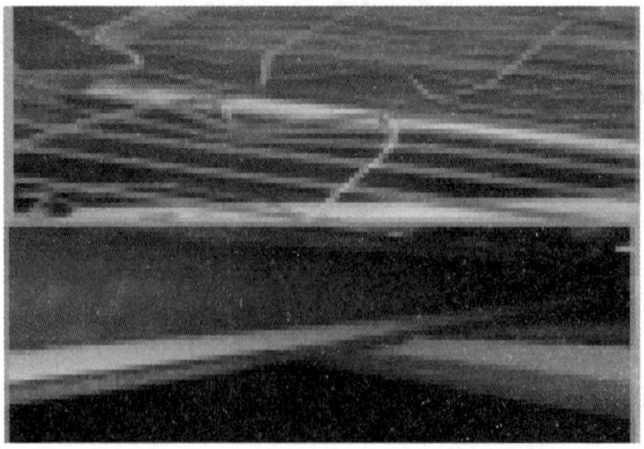

图 3 一再格栅变形情况图

（五）反再及余热回收系统操作参数对降碳减排的影响

（1）为了符合环保排放要求，从 2020 年 10 月起开始逐渐调整焚烧炉操作以实现 NO_x 环保排放。随着炉膛温度的降低，造成产汽量减少。

（2）省煤器采用激波吹灰器及再生系统跑剂的影响，使得排烟温度基本在 180℃左右，造成产汽量减少。

（3）提反应温度可减弱氮化物携带，提再生器压力可降烟气中 NO_x，重要的是找寻各参数的平衡点，既保产率又可降碳减排。

三、实施降碳减排的对策

（1）重组优化厂物料配比，将焦化蜡油部分或全部从本装置拿出给可加氢脱氮的装置作原料，原料氮化物明显降低，焦化蜡油全部送加氢裂化后的混合原料总氮分析数据见表3。

表3　焦化蜡油拿出后混合原料总氮分析表

序号	混合原料量/(t/d)	掺渣比/%(质量分数)	总氮/(mg/kg)	序号	混合原料量/(t/d)	掺渣比/%(质量分数)	总氮/(mg/kg)
1	4791	38.01	1226	5	4971	38.28	1163
2	4862	37.46	1233	6	4939	42.32	1675
3	4924	35.52	1114	7	4711	39.43	1102
4	4716	39.38	1089	8	4802	38.12	1189

焦化蜡油拿出后，原料含氮明显降低，有利于调整焚烧炉负荷，以提高余热炉的热效率，生焦降低，液收提高。另外，通过改良催化剂，增产液化气丙烯，将液化气送至下游气分装置，提取丙烯作为化工原料，从而减少液化气作为燃料而生成的 CO_2 排放量。

（2）对火嘴变形原因进行分析认为火嘴局部温度过热，造成设备材质应力变化。局部过热原因为单形和环形火嘴共用一条瓦斯线，无法单独切除，造成单火嘴热量上移。针对低氮火嘴存在的设计缺陷，提出把单形火嘴和环形火嘴瓦斯线分开供给，以便单形火嘴出现问题时，可单独切除的技改创新方案，并与制造厂家进行沟通交流，对低氮火嘴供瓦斯形式和低氮火嘴进行了创新改造，改进后火嘴及原火嘴分别见图4、图5。

对新改进的LNB火嘴，每个火嘴增加风门微调器，实现单火嘴燃烧状态微调，在焚烧炉鼓风入口处增加鼓风入炉加热盘管，将连排水引入加热盘管，给鼓风加热后，再引入烟气脱硫塔作为洗涤塔补水。鼓风入炉温度提高20~30℃，燃料气耗量减少约15t/d，且趋于平稳。节省洗涤塔补水用新鲜水耗量5~6t/h。更换火嘴后优化余热回收操作前后燃料气用量统计见表4。

图4　改进后火嘴图

图 5　原火嘴图

表 4　燃料气用量统计表

序号	优化前燃料气用量/(t/d)	序号	优化前燃料气用量/(t/d)	序号	优化前燃料气用量/(t/d)	序号	优化前燃料气用量/(t/d)
1	47	16	57	1	36	16	30
2	45	17	56	2	35	17	32
3	42	18	58	3	34	18	30
4	43	19	53	4	36	19	31
5	40	20	53	5	37	20	31
6	39	21	53	6	33	21	30
7	39	22	48	7	34	22	29
8	39	23	50	8	36	23	31
9	39	24	51	9	35	24	29
10	47	25	53	10	33	25	31
11	45	26	50	11	32	26	31
12	49	27	54	12	31	27	30
13	55	28	51	13	30	28	29
14	62	29	51	14	32	29	30
15	55	30	52	15	31	30	30

依据统计表绘制更换火嘴后优化余热回收操作前后燃料气用量变化趋势对比图见图 6。

（3）稀释风未投用，脱硝剂长期缺氧得不到很好的还原，再加之长期使用由于烟气携带粉尘的冲刷造成脱硝剂破碎，调研对比使用情况分析，更换脱硝催化剂。在余热炉的低温区，启动稀释风机注氧还原催化剂，注氧量根据氨逃逸量进行调节，氨空混合浓度≤6%，氨逃逸量稳定在≤4mg/m^3。另外，鉴于省煤器结盐问题，3 台省煤器，每台省煤器上方新增 4 台 3.5MPa 固定旋转式蒸汽吹灰器，利用高温蒸汽将附着在炉管上的 NH_4HSO_4 气化，吹去省煤器炉管上的结盐及催化剂颗粒，从而改善吹灰效果，降低排烟温度，以提高 3.5MPa 蒸汽产汽量，降低 CO_2 排放量。对氨逃逸情况统计见表 5，稀释风投用后氨逃逸变化趋势图见图 7。

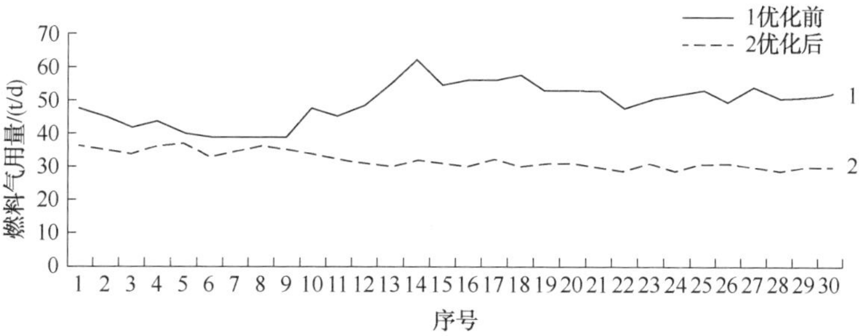

图6　更换火嘴后优化余热回收操作前后燃料气用量变化趋势对比图

表5　稀释风投用后氨逃逸情况统计表

序号	氨逃逸量/(mg/m³)	序号	氨逃逸量/(mg/m³)	序号	氨逃逸量/(mg/m³)
1	3.43	11	0.97	21	1.86
2	3.64	12	0.87	22	2.24
3	2.75	13	1.32	23	3.01
4	3.86	14	2.06	24	2.42
5	2.19	15	3.03	25	3.28
6	3.21	16	1.91	26	2.57
7	2.13	17	1.52	27	1.89
8	3.12	18	2.17	28	3.34
9	2.03	19	3.01	29	2.47
10	1.07	20	2.64	30	3.02

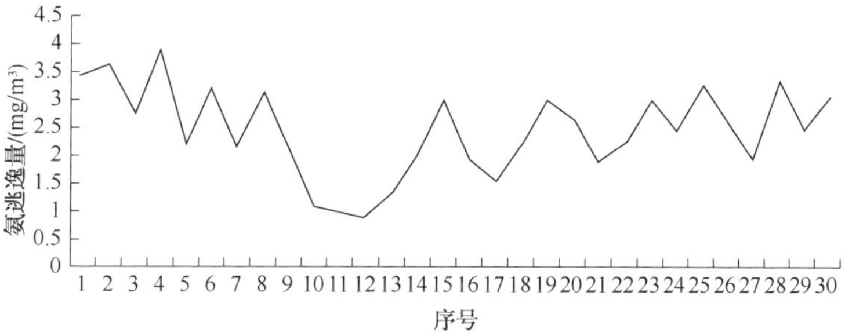

图7　稀释风投用后氨逃逸变化趋势图

（4）从再生器结构、烧焦空间及操作综合判断认为一再格栅对烧焦作用不明显，采取拆除处理。采用耐高温工业涂料进行填补来增加旋分器内表面光滑度，减少催化剂破损的创新修复。

（5）优化反再及余热回收系统操作参数。

① 合理控制沉降器汽提蒸汽量，降低可汽提碳量，减少烧焦产生的 CO_2 排放量。

② 提高再生压力，合理调整一、二再烧焦比，严控一再稀相温度≤680℃，确保烟机入口烟气温度≤650℃，合理控制烟气中的 CO 含量，CO 含量高入焚烧炉回收化学能增加，也可降低瓦斯用量，降低 CO_2 排放。

③ 提高反应温度降低待生催化剂携带的氮化物，同时兼顾总液收及分馏塔底和回炼油罐的液位，从而减少后续 NO_x 的生成量。

④ 合理配比焚烧炉用瓦斯及风量，控制焚烧炉降 NO_x 的生成量占比在10%以下，可最

大限度地提高炉膛温度，加强日常吹灰管控，确保排烟温度在140~180℃（尽可能靠下限控制），提高3.5MPa蒸汽的产量，具体优化参数见表6。

表6　优化后操作参数统计表

项　　目	设计值	现状值	优化值
反应温度/℃	490~525	503~520	510~516
剂油比（质量比）	6~8	6~7	6.7~6.9
一反时间/s	1.2~2	1.2~1.9	1.2~1.5
二反时间/s	4.5~6.5	5.2~6.5	5.5~6.2
二再密相温度/℃	635~680	635~670	640~650
一再压力/MPa	0.18~0.26	0.20~0.26	0.24~0.25
一再稀相温度/℃	640~720	650~700	670~680
原料预热温度/℃	160~240	200~220	205~215
排烟温度/℃	140~240	140~200	140~180
烟机入口温度/℃	500~680	550~680	640~650
焚烧炉炉膛温度/℃	850~920	870~910	890~910

优化反再及余热回收系统操作参数前余热炉产3.5MPa蒸汽情况统计见表7。

表7　优化前余热炉产3.5MPa蒸汽统计表

序号	3.5MPa蒸汽产量/(t/h)	序号	3.5MPa蒸汽产量/(t/h)	序号	3.5MPa蒸汽产量/(t/h)
1	61.07	11	60.27	21	58.43
2	62.41	12	60.49	22	60.15
3	62.39	13	57.64	23	58.52
4	62.89	14	59.75	24	59.78
5	63.22	15	60.25	25	59.14
6	63.19	16	59.82	26	58.62
7	62.84	17	60.23	27	58.76
8	60.17	18	58.46	28	57.86
9	59.37	19	59.81	29	58.34
10	58.64	20	58.55	30	58.13

优化反再及余热回收系统操作参数后余热炉产3.5MPa蒸汽情况统计见表8。

表8　优化后余热炉产3.5MPa蒸汽统计表

序号	3.5MPa蒸汽产量/(t/h)	序号	3.5MPa蒸汽产量/(t/h)	序号	3.5MPa蒸汽产量/(t/h)
1	66.07	11	65.67	21	65.81
2	66.46	12	66.51	22	66.61
3	67.52	13	65.79	23	65.96
4	65.94	14	66.05	24	65.72
5	67.76	15	66.36	25	66.69
6	66.97	16	66.35	26	65.47
7	66.35	17	66.23	27	67.31
8	67.54	18	65.96	28	66.44
9	66.41	19	66.27	29	66.97
10	66.94	20	67.04	30	65.81

四、对策实施后经济及社会效益

（1）化工行业作为高碳行业之一，各项降碳工作势在必行。通过降碳减排对策的实施，平均增产 3.5MPa 蒸汽 6.46t/h，燃料气耗量平均减少约 15t/d，节约洗涤塔用新鲜水 5~6t/h，产生经济效益 582 万元。

（2）通过取消一再格栅及旋分衬里修复，再生剂自然跑损降低，加之原料优化，催化剂失活速度减慢，催化剂单耗由 1.134kg/t 降至 1.055kg/t，产生经济效益 125 万元。

（3）优化后，产品分布得到改善，汽油和液化气收率上升，柴汽比由 0.36 降至 0.35，焦炭产率略有降低，实现了产品增效。产品分布情况与同期对比统计见表 9。

表 9　产品分布情况与同期对比统计表

	加工量/t	汽油/%	柴油/%	液化气/%	焦碳/%	油浆/%	干气/%	损失/%	总液收/%
优化后	927255	43.91	15.64	24.04	7.89	5.35	3.04	0.13	83.59
优化前	1034494	43.43	15.83	23.91	8.03	5.68	2.99	0.13	83.17
差值		0.48	−0.19	0.13	−0.14	−0.33	0.05	0	0.42

注：其中汽油、柴油收率等为质量百分比

按照优化后加工量 927255 吨计算，总液收提高增加经济效益 1500 万元。

（4）用于该项目技术改造的设备折旧费用每年为 15.5 万元；余热炉、脱硫塔水洗、清灰费用为 45 万元。

综合以上(1)~(4)，实际创效益 2146.5 万元。

（5）优化后，与同期相比减少烟气 NO_x 排放 74.77t，减少生焦和减少瓦斯耗量以及减少液化气排放，合计折合减少 CO_2 排放 24467t，减少汽包排污产生的废水 22920t，实现了环境与效益双赢的目的。

五、结论

在保证烟气环保排放的前提下，实施催化裂化装置降碳减排对策后效果如下：

（1）通过将焦化蜡油部分或全部从本装置拿出后，降低生焦率 0.14%，总液收提高 0.42%，液化气增收 0.13%。

（2）通过改进火嘴及供瓦斯形式，回收连排水给鼓风加热，并作为烟气脱硫塔补水，减少燃料气耗量约 15t/d，新鲜水耗量 5~6t/h。

（3）通过取消一再格栅及旋分衬里修复，再生剂自然跑损降低，加之原料优化，催化剂失活速度减慢，催化剂单耗由 1.134kg/t 降至 1.055kg/t。

（4）投用脱硝稀释风，氨逃逸量稳定在≤4mg/m^3。

（5）通过以上对策的实施，加之优化反再及余热回收系统操作参数，平均增产 3.5MPa 蒸汽 6.46t/h，与同期相比减少烟气 NO_x 排放 74.77t。

（6）通过蒸汽增产、燃料量减耗、生焦减少、液化气增产等，折合减少 CO_2 排放 24467t。

参考文献

[1] 陈忠基. 催化裂化烟气脱硫脱硝技术的应用[J]. 炼油技术与工程，2013，53(7)：6-13.

[2] 王文婷. FCC 原料中氮的影响和对策[J]. 催化裂化，1998，17(8)：62.

[3] 齐文义，丁全福，郝代军. 降低催化裂化再生烟气中污染物助剂的研究进展[J]. 炼油技术与工程，2008，38(6)：53-56.

[4] 曹忠宇. 含氮氧化物(NO_x)的工业废气治理[J]. 石油化工环境保护，1999，1：47-51.

[5] 李军令，花小兵，吴永强，等. 催化装置再生烟气中氮氧化物的产生与控制[J]. 石油化工环境保护，2005，28(1)：34-38.

[6] 龚望欣. 催化裂化烟气脱硫除尘脱硝技术问答[M]. 北京：中国石化出版社，2015.

[7] 赵贺. 重油催化裂化装置两器跑剂问题的技术改造及效果[J]. 中国石油和化工标准与质量，2021，40(17)：43-47.

[8] 王帅. 重油催化裂化装置节能措施分析[C]. 俞仁明. 中国石化催化裂化技术交流会论文集. 北京；中国石化出版社，2018：684-686.

[9] 郑海宁，蒋枫，李露. 化工行业碳排放绩效评价方法综述[J]. 当代化工，2016，45(05)：957-960，964.

NHD 脱碳装置工艺运行实践

王　强｜中国石油大连石化公司

介绍 PSA 进料气优化组成装置 NHD 脱碳工艺及下游 CO_2吸附精馏的工艺原理及流程，针对开工以来的运行情况进行总结，提出改进措施，最终实现装置安全稳定运行。

NHD 脱碳装置是以大连石化分公司制氢装置 PSA 系统入口气为原料，采用 NHD 溶剂吸附提浓的工艺技术，生产出浓度为 98%以上的 5.5 $\times10^4$t/a 气态二氧化碳，供后续工程公司精制二氧化碳装置作原料气使用。CO_2吸附精馏装置，是以粗二氧化碳为原料，采用中压吸附精馏工艺技术，生产出符合国家标准的工业级、食品级液体二氧化碳。

一、工艺原理

（一）NHD 脱碳装置

使用 NHD 溶剂吸收中变气中的二氧化碳，利用溶剂在不同压力下对二氧化碳吸附能力的差异，解析出二氧化碳产品并使溶剂再生。

NHD 溶剂是一种有机溶剂(聚乙二醇二甲醚)，其分子式为：CH_3-O(CH_2CH_2-O)n-CH_3，$n=2\sim8$。它对气体中二氧化碳具有较大的溶解能力，运转时溶剂耗损少，是一种较理想的物理吸收剂，脱碳时需消耗少量冷量，属低能耗的净化方法。以 CO_2的溶解度为 100 计，各种气体在 NHD 中的相对溶解度见表 1。

表 1　各种气体在 NHD 溶剂中的相对溶解度

组分	H_2	CO	CH_4	CO_2	COS	H_2S	CH_3SH	CS_2	H_2O
相对溶解度	1.3	2.6	6.7	100	233	893	2270	2400	120000

吸收原理和相平衡规律：

根据广义的酸碱理论，在聚乙二醇二甲醚溶剂的分子结构中，醚基团内的氧为硬碱性中心，而 CH_3和 CH_2CH_2基团则为软酸部分，因此该溶剂对硬酸性气体（如 H_2S、CO_2）和软碱性气体（如硫酸、CS_2 和 COS）均有一定的溶解能力。

聚乙二醇二甲醚溶剂吸收 CO_2 的过程是一个物理吸收过程。对于 CO_2 在 NHD 中的溶解度，当 CO_2 分压低于 1.0MPa 时，气相压力与液相浓度基本符合亨利定律。

CO_2 在 NHD 溶剂中的溶解度随压力升高、温度降低而增大。因此，宜在高压低温下进行 CO_2 的吸收。当降低压力、升高温度时，溶液中溶解的气体解析出来，实现溶剂的再生过程。

（二）CO_2 吸附精馏装置

利用物理的方法，用干燥剂除去原料气中的水分及油分，再利用精馏的原理，将原料气中的轻组分杂质分离出来，得到纯度为 99.6%的工业级液体二氧化碳产品。

由界区外上游的制氢装置 PSA 进料气组成优化改造项目提供的含量为 95%的粗二氧化碳气体，首先进入缓冲罐经过缓冲分水后送入干燥器中干燥。干燥后的原料气经二氧化碳冷却器冷却、预冷器预冷、液化器液化后进入精馏塔提纯，最后在塔底得到符合要求的工业级液体二氧化碳产品。

二、工艺方案

（一）NHD 脱碳装置

为向炼油装置供应氢气，大连石化分公司设有制氢装置，发生变换气 150000Nm^3/h 以上，压力为 2.5MPa(G)，温度为 40℃，主要含氢气 71.23%、二氧化碳 21.73%，去 PSA 系统分离出氢气。用 NHD 脱碳工艺从制氢变换气中抽提气态二氧化碳，浓度大于 98%，然后去后续工程公司的吸附精馏系统，进一步精制成高纯度液态工业级二氧化碳产品（见图 1）。

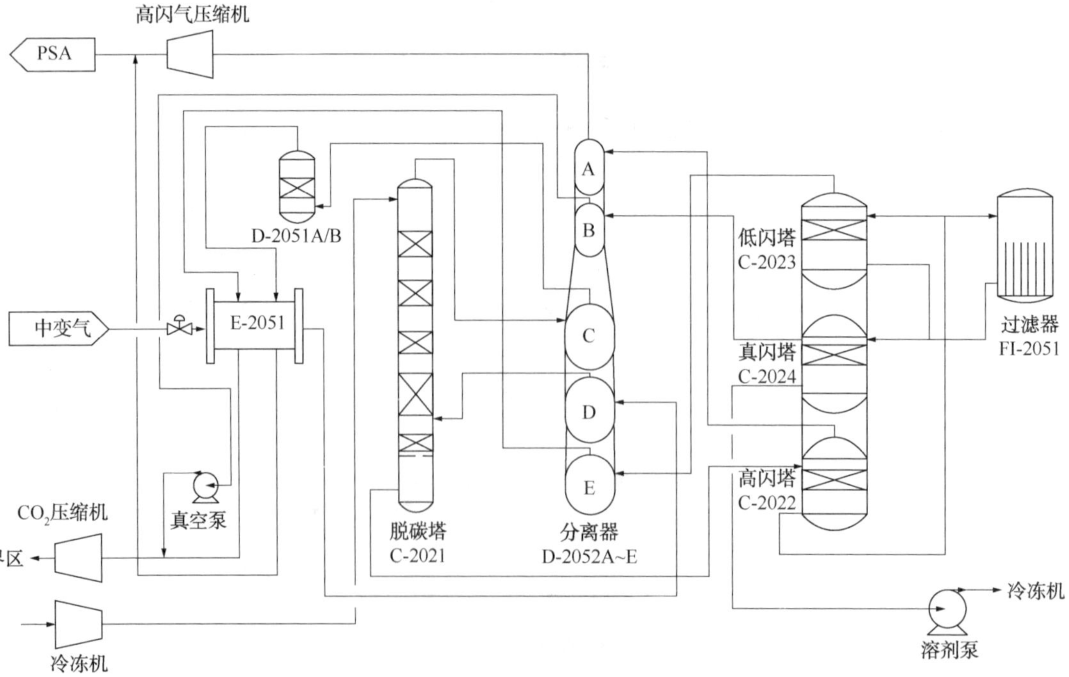

图 1　NHD 脱碳系统工艺流程

考虑到 NHD 脱碳装置的目的是提取二氧化碳，无须追求脱碳后轻组分气体中二氧化碳的净化度。因此，NHD 脱碳系统控制脱碳气存留二氧化碳指标仅为 5%，这样取消了原有传统工艺中的气提塔、鼓风机、空气过滤器、空气冷却器。因而杜绝空气进入系统，减少了水分、热量和灰尘的带入。所以取消了溶液脱水装置，减少脱碳所需冷量。流程大大缩短，设备大大减少。

又考虑到装置现场面积限制，3 个闪蒸槽为组合的立式，并上下重叠，合并成一个闪蒸塔。5 个分离器也上下重叠，设计成一个分离塔，这样可以节约用地。

NHD 脱碳系统利用原料气的压力，用 NHD 溶剂吸收二氧化碳，再通过三级降压闪蒸解吸二氧化碳，不需要再用其他措施，就可以达到从原料气中抽提二氧化碳而又不损失轻组分气体的目的。

（二）CO_2吸附精馏装置

1. 干燥吸附系统

制氢装置 PSA 进料气组成优化改造项目提供的粗二氧化碳气体通过管道输送到界区内，在压力约为 2. 30MPa 进入缓冲罐，经过稳压、冷却、分水后，一部分水从缓冲罐底部由人工定期排出。原料气从缓冲罐上部引出，首先进入干燥器。干燥器设计为两个同样大小体积的圆柱形容器，每个干燥器内都装有相同型号同等重量的干燥剂，一用一备。在某一时间内，原料气进入某一干燥器中，在压力作用下，油、水分等杂质被干燥器内的干燥剂吸附，初步干燥净化的二氧化碳气体从干燥器底部引出，进入二氧化碳冷却器中，用循环水对其冷却降温。

2. 冷冻液化系统

二氧化碳气体经过二氧化碳冷却器冷却后，进入预冷器进行预冷，预冷器的冷量来自精馏塔顶的残气排放。净化后的二氧化碳气体，经预冷器冷却降温后送入液化器中，在压力和温度的作用下被液化。

二氧化碳在液化器中液化的冷量是由本装置内的辅助系统——氨制冷系统提供的。制冷系统设计为两台螺杆式压缩机，一用一备，制冷剂为液态氨。

3. 精馏储存系统

被液化的液体二氧化碳送入精馏塔中进一步提纯。经过干燥、液化的二氧化碳含有部分轻组分杂质，则需要在精馏塔中分离出来。含有少量轻组分杂质的液体二氧化碳进入精馏塔底部，经塔底再沸器加热后，轻组分杂质气化以气态形式逸出，同时有少量液态二氧化碳被汽化，塔底再沸器所用的热源是由制冷系统中的气氨提供，气氨经热交换后被液化引入塔顶冷凝器中。塔顶冷凝器所用的冷量是由制冷系统中的液态氨提供，气相馏分升至塔顶冷凝器中降温冷凝，液相馏分继续在精馏塔内进行提纯操作，更多地回收被汽化的二氧化碳。分离出的轻组分气体夹杂少量二氧化碳气体由塔顶的气相口排出，回收后的二氧化碳流入塔底。塔底得到纯度为 99. 6%以上的液体二氧化碳，达到工业级产品标准，经过节流降压到 2. 10MPa，经化验分析合格后，作为工业产品送到二氧化碳工业产品储罐中储存。根据需要，工业液态二氧化碳通过充装线经屏蔽泵输送至槽车(见图 2)。

三、运行情况与改进对策

NHD 脱碳装置于 2013 年 3 月 13 日首次开工，至今已运行 9 年有余。其间经历了 3 次停工消缺及数次的开停工，出现了诸多问题，但同时也积累了宝贵的经验。

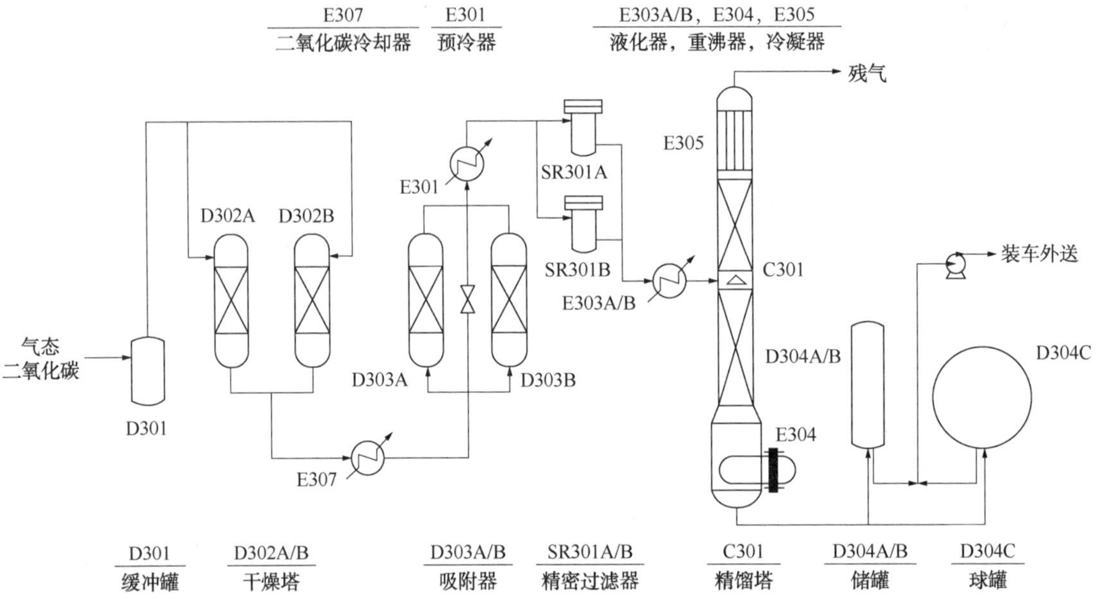

图 2　CO_2吸附精馏系统工艺流程

(一) 中变气带水情况分析

NHD 溶剂具有很强的吸收水蒸汽的能力，因此，NHD 溶液中有一定的含水量。

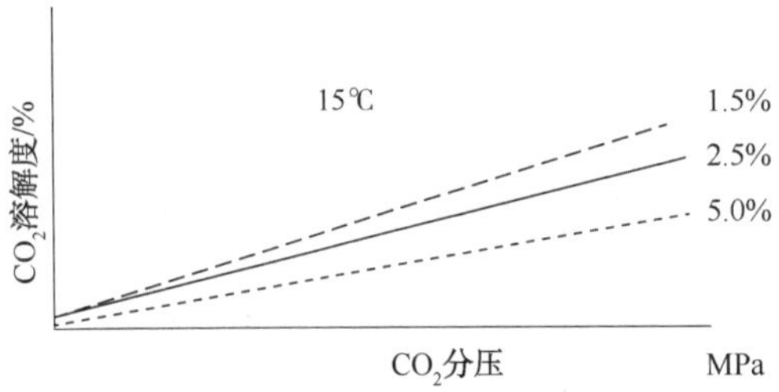

图 3　溶液含水量对溶解度的影响

图 3 显示了溶液含水量与二氧化碳溶解度的关系。图中显示，二氧化碳在含水量小于 5%(重量)的 NHD 溶液中的溶解度十分接近，影响不大。

设计中变气进料水含量为 0.22mol%，满负荷进料 20000Nm^3/h，计算可知在满负荷情况下，中变气带水量为 0.04t/h。

实际生产中变气带水情况体现较为明显，在 20%约 6000Nm^3/h 的低负荷条件下，中变气带水主要体现在进料气流控阀 U 形组立处。由于中变气系统循环动力为 PSA 与脱碳塔前后压差实现，因此流控阀出口 U 形液柱所造成的压力不可忽视。在中变气投用初期就因为该处存水，出现了中变气无法提量的情况，在导淋切水完毕后，中变气提量效果明显增强。

在 50%负荷约 10000Nm^3/h 进料以上运行时，受循环动力增大的影响，流控阀处带水量不再明显，液态水在大流量中变气的推动下进入 D2052D，长时间积累产生液面通过仪表信号传送至 DCS，得到有效的监控。

中变气带水对 NHD 溶剂影响效果明显，2012 年 5 月开工前，装置对系统内溶剂进行采样分析，水含量为 1.7%(工艺卡片要求≤7%)。首次运行停工后，再次对溶剂进行水含量分析，水含量>2%。

工艺包指出，在无生产较大波动的情况下，本装置溶剂水含量将在 3%左右以后处于进出平衡状态。从目前的采样成绩来看，溶剂中水含量基本维持在 4%~4.5%，虽然稍高于工艺包中所指的 3%，但对于二氧化碳的吸收能力未有明显变化，也验证了图 3 的曲线。

（二）低、真闪塔设计压力与操作压力不符

真闪塔设计压力-22kPa，实际操作中，当真闪塔控制为负压时，真闪塔会出现0%~30%液位波动，影响中间罐液位控制，进而影响系统溶剂循环。通常实际控制真闪塔压力为10~15kPa，真闪塔无可见液位。

由于NHD溶剂对气体的吸附能力随压力增加而增大，因此如果低闪塔建立较高的闪蒸压力，势必使NHD溶剂残存的二氧化碳气体在真闪塔内释放。而低闪塔压力较小，溶剂饱和度降低，也势必造成真闪释放气量的减少，造成真闪塔压力偏低。因此，真闪塔的压力就其根本是由低闪塔压力来控制的。但存在一些问题，由于真闪塔微正压操作，溶剂中必然吸附一些二氧化碳气体，在中间罐内闪蒸并带出微量溶剂直排大气。

解决措施是，在真闪塔至中间罐增加管道泵，使真闪塔带液操作；将中间罐罐顶排空阀直径扩充，使溶剂充分闪蒸。

（三）产品二氧化碳纯度偏低

设计二氧化碳产品气纯度98.28%，自开工至2021年5月，实际最优的产品纯度为96.1%，与设计相比，产品纯度偏低。其原因为，真闪塔无法负压操作，真闪气量不足；高闪气压缩机抽力不足，高闪塔闪蒸不充分，部分氢气、甲烷未得到及时分离而被带入低闪塔、真闪塔中，产品二氧化碳中甲烷含量达到2.0%，高于设计值0.83%，影响产品二氧化碳纯度。

在一定的吸收温度、压力和生产规模下，气液比的大小会影响到脱碳净化度、脱碳塔填料高度、脱碳塔塔径和回收二氧化碳的纯度。一般来说，气液比增大（增加原料气气量），则脱碳净化度变差；脱碳塔填料高度增高，则回收二氧化碳的纯度提高。经综合考虑本项目的工况条件，选择的脱碳塔气液比是92.9，进塔气20883Nm^3/h，脱碳贫液循环量为224.7m^3/h。溶液脱碳能力是16.6，脱碳气含二氧化碳$<$5.0%，脱碳塔底溶液二氧化碳饱和度控制在70%~85%。

经过2021年下半年对溶剂泵叶轮切削、置换溶剂、检查闪蒸塔填料等调整，气液比由之前的60左右提高至80~90，外送二氧化碳纯度由96.1%最高升至98.5%，已高于设计值，说明气液比对于产品纯度影响极为关键。

（四）高闪塔管内出口管线排气孔的封堵

高闪塔在开工前水运期间，发现高闪塔液位低于90%后，高闪塔0.6MPa压力快速窜入低闪塔（设计0.2MPa），容易造成安全阀起跳和设备超压。后查阅图纸，发现高闪塔、低闪塔和真闪塔管内排液管线各存有DN100排气孔，造成循环无法建立。

后经改造，对3个排气孔进行封堵，水运及溶剂循环均正常。

（五）溶剂循环流量控制阀FV2954问题

在溶剂循环过程中，发现FV2954存在压差问题。当时使用低压氮气将脱碳塔压力充压至0.6MPa，加上现场塔高42m，可以确定FV2954阀后压力为0.9MPa左右。在开泵初期溶剂泵出口压力大于4.0MPa。当时在提降量过程出现阀门卡涩，FV2954无法满足调节要求。后经查设备资料，发现FV2954设计前后压差为2.9MPa（见表2）。

表 2　FV2954 阀工况

序号	工况	阀前最高压力/MPa	阀后最低压力/MPa	运行最大压差/MPa	设计最大压差/MPa
1	正常生产	4.5	2.85	1.65	2.9
2	极端情况 1	4.5	0.5+0.5(液柱位差)	3.50	2.9
3	极端情况 2	0	2.85	-2.85	2.9

1. 正常生产条件下

调节阀开阀后，溶剂泵出口压力逐步降低，实际操作压差应低于 1.65MPa。如果 FV2954 可以满足 2.9MPa 的最高设计压差，那么该调节阀完全满足溶剂提降负荷以及开停泵的控制要求。

2. 极端情况 1

制氢装置紧急停工情况下，中变气压力会在 10min 之内将系统压力由 2.4MPa 降至 0.5MPa 以下。如果二氧化碳装置进料气来自该制氢单元，则脱碳塔压力(FV2954 阀后压力)将降低，此时调节阀前后压差将达到 3.5MPa，调节阀失效，并且溶剂泵在内操无紧急停泵按钮。在此种情况下，易对冷冻机或者溶剂泵造成冲击，损坏设备发生事故。

改进措施为溶剂泵叶轮切削，在 180t/h 的溶剂循环量下，泵出口压力由 3.8MPa 降低至 3.4MPa，减小 FV2954 前后压差；在操作台增加溶剂泵远程停泵按钮。

3. 极端情况 2

溶剂泵故障停泵条件下，阀前压力瞬间为 0，此时调节阀阀门前后压差 2.85MPa，接近 2.9MPa 的最大压差设计值，如果此时 FV2954 控制失效导致无法关闭，脱碳塔内的中变气(78%氢气含量)将倒窜至中间罐 D2053(常压罐)，导致设备超压、溶剂跑损，并最终使中变气直排大气，造成事故。因此，在正常生产过程中，溶剂泵返回线严禁打开。

四、结论

综上所述，NHD 脱碳装置通过采取系列措施，在生产负荷保持不变或者稍有增加的情况下，有效提高了产品二氧化碳纯度，降低了装置运行风险，进一步验证脱碳装置工艺优化方案可行，保证装置“安稳长优”运行。

参考文献

[1] 朱之明，马明杰. NHD 脱碳装置工艺运行总结[J]. 工艺与设备，2021(21)：120-121.
[2] 林民鸿. NHD 气体净化技术理论与实践(上)[J]. 化肥工业，2000(04)：17-21.